中国年鉴精品工程
High Quality Project of China's YearBook

北京海淀年鉴

(2016)

《北京海淀年鉴》编纂委员会 编

方志出版社
Publishing House of Local Records

图书在版编目（CIP）数据

北京海淀年鉴. 2016 / 《北京海淀年鉴》编纂委员会编. -- 北京 : 方志出版社, 2016.12
ISBN 978-7-5144-2328-0

Ⅰ. ①北… Ⅱ. ①北… Ⅲ. ①海淀区－2016－年鉴
Ⅳ. ①Z521.3

中国版本图书馆CIP数据核字(2016)第326111号

北京海淀年鉴（2016）

编　　者：《北京海淀年鉴》编纂委员会
责任编辑：陈　菁　杨正宏

出 版 人：冀祥德
出 版 者：方志出版社
地址　北京市朝阳区潘家园东里 9 号（国家方志馆 4 层）
邮编　100021
网址　http://www.fzph.org
发　　行：方志出版社发行中心
电话（010）67110500
经　　销：各地新华书店
印　　刷：廊坊飞腾印刷包装有限公司

开　　本：889×1194　　1/16
印　　张：36.75 印张
字　　数：1427 千字
版　　次：2016 年 12 月第 1 版　2016 年 12 月第 1 次印刷
印　　数：0001～1500 册

ISBN　978-7-5144-2328-0　　定价：260.00 元

《北京海淀年鉴》编纂委员会

序

国务院办公厅2015年8月印发的《全国地方志事业发展规划纲要（2015—2020年）》（以下简称《规划纲要》）要求，到2020年要做到地方综合年鉴一年一鉴，公开出版，实现省、市、县三级综合年鉴全覆盖。《规划纲要》还要求，坚持存真求实，正确处理质量与进度的关系，将精品意识贯穿于年鉴编纂出版工作全过程。2015年12月，中国地方志指导小组办公室启动中国年鉴精品工程，将其与先期实施的中国志书精品工程视为姊妹工程，一道作为加强地方志质量建设的重要抓手。

实施中国年鉴精品工程有助于推动中华优秀传统文化传承发展。近年来，在党中央、国务院的高度重视和关心支持下，全国地方志事业发展迎来最好的发展时期。年鉴编纂发端于欧洲，鸦片战争后被引入我国，在我国走过了100多年的发展历史。在长期的编纂中，年鉴在内容和形式上不断发展，逐渐演变成为适合反映中国国情、具有鲜明中国特色的一种文化载体，并在改革开放后出现了快速发展的局面。2006年5月，国务院《地方志工作条例》颁布施行，明确将地方综合年鉴纳入地方志工作范畴，年鉴工作走上了有法可依的轨道。《规划纲要》出台，为从依法编鉴转变到依法治鉴指明了方向。2016年12月，中国地方志指导小组印发《全国年鉴事业发展规划(2016—2020年)》，更进一步明确了到2020年全国年鉴事业的任务书、时间表、路线图。经过多年的发展，年鉴工作已经成为地方志工作的重要组成部分，成为中华民族优秀文化传统的有机组成部分，其存史、育人、资政作用日益彰显。实施中国年鉴精品工程，是年鉴工作者紧扣时代脉搏、坚持创新发展的一项重要举措，对于坚定文化自信，传承弘扬好中华优秀传统文化意义重大。

实施中国年鉴精品工程有助于为全面建成小康社会提供更多智力支持和历史借鉴。党的十八大作出全面建成小康社会的战略部署。党的十八届五中全会提出到2020年如期实现全面建成小康社会的目标要求。完成《规划纲要》确定的目标任务是年鉴工作者的神圣使命，更是年鉴工作者以自身力量为全面建成小康社会献上的厚礼。一方面，可以更好地利用年鉴这种年度资料性文献，及时记录各地区在全面建成小康社会伟大征程中每年取得的新成绩和新经验、出现的新情况和新问题、涌现的优秀人物和典型事迹等；另一方面，可以更好地积累地情、国情资料，为推动经济社会发展和深化改革提供智力支持，为推进国家治理体系和治理能力现代化提供历史借鉴。

实施中国年鉴精品工程有助于全面推进地方志事业转型升级。地方志不是单纯修志编鉴工作，而是全体方志人“修志问道，以启未来”的一项事业，这项事业包含着巨大的时代担当与使命追求。地方志工作要在“五大建设”总体布局和“四个全面”战略布局中发挥与其自身价值、功能相匹配的作用，就要因时而谋、乘势而上、顺势而为，全面推进地方志事业转型升级。转型升级，当下最重要的目标就是完成“两全”目标，包括“年鉴全覆盖”目标；长远的目标就是基本形成地方志编修体系、理论研究和学科建设体系、质量保障体系、资源开发利用体系、工作保障体系“五位一体”的地方志事业发展综合体系，包括“五位一体”的年鉴事业发展综合体系。中国年鉴精品工程是一项探索工程，也是一项创新工程，是推进地方志事业转型升级的重要内容。通过实施中国年鉴精品工程，不仅有助于确保年鉴质量，不断编纂出版具有鲜明时代特征、年度特点和地域特色的精品年鉴，也有助于推动年鉴工作适应经济社会发展形势和时代需要，不断改革创新，与时俱进。

多年来，在中国地方志指导小组办公室的指导和全国各级地方志工作机构的共同努力下，年鉴种类数量快速增长，年鉴成果粲然可观，为实施中国年鉴精品工程奠定了坚实的基础。实施中国年鉴精品工程，就是要在全国地方志系统起到示范作用，进一步培育精品意识，打造精品年鉴，以点带面，在提高年鉴质量方面探索出一条切实可行之路，使这项探索工程和创新工程能够积累经验，发挥引领作用。

“万山磅礴，必有主峰；龙衮九章，但挈一领。”实施中国年鉴精品工程，是筑牢地方志事业特别是年鉴事业发展根基之举，其意义与价值不言而喻。但编修出年鉴精品佳作，绝非朝夕之功，需要付出长期艰辛的努力。希望通过实施中国年鉴精品工程，能够进一步推进年鉴质量建设，使年鉴真正成为传承中华民族优秀传统文化的重要载体，成为展示中国国情、地情的重要窗口，成为“为当代提供资政辅治之参考、为后世留下堪存堪鉴之记述”的资源宝库，在全面建成小康社会过程中作出更大贡献。

是为序。

中国社会科学院副院长

中国地方志指导小组常务副组长

2016年12月

编辑说明

一、《北京海淀年鉴》是由北京市海淀区人民政府主办，海淀区各单位、部分驻区单位共同参与，《北京海淀年鉴》编纂委员会编纂的年度资料性文献。《北京海淀年鉴》编辑部设在海淀区党史地方志办公室。

二、《北京海淀年鉴》坚持以马克思列宁主义、毛泽东思想、邓小平理论、“三个代表”重要思想、科学发展观为指导，贯彻落实习近平总书记系列重要讲话精神和治国理政新理念新思想新战略，坚持辩证唯物主义和历史唯物主义的立场、观点、方法，存真求实，全面、客观、系统地记述年度发展情况。

三、《北京海淀年鉴》以出版年号为卷次名称，从2002年开始，逐年编纂。本卷为第15卷，全面记述海淀区2015年经济和社会发展的基本情况和重大事件，记述时限为2015年1月1日至2015年12月31日（部分内容根据实际情况，时限略有前后延伸）。凡在文中直书月、日的，均指2015年内的日期，文中“年内”指2015年。书中涉及其他年份的时间均标明年份。

四、《北京海淀年鉴》采用分类编辑法，由栏目、分目、条目组成框架结构的主体部分，在少数分目中设有次分目。全书条目标题统一用黑体加【】表示，个别包含多方面内容的条目则在段首加黑体标题提示，方便查阅。本卷设有31个栏目：（1）党和国家领导人与海淀、（2）特载、（3）专文、（4）大事记、（5）区情概述、（6）中国共产党海淀区委员会、（7）海淀区人民代表大会、（8）海淀区人民政府、（9）中国人民政治协商会议北京市海淀区委员会、（10）民主党派•工商联、（11）群众团体、（12）法治、（13）武装、（14）中关村国家自主创新示范区核心区、（15）功能区建设、（16）综合经济管理、（17）农业与农村经济、（18）商业服务业•对外经济贸易、（19）旅游业、（20）城乡建设、（21）城市管理与服务、（22）科技、（23）教育、（24）文化、（25）卫生•体育、（26）社会民生、（27）社会建设、（28）街道•镇、（29）人物、（30）统计资料、（31）附录。

五、《北京海淀年鉴》配有双重检索系统：书前刊有详细目录，书后备有索引。配有电子版（光盘），并在海淀区党史地方志办公室电子资料库（hdszb.bjhd.gov.cn）中推出。

六、主要数据和统计资料由海淀区统计局提供，部分数据由各相关部门提供。由于统计口径等原因，相关部门的个别数据与统计资料不一致的，以统计资料为准。

数字海淀

辖区面积：430.77 平方千米

年末户籍人口：239.5 万人

年末常住人口：369.4 万人

地区生产总值：4613.5 亿元

地区生产总值同比增长：7.5%

第一产业实现增加值：1.8 亿元

第二产业实现增加值：565.9 亿元

第三产业实现增加值：4045.7 亿元

人均地区生产总值：19212.1 美元

规模以上工业企业总产值：2216.5 亿元

农村经济总收入：272.6 亿元

农村经济纯收入：65.7 亿元

区域财政收入：2183.95 亿元

地方财政收入：455.81 亿元

全社会固定资产投资总额：870.5 亿元

社会消费品零售额（产业在地）：2094.7 亿元

海关进出口总额：303.6 亿美元

实际利用外资额：13.02 亿美元

房屋施工面积：954.6 万平方米

房屋竣工面积：194.9 万平方米

商品房销售面积：70.8 万平方米

私人汽车：865402 辆

旅游业营业收入：522.5 亿元

地方财政支出中科学技术支出的占比：1.7%

地方财政支出中教育支出的占比：15.1%

专利授权数：3.1 万件

技术合同成交金额：1436.8 亿元

高考本科录取率：85.0%

幼儿园数：160 所

小学学校数：118 所

普通中学学校数：78 所

中等职业学校数：11 所

区域内高等院校数（含分部）：37 所

国有科研院所数：142 个

每千人拥有医院床位数：2.8 张

农村社会养老保险参保覆盖率：99.4%

地区售电量：126.08 亿千瓦时

地区总用水量：34989 万立方米

银行人民币存款：29368.2 亿元

银行人民币贷款：6355.3 亿元

银行个人存款：4850.4 亿元

居民人均可支配收入：62325 元

居民人均消费支出：44626 元

人均绿地面积：34.17 平方米

海淀园总收入：1.63 万亿元

海淀园企业数：9073 家

海淀园上缴税费总额：532.61 亿元

刘培恩 摄

数字海淀

地方财政收支及增速（亿元）

Local Financial Revenue and Expenditure(100 million yuan)

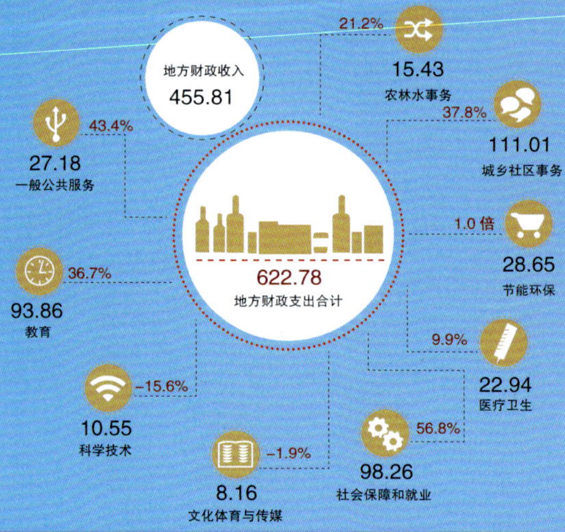

海淀区分行业增加值构成图（亿元）

Distinguish Between Haidian Industry Added Value Proportion Chart(100 million yuan)

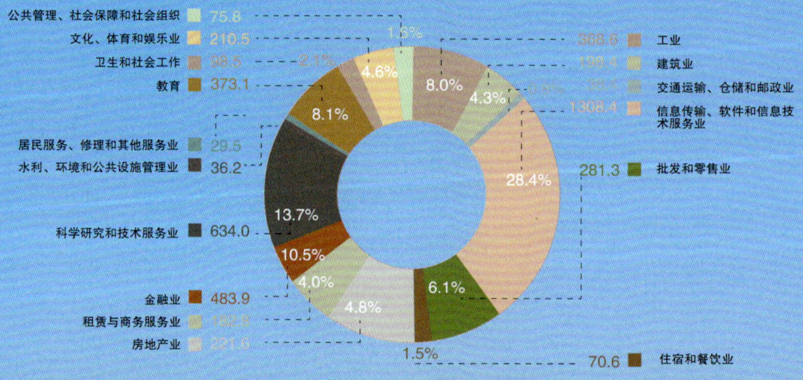

2015 年全区居民家庭人均可支配收入构成（元）

2015 Per Capita Annual Income of Total Households (yuan)

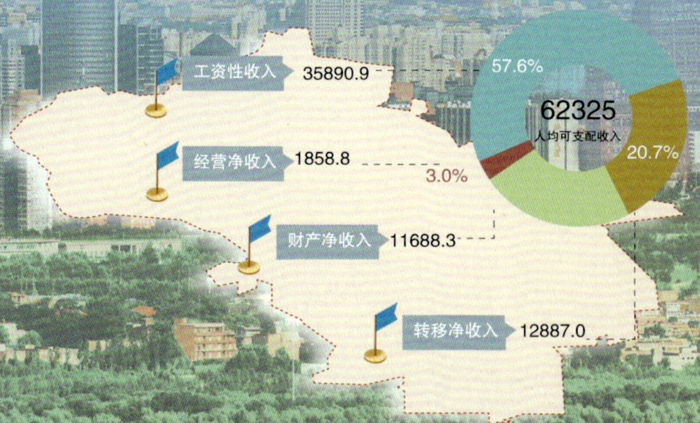

2015 年全区居民家庭每百户主要耐用消费品拥有量

2015 Annual Possession of Durable Consumer Goods Per 100 Households of Total Households

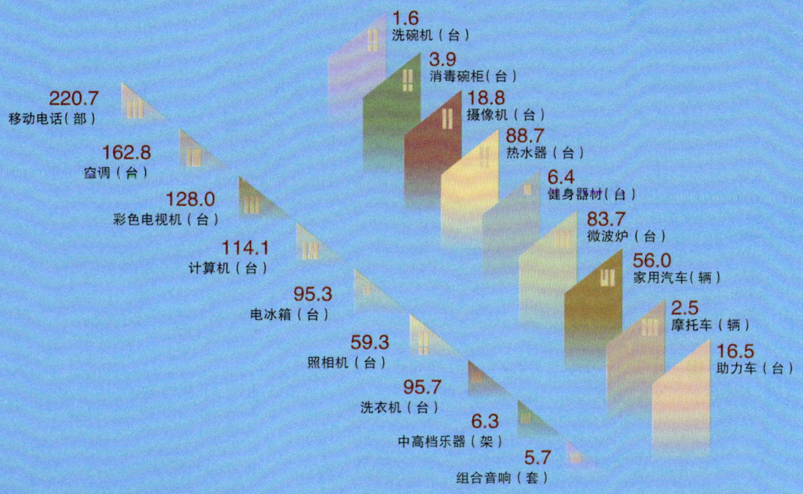

环境治理能力

Environment Management

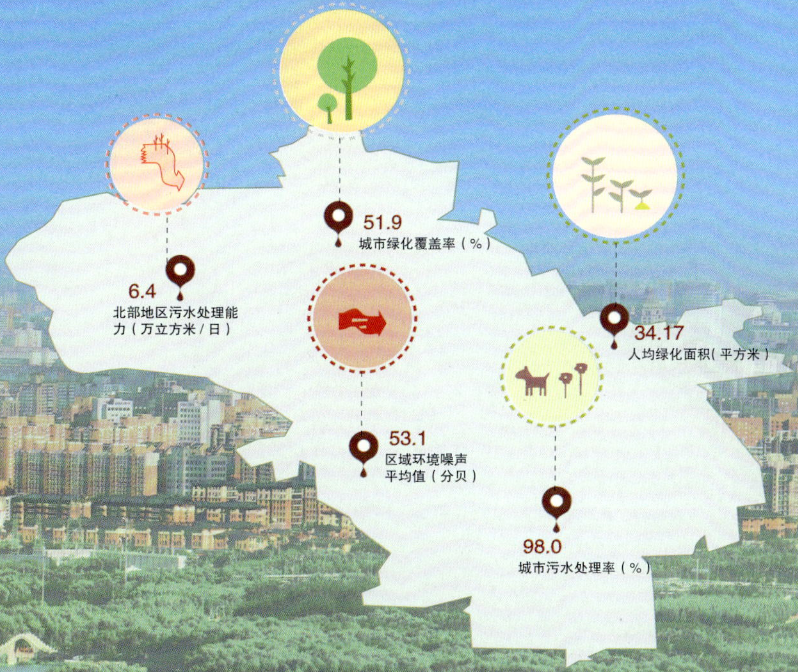

1月4日，区委书记隋振江（中）检查五道口商场的安全和创文工作(区新闻中心供图)

9月22日，区委书记崔述强（前右二）到大工村调研（田峰摄）

2月14日，区长孙文锴（前左一）带队检查加油站（区新闻中心供图）

10月10日，代区长于军（中）调研清河首农菜市场（区新闻中心 供图）

6月17日，区人大常委会主任关成启（前左二）调研老旧小区自我管理工作试点社区（区新闻中心 供图）

7月2日，区政协主席彭兴业（前排中）带队调研机器人产业发展情况（区新闻中心 供图）

1月6日，海淀区委十一届六次全体会议召开（区委宣传部 供图）

1月21日，海淀区街镇党（工）委书记抓基层党建工作述职评议考核会召开（区委宣传部 供图）

2月，海淀区获“全国文明城区”称号（区新闻中心 李瑞林 摄）

3月16日，海淀区部分正科级以上干部参加廉政法规考试（区纪委 供图）

4月9日，海淀英才高级研修班（第二期）培训现场（区委组织部 供图）

4月29日，海淀区开展“2015•人才服务公益行 京津冀区域（北京）人才交流洽谈会”活动（区人力社保局 王子寒 摄）

6月18日，海淀区举办统一战线大讲堂，学习贯彻中央统战工作会议和《中国共产党统一战线工作条例(试行)》精神(区委宣传部 供图)

7月16日，定慧东里社区居委会换届选举投票现场(区民政局 供图)

8月24日，“订单式”人才培养培训现场（区委组织部 供图）

自9月2日8时起，区政府在区应急指挥大厅设立海淀区抗战胜利纪念活动服务保障总指挥部，区委、区政府领导坐镇指挥（区应急办 供图）

9月8日，海淀法院抽选首批人民陪审员（区人民法院 供图）

2 月 5 日，区质监局执法人员开展商品条码检查（区质监局 罗莎 摄）

4 月 3 日，海淀国税局走进中关村创业大街车库咖啡，为“创客”提供服务（区国税局 供图）

8月11日，区食药监局对餐饮服务单位开展量化分级检查（区食药监局 张作如 摄）

9月21日，世界著名专业服务机构卢森堡毕马威入驻海淀园（海淀园 供图）

9月29日，海淀工商分局向创业大学生发出首份"一照一码"新执照（区政务中心 供图）

10月11日—30日，中关村创新创业季（2015）举行（区委宣传部供图）

10月21日，普查员在企业进行安全生产条件普查（区安监局 袁辉 摄）

12月16日，区政府与中国铁塔股份有限公司北京分公司签订战略合作协议（区新闻中心 田峰 摄）

北京林业大学物流服务中心推出的24小时智能快递柜——近邻宝(区商务委 供图)

百度二期产业项目完工(北部办 供图)

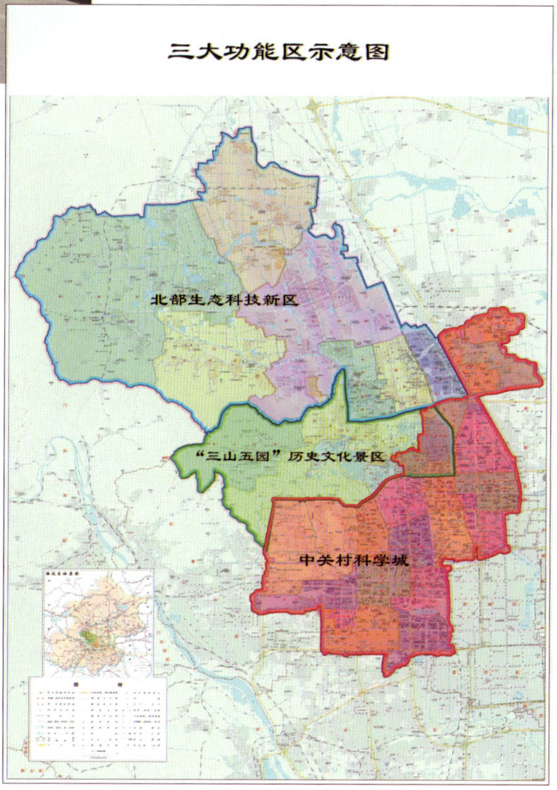

三大功能区示意图(区委宣传部 供图)

1月25日，由区体育局、河北省张家口市体育局联合主办的“助力申冬奥——海淀—张家口申冬奥城市冰雪挑战季”北京海淀站活动在首都体育馆开幕（区体育局 供图）

4月14日，清华附中男女篮球队蝉联2014—2015中国初高中男女篮球联赛全国总决赛冠军，图为男篮队员（清华大学附属中学 供图）

4月16日，二十中学成立教师心理资本提升团体小组，开展心理健康活动（二十中学 供图）

4月25日，北航2015年“冯如”文化节暨第二十五届“冯如杯”竞赛活动举办（北京航空航天大学 供图）

4月—6月，六一幼儿院举行庆祝建院70周年“爱的摇篮”系列活动。图为离退休老前辈与历届毕业生代表联欢（六一幼儿院 供图）

5月2日，海淀区举办“贝熙业之旅暨2015北京西山国际越野挑战赛”（区委宣传部 供图）

5月14日，在国际家庭日到来之际，海淀区家风故事汇在中科启元学校举行（区文明办 供图）

5月20日，2015中关村国际青年艺术节开幕（区新闻中心 田峰 摄）

6月，首师大附中舞蹈《勤学路》获北京市艺术节舞蹈比赛金奖（首都师范大学附属中学 供图）

7月25日，稻香湖景酒店“荷花节”非洲友人的舞蹈表演（稻香湖投资公司 朱波 摄）

9月9日，海淀区举行第31个教师节庆祝活动，在全市首次开展“有理想信念、有道德情操、有扎实学识、有仁爱之心”的“四有”教师评选，1000余名“四有”教师受到表彰（区教委 供图）

11月15日，中关村一小举办首届“葵园杯”笼式足球联赛（中关村一小 供图）

2015 年海淀区新春系列文化活动——“傲骨幽香”梅花、蜡梅迎春文化展活动在颐和园举办（区文化委 供图）

第五届中关村青年艺术节期间开展以“阅读凝固青春”为主题的青年阅读活动（区文化委 供图）

通过“以租代建”模式兴办的海淀首个公办民族幼儿园（区教委 供图）

中关村三小万柳新校区主体完工（区委宣传部 供图）

3月4日，“海淀女性”微平台上线（区妇联 供图）

5月12日，区城管执法监察局中关村执法监察队拆除楼顶违规广告牌（区城管执法监察局 供图）

7月9日，中关村归国留学人员联合会成立（田峰 摄）

8月6日，社区民警对社区团队力量进行实有人口信息核对工作培训（区流管办 供图）

8月16日，海淀区公安消防支队圆明园中队成立（区公安消防支队供图）

8 月 29 日，海淀交通支队集中开展夜查整治“惊雷行动”（海淀交通支队 供图）

9 月 3 日，团区委招募 90 名志愿者参与“中国人民抗日战争暨世界反法西斯战争胜利 70 周年纪念活动”志愿服务（团区委 供图）

甘家口智慧社区医疗养老健康管理指导中心为社区老人提供医养康服务（甘家口街道 供图）

八家南北线道路及市政配套工程完工（海融达公司 供图）

双清路改造（田峰摄）

田村路街道首个政企共建的社区级公益文化空间——阜四小院（田村路街道 供图）

8 月 9 日，区水务局推进清河 19 号院腾退（区水务局 供图）

8 月 20 日，街镇“四个一”工程——苏家坨镇紫云台香草园开园（苏家坨镇 供图）

10 月，北京京西稻作文化系统（海淀京西稻保护区）获“中国重要农业文化遗产”称号（区农委供图）

12 月 3 日，区质监局抽查燃煤（区质监局 罗莎 摄）

12 月 5 日，海淀区召开空气重污染应对工作部署会（区环保局 供图）

翠湖湿地公园二期绿化工程基本完成，面积 24.8 公顷（区园林绿化局 供图）

区水务局查处非法打井（区水务局 供图）

海淀区循环经济产业园再生能源发电厂项目建设完成（绿海能公司 丁尧 摄）

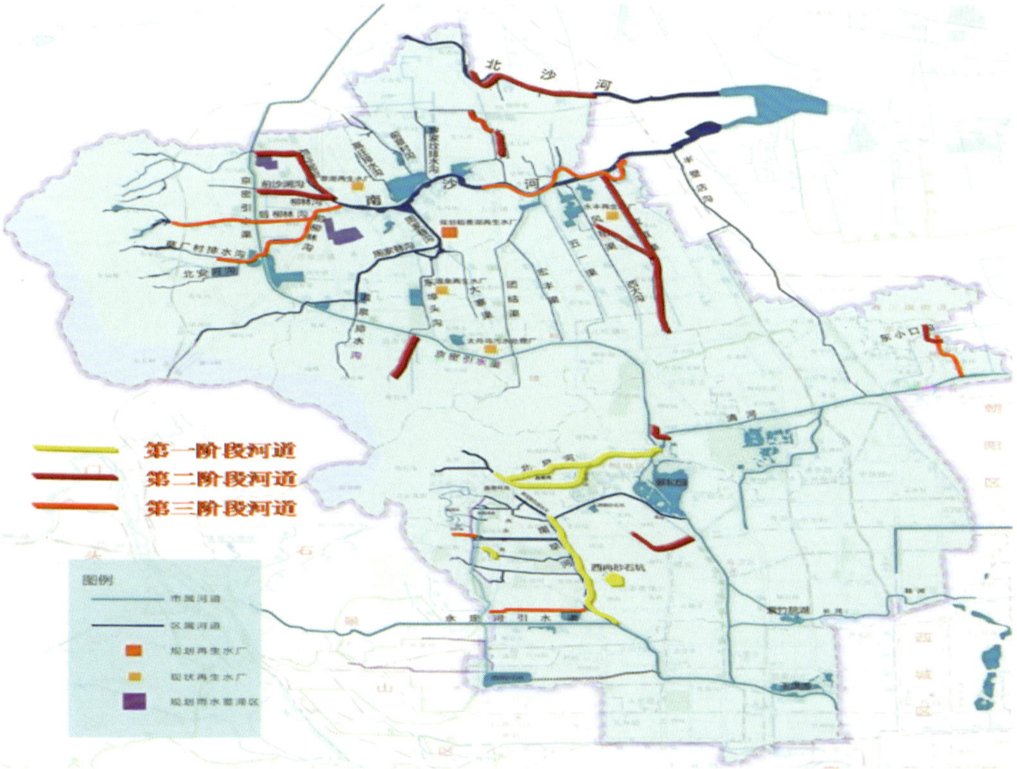

海淀区完成第一、二阶段中小河道治理，并组织实施三、四阶段 5 条中小河道治理（区水务局 供图）

温北路绿化（区新闻中心 田峰 摄）

田村路地区建成100个微型花园（田村路街道 供图）

目　　录

党和国家领导人与海淀

特　载

专　文

大 事 记

区情概述

中国共产党海淀区委员会

纪检监察

统战工作

政策研究

区直属机关党建

机构编制

老干部工作

党校（行政学院）

精神文明建设

党史研究

海淀区人民代表大会

综述

依法审议决定重大事项

重要会议

监督工作

人事任免

视察与调研

代表工作

海淀区人民政府

综述

外事

关系群众生活的31件实事

综合行政服务

人事管理

信息化城市服务管理

信访

机关事务管理

中国人民政治协商会议
北京市海淀区委员会

综述

重要会议

政治协商

视察与监督

社情民意信息

专门委员会工作

民主党派·工商联

中国国民党革命委员会北京市海淀区工作委员会

中国民主同盟北京市海淀区委员会

中国民主建国会北京市海淀区委员会

中国民主促进会北京市海淀区委员会

中国农工民主党北京市海淀区委员会

中国致公党北京市海淀区委员会

九三学社北京市海淀区委员会

台湾民主自治同盟北京市海淀区工作委员会

北京市海淀区工商业联合会

群众团体

海淀区总工会

共青团海淀区委员会

海淀区妇女联合会

海淀区文学艺术联合会

海淀区科学技术协会

海淀区归国华侨联合会

海淀区红十字会

法　治

政法委与综治工作

政法委工作

社会治安综合治理

司法行政

武　装

人民武装

人民防空

消防

中关村国家自主创新示范区核心区

综述

园区服务与管理

专业园区建设

产业与企业发展

经济信息化建设

国际交流与合作

园区投融资

中关村西区

园区党建

功能区建设

北部生态科技新区

“三山五园”历史文化景区

中关村科学城

综合经济管理

经济社会发展与经济调控

金融服务管理

统计

质量技术监督

安全生产监督管理

财政

税务

国家税务

消费者权益保护

工业

农业与农村经济

农业

农村经济管理

新农村建设

商业服务业·对外经济贸易

商业服务业

土地管理

房地产业与市政设施建设

城市管理与服务

公用事业和市政设施管理

市容环境

房屋管理

城管执法监察

交通运输管理

邮政

电信

电力供应

环境保护

园林绿化

环境卫生

水务

气象

防震减灾

科　技

教　育

综述

学前教育

基础教育

高等教育

职业教育

继续教育

民办教育

特殊教育

文 化

综述

文化事业

文化创意产业

文化设施建设

文化活动

文化市场监管

文化遗产保护

媒体传播

档案

地方志

卫生·体育

卫生

体育

社会民生

公共服务事业

人口和计划生育

劳动和社会保障

民族・宗教・侨务

民政

残疾人事业

社会建设

综述

社会领域党建

社区建设与管理

Contents

Democratic Parties and Federations of Industry and Commerce

People's Societies

Rule of Law

Armed Forces

Core zone of Zhongguancun National Innovation Demonstration Zone

Construction of Functional Regions

Comprehensive Administration of Economy

Agriculture and Rural Economy

Commercial Service Industry ·External Economy and Trade

Tourism

Urban and Rural Development

City Administration and Service

Science

Education

Culture

Health and Sports

Society and People's Livelihood

Social Development

Sub-Districts and Townships

People

Statistics

Appendix

Index

党和国家领导人与海淀

李克强考察中国科学院和中关村创业大街

5月7日，中共中央政治局常委、国务院总理李克强先后到中国科学院和北京中关村创业大街考察调研。他强调，推动大众创业、万众创新是充分激发亿万群众智慧和创造力的重大改革举措，是实现国家强盛、人民富裕的重要途径，要坚决消除各种束缚和桎梏，让创业创新成为时代潮流，汇聚起经济社会发展的强大新动能。

李克强到中科院物理所，听取基础研究和原创成果介绍，他走进超导实验室和电子显微镜实验室，对相关领域研发进展和设备自主研制情况表示肯定。李克强说，基础研究的深度和广度，决定着国家原始创新动力和活力，只有夯实这个"地基"，才能矗起国家核心竞争力的"大厦"。推动我国产业发展向中高端水平迈进，必须有基础研究支撑。要加大对基础研究的支持力度，攻克一批重大关键技术难题，以更多高水平原创性成果推动应用研究和产业升级。

李克强与院士和青年科学家代表交谈，祝贺中科院学部成立60周年。他说，大众创业、万众创新的兴起为广大科技人员施展才华提供了更加广阔的舞台，要坚守老一辈科学家的求真精神，形成奖掖后进的创新文化，不为名利所动，瞄准世界科技前沿，对接经济社会发展新需求，坐得住、钻得进、研得深，加强科技成果转化，在创新发展和全球竞争中争做领跑者。党和政府始终关心科研人员，要发挥体制机制创新的杠杆作用，让科研人员的智慧产生乘数效应，为他们解除后顾之忧，使他们获得与贡献相匹配的待遇和尊严，让创新旗帜高高扬起。

众创空间是互联网时代促进创新创业的新平台。李克强到中关村创业大街3W咖啡屋，与众多"创客"交流，询问他们的创业经历和创新想法，听到拉钩网介绍通过"互联网+"的方式促进100多万人就业，李克强予以肯定。他说，稳增长为的是保就业，创业创新是稳增长保就业的重要基础。全社会要积极创造条件，促进众创空间蓬勃兴起，推动各类创新要素融合互动，让一代"创客"的奋斗形象伴随着中国经济的升级，成为创新中国、智慧经济的重要标识。

李克强到联想之星，考察为科技人员创业创新服务情况，并与来自全国各地参加培训的创业者交流，李克强称赞这里不仅创造财富，而且培养创造财富的人。他说，当今时代，创业创新不再是少数人的专业，而是多数人的机会，要通过"双创"使更多的人富起来，实现人生价值。对创新创业的呵护和扶助，是最现实、最长远的发展之道和惠民之策。要使各类孵化器不当盆景，而是做苗圃成基地，为初创企业解燃眉之急，筑发展基础，让破土的幼苗长成参天大树。

李克强到中关村创业大街创业会客厅，对他们为小微企业和创业者提供法律、金融、人力资源、知识产权保护、创业场所等便捷优惠服务表示赞许。李克强说，当前中国经济发展正处于新旧动力转换的关键时期，要保持经济运行在合理区间，使新的增长点破茧而出，简政放权、放管结合、强化服务改革必须跑出加速度，这是政府的应尽职责，我们不仅要简政有力，把该放的放到位，更要在监管和服务上下功夫，持续为大众创业、万众创新清障搭台，释放中国经济的无限活力。

中共中央政治局委员、国务院副总理刘延东，中共中央政治局委员、北京市委书记郭金龙，全国政协副主席、致公党中央主席、科学技术部部长万钢参加上述活动。

李克强出席"全国大众创业万众创新活动周"活动

10月19日，中共中央政治局常委、国务院总理李克强在北京出席首届"全国大众创业万众创新活动周"活动，并考察中关村国家自主创新示范区展示中心主题展区。

为推动实施创新驱动发展战略、展示"双创"成果、提供平台促进创业创新要素聚集对接，在全社会营造良好氛围，经国务院批准，从2015年开始举办"全国大众创业万众创新活动周"。其间，北京、沈阳、上海、合肥、武汉、深圳、成都、西安等城市将同步开展系列活动。

李克强到中关村活动周启动仪式主会场，北京、辽宁、上海、安徽、湖北、四川、陕西、深圳等省市和计划单列市政府主要负责人通过视频汇报当地创业创新相关情况。5位创业创新者上台以点赞手势推出“双创”活动周标识。李克强发表即席讲话，他说，当前，中国发展进入新常态，正处在发展方式和新旧动能转换的关键期，要以大众创业、万众创新这一结构性改革激发全社会创造力，打造发展新引擎，2015年在世界经济低迷和金融市场动荡的情况下，前三季度中国经济增长6.9%，保持在7%左右，尤其是就业比较充分，其中“双创”起了重要支撑作用。“双创”也有力促进结构调整，将推动发展从过度依赖自然资源转向更多依靠人力资源，促进经济中高速增长、迈向中高端水平。

李克强分别到科技人员、基层群体和青年创业项目展区，看到高校师生研发的国内首台金属3D打印设备、脑起搏器等项目，以及基层工人和返乡农民等的创新成果，他勉励大家说，大众创业、万众创新首要在“创”，核心在“众”。在今天的互联网时代，无论“草根”还是精英，都可以投身创业创新，一展长才。“双创”也是收入分配改革和促进社会公正的切入点，可以增加大量就业岗位，为创业创新者提供更加公平的机会和通畅的上升通道，特别是让青年人有广阔的空间驰骋，让更多人通过自己的努力富起来。

在大型企业创业平台展区，海尔集团等企业介绍，他们借助“双创”实现升级发展，带来边际效益递增。李克强说，“双创”不是小微企业的专利，也是大企业的优势，要主动拥抱“双创”，通过众创、众包、众扶、众筹等新模式，带来大中小企业生产方式和组织管理模式变革，催生新的工业革命，这不仅将促进传统产业改造升级，也会推动现代服务业等新兴业态加快成长。

在听取几位海归博士的超薄柔性显示项目介绍后，李克强指出，“双创”需要全方位对外开放，不能闭门造车，要登高望远、放开胸怀，面向全球引进各种要素资源尤其是人才资源，发展颠覆性技术，与世界科技革命和产业变革深度融合，与各国创新彼此对接，实现合作共赢。

随着李克强现场按下按钮，全国首个专门服务于创新创业的网络众扶平台正式启动上线。他说，政府要做创业创新者的“后台服务器”，通过不断完善所需的公共产品和服务，不断清除制约“双创”的障碍，不断织牢民生保障之网，增强创业创新者试错的底气和勇气。同时，推动“双创”要注重实效，提高政策的协调性和针对性，把“双创”与简政放权、放管结合、优化服务有机结合，防止一阵风、走过场，尊重市场规律，注意保护知识产权，保护消费者权益，维护公平竞争，使产品和服务质量有保证、可提升，让“双创”扎扎实实向前推进。

李克强说，以创新赢得未来已成为这个时代的新共识，“双创”精神正在塑造当代中国人的新品格。“双创”活动周要成为创意交流、思想碰撞和成果转化的平台。祝愿那些优秀的初创项目，能在这里遇见各自的“天使”。希望大家用更多创业创新的故事为这个时代立传，续写中国发展新辉煌。

中共中央政治局委员、北京市委书记郭金龙，中共中央书记处书记、国务委员兼国务院秘书长杨晶，全国政协副主席、致公党中央主席、科学技术部部长万钢，全国政协副主席、中国人民银行行长周小川出席上述活动。

特　载

在区委十一届九次全会上的报告

中共海淀区委书记　崔述强

（2016 年 1 月 5 日）

这次全会的主要任务是，认真学习贯彻中央经济工作会议和中央城市工作会议精神，深入落实党的十八届五中全会、习近平总书记视察北京重要讲话精神和《京津冀协同发展规划纲要》，按照市委十一届八次、九次全会的部署要求，总结 2015 年工作，部署 2016 年任务，加快建设全国科技创新中心核心区，努力实现“十三五”良好开局。现在，我受区委常委会委托，向全会报告工作，请予审议。

一、总结回顾 2015 年，各项工作取得新成绩

2015 年以来，在市委坚强领导下，区委常委会深入贯彻落实习近平总书记系列重要讲话精神和中央及北京市对海淀工作的重要指示精神，坚持“四个全面”战略布局，坚持稳中求进工作总基调，牢牢把握首都“四个中心”城市战略定位，统筹推进稳增长、促改革、调结构、惠民生、疏功能、减人口和创新发展各项工作，圆满完成了“十二五”规划各项目标任务，经济社会发展各方面都迈上了新台阶。一年来，重点抓了以下几个方面的工作。

一是部署落实《京津冀协同发展规划纲要》。中共中央、国务院发布《京津冀协同发展规划纲要》之后，市委召开了十一届七次全会，审议通过了贯彻落实意见。区委常委会认真学习贯彻中央和市委决策部署，及时召开了区委十一届七次全会，对推动京津冀协同发展做出全面部署，成立了推进京津冀协同发展领导小组，出台了落实市委意见的若干措施，明确了工作思路、目标任务和重大举措，全区上下形成了广泛共识，增强了思想自觉和行动自觉。我们把疏功能减人口作为重中之重来抓，坚持疏存量与控增量并举，制定实施更为严格的产业禁限目录，加大低端业态疏解，腾退中关村西区低端电子市场商户 316 家，关停京西板材市场等商品交易市场 36 家、废旧物品回收市场 95 家，退出不符合首都功能定位的企业 622 家，拆除违法建设 165 万平方米，整治地下空间 196 处。开展 5%人口抽样调查摸底，顺利完成市、区两级市场关停撤调任务和市里下达的人口调减任务。

二是统筹谋划“十三五”发展规划。常委会把谋划“十三五”时期经济社会发展作为全区的一件大事来抓，先后多次召开常委会、专题会、四套班子工作务虚会，统筹研究谋划“十三五”发展一系列重大问题，开展了 28 个规划前期重点课题研究，取得了一批重要成果。为增强规划的科学性、指导性，专门召开多场座谈会，认真听取基层党代表、离退休老干部、人大代表、政协委员、党外人士及相关领域专家的意见和建议，广泛凝聚各方智慧，推动区委规划建议起草工作。2015 年 12 月 4 日至 5 日，召开了区委十一届八次全会，审议通过了“十三五”规划建议，明确了海淀区未来五年发展的指导思想、主要目标、重点任务、重大举措，描绘了发展蓝图，为未来全区科学发展指明了前进方向，奠定了坚实基础。

三是深入开展“三严三实”专题教育。认真贯彻落实中央和市委决策部署，多次召开常委会、专题会、中心组学习会，研究部署“三严三实”专题教育，制定了在处级以上领导干部中开展“三严三实”专题教育的实施方案。按照深入学习教育、突出问题导向、贯彻从严标准、坚持以上率下、确保取得实效的要求，区委领导带头讲党课，带头学习研讨，带头查找不严不实问题，充分发挥了示范表率作用。区人大、区政府、区政协党组和各处级领导班子紧紧围绕集中学习、党课报告、专题研讨、查摆整改等关键环节，把专题教育同推进全区改革发展重点工作相结合，同“为官不为、为官乱为”专项整治相结合，统筹推进，增强了践行“三严三实”的思想自觉和行动自觉。

四是以科技创新推动经济持续健康发展。主动引领经济发展新常态，把科技创新摆在构建“高精尖”经济结构的核心位置。加快“一城三街”建设，研究推动中关村大街改造提升发展规划，推进北京协同创新研究院、军民融合产业园、国家技术转移中心等重点平台建设，举办“双创周”和“双创季”活动，持续优化创新创业环境，高端创新要素加快聚集，新业态、新产品、新技术、新模式不断涌现，创新资源聚集辐射和示范引领能力进一步增强，形成了“大众创业、万众创新”的新格局。全年新增跨国公司地区总部5家，新增上市挂牌企业183家，众创空间达到49家。发明专利授权量1.45万件，同比增长25.6%。充分发挥重大项目的牵引带动作用，统筹推进南部中关村科学城、中部“三山五园”历史文化景区、北部生态科技新区三大功能区建设，功能疏解、“城市病”治理、生态环境建设等领域投资占比提高到63%，投资结构进一步优化，一批重大项目建设取得实质性进展。加快国家科技金融创新中心建设，互联网金融机构超过240家，金融、信息、科技、教育等现代服务业和战略性新兴产业对经济增长的贡献显著增强。圆满完成2015年经济社会发展目标任务，地区生产总值预计实现4610亿元左右，同比增长7.5%左右；居民人均可支配收入达到5.4万元，同比增长8%；区级一般公共预算收入实现357.5亿元，同比增长13.1%；万元地区生产总值能耗、水耗分别下降2%、4.2%，全区经济发展持续呈现稳中有进、进中向好态势。

五是扎实推进全面深化改革工作。落实中央、市委各项改革部署，召开改革领导小组全体会4次、专题会2次，完善了重点任务督办制度、重点任务考评制度、专家咨询制度，完成62项重点改革任务。成立了区委推进京津冀协同发展领导小组和区委教育改革与发展领导小组，调整经济体制与政府职能专项改革工作组相关职能，设立区属国资国企专项改革工作组，建立健全了组织机构和工作制度。编制了行政审批权力清单和责任清单，完善了便民事项“同区通办三级联动”政务服务体系，实施固定资产投资并联审批模块化改革试点，在“三证合一”基础上，全面实现企业设立“一证一码”。深入推进教育学区制改革，全区中小学全部纳入学区统筹管理。统筹推进文化、医疗、卫生等重大民生领域的改革，完成第一批事业单位改革任务。四季青镇整建制农转非市级改革试点项目取得重大突破。

六是努力提高城市建设管理水平。加大生态环境和城市环境治理力度，提升城市服务保障能力，创建成为“全国文明城区”。圆满完成了纪念中国人民抗日战争暨世界反法西斯战争胜利70周年、世界田径锦标赛等重大活动服务保障任务。开展交通治堵，实施疏堵点整治改造，完成一批重点道路工程建设。健全文明城区建设长效机制，推进管理重心下移，深入开展环境综合治理。玉泉山周边地区环境建设取得重大进展，一亩园地区搬迁腾退基本完成。推进“山水林田湖”系统治理，完成翠湖湿地公园二期绿化、西山森林景观提升和一批公共绿地建设等28项绿色空间工程，城市绿化覆盖率达到51.6%。在全市率先实行“河长制”，推进10条河道的生态治理，全区5个跨界水体断面水质综合达标率提升20个百分点。基本建成大工村再生能源发电厂和稻香湖再生水厂。调整退出工业企业9家、老旧机动车4.9万辆。

七是大力加强民主法治建设。积极支持区人大及其常委会依法履行职能，改进和创新监督方式，提高人大代表建议办理实效；召开区委第四次人大工作会议，提出了关于加强和改进人大工作的若干意见。高度重视发挥区政协作为协商民主重要渠道和专门协商机构的作用，支持政协组织围绕中心工作开展调查研究，丰富协商民主内容，凝聚社会共识。加强统战工作，支持民主党派、工商联、无党派人士充分发挥作用。加强工会、共青团、妇联等群团工作，充分调动各方面的积极性，荣获“全国未成年人思想道德建设先进城区”称号。加强对政法工作的领导，推进司法体制改革，深化“平安海淀”建设，完善治安防控体系，加强信访工作和矛盾纠纷排查化解，开展安全生产大检查，群众安全感综合测评连续九个季度位居城六区第一。加强基层民主政治建设，圆满完成第九届社区居委会换届选举工作。加强国防和后备力量建设，开展双拥共建，巩固了军政军民团结。

八是持续加大改善和保障民生力度。以保障和改善民生为重点，大力推进社会建设，努力增进人民福祉。努力扩大办学空间，增加优质教育资源供给，促进教育优质均衡发展。推进现代公共文化服务体系建设，成功获得国家公共文化服务体系示范区创建资格，推动文化创新，发展文化创意产业，打造文化品牌。深化公立医院改革，在全市率先实现辖区居民就医医联体全覆盖，开展社区全科诊疗服务模式市级综合改革试点，形成了分级诊疗服务体系。扩大社会保障覆盖面，完善社会救助体系，就业、养老、助残、优抚事业稳步发展。统筹推进老旧小区、平房棚户区整治改造，努力改善居民居住条件。京昌路楔形绿地棚户区改造项目全面启动，取得突破性进展。加强社会服务管理创新，探索创新回迁安置社区治理模式，荣获“全国社区治理和服务创新试验区”称号。

九是认真履行从严管党治党责任。坚持区委、区政府理论中心组学习制度，推进学习型党组织建设，着力强化理论武装。加强宣传思想工作，围绕社会主义核心价值观、纪念抗战胜利70周年、京津冀协同发展等主题深入开展宣传活动，巩固壮大了主流思想舆论。严格落实党风廉政建设责任制，研究制定区委落实党委主体责任和纪委监督责任的实施意见，采取责任评估、述责述廉、约谈、检查考核、责任追究等方式，逐级传导责任。对19名履责不力干部进行追责。严明党的纪律和规矩，驰而不息纠正“四风”，严肃查处并通报曝光违反中央八项规定精神典型案件。开展“为官不为、为官乱为”专项治理，保持惩治腐败高压态势，全年新立案167件，给予党纪政纪处分138人，同比分别上升111%和92%。着力整治和查处群众身边的不正之风和腐败问题，查处“小官贪腐”案件66件。

根据市委要求，下面把全年干部选拔任用工作情况向全会简要报告。2015年，区委严格执行新修订的《党政领导干部选拔任用工作条例》和中央、市委有关规定，有针对性地调整优化处级领导班子。常委会专题研究干部工作22次，对所有人选进行了常委会票决。共调整处级领导干部205名，其中正处级领导干部61名，副处级领导干部144名；提拔79名，交流52名，改任74名。提拔处级非领导干部286名，其中调研员65名，副调研员221名，包括行政团职军转干部142名。起草海淀区领导班子建设实施方案，提出了乡镇干部队伍建设、年轻优秀干部培养选拔的指导性意见，制定出台了规范区管干部动议提名推荐人选相关制度，实行党（工）委（党组）书记、纪（工）委书记（纪检组长）“双签”提名制，明确了党（工）委（党组）和纪（工）委（纪检组）双重把关责任。将人选考察审核关口前移，实行干部档案“凡提必核”、个人有关事项报告“凡提必查”、纪检监察机关意见“凡提必听”、廉政法规知识“凡提必考”，同时深入单位与人选见面，近距离考察日常表现，严防“带病提拔”。把从严监督管理贯穿全过程，开展个人有关事项报告抽查核实，对未如实申报的干部及时教育、提醒。

同志们，2015 年成绩来之不易！这些成绩的取得，是市委正确领导、全区各级党组织和广大党员干部扎实工作的结果。在此，我代表区委常委会向大家表示衷心的感谢！

二、深刻认识当前形势，把握今年工作总体要求

今年是决胜全面建成小康社会的开局之年，是落实区委“十三五”规划建议的开局之年，是推进结构性改革的攻坚之年，也是推动京津冀协同发展的关键之年。要深刻认识当前形势，抓住机遇，迎接挑战，努力开好局、起好步。

一要深刻领会中央和市委的决策部署。中央召开了经济工作会议和城市工作会议，习近平总书记、李克强总理在会上分别作了重要讲话，围绕经济工作和城市发展工作提出了很多新思想、新论断、新要求，为我们做好当前和今后一个时期的各项工作提供了重要指南。市委刚刚召开了十一届九次全会，郭金龙书记对贯彻落实中央决策部署、抓好全市各项工作提出了明确要求。我们要认真学习、深刻领会，切实把思想和行动统一到中央和市委的部署要求上来，紧密结合海淀实际，主动引领新常态，实现新作为。

二要紧紧抓住当前面临的历史机遇。从“十二五”发展来看，我区经济年均增速和城乡居民收入年均增速均超过10%，财政收入年均增速超过12%，高端创新要素正在加快聚集，发展动力转换和经济结构调整呈现良好态势，我们有基础、有条件、有潜力引领支撑首都新一轮创新发展。中央和市委明确了海淀是首都中心城区的功能定位，为我们各项工作确立了根本指针。京津冀协同发展国家战略的实施，为我们疏功能减人口、挖潜发展空间、提高发展质量和水平提供了历史机遇。市委要求我们积极探索中关村国家自主创新示范区与全国科技创新中心融合发展的新路径，为加快全国科技创新中心核心区建设指明了方向，提供了动力。

三要深刻认识海淀发展面临的新挑战。当前，我们站在了继往开来的新起点，要清醒地认识发展中存在的深层次矛盾和问题，疏功能、减人口、谋创新、求发展的任务还很艰巨，创新创业资源优势转化为“高精尖”经济增长优势还需要下大力气，科技创新的引领和辐射带动能力还有待增强。特别是交通拥堵、水污染、违法建设、城市脏乱差等一系列环境问题还很突出，城市环境与全国科技创新中心核心区和首都中心城区的功能定位还很不适应，这对我们的城市管理水平和城市治理能力提出了严峻挑战，必须采取有效措施逐步加以解决，积小胜为大胜，为海淀新一轮科学发展打好基础。

四要牢牢把握今年工作的总体要求。今年全区工作的总体要求是：按照中央和市委的决策部署，始终坚持创新、协调、绿色、开放、共享五大发展理念，牢牢把握首都中心城区功能定位，牢固树立并不断深化“海淀区就是核心区、核心区就是海淀区”的理念，统筹推进疏功能减人口和创新发展，积极探索中关村国家自主创新示范区与全国科技创新中心融合发展的有效途径，着力加快全国科技创新中心核心区建设，加强供给侧结构性改革，优化“高精尖”经济结构，加强“四个服务”，提高城市治理能力，切实保障和改善民生，努力实现“十三五”良好开局。做好全年工作，必须重点把握好以下五个方面：

一是必须服从服务好党和国家工作大局。正确认识和处理好国家战略、全市发展大局和自身发展的关系，不断提高“四个服务”质量，这是我们义不容辞的责任和担当。二是必须牢牢把握首都中心城区功能定位。紧紧围绕这个定位来谋划和推进相关工作，旗帜鲜明、坚定不移地疏功能减人口，服务保障好首都核心功能，这是中央和市委对我们工作的基本要求。三是必须举全区之力加快全国科技创新中心核心区建设。进一步深化认识，统一思想，无论想问题、还是作决策，都要有利于加快全国科技创新中心核心区建设，持续推进“大众创业、万众创新”，积极培育经济增长新动能，主动承担起引领带动全国、全市创新发展的责任，这是国家和北京市对海淀的新期待、新要求，也是海淀发展的重要支撑。四是必须大力推进供给侧结构性改革。认真贯彻落实中央和市委关于加强供给侧结构性改革的决策部署，结合海淀发展实际，用好用足国家政策，科学高效配置资源要素，加大新产品、新技术研发和推广应用力度，提高供给体系质量和效率，实现由低水平供需平衡向高水平供需平衡的跃升。五是必须努力提高城市建设管理水平。立足首都中心城区功能定位，主动对接好新修编的城市总体规划，以更大的决心、更实的举措推进“大城市病”治理，全面提高区域治理能力，让群众切实体会到治理交通拥堵、水污染、环境卫生等方面的明显成效。

三、围绕重点任务抓落实，努力实现良好开局

做好全年工作，既要统筹全局、认真研究谋划，又要突出重点、狠抓工作落实。要在以下方面有所作为。

第一，在疏功能减人口上要有新进展。要把疏功能减人口作为重中之重，建立以结果为导向的考核机制，主动担当，自我加压，把事情做起来、工作干起来，一步一个脚印地抓好任务落实，坚决完成今年常住人口调减任务。要坚持以水定城、以水定人，全面梳理区域水资源、产业结构、土地利用、基础设施、公共服务配套等基础情况，加强与周边地区对接合作，分领域制定产业、市场、教育、医疗、事业单位等详细疏解方案和针对性措施，制定折子工程，细化责任分工，明确减人目标要求、时间节点和责任人，强化街镇属地责任和部门工作责任，强化督查考核，严格责任追究。要突出抓好年度重点疏解项目，坚决疏解一批不符合首都功能定位的低端业态和有形市场，尽快见到成效，发挥好示范带动作用。要算好人口、资源、环境平衡的大账，严格落实新增产业禁限目录，坚决守住各类功能禁止和限制底线，在功能、项目上多做减法、少做加法，杜绝今天的项目成为明天的问题和负担。

第二，在核心区建设上要有新作为。要主动深化先行先试政策落实和改革创新，深入开展中关村创新创业季品牌活动，加快科技投融资、成果转化、资源共享、创业服务等平台建设，建立高效的产学研用协同创新体系、军民融合创新体系、央地融合创新体系和京津冀协同创新体系，加快国家科技金融创新中心、中关村并购资本中心建设，深化国家知识产权示范区建设，加强知识产权保护和商用化，探索推动知识产权金融服务创新，营造国际一流的创新创业环境，聚智、聚资、聚人才，搭平台、接任务、出成果，全面提升自主创新能力。要以创建国家全面创新改革试验区为契机，更加注重重点领域和关键环节的原始创新，突破一批核心、共性和基础性技术。要加快建设“一城三街”，改造提升区域环境和功能，深入推进“大众创业、万众创新”，以中关村科学城为核心、中关村大街为主脉，以中关村大街、知春路、学院路等三大街区为集聚区，强化中枢、带动北部、辐射南部，在全区范围内全面打通科技创新产业布局和服务链条。要培育一批创新型领军企业和龙头企业，增强科技创新对经济发展的支撑能力和贡献度。要加快中关村人才特区建设，汇聚高端人才，充分调动企业家、各类创新人才和创业者的主动性、创造性，促进更多创新成果转化为现实生产力。要主动做好高端人才、高技术企业、科研院所、中央单位的服务保障工作，创新服务机制，优化服务环境，不断提高“四个服务”和协同建区的能力和水平。

第三，在经济提质增效上要有新成效。要多措并举，确保实现经济中高速增长。要充分发挥科技创新优势，提高科技创新对经济增长的贡献，推进中关村智造大街建设，做强做大集成电路设计、智能硬件、节能环保、生物医药等战略性新兴产业，发挥好支撑作用。要深入开展“双创”行动，强化人才、金融、公共平台、知识产权服务，支持众创、众包、众扶、众筹，促进新技术、新产业、新业态发展，拓展经济发展新空间，挖掘新的增长点。要加强供给侧结构性改革，做优存量企业，壮大一批大企业集团，发挥好带动作用。要加快科技金融服务、高端商务服务和信息服务等生产性服务业发展，打造服务品牌。要瞄准高端化、多元化、个性化消费市场，充分发挥区属国有商业企业、集体企业的作用，面向居民需求培育消费热点，完善“一刻钟社区生活服务圈”，加快传统商业转型升级，培育新型服务业态，提高生活性服务业品质。要实施重大项目带动战略，优化投资结构，创新政府和社会资本合作模式，加快一批重大项目落地，扩大生态环境建设、城市环境治理、功能疏解、棚户区改造等重点领域的有效投资，提高投资精准性，增加公共产品供给，强化持续增长动力。要进一步简政放权，优化政府服务，降低企业成本，减轻企业负担，增强企业创新能力，提升供给质量和效率。

第四，在城市治理能力上要有新提高。要巩固拓展文明城区建设长效机制，突出建管并重，更加注重科学管理、精细管理、系统治理，加快构建“大城管”体制，推动社会服务、城市管理、社会治安三网融合，努力探索城市治理新模式。要坚决打好交通治堵攻坚战，创新政策、多措并举控制机动车使用强度，加强交通基础设施和道路微循环系统建设，实施一批疏堵点位改造工程，抓好停车管理，坚决治理私设地桩、违规占道等行为。要下大力气抓好“门前三包”，持续开展“打非治违”专项行动，坚决整治地下空间、群租房，严管露天烧烤、露天焚烧，确保拆除违法建设不少于150万平方米。要统筹好各方面政策、资源和资金，加快玉泉山周边等重点区域环境整治，深化科学城地区业态调整，抓好城中村、平房棚户区、老旧小区、边角地整治改造，加快北部地区村庄腾退、保留村就地改造、“一镇一园”重大项目和基础设施建设。要全面开展农村人居环境综合整治，有序推进“农转居”，加快城市化进程。

第五，在生态环境建设上要有新推进。要践行绿色发展理念，开展“山水林田湖”自然空间统一确权登记，加快实施能源和水资源消耗、建设用地等总量和强度双控行动，探索实行领导干部离任自然资源资产和环境责任审计。要加快城市绿道、公共绿地、北部生态绿心、南沙河绿色生态走廊建设，实现规划建绿、拆违还绿、多元增绿。要以最坚决的态度、最严格的办法措施开展水系治理行动，改革创新体制机制，加大投入，统筹推进集雨、截污、节水、水环境提升工程，大幅度减少污水直排。要加快再生水厂等基础设施建设，深化河流截污治污、生态修复工程。加强中小河道治理，完善水环境管护长效机制。要加大压减燃煤、控车减油、治污减排、清洁降尘力度，下大力气控制和减少各类污染源，强化空气重污染应急联动，进一步改善空气质量。要健全垃圾分类管理体系，加快终端设施建设，提升垃圾处理能力。

第六，在民生共建共享上要有新思路。要把“三严三实”专题教育整改落实与保障改善民生紧密结合起来，充分发挥大数据、“互联网+”的技术优势，多为群众办好事、办实事。要创新公共服务供给方式，凡是通过购买服务能够提供的公共服务，政府都应不再直接承办。要加快教育改革，创建全面深化教育综合改革实验区，完善学区制治理模式，全面实施中小学校办学条件达标工程，扩大优质教育资源供给。要贯彻落实中央扶贫开发工作会议精神，创新扶贫帮困方式方法，加大失业人员、残障人员、低收入家庭的个性化、精准化、针对性帮扶力度，帮助他们解决实际问题，保障好他们的基本生活。要积极应对人口老龄化挑战，探索多元化养老模式，推进智慧社区养老服务试点，健全养老服务体系，持续增加养老服务供给。要深化医疗卫生体制改革，积极推进国家卫生城区创建工作，提高医疗卫生服务水平。要以冬奥会筹办为契机，统筹推进体育事业和体育产业发展。要深化社会治理体制改革，调整优化街镇职能和工作重心，创新社区治理模式，推动各街镇均衡、优质、特色化发展，完善

"枢纽型"社会组织，加强"海淀网友"互动平台和志愿者队伍建设，加快形成共建共享社会治理新格局。

第七，在文化建设发展上要有新举措。要大力弘扬社会主义核心价值观和爱国主义精神，深化精神文明创建活动。要加快国家公共文化服务体系示范区建设，推进新海淀区博物馆、区非遗保护中心建设，实现基层综合文化服务中心全部达标。要统筹区域文化资源，加大文化惠民力度，增加优秀公共文化产品供给，打造特色文化品牌。要推进重点文物开发利用，打造文物利用示范工程。要加强历史文化保护，传承延续好历史文脉，留下老北京记忆。要加快建设西山历史文化带，启动一批高端文化旅游项目，提升文化旅游品质。要积极推动故宫北院区、国家文物保护装备产业基地等具有带动性、引领性的重点文化项目建设。要实施"文化+"战略，推进文化创意与相关产业融合发展。要积极组建京津冀三地文化产业联盟，打造京津冀文化创意产业聚集区，增强文化创意产业对经济增长的贡献。

第八，在民主法治建设上要有新进步。要加强和改进人大监督工作，充分发挥人大讨论决定重大事项的作用和预算审查的职能，健全人大代表联系群众的平台和工作制度。要充分发挥政协作为协商民主重要渠道和专门协商机构的作用，不断拓展协商内容、丰富协商形式，围绕全区改革发展重大问题，精选议题，开展广泛协商、建言献策，提高协商民主制度化、规范化、程序化水平。要筹备召开好区委第五次政协工作会，就进一步加强新形势下的政协工作出台专门工作意见。要实施政府权力清单、负面清单制度，加快建设法治政府。要继续支持法院、检察院抓好司法体制改革试点工作，确保司法公正。继续完善立体化治安防控体系，提高社会治安、反恐防暴动态管控水平和应急处突能力。要强化城市运行安全保障，加强信访矛盾排查调处，切实维护社会安全稳定。要落实好中央、市委统战工作会议和群团工作会议精神，加强统战工作和群团工作，协调各方关系，凝聚多方力量。要加强基层民主政治建设，抓好第十届村委会换届选举工作。要加强国防教育，搞好国防后备力量建设，进一步提高双拥共建水平。

第九，在全面深化改革上要有新突破。要抓好已经出台的各项改革措施精准落地，制定实施好年度重点改革任务，明确目标、措施、时间节点、责任单位，落实好督办责任制和评估机制。要着眼解决市场体系不完善、政府干预过多和监管不到位的问题，深化行政管理体制改革、科技园区管理体制改革、区属国有企业改革、投融资体制改革，积极适应核心区发展新要求，助力实体经济发展。要坚持问题导向，聚焦疏功能减人口、交通治堵、环境整治、民生服务、农村城市化、集体经济发展等重点领域和关键环节，深入开展调查研究，推出一批力度大、措施实、接地气的硬招实招，努力破解经济社会发展中的难点问题。要进一步扩大开放，积极融入"一带一路"建设，支持有条件的高科技企业"走出去"，通过跨国并购、股权投资在全球布局产业链。

四、加强党的建设，为各项工作提供坚强保障

做好今年工作，必须深入落实从严治党要求，巩固拓展"三严三实"专题教育成果，全面加强党的思想建设、组织建设、作风建设、反腐倡廉建设、制度建设，为"十三五"开局提供坚强保障。

第一，要切实担负起党建工作责任。全区各级党组织要自觉扛起党建工作责任，党委（党组）书记要切实履行第一责任人职责，班子成员要认真执行"一岗双责"、落实好分管领域党建工作责任，职能部门要履行各自组织协调督促检查责任，深化"三级联述联评联考"机制，层层抓责任落实，形成纵向到底、横向到边、无缝衔接的责任链条。

第二，要加强领导班子和干部队伍建设。要加强各级领导班子思想政治建设，把政治纪律和政治规矩挺在前面，强化党员干部的理想信念、纪律观念和规矩意识。要落实好领导班子建设实施方案，做好处级领导班子调整配备工作，增强领导班子整体活力。要从严教育、管理、监督和考核评价干部，进一步改进干部培养、使用和选拔工作，更加注重干部品德、能力和实绩的考察评价，更加注重提升各级干部的国际化素养，培养干部服务国际交往的能力，为建设具有全球影响力的科技创新中心核心区打造一支过硬的干部队伍。要坚持激励和约束并举，旗帜鲜明地支持鼓励踏实干事、务实清廉的干部，更加注重关心关爱干部，帮助解决干部的实际困难和问题，充分调动基层干部干事创业的积极性、主动性。

第三，要加强意识形态工作。要强化党委抓宣传思想工作的责任，把好方向、管好阵地、讲好故事。要围绕落实城市功能定位、京津冀协同发展、核心区建设等全区大局和中心工作，深化拓展宣传工作方式方法，加大正面宣传力度，弘扬主旋律，传播正能量，巩固壮大主流思想舆论。要牢牢掌握意识形态工作领导权、管理权、话语权，把握好社会心理，把握好舆论宣传的时、度、效，加强新媒体特别是网络阵地管理，做好社会热点问题和重大敏感问题的新闻策划协调，主动发声，划清是非界限、澄清模糊认识，有针对性地提升舆论引导能力。

第四，要持续深化作风建设。要按照中央和市委的部署要求，继续深化"三严三实"专题教育，开好民主生活会和组织生活会，开展好批评和自我批评，推进党性分析、民主评议常态化，在思想交锋中找准问题，在互帮共勉中增进团结，在批评与自我批评中强化政治意识、纪律意识和规矩意识。要认真制定整改方案，坚持以问题为牵引，找出"痛点"，瞄准"靶心"，排出任务书、时间表、责任人，以钉钉子精神抓好整改落实，抓好建章立制，强化问责，治庸治懒，推动形成"严"和"实"的作风建设长效机制。

第五，要加强基层党组织建设。要坚持以服务为主线，统筹抓好各领域基层党组织建设，进一步发挥基层党组织战斗堡垒作用和党员先锋模范作用。要继续推进软弱涣散基层党组织整顿工作，完善基层党建工作考评体系，加强三级党群活动中心建设，提升基层党组织引领发展和服务群众能力。要继续加强非公领域党组织建设，理顺社会组织党组织管理机制，推动实现社会领域党组织全覆盖。要抓好典型培育，深入开展“五型五好”基层党组织创建活动，发挥好示范引领带动作用。

第六，要加强党风廉政建设。要坚决落实全面从严治党责任，层层压实责任，严格责任追究，推动主体责任落地生根。要严明党的纪律和规矩，把学习贯彻中央新修订的《廉洁自律准则》和《纪律处分条例》作为重要政治任务来抓，推动党员干部牢固树立高线和底线意识。要强化内部约束，落实民主集中制、“三重一大”“一把手”不直接分管人事和财务制、重大事项“一把手”末位表态制等制度。要加强腐败现象易发多发领域及民生领域的廉政风险防控，强化权力运行的监督和制约。拓宽监督渠道，推动党内监督常态化，有效发挥人大监督、审计监督、司法监督、舆论监督的作用。要驰而不息纠正“四风”，以零容忍态度惩治腐败，形成不敢腐的持续震慑，着力解决群众身边的不正之风和腐败问题，营造风清气正的政治生态。此外，今年是换届年，从镇到区四套班子都要换届选举，这是我区政治生活中的一件大事，要提前做好相关筹备工作，确保换届风清气正。

同志们，今年各项工作任务繁重。我们要在市委的坚强领导下，始终保持勇于担当、奋发有为的精神状态，团结一切可以团结的力量，开拓进取，扎实工作，加快建设全国科技创新中心核心区，为“十三五”时期开好局、起好步，为首都建设国际一流的和谐宜居之都做出新的更大贡献！

政府工作报告

——在海淀区第十五届人民代表大会第六次会议上

海淀区人民政府代区长 于 军

（2016年1月11日）

各位代表：

我代表海淀区人民政府向大会报告工作，并对“十三五”规划纲要（草案）作说明，请予审议。

一、2015年工作回顾

一年来，在市委、市政府和区委的坚强领导下，在区人大、区政协的监督帮助下，我们直面挑战、攻坚克难，抢抓机遇、主动作为，“瘦身健体”、提质增效，成功创建全国文明城区，年度和“十二五”主要目标任务顺利完成，经济社会发展迈上了新台阶，为“十三五”区域发展奠定了坚实基础。

一年来，我们主要做了以下几方面工作：

（一）深入开展非首都功能疏解

一是率先落实京津冀协同发展战略部署，成立工作领导小组，强化顶层设计，出台《关于落实市委市政府贯彻京津冀协同发展规划纲要意见的若干措施》，从8个方面明确未来3~5年的工作目标、具体措施和任务分解。二是严控增量，疏解存量。严格执行市级新增产业禁限目录，调整退出9家工业企业；业态调整鼎好、海龙等电子市场商户316家、1.6万平方米；关停西郊汽配城等有形市场131家，减少营业面积约40万平方米、摊位6000余个，同时全力保障居民日常生活需要，在关停市场周边新建改建蔬菜零售网点56处，售菜面积约5000平方米。清理整治集体土地上不符合首都功能定位的企业622家。积极与房山、延庆等接洽，引导产业项目在本市有序转移。以产业转移为牵引，带动教育、医疗等功能向京外有序疏解。三是多措并举着力调控人口规模。遏制查处违法用地违法建设，拆除唐家岭村南违建公寓等违法建设1050处、165万平方米；查处无照经营3.6万余起；清理整治地下空间196处、违法群租房2385处。完成风机二厂等出租大院综合整治。实施实有人口信息采集核对，利用大数据开展人口动态监测；在全市3%人口抽样调查的基础上，同步开展5%人口扩样调查。有望顺利完成市下达的年度人口规模调控任务。

（二）推动经济发展稳中提质

积极应对错综复杂的外部环境和经济下行压力，主动适应引领经济发展新常态，在综合施策稳增长的基础上，更加注重发展的质量效益，首次将劳动生产率等指标纳入经济监测调度工作体系，经济发展呈现稳中向好、结构优化、效益提升的良好态势。一是综合经济实力稳步提升。预计实现地区生产总值4610亿元左右，同比增长7.5%左右，经济总量在全市占比进一步提高。强化投资促进和重大项目调度机制，发挥政府投资引导作用，全社会固定资产投资预计完成870亿元，同比增长3.4%。出台促进电子商务发展指导意见，建设国家级电子商务示范基地，社会消费品零售额突破2000亿元，同比增长6%左右。二是以创新驱动为核心的“高精尖”经济结构初步形成。第三产业比重稳定在87%左右，信息、科研、金融、工业、教育等前五大行业在经济总量中占比近70%。主导产业平稳增长，其中信息服务业收入同比增长7.8%，高技术制造业在工业中的占比提高3.7个百分点，工业总部化、服务化特征明显。战略性新兴产业快速发展，中关村集成电路设计园、智能硬件创新中心等挂牌启动；文化创意产业收入超过5000亿元。三是发展的质量效益稳步提升。居民人均可支配收入预计同比增长8%左右。万元地区生产总值能耗、水耗分别下降2%、4.2%。预计劳动生产率由2014年的26.1万元/人提高至27万元/人左右，园区企业内部用于科技活动的经费支出保持较快增长。区级一般公共预算收入实现357.5亿元，同比增长13.1%。

（三）“大众创业、万众创新”的新格局加快形成

一是创新创业生态不断优化，发展新动力不断积蓄。“一城三街”建设步伐加快，中关村创业大街成为全国“大众创业、万众创新”的新地标，中关村大街改造提升启动，创新创业空间格局呈现新亮点。成功举办“中关村创新创业季”、国家“双创”周活动，YOU+国际青年创业社区、中关村国际创客中心等服务创新创业的新业态不断涌现，区域创新品牌影响力持续提升。深化与北京知识产权法院、北京知识产权运营公司的合作，获评国家知识产权示范城市（城区）。大力推进央地人才协同发展，加强引才育才平台建设，重点引进了一批产业领军人才，海淀园博士后工作站获评全国优秀。领军企业的产业整合能力和产业链构建能力显著增强，百度、联想、小米、紫光等企业通过股权投资、海内外并购等，进一步聚焦高端产业，并带动区内一大批中小微科技创新企业成长，形成了区域创新的持续动力。区域呈现互联网大数据产业和传统产业、前沿技术和商业模式创新、高端制造业和服务业融合发展的态势。二是科技金融快速发展，支撑服务创新发展的作用不断增强。积极推进国家科技金融创新中心建设，互联网金融机构超过240家，涵盖互联网金融全产业链。探索中小微企业融资新模式，在全国率先开展中

小微企业外债集合授信、投贷联动、“税银互动”等试点。中关村并购资本中心启动。新增上市挂牌企业183家。中铝资本等重点金融机构落户，金融机构总数突破2600家。天使投资、股权众筹等成为区域创新创业服务的主流模式。创新创业活力进一步激发，园区总收入预计实现1.63万亿元，同比增长13%；发明专利授权量1.45万件，同比增长25.6%。

（四）三大功能区建设持续推进

一是以中关村科学城为核心的区域协同创新体系初步形成。加强与区域单位的对接联动，完成清华、北大和中科院30多个重点项目的对接。中关村军民融合产业园正式启动。北京协同创新研究院组建完成智能机器人等9个协同创新中心，已在我区落地注册企业28家。37个重点项目加快推进，中关村西三旗（金隅）科技园开工建设，中关村东升科技园三期项目腾退基本完成。二是北部生态科技新区区域创新发展战略腹地的作用进一步增强。周家巷等村庄腾退收尾，徐各庄、西玉河村庄腾退启动。50万平方米安置房竣工入住。53个土地一级开发项目整体进展顺利。中关村集成电路设计园、纳通医疗等重大项目开工建设，联想总部一期、百度二期等一批重大产业项目基本完工。“一镇一园”建设扎实开展，北京协同创新园前期手续加快办理，36家科技企业意向入驻，温泉租赁房项目建设收尾。101中学温泉校区投入使用，北部文化中心顺利完工。一批配套设施加紧施工。三是“三山五园”历史文化景区建设深入推进。玉泉山周边环境整治效果明显，园外园生态环境提升工程一期、二期分别完成85%、20%，后续环境提升和交通优化方案编制完成。一亩园地区搬迁腾退基本完成，安置房建设全面启动。22个文物保护项目顺利实施。

（五）城市治理水平稳步提升

全区上下砥砺奋进，成功创建全国文明城区。巩固拓展创建成果，建立健全思想道德建设、公共文明培育养成、城市环境秩序治理等5项长效机制，着力提升城市治理能力，不断改善城市环境面貌。一是持续开展环境秩序综合整治。强化“街镇统筹、部门联动”联合执法模式，严查各类市容环境违法行为。持续开展重点地区、重点大街等环境建设，重点实施了京新高速沿线、世纪坛周边及20条背街小巷的环境整治提升工作。二是着力提升生态环境质量。新建改造绿地林地657.4公顷。完成南沙河绿色生态走廊启动区、翠湖湿地公园二期、西山森林景观提升等工程。新建改造10处城市公园绿地和9条道路绿化。实施85蒸吨燃煤锅炉改造，淘汰老旧机动车4.9万辆，完成市下达的空气质量改善任务。实施南沙河流域污水治理工程和10条河道的生态治理，全面推行“河长制”，全区5个跨界水体断面水质综合达标率提升20个百分点。三是不断增强城市运行保障能力。加快轨道交通建设，实施一批道路工程，新增道路通车里程16公里。实施15个堵点改造、28.4万平方米道路大中修，优化西苑桥等30处节点的交通组织微循环。在32个小区试点实施垃圾分类新模式，大工村再生能源发电厂全面调试，困扰我区多年的生活垃圾集中处理问题有望得到根本解决。建立老旧住宅电梯更新改造机制，着力消除电梯安全隐患。扎实开展安全生产隐患排查整改，强化食品药品日常监管。对违法犯罪保持高压严打态势，群众安全感综合测评连续9个季度居城六区首位。圆满完成中国人民抗日战争暨世界反法西斯战争胜利70周年纪念活动、田径世锦赛等重大活动的服务保障任务。

（六）社会民生持续改善

一是夯实基层基础，不断提升社会治理水平。圆满完成社区两委和村党组织换届选举。深化网格化社会服务管理体系，“三网融合”信息平台上线。继续推动专业服务管理力量下沉。建成83个“一刻钟社区服务圈”示范点、73个社区规范化建设示范点和201个智慧社区。二是不断提高就业服务和社保水平。全区就业形势总体稳定，城镇登记失业率控制在1.5%以内；社会保障覆盖面不断扩大，五项社保参保人数稳步增长。加强养老服务体系建设，出台非营利性养老机构资助办法等支持政策，甘家口智慧社区养老服务试点初见成效，启动政策性长期护理保险创新试点。三是加大住房保障力度。新建筹集各类保障性住房1.48万套，竣工7761套。推进131个、220.4万平方米老旧小区综合整治，启动11个棚户区改造项目，搬迁8500多户。四是社会事业加快发展。实施学区制改革，将中小学纳入17个学区统筹管理。新增4130个中小学学位、2000个幼儿园学位，扩大优质教育资源供给，义务教育阶段就近入学率超过90%。未成年人权益得到有效保障，获评全国未成年人思想道德建设工作先进城区。完善“6+4”医联体协作平台和机制。深化海淀医院和北医三院融合发展，启动中关村医院和中科院行管局合作共建、海淀妇幼保健院和首都医疗集团特许经营合作。开展社区全科诊疗服务模式市级综合改革试点，“一键式”家庭医生式服务已覆盖4.6万户老年家庭，引进社会资本新建6家社区卫生服务站。启动全国精神卫生综合管理试点和全国口腔疾病防治结合试点。圆满完成计划生育目标管理责任书各项任务。加快推进现代公共文化服务体系建设，荣获国家公共文化服务体系示范区创建资格。依托演出联盟，举办中关村金秋演出季等系列品牌文化活动，不断满足群众多层次文化需求。启动全民健身发展三年行动计划，189个社区被评为市级体育生活化达标社区。全国和北京市双拥模范城（区）“八连冠”创建工作扎实开展。此外，工会、妇儿、助残、民族、宗教、侨务、对台、防震、气象、档案等工作均取得新进展。

（七）重点领域改革不断深化

一是深化行政审批制度改革。出台推进行政审批制度改革实施意见，继续深化投资项目四阶段并联审批试点。编制公布行政审批权力清单和行政处罚权力清单。做好市级行政审批事项的对应取消和下放承接，全面清理非行政许可审批事项和行政审批中介服务事项。二是优化政务服务。深化同区通办、三级联动政务服务。推进统一的公共资源交易平台建设。初步形成“政府有限购买服务+企业商业运营”政务服务新模式。全面实施“三证合一”“一照一码”。三是深化预算管理改革。在全口径预算基础上，进一步细化预算编制，加大财政信息公开力度，探索建立跨年度预算平衡机制，加强“申报、储备、执行”三级项目库建设。完善结余结转资金管理办法，有效盘活财政存量资金。四是推动农村改革发展。大力发展都市现代农业，着力推动农村集体经济转型升级，农村集体总资产预计1120亿元，同比增长10%。健全区镇两级农资委组织架构，农资监管体系日趋完善。四季青镇整建制农转非试点工作取得重大进展，整建制转非2.5万余人。五是加快社会治理体制改革。制定回迁安置社区治理工作指导意见，积极探索社区治理新模式，加强新型农村社区建设。在241个老旧小区开展自我服务管理，有效提升社区环境。获评全国社区治理和服务创新实验区。

（八）政府自身建设进一步加强

认真执行区人大及其常委会的各项决议和决定，自觉接受区人大工作监督、法律监督和区政协民主监督，认真听取各民主党派、工商联、无党派人士及各人民团体的意见。全年办理区人大议案、建议386件，区政协建议案、提案179件。认真办理“加快推进依法治区 建设法治政府”议案，建立健全政府法律顾问制度，加强行政决策事项的合法性审查，出台进一步规范行政执法工作指导意见，严格规范公正文明执法，不断提升法治政府建设水平。严格落实党风廉政建设责任制，严肃查处各类违法违纪案件。认真开展“三严三实”专题教育，对“为官不为、为官乱为”等问题进行专项治理，持续深化作风建设。加强对重大决策部署落实情况的监督检查，有力推动了重点工作的落实。教育引导区政府系统广大党员干部，尤其是领导干部，守纪律、讲规矩，勇作为、敢担当，干事创业谋发展。

各位代表，过去一年的成绩来之不易，是市委市政府和区委坚强领导的结果，是区人大、区政协监督帮助的结果，是全区广大干部群众攻坚克难、团结奋斗的结果。在此，我代表区政府，向驻区党政机关、部队、高校院所、企业、各民主党派、工商联、无党派人士，向人大代表、政协委员、离退休老领导和所有关心、支持、参与海淀建设的同志们、朋友们，致以崇高的敬意和衷心的感谢！

在总结工作成绩的同时，我们也清醒地看到区域经济社会发展和政府工作还存在一些问题，主要是：全国科技创新中心核心区建设面临巨大的外部竞争压力和繁重的内生动力建设任务，需要我们倍加珍惜来之不易的创新生态和日臻完善的区域自主创新体系，不断巩固提升我区创新引领的先发优势；非首都功能疏解任务异常艰巨复杂，如何处理好“减人”与“添秤”、疏解与发展的关系，亟待我们从思想认识、体制机制、工作方法等方面积极探索；城市服务管理水平有待提高，一些地区环境秩序问题出现不同程度的反弹，全国文明城区常态建设的工作基础尚需进一步夯实；解决关系群众切身利益问题与群众对美好生活的新期待还有不小差距；从严治政还要不断加强，政府职能转变还不到位，个别部门工作不够扎实、效率不高，慢作为、不作为、庸懒散等问题仍有发生，“四风”整治、勤政廉政建设还需狠下功夫。对此，我们高度重视，将采取有力措施，切实加快解决。

二、2016年主要任务

2016年是“十三五”的开局之年，是全面落实京津冀协同发展战略部署的关键之年。政府工作的总体要求是：贯彻落实党的十八届三中、四中、五中全会和中央经济工作会议、中央城市工作会议精神，按照市委、区委的总体部署，紧紧围绕首都中心城区功能定位，牢固树立并自觉践行创新、协调、绿色、开放、共享五大发展理念，以建设全国科技创新中心核心区为统领，着力“瘦身健体”、提质增效、创新发展，努力实现“十三五”良好开局。

全区经济社会发展的主要预期目标是：地区生产总值增长7%以上；区级一般公共预算收入增长8%；居民人均可支配收入增速与经济增长同步；园区总收入增长10%以上；城镇登记失业率控制在1.5%以内；完成市下达的人口规模调控、万元地区生产总值能耗水耗和空气质量改善任务。

（一）深入贯彻京津冀协同发展战略，全面推进非首都功能疏解

聚焦“减人”“添秤”和“服务”三大核心任务，牢牢抓住疏解非首都功能这个关键环节和重中之重，锐意进取、真抓实干，不断取得新成效。

全面落实年度疏解任务。围绕我区出台的若干措施，主动对接市级层面各专项计划，明确任务，统筹推进，督促落实。严格落实全市新增产业禁限目录，加强部门联动，严把准入关，对拟入驻重大项目开展用地、用水、用能、用人、效益等综合评估，从源头严控不符合首都功能定位的增量资源聚集。调整退出工业企业8家，推动区属国企、集体经济组织不符合首都功能定位的产业疏解腾退及转型升级。大力整治不符合首都功能定位的有形市场，关停撤调有形市场12个。有序推动部分教育、医疗、培训机构等服务功能疏解。以落实京津冀协同发展规划纲要精神为主题，继续组织开展集中执法专项行动。统筹利用腾退空间，重点用于服务保障首都核心功能、改善民生、实施生态环境建设、增加公共服务设施等。

综合施策严控人口规模。着力完善实有人口服务管理工作体系，全面加强部门、街镇双调控工作机制，坚决完成市下达的年度人口调控任务。强化人口调控工作责任制，以人口抽样调查数据为基础，细化分解任务。在劳动就业、城市运行、房屋建设管理、水资源管理等相关行业领域，加强人口监测和综合分析，精准指导人口调控。新建和改扩建项目要综合考虑人口因素，开展专项评估。加强出租大院清理整治，健全群租房治理长效机制，集中整治市级挂账地下空间，加快棚户区改造，加大打非治违力度，严控低端业态发展。

（二）着力强化创新驱动，形成科学发展新态势

高举全国科技创新中心核心区旗帜，强化改革创新精神，敢于担当、敢为人先，以核心区为主战场，进一步提升拓展核心区建设的内涵外延，全面推进创新驱动发展战略。

不断巩固先行先试引领优势。树立先行意识和引领意识，摒弃守成思维和跟随思维，用足用好国家、市级层面系列创新政策，并加强前瞻性研究，做好区域模拟测试和效果

预评估，积极争取具有时代特征、引领效果和海淀特色的先行先试政策，积极创建国家全面创新改革试验先行区。在国家和市级深化科技体制改革中找准着力点，不断优化我区各项政策措施，确保实施效果。调整优化海淀园管委会的体制机制，实现创新创业服务能力的再聚焦、再提升。搭建整合创新资源要素的市场化集成运营平台，进一步丰富完善产业促进体系。

充分激发创新创业活力。着力促进人才、领军企业、创新创业服务机构、高校科研院所、创业金融和创新文化等六大要素的聚合和协同，不断完善区域创新体系，推动“大众创业、万众创新”快速转化为发展新动力，加快构建创新型经济形态。深化中关村人才特区建设，继续推动央地人才协同发展，制定创新创业人才队伍建设实施意见。着力培育具有国际影响力的创新型企业，鼓励支持领军企业内部创新和协同创新。加快建设“一城三街”，支持众创空间，做优科技服务品牌，鼓励众创、众包、众扶、众筹发展。抓好重大科研成果转化项目的跟踪和落地服务，逐步用成果转化体系覆盖各类创新源头，重点支持北京协同创新研究院等先进技术研究院，做实一批协同创新中心。聚焦国家科技金融创新中心目标，推进科技金融要素市场建设，做大做强一批优质互联网金融企业，健全互联网金融行业规范管理和风险防范机制，吸引天使投资人（机构）等聚集发展，加快建设中关村并购资本中心。加强知识产权保护和商用化，深化国家知识产权示范城市（城区）建设，深入实施质量强区战略，加快推进信用体系建设。营造区域创新创业文化氛围，举办好“中关村创新创业季”等主题活动，大力弘扬创新创业的时代精神。

推进供需两端结构性改革，进一步通过要素结构、税收结构、人才结构等优化，加快构建适应海淀区、核心区发展的“高精尖”经济结构。提升优势产业的高端化发展水平，优化三次产业内部结构。聚焦战略性新兴产业，推动集成电路设计、智能硬件等产业集群化发展，推进中关村智造大街等建设，进一步提升支撑创新发展的能力。出台“互联网+”三年行动计划，促进互联网与传统产业融合发展。强化产业组织能力建设，实现金融资本和产业资本并举，通过股权投资基金、并购基金等方式，推动重点领军企业构建产业链和创新链，实现产业跨越式发展，增强产业核心竞争力。做好战略布局，将工作触角向全球创新资源丰富的区域延伸，面向全球整合链接创新资源，鼓励支持科技企业国际化发展。发挥文化创新的驱动作用，实施“文化+”战略，大力推动文化产业发展，促进文化、科技、教育、旅游等融合发展，积极推动国家文物保护装备产业示范基地建设。不断优化投资结构，改革政府投融资方式，带动更多社会资本参与基础设施建设、民生改善、生态环境提升等。充分挖掘消费增长潜力，大力发展电子商务，促进末端物流配送体系高端高效，引导传统商业转型升级，促进新型消费增长。实施生活性服务业提升计划、“菜篮子工程”三年行动计划，推动生活性服务业向精细化和高品质转变，更好地满足居民消费需求。

（三）持续推动重点功能区建设，优化发展空间布局

把中关村科学城放在突出位置，按照“承载全国科技创新中心功能的核心载体”新定位，打造引领带动核心区发展的新引擎。深化产城融合理念，加快北部生态科技新区建设，推进核心区建设向纵深发展，形成创新发展战略腹地新形象。以“三山五园”为核心，统筹推进西山历史文化带建设，丰富拓展历史、文化、生态、旅游等功能内涵，在历史传承的基础上，持续积淀海淀长远发展的新优势。创新三大功能区建设的工作方法和发展路径，加大协同力度，重点通过产业布局的安排、创新链条和产业链条的构建，促进三大功能区有机融合、联动发展，加快形成特色鲜明、分工合理、相互支撑、协同融合的空间发展格局。

在中关村科学城，完善国家重大科学计划、重大科技专项的全面对接服务工作机制，主动服务国家重大创新战略，全力争取航空发动机、石墨烯等重大创新成果转化项目落地。着力优化协同创新体系，组建专门机构，集中力量加快实施中关村大街沿线街区改造提升，打造一批主题楼宇，同步启动知春路、学院路特色街区优化提升工作，建设高端创新创业集聚区。加快建设中关村航空特色科技园区和产业基地，推动中国卫星通信大厦等项目投入运行。深入推进军民融合发展，加快建设具有海淀特色的国家级军民融合创新示范区，促进军转民、民参军重点项目落地，形成一批有重要影响力的军民融合产业集群。持续拓展产业承载空间，争取开工建设中关村东升科技园三期、学院路科技园，加快建设中关村东升科技园二期、小米移动互联网产业园、中关村西三旗（金隅）科技园，继续推进中关村玉渊潭科技商务区建设。

在北部生态科技新区，计划安排167个重点项目，开复工838万平方米。加快村庄腾退、安置房建设、保留村庄就地改造，完成徐各庄、西玉河等村庄腾退和七王坟村就地改造，安置房竣工138万平方米。加快翠湖科技园、永丰基地、大上地地区（中关村软件城）建设，实现中关村壹号等12个项目竣工投产。加快建设北京协同创新园等6个“一镇一园”项目，基本建成温泉云中心北地块等项目。积极推进26个基础设施及公共服务设施建设。

在以“三山五园”为核心的西山历史文化发展带，统筹实施好村庄改造、环境整治、景观提升、历史文化资源保护挖掘、基础设施建设等各项工作。加快香山地区改造，启动一期市政基础设施和四王府一期安置房建设，同步启动双新村、祁家村搬迁腾退。加快两园之间地区改造，加快党校西墙外和一亩园腾退居民安置房建设，做好一亩园地区腾退收尾。着力提升玉泉山周边地区环境，实施交通路网优化，继续实施园外园景观提升工程。全力推动故宫北院区、中国佛学院、中国画院等重大项目，做好历史文化资源的挖掘、展示和利用。

（四）巩固扩大文明城区创建成果，着力推进生态文明建设

深化文明城区常态建设。认真落实文明城区建设长效机

制意见，重点抓好思想道德培育、城市环境提升、社会秩序优化、文明素质养成、社区服务惠民等工作，广泛开展群众性文明建设活动，不断提高市民素质和城市文明程度，加快建设“美丽海淀”，整体提升城市发展品质，让区域发展更可持续、更加和谐宜居。

全力打好大气污染治理攻坚战。以压减燃煤、控车减油、治污减排、清洁降尘综合治理为核心，深入推进清洁空气行动计划各项任务。集中开展煤改电、煤改气和新能源利用工作，以最终取消为目标，大力削减燃煤使用量。严格环保准入约束机制，强化建筑工地、餐饮服务、加工制造、汽修等领域的环保执法监管。完善大气污染防治工作体系，深化大气污染防治网格化管理，完成市下达的空气质量改善目标任务。

大力拓展绿色空间。持续推进增彩延绿和管绿护绿，新建改造林地绿地200公顷。推动生态绿心建设，实施西冉城市公园等8处公园绿地建设和田村山南路等3条道路绿化，启动中关村壹号等科技园区周边绿化和京密引水渠绿道工程，落实好生态林地补偿政策，全面提升绿化监管效能。

强化水资源管理和水环境治理，加快构建水生态。全面启动“十三五”时期区域水系生态治理行动计划。加强污水处理设施及配套管网建设，启动上庄再生水厂及外围配套等工程建设，逐步提升面源污染集中处理能力。实施河道清淤、生态修复工程，消除内源污染，提升河道自净能力，完成5条、19公里中小河道生态治理。推进重点片区的补水和水系连通循环。落实最严格的水资源管理，促进水资源高效利用，完善“河长制”工作体系，加大涉水执法力度，提升水务管理精细化水平。

着力改善交通环境。加快地铁16号线、6号线西延和西郊线建设，力争新增轨道里程19.5公里。加快上庄路南延、邓庄南路等续建主干路项目进度，开工建设上庄路北延等道路；大力推进树村路等一批次干路以及肖家河、五路居等安置房周边道路建设，完善上地、清河、西三旗等区域路网结构，新增道路通车里程17公里。实施旱河路等10个堵点改造，完成5万平方米道路大中修，优化玉泉路口等30处拥堵节点交通组织。推进公交线网优化和公共自行车服务系统建设。大力增设停车设施，推进错时停车，加强居民区停车自治管理和路侧占道停车管理。

加快完善与核心区建设相匹配的城市运行管理体系。持续开展重点区域、居民生活区和环境薄弱地区的环境整治提升工作，努力实现从点线整治到区域提升的转变、从单项整治到综合治理的转变，整体提升区域环境秩序水平。针对影响市容环境的重点问题，集中开展门前三包、无证无照经营等专项整治行动。全面启动“五统一”的城市管理综合考评体系，推进城市管理体制改革，提升城市管理精细化水平。保持违法用地违法建设高压查处态势，拆除违法建设不少于150万平方米，确保新生违法用地违法建设零增长。推进垃圾处理设施建设，力争开工建设建筑垃圾处理厂，加快宝山综合处理厂、六里屯综合处理厂及再生资源预处理中心前期工作，实现大工村餐厨厨余垃圾处理厂投入运行，确保大工村再生能源发电厂稳定运行。扎实推进“智慧海淀”建设，实现各级政务服务大厅和重要区域的无线网络连接全覆盖，推进网格化图像系统建设，提高公共视频覆盖密度和智能应用水平，进一步加大区域科技企业新技术、新产品推广应用力度，积极探索合作共建新模式。深入开展食品药品分级分类监管，严厉打击食品药品违法行为。加强消防队站建设，全面抓好安全生产责任落实，确保全区安全生产形势总体平稳。

（五）深化社会治理创新，切实保障和改善民生

坚持群众需求导向，进一步提高政府服务精准度，努力解决好关系群众切身利益和服务群众“最后一公里”的问题，把民生实事办得更有温度，让群众生活更方便、更舒心、更美好。

加强社会服务管理创新。推进社会服务、城市管理、社会治安三网融合、一体化运行。进一步加强社区自治功能和社区服务站服务功能。开展“一刻钟社区服务圈”示范点、社区规范化示范点、老旧小区自我服务管理试点、农村社会服务管理创新试点和智慧社区建设，推动“一街一品”“一社一品”建设。积极探索人文社区建设新途径，不断加强社区居民情感联系和互动，夯实社区治理人文基础，提高居民对社区的认同感。培育孵化“枢纽型”社会组织，支持街镇社会组织孵化器建设。积极探索与驻区单位的内外协调联动机制，推进环境治理、文明建设等任务有效落实。加强“平安海淀”建设，壮大以“海淀网友”为代表的区域群防群治力量，完善具有海淀特色的立体化社会治安防控体系，加大矛盾纠纷排查调处、人口倒挂重点地区和社会治安突出问题专项治理力度，不断提升群众安全感。

加大就业和社会保障力度。持续巩固充分就业区创建成果，完善城乡一体化就业促进政策，打造一批充分就业精品示范街镇，提高全区就业服务水平。加大社保基金征缴力度，强化区和街镇两级社保经办标准化建设。完善养老服务体系，大力发展社区居家养老服务和“医养结合”，加快实施智慧社区养老服务试点。完善社会救助工作机制，优化低保分类救助政策，加大对困难群体的救助力度，切实保障好困难群众的基本生活。

促进社会事业持续健康发展。推进“蓓蕾工程”，支持幼儿园改扩建，完成第二个学前教育三年行动计划，新增3000个幼儿园学位。加大投入力度，不断提升中小学办学水平。继续调整优化学校布局，扩大优质教育资源，完善教育类别，加快推进育英中学等10个中小学新建改扩建项目，新增中小学学位1440个。优化医疗资源布局，推进医疗卫生基础设施建设；深化医疗卫生体制改革，促进医疗资源统筹，推进落实分级诊疗制度；提升基层卫生服务能力，为全区50%的社区卫生服务团队配备家医助理，全科诊疗服务模式覆盖率达60%。坚持计划生育基本国策，加强计划生育服务管理。加快建设国家公共文化服务体系示范区，优化区级公共文化设施布局，持续打造文化惠民品牌。以冬奥会筹办

为契机，大力发展冰雪运动项目，带动更多群众参与冰雪运动。推进档案信息化建设，提升档案管理和利用水平。扎实开展新一轮双拥模范城（区）创建工作

改善群众住房条件。新建筹集各类保障性住房1万套以上，竣工6700套。加大公租房租金补贴和市场化租赁补贴的覆盖范围和力度，加大全市其他区政策性住房筹集协调力度，积极推进轮候家庭购房货币补贴工作。完善公租房后期服务管理体系，创新监管措施，提高房源使用效率。加快笑祖塔院等棚户区改造步伐，拓宽融资渠道，吸纳社会力量参与，完成7700户棚户区改造任务。

（六）坚定不移深化改革，充分激发内在发展动力

充分发挥改革的突破性和先导性作用，加快推动重点领域和关键环节改革，增强群众获得感，为区域发展提供持续动力。

切实转变政府职能。顺应“互联网+”等蓬勃发展形势和政府自身建设新要求，推进简政放权、放管结合、优化服务，形成海淀新的比较优势，不断探索提升政府管理效能和服务品质的新机制，提高政府服务与社会需求匹配的精准度。大力推广“创业会客厅”服务新模式，启用北部“企业加速驿站”。继续深化投资项目四阶段并联审批试点工作。推进行政审批规范化、标准化建设，加强事中事后监管。巩固扩大同区通办、三级联动政务服务体系建设成果，启用区公共资源交易平台，确保新政务服务大厅高效运行。继续推进事业单位分类改革，完成第二批园林绿化、市容环卫、道路养护领域事业单位改革工作。

深入推进经济领域改革。深化区属国资国企改革，发挥区属国企在区域发展中的主力军作用，组建国有资本投资运营公司，打造国有资本市场化、专业化运作平台。聚焦高端产业、园区发展、城市服务、科技服务，调整优化经营业态，不断提升区属国企发展质量和效益。深化财税体制改革，完善跨年度预算编制方式，实施中期财政规划管理，确保财政政策和资金对区域发展的有效支撑。

加快社会治理体制改革。出台贯彻北京市深化社会治理体制改革意见的若干措施，进一步明确街镇职能定位，做好街镇管理体制调整工作，理顺街镇与区政府职能部门的关系。进一步科学划分社区（村）网格，实现网格在城乡各类区域的全覆盖。运用“互联网+”等新思维，创新社区服务模式，提升社区治理水平；健全社区议事协商会议和社区事务听证会制度，创新基层治理模式。

扎实推进农村改革发展。深化农村集体产权制度改革和农资监管，深度融入全国科技创新中心核心区建设，大力推动农村集体经济转型升级。以城区标准持续开展农村人居环境整治行动，推进“美丽乡村”建设。推动城市管理服务向农村延伸，大力推进新型农村社区建设。加快推进整建制农转非工作。认真做好第十届村民委员会换届选举，加强农村基层组织建设。启动实施农民教育培训计划，不断提升农民综合素质。

（七）深入推进政府自身建设

加强法治、创新、廉洁和服务型政府建设，努力使区政府各项工作更加符合形势发展的需要和人民群众的期待。

贯彻落实《法治政府建设实施纲要（2015—2020年）》，深入推进依法行政。严格按照法定权限和程序行使权力，认真执行区人大及其常委会的决议和决定，依法向区人大及其常委会报告工作；主动加强与区政协的沟通协商，认真听取各民主党派、工商联、无党派人士及各人民团体的意见，自觉接受各方面的监督。进一步密切与人大代表、政协委员的沟通联系，切实办理好各级各类议案、建议和提案。有效落实权力清单制度，加大政府信息公开力度，加强行政监督和审计监督，完善纠错问责机制，确保行政权力规范透明运行。普遍推行法律顾问制度，加强重大行政决策合法性审查。推进行政执法体制改革，严格规范公正文明执法。着力提升政府工作人员的法治思维和依法行政能力，严格依法履行职责，切实维护法律权威。启动“七五”普法，积极推动法治社会建设。

强化从严治政。始终严格执行中央“八项规定”和市区贯彻意见精神，深化“四风”整治，驰而不息抓好作风建设。进一步强化区政府工作人员的纪律规矩意识。严格落实市、区关于落实“两个责任”的意见精神，持续抓好区政府系统党风廉政建设。继续引入第三方机构开展群众满意度测评，持续开展“为官不为、为官乱为”等专项治理，一经发现，严肃查处，并予曝光，决不姑息。

坚持务实勤政。自觉践行“三严三实”要求，进一步强化责任使命意识和改革创新、担当实干精神，在更高水平上推动区域发展。发挥好为民办实事互动平台作用，针对群众普遍关心、代表委员反映的问题，研究办好一批惠民实事。强化行政效能监察督查督办及绩效管理，脚踏实地、一抓到底，扎实推动区政府各项工作不断取得新成效。

三、关于《海淀区国民经济和社会发展第十三个五年规划纲要（草案）》的说明

区委、区政府高度重视“十三五”规划编制工作，成立领导小组，多次召开专题会议，对事关全区发展的重大问题进行研究决策。区人大、区政协分别提出了专题建议，为规划编制提供了重要支撑。根据区委十一届八次全会通过的《关于制定海淀区国民经济和社会发展第十三个五年规划的建议》精神，在广泛听取各方面意见建议的基础上，区政府制定了《海淀区国民经济和社会发展第十三个五年规划纲要（草案）》，提请本次大会审议。下面，我就几个问题作简要说明。

（一）“十二五”时期经济社会发展的主要情况

“十二五”时期是对我区发展具有重大历史意义的五年。全区上下深入学习贯彻党的十八大和习近平总书记系列重要讲话精神，在市委市政府和区委的坚强领导下，主动适应引领经济发展新常态，改革创新、稳中求进，区域经济社会发展取得重大成就，谱写了我区科学发展的新篇章。五年来，区域经济发展质量显著提升，创新创业生态持续优化，创新驱动作用更加凸显，在常住人口年均增长不到3%、劳动力年均增长4%左右的情况下，地区生产总值和城乡居民

收入年均增速超过10%。人民生活持续改善，民生保障能力大幅提升，各项社会事业发展均走在全市前列。大力实施生态文明骨干工程，生态环境明显改善。加快推进中关村科学城、北部生态科技新区和“三山五园”历史文化景区建设，发展空间布局愈加融合、更加优化。加强网格化服务管理，城市精细化管理水平不断提高，圆满完成一系列重大活动服务保障任务。全面深化改革开放，重点领域关键环节改革扎实推进。重点村城市化改造完成，整建制农转非取得重大突破。不断增强软实力，三年磨砺，成功创建全国文明城区。

这些重大成就，增强了我区在创新型国家建设和首都科学发展中的地位和作用，提高了我区的影响力和竞争力，激发了全区上下凝心聚力谋发展的积极性和创造性，标志着我区发展进入了一个新的历史阶段。

（二）“十三五”时期经济社会发展的指导思想和指标体系

区委十一届八次全会确定的“十三五”期间我区经济社会发展的指导思想是：高举中国特色社会主义伟大旗帜，全面贯彻党的十八大和十八届三中、四中、五中全会精神，以马克思列宁主义、毛泽东思想、邓小平理论、“三个代表”重要思想和科学发展观为指导，深入贯彻习近平总书记系列重要讲话精神，坚持“五位一体”总体布局和“四个全面”战略布局，牢固树立创新、协调、绿色、开放、共享发展理念，深入实施京津冀协同发展战略，牢牢把握首都中心城区功能定位，大力推进“大众创业、万众创新”，积极探索中关村国家自主创新示范区与全国科技创新中心融合发展的有效途径，加快建设环境优美、和谐宜居的全国科技创新中心核心区，加快推动经济提质增效升级，全面建成小康社会，努力让海淀人民共建共享更加美好的生活，为建设国际一流的和谐宜居之都做出更大贡献。

根据区委《建议》，《纲要（草案）》从红线约束、提质增效、科技创新、生态文明、公共服务、城市治理等6个方面设置“十三五”时期我区经济社会发展的指标体系。

这里，我就两个方面的重要目标作简要说明。

一是关于疏功能减人口。根据《京津冀协同发展规划纲要》和市委市政府贯彻意见精神，2020年，全区常住人口总量要比2014年（367.8万人）下降15%左右，控制在312.6万人以内。疏功能减人口，是党中央国务院和市委市政府的明确要求，是一项重大政治任务，同时也是我们落实首都中心城区功能定位、治理“大城市病”、加快创新发展的基础。“十三五”时期，我们将采取硬措施，坚决完成好这项硬任务，用人口规模调控成果来检验疏解非首都功能、推动京津冀协同发展的成效。

二是关于创新发展。率先全面建成小康社会，必须保持一定的经济增长速度。提出地区生产总值年均增速7%以上，主要考虑是，更好地适应经济发展新常态，为调整优化结构创造良好环境，进一步聚焦发展的质量效益，更好地履行海淀在新时期首都城市战略定位中所承担的职责使命，特别是加快全国科技创新中心核心区建设，强化创新驱动发展，壮大“高精尖”经济实力，对未来首都创新发展起到重要的支撑引领作用。这个目标充分体现了市委、市政府和区委对“十三五”时期经济发展的总体要求，符合市委、市政府对我区的新定位，也综合考虑了区域发展的现实基础和增长潜力。

（三）“十三五”时期的主要任务

一是优化提升首都中心城区功能。自觉服务国家、首都工作大局，有序疏解非首都功能，有效控制人口规模，加快推动农村地区城市化，着力优化提升我区作为首都中心城区的功能定位。

二是建设全国科技创新中心核心区。全面深入实施创新驱动发展战略，深入开展先行先试，着力提升创新发展能力，举全区之力加快建设具有全球影响力的全国科技创新中心核心区。

三是率先形成“高精尖”经济结构。加强供给侧结构性改革，培育形成新供给、新动力。发挥功能区集聚带动作用，推动战略性新兴产业发展，针对我区的特点，优化三次产业内部结构，推动我区经济在更高水平上平稳健康发展。

四是深化文化创新发展。着力培育弘扬社会主义核心价值观，锲而不舍抓好精神文明建设，提升市民素质和社会文明程度，加快建设现代公共文化服务体系，做大做强文化产业，增强文化软实力。

五是推进生态文明建设。把生态环境建设放在城市建设发展的突出位置，建立健全环境治理体系，加大环境保护力度，提升生态环境质量，加快建设资源节约型、环境友好型城市。

六是共建共享增进民生福祉。增强政府主导、社会参与的基本公共服务供给能力，建成全覆盖、保基本、促公平、高效率、可持续的基本公共服务体系，更好满足人民群众需求。

七是提升城市治理能力。坚持以人为本、民生优先、建治协调、智能精细、文明和谐的工作思路，加强城市基础设施建设，创新体制机制，提高城市治理精细化水平，保障城市安全高效运行。

八是强化持续发展动力。深入落实中央和市委关于全面深化改革的各项决策部署，坚持问题导向，加快重点领域和关键环节改革，建立健全倒逼机制和激励机制，推动具有标志性、关联性作用的重大改革，发展更高层次的开放型经济。

各位代表：蓝图已然绘就，目标更加明确，我们将以更加奋发有为的精神状态，主动作为，奋力拼搏，全力以赴做好今年各方面工作，圆满完成本届政府各项使命，加快建设全国科技创新中心核心区，为开创“十三五”时期海淀经济社会发展的新局面奠定坚实基础，为首都建设国际一流的和谐宜居之都、为国家创新发展做出新的更大贡献！

专 文

海淀区创新发展调研

孟景伟

一、国内外创新发展形势

（一）新一轮科技革命催生海淀创新发展新机遇

新一轮科技革命和产业变革正在孕育兴起。当前，全球正出现以信息网络、智能制造、新能源和新材料为代表的新一轮技术创新浪潮，理论界和产业界普遍认为，世界正处于新一轮技术创新浪潮引发新一轮工业革命的开端。世界各国特别是欧美日等发达国家，都在积极推进战略布局，力图掌控新一轮技术创新主导权。如美国实施“美国创新战略”，重点发展清洁能源技术、生物技术、纳米技术、先进制造技术和空间技术，以确保美国在这些领域处于世界领先地位。欧盟实施“增强型工业革命”战略，加快在先进制造技术、关键使能技术（KETs）、生物基础产品、原材料、清洁车辆和智能电网等方面的研发开发。德国提出工业 4.0 战略，重点研究智能化生产系统、网络化分布式生产设施、人机互动以及 3D 技术在工业生产过程中的应用等。日本提出了“ICT 新政”，积极推进新一代无线网络技术的应用，鼓励云计算应用与模式创新，研发新一代机器人。

我国推动创新驱动发展战略，以全球视野谋划推动自主创新。新形势下，党的十八大做出实施创新驱动发展战略的重大决策，把科技创新作为提高社会生产力和综合国力的战略支撑。为从根本上解决长期影响和制约创新发展的一系列重大问题，十八届三中全会提出要“深化科技体制改革，建立健全鼓励原始创新、集成创新、引进消化吸收再创新的体制机制”。2014 年 8 月，中国科学院发布《中国科学院“率先行动”计划暨全面深化改革纲要》（以下简称《纲要》）。《纲要》以“既面向国家重大需求做出创新贡献，又面向世界科技前沿追求学术卓越，以深化改革促进创新发展，以重点突破带动整体跨越”为指导思想，以推进研究所分类改革为突破口，建设 4 类科研机构[①]，实施分类指导和分类支持，构建有利于重大成果产出的现代科研院所治理体系，进一步把重点科研力量集中到国家战略需求和世界科技前沿。其中，创新研究院以满足国家战略和产业发展重大需求为导向，以应用部门和市场评价为主要评价方式；卓越创新中心以学术水平为主要价值导向，以国际同行评价为主要评价方式。

海淀区要致力于提升原始创新能力，率先形成创新驱动发展格局。海淀区作为中关村国家自主创新示范区核心区，在新时期承担着加快建设具有全球影响力的科技创新中心、为全国实施创新驱动发展战略发挥示范引领作用的战略任务。因此，海淀区要进一步聚焦提升原始创新能力，加快科技体制机制创新，着力突破一批产业关键核心技术和核心专利，推动海淀区创新资源优势向产业优势转化。

（二）产业创新方式变革对海淀创新发展提出新要求

互联网和移动互联网重塑产业创新方式。在互联网时代，信息网络技术与传统制造业相互渗透、深度融合。这种渗透与融合正在深刻改变产业组织方式，加速形成新的企业与用户关系，形成开放式产业创新模式，主要表现为创新的专业化、协同化和分散化。首先，互联网理念扩展到工业生产和服务领域，催生了众包设计、个性化定制等新模式，促进生产者与消费者实时互动，使得企业生产的产品不再大量趋同而是更具个性化，生产方式由传统的大规模批量生产向个性化定制、柔性化等新型生产转变。其次，新型生产方式要求将复杂的产业系统或产业流程分解为结构和功能较简单的模块，各模块可以容易地装配成不同形式的产品。在模块化发展趋势下，传统的大型科层制组织形式被许多不同种类的更加专业化的组织形式所取代。产业创新不再仅仅由一个纵向一体化企业独立完成，而是由网络组织中的成员企业跨越各自边界共同完成。产业创新呈现专业性与协同性并存的特征，这使得产业创新速度更快、更深入。再次，信息网络技术使不同环节与模块间的企业能够实现信息共享，可以在全球范围内迅速发现和动态调整合作对象，整合企业间的优势资源，而不再受地理区域的限制，在研发、制造、物流等各产业链环节实现全球分散化生产。

科技服务业成为我国引领产业升级、提升产业创新能力

[①] 即创新研究院、卓越创新中心、大科学研究中心、特色研究所。

的战略支撑。在开放式创新模式下，以全新方式配置技术、资本、产业要素的科技服务业是科技与应用、生产与消费不可缺少的纽带，在有效集聚创新资源、降低创新风险、加速科技成果转化的过程中发挥着不可替代的作用。我国科技服务业目前仍处于发展初期，存在着市场主体发育不健全、服务机构专业化程度不高、高端服务业态较少等问题。2014年10月国务院印发了《关于加快科技服务业发展的若干意见》，首次将科技服务业提升至前所未有的国家战略高度，对科技服务业的发展做出了全面部署，明确了科技服务业对于深入实施创新驱动发展战略、推动经济提质增效升级的重要意义，提出要以市场为导向培育新型科技服务业态、形成科技服务产业集群。

大力发展科技服务业是海淀区创新发展的重大战略选择。科技服务业是海淀区最具特色和优势的产业。新时期为海淀科技服务业实现跨越式发展提供了重大发展机遇：一方面要在现有基础上，满足中关村核心区转型升级的现实需要，积极培育壮大具有国际影响力的科技服务业集群，营造吸引全球高端创新资源、推动技术与资本结合、持续涌现新兴产业的创新生态，成为提升整合全球创新资源能力的重要抓手，为建设具有全球影响力的科技创新中心提供强大支撑；一方面要在国家对科技服务业做出重大战略部署的形势下，围绕引领我国科技服务业创新发展，加快科技服务业辐射带动作用，全面打造国家科技服务示范区。

（三）全球新一轮产业分工给海淀创新发展带来新契机

发达国家制造业回流推动全球产业再布局。自动化技术、高端制造技术以及能源技术的进步，使美国、德国等发达国家重新赢得制造业优势，制造业出现向发达国家回流的现象，全球产业分工格局正在产生新变化。首先，自动化技术的大量涌现使传统的劳动密集型产业迅速“升级”，如工业机器人的应用，使得制造业对人工的依赖正在逐渐降低，这将促使人力成本在总成本中所占比重较小的企业可能回到发达国家本土。其次，3D打印等高端制造技术在工业制造和设计领域的推行提高了模型制造甚至部分产品和部件的生产效率，节约了人力和材料成本。第三，随着近年来本土廉价油气资源的开发利用，发达国家的能源自给率有所提高，这为部分发达国家制造业的回流和再次发展提供了能源成本优势和新的投资增长点。

我国以战略性新兴产业为抓手构建新一代引领性产业体系。发达国家制造业回流倒逼我国产业转型，使我国必须转变长期以来以中低端加工、组装为主的制造业发展战略。十八大报告明确指出，优化产业结构是新时期加快转变经济发展方式的根本出路。其战略意义在于：一是通过培育和发展智能装备制造、清洁能源等产业，促进制造业向自动化、智能化和绿色化方向转型升级，提升我国制造业的竞争力；二是培育战略性新兴产业，在具有未来发展前景和重大经济影响力的新一代信息技术产业、生物产业等领域进行提前谋划和重点部署，打造关键领域“自主研发—智能制造—品牌营销”的产业链，促进我国产业向产业价值链高端转移，抢占全球新一轮产业分工的制高点。

海淀区加快构建具有区域特色的创新创业体系和现代产业体系。海淀区在技术、人才资源密集的基础上发展形成了电子信息产业、科技服务业等传统优势产业。在进一步巩固优势产业体系的同时，还需要瞄准国际科技和产业前沿，以新材料、新能源和节能环保产业、航空航天产业及生物工程与新医药产业为突破口，着重增强产业原始创新创业能力，优化创新创业环境、激发创新创业活力，提升产业发展水平，大力发展原创型战略性新兴产业。同时，还要加快推进区域产业转移和结构升级，促进海淀区生产、加工等环节跨区域转移布局，推动区域协同创新体系建设，构建现代产业体系。

二、海淀创新发展优势与挑战

（一）创新发展优势

1.海淀区拥有较强的原始创新发展优势与潜力

一是高校院所密集，具备引领新时期科学基础与战略前沿领域的研究能力。进入21世纪以来，基础研究和应用研究的界限趋于模糊，基础研究在产业技术创新中的地位日益凸显。作为引领基础和战略领域研究主导力量的研究型大学和科研机构，可为区域技术创新奠定原理基础，成为促进区域战略性产业培育和发展的基础。如美国斯坦福大学、加利福尼亚大学伯克利分校等带动硅谷一带技术创新；杜克大学、北卡州立大学和北卡大学推动北卡罗来纳州三角研究园的创新发展；具有“印度硅谷”之称的班加罗尔，印度科学研究所、国家航空实验室、印度斯坦航空公司等科研机构推动了该地区空间技术、飞机制造、电器和通信设备等战略高科技产业的形成等。在新一轮科技革命和产业变革来临之际，高校院所在推动原始创新、引领区域战略性产业发展方面的作用将更加突出。海淀区集聚了清华大学、北京大学、中国科学院等74所高等院校和138家科研院所，是世界上高校、科研院所最密集的区域之一，涌现了一批重大原始创新成果，如北航研究形成“飞机钛合金大型复杂整体构建激光成型技术”、清华在世界范围内首次解析人源葡萄糖转运蛋白GLUT1晶体结构等。海淀区要充分利用这种优势，进一步激活高校院所原始创新能力，以原始创新催生变革性技术，再通过培育新兴战略性产业推动经济发展方式转变。

二是高新技术企业集聚，具备实现产业关键技术突破潜力。高科技企业是推动产业技术创新最重要的行动者，在科技成果转化中处于主体地位。如西雅图成为美国第四大创新型城市，得益于微软、波音、亚马孙等高科技大公司的存在；硅谷在其发展的各个阶段也都出现了如Intel、Google、Facebook等国际知名科技企业。海淀区拥有国家高新技术企业5005家，约占北京市总量的55%，涌现了联想、用友、百度、小米科技等一批行业领军企业，培育了一批具有国际影响力的创新品牌。在新的创新发展时期，海淀关键是要激活高新技术企业的技术创新活力，增强企业自主创新能力与协同创新能力，推动企业利用国际国内高端创新资源，提升其在尖端领域关键、前沿技术突破能力和高端技术成果产业化效率。

2.海淀区在国内率先形成具有国际影响力的科技服务业态，为创新发展提供了有力支撑

开放式创新模式下的创新过程涉及多个环节，科技服务机构是促进各个创新环节有机链接的纽带和桥梁，服务于科技创新和成果转化的全过程，是创新驱动发展的重要支撑。全球创新中心硅谷通过发展人才服务机构、技术转移服务机构、金融资本服务机构、管理咨询服务机构等多种类型的科技中介，构建了完善的科技中介服务体系，提高了硅谷创新产出效率。以色列通过建设科技孵化体系培育了大量高科技创新企业，The Time、施拉特等孵化器将创业项目、政府资助、孵化服务有机结合，为创业者提供会计、管理咨询、投融资等专业化服务，提升了地区企业创新创业成功率。海淀区各类科技服务机构通过探索模式创新，目前已初步实现与国际同步发展，并积极参与全球创新资源配置。具体如下：

科技服务业发达，服务辐射全国。首先，海淀区科技创新服务初步形成了包括技术转让、成果转化、知识产权管理、创业孵化、创业投资等全链条布局，而且产业规模较大。2012年海淀区科技服务机构总数超过1200家，总收入达2223.5亿元。其次，海淀区搭建了多样化的科技服务网络，推动科技创新资源辐射服务全国。如科技研发成果在全国范围内转移转化，技术辐射广东、河北、山西等30多个省、自治区、直辖市，以及美国和日本等国家和中国香港地区，成为北京、全国乃至全球的技术商品和信息的集散中心。

科技服务模式与国际接轨。海淀区各类科技服务机构紧紧跟随硅谷等国际先进地区的经验，通过积极探索模式创新，基本实现与国际同步发展。其中，成果转化机构借鉴斯坦福、MIT、帝国理工等国际一流机构的成功经验，探索通过技术许可、联合成立企业等方式推动成果转化，如清华工研院“专利许可”、北航工研院“无形资产全资入股”等。创业服务机构借鉴硅谷、以色列等创业活跃地区经验，在海淀创办、集聚了一批在创业孵化、创业媒体、创业教育、创业投资等方面具有较强服务能力的专业机构，这些新型服务机构在运营模式、盈利模式等方面与硅谷同步。

科技服务机构开始在全球范围内配置资源。在全球化、开放式创新环境下，吸引人才、技术、资本等国际化高端创新要素成为增强区域创新国际竞争力的关键。中国台湾的新竹、印度的班加罗尔、海德拉巴等城市的成功与这些地区从硅谷归国的高技术工程师和企业家密切相关；以色列通过孵化器的国际合作（如施拉特），推动本国创新创业项目在全球范围内寻找资本和产业资源。目前，北京正在全方位加快建设中国特色世界城市步伐，为海淀区从全球视野谋划、吸引、整合创新资源打下了良好基础。海淀区科技服务机构也开始在全球范围内配置资源，并在吸引国际高端科技创新资源方面初显成效，表现在：一是在国外建立分支机构，为海外高端创新项目和创业者搭建向国内转移的平台和渠道，如清华科技园在硅谷设立创源孵化器。二是在全球范围内寻找项目，创业投资机构如北极光、华山资本等在硅谷寻找项目和技术。三是面向全球客户提供研发外包、软件外包、技术服务、技术转移等创新服务，如科威等技术转移机构为全球客户提供相关服务。

新时期，我国大力发展科技服务业，为海淀区提供了新的发展机会。海淀区要依托智力资源丰富、信息产业发达、与国际接轨优势，持续深入发展高端科技服务业产业，以充分发挥其在合理整合创新资源、产业创新资源配置中的第三方服务平台作用。

（二）创新发展挑战

产业空间制约因素亟待破解。当前，海淀区存在发展空间需求旺盛但土地资源有限的矛盾。一方面，海淀区高新技术企业密集且数量在不断增多，产业和企业的持续发展对空间提出诉求，如新的高端企业有入驻需求、高成长企业需要更多发展空间等。另一方面，海淀区仍然存在高端科技产业与低端城市服务业相互交织的现象，现有空间利用率仍有较大提升空间。破解空间因素制约，海淀要在两方面着手：一是要高效利用现有空间，要有所为、有所不为，聚焦高精尖产业，同时要充分挖掘城乡接合部、平房棚户区和边角地土地资源，以释放高端产业发展空间，打造高端引领、创新驱动、绿色低碳的产业发展模式。二是加快推进中低端产业有序转移，对不符合功能定位的产业以及低端产业的疏解清理。通过搭建产业转移对接服务平台、推动异地合作共建园区等方式，探索税收分成、利益共享的产业转移机制，鼓励企业按照产业链和价值链分工模式，将企业总部、研发中心、结算中心、销售中心、接发包中心等功能性机构与高端环节留在海淀区，将其他环节和业务在津冀地区乃至全国布局。

国内外对高端创新资源的竞争更加激烈。首先，国内创新发展环境正发生深刻变化，海淀区在推动创新发展上的政策与环境优势正逐步减弱。随着党的十八届三中全会对全面深化改革做出整体部署，中关村先行先试政策在全国的推广，上海张江、武汉东湖、南京等全国重点地区都在谋划重要创新政策突破，并往往具有一定的后发优势。这些创新区域采取各种措施，积极吸引国内外的高端创新资源：一方面，对首都及海淀区的创新资源展开竞争。如2014年11月天津空港经济区创新创业大赛首场路演活动在中关村创业大街举行，向北京及海淀创业团队推介天津经济区，吸引海淀优质创新创业项目落地天津。另一方面，对国际创新资源形成竞争，如南京实施“高端研发机构集聚计划”，吸引了大批跨国企业研发机构落户南京。其次，新时期，海淀区是代表中关村、代表国家参与全球经济科技竞争的前沿阵地，需要在全球范围内整合利用创新资源。而在新一轮科技革命与产业变革的大背景下，各国将科技创新作为参与全球竞争的核心内容，国际上其他创新尖峰区域如硅谷、以色列等对高端创新资源的争夺异常激烈，如硅谷创业孵化器 500Startups 在全球直接开放创业者项目申请，选拔高端创业项目在硅谷孵化。因此，未来如何进一步提升自身对高端创新资源的吸引力、增强参与全球科技与产业资源的配置能力是海淀区创新发展所面临的重大课题。

综上，海淀区的创新发展既要顺应新形势下发展趋势，还要有全球视野，把握国内外创新发展给海淀区所带来的新机遇、新要求与新契机，同时审视自身发展的优势与挑战，更加主动地谋划、布局创新发展思路与对策，形成区域创新发展特色。

三、海淀创新发展思路与对策建议

改革开放以来，我国经历了以引进消化吸收为主的创新1.0时代、以本地化应用创新为主的创新2.0时代；随着国家创新驱动战略的实施，我国正在进入以原始创新为特征的创新3.0时代，这一时期要求提高原始创新能力，掌握核心关键技术，在前沿、基础性的重大技术领域取得突破。因此，海淀区未来创新发展要进一步聚焦提升原始创新能力，构建原始创新战略体系。在构建过程中重点关注四个方面：一是机制先行，着力构建发现、支持和培育具有行业领先和颠覆性源头项目的机制，努力由全球科技创新“跟跑者”“同行者”向“领跑者”跨越转变。二是开放创新，要立足国内、放眼全球，广纳全球高端创新资源为我所用，构建面向全球的开放式创新模式。三是提升政府创新创业服务效能，由权力管制向公共服务和营造环境转变，建立以需求为导向的政府服务机制，提高政府对创新创业服务的效率。四是营造优越的创新创业环境，以创新社区为抓手，增强海淀区对国内外高端创新要素的吸引力。

（一）激发高校院所创新活力，推动高精尖领域重大成果转化

建立高精尖项目跟踪服务机制，加大重大科技成果转化和技术转移引导基金支持力度。进一步推动各高校院所联合社会资本共同成立重大科技成果孵育基金，针对高精尖创新项目，探索以资本为纽带，撬动政府、高校院所、技术转移机构和社会资本等多方共同探索促进科技成果转化和技术转移的机制和模式，重点支持海淀区“6+1”产业领域内高精尖创新成果研发和产业化。

争取和落实科技成果处置权和收益权试点。目前，北京地区相关政策规定高校院所具有科技成果自主处置权，转化收益按照一定比例用于奖励为转化做出重要贡献的人员，但尚无关于科技成果收益分配的细则和试点，落实相关收益分配政策仍缺乏实操层面的依据和参考。海淀区可对接落实国家和市级成果处置权及收益分配政策，争取在海淀驻区高校院所开展细则实施试点，并逐步推广到北京其他区域高校院所。

设立学生创业专项支持基金。充分发挥学生创业在推动高校院所科技成果转化中的作用，针对移动互联网、电子商务、智能硬件等学生创业比较活跃的领域，设立学生创业专项支持基金，以培育年轻创业家为核心，激发学生创新创业活力，培育年轻一代创业者和企业家。

（二）立足全球视野，集成利用全球创新资源

面向全球发布重点产业领域创新发展计划。为培育国内领先并具有国际影响力的区域重点产业，打造区域创新品牌，聚焦海淀区科技服务、信息互联网、机器人、智能制造、生物医药等重点及优势产业，每年发布针对各产业若干细分领域的创新计划，与国内外科技服务机构或政府部门合作，在全球范围内征集、筛选优秀创新创业项目、技术人才和服务机构到海淀发展，对其在资金、税收等方面给予支持，营造具有区域特色的产业创新氛围。

实施国际创新节点计划。推广海淀在硅谷建立科创硅谷孵化器的模式，有选择地在全球若干国家或地区建立创新节点，通过国际创新节点布局搭建全球创新网络。一是在美国东部地区（华盛顿、纽约等）、以色列、德国、北欧等创新尖峰地区设立创新资源节点，通过采取与优秀科技创新创业服务机构合作共建等方式，引进国际先进技术、团队并帮助海淀区企业对接各种海外创新创业资源。二是在东南亚、印度等新兴国家和地区建立创新市场节点，通过与相关服务机构合作，帮助海淀区有开拓国际市场意愿的企业对接当地市场、商业等资源。

（三）探索政府创新创业服务创新，推动政府服务便捷化

创新政府服务。由于创新创业企业的知识产权、专利、商标等更新迭代速度快，在人才引进、企业管理运营等方面与一般企业不同，海淀区可率先探索适应创新创业企业特点的政府服务创新，协调各级部门，推动政府调整行政管理范围、简化服务流程、提升反应速度，以适应快速发展的创新创业需求。一是推动调整与缩短审核商标的周期，以便更好地适应互联网创业快速迭代的特点。二是调整企业名称审核标准，允许企业有条件地使用阿拉伯数字、英文字母作为企业名称。三是开展创业型人才政策试点，建立快速便捷的人才服务。

探索政府与社会的良好互动。加强政府部门与创业者、投资人、服务机构的联系和交流，开通线上意见收集与反馈平台，听取创业者、科技服务机构等关于政府创新创业服务的问题、意见和建议。

（四）关注创新创业群体生活需求，建设多元化的创新社区

推动多元化创新社区建设。关注“90后”、留学归国等创新创业群体的社交、娱乐等生活和精神需求，打造宜创宜居的环境，提高群体对海淀的归属和参与感，活跃区域整体创新创业氛围。一是支持科技园、孵化器等机构设立创业者健身、交流等公共空间，支持创业者开展丰富的业余社团活动。二是倡导设立“创业日”，开展创业者演出、马拉松等区域大型活动，凝聚创业精神。三是支持社交网站、社团等在节假日、周末组织创业者厨艺大赛、游园活动、音乐会、联谊会等多样化交流活动，营造轻松融洽的创业者互动氛围。

（课题主持人系中共海淀区委常委、副区长）

关于海淀区推动大众创业、万众创新的若干思考

核心区发展研究中心

党的十八届五中全会提出，创新是引领发展的第一动力。李克强总理在今年的《政府工作报告》中首次将“大众创业、万众创新（双创）”上升到国家经济发展新引擎的战略高度。今年6月、10月，国务院、市政府先后出台推进大众创业、万众创新的意见，体现了国家和北京市对“双创”的高度重视，将其作为国家、首都创新驱动发展的重大战略举措予以推进。海淀区创新资源密集、创新人才汇聚、创新生态优良、创新创业活跃，“双创”的基础扎实、空间广阔、需求迫切、前景无限；总结已有经验，梳理存在问题，并研究进一步推动创新创业的对策建议，对激发全社会创新潜能和创业活力，培育海淀经济社会发展新动力，引领全国大众创业、万众创新潮流具有重要意义。

一、海淀区支持创新创业的主要做法

近年来，海淀区深入实施创新驱动发展战略，围绕营造良好的创新创业生态环境，聚要素、打基础，搭平台、建体系，清障碍、增活力，强服务、树品牌，着力打造最富吸引力的创新创业高地。

聚要素、打基础。顺应大众创业、万众创新潮流趋势，依托中关村创业大街建设，加快聚集高端创新创业要素，打造全国首个创业服务聚集区。截至目前，海淀全区共拥有各类服务机构超百家，包括集中办公区47家、新兴产业孵化器14家、中关村创新型孵化器23家、国家级孵化器14家、国家级大学科技园12家、小企业创业基地18家、留学人员创业园21家、科技企业加速器6家，孵化总面积超200万平方米，累计孵化企业数过万家，累计毕业企业数近5000家。其中中关村创业大街吸引了包括支持草根创业的车库咖啡、举办“黑马”创业大赛的创业家、帮助年轻企业家成长的公益组织亚杰商会以及专注于早期项目的创投圈等在内的26家优秀创业服务机构入驻，初步形成了涵盖早期办公、投融资对接、商业模式构建、团队融合、媒体资讯、创业培训等服务在内的创业服务链条。共吸引投资机构和个人2200个、流动创业团队近千个、实体孵化创业团队400个，已成为全国知名的创业服务机构和创业团队集聚区。

搭平台、建体系。一是搭建各类公共服务平台，建立健全区域协同创新体系。截至目前，海淀区先后建设并运行了创业服务平台、协同创新平台、技术转移与知识产权服务平台、企业信用信息服务平台、中小微企业融资服务平台、创新营销平台等创新创业公共服务平台，初步构建了创新无鸿沟、创业无障碍的网络化、特色化、专业化服务支撑体系。二是建设技术研发专业服务平台，构建以企业为主体的技术创新体系。持续推进开放实验室建设，加强创新资源和创新服务资源的开放共享，助推企业创新发展。围绕“6+1”重点产业推进产业公共技术平台建设，为企业提供相关领域的技术和服务支持。目前已建成北斗导航位置服务产业公共平台、下一代互联网评测与认证公共服务平台、行业云服务测试公共服务平台、大数据平台等一批产业公共技术平台。三是加快推进新型创业服务平台建设，完善创新创业服务生态体系。深入贯彻落实国家推动众创空间建设的意见，支持建设一批低成本、便利化、全要素、开放式的新型创业服务平台，为草根创业提供便利的网络空间、办公空间、社交空间和资源共享空间，营造支撑大众创业、万众创新的良好创新创业环境。截至目前，海淀区共拥有市级众创空间18家，居全市首位。

清障碍、增活力。深化行政审批制度改革，加快释放制度改革红利，激发创新创业活力。一是深入推进优化投资项目审批流程市级改革试点，按照“能否建设（立项）、如何建设（规划）、在哪建设（土地）、何时建设（开工）”的分类标准，建立四阶段并联审批模块化工作机制，提升投资项目审批效率。二是结合国家工商登记注册制度改革，开展企业设立“多证联办”试点，对于符合条件的企业，在创业会客厅提交所有资料，即可在4个工作日内领取“四证一书”（营业执照、组织机构代码证、税务登记证、统计登记证和刻章通知书），完成企业设立。三是率先试行集中办公区工位注册，为创业企业提供集中开放式办公环境及注册登记服务，降低创业成本。四是探索科技成果出资认缴，鼓励创业者以知识产权等科技成果出资，激发科技人员创业活力。

强服务、树品牌。一是先后出台《核心区科技服务业三年行动计划》《海淀区优化创新生态环境支持办法》《海淀区激发科技创业活力支持办法》等政策，重点支持新型创业孵化器、创新研发服务机构等创新创业服务载体建设，支持各类创新创业服务载体提升投融资服务、研发支持、市场拓展、创业辅导等专业服务能力，进一步强化创新创业的服务支撑。二是结合中关村创业大街建设，支持举办创启未来国际青年科技创业大赛、WISE互联网创业峰会、中国天使投资人大会、全球移动互联网大会等品牌化、国际化的创新创业活动，加快树立中关村创业大街的品牌形象，打造具有全球影响力的创新创业集聚区。

二、目前存在的主要问题

尽管海淀区的大众创业、万众创新已经走在全国前列，但是，面对日益激增的创新创业需求和不断涌现的创新创业新模式、新业态，现有的体制、政策、服务、环境等仍显示出诸多不适应。

一是创新创业支持政策尚未形成合力。围绕推动大众创业、万众创新，中央、地方各级政府近年来密集出台了系列支持创新创业的政策措施，尽管从政策数量上实现了快速增长，但从政策落地看，由于涉及部门较多、政策较为分散，

难以形成政策合力，制约了政策落地效果。以 2014 年为例，仅出台中小微企业税收优惠政策的国家部委就有财政部、国家税务总局、人力资源和社会保障部，创新创业支持政策碎片化、分散化的问题仍十分突出。

二是创新创业服务机构专业能力有待进一步提升。从科技服务业发展的总体水平看，目前我国的高端科技服务业仍处于起步阶段，存在着服务覆盖面不广、服务链条不全、专业服务能力不强、服务效率不高等诸多问题，无法满足企业快速发展催生的对创新创业的多样化、个性化需求。深入推动大众创业、万众创新，亟须进一步提升创新创业服务机构的专业服能力，加快构建网络化、特色化、专业化、多样化的创新创业服务支撑体系。

三是创新创业基础需进一步夯实。人才是创新创业的第一要素，没有创新的人才，不可能有创业的成功，没有创新的教育，不可能有创新的人才。近年来，包括清华、北大等海淀驻区高校在内的众多高校不断加强创新创业教育，取得了积极进展，对提高高等教育质量、促进学生全面发展、推动毕业生创业就业发挥了重要作用。但从整体看，目前我国高校创新创业教育也存在一些不容忽视的突出问题，主要包括创新创业教育理念滞后，与专业教育结合不紧，与实践脱节；教师开展创新创业教育的意识和能力欠缺，教学方式方法单一，针对性实效性不强；实践平台短缺，指导帮扶不到位，创新创业教育体系亟待健全等。仍需进一步提升创新创业教育的实践性、实战性、实用性，夯实大众创业、万众创新的人才基础。

四是创新创业文化土壤仍需进一步厚植。良好的创新创业文化是良好创新创业环境的重要体现，也是促进创新创业的重要助力。深入推动大众创业、万众创新，要进一步鼓励在全社会培育形成尊重创造、注重开放、鼓励创新、宽容失败的创新创业文化，营造全社会参与创新创业、支持创新创业的良好氛围。

此外，包括海淀在内的城市中心区还面临着空间资源稀缺、用地成本偏高导致的创新创业成本高企等突出问题，严重制约区域持久创新创业活力的培育和激发。

三、进一步推动创新创业的对策建议

针对以上问题，要进一步推进海淀区创新创业发展，必须加快整合政策资源，提升服务水平，强化创业教育，厚植创新文化，推动“双创”蔚然成风、开花结果。

一是在支持政策的精准性、便捷性、系统性上下功夫。统筹集成科技、经济、社会等方面的政策、规划和改革举措，聚焦支持“大众创业、万众创新”，在中关村核心区建设全国创新创业政策集成样板区。①加大支持力度。总结推广车库咖啡、创新工场等新型孵化模式，发挥行业领军企业、创业投资机构、社会组织等社会力量的主力军作用，构建一批低成本、便利化、全要素、开放式的众创空间；比照国家级科技孵化器的支持办法，在房产税、城镇土地使用税、营业税等方面给予新型众创空间相应的优惠政策。②创新支持手段。综合运用政府购买服务、无偿资助、业务奖励等方式，加快建设公共技术与推广服务平台，支持产业联盟为创客群体提供智能硬件开模、加工制造、电子商务基础建设等服务。③加快简政放权。深化商事制度改革，降低创业者面临的资质、证照等门槛，扫清“大众创业、万众创新”路障；探索在中关村核心区建立服务大众创业、万众创新，支持科技型创业企业发展的事前负面清单和事中事后监管的制度体系，形成可复制可推广的经验。

二是在创业服务全程化、专业化、网络化上下功夫。重视发挥新型众创空间的示范带动作用，大力支持各类创业服务平台完善服务功能、提升服务水平，在中关村核心区打造全国创业服务示范平台。①着力提升人才服务水平。出台专门政策支持人才服务机构为创业者提供人才招聘服务，并对相关费用给予补贴；加强孵化人才培养，建立天使投资人备案制度。②着力增强创业投融资服务能力。改革发挥多层次资本市场作用，为创新型企业提供综合金融服务；鼓励孵化机构自建创业投资基金或联合天使投资共建创业基金，为中小微企业提供高效的融资渠道；试点开展科技项目众筹融资服务，强化互联网金融对大众创新创业的支撑能力。③促进各类创业服务平台融合发展。发挥众创空间联盟作用，加强新型孵化器与传统孵化器的有效对接，形成资源共享、优势互补的发展格局。④推动孵化机构国际化发展。支持孵化机构在海外自建、收购、合作设立跨国海外创业孵化平台，鼓励其在全球范围内寻找优秀项目和企业，拓宽开发利用国际创新资源的渠道。

三是在创业教育的实践性、实战性、互动性上下功夫。加强对大学生的创业意识、创业思维、创业技能、创业行为等创业综合素质的培养，为大学生创业植入优良的创业基因。①鼓励高校继续深化改革，创新人才培养模式，引导更多高校学生走创业之路。②支持高校联合中关村核心区高科技企业建设创业教育基地，将课堂学习与基地实习、项目实践等结合起来，为大学生创业积累前期经验。③鼓励驻京高校院所面向中关村创客群体开放共享仪器设施、专业技术服务平台、加工车间等资源，引导高科技企业为创客群体提供工业设计、3D 打印、检验检测等专业化辅导和服务。

四是在创新文化的大众性、包容性、兜底性上下功夫。积极倡导敢为人先、宽容失败的创新文化，在中关村核心区打造崇尚创新、鼓励创业的创客文化示范区。①加强舆论引导。宣传创业成功案例，回应社会关切，引导社会舆论，加快形成尊重创业、敢于创新、宽容失败的社会风尚。②降低创业风险。设立宽容失败基金，对初次创业失败的项目给予一定的风险补偿，支持其重新实现创业梦想。③建立创业兜底机制。对创业失败的，可在再次创业或就业时给予倾斜政策；建立创业失败者优先救助制度，将其纳入社会救助范围，给予相应的社会救助待遇，帮助解决面临的现实生活困难；用社会安全网为创业梦想兜底，促使越来越多的人在创业大道上轻装上阵，勇往直前。

（报告执笔人：赵甜蜜、任闯）

大 事 记

1月

1 日　海淀区对河道管理实施“河长制”，区域内的 75 条河流沟渠划分为 80 个河段，全部变为镇属地管理。

5 日—9 日　中央文明办考评组到区进行全国文明城区创建事项测评和考核。

6 日　区委十一届六次全会召开。区委书记隋振江作区委常委会工作报告，区长孙文锴作全区经济社会发展工作报告，会议表决通过《中国共产党北京市海淀区第十一届委员会第六次全体会议决议》。

8 日—10 日　区政协九届四次会议召开。会议听取并审议区政协常委会工作报告、提案工作报告、区政府工作报告的说明以及区政协九届四次会议提案征集审查情况的报告，审议并通过大会决议（草案）。

9 日　2014 年度国家科学技术奖励大会在京召开。海淀区域内单位作为第一完成单位，共有 56 个项目分获国家自然科学奖、国家技术发明奖、国家科技进步奖（通用项目），占北京市通用项目获奖总数的 68.3%，占全国通用项目获奖总数的 17.6%。

12 日—15 日　区十五届人大五次会议举行。会议表决通过《关于海淀区人民政府工作报告的决议》《关于海淀区 2014 年预算执行情况和 2015 年预算的决议》《关于海淀区 2014 年国民经济和社会发展计划执行情况与 2015 年国民经济和社会发展计划的决议》《关于海淀区人大常委会工作报告的决议》《关于海淀区人民法院工作报告的决议》《关于海淀区人民检察院工作报告的决议》。

30 日　中关村集成电路设计园（一期）在北航科技园挂牌，建筑面积近 10 万平方米。二期设在中关村壹号，建筑面积近 20 万平方米，9 月 29 日开工建设。

30 日　海淀区举行 2014“感动海淀”十大文明人物颁奖典礼。

2月

1 日—12 月　曹雪芹诞辰 300 周年纪念活动暨第六届曹雪芹文化艺术节举行。艺术节共开展活动 25 项，范围覆盖 18 个国内外城市，形成“一个主场、两条线路”即海淀主场，国内文化之旅、海外文化之旅的活动布局。

5 日　区纪委十一届五次全会召开。会议传达学习习近平总书记系列重要讲话和十八届中央纪委五次全会、市纪委十一届四次全会精神。

5 日　中关村股票指数发布暨中关村创新创业企业上市培育基地揭牌仪式在中关村国家自主创新示范区展示中心正式举行。全球第一只以科技园区上市公司为样本编制的股票指数——中关村 A 股综合指数和中关村 A 股 50 指数正式发布，由海淀区政府等 5 家单位共同发起设立的“中关村创新创业企业上市培育基地”正式揭牌运营。

7 日　市委书记郭金龙围绕“学习贯彻十八届四中全会精神 全面推进依法治国”主题，到区人民检察院调研。

11 日　2015 年海淀区文化科技卫生“三下乡”集中示范活动开幕，活动贯穿全年，包括 6 个板块、18 项重点示范活动。

28 日　在全国精神文明建设工作表彰暨学雷锋志愿服务大会上，海淀区被授予“全国文明城区”称号。

2 月　海淀区启动学区制改革。11 月 19 日，区教委公布学区调整划片范围，区域内所有中小学校由 12 个学区调整为 17 个学区，全部纳入学区统筹管理，对应 29 个街道（镇）。

3月

1 日　海淀区志愿服务联合会第一次会员代表大会召开。

5 日　中关村科技金融街正式开街。科技金融街位于中关村西区，面积约 1 平方千米。截至年底，中关村科技金融街聚集金融机构 476 家。

6 日　区委 2015 年党风廉政建设责任书签订仪式举行，区委书记隋振江与每位区委常委签订 2015 年海淀区党风廉政建设责任书。

9 日　海淀区全国文明城区建设暨生态文明和环境建设大会召开，全面总结和部署全国文明城区建设工作长效机制和生态环境建设重点任务，部署城中村改造、园林绿化和污水治理以及打击违法建设、大气污染治理、环境整治和垃圾处理等重点工作。

10 日　副市长戴均良到区调研智慧社区居民医养康服务平台建设运营情况。

10 日　经国家外汇管理局批准，中关村核心区外债宏观审慎管理外汇改革试点正式实施。试点政策首次允许核心区符合条件的中资企业到境外借入低成本外债。9 月 9 日，全国首批中小微企业外债集合授信签约仪式在海淀区举行。北京中关村海淀科技金融创新商会、中关村海新联新兴产业促进会分别与中国银行、交通银行、光大银行达成总额为5亿~10亿欧元，综合成本最低为每年2.43%，担保方式基本为全信用方式的集合外债借款协议。

11日　市委常委、副市长陈刚到区调研老旧小区改造工作。

11日　区政府与中国民生银行总行营业部战略合作协议签署仪式举行。民生银行将加大科技板块的比重，尤其侧重于对高新技术企业的投入，推动海淀区的科技金融发展。

17日　海淀区订单式人才培养项目启动暨签约仪式举行。订单式人才培养项目是央地人才协同发展核心项目之一，2015年度计划培养大中专毕业生500名。

20日　海淀区第三次全国经济普查主要数据公报公布。

3月—12月4日　以“创新志愿服务 让生活更美好”为主题的海淀区志愿服务项目创新大赛举行。从110个参赛项目中评选出10个获奖项目，15个项目获得米公益提供的额外经费支持。

4月

清明前夕　位于百望山森林公园的黑山扈战斗纪念园正式开园。纪念园占地600多平方米，由碑文、纪念浮雕墙及雕塑三部分组成。碑文上有杨成武将军题写的“黑山扈战斗纪念”。

9日　区政府与阿里巴巴集团签署战略合作。双方基于云计算共建海淀政务云平台，共同帮助平台上的企业开展商业模式创新、研发前沿技术、推动大数据应用。

14日—7月30日　海淀区商业服务业健身长走活动暨2015第九届商业服务业职业技能风采大赛举行。大赛包括五大板块10项比赛项目，500余家企业、万余名员工参与竞赛。

15日　中共中央政治局委员、国务院副总理刘延东到中关村创业大街调研，并主持召开座谈会，听取互联网公司负责人及投资人对创业服务意见及建议。

16日　经市委研究决定，于军任中共北京市海淀区委员会委员、常委、副书记，免去孙文锴中共北京市海淀区委员会副书记、常委、委员职务。

经市委同意提名，于军为北京市海淀区人民政府区长人选；建议免去孙文锴北京市海淀区人民政府区长职务。

区委研究决定，于军任北京市海淀区人民政府党组书记，免去孙文锴北京市海淀区人民政府党组书记职务。

经海淀区第十五届人民代表大会常务委员会第二十五次会议决定，于军为北京市海淀区人民政府代理区长。接受孙文锴辞去北京市海淀区人民政府区长职务的请求。

21日　全国首家互联网金融行业服务平台——中关村互联网金融服务中心举行发布会。中心定位服务投资人、行业从业者和政府管理部门，构建全方位的行业监管体系和服务创新体系。

23日　北京协同创新研究院与苏家坨镇合作框架协议签署暨北京协同创新园揭牌仪式举行。北京协同创新园是海淀区“一镇一园”重点示范项目，占地600亩，总建设面积50万平方米。36家企业签订入驻协议。

23日　副市长张延昆到地区调研停车场建设及停车管理工作。

23日—10月　2015年海淀区全民阅读活动主会场在清华同方广场举行，各图书馆与实体书店系列活动、29个街镇“世界读书日”专题活动同时举行。

24日—7月30日　以“文化引领转型 · 文明提升服务”为主题的第十三届中关村国际美食节举行。

26日　全国首家国际青年创业社区——“YOU+创业社区”总部苏州桥店开业。社区占地1.2万平方米，为创业者提供工作、娱乐、生活“一站式”解决的独特模式。

28日—6月1日　“三山五园文化巡展——圆明园四十景图文化展”在中国国家图书馆展出，这是按1∶1比例原件复制的圆明园四十景图首次在国内亮相。

30日　中国共产主义青年团北京市海淀区第十三次代表大会召开。大会选举产生共青团北京市海淀区第十三届委员会委员、候补委员，第十三届委员会书记、副书记、常务会员。

4月—年底　海淀区推出以“勿忘国耻 · 圆梦中华”为主题的纪念中国人民抗日战争暨世界反法西斯战争胜利70周年“十个一”群众性系列纪念活动。

5月

4日　“北京市众创空间集聚区”在中关村创业大街挂牌。至年底，海淀区共有25家“北京市众创空间”，数量居全国之首。

6日　区委第四次人大工作会议召开。会议主题是学习贯彻党的十八大，十八届三中、四中全会和习近平总书记系列重要讲话及市委第四次人大工作会议精神，并对《中共北京市海淀区人大常委会党组关于加强和改进全区人大工作的若干意见》做出说明。

15日　中共中央政治局委员、国务院副总理刘延东在北京钓鱼台国宾馆与法国外长法比尤斯共同主持中法高级别人文交流机制第二次会议，并为北京西山中法人文交流基地揭牌。会前，北京西山中法文化交流史迹展开展。海淀区代区长于军参加上述活动。

18日　全球首家互联网金融博物馆在海淀互联网金融产业园区开馆，是一座集金融创新、互联网科技、金融文化传媒三位一体的新型文化传播平台。

20日—8月　以“文艺轻骑兵 助力创客行”为主题的第五届中关村国际青年艺术节举行。艺术节设立六大主题单元，每个主题单元下设若干活动。累计举办活动100多场，参与人数超过 60 万人。

23 日　4 集人文纪录片《贝家花园往事》首映式在北京的法国文化中心举行。该片是海淀区中法文化交流系列活动的重要成果，由中央电视台纪录频道和海淀区委宣传部联合制作。6 月 2 日，在中央电视台纪录频道播出。

24 日—年底　2015 中关村科教旅游节举行。旅游节以“自主创新核心区 · 魅力海淀科教游”为主题，包括 6 个分项活动，有五大主题产品、11 条旅游线路邀请市民免费体验。

26 日　全区参加换届选举的 532 个社区党组织全部完成选举，所有社区均一次性选举成功，社区党组织直选率为 100%。

27 日　中国文化企业竞争力排行榜在第十届文化产品交易会期间发布，游戏行业文化企业竞争力排行榜同时发布。海淀的腾讯、网易、完美世界、金山软件、北京掌趣科技位居前 10 名。

28 日　全国首个综合性政务云平台——“智慧海淀—政务办公云平台”正式发布，平台可提供 97 种政务云服务，首批 19 个委办局上线办公。

6 月

上旬—11 月底　“海淀区第六届文明市民艺术节”举行。艺术节包括 21 项文化活动。

11 日　区委常委会研究决定，区政府投资项目安排正式项目 152 个，区级总投资 551.41 亿元，当年资金总需求 118.26 亿元，其中区级资金 85.53 亿元。152 个项目分为路网完善交通疏解类、和谐宜居环境治理提升类、民生发送类和其他四大类。

11 日　全国精神卫生综合管理试点工作启动视频会议在北京召开，海淀区成为全国首批精神卫生综合管理试点区。

11 日　海淀科技金融“倍增”计划正式发布。“倍增”计划由“天使翅膀”计划、“金巢”计划、“IPO 护航”计划和“创贷”计划 4 个子计划以及“金融惠民”品牌活动组成。

12 日　海淀区召开领导干部大会。会议传达中共中央关于原中共中央政治局常委周永康违法犯罪案件及其教训的通报，部署下半年全区经济社会发展和安全维稳工作。

12 日　一亩园棚户区改造工程启动。一亩园地区占地面积 324 亩，改造项目涉及 450 个院、1560 户。至年底，腾退 429 个宅基地、面积 11 万平方米；腾退集体产业建筑面积 20 余万平方米，疏解人口 1 万余人。

12 日　全国首个创业金融服务机构——中关村创业金融服务联盟在海淀区正式揭牌，并为 4 家初创期微型企业发放最终年化利率低于 4%的创新创业“孵贷联动”和“投贷联动”纯信用贷款。

15 日　区委召开第 147 次常委（扩大）会议，宣布市委关于海淀区委主要领导调整的决定：崔述强任中共北京市海淀委员会委员、常委、书记，隋振江不再担任中共北京市海淀区委员会书记、常委、委员职务。

19 日　市政协主席吉林到中关村创业大街调研。

24 日　设立中共北京市海淀区委卫生工作委员会，与北京市海淀区政府公共服务委员会合署办公，负责区卫生系统思想、组织、作风建设等工作。

25 日　北京市海淀区房屋管理局由北京市海淀区住房和城乡建设委员会管理调整为区政府工作部门，机构规格为正处级，负责本区房屋行政管理、住房保障和改革工作，仍加挂北京市海淀区人民政府住房保障和改革办公室牌子。不再保留北京市海淀区人民政府房屋征收办公室，改在区住房和城乡建设委员会加挂牌子，其职责划入区住建委。

7 月

8 日　创客全球北京中心启动，孵化器设在中关村创业大街天使汇。中心将“硅谷模式+以色列技术+中国市场”有机结合，为中国创业企业和创业者提供全球化的 360 度孵化生态链服务。

15 日　市领导到中关村创业大街，调研非公企业党建创新等工作。中关村创业大街开街一年来，探索建立“1+3+N”党建工作体系。

15 日　召开落实市委全会精神，疏解非首都功能，海淀区遏制查处违法用地违法建设“夏季专项行动”动员部署大会。

22 日　文化部公布第三批创建国家公共文化服务体系示范区（项目）名单，海淀区成为 30 个示范区之一。

22 日　位于西二旗安宁庄路的小米移动互联网科技园开工建设，占地 22 万平方米。

26 日　北京市海淀区纳兰文化研究中心成立，首届“心中的纳兰”全球书画作品征集活动启动仪式暨纳兰文化主题研讨会同时举行。

26 日　第九届社区居委会换届选举工作完成。涉及 567 个社区居委会，均一次性选举成功。

31 日　即日起，“一键式”家庭医生服务免费覆盖海淀户籍并居住在海淀的 80 岁以上老人；不满 80 岁但失独或是子女伤残的特殊家庭老人也能免费享受服务。覆盖人群超过 5 万人。

8 月

5 日　以“踏浪摘星，有梦敢赢！”为主题的“东升杯国际创业大赛暨大学生创业创新促进行动”启动仪式在中关村东升科技园举行，大赛持续至 12 月。大赛设 3 个国外分赛区、7 个国内分赛区，国内外 1000 余个大学生创新创业项目参赛。评选出 8 个创业项目（其中 2 个国外项目）进入决赛。

6 日　区委民主协商会召开。会议征求各民主党派、工商联、无党派人士对《海淀区委区政府关于落实北京市委市政府贯彻京津冀协同发展规划纲要意见的若干措施》的意见和建议。

6 日　经过两年的修复，具有 254 年历史的香山静宜园致远斋恢复历史原貌，免费向游客开放。标志着静宜园首景——勤政殿建筑群修复完工。

7 日　中关村东升科技园三期（京昌路楔形绿地棚户区改造）项目宅基地腾退工作启动。项目是北京市规划的 7 条楔形绿地之一，全长 6.5 千米，总用地面积 177 公顷。涉及腾退搬迁的地上建筑物面积 94.35 万平方米，人口 10 万余人。至年底，宅基地腾退补完成 96.4%；集体房屋租赁协议解除 97%；大型综合市场拆除 12 家。

10 日　海淀区人民法院审结全国首例利用架设“魔兽世界”私服非法营利的侵犯著作权案件，5 人分别被判处 5 年至 2 年半有期徒刑。

10 日—30 日　团中央调研组到海淀区开展大宣传大调研活动，听取对共青团深化改革的意见、建议。

12 日　副市长林克庆到区调研“三农”、园林绿化以及水务工作。

13 日　市委书记郭金龙到区调研深入实施创新驱动发展战略和疏解非首都功能相关工作。

14 日—15 日　区委十一届七次全会召开。会议审议通过《中共海淀区委海淀区人民政府关于落实北京市委市政府贯彻京津冀协同发展规划纲要意见的若干措施（审议稿）》和《中国共产党北京市海淀区第十一届委员会第七次全体会议决议（草案）》。

24 日　国务院公布第二批 100 处国家级抗战纪念设施、遗址名录。海淀区的佟麟阁将军墓位列其中。

26 日　国务院安委会督查组到区检查督导安全生产工作。

26 日　各镇单独设立纪检监察办公室。

9 月

1 日—11 月 30 日　第四届中关村金秋演出季举行。本届演出季汇聚 160 种、500 余场文艺演出，在区内的 18 家演出场所、场馆上演。

6 日　经过两年施工，大西山彩化工程完工。10 余个品种、2372 亩彩色树种首现大西山。

11 日—10 月 16 日　以“智慧海淀 幸福生活”为主题的第十一届海淀品牌消费节举行。品牌消费节包括 10 项活动，重点监测企业销售额增长 2.12%。

12 日　区委推进京津冀协同发展领导小组及其办公室成立，由区发展改革委负责办公室日常事务。

15 日　全国首例众筹融资案在海淀区人民法院审理并宣判。

21 日　区委区政府出台《关于落实北京市委市政府贯彻京津冀协同发展规划纲要意见的若干措施》，提出 36 条落实措施，疏解低端产业（疏解非首都核心功能），发展“高精尖”产业。

23 日　海淀区召开中国人民抗日战争暨世界反法西斯战争胜利 70 周年纪念活动和 2015 年北京国际田联世界田径锦标赛海淀区服务保障工作总结大会。会议授予 26 个单位“‘两大活动’[①]服务保障工作突出贡献单位”称号，授予 64 个单位“‘两大活动’服务保障工作先进集体”称号。

30 日　海淀区召开创建国家公共文化服务体系示范区动员大会暨文明城区长效机制建设总结部署会。

10 月

11 日　中关村知识产权和标准化一条街开街。大街面积约 10 平方千米，聚集 700 多家知识产权服务机构，成为国内外创新创造最活跃的地区之一。

11 日—28 日　“中关村创新创业季（2015）”系列活动在海淀区举行。海淀区发布“中关村大街发展规划”，宣布全长 7.2 千米的中关村大街将转型升级为以服务创业创新为宗旨的新街区。

13 日　海淀区社会管理综合治理委员会更名为海淀区社会治安综合治理委员会。

16 日　文化部、财政部 2015 年拉动城乡居民文化消费东部试点工作启动会在中国人民大学举行。西部的遵义，中部的武汉、合肥以及东部的北京海淀区成为拉动文化消费试点地区。

19 日—23 日　以“创业创新——汇聚发展新动能”为主题的首届“全国大众创业万众创新周”（简称“双创周”）启动仪式主会场在中关村国家自主创新示范区展示中心举行，同时在国内 7 个城市设立分会场。中共中央政治局常委、国务院总理李克强在北京主会场——中关村国家自产创新示范区展示中心出席仪式并考察主题展区。

30 日　曹雪芹诞辰 300 周年纪念大会在北京曹雪芹纪念馆举行。“梦飨三百年——曹雪芹诞辰三百周年特展”同时揭幕。

10 月　北京创新创业湾首期 4.2 万平方米空间启用。北京创新创业湾总占地约 600 亩，是以科学研究和技术创新创业为主的“硬创业”聚集区。至此，海淀区已形成“南街北湾”[②]的创新格局。

10 月　农业部评选第三批中国重要农业文化遗产，包括 23 个传统农业系统，北京京西稻作文化系统（包括海淀京西稻种植区，房山长沟镇、大石窝镇、十渡镇的贡米种植区）名列其中。

11 月

1 日　国家统计局副局长张为民到区调研 2015 年全国

---

① “两大活动”指中国人民抗日战争暨世界反法西斯战争胜利 70 周年（简称抗战胜利 70 周年）纪念活动和 2015 年北京国际田联世界田径锦标赛（简称北京田径世锦赛）。

② “南街”指中关村创业大街，“北湾”指位于翠湖科技园附近的北京创新创业湾。

1%人口抽样调查登记工作。

10 日　市委书记郭金龙到海淀区调研，强调推动中关村国家自主创新示范区与全国科技创新中心建设融合发展，并听取中关村大街提升发展工作汇报。

18 日　海淀区党的建设研究会成立大会暨第一次会员大会召开。

18 日　区公共委和卫计委与首都医疗集团、海淀区妇幼保健院签署特许经营[①]合作框架协议，建设“新海淀妇幼医院”，为三级妇产医院。

19 日—20 日　海淀区领导干部务虚会召开。会议提出“疏解减人、创新发展、管理服务、生态民生、党风廉政、安全稳定”为全区未来的重点工作。

19 日　永丰产业基地分布式光伏屋顶电站竣工暨并网发电启动仪式举行。这是海淀区首个分布式光伏屋顶电站示范区项目，实际装机量为 300 千瓦，年发电量 35 万度。

25 日　区政府印发《2016—2018 年海淀区菜篮子工程三年行动计划》，提出 6 个方面主要措施，推进“菜篮子”终端网点建设。到 2018 年底，“菜篮子”终端网点达到 700 个，形成以驻店经营为主、直通车进社区为辅、网上配送为补充的社区全覆盖蔬菜供应保障体系。

26 日　海淀区与到访的俄罗斯莫斯科市绿城区代表团签署谅解合作备忘录，两区将在城市设施及公用事业管理，社会发展，地区科学、技术和产业政策管理等方面展开合作。

27 日　区科技创新、城市功能疏解发布会召开，区委书记崔述强接受《人民日报》、新华社、《北京日报》、北京电视台等多家中央、北京市媒体采访。

27 日　区住建委公布解决轮候家庭的一揽子方案。根据方案，2015 年 12 月 1 日至 2017 年 11 月 30 日，海淀区的经适房、限价房备案家庭，在全市范围甚至外地购买普通商品房，在海淀之外的北京各区购买自住房，如果自主选购一套住房，都可获得一次性补贴。

12 月

1 日　第六届“海之声”新年演出季开幕。演出季包括 59 项 285 场文艺演出，持续至 2016 年 2 月 29 日。首次采用众筹方式实现文化定制。

4 日—5 日　区委十一届八次全会召开。会议审计通过《中共北京市海淀区委关于制定海淀区国民经济和社会发展第十三个五年规划的建议》《中国共产党北京市海淀区委第十一届委员会第八次全体会议决议》《中国共产党北京市海淀区委第十一届委员会第八次全体会议关于增补区委候补委员王国强等 7 名同志为区委委员的决定》。

7 日　18 时，市空气重污染应急指挥部发布空气重污染预警等级由橙色提升为红色，全市于 12 月 8 日 7 时至 12 月 10 日 12 时启动空气重污染红色预警，这是北京市首次启动空气重污染红色预警。19 日 7 时至 22 日 24 时，全市再次启动空气重污染红色预警。海淀区迅速落实各项应急保障措施，实施机动车单双号行驶。

8 日—16 日　“三山五园文化巡展（香港站）——18 世纪古典与时尚艺术之美”在香港两依藏博物馆展出。自 2013 年起，“三山五园文化巡展”已在台北、北京、杭州、济南等城市举办。

10 日　百度研发的无人驾驶车路测成功，首次实现城市、环路及高速路混合路况下的全自动驾驶，最高时速 100 千米/小时。

12 日　“2015 中关村大数据日”在中关村自主示范区展示中心开幕，中关村首次向社会发布“大数据”产业发展路线图和企业分布图。路线图从提升创新能力、聚集创新资源、搭建创新平台、优化空间布局、完善公共服务、创新政策体系 6 个方面提出具体路径。

15 日—18 日　以“运动炫科技，智慧赢未来”为主题的“神州通信杯”第一届中国中关村机器人科技运动会在海淀区举行。竞赛项目包括机器人马球赛、机器人舞蹈赛、机器人障碍赛、无人机任务赛四类。来自全国的 71 支代表队、500 余名运动员参赛。

16 日　北京市教委与北京理工大学签约，共同建设北京高校大学生就业创业大厦，这是北京市第三个市级大学生创业园[②]。

21 日　中关村军民融合产业园启动，区政府发布《中关村军民融合创新示范区规划方案》，提出：中关村军民融合创新示范区建成以北理工军民融合创新园、中关村军民融合产业园、玉泉慧谷信息安全产业园“一体三园”为核心的军民融合产业空间布局，吸引高端企业聚集。

28 日　全国首个并购空间载体——中关村并购资本中心在海淀区正式成立。

29 日　市党风廉政建设责任制第六专项检查组到海淀区检查工作，并听取海淀区党委履行主体责任情况、政府党组履行主体责任情况、纪委履行监督责任的情况、履行“一岗双责”情况的汇报。

30 日　中关村创业大街联合党委、联合团委揭牌成立。

年底　位于温泉镇白家疃东路的海淀北部文化中心主体封顶。北部文化中心是海淀区“十二五”重大公共文化设施，建设用地面积为 2.89 万平方米，总建筑面积 8.81 万平方米，由图书馆、文化馆、档案馆和温泉中心组成。

年内　海淀区在全区党政机关、人民团体及其内设机构和区属国有企事业单位处级以上领导干部中，开展“三严三实”专题教育[③]。

---

① 特许经营是指海淀妇幼保健院在不涉及存量产权、不改变老院行政隶属关系的前提下，授权其使用自身品牌、人才、技术、管理经验等经营资源，在新医院开展基本及多元化医疗服务。

② 另外 2 个大学生创业园是良乡高教园区、中关村软件园。良乡高教园区已投入运行，中关村软件园于 10 月完成签约并开工建设。

③ “三严三实”专题教育是党的群众路线教育实践活动的延展深化。“三严三实”是指严以修身、严以用权、严以律己，谋事要实、创业要实、做人要实。

年内　区纪委扩大党员干部纪律教育范围，从处级干部扩大至科级干部，全区 3000 名领导干部参加任前廉政法规知识测试。

年内　全区建成 67 家北京市早餐规范店网点、33 家便利店搭载早餐网点以及 1 家主食加工配送中心，超额完成北京市交付的“早餐示范工程”[①]任务。

年内　区政府出台“1+10+N”的养老服务政策体系，养老事业发展思路实现三个重大转变：从政府直接办服务，向购买服务、引导市场服务、激活社会服务转变；从侧重发展养老事业，转向养老事业和养老产业共同发展；从机构、社区、居家服务独立发展向三者并重、融合发展转变。

至年底　自 2010 年开始的新一轮菜篮子工程建成固定蔬菜零售网点 601 个，蔬菜销售面积近 8 万平方米，136 个社区开通蔬菜直通车。区域内近六成的超市与电商合作，有效扩大了辐射范围。

年内　海淀区设立全民健身专项资金，投入 3000 万元，用于体育活动、体育服务和体育设施三大类项目。到年底，基本实现全民健身器材在社区（村）的全覆盖。

年内　海淀区有 63 个政府项目向社会购买服务，包括教育类、医疗及计划生育类、社会保障类、三农服务类、文化类、优育类、市政市容类、社会服务类、人才就业类、社会组织类、社会治理类、政府辅助性服务类 12 个大类。

年内　完成 131 个老旧小区改造，涉及建筑面积 220 万平方米、住户 34412 户。至此，从 2012 年开始的老旧小区改造全面完成。

年内　海淀驻区单位主持完成的 49 项成果获得国家科学技术奖，包括国家自然科学奖 10 项，占北京市自然科学奖通用项目的 83.3%，占全国自然科学奖通用项目的 23.8%；国家技术发明奖 12 项，占北京市技术发明奖通用项目的 70.6%，占全国技术发明奖通用项目的 24%；国家科技进步奖 27 项，占北京市科技进步奖通用项目的 64.3%，占全国科技进步奖通用项目的 19.6%。

年内　完成 31 件为群众办重要民生实事。

（钟冷）

[①] 北京市于 2012 年起启动早餐示范工程试点工作，采取以固定早餐门店为主、以便利店搭载早餐服务为辅的模式，进一步完善早餐服务体系。2014 年，海淀区被市商务委确定为“早餐示范工程”试点区县。

区情概述

海淀区位于市区和近郊区的西部和西北部，面积430.77平方千米，地势西高东低，兼有山地平原，全年降雨量635.3毫米。截至年底，辖7个镇（地区）、22个街道、84个村、571个社区。全区常住人口369.4万人，其中常住外来人口148.6万人，占常住人口的比重为40.2%。全区户籍人口239.5万人，其中农业人口4.7万人，非农业人口234.8万人。全年出生20768人，出生率8.7‰；死亡6915人，死亡率2.9‰；人口自然增长率5.8‰。计划生育率98.6%。

2015年，地区生产总值4613.5亿元，现价增速7.5%，不变价增速6.9%；人均地区生产总值19212.1美元。全社会固定资产投资870.5亿元，同比增长3.4%，其中城镇固定资产投资606.2亿元，同比增长0.3%；基础设施投资325.2亿元，同比增长17.5%。房地产业房屋施工面积954.6万平方米，同比下降5.7%，其中新开工面积200.8万平方米，同比增长62.8%。商品房销售面积70.8万平方米，同比增长53.2%。实现农村经济总收入272.6亿元，增长5.7%。第一、二、三产业增加值占生产总值比重分别为0.04%、12.27%和87.69%。规模以上工业企业实现工业总产值2216.5亿元，同比增长0.2%。社会消费品零售额2094.7亿元，同比增长6.8%。进出口总额303.6亿美元，同比下降11.3%。其中进口额214.8亿美元，同比下降9.4%；出口额88.8亿美元，同比下降15.4%。居民人均可支配收入62325元，同比增长7.6%；居民人均消费支出44626元，同比增长7.9%。城镇登记失业率0.90%。万元地区生产总值能耗、水耗分别下降5.64%、4.2%。劳动生产率27万元/人左右。区级一般公共预算收入357.5亿元，增长13.1%。

经济建设

经济运行稳中提质。全面实施“三证合一、一照一码”登记制度改革，创业企业数量快速增长，新设立科技型企业1.5万家，约占全市的27.6%。区政府投资在非首都功能疏解、城市病治理、生态建设等方面的比重超过63%，基础设施投资保持快速增长。出台市政基础设施及民生领域社会资本引入实施办法，大工村循环经济产业园等与社会资本合作项目进展顺利，民间投资占全社会固定资产投资的比重达38%左右。大众消费、网络消费持续活跃，出台促进电子商务发展指导意见，创建成为国家级电子商务示范基地，互联网零售同比增长超过30%，对全区零售额增长贡献达86%左右。节能减排深入推进，“十二五”以来，地区生产总值能耗、水耗累计降低率分别达到21.2%和31.1%。高精尖经济结构初步形成。第三产业比重由2010年的85.6%提高至87.7%，其中信息、科研、金融、工业、教育前五大行业在经济总量中占比近70%。主导产业平稳增长，其中信息服务业收入同比增长7.8%，高技术制造业在工业中的占比提高3.7个百分点，工业总部化、服务化特征明显。战略性新兴产业快速发展，中关村集成电路设计园、智能硬件创新中心等挂牌启动；文化创意产业收入超过5000亿元。发展都市现代农业，推动农村集体经济转型升级。

中关村国家自主创新示范区核心区

园区总收入1.63万亿元，同比增长13.2%。创新创业生态不断优化，发展新动力不断积蓄。“一城三街”[①]建设步伐加快，中关村创业大街成为全国“大众创业、万众创新”的新地标。区域服务创新创业的新业态不断涌现，创新品牌影响力提升。推进央地人才协同发展，重点引进一批产业领军人才，海淀园博士后工作站被评为全国优秀博士后工作站。领军企业的产业整合能力和产业链构建能力增强，并带动区内一批中小微科技创新企业成长，形成区域创新的持续动力。区域呈现互联网大数据产业和传统产业、前沿技术和商业模式创新、高端制造业和服务业融合发展的态势。

科技金融快速发展，支撑服务创新发展的作用增强。推进国家科技金融创新中心建设，互联网金融机构涵盖互联网金融全产业链。在全国率先开展中小微企业外债集合授信、投贷联动、“税银互动”等试点。中关村并购资本中心启动。全年新增跨国公司地区总部5家，净增上市挂牌企业183家，众创空间达到49家。金融机构总数2714家。天使投资、股权众筹等成为区域创新创业服务的主流模式。

① 以“大上地”地区为核心，打造中关村软件城，发展适合首都城市战略定位的软件和信息服务业；以中关村西区为核心，建设创新创业孵化一条街、科技金融街、知识产权与标准化一条街，发展科技服务业。

功能区建设

中关村科学城。与北理工共建军民融合产业园。阜石路仁和商务楼、五路商务楼等项目主体结构基本完成，五路居回迁安置房实现入住。东升科技园二期项目一级开发获得市政府征地批复，三期启动建设并累计腾退 61.5 万平方米。西三旗（金隅）科技园开工建设，老建材基地将转型发展信息服务产业基地。

北部生态科技新区。一批重大产业项目基本完工，新增产业空间 129 万平方米。53 个土地一级开发项目整体进展顺利。36 家科技企业意向入驻北京协同创新园。周家巷等村庄腾退收尾，徐各庄、西玉河村庄腾退启动。大牛坊等 50 万平方米安置房竣工入住，北安河安置房全面开工建设。温泉租赁房项目建设收尾。北部文化中心、一零一中学温泉校区、六里屯小学投入使用。

“三山五园”历史文化景区[①]。继续完善“三山五园”历史文化景区总体规划研究。东部地区搬迁腾退、安置房选址及规划方案调整完成。一亩园地区搬迁腾退基本完成，安置房建设全面启动。玉泉山周边开展环境整治，拆除违法建设及低端集体产业 14.6 万平方米。园外园生态环境提升工程一期、二期分别完成 85%、20%。完成 22 个文物保护项目。

城乡建设与管理

成功创建全国文明城区，并拓展创建成果，建立健全思想道德建设、公共文明培育养成、城市环境秩序治理、财力保障、工作推进与保障 5 项长效机制。持续开展重点地区、重点大街等环境建设，重点实施京新高速沿线、世纪坛周边及 20 条背街小巷的环境整治提升。新建改造绿地林地 657.4 公顷。完成南沙河绿色生态走廊启动区、翠湖湿地公园二期、西山森林景观提升等工程。新建改造绿地 616.88 公顷，城市绿化覆盖率达到 51.6%，人均绿地 34.08 平方米。PM2.5（细颗粒物）年平均浓度约 80 微克/立方米，完成市下达的空气质量改善任务。实施南沙河流域污水治理工程和 10 条河道的生态治理，全区 5 个跨界水体断面水质综合达标率提升 20 个百分点。7 条主干路加快建设，10 条道路完工，新增道路通车里程 16 千米。完成 15 项疏堵工程、28.4 万平方米道路大中修，优化 30 处节点的交通组织微循环，增加居住小区停车位 1245 个。累计在 135 个公共区域实现免费无线网覆盖，实现光纤到户 54.3 万户。在 32 个小区试点实施垃圾分类新模式。基本建成大工村再生能源发电厂和稻香湖再生水厂。群众安全感综合测评连续 9 个季度居城六区首位。完成中国人民抗日战争暨世界反法西斯战争胜利 70 周年纪念活动、北京田径世锦赛等重大活动的服务保障。

开展非首都功能疏解。出台《关于落实市委市政府贯彻京津冀协同发展规划纲要意见的若干措施》。调整退出 9 家工业企业；业态调整电子市场商户 316 家、1.6 万平方米；关停有形市场 131 家，在关停市场周边新建改建蔬菜零售网点 56 处，以保障居民日常生活。清理整治集体土地上不符合首都功能定位的企业 622 家。以产业转移为牵引，带动教育、医疗等功能向京外有序疏解。拆除违法建设 171.1 万平方米；查处无照经营 3.6 万起；清理整治地下空间 196 处、违法群租房 2385 处。完成风机二厂等出租大院综合整治。同步统筹规划功能疏解腾退出的土地和空间，用于增加社区居民公共服务设施、公共绿地等生态环境改善，支持发展高精尖产业，实现集约高效再利用。实施实有人口信息采集核对，利用大数据开展人口动态监测；在全市 3%人口抽样调查的基础上，同步开展 5%人口抽样调查。完成市下达的年度人口规模调控任务。

科技 教育 文化 卫生 体育

推进新技术新产品应用，核心区企业 1494 项产品被纳入中关村新技术新产品目录，占全市的 60%。全年专利申请量与授权量分别为 5.9 万件和 3.1 万件，同比增长 26.5%和 39.0%。全年技术合同成交总金额 1436.8 亿元，增长 5.1%。园区企业科技活动人员同比增长 18.4%，企业内部用于科技活动的经费投入同比增长 19.4%。

实施学区制改革，将全区所有中小学划分为 17 个学区，全部纳入学区统筹管理。确定 8 对九年一贯对口招生学校，义务教育阶段就近入学比例在 90%以上。推进海淀区二期学前教育三年行动计划，新增 2000 个幼儿园学位、4130 个中小学学位。海淀区被评为全国未成年人思想道德建设工作先进城区、全国义务教育均衡发展达标区县。公办学校和民办学校接收进城务工就业农民工子女人数分别为 33848 人和 3095 人。

启动国家公共文化服务体系示范区创建工作。推进基层公共文化设施达标，东升镇、海淀镇文化活动中心建成运行。组织中关村金秋演出季等系列品牌文化活动，满足群众多层次文化需求。

完善“6+4”医联体协作平台和机制，医联体成员有 80 余家。推进公立医院改革，通过托管、合作共建以及特许经营等模式引进社会力量，北医三院托管海淀医院、中关村医院和中科院行管局合作共建等进展顺利，在北部地区以特许经营模式与首都医疗集团共建新海淀妇幼医院。开展社区全科诊疗服务模式市级综合改革试点工作，“一键式”家庭医生式服务覆盖 4.6 万户老年家庭，引进社会资本新建 6 家社区卫生服务站。启动全国精神卫生综合管理试点工作和全国

[①] “三山五园”是对北京市中心城区西北部沿西山到清华大学、北京大学一带皇家园林及私家园林的总称，主要包括香山静宜园、玉泉山静明园、万寿山颐和园、畅春园和圆明园，区域总面积 68.5 平方千米。

口腔疾病防治结合试点工作。海淀区获国家公共文化服务体系示范区创建资格。重点食品安全检测抽查合格率99%，药品抽验合格率99.32%。

构建全民健身服务体系，启动全民健身发展三年行动计划，189个社区被评为市级体育生活化达标社区。新建（更新）全民健身工程215套，举办中关村杯笼式足球邀请赛、冬奥城市冰雪挑战季、凤凰岭山地徒步大会等体育健身活动。全区共有体育场馆255个。

社会服务管理和社会保障

完成社区“两委”换届选举。深化网格化社会服务管理体系，“三网融合”信息平台上线。继续推动专业服务管理力量下沉。建成83个“一刻钟社区服务圈”示范点、73个社区规范化建设示范点和201个智慧社区。探索腾退回迁安置社区等基层社会治理创新模式，推进村庄管理体制向社区管理体制转变，在170多个老旧小区开展自我服务管理。认定10家区级“枢纽型”社会组织，在花园路街道等4个街道推进社会组织孵化器建设。全区社区服务用房全部达标。海淀区被评为第三批全国社区治理和服务创新实验区。

五项社保参保人数增长。实现新农合住院、门诊补偿区级统筹。城乡社会救助体系累计救助7.3万人次，城乡低保标准提高至710元。新建、改建9个养老照料中心，新增养老床位1250张，北下关街道开展社区居家养老服务国家级标准化试点。出台非营利性养老机构资助办法等支持政策，甘家口智慧社区养老服务试点初见成效，启动政策性长期护理保险创新试点。新建、筹集各类保障性住房1.48万套，竣工7761套。推进131个老旧小区综合整治，启动11个棚户区改造项目。京昌路楔形绿地棚户区改造项目全面启动。开展全国和北京市双拥模范城（区）“八连冠”创建。

精神文明建设和民主法治建设

围绕社会主义核心价值观、纪念抗日战争胜利70周年、京津冀协同发展等主题开展宣传活动。开展“三严三实”专题教育。制定区委落实党委主体责任和纪委监督责任的实施意见，采取责任评估、述责述廉、约谈、检查考核、责任追究等方式，逐级传导责任。对19名履责不力的干部进行追责。开展“为官不为、为官乱为”专项治理，全年新立案167件，给予党纪政纪处分138人，同比分别上升111%和92%。查处“小官贪腐”案件66件。

出台推进行政审批制度改革实施意见，深化投资项目四阶段并联审批试点。编制公布行政审批权力清单和行政处罚权力清单，建立权力清单动态调整与公布制度，完成1050个审批和服务事项标准化工作，清理156个非行政许可事项。深化同区通办、三级联动政务服务。推进统一的公共资源交易平台建设。初步形成“政府有限购买服务+企业商业运营”政务服务新模式。深化区属国有企业改革，完成京海联公司、区工业公司重组，海淀剧院等第一批事业单位改革进入收尾。健全区镇两级农资委组织架构，加强农资监管。四季青镇整建制农转非试点工作取得进展，整建制农转非2.5万人。制定回迁安置社区治理工作指导意见，加强新型农村社区建设。

全年办理区人大议案、建议386件，区政协建议案、提案179件。办理“加快推进依法治区建设法治政府”议案，建立健全政府法律顾问制度，加强行政决策事项的合法性审查，出台进一步规范行政执法工作指导意见。

（周勇）

中国共产党海淀区委员会

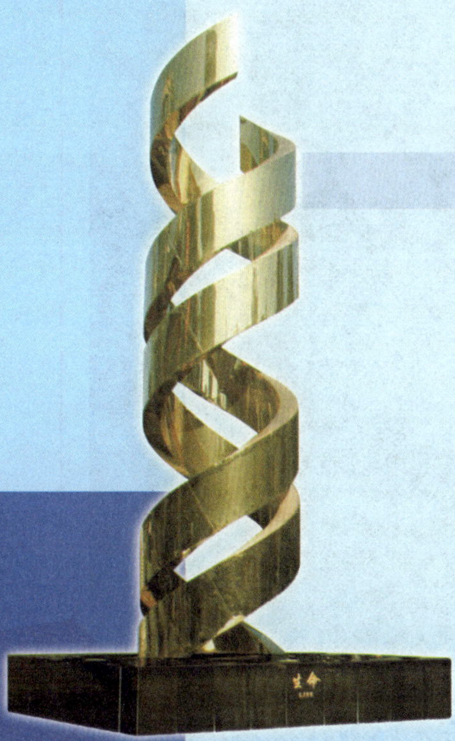

2 月 5 日，海淀区第十一届纪律检查委员会第五次全会召开（区纪委 供图）

3 月 19 日，区委党校加强新型城镇化建设专题培训班学员在东升科技园进行现场教学（区委党校 凌琳 摄）

9月24日，区直机关工委组织区直机关系统党组织副书记赴北京市第二中级人民法院观摩机关党建活动（区直机关工委 马健 摄）

10月8日，区领导参观由区史志办举办的纪念抗日战争胜利70周年图片展（区直机关工委 马健 摄）

12月3日，海淀区举办文明市民礼仪大赛（区新闻中心 田峰 摄）

12 月 16 日，海淀区老年诗画社开展创作鉴赏活动（区新闻中心 田峰 摄）

12 月 18 日，区编办召开权力清单编制工作会议（区编办 李堃玮 摄）

综 述

2015年，中共北京市海淀区委员会围绕建设“首都功能核心区”和“全国科技创新中心核心区”的功能定位，贯彻落实习近平总书记系列重要讲话精神和中央及北京市对海淀工作的重要指示精神，坚持“四个全面”①战略布局，坚持稳中求进工作总基调，把握首都“四个中心”②城市战略定位，统筹推进稳增长、促改革、调结构、惠民生、疏功能、减人口和创新发展各项工作，完成“十二五”规划各项目标任务。年内，召开区委全体会议3次、常委会议47次、专题会议9次。

截至年底，海淀区有中共党员164163名（不包括驻区中央、市直属单位和部队单位党员），比上年增加6379人，增长4.0%。区委派出工委25个（新成立卫生工委），党组40个，所属基层党组织5882个（党委364个、党总支391个、党支部5127个）。

党的建设 坚持区委、区政府理论中心组学习制度，推进学习型党组织建设，强化理论武装。围绕社会主义核心价值观、纪念抗战胜利70周年、京津冀协同发展等主题开展宣传活动，巩固壮大主流思想舆论。落实党风廉政建设责任制，制定《关于落实党风廉政建设责任制党委主体责任和纪委监督责任的实施意见》，采取责任评估、述责述廉、约谈、检查考核、责任追究等方式，逐级传导责任。对19名履责不力的干部进行追责。全年查处违反中央八项规定案件32起，给予党纪政纪处分28人。开展“为官不为、为官乱为”专项治理，立案167件，给予党纪政纪处分138人，同比分别上升111%和92%。查处“小官贪腐”案件66件。

推动京津冀协同发展 成立区委推进京津冀协同发展领导小组，出台落实市委意见的若干措施。疏存量与控增量并举，加大低端业态疏解，腾退中关村西区低端电子市场商户316家，关停京西板材市场等商品交易市场36家、废旧物品回收市场95家，退出不符合首都功能定位的企业622家，拆除违法建设171.1万平方米，整治地下空间196处。完成市、区两级市场关停撤调任务和市里下达的人口调减任务。统筹研究谋划“十三五”发展一系列重大问题，开展28个规划前期重点课题研究，取得一批重要成果。审议通过海淀区“十三五”规划建议。

经济建设 加快“一城三街”建设，研究推动中关村大街改造提升发展规划，推进北京协同创新研究院、军民融合产业园、国家技术转移中心等重点平台建设。举办“双创周”和“双创季”活动，持续优化创新创业环境，高端创新要素加快聚集，新业态、新产品、新技术、新模式不断涌现，创新资源聚集辐射和示范引领能力进一步增强，形成“大众创业、万众创新”新格局。全年新增跨国公司地区总部5家，净增上市挂牌企业183家，众创空间达到49家。发明专利授权量1.45万件，同比增长25.6%。统筹推进南部中关村科学城、中部“三山五园”历史文化景区、北部生态科技新区三大功能区建设，功能疏解、“城市病”治理、生态环境建设等领域投资占比提高到63%，一批重大项目建设取得实质性进展。加快国家科技金融创新中心建设，互联网金融机构超过240家，金融、信息、科技、教育等现代服务业和战略性新兴产业对经济增长的贡献增强。地区生产总值实现4613.5亿元，同比增长7.5%；居民人均可支配收入达到62325万元，同比增长7.6%；区级一般公共预算收入实现357.5亿元，同比增长13.1%；万元地区生产总值能耗、水耗分别下降5.64%、4.2%，全区经济发展持续呈现稳中有进、进中向好态势。

政治建设 支持区人大及其常委会依法履行职能，改进和创新监督方式，提高人大代表建议办理实效。支持政协组织围绕中心工作开展调查研究，丰富协商民主内容，凝聚社会共识。支持民主党派、工商联、无党派人士发挥作用。加强工会、共青团、妇联等群团工作，海淀区被评为“全国未成年人思想道德建设先进城区”。推进司法体制改革，深化“平安海淀”建设，完善治安防控体系，加强信访工作和矛盾纠纷排查化解，开展安全生产大检查，群众安全感综合测评连续九个季度位居城六区第一。完成第九届社区居委会和党组织换届选举工作。开展双拥共建，巩固军政军民团结。完成62项重点改革任务。编制行政审批权力清单和责任清单，完善便民事项“同区通办三级联动”政务服务体系，实施固定资产投资并联审批模块化改革试点，在“三证合一”基础上，全面实现企业设立“一证一码”。推进教育学区制改革，全区中小学全部纳入学区统筹管理。统筹推进文化、医疗、卫生等重大民生领域的改革，完成第一批事业单位改革任务。四季青镇整建制农转非市级改革试点项目取得重大突破。

社会建设 加大生态环境和城市环境治理力度，提升城市服务保障能力，创建成为“全国文明城区”。完成纪念中国人民抗日战争暨世界反法西斯战争胜利70周年、世界田径锦标赛等重大活动服务保障任务。开展交通治堵，实施疏堵点整治改造，完成一批重点道路工程建设。健全文明城区建设长效机制，推进管理重心下移，开展环境综合治理。玉泉山周边地区环境建设取得重大进展，一亩园地区搬迁腾退基本完成。推进“山水林田湖”系统治理，

---

① “四个全面”是指全面建成小康社会、全面深化改革、全面依法治国、全面从严治党。

② “四个中心”是指全国政治中心、文化中心、国际交往中心、科技创新中心。

完成翠湖湿地公园二期绿化、西山森林景观提升和一批公共绿地建设等 28 项绿色空间工程，城市绿化覆盖率达到 51.6%。实行“河长制”，推进 10 条河道的生态治理，全区 5 个跨界水体断面水质综合达标率提升 20 个百分点。基本建成大工村再生能源发电厂和稻香湖再生水厂。调整退出工业企业 9 家、老旧机动车 4.9 万辆。以保障和改善民生为重点，推进社会建设，增进人民福祉。推进现代公共文化服务体系建设，获国家公共文化服务体系示范区创建资格，推动文化创新，发展文化创意产业，打造文化品牌。实现辖区居民就医医联体全覆盖，开展社区全科诊疗服务模式市级综合改革试点，形成分级诊疗服务体系。扩大社会保障覆盖面，完善社会救助体系，就业、养老、助残、优抚事业稳步发展。统筹推进老旧小区、平房棚户区整治改造，改善居民居住条件。京昌路楔形绿地棚户区改造项目全面启动。探索创新回迁安置社区治理模式，海淀区被评为“全国社区治理和服务创新试验区”。

作风建设 在处级以上领导干部中开展“三严三实”专题教育。区委领导带头讲党课，带头学习研讨，带头查找不严不实问题，发挥示范表率作用。区人大、区政府、区政协党组和各处级领导班子紧紧围绕集中学习、党课报告、专题研讨、查摆整改等关键环节，把专题教育同推进全区改革发展重点工作相结合，同“为官不为、为官乱为”专项整治相结合，增强践行“三严三实”的思想自觉和行动自觉。

（孙腾飞）

重要会议和活动

【区委十一届六次全会】 1 月 6 日，中共北京市海淀区第十一届委员会第六次全会召开。区委书记隋振江代表十一届区委常委会作区委常委会工作报告，孙文锴作全区经济社会发展工作报告，会议表决通过《中国共产党北京市海淀区第十一届委员会第六次全体会议决议》。

（孙腾飞）

【第 130 次常委会】 1 月 22 日，区委召开第 130 次常委会，确定 2015 年全区工作总的要求和工作要点。总要求：按照市委十一届六次全会的总体部署，立足首都功能核心区和科技创新中心核心区的功能定位，着力构建“高精尖”经济形态，着力提高城市建设管理水平，着力破解制约可持续发展的重点、难点问题，着力保障和改善民生，着力提高区域治理水平，着力提高党的建设科学化水平。工作要点：坚持创新引领、需求牵引，夯实新常态下经济增长基础；坚持科学规划、精细管理，持续提升区域治理能力；以深化改革为动力，努力破解发展治理难题；贴近群众需求，不断保障和改善民生；落实依法治国方略，大力推进依法治区；坚持从严管党治党，持续提高党的建设科学化水平；加强民主集中，不断提升常委会决策水平。

（孙腾飞）

【服务驻区单位工作座谈会】 2 月 4 日，2015 年海淀区服务驻区单位工作座谈会召开，222 家驻区单位的领导和代表参加。2015 年，海淀区以巩固和提升全国文明城区创建成果为主线，强化“服务为先，融合发展”的理念，深化与驻区单位融合发展，全力支持驻区单位发展。与驻区单位携手推进以保障和改善民生为重点的社会建设，推动教育、养老等公共服务资源共建共享。协同开展平原造林、治污节水、空气净化、街区绿化、院内外美化等生态工程，共建美丽海淀。

（钟冷）

【获“全国文明城区”称号】 2 月 28 日，中央精神文明建设指导委员会召开全国精神文明建设工作表彰暨学雷锋志愿服务大会，对第四届全国文明城市（区）、文明村、文明单位进行表彰，海淀区获“全国文明城区”称号。会后，中共中央总书记、国家主席、中央军委主席习近平，中央政治局常委、中央文明委主任刘云山，中央政治局委员、国务院副总理刘延东接见参会代表。区委书记隋振江代表海淀区参加会议并接受中央领导接见。海淀区于 2012 年 6 月启动全国文明城区创建工作，先后与中国人民大学、中国农业大学等 26 所驻区高校、29 个驻区部队、17 个窗口行业及数百家驻区企业开展共建合作，与 1789 个社会单位签订文明城区共建协议，形成区域各方同心协力、合作共建的生动局面。创建过程中，海淀区广泛开展“道德讲堂”，文明家庭、文明市民评选，“文明餐桌”“可信中关村”“家庭文明微行动”“市民文明艺术节”“文明礼仪知识竞赛”等群众性主题宣传教育活动。

（孙腾飞　白静　钟冷）

【确定区委、区政府重点工作任务】 3 月 12 日，区委常委会审议确定 2015 年区委、区政府重点工作任务，分为 7 个大类 161 项，涉及牵头单位 73 家，协办责任单位覆盖全区各单位。第一类为优化创新创业生态环境，30 项，占 18.6%；第二类为三大功能区建设，15 项，占 9.3%；第三类为巩固全国文明城区创建成果，破解“城市病”，24 项，占 15%；第四类为推进社会治理创新，24 项，占 15%；第五类为深化改革，13 项，占 8%；第六类为推进依法行政，加强政府自身建设，39 项，占 24.2%；第七类为提高党的建设科学化水平，16 项，占 9.9%。

（钟冷）

【主要人事变动】 4 月 16 日，经市委研究决定，于军任中共北京市海淀区委员会委员、常委、副书记，免去孙文锴中共北京市海淀区委员会副书记、常委、委员职务。经市委同意，提名于军为北京市海淀区人民政府区长人选；建议免去孙文锴北京市海淀区人民政府区长职务。海淀区委研究决定，于军任北京市海淀区人民政府党组书记，免去孙文锴北京市海淀区人民政府党组书记职务。4月21日，经海淀区第十五届人民代表大会常务委员会第二十五次会议决定，于军为北京市海淀区人民政府代理区长。接受孙文锴辞去北京市海淀区人民政府区长职务的请求。6月15日，市委决定，崔述强任中共北京市海淀区委员会委员、常委、书记，隋振江不再担任中共北京市海淀区委员会书记、常委、委员职务。

（孙腾飞　钟冷）

【区委第四次人大工作会议】 5月6日，区委第四次人大工作会议召开。区四套班子领导、人民法院院长、人民检察院检察长；区人大常委会组成人员；各镇人大主席（专职副主席）、区人大常委会各街道工委组成人员；部分市区人大代表；全区各单位党政正职，区人民法院和区人民检察院班子全体成员；各地区代表联（小）组联络员出席会议。会议主题是学习贯彻中共十八大，十八届三中、四中全会和习近平总书记系列重要讲话及市委第四次人大工作会议精神，对《中共北京市海淀区人大常委会党组关于加强和改进全区人大工作的若干意见》的起草原则、框架布局、重点内容等做了说明；会议肯定了区委第三次人大工作会议以来全区社会主义民主法治建设所取得的成就，强调全区上下要进一步增强新形势下坚持和完善人民代表大会制度的坚定性、自觉性。

（吴向荣　孙腾飞）

【“四个全面”战略布局专题培训班】 5月15日—16日，海淀区学习贯彻“四个全面”战略布局专题培训班暨“三严三实”专题教育在稻香湖景酒店举行。区委书记隋振江作“三严三实”专题教育党课报告，代区长于军主持。关成启、彭兴业、刘长利等区四套班子领导及全区各单位正处实职近260人参加党课学习。

（孙腾飞）

【全区领导干部大会】 6月12日，海淀区召开领导干部大会。会议传达中共中央关于原中共中央政治局常委周永康违法犯罪案件及其教训的通报，并部署下半年全区经济社会发展和安全维稳工作。区四套班子领导和各单位党政主要负责人参加会议。会议要求，要按照中央、市委的要求，切实增强政治意识、大局意识、忧患意识，切实把思想和行动统一到中央精神上来，切实增强贯彻执行中央决策部署的自觉性和坚定性。

（孙腾飞）

【郭金龙到海淀区调研】 8月13日，市委书记郭金龙围绕“深入实施创新驱动发展战略和疏解非首都功能”主题，到小米公司、中国国际技术转移中心调研。中国国际技术转移中心是市科委与海淀区政府联合共建的，郭金龙对中心在技术转移，尤其是关系民生方面的技术转移工作取得的成绩给予充分肯定，称“这是新型服务的典范”。郭金龙强调，创新驱动发展是有序疏解非首都功能、推动京津冀协同发展的根本动力。并指出，通过中关村创业大街和中国国际技术转移中心的不断发展，海淀区取得的进步，由此可以借鉴到全市其他地区。市长王安顺一同调研。11月10日，郭金龙到海淀区调研，强调推动中关村国家自主创新示范区与全国科技创新中心建设融合发展。郭金龙察看了中关村软件园二期建设情况和紫光集团集成电路芯片研发进展情况，了解中关村梦想实验室智能硬件梦工场的智能硬件公共服务平台和孵化器建设情况，并听取中关村大街提升发展工作汇报。郭金龙强调，要落实习近平总书记视察北京时发表的重要讲话精神，充分肯定中关村大街提升发展规划有先进的理念，有务实的行动，也有实践的成果。并强调围绕优化提升首都核心功能，推动中关村示范区与首都全国科技创新中心两者有机融合发展，海淀区要首先做好这方面工作。市领导苟仲文、张工、隋振江一同调研。

（钟冷）

【区委十一届七次全会】 8月14日—15日，中共北京市海淀区第十一届委员会第七次全体会议召开。区委书记崔述强讲话；代区长于军作《关于全区上半年经济社会发展情况和下半年重点工作安排的报告》；副区长穆鹏作《中共海淀区委海淀区人民政府关于落实北京市委市政府贯彻京津冀协同发展规划纲要意见的若干措施（审议稿）》的说明。会议审议通过《中共海淀区委海淀区人民政府关于落实北京市委市政府贯彻京津冀协同发展规划纲要意见的若干措施（审议稿）》；审议通过《中共海淀区第十一届委员会第七次全体会议决议（草案）》。关成启、彭兴业、刘长利等区四套班子领导出席会议。

（孙腾飞）

【完成抗战胜利纪念活动服务保障任务】 9月3日，中国人民抗日战争暨世界反法西斯战争胜利70周年纪念大会在北京举行。在此次纪念活动的服务保障工作中，海淀区是全市各区县中保障任务最重的区县之一。自8月17日开始，每天发动治安巡防队、治安志愿者、铁路护路专职巡防队队员、安全稳定信息员、交通协管员、停车管理员、保安员等各类群防群治力量17.5万人，协助公安、武警等专业力量共同维护全区社会面的安全稳定，确保区19条活动道路沿线、两大集结点、社会面防控、环境秩序等重点任务服务保障工作无一疏漏，万无一失，顺利完成抗战胜利纪念活动服务保障任务，得到市委、市政府的高度肯定，海淀区被北京市评为“中国人民抗日战争暨世界反法西斯战争胜利70周年纪念服务保障先进集体”。

（孙腾飞）

【出台《关于落实北京市委市政府贯彻京津冀协同发展规划纲要意见的若干措施》】 9月21日，区委、区政府出台《关于落实北京市委市政府贯彻京津冀协同发展规划纲要意见的若干措施》，提出持续性推进“全国文明城区”测评体系指标任务的落实，特别是落实城乡接合部、北部农村地区、老旧小区、校园周边、背街小巷等城市管理类指标，破解“城市病”难题，提升城市精细化管理能力，协助推进人口调控与非首都核心功能疏解，服务保障京津冀协同发展规划落实等36条落实措施，疏解低端产业（疏解非首都核心功能），发展“高精尖”产业。同时，以落实京津冀协同发展规划纲要，不断推动“全国文明城区”创建成果的巩固和深化，实现区域精神文明创建工作再上新台阶。

（钟冷）

【国家公共文化服务体系示范区建设】 9月30日，海淀区创建国家公共文化服务体系示范区动员大会暨文明城区长效机制建设总结部署会召开，全面启动和部署创建工作。文化部、市文化局、区领导出席会议。海淀区于7月22日获得第三批国家公共文化服务体系示范区创建资格，第三批示范区创建时间为2015年—2017年，2016年为中期测评，2017年年底前正式验收。

（钟冷）

【“双创周”活动】 10月19日—23日，以“创业创新——汇聚发展新动能”为主题的首届“全国大众创业万众创新周”（简称“双创周”）启动仪式在主会场——中关村国家自主创新示范区展示中心举行。活动同时在上海、深圳、西安、成都、武汉、沈阳、合肥7个城市设立分会场。中共中央政治局常委、国务院总理李克强在北京主会场（展示中心）出席仪式并考察主题展区。同日，“大众创业万众创新高峰论坛”举行，中共中央政治局常委、国务院副总理张高丽出席并讲话，中共中央政治局委员、北京市委书记郭金龙，国家有关部委负责人以及北京市市长王安顺等市有关领导、海淀区有关领导出席全天活动。“双创周”活动由国家相关部委牵头，其间，展示中心主会场通过“双创新风采”“双创新生态”“双创汇”三个板块实体展示从全国选送的2000多个项目中筛选出的112个项目，100多家机构在中关村核心区的13个分会场举办全球创业大会、创业马拉松、环球顶级赛事、创客嘉年华、全球风险投资峰会五大板块30多项创新创业活动。“双创周”期间，全国共举办48场专题活动，2.1万人次参观主题展示。经国务院决定，自2015年起，每年10月选择一周作为“全国大众创业万众创新活动周”，每年设置不同主题。

（孙腾飞　刘伟杰）

【区党的建设研究会成立大会】 11月18日，海淀区党的建设研究会成立大会暨第一次会员大会召开。大会审议通过《北京市海淀区党的建设研究会章程（草案）》，选举第一届领导机构成员，海淀区委副书记、政法委书记刘长利当选海淀区党的建设研究会会长。

（钟冷）

【领导干部务虚会】 11月19日—20日，海淀区领导干部务虚会召开。区四套班子领导参会。会议提出“疏解减人、创新发展、管理服务、生态民生、党风廉政、安全稳定”为全区未来的重点工作。疏散减人。明确海淀区在首都的功能定位，围绕疏功能、减人口、调整工作重心，疏解功能的同时也要疏解不必要的项目。创新发展。海淀要在发展基础上对未来首都经济起重要支撑作用。主动担起对全市、全国发展做贡献的责任。管理服务。走城市化发展道路，走出一条具有海淀特色的城市化道路。生态民生。推进生态文明建设以及“山水林田湖”生态骨干工程建设，提升北部地区以及“三山五园”周边的生态环境质量，建设国际一流和谐宜居的文明区。党风廉政。全面加强党的建设，营造风清气正的海淀政治生态，建设“廉洁高效海淀”。安全稳定。始终把人民群众生命财产安全放在首要位置，坚决遏制重特大事故发生。

（钟冷）

【区科技创新、城市功能疏解发布会】 11月27日，区科技创新、城市功能疏解发布会举行。会议提出“十三五”时期，海淀区坚持“瘦身健体”型发展、创新引领型发展、协调统筹型发展、绿色生态型发展、开放国际型发展、共建共享型发展。区委书记崔述强接受了《人民日报》、新华社、《北京日报》、北京电视台等中央、北京市媒体采访。

（钟冷）

【区委十一届八次全会】 12月4日—5日，中共北京市海淀区委十一届八次全会召开。会议学习贯彻习近平总书记视察北京重要讲话和中共十八届五中全会、市委十一届八次全会精神，审议通过《中共北京市海淀区委关于制定海淀区国民经济和社会发展第十三个五年规划的建议》《中国共产党北京市海淀区第十一届委员会第八次全体会议决议》《中国共产党北京市海淀区第十一届委员会第八次全体会议关于增补区委候补委员王国强等7名同志为区委委员的决定》，区委书记崔述强就区“十三五”规划建议（审议稿）作说明并讲话。

（孙腾飞）

【区党风廉政建设责任制汇报会】 12月29日，市党风廉政建设责任制第六专项检查组到海淀区检查工作并召开汇报会。区委书记崔述强汇报党委履行主体责任的情况，区长于军汇报政府党组履行主体责任的情况，区纪委书记芦育珠汇报履行监督责任的情况，区委宣传部部长陈名杰、副区长徐永全汇报履行“一岗双责”的情况。市委组织部常务副部长张建春主持会议，市委常委、宣传部部长李伟出席并讲话。

（钟冷）

组织工作

【概况】 2015年，区委组织部以学习贯彻中共十八届三中、四中、五中全会精神和习近平总书记系列重要讲话精神，以开展“三严三实”专题教育为主线，围绕全区中心工作推进领导班子和干部队伍建设、基层党组织和党员队伍建设、高层次人才队伍建设及组织部门自身建设。全年新发展预备党员1353名。截至12月31日，全区共有基层党组织5882个，中共党员164163名（不包括驻区中央、市级单位和部队等位于海淀区，但组织关系不隶属于海淀区委的党组织和党员)。其中，女党员 77114 名，占总数的 46.97%；少数民族党员 6312 名，占总数的 3.84%；35 岁及以下的党员 34717 名，占总数的 21.15%；大专以上文化程度党员 110690 名，占总数的 67.43%。全区有 833 名处级领导干部（含企业领导人员），其中女性处级领导干部 257 人，占 30.85%；少数民族处级领导干部 22 人，占 2.64%。全年调整处级干部 491 人，其中，调整处级领导干部 205 人（正处级 61 人，副处级 144 人），包括提拔 79 人、交流 52 人、改任 74 人；提拔处级非领导职务 286 人(调研员 65 名，副调研员 221 名)，包括正常提拔 80 人、团职军转和政策提拔 206 人。全年与处级领导干部开展任前谈话、考核考察谈话、听取意见建议 860 余人次。

10 月，启动村“两委”换届选举工作，共有 84 个行政村级党组织参加。

（杜晓莺）

【完成社区“两委”换届选举】 3 月，启动社区党组织和社区居民委员会换届选举工作。参加换届选举的社区党组织共有 532 个（全区有社区 568 个，其中党组织关系隶属区委的社区有 534 个，其他 32 个社区党组织关系分别隶属北京大学党委、清华大学党委、航二院党委，另有 2 个社区未单独建立社区党组织，由其现单位党委统一管理)。5 月 26 日，全部完成换届选举工作。所有社区均为一次性选举成功，当选的社区党组织负责人吻合度为 100%，社区党组织直选率为 100%。共选出社区党组织班子成员 2507 名，其中书记 532 名、副书记 590 名、专职副书记 533 名。书记中本地人员 261 名，占 49.06%；班子成员中本地人员 1399 名，占 55.80%，比上届提高 5.19 个百分点。新当选社区党组织成员 1182 名，占 47%；连选连任 1325 名，占 53%。社区党组织书记和居委会主任“一人兼”366 人，占总数的 68.80%，比上届提高 8.88 个百分点；社区党组织和居委会成员交叉任职 1374 人，占总数的 54.81%，比上届提高 14.18 个百分点；社区居委会成员中有党员 1876 人，占总数的 53.31%，比上届提高 9.57 个百分点；社区居委会主任中有党员 532 人，占总数的 93.83%，比上届提高 8.95 个百分点。全区参加换届选举的社区居委会共有 567 个，选举于 7 月 26 日全部完成。所有社区均为一次性选举成功，成功率达 100%。其中采取直接选举或户代表选举形式的社区有 302 个，占全区社区总数的 53.26%。本届选举共登记选民 1115606 人，其中非本市人口 23780 人，占选民总人口的 2.13%。登记户代表 20.21 万人，划分居民小组 1.1 万个，选举居民代表 2.7 万人。选民参选率达到 91.7%，户代表以上选举率为 53.26%。共选出新一届社区居委会成员 3518 人，其中主任 567 人、副主任 693 人、委员 2258 人。连选连任 1874 人，占 53.27%。当选者中中国共产党党员（含预备党员）1875 人，占 53.3%；居住在本社区的人数为 1455 人，占总人数的 41.36%。

（杜晓莺　王拓涵　胡晓婷）

【调研基层党组织推进城乡一体化发展】 3 月—12 月，由区委组织部牵头，区农委与各镇联合调研农村基层党组织推进城乡一体化发展情况，形成《农村基层党组织引领发展问题调研》调研报告。结合调研成果，区委组织部制定印发《发挥农村基层党组织引领发展作用推动城乡一体化发展的意见》。

（秦冬梅）

【开展“三严三实”专题教育】 年内，海淀区在全区党政机关、人民团体及其内设机构和区属国有企事业单位处级以上领导干部中开展“三严三实”专题教育，包括学习研讨、专题党课、专题民主生活会和组织生活会，强化整改落实和立规执纪。“三严三实”专题教育是党的群众路线教育实践活动的延展深化。区委组织部按照专题教育严以修身、严以律己、严以用权三个阶段的总体安排，组织协调区、处两级班子开展集中学习和交流研讨，各级班子主要领导作专题党课报告。组织指导区、处两级班子和干部建立“不严不实”问题整改清单，并将整改落实情况作为班子考核的重要内容和干部使用的重要依据，推动专题教育与日常工作两手抓两不误两促进；严格审核处级班子和干部的党性分析材料，指导召开专题民主生活会，用好批评与自我批评的“武器”，使专题教育触及干部的内心和灵魂。5 月 16 日，区委书记隋振江以“践行‘三严三实’，深化作风建设，以忠诚干净担当精神开创各项工作新局面”为题，为全区领导干部作“三严三实”专题教育党课报告。5 月 29 日，代区长于军以“深入学习、自觉践行‘三严三实’，奋力谱写‘两个核心区’建设的新篇章”为主题，为区政府系统干部作专题教育党课报告。

（杜晓莺）

【干部管理】 年内，区委组织部在选拔任用干部工作中，实行党（工）委书记、纪（工）委书记（纪检组组长）“双签”提名制，明确党委（党组）书记、分管纪检（监察）工作领导的全面把关责任和廉政把关责任。将人选考察审核关口前移，在动议环节提前介入，实行干部档案“凡提必查”、个人有关事项报告“凡提必核”、纪检监察机关对考察对象党风廉政情况的意见“凡提必听”、廉政法规知识“凡提必考”。落实干部选拔任用工作纪实、“一报告两评议”、党政正职经济责任审计、党委（党组）书记履行干部选拔任用工作职责离任检查等制度，强化对选人用人行为的监督。做好处级干部个人有关事项组织填报和核查工作，全年核查拟任职人选个人有关事项报告 316 份，并按照 10% 的比例集中随机抽取、核查个人有关事项报告 121 份。对报告情况与反馈的核查情况不符的，要求本人及单位核实情况并做出说明。做好“带病提拔”责任倒查、超职数配备、“裸官”、领导干部违规兼职、违规办理和持有因私出国（境）证件等专项治理工作。

（杜晓莺）

【干部培养】 年内，区委组织部建立归口单位中层干部库，有计划地选调后备、年轻干部参与“三严三实”专题教育、基层党组织换届、“强基础、解难题、促发展”党建工作组、区信访督导组等重点工作任务，或到中央、市级有关单位挂职，通过多种途径考验、锻炼干部。

（杜晓莺）

【干部教育培训】 年内，依托区委党校，以习近平总书记系列重要讲话精神，中共十八届五中全会精神，党章、宪法与党规党纪等为主题和重点举办培训班次，通过专题辅导、学员论坛、党性分析会、革命传统教育等形式，提升全区党员干部思想理论水平和工作能力。全年举办各类班次 30 余个，参训 2700 余人次，实现对区四套班子、法院院长、检察院检察长和处级干部轮训一遍。会同区人力社保局组织 6969 名干部参加在线学习，其中，处级干部 1282 名，学时完成率 100%；科级及以下公务员 5651 名，学时完成率 100%。

（杜晓莺）

【完善基层党建工作责任体系】 年内，区委组织部制定《关于进一步加强海淀区街道和社区党的建设工作的意见》《关于进一步加强区域化党建工作的实施意见》等文件。强化“党委管党建、书记抓党建”工作责任，成立海淀区党的建设研究会和区委党建工作督查组，将党建工作责任制落实情况纳入处级领导班子和领导干部年度考核。持续开展“五型五好”[①]基层党组织和“基层党建工作创新示范项目”创建活动。将书记抓基层党建述职评议考核工作由街道、镇拓展到各单位、各领域。指导各镇召开党代会年会，做好区党代表分组活动和提议交办工作。

（杜晓莺）

【基层党建】 年内，区委组织部制定实施党组织直接联系基层党组织和党员干部直接联系群众的“双联系”制度。选派第三批 19 个“强基础、解难题、促发展”党建工作组，179 名党员干部深入基层帮助解决实际困难和问题。为每个社区党组织拨付经费 20 万元，每个村党组织拨付经费 15 万元，全年累计拨付金额近 1.2 亿元。挂牌成立 610 个党群活动中心，实现街镇、社区（村）全覆盖。以党组织“应建未建”、党组织设置“应符未符”、党组织人员“应齐未齐”、党组织换届“应换未换”为重点，开展党组织规范化建设“四查四纠”活动。按照村不低于 10%、社区不低于 5%的比例，抓尾倒排出 8 个软弱涣散村党组织和 27 个软弱涣散社区党组织并开展集中整顿。并将整顿范围扩展至全区各系统、各领域，对摸排倒查出的 48 个后进党组织开展整顿，形成抓尾倒排软弱涣散（后进）基层党组织整顿工作的常态化机制。依托“1+8”党建工作体系[②]，要求各系统党（工）委和直属单位党委逐级建立工作台账并进行整改。绘制《海淀区基层党组织设置隶属示意图、树状图》，制定基层党组织设置审批工作流程图，进一步明确党组织新建、更名或撤销、调整隶属关系或调整建制、整建制划转党组织关系等工作的规范步骤。

（杜晓莺）

【社会领域党建】 年内，海淀区实施“非公有制企业和社会组织党建攻坚计划”，以规模以上非公企业台账和有主管单位而未建立党组织的社会组织为重点，推行社企联建、村企联建，与属地各街镇共同推进党组织建设工作。成立中关村创业大街联合党委和党建工作孵化平台，形成《关于进一步加强众创空间里小微企业党建工作的意见》，引领推进小微企业聚集区党建工作。整合商务楼宇党建资源，建立以中关村世纪科贸“党员 e 站”为代表的 60 个楼宇中心示范站。

（杜晓莺）

【央地人才协同发展】 年内，区委组织部推进《关于进一步促进海淀区央地人才协同发展的实施办法》提出的企业技术研发项目公开招标平台、央地人才交流合作俱乐部、战略性新兴产业“订单式”人才培养、企业“博士后工作站”等重点工作。央地人才合作俱乐部举办 10 期交流对接活动，吸引 15 家院所的 32 位专家和 290 家行业企业、创投机构参与；3 家“订单式”人才培养承办机构共培养人才 500 名；全区建立企业“院士专家工作站”“博士后工作站”“博士后（青年英才）创新实践基地工作站”92 家，柔性引进[③]两院院士 52 名，进站博士后及博士 290 人。

（杜晓莺）

【中关村人才特区建设】 年内，区委组织部开展第十二批“千人计划”、第十一批“海聚工程”申报工作和第四批“海英人才”认定工作，并从项目、资金、生活等方面给入选人才以支持。全年新增“千人计划”183 人、“海聚工程”31 人、“高聚工程”58 人、“海英人才”97 人。

（杜晓莺）

【人才服务】 年内，海淀区开展第二批“海英人才公寓”配租，并列支专项经费配备家具家电，实现人才“拎包入住”。组织推荐 25 名高端人才通过北京市第五批“教授级高工”评审，占全市的 32.5%。举办“海淀英才高级研修班”等班次 15 期，培训近 600 名企业中高层人才。“海淀区高层次人才发展促进会”共举办人才沙龙、政策宣讲等活动 40 余期，吸引会员 1500 余人次。

（杜晓莺）

---

① “五型”是指“学习型”党组织、“服务型”党组织、“创新型”党组织、“引领型”党组织、“智慧型”党组织。“五好”是指“五个好”机关党组织、“五个好”村（社区）党组织、“五个好”企事业单位党组织、“五个好”非公有制企业党组织、“五个好”社会组织党组织。

② “1+8”党建工作体系：“1”代表区委组织部，“8”代表区属 8 个系统党（工）委，具体指由区委组织部牵头抓总、8 个系统党（工）委具体实施的“1+8”党建工作机制。

③ 柔性引进：指打破国籍、户籍、地域、身份、档案、人事关系等人才流动中的刚性制约，在不改变和影响人才与所属单位人事关系的前提下，适应市场经济和人才社会化发展要求的政府引导、市场调节、契约管理的非本地户籍人才的人才引进方式。

宣传工作

【概况】 2015年，海淀区宣传工作贯彻落实中共十八大和十八届三中、四中、五中全会精神和习近平总书记系列重要讲话精神，聚焦思想理论建设和意识形态领域工作，推进社会主义核心价值观培育践行，提升宣传舆论引导能力，发展繁荣区域文化，为海淀建设全国科技创新中心核心区提供思想保证、精神动力、舆论支持和文化环境。

理论学习 年内，在党员干部中开展“学原著、读原文、悟原理”活动，学习习近平总书记系列重要讲话精神区理论中心组集中学习17次，安排“三严三实”教育专题区处联学19个半天。组织理论家走基层、周末社区大讲堂、百姓宣讲共157场次，发放《习近平治国理政》《“四个全面”读本》《理论热点面对面》等理论学习资料近10万册。推进学习型党组织示范点和示范品牌活动创建，2家单位受到市委宣传部表彰，11项成果在全市优秀党课评选中获奖。举办海淀理论思考与实践沙龙活动6期，北京市哲学社会科学应用政策研究海淀基地完成课题研究47项，发表论文13篇、内参研究4篇。

意识形态领域工作 开展区域意识形态工作形势分析研判，2次向区委常委会专项汇报全区意识形态工作情况，举办全区处级干部学习贯彻《关于加强党委（党组）意识形态工作责任制实施办法》专题培训班，强化宣传思想文化阵地管理，分级分类建立各类宣传阵地、宣传队伍明细台账。严格管理区域内举办报告会、研讨会、讲座、论坛，从严管控课堂教学、教材编写使用及培训机构。严厉打击各类非法出版物特别是政治类非法出版物。全年没有发生涉意识形态的事案件。

培育社会主义核心价值观 在西三旗建成全市首家以“家文化”为主题的主题公园，开展“我们的价值观”系列宣传和非遗项目进校园、核心价值观动漫校园推广系列活动。组建50个社会主义核心价值观宣讲团，在全区巡回宣讲百姓身边好人好事、凡人善举。编撰出版海淀区《社会主义核心价值观优秀案例》和报告文学《海淀表情》，在全区200多所中小学校、565个社区开展核心价值观走进德育课堂、走进道德讲堂试点。实施“互联网+文明”行动计划，组建10支街道文明举止提示队。

文化宣传活动 举办2015“演艺北京”剧目交易会及演艺产业论坛、2015中国演艺产业投融资大会和中关村国际青年艺术节、海淀文化节、百姓周末大舞台等活动。举办首届“书香海淀”全民阅读活动，新建图书流动站点50家，发放“书香海淀”畅读卡近万张，组织各类读书活动230多场次。组织“海之声”新年演出季和中关村金秋演出季，演出节目500多场，补贴票价1600万元，惠及群众500多万人次。首次推出中关村儿童演出季，147场演出深受少年儿童喜爱。

（陈爱民）

【文化科技卫生“三下乡”活动】 2月11日，由区委宣传部牵头，十余家单位参与的2015年海淀区文化科技卫生“三下乡”集中示范活动开幕。“三下乡”活动贯穿全年，推出集中示范活动与宣传、思想道德建设、文化惠民工程、科普宣传与科技支农工程、提升健康水平、法律惠民六大板块，包括“文艺演出星火工程”、第二十六届农民艺术节、“好家风好家训”书画作品巡展、全民健身健走大赛、“改作风、下基层、送温暖”送福下乡、“慢病管理，我们在行动”下乡、“海之韵”普法艺术团法制文艺下乡等18项重点示范活动。

（钟冷）

【抗战胜利70周年群众性纪念活动】 4月—年底，海淀区推出以“勿忘国耻·圆梦中华”为主题的纪念中国人民抗日战争暨世界反法西斯战争胜利70周年“十个一”群众性系列纪念活动，即：推出一条主题抗战路线暨“林迈可八公里”群众健身路线，组织一次主题百姓宣讲，开展一次主题党日活动，举办一次书法绘画摄影作品展，开展一次主题歌曲征集展播，组织一次签名征集活动，组织一次走访慰问抗战老兵活动，组织开展“开学第一课”活动，举办一次红色电影放映月活动，组织一次抗战主题征文活动。区直机关工委、区文化委、区政协、区文联、区史志办等部门，组织开展大型诗歌演唱会、读书会、书画艺术展，编排并公演原创话剧《平西地下交通线》，举办“林迈可——一个在海淀的外国人的抗战史”大型图片展等。共举办“党史讲堂”系列讲座、“京华英雄”百姓宣讲300多场次，组织大型艺术展、“致和平”主题诗会、红色观映月及参观活动207场，参与群众超过100万人次。组织全区24万名中小学师生开展“7·7”主题宣誓和“开学第一课”活动，建立覆盖全区的爱国主义教育基地联盟。区委宣传部牵头，以“铭记历史、缅怀先烈、珍爱和平、开创未来”为主题，挖掘区域抗战历史资源，发掘整理区域抗战英雄、抗战老兵及抗战亲历者身上的历史印记、反映区域抗战历史的故事，建立抗战英雄人物、抗战文物遗迹等台账。

（陈爱民　钟冷）

【《贝家花园往事》首映】 5月23日，由中央电视台纪录频道和海淀区委宣传部联合制作的纪录片《贝家花园往事》首映式在北京举行。《贝家花园往事》以1912年至1954年发生在北京西山的中法交流故事为核心，讲述以贝熙业大夫为核心的朋友圈创造的中法文明传奇。该片被纳入中宣部及广电总局“外宣翻译工程”和国务院新闻办对外传播项目，在第21届中国电视纪录片评比中获评“十佳作品”。

（钟冷）

【原创话剧《样式雷》首演】 7月18日—26日，区委宣传部和国家大剧院合作的原创话剧《样式雷》在国家大剧院首演。作为“2015国家大剧院国际戏剧季”中“本土原创”演出板块的重要剧目，《样式雷》以“样式雷”重修圆明园的这段历史为背景，主要讲述执掌京城皇家园林建筑260年的雷氏家族在清朝末年的往事。7月30日，区委宣传部和国家大剧院举办《样式雷》研讨会，该剧的主创团队、演员代表、文史专家、建筑专家共同探讨“样式雷”对清代皇家建筑的设计和修建所做出的杰出贡献和对话剧创作的意见、建议。《样式雷》已被列入北京市的文化精品工程。

（钟冷）

【《平西地下交通线》公演】 8月20日，反映海淀人民抗日历史的原创话剧《平西地下交通线》在北京举行新闻发布会。9月8日—10日，在中国人民大学明德堂公演。平西地下交通线，是抗日战争时期从北平经平西到晋察冀解放区重要的秘密交通线之一。该剧由区委宣传部指导，微信平台“海淀•故事”编辑部出品，网舵传媒制作，讲述日本偷袭珍珠港后第二天即1941年12月8日，同情中国革命的燕京大学无线电专家、英国人林迈可与威廉•班德夫妇，为躲避日军搜捕，在林迈可夫人李效黎的鼓励下逃出北平。几经周折来到位于北安河地区的贝家花园，寻求并不认识的法国大夫贝熙业的帮助。最后在中共地下党员的帮助下，借助平西地下交通线，到达晋察冀边区的抗日根据地，继续为抗战事业贡献力量的故事。林迈可最终成为中共无线电事业的奠基者之一。

（钟冷）

【媒体宣传】 全年召开重大新闻会商会32次、新闻发布会97场，接待媒体记者2000多人次。在《人民日报》刊登海淀新闻74篇，在中央电视台播出海淀新闻22条，其中《新闻联播》播出4次。在《北京日报》刊登海淀新闻240篇，其中头版23篇，北京电视台播出海淀新闻100余条。海淀网日均发布新闻300余条，全年累计10万余条，“两微一端”[①]粉丝量超过15万人，阅读量超过600万次。区属媒体全年出版报纸235期，刊发新闻稿件10000余篇、800余万字。编送《舆情快报》《舆情内参》《舆情专报》283期，向中宣部直报舆情信息800余条，有效应对处置拆迁腾退、城市管理突发事件、城市病整治等社会舆情。

（陈爱民）

【宣传策划】 年内，区委宣传部围绕海淀建设全国科技创新中心核心区，搭建中关村创新创业新闻采访平台，召开中央媒体北京站站长联席会、重大新闻选题策划会20余次。《科技日报》以新闻调查形式在头版显著位置连续四期报道中关村创新创业，在全国引起强烈反响。5月7日，国务院总理李克强考察中关村创业大街，10月，出席在中关村国家自主创新示范区展示中心举办的“双创周”活动，在全国掀起了创新创业的热潮。升级改版“海淀故事”APP移动客户端，不间断推送海淀故事、传播海淀声音，塑造区域发展良好形象。举办“三山五园文化”山东博物馆和国家图书馆巡展“曹雪芹诞辰300周年纪念”活动和“红迷”嘉年华等活动，在国内外引起积极反响。

（陈爱民）

纪检监察

【概况】 2015年，全区各级党组织和纪检监察组织坚决贯彻全面从严治党要求，严格落实党风廉政建设责任，严明党的纪律，持之以恒落实中央八项规定精神和市委、区委实施意见，持续加大纪律审查力度，深化纪律检查体制机制改革，党风廉政建设和反腐败工作取得新成效。

（刘梦瑶）

【区纪委十一届五次全会】 2月5日，中共海淀区纪委十一届五次全会暨全区党风廉政建设工作会议召开。会议传达学习习近平总书记系列重要讲话精神，中纪委五次全会和市纪委四次全会工作部署，总结2014年全区党风廉政建设和反腐败工作，研究部署2015年任务。会议通过区委常委、纪委书记芦育珠所做的题为《坚持从严治党，强化责任担当，坚定不移推进党风廉政建设和反腐败工作》的工作报告，形成会议决议。市纪委副书记李振奇、区委书记隋振江出席会议并讲话。区四套班子领导、区属各单位党政主要负责人以及区纪检监察干部等500多人参会。

（刘梦瑶）

【党风廉政建设主体责任】 年内，区委出台《关于落实党风廉政建设责任制党委主体责任和纪委监督责任的实施意见》，各处级单位制定实施细则或落实办法，领导干部逐级签字背书，明确和细化党风廉政建设党委主体责任。加强区纪委全委会对处级班子履职情况的监督，43名处级单位党政主要领导向区纪委全委会述责述廉并接受质询评议。健全党风廉政建设责任制检查机制，对处级班子落实责任制情况进行全覆盖检查。区委常委会专题研究检查考核结果运用，向被检查单位一对一反馈结果，对排名靠后单位党政主要领导和纪委书记进行约谈，督促各处级单位领导班子把主体责任落到实处。对区卫计委等权重部门和重点领域进行调研评估，督促处级单位领导班子严格落实主体责任，查找和整改存在问题。对海淀妇幼保健院商业贿赂窝案、西北旺镇唐家岭村南违法建设案等实施“一案双查”[②]，追究19名党员干部的主体责任、监督责任和领导责任。

（刘梦瑶）

---

① “两微一端”是指官方微博、微信公众号和新闻客户端。

② “一案双查”是指既要追究当事人责任，又要追究相关领导责任，包括党委的主体责任和纪委的监督责任。

【严明党的纪律】 年内，区纪委在落实人口规模调控、大气污染环境治理、打击违法用地和违法建设等重点工作中，加强执纪监督，确保政令畅通。对社区“两委”和农村党组织换届选举进行监督检查，同候选人进行集体廉政谈话，坚决查处违反换届纪律问题。整合区、处两级和社会监督力量，成立7个联合监督小组和482人的党风政风监督队伍，紧盯“四风”[①]问题开展明察暗访。全年查处违反中央八项规定精神案件32起，给予党纪政纪处分28人。查处侵害群众利益问题55起，给予党纪政纪处分39人，督促解决上庄镇前章村违法建设拆除不力等28个群众反映强烈的问题。开展“为官不为、为官乱为”专项治理，查处玩忽职守等问题28起，给予党政纪处分11人，组织处理19人。

（刘梦瑶）

【党员干部纪律教育】 年内，区纪委在全区开展“学党章、守纪律、讲规矩”主题教育活动，组织党员干部学习《中国共产党章程》《中国共产党廉洁自律准则》《中国共产党纪律处分条例》，编发学习资料6500套，制作《村蛀之祸》《我身边的勤廉榜样》等600套教育片，将教育对象覆盖到所有基层党支部和党员。2573名副处级和正科级党员干部参加党纪条规知识测试。开展“讲述身边好规矩”演讲活动，组织5747名党员干部参观区警示教育基地。

（刘梦瑶）

【纪律审查】 年内，全区各级纪检监察组织受理检控类信访举报1100件次，同比下降18.9%。处置问题线索379件，立案175件；其中新立案167件，结案150件，给予党政纪处分138人，移送司法机关29件。新立案、处分数量同比分别上升111%、92%，通过查办案件挽回经济损失862万余元，通报曝光9批58人违纪问题。查处魏某某、翟某某等正处级干部严重违纪案和卫生系统商业贿赂“窝案”。区人民检察院立案侦查贪污贿赂、渎职侵权等职务犯罪案件40件44人，区人民法院审结贪污贿赂案件8件11人。探索运用监督执纪“四种形态”即经常开展批评和自我批评、约谈函询，让“红红脸、出出汗”成为常态；党纪轻处分、组织调整成为违纪处理的大多数；党纪重处分、重大职务调整的成为少数；严重违纪，涉嫌违法立案审查的成为极少数，约谈91人次，函询22人，党纪轻处分59人，组织处理45人。为185名党员干部澄清反映失实的举报问题。基层纪检监察组织共办理信访举报293件次，立案69件，同比上升130%。开展国际追逃追赃工作，建立“天网”行动工作机制。

（刘梦瑶）

【纪律检查体制改革】 年内，落实纪律检查双重领导体制具体化、程序化、制度化要求，区委出台镇、派驻（出）机构和区属国有企业纪（工）委书记（纪检组组长）、纪（工）委副书记（纪检组副组长）提名考察办法。区纪委制定区属单位纪检组织向区纪委报告工作办法，加强区纪委对基层纪检监察组织的领导。落实重要问题线索“下管一级”制度，要求及时报告线索处置等重要工作情况。促进基层深化“三转”[②]成果，规范基层纪（工）委书记、纪检组组长工作分工。调整充实基层纪检力量，16家政府部门增设专职监察科长职数。坚持纪检监察领导干部年终述职评议制度，促进职责履行。

（刘梦瑶）

统战工作

【概况】 2015年，海淀区统一战线以学习贯彻落实中央、市委统战工作会议精神为核心，以服务区域改革发展为重点，以践行“三严三实”为动力，不断提高统战工作水平，为海淀区的改革发展提供了广泛的力量支持。

服务区域改革发展 2015年，区委统战部围绕全区改革发展重点任务，组织各民主党派、无党派人士承担调研课题33项；编报意见建议类信息460条，荣获中央统战部评选的全国统战信息三等奖、市委统战部评选的全市统战信息工作一等奖。推进企业参与京津冀协同发展，其中百思特公司与北戴河合作项目前期投入约30亿元，组织企业代表赴河北省进行考察，为京冀两地企业寻求合作机会。动员京西板材、金五星等企业腾退转型，协助区委、区政府做好疏解非首都功能工作。完成基层商会换届，举办“适应新常态”“互联网+”等论坛。举办“慈善济困巾帼送暖”活动。成立海淀区红十字会非公有制企业工作委员会。支持和协助民主党派开展社会服务活动。

拓展统战工作领域 开拓新的社会阶层人士统战工作。落实中共中央政治局委员、中央统战部部长孙春兰调研中关村创业大街的指示精神，对企业逐户走访、调研、座谈，开拓创业大街统战工作。以党建带统战，依托创业大街联合党委开展统战工作，党委委员中明确一人作为统战委员；建立创业大街统战工作联席会议制度，市、区6家会员单位共同研究推动创业大街统战工作；建立港澳台海外青年创新创业交流基地；成立由36名理事组成的创业大街社会阶层人士联谊会，围绕服务创新企业，开展创业分享会和知识产权、法律服务等主题活动；加强对创新创业人员的政治引导，邀请专家讲解党的统一战

[①] “四风”是指形式主义、官僚主义、享乐主义和奢靡之风。

[②] “三转”是指纪检监察机关转职能、转方式、转作风。

线方针和政策知识，组织创新创业人员到重庆社院学习统一战线和多党合作的历史传统，促进创新创业企业健康发展和创新创业人士健康成长。该项工作获得2015年全国统战工作实践创新奖，在创业大街举办全国统战工作实践创新现场观摩活动。

成立中关村归国留学人员联合会，邀请海外人士近400人次访问海淀。承办北京市侨联第十五届海外侨界高层次人才为国服务团走进海淀活动；设立海创基地、成立归国留学人员生涯发展服务与研究中心及海归商学院，助力海外归国人员创新创业发展。加强与驻区高校的交流合作，推进侨界人才智库建设，促进产学研协同发展。探索深化新媒体中代表人士工作，走访百度、新浪、腾讯、网易、36氪等新媒体企业，建立联系制度，把新媒体中代表人士纳入“六位一体”[①]培训计划。

落实多党合作制度 规范政党协商的组织落实，召开6次区委协商会，就京津冀协同发展落实措施、区“十三五”规划纲要、重要人事安排等征求各民主党派和人民团体的意见；召开2次情况通报会，通报区委主要人事变动情况；各民主党派机关和统战部机关共同开展“机关作风建设年”主题活动；启动民主党派成员数据库建设工程；开展领导班子年度述职和民主评议；每季度组织党派机关干部专题学习，提升干部队伍素质。

党外代表人士队伍建设 举办党外中青年骨干培训班、党外代表人士培训班、基层统战工作培训班等主体班次。利用大讲堂、微信公众号的“微课堂”等，对党外人士进行培训；做好优秀党外人士推荐工作；配合中共北京市委统战部和民主党派市委等做好对党外干部的考察工作。

民族宗教工作 巩固拓展民族团结创建和文明城区创建成果，开展民族知识政策法规巡展活动。开展以“教风”为主题的和谐寺观教堂创建活动。完成宗教团体换届，召开区基督教第四次代表会议、区伊斯兰教第五次代表会议，促进爱国宗教团体建设。举办海淀区伊斯兰教制度建设专题讲座，对区伊协各清真寺的管理制度进行解读。举办宗教界中青年骨干培训班、宗教界代表人士培训班和2期基督教专项工作培训班。召开伊斯兰教、基督教青年教职人员座谈会。

对台工作 加强涉台宣传教育工作。举办全区对台干部培训班。区委党校举办专题学习班，在各个班次开设台情教育课程。编辑发放《台湾知识手册》万余册，利用传统及新媒体宣传涉台知识。编制《台商服务手册》《台生手册》及《海淀区赴台交流考察文集》。《从台湾国学教育谈海淀区中小学国学教育的发展》被评为北京市涉台调研二等奖。召开青少年涉台教育工作会议。推动涉台教育基地建设，9所中小学挂牌成为“北京市海淀区青少年涉台教育基地、京台中小学交流基地”。支持建立北京台湾青年创业基地，促成台湾区电机电子工业同业公会北京联络处落户海淀。召开驻区台商恳谈会，加强与台资企业和台商沟通与服务，全年处理台胞投诉、寻求帮助15起。支持驻区台资企业参加“三山五园”文化巡展。妥善处理各类涉台案件，依法维护台胞合法权益。组织26个科技创新、公共服务管理、青少年教育等公职人员交流团组。促成海淀区教育学会与台北文教协会签订交流合作书；6所中小学与台湾地区中小学结成友好学校；4个社区与台湾社区签订友好交流协议书；海淀医院与台湾高雄市立医院实现医学交流互访；举办首届两岸青年法律学者学术研讨会。完成国民党主席朱立伦等台湾重要人士及访问团体的接待任务。全年接待台湾基层社区参访团等十余个交流团组到海淀参访。坚持传统节日区领导与台商座谈联谊，走访慰问知名台胞台属活动。

（王彩虹）

【台商恳谈会】 1月23日，海淀区组织部分驻区台资企业负责人召开恳谈会，听取驻区台商对海淀区经济社会发展的意见和建议。台商们就海淀区的发展与自身企业的发展谈了看法，就企业的生产经营以及他们在海淀区的生活等方面谈了感受。工商、地税、商委、安监、教委、海淀园、台办等委办局主要领导参加会议。

（王彩虹）

【举办党外代表人士遵义培训班】 4月14日—17日，海淀区社会主义学院在贵州举办海淀区党外代表人士遵义培训班。海淀区各民主党派主副委、工商联副主席，区党外知识分子联谊会、新阶层人士联谊会和海外联谊会班子成员共40余人参加政治理论、统战工作传统、少数民族工作等方面的培训。

（王彩虹）

【第二十一期党外中青年骨干培训班】 4月28日—30日，区委统战部和区社会主义学院举办第二十一期党外中青年骨干培训班。海淀区民主党派和工商联的中青年骨干，以及2014年选调到海淀属企业工作的党外博士、硕士共70余人参加政治理论、多党合作历史、统一战线工作和参政议政等内容的培训。

（王彩虹）

【首届宗教界中青年骨干培训班】 5月12日—13日，区委统战部和区民宗侨办举办首届宗教界中青年骨干培训班。来自海淀区各大宗教团体的中青年骨干和部分信徒代表等50余人参加形势政策、宗教法规等方面的培训。

（王彩虹）

【对台干部培训班】 5月28日—29日，海淀区举办对台干部培训班。培训班邀请海协会原副会长王在希及国台办有关司局的领导同志针对台湾问题现状及发展趋势、中央对台政策发展、两岸新闻交流、涉台突发事件处理等方面进行讲解。区委对台工作领导小组成员单位，各街道、镇及有关区属单位对台工作主管领导、对台干部80余人参加培训。

（王彩虹）

【统一战线大讲堂】 6月18日，区委统战部举办统一战线大讲堂，学习贯彻中央统战工作会议精神和《中国共产党统一战线工作条例（试行）》。中央统战部研究室副主任姚植传作专题报告。区

---

① “六位一体”是指包括社院培训、委托培训、异地培训、学历教育、实践锻炼、统战大讲堂在内的党外人士培训模式。

统战系统各单位和各街镇领导干部，各民主党派、无党派人士，工商联、民族宗教界人士，区党外知识分子联谊会、新的社会阶层人士联谊会和海外联谊会理事等400余人参加学习。

（王彩虹）

【孙春兰到区调研】 7月8日，中共中央政治局委员、中央统战部部长孙春兰到海淀区中关村创业大街调研新的社会阶层人士统战工作。中央统战部副部长陈喜庆，北京市委常委、统战部部长戴均良陪同调研。

（王彩虹）

【台湾媒体宣传海淀】 7月28日，海淀区台办组织几十家台湾媒体到海淀了解和宣传海淀区青年创业的相关情况。邀请台湾包括东森电视台、《旺报》、三立财经台、《工商时报》、非凡电视台等多家知名电视、报纸、杂志等媒体参加。媒体团参观了中关村创业大街、中关村国家自主创业示范区展示中心、北京电视台、《北京日报》等。北京市台办宣传处处长金秀清、海淀区台办主任王锋等领导陪同参加。

（王彩虹）

【民主协商会】 8月6日，中共海淀区委召开民主协商会。邀请区各民主党派、工商联负责人和无党派人士代表对《海淀区委区政府关于落实北京市委市政府贯彻京津冀协同发展规划纲要意见的若干措施（征求意见稿）》提出意见、建议。区委书记崔述强，区委副书记、代区长于军，区委副书记刘长利，区委常委穆鹏、彭玉敬、傅首清出席会议。区委常委、统战部部长彭玉敬主持会议。

（王彩虹）

【党外代表人士培训班】 8月26日—28日，区委统战部举办2015年党外代表人士培训班。区各民主党派、工商联领导班子成员，无党派人士代表，区党外知识分子联谊会、新的社会阶层人士联谊会领导班子成员等70余人参加区情、经济形势、外交等内容的培训。

（王彩虹）

【宗教界代表人士培训班】 9月14日—17日，区委统战部和区民宗侨办联合举办2015年宗教界代表人士培训班。区五大宗教团体负责人及中青年骨干等40余位宗教界代表人士参加形势政策、宗教法规、社会文化等方面的培训。

（王彩虹）

【中关村创业大街统战工作联席会】 9月18日，中关村创业大街统战工作联席会召开。研究在中关村创业大街开展统战工作的相关举措。中央统战部六局局长王永庆、副局长杨跃进，北京市委统战部副部长周开让，中关村管委会副主任廖国华，海淀区委统战部常务副部长杨志洪，海淀园管委会副书记龚茂淑，海淀置业集团党委副书记杜瑞明，海淀街道工委副书记董利军等出席会议。

（王彩虹）

【首届两岸青年法律学者学术研讨会】 10月31日—11月1日，首届两岸青年法律学者学术研讨会在海淀区举办，两岸学者、嘉宾110余人参加。两岸学者、嘉宾就法治发展与两岸关系和平发展、两岸律师市场开放与合作、知识产权保护、婚姻家庭和继承、就学就业等问题进行专题研讨。还对两岸交流交往中的相关问题，尤其是ECFA领域内贸易往来纠纷的解决，为建立“两岸贸易争端解决的有效机制”提出宝贵意见、建议。研讨会由北京市涉台法律事务研究会等单位主办、海淀区台办等单位协办。国台办、市台办、区台办有关领导出席活动。

（王彩虹）

【戴均良到中关村创业大街调研】 11月13日，北京市委常委、统战部部长戴均良到中关村创业大街调研，听取创业大街总体情况及统战工作汇报，并与创新创业人士及新的社会阶层人士交流座谈。九三学社中央副主席、北京市委主委、北京市政协副主席马大龙陪同调研。

（王彩虹）

【专题协商座谈会】 11月30日，中共海淀区委召开专题协商座谈会，就《中共北京市海淀区委关于制定海淀区国民经济和社会发展第十三个五年规划的建议（征求意见稿）》，听取各民主党派区（工）委、区工商联主要负责人和无党派人士的意见和建议。

（王彩虹）

政策研究

【概况】 2015年，区委区政府研究室共形成各类文稿和报告160余篇，计50余万字；开展和参与调研活动共计100余人次；对166项调研课题开展跟踪管理服务；编印《海淀研究》6期；编印《2014年海淀区调查研究重点课题集》《2014年海淀区调查研究关注课题选编》《2014年度海淀区优秀课题集》。

（孙旭）

【推进全区改革工作】 年内，区委区政府研究室落实区委改革办职能，完善组织领导机构和工作运行机制，牵头制定2015年全区重点改革任务，制定工作会议、信息报送、督查落实制度。组织召开5次领导小组会，专题统筹协调并推动12个专项改革工作组落实专项改革任务。

（孙旭）

【重大问题研究决策】 年内，区委区政府研究室围绕区委“十三五”规划建议的起草工作，多次召开相关职能部门参加的座谈会和专题研讨会，启动“中央及北京市深化改革政策措施分析”“海淀区建设全国科技创新中心核心区的政策及实施路径研究”“海淀区优化‘高精尖’经济结构的体制机制改革创新研究”“海淀区城市功能薄弱地区综合治理与发展研究”4项课题研究工作；在《北京工作》《前线》《北京调研》《工作研究》《北京日报》等媒体上发表理论文章、调研报告16篇。

（孙旭）

【调查研究】 年内，区委区政府研究室支持指导各单位围绕全区中心工作开展课题研究，推动成果转化，加强调研成果交流；确立重点课题30项、关注课题136项；评选出2014年度调研工作先进单位20家和优秀调研成果52篇；举办2015年度调研工作培训会；与中国人民大学合作开展“海淀区建设全国科技创新中心核心区路径研究”，完成课题开题方案；与中央财经大学合作开展“海淀区城市功能薄弱地区综合治理与发展研究”，完成课题开题方案。

（孙旭）

区直属机关党建

【概况】 2015年，中共海淀区委区直属机关工作委员会领导64家单位（包括9个党委、23个党总支、32个党支部），所属党员7206名，其中在职党员5506名，离退休党员1389名，其他存档党员311名。机关纪工委、机关工会、机关团工委、机关妇工委4家机构隶属区直机关工委，下辖50家机关工会分会（小组），有工会会员2335名；19家机关基层团组织，有共青团员278名。

2015年，区直机关工委以推进“有责、有为、有担当，促勤、促廉、促发展”实践活动为主题，开展 “基层党建风采”展示活动。开展“讲述身边好规矩”主题教育，挖掘推荐“身边好人”“北京榜样”。征集宣传“我们的价值观”和“京华英雄”微故事、微宣讲、微影像，开展中国人民抗日战争暨世界反法西斯战争胜利70周年群众性纪念活动。举办机关党组织书记集中培训班1次、党员发展对象培训班1次，143名入党积极分子参加培训并通过考核。区直机关系统10个基层党组织被评为区级“五型五好”典型带动作用强的党组织；6个单位的党建项目被命名为区级“党建创新示范项目”；5名“身边的好党员”事迹材料及1个先锋队的事迹材料编入区委组织部“我身边的好党员故事集”。

（周志强）

【举办抗战胜利纪念活动】 年内，区直机关工委举办抗战胜利70周年纪念活动，组织机关党员干部同走抗战经典路线“林迈可八公里”，参观中国人民抗日战争纪念馆、焦庄户地道战遗址纪念馆和“一二•九”抗日救亡运动纪念地活动。

（周志强）

【基层党组织建设】 年内，区直机关工委召开5次党建工作座谈会，组织党务干部到区统计局、市二中院进行党建活动现场观摩，与各级党组织负责人签订党建工作责任书，下拨党建活动经费274000元。指导26个基层党组织完成换届及委员调整工作，审批发展党员116名，党员转正50人，转接组织关系340人次。

（周志强）

【关爱帮扶】 年内，成立海淀区红十字会机关系统委员会，开展“健康关乎你我 改变从我做起”机关单位健康促进活动。继续组织“七一共产党员献爱心”捐献活动，共募集善款32万元。全年共帮扶困难党员26人，发放困难补助11.4万元。

（周志强）

【群团工作】 年内，区直机关工委组织机关党员干部参加田村城市休闲森林公园绿化工程义务植树活动；举办以“勿忘国耻、圆梦中华”为主题的区直机关系统“纪念中国人民抗日战争暨世界反法西斯战争胜利70周年”职工文艺会演活动；举行纪念烈士及庆祝建国66周年机关干部“升国旗、唱国歌”活动；组织开展扑克友谊赛、电影放映、“魅力女性、你我同行”庆祝“三八”妇女节健步走、重阳节健身登山等文体活动。

（周志强）

机构编制

【概况】 海淀区机构编制委员会办公室（简称区编办）是海淀区机构编制委员会（简称区编委）的常设办事机构，负责全区行政管理体制改革以及机构编制的日常管理工作。

2015年，区编办继续推进行政审批制度改革和事业单位改革工作。清理撤销职能弱化、有编无人事业单位12家，收回经费自理事业编制219名。开展机关事业单位“吃空饷”问题自查自纠，解决历史遗留问题。梳理区属44家单位、135个议事协调机构、14个临时机构，保留区属议事协调机构71个、临时机构6个。参与公车改革工作，审核参改单位的机构编制及领导职数。办理法人设立登记15家，变更登记102家，注销登记9家，完成763家事业单位年度报告的审查工作。审核131家单位的156个中文域名申请。新建、更名、整合中小学校和幼儿园40余所、学区管理机构17个。将海淀区社会管理综合治理委员会更名为海淀区社会治安综合治理委员会。清理20个区属政府工作部门156项非许可事项。对应取消行政审批事项1项、改由区县备案4项，承接5项。

（马少伟）

【完成第一批事业单位分类】 1月—4月，区编办根据《北京市事业单位职责分类目录》标准，对全区各部门上报的事业单位分类方案进行初审，形成《海淀区事业单位分类意见（第一批）》。经第137次区委常委会、第133次区政府常务会审议通过，明确第一批共502家区属事业单位类别。其中，从事公益服务事业单位465个，包括公益一类事业单位445个、公益二类事业单位20个；从事生产经营活动事业单位37个。

（马少伟）

【成立街道城市运行服务中心】 2月28日，区编委会印发《关于撤销街道绿化队、保洁中心等事业单位建制成立街道城市运行服务中心的通知》，撤销26家街道所属绿化队、保洁中心，香山街道保洁组、香山街道自来水管理站建制，收回财政补助事业编制142名。成立街道所属城市运行服务中心，同时加挂街道网格化服务中心牌子，为街道所属财政补助事业单位。

（马少伟）

【街镇社会保障事务所更名】 2月28日，区编委会印发《关于街镇社会保障事务所更名及职责调整的通知》，各街镇社会保障事务所更名为"北京市海淀区××街道（镇）便民服务中心"，挂"北京市海淀区××街道（镇）社会保障事务所"牌子，为街镇所属财政补助事业单位。

（马少伟）

【撤销11家事业单位】 4月，经第137次区委常委会、第133次区政府常务会审议通过，撤销区环卫中心所属北京市海淀区六里屯五路居垃圾处理项目筹建处、区总工会所属北京市海淀区技术交流站、区委统战部所属海淀地区台胞服务中心、区侨联所属北京市海淀区华侨咨询中心、区科协所属北京市海淀区科技咨询服务中心、区教委所属京西大学、区发展改革委所属北京市海淀区固定资产投资服务中心、区民政局所属北京市海淀区复退军人服务中心和北京市海淀区殡葬服务中心、区财政局所属北京市海淀区财政证券事务所、区商务委所属中国国际商会海淀区商会（中国国际贸易促进委员会海淀区支会）机构建制。

（马少伟）

【调整区政府机构设置】 6月，根据北京市机构编制委员会《关于同意调整海淀区政府机构设置的批复》精神，设立中共北京市海淀区委卫生工作委员会，为区委派出机构，与北京市海淀区政府公共服务委员会合署办公，负责区卫生系统的思想、组织、作风建设等相关工作。将北京市海淀区房屋管理局由北京市海淀区住房和城乡建设委员会管理调整为区政府工作部门，机构规格为正处级，负责本区房屋行政管理、住房保障和改革工作，加挂北京市海淀区人民政府住房保障和改革办公室牌子，不再保留北京市海淀区人民政府房屋征收办公室，改在区住房城乡建设委加挂牌子，其职责划入区住房城乡建设委。

（马少伟）

【设立镇纪检监察办公室】 8月26日，区编委会印发《北京市海淀区机构编制委员会关于调整各镇纪检监察办公室、信访办公室的通知》，单独设立镇纪检监察办公室，将信访工作职责调整至镇办公室，并加挂信访办公室牌子。

（马少伟）

【清理规范行政审批中介服务】 9月1日，区编办召开全区清理规范行政审批中介服务工作专项部署会，组织相关委办局实施清理规范行政审批中介服务工作。涉及区属单位29家，共清理72项中介服务，其中中介服务事项51项，技术性服务事项21项。

（马少伟）

【编制行政审批事项权力清单】 12月18日，区编办召开政府部门权力清单梳理启动会暨培训会，对照市区两级1005项权力清单、区级专有143项权力清单，编制形成海淀区"7+X"[①]行政权力清单。

（马少伟）

【提升政务服务水平】 年内，区编办探索服务企业四阶段并联审批改革，通过开展区级项目试点，梳理形成《海淀区投资审批和服务事项目录》，并出台《海淀区投资项目四阶段并联审批管理办法（暂行）》，海淀区成为全市投审工作示范标杆区县。完成《关于海淀区同区通办三级联动调研工作的报告》和《同区通办三级联动过渡期推进工作实施方案》，明确二级联动工作的推进模式及任务分工，提升政务服务水平。

（马少伟）

【重点领域事业单位改革】 年内，区编办继续推进第一批13家、第二批21家重点领域事业单位改革。截至12月底，区文化委所属海淀剧院、电影管理处的资产清查和职工大会法定程序全部完成，撤销其事业建制由海淀置业集团进行接收；区评剧团予以撤销，人员分流到区文化馆。区房地中心完成职能划转，直管公房行政管理职能划转至区房管局；资产清查和资产评估工作基本完成；集团公司开始筹备组建。园林、环卫、养路系统共计21家单位进入资产清查工作阶段。

（马少伟）

【水务管理体制改革】 年内，落实"河长制"，推进河湖管护职能下沉。按照分级管理原则，重新调整水务局和镇政府河道管护养护机构编制及职责，增加镇河道管护人员力量。强化水政监察大队职责，加强监督执法力度。调整海淀区排水管理所职责、编制，规定海淀区水利工程质量监督站在招投标交易活动中的监管职责。

（马少伟）

[①] "7+X"中7为行政、强制、检查、确认、征收（实物类、税费类）、裁决、给付、奖励；"X"为其他类。

老干部工作

【概况】 中共海淀区委老干部局是区委、区政府服务管理全区离休和副处以上退休干部工作的职能部门，下属海淀区老干部活动中心，负责海淀老龄大学挂靠管理工作。截至 2015 年底，全区有区属离休干部 733 人，副处以上退休干部 1502 人，易地来京安置离休干部 88 人，其中区属离休干部年龄最大 100 岁，最小 77 岁，平均年龄 87 岁；享受副省医疗待遇 2 人，局级待遇 23 人，处级待遇 476 人；抗日战争时期参加革命工作 101 人（抗战前期 27 人，抗战后期 74 人），解放战争时期参加革命工作的 632 人。副处以上退休干部最大的 92 岁，最小的 49 岁，平均年龄 68 岁，其中局级待遇 7 人，副局级待遇 30 人，正处待遇 431 人，副处待遇 1071 人。易地来京安置离休干部未做统计。

离退休干部政治待遇 以开展“为党的事业增添正能量”活动为工作重心，抓好老干部“两项建设”（思想政治建设，党支部建设）。举办老干部党校培训班和形势报告会 6 期，参加全市形势报告会 5 场，参加各类学习培训的老干部 1000 余人次。围绕“我看十八大以来的变化”“我看京津冀协同发展”“我看为党的事业增添正能量活动”三个专题，召开离退休干部纪念建党 94 周年座谈会。为中关村西区大型私企理想国际集团与密云深山区贫困村南台子村等非公企业和贫困村讲党课。召开四套班子领导与老领导暑期座谈会，倾听老领导对海淀经济、政治、文化、社会、生态建设和京津冀协同发展的意见、建议。在全区推进老党员先锋队的建设，年底前，建成 87 支老党员先锋队。海淀辖区共有 566 名离退休干部进入社区党组织班子，208 名离退休干部进入社区居委会班子，交叉任职 165 人。组建首支老干部网宣队伍。

离退休干部生活待遇 全区有 58 家单位走访慰问 119 名抗战离休干部，发放纪念章 119 枚、慰问金 95.2 万元。做好参加阅兵仪式的 8 位抗战老同志组织陪同工作。完成 1630 名离休及副处级以上退休干部的体检工作。为 14 名离休干部办理医药补助金 23 万余元。接待老干部工作人员、老干部及其家属有关新老政策的来信、来访、咨询 40 余人次。走访慰问老红军、红军遗属，行政 14 级以上离休干部、四套班子老领导、直属离休干部、特困离退休干部、易地离休干部、离退休干部党支部书记等 370 余人次，送去慰问品、慰问金总计 73 万余元。

离退休干部服务工作 推进“四就近”[①]工作常态化，举办“四就近”专职工作者培训。在万寿路街道和中关村街道开展助老员[②]服务离休干部“四就近”试点工作。

离退休干部文化活动 开展“展示阳光心态、体验美好生活、畅谈发展变化”主题文艺会演、书画和摄影展。组织老干部长青艺术团舞蹈队、合唱团参加北京市老干部健身活动展示大会和纪念抗战胜利 70 周年歌咏大会。举办老干部电脑、广场健身舞培训班，组织四套班子老领导和老干部参加春节游艺会、茶话会、团拜会、国庆暨重阳联欢会、老干部运动会等活动。组织老干部摄影队及其他活动团队骨干成员开展“喜看首都新常态、体验京郊好生活”主题采风活动。老干部活动中心全年接待老干部 2 万余人次。

（王瑛）

【举行第 29 届老干部文艺会演】 5 月 22 日，以“展示阳光心态、体验美好生活、畅谈发展变化”为主题的海淀区第 29 届老干部文艺会演在区老干部活动中心举行，来自 13 个单位的 300 名老干部参加会演。共评选出创作奖 1 名、表演奖 3 名和组织奖 9 名。

（王瑛）

【老领导暑期座谈会】 8 月 5 日，区四套班子领导与老领导暑期座谈会召开。22 位区领导和 17 位老领导参加座谈。区委书记崔述强主持会议并讲话；代区长于军通报全区上半年工作情况和下半年工作安排；区委常委、组织部部长刘勇通报 2014 年区四套班子老领导在暑期座谈会上所提意见建议办理情况。会上听取老领导对海淀区经济和社会发展等方面的意见、建议。

（王瑛）

【举办第 29 届老干部运动会】 10 月 10 日，海淀区第 29 届老干部运动会在北京理工大学体育场举行。四套班子领导、老领导、相关单位主要领导、老干部工作主管领导出席开幕式。区属 96 个单位的 1600 余名离退休干部参与门球过门、原地拍球、足球射门等 9 个比赛项目。

（王瑛）

【海淀老龄大学】 2015 年，海淀老龄大学设 1 个中心校和西北旺、花园路、双榆树、甘家口 4 个分校。聘请教师 40 人，工作人员 24 名，工作人员全部为退休人员。学校校舍面积 2100 平方米，教学门类涉及书法类、国画类、西画类以及篆刻、颖拓、数码摄影、计算机等。分级开设 99 个教学班（含分校 15 个），有 3300 多名学员。

（王瑛）

---

① “四就近”是指服务离休干部就近学习、服务离休干部就近活动、服务离休干部就近发挥作用、服务离休干部就近得到关心照顾。

② “助老员”专业的称谓是指“四就近专职工作者”。

党校（行政学院）

【概况】 中共海淀区委党校与海淀区行政学院、海淀区社会主义学院合署办公，是一个机构、三块牌子的全额拨款事业单位。承担培养全区党政领导干部和理论干部、公务员、中共统一战线工作干部和民主党派、无党派干部任务并开展理论研究工作。2015年，共完成各级各类培训班85期，培训学员6441人次，其中主体班36期，培训学员2951人次；其他单位委托培训班49期，培训学员3490人次。青年教师叶素云的“京津冀产业对接协作的创新模式研究”课题获得2015年度北京市青年骨干个人项目资助。年内，区委党校科研人员共上报“情况反映”11篇，其中被海淀信息专刊刊登6篇，被区领导批示5篇。发表文章24篇；北京市社会科学基金课题成果《技术转移与产业化研究——以中关村地区为例》公开出版；科研部对区委党校2013—2015年度的科研课题成果以及公开发表论文成果进行汇编，最后形成出版《科研课题成果汇编（2013年度）》《科研课题成果汇编（2014年度）》《科研论文成果汇编（2014—2015）》3部成果汇编集。

（吴小红　赵燕）

【海淀区律师党校挂牌成立】 9月8日，海淀区律师党校在区委党校揭牌成立。成立律师党校是落实十八大精神和律师工作会议精神的重要举措，是海淀区加强律师行业政治思想教育的重要工作基地。区律师党支部书记、律师党员代表、区委党校教师代表共计50余人参加。区委常委、组织部部长刘勇出席并为其揭牌。

（吴小红　赵燕）

【入选全国首批党性教育基地网上展馆】 10月15日，区委党校入选全国首批党性教育基地网上展馆。首批76个网上展馆，包含中国人民抗日战争纪念馆、西柏坡纪念馆、韶山毛泽东同志纪念馆等57个现场教育基地，以及中共海淀区委党校、中共湘潭县委党校、焦裕禄干部学院等19个党校基地。海淀区委党校党性教育基地网上展馆于2015年3月—9月建设，立足本地资源优势和党员学习需求，紧扣党性教育主题，体现政治性、思想性、科学性、示范性相统一。共7个版块，分别是：概述、特色内容、特殊方式、教学基地、师资队伍、培训成效、奋进的党校。

（吴小红　赵燕）

【专题轮训班】 年内，区委党校共举办3期副处级领导干部学习贯彻“四个全面”战略布局及“三严三实”专题轮训班。培训内容包括深入学习“四个全面”战略布局、观看区领导“三严三实”专题党课录像、学习习近平总书记视察北京重要讲话及对北京工作重要指示、学习习近平总书记关于党风廉政和反腐败斗争重要论述等。第1期6月15日—16日，培训学员159人；第2期6月18日—19日，培训学员162人；第3期6月24日—25日，培训学员156人。3期共培训学员477人。

（吴小红　赵燕）

【对口支援干部培训班】 年内，区委党校对口支援培训青海海西州、四川广安、河北秦皇岛、湖北丹江口干部培训班5期，共230人次（见表1）。

5期对口支援干部培训班

表1

序号	培训主题	日期	人数
1	第一期青海海西、四川广安培训班	3月30日—4月20日	40
2	河北秦皇岛人才工作者业务能力提升专题培训班	7月1日—7月3日	53
3	第二期青海海西、四川广安培训班	9月7日—9月25日	40
4	河北秦皇岛市京津冀协同发展专题研修班	12月6日—12月11日	52
5	湖北丹江口市对口协作企业家能力提升专题研修班	12月7日—12月11日	45

（吴小红　赵燕）

【35期主体培训班】 2015年，党校（行政学院）完成各类主体培训班35期，培训学员2951人次（见表2）。

35期主体班培训班

表2

序号	培训主题	日期	人数
1	加强新型城镇化建设专题培训班	3月18日—3月20日	92
2	海淀区2015年处级干部进修一班	3月30日—4月24日	49

续表 2

序号	培训主题	日期	人数
3	海淀区第 31 期中青年干部进修班	3 月 30 日—4 月 24 日	29
4	第一期青海海西、四川广安培训班	3 月 30 日—4 月 20 日	40
5	反恐维稳专题培训班	4 月 21 日—4 月 23 日	106
6	海淀区第 21 期党外中青年骨干培训班	4 月 28 日—4 月 30 日	80
7	海淀区 2015 年处级干部进修二班	5 月 11 日—6 月 5 日	33
8	科技金融专题培训班	5 月 13 日—5 月 15 日	116
9	社会建设与社会治理创新专题培训班	5 月 27 日—5 月 29 日	56
10	增强核心功能调控人口规模专题培训班	6 月 10 日—6 月 12 日	53
11	海淀区副处级领导干部学习贯彻“四个全面”战略布局及“三严三实”专题轮训班（第一期）	6 月 15 日—6 月 16 日	159
12	海淀区副处级领导干部学习贯彻“四个全面”战略布局及“三严三实”专题轮训班（第二期）	6 月 18 日—6 月 19 日	162
13	海淀区副处级领导干部学习贯彻“四个全面”战略布局及“三严三实”专题轮训班（第三期）	6 月 24 日—6 月 25 日	156
14	海淀区 2015 年处级干部进修三班	6 月 29 日—7 月 24 日	59
15	河北秦皇岛人才工作者业务能力提升专题培训班	7 月 1 日—7 月 3 日	53
16	海淀区 2014 年度第一期军转干部培训班	7 月 6 日—7 月 10 日	72
17	加快构建“高精尖”经济结构专题培训班	7 月 8 日—7 月 10 日	46
18	海淀区 2014 年度第二期军转干部培训班	7 月 13 日—7 月 17 日	42
19	加强和改善行政执法示范培训班	7 月 14 日—7 月 16 日	72
20	海淀区 2015 年处级干部进修四班	9 月 7 日—9 月 30 日	35
21	海淀区第 32 期中青年干部培训班	9 月 7 日—10 月 30 日	32
22	第二期青海海西、四川广安培训班	9 月 7 日—9 月 25 日	40
23	海淀区第 35、36 期正科级公务员培训班	9 月 7 日—10 月 9 日	119
24	海淀区第 28 期副科级公务员培训班	9 月 14 日—10 月 16 日	81
25	第二期知识产权与创新发展专题培训班	10 月 14 日—10 月 16 日	54
26	政务服务窗口服务能力提升示范培训班	10 月 20 日—10 月 23 日	56
27	第十五期处级女干部培训班	10 月 21 日—10 月 23 日	147
28	海淀区 2014 年第一期公务员初任培训班	10 月 26 日—11 月 13 日	96
29	海淀区第 29 期副科级公务员培训班	11 月 2 日—11 月 27 日	89
30	2015 年第一期参照管理、纳入规范培训班	11 月 23 日—11 月 27 日	166
31	河北秦皇岛市京津冀协同发展专题研修班	12 月 6 日—12 月 11 日	52
32	湖北丹江口市对口协作企业家能力提升专题研修班	12 月 7 日—12 月 11 日	45
33	2015 年第二期参照管理、纳入规范培训班	12 月 7 日—12 月 11 日	162
34	2015 年第三期参照管理、纳入规范培训班	12 月 14 日—12 月 18 日	174
35	2015 年第四期参照管理、纳入规范培训班	12 月 21 日—12 月 25 日	128

（吴小红　赵燕）

精神文明建设

【概况】 海淀区精神文明建设委员会办公室（简称区文明办）是海淀区精神文明建设委员会的常设办事机构，负责海淀区精神文明建设的组织、协调、指导和督察工作。

2015年，海淀区的精神文明建设工作以巩固、深化文明城区创建成果为统领，培育和践行社会主义核心价值观，推进公民道德建设和群众性精神文明创建，着力提升市民文明素质和城区文明程度，通过第四届全国文明城区的测评检查，2月28日正式获"全国文明城区"和"全国未成年人思想道德建设工作先进城区"称号。海淀区累计创成全国文明单位15个、全国文明镇1个、首都文明标兵单位25个、首都文明单位80个、首都文明社区128个、首都文明镇3个、首都文明村28个、区级文明社区176个、区级文明单位842个、区级文明镇2个、区级文明村27个。在街镇、社区（村）各个层面及卫生、教育、金融等各行各业开展榜样人物评选宣传活动，全面开展"感动海淀十大文明人物"评选，启动"道德模范访谈""道德模范基层巡讲"，开展万名公众代表"点赞"活动。

（邹立宏）

【部署全国文明城区建设长效机制】 3月9日，2015年海淀区全国文明城区建设暨生态文明和环境建设大会召开，全面总结和部署全国文明城区建设工作长效机制和生态环境建设重点任务。区领导，驻区中央机关、部队、企业、科研院所、高校、医院等单位负责人，区属各单位党政主要负责人，社区居委会、村委会、志愿者代表参加会议。区长孙文锴对全国文明城区创建工作进行总结，并部署全国文明城区创建工作长效机制的重点任务。会议还部署城中村改造、园林绿化和污水治理2015年重点工作，打击违法建设、大气污染治理、环境整治和垃圾处理2015年环境建设重点工作。

（钟冷）

【海淀区全国文明单位联盟成立】 10月20日，海淀区全国文明单位联盟召开成立大会。海淀区全国文明单位联盟是为进一步巩固、深化海淀区创建全国文明城区的工作成果的结果，而设立的海淀区全国文明单位联盟共有41家成员单位，其中驻区单位29家，区属单位12家。大会通过《海淀区全国文明单位联盟组织运行机制》和《海淀区全国文明单位联盟关于深入开展文明共建行动的共同约定》。首都文明办副主任卜秀均和海淀区委常委、宣传部部长陈名杰出席成立大会并讲话，海淀区委宣传部副部长、文明办主任吴琢如主持会议。

（钟冷）

【文明城区长效机制建设】 年内，区文明办制定《关于建立健全文明城区建设工作长效机制的意见》，推动落实长效机制建设重点任务。针对环境与秩序问题，组织协调职能部门制定实施《海淀区占道停车特许经营实施方案》《海淀区无证无照经营行为治理工作方案》《海淀区老旧小区自我服务管理政府扶持及奖励资金管理办法（试行）》等治理机制。开展卫生保洁、停车秩序、社区秩序、占道经营、门前三包5类专项测评，推进问题整改2635项。建立经常性的协调调度制度，区四套班子领导对接街镇，开展调研560余次，有效解决了部分群众反映强烈、社会舆论关注的难点问题。

（邹立宏）

【社会主义核心价值观宣传】 年内，以社会主义核心价值观为主题，以中华优秀传统文化、诚实守信、环境保护、勤劳节俭、孝老敬亲、文明旅游、遵纪守法为主要内容，利用区域内户外电子屏、工地围挡、公园景区展板、楼宇广告、社区宣传栏等社会宣传载体，组织协调电视、报纸、网络等媒体，广泛制作刊播公益广告，推进核心价值观进入200多所中小学校的德育课堂，进入565个社区的道德讲堂。

（邹立宏）

【诚信建设】 年内，区文明办在全区开展诚信主题教育活动。在5家电子卖场开展"中关村可信活动月"诚信主题宣传活动，中关村创业大街开展"创意无限 唯诚不变"主题活动，宣读《诚信创业倡议书》，举办诚信创业沙龙，倡导诚信创业、诚信立业。开展诚信督察，组织工商部门对蓝景丽家、爱家家居、集美摄影器材城等6家首都级文明市场进行以诚信经营为重点的检查，推动营造诚实守信的商务环境。

（邹立宏）

【文明交通宣传】 年内，区文明办实施"文明交通行动计划"，面向中小学生开展文明交通主题的系列作品创作、宣传活动，制作系列动漫公益广告片《三果演益》（8集），创作歌曲《我们有才除陋习》等，教育引导中小学生从小养成文明交通意识。在全区3000多个餐馆放置禁止酒后开车提示牌，利用"互联网+"的模式，与滴滴拼车公司联合开展"绿色出行 文明交通"宣传，组织引导驾车人、乘车人文明行车。

（邹立宏）

【文明旅游宣传】 年内，区文明办制作"文明旅游 文明使者"宣传折页，在出入境大厅发放，加强文明旅游宣传。推进落实旅游单位"四有"[①]文明旅游规范服务，通过"海淀区文明旅游宣传队""中国梦登山队"等社会组织，在各景点景区开展文明旅游引导实践。

（邹立宏）

【公共文明微行动宣传】 年内，区文明办开展"家庭文明微行动"，引导市民从"小""微"做起，养成文明习惯。

[①] 海淀区文明旅游规范服务"四有"是指主要入口有文明旅游提示牌、主要节点有文明引导员、游客中心有文明旅游宣传、导游解说词有文明旅游内容，展现旅游服务窗口单位的风采。

依托文明海淀网站、微博、微信、“活法”客户端平台，以简报、网络评论、电视栏目、广播等多种形式，面向广大的社会群众宣传、引导公共文明风尚。策划制作“电梯礼仪”动漫小视频，在各大写字楼、公共场所播放。开展“欢欢喊你听音乐会”微博赠票活动，给“文明海淀”官方微博带来大量粉丝，通过互动提升市民文明素质。

（邹立宏）

【文明市民学校】 年内，依托文明市民学校，面向654个社区、村，开展文明礼仪、传统文化、法律常识等24类教育培训，参训8000余人次。以“文明绽放 幸福人生”为主题，举办第六届文明市民艺术节，开设厨艺、摄影等6个比赛项目，在29个街镇及相关景区进行推广宣传，上万名市民参与活动。举办“文明耀东方，时尚新东源”美食悦系列活动，开展青年歌手PK赛、饮食讲座、健走活动、“我与美食”摄影征文、美食绘地图、社区厨艺大比拼等活动，倡导开展“光盘行动”，营造文明餐桌宣传氛围。

（邹立宏）

【公共文明引导】 年内，区文明办加强1339名公共文明引导员队伍建设，加大公共文明引导力度，创新文明引导载体，圆满完成公共文明引导日宣传、全国“两会”服务保障、节假日志愿服务、星级引导员评选等活动，进一步提高公共文明引导服务水平，有效推动环境文明、秩序文明建设。

（邹立宏）

【良好家风传承】 年内，在中小学校广泛征集家训和家风故事，征集原创作品5200余篇。开展海淀区家风故事汇活动，举办“家庭老物件”展览展示，开展“讲家训、传美德、树家风、微心愿、微志愿、微行动，争当‘社区文明小使者’”主题教育实践活动，引导未成年人利用假期时间，积极参与社区文明活动，评选出“社区文明小使者”1425名。

（邹立宏）

【爱国主义教育】 年内，以抗日战争胜利70周年活动为契机，围绕“勿忘国耻 圆梦中华”的主题，区文明办举办“抗战老兵抗战故事会”“铭记历史——学好开学第一课”等活动，教育引导青少年铭记历史、缅怀先烈、珍爱和平、热爱祖国。在清明、国庆等重要时间节点，组织23万余名中小学生开展“网上祭英烈”网上签名寄语等活动，学校参与率达100%，有效推进爱国主义教育。

（邹立宏）

【美德教育】 年内，区文明办以“我的中国梦 践行传统美德”为主题，组织未成年人在全区500余个社区开展“青少年心理素质拓展营”“文明礼仪我践行猜灯谜活动”等百余项社区活动。举办海淀区家庭文明微戏剧展演活动，开展“学习雷锋 做美德少年”主题活动，教育引导青少年在日常生活中养成美德。开展未成年人道德典型推举活动，7人入选首都百名美德少年，6人当选“京城孝心好少年”。

（邹立宏）

党史研究

【概况】 2015年，海淀区党史地方志办公室（简称区史志办）围绕全区重点工作，开展纪念抗战胜利70周年各项活动，以及党史宣传、党史征集工作。

年内，撰写《北京高新技术产业开发试验区》一文，发表在《北京工作》上。撰写论文《林迈可——一个外国人在海淀的抗战故事》《抗日战争时期平西地区的抗日武装》，其中《林迈可——一个在海淀的外国人的抗战故事》被北京市纪念中国人民抗日战争胜利70周年学术研讨会录用。

（徐佳伟）

【合作拍摄电视纪录片】 8月，区史志办与海淀有线电视台专题部合作拍摄《穿越红色交通线》电视纪录片。纪录片以抗战时期海淀地下交通线为线索，讲述了发生在海淀的抗战活动。向摄制组提供文本资料，确定拍摄步骤，安排访谈专家、学者、亲历者。为海淀有线台新闻部审查抗战专题文本，并提出修改意见。纪录片于11月在海淀有线电视台播放。

（徐佳伟）

【举办抗战胜利70周年图片展】 8月—10月，区史志办举办“林迈可——一个在海淀的外国人的抗战史”抗战胜利70周年纪念活动。通过走访参加抗战的老同志及其后代、重走抗日秘密交通线、与党史专家学者座谈等方式，广泛征集抗战资料、图片，确定布展方案，在全区展出。

（徐佳伟）

【参与“海淀通史陈列展”工作】 11月，区史志办向“海淀通史陈列展”筹备工作组提供资料约200万字；作为主笔单位，负责“海淀通史陈列展”的大纲编写，大纲分为京西宝地、百年寻路、走向辉煌三个部分，全面完整地表现海淀的古今面貌。

（徐佳伟）

海淀区人民代表大会

2016
北京海淀年鉴

4 月 14 日，区人大代表视察北部地区开发建设工作（区人大 供图）

5 月 19 日，区人大代表调研政府政务公开工作（区人大 供图）

7月16日，区人大代表视察地区静态交通管理工作（区人大 供图）

8月19日，2015年区人大常委会组成人员读书班开展学习活动（区人大 供图）

9月18日，区人大代表调研检察官办案责任制改革工作（区人大 供图）

综　述

【概况】 2015年，海淀区人大常委会召开区人民代表大会会议1次、常委会会议7次、主任会议16次，听取和审议“一府两院”工作报告33项，做出决议、决定11项，形成审议意见书8份；督办议案1件，执法检查3项；依法任免国家机关工作人员104人次，依法补选区人大代表4名。截至2015年底，海淀区有市人大代表100名、区人大代表440名，海淀区十五届人大常委会有组成人员35名，其中主任1人，副主任5人，委员29名。

坚持区人大常委会组成人员读书班和人大机关理论学习等制度，围绕“京津冀协同发展”主题开展学习讲座、研讨交流。

围绕人民代表大会制度和人大工作，拓展宣传形式，重点对“专题询问”“代表联系选民月活动”“市代表届中述职”“议案办理”等活动进行报道和宣传。制作《海淀报》人大工作专版11期、“人大在线”节目4期、《海淀人大信息》38期、《代表反映》26期、《海淀人大》刊物4期。

区人大常委会畅通信访渠道，妥善处理重点信访工作，与区“两院”建立信访联系机制，共同化解信访诉求。全年共受理群众来信来访230件次。

区人大常委会党组及机关开展“三严三实”专题教育，解决工作中的“不严不实”问题，成立机关年轻干部法律学习小组，加强“学习型、法制型、服务型、廉洁型、和谐型”五型机关建设，提高工作规范化水平和服务保障能力。

（吴向荣）

【代表论坛】 4月20日，区人大常委会举办2015年第一次代表论坛。19名市、区人大代表参加。代表们就《中共北京市海淀区人大常委会党组关于加强和改进全区人大工作的若干意见（征求意见稿）》进行讨论，并对开好人民代表大会会议、健全人大讨论决定重大事项制度、加强和改进监督工作、密切代表与群众的联系、提高常委会工作水平、支持镇人大依法有效行使职权等提出建议。代表们还对建立健全代表在各种会议上的发言、提出的建议的反馈流程，增强代表活动实效，提高代表活动出勤率等方面提出建议。

6月30日，区人大常委会举办2015年第二次代表论坛。17位市、区人大代表出席会议。与会代表围绕“如何做好物业管理工作”主题进行讨论，指出当前物业管理工作存在的问题，并提出意见、建议。

9月17日，区人大常委会举办2015年第三次代表论坛。15位区人大代表出席。与会代表围绕“加强中小学德育工作，提高中小学生文明素质”主题进行讨论，并针对当前中小学德育工作存在的问题，提出合理化建议。

（吴向荣）

【《关于落实京津冀协同发展规划纲要意见的若干措施》征求意见座谈会】 8月7日，区人大常委会召开《关于落实京津冀协同发展规划纲要意见的若干措施》（简称《措施》）的征求意见座谈会。会议就《措施》起草的背景及总体内容向区人大常委会党组以及部分人大代表进行通报。参会代表就推动产业转型升级、推动科技创新和文化创新、疏解非首都核心功能等问题提出意见和建议。

（吴向荣）

【区人大常委会组成人员读书班】 8月19日—21日，举办区人大常委会组成人员读书班，区人大常委会主任关成启，常务副主任王鲁豫，副主任臧桂武、朱春生、杨莉、邓佑玲以及20名常委会委员参加。读书班以“区人大在积极推动落实京津冀协同发展过程中，如何依法履行好职能作用”为主题，旨在增强区人大常委会的履职能力，依法有效履行职权，为海淀全面落实京津冀协同发展国家战略提供坚强的民主法治保障。区人大常委会组成人员听取落实京津冀协同发展国家战略专题讲座和互联网金融专题讲座。21日下午，区委书记崔述强、代区长于军出席读书班，同常委会组成人员交流座谈。

（吴向荣）

【区领导与市、区人大代表座谈】 12月24日，区委书记崔述强，区委副书记、代区长于军，区人大常委会主任关成启与来自不同领域的11位市、区人大代表，围绕“推进全国科技创新中心核心区建设”的主题交流座谈。代表们针对海淀未来发展需要关注的核心区建设、“十三五”规划编制等重点问题和需要解决的教育、医疗、养老、交通等民生问题献计献策。崔述强感谢人大代表对海淀工作的关心和支持，指出“十三五”时期，要举全区之力，建设好全国科技创新中心核心区，进一步加强生态环境建设，提升城市建设管理水平，解决人民群众关心和期待的民生问题。

（吴向荣）

依法审议决定重大事项

【概况】 区十五届五次人大会议听取和审议《政府工作报告》《关于海淀区2014年财政预算预计执行情况和2015年财政预算（草案）的报告》《海淀区人大常委会工作报告》《海淀区人民法院工作报告》《海淀区人民检察院工作报告》，审议《关于海淀区2014年国民经济和社会发展计划执行情况与2015年国民经济和社会发展计划（草案）的报告》，并通过相应决议。

区人大常委会听取和审议区政府关于2014年财政决算报告、2014年预算执行和其他财政收支情况的审计工作报告、2015年国民经济和社会发展计划上半年执行情况和下半年工作安排的报告、2015年上半年财政预算执行情况和对本级财政预算做部分调整的报告等，并做出相关决议。

（吴向荣）

重要会议

【区十五届人大五次会议】 1月12日—15日召开。会议听取和审议《政府工作报告》《关于海淀区2014年财政预算预计执行情况和2015年财政预算(草案)的报告》《海淀区人大常委会工作报告》《海淀区人民法院工作报告》《海淀区人民检察院工作报告》，审议《关于海淀区2014年国民经济和社会发展计划执行情况与2015年国民经济和社会发展计划（草案）的报告》，并通过相应决议。会议期间，组织人大代表询问活动，区四套班子有关领导及区人大常委会、区政府、区人民法院、区人民检察院及各委办局共53个单位参加询问活动；召开依法治区、核心区建设、保障和改善民生、生态文明建设四个专题座谈会，区四套班子领导分别参加座谈会，听取代表的意见和建议。13名代表作大会发言。会议期间，收到代表十人以上联名提出的议案19件，其中立案9件，主要内容是“加快推进依法治区，建设法治政府”，转为建议、批评和意见的共10件；收到代表提出的建议、批评和意见418件。会后，区人大常委会将这些议案和建议转交区“一府两院”办理。

（吴向荣）

【区人大常委会第二十四次会议】 3月3日召开。会议审议通过区人大常委会2015年工作要点，决定印发全体代表监督执行。会议听取区政府所做的海淀区人民政府关于2014年在直接关系群众生活方面拟办重要实事的办理情况的报告；听取区人大常委会所做的海淀区人大常委会关于2015年代表建议、批评和意见办理工作意见的报告和代表建议综合分析情况的说明。会议通过相关人事任免事项。

（吴向荣）

【区人大常委会第二十五次会议】 4月21日召开。会议听取和审议区北部办所做的关于北部地区开发建设工作进展与计划安排报告；听取区体育局所做的关于落实区人大常委会《全民健身条例》执法检查报告和审议意见书相关情况的报告。会议通过相关人事任免事项。

（吴向荣）

【区人大常委会第二十六次会议】 6月23日召开。会议听取和审议区政府所做的关于《海淀区“十三五”期间生态文明建设发展规划纲要》编制情况的报告。听取区财政局所做的关于北京市海淀区2014年财政决算（草案）的报告及区审计局所做的关于2014年度海淀区本级预算执行和其他财政收支的审计工作报告，决定批准关于北京市海淀区2014年财政决算的报告。审议通过《海淀区人民代表大会常务委员会任免国家机关工作人员的规定修正案》。会议通过相关人事任免事项。

（吴向荣）

【区人大常委会第二十七次会议】 7月21日召开。会议分别听取区财政局所做的《关于2014年海淀园管委会产业发展专项资金使用及管理情况的专项工作报告》及海淀园管委会所做的《关于2014年海淀园管委会产业发展专项资金使用情况的报告》，并就产业发展专项资金的使用和管理情况进行专题询问，区财政局、海淀园管委会等有关部门负责人进行解答和说明。会议听取和审议区政府所做的关于海淀区物业管理工作情况的报告。会议通过相关人事任免事项。

（吴向荣）

【区人大常委会第二十八次会议】 9月22日召开。会议听取并审议区发展和改革委员会所做的关于海淀区2015年国民经济和社会发展计划上半年执行情况及下半年工作安排的报告、区财政局所做的关于海淀区2015年上半年财政预算执行情况和对本级财政预算做部分调整（草案）的报告，通过关于批准海淀区人民政府部分调整2015年本级财政预算的决议；听取海淀区人民法院所做的关于审判权运行机制改革及相关试点工作情况的汇报及海淀区人民检察院所做的关于检察官办案责任制改革有关工作情况的报告。会议听取并审议区政府所做的关于推进落实文明城区建设工作长效机制与成果巩固有关工作情况的报告，各代表联组和常委会组成人员对区政府关于全国文明城区建设长效机制和成果巩固工作进行专项评议。会议通过相关人事任免事项。

（吴向荣）

【区人大常委会第二十九次会议】 11月17日召开。会议听取和审议区政府所做的关于并案办理“加快推进依法治区，建设法治政府”议案情况的报告。会议听取区发展和改革委员会所做的海淀区国民经济与社会发展第十二个五年规划执行情况和第十三个五年规划编制情况的报告；听取并审议区未成年人保护委员会所做的关于未成年人保护工作情况的报告。会议分别听取并审议区“一府两院”所做的关于十五届人大五次会议代表建议、批评和意见办理情况的报告及区人大常委会所做的区人大常委会关于十五届人大五次会议代表建议、批评和意见办理及检查情况的报告。听取代表资格审查委员会关于个别代表的代表资格的报告。审议通过海淀区人民代表大会常务委员会关于召开海淀区第十五届人民代表大会第六次会议的决定。会议通过相关人事任免事项。

（吴向荣）

【区人大常委会第三十次会议】 12月22日召开。会议初步审查区财政局所做的海淀区2015年预算执行情况和2016年预算（草案）的报告；听取区统计局所做的海淀区2015年经济运行情况分析及2016年展望的报告；听取区审计局所做的关于海淀区2014年度预算执行和其他财政收支情况审计查出问题整改情况的工作报告。会议讨论通过提请区十五届人大六次会议审议的区人大常委会工作报告。会议听取关于区十五届人大六次会议筹备工作情况的报告。会议审议通过《海淀区国家工作人员宪法宣誓的规定》，规定自2016年1月1日起施行。会议审议通过《海淀区人民代表大会常务委员会任免国家机关工作人员规定修正案》。会议听取区人大常委会代表资格审查委员会关于个别代表的代表资格的报告及区十五届五次人代会以来代表变动情况的报告。会议通过相关人事任免事项。

（吴向荣）

监督工作

【概况】 2015年，区人大常委会会议听取和审议区"一府两院"代表建议办理情况的报告，听取和审议区政府关于《海淀区"十三五"期间生态文明建设发展规划纲要》编制情况的报告，关于北部地区开发建设工作进展与计划安排报告，关于海淀区物业管理工作情况的报告，关于未成年人保护工作情况的报告；听取区政府关于海淀区国民经济与社会发展第十二个五年规划执行情况和第十三个五年规划编制情况的报告，2014年在直接关系群众生活方面拟办重要实事的办理情况的报告，关于落实区人大常委会《全民健身条例》执法检查报告和审议意见书相关情况的报告，关于海淀区2015年经济运行情况分析及2016年展望的报告，关于海淀区2014年度预算执行和其他财政收支情况审计查出问题整改情况的工作报告；听取区人民法院关于审判权运行机制改革及相关试点工作情况的汇报，区人民检察院关于检察官办案责任制改革有关工作情况的报告；初步审查海淀区2015年预算执行情况和2016年预算（草案）的报告。

区人大常委会主任会议听取区政府关于"三山五园"重点工程整体规划、财政预算项目库管理、教育系统国有资产管理、2015年义务教育招生工作方案、贯彻执行《中华人民共和国归侨侨眷权益保护法》、文物保护、"六五"法治宣传教育、组建卫计委、医联体建设、第九届社区居民委员会选举工作、农转居等工作情况的报告，督促区政府不断提高依法行政水平。

督办"关于加快推进依法治区，建设法治政府"议案1项。

开展专题询问，对海淀园管委会2014年产业发展专项资金管理和使用情况开展专题询问，涉及资金12.5亿元。根据专项资金规模大、用途广泛和政策依据多的特点，组建权益类和非权益类两个专题组，分别开展实地调研和座谈交流，并委托区审计局开展绩效审计。

对"全国文明城区创建长效机制建立与成果巩固工作"开展专项评议，围绕"思想道德建设""公共文明养成""城市环境秩序治理""财力保障机制"和"工作推进与保障"五个方面内容开展评议，推动文明城区建设工作持续健康发展。

（吴向荣）

人事任免

【概况】 6月23日，区十五届人大常委会第二十六次会议审议通过《海淀区人民代表大会常务委员会任免国家机关工作人员的规定修正案》。12月22日，区十五届人大常委会第三十次会议审议通过《海淀区国家工作人员宪法宣誓的规定》，规定自2016年1月1日起施行；审议通过《海淀区人民代表大会常务委员会任免国家机关工作人员规定修正案》。区人大常委会全年依法任免国家机关工作人员104人次、人民陪审员571人次；依法补选区人大代表4名。

（吴向荣）

【任免事项】 3月3日，区十五届人大常委会第二十四次会议，根据区人民政府区长孙文锴的提请，决定：任命梁捷为海淀区发展和改革委员会主任，任命李长萍为海淀区科学技术委员会主任；免去董殿毅海淀区发展和改革委员会主任职务；免去陈刚海淀区社会建设工作办公室主任职务。

根据区人民法院院长鲁为的提请，决定：任命张欣为海淀区人民法院民事审判第四庭副庭长，聂冉为海淀区人民法院审判监督庭副庭长，张敏为海淀区人民法院东升人民法庭副庭长，陈昶屹为海淀区人民法院中关村人民法庭副庭长，王锰为海淀区人民法院山后人民法庭副庭长，王克楠为海淀区人民法院复兴路人民法庭副庭长，赵赓为海淀区人民法院复兴路人民法庭副庭长；免去王锰海淀区人民法院民事审判第三庭副庭长职务，王克楠海淀区人民法院民事审判第四庭副庭长职务，张欣海淀区人民法院民事审判第六庭副庭长职务，聂冉海淀区人民法院劳动争议审判庭副庭长职务，陈昶屹海淀区人民法院复兴路人民法庭副庭长职务，沈李平海淀区人民法院行政审判庭副庭长职务。

4月21日，区十五届人大常委会第二十五次会议，会议听取代表资格审查委员会关于个别代表的代表资格的报告，决定：接受彭大力、刘振华辞去海淀区第十五届人民代表大会代表职务的请求。

会议根据区人大常委会第四十次主任会议提请，决定：惠远霖不再担任人大常委会人事工作委员会委员职务，甘丽平任人大常委会人事工作委员会委员。免去刘振华人大常委会西三旗街道工作委员会主任职务。

根据区人民政府区长孙文锴的提请，决定：任命曹宇明为海淀区社会建设工作办公室主任。

根据区人民检察院检察长王伟的提请，决定：免去尤越、金枝、庄燕君、赵一晓、那娜、刘红刚海淀区人民检察院检察员职务。

根据孙文锴的请求，决定：接受孙文锴辞去海淀区人民政府区长职务的请求，并报海淀区人民代表大会备案。

根据区人大常委会第四十一次主任会议提请，决定：任命于军为海淀区人民政府副区长；通过关于于军为海淀区人民政府代理区长的决定。

6月23日，区十五届人大常委会第二十六次会议，会议听取代表资格审查委员会关于个别代表的代表资格的报告，决定接受魏怀中、王涛辞去海淀区第十五届人民代表大会代表职务的请求。

会议审议决定接受薛继连辞去北京市第十四届人民代表大会代表职务的请求。

会议根据区人民政府代区长于军的提请，决定：任命陆云泉为海淀区教育委员会主任；免去尹丽君海淀区教育委员会主任职务。

根据区人民法院院长鲁为的提请，决定任命：覃波为海淀区人民法院刑事审判第一庭副庭长，张莹为海淀区人民法院未成年人案件审判庭副庭长，唐盈盈为海淀区人民法院民事审判第三庭副庭长，曹丽萍为海淀区人民法院民事审判第五庭副庭长，游晓飞为海淀区人民法院民事审判第六庭副庭长，杨炎辉为海淀区人民法院劳动争议审判庭副庭长，李鹏为海淀区人民法院劳动争议审判庭副庭长，宋硕为海淀区人民法院立案庭副庭长，黄志勇为海淀区人民法院行政审判庭副庭长，张旸为海淀区人民法院执行三庭副庭长，佟冰为海淀区人民法院东升人民法庭副庭长，张江洲为海淀区人民法院中关村人民法庭副庭长；任命丁艳玲等106人为海淀区人民法院人民陪审员。

根据区人民检察院检察长王伟的提请，决定：任命卫珅珅、李敏敏、岳霄、赵大为、林卉、刘可、李真、刘晓丹、董立岩、姜楠、邢芳、张海鸥、纪敬玲、段冉、闫莉、王晶、蒋朝政、陈学智、刘景升、曹芳、朱虹、杨秋波22人为海淀区人民检察院检察员。

7月21日，区十五届人大常委会第二十七次会议，根据区人民政府代区长于军的提请，决定：免去刘涵海淀区农村工作委员会主任职务，免去王传敏海淀区审计局局长职务。

9月22日，区十五届人大常委会第二十八次会议，会议听取代表资格审查委员会关于代表资格变动情况的报告，审议通过关于接受陆云泉辞去海淀区第十五届人民代表大会代表职务的决定。

会议根据傅首清的请求，决定：接受傅首清辞去海淀区人民政府副区长职务的请求，并报海淀区人民代表大会备案。

根据区人民政府代区长于军的提请，决定：任命李宏为海淀区人民政府副区长（挂职一年）。

根据区人民法院院长鲁为的提请，决定免去：李剑海淀区人民法院审判委员会委员、审判员职务，王锰海淀区人民法院山后人民法庭副庭长、审判员职务，刘娜海淀区人民法院审判员职务，李元海淀区人民法院审判员职务；任命丁会玲等164人为北京市海淀区人民法院人民陪审员。

根据区人民检察院检察长王伟的提请，决定：任命邱志英、陈雷、戚进松为北京市海淀区人民检察院检察委员会委员；免去李娜、饶明党、蒋朝政、张翼、张海鸥、朱曼莉北京市海淀区人民检察院检察员职务。

11月17日，区十五届人大常委会第二十九次会议，根据区十五届人大常委会第四十九次主任会议提请，决定：王志伟任海淀区人大常委会西三旗街道工作委员会主任。

根据区人民政府代区长于军的提请，决定：任命王卫明为海淀区人民政府副区长（挂职两年）；任命王彩霞为海淀区审计局局长。

根据区人民法院院长鲁为的提请，决定：免去王京生海淀区人民法院审判委员会委员、审判员职务。

12月22日，区十五届人大常委会第三十次会议，会议审议决定：接受郑传福辞去北京市第十四届人民代表大会代表职务的请求，补选贾沫微为出席北京市第十四届人民代表大会代表。

会议根据区人民政府代区长于军的提请，决定：任命高念东为海淀区人民政府副区长。

根据区人民法院院长鲁为的提请，决定：任命游涛为海淀区人民法院刑事审判第一庭庭长，徐进为海淀区人民法院刑事审判第二庭庭长；免去范君海淀区人民法院刑事审判第二庭庭长职务，杜润林海淀区人民法院执行局执行三庭副庭长、审判员职务，武会珍海淀区人民法院审判委员会委员、审判员职务，陈雷海淀区人民法院刑事审判第一庭庭长职务，游涛海淀区人民法院未成年人案件审判庭庭长职务，徐进海淀区人民法院刑事审判第二庭副庭长职务。

任命丁宝阳等301人为海淀区人民法院人民陪审员。

根据区人民检察院检察长王伟的提请，决定：任命李慧、邵烟雨为海淀区人民检察院检察员。

根据穆鹏的请求，决定：接受穆鹏辞去海淀区人民政府副区长职务的请求，并报海淀区人民代表大会备案。

根据朱春生的请求，决定：接受朱春生辞去海淀区人民代表大会常务委员会副主任职务的请求，并报海淀区人民代表大会备案。

（吴向荣）

视察与调研

【概况】 2015年，区人大常委会围绕全区中心工作、常委会重点工作和人大代表、人民群众关心、关注的热点问题，组织常委会组成人员、人大代表开展视察和调研。全年，共组织开展调研、视察50余次。

（吴向荣）

【区人大常委会领导班子调研交通情况】 3月31日，区人大常委会主任关成启，常务副主任王鲁豫，副主任臧桂武、朱春生、杨莉及城建环保工委办有关负责人到海淀交通支队，就海淀区交通情况开展调研，并就如何做好涉及交通领域的区十五届五次人代会代表建议办理工作提出要求。在听取交通支队相关负责人关于支队工作开展情况、存在难点、下一步工作计划以及有关代表建议办理情况的汇报后，与会人员就代表建议办理工作、单行单停试点效果、静态交通疏导、严肃执法理念、充实基层执法力量、科技疏堵等内容进行研讨和交流。

（吴向荣）

【视察北部地区开发建设工作进展情况】 4月15日，代表们先后视察中关村壹号和北部能源中心项目施工现场，详细了解项目进展情况、工期计划安排，听取北部办负责人关于北部地区规划建设进展情况的汇报，并就一镇一园、污水处理、教育医疗等工作开展情况进行讨论。

（吴向荣）

【区人大常委会调研政务信息与政务公开工作】 5月19日，区人大常委会主任关成启，副主任臧桂武、朱春生、杨莉以及区人大代表30余人到区档案局，就“加快推进依法治区，建设法治政府”议案中有关“推进政务信息与政务公开工作”情况进行实地调研。在视察区档案馆政务信息公开查阅场所后，听取区政府关于政务信息与政务公开工作情况的汇报。

（吴向荣）

【视察生态文明建设工作】 5月21日，区人大常委会组织代表视察生态文明建设工作。代表们首先视察中央党校密闭垃圾楼，了解全区垃圾消纳现状及垃圾处理流程，随后视察园外园景观提升工程——四海片区项目建设进展情况，听取区园林绿化局相关情况汇报。最后，听取区政府关于区生态文明建设总体情况的汇报并就如何做好此项工作进行座谈。区人大常委会常务副主任王鲁豫、副主任臧桂武参加视察活动。

（吴向荣）

【调研文物保护工作】 5月20日，区人大常委会组织代表调研文物保护工作。代表们视察摩诃庵、慈寿寺塔、大慧寺三处全国重点文物保护单位。区人大常委会主任关成启、常务副主任王鲁豫、副主任臧桂武、副主任朱春生、副主任杨莉参加视察活动。

（吴向荣）

【调研垃圾循环产业发展情况】 5月26日，区人大常委会组织市、区人大代表调研垃圾循环产业发展情况。区人大常委会主任关成启、常务副主任王鲁豫、副主任臧桂武以及部分市、区人大代表参加调研，副区长王际祥陪同调研。调研组一行先到门头沟区鲁家山循环经济产业园，现场考察园区基本情况，视察园区垃圾处理、循环利用全过程，参观园区科普教育基地，听取运营单位情况介绍，并询问产业园运营细节。后又前往海淀大工村循环经济产业项目建设现场，视察项目建设进度，听取施工方与项目管理方介绍情况，并召开座谈会。

（吴向荣）

【调研物业管理工作】 6月17日，区人大常委会组织部分市、区人大代表、城建环保工委委员调研物业管理工作。区人大常委会主任关成启，副主任臧桂武、朱春生、杨莉参加调研，副区长龚宗元陪同调研。代表们在海淀街道稻香园北社区，听取街道负责人介绍老旧社区环境建设、无物业小区管理情况，视察社区环境；在万柳碧水云天小区，实地了解物业公司运营情况，视察中控室、物业服务大厅，听取物业公司相关情况汇报。随后，人大代表对如何做好本区物业管理工作提出相关意见和建议。

（吴向荣）

【调研“思想道德建设与公共文明养成”情况】 7月2日，区人大常委会教科文卫工委办、城建环保工委办共同组织部分区人大代表对海淀区建立文明城区建设工作长效机制中的“思想道德建设与公共文明养成”内容进行调研。调研组先后到学院路街道石油大院社区、逸成社区，海淀文明市民学校总校，海淀区积极心理健康教育中心视察，调研海淀区文明城区建设工作中社区活动场所建设、社会道德建设、市民文明养成、未成年人心理健康辅导等方面工作，了解长效机制运作情况，并视察了海淀区公交车站文明引导、重点交通路口高峰期秩序维护等情况。区人大常委会主任关成启、常务副主任王鲁豫、副主任臧桂武参加调研。

（吴向荣）

【关成启到羊坊店街道调研】 8月27日，区人大常委会主任关成启到羊坊店街道调研抗战胜利70周年纪念活动服务保障工作。关成启听取街道负责人关于纪念活动服务保障工作的汇报，就做好安保服务工作提出具体要求。9月28日，关成启到羊坊店街道检查国庆期间安保工作，在听取街道负责人关于“9·3”阅兵服务保障工作、“十一”国庆节期间保障工作的汇报后，就加强社会治理、做好网格化管理、社会面管控工作等提出具体工作要求。

（吴向荣）

【调研区建委预算编制情况】 10月15日，区人大城建环保代表小组调研区建委预算编制情况代表小组听取区建委、区财政局相关工作情况汇报，并就区建委预算编制工作提出意见、建议。

区人大常委会副主任臧桂武参加调研。

（吴向荣）

【视察"十二五"规划执行情况】 11月5日，区人大常委会组织代表视察区"十二五"规划执行情况。代表们在实地视察友谊路、清华附中永丰学校、中关村壹号的建设情况之后，听取区发改委关于"十二五"规划执行情况和"十三五"规划编制情况的报告，对报告进行讨论，并就海淀战略定位、文化创新与发展、民生保障等方面提出意见和建议。区人大常委会副主任朱春生、杨莉参加活动。

（吴向荣）

【视察区残联工作】 11月13日，区人大常委会组织人大代表视察区残联工作。区人大常委会主任关成启、副主任朱春生、杨莉，部分专职委员、机关委室主任和内司工委委员参加活动。代表们视察了区阳光友谊儿童康复训练中心，听取区残联理事长和阳光友谊儿童康复训练中心机构负责人的汇报，并开展座谈交流。

（吴向荣）

【视察南沙河治理和北部地区水污染治理工作】 11月18日，区人大常委会组织代表视察本区南沙河治理和北部地区水污染治理工作。代表们先后视察上庄产业园区水循环代谢系统示范项目和上庄闸北岸截污治理工程，并召开座谈会。会上，代表们肯定区政府在南沙河治理及北部地区水污染治理方面所做的工作，同时也提出意见和相关建议。区人大常委会主任关成启、副主任臧桂武、朱春生参加视察。

（吴向荣）

【市人大海淀团代表会前集中视察非首都功能疏解工作】 12月2日，区人大常委会组织市人大海淀团代表就海淀区非首都功能疏解工作开展会前集中视察活动。区人大常委会主任关成启，常务副主任王鲁豫参加视察活动。区委常委、区政府常务副区长穆鹏及区发改委、商务委、国资委、实有人口办、东升镇和西三旗街道主要负责人陪同视察。市人大代表先后视察东升镇双泉堡地区和西三旗风机二厂，现场听取东升镇、区国资委的情况介绍。座谈会中，区发改委、商务委就全区非首都功能疏解工作向代表做了汇报。代表对海淀区加快非首都功能疏解和人口规模调控等方面工作表示肯定，同时提出相关工作建议。

（吴向荣）

【2015年视察与调研活动】 年内，区人大常委会组织市、区人大代表和区人大常委会工作人员开展52次视察与调研活动（详情见表3）。

2015年视察与调研活动一览表

表3

时间	地点	主题	参加人员
3月11日	海淀园管委会	调研海淀园产业发展专项资金使用情况	区人大常委会常务副主任王鲁豫，副主任朱春生，区人大常委会专职委员赵迅、赵新鸣，以及区人大常委会教科文卫工委办、财经工委办相关人员
3月12日	区财政局	调研海淀区项目库建设与管理基本情况	区人大常委会副主任朱春生等
3月19日	区财政局	调研海淀区财政项目库建设管理情况	区人大常委会副主任臧桂武、朱春生、杨莉及部分常委会组成人员
3月31日	海淀交通支队	调研海淀区交通情况	区人大常委会主任关成启，常务副主任王鲁豫，副主任臧桂武、朱春生、杨莉及城建环保工委办有关负责人
4月1日	区教委	调研温泉地区适龄儿童入园和入学问题	区人大常委会常务副主任王鲁豫等
4月1日	区住建委	调研区住建委、区征收办、区房管局和"三山五园"办公室等单位重点工作及代表建议办理工作	区人大常委会副主任臧桂武等
4月1日	区发改委	调研区"十三五"国民经济社会发展规划编制工作进展情况	区人大常委会副主任朱春生等
4月8日	翠微小学温泉分校、辛庄小学、白家疃小学和温泉中心小学等	调研温泉地区小学建设情况	区人大常委会常务副主任王鲁豫等
4月15日	中关村壹号和北部能源中心项目施工现场	视察北部地区开发建设工作进展情况	区人大常委会副主任臧桂武、杨莉及部分区人大代表。区政府常务副区长穆鹏陪同调研

续表 3

时间	地点	主题	参加人员
5 月 12 日	中关村街道	调研全国文明城区长效机制建立与成果巩固工作	区人大常委会副主任臧桂武等
5 月 13 日	区水务局	调研南沙河水系三年还清的治理规划和治理工程完成情况	区人大常委会副主任臧桂武等
5 月 19 日	区档案局	调研政务信息与政务公开工作	区人大常委会主任关成启，副主任臧桂武、朱春生、杨莉以及部分区人大代表
5 月 20 日	摩诃庵、慈寿寺塔、大慧寺三处全国重点文物保护单位	调研海淀区文物保护工作	区人大常委会主任关成启、常务副主任王鲁豫、副主任臧桂武、副主任朱春生、副主任杨莉及部分区人大代表
5 月 21 日	中央党校	视察海淀区生态文明建设工作	区人大常委会常务副主任王鲁豫、副主任臧桂武及部分市、区人大代表
5 月 26 日	门头沟区鲁家山循环经济产业园、海淀大工村循环经济产业项目建设现场	调研垃圾循环产业发展情况	区人大常委会主任关成启、常务副主任王鲁豫、副主任臧桂武以及部分市、区人大代表。副区长王际祥陪同调研
6 月 2 日	区财政局、区审计局	调研海淀区 2014 年财政决算情况、2014 年度预算执行和其他财政收支情况的审计工作	区人大常委会副主任朱春生等
6 月 3 日	北京超市发双榆树店和北京金盛福食品有限公司	视察食品安全工作	市人大海淀团一、四联组代表
6 月 3 日、4 日	海淀街道、学院路街道	调研全国文明城区长效机制建立与成果巩固工作	区人大常委会副主任臧桂武等
6 月 10 日	区青少年法制教育基地	调研依法治区相关工作开展情况	区人大常委会主任关成启，副主任朱春生、杨莉及部分区人大代表
6 月 17 日	海淀街道稻香园北社区、万柳碧水云天小区	调研海淀区物业管理工作	区人大常委会主任关成启，副主任臧桂武、朱春生、杨莉及部分市、区人大代表、城建环保工委委员。副区长龚宗元陪同调研
7 月 1 日	北太平庄街道	调研全国文明城区长效机制建立与成果巩固工作	区人大常委会副主任臧桂武等
7 月 2 日	学院路街道石油大院社区、逸成社区，海淀文明市民学校总校，海淀区积极心理健康教育中心	调研海淀区“思想道德建设与公共文明养成”情况	区人大常委会主任关成启、常务副主任王鲁豫、副主任臧桂武及部分区人大代表
7 月 7 日	田村路街道	调研全国文明城区长效机制建立与成果巩固工作	区人大常委会副主任臧桂武等
7 月 8 日	北下关街道	调研全国文明城区长效机制建立与成果巩固工作	区人大常委会副主任臧桂武等
7 月 15 日	双榆树三街、中国人民大学、西苑市场、安河桥北地铁站、裕祺隆园社区	专项评议调研活动	区人大常委会副主任臧桂武、朱春生及部分区人大代表
7 月 16 日	八里庄街道	调研全国文明城区长效机制建立与成果巩固工作	区人大常委会副主任臧桂武等

续表 3

时间	地点	主题	参加人员
7 月 22 日	万寿路街道	调研全国文明城区长效机制建立与成果巩固工作	区人大常委会副主任臧桂武等
8 月 4 日	西三旗街道	调研全国文明城区建设长效机制落实工作	区人大常委会副主任臧桂武等
8 月 6 日	温泉镇	调研全国文明城区长效机制建立与成果巩固工作	区人大常委会副主任臧桂武等
8 月 25 日	理工加油站、当代商城	检查“危化”企业和人员密集场所安全生产工作	区人大常委会主任关成启等
8 月 25 日	八里庄地区的首石缘加油站、首师大行政办公楼工地、华光商厦	开展安全生产检查	区人大常委会副主任朱春生等
8 月 26 日	西北旺北京众生北清加油站、北京气象卫星地面站	检查安全生产及安保工作	区人大常委会常务副主任王鲁豫等
8 月 26 日	区财政局	调研海淀区 2015 年上半年财政预算执行情况和对本级预算做部分调整的情况	区人大常委会副主任朱春生等
8 月 27 日	羊坊店街道	调研抗战胜利 70 周年纪念活动服务保障工作	区人大常委会主任关成启等
8 月 27 日	区发改委	调研海淀区 2015 年国民经济和社会发展计划上半年执行情况及下半年工作安排情况	区人大常委会副主任朱春生等
8 月 31 日	温泉镇北京酷绅服装有限公司、北京千禧京城气体销售中心、中石油龙潭加油站、北京天超仓储超市有限责任公司第二十三分公司等单位	安全生产检查	区人大常委会副主任臧桂武等
9 月 18 日	四季青镇京西板材交易市场、西郊雅森汽车用品市场，东升镇明博星盛回收市场	调研海淀区有形市场疏解工作	区人大常委会副主任臧桂武、部分城建环保工委委员、城建环保专业代表小组成员
9 月 18 日	区人民检察院	调研检察官办案责任制改革工作	区人大常委会副主任杨莉、部分常委会组成人员、区人大代表和内司工委委员
9 月 24 日	中关村创业大街	视察行政审批制度改革工作	区人大常委会副主任朱春生、杨莉及部分区人大代表。区政府常务副区长穆鹏陪同视察
9 月 28 日	羊坊店街道	检查国庆期间安保工作	区人大常委会主任关成启等
10 月 15 日	区教委	调研区教委部门预算及教育改革与发展重点投入经费预算工作	区人大常委会常务副主任王鲁豫等
10 月 15 日	区建委	调研区建委预算编制情况	区人大常委会副主任臧桂武、区人大城建环保代表小组
10 月 21 日	四季青镇	调研四季青镇农民整建制转非工作情况	区人大常委会副主任臧桂武等
10 月 30 日	西三旗街道风机二厂、北太平庄志强北园社区	调研城管执法工作	区人大常委会副主任臧桂武及部分市、区人大代表

表3（续）

时间	地点	主题	参加人员
11月5日	友谊路、清华附中永丰学校、中关村壹号	视察海淀区“十二五”规划执行情况	区人大常委会副主任朱春生、杨莉及部分区人大代表
11月11日	苏家坨镇	调研整建制农转非工作	区人大常委会副主任臧桂武等
11月11日	区人民检察院未检长廊、海淀区彩虹之家青少年服务中心	视察海淀区未成年人保护工作	区人大常委会副主任朱春生及部分区人大代表
11月13日	区阳光友谊儿童康复训练中心	视察区残联工作	区人大常委会主任关成启，副主任朱春生、杨莉，部分专职委员、机关委室主任和内司工委委员
11月18日	上庄产业园区	视察海淀区南沙河治理和北部地区水污染治理工作	区人大常委会主任关成启，副主任臧桂武、朱春生及部分区人大代表
11月24日	区财政局	调研预算编制相关工作	区人大常委会副主任朱春生等
11月25日	区审计局、区统计局	调研审计、统计相关工作	区人大常委会副主任朱春生等
12月2日	东升镇双泉堡地区、西三旗街道风机二厂	视察海淀区非首都功能疏解工作	区人大常委会主任关成启、常务副主任王鲁豫及部分市人大海淀团代表。区委常委、区政府常务副区长穆鹏陪同视察

（吴向荣）

代表工作

【“代表联系选民月”活动】 8月—9月，区人大常委会以“代表联系选民月活动”为载体，组织人大代表深入基层，联系选民，倾听民意。共有385名区人大代表、34名市人大代表参加活动，接待选民5190人次，收集选民反映的诉求964件次，为选民办实事231件次，将选民反映的165个具体问题转送区政府办公室，交有关部门研究解决。

（吴向荣）

【代表学习培训】 年内，区人大常委会为市、区、镇三级人大代表举办“金融战略”“新预算法解读”“建设法治国家”“改善空气质量”“国家安全”等专题讲座。通过召开区情和全区党风廉政建设情况通报会、邀请代表列席常委会、为代表订阅学习资料等方式，保障代表知情权，为代表履职做好服务。

（吴向荣）

【建议督办】 年内，区人大常委会对代表在区十五届人大五次会议期间提出的428件建议和闭会期间提出的24件建议，按照新修订的《海淀区人民代表大会代表建议、批评和意见办理规定》，提高交办层级，由过去常委会工作机构交办上升为常委会交办。首次以随机抽查的方式，组织建议督办监督员就“颐和园南如意门外增加公厕”“巴沟地区黑车治理”等问题开展视察，了解建议办理的实际情况。在督办过程中，采取常委会重点督办、各工委办分类督办、代表联络室跟踪督办、代表参与督办、网上全程督办、不满意件复查补办相结合的方式，加大对重点难点建议的督办力度。通过常委会的监督，健安西路贯通、板井路口垃圾站改建和今日家园社区北侧道路阻断等难点问题得到解决。

（吴向荣）

【市人大代表届中述职】 年内，区人大代表联（小）组把述职活动与调研视察地区工作、推动解决地区难点问题以及拓宽代表视野相结合，确保活动取得实效。共有57名市代表当面述职，30名市代表书面述职，占市代表总数的87%。区人大常委会开展市代表全团、小组视察活动，配合市人大常委会做好年中集中活动及培训等工作，为市代表履职做好服务。

（吴向荣）

【人大代表补选及资格审查】 年内，海淀街道、万寿路街道、西三旗街道、上庄镇依法补选4名区人大代表。完成市人大常委会布置的选民登记信息管理系统试点及推演工作。全年召开代表资格审查委员会会议7次，对十五届人大五次会议以来代表变动和代表补选情况进行审查。

（吴向荣）

海淀区人民政府

2016
北京海淀年鉴

2月10日，区政务中心为25家科技园区综合政务服务站授牌（区政务中心 供图）

5月5日—31日，海淀区开展以“信访法治在路上，网上信访更阳光”为主题的信访条例暨网上信访宣传月活动（区信访办 供图）

6月3日，区城市管理服务指挥中心会同相关部门在蓟门桥勘察燃气泄漏现场（区城管指挥中心 供图）

6月15日起，海淀区为新设立的科技服务业有限责任公司（内资）提供“三证合一”（多证联办）服务（区政务中心 供图）

6月17日，区人力社保局、区总工会召开随军家属就业政策宣讲会暨专场招聘洽谈会（区人力社保局 王子寒 摄）

11月27日，区政务服务行业举办“窗口故事”演讲比赛决赛（区政务中心提供）

改造后的志强南园 8 号楼老旧小区（区政府办 供图）

曙光花园超市“菜篮子”工程（区政府办 供图）

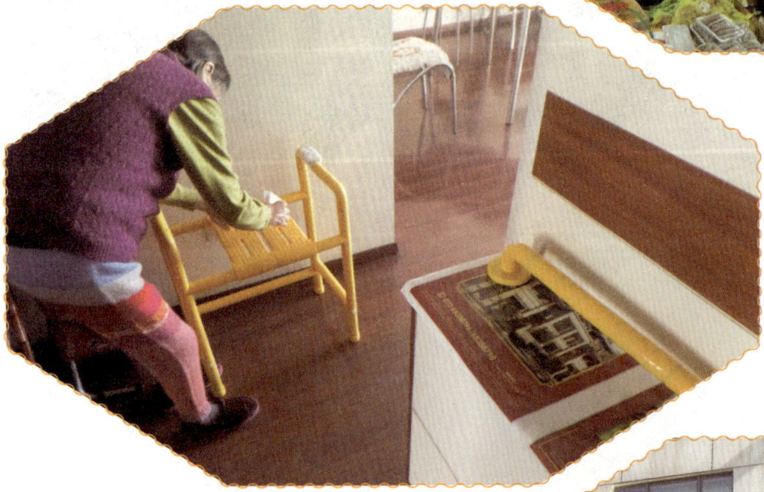

为高龄老人安装无障碍设施（区政府办 供图）

新建的唐家岭社区卫生服务站（区政府办 供图）

综　述

【概况】 2015年，区政府共召开区政府例会（区政府全体会、政府常务会、区长专题会）87次，研究议题261项。其中区政府常务会41次，讨论议题135项；区长专题会45次，讨论议题125项。召开区政府党组民主生活会、区政府党组会、区政府党组扩大会7次；召开部门座谈会、小范围专题会、工作汇报会、专项调度会等会议38次。

非首都功能疏解 落实京津冀协同发展战略部署，从8个方面明确未来3~5年的工作目标、具体措施和任务分解。执行市级新增产业禁限目录，调整退出9家工业企业，业态调整电子市场商户316家，关停有形市场131家，清理整治集体土地上不符合首都功能定位的企业622家。拆除唐家岭村南违建公寓等违法建设1050处，清理整治地下空间196处、违法群租房2385处。实施实有人口信息采集核对，利用大数据开展人口动态监测。

经济发展 实现地区生产总值4613.5亿元，同比增长7.5%；区级一般公共预算收入实现357.5亿元，同比增长13.1%；全社会固定资产投资完成870.5亿元，同比增长3.4%；社会消费品零售额实现2094.7亿元，同比增长6.8%。以创新驱动为核心的“高精尖”经济结构初步形成。第三产业占比87%，信息、科研、金融、工业、教育前五大行业在经济总量中占比近70%。主导产业平稳增长，工业总部化、服务化特征明显。战略性新兴产业快速发展，中关村集成电路设计园、智能硬件创新中心等挂牌启动。居民人均可支配收入与经济发展保持同步。万元地区生产总值能耗、水耗分别下降5.64%、4.2%。劳动生产率由2014年的26.1万元/人提高至27万元/人。

“大众创业、万众创新” “一城三街”建设步伐加快，中关村创业大街成为全国“大众创业、万众创新”的新地标，YOU+国际青年创业社区、中关村国际创客中心等服务创新创业的新业态不断涌现，区域呈现互联网大数据产业和传统产业、前沿技术和商业模式创新、高端制造业和服务业融合发展的态势。互联网金融机构超过240家，在全国率先开展中小微企业外债集合授信、投贷联动、“税银互动”等试点。中关村并购资本中心启动。净增上市挂牌企业183家。金融机构总数突破2600家。天使投资、股权众筹等成为区域创新创业服务的主流模式。海淀园总收入实现1.63万亿元，同比增长13.2%；发明专利授权量3.1万件，同比增长39%。

三大功能区建设 以中关村科学城为核心的区域协同创新体系初步形成，完成与清华、北大和中科院30多个重点项目的对接；中关村军民融合产业园正式启动；37个重点项目加快推进，中关村西三旗（金隅）科技园开工建设。北部生态科技新区区域创新发展战略腹地的作用增强，周家巷等村庄腾退收尾，徐各庄、西玉河村庄腾退启动；50万平方米安置房竣工入住；53个土地一级开发项目整体进展顺利；中关村集成电路设计园、纳通医疗等重大项目开工建设，联想总部一期、百度二期等一批重大产业项目基本完工。“三山五园”历史文化景区建设继续推进。玉泉山周边环境整治效果明显，园外园生态环境提升工程一期、二期分别完成85%、20%，后续环境提升和交通优化方案编制完成。

城市治理 强化“街镇统筹、部门联动”联合执法模式，严查各类市容环境违法行为，持续开展重点地区、重点大街等环境建设。新建改造绿地林地657.4公顷。完成南沙河绿色生态走廊启动区、翠湖湿地公园二期、西山森林景观提升等工程。新建改造10处城市公园绿地和9条道路绿化。实施85蒸吨燃煤锅炉改造，实施南沙河流域污水治理工程和10条河道的生态治理。新增道路通车里程16千米。实施15个堵点改造、28.4万平方米道路大中修，优化西苑桥等30处节点的交通组织微循环。大工村再生能源发电厂全面调试。开展安全生产隐患排查整改，强化食品药品日常监管。

社会民生 深化网格化社会服务管理体系，“三网融合”信息平台上线。建成83个“一刻钟社区服务圈”示范点、73个社区规范化建设示范点和201个智慧社区。城镇登记失业率控制在1.5%以内；五项社保参保人数稳步增长。加强养老服务体系建设，出台非营利性养老机构资助办法等支持政策。新建筹集各类保障性住房1.48万套，竣工7761套。推进131个、220.4万平方米老旧小区综合整治，启动11个棚户区改造项目。实施学区制改革，将中小学纳入17个学区统筹管理。新增4130个中小学学位、2000个幼儿园学位，义务教育阶段就近入学率超过90%。完善“6+4”医联体协作平台和机制。“一键式”家庭医生式服务覆盖4.6万户老年家庭。推进现代公共文化服务体系建设，获国家公共文化服务体系示范区创建资格。启动全民健身发展三年行动计划（2015—2017年），189个社区被评为市级体育生活化达标社区。

重点领域改革 出台推进行政审批制度改革实施意见，继续深化投资项目四阶段并联审批试点。编制公布行政审批权力清单和行政处罚权力清单。深化同区通办、三级联动政务服务。推进统一的公共资源交易平台建设。全面实施“三证合一”“一照一码”。深化预算管理改革，探索建立跨年度预算平衡机制，加强“申报、储备、执行”三级项目库建设。推动农村集体经济转型升级，农村集体总资产预计1120亿元，同比增长10%。健全区镇两级农资委组织架构。加快社会治理体制改革。探索社区治理新模式，加强新型农村社区建设。

政府自身建设 全年办理区人大议案、建议386件，区政协建议案、提案179件。建立健全政府法律顾问制度，加强行政决策事项的合法性审查，出台进一步规范行政执法工作指导意见。开展“三严三实”专题教育，落实党风廉政建设责任制，严肃查处各类违法违纪案件。加强对重大决策部署落实情况的监督检查。

（于淼 朱振新）

【区政府与阿里巴巴集团签署战略合作协议】 4月9日，区政府与阿里巴巴集团签署战略合作，云计算、大数据、互联网金融等成为合作焦点。阿里云计算将同海淀区政府共同建设海淀政务云平台，打破各委办局之间的数据壁垒，实现数据交换和汇集。同时，双方将共同帮助平台之上的企业开展商业模式创新、研发前沿技术、推动大数据应用。

（钟冷）

【举办中国（北京）跨国技术转移大会专场活动】 4月21日，由中关村科技园区和海淀园管委会共同承办的2015年中国（北京）跨国技术转移大会专场活动“科技园区的国际化和跨国合作论坛”在北京会议中心举办，加强中外科技园区、企业创新主体之间的技术交流合作，科技部火炬中心、意大利科学城（IDIS）以及美国国际数据集团（IDG）等知名专家出席。

（田力）

【普查公共场所英文标识】 5月，区外事办牵头召开“规范海淀区英文宣传标识口号及公共场所英文标识工作部署会”，启动检查公共场所英语标识工作。会后对区属34所公园共计1386块双语标识进行实地普查，各处标识用数码相机拍成照片建档留存，其中1109块符合标准标识由区外事办自行核对，其余包含英语、韩语、日语的277块疑问标识由市外办帮助核对。根据反馈结果责成相关公园全面整改，截至11月底，整改完毕。

（田力）

【开展旅游服务英文标识纠错活动】 6月，区外事办会同区旅游委共同举办旅游服务英文标识有奖纠错活动。活动期间，在区旅游委政务网、服务网、微博及微信等平台，以“助力申冬奥，召唤‘纠错卫士’”为主题进行宣传，市民积极参与，共收到英文纠错208条，有效参与内容107条。

（田力）

【举办三对三国际篮球赛事】 7月—8月，区体育局在五棵松篮球公园举办2015国际篮联世界三对三大师赛中国区预选赛，参与比赛人数1000人，外籍参赛人员50人。

（田力）

【举办涉外礼宾礼仪及国际事务培训】 9月24日—25日，区外事办与市外办共同主办“涉外礼宾礼仪及国际事务”培训班，全区党政机关、区属委办局、各街镇及部分事业单位的处级、科级干部130余人参加。邀请中国社科院、外交学院、公共关系与战略传播研究所、市外办涉外处等部门的专家学者授课，课程涉及当前中日关系热点问题及前景、危机处理与舆情引导、外事礼仪、如何安全有效处置涉外事件等内容。

（田力）

【举办“中关村杯”笼式足球国际邀请赛】 9月，区体育局在五棵松篮球公园举办“中关村杯”笼式足球国际邀请赛。参与人数达到1000人，其中外籍参赛人数80人。

（田力）

【发布“中关村大街发展规划”】 10月11日，在“中关村创新创业季（2015）”开幕式上，海淀区发布“中关村大街发展规划”，建设全长7.2千米的“升级版创业大街”。中关村大街规划范围南起白石桥、北至清华大学西门，涉及海淀区的6个街道以及中科院、北大、清华等高校院所。根据规划，中关村大街将分为重点功能建设区和功能协同发展区两个空间层次，其中重点功能建设区范围主要以中关村大街为中心，且东西两侧各拓展300米。中关村大街将加快构建“5+6”的功能布局结构。其中，5个特色职能区包括协同创新功能区、创新核心功能区、专业创新服务功能区、科技金融创新功能区和特色创新功能区。同时重点对中关村大街沿线包括清华西门—北大东门地区、中关村核心区、海淀黄庄、四通桥、魏公村、首都体育馆6个节点地区进行功能优化和环境设施改善。中关村大街沿线写字楼共计36座，总建筑面积约170万平方米，基本业态以办公、商业为主，其中办公面积约68.5万平方米，商业面积约71万平方米，入驻企业6663家，空置面积10146平方米。至2017年底，形成一批创新创业、科技金融、文化创意等新型业态集聚区；至2020年底，区域创新创业生态得到全面提升。

（钟冷）

【举办中关村创新创业双创季活动】 10月11日—28日，由北京市海淀区人民政府、中关村科技园区管理委员会、北京市科学技术委员会共同主办，中关村科技园区海淀园管理委员会、北京海淀置业集团有限公司承办的“中关村创新创业季（2015）”系列活动举行。本届活动以“创见未来”为主题，包括全球创业大会、全球创新创业峰会、全球风险投资峰会等系列活动，集中展示当今世界创新创业领域取得的优秀成果，吸引全球优质创业资源，引领未来国际创新创业发展趋势。

（田力）

【与莫斯科市绿城区签署谅解合作备忘录】 11月26日，莫斯科市绿城区副区长安德烈•诺沃日洛夫率领的代表团一行3人访问海淀。此次访问系两区首次会面，双方就两区区情现状和未来合作交流的方向进行友好深入的会谈，并将两区的合作定位在科技发展、公共服务和社会管理等领域，鼓励两地企业开展务实合作。会后双方签署谅解合作备忘录。

（田力）

【举办首期境外安全应急培训暨演练】 12月22日—23日，区外事办与区应急办在通州外交部培训中心联合举办海淀区首期境外安全应急培训暨演练。来自区属重点涉外应急部门20余名业务骨干，以及腾讯、亚信等21家重点涉外企业负责人员约70人参加。主要从社会风险识别与应对、个人防护技能、防卫与控制及车辆安全等方面对各位学员进行培训。

（田力）

【举办“与巨人同行”活动】 年内，按照中联部经济合作局需求，区外事办会同海淀园等部门为其提供详尽的海淀区境外开展业务的重点企业资源情况。配合中央“一带一路”政策，组织海淀企业对接中联部高访团、论坛等“与巨人同行”系列活动9场次。其中，5月的中美政党高层对话中美企业家论坛是中国共产党与美国民主党、共和党领袖对话中首次举办的企业圆桌会。中方6家企业全部来自海淀，他们在与美国政党和跨国企业进行对接交流中的表现得到中联部的高度认可。此外，与德国史太白技术转移有限公司对接入驻海淀事宜，已成功促使史太白大学与中科院、协同创新研究院达成合作，为区内企业走向国际舞台搭建更宽广的平台。

（田力）

【举办“环球商机”系列活动】 年内，海淀园管委会共举办“环球商机”系列活动10次，吸引来自马来西亚、泰国、德国、哈萨克斯坦、加拿大、巴西、日本、以色列、卢森堡和俄罗斯10个国家的600人参与。其中，日本商机和以色列商机围绕知识产权进行，主题为“技术引进和输出中的知识产权风险”，卢森堡商机以投资并购为主题。系列活动吸引中联部、市投促局、市外专局、市工商联等多家市直机构，普天国际、四方继保等十多家企业多次参加，甚至其他区县和省份企业也专程来参加活动。

（田力）

【领导调研】 区领导全年共参加调研、检查、走访慰问等活动80余次，涉及内容包括调研驻区企业18家、走访基层社区6个、走访慰问困难群众2次、走访区属单位20余个、走访驻区大型单位4个、考察区属重大项目6次，参加安全检查11次，参加市、区重大活动17次。

（刘水）

【养犬管理】 截至12月31日，全区共办理登记年检犬91895条，收缴无证犬和流浪犬2555条，查处违规养犬行为2339人，警告养犬户1305人，查处各类举报175件，答复人大代表、政协委员建议5件。发放各种宣传材料10余万份，悬挂横幅2000余条。

（刘水）

【政务信息】 区政府办全年累计收集、整理信息10000余条。编发《海淀信息》246期，为区领导和区属单位各级领导提供信息2100条。市政府《昨日市情》采用区政务信息221条。市政府《今日舆情要闻》采用区摘编的舆情信息61条。《海淀区扎实推进人口调控工作》《海淀区稳增长促投资优环境支撑高精尖经济发展》等5篇信息选送国务院办公厅。1条信息被《国办要情》采用。1条信息被《国办专报》采用。信息获市区领导批示66条。海淀区获得2015年“北京市优秀信息工作单位”称号。

（冯岩 王励翔）

【办理建议提案】 年内，区政府共办理人大代表建议、政协提案594件，涉及主责单位71家。其中办理北京市人大代表建议17件、北京市政协提案7件；海淀区人大代表建议392件；海淀区政协提案178件。办理海淀区人大议案1件、海淀区政协建议案1件。市人大代表建议、政协提案满意（同意）率均达到100%；区级人大代表建议、政协提案的解决率在50%以上，5件区人大代表多年提出未解决的建议得到彻底解决。修订《关于办理人民代表大会议案代表建议批评意见和人民政治协商会议建议案提案的规定》，建立和完善办理系统平台，推进办理公开。使用预算资金11.2亿元，使用办理建议提案专项资金524.5万元，解决了小区配套设施建设、道路建设、绿地建设等一批关系群众切身利益的问题。

（李冰）

【督查考核】 2015年督办的18类405项市区折子和31项市委、市政府、区委、区政府领导交办任务全面按时完成。督查工作执行限期报告、定期会商、协调服务、回访复核、信息反馈等制度，建立“三级网络、两个体系、五层架构”的督查工作格局，三级网络为“区政府—各街镇、部门—基层联系点”，两个体系为组织体系（政府统一领导、办公室综合协调、督促检查机构组织实施、业务部门具体落实）、执行体系（构建区委区政府领导—区督查工作联席会议—区政府督查室—各街镇、各部门督查机构—社区、行政村的五层架构）。完成督查督办任务的绩效考核工作。

（许鹏）

【绩效管理】 年内，海淀区继续按照“整合、精简、明晰、共享”的原则，围绕中央、北京市重大决策和区委、区政府重点工作进一步优化绩效管理指标体系，推动市区折子、重点任务、重点改革任务、民生实事工程的落实，有力保障京津冀协同发展规划纲要、调控人口、疏解非首都功能任务的落实。优化、精简考评指标，简化考核流程，大幅减轻基层单位迎检负担，最大程度实现年度考核“服务大局、推动工作、导向明确、广泛激励”的作用。围绕“重点项目、重点任务和实事工程”建立政府绩效管理联动督促和整改落实机制，提升部门履职效率，确保各项重点工作的完成。

（许鹏）

【公开政府信息】 年内，全区各单位坚持以“公开为常态，不公开为例外”原则，进一步扩大公开范围，细化公开内容，加大财政预决算、审计结果、权力清单、民生保障和公共服务等重点领域信息公开力度。全年主动公开政府信息13209条，全文电子化率100%。接受公民、法人及其他组织咨询5000余人次。开通“海淀政务”微信。受理政府信息公开申请2285件。全区因信息公开引发行政复议188件、行政诉讼620件。开通依申请网页受理系统。全年召开政府信息公开工作会议或专题会议53次，举办各类培训班8次，接受培训人员237人。

（赵振营）

外 事

【概况】 2015年，海淀区共接待外宾来访28批323人次，其中中联部、外交部、市外办、市友协转办党宾国宾接待任务16项(三级以上警卫团组7个)。包括波兰众议长、印度外交国务部长、苏丹全国人大党代表团等。海淀园接待来自美、欧、亚洲等11国的来访经贸科技考察团组28批395人次。

全年审批办理团组98批349人次，其中党政干部团组41批81人；教育系统团组49批233人次，80%为一线骨干教师。

海淀区已与11个国家的16座城市建立友好交流与合作关系。

支持60家企业办理邀请外国人到华125人次。受理企业办理APEC商务旅行卡138批268人次，较2014年增长81.6%和61.4%。

开展因公出国（境）证照集中整理工作，团组无超期、无绕道，因公护照100%集中统一保管，无遗失、逾期不上交等问题。

（田力）

海淀区国际友好交往城市名录

表4

地区	国家	州/省/大区	城市/区	结好时间	备注
亚洲	韩国	首尔特别市	西大门区	1995.9.27	签署建立友好交流合作关系协议
	日本	东京都	练马区	1992.10.13	签署友好交往协议书
		福岛县	福岛市	—	与原东北旺农场长期开展友好交往
欧洲	法国	巴黎大区	比尔、马西、巴莱州三市	1994.10.4	签署友好交往协议书
	荷兰	格罗宁根省	格罗宁根市	2004.10.19	签署友好交流备忘录
	希腊	伯罗奔尼撒半岛	奥林匹亚市	2008.2.28	签署建立友好城市关系协议书
	英国	伦敦	哈克尼区	2009.10.14	签署合作意向书
	芬兰	南萨沃区	萨翁林纳市	2015.7.29	签署合作意向书
	俄罗斯	莫斯科市	绿城区	2015.11.26	签署谅解合作备忘录
	德国	巴登-符滕堡州	海德堡市	2016.5.2	签署友好交流备忘录
北美洲	加拿大	安大略省	万锦市	1998.5.15	签署合作意向书
		阿尔伯塔省	埃德蒙顿市	2015.9.7	签署合作谅解备忘录
南美洲	阿根廷	哥尔多巴省	拉法尔达市	2009.9.10	签署合作意向书
		圣达菲省	圣达菲市	2010.5.7	签署合作意向书

【加拿大埃德蒙顿市代表团到访】 4月1日，加拿大阿尔伯塔省埃德蒙顿市市长唐·埃维森一行9人访问海淀区，双方就城市垃圾处理再利用和环境保护方面的合作进行商谈。

（田力）

【韩国首尔西大门区代表团到访】 5月14日，由新政治民主联合西大门区委员长金映豪带领的韩国首尔西大门区友好代表团一行35人访问海淀区。此次来访旨在了解海淀区驻区高校与企业产学合作以及政府部门发挥职能的相关情况，并从中借鉴经验，以探索西大门区未来发展方案。双方就教育交流、可持续发展等方面进行友好座谈。

（田力）

【芬兰赫尔辛基大学在线教育研究专家代表团到访】 5月24日，芬兰赫尔辛基大学在线教育研究专家一行9人到访北京中关村互联网教育创新中心。代表团一行参观海淀园基础服务平台中的未来教育主题展厅、课件基地及创新创业平台中的MOOC创业港（互联网教育专业孵化器）；走访园区代表企业——全球最快动画引擎公司皮影客，并在创客总部与园区企业代表座谈。

（田力）

【柬埔寨人民党地方党委书记考察团到访】 6月30日，以中央委员、干丹省理事会主席、省长毛皮伦为团长的柬埔寨人民党地方党委书记考察团一行15人访问参观八里庄美丽园社区。双方就社区基层党建及社区基础设施建设服务等方面进行深入交流。

（田力）

【出访芬兰萨翁林纳市】 7月29日，海淀区代表团出访芬兰萨翁林纳市，与萨翁林纳市市长詹尼·莱恩就双方开展长期务实合作进行会谈，包括两地在清洁技术升级、高新科技企业发展、文化交流、教师研修及其他领域交流合作意向进行深入探讨，并与萨翁林纳市政府签署增进友好理解合作意向书。

（田力）

【美国芝加哥大学访问团到访】 7月31日，区外事办会同区环保局接待由美国芝加哥大学教授、芝加哥大学北京中心主任杨大利带队的环保课题研究组访问团一行9人。双方就海淀区环境监测、环保执法、简政放权、信息公开、环境评估等工作情况进行讨论与交流。访问团还就当前环保工作面临的形势，地方环保体制运作，特别是建立有效的区域污染源防控体系等方面交换意见。

（田力）

【中美欧青年精英交流项目代表团考察参观】 9月9日，应中国国际交流协会的要求，在市外办陪同下，海淀区外事办会同中关村创业大街接待第二届“中美欧青年精英交流项目”的青年政治家、知名智库学者、民间组织代表及媒体一行12人。代表团在创业大街参观3W咖啡、黑马会、言几又等机构，了解其创业投资经营理念及运作模式。随后，代表团与创业大街国际部负责人座谈交流。

（田力）

【加拿大渥太华市代表团到访】 11月17日，海淀区在华为全球产品展示和体验中心接待加拿大渥太华市市长万晋思一行，加方代表团包括政府官员和企业代表，共20人。双方就科技、教育、文化、旅游等领域开展交流合作，深化友好关系，搭建两地企业以及新技术交流平台等方面进行座谈。

（田力）

【德国海德堡市代表团到访】 11月27日，海德堡市市长办公室主任胡伯一行5人访问海淀区。双方围绕建立友好城市及教育、文化、科技等领域开展积极合作的具体细节进行友好会谈。

（田力）

关系群众生活的31件实事

【概况】 2015年，海淀区落实中央和北京市关于改进工作作风、密切联系群众的有关规定和要求，抓好民生工作，推进社会事业健康发展。完成加强就业和社会保障、改善城乡家庭住房条件、加快发展社会事业、增强城市运行保障能力、持续改善生态环境、切实保障群众生活安全、繁荣发展文化体育事业7个方面31件重要民生实事。

（许鹏）

【关系群众生活的31件实事】 一、加大保障性安居工程建设。新建、收购、筹集各类保障性住房14081套，竣工各类保障性住房7761套；为保障家庭发放公租房租金、廉租租金和市场化租赁等各类补贴资金6200万元，已覆盖2015年申请且符合条件的保障家庭；安置房建设有序进行，前沙涧东区、西区、大牛坊安置房，上庄A03项目已竣工交房，实现安置房竣工30万平方米。

二、结合旧城改造、城乡一体化进程和非首都功能疏解的新要求，全面开展中心城区棚户区改造，推进魏公村、一亩园、京昌楔形绿地、树村、中关村东区、八支会城中村、北京邮电大学危改等项目，完成8573户拆迁改造任务。实施老旧小区综合整治，完成220.4万平方米抗震节能和环境综合整治任务。

三、推进老旧小区自我服务管理试点建设工作。开展八里庄定慧西里、北下关皂君东里、中关村知春东里、学院路二里庄小区、展春园等241个老旧小区共1529栋楼830万平方米的试点工作，满足居民基本服务要求，切实改善小区居住环境。

四、加大环境建设与整治力度。实施全方位、立体式、多要素整治，全面综合提升区域环境整体效果，完成中国科技会堂北侧路、东翠路、美丽园东侧路、万寿路东街、太平东路、大钟寺北路、安宁庄西一条、安宁庄西二条、海淀路、农大家属院东侧路、滨翠路、二河开路、双翠路、前八家路、文慧园西路、美丽经典北侧路、大柳树西一街、黄亭子路、亮甲店路、云会寺路20条背街小巷环境综合提升工作；推进市容环境卫生工作，按照2015年背街小巷环境卫生质量达标验收标准，对2013—2014年已达标的1124条背街小巷进行复查，实现全区背街小巷环境卫生达标率100%。

五、加快市政道路建设，完成西北旺南路、上庄东路、东北旺中路、八里庄路、天秀路西延、门头村北路、北坞嘉园西小街、东埠头路、规划纵二路（北清路至京密引水渠北侧路）、西北旺东环路10条道路建设，新增道路通车里程16公里；完成5万平方米道路大中修工程。

六、强化停车管理，扩大路侧特许经营试点范围，落实错时停车位840个；鼓励居住区及单位自主开展停车设施建设，推广立体停车设施应用，新增1245个小区停车位。

七、加强交通综合治理。信息路体大西口、皂君东路西口、西苑桥下、西苑北桥下、杏石口路西山小学南侧路口、巨山路巨山嘉园门前过街、毛纺路与小营西路交叉口、安宁庄东路与清河中街交叉口、西顶路东口、上庄路永丰屯西口、中关村北大街二宫门路口、四季青桥下路口、复兴路羊坊店路北口、万柳中路与万泉庄路交叉口、复兴路与羊坊店西路交叉口、复兴路军博广场门前、北三环马甸桥西南角、长春桥区补装机非护栏，复兴路301医院北门外、玲珑路七贤村路口、西三环花园桥下路口21处地点已完成结合交通流量变化调整地面交通组织、完善设施和优化配时工作。对上地四街、上地五街、上地六街、上地八街、万寿路东街、建安西路中段、朱房路、车公庄35号院与车公庄45号院之间道路和小关西后街等9条道路实施单行交通管理措施，增划停车位507个，规范动静态交通秩序，方便群众出行。

八、推进垃圾处理工作，海淀区循环经济产业园已完成主厂房、厂区道路、市政管线建设，垃圾焚烧发电系统、污水处理系统已投入试运行。继续推进垃圾楼分类精细化管理试点，板井路、北外垃圾楼已竣工，开始试运行。

九、完成稻香湖再生水厂建设，已具备通水条件，项目采用全地埋式建筑形式，服务面积约67平方公里。对北部村庄、企事业单位排放污水进行截留，完成南沙河截污工程，铺设翠湖东路、韩家川、常乐村、前章村、凤凰岭龙泉寺污水管线20公里。

十、加强大气污染防治工作，完成北部能源中心场站建设，铺设配套热网管线14.6公里。实现农村地区减煤换煤7.7万吨，加强对挥发性有机物排放重点行业的监管，通过结构减排和工程减排等方式，减少挥发性有机物排放159.26吨。将老旧车淘汰工作贯穿于入户检查、路检夜查、遥感检测及检测场巡查等日常监管工作中，淘汰老旧机动车43885辆；加大对“3个100”污染企业整治力度，治理100家餐饮企业油烟净化装置、100家汽车修理企业烤漆房污染和112家驻区单位产生噪声污染设备。

十一、统筹城乡绿化发展，园外园生态景观工程已完成62公顷绿化和附属设施建设，包括11.2万平方米湖区和9.8万平方米稻田建设，种植乔灌木35100株，铺设草坪地被45万平方米，并于秋季完成稻米收割，恢复历史风貌；完成永定河引水渠北岸、晾果厂绿地、颐慧佳园代征地、亮甲店小区二期代征地4个公园景观提升工程；双清路、建材城西路、建材城东路、建材城中路、育新花园西路、闵庄路南侧路、颍泉路、西山美墅馆路、三环路（海淀段）、四环路（海淀段）10条道路绿化工程已完工；实施屋顶绿化建设8600平方米；完成北洼路、农大南路2处小微绿地3300平方米的建设任务。

十二、发挥“1+2+N”拆违联动机制作用，加强统筹协调，扎实推进打击违法建设专项行动，全力完成上账拆违任务，共拆除违法建设165万平方米。

十三、完成新大厅入驻事项调整和全过程入驻落实工作，共有34个部门的541个事项确认入驻，设计新大厅功能分区，提供企业设立、投资建设的模块化、整体化服务，提供网上预约、网上预审、网上办理等线上服务；深化区、街、居（村）三级政务服务体系建设，推动企业设立审批流程改革试点工作，开展500项行政许可、行政审批和行政服务事项的“一站式”服务标准化工作；深化同区通办、三级联动试点工作，新增89个联动通办事项，全区29个街镇均已在服务平台产生办理数据。

十四、全面提升办实事水平，依托区政府网站设立“为民办实事互动平台”，发布2015年区实事上半年进展情况，接受群众监督和评价；提升互动平台使用功能，对接区非紧急救助服务系统，提高事项处理监督能力；接入“海淀互动微信平台”，进一步扩大群众提出新实事的渠道；安排专人日常监控，对群众提出的动态实事转办、办理，共办复动态实事198件，着力解决好关系群众切身利益的问题。

十五、制定并印发《海淀区新型农村合作医疗管理办法实施细则（2015年）》，实现了新农合“住院、门诊区级统筹”，人均筹资1560元，将三级医院住院补偿比例从55%提高到60%；积极筹划、部署涉农地区新农合门诊及时结报工作，在上庄镇、苏家坨镇、西北旺镇、温泉镇山后地区4个社区卫生服务中心开展门诊即时结报。

十六、海淀区急救网络建设以政府购买服务的方式与北京老年病医院建立温泉急救分站，并已验收合格；增设二里庄社区卫生服务中心，新建唐家岭、六里屯、馨瑞嘉园、八家村、梅所屯、柳浪家园、玉渊潭敬老院、同泽园、万柳书院、紫城卫生站10个社区卫生服务站；在51个社区卫生服务中心（站）开展高血压患者健康体检工作，识别H型高血压人群，完成35608人H型高血压筛查。

十七、扩大学前教育资源，实施《海淀区二期学前教育三年行动计划（2015—2016年）》，通过以租代建、改扩建、接收配套小区、未经审批看护点整改、改善办园条件等措施新增2000个入园学位；扩大优质教育资源覆盖面，建成中关村三小万柳新校区、一零一中学温泉校区并投入使用，新增4000个中小学学位。

十八、结合“传统文化弘扬月”“春节送福”“3月5日学雷锋日”“爱心行动”“温暖你我重点青少年群体关爱行动”“海淀区明星志愿者”“志愿家庭服务计划”等多项活动，围绕文明行为引导、助老助残服务、生态环境建设、科学知识普及、文娱表演、法律宣传、关爱健康等方面，组织12万人次志愿者提供300万小时志愿服务。

十九、开展全民健身活动，举办五棵松国际篮联三对三大师赛，256支球队的1024名（每队报名4人）参赛选手参加了比赛，举办“中关村杯”笼式足球国际邀请赛，吸引96支中外球队参加；创建龙岗社区等189个北京体育生活化达标社区；在民大社区、六郎庄村等社区（村）或休闲场所新建、更新165套全民健身工程；培训和注册1000名社会体育指导员；对10000人进行国民体质监测。

二十、组织开展群众性文化活动，精心打造“海之春”新春系列文化活动、第五届中关村国际青年艺术节、海淀文化节等海淀特色文化品牌活动，通过星火工程、夏日文化广场、百姓周末大舞台等活动，提供高品质文艺演出400场，组织公益性演出186场；提升基层文化工作者素质，选用文化志愿者进企业和基层开展舞蹈、戏曲、声乐、绘画、摄影等方面辅导，完成各类培训3680人次，对308支群众文艺团队实施规范化管理。

二十一、提高公共文化服务效能，北部地区文化中心工程已完成，进入试运行阶段；加快公共文化服务体系建设，完成海淀镇、东升镇、永定路街道3个基层文化设施达标改造工程，建成50家园区企业图书站（点）。

二十二、立足民生，指导各街镇开展蔬菜销售终端建设，进一步完善“菜篮子”便民服务体系，增加52个蔬菜零售终端，其中规范建设便民菜店29个，增设流动售菜车21个，升级改造菜市场2个，提升蔬菜供应体系建设。

二十三、提升为社区居民服务的水平，共新建62个一刻钟社区服务圈示范点，扩大社区公共服务、便民服务、志愿服务、特色服务等各类服务的覆盖率，完善社区公共服务体系。

二十四、做好金融综合服务工作。与光大银行海淀支行签署共建合作备忘录，引导金融机构针对中小微企业开展业务创新，成立中关村创业金融服务联盟，开展“税银互动”试点工作，对在海淀区纳税的中小高新科技企业开展纯信用贷款试点服务，在北下关街道建立老旧小区社区金融示范项目，构建区、街镇（社区）及银行等金融机构联合为中小微企业和群众服务的三方联动服务机制；开展社区服务融资服务、做好金融安全和反假币宣传、举办互联网金融创新论坛，切实推动3个金融惠民示范项目发展；在苏家坨镇新设北京银行苏家坨支行，改造升级了农商行苏家坨支行；在上庄镇新设农商行上庄支行，满足山后群众需求。

二十五、推动精细化就业管理，完善就业政策扶持体系，将转移就业补贴范围扩大到镇村企业。帮助22846名城乡失业人员实现就业，城镇登记失业率为0.93%，地区就业形势保持稳定。

二十六、开展352场9862人次城乡妇女综合素质、就业及手工技能培训。开展264场7984人次家政服务员培训及业务指导；为8648人发放独生子女伤残、失独夫妻特别扶助金，发放率达到100%。

二十七、深化养老服务工作，提升养老服务水平。为629户70岁以上居家空巢老人安装“一按灵”紧急呼叫设备；为95岁以上高龄老人家庭进行无障碍改造，为80周岁以上高龄老人安装浴凳共2000户；新建、改建养老照料中心9家、养老机构5家，新增床位1250张；对社会办全托型托老所给予每张床位补贴300元至500元，共补贴533床次、32.87万元。

二十八、对300名符合条件的重度残疾人建立居家康复服务档案，提供个性化、零距离的居家康复服务与指导，邀请专家对各康复对象的服务情况进行评估并调整服务方案，完成全部人员电话随访工作。

二十九、组织相关部门开展海淀区食品药品抽检工作，共抽检65个大类食品样本2477个，合格2437个，合格率98.39%；共抽取药品样本595件，合格591件，合格率99.33%。抽检结果已在政府网站“诚信榜”栏目公开。结合日常许可和监督管理工作，对零售药店计算机系统的升级、药学服务系统软件的安装情况进行了检查，完成600家零售药店计算机系统改造。安装药学服务软件，加大药品质量信息化管理与药学服务力度，提升179家零售连锁药店的药学服务管理水平，为辖区百姓安全用药奠定了基础。

三十、规范普通地下室使用管理机制，花园公寓、榆苑公寓2处市级挂账普通地下室点位已清理完毕；规范普通地下室使用113处，共7万平方米；建设普通地下室监控管理系统，安装远程监控65处。

三十一、加大应急救护知识普及推广力度，推进应急培训进社区、进学校、进机关、进农村、进企业，提高群众的自救互救能力，共开展100场20500人次应急救护知识培训、260期14696人次应急救护技能取证培训；加强青少年自护教育，开展60场“星光自护”教育活动，促进青少年健康安全成长。

（刘洋）

综合行政服务

【概况】 2015年，区政务大厅共接待咨询107万余人次，大厅日均人流量4000余人次，受理各项政务服务事项76万余件，发放证照57万余件，群众满意率为99%。大厅组织机构代码窗口获得“北京市模范集体”称号。

（吴限）

【政务服务绩效管理系统试点】 7月21日，启动政务服务绩效管理系统（街镇）试点工作，在西三旗街道、八里庄街道、青龙桥街道、北下关街道、永定路街道、海淀街道6个街镇开展试点。12月14日，系统覆盖29个街镇便民服务中心662个窗口，正式上线运行。截至12月31日，系统记录办理事项8007件，初步实现窗口服务精细化管理和大厅服务透明运行。

（吴限）

【公共资源交易平台】 9月1日，区编委印发《北京市海淀区机构编制委员会关于成立海淀区公共资源交易平台管理服务机构的通知》，明确在体系建设科加挂“公共资源交易管理办公室”牌子，将海淀区政府采购中心更名为北京市海淀区公共资源交易中心（简称区交易中心），同时加挂“北京市海淀区政府采购中心、北京市海淀区建设工程发包承包交易中心”牌子。11月13日，区政府办印发《北京市海淀区公共资源交易平台建设方案》，明确建设统一交易场所，搭建信息化系统。年内，平台完成60个政府集采项目的公开招投标工作，完成财政预算金额3.24亿元，实际采购金额2.35亿元，节约财政资金

0.89亿元，供应商实质性质疑为零。

（吴限）

【“多证联办”改革试点】 9月29日，根据国家“三证合一”登记制度改革统一安排，海淀区“多证联办”工作全面进入“一照一码”[①]阶段。区政务中心联合区工商分局、区质监局、区地税局、区国税局、区公安分局开展企业注册登记多证联办试点改革工作，按照一表制、一窗制、4个工作日内完成科技类企业的注册登记工作，共为3437家科技企业发放“四证一书”[②]，在重点科技园区或孵化器设立28个政务服务站，实现政务服务和社会服务结合。

（吴限）

【投资项目四阶段并联审批改革试点】 年内，海淀区投资项目四阶段（立项阶段、规划阶段、供地阶段和开工阶段）并联审批改革分三批共试点100个项目，平均用时较市级规定缩短60%。11月13日，区政府印发《海淀区投资项目四阶段并联审批管理办法（暂行）》。事项标准化工作成为各区县工作标准。

（吴限）

【智慧政务综合服务平台】 年内，基于海淀区智慧政务综合服务平台，建设政务服务绩效管理系统、固定资产投资系统和企业设立系统，共有注册服务138个，产生办事材料1.5万项，沉淀业务数据4万余条。9月25日，召开“海淀政务”微信平台上线，该平台包括事项办理进度和办事指南等业务查询、政务服务类信息推送等功能。

（吴限）

人事管理

【概况】 2015年，海淀区政府系统科级及以下公务员4706名。录用148名应届毕业生、57名社会人员、11名大学生“村官”。6844人参加2014年度考核工作，1308人被评为优秀等次，5320人被评为称职等次；216人不定等次；405人记三等功，2009人记嘉奖。全区有事业单位566个，编制35416名，其中区教委所属事业单位编制19245名，实有17143人；区公共委所属事业单位编制6688名，实有4359人。事业单位公开招聘应届高校毕业生625人，面向社会公开招聘352人。全区有27967人参加2014年度事业单位考核，其中优秀5031人、合格22513人、基本合格7人、未确定等次185人、未参加考核231人。事业单位专业技术人员22754人，其中，区教委共有专业技术人员16407人，区公共委共有专业技术人员4225人，上述两家单位专业技术人员总数占区属单位专业技术人员总数的91%。

海淀区全年引进急需高端人才380人，为各类人才办理工作居住证12688人，续签6100人。

（张丽伟）

【军转干部及随军家属安置】 2015年，北京市下达海淀区计划安置军转干部329人，应报到194人，实际报到91人（其中团职29人，营以下技术级62人），进入公务员队伍54人，安置报到率46.9%。接收2015年自主择业干部555名、随军家属244人。

（张丽伟）

【人力资源市场】 年内，全区共举办招聘会210场，参会企业3500家，向社会提供工作岗位2.1万个，参会求职个人共2.5万人；开展京内外校园招聘活动40场，共计850余家（次）企业参会，吸引毕业生8万余人；开展“博士、博士后”以及“高端人才洽谈会”3场，100家（次）海淀区重点企业参会；开展企业高端人才培养14期，参训企业高管近600名；开展海淀区高科技企业订单式人才培养项目，培训学员500名；完成“央地人才合作交流会”项目10期，300余人参与活动；人才发展促进会开展活动近60期，参加活动会员2500人次；实施各项行政机关事业单位培训40余期，培训11600余人次。

（张丽伟）

【公务员职务与职级并行制度】 年内，区人力社保局按照中央和北京市关于深化干部人事制度改革的要求和在县以下机关建立公务员职务与职级并行制度的有关精神，印发《关于开展海淀区职务与职级并行工作的通知》，即在公务员法规定的制度框架内，保持现有领导职务和非领导职务晋升制度不变，建立主要依据任职年限和级别晋升职级的制度，发挥职级在确定干部工资待遇方面的作用，实行职级与待遇挂钩，实现职务与职级并行。

（张丽伟）

【人事考试】 年内，海淀区完成8类全国性人事考试任务，共涉及考点64个，考场1871个，接待考生约10.3万人次。发放人事考试证书2.1万人次。组织一级建造师、二级建造师、注册测绘师、经济专业技术资格4类人事考试资格审核，涉及考生16450人。

（张丽伟）

---

① 一照一码是指营业执照上打印统一的社会信用代码。

② 工商登记证、组织机构代码证、地税登记证、国税登记证、公安刻章通知书。

信息化城市服务管理

【概况】 2015年，全区网格化社会服务管理信息平台累计受理案卷697847件，社区民情355805条，走访日志342042条；受理各类城市管理问题85万件，结案82.9万件，及时率96.64%，结案率97.53%。受理各类群众及企业诉求117984件，除咨询类直接回复外，分拣转办61846件，及时率98.26%，办结率99.99%。通过视频监控系统发现问题6.7万件，协助公安部门调取查看录像3447次，累计4961小时。接报并妥善处置突出问题392起，无较大以上突发事件，参与现场协调处置各类突发事件45起，组织防汛、烟花爆竹等集中指挥工作10余次。

（孙焱珠）

【马航MH370客机周年善后处置】 3月8日，MH370客机失联一周年。区应急办启动应急机制，继续做好失联乘客家属服务保障工作；制定并发布《关于马航MH370客机宣布失事海淀区应对处置工作方案》；及时掌握乘客家属动态情况，解答家属的咨询和疑问，开展安抚家属情绪等善后工作，促其尽快回归正常生活。

（孙焱珠）

【"海淀互动"微信公众号上线运营】 3月，"海淀互动"微信公众号正式上线运营，每周发布应急、企业等小常识和惠民信息，居民可通过此公众号直接反映问题。全年发布信息50条，新增关注用户132人。"海淀互动"微信公众号是继"中关村96181"官方微博后又一"畅通民声、汇聚民智、服务海淀"的重要举措，同时与网格化体系的"一网一库一平台"[①]构成较为完备的公众服务新媒体平台，更好地发挥新媒体在信息传递中便捷、快速、受众群广的特点。

（孙焱珠）

【区领导接听"12345"热线】 4月14日，区长孙文锴、副区长王际祥带领海淀区9个职能部门"一把手"参加接听北京市"12345"热线活动，受理群众反映问题70件次，内容涉及环境建设、住房、教育、交通、卫生医疗等方面。接听活动结束后，区城市服务指挥中心牵头召开落实区领导接听市政府热线受理案件协调会，对于受理的70件案件逐一落实。区政府督查室提出具体办理要求，参会的29家单位按要求都签订办理责任书，严格落实解决区长接听热线所受理的案件。

（孙焱珠）

【"三网融合"[②]平台上线运行】 4月20日，海淀区"三网融合"平台在全市率先上线运行，标志着融合管理模式正式开启。从平台三级循环统计数据看，全区29个街镇通过网格化融合系统平台上报各科数据累计达354190条。其中大循环案件4419件，小循环案件65670件，微循环案件284101件；小、微循环案件占到整个案件总量的98.75%。基本实现问题"发现在基层、解决在末梢"，达到"小事不出社区、大事不出街道"的目标。

（孙焱珠）

【"5·12"防灾减灾日活动】 5月12日是国家第七个防灾减灾日，区应急办以"科学减灾 依法应对"为主题，于5月11日—17日在全区开展防灾减灾宣传周系列活动。通过发放宣传材料，举办专题展览，组织应急演练，开办专家讲座等主题活动，实现应急宣教培训进社区、进农村、进学校、进企业、进机关、进部队，营造全民参与防灾减灾的社会氛围。活动期间，各专项应急指挥部、街镇应急委开展主题宣传活动和应急演练600余场，基本覆盖所有社区（村），累计发放宣传材料12万余份，约8000人参与。

（孙焱珠）

【"五统一"城市综合管理考评工作机制】 9月15日，区委常委会审议通过《关于统筹海淀区城市管理综合考核评价工作意见》，海淀区正式建立"统一领导、统一指标、统一组织、统一平台、统一结果运用"的"五统一"城市管理综合考核评价工作机制。10月10日，成立海淀区城市综合管理联合督导组，由区城市服务管理指挥中心、区城管执法局、区公安分局、区交通支队联合组成。督导组主要围绕首环办城乡环境专项检查、文明城区创建、"四公开一监督"专项工作、环境卫生、园林绿化等专项检查开展督导工作。11月9日，区城市服务指挥中心对《关于统筹海淀区城市管理综合考核评价工作的意见》进行细化和深化，制定《海淀区城市管理综合考核评价工作实施办法》和《海淀区城市综合管理联合督导组工作规则》。

（孙焱珠）

【中关村"96181"热线微博微信】 全年受理各种企业和群众事务95849件，承办57688件，同比分别下降2.89%和增长18.07%，咨询件减少和诉求件增多显示中心的实质性受理能力得到很大提升。上报区委、区政府《海淀民情分析》10期，经协调处理城市管理突发事件1950起、维稳事件1146件起，收到群众表扬信88封，为维护区内良好的城市管理秩序和社会稳定做出贡献。微博"中关村96181"2015年发布数量201条，拥有粉丝1399人。

（孙焱珠）

【网格化图像系统建设】 年内，区城市服务管理指挥中心落实全区科技创安工作目标、建设任务实施计划，统筹推进网格化图像信息系统一期建设。新安装数字高清监控点位2171个，安装违停点位100套，实现系统平台在网摄像机点位总数达到1万路以上。并根据

---

① "一网"是指海淀区网格化社会服务管理综合信息网，"一库"是指海淀区网格化社会服务综合数据库，"一平台"是指海淀区网格化社会服务管理信息平台。

② 城市管理网、社会服务管理网、社会治安网，简称"三网"。

全区科技创安工作要求，适时开展海淀区网格化图像信息系统增补高清摄像机点位和更换老旧模拟标清摄像机、升级街镇多种信号集中控制系统初步设计工作。

（孙焱珠）

信　访

【概况】 2015年，海淀区信访工作围绕“确保‘两大活动’顺利开展”主题，加大矛盾纠纷排查调处力度，推进信访服务体系建设，抓好信访积案化解、业务培训、法治宣传等基础工作。注重区领导接访、基层调研、多级联动等机制创新。打造“阳光信访”“责任信访”“法治信访”，实现信访总量、来信量、来访量和初信初访量四下降目标。区政府安排5000万元矛盾纠纷排查化解专项资金，用以解决信访人生活困难、疑难信访积案久拖不决和影响当前社会稳定的重大信访问题，推动息诉罢访。实现中央国家机关门前及高校周边“四不”目标，即“不能形成聚集，不发生堵门、堵路、拦车等过激行为，不形成事实上的游行示威，不能前往政治中心区聚集滋事”。2015年，区信访办共申请办理信访矛盾纠纷排查化解专项资金180万元，化解4件矛盾纠纷。

（梁文钧）

【信访业务培训】 从4月9日开始，区信访办建立每周对全办信访办干部进行法规及业务集中培训的工作模式，以增强业务能力。4月21日—22日，组织全区信访干部业务培训。委办局、各街道、乡镇、企事业单位主要领导，信访工作主管领导及信访干部共260余人参加。培训采取领导授课、经验交流、专家辅导等方式，围绕加强依法依规推进办信接访工作、心理压力积极应对等内容展开，区住建委等6个单位作经验交流。10月15日—16日，召开全区信访工作培训会议。各单位信访工作主管领导和信访工作人员参加会议。会议邀请心理咨询特聘专家和北京市民政局信访处、北京市信访办复查复核处领导授课。

（梁文钧）

【信访宣传月】 4月30日—5月30日，区信访办开展以“阳光信访、责任信访、法治信访”为主题的《信访条例》宣传月活动。4月30日启动仪式当天，全区共发放宣传材料4万余份、其他宣传品1万余件，接待群众咨询5000余人次。在宣传月活动中，区信访办以国家《信访条例》《北京市信访条例》《国家信访局关于进一步规范信访事项受理办理程序引导来访人依法逐级走访的办法》《国家信访局关于进一步加强初信初访办理工作的办法》等为基础，组织全区200余名信访干部开展信访知识竞赛。部分街道、镇同时开展多种形式的竞赛活动，学院路街道组织社区居民参与答题，曙光街道利用手机APP面向地区群众开展《信访条例》知识竞赛。

（梁文钧）

【信访维稳工作督导】 6月29日，海淀区第五期信访维稳工作督导组成立。督导组成员6人，组成2个信访维稳工作小组，配合区信访办开展工作。督导组参与四季青镇鲁艺文化园项目遗留问题、四王府拆迁问题、永定路24号院房产证办理问题等13件区级重点矛盾的专项督导工作；参与信访复查要求人陈某对紫竹院街道、海淀区教委的信访答复复查及接待当事人工作，黄某某等人对海淀区教委的信访答复复查工作；完成信访复查要求人王某某对四季青镇信访答复复查。开展两轮次重点时期对29个街镇50余次走访。

（梁文钧）

【政府公众责任险项目】 截至10月14日，首年度保单有效期内，共发生索赔案件16起，涉及金额554620.75元，总体赔付率110.92%。其中涉及财产损失的索赔案件7起，赔付金额32291元，占比5.82%；涉及人身伤亡的索赔案件8起，赔款金额518667.09元，占比93.52%；涉及财产损失+人身伤亡的索赔案件1起，赔款金额3662.66元，占比0.66%。海淀区政府机构公众责任保险项目自2014年12月2日启动，通过完善信访风险评估机制，引入并推动政府机构公众责任保险项目的落实，强化各单位对矛盾隐患和各类风险管理防范意识，从源头预防矛盾纠纷。

（梁文钧）

【群众来信来访】 年内，全区各级信访部门共受理信访案件18963件次，同比下降38%。受理群众来信14294件，同比下降32.9%，其中联名信299件13061人次，同比分别下降12%、12.1%。接待群众来访4669批19571人次（其中“非京籍子女入学”问题引发来信来访1724批8782人次），同比分别下降49.9%、40.1%，其中集体访435批14007人次，同比下降28.5%、32.7%。

区信访办受理信访案件4269件次20960人次，件次同比下降34%；初信初访3087件次14452人次，群众来信1781件次12366人次，同比件次下降6.9%，人次上升9.2%，其中群众联名信181件9939人次，同比件次下降15%，人次上升6.1%。受理群众通过国家投诉中心、市长信箱、区长信箱写来的电子邮件2963件。接待到区来访861批7582人次，同比批次下降39.5%，人次下降41%。其中集体访191批5485人次（其中“非京籍子女入学”问题引发19批171人次），同比批次下降38%，人次下降51.2%。区政府前门处置室接待308批3992人次。受理群众申请信访复查件89件，办结率为51.7%。排查各类矛盾纠纷2984件，化解2721件，化解率为91.2%。

（梁文钧）

【矛盾排查】 年内，区信访办进一步强化三级网络，实现矛盾排查调处“纵向到底、横向到边”。全年共组织区属单位开展11次排查工作，排查出区级（含以上）矛盾32件、处级矛盾51件、处级以下矛盾纠纷2675件；化解各类矛盾2505件，化解率为90.8%。梳理信访重点人66人。针对阶段性爆发的部分非京籍家长、异地返城知青上访问题，区信访办协调属地街镇及相关委办局，采取上门疏导、一对一稳控等措施，确保以上2个群体未发生越级访及非正常访问题。

（梁文钧）

【领导接待信访制】 年内，区信访办以畅通信访渠道为基础，推进领导干部接访、约访、下访制度。每月第二周、第四周的周三由区领导接待信访群众，区住建委、区人力资源社保局等15个职能部门参与区领导接访活动。全年有11名区领导接待信访群众20批70人次，化解“朱某反映办理再生子女‘生育服务证’问题”“李某、朱某反映噪音扰民问题”等10件疑难复杂信访问题。

（梁文钧）

【领导包案制】 年内，区信访办对重点矛盾纠纷，继续落实领导包案制度。市、区重点案件，做到区领导能包尽包、应包尽包，并坚持“分级负责、分类处置”的工作原则，对涉及面大、群众反映强烈的重点矛盾纠纷，实行领导包案“六包”责任制（即包调查、包处理、包督办、包结案、包息访、包稳定）。2015年的32件区级重点矛盾纠纷全部落实领导包案制度。马连洼286号院拆迁历史遗留问题、西郊汽配厂部分商户信访问题等27件重大突出信访问题得到化解。

（梁文钧）

【积案化解】 年内，区信访办通过联席会、排查办工作平台，利用信访专项资金，化解韩某预防接种异常反应信访问题、田村路街道西四环中路7号院燃气通气矛盾纠纷、复员军官上访问题等42件历史积案。

（梁文钧）

【人民建议征集】 年内，区信访办及时处理、转化人民建议230条，主要涉及民生方面。制定《海淀区人民政府人民建议特邀建议人工作暂行办法》，继续巩固完善50名特邀建议人的工作队伍，其中含市级特邀建议人5名。指导基层从扩大征集范围、增加征集对象、加强宣传力度等方面创新人民建议征集工作。

（梁文钧）

【信访服务体系建设】 年内，区信访办构建政府公众责任保险、律师、心理咨询师、矛盾研究分中心4个工作平台及信访信息化系统，推进信访服务体系建设。政府公众责任保险平台已有15起案件报案理赔，工作经验在新华社《首都参考》上发表。律师团队参与25件重点矛盾的分析、研判、调处工作。心理咨询师为400余名信访干部进行心理辅导。矛盾研究分中心工作平台对国家级课题“及时就地解决群众合理诉求体制机制”、市级课题“对北京市信访工作现状的思考与研究”以及“关于加强海淀区初信初访办理工作的研究”“海淀信访信息管理系统的建设与应用”“海淀区建立第三方参与信访工作机制的探索与实践”3个区级课题展开调研工作。信访信息化系统建设的做法得到国家信访局的充分肯定，并作为全国网上信访工作典型进行经验交流。

（梁文钧）

机关事务管理

【概况】 2015年，区政府机关事务管理处集中管理和保障服务第一办公区、第二办公区、中关村人才发展中心、招商大厦、新海大厦、八里庄一站式服务大厅、曙光办公中心、综合楼办公区、上地办公中心、田村路办公中心、妇女儿童活动中心、西北旺办公中心12个集中办公场所，负责79家处级单位、28家处级以下单位、6600多人的后勤服务保障工作。下设北京市海淀区机关住房管理中心、北京市海淀区政府机关幼儿园2个事业单位。

（李想）

【公共机构节能管理】 年内，区机关事务管理处开展海淀区公共机构节能管理平台验收工作，对安装在各单位的信号采集设备进行测试，完善平台系统缺陷，责成施工方进行整改。调整公共机构节能工作绩效考核能耗定额指标，调整后的考核内容更加突出考核工作的重点。启动节能管理平台二期建设调研论证工作。举办以“节能有道，节俭有德”为主题的海淀区公共机构节能宣传周系列活动。在全区集中办公区安装节能标牌，时刻提醒大家节约用能，培养节能意识。以第一办公区为试点，建设楼宇能耗智能控制系统。建立海淀区公共机构节能微信平台，定期推送通知公告、新闻动态、节能知识等内容。

（李想）

【国有资产管理】 年内，区机关事务管理处推进艾瑟顿大厦所属房产、58套周转散房、区政府机关幼儿园、区公安分局办公楼房屋产权手续办理工作。与区财政局共同完成国税局办公用房租金申请沟通工作，与国税局、大楼产权单位签订三方协议，协助国税局建立办公区食堂。提出区地税局腾退办公用房后期使用方案，对区循环经济产业园拟租用林业站办公用房情况进行调研。完成机关事务管理处固定资产条码应用系统安装建设工作。根据区经信办要求，完成固定资产及低值易耗管理系统迁移至海淀区政府信息资源服务云平台工作。完成2014年度资产决算，2015年固定资产报废、回收清运工作。修改完善机关事务管理处固定资产管理制度，规范业务流程。

（李想）

【住房管理】 年内，区机关事务管理处完成第三批周转房的选取、入住、收费工作和第二批第二次收费工作；管理东北旺东馨园1号楼、西北旺春晖园和秋露园公寓2处机关干部单身公寓。配合完成市、区两级审计部门对安居里周转房的建设、入住和管理的审计工作。完成东北旺、西北旺大学生公寓在住人员的资格审核工作，对不符合入住公寓条件人员进行清退。启动大学生公寓秋露园房屋装修改造工作。

（李想）

【日常办公保障】 2015年，机关事务管理处负责全区机要收发、机关公务用车及班车服务工作。完成“9•3”阅兵期间公务用车停驶保障任务。有机要交换站交换箱182个，国务院交换站箱1个，双箱2个，已用箱位151个，备用箱位29个，机要收发单位18个，自取机要文件单位67个，外送机要文件单位66个。为149家单位提供文件收发服务，接收、发送机要文件158069件（其中普通文件16.3万余件、机密文件18005件、送急件38次），接收档案3697件，转寄档案351件，各类刊物1.9万册，报纸410500余份，平信13万余封，挂号信、特快、包裹、汇款单3204件。

（李想）

【区机关幼儿园】 海淀区机关幼儿园是北京市市级示范幼儿园，2015年完成北京市示范园年度考核工作。机关幼儿园2015年有小、中、大三个年龄段的8个教学班，260名幼儿，38名教师。龙岗路幼儿园2015年有小、中、大三个年龄段的7个教学班，192名幼儿，35名教师。6月，幼儿园的“十二五”课题“在音乐教育中培养幼儿的音乐感受力和表现力”被北京市教育学会、学前教育研究会评为优秀课题。9月，在2014—2015学年度海淀区教育事业统计工作中获组织奖。在2015年实施海淀区二期学前教育三年行动计划工作中，被海淀区教委授予“先进集体”称号。

（李想）

中国人民政治协商会议
北京市海淀区委员会

2016
北京海淀年鉴

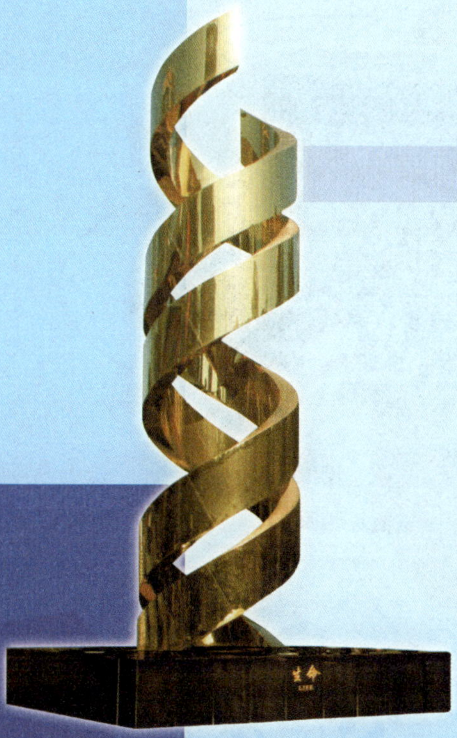

3月2日，区政协组织委员视察地区依法治区工作（区政协 供图）

3月13日，区政协召开九届四次会议党派团体及部分委员提案交办部署会（区政协 供图）

4 月 28 日，区政协委员调研地区北部城镇化建设（区政协 供图）

11 月 3 日，区政协少数民族、宗教、侨联等界别委员视察门头村民族工作情况（区政协 供图）

综　述

【概况】 2015年12月9日，经九届区政协第二十七次常委会议审议通过，同意9人辞去政协委员职务，协商决定增补12人为区政协委员。至年底，九届区政协共有委员431人，比2014年增加2人；常委会组成人员81人，比2014年增加6人。有7名全国政协委员、27名北京市政协委员。九届区政协全年召开常委会会议8次（第20次至第27次）、主席会议7次、秘书长会议3次。

（石峰）

【全体委员学习报告会】 4月22日召开第一次全体委员学习报告会。邀请中国社会科学院博士生导师辛向阳作《深刻把握“四个全面”战略布局的思想内涵》主题报告；听取区人民法院院长、区人民检察院检察长关于审判工作和检务工作等依法治区工作情况通报。11月24日—25日召开第二次全体委员学习报告会暨2015年主题研讨会。以“深入贯彻中共十八届五中全会精神，充分发挥人民政协协商民主重要渠道和专门协商机构作用”为主题，听取区政协委员、国家行政学院教授丁元竹关于“以理念创新引领‘十三五’规划”主题辅导报告。

（石峰）

【第二十七期读书班】 7月27日—29日，区政协、区委统战部与区社会主义学院联合举办第二十七期读书班。听取市发展改革委副主任刘伯正所做的《学习贯彻市委十一届七次全会精神宣讲活动专题辅导报告》，围绕加强社会主义协商民主和学习贯彻京津冀协同发展纲要主题，组织现场教学、工作交流、参观考察等活动；5名委员代表和党外人士代表分别围绕依法治区，依托“互联网+”疏解非首都功能、提升传统产业格局，生态海淀建设，创新城市治理体制机制等作交流发言。

（石峰）

重要会议

【区政协九届四次会议】 1月8日—10日召开。会议审议通过区政协常委会工作报告和提案工作报告；听取并讨论政府工作报告；讨论2014年国民经济和社会发展计划执行情况与2015年国民经济和社会发展计划（草案）报告；讨论2014年财政预算执行情况和2015年财政预算（草案）报告；协商讨论区委、区政府关于九届三次会议以来提案办理情况的报告；选举王锋、卢克玉、孙玮薇、刘彦、张洪雨、周文健、韩鹭等为常务委员；审议通过九届四次会议决议。大会应出席委员429人，实际出席395人。

会议收到大会发言10份，收到提案232件，经审查立案213件，其中党派提案23件，界别提案4件，委员提案186件，对政府工作提出意见、建议79条。

（石峰）

【常委会会议】 2015年，区政协召开8次常委会会议，分别为：

第二十次会议 1月8日召开。讨论区政协常务委员选举办法（草案）和候选人建议名单。

第二十一次会议 1月9日召开。确定常务委员候选人名单；讨论确定总监票人和监票人建议名单。

第二十二次会议 1月10日召开。听取区政协九届四次会议小组讨论汇报；审议区政协副秘书长任免有关事宜；审议通过2015年常委会工作要点、政治协商计划、2015年常委会议及主席会议排期；审议区政协九届四次会议大会决议（草案）。

第二十三次会议 3月18日召开。集体学习全国政协会议精神；听取区政府办关于区政府2015年为群众拟办重要实事、团区委关于未成年人保护工作、区文明办关于建立创建文明城区长效机制等情况的通报；研究2015年区政协重点调研课题有关事宜。

第二十四次会议 5月20日召开。听取区环保局关于2015年清洁空气行动计划有关情况、区园林绿化局关于自然生态保护有关情况、区经济和信息化办公室关于2015智慧海淀建设项目库（草案）有关情况的通报。

第二十五次会议 7月27日召开。审议2015年区政协常委会《关于核心区知识产权战略的建议案》；听取区城管执法监察局关于查处违法建设工作情况、区流管办关于人口规模调控有关情况的通报。

第二十六次会议 9月16日召开。听取区发展改革委员会关于2014年度区政协常委会《关于促进海淀区大健康产业发展建议案》办理情况和关于海淀区2015年上半年国民经济和社会发展计划执行情况及下半年工作安排、区金融办关于国家科技金融功能区建设有关情况的通报。

第二十七次会议 12月9日召开。协商党风廉政建设和机关干部作风建设工作；听取区委、区政府关于2015年提案办理工作的通报；审议区政协常委会工作报告、提案工作报告和九届五次会议议程（草案），审议通过会议日程；同意9人辞去政协委员职务，协商决定12人增补为九届区政协委员。

（石峰）

【区政协主席会议】 2015年区政协召开主席会议7次，分别为：

第二十二次会议 1月8日召开。讨论常务委员候选人建议名单。

第二十三次会议 1月9日召开。审议2015年常委会工作要点、政治协商计划、2015年常委会议及主席会议排期和副秘书长任免有关事宜。

第二十四次会议 3月18日召开。审议通过2015年常委会工作要点任务分解、全年工作安排表、2015年常委会议、主席会议议题计划、2015年重点提案、界别召集人名单、调整后的专委会特邀委员名单以及人事任免等有关事宜。

第二十五次会议 5月4日召开。听取区发改委关于全区投融资体制改革有关情况、区人力社保局关于人力资源产业园建设有关情况的通报；围绕投融资体制改革、人力资源产业园建设、体制机制改革、民生改善、教育发展、科技文化"双轮驱动"、大健康产业发展等向区政府提出建议。

第二十六次会议 7月9日召开。听取区住建委关于保障性住房建设有关事宜、区农委关于整建制农转非后集体农用地经营管理有关事宜的通报，并就相关工作提出意见、建议。

第二十七次会议 9月2日召开。听取区商务委关于城市生活性服务业发展有关情况、区编办关于议事协调机构和临时机构清理规范有关情况的通报；研究2015年议政会有关事宜；审议人事任免有关事宜。

第二十八次会议 12月9日召开。审议委员调整与增补事宜；审议通过2015年度提案、信息及"我为'十三五'献一策"活动表彰有关事宜；讨论区政协九届五次会议各环节领导分工。

（石峰）

【区政协秘书长会议】 2015年区政协召开秘书长会议3次，分别为：

第十一次会议 3月3日召开。听取2015年区政协常委会主要工作安排的通报；研究2015年区政协常委会重点调研课题、议政会、政协全会大会发言等有关事宜。

第十二次会议 6月17日召开。研究2015年议政会有关事宜；听取2015年常委会建议案、区政协九届一次会议以来党派团体提案"回头看"工作以及第二十七期读书班等有关事宜的通报。

第十三次会议 11月24日召开。讨论区政协常委会工作报告（讨论稿）和提案工作报告（讨论稿）；研究2015年提案和信息工作表彰、九届五次会议议程（讨论稿）、日程（讨论稿）、大会发言、委员分组及各组召集人等有关事宜。

（石峰）

政治协商

【概况】 2015年，区政协按照推进协商民主广泛多层制度化发展的要求，利用政协全体会议、常委会议、主席会议、双周协商座谈会等协商平台，完善专题协商、对口协商、界别协商、提案办理协商等协商形式。围绕创新驱动与深化改革、依法治区与社会治理、环境建设与民生改善等发展主题开展全体会议协商；围绕"十三五"规划编制、人口规模调控、城市环境管理长效机制建设等全区重要工作和政协协商民主建设开展常委会会议和主席会议协商；围绕常委会决策事项的推进落实、政协重要工作、团结统战相关事项开展秘书长会议协商；针对制约全区发展的重大问题举办专题协商会；聚焦发展中的热点、难点问题和民生问题开展专题协商座谈会。完善协商成果报送、采纳、落实和反馈机制，全年提出建议296条，形成意见建议专报11件，其中《关于开展国际职业人才培养，加快推进我国职业教育国际化发展的建议》得到市委主要领导重视，批示有关部门研究反馈。

（石峰）

【全体会议协商】 1月，召开的区政协九届四次会议上集中协商区政府工作报告、2014年国民经济和社会发展计划执行情况与2015年国民经济和社会发展计划（草案）报告、2014年财政预算执行情况和2015年财政预算（草案）报告等，并就创新驱动与深化改革、依法治区与社会治理、环境建设与民生改善等内容进行协商议政，提出协商意见79条，报区委、区政府研究参考。

（石峰）

【常委会会议协商】 3月18日，九届区政协第二十三次常委会会议协商建立创建文明城区长效机制有关事宜；5月20日，第二十四次常委会会议协商自然生态保护规划有关事宜；7月27日，第二十五次常委会会议协商《推动核心区技术转移跨越发展三年行动计划》；9月16日，第二十六次常委会会议协商国家科技金融功能区建设有关事宜；12月9日，第二十七次常委会会议协商政协委员增补事宜。

（石峰）

【主席会议协商】 5月4日，九届区政协第二十五次主席会议协商投融资体制改革、人力资源产业园建设等有关事宜；7月9日，第二十六次主席会议协商保障性住房建设、人力资源产业园建设等有关事宜。

（石峰）

【专题协商会】 7月20日，"互联网+背景下创新驱动引领海淀新发展"召开。区政协围绕“互联网+”背景下海淀创新发展、知识产权产业化、循环经济、大健康产业、机器人产业发展、推进互联网医疗、体制机制创新、推广可信公约、提高工商注册效率、用技术标准作为创新抓手、鼓励传统企业运用“互联网+”思维、用“互联网+”改变传统停车模式、支持小微企业发展、人才、投资等提出意见、建议。8月6日，召开落实京津冀协同发展纲要专题协商会。听取关于《海淀区委区政府关于落实北京市委市政府贯彻京津冀协同发展规划纲要意见的若干措施》的起草背景和主要内容的通报；围绕产业和人口疏解、产业发展、城市治理等提出意见、建议。11月30日，召开“十三五”规划专题协商会。围绕《中共海淀区委关于制定海淀区国民经济和社会发展第十三个五年规划的建议》（简称《建议》）进行专题协商。听取《建议》起草情况的通报，围绕 “十三五”规划编制向区委提出建议48条。

（石峰）

【党派团体协商会】 12月1日，召开2015年党派团体协商会。协商区政协常委会工作报告和提案工作报告，以及九届五次全会议程、日程、委员分组等有关事宜。

（石峰）

【政协协商工作专题协商座谈会】 12月5日，区委、区政府、区政协联合召开2016年政协协商工作专题协商座谈会。听取2016年政协协商计划框架（讨论稿）起草情况通报后，各单位负责人围绕框架进行深入讨论和交流，提出协商意向23项，全部纳入2016年政协协商计划。

（石峰）

【双周协商】 年内，区政协针对国有资产和农村集体资产管理、推进大西山地区生态休闲旅游发展等经济发展议题，依法治区等法律议题，海淀交通规划与运行、城市环境管理长效机制建设等城市治理议题，加强社会组织建设、促进本区学前教育发展、海外高层次人才引进等社会民生议题，建设“三山五园”历史文化景区等文化发展议题，海淀区北部生态文明建设等环境发展议题开展双周协商活动27次。每次活动至少邀请1位区委、区政府主管领导出席，参加的委员和专家学者240余人次，参与的党政部门负责人 30 余人次。以信息专报的形式向区委、区政府报送157 条建议，并推动协商成果转化为政协提案。

（石峰）

【提案办理协商】 年内，区政协支持各党派团体、专委会和界别，选择群众普遍关注、涉及群众切身利益的问题作为提案重点。完善主席会议研究督办重点提案、专委会和界别共同参与督办提案、重点提案办理与视察调研相结合、提案办理追踪落实等机制，重点在提高提案涉及问题的解决率上下功夫。做好提案分办协商、推进办理过程协商和办理结果协商，针对建设海淀区为虚拟科技园示范区、唐家岭新城社区文化建设、在新常态下政府更好地发挥作用、北方交通大学附属中学北校区南门交通管理问题等提案，组织提案人与承办单位开展协商活动 35 次。经审查立案的214件提案已全部办复。

（石峰）

视察与监督

【概况】 2015年，区政协通过会议、视察、调研、建议案、大会发言等形式丰富民主监督内容，深化民主监督职能。围绕北部地区生态文明建设、北太平庄街道临街住宅“破墙开门”整治、“国学经典教育”系统工程等公众关注度高的重要事项开展监督性的视察和专题调研活动35次，参加委员 700 余人次。常委会会议和主席会议听取党风廉政建设、国民经济和社会发展计划执行、促进大健康产业发展建议案办理、城市生活性服务业发展等全区重点工作及重大民生项目的进展情况。

【2015年议政会】 9月19日—25日，区政协开展网络议政周活动，9月25日召开 2015 年度议政会。围绕打造科技创新产业链条聚集区、创建中关村互联网工厂、创新破解“城市病”难题、提升北部生态科技新区创新创业环境、人口调控与经济创新发展、居家养老服务、发挥创新文化优势推进京津冀协同创新发展、科技创新文化、老年人心理健康、非公经济发展、完善协同创新平台、整体疏解人口、对非首都功能疏解后的空间利用进行科学规划、政府信息公开、创新社区自治以及海淀区成人教育发展、儿童和老年人脑健康关注商业发展、建立楼宇创业驿站、京津冀文化交流、大力推进城市环境整治、处理好关停便民市场与居民生活的关系等重点工作及群众关注的难点、热点问题提出意见、建议。会后形成《2015年议政会期间各民主党派、工商联、政协委员、群众代表和社会组织代表对政府工作的意见建议》，共梳理7个方面39条意见、建议，报区政府研究办理。

（石峰）

【重点督办提案】 年内，区政协办理20件重点督办提案（见表5）。

重点督办提案一览表

表 5

类别	序号	提案号	提案者	提案名称	承办单位	负责人	相关部门
主席副主席秘书长督办提案	1	党派提案 18	九三学社海淀区委	理解大数据时代特征，提升政府治理能力	海淀园	彭兴业 王训练	二室
	2	党派提案 12	农工党海淀区工委	关于加强护工管理的建议	卫计委、公共委	刘恪	三室
	3	9040108	韩笑冰 刘 平 曹卫东 齐新杰 于逢春 周 宇 胡敏健 张盼月 陆 地 段新芳 屈 锋 吴敏华 张 东	关于鼓励公立项目引入优质社会资本的提案	卫计委	刘恪	三室、四室
	4	9040045	彭丽红	发挥科技金融优势，支持互联网金融产业快速成长	金融办	丁志明	二室
	5	9040073	朱定真	关于我区开展《宪法》普及教育的提案	司法局	丁志明	二室
	6	9040148	王小兰	关于海淀区开展“三个一千”企业综合能力培训的建议	人力社保局	丁志明	二室
	7	9040191	马江涛	深入贯彻十八届四中全会精神，推进依法治区建设	司法局	丁志明	三室
	8	党派提案 7	民建海淀区委	关于推动中关村核心区企业成为技术创新主体的建议	海淀园	丁志明 王玉梅	二室
	9	党派提案 1	民革海淀区工委	关于加强海淀社区文化建设的建议	文化委、社会办	肖熙之	三室
	10	党派提案 6	民盟海淀区委	关于海淀区发展体育科技产业的建议	体育局	张维佳 吴宝华	三室
专委会督办提案	11	9040009	于家伊	打造耕地质量提升先行先试示范区，复兴农业科技板块引领海淀新的经济增长点	农委	经济科技委员会	二室
	12	9040012	李 军 叶劲柏 王继华 李 焕 安雪晖	通过微循环改善交通拥堵状况——改善罗庄东路、中路交通管理的建议	交通支队	城建城管和环保委员会	二室
	13	9040015	曹 晖	关于在海淀区大力推行公共自行车租赁服务的建议	市政市容委	城建城管和环保委员会	二室
	14	9040070	段新芳 王彦辉 黄清麟	关于加强海淀区节水型园林绿地和林地建设的建议	园林绿化局	城建城管和环保委员会	二室
	15	9040109	刘津洪	改变垃圾分类现状的建议	市政市容委	城建城管和环保委员会	二室
	16	9040031	汪龙麟	整合海淀优质教育资源，打造国学教育示范区	教委	教文卫体委员会	三室

续表 5

类别	序号	提案号	提案者	提案名称	承办单位	负责人	相关部门
专委会督办提案	17	9040063	张　东　陆　地 屈　锋　韩笑冰 周　宇　段新芳 于逢春　吴敏华 曹卫东	关于加强海淀区养老机构医疗服务的建议	民政局、卫计委	教文卫体委员会	三室
	18	9040111	杨　旭	以服务为本推动海淀区“智慧社区”建设	社会办	社会和法制委员会	三室
	19	9040155	林　菁	关于唐家岭新城公租房生活环境的提案	房管局、西北旺镇	社会和法制委员会	三室
	20	9040125	王　强	关于制定并实施“老海淀地名遗产石志保护”计划的建议	文化委	学习和文史委员会	五室

（石峰）

【常委会建议案】 年内，区政协将“关于促进知识产权产业化及其创新的研究”课题作为常委会重点调研课题，邀请 30 多名委员开展 19 次视察调研活动，从完善知识产权服务体系和平台、营造引领性的知识产权保护环境、提高知识产权生产运营能力等角度探索适宜海淀产业创新与可持续发展的定位和路径，完成《政协海淀区第九届委员会常务委员会关于知识产权产业化的调研报告》，并在此基础上形成区政协常委会建议案，提出意见、建议 12 条，经九届区政协第二十五次常委会会议审议通过，报区委、区政府研究办理。区政协第二十六次常委会会议听取区政府相关部门关于 2014 年度《政协海淀区第九届委员会常务委员会关于促进海淀区大健康产业发展建议案》的办理情况。

（石峰）

【其他监督工作】 年内，区政协围绕依法治区等方面开展专项咨议，增强财政金融、核心区建设、生态文明建设、教育、城乡一体化发展、社会保障、文化发展、民族和宗教专项监督效能。协调推荐 9 名政协委员担任 4 个政府部门的党风政风监督员，加强对政府工作的民主监督。继续加强地区政协委员活动小组建设，各地区政协委员活动小组全年共组织视察、调研、座谈、研讨等活动 23 次，100 余人次参加，为政协委员开展民主监督活动搭建平台。

（石峰）

社情民意信息

【概况】 2015 年，区政协共编报信息 242 篇，其中京津冀协同发展类信息 35 篇、城市战略规划类信息 21 篇、创新创业类信息 13 篇，涉及医疗教育、城市环境、大学生就业等群众普遍关注问题的信息 50 余篇，涉及互联网监管、金融行业、法治建设等方面信息 60 余篇，被各级采用 52 篇。其中，《建议规范城市社区居民委员会出具证明的政策》《关于离职法官、检察官进入律师行业进行信息联网公示的建议》2 条信息被全国政协采用并转送有关部门研究参考；《关于开展国际职业人才培养，加快推进我国职业教育国际化发展的建议》《要重视南水北调可能引发的土壤次生盐渍化问题》2 条信息得到北京市委有关领导的批示。

（石峰）

【信息员队伍建设】 年内，街镇地区各基层信息联系点分别组织辖区委员开展 20 余次活动，拓宽委员知情议政渠道，提高政协信息网络的覆盖面。完善特邀信息员队伍和信息工作专家组建设，特邀信息员达到 150 人，信息工作专家组成员扩大至 21 人。加强与驻区大专院校、科研院所、中央和市属机构中的高级知识分子和专家学者的联系，突出信息专业性强、内容涉及面广、观点鲜明的海淀特色，力争做到报送的信息问题新、建议实。

（石峰）

专门委员会工作

【提案委员会】 2015年，提案委员会共征集提案233件，立案214件，所有提案全部办结。提案提出的建议被承办单位采纳、问题得到解决的占提案总数的50%以上。确定20件提案为重点提案。开展提案办理协商30余次，针对提案内容较为集中的城市管理长效机制建设和社会组织建设两大主题，召开2次双周协商座谈会，提出建议20条。选取5件重点提案作为主席、副主席、秘书长督办的提案。会同区委办、区政府办开展11次督办活动，推动跟踪督办和复查补办的33件提案的办理，使当年有条件解决的提案和跨年提案得到较好落实。完善提案系统，建立委员专属账号，协调承办单位及时将办理结果上传到提案系统，使提案人可以随时了解办理进展情况；完善提案查询功能，提案人可以查询本届范围内所有立案提案。

（石峰）

【经济科技委员会】 年内，经济科技委员会共举办调研视察座谈活动19次，累计参与委员200余人次。承担“创新驱动下的知识产权产业化问题研究”常委会重点调研任务，完成《关于知识产权产业化的调研报告》，并在此基础上形成《政协海淀区第九届委员会常务委员会关于核心区知识产权战略的建议案》。围绕“创新中关村大街”开展调研，形成《区政协经济科技委员会关于建设“创新中关村大街”的建议》。围绕“海淀区知识产权产业化研究”和“国有资产和农村集体资产管理”，举办2次双周协商座谈会。形成海淀区“十三五”期间大健康产业发展顶层设计方案，推动成立海淀区大健康产业联合会。

（石峰）

【城建城管和环保委员会】 年内，城建城管和环保委员会开展视察、座谈、调研活动12次，累计参与委员200余人次。围绕“海淀区交通规划与运行”和“北部生态文明建设中如何建设好‘绿水青山’”，召开2次双周协商座谈会，形成意见、建议35条。开展“北部生态文明建设研究”调研，完成专题调研报告。按照市政协的要求，围绕《北京城市总体规划（2004年—2020年）》的修改召开专题协商座谈会，围绕“城市病”治理、水务工作、农村工作、经济发展和民生工程等提出修改建议15条报送市政协。开展界别活动，组织科协、农业等界别视察东升科技园等。

（石峰）

【教文卫体委员会】 年内，教文卫体委员会围绕“整合资源，促进我区学前教育发展”和“加强社区力量办医引导与监管，优化区域医疗结构”召开2次双周协商座谈会，形成意见、建议20余条。组织委员视察克丽斯教育集团西北旺镇第一实验幼儿园，完成《民办学前教育的现状与发展》调研报告。组织委员视察海淀区实验小学苏州街分校、海淀实验中学东校区、北京第三聋人学校、田村山、天一阁、宝岛医院、北大妇幼医院、定慧寺、万寿寺等。组织专委会委员参与“我为‘十三五’献一策”活动，25位委员为海淀区“十三五”规划编制提出意见、建议54条。参加海淀区小升初电脑派位、高考前考场检查等活动。接待江苏省徐州市政协来访，就幼儿教育及办园模式等问题进行交流。

（石峰）

【社会和法制委员会】 年内，社会和法制委员会围绕“依法治区”和“推进大西山地区生态休闲游发展”召开2次双周协商座谈会。组织委员视察中关村联合执法大队、北京炜衡律师事务所、苏家坨镇和上庄镇内的旅游设施建设、西北旺镇第一试验幼儿园、海淀区实验小学苏州街分校、海淀实验中学东校区、北京第三聋人学校等。组织总工会、共青团、青联、妇联等界别分别开展劳务派遣用工状况调研、志愿服务工作调研、促进海淀区商务楼宇党建带妇建调研等调研活动。组织总工会、共青团、青联、妇联、特别邀请等界别视察太库（北京）科技孵化器中关村智能硬件梦工场、“杰出民警工作室”等。围绕“聚焦京津冀协同发展，关注‘十三五’规划”，组织专委会委员参与“我为‘十三五’献一策”活动，18名委员为海淀区“十三五”规划编制提出意见、建议54条。

（石峰）

【学习和文史委员会】 年内，学习和文史委员会举办2次全体委员学习报告会。围绕“充分发挥文化遗产作用，建设三山五园历史文化景区”和“钟灵毓秀话海淀，鉴古知今向未来”召开2次双周协商座谈会，提出意见、建议40余条。编辑出版《京西重镇青龙桥》《海淀文史资料选编》第19辑和《首都文史精粹•海淀卷》3部文史书籍。组织委员视察敬德书院，参观海淀区纪念抗日战争胜利70周年“林迈可——一个在海淀的外国人的抗战史”图片展。组织中共、民革、民盟、民建、民进、农工、九三学社、无党派和社会科学9个界别视察中法大学第二农林试验场、温泉幼儿园旧址以及侵华日军“青城”遗址等历史遗迹保护情况，考察可再生能源发电互联网并网应用情况等。组织专委会委员参与“我为‘十三五’献一策”活动，7名委员为海淀区“十三五”规划编制提出意见、建议30条。

（石峰）

【港澳台侨委员会】 年内，港澳台侨委员会以“海外高层次人才引进”为主题召开双周协商座谈会，提出意见、建议8条。完成专委会关于《硅谷模式对于海淀区改善创新创业生态环境的启示》《海淀区科普服务业模式研究》《海淀区归侨侨眷空巢家庭现状》等调研报告。组织专委会及侨联、台胞台属、对外友好、台盟等界别视察北京大学医院台湾馨蕙馨妇幼中心和北京宝岛妇产医院。组织专委会委员参与“我为‘十三五’献一策”活动，围绕京津冀协同发展、缓解“城市病”、科技金融改革、在海洋强国战略中的作用、建立京津冀环保防控和防灾减灾一体化布局等提出意见、建议。

（石峰）

【民族和宗教委员会】 年内，民族和宗教委员会以“设立民族幼儿园，满足少数民族适龄儿童入园需求”为主题召开双周协商座谈会，提出意见、建议9条。完成《加强城市民族工作，促进民族团结进步研究》调研报告，提出意见、建议5条。组织委员视察、参观龙泉寺、圣观音院岩彩佛像艺术馆、雍和宫、门头村等。组织专委会委员参与“我为‘十三五’献一策”活动，围绕建立健全城市民族工作领导机制和工作网络、搭建京津冀民族宗教工作交流平台、加强宗教场所建设、设立少数民族困难帮扶机制和民族养老机构、发挥宗教组织的慈善及社会功能、京津冀教育一体化、世界文化遗产和文物保护、佛教文化和民族旅游文化发展等提出意见、建议。

（石峰）

民主党派 · 工商联

2016
北京海淀年鉴

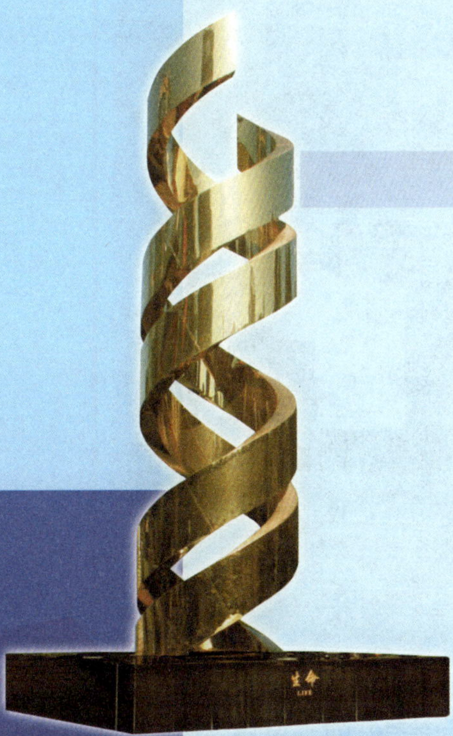

5 月 29 日，致公党海淀区委在宁夏开展帮扶活动（致公党区委 供图）

9 月 14 日，九三学社海淀区委在中国地质大学举办“九三学社先贤”肖像画展（九三学社区委 供图）

9 月 18 日，区工商联向民营企业发出守法诚信倡议书（区工商联 供图）

10 月 30 日，民盟海淀区委在太申祥和山庄国际敬老院举办健康讲座（民盟区委 周雯雯 摄）

11 月 2 日，民革北京海淀区工委在福建平潭开展捐助活动（民革区工委 供图）

12 月 15 日，“首届民建中国人民大学学术论坛”举行（民建区委 供图）

12 月 30 日，民进北京舞蹈学院支部民族美育“彩虹舞蹈教室”教学成果汇报演出（民进区委 供图）

中国国民党革命委员会北京市海淀区工作委员会

【概况】 2015年，中国国民党革命委员会北京市海淀区工作委员会（简称民革海淀区工委）有21个支部、952名党员。党员中有全国政协委员3人、市人大代表2名、市政协委员5名（其中常委2名）、区人大代表1名、区政协委员18名（其中常委2名）。

所属21个支部完成换届。

年内，民革海淀区委开展以下活动：3月22日，举行学习全国“两会”精神报告会，传达全国政协十二届三次会议的主要精神。4月25日，组织中青年党员到河北怀来县开展植树活动。6月24日，举办“社会主义核心价值观的法律保障”讲座。9月12日，召开“铭记历史，缅怀先烈，珍爱和平，开创未来”——纪念中国人民抗日战争暨世界反法西斯战争胜利70周年主题座谈会，参观“伟大胜利历史贡献”主题展览。10月24日—25日，举办支部委员学习班，学习中央统战工作会议精神和《中国共产党统一战线工作条例（试行）》。11月21日，举办国内经济形势报告会，邀请财政部财政科学研究所公共资产研究中心主任文宗瑜主讲“从克强指数看经济运行态势与投资机会”。

（石军）

【参政议政】 年内，在区政协召开的议政会上，做《关于打造京津冀智能制造产业链条的建议》的发言。在区政协“深入贯彻中共十八届五中全会精神，充分发挥人民政协协商民主重要渠道和专门协商机构作用”主题研讨会上，提交论文《人民政协协商民主的实施路径》。组织课题组赴湖南调研，完成调研报告《抗战时期遗址遗迹保护与利用情况》。向区委统战部提交《海淀区传统村落的保护与利用》《关于打造京津冀智能制造产业链条的建议》《关于区域融合条件下健康农业大数据中心的调研报告》《京津冀燃煤清洁利用项目可行性调研报告》《京津冀企业管理人才发展报告》5篇调研报告。向区政协九届五次会议提交《关于打造海淀智能硬件生态链条建议》《关于推动京津冀燃煤清洁利用的建议》《海淀区传统村落的保护与利用》3件提案。全年信息被采用50余条，其中《规范和完善级别管辖制度，努力克服民事司法中的地方保护》被全国政协采纳，《关于加强通州区房地产交易市场监测与监管的建议》获市政协领导批示。

（石军）

【社会服务】 年内，民革区工委和海淀区第十支部在福建平潭实验区城东小学举办 “放飞爱心 责任与希望”捐助活动，捐赠价值15万元的图书和3D打印材料，并邀请专家为当地中小学校长、一线骨干教师作教育专题讲座。12月4日，区工委法律志愿者联谊会举办“宪法日”法律宣传教育活动。民革区工委主委汤维建被全国政协聘为“人民政协讲坛”首届特聘教授，为全国政协、中央社会主义学院、青海省政协、山西省政协、广东省政协、民革北京市委以及晋中市政协等单位做“全民守法、建设法治社会”等专题报告，为民革中央、民革江苏省委、民革上海市委等单位讲授“构建民主党派法律援助长效机制”等法律专题。法制专委会副主任、海淀区律师协会副会长赵天庆被聘为民革中央首任常年法律顾问，参加北京市各民主党派重点支持门头沟区发展的“8+1”行动，协助民革市委“人社部劳动人事争议预防调解中心”在门头沟区挂牌。在海淀区知识产权局创办中关村知识产权诉前调解中心（中山博爱知识产权志愿者调解中心）。区工委、海淀区十一支部、红丹丹视障文化服务中心在北京体育大学联合举办以“牵手视障朋友 共享运动乐趣”为主题的第七届盲人趣味运动会。

（石军）

中国民主同盟北京市海淀区委员会

【概况】 2015年，中国民主同盟北京市海淀区委员会（简称民盟海淀区委）下属1个基层委员会、3个总支委员会、49个支部，有盟员1511人。盟员中，有民盟中央委员4人（其中常委2人）、民盟北京市委委员 11 人（其中常委 1人），有市人大代表1人、区人大代表3人（其中常委1人），有全国政协委员5人、市政协委员 4 人、区政协委员 16人（其中副主席1人、常委2人、副秘书长1人），有院士1人。

年内召开主任委员会议6次、全体委员会议4次、调研课题工作会3次。选派100余名中青年盟员参加各类学习班。编发《海淀盟讯》1期、《盟务动态》6期。

（王东旭）

【《关于加强社会主义协商民主建设的意见》精神解读报告会】 4月29日，民盟海淀区委统战理论研究会召开中共中央《关于加强社会主义协商民主建设的意见》精神解读报告会，邀请文件起草参与者、中央社会主义学院政党制度研究室主任徐锋主讲。徐锋从协商民主的基本内涵、理论发展谈起，讲述了协商民主在中国的历史文化传统、现代形成和历史演进的轨迹，认证了中国实行协商民主的必然性，认为当代中国搞好协商民主必须坚持科学理论和正确的指导思想，坚持社会主义协商民主的基本原则。他围绕加强社会主义协商民主的领域和路径进行较为详细的论述，并重点就政党协商进行解读。报告对中国协商民主实践历史经验进行归纳和总结，并分析协商民主当前存在的问题；指出进一步加强协商民主特别是政党协商的突破路径。协商民主是中国社会主义民主的实现形式，社会主义协商民主是中国社会主义民主政治的特有形式，是党的群众路线在政治领域的重要体现，是深化政治体制改革的重要内容。

（王东旭）

【社会服务】 7月22日，经济总支组织盟员再赴甘肃定西开展社会服务活动。2014年7月，经济总支赴定西资助11名贫困学生，并在安定区凤翔镇义安村援建“民盟西部生态园”。2015年，1100棵树苗99%成活，防风防沙的作用初见成效。受资助的两位学生也考取市里两所最好的高中。7月23日下午，盟员抵达甘肃定西，与受助学生及其家长见面，并先后与校长和学生座谈交流，了解到学校体育器械破烂不堪、图书馆藏书类型单一的情况。总支决定根据学校需求，后续再做捐资与帮助。

（王东旭）

【暑期读书班】 9月1日—2日，民盟海淀区委举办暑期读书班，近100名盟员参加。读书班上，中共海淀区委领导介绍海淀区情和京津冀协同发展背景下海淀区面临的机遇与挑战。民盟中央原领导讲解盟史，介绍民盟成立的背景和经过，以及不同历史时期的发展和所做的贡献。民盟北京市委领导传达中央统战工作会议精神，解读了统战条例（试行）的内容，并重点阐述会议和条例关于党派工作的安排和参政党履职问题。与会盟员围绕“在京津冀协同发展背景下，如何为海淀区经济社会发展建言献策”“在新时期如何继承和发扬民盟先辈的优良传统，做好民盟基层组织工作”“如何深刻把握中共中央关于统战工作的新思想新观点新要求”三个主题进行讨论。民盟区委领导提出要求，希望盟员做好读书班精神的传达工作，不断提高参政议政能力，做好民主监督、社会服务工作，为民盟组织的发展、海淀区的发展以及社会进步贡献力量。

（王东旭）

【陈晓光到中关村创业大街调研】 10月30日，全国政协副主席、民盟中央常务副主席陈晓光到中关村创业大街调研创新创业情况。北京市委常委、统战部部长戴均良，市委统战部副部长周开让陪同调研。

（王彩虹）

【健康讲座】 10月30日，民盟海淀区科技二支部联合经济总支、北京信息科技大学支部、科技文化专委会、经济专委会在太申祥和山庄国际敬老院举办健康讲座。邀请解放军总医院（301医院）心血管病专家孟庆义讲授“东西方医学之养生智慧”。孟庆义将东西方医学的经典理论，融合多种流派养生观点，深入浅出地讲解了养生理论思想。讲座结束后，与老人们互动，就日常遇到的健康问题答疑解惑。

（王东旭）

【参政议政】 年内，有5位盟员出席全国政协十二届三次会议，并提交十几件个人提案。在区政协九届四次会议上提交《关于海淀区发展体育科技产业的建议》《提高海淀区停车场利用和运营效率的建议》2件党派团体提案、近10件个人提案，做题为“提高海淀区停车场利用和运营效率的建议”的大会发言。《大力保护知识产权，提升核心区专利竞争力》被评为海淀区政协2014年度优秀党派团体提案。《发挥社会创新在打造中关村创新升级版的重要作用》被评为海淀区政协2014年度优秀委员提案。3人被评为海淀区优秀提案人。民盟海淀区委被民盟北京市委授予“民盟思想宣传工作优秀集体”称号，7人被授予“民盟思想宣传工作先进工作者”称号。

完成中共海淀区委统战部《海淀区居家养老长期照护需求评估与对策研究》《海淀区公共场所无障碍设施完好率与使用效率的调研报告》《海淀区政府信息公开规范化建议》《海淀区幼儿园儿童社会情绪健康状况的调查及政策建议》4篇调研报告，其中《海淀区居家养老长期照护需求评估与对策研究》为中共海淀区委调研关注课题。在海淀区政协恳谈议政会上做题为“立足京津冀协同发展战略，以体制机制创新破解城市病难题”的大会发言。全年报送信息100条，其中《关于离职法官、检察官进入律师行业进行信息联网公示的建议》被全国政协采用，《完善外籍华人签证政策 便利外籍华人出入境》被市政协采用。民盟区委被区政协评为2014年度社情民意信息工作先进单位，被民盟中央授予《群言》“优秀发行奖”。

（王东旭）

中国民主建国会
北京市海淀区委员会

【概况】 2015年，中国民主建国会北京市海淀区委员会（简称民建海淀区委）下属基层委员会3个，支部共33个，会员1392人，其中，具有大学及以上学历1081人，占会员总数的77.7%；具有中高级职称会员763人，占会员总数的54.8%。会员中：民建中央委员2人（其中常委1人）；民建北京市委委员15人（其中副主委3人，常委1人）；全国人大代表1人、北京市人大代表1人、海淀区人大代表11人（其中常委1人）；全国政协委员2人、北京市政协委员11人（其中常委2人）、海淀区政协委员26人（其中副主席1人，常委5人）；担任特约职务89人次。全年新发展会员25人。新一届基层组织的班子成员共有178人，其中博士49人，硕士51人，大学64人，具有中高级职称的班子成员有125人。年内，29个基层组织完成换届。

（赵欣）

【第三届民建“城市发展论坛”】 5月24日，民建北大委员会在北京大学英杰交流中心阳光大厅举办第三届民建“城市发展论坛”，论坛的主题是“新常态下城市经济转型”。民建中央副主席辜胜阻，民建中央副主席、民建北京市委主委王永庆，北京大学、北京市政协、海淀区有关领导，民建中央、北京市委、海淀区委各专委会和基层组织的领导，以及其他民主党派负责人和民建会员共130余人出席论坛。论坛由民建北京大学委员会主任陈效逑主持。论坛邀请六位嘉宾做主题演讲：全国人大常委、财政经济委员会副主任委员、民建中央副主席辜胜阻做“高速城镇化条件下的创业创新浪潮”主题演讲；住房和城乡建设部原副部长仇保兴做“资源节约与城镇化底线”主题演讲；北京大学政府管理学院副院长李国平做“新常态背景下首都经济优化、调整、转型发展分析”主题演讲；保定市副市长闫立英做“打造京津冀城市群，加快推进保定城市化建设”主题演讲；中国光伏行业协会理事长、天合光能董事长兼CEO高纪凡做“新常态下的智慧低碳城市发展畅想”主题演讲；北京大学国家资源经济研究中心主任李虹做“资源型城市转型：困境与路径”主题演讲。

（赵欣）

【金融创新支持创新创业论坛】 7月15日，由民建海淀区委主办、民建海淀区金融委员会承办的金融创新支持创新创业论坛在区政府第二办公区举办。民建中央调研部副部长郭群峰、民建北京市委常务副主委任学良、民建上海市闸北区主委徐海蕾和秘书长吴安祖出席论坛。论坛以“金融创新支持大众创业、万众创新”为主题，邀请在金融创新方面走在前列的商业银行、产权交易所、互联网金融、风险投资、证券投行等机构的专家和资深从业者，从直接融资和间接融资的不同层面，就金融对“大众创业、万众创新”服务功能的丰富、完善和创新，开展深入讨论和交流，并回答了部分与会人员关心的问题。民建各级组织的民建会员和金融界、投资界、创新创业企业代表共80余人参加。

（赵欣）

【民建南宁市委到海淀调研】 8月18日—19日，民建南宁市委主委卢秋凌携调研组到海淀区，就“大力发展第三种金融，让资本安全进出实体经济”进行调研。调研组与海淀区金融办进行交流座谈，了解海淀区科技金融发展情况，参观中关村互联网金融中心、海金仓、星火众筹、中关村互联网金融研究院；与民建海淀区委进行座谈，并参观民建会员企业——中国风险投资公司。

（赵欣）

【结对共建】 8月，民建海淀区委与民建天津市委河东区委举办以“加快‘众创空间’建设”为主题的调研活动，与民建南宁市委举办“大力发展第三种金融，让资本安全进出实体经济”调研活动；10月，赴河北保定开展“京津冀协调发展过程中海淀与保定市产业对接现状与优势研究”调研活动，赴南京市农委、溧水区和江宁区，就其农村集体产权制度改革现状、现存问题、创新举措及改革经验进行调研；12月，赴上海闵行区农委、奉贤区上海市农村产权交易所、嘉定区农经站进行“海淀区城市化中的农村集体产权制度改革体制机制构建思路”调研；与民建河南濮阳市委签署友好共建协议。

（赵欣）

【PPP发展实务论坛】 9月19日，由民建海淀区委与西城律协共同主办，民建海淀区专业一支部和西城律协行政法研究会承办的“机遇与风险 PPP发展实务论坛”在区政府第二办公区举行。海淀区民建会员和西城律师80余人参加论坛。民建中央社会服务部副部长夏赶秋、民建市委副主委赵亚洲和西城律协副会长李晓斌出席论坛并分别致辞。论坛邀请联办财经研究院院长许善达做题为“PPP风险与地方债”的演讲；北京荣邦瑞明投资管理公司合伙人、业务总监陈锐松做题为“PPP案例操作解析”的演讲；北京市大地律师事务所主任、高级合伙人梁人华做题为“PPP项目运作中社会资本的风险与防范”的演讲。

（赵欣）

【2015年读书班】 9月22日，民建海淀区委举办2015年读书班暨组织工作会议。民建区委委员、专委会主任和基层组织班子成员共70余人参加。读书班总结了2015年各基层组织领导班子统一调整的工作情况，学员们围绕如何做好基层组织工作进行讨论交流。邀请北京大学首都发展研究院教授李国平做《新时期京津冀协同发展的战略思考》专题报告。

（赵欣）

【国企改革论坛】 12月5日，由民建海淀区委、民建北京市委企业委员会共同主办，民建海淀区专业一支部承办的“国企改革之民企机遇”论坛在区政府第二办公区举行。论坛邀请民建中央副主席、联办财经研究院院长许善达，北京萧何投资管理有限公司总经理肖发涛作为主讲嘉宾，分别做题为“国有企业改革之孔见”“调整国有资本布局是国有企业和民企发展的共同新空间”“国企混改案例分享及民企机遇”的主旨演讲。民建中央社会服务部副部长夏赶秋、民建市委副主委赵亚洲、民建海淀区委主委王玉梅应邀出席论坛，并分别致辞。海淀区民建会员、民建北京市委企业委员会委员共60多人参加此次论坛。

（赵欣）

【首届中国人民大学民建学术论坛】 12月15日，中国民主建国会中国人民大学支部举办首届中国人民大学民建学术论坛，论坛主题为“环境、能源与经济新常态下的政府变革”。中国人民大学党委统战部领导及专家学者20多人出席。中国人民大学法学院教授李艳芳做题为“绿色发展的法治保障”报告；民建人大支部主委、中国人民大学公共管理学院教授刘太刚做题为“《房祸中国》之环境生态之祸”“新常态焦虑与发展观之转变”报告；民建人大支部委员、中国人民大学经济学院副教授魏楚做题为“中国能源效率之谜”报告；中国人民大学商学院教授赵西卜做题为“政府会计改革助推政府及政府单位治理”报告；民建人大支部副主委、中国人民大学汉青研究院教授李勇做题为“以金融革新推进供给侧改革”报告。

（赵欣）

【新形势下高校民主党派发展研讨会】 12月26日，民建海淀区委与民建朝阳区委联合举办新形势下高校民主党派发展研讨会。民建中央副主席、民建北京市委主委王永庆等领导出席。对外经贸大学、中国人民大学、北京师范大学、中央民族大学、华北电力大学教师分别围绕高校民主党派参政议政、参与“京津冀一体化”、服务北京、依托高校民主党派平台开展学科建设、处理好教学科研与民主党派双重工作角色等做主题演讲，18所高校及科研院所，40余位民建支部主委、知名专家教授、企业界代表发言和进行学术互动。

（赵欣）

【参政议政】 2015年，民建海淀区委召开主任委员会议5次、全体委员（扩大）会议2次、专委会联席会1次、基层组织联席会1次。编印《海淀民建》4期，报送宣传稿件140篇，其中，57篇被民建中央采用，123篇被民建北京市委采用，1篇被区政协采用，22篇被区统战部采用。报送社情民意信息366条，其中164条信息分别被民建中央、民建市委、市政协、市委统战部、区委统战部、区政协采用。民建海淀区委获区政协“反映社情民意信息工作先进单位”称号。

在区政协九届四次全会上提交《关于推动中关村核心区企业成为技术创新主体的建议》《关于以市场为导向，促进海淀区文化创意和设计服务与科技产业融合的建议》2件党派团体提案、12件委员提案。《关于推动中关村核心区企业成为技术创新主体的建议》作为大会发言。

组织会员赴南京、上海进行农村集体经济产权制度改革调研，组织15位专家赴保定开展京津冀协同发展调研，完成《海淀区与保定市产业对接现状与优势研究》专题调研报告。完成参政议政调研报告24篇，报送民建北京市委16篇。其中《促进海淀区新能源汽车发展的新型商业模式调研分析与政策建议》为海淀区委研究室关注课题，《借力社会资本，建立社区文化生活书院，改善社区民众生活》《按照创新生态理念 对海淀北部新区提升发展质量的有关建议》为中共海淀区委统战部一般课题。《关于以市场为导向，促进海淀区文化创意和设计服务与科技产业融合的建议》作为海淀区议政会发言。《完善“瞪羚重点培育企业”政策。支持中小型高新技术企业成长》转化为政协北京市第十二届四次大会书面发言。全年参加六次党派团体协商会，协商主题分别为关于京津冀协同发展落实意见，中共海淀区委主要负责人调整意见，海淀区“十三五”规划纲要意见，增补区人大代表、区政协委员、区长、区人大常委会副主任、区政协副主席。

（赵欣）

【社会服务】 年内，同心基金新增捐助中国政法大学困难大学生20名。清河支部在千禾老年公寓、东篱敬老院、恒春老年公寓、石景山民族敬老院等9家养老机构举办“特困帮扶•温暖行动”“关爱长者・春风行动”活动。科技园支部和妇委会慰问北安河敬老院。文教一支部开展“爱心书屋”系列捐赠图书读书征文活动、“企业家进校园”活动。文教二支部举办“文教善小”公益助学活动。地震局支部举办地震科普活动。三综支部慰问龙泉老年公寓。

（赵欣）

中国民主促进会
北京市海淀区委员会

【概况】 2015年，中国民主促进会北京市海淀区委员会（简称民进海淀区委）有区属基层委员会1个（下属支部4个）、区属支部37个、重组支部1个，会员953人。会员中，有民进中央委员4人（其中常委1人）、民进市委委员8人（其中常委5人）、全国人大代表(常委)1人、全国政协委员1人、市人大代表1人、市政协委员5人(其中常委2人)、区人大代表2人（副主任1人）、区政协委员17人（其中常委4人）、各类特约监察员20人、长江学者1人。

2015年，民进区委召开主委会3次、全委（扩大）会2次、暑期读书班暨新会员培训会1次、其他会议15次。组织200余名骨干会员参加各类学习培训。

（王玲）

【2015年读书班】 8月，民进海淀区委举办2015年读书班暨新会员培训班，培训主题是“凝聚共识，交流经验，提升能力，学习贯彻中央统战工作会议精神，深刻领会中央四个全面的战略布局，落实首都城市战略定位，推进京津冀协同发展”。读书班特邀海淀区委常委、宣传部部长陈名杰围绕海淀区情、海淀区宣传工作、京津冀协同发展等方面进行专题讲座；特邀民进海淀区委委员、北京帅和律师事务所合伙人沈腾做“法治中国”的专题报告；特邀北京师范大学林辉峰副教授做“马叙伦的传奇人生——纪念马老诞辰130周年”的专题报告。民进中央教科所支部、民进中国地质大学（北京）支部分别介绍“如何提高提案的转化效果”“如何提高参政议政调查研究能力”的调研工作经验；民进中国地质大学（北京）支部以“爱国不需要回报，只要国家好”为主题，介绍信息撰写的经验；民进海淀企业支部和民进一零一中学支部介绍贴心帮扶和热心公益两方面的社会服务工作经验。

（王玲）

【“彩虹舞蹈教室”教学成果汇报演出】 12月30日，民族美育“彩虹舞蹈教室”教学成果汇报在北京舞蹈学院音乐厅举行。民进北京市委副秘书长苍玉清、中共海淀区委常委、统战部部长彭玉敬出席活动。民族美育“彩虹舞蹈教室”是由民进海淀区委主委邓佑玲发起，民进海淀区委和北京舞蹈学院女教授协会共同组织，民进海淀区委北京舞蹈学院支部协同学院志愿者师生团队实施的一项以民族美育为核心的艺术教育公益活动，于 2014 年开始开展活动。该活动以民族美育为核心，以舞蹈及其相关文化艺术为载体，让学生在民族舞蹈艺术中汲取人文知识，提高艺术鉴赏力，达到审美教育的目的。以北京石油学院附属第二实验小学外来务工群体子弟小学为对象，开展以民族文化和舞蹈美育相关的教育实践活动，每周一、三、五下午三次课，覆盖学校的三个年级，受益学生 427 人。

（王玲）

【参政议政】 年内，民进海淀区委完成中共海淀区委关注课题“新常态背景下海淀区小微企业创新创业政策及创业教育研究”，完成区委统战部一般课题“关于舞蹈艺术进校园的行动与对策研究”“海淀区依法治区前提下中小学法治意识培养的研究”“关于推进海淀区‘三山五园’历史文化景区发展的建议”，完成民进海淀区委一般课题“推进海淀区乡村旅游与城市文化保护的耦合——城镇化视野下的路径选择”。提交《海淀区高校文化设施纳入海淀区公共文化服务体系建设中共享的体制机制创新研究》《培育和践行社会主义核心价值观，推进身心合一的中小学舞蹈教育》《关于海淀区低端市场业态现状与对策研究分析》3 份党派提案，其中《培育和践行社会主义核心价值观，推进身心合一的中小学舞蹈教育》转化为区政协九届四次会议大会发言。《关于海淀区低端市场业态现状与对策研究分析》被区政协评为 2015 年度党派团体优秀提案，《高校文化设施纳入公共文化服务体系中共享的体制机制》获得民进北京市委优秀调研成果三等奖。4 人被区政协评为 2015 年优秀提案人。民进海淀区委主委邓佑玲撰写的《如何应对人口较少民族舞蹈文化的传承危机》得到国家民委副主委丹珠昂奔的批示。民进海淀区委被区政协评为反映社情民意信息工作先进单位，2 人被评为海淀区政协先进信息员。

（王玲）

【社会服务】 年内，民进海淀区委响应民进中央开展“书香彩虹”公益活动的号召，组织会员向贵州省金沙县捐赠图书万余册。为内蒙古赤峰市敖双旗长胜镇双井小学捐赠价值 2.2 万元的 1000 册新书。民进海淀企业支部联合微软、XD 机器人教育举办多期“极客梦”少年公益特训营，启蒙青少年的科学创新思维。为服务京津冀协同发展，北京外国语大学支部同外语教学与研究出版社合作，向国家“一带一路”战略辐射的西北老少边穷地区中小学捐书助学；北京交通大学支部与密云新农村中学开展手拉手活动，邀请新农村中学师生走入大学校园；小教北支部与山西省长治市黎城县孔家峧村建立长期帮扶支教点。

（王玲）

中国农工民主党北京市海淀区委员会

【概况】 2015 年，中国农工民主党北京市海淀区委员会（简称农工党海淀区委）有支部 26 个，党员 693 人，党员中有农工中央委员 2 人（其中常委 1 人）、农工市委委员 9 人（其中常委 4 人）、市人大代表 1 人、区人大常委 1 人、全国政协委员 1 人、市政协委员 2 人、区政协委员 17 人（其中常委 4 人）、国务院参事 1 人、长江学者 1 人。

年内，农工党海淀区委选派 8 名后备干部参加海淀区党外中青年骨干培训班；举办新党员培训班，24 人参加；举办暑期干部读书班，60 余人参加；组织区委委员、基层组织负责人、党员骨干 20 人赴重庆参观学习；召开第八期联情会，13 家单位党委统战部领导和各基层支部负责人参会，就如何支持民主党派履行参政议政、社会服务等职能进行座谈。

农工党海淀区委所属共 25 个基层组织完成换届。

全年上报信息 127 条，被农工党中央采用 5 条，被全国政协采用 1 条，《北京周边农业源大气污染调查与治理建议》被北京市政协采用并得到政协领导批示。出版《海淀农工》2 期。农工党海淀区委被区政协评为 2015 年度反映社情民意信息工作先进单位，1 人被评为先进信息员，2 人被评为优秀信息员。

（魏明昭）

【社会服务】 6 月 13 日，9 名医疗专家到温泉镇水岸温泉社区为居民义诊，免费发放关于防控各种慢性疾病的宣传手册，共接诊居民 100 余人。6 月 17 日，与中国初级卫生保健基金会、田村路街道举办“中国环境与健康宣传周•田村路社区行”活动，围绕“八段锦进社区”开展讲座和培训 3 次，田村路街道 29 个社区的 160 余人参与。10 月 25 日，与农工昌平支部联合举办第 27 届“国际科学与和平周”主题义诊活动，19 名专家参加义诊及健康咨询活动，近 100 名村民进行体质测试及健康咨询。通过建立“徐凤芹专家工作站”等形式，帮扶农村落后地区。11 月 13 日举办“八段锦进社区”展示活动，该活动获海淀区体育局“一街一品牌”称号。

农工党海淀区委与农工党河北省廊坊市委开展共建活动。由西苑中医院与廊坊市中医院合作，共同建立研究院，建立长期发展共助机制。派西苑医院中医专家到河北省衡水中学传授传统医学知识。

（魏明昭）

【参政议政】 年内，农工党海淀区委完成调研课题 10 篇，其中《海淀区中小学礼仪教育现状调查分析与建议》被中共海淀区委区政府研究室列为关注课题，《海淀区生活垃圾分类收集与处理症结及解决对策》《有关马路经济规范化的研究》《吸引社会资本举办医疗卫生机构政策研究》在中共海淀区委统战部立项，《关于建立健全海淀区居家养老服务体系的调研报告》被列为海淀区政协高端议政会大会发言，《关于加强护工管理的建议》提案被列为区政协重点提案，《海淀区棚户区改造和环境整治建筑垃圾归趋与资源化对策》被区政协评为2015年度优秀党派提案，其中“关于建筑垃圾处理问题”受到市委相关部门的高度重视。5人被评为区政协2015年度优秀提案人。

（魏明昭）

中国致公党北京市海淀区委员会

【概况】 2015年，中国致公党北京市海淀区委员会（简称致公党海淀区委）有支部19个（新成立支部1个），党员678名，其中新发展党员30名。党员中，有致公党中央委员8人（其中常委1人）、各专门委员会委员107人、全国政协委员5人、致公党北京市委员会委员10人（其中常委4人）、市人大代表1人、市政协委员3人（其中常委2人）、区人大代表5人（其中常委1人）、区政协委员21人（其中常委5人），担任全国、北京市、海淀区各类特邀人员15人。

1人当选为2014年全国知识产权领军人才，2015年国家“百千万”人才工程，获“有突出贡献的中青年专家”称号。1人当选第十二届全国青联委员，1人入选2015年度国家杰出青年科学基金建议资助项目申请人名单，1人当选中华医学会麻醉学分会全国常务委员，1人获“北京农村发展‘十佳’科技工作者”称号。

（李冬妮）

【成立北京城市学院支部】 1月30日，在北京城市学院召开致公海淀北京城市学院支部成立选举大会，芮南、刘承水、欧阳慕弈3人当选为城市学院支部第一届支委会委员。北京城市学院支部成立具有历史性意义。这是致公党第一次在民办大学成立支部。致公党北京市委主委李昭玲、致公党北京市委专职副主委谢朝华以及北京城市学院领导出席了会议。

（李冬妮）

【重走致公路】 11月4日—8日，致公党海淀区委组织区委委员及部分骨干党员参加“重走致公路”学习实践活动中青年骨干学习班，赴深圳、汕尾、惠州、广州等地参观、学习和考察。“重走致公路”活动既是学习之行，也是寻根之行、联谊之行，以在现场学历史、与兄弟市委交流的形式，强化了致公党党员的理论学习，进一步凝聚政治共识，增强“三个自信”（道路自信、理论自信、制度自信）。

（李冬妮）

【社会服务】 11月，依托致公海淀区委前期社会服务工作的推进，致公党北京市委社会服务实践基地同心县工作站在宁夏回族自治区吴忠市、同心县举行揭牌仪式。致公党市委、致公党海淀区委联合向吴忠市和同心县捐赠200台电脑、6000套棉服、3万册图书、450台平板电脑，总价值400余万元。致公党海淀区委和《中国改革报》宁夏记者站申报的“致宁益凡医疗公益万里行计划”获宁夏优秀志愿服务二等奖并入选第二届中国青年志愿服务项目大赛决赛。致公海淀区委、致公党北京市委妇委会慰问智光特殊教育培训学校，民族大学支部、清华大学支部、北医支部、人大支部、第五支部参加活动并送去慰问品和慰问金。致公党海淀区委被致公党中央评为致公党扶贫开发工作先进集体，2人被评为中国致公党扶贫开发工作先进个人。

（李冬妮）

【中青年骨干学习班】 12月18日，致公党海淀区委举办中青年骨干学习班，邀请中共海淀区委常委、统战部部长彭玉敬为党员做区情区况报告，70余人参加学习班，彭玉敬一并出席“祖国不会忘记——华侨与抗日战争”图片展开幕式。2015年是致公党成立90周年，致公党广州市委、厦门市委、昆明市委、北京市海淀区委、北京市朝阳区委、北京市西城区委、广东省立中山图书馆在各地举办“祖国不会忘记——华侨与抗日战争”图片展。展览用近300幅图片和史料展示了华侨为祖国抗战捐款捐物，乃至捐躯报国的伟大贡献。

（李冬妮）

【参政议政】 在区政协九届四次会议上，致公党海淀区委提交党派提案《关于海淀区发展机器人产业的建议》《关于加快海淀区依法行政能力建设的建议》，做题为“整合海淀优质教育资源，打造国学教育示范区”的大会发言。《关于建设法治海淀，创建全国文明城区的建议》被评为海淀区2014年度优秀党派提案，《关于海淀区地铁十号线西土城站A出口电线杆挡路问题提案》被区委评为个人优秀提案，4人被区委评为优秀提案人。安雪晖主笔的调研报告《黑龙江界河航道管理》得到国务院总理李克强批示。致公党北京市委原副主委、海淀区委主委孙津撰写的《关于转变观念、稳定教师队伍，促进民办教育发展的建议》获得国务院副总理刘延东批示。在海淀区政协、区委统战部议政会上，做题为“关于充分发挥中关村创新文化优势、努力推进京津冀协同创新发展的建议”的发言。致公党海淀区委完成的《海淀区科技创新的文化支撑力研究》调研报告，被确定为区委统战部重点关注课题。1名党员参加致公党中央“淮河流域经济发展与环境保护”调研组在安徽的专题调研。2名党员参加致公党中央文化委员会“博物馆馆藏的保护与展示”调研。1名党员参加致公党中央“广西西江内河航运调研，淮河经济圈调研和黑龙江流域调研”。全年报送信息70条，国务委员王勇对马一德撰写的《关于修改〈国家知识产权纲要〉的建议》做出批示。

（李冬妮）

九三学社北京市海淀区委员会

【概况】 2015年，九三学社北京市海淀区委员会（简称九三学社海淀区委）有基层委员会5个、支社（小组）51个，成员1678人。成员中有九三学社中央委员7人（其中副主席1人）、九三学社市委委员9人（其中常委1人）、市人大代表4人、区人大代表3人（其中常委1人）、全国政协委员4人（其中常委1人）、市政协委员7人、区政协委员27人（其中政协副主席1人、常委3人），有院士2人。

出版《海淀九三》4期，向九三学社北京市委网站、《九三北京社讯》投稿171篇。举办基层干部和中青年骨干学习班、举办庆祝九三学社海淀区委成立15周年暨区级组织建立20周年座谈会。

（赵国春）

【"走基层、讲科普、送服务"活动】 6月24日，在学院路街道逸成东苑社区举办2015年"走基层、讲科普、送服务"活动，为居民举办健康讲座。九三学社中央科普工作委员会副主任、全国著名公共卫生和健康科普专家、北京大学医学部公共卫生学院钮文异做题为"做健康生活明白人"的科普讲座，60余名社区居民参加活动。

（赵国春）

【基层干部和中青年骨干学习班】 9月15日，九三学社海淀区委举办2015年基层干部和中青年骨干学习班，共有103人参加。学习班上，九三学社中央常委、北京市委副主委方炎解读中央统战工作会议和《中国共产党统一战线工作条例（试行）》精神；海淀区发改委副主任杨颖做题为"海淀区当前经济社会形势及重点任务"的专题报告。

（赵国春）

【参政议政】 在区政协九届四次会议上，提交《充分利用多维信息技术，创新美丽海淀建设与管理》《理解大数据时代特征，提升区政府治理能力》《关于海淀文化的传承与发展的建议》3个党派提案。《关于海淀文化的传承与发展的建议》被区政协评为2015年度优秀党派团体提案。《充分利用多维信息技术，创新美丽海淀建设与管理》部分建议被《海淀区"十三五"期间生态文明建设发展规划纲要》采纳。完成"海淀区科技创新文化培育与弘扬调研""海淀智库建设研究""关于海淀区'山水林田湖'整体建设和统筹发展的调研""海淀区科技创新前沿及人才团队的'地貌图'构建""海淀科普服务业模式研究""中关村海淀园与河北省科技园融合发展趋势探索""海淀区青少年科技创新人才培育现状"7个调研课题。其中"海淀区科技创新文化培育与弘扬调研""海淀智库建设研究"是中共海淀区委关注调研课题。全年编报信息82篇，被采用67篇，其中《政府应该退出以牟利为目的的彩色跑或彩色派对活动》被市长王安顺批示，《关于开展国际职业人才培养，加快推进我国职业教育国际化发展的建议》被副市长苟仲文批示。九三学社海淀区委被海淀区政协评为反映社情民意信息工作先进单位，被海淀区委统战部授予海淀统战系统信息工作优秀单位一等奖。

成立老龄工作委员会和妇女工作委员会。老龄委开展健身讲座、参观游园等活动4次，妇委会开展珠宝鉴定讲座、户外摄影等活动2次，参与人数近400人次。

九三学社海淀区委举办"海淀智库建设""海淀区'山水林田湖'协调发展问题""海淀科技创新人才团队地貌图构建"以及"海淀青少年创新人才培育现状研究"4次主题议政会，参与社员100余人次。海淀科技园区支社举办"走进东升科技园，关注现代农业"主题议政会；中国农业大学委员会联合北京林业大学支社、中国地质大学支社举办教育创新论坛，为高等教育发展献计献策。

8月5日，九三学社海淀区委在九三学社全国机关工作经验交流会上作经验交流。

（赵国春）

台湾民主自治同盟北京市海淀区工作委员会

【概况】 2015年，台湾民主自治同盟北京市海淀区工作委员会（简称台盟海淀区工委）有3个支部，有盟员76人。盟员中有全国人大代表1人、全国政协委员2人（其中常委1人）、市人大代表1人（常委1人）、市政协委员4人（其中政协副主席1人、常委1人）、区人大代表1人（常委1人）、区政协委员9人（其中常委1人，副秘书长1人）。

全年组织盟员参加区委统战部组织的"统一战线大讲堂"2次、各类培训班4次、报告会5次、座谈会3次和领导干部读书班5次。

（曾军）

【参政议政】 2015年，台盟海淀区工委完成"老年人心理健康的调查与建议""海淀区社区'参与式协商'自治模式研究"2项区台盟调研课题。向区政协提交党派提案2件、委员提案8件；上报信息50余条，其中市级采用16条，区级采用12条。《关于完善海淀区社区卫生服务中心建设的建议》被评为 2014 年优秀党派团体提案。台盟海淀区工委被评为 2014 年度社情民意信息工作优秀单位。《海淀区社区社会组织发展现状与培育机制研究》和《海淀区社区义工发展现状与建议》获台盟北京市委优秀调研报告三等奖；2 人被评为参政议政先进个人。台盟海淀区工委获台盟中央 2015 年“地市级参政议政先进集体”称号，获 2015 年市级组织参政议政突出进步奖。

（曾军）

【社会服务】 年内，台盟海淀区工委为温泉镇敬老院每位五保户老人捐助 300 元的慰问金和慰问品。为老人们赠送阿尔茨海默症系统测评，对老人的精神状态进行评测。该项工作经台盟北京市委上报，台盟海淀区工委被北京市委统战部授予民主党派基层典型经验荣誉。

台盟海淀区工委与在海淀区就读的台湾学生建立广泛的联系，组织他们参加台盟海淀区工委的年度总结会、公益植树活动、中秋节活动和中青年盟员活动。与北京市涉台法律事务研究会共同开展“台湾学生在大陆就学就业所涉法律问题的调研”。围绕抗战胜利 70 周年主题，组织中青年盟员和台湾学生到香山佟麟阁将军墓凭吊，参观抗战名将纪念馆，并进行拓展训练和战争模拟演练；组织青年盟员赴喜风口抗战遗址，聆听当年抗战大刀杀敌的故事。

（曾军）

北京市海淀区工商业联合会

【概况】 2015 年，北京市海淀区工商业联合会（简称区工商联）有会员近 1800 户。会员单位法人代表中有全国人大代表 2 人、全国政协委员 4 人、市人大代表 4 人、市政协委员 15 人、区人大委员 11 人、区政协委员 59 人。有团体会员 8 个，分别是中关村软件国际孵化软件协会、海淀区户外广告行业协会、海淀区种子商会、海淀区饮食服务行业协会、海淀区商业联合会、中关村高新技术企业协会、北京市民营企业家协会、中关村多媒体创意产业园。有基层组织分会 14 个，分别是苏家坨分会、西北旺分会、田村路分会、清河分会、学院路分会、青龙桥分会、上地分会、中关村分会、西三旗分会、马连洼分会、八里庄分会、温泉分会、紫竹院分会、曙光分会。有园区分会 2 个，分别是留学人员分会、中关村翠湖科技园分会。有行业分会 4 个，分别是医药业分会、文化创意产业分会、传统服务业分会、中介服务业分会。有联谊会 1 个，即青年企业家联谊会。

组织非公有制经济人士学习中共十八届三中、四中、五中全会，中央统战工作会议，市委十一届七次全会精神，以及中共中央总书记习近平系列重要讲话精神。向全区民营企业发出守法诚信倡议书，提出“坚守诚信之基 守住法律底线 引领行业发展 共建美丽海淀”倡议宣言。“七一”组织党员企业家到秦皇岛市参观考察会员企业投资建设项目。组织非公企业家代表赴革命圣地延安开展主题培训班活动。带领青年企业家到河北西柏坡开展重温革命历史活动。完成“海淀区非公企业员工思想情况调查”调研课题。

（张雪松）

【参政议政】 年内，区工商联组织非公经济代表人士参加区委区政府协商会、通报会及政协理论研究会。在区政协、区委统战部 2015 年议政会上，做题为“海淀区在首都核心功能定位与产业疏解上发挥作用的思考”发言。向区政协九届四次全会提交《关于构建海淀区高精尖产业新格局的建议》《多策并举，支持传统服务业转型升级》2 个团体提案。开展海淀区非公经济发展情况调研，完成《京津冀协同发展背景下的产业选择与海淀区非公经济发展现状比较研究》报告，为区委、区政府制定有关促进非公经济健康发展的政策提供了有力参考。

（张雪松）

【服务区域经济社会及公益事业】 年内，区工商联协调推动会员企业北京百思特公司与北戴河新区合作建设“生态软件园”项目，项目总规划用地面积约 266.67 公顷，前期投入约 30 亿元，占地面积 53.33 公顷。带领会员企业代表赴河北省唐山市、涿州市和永清县考察，为京冀两地企业寻求合作机会。与承德市平泉县、新疆巴州等地工商联组织座谈，探讨合作意向。为配合疏解非首都功能，会员企业京西板材交易市场完成闭市腾退工作，市场腾退面积 2 万余平方米，清退商户 200 余家，涉及人员 1500 余人；金五星推进腾退转型工作。围绕国家“一带一路”重大战略，推动民营企业“走出去”，完成《关于海淀区非公企业“走出去”发展的情况和建议》调研报告，区委、区政府主要领导做了重要批示。随区商务委赴俄罗斯、瑞典参加线上零售大会开幕式和欧盟电子商务培训，实地考察企业“走出去”的国际环境。与区外事办合作，为 30 家民营企业申请办理 56 张 APEC 商务旅行卡。推进非公企业转型升级，举办主题为“适应新常态，引领行业发展”的 2015 年民营企业家经济论坛，7 位企业家代表围绕“互联网+”这种新的经济形态，探讨互联网与传统行业相结合实现升级发展的新模式，100 多位企业家参加论坛。与区慈善协会、区妇联联合举行“慈善济困 巾帼送暖”活动，为 235 名贫困妇女儿童发放补助金。成立海淀区红十字会非公有制企业工作委员会。

（张雪松）

【会员服务工作】 年内，区工商联推进企业的持续创新，鼓励现代服务业发展，授予中关村智能硬件梦工场为“海淀区工商业联合会（商会）智能硬件服务基地”称号。联合区饮服协会举办健康饮食讲座暨白领午餐推介活动，推广传统服务业“互联网+”新模式，帮助中小微高新技术企业解决员工午餐就餐难、卫生状况不佳等问题。组织18家企业与农行海淀支行开展“E商管家”电子商务平台业务洽谈活动，助推中小企业实现互联网化转型。承办由市工商联组织的“鼓励有条件的私营企业建立现代企业制度”座谈会，研究探讨民企建立现代企业制度的路径和创新举措。举办工商登记制度改革政策解读会，向近100家会员企业讲解工商登记新政策。与区知识产权局合作，成立中关村知识产权诉前调解中心。改版《海淀工商联会刊》，升级工商联网站，建立微信公众号。

（张雪松）

【组织建设】 年内，11家基层商会完成换届。召开第五次执委会，增补了大会秘书长，开展主席（会长）班子述职，7位副主席、副会长对学习及思想情况、分管工作完成情况及存在的困难和问题进行总结，就下一步工作打算提出规划。组织机关干部开展“三严三实”专题教育活动，制定和完善17项规章制度。开展“机关工作人员每人讲一课”活动。

（张雪松）

【帮助原工商业者】 年内，区工商联帮助原工商业者解决生活困难，全年为原工商业者发放临时困难补助87000元、慰问金3300元、交通补助900元。走访慰问老工商业者十余次。

（张雪松）

群众团体

2016
北京海淀年鉴

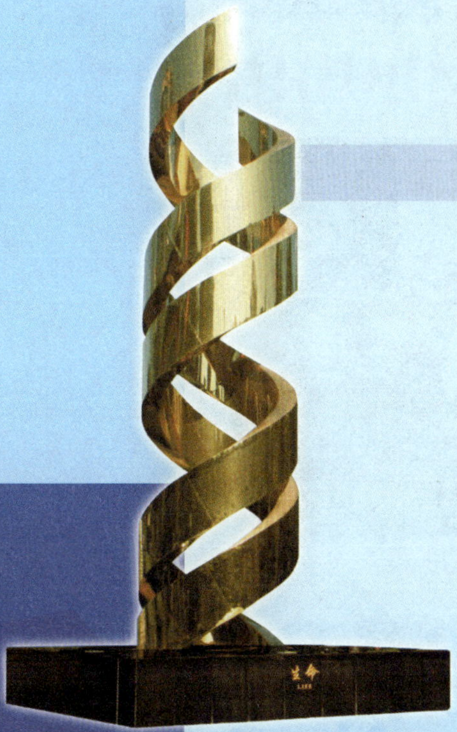

4 月 9 日，区科协举办“科普之春”活动（区科协 供图）

5 月 28 日，区妇联与区教委联合在常青幼儿园启动“蓓蕾工程”（区妇联 供图）

8 月 14 日，“第十五届海外侨界高层次为国服务团”参观中关村创业大街（区侨联 供图）

9 月 12 日，红星救援队海淀红十字分队在凤凰岭公园开展应急救护演练活动（区红十字会 供图）

10 月 24 日，团区委组织 91 家市级示范社区青年汇开展西山长走活动（团区委 供图）

11 月 7 日，区总工会举办第二十七届海淀区职工“长春杯”越野赛（区总工会 供图）

海淀区总工会

【概况】 北京市海淀区总工会（简称区总工会）下属海淀工人文化宫、海淀职业介绍所、海淀区职工休养服务部、海淀区技术交流站4个直属事业单位。2015年，全区有直属工会111家，涵盖10696家单位，会员总数226359人，职工总数300771人。4人被评选为全国劳动模范、先进工作者，81人被评选为北京市劳动模范、先进工作者，11家单位获“北京市模范集体”称号。

（胡文欣）

【帮扶工作】 春节期间，区总工会开展“情系职工，把海淀的问候带回家”转作风走基层慰问活动，慰问坚守岗位的一线干部职工近万名，投入资金20余万元。区总工会投入27万元开展“夏季送清凉”活动，慰问在夏季高温酷暑下坚持户外作业一线职工6000人，慰问点位37个。使用专项帮扶资金48万元，对因大病或意外而陷入困境的84名职工实施临时救助；投入34.2万元对在册困难职工进行困难补助。“两节”（春节、国庆节）期间，区总工会发放市、区两级劳模慰问金和帮扶金86万余元，对400多名劳模进行慰问；组织劳模160余人参加全国、市、区三级休养，为132名劳模进行健康体检。截至年底，区总工会共收取职工互助保障保费414万元，同比增长32%，发放赔付金179万元。

（胡文欣）

【第二十三届职工艺术节】 3月—10月，区总工会以培育和践行社会主义核心价值观为主线，以“中国梦• 劳动创造幸福”为主题，举办海淀区第二十三届职工艺术节。艺术节包括职工歌手大赛、舞蹈大赛、摄影大赛、书画大赛等活动，全区5万余名职工参与其中。艺术节活动展现企业风貌和职工风采，丰富职工的业余文化生活。

（胡文欣）

【成立住建房管行业工会联合会】 10月28日，海淀区召开北京市海淀区住建房管行业工会联合会第一次代表大会，这是北京市第一家住建委房管行业工会联合会。把2万余名农民工吸收到工会组织中来。中华全国总工会、北京市总工会、海淀区相关领导出席会议，海淀区建筑劳务、拆迁评估、房屋中介和物业管理4个行业工会联合会的会员代表以及各街镇总工会主席、副主席、工会干部共400余人参加大会。会议民主选举产生住建房管行业工会联合会第一届委员会和经费审查委员会。

（胡文欣）

【职工文体活动】 年内，区总工会举办职工书画、摄影大赛和展览，第二十七届职工“长春杯”越野赛、第十三届职工速度钓鱼比赛等职工文化体育活动30余场次，万名职工参与其中。区总工会通过网站、微信、短信、发放宣传材料等方式宣传健康向上的生活方式，关注职工健康。组织职工参加“八小时约定”主题教育实践活动，教育引导职工树立爱岗敬业精神。职工文体协会组织开展“铭记历史 走进古北口长城抗战纪念馆”摄影教学采风活动，举办八段锦小教员培训班、职工书法培训班，象棋、围棋、扑克牌比赛以及舞蹈声乐培训等职工教育活动，丰富职工的业余文化生活。

（胡文欣）

【工会组织建设】 年内，区总工会与区住建房管委合作，在房屋中介、物业、建筑、劳务、拆迁行业中开展集中建会行动。在全市率先创新成立区住建房管行业工会联合会。全年新建会1117家，建家100个，覆盖职工近7万人。50人以上已建会企业规范建立职工之家100家。完成26个街镇总工会换届工作。

（胡文欣）

【职工素质建设工程】 年内，区总工会与区商业联合会、区地税局、区卫计委分别组织开展职工技能比赛，涉及3个行业近万名职工。投入近50万元支持基层开展职工素质大讲堂85次，投入95万元支持171家工会“职工书屋”建设。投入20万元资助130名继续教育获得大专、本科学历职工，评选“知识型职工标兵”10名。为建筑工地免费放映电影30场。

（胡文欣）

【职介工作】 年内，区总工会组织46家用工单位赴河北省石家庄市、保定市参加2015年“全国工会就业援助月暨京津冀区域性劳务协作洽谈招聘会”，提供就业岗位2367个，初步达成意向1481人；组织19家用工单位赴内蒙古锡林浩特参加“全国工会推进京津冀协同发展暨京蒙协作促进就业招聘会”，提供就业岗位647个，初步达成就业意向100人。区总工会、区人力资源和社会保障局、区民政局、区双拥办联合在二炮部队体育馆举办“第二炮兵驻京部队随军家属就业专场招聘会”，共有参会单位33家，提供就业岗位1131个，参会个人500余人，其中初步达成就业意向102人。区总工会举办86场“已建工会组织”用人单位专场招聘会、13场“北京市总工会、海淀区总工会就业援助送岗位系列活动——走进海淀区乡镇、街道专场招聘会”、10场“春风行动”专场招聘会、4场“就业援助月”专场招聘会、4场民营企业专场招聘会、16场“家政服务公司”专场招聘会、1场“庆‘三八’女大学生专场招聘会”和1场“大学生兼职招聘会”。区总工会全年举办招聘会138场，共有参会单位2337家，提供就业岗位62567个，初步达成就业意向4713人。

（胡文欣）

【工资集体协商】 年内，海淀区工资集体协商数据库覆盖企业共5239家，覆盖职工总数254601人，签订集体合同4391家，覆盖职工142435人，完成率为83.8%；签订工资专项合同4436家，覆盖职工197079人，完成率为84.7%。数据库覆盖百人以上企业432家，覆盖职工158279人，签订工资专项合同349家，覆盖职工128875人，完成率为 81%。

（胡文欣）

【劳动争议调解】 年内，区总工会劳动争议调解中心受理案件 1126 件，涉及 1226 人，调解成功 692 件，挽回经济损失 756.6 万元，其中集体案件 85 件。开展法律援助 2033 件，结案 1500 件，援助成功 1000 件，挽回经济损失 3100 万元。

（胡文欣）

【厂务公开】 年内，海淀区厂务公开推行率在公有制企业达到 100%，在已建会非公有制企业达到 83%，在教育和卫生系统达到 100%。职代会或职工大会建制率在公有制企业达到 98%，在已建会非公有制企业达到 81%，在教育和卫生系统达到 100%。区公共委（卫生局）工会出台职工代表大会实施细则，加强卫生系统民主管理工作。

（胡文欣）

共青团海淀区委员会

【概况】 2015 年，海淀团区委围绕党政中心工作，深化改革创新。截至年底，全区有团员 60794 人，基层团组织 3942 个，其中团委 197 个、团工委 27 个、团总支 258 个、团支部 3460 个。有专职团干部 139 人、兼职团干部 2252 人。

区机关、街道（镇）、企事业单位等直属团组织 92 个。在基层团组织中，包括村（居）团支部 96 个、社区团支部 455 个、学校团组织 2036 个。机关事业团组织 249 个，“两新”团组织 929 个（非公有制企业团组织 888 个，新社会团组织 41 个）。

2015 年，海淀团区委被评为 2015 年北京共青团信息工作先进单位、2015 年度海淀区社会治安综合治理工作先进单位、2015 年海淀区法治宣传工作先进集体。1 个基层团组织被评为全国五四红旗团支部。2 个基层团组织被评为北京市五四红旗团委。1 人被评为全国优秀共青团干部。2 个基层团支部被评为北京市五四红旗团支部。5 人获“北京市优秀团干部”称号，1 人获“北京市优秀团员”称号。

海淀区未成年人保护委员会（简称未委会）办公室设在团区委，有成员单位 27 家，街镇未委会 29 家。2015 年，海淀区未委会继续深化青少年法治宣传教育工作，共聘任法制校长 266 名，中小学配备率达到 100%。深入社区开展星光自护、青春红丝带等品牌活动 106 场次，辐射青少年 2600 人次。

希望工程北京捐助中心海淀区工作站全年筹集款物累计 280889.6 元，捐助覆盖青少年 1353 人次。

北京市海淀区志愿服务联合会是海淀区十大“枢纽型”社会组织之一，办公室设在团区委。海淀区志愿服务联合会共有团体会员 140 余家。社区志愿服务示范站 109 家，其中市级示范站 34 家，区级示范站 75 家。新增首都学雷锋志愿服务站 35 个、示范站 2 个，首都学雷锋志愿服务岗 13 个、示范岗 1 个。海淀区各地区、各系统、各专业志愿者全年累计上岗 12 万人次，累计服务时间 300 多万小时，累计服务群众 113 万余人次。截至 2015 年 12 月底，海淀区通过验证的注册志愿者 686594 人，占全市注册人数的 21.01%；注册志愿服务团队 8670 个，占全市的 16.8%；登记志愿服务项目 10436 个，占全市的 16.8%。2015 年，海淀区志愿服务联合会获北京市“毛主席纪念堂志愿服务项目先进单位”称号，获得第二届中国青年志愿服务项目大赛银奖、第十届中国青年志愿者优秀组织奖、北京市扶残助残先进集体等荣誉。

（孙骁）

【海淀区青年联合会】 2015 年，海淀区青年联合会（简称海淀青联）设有 9 个界别组，委员总数 428 名。海淀区青联之友联谊会、各系统联谊会和地区青年联谊会是海淀青联的外围组织。年内，海淀青联引导委员、会员参与捐资助学、义诊、植树、城市志愿服务等社会公益活动。开展 2015 年“共青团与政协委员面对面”活动，倾听创业青年所思所想，结合创新创业为海淀区“十三五”规划提出建议。

（孙骁）

【志愿服务机制建设】 3 月 1 日，召开海淀区志愿服务联合会第一次会员代表大会，规范提升组织架构和章程制度。成立海淀区志愿服务专家顾问团，为海淀区志愿服务发展提出指导意见。开展海淀区社区志愿服务运行管理机制调研，探索社会力量参与社区志愿服务的有效途径和供需对接机制。加强信息系统建设和规范，接入北京“志愿云”信息系统，发布“志愿海淀”官方网站和微信。利用信息管理平台做好志愿者注册计时、志愿项目发布管理工作。

（孙骁）

【志愿服务项目创新大赛】 3 月—12 月，团区委举办志愿服务项目创新大赛，以“创新志愿服务 让生活更美好”为主题，面向社区、高校、驻区单位、社会组织，以“关爱他人、关爱社会、关爱自然”三个方向，征集 110 个参赛项目。根据项目的公益性、创新性、实践性、社会影响力及运行管理五方面，对参赛项目进行选拔。对入围复赛的 30 个项目进行能力素质提升培训，组织专家评审对项目进行实地走访和现场指导，通过互联网公益平台进行线上传播和社会资金募集，通过网络平台用户对项目实施进展进行监督，最终评选出十大精品项目，并推荐项目参加北京市小微项目支持计划和第二届中国青年志愿服务项目大赛。其中关爱他人类别中的“美新路公益基金四季青志愿服务队的‘晚缘——敬老陪伴志愿服务’”项目获得一等奖；环境保护类别中“灵水心田生命教育中心‘益心衣意——旧衣改造公益行’”项目、综合服务类别中“海淀红爹之家‘爱暖京城欢乐行’”项目获二等奖；关爱他人类别中“北京市夕阳再晨社会工作服务中心‘夕阳再晨公益云’”“北京林业大学青年志愿者协会‘中小学生绿色课堂’”“北京市二十一世纪实验幼儿园‘老少惠亲活动站’”3个项目获三等奖；“团• 聚”系列志愿服务项目等4个项目获优秀奖。15个项目获得米公益提供的额外经费支持。并评选出首批2600余名“星级志愿者”。联合会将优秀项目和优秀组织对接到街镇，将社会力量引入社区。

（孙骁）

【第十三次团代会】 4月30日，共青团北京市海淀区第十三次代表大会召开。会议听取和审议中国共产主义青年团北京市海淀区第十二届委员会的工作报告，选举产生共青团北京市海淀区第十三届委员会委员 40 名、候补委员11名。并经第十三届委员会第一次全体会议选举产生第十三届委员会常务委员会委员 12 名，共青团北京市海淀区第十三届委员会书记、副书记3名。

（孙骁）

【寻找“中关村U30”活动】 7月15日，由海淀区青年联合会发起的寻找“30 岁以下改变世界的创业者”（简称寻找“中关村U30”）活动在北京中关村国家自主创新示范区展示中心会议中心启动。北京市、海淀区、中关村发展集团、中关村管委会的领导以及活动联合发起单位、联合发起人、市区相关单位负责人、创业服务机构和创业者代表等200余人出席大会。活动以“青春、创造、未来”为主题，旨在推动青年投身“大众创业，万众创新”实践。活动以中关村为核心，面向全国乃至全世界，针对30周岁以下的创业者及团队，通过季度寻找、年度寻找等环节，搭建青年同创业导师展示交流、资源对接等平台，引导青年创业，扶持培育科技含量高、商业模式新的创业团队。第一赛季收到来自全国 15 个省市以及美国、加拿大的 109 个参赛项目，项目涉及TMY、健康、社交、生活、文化、公益等领域。最终从 29 位创业者中评选出15名青年创业者参加年赛。

（孙骁　钟冷）

【创新海淀志愿服务联盟成立】 7月15日，在由海淀区青年联合会发起的寻找“30 岁以下改变世界的创业者”活动的启动会上，由成功创业家、企业家、投资人发起的创新海淀志愿服务联盟宣布成立。该联盟将为创业青年提供政策解读、行业分析、交流分享、创业指导、项目资助等方面的帮扶，为创业青年提供学习、交流、咨询、培育的服务平台，为创新海淀的发展和科技创新中心核心区的建设提供智力支持，并将作为一支服务海淀创新创业的专业力量加入海淀区志愿服务联合会。寻找“30 岁以下改变世界的创业者”是联盟成立后的第一个项目。

（钟冷）

【“温暖创业者”系列活动】 7月，海淀区青年联合会启动“温暖创业者”系列活动，活动旨在整合区域资源，集智聚力为创业青年提供服务，帮助广大创业者解决后顾之忧。“温暖创业者”系列活动包括政策宣讲、法律服务、健康咨询、交友联谊等外围服务活动，每月开展一期。截至年底，累计服务创业青年600余人。

（孙骁）

【团中央到海淀调研】 8月10日—30日，团中央机关第八调研组到海淀区开展大宣传大调研活动。调研组深入街道、社区、乡镇、企业、园区、楼宇、青年汇等10余个基层单位，召开11场座谈会，与党政干部、基层团干部、团员青年等100余人进行交流，听取大家对共青团深化改革的意见、建议。如何正确看待和有效破解存在的矛盾问题，进一步密切团与青年的联系，增强团组织在青年中的亲和力和吸引力，是此次调研的主题。

（钟冷）

【“两新”组织团建】 全年新建“两新”团组织220家，其中新经济组织210家、新社会组织 10 家。截至年底，海淀区共建“两新”团组织 3400 家。成立中关村创业大街联合团委，选派专职社工开展创业大街团建工作。

（孙骁）

【社区青年汇建设】 年内，团区委从青年居住生活维度入手，探索建设新型工作平台和基层青年组织。海淀区 91 家市级示范社区青年汇全面覆盖“蚁族”青年聚居地、商务楼宇、科技园区、公租房、普通社区等重点区域，实现对科技园区青年、城乡接合部周边青年、“城中村”自建公寓租住青年、老旧小区租住青年、产业基地务农青年、廉租房和保障房居住青年、高校周边青年七类群体的有效联系。队伍上，形成由“总干事+专职青年社工+志愿者”组成的工作力量，建立片区制统筹管理、街镇主导、事务所督导的三方监督管理机制，街镇团（工）委书记为专职社工日常管理第一责任人。服务上，通过微信公众账号和官方微博社交网络平台进行宣传，并建设线下活动体系。每家社区青年汇每年开展活动不少于 48 次，其中市级层面不少于 24 次，区县层面组织不少于 12 次。活动既有市级发起的学习培训、城市融入、交友联谊、志愿公益、文体健康、普法维权六大类活动，又有具有海淀特色的弘扬社会主义核心价值观、就业创业培训、申办冬奥会加油助威、“三山五园”文化探访等品牌活动。保障上，市、区县、街道（乡镇）三级财政均有青年汇工作经费被列入同级预算、共同保障。全区社区青年汇全年开展思想引领、创业培训、城市融入等各类服务活动 4410 次，直接联系服务青年11万余人次。

（孙骁）

【区域化团建】 年内，团区委于2014年在8个街道开展区域化团建试点基础上，在剩余的 21 个街镇全面推进区域化团建工作。通过换届选举调整各街镇团（工）委人员结构，从驻区单位吸纳委员 209 人，组建新一届基层团（工）委班子。各街镇成立区域化团组织工作委员会，吸纳603家驻区单位参与其中，合理统筹区域团青资源，推进驻区单位之间互联互通。全区 568 个社区均配备专兼职的团支部书记，并在 25 个条件较好、青年数量多的社区成立依托居住关系的团支部，自主选举团支部书记、副书记、委员，自行开展各类活动。在驻区机关、社区、企事业等单位团干部中选拔出 70 余名优秀青年，推荐给街镇党组织作为入党积极分子，其中 15 名青年被列为党的发展对象。

（孙骁）

【重点青少年群体服务管理工作】 年内，团区委继续深化“共青团与人大代表、政协委员面对面”活动，发挥未成年人保护和预防青少年违法犯罪工作机构的作用。依托全市重点青少年群体个案帮扶试点工作，建立“街（镇）—区—市”三级平台，初步形成信息共享、协调联动、个案转接的三级联动机制。定期召开全区重点青少年群体服务管理工作培训会，更新完善重点青少年群体服务管理系统，对170名青少年的基本信息和帮扶记录进行维护，对42名社区“五需”青少年进行个案帮扶，建立“一人一册”的个案管理档案。对服刑人员未成年人子女和低保重残青少年进行节日慰问，确立帮扶责任人。邀请高校和专业机构的教授、专家为社工提供专业授课辅导，制定相关考核制度，保障试点工作的推进。

（孙骁）

【未成年人司法保护】 年内，团区委定期召开区级预青未保工作联席会，制定《关于加强北京市海淀区涉诉未成年人观护帮教的工作办法（试行）》，在未成年人案件司法程序中，推动有关青少年权益的法律法规的完善落实，巩固海淀未成年人司法“全链条”模式，实现从公安、检察院到法院各阶段均设立专门部门，从文书流转到制度推进形成未成年人保护工作的无缝对接。制定全年青少年法治宣传工作安排，编印《2015年海淀区法制校长工作手册》，加强法制校长工作队伍建设，以“1+4”即“走进法律殿堂，感受法治文化”“开学第一课，法治进校园”“研讨未保工作，弘扬法治精神”“平安假期，与法同行”等一系列法治工作品牌活动为基础，逐步打造“1+N”的法治教育工作队伍，形成以法制校长为全年开展法治教育工作的主要核心力量，引入人大代表、政协委员、法律专家、维权岗工作人员、专业社工等力量，打造在全区青少年法治教育工作中的一支重要队伍，持续推动法治教育工作做深、做细、做长久、做出实效。在全国青少年权益工作创新试点中期考核中，团区委选择的“促进未成年人保护工作机构有效运转”“推进青少年权益工作法制化进程”“完善青少年权益工作考评机制”三个考核方向均获全国第一，为有效开展预防青少年违法犯罪工作提供支持。

（孙骁）

【重大活动志愿服务保障工作】 年内，团区委组织志愿者参与“中国人民抗日战争暨世界反法西斯战争胜利70周年纪念活动”志愿服务工作，招募90名志愿者，在大会北端核心区和五棵松远端集结区为观礼嘉宾提供沿途引导、轮椅推扶等志愿服务，累计服务观礼嘉宾1.7万人次。连续五年承接毛主席纪念堂志愿服务项目，政审选拔骨干志愿者在外围引导岗、献花台引导岗等岗位为游客提供外围引导、信息提示等服务，累计服务瞻仰群众40余万人次。

（孙骁）

【书香海淀•悦读青春】 年内，团区委依托“海淀青年”微信公众号，开展“书香海淀•悦读青春”系列读书活动。读书活动以“品读历史”为主题，以每个月为周期，通过“线上报名”“好书认领”“潜心阅读”“众乐共享”4个环节，提升青少年阅读积极性，营造浓郁文化氛围。全年共开展活动7期，参与活动300余人次。

（孙骁）

【志愿服务品牌项目】 年内，团区委开展“邻里守望 爱在海淀”系列品牌项目，立足社区开展“快乐共成长”关爱农民工子女服务、“共享阳光”助残志愿服务、“温情暖夕阳”敬老志愿服务、“健康伴你行”社区健康普及服务、“平安在身边”治安秩序维护志愿服务等常态化项目。推广实施“志愿家庭行动计划”，倡导以家庭为单位共同参与志愿服务、家庭成员发挥各自特长参与志愿服务，以及志愿者与团队成员组成志愿服务大家庭等几种工作模式。承办北京市“志愿家庭”行动计划海淀区推动活动，提升志愿服务参与度。依托社区志愿服务站，结合“海淀社区志愿日”，开展“传统文化”“学习雷锋”“绿色环保”“健康安全”等主题活动，推动法制、教育、卫生、文体等领域的专业志愿者走进基层、走进社区、走进家庭。累计服务群众113万余人次。

（孙骁）

海淀区妇女联合会

【概况】 2015年，海淀区妇女联合会（简称海淀区妇联）下属海淀区妇女儿童活动中心、海淀区三八家政服务中心2个事业单位和海淀区家庭教育研究会1个法人社团。有区直机关、教育工委、公共委、国资委、民主党派（民建合在其中）、工商联6家妇工委，1家非公企业妇工委，1家区级工会女职工委员会，设有区域女性人才联谊会、女领导干部联谊会、女司法工作者联谊会、中小学女校长联谊会、台港澳侨胞姐妹联谊会、女教授联谊会、女村主任女书记联席会、女企业家联谊会、女医务工作者联谊会、中关村核心区女企业家沙龙10个女性联谊组织。

街道妇联22个，镇妇联7个，行政村（居委会）妇女代表会84个，社区妇联567个。2015年，海淀区妇联推荐表彰全国“最美家庭”1户（李岩家庭）、“全国巾帼建功标兵”1名、“全国巾帼文明岗”2个（海淀区职业介绍服务中心、海淀区四季青敬老院）、首都“最美家庭”3户（任士荣家庭、卢和生家庭、肖玉波家庭），评选表彰150名区级三八红旗手、50个三八红旗集体、300户海淀最美家庭、300户“学习型家庭”、300户“平安家庭”、90个“示范家长学校”。

开展“承家风、继家训、讲述身边好规矩”“我心中最美职业”演讲比赛，打造“书香馨苑”家庭读书沙龙和“益家筑梦”家庭综合服务项目，开展女性职业技能大赛和青年联谊活动，开展儿童安全教育周和儿童经典诵读等多种活动。

在全区962个“妇女之家”（其中有304个楼宇“妇女之家”、2个非公企业“妇女之家”和4个区妇联直管的区级示范“妇女之家”）组织开展各类主题活动，凝聚和引导妇女践行社会主义核心价值观。

以海淀区妇女儿童活动中心为阵地，举办公益类培训1409期，受益妇女儿童25577人次；举办手工培训班92期，培训3645人次。

走访贫困“两癌”（乳腺癌、宫颈癌）妇女4户，发放慰问金4万元；慰问15位妇救会老主任，发放慰问金1.5万元；得到区慈善协会的女企业家爱心基金专项支持，捐助贫困妇女儿童235名（贫困妇女191名、儿童44名），共计47万元。

（唐馨玲）

【“家庭成长星”假期训练营】 1月26日，海淀区妇女儿童活动中心举办的第十届“家庭成长星”假期训练营正式开营。此次“家庭成长星”训练营设有儿童厨艺、魔术、魔方、拉丁舞、沙画、国画、中国结、儿童画8门课程，开课80次，受益人数1220余人次。为了让更多的孩子有机会参与到训练营活动中，活动中心将其中智力魔术、魔方送进到香山街道，深受社区居民欢迎。7月13日—8月21日，活动中心举办第十一届“家庭成长星”假期训练营，课程安排将传统文化与现代生活结合起来，既设有机器人、沙画、魔术、魔方、声乐和舞蹈这样富有现代新意的课程，还设有风筝、书法和中国画这样具有丰富传统文化内涵的课程，使同学们通过简短的学习初步了解一种新的文化艺术形式。训练营开设9门课，上课93次，参与活动1660人次。

（唐馨玲）

【“性别平等　她他行动”】 1月—6月，区妇联开展“性别平等，她他行动”系列活动，以专题讲座、演讲征文、大学生主题班会、短信短语和摄影书画作品征集等形式，推动男女平等基本国策进高校、进媒体、进机关、进社区、进家庭等，并将收集的征文进行整理、汇总，集结成册。9月11日，区妇联在中关村国家自主创新示范区展示中心举办“性别平等 她他行动——纪念男女平等基本国策20周年成果巡礼”活动。北京市妇联、海淀区四套班子领导，区人大和区政协领导，区人大代表，区政协委员，驻区高校、科研机构、部队、媒体界、企业界、法律界、教育界的专家，街镇主要领导，相关委办局主要领导等200余名嘉宾出席活动；区妇联、区教委、区人民法院、中央电视台、华北电力大学的嘉宾作主旨发言。中央电视台、《中国妇女报》、人民网、北京电视台、海淀网等多家媒体进行报道。

（唐馨玲）

【作品入选首届全国微电影春节文艺晚会】 2月14日，海淀区妇女儿童活动中心自编的国学情景剧《汉字岛》，由广东电视台选送，参加2015年中央电视台中央影视集团举办的首届全国微电影春节文艺晚会。情景剧《汉字岛》把中国的传统文化教育和动漫进行有机结合，由小朋友用经典诵读与微电影艺术形式相结合的方式，展现汉字是中国第五大发明，传承中华民族文化精髓，既充满童趣又展示中华文化的魅力，引导社会和广大青少年继承和学习中华优秀传统文化。

（唐馨玲）

【“三八”节主题活动】 3月4日，海淀区妇联在海淀少年宫星光剧场以“播洒最美梦想 收获成长希望”为主题，举办巾帼风采展示活动，迎接第105个“三八”国际妇女节。活动以视频短片的方式展示海淀区的“全国巾帼建功标兵”和“全国巾帼文明岗”的风采，启动“海淀女性”微信公众平台。

（唐馨玲）

【“三八巾帼服务月”】 以“三八”节主题活动为标志开启“三八巾帼服务月”，在为期一个月的活动中，区妇联围绕“播洒最美梦想 收获成长希望”这一主题，以服务妇女发展、促进妇女成长、宣传优秀典型、展示先进成果为重点，集中展示海淀优秀女性风采和各级妇联组织取得的先进成果，团结引领广大妇女和家庭成员为促进经济持续发展、社会和谐稳定做出新的贡献，以实际行动共筑中华民族伟大复兴的中国梦。

（唐馨玲）

【成立首个女兵营“妇女之家”】 3月18日，海淀区妇联和万寿路街道妇联共同在驻区61416部队31分队举办特色“妇女之家”成立仪式暨军地文化交流活动，区妇联向战士们赠送书籍，鼓励她们用知识装点精彩人生。区妇联以首个女兵营特色“妇女之家”为载体，延伸妇联组织的服务范围。

（唐馨玲）

【早教“蓓蕾工程”】 5月28日，区妇联与区教委联合启动海淀早期教育“蓓蕾工程”，完善全区155所幼儿园与655个社区（村）“家长学校”结对子机制。由幼儿园提供专业资源，各社区提供场地、“家长学校”、志愿者资源等，形成并固化一所幼儿园服务多个社区的“1+X”早教服务和指导模式，构建起区级层面、社区层面、幼儿园层面三位一体的早期教育服务网络。

（唐馨玲）

【“家庭教育宣传月”活动】 9月—10月，区妇联在全区开展第三届“家庭教育宣传月”活动，举办“家庭教育公益大讲堂”，送家教知识进社区、进农村、进企业，宣传普及科学的家庭教育知识和理念，提升家庭教育水平，解决家长在教育子女过程中遇到的突出问题。动员和指导各街道（镇乡）、社区（村）发挥作用，带动全区开展家庭教育宣传和实践活动600多场。

（唐馨玲）

【第十五期处级女干部培训班】 10月21日—23日，海淀区委组织部、区妇联、区委党校联合举办海淀区第十五期处级女干部培训班。培训为期两天半，来自全区各系统、各部门的147名处级女干部参加。本次培训邀请来自中央党校、中国传媒大学、北京服装学院、中国政法大学等校的老师进行授课。现场教学环节，学员们参观考察位于门头沟区的忠良书院，体验中粮集团重视员工发展、不断调动干部积极性的人才管理模式。

（唐馨玲）

【维护妇女儿童合法权益】 年内，以“维权服务在身边”为活动载体，举办普法讲座161场、普法宣传活动221场，与10家律师事务所合作，为妇女提供专业法律服务。全年受理群众来信来访来电共108件。

（唐馨玲）

【支持女性创业就业】 年内，区妇联采取多种措施，支持女性创业就业。开展“专家科技服务月”活动，组织专家采取座谈、培训等形式，集中协调和解决示范基地在生产经营中遇到的农业科技方面的难题，共面向3个基地开展10场指导培训。组织“双学双比”示范基地负责人、妇联主席到远郊区县学习妇字号基地建设和运营。申报绿色果品观光采摘园为全国巾帼现代农业科技示范基地，推荐北京大道农业有限公司为第三批“首都巾帼现代农业科技示范基地”，推荐北京海璟丽鸿科贸有限公司为北京市“巧娘研发基地”，推荐艳丽与美同舞文化发展（北京）有限公司为北京市“巧娘工作室”。申报北京金望泽花卉市场有限公司、北京铭客诚景泰蓝工艺品有限公司、北京上庄新欣果蔬种植专业合作社和北京御丰渔坊文化有限公司为北京市“双学双比”示范基地。推荐医养康健康管理有限公司为北京市巾帼“互联网+”科技汇领办企业，推荐中关村智能硬件梦工场和“她本营”为北京市巾帼创客科技汇领办企业。

接待5批次领导调研、参观访问：北京市妇联党组书记、主席马兰霞调研妇联基层组织建设情况；接待江门市、赤峰市、千岛湖妇联调研海淀区妇女儿童活动中心；与北京市妇联和新疆和田地区共同举办“京和家庭一家亲”交流活动。

完成“关于促进海淀区商务楼宇党建带妇建的调研”“海淀区妇联关于未成年人权益保护调查及对策研究”“独一代父母教育二胎子女的困惑及问题”“海淀区新形势下妇女维权特点的调研”“关于海淀民间传统运动的传播与发扬”“架起基层社区宣传工作的平台调研报告”“老龄化社会下养老方式的调研报告”7个调研课题。

（唐馨玲）

海淀区文学艺术联合会

【概况】 2015年，海淀区文学艺术联合会（简称区文联）下属作家协会、书法家协会、美术家协会、摄影家协会、京华印社、香山诗社、稻香湖诗社、四香书画院、晚香诗书画印社、楹联协会、舞蹈家协会等16个协会，共有注册会员8000余名。海淀文学艺术网站设有“文联简讯”“海淀文化”“海淀文艺家”等20个板块。

区文联建立文联协会与街镇挂钩制度，9个协会与18个街镇建立联系。各协会派出文艺志愿者深入街镇传播普及艺术知识。对所服务街镇，每年培训不少于1期，每期不少于40课时，人数不少于30人。年内，区文联举办书画艺术展20余次，展出美术、书画、摄影及颖拓等艺术作品900余幅，包括“百川汇海系列书画展”、“杜希贤、毛水仙伉俪画展”、中国戏画研究会会长李明臣画展、“六人行名家书画邀请展”、中国第十个“文化遗产展”暨《北京京华印社颖拓艺术（非遗）作品展》、纪念抗战胜利70周年作品展等，共有近千余名文学艺术爱好者参加展览。

区文联联合区文化委，开展非物质文化遗产进校园活动，“齐派篆刻”“颖拓艺术”等一批非遗项目走进校园。在上庄纳兰园举办《陈岳琴张栩月甲午吟诵专辑》首发式。全年走访艺术家800余人次，撰写《关于我区文艺团体调研情况的报告》。

区文联在书法家协会等7个协会中建立党组织。《中关村》杂志全年出版12期，共刊出500余篇文章，200余万字。《稻香湖》诗刊出版2期，刊诗180首，6万字。《海淀文艺》（双月刊）出版6期，共刊出600余篇作品，80余万字。

（王锐）

【成立颖拓艺术传承组】 4月16日，区文联成立京华印社颖拓艺术传承组。颖拓，即模仿拓本效果，用毛笔写画出器物的形状、纹饰及文字，也可称为“笔拓”“摹拓”，具有很高的艺术性和观赏性。颖拓艺术起始于明代，在晚清、民国时期，已经达到很高的艺术水准。现为非物质文化遗产传承项目。

（王锐）

【艺术品展】 8月15日，由区委、区政府主办，区委宣传部、区政协、区文联、区文化委共同承办的海淀区纪念中国人民抗日战争暨世界反法西斯战争胜利70周年艺术展在抗战名将纪念馆开幕。首都各届艺术家300余人参加开幕式。此次展览持续一个半月，有800余人次参观。年内在美都收藏大观园举办“百川汇海”系列展览6次，杜希贤、毛水仙夫妇画展，李明臣戏画，京华印社颖拓艺术，书协观摩交流、青少年临帖作品，中关村创新人物等分别展示。“翰墨结缘”——张书范书法作品在北京中盈艺术空间展出。郑绍敏等艺术家在金隅集团龙顺成参加“六人行名家书画邀请展”。程振国、杨永安参加琉璃厂荣宝斋纪念梁树年先生弟子山水画展。张书范在北京静雅居茶会馆举办个人书法展。京华印社在金彩图书馆举办北京首届中医养生书画大赛系列展——京华印社艺术作品展。书法家协会在北京林业大学举行书法艺术观摩交流活动。

（王锐）

【文艺“三下乡”活动】 年内，区文联组织书协、美协、诗词学会、楹联学会的艺术家开展文化“三下乡”活动，分别在苏家坨镇车耳营村、西山文化园、西三旗美都收藏大观园等地，为社区居民写春联、送文化。累计书写发送楹联1000余幅、福字3000余张、条幅600余幅、国画100余幅。

（王锐）

【建立 13 个中小学文学社】 年内，区文联在中关村四小、育英学校、七一学校、八一学校、人大附中、北大附中、一零一中学等海淀区 13 所学校建立文学社，6 万名中小学生参加。区文联先后组织多名作家进校园赠送文学作品，进行文学指导，开展义务授课等活动；同时与作家网、诗歌网、人人文学网和《东方少年》《上海作文》《校园文学》《中学生导报》《中华英才》《北京日报》等媒体先后达成战略合作，为中小学生搭建媒体平台。

（王锐）

海淀区科学技术协会

【概况】 2015 年，海淀区科学技术协会（简称区科协）承办第 35 届北京青少年科技创新大赛和第一届中国中关村机器人科技运动会等重要活动。开展“科普之春”“北京科技周”“科普之夏”“全国科普日”等品牌科普活动，开展海淀科普文化讲堂 144 场。编印并发放《中国十大科技进展》《世界十大科技进展》《十大科技新闻人物》《中国高铁》《科学解读空气污染》《药食同源三》《颐享百年不是梦》7 套科普展板，共计 1362 块，印制成科普小册子三万册。配合中国科协开展公民科学素质调查，结果显示，海淀区具备科学素质公民的比例达到 22.6%。在文化科技卫生“三下乡”活动现场，区科协为苏家坨镇民众送去科普书籍《舌尖上的健康》《科学解释转基因》及健康生活挂册等宣传品，捐赠地铁安全科普挂图和科普影视集萃等共 7000 册。

2015 年，区科协获国家级奖项 1 项、北京市奖项 4 项，包括“第三十届全国青少年科技创新大赛基层赛事优秀组织单位”“北京市科协系统信息工作先进集体”“北京市人民建议征集工作 2012—2014 年先进集体”等称号和第 35 届北京青少年科技创新大赛特别贡献奖、第十五届北京青少年机器人竞赛优秀组织奖，并在全市表彰大会上作典型发言。

（李纯）

【获 18 项北京青少年机器人竞赛奖】 2 月 1 日—3 日，区科协组织海淀区 18 支代表队参加第十五届北京青少年机器人竞赛，获得一等奖 7 项、二等奖 5 项、三等奖 6 项的好成绩。海淀区科协获得竞赛优秀组织奖。

（李纯）

【承办第 35 届北京青少年科技创新大赛】 3 月 27 日—29 日，海淀区承办的第 35 届北京青少年科技创新大赛在一零一中学举行。大赛有 1859 项作品参赛，197 个学生项目和 18 个教师项目进入终评答辩，10 项青少年科技实践活动及 83 幅少年儿童科学幻想绘画参加终评展示。最终评选出中学生科技成果项目一等奖 97 项、二等奖 190 项、三等奖 258 项。其中境外项目评选出一等奖 10 项、二等奖 15 项、三等奖 9 项。评选出优秀科技辅导员 7 名、“十佳”科技辅导员 10 名。海淀区共有 52 个中学项目、67 名中学生入围。共获得中学项目一等奖 29 项、二等奖 33 项、三等奖 23 项，小学项目一等奖 9 项、二等奖 5 项、三等奖 6 项，“十佳”科技辅导员 1 名。海淀区科协获得大赛优秀组织奖。

（李纯）

【科普统计工作培训会】 4 月 2 日，区科协召开海淀区 2014 年度科普统计工作培训会。根据科技部要求的统计范围，对区属相关委办局、教委及直属单位、区公共委及直属医院疾控中心、29 个街乡、62 家辖区内北京市科普基地，共 242 家单位部署 2014 年度科普统计工作。截至 6 月底，区科协完成科普统计数据审核、整理、汇总，并上报市科委。

（李纯）

【海淀区第十七届“科普之春”活动】 4 月 9 日，海淀区第十七届“科普之春”主场活动走进东升镇农民工子弟学校北京石油学院第二附属实验学校，围绕“提高素质 科普惠农”主题，举办“创意教育仿真机器人互动体验”活动。活动现场邀请专业工程师为学生们讲解演示创意教育仿真机器人模型，学生们分组动手体验科技创新，探究基础组合机器人、仿生组合机器人、气动技术组合机器人、机械结构基础组合机器人等 DIY 机器人组装实验，以提升动手能力、创新思维和综合设计能力。

（李纯）

【海淀科技周主会场活动】 5 月 23 日，以“创新创业 科技惠民”为主题的海淀科技周主会场活动与北京市公园管理中心首届科普游园会在颐和园举办。北京科普发展中心、科学达人秀、中国林业科学院、北京植物园、北京三正科技有限公司、中国蜜蜂博物馆、海淀科技中心等多家单位参展。活动以科普游园的形式，通过展览展示、专家咨询、知识问答、互动体验等公众易于接受的宣传手段，传播科学知识，倡导健康、文明、低碳生活方式。游客可以欣赏来自科学达人秀的科普实验表演以及科普剧节目，参与真假化石大辨别、汉服绘画、石刻传拓、磁悬浮列车展示、脑状态定量测评等科普活动。

（李纯）

【机器人科技辅导员培训班】 7 月 6 日—7 日，区科协举办海淀区机器人科技辅导员培训班，共有来自 56 所中小学校的近 100 名科技教师参加。培训内容涉及 FLL、VEX、ASC 足球、创意 5 个项目，通过培训，提高了机器人科技辅导员的业务素质和组织能力。

（李纯）

【参加第十五届中国青少年机器人竞赛】 7 月 20 日—25 日，组织学生参加在内蒙古自治区举办的第十五届中国青少年机器人竞赛。海淀区共有3支代表队参赛，获得一等奖1项、二等奖2项。

（李纯）

【第十七届北京科普之夏海淀主场活动】 7月31日，第十七届北京科普之夏海淀主场活动在世纪金源时代购物中心南广场启动。此次活动以“提高素质，科普益民”为主题，分为科普互动展示区、U30创客展示区及科学达人秀等区域，突出体验互动特色，吸引众多居民参与。此届科普之夏活动从7月开始至9月结束，历时两个月。活动结合“社区科普益民计划”、科普示范社区及社区科普大学建设，推动社区科普工作不断创新。

（李纯）

【第四届“科协文化——中关村论坛”】 8月5日，区科协举办以“创新环境与科技群团”为主题的第四届“科学文化——中关村论坛”。论坛邀请中国科协发展研究中心、北京市科协、中国科协发展研究中心、北京市科技社团服务中心、北京生产力学会、国家纳米科学中心分别作主题发言。市科协、各区县科协负责人以及区科协专家建议组成员、《科协文化》编委会专家、《科协研究》编辑部老师等50余位专家、学者参加。

（李纯）

【组织参加北京市中小学生自然科学知识竞赛】 9月，组织海淀区中小学校学生参加第二十届北京市中小学生自然科学知识竞赛，有近1万名中小学生参与网上答题。选拔出小学、初中和高中3支代表队参加北京市团体赛，海淀获得北京市团体赛二等奖。

（李纯）

【2015年海淀区公民科学素质调查结果出炉】 9月—12月，为推动《全民科学素质行动计划纲要（2006—2010—2020）》的实施，检查“十二五”公民科学素质建设目标任务的完成情况，海淀区科协配合中国科普研究所开展海淀区公民科学素质抽样调查。调查结果表明，2015年海淀区具备科学素质公民的比例达到22.6%，高于北京市公民科学素质水平（17.56%），完成“十二五”海淀区公民科学素质水平达到21.0%的目标任务；各分类人群的公民科学素质水平均有不同程度的提升。互联网已经成为海淀区公民获取科技信息的主渠道，接近80%的海淀区公民通过互联网获取科技信息，且接近60%的公民将互联网作为获取科技信息的首选渠道。

（李纯）

【全国科普日海淀主场活动】 10月24日，海淀区科协在颐和园八方亭广场举办以“万众创新，惠及你我”为主题的全国科普日海淀主场活动。活动现场设置创新铸就中国梦、创新改变新生活、创新激发大智慧、创新利民惠你我4个板块，激发全体公民学科学、爱科学、用科学的热情。活动现场1万余人参加，发放宣传材料5000份。

（李纯）

【海淀区青少年科技创新大赛】 10月—12月，开展海淀区青少年科技创新大赛发明创造类项目、论文类项目以及少儿科幻画等评审工作。参加本次创新大赛初赛活动的学生有3万余人，经学校选拔推荐，共有近万项学生竞赛作品参加区级评审，各学校报送的初评作品315项，其中竞赛项目306项、优秀科技实践活动5项、科技辅导员科教创新竞赛项目4项。40多所学校的35个项目进入市级决赛。

（李纯）

【青少年“动手做”科技竞赛】 11月7日，区科协组织海淀区21所学校的近300名学生参加在北京林业大学举办的海淀区青少年“动手做”科技竞赛。竞赛分为“我有一双灵巧手”和“快乐搭建”2个项目。其中，“我有一双灵巧手”项目共计143件。全部作品进行公开展示、专家评审和技能测试3个环节。“快乐搭建”项目参赛选手共有95人，选手们在统一规定的时间内利用科技套装材料进行“动手+动脑”现场比赛。经过专家评审和现场测试，评选出22件灵巧手优秀作品和20名快乐搭建优秀选手。

（李纯）

【第一届中国中关村机器人科技运动会】 12月15日—18日，“神州通信杯”第一届中国中关村机器人科技运动会（简称科运会）在中关村核心区海淀区举行。本次科运会由中国机器人运动工作委员会、教育部体育卫生与艺术教育司、国家体育总局青少年体育司、中国人工智能学会、中国科学院北京分院、国家体育总局社会体育指导中心、中国人民解放军总参谋部军训部军事体育局、北京科技大学和海淀区人民政府共同主办，海淀区科协与神州通信集团联合承办。主题为“运动炫科技，智慧赢未来”。首届中国中关村机器人科技运动会将对中关村核心区乃至全国机器人科技教育和机器人产业发展起到推动和示范作用，并要把机器人科技运动会打造成有全国影响力的科技教育的新品牌、产业发展的新品牌和高科技人才培养的新品牌。

（李纯）

【科普惠农、科普益民计划】 年内，区科协加大科普益民惠农、面向基层的科普服务力度。实施北京市“社区科普益民计划”“科普惠农兴村计划”。在北京市科协科普益民、惠农工作中，海淀区有7个优秀科普社区、1个农村科普示范基地、10个优秀科普宣传员、1个农村科技服务专家获得奖补资金93万元。中关村街道东里北社区获得中国科协基层科普行动计划科普示范社区奖补资金20万元。

（李纯）

【全国调查研究站点工作】 年内，区科协作为中国科协全国性调查研究站点之一，开展“推动大众创业、万众创新政策措施落实情况”的问卷调查、完成国务院政策措施落实情况（基层公共医疗设施建设、使用和管理）的问卷调查、“首批科技工作者调查样本推荐入库工作”的样本收集调查。完成中国科协分配的调查研究工作。

（李纯）

【专家建议工作】 年内，区科协编印专家建议83期，获北京市科协系统优秀专家建议一等奖一篇、二等奖三篇、三等奖七篇，其中中国老教授协会的《关于合理推进出租车管理体制改革问题的建议》获北京市科协系统优秀专家建议一等奖，北京林业大学的《维护和发展好APEC会议中心绿化成果》得到市园林绿化局正式回复。区科协获“北京市人民建议征集工作 2012—2014 年先进集体”称号，并在全市表彰大会上作典型发言。

（李纯）

【组织开展 9 项调研课题】 年内，区科协利用专家建议平台组织各科研院所、大专院校专家、高科技企业完成“海淀区科普服务业模式研究”“海淀区全民阅读状况调查”“中关村企业信用现状及提升方案”“海淀区功能疏解与人口调控研究”“中关村及周边地区空间结构优化研究”“在经济发展新常态下修建市郊铁路的建议”“海淀区蔬菜废弃物处理现状及其技术需求调研”“新常态下中关村多媒体‘可信可控’安全云战略创新升级的对策研究”“关于建设中关村科学文化高地的调查研究”9 项调研课题，其中“海淀区科普服务业模式研究”被全国政协选中，受邀在 2016 年全国政协科教文卫第一次双周会议上做专题报告。

（李纯）

海淀区归国华侨联合会

【概况】 2015 年，海淀区归国华侨联合会（简称区侨联）下设联络宣传、经济科技、参政议政、维护侨益 4 个专委会，下属海淀区华侨咨询中心 1 个事业单位。海淀区有 19 个街道侨联组织及海淀园 1 个园区侨联组织。

组织侨界人士到首都博物馆参观“饮水思源——南水北调中线工程展”，参观中国华侨历史博物馆及“首开杯”第五届“金水桥之恋”华裔青少年书画大赛获奖作品展。参加区委统战部“学习贯彻中央统战工作会议精神”及区创建办“创建全国文明城区”主题征文比赛、参加区委统战部统一战线大讲堂等活动。

2015 年，区侨联获市侨联理论研究和调查研究优秀成果奖。2 名侨界人士被中央统战部评为优秀党外知识分子建言献策信息员，1 名侨界人士获“全国维护职工权益杰出律师”称号。

（李东霞）

【第四届新侨乡文化节】 4 月—10 月，区侨联联合区人大、区政协、区民宗侨办、致公党海淀区委、区委统战部、区文明办、区文化委、区体育局等单位共同举办以“凝心聚力 创新发展”为主题的海淀区第四届新侨乡文化节。文化节举办摄影采风、文化体验、书画笔会、羽毛球比赛、卡丁车计时赛、侨界亲子活动、社区侨界趣味运动会等活动，并配合第七届首都新侨乡文化节组织街道侨联参加合唱专场、服装表演专场、综合表演专场比赛，吸引 4000 余人次侨界群众参与。

（李东霞）

【纪念抗日战争胜利 70 周年活动】 6 月—11 月，区侨联开展纪念抗日战争胜利 70 周年系列活动。举办纪念抗日战争胜利 70 周年书画笔会、邀请侨界人士讲述抗日战争老故事；参加市侨联举办的“纪念抗日战争胜利 70 周年”知识竞赛并获三等奖；举办“侨联大讲堂——各民族人民大团结是抗日战争胜利的法宝”专题报告，回顾广大爱国侨胞在抗日战争中立下的卓越功勋，激发侨界群众的爱国热情。

（李东霞）

【成立中关村归国留学人员联合会】 7 月 9 日，区侨联在中关村国家自主创新示范区展示中心成立中关村归国留学人员联合会（简称中归会）。中归会遵循“有组织才能有活动，有活动才能有活力，有活力才能有作为，有作为才能不断开拓创新”的理念，通过经验分享、政策解读、联谊交流、资源整合、研讨指导等形式开展工作，为归国留学人员和海外学子搭建沟通交流、分享合作的平台，并协调各方为促进归国留学人员创新创业发展提供服务。中归会自成立以来，与区侨联共同设立“海创基地”，成立归国留学人员生涯发展服务与研究中心及“海归”商学院，开设“微讲堂”，举办侨界人士及海外归国留学人员联谊会，协办“创业大讲堂”暨东南亚与南亚 2015 年青年创新创业大会，组织新侨企业和归国留学人员参加中关村国家自主创新示范区核心区体育健身系列活动，搭建平台助力海归创新创业发展。

（李东霞）

【参政议政】 年内，区侨联为侨界政协委员和侨联委员履职搭建活动平台，在海淀区政协九届四次全会上，提交 1 件《关于推进中关村人才特区建设的建议》团体提案、2 件界别提案、8 件个人提案，获优秀党派团体提案。会同区政协港澳台侨委员会开展中美创业对比研究，向北京市侨联和海淀区委政策研究室报送《美国硅谷模式对海淀区创新创业发展的启示》《关于加强新形势下维护侨益工作的思考》《街道侨联组织建设与发展的调研报告》《新形势下侨联工作存在的突出问题和遇到的主要挑战》《当前侨联工作行政化、机关化、贵族化、娱乐化的主要表现及思想、体制根源》《关于改善中关村创新创业生态环境的建议》6 份调研报告。强化信息、舆情工作，拓宽信息收集渠道，邀请驻区科研院所和大专院校的侨界专业人士就相关专业领域的问题提供专业化建议，全年报送提案、信息、舆情等 80 余件（条），其中 42 条被中央、市、区相关部门采用。

（李东霞）

【海外联谊】 年内，区侨联邀请接待海外人士近 400 人次访问海淀。加强与海外侨团的交流合作，与海淀区商务委、体育局共同接待并举办西班牙北京同乡会访京团；增聘有影响力的海外华侨担任区侨联海外顾问；邀请来自美国、德国、巴西等 21 个国家和地区的海外侨领以及中国侨联“海外侨领中国国情研修班”的学员参观中关村创业大街，了解核心区创新创业及投融资环境；承办市侨联第十五届海外侨界高层次人才为国服务团走进海淀活动，其中4人在海淀落地创业。

（李东霞）

【依法护侨】 年内，开展“送温暖、献爱心”活动，将看望慰问侨界群众工作常态化，区侨联、街道侨联入户走访慰问以及通过开展活动集体慰问共计3200人次，发放慰问品、慰问金28.05万元；开展“六五”普法宣传教育活动，推进维护侨益与侨界群众需求相结合；在《海淀报》举办涉侨法律法规及侨务知识竞答活动；编发4000余册《归侨侨眷常用法律应用指南》《侨务法律法规政策问题100答》等法律宣传资料，借助侨联网站、期刊开辟法制宣传专栏，营造学法知法守法氛围；法律援助服务中心接待来访来电法律咨询、案件20余件。

（李东霞）

【服务新侨及归国留学人员】 年内，区侨联与中归会共同开展活动；举办新侨沙龙及海淀创新创业生态环境建设以及中关村创业大街整体建设运营宣讲会、“中关村数字文化创新与发展研讨会”；组织侨界人才赴扬州参加“创业•创新•创富”论坛，与朝阳区侨联、上海徐汇区侨联和杨浦区侨联、扬州市侨联共同发起成立“侨界创新发展联盟”，搭建跨区域协同创新和侨界资源共享平台；加强与驻区高校的交流合作，推进侨界人才智库建设，促进产学研协同发展。

（李东霞）

【侨联组织建设】 年内，区侨联开展“三严三实”专题教育活动；推进廉政风险防范管理和惩防腐败体系建设；开展“学党章、守纪律、讲规矩”主题教育活动。坚持党建带侨建，围绕为侨服务、创新发展等内容，开展“一单位一品牌”“改作风、下基层、送温暖”活动及党组织党员“双报到”工作。新成立4个基层侨联组织，1个街道侨联完成换届工作。

（李东霞）

海淀区红十字会

【概况】 2015年，区红十字会对捐款信息进行公示，并通过区红十字会网站向社会公布人道救助信息，包括救助人员姓名、所辖街道、救助金额等，增强红十字组织的透明度。

2015年，新成立海淀区红十字会机关系统、医疗卫生系统、国企和非公有制企业4个工作委员会。截至2015年底，全区有基层红十字组织318个，包括街镇和总公司红十字会27个，红十字会工作委员会5个；团体会员单位313个，青少年会员20万人，有红十字志愿者5350名。全区形成条块结合、纵横交错的红十字基层组织体系，成为全市基层组织覆盖最广泛的地区。全年共募集爱心捐款2011916.17元，其中西藏地震、尼泊尔地震、鲁甸地震专项捐款23.62万元。企事业单位捐款占募捐资金总量的55.59%，个人捐款占44.41%。全年共投入246.90万元，通过灾害救助、天使圆梦、点亮生命、温暖一家、携手夕阳和助飞梦想6个人道项目和“两节”送温暖活动，救助困难群众736人。

（郭胜清）

【工作报告白皮书首次发布】 4月，区红十字会以白皮书的形式发布2015年度工作情况报告。白皮书总体框架分成10部分18项，详细报告了海淀区红十字会组织体系建设情况，包括理事单位、常务理事单位组成、基层红十字组织组成单位；2015年募捐总体情况，包括“博爱在京城”募捐和专项募捐款来源、捐赠主体类别构成及所占比例、个人捐赠所占比例等；2015年实施人道博爱救助项目、投入金额、受益人、所在街镇等等；2015年举办应急救护培训普及班、取证班班次，普及、取证人数以及单位、人员类别构成比例；并对2015年度红十字宣传传播、红十字青少年工作、造血干细胞捐献、应急救援队建设、政策制定及制度建设等情况进行总体介绍。白皮书表格图文并茂，内容覆盖全面，结构清晰醒目，数据翔实具体。

（郭胜清）

【红十字公益文化传播】 5月8日世界红十字日，区红十字会举办“走近红会、感知人道”宣传活动，展示红十字核心业务。重大节日期间在《海淀报》开辟专栏，开展“红十字与文明海淀同行”主题宣传。与海淀新闻中心合作制作红十字工作宣传片，倡导红十字公益文化理念。加强区红十字会网站建设，及时更新动态，公示办事流程。全年撰写工作信息142篇，编发红十字工作信息43期，《中国红十字报》、首都之窗、《海淀报》等媒体采用信息137篇次。

（郭胜清）

【应急救护培训】 7月16日，区政府办公室印发《关于转发海淀区红十字应急救护培训三年行动计划（2015—2017年）的通知》，红十字应急救护培训工作纳入区政府工作规划，成为海淀区政府31件为民办实事折子工程之一。区红十字会推进应急救护培训进学校、进社区、进机关、进农村、进企业“五进”活动，选派优秀讲师和操作老师，以公开课、取证培训课、大讲堂的形式，为中小学校、大学、机关、街道社区、乡镇村、企事业单位、医院、培训基地、公园等100余家单位开展以“关爱生命、自救互救”“急救与老龄化人群”“尊重生命，永不放弃”等为主题的培训。全年通过公开课普及培训100期，培训30358人；取证培训260期，14696人取得合格证书。

（郭胜清）

【红十字应急救援能力建设】 9月12日，区红十字会在北京凤凰岭自然风景公园举办纪念“世界急救日”应急救援演练暨区红十字会救援队授旗仪式，组建红星救援队海淀区红十字分队。这是继地质大学红十字救援队之后又一支红十字应急救援辅助队伍。11月7—8日，组织红星救援队海淀红十字分队20名队员在北京至张家口地区道路，进行复杂地形、恶劣天气状况下的汽车驾驶技能实地操练培训，提高救援队队员针对特殊天气、复杂路况的现场救援能力。

与北京市红十字会联合，先后在北京交通大学、北京科技大学和北京理工大学附属中学、北京农业大学附属中学、北京交通大学附属中学、北京市温泉第二中学建立6个“首都紧急救援志愿服务站”。服务站配备有自动体外除颤仪（AED）、急救箱、轮椅、血压计等急救设备，并配备创伤心肺复苏模拟人、婴儿梗阻模拟人、应急救护培训课件、宣传光盘等教学用具及教材。服务站作为反恐维稳知识宣传站、了解社情民意搜集反恐情报和信息的采集处、应对突发事件和反恐维稳的备勤点、志愿服务的先锋岗、应急医疗处置转运的急救站和心理疏导干预的诊疗所，为服务和保障辖区群众的健康和安全发挥作用。

与北京圣林润景科贸有限公司合作，在四季青镇、海淀街道等12个街镇的公园、社区等公共场所设置74个应急救援亭，每个救援亭配备轮椅、担架等35种应急设备。红十字应急救援亭为及时处置突发事件造成的伤害提供免费救援。

（郭胜清）

【公益募捐】 年内，依托基层红十字组织发动辖区群众、企事业单位奉献爱心，共募集爱心捐款2011916.17元，其中西藏地震、尼泊尔地震、鲁甸地震专项捐款23.62万元。企事业单位捐款占募捐资金总量的55.59%，个人捐款占44.41%。

（郭胜清）

【人道救助】 年内，区红十字会与中国红十字基金会幸福天使基金合作，向辖区2000余名困难家庭婴幼儿免费发放价值100万元的奶粉，为500名困难家庭的新生儿进行免费大病筛查。争取中国红十字会事业发展中心支持，向四季青镇敬老院和阳台山敬老院分别发放价值20万元的养老设备和物资。对6名返城无医疗保障知青、49名非典后遗症医护人员、2名疫苗异常反应患者实施救济。全年共投入246.90万元，通过灾害救助、天使圆梦、点亮生命、温暖一家、携手夕阳和助飞梦想6个人道项目和“两节”送温暖活动，救助困难群众736人。

（郭胜清）

【红十字志愿服务活动】 年内，区红十字会举办2次应急救护师资志愿者继续教育培训班和工作交流会，加强红十字应急培训师资志愿服务队建设，培育师资志愿者博爱奉献意识。组织师资志愿者参加世界红十字日、防灾减灾日和世界急救日等纪念日主题活动和“珍爱生命、科学救援”演练活动。组织机关党员干部到四季青敬老院开展“爱老、助老、敬老”志愿服务活动，到凤凰岭自然风景公园开展以“合力抗艾，共担责任，共享未来”为主题的世界艾滋病日志愿服务活动。

（郭胜清）

【造血干细胞捐献】 年内，区红十字会招募组建捐献造血干细胞宣传传播志愿服务队，组织北京科技大学、北京林业大学、北京交通大学、中国人民大学、中国劳动关系学院等驻区高校开展造血干细胞捐献工作培训和宣传动员，全年共有837名捐献造血干细胞志愿者血样加入中华骨髓库。年内有4名志愿者与白血病患者配型成功，并完成造血干细胞捐献。截至年底，全区造血干细胞捐献者共计47人。

（郭胜清）

【红十字青少年活动】 年内，区红十字会在50余所大、中学校开展应急救护培训，北京体育大学和林业大学分别在首都高校应急救护大赛选拔赛中获得一等奖和二等奖。与区新闻中心和十余家中小学校联合开展海淀区第四届中小学生闲置物品拍卖捐赠活动。5所学校教师参加第二届北京探索人道法项目师资培训班，并在试点校开展人道项目活动。理工大学附属中学承办红十字国际委员会探索人道法项目经验交流会暨探索人道法教学设计大赛和文化衫设计大赛评奖发布会。

（郭胜清）

法 治

2016
北京海淀年鉴

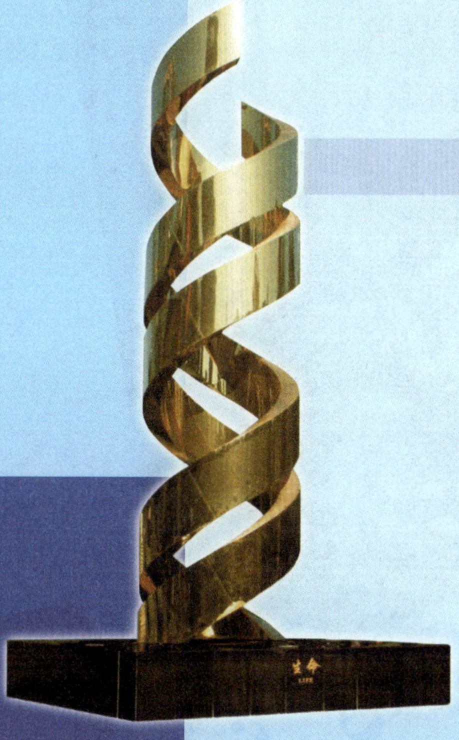

3 月 12 日，区政府区长会前学习《中华人民共和国预算法》（区法制办 供图）

6 月 5 日，区政府法制办对区属行政执法单位“六五” 普法宣传教育落实情况进行考核验收（区法制办 供图）

6月10日，区专职铁路护路联防队员培训现场（区综治办 张顺 摄）

“七一”前夕，区委政法委领导慰问困难党员家属（区委政法委 供图）

9月28日，海淀公安分局民警在社区部署专项治安整治工作（海淀公安分局 供图）

10 月 12 日，学院路地区展春园社区群租房拆除（区流管办供图）

10 月 27 日，区人民法院审理刑事速裁程序案件（区人民法院供图）

11 月 27 日，区法制办组织各单位安全生产负责人，到区人民法院旁听审理清华附中在建体育馆坍塌案件（区法制办 供图）

12月4日，区司法局开展法治宣传（区司法局 供图）

12月9日，区人民检察院与中国人民大学法学院签署职务犯罪信息化侦查合作协议（区人民检察院 姚辉 摄）

海淀公安分局领导值守“高宝来岗”（海淀公安分局 供图）

政法委与综治工作

政法委工作

【概况】 2015年，海淀区政法系统以“两大活动”安保维稳为主线，政法各项工作取得新成绩，确保全区的安全稳定。群众满意度和群众安全感连续十个季度获得城六区第一名。海淀区获“首都社会治安综合治理优秀区”称号。区人民法院被评为全国模范法院。

“两大活动”安保维稳 全力确保“两大活动”顺利进行。成立以区委书记、区长为总指挥，四套班子领导为副总指挥的维稳安保工作指挥部，构建覆盖各街镇、社区（村）和驻区单位的三级工作网络，形成领导靠前指挥、部门齐抓共管、区域协调联动的维稳工作格局。把反恐工作全面纳入维稳体系，与安保维稳任务同部署、同检查、同落实，组织反恐培训、反恐演练等，推进全区反恐工作的落实。加强情报信息的搜集研判，启动战时情报会商机制94天，搜集有效情报信息700余条，为完成“两大安保”任务、惩治暴力恐怖活动提供情报信息保障。加大对邪教组织、涉恐涉暴人员的排查力度，在“两大活动”期间，每天组织公安、武警、民兵、治安志愿者等专群力量17.5万人参与社会面防控，对重点地区重点部位加强巡逻防控，实现“万无一失”的工作目标。

化解社会矛盾纠纷 从创新群众工作方法、加大依法治理力度、完善工作制度机制等方面入手，提高预防化解社会矛盾的水平。推进社会稳定风险评估，把风险评估工作嵌入中关村科学城建设、北部地区开发建设、重点村城市化改造工程、保障房建设和环境整治等一批重大项目、重点工程，全程对风险隐患进行动态管控。开展法规法纪、典型案例宣传等，促进村“两委”换届工作依法有序进行。协助中央驻区单位做好基建项目风险评估工作，完成“中国医学科学院北区建设工程项目”“中央党校学员集体宿舍项目”等项目风险评估，为项目落地创造条件。推进四王府拆迁纠纷、亿世界小业主群体、非京籍学生家长群体访、风件二厂拆违等矛盾纠纷的化解处置工作，完成蒙京华案款清退、马航失联善后处置等涉众型群体访事件。为拆迁拆违工作提供司法服务、支持、保障，推动国家重点工程地铁16号线、玉渊潭中直机关供地执行、水务局清河司法强拆、唐家岭拆违等任务的完成。加大困难群体的法律帮扶救助力度，深化养老服务体系建设，推进低保救助制度的落实，实现“应保尽保”的目标，缓解了基层社会矛盾。

平安海淀建设 推进立体化治安防控建设，加快重点部位视频监控建设，推动视频智能分析报警等新技术的应用。以老旧小区和平房区为重点，分步推进社区（村）视频监控、楼宇门禁、防爬刺等物技防设施建设，投入2.5亿元，安装门禁系统、社区监控探头，社区（村）三类可防性案件同比下降17.5%。对5处市级挂账、10处区级挂账、29处街镇级挂账社会治安重点地区进行专项整治，全部实现摘牌销账，疏解流动人口2.26万人。整治城乡接合部33处人口倒挂地区，社会治安秩序明显改善，并通过市级部门验收。开展社会治安专项清理整治，查处一批黑导游、黑出租车、无照游商，一批安全隐患问题得到解决。集中开展消防安全专项整治，发现并消除各类火灾隐患1.5万起，完成4000多次灭火救援处置任务，火灾起数同比下降9.62%。排查整治违法群租房2385户。加大反邪教警示宣传教育，开展对邪教组织的摸排清查，遏制邪教组织寻衅滋事活动。

提高执法司法能力 围绕京津冀协同发展，制定并实施一系列司法保障措施服务、保障经济社会发展。深入推进司法体制改革，加强组织领导，统筹协调形成工作合力，取得《关于海淀区建立完善国家司法救助制度的实施办法》《海淀区刑事案件速裁程序试点工作细则》等一批改革试点成果，其中，“刑事案件速裁”“海淀网友”获得中央政法工作会议的表扬。海淀公安分局破获经济犯罪案件2346起，八类危害严重暴力案件破案率达到85.9%；区人民检察院受理审查逮捕案件2557件3278人，受理审查起诉案件3228件3938人，受理职务犯罪案件40件44人，受理民事行政申诉案件152件；区人民法院全年共受理各类案件72922件，同比上升49%；审结、执结案件53542件，同比增加5716件。组建“法之声”普法宣讲团、“律之韵”普法艺术团等，深入基层、紧贴群众，开展普法宣传教育和法律服务。组织律师开展各类公益法律服务1700多场次。各级调解组织调解案件26739件，调解成功率94%。

政法队伍建设 开展“三严三实”专题教育，总结推广区司法局“四式”学习法[①]，开展主要领导干部上党课、党员签订责任承诺书、先进典型推树等实践活动，加强党员领导干部思想、作风、党性建设。开展党建“三级联创”督导检查，建立“后进”台账，探索建立软弱涣散（后进）基层党组织整顿机制，推进政法系统基层党组织工作规范化、组织活动制度化。建立网络监控、监管、侦察、反制、打击和宣传“六位一体”的舆论引导和政法宣传工作机制，通过“海淀政法综治网”网络平台，宣传报道政法队伍建设先进典型和政法工作的动态信息，刊发4000余篇信息，向市政法综治网报送9000余篇信息。贯彻中央八项规定和市区有关规

① 以工作任务为主体的“应用式”学习法、以难点弱点为牵引的“研究式”学习法、以实践锻炼为基础的“体验式”学习法、以改革创新为重点的“拓展式”学习法。

定，落实政法干警违法违纪报告、领导干部述职述廉等制度，推进审判公开、检务公开、警务公开等，加强对执法司法关键环节、重点岗位的督查曝光力度，降低岗位廉政风险。

（王海广）

社会治安综合治理

【概况】 2015年，海淀区社会治安综合治理工作以打造平安海淀建设升级版为主线，全面落实综治领导责任制，区、街（镇）、委办局、属地单位层层签订综治工作责任书，坚持突出问题导向、专项攻坚、项目带动、依法治理四个要素，解决社会治安领域的各类突出问题，夯实社会治安综合治理的基层基础，提升群众的安全感和满意度，为全区建设全国科技创新中心核心区营造安全稳定的社会环境。10月，海淀区机构编制委员会根据北京市编办《关于同意北京市海淀区社会管理综合治理委员会办公室更名的批复》精神，决定将北京市海淀区社会管理综合治理委员会办公室更名为海淀区社会治安综合治理委员会办公室。

年内，海淀区被首都综治委授予“首都社会治安综合治理优秀区”的称号。区综治办被北京市未成年人保护委员会授予“2013—2014年度北京市未成年人保护工作先进集体”称号。区综治办完成的重点调研课题“积极探索提升平安海淀建设社会化水平的主要途径”被首都综治委评为一等奖。

（刘鑫）

【组建专职铁路护路联防队】 2月，区综治办联合区财政局、区人力社保局、公安分局等部门印发《关于组建海淀区铁路专职护路联防队伍的实施方案》，投入70余万元，组建一支27人的专职铁路护路联防队伍。铁路护路联防队的主要职责是协助公安机关预防、制止铁路沿线（铁路安全保护区外）各种危害铁路安全的违法犯罪活动和影响列车安全行驶的行为，维护铁路治安秩序，确保铁路运输安全。

（刘鑫）

【培训综治系统干部】 4月9日—10日，区综治办组织34个委办局和29个街镇主管综治工作的领导干部103人进行综治工作业务培训。培训重点围绕健全落实综治工作领导责任制、社会治安重点地区挂账整治等综治主要任务，采取领导授课、专家辅导讲座、分组交流研讨等形式，进一步提升综治干部履职尽责的能力。

（刘鑫）

【服务保障“两大活动”】 6月—9月，区综治办把“两大活动”的安保维稳工作作为全年首要政治任务。按照“万无一失”的工作标准，协调各相关职能部门和各街镇，制订、完善一系列工作方案和预案，持续开展重大活动社会面防控暨安全感提升专项行动，适时启动社会面等级防控，组织发动治安巡防队、治安志愿者、铁路护路专职巡防队员等各类群防群治17.5万人参与社会面防控，落实群防群治力量实名制管控机制，实现定岗、定人、定责参加社会面防控；启动战时会商机制，及时应对突发情况和疑难问题；建立“一对一”定向督导机制，强化对各项防控落实情况的督导检查，确保以最高标准、最严措施、最佳状态实现“大事没出，小事也没出”的工作目标。

（刘鑫）

【综合整治北大清华校园游环境秩序】 7月—8月，针对暑期北大、清华校园游高峰时期，校园内及周边地区黑车揽客、无照游商占道经营、制贩“三假”、散发小广告和黑导游揽客等各类突出违法行为，区综治办统筹协调区公安分局、区城管执法局、区交通支队等职能部门，燕园街道、清华园街道、海淀街道以及北京大学、清华大学校安保部门，开展为期两个月的北大、清华校园游治安秩序和环境综合治理专项行动。通过采取调查摸底、分层推进、建章立制等措施，维护北大、清华校园及周边的环境和治安秩序。其间共惩治处理违法犯罪人员305人，其中刑事拘留1人、行政拘留72人、罚款15人、警告148人、批评教育69人。

（刘鑫）

【“压发案、整秩序、除隐患”专项行动】 7月—9月，区综治办联合区公安分局开展“压发案、整秩序、除隐患”专项行动。按照“问题导向、重点攻坚、协同作战、统筹推进”的工作思路，以“攻坚压发案、着力整秩序、强化除隐患”为着力点，重点针对群众反映强烈的电信诈骗、入室盗窃等高发案件、突出环境秩序问题和安全隐患进行专项整治。共出动公安、城管等各类执法力量11178人次，治拘扰序人员453人，清理非法营运170人，查扣黑车58辆。通过专项行动，打击整治光耀东方广场等地存在的违法犯罪活动，净化全区的社会治安环境，推动非首都功能有序疏解。

（刘鑫）

【“平安北京”公益宣传】 7月—9月，按照“覆盖辖区所有社区（村）、突出人员密集场所、采取多种宣传形式”的工作思路，区综治办组织全区29个街镇开展张贴、播放“平安北京”公益宣传海报活动。选取大型商场、便民服务中心、休闲公园、加油站等公共场所，通过张贴海报、户外电子屏、官方微博等宣传载体，吸引更多群众关注平安建设，实现“平安北京”公益宣传效果的最大化。共张贴“平安北京”公益宣传海报1.1万张，投放滚动播放“平安北京”宣传标语电子屏600余块，投放滚动播放“平安北京”宣传海报电子屏50余块。

（刘鑫）

【“铁路安全宣传月”活动】 9月，区综治办组织16个有铁路护路任务的街镇开展“铁路交通安全月”活动。投资10万余元，在铁路沿线制作悬挂安全提示牌和公示责任牌180余块，制作发放护路宣传布袋5000个，发放铁路宣传海报5000张，发放《致居民群众的一封信》9000份。通过在铁路护路联防中注入摸清底数、明确责任、依法履职、持续治理、广泛宣传、强化物技防六个要素，遏制破坏铁路沿线护网、行人穿越铁路、铁路沿线私搭乱建等隐患，确保铁路运输安全。共拆除违章房屋30间，取缔无照摊群市场6个，清理僵尸车20辆，清运渣土50余吨。

（刘鑫）

【整治三级挂账社会治安重点地区】年内，区综治办统筹协调相关部门对5处市级挂账①、10处区级挂账②、29处街镇级挂账③的社会治安重点地区进行重点整治。通过专题会议部署、联席会商分析、领导包片负责、每月通报评价、实施督查督办等工作措施，44处三级挂账社会治安重点地区年底全部实现摘牌销账，地区的社会治安秩序明显好转。共在小区出入口等重点部位新装视频监控探头142个，安装防爬刺9525米，出动各类执法力量160891人次，清理非法运营866人、无照游商8890摊。

（刘鑫）

【推行"三联防"治安防控工作模式】年内，为健全完善立体化社会治安防控体系，区综治办在所有社区（村）中推行楼门联防、楼层联防、院落联防"三联防"工作模式。以楼门、楼层、若干院落作为一个基础防控单元，由一名"入得了户、说得上话、交得了心、干得了事、解得了需"的威望高的志愿者担任组长，履行"职责任务清楚、每户情况清楚、人员类别清楚、隐患矛盾清楚、平安需求清楚"的"五清楚"巡防责任，织密社会治安防控网络，提升群防群治力量的防控水平，最大限度地消减三类可防性案件发案率。区综治办以有效消减社区（村）三类可防性案件为抓手，组织三类可防性案件发案高的社区（村）属地街镇、派出所召开12次高发案地区案情分析会，会商有效开展打防工作的措施。采取下发督查督办通知书、约谈地区主管领导和派出所主管所长等措施，重点强化对入室盗窃案件发案较突出的田村、北太平庄、西山等地区的准确打击和科学防范，三类可防性案件高发态势得到遏制。全区社区（村）三类可防性案件④同比下降13%，群众安全感保持较高水平。

（刘鑫）

【专项整治城乡接合部人口倒挂重点地区】年内，区综治办组织协调相关职能部门和属地街镇，按照"一村一策一案"的工作要求，对全区33个城乡接合部⑤人口倒挂重点地区进行分类治理。围绕部分地区治安秩序有所反弹、违法建设和安全隐患依然存在、低端产业无序经营、流动人口总量依然较大等突出问题，重点对朱房村、塔院村、半壁店第二社区等地区在集体土地上建设的成规模出租大院进行整治。共拆除违法建设31589.95平方米，关停小门店156家，消除安全隐患729处，新装视频监控探头165个，铺设消防管线4257米。实现地区社会治安秩序改善明显的目标。

（刘鑫）

流动人口和出租房屋管理

【概况】2015年，区流管办贯彻落实北京市委、市政府《关于贯彻京津冀协同发展规划纲要的意见》和区委十一届七次全会精神，以调整结构、减少总量、优化素质、促进融合为总体调控目标，综合运用以业控人、以房管人、以证控人、资源纳人等管理手段，以人口规模调控为主线，以违法群租房长效治理为抓手，发挥统筹协调作用，推进全区流动人口和出租房屋管理工作。

（张丽丽）

【人口规模调控】年初，按照北京市对各区县人口调控指标要求，区实有人口办（流管办）会同发改委、统计局等部门，制定实施《2015年海淀区增强核心功能调控人口规模重点任务分解方案》，将2014年的19项重点任务扩展至25项，涵盖拆违打非、撤市场调业态、城中村整治和拆迁腾退、以房管人和保障措施五个方面。区实有人口办（流管办）根据市流管平台数据对29个街镇下发2015年度人口调控目标任务并签订责任书；依据《2015年海淀区增强核心功能调控人口规模重点任务分解方案》，将25项重点任务细化分解至29个街镇，由区长与各牵头部门及街镇签订人口规模调控责任书。制定印发《海淀区实有人口服务管理委员会人口规模调控工作调度制度》，召开9次调度会，解决困难问题91个。

截至年底，全区共拆除上账违法建设1050余处、165万平方米，关停无证照小门店4000家。通过治理，花园路、万寿路、香山、中关村、八里庄5处市级挂账社会治安重点地区和10处区级挂账社会治安重点地区已全部达标，29处街镇级挂账社会治安重点地区全部达标。关停有形市场131家，其中商品交易市场36家、回收市场95家，撤销摊位6000个，面积40万平方米。拆除设施农业大棚514栋，整治集体土地上低端企业622家，城市化改造推进拆迁企业374家，涉及整改面积75.5万平方米。完成棚户区拆迁改造8573户、非住宅腾退16.5万平方米，累计完成北部地区9167个院落、1018户非住宅腾退工作，拆除玉泉山周边违法建设及相关低端集体产业14.6万平方米。清理普通地下室128处、清理散租人员4100人，规范、合法使用住人人防工程386处。共涉及调整外来人口18.9万人，完成年

① 花园路地区、万寿寺地区、香山地区、中关村地区、八里庄地区。

② 万寿寺地区、北太平庄地区、永定路地区、羊坊店地区、西二旗地铁站周边、清河桥周边、双泉堡地区、圆明园南门周边、北大东门周边、清华西门周边。

③ 阜成路北二街、百旺商城周边、北京海洋馆周边、正白旗社区、清华大学南门、石佛寺村、清河四街、采石路东侧、黄庄路口、蔚秀园社区、圣熙八号周边、公主坟环岛、颐和园北宫门地铁站、北洼路第三社区、香山路西段、航天中心医院周边、志强园市场、海淀黄庄路口、龙岗路至永泰中路、三虎桥南路、永定路口南、北医三院周边、槐树居路、西小口地铁站周边、温泉镇显龙山路、上庄镇政府街、金四季商业圈、东北旺五队、苏家坨镇海淀驾校周边。

④ 入室盗窃、入室抢劫、盗窃机动车。

⑤ 塔院村、朱房社区、树村社区和树村后营社区、韩家川村、永丰屯社区、明光村社区、半壁店第二社区、四王府社区、肖家河社区、一亩园社区、宝同社区、西冉村、西山村、圆明园东里、石佛寺社区、西钓社区、上庄村、清缘里社区、马北路一号院社区、东馨园社区、香山第一社区、香山第二社区、西北旺社区、水磨成府社区、福缘门社区、厢红旗安河桥社区、挂甲屯社区、四街社区、田村社区、屯佃村、西玉河村、冷泉村、八家村。

度人口调控目标任务。

（张丽丽）

【实有人口信息采集核对】 4月中旬—9月底，区流管办会同区公安分局开展实有人口信息核对工作。截至9月底，全区共新登记实有人口100.8万人，维护204.8万人，核销70.7万人。其中新登记流动人口66.5万人，维护65.5万人，核销48万人；新登记出租房屋6万户，维护10.7万户，核销3.6万户。北京市派出所工作综合信息系统内共登记实有人口信息366.3万人，其中人户一致信息182.2万人，人户分离信息52.7万人，流动人口信息131.4万人。

（张丽丽）

【增强核心功能调控人口规模专题培训班】 6月10日—12日，区实有人口办（流管办）在区委党校举办增强核心功能调控人口规模专题培训班。邀请北京大学、中国人民大学和市统计局、首都综治办以及市发改委的教授和专家，针对社会治理宏观背景下特大城市人口调控、北京市人口增长特点和发展趋势、全市人口调控工作总体安排、国外及北京市其他区县经验借鉴、流动人口服务管理工作等内容进行授课，实有人口委相关委办局及各街镇主管人口规模调控工作的副处级以上领导干部共55人参加培训。

（张丽丽）

【风机二厂整治现场经验交流会】 12月3日，区实有人口办（流管办）组织全区人口规模调控25项重点任务牵头单位在西三旗街道召开风机二厂整治现场经验交流会。7月，正式启动风机二厂重大安全隐患专项整治工作，经过5个月多部门的通力配合，共拆除厂内违法建设13291平方米，拆除门窗房屋599间，清退租住人员4592人，清退率达99.8%。

（张丽丽）

【群租房整治】 年内，区流管办以及时处理群众举报投诉为牵动，建立健全违法群租房整治长效机制，防止群租行为反弹的总体要求，继续按照“属地负责、部门尽责、依法治理、常态管理”原则，推进全区违法群租房治理工作。召开全区违法群租房投诉举报治理工作推进会、违法群租房集中治理阶段工作部署会，制定印发《关于继续深入推进违法群租房专项治理工作的实施方案》，确定6月—9月为群租房集中治理阶段，并建立双周通报制度，对各街镇违法群租房治理工作进行通报。为调动广大群众参与违法群租房治理工作的积极性，及时发现和依法查处违法群租房，区流管办制定实施对违法群租房举报人给予物质奖励的管理办法；加大宣传力度，共安装宣传标牌5000余块、印发各类宣传教育材料68106份。截至年底，排查发现违法群租房累计2385户，隔断5027间、租住11038人，全部完成治理，治理率达100%。其中处理群众举报投诉及市流管办下发转办的“12345”投诉举报542起，开展联合执法87次，处罚违法违规经纪机构17家，关停“黑旅店”5家，返还承租人租（押）金4.9万元，劝退租住人员11038人。

（张丽丽）

法治政府建设

【概况】 2015年，海淀区政府法制办公室（简称区法制办）推进行政权力清单制度，深化行政审批制度改革，强化重点领域行政执法。共审查各部门报送文件75件，涉及政府工作的各个方面。提出法律建议130余条。区政府全年制发行政规范性文件4件，各委办局报备行政规范性文件7件。审核区城管执法监察局报送强制拆除违法建设48件，批准44件。全年共接收行政复议案件407件，直接纠错34件，综合纠错84件；开展行政调解32215件，成功15757件。

（张少民 郝广智）

【政府法治工作培训】 4月14日—15日，区法制办举办政府法治工作培训，全区各执法委办局、街镇的主管领导及法治工作人员160人参加。培训内容包括五个方面：建立政府法律顾问制度，明确法律顾问聘用方式及时间节点；针对新修订的行政诉讼法实施，重点解析政府面临的新局面和新问题；根据行政复议工作情况变化，提出具体的应对意见和建议；根据行政执法新要求，进一步强化执法程序；根据全区依法行政的整体推进，对各单位加强依法行政工作统筹和明确工作措施提出具体要求。

（张少民 郝广智）

【行政诉讼法培训】 5月21日，区法制办组织以区政府为主体的复议、应诉工作培训，全区12家承办区政府案件单位的分管领导及工作人员共20人参加。培训重点对新《中华人民共和国行政诉讼法》、最高人民法院关于适用《中华人民共和国行政诉讼法》若干问题的解释、《行政诉讼法新旧法衔接的几个具体问题》、《海淀区行政案件复议、应诉工作规定》进行讲解，从新法的修法背景、新旧法对比、修法后对行政机关的要求等方面，对新《中华人民共和国行政诉讼法》进行较为全面的解读。

（张少民 郝广智）

【检查验收“六五”普法工作】 5月27日—6月5日，区法制办组成3个检查组，对区属28家行政执法单位进行“六五”普法工作的全面检查验收。结合平时工作情况及时汇总情况，最终形成综合检查得分，并将本单位及成员单位自查报告、自查分及检查分一并上报区法宣领导小组，促进“六五”普法工作的落实。

（张少民 郝广智）

【建立区政府法律顾问制度】 6月10日，经区政府常务会、区委常委会审议通过的《海淀区人民政府关于建立政府法律顾问制度的实施意见（暂行）》公布实施，海淀区政府法律顾问制度正式建立。

（张少民 郝广智）

【行政执法工作培训】 7月14日—16日，区法制办与区委组织部、区人力社保局、区委党校联合举办加强和改善行政执法示范培训班。来自各相关执法单位的80名科级领导干部参加培训。培训聘请中国人民大学、中国社会科学院、国家行政学院的3位教授，市政府法制办监督处、海淀区人民法院行政庭的2位专家辅导授课。

（张少民　郝广智）

【评查执法案卷】 7月21日—24日，区法制办组织对2015年度案卷进行评查。共抽查29家执法部门的72份行政处罚案卷和22份行政许可案卷。评查组由区卫计委、城管执法监察局等14个执法委办局抽调14名从事法制或执法工作的人员组成。评查期间，对发现的问题集中进行讨论。特邀北京惠诚律师事务所1名律师全程参与。

（张少民　郝广智）

【查处违法建设工作培训】 7月30日—31日，区法制办举行查处违法建设工作培训。各镇政府主管领导、司法所所长及核查队人员共74人参加。聘请北京大学的教授对查处违法建设相关理论进行辅导；邀请海淀区城管执法监察局执法人员对违法建设查处主体、职权划分及法律适用进行明确，对法律文书制作逐一进行讲解；邀请海淀区人民法院法官对行政诉讼中查处违法建设相关案件进行分析；各镇政府查处违法建设的主管领导、司法所所长及核查队队长就工作中存在的难点和问题进行讨论交流。

（张少民　郝广智）

【行政复议工作总结培训会】 8月5日—6日，区政府法制办召开2015年上半年行政复议应诉工作总结暨培训会。全区各委办局、街镇150余名主管领导及复议办案人员参加。培训会主要对2015年上半年全区行政复议应诉工作进行总结，同时结合真实案例就行政复议、应诉工作中应注意的问题做详细的讲解。2015年上半年，全区行政复议总收案245件，审结141件。以区政府为行政应诉主体的案件390件，其中行政诉讼365件、行政复议25件。案件数量位居全市各区县首位。培训邀请海淀区人民法院行政庭副庭长做专题辅导。

（张少民　郝广智）

【执法案卷交流反馈会】 8月12日—14日，区法制办组织行政执法案卷典型案例交流和问题反馈会。全区行政执法部门法制科科长和执法机构主要负责人共70余人参加。交流会上，选定5本案卷作为代表性案例。由案例的行政执法部门介绍行政处罚案件基本情况，再由案卷评查人员提出该卷存在的问题并进行后果分析，行政执法部门对问题陈述申辩，其他执法部门提出相应问题或见解，最后由特邀北京惠诚律师事务所律师进行法律风险分析。案例分析交流后，由评查人员向被评查执法部门详细反馈每个案卷的问题和所反映执法中的倾向性问题。

（张少民　郝广智）

【建立区政府法律顾问团】 10月，海淀区政府与高警兵律师事务所、人富律师事务所、中洲律师事务所、天元律师事务所签订2015—2016年度常年法律顾问聘请合同。加上原有的乾坤律师事务所，共计5所法律事务所，组成海淀区政府法律顾问团。区政府法律顾问参与区政府涉法事项处理17件，出具法律意见书7份、其他法律建议20余条。

（张少民　郝广智）

【组织庭审旁听】 11月27日，区法制办牵头组织区属各单位负责安全生产管理工作人员及部分企业管理人员近70人，到海淀区人民法院旁听“清华附中在建体育馆发生坍塌事故”案件的审理。2014年12月29日，清华附中在建体育馆发生坍塌事故，共造成10人死亡、4人受伤。北京建工一建工程建设有限公司和创分公司清华附中项目商务经理杨某某等15人因重大责任事故罪被海淀区人民检察院提起公诉，海淀区人民法院进行公开审理。

（张少民　郝广智）

公　安

【概况】 2015年，海淀公安分局围绕首都“四个中心”定位和建设中关村国家自主创新示范区核心区工作目标，树立“四个第一”①理念，完成“两大活动”及中共十八届五中全会等重大安保任务。依托“一表化”机制和对抗式检查，强化对各类涉恐要素的有效管控，对重点反恐防恐部位逐一落实专群安防力量。在全区部署武装处突车30余辆，组织开展60余次实兵演练，提升对突发事件的处置能力。全年累计投入警力12万余人次，完成警卫任务4600余次，劝离上访人员5000余人次。推进构建社会治安立体化防控体系，群众安全感连续7个季度在城六区保持第一。全年共接报110警情28.5万件，同比下降11.9%。刑事拘留犯罪嫌疑人6040人，治安拘留违法人员12280人，同比分别下降6.2%和10.5%。破案22983起，同比下降1.7%。其中，八类危害严重暴力犯罪案件破案率达到85.9%；故意杀人、伤害致死两类命案100%侦破；对多发性侵财犯罪案件实现以刑侦专业化惩治为牵动、多警种联动为支撑的规模打击，破案率同比增长3.7%；破获破坏社会主义市场经济秩序案件2346起，挽回经济损失约1.34亿元，追缴金额同比增加112.7%。

立足“平安海淀”建设，督促各企业和相关管理部门落实监管职责，及时发现、消除安全隐患。以旅馆、洗浴、

① 以维护政治安全、政权安全，确保党中央安全、首都安全为第一责任；以反恐防恐为第一要务；以守纪律、讲规矩为第一要求；以群众满意为第一追求。

歌舞娱乐、电子游艺4类行业场所为重点，落实专项安保期间超常规管控措施，持续开展行业场所执法检查。全年共检查行业场所4.5万家次，对存在问题的1580余家进行处罚，其中裁决大额行政罚款500余家，停业整改50余家，当场责令整改960余家，取缔无照黑开家庭式旅店40余家、黑开电子游艺厅20余家。收缴赌博机130余台。落实物流寄递行业开包验视、实名制登记及可疑情况报告制度，检查1600余家物流寄递企业，对其中540余家存在问题企业进行处罚。建立保安服务行业长效管控机制，针对突出问题开展专项清理整治，行政处罚保安服务企业违规问题7起，整改140余起。监管157项614场大型活动，共接待观众140万人次，确保绝对安全。推进实有人口信息核对专项工作,发动7万余名社会力量，共登记在册实有人口367.2万人，新发现未登记流动人口100.8万人、未登记出租房屋6万户，发现各类隐患问题6200余件，梳理出各类重点人员8800余人，全部实施补充登记及列管措施。

围绕“三严三实”专题教育，加强党风廉政建设，引入人力资源管理和项目化管理的理念，全面推行系列队伍管理工具，提升公安系统党建工作整体水平。做好110投诉化解和查处，建立畅通投诉人沟通化解机制，设置重点单位约谈和定期通报机制，全年发生110投诉54起，同比下降65%。

年内，增设执法办案中心，撤销香山公园、卧佛寺、紫竹院、育新花园、农大5个派出所。分局机关有室、处、队、所24个，其中警卫处、消防支队为武警现役建制；派出所39个，其中户籍派出所33个、治安派出所6个。

（周南南）

【“创文”迎检工作】 1月5日—9日，中央文明办测评检查组入驻海淀区，对海淀创建全国文明城区（以下简称“创文”）工作进行暗访测评，全区启动战时集中办公指挥机制。海淀公安分局各职能部门、派出所对外窗口工作规范，文明服务；各派出所配合属地街镇开展综合执法，加大对辖区内秩序类问题的清理整治力度；各巡逻警务站加强街面巡逻，及时发现和制止各类扰序问题。

（周南南）

【杰出民警工作室揭牌】 1月10日，海淀公安分局举行110警营开放日暨杰出民警工作室揭牌仪式。分局领导、市局有关单位领导、海淀区大专院校学生代表、中关村大道反扒志愿者联盟代表、在京部分媒体记者及群众参加。分局领导宣读成立张惠领、谭飞、蔡连启、李军海、雷建华5个杰出民警工作室的决定。杰出民警工作室将开辟专门场所，以集中培训的方式对全局不同警种的探组、民警进行专业培训，并深入基层对派出所一线打防工作进行实地教学和现场指导，以提升全局民警的执法水平与实战能力。

（周南南）

【烟花爆竹燃放监管】 2月18日，海淀公安分局组织区烟花办成员单位对全区119家烟花爆竹销售摊点进行安全检查。除夕20时至正月初一凌晨，各单位按照分工对全区1200余处禁放区、269个集中燃放点、短时封闭的7条机动车道路的安监工作进行检查。通过加强宣传，严格管理，海淀区烟花爆竹燃放秩序安全有序，因燃放引发的火灾事件同比大幅下降。截至初一17时，全区发生火灾3起，同比减少50%。

（周南南）

【冬奥会迎评活动安保工作】 3月24日，国际奥委会评估考察团到首都体育馆和万事达中心，对北京联合张家口申办2022年冬奥会进行考察和风险评估。海淀公安分局有关职能部门和属地派出所共组织警力80余人协助维护现场秩序，完成冬奥会迎评活动安保工作。

（周南南）

【清明小长假安保工作】 4月4日—6日，海淀公安分局会同区民政、城管、卫生、交通等部门及辖区各公园管理处，落实清明节墓地祭扫和游园活动安保工作。有关职能部门、派出所以反恐防暴、防群死群伤、防治安灾害事故为重点，采取多种措施，确保万安公墓、金山陵园等13处墓地陵园及颐和园、玉渊潭等11处公园景区假日祭扫游园活动的绝对安全。其间，分局共出动警力500余人次，接待群众117万人次，其中扫墓者上升38.3%。

（周南南）

【海淀区禁毒教育基地揭牌】 6月26日，海淀区禁毒委员会举行海淀区禁毒教育基地揭牌仪式，海淀区中小学校师生代表500余人参加。海淀区禁毒教育基地占地面积550余平方米，设有禁毒历史、毒品仿真样品、吸毒藏毒工具、禁毒工作、禁毒动画宣传、虚拟禁毒数字阅览及中小学生互动7个展厅。基地将通过组织各种活动，逐步在全区范围内实现中小学校、中等职业学校、高等学校毒品预防教育全覆盖。

（周南南）

【光耀东方广场治安环境整治】 7月16日,海淀公安分局组织7个职能部门、5个派出所的200余名警力，在毗邻西客站北广场的光耀东方广场开展治安专项整治行动。光耀东方广场出租房源众多且租金便宜，吸引大量小型公司到此办公，2015年5月以来连续发生多起涉众型案件，各类治安问题日益突出，成为海淀区的治安洼地。公安民警在行动中破获7个以公司形式实施诈骗活动的犯罪团伙，查处56名团伙成员，经审查，刑事拘留41人，治安拘留4人，警告11人。

（周南南）

【集中清理整治行动】 7月30日，海淀公安分局组织37个派出所会同属地街镇，在全区范围内开展大规模集中清理整治行动。行动围绕高发案社区、流动人口聚居区、存在安全隐患出租房、黑车揽客扰序及无照游商侵街占道等重点部位，逐户采集核对实有人口信息，排查各类治安、消防安全隐患，对黑车、无照游商进行集中清整。共出动警力870余人、辅警1000余人；检查出租房屋2200余间,审查流动人口2300余人，核录2000余人；排查整改各类安全隐患问题34件，惩治处理违法犯罪嫌疑人3名，处罚各类违法扰序人员20余人。

（周南南）

【成立执法办案中心】 11月8日，海淀公安分局执法办案中心揭牌。这是北京市公安局在海淀公安分局进行的试点建设。执法办案中心遵循“严格功能设置、满足实际工作、保证执法安全、规范执法办案”的原则，以标准化、流程化的管理运行机制为依托，提升执法办案效率。执法办案中心建立跨部门、跨警种、跨平台的综合信息查询系统；建立信息化的综合管理平台，统一管理、监督、调配全局的执法办案警力；优化办案流程、实施专业部门前置指导，实现与检、法的高效对接。执法办案中心实现“服务执法实战+规范执法行为+为基层减负”的运行模式，是公安系统改革的有益探索。

（周南南）

【赴柬押解电信诈骗嫌疑人回京】 11月10日9时许，按照公安部、北京市公安局统一部署，海淀公安分局赴柬埔寨押解电信诈骗犯罪嫌疑人工作组搭乘的东方航空公司专机历经16小时的长途飞行降落首都机场，在海关、检疫部门登机开展入境检查、登记后，押解民警依次将90名电信诈骗犯罪嫌疑人带下飞机，押送至分局执法办案中心。经过快速审查，分局有关职能部门迅速摸清该团伙的组织结构及通过网络进行赌博诈骗的犯罪事实。此次行动标志着全国打击治理电信网络新型违法犯罪专项行动首战告捷，央视新闻频道进行现场直播。

（周南南）

【“人民公安为人民”主题宣讲活动】 12月9日，海淀公安分局在首师大社区开展“秉公执法、人民公安为人民”主题教育宣讲活动。相关部门及社区群众代表共计380余人参加。活动中，北京市公安局刑侦总队、交管局、消防局、出入境管理总队、人口管理总队的民警向现场群众就各系统在方便群众、高效服务方面推出的便民利民举措及取得的成效做了宣讲。

（周南南）

【“两大活动”安保工作】 年内，海淀公安分局将“两大活动”安保任务作为重点工作来抓，坚持“以面保点”的基本定位，采取反复踏勘查找漏洞、实名上岗责任界定、路口封控疏堵并举、视频巡控同步跟进、受阅部队随卫护送等措施，累计投入警力1.3万人次，组织发动17.7万名群防群治力量，会同市公安局支援警力，完成“两大活动”的安保任务。9月3日阅兵式当天，分局负责姿态调整区第四区、和平鸽集结点及阅兵疏散路线的管控工作。确保管控区域内及疏散路线出入口、过街天桥秩序井然，安全交接、看守、押送集结点和平鸽，完成专项安保任务。

（周南南）

【完善群体性事件防范处置机制】 年内，海淀公安分局对全区不稳定因素进行动态摸排梳理，通过立项上账、风险评估，强化人力、技术情报，逐一制定针对性措施，重点时期辖区群体访预警率达到100%。全年妥善处置群体性事件490余批次、2.4万人次，同比分别下降28.6%和23.8%，未造成重大影响。累计查处各类非访人员700余人。推动、协调化解各类纠纷60余件，涉及3500余人。

（周南南）

【提升街头整体控制能力】 年内，海淀公安分局围绕地上地下一体化，对全区27个街头巡逻警务站进行升级改造和位置调整，将其中的22个巡逻警务站建在地铁站口周边，提升整体防控效能。通过划定重点，分层分级组织开展视频巡控会战，发挥视频巡控在反恐维稳中的重要作用。通过开展网格化视频图像系统建设，实现视频巡控与勤务指挥的高度统一。推进全局武装巡逻车、巡逻警务站和视频平台一体化联动指挥，实现视频巡控“天网”与街面巡逻“地网”的有机整合。

（周南南）

【管控危险物品】 年内，海淀公安分局落实重大安保活动期间超常规管控措施，以危险物品单位、刀具销售企业为重点，落实战时危险物品“四停一封”[①]、刀具销售“三禁两报告”[②]等规章制度，共检查危险物品单位5200余家次、刀具企业9400余家次，整改刀具销售企业150余家，收缴管制刀具、枪支等危险品7600余件。

（周南南）

【维护网络安全】 年内，海淀公安分局加强对辖区400余家大中型网站的管控工作，做好舆情监测，规范信息报送，推进联网单位安全管理制度建设，维护互联网的安全稳定。对互联网运营服务商安全信息系统进行等级保护检查，约谈运营商150余家次，对其中46家进行警告以上的行政处罚。强化负面信息管控，净化网络舆论环境。对涉网违法犯罪线索进行梳理及重点排查，共向基层办案单位转递线索790余条，抓获违法犯罪嫌疑人680余人。

（周南南）

【滚动摸排社会矛盾隐患】 年内，海淀公安分局对辖区挂账的170余个高发案社区、30余个流动人口倒挂地区及重点社区开展“抄底式”排查，梳理、稳控问题隐患1100余件。针对历史信访积案开展上下三轮的滚动排查，确保案件督办到位和人员管控到位。全年化解各类纠纷40余件，涉及1400余人，有效解决一批民众反映强烈的隐患问题。

（周南南）

【建立银行网点联勤联动工作机制】 年内，海淀公安分局重点加强银行系统对电信网络诈骗案件的防范力度，全年发生银行柜台汇款被骗及自助机具转汇被骗案件10起，同比下降54.5%。各派出所与辖区银行网点建立联勤联动工作机制，指导银行工作人员发现明显可疑又执意汇款的群众时立即向派出所报警，民警及时到场协助劝阻，尽最大可能减少群众损失。全年银行各网点成功堵截电信网络诈骗56件，为群众挽回损失880余万元。

（周南南）

【打击毒品犯罪】 年内，海淀公安分局通过“队所捆绑”“互联网点面结合”“寄递物流堵截”三种模式，不断强化对涉毒线索的发现和深挖能力，提高对毒品犯罪的整体打击水平。全年共抓获涉毒人员1600余名。开展打击网络涉毒专项行动，破获网络涉毒案件180余起，抓获涉毒人员610余人。破获贩卖、运输毒品案件20余起，缴获毒品4500

---

① 即停止生产、经营、运输、使用，并封库保管。

② 即不得向行为异常、精神异常和未成年人等人员出售刀具；对在经营活动中发现行为异常、精神异常等刀具购买人，立即向属地公安机关报告。

余克。

（周南南）

【组建社区警务工作团队】 年内，海淀公安分局依托海淀区网格化服务管理机制，开展社区警务团队建设。各派出所社区民警组织属地居（村）委会，发动治保会、治安志愿者工作站、物业公司、企事业单位保卫部门及社区的义务防范力量参与，组建655个社区警务工作团队。各社区围绕辖区特点建立日常、即时、战时三个时段团队运转模式，实现对社区防范力量的“差异化部署”及“扁平化指挥”。截至年底，全区社区警务工作团队整合各类防控力量 17万余人，开展战时形势、法律、政策宣讲教育会2000余场，受众达10万余人。

（周南南）

【刑事速裁试点工作】 年内，海淀公安分局与区人民检察院、区人民法院、区司法局配合，推行刑事速裁程序试点工作。四部门联合制定《海淀区刑事案件速裁试点工作细则》，并为联合办公配备“速裁办公室”“速裁法庭”“法律援助律师值班室”及“视频会见室”，加快案件流转，加强执法监督。在试点工作推行过程中，分局制定《海淀公安分局办理速裁案件操作细则》，组织全局领导及民警进行学习培训。通过开展刑事速裁工作，在保证办案质量的前提下缩短办案时限，嫌疑人的羁押期限比以往办理同类案件缩短近100天。

（周南南）

【警务交流合作】 年内，海淀公安分局与新疆喀什市公安局续签《友好分局协议》，与福建龙岩市公安局签约缔结友好公安局，分别建立两地警务协作机制。分局派员前往喀什、乌鲁木齐等反恐防恐前沿阵地进行实战培训，增强反恐防恐技能。接待上海市青浦公安分局、江苏省公安厅、香港警察赴内地研修班、温州市公安局、深圳市公安局及河南省渑池县公安局等到分局考察交流，通过座谈研讨、相互学习，推进警务创新实践。

（周南南）

案例选辑

【破获重大持刀抢劫案】 1月12日晚，一女子在西三旗建材城附近小区的楼内被一名戴口罩男子持刀抢劫，搏斗中该女子身中数刀，生命垂危。海淀公安分局接报后，在有关单位配合下迅速破案，抓获犯罪嫌疑人陈某某（男）。经审，犯罪嫌疑人对持刀抢劫并扎伤女事主的犯罪事实供认不讳。

（周南南）

【破获系列剪护栏钻窗入室盗窃案】 3月1日，海淀公安分局会同有关单位历经一个多月，抓获犯罪嫌疑人任某某（男）、刘某某（男），破获系列剪护栏钻窗入室盗窃案件 15 起。经审查，犯罪嫌疑人交代自2014年12月以来在海淀区马连洼菊园小区、清河安宁里、铭科苑小区、西三旗北新家园小区及昌平区回龙观等地连续剪护栏钻窗入室盗窃的犯罪事实。

（周南南）

【破获特大非法制造买卖枪支案】 4月 29 日，海淀公安分局会同有关单位破获特大非法制造买卖枪支案，抓获犯罪嫌疑人张某某（男）、李某某（男）、原某某（女），起获自制手枪 2 支、自制子弹58颗、火药30克、自制枪管40根以及大量工具配件。经审查，犯罪嫌疑人对非法制造枪支并在网上进行买卖交易的犯罪事实供认不讳。

（周南南）

【侦破特大系列扒窃犯罪团伙案】 4月—5月，海淀区中关村、四季青、公主坟和五道口等商区门店里顾客随身携带的钱包、手机等财物被扒案件屡有发生。海淀公安分局围绕扒窃警情高发区域，通过一个多月的侦查取证，破获特大扒窃犯罪团伙，抓获肖某某（男）、周某（女）、吴某（女）等31名犯罪嫌疑人。经审查，犯罪嫌疑人交代了在海淀、朝阳、大兴等区连续在大型商场进行扒窃作案30余起的犯罪事实。

（周南南）

【破获网络租车平台系列诈骗案】 6月 10 日，海淀公安分局会同有关单位破获网络租车平台系列诈骗案件。2014年9月以来，海淀区连续发生私家车在网上通过租车平台出租后被租客骗走的警情。海淀公安分局成立专案组，转战黑龙江、河北、内蒙古、天津等 10个省（市、区），破获 4 个诈骗犯罪团伙，抓获李某某（男）、裴某某（男）等 24 名团伙成员，破获系列租车诈骗案件30余起，起获被骗车辆18辆，挽回经济损失300余万元。经审查，犯罪嫌疑人对利用网络平台实施诈骗、倒卖大量私家车的犯罪事实供认不讳。

（周南南）

【破获女乘客被强奸案】 7月4日4时，一女子在海淀区小月河附近乘坐用“滴滴打车”软件叫来的出租车，途中被司机强奸。接到报案后，海淀公安分局在有关单位协助下，迅速将犯罪嫌疑人郑某某（男）抓获。经审，犯罪嫌疑人交代了对女乘客实施强奸的犯罪事实。

（周南南）

【破获持刀入室强奸抢劫案】 10月6日，海淀区温泉镇白家疃村某出租房发生一起持刀入室强奸抢劫的恶性案件。犯罪分子尾随事主入室，持刀胁迫强奸事主并抢走人民币 2000 元。接报后，海淀公安分局成立专案组，连续 72 小时摸排走访，抓获犯罪嫌疑人林某某（男）。经审查，犯罪嫌疑人对持刀入室强奸抢劫的犯罪事实供认不讳。

（周南南）

【破获绑架小学生案】 11月12日8时许，事主王女士接到一陌生电话，对方称绑架了其8岁的儿子并索要 15 万元赎金。海淀公安分局接到报案后，会同有关单位迅速开展案件侦破工作，于当日15时将犯罪嫌疑人谭某（男）、方某某（男）、王某某（男）抓获，解救出被绑架的小学生。经审查，3名嫌疑人交代了预谋并实施在曾经当保安的小区内绑架小学生，向家长索要赎金的犯罪事实。

（周南南）

【破获特大涉税案】 11月20日，海淀公安分局会同有关单位破获“10•8”特大涉税案。办案单位在前期调查取证的基础上，出动100余名民警和几十名国税稽查人员，组成 9 个专案组分赴丰台、石景山、东城、通州等地展开收网行动。行动中，共捣毁虚开增值税发票窝点12个，抓获涉案人员20名。收缴税控机、增值税发票、工商税务资料、公章、营业执照等大量涉案物品。经审查，嫌疑人交代了非法为全国24个省市的400余家公司虚开增值税发票、涉案金额高达38.9亿元的犯罪事实。

（周南南）

检　察

【概况】　2015年，海淀区人民检察院被最高人民检察院评为2014年度全国检察机关信息工作先进单位，获得首届“科技强检示范院”称号。区人民检察院驻所检察室被高检院评为第四届全国检察机关派驻监管场所一级规范化检察室。1篇论文获第十届“中国法学青年论坛”征文二等奖，1篇论文获首届“科技强检”征文二等奖。

区人民检察院全年共受理审查逮捕案件2557件3278人，批准逮捕1824件2190人，不批准逮捕693件1036人；受理审查起诉案件3228件3938人，提起公诉2962件3627人，不起诉196件271人；立案侦查贪污贿赂、渎职侵权案件40件44人；受理民事行政申诉案件152件，审结120件。

依法惩治危害国家安全、公共安全和人民群众人身、财产安全的犯罪案件，批准逮捕1224人，提起公诉2136人。突出惩治非法集资等涉众型经济犯罪。开展惩治危害食品药品安全犯罪专项立案监督，批准逮捕生产、销售有毒、有害食品案件29件30人，提起公诉96件100人。惩治侵犯商标权、著作权、商业秘密等知识产权犯罪，批准逮捕10件16人，提起公诉19件41人。对涉嫌犯罪但无逮捕、起诉必要的，依法不批准逮捕265人、不起诉169人。依法对有悔罪表现的涉罪未成年人适用附条件不起诉12件14人，同步开展帮教考察，考察期满的6人全部改过自新，重新回归社会。

（戚进松　徐云）

【郭金龙到区人民检察院调研】　2月7日，中共中央政治局委员、北京市委书记郭金龙，就学习贯彻中共十八届四中全会和习近平总书记重要讲话精神、加快建设法治中国首善之区，到海淀区人民检察院调研。市委副书记、市长王安顺一同调研。市委常委、市委政法委书记杨晓超，北京市副市长张延昆，市人民检察院党组书记、检察长池强，海淀区委书记隋振江、区长孙文锴等参加调研，区人民检察院领导班子成员陪同调研。在检察院检务接待大厅，郭金龙书记一行先后听取检察院强化对行政执法和行政诉讼活动的法律监督、开展规范司法行为专项整治、试点检察官办案责任制改革、完善信息化办案系统、全面推进检务公开等情况的汇报，并查看控告申诉接待窗口、行贿档案查询窗口、律师接待窗口、情绪疏导室和未成年人谈话室，与检察人员交流。随后，郭金龙一行到知识产权检察处、公诉二处，视察知识产权检察文化长廊，了解检察院依法履行检察职能、严格公正司法、为辖区企业提供优质司法保障的做法，详细询问检察人员的工作、生活情况。

（戚进松　徐云）

【公检法联席会】　4月10日，海淀区公、检、法三机关举行第一次联席会议。区人民检察院检察长、海淀公安分局局长、海淀区人民法院院长出席，三机关相关刑事业务部门负责人列席会议。三方会签《关于妨害公务案件的办理标准》《关于盗窃自行车类案件的执法标准》《关于涉案赃证物随案移交程序规则》《关于案卷材料移送程序规则》《关于拒不执行判决、裁定案件的办理标准》《关于羁押执行及变更的程序规则》《关于恶意透支型信用卡诈骗案件的办理意见》《关于隐匿身份侦查使用规则》《关于补充侦查工作规则》9个文件。

（戚进松　徐云）

【建立典型案例参阅制度】　5月，区人民检察院建立典型案例参阅制度，专门成立编委会，从全院范围内吸收业务一线的同志参与编辑工作，案件来源包含干警投稿、检委会审议案件、法院审委会审议案件、编委会自主发现的典型案件等，按期编发，每期选取若干案件进行精释，总结提炼相关标准和规则，为办理同类案件提供示范参考。

（戚进松　徐云）

【公检法司联席会】　6月5日，区人民检察院参加区公检法司联席会议，主要就速裁程序案件类型、速裁程序专用办案系统、速裁程序专用办公场所建设三个大问题进行商讨，取得阶段性成果。会议一致认为可以将速裁程序案件适用范围扩大至单起盗窃、扒窃现金及治安拘留转刑事拘留的盗窃案件，建议设计属于局域内网类型的速裁程序专用办案系统，在海淀看守所原提讯区为参与速裁程序的公检法司四机关各建设一个专用办公场所，主要用于公安法制审查案件、公诉审查起诉案件、法院审查开庭及法律援助工作的开展。

（戚进松　徐云）

【劝返一名潜逃境外犯罪嫌疑人】　6月15日，在北京市追逃办和北京市人民检察院的统一指挥协调下，区人民检察院将逃亡海外6年的犯罪嫌疑人吕某某劝返回国，市人民检察院反贪局及区人民检察院检察官在机场将犯罪嫌疑人吕某某带回进行讯问，讯问中吕某某认罪态度良好，如实供述自身犯罪问题。此案涉2015年北京市首例经劝返回国自首的外逃贪官。

（戚进松　徐云）

【“举报宣传周”法律咨询活动】　6月24日，区人民检察院联合市人民检察院、市人民检察院四分院，在公主坟城乡贸易中心开展主题为“落实举报规定，推进反腐倡廉和规范司法”的举报宣传活动。北京电视台、海淀电视台、《北京日报》、《新京报》、《法制晚报》等多家媒体到现场进行采访报道。与会领导和干警向群众发放宣传材料，接待咨询人员，听取并解答群众反映的问题。共接受群众法律咨询50余人次，发放宣传材料600余份。

（戚进松 徐云）

【出台《为京津冀协同发展提供司法保障的工作意见》】 9月，区人民检察院制定《海淀区人民检察院关于为京津冀协同发展提供司法保障的工作意见》，共分五部分十七条，学习贯彻京津冀协同发展战略，营造创新驱动的发展环境和稳定有序的社会环境；强化法律监督，为京津冀协同发展提供优质司法保障；加强调查研究，提高服务京津冀协同发展的执法水平；加强组织保障，确保服务保障工作顺利推进，使检察机关在京津冀协同发展中发挥应有作用。

（戚进松 徐云）

【公诉闵某等非法吸收公众存款案】 11月9日，区人民检察院以非法吸收公众存款罪将被告单位某投资管理有限公司和被告人闵某公诉至海淀区人民法院。2007—2013年，被告人闵某以被告单位某投资管理有限公司的名义，面向社会不特定对象，许以高额利息回报，通过签订借款协议等形式吸收公众存款。截至案发时，共有161名投资人报案，投资金额共计人民币1.4亿元，尚有本金人民币1.07亿元未能退还。其间，被告人赵某某为被告人闵某提供帮助并从中收取好处费，其参与吸收公众存款人民币2910万余元，尚有本金人民币2152万余元未能退还。

（戚进松 徐云）

【警示教育案例展】 12月7日，区纪委联合区人民检察院在区政府第一办公区举办“以案为鉴，严以用权——2015年海淀区警示教育暨预防职务犯罪案例展”。此次展览采用图片与文字相结合的方式，以2010—2014年区纪委移送查处的贪污贿赂、失职渎职违纪案件以及区人民检察院查处的贿赂犯罪案件为样本，共展示34起案件，涉及行政审批、工程建设、物资采购、教育、投资担保等领域、环节和“一把手”犯罪。

（戚进松 徐云）

【签署职务犯罪信息化侦查合作协议】 12月9日，区人民检察院与中国人民大学法学院签署职务犯罪信息化侦查合作协议。根据合作协议，区人民检察院和人大法学院以实践案例和教学科研为依托，提升双方的交流合作水平。在人大法学院的支持下，区人民检察院将进一步发挥信息情报在各个侦查环节的引导、决策作用，提升侦查水平；区人民检察院作为实践基地，将为人大法学院培养侦查方向的优秀人才提供支持，共同培养和塑造专业化、职业化侦查人才。

（戚进松 徐云）

【查办和预防职务犯罪】 年内，区人民检察院立案侦查贪污贿赂案件大案率达到97%，其中涉案金额百万元以上大案15件，县处级以上要案10人，其中局级要案5人。查办发生在群众身边、损害群众利益职务犯罪案件，立案31件32人，占立案总数的77%，涵盖医疗卫生、教育科研、征地拆迁、社会保障等领域。开展反腐败国际追逃追赃专项工作。组织开展对国企产权改革、行政执法等领域专项预防调研，形成预防调查报告并报区委、区政府。举办全区警示教育暨预防职务犯罪案例展览；上线运行“海淀区反腐倡廉警示教育基地”互联网站，全年接待参观学习209批次5632人次。升级完善行贿档案查询预约系统，建立行贿档案资料电子档案库，全年提供查询32138份，占全市总量的27%。

（戚进松 徐云）

【刑事立案监督】 年内，区人民检察院完成海淀区“两法衔接”[①]信息共享平台硬件建设，防止有案不立和以罚代刑。依法追加逮捕26人，追诉漏犯10人，追诉漏罪29起。完善案件提前介入、引导侦查取证工作，全年共提前介入公安机关侦查60件。规范侦查取证工作，协调公安机关、法院会签《关于隐匿身份侦查使用规则》《关于补充侦查工作规则》等规范性文件，从源头上保证刑事案件的侦查质量。审查2765份刑事判决书，对其中1件量刑不当案件提出抗诉，二审法院改判。对捕后没有继续羁押必要的19名犯罪嫌疑人提出变更强制措施的建议被采纳。持续开展“三类罪犯”[②]违法减刑、假释、暂予监外执行检察，依法监督收监执行2名不符合保外就医条件的职务罪犯。查处刑事执行领域职务犯罪，立案侦查2件4人。依法纠正错误报请特赦1人，纠正该案生效的错误判决；建议有关机关报请特赦1人，获得法院裁定支持，延伸法律监督效果，通过层级反映，“两高三部”[③]进一步完善特赦的相关标准。

（戚进松 徐云）

【民事诉讼和行政诉讼监督】 年内，区人民检察院对于适用法律确有错误、程序违法的民事、行政裁判，依法提请抗诉5件，发出再审检察建议1件，法院再审改判3件。对于经审查认定法院判决并无不当的92件案件，通过释法说理，明确告知权利义务，促使当事人服判息诉，维护司法权威。提请抗诉全市首例涉及国家利益和社会公共利益的虚假调解案件，为当事人挽回上亿元的损失。协调区人民法院妥善办理方某等12名农民工讨薪执行案。

（戚进松 徐云）

【涉检信访排查】 年内，区人民检察院开展4次涉检信访排查，检察长接待5次，部门联合接访14次，化解重点信访案件14件。建立集信访接待、律师接待、行贿档案查询为一体的综合性受理平台，全年接待群众来访8647人次。办结刑事申诉案件14件、刑事赔偿案件7件。强化控申部门的后置监督作用，通过办理刑事申诉、刑事赔偿案件，梳理执法瑕疵问题12个，向原承办部门通报反馈，强化内部监督制约。

（戚进松 徐云）

【知识产权保护平台建设】 年内，区人民检察院完善检企联络制度，指派专

---

① 指行政执法与刑事司法衔接，是检察机关、监察机关、公安机关、政府主管部门和有关行政执法机关探索实行的旨在防止以罚代刑、有罪不究、渎职违纪等社会管理问题而形成的行政执法与司法合力工作机制。

② 指职务犯罪、破坏金融管理秩序和金融诈骗犯罪以及组织、领导、参加、包庇、纵容黑社会性质组织犯罪等三类罪犯。

③ 最高人民法院、最高人民检察院、公安部、国家安全部和司法部。

职检察联络员对口联系相关企业，帮助企业解决知识产权保护和风险防控问题。在中关村创业街举办“企业发展中的知识产权保护与防范”主题活动。协调相关机关会签《海淀区涉诉未成年人观护帮教工作办法》，形成侦查、起诉、审判、执行无缝衔接的观护帮教工作机制。创新未成年人法治教育形式，制作预防未成年人犯罪动漫系列，改造升级“守护青春”网站。52名检察官法制副校长进校普法110次，5万余名中小学生接受教育。发送检察建议12份。

（戚进松　徐云）

法　院

【概况】　2015年，海淀区人民法院共受理各类案件72922件，同比上升49%；审结、执结53542件；其中，刑事案件收案3179件，审结3138件；民事案件收案27235件，审结21694件；商事案件收案16434件，审结9944件；知识产权收案5891件，审结4940件；行政案件收案1661件，审结1104件；执行案件收案18358件，执结12570件；申诉、再审等其他案件收案164件，结案152件。

在刑事审判工作方面，探索建立具有海淀特色的刑事速裁模式。在民商事审判工作方面，发挥裁判对公民言论的规范作用，依法审结涉互联网金融和其他交易模式的新型案件。知识产权审判工作方面，继续深化“三合一”试点改革，探索并推进专家辅助人出庭制度的应用。在行政审判工作方面，继续推动行政机关负责人出庭应诉制度。在执行工作方面，加大执行惩戒力度，向社会公开发布失信被执行人信息5000余例，与海淀公安分局联合开展集中打击拒不执行判决、裁定等犯罪行为的专项活动。涉诉信访工作方面，围绕各大重要节日节点开展专项矛盾排查工作，将信访人吸附在本地，依法维持法治秩序。司法改革方面，落实立案登记制改革，深化诉调对接工作等方式强化诉权保障；深化审判权运行机制改革试点工作，通过加强合议制和独任制试点庭室的改革、强化审委会工作机制改革等方式规范权力运行；推进人民陪审员制度改革，深化司法公开，落实审判流程公开、裁判文书公开，完成四项基础性改革前期调研报告。

全年接待引导群众70639万人次，同比增长21.6%。化解信访案件96件，同比上升2.1%。

山后法庭建设已进入尾声；四季青法庭已获立项批准；冠方大厦新增2000余平方米作为知识产权审判庭办公区。构建信息化综合应用系统平台，自行开发刑事简易案件文书快速生成系统、刑事速裁案件管理系统。

有1篇论文获全国法院学术讨论会一等奖，获奖论文总分居全国基层法院首位。田永诉北京科技大学拒绝颁发毕业证学位证纠纷被最高法院确定为指导案例，另有多篇案例、论文分别在全国青年法官案例评选、第十届中国法学青年论坛征文等活动中获奖。

副院长、新闻发言人范君在全国法院新闻发言人电视大赛中获“全国法院十佳新闻发言人”称号，政治处主任贾柏岩获“北京市优秀思想政治工作者”称号，庭长李盛荣获得“北京市先进工作者”称号，法官王启亮荣获“全国法院青年干警学习邹碧华精神主题演讲比赛”一等奖。另有29个集体、57名个人获得区级以上荣誉。

（张璇　林挚）

【启动海淀区刑事速裁试点工作】　4月，区人民法院协调海淀区公、检、司三机关共同制定《海淀区刑事速裁程序试点工作细则》，建立“3+2+2”速裁办公区[①]，试点以来，适用该程序审结案件421件，审判阶段平均用时5.1天。全流程简化速裁模式逐渐成形。刑事案件速裁程序试点工作获中央政法委领导充分肯定。中央政法委书记孟建柱在中央政法工作会议上指出：“北京海淀等地政法机关整合内部职能、简化工作流程、推进无缝衔接，使速裁案件从侦查、起诉到审判全程提速，提高司法效率，这种做法是对的。”

（张璇　林挚）

【制作微视频《回家的路》】　6月1日，为配合“海法榜样”一支部一典型主题活动，宣传平凡岗位上的不平凡业绩，以区人民法院民五庭副庭长、优秀青年法官代表曹丽萍真实事迹为蓝本，组织拍摄微视频《回家的路》。讲述了一位知识产权法官为了审判事业，把6个月大的女儿留在老家交由父母照顾，只身扛起重大、疑难案件审判重任的事迹。通过区人民法院官方微博、微信播出，社会反响良好。

（张璇　林挚）

【推动会签《关于加强北京市海淀区涉诉未成年人观护帮教的工作方法（试行）》】　9月，区人民法院倡导并推动海淀区未委会组织区人民检察院、人民法院、公安局、司法局、教委、民政局、财政局、团区委等九家单位联合签署《关于加强北京市海淀区涉诉未成年人观护帮教的工作办法（试行）》，旨在促进政法机关办理未成年人刑事案件配套工作体系和未成年人犯罪社会化帮教体系的建设。

---

① “3+2+2”速裁办公区：“3”是指三个“速裁办公室”，公、检、法三机关分别在监区内设立办公室，公安机关实现预审、法制职能合一，人民检察院实现法律监督、审查批捕、审查起诉、案件管理职能合一，人民法院实现受理、审判职能合一。“2”是指两个“法庭”，分别是位于监区内的速裁法庭和法院内的同步数字法庭，速裁法庭避免监区外审理提押手续的繁琐，同步数字法庭确保辩护人及亲属通过远程视频方式参加庭审，其他人员旁听审判。另一个“2”指两个“法律帮助室”，分别是法律援助律师值班室和嫌疑人视频会见室，保证适用速裁程序的每一个嫌疑人能及时、便捷地接受法律帮助。

（张璇　林挚）

【审结首例煽动民族仇恨罪案件】 10月3日，区人民法院依法公开宣判首例被告人犯煽动民族仇恨罪案件，该案件的审理实现严厉打击传播宗教极端和暴恐思想以及依法践行宽严相济的刑事政策的有机统一，同时该案对争议点的归纳和法律适用的把握为以后审理此类案件提供参考。

（张璇　林挚）

【深化诉调对接纠纷化解机制】 10月下旬，区人民法院立案庭内设的诉调对接中心开始试运行，专门负责立案阶段诉前调解工作。诉调对接中心在法院设置调解室，引入区工会下属调解与法律援助中心进行诉前人民调解工作。此外，积极参与市高院立案阶段委托调解工作。截至年底，共计委托民商事案件近2000件，调解成功600余件，取得良好效果。

（张璇　林挚）

【发布2015年劳动争议审判情况白皮书】 10月28日，区人民法院召开新闻发布会，发布《海淀区劳动争议审判情况白皮书——高管和高级技术人员涉诉情形分析暨十大典型案例（2015）》，白皮书以高管和高级技术人员与用人单位之间易引发的典型纠纷样态为视角，分析了高管和高级技术人员与用人单位之间劳动争议纠纷的特点、纠纷形成的原因，并提出对构建“双赢”用工环境的思路及建议。

（张璇　林挚）

【召开首届“北京劳动审判论坛”】 10月28日，首届“北京劳动审判论坛”在区人民法院召开，来自最高法院、市高院、市劳动和社会保障法学会等领导及嘉宾共计80余人专门就劳动审判的理念与方法进行专题研讨。

（张璇　林挚）

【登“阳光法院新媒体榜”榜首】 11月，区人民法院在人民网舆情检测室与新浪法院频道联合发布的、全国范围内共有50家法院官方微博上榜的“阳光法院新媒体榜”中排名第一。

（张璇　林挚）

【与国际关系学院签订共建协议】 12月3日，区人民法院与国际关系学院举行共建协议签约仪式。协议主要内容为：建立法学学生实习基地；聘任资深法官作为兼职教师或法律实务导师；为法院疑难案件、改革举措等进行专家论证；为开展法官教育培训提供支持。此次签约标志着区人民法院与高校的合作范围从专门的法学院校拓展至含法学专业在内的综合性院校，是贯彻落实中共十八届四中全会关于健全政法部门和法学院校双向交流机制的重要举措。

（张璇　林挚）

【发布《知识产权审判二十年涉互联网经典案例》】 12月23日，区人民法院召开新闻发布会，发布《海淀法院知识产权审判二十年涉互联网经典案例》，选取知识产权审判部门涉互联网的知识产权10件经典案例，为界定信息存储空间网络服务提供者的合理注意义务等社会影响力大的问题提供规范裁判指引。

（张璇　林挚）

案例选辑

【“滴滴打车”商标侵权纠纷案】 2月6日，区人民法院审理原告广州市睿驰计算机科技有限公司诉被告北京小桔科技有限公司侵害商标权纠纷案。原告广州市睿驰计算机科技有限公司（以下简称睿驰公司）称其注册的“滴滴”和“嘀嘀”文字商标，核定服务项目为第38类和35类，前者包括信息传送，计算机辅助信息和图像传送，计算机网络的电信连接服务和用户接入服务等；后者包括商业管理和组织咨询，替他人推销等。睿驰公司认为被告北京小桔科技有限公司（以下简称小桔公司）运营的“滴滴打车”服务收集乘客信息通过网络传递给司机确认交易，属于典型的通信服务，同时涉及替出租车司机推销、进行商业管理和信息传递等性质的服务，侵犯其注册商标专用权，要求停止侵权，删除标识和消除影响。小桔公司答辩称其服务的性质属于第39类运输类服务，不产生混淆。

法院经审理认为，“滴滴打车”服务使用的图文组合标识具有较强的显著性。第35类和第38类商标中的内容为商业管理模式和电信类服务，“滴滴打车”服务中的相关商业行为系经营手段和正常管理方式，均非服务主要特征，是运行方式以及商业性质的共性，与原告商标难以构成混淆，其商标的批准时间均晚于小桔公司图文标识的使用时间，故“滴滴打车”图文标识的使用未侵犯睿驰公司注册商标专用权。区人民法院于当日依法做出一审判决，判决驳回睿驰公司的全部诉讼请求，当事人未提出上诉。

（张璇　林挚）

【全国首例网游私服案】 2014年7月10日，区人民法院受理由区人民检察院提起公诉的被告人池某建、胡某、李某、吕某犯侵犯著作权罪一案。2014年12月22日，区人民检察院追加起诉决定书指控被告人池某森犯侵犯著作权罪，向区人民法院提起公诉，并变更了原指控事实。

公诉机关指控，2012年9月起，上海网之易网络科技发展有限公司经暴雪娱乐国际公司授权，并经新闻出版总署、文化部批准，在中国大陆地区出版运营网络游戏《魔兽世界：熊猫人之谜》并享有相应的著作权。2012年10月至2013年5月间，被告人池某森、池某建、胡某、李某、吕某等人，在浙江省台州市东港大厦浙江拓讯网络技术有限公司内，利用从境外获取的服务器端程序及相关的客户端程序、登录器软件等，架设《魔兽世界》私服，并以收会员费、贩卖虚拟物品等形式进行牟利。其中，用于提供涉案客户端程序、登录器软件等下载服务的百度网盘的服务器所在地位于北京市海淀区。经查，被告人从2012年10月起，非法经营额为人民币230余万元。经鉴定，涉案“魔兽私服”游戏与《魔兽世界：熊猫人之谜》游戏构成实质性相同。2013年5月28日，被告人胡某、李某、吕某在浙江台州被公安机关抓获；2013年5月29日，被告人池某建在上海被公安机关抓获；2014年3月14日，被告人池某森在浙江台州被公安机关抓获，五被告人均如实供述了上述犯罪事实

经法院审理查明，2012年9月起，上海网之易网络科技发展有限公司经

暴雪娱乐国际公司授权，并经新闻出版总署、文化部批准，在中国大陆地区出版运营网络游戏《魔兽世界：熊猫人之谜》并享有相应的著作权。被告人池某森自2012年10月至2013年5月间，伙同被告人池某建、胡某、李某、吕某等人，在浙江省台州市东港大厦浙江拓讯网络技术有限公司内，利用从境外获取的服务器端程序及相关的客户端程序、登录器软件等，架设《魔兽世界》私服，并以收会员费、贩卖虚拟物品等形式进行牟利，从2012年10月起非法经营额为人民币2339700.64元。用于提供涉案客户端程序、登录器软件等下载服务的百度网盘的服务器所在地位于北京市海淀区。经鉴定，涉案“魔兽私服”游戏与《魔兽世界：熊猫人之谜》游戏构成实质性相同。2013年5月28日，被告人池某建、胡某、李某、吕某在浙江台州被公安机关抓获；2014年3月14日，被告人池某森在浙江台州被公安机关抓获。

法院认为，被告人池某森伙同被告人池某建、胡某、李某、吕某，以营利为目的，未经著作权人许可，发行其计算机软件，情节特别严重，其行为已构成侵犯著作权罪，应予惩处。区人民检察院指控被告人池某森、池某建、胡某、李某、吕某犯有侵犯著作权罪的事实清楚，证据确实充分，指控罪名成立。综合考虑案件情节，于2015年6月1日依法判处池某森有期徒刑5年，罚金人民币100万元；判处池某建有期徒刑3年6个月，罚金人民币20万元；分别判处胡某、李某、吕某有期徒刑2年6个月，罚金人民币10万元。宣判后，5名被告人均未提出上诉，判决已发生法律效力。

（张璇　林挚）

【方是民与崔永元名誉权纠纷】 方是民（网名方舟子）系自由职业者，崔永元原系中央电视台节目主持人。2013年9月，双方因转基因食品安全性展开讨论，各自连续发表针对对方的若干微博言论。2014年1月21日，方是民起诉崔永元侵犯名誉权，崔永元随后提起反诉，区人民法院决定受理反诉，并与本诉合并审理。

2014年7月23日，法院经审理认为，崔永元与方是民的争议虽由“转基因”这一公共议题引发，但这并不意味着由公共议题引发的恶意人身攻击也可以受到“言论自由”的保护。

2015年6月25日，区人民法院依法做出一审判决，判决方是民和崔永元分别删除侵权微博，并分别向对方赔礼道歉，支付对方精神损害抚慰金，驳回双方当事人其他诉讼请求。一审判决做出后，双方当事人分别向北京市第一中级人民法院提出上诉。2015年12月25日，北京市第一中级人民法院依法做出驳回上诉，维持原判的终审判决。

此案由于双方当事人系社会知名公众人物，案件审理之初就受到广泛的社会关注，案件审理全过程受到2.3亿次网友的关注。此案的裁判积极回应了社会关切，特别是裁判文书中对于社会公众人物发表言论的界限进行了阐述，对于规范社会公众言论起到积极的引导效果。法院综合考虑相关微博发布的背景和具体内容，微博言论相对随意、率性的特点，实施陈述与意见表达的区分，当事人主观上是否有侵权恶意，公众人物人格权保护的适当克减和发言时较高的注意义务标准等因素，合理确定微博领域行为人正当行使言论自由与侵犯他人名誉权之间的界限。

（张璇　林挚）

【诉高校信息公开行政纠纷案】 2010年，白某报考北京语言大学英语笔译专业的硕士研究生，并参加了硕士研究生招生统一入学考试，后未被该校录取。白某认为有人冒名顶替，故向北京语言大学提出信息公开申请，要求公开其考试的相关信息。2014年4月30日，北京语言大学对白某的信息公开申请进行答复，白某认为北京语言大学做出的答复侵犯了知情权，故向区人民法院提起行政诉讼。请求撤销被告于2014年4月30日做出的信息公开答复书，责令其于法定期限内履责重新予以答复，并公开白某申请获取的相关信息。

北京语言大学辩称其主体不适格，并且其已经依照有关规定对原告提出的申请事项做出了及时、完整的答复。

法院于2015年6月16日经审理认为，根据《政府信息公开条例》的有关规定，北京语言大学是本案适格被告。

白某申请公开“北语2010、2011、2012、2013年翻译硕士录取名单及其他专业研究生录取名单（重点在于344分，365分，351分，353分抑或359分）”，北京语言大学却只向其公开了2010年英语笔译专业硕士研究生录取名单。区人民法院认为依据《政府信息公开条例》的相关规定，白某并未向语言大学合理说明其申请公开其他专业和2010年之后录取名单的相关信息与其自身生产、生活、科研等具有特殊需要，北京语言大学对2010年其他专业录取的硕士研究生名单和2011—2013年录取的硕士研究生名单未予公开并无不当。但北京语言大学未将2010年语言大学英语笔译专业硕士研究生录取名单全部公开存有不当，应予纠正。

9月11日，区人民法院依法做出一审判决，判决撤销北京语言大学于2014年4月30日做出的信息公开申请答复书中部分内容，责令北京语言大学于法定期限内对白某申请公开2010年英语笔译专业硕士研究生录取名单（含录取人员完整名单）的信息予以公开；责令北京语言大学于法定期限内对白某申请公开200305021学号和农行卡研究生学费缴纳明细的信息重新进行答复。

此案系《中华人民共和国行政诉讼法》（2015年施行）及司法解释实施之后，区人民法院受理的首起以高校为被告的行政诉讼纠纷。此案的意义一方面在于为高校作为应诉主体，提供规范的裁判和诉讼指引，对于今后高校应诉有一定的启发作用；另一方面在于通过案件的裁判规范高校的行政管理行为，促使高校系统能够充分做到依法、依规地平衡学生和高校的权益。

（张璇　林挚）

【全国首例众筹融资案】 5月15日，区人民法院依法受理全国首例众筹融资纠纷，即原告北京飞度网络科技有限公司（简称飞度公司）与被告北京诺米多餐饮管理有限责任公司（简称诺米多公司）居间合同纠纷一案。飞度公司系运营“人人投”的股权众筹平台。其与诺米多公司签订《委托融资服务协议》，后项目融资成功。此后经飞度公司核实，诺米多公司提供的项目所涉房屋性质、店铺租金均与实际情况不符，且诺米多公司拒绝提供房屋真实产权信息。飞度公司即依据合同约定解除了与诺米多公司的协议，并要求诺米多公司支付委托融资费、违约金，并赔偿损失。诺米多公司就此案提出反诉，称已依约完成充值、项目选址等工作，且有 86 名投资者通过“人人投”平台认购股权并付款。飞度公司在无明确证据的情况下拒绝拨付融资款的行为构成违约。故请求判令飞度公司返还 17.6 万元和相应利息，并赔偿经济损失。

9 月 15 日，法院开庭审理，认为案件核心争议主要为两方面：一是涉案《委托融资服务协议》的法律效力和合同主体之间法律关系的具体界定；二是双方当事人是否存在违约以及应承担何种违约责任。就第一项争议内容，因本案中的投资人均为经过“人人投”众筹平台实名认证的会员，且人数未超过上限 200 人，结合中国人民银行等十部委出台的《关于促进互联网金融健康发展的指导意见》（以下简称《指导意见》）等规范性文件精神及对众筹交易行为的态度，法院认为案件所涉众筹融资交易不属于“公开发行证券”，该交易未违反《中华人民共和国证券法》第十条规定。且飞度公司在取得营业执照、电信与信息服务业务经营许可证等手续的情况下开展业务，无法律法规上的障碍。故最终认定本案《委托融资服务协议》有效。

关于第二项争议，在案证据显示飞度公司与投资人发现诺米多公司提供房屋确系楼房而非平房后，飞度公司认为诺米多公司信息披露不实。因该问题涉及房屋可能存在违建等隐患，投资人与飞度公司有权要求诺米多公司进一步提供信息，诺米多公司提供的相关证件仍难以完全排除可能的交易风险，直接导致交易各方信任关系丧失。故飞度公司解除合同于法有据。对于诺米多公司主张飞度公司投资人数超过有限合伙企业人数上限的问题，因双方合同关系在有限合伙企业成立前即被解除，飞度公司就此是否会发生违约行为仍然仅是一种预测，故法院未做过多评述。

9 月 15 日，区人民法院依法公开宣判，判决诺米多公司于本判决生效之日起十日内给付原飞度公司委托融资费用 25200 元、违约金 15000 元；飞度公司于本判决生效之日起十日内返还诺米多公司出资款 167200 元；驳回双方当事人其他诉讼请求和反诉请求。案件裁判后，诺米多公司提出上诉，2015 年 12 月 22 日，北京市第一中级人民法院依法做出驳回上诉，维持原判的终审判决。

该案的审理受到最高人民法院和市高院的高度关注。最高人民法院院长周强批示要求高度重视包括海淀法院审理的股权众筹案件在内的互联网金融案件审判工作；市高院院长慕平做出“请（高院）民二庭协调海淀审好此案，写好判决”的重要批示。该案件的审判意义一方面在于通过对该案涉及的众筹融资交易的审理体现了法院整体上对该活动持支持和鼓励的态度，为众筹融资行业在中国的健康规范发展留下了空间；另一方面，系统梳理评述当前众筹融资领域内的问题，为强化行业内部和各交易主体的规则意识，共同促进众筹行业在中国的快速健康发展提供指引。该案入选人民法院报社评选的“2015 年度人民法院十大民事行政案件”。

（张璇　林挚）

【全国首例广告快进、小窗播放不正当竞争案】 原告北京爱奇艺科技有限公司（以下简称爱奇艺公司）当前主要的经营模式是向用户提供“广告+免费视频”播放服务，用户点播视频时播放广告，由此取得广告收益以弥补视频版权费等网站经营成本。其主张被告优视科技有限公司（以下简称优视公司）、广州市动景计算机科技有限公司（以下简称动景公司）经营的 UC 浏览器，可以实现对爱奇艺网站视频广告的快进、小窗播放以及在线视频下载行为，对其构成不正当竞争，主张被告赔偿其经济损失 500 万元等。

优视公司辩称其并非案件的适格被告，UC 浏览器的著作权人为动景公司。

动景公司辩称同意优视公司的答辩意见，并且认为其与爱奇艺公司不具有直接的竞争关系，UC 浏览器使用自研播放器实现视频广告快进和小窗播放功能，符合行业惯例，不构成对爱奇艺公司的不正当竞争，故请求法院驳回爱奇艺公司的诉讼请求。

法院经审理认为，爱奇艺公司经营爱奇艺网站，当前主要的经营模式是向用户提供“广告+免费视频”播放服务，该经营模式不违反法律、法规的强制性规定，具有正当性、合法性。尽管广告快进未完全排除视频广告被呈现的机会，相较于将视频广告直接过滤或屏蔽，广告快进在对待视频广告方面已经有所缓和，但仍然是二被告通过 UC 浏览器改变爱奇艺网站对视频广告所做的专门设置的行为，破坏了爱奇艺公司的重要经营模式，对爱奇艺公司构成不正当竞争。

另外，法院还认定被告开发的 UC 浏览器采用相关技术措施才能找到并使用爱奇艺网站中受下载限制的视频地址，对下载限制设置进行了改变。二被告通过 UC 浏览器实施对爱奇艺网站视频广告快进、在线视频下载的行为，无合法理由，破坏爱奇艺公司正常的经营模式，对爱奇艺公司构成不正当竞争。

9 月 15 日，区人民法院依法做出一审判决，判决优视公司、动景公司立即停止涉案不正当竞争行为；自判决生效之日起十日内，优视公司、动景公司共同赔偿爱奇艺公司经济损失 100 万元及合理费用 75058 元；同时驳回原告北京爱奇艺科技有限公司的其他诉讼请求。

该案是区人民法院受理的涉及浏览器不正当竞争纠纷案之一。这类案件在反映当前互联网细分市场快速发展带来的企业间冲突矛盾的同时，也反映出诸如浏览器等工具类软件行业自律规则有待明晰的问题。案件的裁判为互联网细分市场相关规则的订立起到了引领和示范作用。

（张璇　林挚）

司法行政

【概况】 2015年，海淀区司法局下辖海诚、求是、国信3家公证处，海淀区法律援助中心以及海淀区阳光中途之家。管理律师事务所393家、基层法律服务所12家、执业律师4639人、基层法律服务工作者85人。全区有法律援助工作站99家，人民调解员14880名，人民调解指导员30名，人民陪审员465名；司法所29家，法律顾问371人（全区175个律师事务所的371名律师与全区654个社区村“结对”），人民调解委员会949个。全区AAA级规范化司法所总数达到25家，创建率为96.2%。年内，区司法局，推进法律宣传、法律服务、法律保障各项工作。学院路街道司法所、苏家坨镇司法所被市司法局评选为市级示范性司法所。30家律师事务所获“海淀区明星律师事务所”称号。学院路司法所所长郑朝被授予“全国模范司法所长”称号，紫竹院司法所被授予“全国先进司法所”称号。

律师董梅获得“全国维护职工权益杰出律师”称号，海淀区“1+1”中国法律援助志愿者、北京京平律师事务所律师王冠华被新疆维吾尔自治区司法厅记个人三等功，并授予荣誉勋章。

（周凤红）

【启动行政审批提效试点工作】 年初，海淀区作为全市唯一一家律师类行政审批提效试点单位，正式启动律师变更执业机构等行政审批事项的提效试点工作。区司法局制定《海淀区律师变更执业机构等行政审批事项的提效试点工作实施方案》，形成提效工作的基本模式与工作规范。全年累计办理提效申请事项147件，在变更执业机构申请中缩减了办理时限，在坚持依法审批不松懈、提效提速质不减的前提下，各项申请全部达到了50%的提效目标，由原来的20个工作日缩减到10个工作日内完成，提高审批效率，完成市司法局试点工作各项目标任务，初步形成提效工作的有效办理模式，为市司法局在全市范围内启动提效工作提供扎实的实践基础和经验总结。

（周凤红）

【编印《百姓法律生活》读报】 年初，区司法局编印《百姓法律生活》读报，内容包括法律讲堂、时事要闻、法律故事、法律服务、普法园地等，用老百姓听得懂的语言，宣传老百姓需要的法律，用群众身边发生的生动案例教育启发群众。《百姓法律生活》读报每月出版一期，每期编印10万份，通过邮局投递到10万户百姓家庭。

（周凤红）

【“司法行政、情牵你我”主题开放日】 4月10日，区司法局举办“司法行政、情牵你我”主题开放日。主开放点设于北京市国信公证处，100余名司法行政干警、律师、公证员现场为群众答疑解惑，发放业务宣传手册，开展法律宣传，提供法律服务。向社会公众开放公证办理全过程，组织参观办证大厅、了解办证流程，让百姓近距离接触法律服务一线工作。区司法局机关、司法所、法援中心、中途之家、公证处全部面向社会开放，通过举办法律宣传、组织参观、开展便民服务、进行座谈交流等形式，建立司法行政与市民沟通的渠道，展示司法行政各行业执法执业的情况。

（周凤红）

【街镇司法行政工作培训会】 4月20日—21日，区司法局召开落实“三年行动计划”冲刺阶段推进会暨2015年街镇司法行政工作培训会。部署了贯彻落实《北京市司法行政基层建设三年行动计划（2013—2015）》冲刺阶段的主要任务，明确今后街镇司法所发展的方向目标及任务标准，对2015年海淀区司法行政工作进行筹划。70人参加培训。会议要求，要巩固和完善“三年行动计划”成果，推进基层各项业务创新发展。并部署今后的三项主要任务:探索建立人民调解组织、调解员数据库，推进调解信息化建设，继续推动司法所基层基础建设；贯彻落实《关于进一步加强社区矫正工作的意见》，推进“六项创新工作”[①]和社区矫正工作法治化进程；以“法律六进”[②]活动为载体，加强普法重点对象法治宣传教育，加强对法治宣传教育工作的组织领导，做好“六五”普法总结验收。

（周凤红）

【启动“法律援助关爱行”】 4月21日，区司法局、区民政局在区军休办联合举行海淀区军休干部“法律援助关爱行”启动活动暨法律援助进军休所揭牌仪式。会议宣读《区民政局、区司法局关于加强军人军属法律援助的实施意见》；区军休办与区法律援助中心签订“为军队离退休干部及其军属提供法律援助协议书”；军休所与律师所代表签署法律援助协议书。与会领导为“海淀区军队离退休人员法律援助工作站”揭牌，为“海淀区军队离退休人员法律援助联系点”授牌，并向律师代表颁发军人军属法律援助聘书。22个律师所与22个军休所签订合作协议，全年为军休干部提供援助100余人次。

（周凤红）

【法制工作人员岗位练兵培训会】 4月22日—23日，区司法局举办海淀司法行政系统法制工作人员岗位练兵培训会，约40人参加。培训结合海淀区以及街、镇的实际情况，讲解《中华人民共和国行政诉讼法》和《中华人民共和国行政复议法》相关实务问题；详细

---

① 2015年底，六项试点工作全面铺开后，此项工作改称为六项创新工作，是指集中教育、矫正宣告、电子监管、社区服务、社区评议、指纹报到。

② 进机关，进社区，进乡村，进企业，进学校，进单位。

解读新修订的《中华人民共和国行政诉讼法》十大亮点；全面解析《依法行政和行政执法》。

（周凤红）

【成立刑事速裁办公室】 5月13日，区司法局刑事速裁办公室在海淀区看守所挂牌成立。刑事速裁办公室由法律援助中心工作人员和值班律师组成，集合法律咨询、法律帮助、法律援助以及刑事速裁案件协调等职能。刑事速裁程序主要是针对可能判处一年以下有期徒刑，当事人对犯罪事实和量刑无异议，并且犯罪事实清楚、证据充分、当事人认罪并自愿接受速裁裁判的简易刑事案件。至年底，共为110余名当事人家属提供法律咨询解答，为16名犯罪嫌疑人、被告人提供法律帮助和法律援助。

（周凤红）

【成立“法之声”普法宣讲团】 5月27日，区法宣办、区司法局在八里庄街道举办海淀区“法之声”普法宣讲团成立暨“以案释法”宣讲活动启动仪式。现场向宣讲团成员代表颁发聘书，4名宣讲团讲师以不同方式进行宣讲。为贯彻落实中共十八届四中全会关于“建立法官、检察官、行政执法人员、律师等以案释法制度，加强普法讲师团、普法志愿者队伍建设”相关精神，区司法局成立由法学专家、法律院校师生、法官、检察官、行政执法人员、律师、司法助理员、“村官”社干、普法志愿者等110人组成的海淀区“法之声”普法宣讲团，分为普法进机关（单位）、普法进社区（村）、普法进学校、普法进企业、特殊关爱人群、专题普法6个宣讲团队。截至年底，在全区29个街镇开展“法治海淀，精彩故事”主题宣讲109场（次），受众8000余人（次）。

（周凤红）

【完成“三年行动计划”任务】 5月，全区有26个街镇司法所用房面积全部达到120平方米标准，司法所总面积5035平方米，比2013年增加1875平方米，各所平均面积达到193平方米。其中200平方米以上示范性司法所8家，占总数的30%。各所均设有30平方米以上独立功能性用房。完成两轮外观标识制作，18个司法所建有门楣、24个司法所建有背景板32块、12个司法所设有指示灯箱、悬挂制度上墙389块、竖形门牌23块、方形门牌29块，外观标识制作规范率达到100%。

（周凤红）

【成立“律之韵”法治文化艺术团】 6月15日，北京“律之韵”法治文化艺术团成立并在海淀工人文化宫演出实验舞台剧《法宝2015》。区法宣办、区司法局统筹社会资源，借助专业团队力量，牵头成立全市首家专业普法艺术团，将法治精神和法治理念融入文艺作品。排演的实验舞台剧《法宝2015》，用舞蹈、小品、独唱、山东快书等艺术形式，讲述主人公因为开黑车遭到敲诈，不选择法律渠道解决问题而去自行了断，结果因为故意伤害被判处有期徒刑的故事。截至年底，在马连洼街道、田村路街道、上地街道、西北旺镇、海淀工人文化宫巡演5场。

（周凤红）

【全国社区矫正教育管理工作会议代表考察区社区矫正中心】 7月10日，最高人民法院、最高人民检察院、公安部、司法部在京召开全国社区矫正教育管理工作会议。会议期间，全国各省（市）法院、检察院、公安分管领导和司法厅（局）长等200余名代表考察区社区矫正中心。与会代表在区社区矫正中心观看海淀区社区矫正教育管理工作专题片，参观社区服刑人员接收报到室、矫正宣告室、中途学院、公检法联络室、社区评议室、心理测评室、心理咨询室、社区矫正指挥中心等，观摩分类教育的网络教育平台，查看社区服刑人员档案、评议档案、分类教学大纲、工作手册。重点考察中途学院引入社会力量开展分类教育，公、检、法、司联络室集公、检、法、司四部门力量对社区服刑人员教育管理，社会评议发挥社区群众力量做好社区矫正，以及建立矫正宣告制度等有关情况。

（周凤红）

【建立社区服刑人员信息交换工作机制】 7月22日，区司法局与区人民检察院、区公安分局联合举办“规范监外执行人员信息交换工作文件会签仪式”，签订《北京市海淀区规范监外执行人员数据信息交换的工作办法》（以下简称《办法》）。《办法》中规定，区司法局、区人民检察院、区公安分局设专人负责监外执行人员信息数据交换工作。每月5日前，区司法局将本单位在管社区服刑人员信息数据通报区人民检察院和区公安分局；区公安分局将本单位列管的社区服刑人员信息数据通报区司法局和区人民检察院，区公安分局将本单位负责刑罚执行的剥权人员信息数据通报区人民检察院。如果出现社区服刑人员受到行政处罚、涉嫌重新犯罪、收监执行等特殊情况，区司法局和区公安分局应当及时相互通报，并由负责监管的单位向区人民检察院书面通报，各单位协调配合，共同做好对社区服刑人员的收监执行。社区矫正中心已设立公、检、法、司联络室，定期召开联席会，交换管理对象数据信息，重点时段、重大活动期间或遇有特殊情况随时会商，及时解决实践中遇到的问题。

（周凤红）

【全面推行矫正宣告制度】 7月28日，区司法局组织所辖29个街镇司法所在区中途之家召开落实宣告制度推进会，指导各司法所宣告室建设，规范宣告流程。矫正宣告是六项试点工作之一，包括区县级司法行政机关开展的报到宣告和司法所开展的接收宣告。据统计，全区自6月12日开展第一例报到宣告以来，全年共为116名新接收的社区服刑人员开展报到宣告。

（周凤红）

【汇报“六五”普法总结验收情况】 7月30日，由市人大常委会、市司法局组成的评审小组集中听取海淀区“六五”普法总结验收情况汇报。区法宣领导小组介绍海淀区“六五”普法的总体情况，区司法局从八个方面汇报海淀区“六五”普法的详细情况，播放汇报片《服务大局，营造氛围，精准发力，标本兼备——“六五”普法的海淀样本》，展示海淀区“六五”普法的工作亮点。“六五”普法期间，“人在法中、法在心中”理念深入人心，以宪法为核心的社会主义法律体系得到宣传，法治宣传教育的基础性、先导性作用得到彰显。“法律六进”活动贯穿全国文明城区创建，法治宣传教育向纵深发展；重点对象普法模式不断优化，法治宣传教育工作水平得到提高；社会力量参与普法更加活跃，法治宣传教育队伍建设得到加强；普法融入社会主义核心价值观教育，法治文化影响力不断扩大；法治宣传教育工作机制有效运转，“大普法”格局形成。

（周凤红）

【启动人民调解指导员工作】 8月7日，区司法局、区律师协会联合召开人民调解指导员工作启动仪式，推进北京市人民调解指导员试点工作。会议为首批担任人民调解指导员的30名律师代表颁发聘书。人民调解指导员的主要职责是参与和指导街镇和社区（村）人民调解委员会组织开展矛盾纠纷预防排查工作，承担对人民调解员、法律服务志愿者、社区工作人员法律业务和技能的培训，促进调解率和调解成功率的提高。截至年底，调解指导员共参与调解矛盾纠纷105件，成功93件。

（周凤红）

【成立海淀区律师党校】 9月8日，海淀区在区委党校举行律师党校成立暨揭牌仪式。仪式上，区委党校和区司法局签署合作办学协议书；区领导为区律师党校揭牌；区律师协会向受邀担任区律师党校顾问的有关领导发放聘书。区委常委、组织部部长、区委党校校长刘勇强调，要坚持党校姓党和正确的办学方向，围绕中心任务，双方共同推进律师党校建设，吸引更多的律师行业从业人员向党组织靠拢，形成律师行业党建工作的良性发展；使律师党校真正成为律师行业党建工作的支柱性、骨干性工作组织。

（周凤红）

【法治专题培训班】 9月21日—23日，区司法行政干部法治专题培训班在北京大学举行。全区各街镇法治宣传教育工作主管领导、司法所所长及副所长，区司法局领导班子成员、各科室负责人等90余人参加培训。培训主要围绕法治国家、法治政府、法治社会建设等内容，设置领导力与执行力、基层法治文化建设、管理心理学等课程。此次培训旨在认真贯彻落实中共十八届四中全会精神，进一步提高司法行政干部的法治意识和法治素养。

（周凤红）

【“老年人法律援助宣传月”主会场活动】 10月20日，北京市“九九重阳、法援爱老”老年人法律援助维权咨询活动主会场在海淀区紫竹院公园举行。活动由市司法局主办，海淀区司法局、市法援基金会等单位承办，紫竹院街道等单位协办。市司法局、市民政局、区司法局领导，法律援助律师，老年人代表等300余人参加活动。活动现场发放老年人法律援助服务卡和宣传资料，解答老年人法律咨询等。海淀区司法局向老年人代表发放老年人法律援助IC卡；市律师协会、中信公证处和法律出版社等单位现场向市法律援助基金会捐赠275万元和法律图书；海淀区法律援助中心与北京阳台山老年公寓和海淀区八里庄养老照料中心签订法律援助服务协议，启动北京市法律援助机构在敬老院等老年人集中场所建立联系点、提供法援服务活动。

（周凤红）

【帮教活动】 11月12日，区司法局组织区公安分局、区人民检察院、区民政局及4个街道司法所，到北京市未成年犯管教所，对海淀籍罪犯开展帮教活动。为服刑人员介绍社会救助、就业及职业技能培训等政策，向服刑人员代表发放日用品等帮教用品。为服刑人员进行答疑和“一对一”咨询，涉及人事档案衔接、保险办理、自谋职业、“三无”等问题。向海淀籍服刑人员介绍海淀区区情，鼓励服刑人员要重新振作起来，出狱后努力学习新知识、新本领，尽快适应社会。

（周凤红）

【法治宣传教育】 年内，区司法局健全完善“1+10+83+N”[①]的普法工作组织领导体系。以“六五”普法检查验收为契机，深化法治宣传教育。成立检查组，采取听汇报、查看档案、实地检查、第三方评估相结合的方式，对29个街镇及行业部门“六五”法治宣传教育工作进行检查。完善“海之源”千人普法志愿团，成立“法之声”普法宣讲团及“律之韵”法治文化艺术团，编印《百姓法律生活》读报。召开全区法治宣传教育工作会，印发《海淀区法制宣传教育（依法治区）领导小组机构设置方案》《海淀区法官、检察官、行政执法人员、律师以案释法工作制度》《关于进一步落实“谁执法谁普法，谁主管谁负责”工作责任制的实施意见》《海淀区进一步加强媒体公益普法工作的意见》。推进领导干部公务员、企业经营管理人员、流动人口等重点对象普法。“12•4”国家宪法日期间，组织全区各单位以“弘扬宪法精神，推动创新、协调、绿色、开放、共享发展”为主题，以中共十八大以来党中央关于全面依法治国重要指示精神及宪法学习宣传为重点，把法治教育与道德教育相结合开展宣传活动。全年共开展法宣活动8900场（次），发放法治宣传材料345万份，受众330余万人。

（周凤红）

【法律服务】 年内，全区有律师事务所393家，执业律师4639人；律师代理民事案件11182件、刑事案件2327件、行政案件1959件，其他非诉等法律事务63013件。3家公证处办理公证事项146448件，同比增长16.6%，其中国内公证61316件，占41.9%；涉外公证84775件，占57.9%；涉港澳公证357件，占0.2%。开展以“司法行政•情牵你我”为主题的司法行政开放日暨“公证处开放日”“公证爱民月”“夕阳红•公证情”专项服务活动，开展“恪尽职守、规范执业、提升公证公信力”主题教育整顿活动。开展“《中华人民共和国公证法》颁布10周年创建群众满意

[①] “1”是指区法宣领导小组及其办公室。“10”是指确立区委政法委、区直机关工委、海淀园工委、区国资委、区农委、区社工委、区教委、区公共委、区住建委、区法制办为区法治宣传十大牵头单位。“83”是指将区属54家部委办局和全区29个街镇纳入区法治宣传领导小组成员单位。“N”是指参与普法的各支社会力量。

服务窗口宣传月”活动。公证处全年开展各类专题宣传活动近30场次，发放宣传资料近万份，解答咨询3000余人次，受众1万余人次；为危房改造、拆除违法建设、环境治理等工作办理保全证据、现场监督等公证约1400件，涉及面积近6万平方米。开展“法律服务村居行”活动和“村居法律顾问”试点工作，区属175家律师事务所、371名律师与全区646个村居委会签订村居法律顾问协议，村居法律顾问覆盖率100%。全年律师开展法制专题讲座613场次，义务法律咨询7765人次，参与调解纠纷1094人次，受众3万多人次。10名律师组成疏解非首都功能工作律师法律服务团，助力区委、区政府中心工作。重点围绕老年人、未成年人、残疾人、农民工、中关村小微企业职工、军人军属等，开展“法律援助关爱行”系列活动。全年受理指派法律援助案件5530件，其中民事案件4758件，刑事案件759件，行政案件13件，涉案标的金额2.8亿元。接待群众法律咨询11万人次，“148”电话咨询解答2.1万人次。全年结案5615件，为群众避免和挽回损失5900万余元。117家律师事务所的340余名律师、1200余人次法律援助志愿者参与法律援助及宣传咨询活动。

（周凤红）

【人民调解】 年内，全区963家人民调解组织共调解案件29397件，涉及当事人61401人，调解成功28020件，调解疑难复杂案件102件，经过人民法院司法确认的人民调解协议书65件。启动人民调解指导员制度，加强行业性、专业性人民调解组织建设。海淀区人民调解中心挂牌成立。继续开展规范化人民调解委员会创建活动，街镇调委会规范化率达到100%，村居调委会规范化率已达到65.4%。协助区人民法院做好人民陪审员制度改革试点工作，在各司法所积极配合下，随机抽选产生新任人民陪审员465名。

（周凤红）

【社区矫正安置帮教】 年内，全区新接收社区服刑人员230人，解除242人，在管社区服刑人员393人，其中缓刑311人、假释60人、暂予监外执行22人。新接收安置帮教人员552人，在管安置帮教人员2582人，其中刑满释放人员2473人，解除劳教人员109人。坚持管理与教育并重的社区矫正工作理念，利用中途之家，开展初始教育、分类教育和解矫教育。全年共开展集中初始教育10期，分类教育48期，培训社区服刑人员1350人次；解矫教育12期，开展心理咨询95次。成立北京市海淀区司法局社区矫正管理支队，组建社区矫正执法督察队，加强规范社区矫正执法工作和重点任务督察力度。推进集中初始教育、电子监管、指纹报到、矫正宣告、社区评议、社区服务“六项创新工作”，规范社区矫正执法流程，强化社区服刑人员监管措施。全年救助“两类”人员[①]中的特困人员31人次，发放临时救助款71600元。为150余人办理社会低保，为50余人解决就业。建立社区服刑人员信息交换工作机制，公、检、法三部门共享监外执行人员数据信息，防止脱（漏）管。为7名社区服刑人员办理特赦手续。

（周凤红）

案例选辑

【邻里纠纷调解案】 7月15日，蓟门物业公司接到罗庄西里小区业主李女士投诉，反映隔壁邻居张某（男）在楼道内安装防盗门，影响自己出行，同时伴有人身安全隐患。经多协商解决，未果，请求蓟门物业协助解决。

蓟门物业调委会委派物业工作人员与两家业主联系，协助调解。7月16日上午，物业公司人员与楼管员到现场查看，一扇新的防盗门安装在楼道内，横隔在李女士家门外，原本四五平方米的公共区域就成为该业主的“私人地盘”。张某认为：“自己在装修时已提前报物业，签订装修协议，安装防盗门是自己的权利，而且装门时自己量过，与李女士家大门有一定距离，应该不会造成什么影响。”李女士说：“邻居张先生家在装修时是周末，根本不知道他要装防盗门，等我们周一回来后，才发现防盗门已经装好了，因为这个门楼道变得很暗，我出门也老是担心对方也开门，要是撞过来，自己岁数大了，很容易出事！”物业公司依据《北京市物业管理条例》和《中华人民共和国物权法》相关规定，向张某出示装修违规告知函，告知张某，限期三日之内将防盗门拆除并将公共区域恢复原状。张某表示可以在近期做整改。

7月18日中午，李女士与爱人又到物业公司反映张某还未拆除防盗门。物业公司当即联系张某，到物业办公室协商此事，并向当事人再次重申相关法律规定，张某表示立即找厂家拆。物业公司当即起草人民调解协议书，对调解经过和解决的时间做出约定，双方业主和物业调解员签字确认。7月20日，业主张某将防盗门拆除。

（周凤红）

【高空抛物致伤纠纷化解案】 10月13日下午，居民甲（女）的丈夫乙正常行走在某居民小区12号楼与30号楼之间通道时，被一块高空掉落的废弃油毛毡砸伤，造成头部出血，乙主动联系物业公司寻求帮助。物业公司派遣一名经理和两名员工，立刻将乙送往临近的海淀医院，并及时进行处理，头部伤口清理后，缝合4针。处理完伤口后，当晚送乙回到家中。10月14日，居民甲请求海淀街道万泉新新家园社区调委会调解此事。

社区调委会第一时间联系社区四方机构（社区党组织、社区居委会、社区业委会、物业公司）负责人，到居民甲家中了解情况。社区调委会现场与物业公司负责人沟通，询问对事发原因的调查结果。物业公司称，因12号楼和30号楼之间的通道位置未安装摄像头，尚不知晓是何人所为。在案发地附近的草坪上，找到尚留部分血迹的一块油毛毡，确定其为高空伤人的物品。随后，物业公司又走访了12号楼和30号楼2层以上的高层住户，未发现有正在施工的住户和油毛毡的出处。

[①] 社区服刑人员和安置帮教人员。

对这一初步调查结果，居民甲和丈夫乙不满意。社区调委会与物业公司和业委会协商，物业公司继续调查。

经多方协调配合，事发四天后，找到高空坠物袭人事件的责任方，确定为 12 号楼十层正在进行室内装修的住户丙。社区调委会民警三次入户与丙协商，辨清责任。丙认识到过失，主动向居民甲和乙赔礼道歉，经协商赔偿乙医疗费和精神损失费共计 2000 元。双方和解。

（周凤红）

武　装

2016
北京海淀年鉴

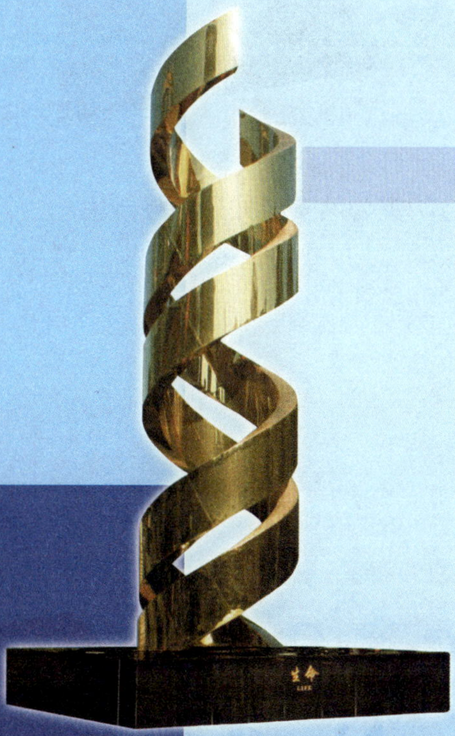

3月24日，区民防局与东北旺中心小学联合开展“防空防灾公共安全知识进校园主题活动”（区民防局 供图）

6月5日，海淀消防支队联合东升地区开展重点地区微型消防站消防演练（区消防支队 供图）

9月8日，区武装部召开欢送新兵大会（区武装部 供图）

人民武装

【概况】 2015年以来，中国人民解放军北京市海淀区人民武装部（以下简称区武装部）围绕“四个全面”战略布局，着眼“三个特别”[①]建设目标，按照军委“整顿、备战、改革、规划”的总体思路和整风整改总基调，贯彻卫戍区和区委、区政府决策部署，聚力推进融合，改革创新，完成安保执勤、双拥等工作任务。完成年度征兵任务，大专以上学历青年占新兵总数的92.5%。

（刘洋 张艺）

【区委议军会】 3月26日，海淀区召开区委议军会。会议传达北京市民兵预备役工作会主要精神，区武装部汇报2014年全区人民武装工作基本情况，研究审议通过2015年海淀区国防后备力量建设需要重点把握的问题。

（刘洋 张艺）

【民兵预备役工作会】 3月31日，海淀区召开2015年民兵预备役工作会。会议总结2014年度全区民兵预备役工作，部署2015年度重点工作：加强党管武装力度，加强思想政治建设，突出抓好应急力量建设，全面规范国防后备力量建设秩序，推进军民融合深度发展。

（刘洋 张艺）

【安保执勤】 年内，为适应就业形式多样化新形势和城市人口流动性强的特点，区武装部发挥民兵预备役部队在维护社会稳定中的特殊作用，在重大节日、重要会议、重大活动和维稳敏感期，组织民兵应急分队8500人次执勤维稳、应急备勤。全国“两会”、“9·3”阅兵、中共十八届五中全会等维稳敏感期和重大节日期间，组织民兵，采取重点目标守护、重要地段巡逻、在岗应急备勤、参加单位维稳等形式，配合公安和武警部队维护社会治安。

（刘洋 张艺）

【民兵整组工作】 年内，区武装部针对民兵预备役人员分布广、流动大的实际，坚持把科学编组作为战斗力建设的经常性、基础性工作来抓，探索新型编组模式和流动民兵预备役人员管理办法，规范高校、科研院所和非公企业编兵制度，全面推进应急分队制度化、规范化、实案化建设，形成以应急队伍为骨干、支援队伍为支撑、储备队伍为补充的新型基干民兵力量体系。

（刘洋 张艺）

【提升应急应战能力】 年内，区武装部围绕战斗力标准，按照能打胜仗的新要求，狠抓日常战备工作，加强应急方案预案体系建设，在经济社会建设中落实战时防空要求，兼顾军事信息化建设需要，全区五环路内防空警报系统覆盖率和鸣响率实现“双百”目标。完善“市建大队、区县建连、街乡建排、村（社区）建班组”应急力量体系，推进应急分队制度化、规范化、实案化建设。围绕联合防空、联合防卫、联合防暴，开展基础性训练和使命课题演练，提高部队应急应战能力。

（刘洋 张艺）

【双拥工作】 年内，区武装部拓展“驻海淀、爱海淀、建海淀”教育实践活动形式和内容，动员组织驻区部队和民兵预备役官兵，参加扶贫帮困、助学助教、医疗扶持、支援新农村建设等工作，承担抢险救灾等急难险重任务。为驻区部队官兵服务，为基层官兵排忧解难，协调区人力社保局和双拥办等单位，组织随军家属专场招聘会，解决39名家属就业，做好军人子女入学入托协调工作，服务驻区部队。

（刘洋 张艺）

人民防空

【概况】 2015年，区民防局以《中共中央、国务院、中央军委关于深入推进人民防空改革发展若干问题的决定》为指导，以“准军事化”建设为主线，以“争创全国一流民防”为目标，完成各项工作任务，区民防局被人力资源社会保障部、中央军委国防动员部评为全国人民防空工作先进集体。年内，区民防局有14人通过公共法律知识和专业法律知识考试，全局行政处罚执法资格证获得率已达到100%。

年内，区民防局与腾讯公司合作，研发“海淀民防之家”微信企业号。开设《习大大说》《习近平谈腐败》《民防楷模》《党员承诺践诺》等栏目，及时将习近平总书记的重要讲话精神、“三严三实”专题教育的要求、重要文件的解读等内容“推送”到党员干部手机上，扩大党建工作的影响和覆盖面，解决党员移动式、碎片式学习的需要。区民防局利用新媒体平台开展党建工作的经验做法在中宣部主管的“党建网”和国家人防办的《中国人民防空》杂志上进行刊载，腾讯网进行跟踪报道，《海淀报》进行相关报道。

（吕晶）

【人防工程科技创安】 3月2日，区民防局根据《北京市民防局人防工程管

---

① 特别忠诚、特别过硬、特别稳定。

理科技创安信息系统规划》，启动“海淀区人防工程视频监控系统”建设项目，推进人防工程管理信息化建设。至年底，完成高点周边9个街道、镇共404个监控点位的安装任务，有310路图像接入控制平台。

（吕晶）

【民防集中训练】 6月4日、10月30日，区民防局先后两次组织全体人员70余人按照《海淀区民防局年度训练计划》开展集中训练，完成各项训练内容。

（吕晶）

【组建人防专业队伍】 8月12日，海淀区召开全区人民防空专业队整组工作会议。出台《海淀区关于加强人防专业队伍建设的意见》，进一步明确人防专业队伍组织整顿的依据、原则、任务分配、训练保障及有关工作。组建抢险抢修、医疗救护、防化防疫、通信信息、交通运输、治安、消防7支人民防空专业队伍，涉及23个单位，人员规模2100余人。

（吕晶）

【综合整治地下空间】 9月10日，海淀区召开全区地下空间综合整治工作领导小组第一次联席会。区政府决定自2015年7月至2017年12月，在全区集中开展地下空间综合整治工作。区主管领导、区属70多个地下空间综合整治领导小组成员单位的负责人参加会议。人防工程综合整治工作按照政府主导、专项推进、属地统筹、部门联动的方法进行。关停非法使用的人防工程68处，清退居住人员2429人。

（吕晶）

【推进“民防进社会”】 年内，区民防局继续推进“民防进社会”工作，选定温泉镇白家疃北辰香麓小区和田村路街道汤泉逸墅社区，重点推进社区人防疏散标志建设和民防工作站建设，共计安装各类标志牌1019块；为民防工作站配备《海淀区社区民防工作站手册》《社区居民防空防灾应急指南》等知识读本500余册。

（吕晶）

【人防工程管理】 年内，区财政投入1139万元，对全区公用人防工程进行维护和保养，工程完好率达到98%。开展“世锦赛和抗日战争暨世界反法西斯战争胜利70周年纪念活动”“打基础 强整治 严管控”夏季消防检查、“安全生产月”“人防工程有限空间”“冬春季火灾防控”、防控“烟花爆竹”“压发案、整秩序、除隐患”等专项活动，协调区相关单位开展联合执法5次，关停非法使用的人防工程68处，清退居住人员2429人。根据《海淀区民防局人防工程防汛应急预案》，及时增配防汛物资，开展市区两级防汛演练，以道路积水和人防工程进水抢险作业为预设情景，完成组织指挥和险情排除等具体科目，确保全区人防工程平安度汛。全年全区人防工程未发生安全责任事故。

（吕晶）

【人防工程行政审批】 年内，区民防局行政审批窗口共受理全区人防工程建设标准审查14项，受理人防工程易地建设申请6项，受理人防工程建设初步设计条件审查1处，受理批准人防工程免建申请1项，受理人防工程竣工备案29处，验收新建人防工程37处，接收公用人防工程16处。受理人防工程规划咨询服务128人次，服务评价发起率和企业满意率均为100%。

（吕晶）

【民防执法检查】 年内，区民防局出动执法人员970人次，累计执法231次，涉及人防工程80处，重点对60处未经批准、擅自使用地下人防工程的单位和个人进行了严肃查处，关停违法使用人防工程23处，行政处罚10起，共罚款31万元人民币。

（吕晶）

【民防宣传教育】 年内，区民防局形成主题宣传、阵地宣传、媒体宣传、网站建设“四位一体”的宣教工作体系。开展“国际民防日”“‘5·12’防灾减灾日宣传周”“安全生产月”“‘10·31’中国人民防空创立65周年”社会宣传活动。海淀区人民防空展馆等宣教基地接待19批次、共计1000多人次学习考察交流和现场教学培训。在《中国人民防空》《北京民防》《海淀报》等报刊和新闻媒体发表民防信息65篇。

（吕晶）

【防空防灾基础设施建设】 年内，区民防局完成苏家坨、车耳营和北安河地区3处高点监控的地点勘察和调研论证；改造区政府、鼎好大厦、公主坟农行和上地创业园4处高点监控；完成花园路、甘家口街道和民防局3台3G移动指挥车建设；在中央电视塔上新增建设3个高点监控；在海淀街道、清河街道、清华园街道、上庄镇人民政府等地安装警报器21台，更新警报器2台，加装防误鸣GPS装置10台，并对23处警报器档案资料进行整理和建档。

（吕晶）

消 防

【概况】 区消防支队为正团级编制，支队机关设司令部、政治处、后勤处、防火监督处4个业务部门，24个科（室），下属清河、颐和园、采石路（特勤中队）、双榆树、香山、航天城、五棵松、西二旗、首体南路、向阳、凤凰岭、杨庄（供水中队）、四季青、八家、北安河、圆明园16个消防中队。海淀区防火安全委员会办公室设在支队。

2015年，区消防支队以基础信息化、警务实战化、执法规范化、队伍正规化“四项建设”为统领，以“两大活动”安保为核心，不断强化“万无一失”的工作标准和“一失万无”的忧患意识，坚决预防和遏制重特大火灾事故，完成春节、全国“两会”、“两大活动”、国庆66周年、中共十八届五中全会等重大活动消防安保任务。

全年共接处警4253起，其中火警

1971 起、抢险救援 2282 起，出动车辆 10024 车次、官兵 70168 人次，挽回经济损失 5444.9 万元，抢救被困人员 505 人，疏散群众 5006 人。2015 年，全区实际发生火灾 517 起，同比减少 55 起，下降 9.62%；死亡 4 人（均不纳入生产经营性场所亡人考核指标，其中一起已移交治安），同比减少 2 人；受伤 4 人，同比减少 1 人；直接财产损失 1252.5 万元，同比增加 917.8 万元，上升 274.24%。未发生较大以上火灾事故，实现社会面火灾形势整体稳定。共检查单位 16660 家，督促整改火灾隐患或违法行为 20329 处，下发责令改正通知书 11416 份，下发临时查封决定书 138 份，责令三停单位[①]50 家，罚款 540 万元，拘留 124 人。消防设计审核项目 1146 个，设计备案抽查 70 个，验收消防项目 832 个，验收备案抽查 47 个。

（秦鹏宇　尚艺璇）

【消防安全“零点”夜查】 1 月 1 日，区消防支队开展“零点”夜查行动。区公安分局治安、人口、网安、消防以及属地派出所深入辖区元旦活动场所检查指导消防安全工作。全区出动 144 个检查组，警力 400 余人。各检查组以活动场所、大型商贸市场、宾馆饭店等人员密集场所为重点，检查单位消防安全制度、消防设备设施、消防疏散通道、消防巡查队伍、消防宣传教育等内容。

（秦鹏宇　尚艺璇）

【拆除商库违法建筑物】 1 月 4 日，区消防支队联合公安、城管等部门和四季青镇政府开展联合执法，对锦绣大地物流港内影响消防安全的三号馆进行集中拆除，共计 1.6 万平方米。其间，消防支队与四季青镇政府成立行动组、警戒组、协调组、人员疏散组、宣传教育组，组织消防志愿者与宣传教育组，对经营户开展思想工作和消防宣传教育，用案例直观告诉市场经营者违章建筑带来的火灾危险性。

（秦鹏宇　尚艺璇）

【市防火委考核验收消防工作】 1 月 12 日，市防火委考核组到海淀区考核验收 2014 年度落实政府消防工作责任制情况。区综治、安监、消防、财政、教育、发改、住建、商务、教育、文化等相关委办局参加。考核组查阅相关文件资料，实地抽查区安监局、四季青镇政府、宝山地区直属派出所、鹏城社区消防工作站、锦绣大地批发市场、北京金隅天坛家具公司、四维图新大厦施工现场等消防安全工作，并听取区政府及相关部门的工作汇报。最终，海淀区 2014 年度落实消防工作责任制被评定为“优秀”。

（秦鹏宇　尚艺璇）

【消防安全培训】 1 月 21 日，区消防支队在中国农业大学东校区体育馆举行 2015 年消防安全重点单位责任人、管理人培训大会。全区消防安全重点单位责任人、管理人以及地区消防监督员等共计 3200 余人参加。培训会重点讲解单位消防安全管理制度完善建立、消防设备设施维护保养、消防值班巡查要求、消防宣传教育等内容。组织消防安全重点单位签订消防安全责任书 1601 份，并发放消防安全宣传材料。

（秦鹏宇　尚艺璇）

【消防安全隐患排查整治工作会】 2 月 16 日，海淀区召开消防安全隐患排查整治工作会。区督查室、综治、公安分局、消防支队、房管、安监、城管、旅游、商务、文化、工商、水务、住建等 10 余家委办局参加会议。会议研讨公安分局报送的 5 件拟挂账的重大火灾隐患，针对每件申报隐患所在建筑的使用性质、存在的主要火灾隐患以及如何整改展开研讨，各委办局受领相应的工作任务。

（秦鹏宇　尚艺璇）

【全国“两会”住地及周边消防安全大检查】 2 月，区消防支队联合属地街镇以及治安、内保、派出所等公安警力对辖区全国“两会”住地及周边人员密集场所开展隐患排查行动。共检查住地周边及沿线社会面单位 128 家，发现火灾隐患或违法行为 155 处，督促整改火灾隐患 153 处。

（秦鹏宇　尚艺璇）

【建筑施工现场消防安全管理工作会议】 4 月 7 日，海淀区组织召开 2015 年海淀区建筑施工现场消防安全管理工作会议。区住建委、安监局、环保局、消防支队等职能部门参加。会议通报了 2015 年全区施工工地火灾事故、消防安全监督执法情况、消防安全宣传教育工作开展情况，并就消防安全工作提出具体要求：一是注重队伍素质培养，强化监管职能，积极营造辖区工地良好的消防安全环境；二是完善消防安全管理制度，逐级落实消防安全责任，形成齐抓共管、措施得力的良好局面；三是严格工地现场消防安全管理，加强防火工作措施，将火灾隐患消除在萌芽状态；四是强化消防安全宣传教育，开展消防培训演练，不断提升施工现场人员自防自救的能力和水平。

（秦鹏宇　尚艺璇）

【建筑工程质量消防安全会议】 4 月 16 日，区政府组织召开建筑工程质量消防安全会议，区住建、安监、环保、城管、食药等部门，区消防支队，各街镇，及建筑工程建设单位、施工单位、监理单位参加。会议通报全区施工现场火灾形势，结合当前消防安全实际情况，就进一步做好辖区建设工程施工现场消防安全工作提出要求：一是认清形势，提高认识，加强消防工作组织领导。二是明确责任，细化措施，严格落实消防安全职责。三是认真部署，强力推进，全面排查整治火灾隐患。四是深入宣传，广泛发动，增强全员消防安全素质。五是落实资金，加强培训，着力提升自救能力水平。

（秦鹏宇　尚艺璇）

【国务院考核组听取消防安全工作汇报】 4 月 20 日，国务院消防工作考核组到海淀区专题听取消防安全工作汇报，并查阅消防安全工作材料。区政府介绍了海淀区 2014 年消防工作总体情况，并对存在的主要问题和下一步工作进行了简要汇报。区住建委、民政局、文化委、教委、消防支队等部门分别汇报消防工作责任制落实情况。

（秦鹏宇　尚艺璇）

【“5·12”防灾减灾消防宣传】 5 月，区消防支队开展“5·12”防灾减灾消

---

① 停止施工、停止使用，或者停产停业。

防宣传。通过联动职能部门、网络载体、广播电台展开宣传，并以开门迎接参观、开展综合应急演练等形式开展“体验式、参与式”的消防安全宣传教育和消防安全常识普及工作，提升社会公众防灾减灾能力和水平。约1600人参加5月12日的现场宣传和体验活动。

（秦鹏宇　尚艺璇）

【夏季消防安全检查工作联席会】　5月27日，区政府组织召开夏季消防安全检查工作联席会。区属相关委办局、街镇、派出所参加。会议通报了河南省鲁山县养老院特大消防安全事故情况，要求各单位认真贯彻落实党中央、国务院领导和公安部领导的重要指示精神，深刻吸取火灾事故教训，扎实开展好夏季消防检查，坚决维护海淀区消防安全形势稳定。会议就做好夏季社会面火灾防控工作，从提高思想认识、落实工作责任，加强消防检查、坚决消除隐患，实行部门联动、落实防控措施等方面进行了强调部署。

（秦鹏宇　尚艺璇）

【实兵实装消防演练】　6月8日，区消防支队联合区公安分局、区安监局、东升镇、双泉堡直属派出所、塔院消防站等单位在双泉堡地区尧舜建材城开展消防安全实兵实装应急疏散演练。区属委办局、辖区居民、塔院股份社商户、消防志愿服务队、群防群治力量等近1000人参加。此次演练分为两部分：第一部分模拟地区发生火灾，辖区塔院消防站巡逻三轮摩托车发现火情进行处置，并出动两台消防车赶赴现场，对初期火灾成功扑灭。第二部分假设尧舜建材城的顶层发生火灾，由于火势猛烈，火情得不到控制，明火随风飞散，火情特别危急。现场群众发现火情后立即联系就近的塔院专职消防站到场进行处置，并迅速拨打“119”请求消防官兵的救援。

（秦鹏宇　尚艺璇）

【成立圆明园消防中队】　8月16日，区消防支队举行圆明园消防中队成立揭牌仪式。市消防局、区政府、区公安分局及上地、马连洼街道有关领导参加。圆明园中队位于海淀区农大南路树村中街与树村西路交叉口西北角，辖区面积14.65平方公里，现有执勤官兵30人，消防车辆6部，分别是雷诺水罐车、斯堪尼亚水罐车、奔驰抢险车、博浪涛登高车（53米）、BJ40泡沫车、解放油罐车。载水量17.75吨，泡沫0.03吨。

（秦鹏宇　尚艺璇）

【检查易燃易爆场所及区域性火灾隐患】　8月16日，区政府组织区消防支队、区安监局等相关职能部门对辖区易燃易爆场所及区域性火灾隐患消防安全工作开展实地检查。重点对危险化学品的运输、储存、经营、消防疏散通道、消防设备设施、消防安全制度、用电用气管理、消防控制室值班等方面进行检查。并听取区安监局、区消防支队、属地政府、相关单位负责人的消防安全工作汇报。

（秦鹏宇　尚艺璇）

【完成“两大活动”的消防安保任务】　8月22日—30日，9月3日，“两大活动”期间，区消防支队全警动员，全力以赴，全面构筑“点、线、面”一体化、全方位的火灾防控“铜墙铁壁”，实现世锦赛和纪念大会可视范围内“不冒烟、不起火”的工作目标，确保“点”上绝对安全、“线”上万无一失、“面”上平稳可控。9月3日纪念大会期间，全区社会面实现“零火情”的防控效果。完成“两大活动”的消防安保任务。

（秦鹏宇　尚艺璇）

【消防工作联席会】　10月29日，区政府组织召开2015年第四次消防工作联席会暨今冬明春火灾防控工作会议。区属相关委办局、街镇、派出所参加会议。会议总结分析2015年全区火灾形势，部署2015年冬季和2016年春季火灾防控工作，要求各单位要在火灾防控时段、排查范围、打击重点、工作结合、宣传培训等方面做好统筹协调。

（秦鹏宇　尚艺璇）

【“119消防宣传月”活动】　11月9日，区消防支队在五彩城购物中心举行海淀区第二十五届“119消防宣传月”活动启动仪式。区政府、清河街道、清河派出所、五彩城购物中心的相关领导，区所属公安派出所民警，消防安全重点单位、地区居民等300余名代表参加。在区消防支队大力推动下，全区范围内有的居民自行购买了灭火器，也有地区、街镇集中为地区居民家庭配备灭火器、逃生面具等消防器材，并发动十余万群防群治力量集中开展找家中火灾隐患、可燃物清理、消防宣传提示、一对一结对子、应急疏散演练等消防宣传活动。

（秦鹏宇　尚艺璇）

【检查圣诞节活动场所消防安全】　12月24日，区委、区政府、区公安分局领导分别带队到海淀教堂、西北旺天主教堂、西北旺基督教堂、首都体育馆（孙楠演唱会）、区基督教香山聚会点、中关村皇冠假日酒店、新中关购物中心进行消防检查。此次检查，区消防支队联合区公安分局、区安监局、区民宗侨办、区工商分局、区城管执法大队以及属地街镇组成14个检查组，深入区域内7个教堂、20个活动现场开展消防安全“零点夜查”行动，现场整改火灾隐患76处，对圣诞节消防安全工作进行了重点提示。

（秦鹏宇　尚艺璇）

中关村国家自主创新示范区核心区

2016

北京海淀年鉴

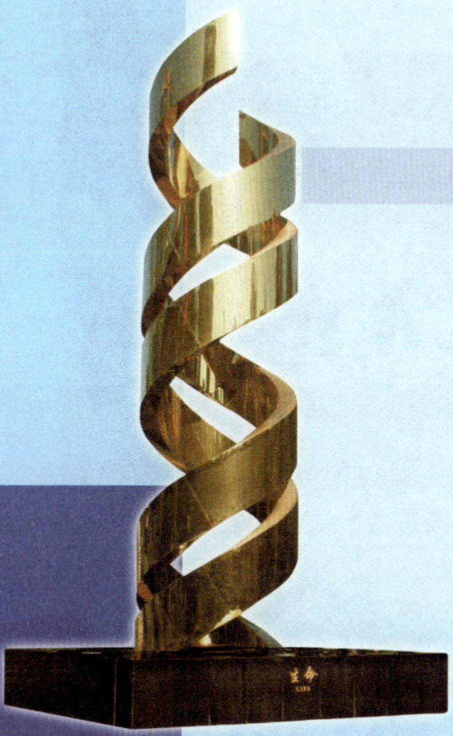

3 月 27 日，中关村智能软件集聚区成立，第一批成员单位入驻（海淀园 供图）

7 月 22 日，小米移动互联网科技园动工（区新闻中心 田峰 摄）

8月10日，海淀园企业漫游世纪在秦皇岛分园设立的“e谷创想空间”投入使用(海淀园供图)

10月23日，由海淀区青年联合会发起的“寻找改变世界的青年创业力量(中关村U30)”活动启动(区新闻中心 田峰 摄)

“YOU+”国际青年创业社区及中关村创客中心等创新创业服务业不断涌现（海淀园 供图）

东升科技园一站式服务中心（区新闻中心 供图）

综 述

【概况】 2015年，海淀园管委会立足国家京津冀协同发展战略，推进非首都功能疏解，营造“大众创业、万众创新”生态体系。园区实现总收入1.63万亿元，约占中关村国家自主创新示范区总收入的40%，同比增长13.2%；技术合同成交额1437亿元，同比增长5.1%。专利授权量31181件，同比增长39%，占北京市的33.2%。发明专利授权量1.56万件，同比增长35.3%，占全市一半。园区有企业9073家。其中高新技术企业6151家，约占北京市的50%；外企728家。主持完成的49项成果获得国家科学技术奖，包括特等奖2项、一等奖1项、二等奖46项，占全国通用项目获奖总数的21.3%，占北京市通用项目获奖总数的69%。海淀园获评全国优秀博士后工作站，中关村软件园被商务部评为国家电子商务示范基地。

（刘伟杰）

【文化与科技融合示范基地】 年内，认定文化科技园区及孵化器累计达到18家，入驻企业2498家，总收入2620亿元。互联网教育创新中心业态转型基本完成，腾退面积2.6万平方米，占总面积的93%，清退不符合业态企业245家，引入企业73家。搭建基础服务、创新创业和融资助飞三大公共服务平台。组织创新创业活动50场。吸引新东方等44家知名上市公司及互联网教育行业企业入驻互联网教育中心，10家企业获得投融资1.26亿元。其中聚焦于考研辅导O2O平台的尚学跨考教育曲线登陆A股，成为A股首个互联网教育上市公司。推动创意经济孵化、创意数码转化、数字化设计创新、文创产业服务电子商务四个特色平台建设，累计孵化、合作项目100余项，实现销售额近亿元。

（刘伟杰）

【中关村创业大街】 年内，海淀园管委会授予理工大学科技园E座大厦、中关村科贸中心、光耀东方地下广场等楼宇主题称号。开展创业大街南扩增容工作，11号楼建筑面积9000多平方米。截至年底，大街累计腾退房屋面积约3万平方米，使用面积2.2万平方米，超过街区总体可控制面积的71%，街区可控空间及基础设施升级工作全部完成。创业会客厅建成并投入使用，设立“多证联办”服务站，推出科技类企业设立登记“一口受理、同步办理、一口发证”多证联办服务。创业会客厅窗口服务机构4家，常驻投融资办公室21家，为2114个创业项目提供多证联办、投资融资等服务。成立“YOU+”国际青年创业社区，集居住、办公、娱乐于一身，形成创新创业氛围的独特创新模式型社区。大街孵化创业企业超过600家，其中获得融资的企业超过350家，平均每家企业融资500万元，融资总额超过17.5亿元。中关村核心区企业综合服务平台完成设计改版，汇集区内近600家各类服务载体与中介机构的相关信息、300余项服务产品，4507家企业开通平台用户，汇集企业数据超6万条。

（刘伟杰）

【创新创业活动】 年内，海淀园以中关村创业大街为依托，组织包括创业项目路演、创业沙龙、产品发布、创业交流、创业培训等在内的各类创业活动700余场。全国“双创周”活动期间，以“创见未来”为主题的中关村创新创业季活动举行全球创业大会、创业马拉松等31场活动，吸引来自澳大利亚、意大利、韩国等32个国家的451家机构参与，达成初步合作意向118个，签订合作协议18项，从全球各地申请的5000多个项目中，筛选出157个优秀项目参与路演，投资人提出进一步沟通需求的项目90多个。

（刘伟杰）

【创新创业服务载体】 年内，海淀园管委会推进全链条、无缝隙的创新创业服务体系建设，集“创意创想—种子期—初创期—成长期—产业化”等企业发展的各个阶段，覆盖“集中办公区—孵化器—加速器—产业园”等各类创业服务机构。截至年底，海淀共拥有各类服务机构264家，包括创客总部等市级众创空间43家，3W咖啡等集中办公区111家，车库咖啡等新兴产业孵化器14家，36氪等中关村创新型孵化器23家，启迪等国家级孵化器16家，北航科技园等国家级大学科技园12家，漫游世纪等小企业创业基地18家，海淀园创业服务中心等留学人员创业园21家，清控科创等科技企业加速器6家。孵化总面积达240万平方米。其中年平均新增孵化企业2000家，累计孵化企业过万家，累计毕业企业近5000家。筛选和发布“海帆企业”1228家，北京银行等4家合作银行为300多家“海帆企业”提供融资服务，授信额达41.9亿元。

（刘伟杰）

【中关村人才特区】 年内，海淀园“三站”建站总数达92家，其中院士专家工作站26家，博士后工作站58家，博士后（青年英才）创新实践基地工作站8家；累计为企业引进院士64人次，引进博士后（青年英才）290人，其中171人已出站。博士后工作站被国家人社部、全国博管委评为全国优秀博士后科研工作站，入选首批北京市优秀博士后科研工作站，出站博士中留在企业的超过60%。“千人计划”“海聚工程”“高聚工程”入选者分别新增183人、31人和58人，累计入选人数分别为927人、267人、184人，分别占全市的70%、36%和68%。累计518人入选“海英人才”（其中创业领军人才185人、创新领军人才252人、青年英才81人），累计支持资金超过2亿元。“海英人才”成为海淀区人才工作的特色品牌。开展央地人才一体化发展试点，与清华大学、中国科学院、北京大学、北京航空航天大学、北京邮电大学等院校对接，搭建央地人才合作培养平台。25人晋升为教授级高级工程师。

（刘伟杰）

【北京协同创新研究院】 年内，海淀

园管委会联合北京市科委、北京协同创新研究院共同设立 15 亿元的创新母基金。联合北京大学、清华大学、中国科学技术大学、中国科学院北京分院等 13 家高校院所以及商飞、京东方等 70 多家企业，初步完成仿真与设计、智能机器人、先进制造、智能电网等 18 个协同创新中心组建。与“湍流与复杂系统国家重点实验室”等 6 个国家级重点实验室开展实质性合作，遴选 137 个成果转化项目进行前期评估，49 项完成知识产权转移，在海淀注册公司 29 家，其中属高校技术成果孵化 17 家。启动“产业领袖”计划，北京大学、北京科技大学及中国传媒大学从现有招生指标中调剂出 50 个名额先行先试，报名学员近 100 人。推动北京协同创新研究院与苏家坨镇共建北京协同创新园，为苏家坨镇集体产业园。

（刘伟杰）

【校地协同创新】 年内，海淀园管委会完成清华大学、北京大学 30 多个重点项目对接，腾退双清路八家地区附近 5000 平方米空间用于清华大学科技成果转化。对清华大学、北京航空航天大学、中国科学院理化技术研究所等科研院所开展重点调研，跟踪“激光刻蚀”“语音识别机器人”“石墨烯产业化项目”等一批重点项目，开展项目库搭建，加强产业项目对接；推动清华大学燃气轮机核心部件生产基地、北京金属增材制造创新中心等一批重点产业项目落地海淀。

（刘伟杰）

【中关村协同创新服务平台】 年内，平台与北京地区 33 家高校院所、16 家产业联盟和行业组织、10 家专业园区、11 家孵化器达成合作，汇集信息 1.4 万条。其中信息资讯 8724 条、技术成果 3239 个、实验场所 322 个、服务机构 621 家、专家近 400 人、注册企业会员超过 1600 家。平台线下围绕无人机、可穿戴设备、移动医疗等产业举办活动 27 次，累计为 200 多个项目提供对接服务，促成交易并完成备案 40 笔，合同金额达 3227.11 万元。

（刘伟杰）

【智能硬件产业集聚区】 年内，海淀园联合中关村管委会出台《关于促进中关村智能硬件产业创新发展的若干支持措施》；推动海龙大厦、中发电子市场等业态调整，腾退空间 1 万多平方米，在中关村大街及周边相继挂牌中关村智能硬件创新中心、中关村智能制造创新中心、中关村智造大街，以全链条服务和孵化为特色，涵盖工业设计、敏捷制造、软硬件解决方案、测试、供应链整合、规模生产以及市场推广等各类服务机构，为智能硬件企业加速发展提供资本、政策和空间等全方位支持；推进国际合作，引入孵化出谷歌的 plug and play 孵化器、ARM 与中科创达共同组建的安创加速器，打造高品质的国际化街区。

（刘伟杰）

【重点企业项目服务】 年内，海淀园管委会新接洽企业 103 家，落地项目 48 家，注册资本规模约 63.3 亿元，包括苹果 ITUNES 中国业务公司、中建资本控股有限公司等。开展重点企业服务跟踪，完善重点企业基础服务信息，向 546 家重点企业印发服务需求调查表，了解企业需求。解决 177 名重点企业高管子女入学。

（刘伟杰）

【新技术新产品应用推广】 年内，海淀区累计 734 家企业的 1494 项新技术新产品被认定为北京市新技术新产品，占全市认定数的 59.6%。设立新技术新产品应用推广专项资金，对 26 家单位提供支持项目资金 1065 万元。全区 37 个部门采购新技术新产品（服务）项目 4.53 亿元，海淀区教委在智慧教育领域采购海淀区新技术新产品项目 2.34 亿元。

（刘伟杰）

【企业信用体系建设】 年内，海淀园推进信用信息开放与应用，通过海淀区公共信用信息服务平台上传企业良好和警示信息 8300 多条；完成海淀区公共信用信息服务平台 PC 端的改版和移动端初版开发，归集全区 20 万家企业的数据资源；落实《海淀区企业信用体系建设三年行动计划（2014—2016 年）》，联合北京信用协会举办企业信用管理知识系列讲座 15 期，培训核心区企业上千家。

（刘伟杰）

园区服务与管理

【概况】 2015 年，海淀园以中关村大街建设为依托，围绕“6+1”（移动互联网与下一代互联网，云计算，集成电路设计，导航和位置服务，生物工程与新医药，新材料、新能源和节能环保，文化和科技融合）建设，以众创空间、青年创业公寓、国际创客中心等一批新兴创业孵化机构建设为载体，推进行政审批事项等管理体制改革，构建特色化全链条创新创业服务体系，打造全国创新创业新地标。新设立 4 家企业院士专家工作站，企业院士专家工作站累计达到 26 家。

（刘伟杰）

【ALPHAWOLF 中关村智能硬件企业加速器揭牌】 1 月 8 日，ALPHAWOLF 中关村智能硬件企业加速器在鼎好大厦揭牌。国家知识产权局、北京市政府办公厅、中关村管委会、北京市科委等单位领导出席揭牌仪式。中关村智能硬件企业加速器位于鼎好大厦 B 座 10 层，首期面积 2100 平方米，名称为“ALPHAWOLF”。加速器依托中关村产业、资本、技术、科研院所、政府、专业服务机构等资源背景，首次提出“全产业链加速孵化”和“全企业生命周期加速孵化”等理念，开启加速器专业孵化 4.0 时代。主要平台有创意设计公共服务平台、产业链公共服务平台、产品展示公共服务平台等加速器平台。

（刘伟杰）

【农业科技示范园】 1月9日，海淀园对海淀区生态循环农业科技示范园等15个园区（名单见表6）授予“海淀区农业科技示范园”牌子，进行农业新技术新产品对接。会议邀请中国农业科学院、中国农业大学上庄实验站、北京科润维德生物技术有限责任公司对北京北方兴业园林工程有限公司、北京市海淀区植物组织培养技术实验室、北京市海淀区农业科学研究所、上庄创新种植技术中心等12家授牌企业进行技术讲解和对接。

首批海淀区农业科技示范园名单

表6

序号	农业科技示范园	公　司
1	海淀区生态循环农业科技示范园	北京北方兴业园林工程有限公司
2	海淀区农业生物技术创新科技示范园	北京市海淀区植物组织培养技术实验室
3	海淀区农业科学研究所试验基地农业科技示范园	北京市海淀区农业科学研究所
4	海淀区智慧农业创新科技示范园	博展智慧（北京）农业科技发展有限公司
5	海淀区翠湖观光农业科技示范园	上庄创新种植技术中心
6	海淀区罗家坟生态林林下种植藤三七农业科技示范园	上庄农业综合服务中心
7	海淀区百旺农业科技示范园	西北旺镇农业综合服务中心
8	海淀区四季青果林所农业科技示范园	四季青镇农业综合服务中心
9	海淀区田村海舟慧霖葡萄观光农业科技示范园	四季青镇农业综合服务中心
10	海淀区山水稻香中草药种植农业科技示范园	苏家坨镇农业综合服务中心
11	海淀区柳林村生态农业科技示范园	苏家坨镇柳林村委会
12	海淀区凤凰岭樱桃生态农业科技示范园	北京市西山农场
13	中国农业科学院设施农业科技示范园	中国农业科学院国家农业科技展示园区
14	海淀区上庄实验站农业科技示范园	中国农业大学上庄实验站
15	科润维德低碳有机循环农业科技示范园	北京科润维德生物技术有限责任公司

（刘伟杰）

【5家机构入选第六批国家技术转移示范机构】 1月12日，科技部公布第六批国家技术转移示范机构名单。北京北林先进生态环保技术研究院有限公司、北京软件和信息服务交易所有限公司、北京赛德兴创科技有限公司（北大技转中心）、北京华国昆仑科技有限公司、超越科创投资（北京）有限公司5家海淀区技术转移机构入选。

（刘伟杰）

【中小微企业集合外债授信试点】 3月初，由中国人民银行、国家外汇管理局批准的外债宏观审慎管理试点政策在海淀区实施。试点政策首次允许核心区内符合条件的中资企业到境外借入低成本的外债，拓展中小微企业的融资渠道，降低企业的融资成本。9月9日，海淀区政府举行海淀区2015年企业外债集合授信签约仪式。北京中关村海淀科技金融创新商会、中关村海新联新兴产业促进会分别与中国银行、交通银行、光大银行达成总额5亿～10亿欧元，综合成本最低为每年2.43%，担保方式为全信用方式的外债集合授信协议。实现中小微企业最低的年综合融资成本。此举成功解决中小企业特别是小微企业融资难、融资贵的问题，促进中小微企业能够充分利用低成本的外债贷款发展壮大。

（刘伟杰）

【众创空间集聚区授牌】 3月23日，北京市科委授予中关村创业大街“北京市众创空间集聚区”称号。5月4日，“北京市众创空间集聚区”授牌仪式在中关村创业大街举行，北京市科委授予中关村创业大街的车库咖啡、Binggo咖啡、36氪、3W咖啡、亚杰汇、北京大学创业训练营、IC咖啡、创业家、天使汇、飞马旅、联想之星、硬创邦、虫洞之家、因果树14家入驻机构“北京市众创空间”称号。9月22日，第二批400家“北京市众创空间”公布，海淀区24家机构入围。北京众创空间总数达到65家，海淀区占43家。

（刘伟杰）

【中关村智能硬件产业政策发布】 3月27日，中关村智能硬件产业政策发布会暨创新项目路演活动在中关村国家自主创新示范区展示交易中心举行。中关村管委会和海淀区人民政府联合发布《中关村促进智能硬件产业创新发展的若干支持政策》，包含发展智能硬件产业、打造智能硬件产业集聚区、搭建智能硬件公共技术和产业服务平台等 29 条措施。同时举行中关村智能硬件创新中心授牌、中关村智能硬件孵化器授牌、中关村智能硬件公共服务平台授牌和中关村智能硬件公共服务平台发布等活动。

（刘伟杰）

【“中国精度”全球同步发布】 6 月 15 日，北京合众思壮科技股份有限公司建设的全球星基高精度增强服务系统“中国精度”，面向全球同步发布，中国北斗用户在无需架设基站的情况下，在全球任一地点可享受便捷的厘米级高精度定位增强服务。“中国精度”是中国覆盖全球运营的星基增强服务系统，提供亚米级、分米级和厘米级三种不同精度层级的增强服务，经权威机构测试，在定位精度、相对精度和收敛时间等关键指标上全面领先国际同类服务系统。“中国精度”的发布，标志着合众思壮成为业内首家初步形成北斗高精度生态链闭环的企业，实现从芯片、算法、天线、板卡等核心部件，到各类终端设备和各行业解决方案，再到全球星基增强服务系统“中国精度”的全产业链生态体系。

（刘伟杰）

【“中关村领创空间”发布】 6 月 16 日，由中关村发展集团、软通动力信息技术（集团）有限公司共同出资打造的新型创新创业服务平台“中关村领创空间”正式发布。“中关村领创空间”集聚中关村区域内的技术、人才、资本、市场、平台等创新创业要素，为企业提供线上线下服务。线上主要提供创业、信息、业务、人才、政务五大服务资源。线下服务则主要是通过建设实体的交流展示区、创意办公区及创意生活区，推动创新创业空间升级，为创新创业者打造特色的创新创业物理空间。“中关村领创空间”与天津、沈阳、石家庄、中关村硅谷创新中心等 14 个城市和园区建立合作关系。“中关村领创空间”将逐步向中关村国家自主创新示范区的“一区十六园”扩展，通过“全国百城优选计划”选址 100 个城市扩散建设，为全国创新创业者提供服务。

（刘伟杰）

【创客全球北京中心落户】 7 月 8 日，首家国际创业孵化器——创客全球北京中心正式落户中关村创业大街天使汇。中心将为投资者嫁接拥有良好产业发展前景和技术创新的创业项目，提供天使投资、风险投资、短期借款、股权众筹等金融全产业链的投融资服务，以及专利、法务、财务、税务、企业文化、品牌建设等全方位的创业配套服务。面对中国市场，创客全球北京中心形成“一次路演全球看”的时空同步评审推介，为中国地方区域项目提供面向全球投资者推介的机会，促进区域技术成果与国内社会需求和国际优势资本的有效对接和成功推广。

（刘伟杰）

【联手河北打造科技孵化器】 7 月 31 日，中关村科技园区海淀园创业服务中心与石家庄市新华区签署合作协议，联手北京鼎尖投资、河北杰明投资、新华鑫圆城市建设投资共同建立创新型科技孵化器——北京金种子创业谷石家庄众创空间，项目落地后将成为河北省最大的科技孵化器。北京金种子创业谷为中关村海淀创业园下属的三大孵化基地之一，是中关村管委会认定的创新型孵化器，具有“零成本零门槛创业+全链条全过程孵化”与“聚集服务资源+完善生态系统”的特点。金种子众创空间为广大中小企业以及创业者搭建创业辅导培训、项目孵化及投资、创业导师与投融资对接、市场推广与产业链对接等全方位的创业服务平台。

（刘伟杰）

【11 个项目入围市优秀创业项目】 9 月 15 日，北京市召开 2015 年北京市优秀项目遴选结果通报会暨创业融资指导会。全市共遴选出 24 个优秀创业项目，海淀区 11 个项目入围，占总数的 46%。其中，微软创投加速器的“云适配”和海淀园创业服务中心的“开放手术摄录系统设备”2 个项目为引领项目；启迪孵化器的“高性能椭圆曲线密码芯片”和北航天汇孵化器的“智能通用的机器人/无人机操作系统（平台）”2 个项目为重点项目；中关村软件园孵化器的“超便携式移动平台激光雷达”等项目为成长项目。

（刘伟杰）

【中关村核心区香港国际创新驿站成立】 11 月 27 日，第 19 届京港会海淀专场暨中关村核心区香港国际创新驿站揭牌仪式在香港举行。海淀与香港开展全方位创新合作，依托中关村核心区香港国际创新驿站的建立，打造海淀和香港联结的桥梁枢纽，推进海淀与香港间的科技创新、产业创新、理念创新、经营创新合作。

（刘伟杰）

专业园区建设

【概况】 2015 年，海淀园以重点功能区、专精特新产业园、大学科技园建设为载体，着力构建一批高水平的校地协同创新中心，推进科技成果就地转化，培育区域经济增长新动能；推进京津冀协同创新发展，通过加强分园建设，开展区外合作等增强核心区创新辐射能力。有大学科技园 17 个，其中 13 个为国家级大学科技园。

（刘伟杰）

【北京实创高科技发展有限责任公司】 年内，公司资产总额 203.87 亿元，净资产 17.35 亿元，其中归属母公司净资产

17.07 亿元；实现总收入 7.92 亿元，实现利润总额 10070 万元，归属母公司净利润 8300 万元，上缴税金 15407 万元。与实创股份公司、海科金公司共同出资设立的“新三板”股权投资基金，投资 12 个项目，累计投资额 3920 万元，股权退出净收益和账面盈利约 4080 万元，总收益率 104%。实创两家公司以下属的 7 家子公司共同投资 5000 万元，成立北京实创科技投资有限公司，以产业资本方式支持行业领军企业发展，拓展企业融合发展模式，推进盈利模式创新。

（孙燕艳）

【永丰产业基地新园】 年内，完成园区开发建设投资 18 亿元。4–2、4–3 街区控规批复工作取得进展，完成街区深化备案；永丰基地 C 地块完成供地，C1、C2、C3 为国家地质科研实验基地、国家气象园等重大项目落地提供 17 万平方米产业空间，C4、C5 提供公共租赁住房 20.7 万平方米；J、K、L 地块取得授权延期；G、H 地块取得征地批复；永丰东环路、唐家岭路取得道路规意、管线规意、环评和水评批复，皇后店中街取得管线规意；C4、C5 公租房取得控规批复、规划意见书等前期手续；国家地质科研实验基地年内实现开工建设。完成政府投资项目大牛坊中街道路建设。

（孙燕艳）

【北京海淀科技园建设股份有限公司】 北京海淀科技园建设股份有限公司主要经营一级土地整理、房地产开发、工程建设管理和城市基础设施建设等。公司控股公司有北京德成置地房地产开发有限公司、北京德成兴业房地产开发有限公司、北京盛世翌豪房地产经纪有限公司。

2015 年，公司主要承担西北旺新村（百旺新城）综合开发和冠城大通百旺府的开发建设。全年实现开复工面积 38.13 万平方米，其中新开工面积 12.56 万平方米，竣工面积 4.32 万平方米，销售面积 4.76 万平方米。完成百旺新城项目 A3 地块规划指标调整和茉莉园 G 区 4.3 万平方米的安置房转商品房任务。

在第六届中国房地产年会上，公司被授予“2014—2015 年度中国房地产诚信价值品牌企业”称号。

（程建华）

【北京实创科技园开发建设股份有限公司】 北京实创科技园开发建设股份有限公司主要负责中关村翠湖科技园、中关村永丰产业基地等北部产业园区的开发建设。2015 年，公司实现总收入 2266 万元，净利润 6163 万元；完成投资 86 亿元；现金流入 144.88 亿元，其中经营性现金流入 89.12 亿元。实创股份所属园区全年共承担 61 个开发建设项目，计划总投资 159.3 亿元，实际完成投资 86 亿元。实创股份作为责任主体完成固定资产投资 34 亿元。中关村壹号、北部服务大厦、科技企业加速器、国际学校、北部文化中心等重点二级项目全年完成投资 12.7 亿元。

截至年底，公司所属园区签约入驻企业 429 家，从业人员约 5.75 万人。入驻企业实现总产值约 630.94 亿元，实现税收总额约 32.1 亿元。平均产出强度 3.49 亿元/万平方米，其中购地企业产出强度 2.76 亿元/万平方米，加速器企业产出强度为 5.97 亿元/万平方米。开复竣工面积 163.07 万平方米，其中新开工项目面积 14.92 万平方米、复工项目面积 129.45 万平方米、竣工项目面积 18.7 万平方米。新签约重点企业 19 家，购（租）房面积 4.7 万平方米。形成以导航与位置服务、移动互联网与下一代互联网、云计算、集成电路设计、生物医药、新能源新材料及能源环保六大优势产业为主的产业格局。六大产业板块企业共计 375 家，从业人员 5.59 万人，企业总产值 618 亿元，实现税收 29.9 亿元。园区总收入上亿元的企业有 55 家，实现总收入 614 亿元，实现税收 27.8 亿元。超 10 亿元的企业 12 家（华为、大唐电信、纵横机电、航天时代、用友软件、安泰科技、联强国际贸易、发那科、航天恒星、北斗星通、佳讯飞鸿、高能时代）。入选“十百千”工程的企业 8 家，入选“瞪羚计划”的企业 36 家。上市企业 22 家，实现总产值 299 亿元。入驻企业累计获得授权专利 6052 件，同比增长 4.6%；累计获得软件著作权数 1492 件，同比增长 6.4%；累计获得国家发明奖数 99 个、国家科技进步奖 269 个、全国科技大会奖 90 个、国家重大成果奖 53 个、省部级以上重大科技成果奖 1611 个、国家认定企业技术中心 35 个，建成对外服务公共实验室平台 2 个。建成科技企业加速器约 45.19 万平方米。

（陈天鹏）

【中关村科学城】 年内，通过释放空间、形成产业集聚、促进产业发展，推动全区科技与产业、科技与金融、科技与文化的融合。北科大中关村高端人才创新基地吸引近 100 家“千人计划”或海聚、高聚人才创业企业；北航国际航空航天创新园致真大厦挂牌成立中关村集成电路设计园，吸引包括紫光展讯、清芯华创等集成电路设计重点企业在内的 150 家企业入驻；北林大生态环保产业创新园吸引以深圳铁汉、云南云投、福建金森、北京圣海林等 10 余家生态环保领域龙头企业为代表的一批行业领军企业和研发机构入驻，并与园区企业共建北林东方植物研究中心等 18 个研发中心。北外国际文化创新园、汇龙森中关村生物产业创新基地、北师大教育科技产业园等特色产业园建成。截至年底，科学城已建成 19 个项目，总建筑面积达 101.7 万平方米，引进高新技术企业近千家。科学城地区已形成产值 3000 亿元。

（孙树昆）

【中关村软件园】 年内，中关村软件园新入园企业 80 家，累计达到 403 家。其中上市企业 37 家、国家规划布局重点软件企业 21 家、十百千工程企业 26 家、中国软件百强企业 10 家、收入过亿元企业 45 家。新增从业人员 1.53 万人，累计达到 5.42 万人。产值 1603 亿元，增长率为 13.8%；利润 149.1 亿元，增长率为 10.4%。拥有知识产权 24803 项，同比增加 5708 项，其中授权专利 6208 件（包括国际授权专利 269 件），同比增加 1080 件。科技成果转化 334 项，同比增加 29 项。累计 20 人入选中组部“千人计划”；“国务院特殊津贴”“青年千人”“长江学者”“海聚工程”“高聚工程”“科技北京领军人才”等共计 87 人。全年开复工总规模 167 万平方米，在施工程项目总数17个，新开工项目1个，竣工项目8个，竣工规模86万平方米。研发经费共投入175亿元。7月，中关村软件园被认定为第二批国家电子商务示范基地。

（张蕾）

【中关村西三旗(金隅)科技园开工】 1月16日，中关村西三旗科技园项目获北京市规划委员会批准，列入市政府扩大内需重大项目绿色审批通道，是中关村科学城第五批建设项目之一，计划2020年基本建成。中关村西三旗（金隅）科技园位于建材城环岛周边地区，地处北京“两城两带”中北部研发服务和高新技术产业发展带，总占地面积约41.8公顷，建设总规模约66万平方米。11月18日，举行开工仪式。根据规划，科技园重点打造“一基地三平台”，即IT信息服务产业基地，以智能家居、公共出行综合信息服务、“两化融合”和信息安全三大重点行业信息服务运营平台为核心的新型平台型产业链，构建“城业一体”的总部办公与研发基地，对中关村科学城、中关村软件园形成辐射支撑。

（王小民）

【东升科技园三期启动】 2月4日，中关村国家自主创新示范区领导小组批复同意将小月河高新科技园区纳入中关村东升科技园，项目被命名为中关村东升科技园三期京昌路楔形绿地棚户区改造项目。项目将形成106公顷的景观绿地，实现楔形绿地功能，腾退低端产业，建设高新技术园区。8月7日，中关村东升科技园三期（京昌路楔形绿地棚户区改造）项目宅基地腾退工作正式启动。中关村东升科技园三期（京昌路楔形绿地棚户区改造）项目位于东升镇塔院村，东至京藏高速，南至健翔桥以北，西至小月河，北至竹溪园小区南侧规划路，全长6.5千米，还包括小关西后街相关院落，是北京市规划的7条楔形绿地之一，总用地面积约177公顷，涉及搬迁的地上物建筑面积约94.35万平方米。其中宅基地院落273个1136户，约27万平方米，集体非住宅约64万平方米，国有单位约3万平方米，有万家灯火、盛宏达小商品城等14家大型综合市场，涉及人口10万余人。至年底，签订宅基地腾退补偿协议263个院落，完成96.4%；涉及腾退的集体房屋租赁协议115份，签订解除协议112份；14家大型综合市场，12家已拆除。腾退的土地先绿化，北三环至北五环将出现一条长6.5千米、占地106公顷的楔形绿廊；其余的腾退土地主要用于建农民回迁安置房、产业用房。其中安置房15万平方米、商品房15万平方米、产业用地面积35万平方米。

（孙树昆）

【信息安全产业园签约】 2月13日，总参谋部、中国仪器进出口（集团）公司、北京兴科迪科技有限公司三方签约，合作共建信息安全产业园。项目以某国家工程实验室为平台，共同打造信息安全产业园和军用高新技术孵化器，在盘活央企资源、“腾笼换鸟”发展信息安全高精尖产业的同时，推动军民高新技术共享和双向转化。北京市、海淀区两级政府支持该园区建设。

（刘伟杰）

【启迪之星落户保定】 5月18日，在河北省保定市京津冀重点合作平台推介会上，河北保定工业园区管委会与启迪控股股份有限公司共同签署合作协议，正式启动启迪之星（保定）孵化基地的建设。启迪之星（保定）孵化基地位于河北省保定市支点创业基地内，占地1500平方米，是启迪公司将自身孵化体系、众创服务模式对外输出，致力于推动保定市科技自主创新，实现产业结构转型升级。至此，启迪之星完成在北京、天津、河北孵化基地的设立。

（孙树昆）

【齐河与海淀园共建创新示范区】 5月21日，对接京津冀中关村海淀园齐河县“互联网+”区域战略合作创新示范区签约仪式在山东齐河县举行。首批5个海淀园项目漫游世纪（齐河）e谷孵化器、农产品电子商务、生态环保服务园、幸福社区便民购、生态农业基地落户齐河创新示范区，涉及互联网与现代农业、智慧环保、社区服务等领域。

（孙树昆）

【秦皇岛分园e谷创想空间开业】 8月10日，秦皇岛分园e谷创想空间开业。e谷（秦皇岛）创想空间总面积约3万平方米，26家企业入驻。

（梁冰）

【北大科技园与武清签署战略合作协议】 8月31日，北京大学科技园与天津市武清区人民政府签署《共建北京大学（武清）科技园战略合作协议》。北京大学（武清）科技园落户下朱庄科技创新社区。园区首期建设科技企业孵化器，运营面积为2.3万平方米，双方将共同搭建科技人才引进、创新企业培育、产业结构升级的服务型平台。

（孙树昆）

【北京高校大学生创业园（软件园）成立】 10月15日，北京市教育委员会与中关村软件园共建北京高校大学生创业园（软件园）签约仪式在中关村软件园举行。北京高校大学生创业园（软件园）位于中关村软件园区内，是北京市教委建设“一街三园”市级大学生创业园孵化体系中的第二个创业园。园区内集聚联想、百度、腾讯等295家国内外知名IT企业总部和全球研发中心。企业园主要面向北京地区普通高等教育全日制在校生及应届毕业生创办的初创企业，主要支持孵化软件及信息技术服务业、通信等IT行业的创业项目，重点支持“互联网+”大学生创业项目，为创业学生提供两年免费的创业场地和全方位创业配套服务。

（孙树昆）

【“东升杯”国际创业大赛举行】 8月5日—12月18日，“东升杯国际创业大赛暨大学生创业创新促进行动”在北京中关村东升科技园举行。这是北京首次举办国际大学生创新创业大赛，由北京市人力资源和社会保障局大中专毕业生就业处、北京科技协作中心、中关村科技园区海淀园管理委员会联合指导，北京市毕业生就业服务中心、海淀区人力资源和社会保障局、中关村东升科技园管委会主办，东升博展集团承办。大赛以“踏浪摘星，有梦敢赢！”为主题，在美国、韩国、吉尔吉斯斯坦设立分赛区，在国内设立北京、华北、西北、西南、华中、华东、华南7个赛区。大赛设初创组和企业组两个组别，初创组为报名时尚未进行工商登记注册、拥有科技创新成果或创业计划的团队，企业组为具有创新能力和较高成长潜力的中小微企业或个体工商户。吸引国内外1000余个优秀大学生创新创业项目参赛，其中以大学生为主的初创组参赛项目数量占到40%。大赛分初赛、复赛、半决赛、总决赛4个轮次。初赛采取全球海选的方式，以项目路演和导师提问的形式进行；复赛采取分行业评审的方式，在同一行业内评选出晋级下一轮比赛的项目团队；半决赛采取现场答辩形式，由6个国内赛区和3个国际赛区晋级半决赛的项目角逐初创组、企业组各4个晋级总决赛的名额；总决赛采取现场路演及专家评审团提问的形式进行，最终评选出各奖项。12月18日，北斗恒星导航系统、炼金台在线风控服务平台、癌症免疫细胞治疗CAR-T疗法等8个创业项目（其中2个国外项目）进行总决赛。初创组的3D Cellular项目与企业组的艺妙神州Car-T癌症治疗项目分别获得各组别的第一名。获得特等奖的艺妙神州Car-T癌症治疗项目获得100万元现金和免费公司注册地址、免费办公场地等奖励，其他获奖项目获得现金等不同形式的奖励。

（钟冷　王永乾）

【中关村军民融合产业园启动】 12月21日，由海淀区政府、北京市经信委、中关村管委会共同举办的中关村军民融合协同创新论坛暨中关村军民融合产业园启动仪式在海淀区举办。海淀区政府发布《中关村军民融合创新示范区规划方案》，通过2～3年建设，建成以北理工军民融合创新园、中关村军民融合产业园、玉泉慧谷信息安全产业园等“一体三园”为核心的军民融合产业空间布局。构建中小微军民融合企业创新创业平台、军民技术双向转化平台、军民科技创新战略协作平台、军民融合展示交流平台、军民融合综合服务保障平台五大平台；打造智能制造、集成电路设计、网络和信息安全、北斗及空间信息服务、先进材料等具有重要影响力的军民融合产业集群。北理工军民融合创新园2.65万平方米，主要作为军民融合创新成果转化孵化基地。中关村军民融合产业园11万平方米，主要用于军民融合重大项目落地、军民融合项目展示对接。玉泉慧谷信息安全产业园1.9万平方米，主要作为网络和信息安全领域军民融合项目转化孵化基地。

（曹燕　李鑫）

【大上地地区建设】 年内，依据大上地地区发展建设规划，开展道路体系完善、环境整治、产业园区配套建设的统筹推进和分类实施工作。重点推进上地办公中心—软件园、小米科技园—中关村移动智能服务创新园、上地信息产业基地—北大科技园三个重点区域交通优化整治。

（孙燕艳）

【中关村虚拟现实孵化器】 年内，由实创高科技发展有限公司建设的国内第一家专注于虚拟现实领域的垂直型孵化器——中关村虚拟现实空间，累计孵化虚拟现实创业项目42个，9个团队获得天使投资，其中3个项目获得A轮融资。成立中国虚拟现实与可视化产业技术创新战略联盟；建设虚拟现实应用教育部工程研究中心联合实验室和产业联盟实验室；获得中国虚拟现实产学研合作创新示范基地授牌；挂牌北京师范大学学生创业基地和实习基地。

（孙燕艳）

【中关村软件城建设】 年内，完善中关村软件城建设规划并争取市级支持。提出软件城核心区、拓展区、辐射区三大区域构成；软件园二期一、二级项目累计完成投资95亿元，24家企业签约入驻。海淀园联合软件园接洽企业40余家，落地项目21个；设立软件企业创业孵化基地。同方科技园建立北京市软件企业创业孵化基地暨海淀区初创期科技型企业集中办公区，吸引下一代互联网、大数据、云计算等近20家产业企业入驻。

（孙树昆）

产业与企业发展

【概况】 2015年，海淀园发展战略性新兴产业，整合国际国内创新资源，加快高精尖产业聚集和产业结构转型升级，推进国家科技创新中心建设，围绕“6+1”战略性新兴产业细分领域，聚焦关键核心技术、行业共性技术等重点领域的突破创新，编制完成《海淀区产业并购引导基金管理实施细则》，海淀区有281家企业获得国家和北京市各类中小企业发展专项资金8936万元。其中186家企业获得“2015年第一批中小企业创新融资项目”支持资金3958万元，占全市总资金的44.29%；78家企业获得“2015年第一批创新融资贴息项目”支持资金1626万元；17家企业获得“2015年第一批中小企业服务体系建设项目”支持资金3352万元。推荐306家企业申报专项项目，6家企业申报“第四批北京市小企业创业基地”项目，17家企业申报“第四批北京市中小企业公共服务平台项目”，77家企业申报“2015年第十八批北京市级企业技术中心项目”，161家企业申报“2015年第二批中小企业发展专项资金创新融资项目”，24家企业申报“2015年第二批中小企业发展专项资金服务体系建设项目”，21家企业申报工信部“工业技术改造重点储备项目”。

（曹燕　陈丽华）

【中关村国家自主创新示范区展示交易中心】 2015年，中关村国家自主创新示范区展示交易中心（简称展示交易中心，由展示中心、会议中心和海淀安全馆三部分组成）集中了中关村“641”产业精选的200余家重点企业的1000余项科技创新成果，重点展示3D打印、集成电路、节能环保、大数据和信息安全、新型显示和终端、生物和健康内容。全年接待中央和国家机关、省市领导、企业、军队和学校以及外国政要等参观团体998批次7万余人次。海淀安全馆作为综合性公共安全教育基地，涵盖自然灾害、事故灾难、公共卫生和社会安全四大领域13个主题展区150多个展项，接待团体和散客共3.5万人次。会议中心接待各类会议、论坛等700场5.3万人次。展示交易中心作为“2015全国大众创业、万众创新活动周”主会场，举办启动仪式和48场专题活动，近30000人次参观主题展示。展示交易中心获“全国科普教育基地（2015—2019年）”称号和国家住建部全国绿色建筑创新奖二等奖。

（彭志生）

【中文在线正式挂牌创业板】 1月21日，北京中文在线数字出版股份有限公司成功登陆深交所创业板，正式挂牌上市，发行3000万股，成为国内“数字出版第一股”。中文在线是清华创业园的第一批入园企业。数字出版企业“中文在线”创造业界“第一”：第一家与作家签约付费试用数字版权的企业，成为正版数字内容提供商；牵头成立中文“在线反盗版联盟”，成为有影响力的反盗版机构；建设国内第一家全面数字阅读平台——“书香中国”互联网开放式数字图书馆，实现“24小时无障碍无边界立方体式阅读”。中文在线“书香中国”平台覆盖28个省市、4.5万所中小学校、1300余所高校，广泛应用于基础教育、高校公共图书馆、地方公共图书馆、宁波市地铁和湖北省农家书屋多个领域。

（孙树昆）

【中关村创新创业企业上市培育基地揭牌】 2月5日，中关村创新创业企业上市培育基地在中关村国家自主创新示范区展示中心揭牌。中关村创新创业企业上市培育基地由深圳证券交易所、中关村管委会、北京市金融工作局、海淀区政府及北京股权交易中心五方发起。基地全面推动中关村以及周边地区的创新创业企业与资本市场对接，就近服务企业的规范改制、路演宣传、投融资对接、辅导上市和互动交流，成为创新创业型企业孵化、展示、培育中心，实现企业聚集、政策聚集、资金聚集、人才聚集。

（刘伟杰）

【IEEE 1888标准成为全球能源互联网产业首个国际标准】 3月2日，由中关村企业天地互连主导的IEEE 1888标准成为全球能源互联网产业首个ISO/IEC（国际标准化组织）国际标准。IEEE 1888标准又称泛在绿色社区控制网络标准，是能源互联网领域的TCP/IP标准，将电、水、气等能源数据化，应用大数据、云计算等互联网新技术，达到提高能效、节能减排的目的。围绕IEEE 1888标准，形成包括终端产品、汇聚产品、多协议网关产品、存储系统、智能分析平台、可视化界面、认证与安全系统、网管和计费系统、系统集成、认证与测试、合同能源管理服务的产业链。

（刘伟杰）

【联想建成第一家农资交易平台】 3月19日，联想控股股份有限公司战略投资云农场签约仪式在山东济宁嘉祥县举行。云农场是全国第一家网上农资垂直交易平台，由山东天辰云农场有限公司创建，旨在为农民提供质优价廉的农资产品和技术指导、低息贷款等增值服务。平台经营的产品品类为化肥、种子、农药、农机及其他增值服务。

（刘伟杰）

【全球首款全系统多核高精度导航定位芯片发布】 5月13日，北斗星通控股子公司和芯星通发布新一代高精度多模多频卫星导航SoC芯片-Nebulas II（UC4C0）。SoC芯片具备全系统、抗干扰、高输出率等特性，在无人机、GIS信息采集等领域拥有广阔的应用前景，芯片可满足卫星导航产品规模化应用需求，缩短民用高精度终端产品研发周期，降低北斗使用门槛。

（刘伟杰）

【中国中车股份有限公司落户海淀】 6月1日，中国南车、北车合并后新设公司——中国中车股份有限公司（简称中国中车）在海淀区完成注册设立工作，注册资本金278.8亿元。南、北车按照“对等合并、着眼未来、共谋发展，坚持精心谋划、稳妥推进、规范操作”的合并原则，采取中国南车吸收合并中国北车的方式进行，打造以轨道交通装备为核心，跨国经营、全球领先的大型综合性产业集团。

（刘伟杰）

【高性能多极化微波成像系统取得重大突破】 6月，由中科院电子所完成的“高性能多极化微波成像系统及在灾害与海洋监测中的应用”项目取得重大突破。经过十余年的研究，项目主要性能达到同类技术的国际领先水平，实现高性能多极化航空微波成像系统的实用化和国产化。项目直接应用于国家高分辨率对地观测重大专项的两颗全极化微波成像雷达卫星，即GF-3和国家星载SAR系统，推动国内星载/机载微波成像系统的整体技术进步；获得授权国家发明专利11项、相关软件著作权2项。

（刘伟杰）

【大北农设立互联网农业金融平台】 7月6日，中关村海淀园企业大北农公司宣布出资1亿元设立“北京智农支付科技有限公司”，打造互联网农业金融平台。“智农支付”主要从事互联网支付、移动支付、支付结算和清算系统等方面的技术开发和应用，扩展金融业务服务和提升用户体验，利用大数据挖掘技术，提供可信赖支付数据。

（刘伟杰）

【百度建国内最大智慧医疗平台】 7月9日，“百度医生”与天津医指通社区同步挂号服务平台（以下简称医指通）共建中国最大规模的智慧医疗平台医指通——百度智慧医疗运营平台。平台覆盖双方在全国的所有合作医疗机构，为患者提供预约挂号、检查报告查询、费用支付等一站式全流程服务。医指通实现“社区与医院同步挂号”的就医模式，成为中国首家“智慧医疗”综合体运营服务商、中国第一家全流程预约挂号统一平台。

（刘伟杰）

【国内首台12英寸化学机械抛光机交付使用】 8月4日，由清华大学科技成果成功转化的国内首台12英寸“干进干出”铜制程化学机械抛光机交付使用，标志着国内12英寸化学机械抛光机进入大型生产线。化学机械抛光是通过使用化学腐蚀和机械作用对加工过程中的晶圆进行平坦化处理，以便获得纳米级别的平整表面，是集成电路制造工艺中的五大关键技术之一，主要技术指标达到或超过国外最先进产品的水平。

（刘伟杰）

【优酷土豆推三大计划】 8月6日，优酷土豆集团在北京召开主题为“合乐而不为”的首届开放生态大会，优酷土豆集团正式更名为合一集团。未来3年，合一集团将依托近6亿家用户，推出三大计划支持网生内容，打造文化娱乐产业的创业平台，即“新人计划”——产生10万个拥有千人粉丝团的自频道；“万万计划”——产生1万个月收入过万元的自频道；“飓风计划”——产生100个估值过亿元的自频道，共谋万亿元市场。

（刘伟杰）

【龙芯第二代处理器系列产品发布】 8月18日，龙芯自主指令系统“Loong ISA”、新一代高性能处理器微结构“GS464E”和新一代处理器“龙芯3A2000”“龙芯3B2000”等龙芯第二代处理器产品发布。龙芯第二代服务器形成完整的产业链条，曙光信息产业股份有限公司研发出基于龙芯处理器的“龙腾”服务器、防火墙、刀片服务器、堡垒主机等系列产品，发布“基于龙芯3B系列处理器的高性能服务器方案”、基于龙芯2H处理器，锐捷网络研发出48口千兆网络交换机，其交换能力最高可达176 Gbps，1天能耗不到1千瓦时电；东软集团采用龙芯CPU及中标麒麟操作系统，推出安全可靠的高性能千兆防火墙产品和万兆防火墙解决方案，可满足不同行业客户的多种安全防护需求；浪潮、同方等国内知名IT厂商，研发出基于龙芯的高性能服务器、安全计算机、高性能工控模块等产品解决方案。

（刘伟杰）

【浪潮全球首发云服务器】 8月19日，浪潮在美国旧金山英特尔秋季IDF峰会上首发并展示云服务器In Cloud Rack。浪潮In Cloud Rack采用全模块化设计的整机柜形态，配备集中统一的供电、散热和管理模块，扩展节点类型包括八路、四路和双路计算节点，存储节点，GPU协处理器节点，微服务器节点等，其分布式网络可以更好地实现软件定义技术，既能支撑联机事务处理、CRM、ERP等企业级IT应用，也是虚拟化、云计算、大数据等应用的系统平台。

（刘伟杰）

【全球首款企业级大数据操作系统发布】 9月8日，百分点集团发布全球首款企业级大数据操作系统BD-OS。BD-OS是一款全流程、可视化、智能化的企业级大数据操作系统，通过对数据流程的创建、组合、调度和监控，将业务流程管理转化为数据流程管理，采用企业级服务总线（ESB）的理念，支持以热插拔的方式灵活集成各种异构系统及数据服务。

（刘伟杰）

【中国首个“通导一体化”基带处理芯片问世】 9月8日，华力创通开发出中国首个卫星移动通信与北斗卫星导航一体化基带处理芯片Htd1001。该芯片是中国首颗利用卫星移动通信信道进行北斗辅助增强（A-北斗）的基带处理芯片，即“通导一体化”基带处理芯片，首次定位时间短、灵敏度高；同时也是中国首颗利用卫星移动广域通信和地面数字对讲局域通信相融合的基带处理芯片，即“天地一体化”芯片，可以为全国大部分地面网不能覆盖地区的天地一体化无缝通信应用提供产业化基础，可广泛应用于国家应急救灾、反恐维稳、海洋作业、森林作业等行业通信、导航及位置服务运营等方面，芯片量产完全自主可控。

（刘伟杰）

【全球最小间距LED显示屏问世】 9月10日，利亚德发布全球第一款低于1毫米间距的LED显示屏，并宣布进入批量生产。利亚德突破小间距尖端技术的多重技术壁垒，完成P1.9—P1.6—P0.7的三级跳，实现量产全球最小间距P0.7毫米超微间距LED面板，基于54英寸LED电视面板实现“积木式”拼接LED电视及电视墙，打破多年来液晶电视时代核心面板生产被日韩、中国台湾企业垄断的局面，占据产业的上游。

（刘伟杰）

【百度云加速3.0上线】 9月18日，百度云加速3.0发布并正式上线，通过与Cloud Flare达成合作，实现全球CDN网络覆盖。百度云加速是为网站提供网络加速、安全防护和搜索引擎优化等一站式服务的管理平台，在国内有节点分批从10G扩容到50G超级节点；在国外，百度与CDN厂商Cloud Flare合作，Cloud Flare将向百度云加速的用户开放在全球的45个超级节点，结合百度在国内的17个超级节点，建立一个覆盖全球的CDN加速和安全防御网络。百度的ADN网络是一个由百度云加速、Cloud Flare和电信云堤三方联手共同建立的全球抗攻击网络，通过ADN网络，可以实现高吞吐、低误杀的DDoS清洗能力。发布会上，百度云安全联合乐视云、中国电信等合作伙伴，进行现场DDoS攻防实战演练，十多分钟时间内，攻击流量峰值达1Tbps。

（刘伟杰）

【三举措推动企业国际化发展】 9月21日，在海淀园管委会、海淀区金融办和卢森堡毕马威公司联合举办的“环球商机”重点活动——“牵手卢森堡，助力中关村海淀园高新技术企业走进欧洲”商机研讨会上，代区长于军表示，海淀区将从三方面入手推动企业国际化发展。着力营造有利于企业国际化发展的政策环境，重点推动国家外汇管理局、北京外汇管理部启动外债宏观审慎管理试点，允许中关村核心区内符合条件的中外资高新技术企业按照不超过上年末经审计净资产的两倍借入外债资金。加速聚集支撑企业国际化发展的金融资源，海淀已成为全国股权投资最活跃的地区之一，要加速聚集各类科技金融服务机构，为企业“走出去”提供全方位金融服务。重点支持有实力的企业开展海外并购，支持境内并购基金、上市企业和行业领军企业开展海外并购，促进先进科技成果回国转化和技术转移；鼓励设立海外孵化器、产业园，培育海外原创技术和项目，并支持到中关村核心区落地发展。

（钟冷）

【北京创新创业湾首期启用】 10月，北京创新创业湾（即“北湾”）首期4.2万平方米空间启用。北京创新创业湾位于翠湖科技园附近，依区域湖区约3千米长的河道两侧而建，总占地约600亩，以科学研究和技术创新创业为主的“硬创业”聚集区。根据规划，“北湾”未来吸引的产业主要是高端装备、智能硬件互联网、新能源互联网、新材料、环保节能、生物医药、科技服务业。依靠北大、清华、中科院等高等院校在硬件、实体技术方面的优势研发能力，筹建针对“硬件、实体、智能化”为特征的创新创业生态链，在海淀北部地区形成“硬件技术”创新创业生态系统。“南街北湾”是海淀园的一项规划，“南街”指中关村创业大街，“北湾”指“北京创新创业湾”。海淀区已形成“南街北湾”的创新格局。

（钟冷）

【中关村国际创客中心启动】 11月8日，由创业公社与光耀东方联合运营的“中关村国际创客中心”启动暨签约仪式在海淀园举行。中国生产力促进中心协会授予中关村国际创客中心“中国生产力众创空间”与“中国生产力学院（中关村）”牌匾，创业公社分别与中国生产力促进中心协会、首钢实业、筑福集团、创客总部等签署战略合作协议，意向签约数量已达七成。中关村国际创客中心位于中关村广场购物中心内，面积4.4万平方米，将打造为国际TMT（科技、媒体、通信等领域）发布中心、领军企业率领的独角兽孵化中心、国际创业金融服务中心和国际创业教育中心。

（钟冷）

【2种兽药获批三类新兽药】 11月18日，北京大北农科技集团股份有限公司等6家单位申报的猪传染性胃肠炎、猪流行性腹泻二联活疫苗（HB08株+ZJ08株）和猪支原体肺炎灭活疫苗（DJ-166株）2种兽药获批三类新兽药。

（刘伟杰）

【首个分布式光伏屋顶电站并网发电】 11月19日，海淀区首个分布式光伏屋顶电站示范区项目——永丰产业基地分布式光伏屋顶电站竣工暨并网发电启动仪式举行。项目位于永丰基地企业加速器一区楼顶，面积5000平方米，电站装机量为300千瓦，每年发电量35万千瓦时。光伏电站采用“自发自用、余量上网、电网调节”的运营模式，自发自用比例90%以上，余电并入国家电网。电站每年可节约标准煤112吨，减排粉尘900吨、灰渣110吨、二氧化碳350吨。

（刘伟杰）

【中关村大数据产业发展路线图首次发布】 12月12日，“2015中关村大数据日”在中关村自主示范区展示中心开幕，中关村首次向社会发布“大数据”产业发展路线图和企业分布图。路线图从提升创新能力、聚集创新资源、搭建创新平台、优化空间布局、完善公共服务、创新政策体系6个方面提出了具体路径。到2020年，中关村将集聚600家大数据创新企业，培育6000家具有大数据应用能力的企业，带动形成3万亿元的产业规模和完整产业链的大数据产业集群。北京大数据企业分布图收录了百度、京东、小米、滴滴、金山等中关村大数据重点企业157家，从大数据采集、存储、处理、分析、可视化各环节对企业进行分析，全面梳理大数据在农业、工业、商业、金融、健康、环保等领域具有成熟解决方案的企业。

（钟冷）

【云知声远讲识别技术获突破】 12月16日，海淀人工智能企业北京云知声信息技术有限公司举行品牌发布会。2015年，云知声面向家居和车载领域的远讲识别和降噪技术可以提供5米远距离的远讲识别方案以及高性价比的双麦克风和四麦克风方案。云知声发布这套方案的升级版——面向IOT物联网的完整解决方案，包括智能厨房、智能客厅、智慧出行三大领域，从软件、硬件、在线服务三个维度为合作伙伴提供一站式完整方案，从云端芯形成完整闭环。云知声为中小学教育软件提供语音识别，实现英语教学中口语评测的自动化。2015年，云知声语音云技术的调用量同比增长3.75倍，覆盖全国470余个城市超过9000万台智能设备。

（刘伟杰）

【膜生物反应器污水资源化技术问世】 12月，碧水源公司研发出完全拥有自主知识产权的膜生物反应器（MBR）污水资源化技术，解决膜生物反应器（MBR）膜材料制造、膜设备制造和膜应用工艺三大国际技术难题，拥有20多项专利技术，获国家科学技术进步奖、部级科技进步奖一等奖、首批国家自主创新产品、国家重点新产品等荣誉。碧水源公司是世界上同时拥有全套膜材料制造技术、膜组器设备制造技术和膜生物反应器水处理工艺技术与自主知识产权的少数公司之一。

（刘伟杰）

【构建高精尖产业结构】 年内，海淀园制定《海淀区“互联网+”行动实施方案（2016—2018年）》。启动“北部新区北斗空间信息智慧服务系统”一期建设。成立中关村集成电路设计园，吸引紫光、展锐等企业入驻。会同中关村管委会联合发布《促进中关村集成电路设计产业发展若干政策》及《中关村国家自主创新示范区集成电路设计产业发展资金管理办法》，鼓励具有自主创新能力的集成电路设计产业整合升级。完成《关于海淀区发展大健康产业研究报告》《海淀园生物医药产业发展瓶颈因素分析和对策建议》《生物工程和新医药产业路线图和三年行动计划的细化工作及评估报告》等，探索生物医药产业京津冀合作模式，推进清华大学的重组人血白蛋白项目落地海淀。与北京市食药监管局合作，争取国家“研产分离”先行先试政策，中关村医学工程转化中心在海淀落地。推进非首都功能疏解，为高科技产业发展腾退空间，完成9家工业企业（或工艺）退出，实现产业疏解人口710余人，腾退空间8.5万平方米。

（刘伟杰）

【互联网产业升级】 2015年，海淀区互联网相关企业超过5000家，规模以上企业产值超过2500亿元，销售收入超过4000亿元。其中销售收入10亿元以上的企业超过80余家、上市企业近100家，在互联网领域发生投资事件超过1200个，占北京市总体投资的40%，主要分布在以互联网为媒介的创新交通出行、快捷平台交易、智慧旅游、精准营销、扩展教育等互联网融合性较强的细分产业领域。

（刘伟杰）

经济信息化建设

【概况】 2015年，区经济和信息化办公室（简称区经信办）加快网络基础设施建设，无线网络覆盖扩大至2678个区域；推进全国政务云平台建设，55家单位共计120个系统在云平台上运行；铺设光缆总长度1121.4千米，覆盖473个区域单位；综合行政服务中心信息化系统累计为3437家科技类企业办理并联审批及“四证一书”发放业务；网格化社会服务管理信息化系统实现29个二级网格、634个三级网格城乡全覆盖；房屋全生命周期系统累计录入房屋总建筑面积达1.4亿平方米、楼宇约2.5万个、总户数约97.5万户，建立2.5维模型和占地面积32平方千米的精细三维模型；启动“智慧卫生”医联体服务体系建设，搭建卫生云数据中心、卫生信息平台以及卫生综合管理系统等，为卫生管理提供数据支持。

（刘伟杰）

【推进无线网络覆盖】 年内，区经信办对在海淀辖区内的34个政府公共服务区域、6个科技园区服务区域、13个社区公共服务区域、2480个商业服务区域、145个交通场站服务区域五类共计2678个区域进行无线网络覆盖，整体覆盖率达到69%。其中，政府对外公共服务区域100%全覆盖，科技园区服务区域覆盖率为60%，社区公共服务区域覆盖率为2%，商业服务区域覆盖率为97%，交通场站服务区域覆盖率为26%；海淀区无线网络登录人次超过25万/月，累计超过347万人次，同比增长125%；每月上网流量均在30TB左右，同比增长150%。

（李忠志）

【区政务云平台】 年内，区经信办部署55个委、办、局的120个系统，创建云服务器276台。建设政务云平台数据备份中心，实现政务云平台数据和系统冷备份，确保政务云平台系统和数据安全。在政务云平台中单独部署智慧卫生平台，为医疗卫生系统提供稳定、安全支撑。

（李忠志）

【科技创安项目】 年内，网格化图像信息系统项目一期在全区新安装数字高清监控点位2171个，整合接入社区图像监控资源4800路，安装违停点位100套，实现系统平台在网摄像机点位总数达到1万路；启动森林火情预警监测项目建设，设立9处火情自动识别系统基站，升级7处基站监测设备。

（李忠志）

【完善房屋全生命周期项目】 年内，区经信办完善房屋生命周期项目，完成物业行业和经纪行业的动态监管系统建设，试点普通地下室动态监管以及实现房屋安全的实时监测，提高海淀区房屋管理精细化、智能化水平。以房屋基础数据为基础，整合房产测绘、登记、执法、房屋安全、房屋物业、经纪机构、建设工程、征收拆迁等数据，运用BI、GIS、二三维地图等方式进行展现，达到管理的目的并支撑业务系统建设。

（李忠志）

【市政信息精细化平台建设】 年内，区经信办建设海淀区市政信息精细化管理平台，形成覆盖全区、统一规范的“智慧海淀”——市政市容信息数据库，建成市政市容管理的信息集聚中心、信息展示中心和行业监测中心，可掌握市政设施总量和维护情况，及时处理群众投诉信息，实现市政市容管理相关事项的可统计、可视化、可预警。

（李忠志）

【食品溯源系统建设】 年内，区经信办在“智慧海淀”框架下，建设“食药安全监督管理综合服务平台一期”项目。项目是以云计算为基础，物联网为工具，以监管应用为中心的食药安全监督管理综合服务平台。平台为食品企业提供快速申报营业执照，为公众提供获取食品安全信息的通道。以锦绣大地和西郊鑫源两个大型批发市场为试点，实现猪肉、牛肉的溯源，涉及商户112户；以西二旗益民市场为试点，涉及商户及厂家65户，增加对蔬菜、水果、粮、油、米、面、鲜调产品以及羊肉和鸡肉的追溯。

（李忠志）

【政务审批】 年内，多证联办系统累计为3437家科技类企业办理“四证一书”发放业务，推行“三证合一”“一照一码”登记模式改革；同区通办三级联动系统新增11个全流程办理事项并沉淀约3万条办事记录;公共资源交易平台通过与财政专网对接实现从立项到招标受理阶段电子化流转。行政服务中心信息化平台整体迁移至区政务云平台。

（李忠志）

国际交流与合作

【概况】 2015年，海淀园围绕国家“一带一路”战略实施国际产能对接，举办“环球商机系列”活动11场，参与人数近700人；实施“与巨人同行”工程，围绕服务对接中共中央对外联络部项目，组织论坛、对接等活动11场；中关村核心区国际创新驿站分别在芬兰赫尔辛基、美国硅谷和中国香港设立，设立海外创新母基金；举办2015年中国（北京）跨国技术转移大会和世界科技园区及创新区域（IASP）年会的专场活动。促成企业国际化项目的拓展对接；实施企业国际化人才汇聚行动，举办两期海淀园企业国际化实训班；开展海淀园科技型企业海外并购研究，探索推进跨国并购新模式；安排涉外交流活动 62 批 1676 人次，接待各国来访 62 批 710 余人次，办理 APEC 商旅卡 98 批 198 人次。支持国际化项目 19 项，支持金额达 1121.93 万元。

（刘伟杰　梁冰）

【厄瓜多尔总统参观示范区展示中心】 1 月 6 日，厄瓜多尔总统拉斐尔· 科雷亚· 德尔加多一行参观中关村国家自主创新示范区展示中心。代表团重点参观了 3D 打印、信息通信、生物医药和新能源展区。华为公司、汉能集团、雷力集团、中科建安公司分别向总统一行介绍与厄瓜多尔的合作情况，并展示企业的最新技术产品。

（刘伟杰　梁冰）

【中美科技企业美国市场拓展商务交流对接会】 1 月 8 日，由中关村海淀园管委会主办，北京中关村高新技术企业协会和美国华美资讯协会承办的 2015 中美科技企业美国市场拓展商务交流对接会在美国内华达州拉斯维加斯的高塔酒店（Stratosphere Hotel）召开。来自美国华美资讯协会的会员企业和核心区企业协会的代表 40 余人参加对接会。中美科技企业围绕电子商务环境下拓展美国市场，就强化产品和服务的核心竞争力、保障用户权益、强化对专利等智慧财产权的保护、争夺产品和服务标准的制定权话语权等达成广泛共识。

（刘伟杰　梁冰）

【共建启迪中日国际孵化器】 1 月，启迪创业孵化器与中日管理学院株式会社在清华科技园达成战略合作协议，合作共建启迪中日国际孵化器。启迪中日国际孵化器依托启迪与日中管理学院拥有的资源，探索并营造中国企业“创新科技、创新经济”的国际化模式，整合中国企业在转型升级、技术引进、金融服务、国外市场开拓等领域需求，与日方机构、企业开展对接服务，实现中日创新资源的有效合作。

（刘伟杰　梁冰）

【软件与信息服务国际企业对接会】 6 月 10 日，2015 软件与信息服务国际企业对接会在海淀区召开。大会由海淀区商务委员会主办，北京市海淀服务外包企业协会、海淀区商业联合会和北京服务外包企业协会共同承办。会议以“跨界与融合——信息服务助推传统零售转型创新”为主题开展讨论，来自印度、日本等国的专家学者从信息服务与零售业融合、信息技术推动营销战略变革等视角发表主题演讲。海淀区 15 家重点骨干型服务外包企业参加政企协共建协议的签约仪式。

（刘伟杰　梁冰）

【启迪公司与巴基斯坦国立科技大学签署战略合作协议】 6 月 27 日，清华科技园启迪控股公司与巴基斯坦国立科技大学（NUST）战略合作协议签字仪式在巴基斯坦首都伊斯兰堡举行。根据协议，启迪控股与 NUST 将合作共建巴基斯坦第一个科技园区——巴基斯坦国立科技大学科技园（NSTP），园区占地 309.6 亩，包括孵化中心和研发中心等项目。

（刘伟杰　梁冰）

【海淀园企业国际化人才实训班开班】 7 月 2 日，海淀园企业国际化人才实训班正式开班。培训班的教学突出“国际融资和跨国并购”主题，重点关注国际融资策略，跨国并购的法律问题、知识产权问题、人才问题等。来自海淀园国际化企业、专业园、孵化器和产业联盟的 40 名学员参加培训。培训班邀请中外政府机关人员、国际顶尖中介机构专家、学者等授课，旨在有效帮助企业对接国际化资源，提升企业管理者的国际化思维和国际化能力。

（刘伟杰）

【首家国际创业孵化器落户海淀】 7 月 8 日，首家国际创业孵化器创客全球北京中心正式落户中关村创业大街天使汇。中心将吸引投资者并为其嫁接拥有良好产业发展前景和技术创新的创业项目，接纳创业者并为其提供天使投资、风险投资、短期借款、股权众筹等金融全产业链的投融资服务，以及专利、法务、财务、税务、企业文化、品牌建设等全方位的创业配套服务。同时面对中国市场，创客全球北京中心形成“一次路演全球看”的时空同步评审推介，为中国地方区域项目提供面向全球投资者推介的机会，加速创新创业项目在全球范围内跨境推介，促进区域技术成果与国内社会需求和国际优势资本的有效对接和成功推广。

（刘伟杰）

【中国国际技术转移中心创新与合作座谈会】 7 月 8 日，由美亚创新协会主办，中国国际技术转移中心和北京军地专修学院共同承办的硅谷市长中国行之中国国际技术转移中心创新与合作座谈会议在中关村鼎好大厦举办。美亚创新协会与中方企业探讨硅谷创新元素对中国的借鉴意义，硅谷市长中国行总监薛伟发布近 30 个从硅谷挑选的项目，涵盖信息科技、电子、新能源汽车等多项新兴产业热点项目。有 5 到 8 个项目与参会企业达成明确合作意向，部分企业表达了去硅谷设立办事处和建分支机构的需求，硅谷市长和美亚创新促进会均给予有效建议。

（刘伟杰　梁冰）

【第一届韩国创业路演日举行】 8 月 19 日，第一届韩国创业路演日在中关村创业大街虫洞创业之家举行，路演由中关村创业大街联合韩国未来创造部全球创业支持中心共同举办。路演团队涉及大数据餐饮 O2O 平台（Red Table）、物联网平台（Toy's Myth）、3D 领域技术（Ezbelle）、文化创意产业（JD Sound、Ripple Buds）、教育（IAMCOMPANY）以及社会公益创新型企业（Tree Planet）等。从项目的技术创新、市场营销、发展前景、融资需求等方面进行介绍，现场评委从项目发展本身以及了解、开拓中国市场等方面给出意见。

（刘伟杰　梁冰）

【瑞士中心总部落户海淀区】 9 月 23 日，第 32 届国际科技园区协会世界大会首次新增 B2B 技术及项目对接论坛，近 30 个国际合作项目在开幕当天举行现场签约仪式，瑞士中心总部宣布其北京及天津办事处正式揭牌落户。瑞士中心总部办公室（即北京瑞士中心）设立在北京海淀区中国技术交易所内，在天津武清区和东丽区分别设立不同功能定位的天津瑞士中心。瑞士中心总部以瑞士的高端装备、精密制造资源和生物医药资源为主，向北京、天津每年转移30余项技术，带动33家瑞士高端装备制造企业和生物医药机构落地，包括3家世界500强企业、28家行业“隐形冠军”和2所大学的技术转移办公室，在北京和天津逐步落地设立总部、研发中心、生产工厂和服务中心。

（刘伟杰　梁冰）

【以色列孵化器落户海淀】 9月23日，以色列Trendlines孵化器集团与中国技术交易所签署合作意向书（LOI），正式落户位于海淀的中国技术交易所国际区域合作集聚区。Trendlines与中技所、中关村医药企业合作，通过中技所支持在中国境内寻找战略投资人共建中以科技创新新型孵化器，在以色列、中国共同筛选、评估、投资、孵化医疗和农业技术领域项目；中技所借助Trendlines逐步在中关村西区搭建国家科技园区国际区域集聚区，建设包括以色列集聚区、葡萄牙集聚区、韩国集聚区、美国集聚区等10个国别以上100家国际高端创新要素的集聚。

（刘伟杰　梁冰）

【全球创业大会】 10月11日，由中关村创新创业季组委会和清控科创控股股份有限公司共同主办的全球创业大会在中国地质大学国际会议中心召开。科技部火炬中心主任张志宏，海淀区代区长于军等领导出席了会议。作为本届中关村创新创业季的重要活动板块，全球创业大会以“New”为主题，特邀美国、韩国、西班牙等国的创业者代表及国内优秀创业者，展开以“创业与未来”“基于互联网的创新与创业机会”为主题的演讲及对话。

（刘伟杰　梁冰）

【Slush中国国际创新创业大会】 10月13日，作为“中关村创新创业季（2015）”主题活动之一，芬兰顶尖创新创业机构Slush联合中关村软件园、启迪控股公司和北欧科技园在中关村软件园共同主办“Slush China 2015”（Slush中国国际创新创业大会2015）。大会包括国内外先驱企业领导人演讲、优质初创公司创业大赛、投资人&创业企业对接会等环节。芬兰驻华大使Marja Rislakki，中关村管委会主任郭洪，海淀区相关政府部门及企业领导出席活动。诺基亚、英特尔等众多国内外知名企业领导亲临现场发表主题演讲。举行“中芬创新基金”和“软件园与SLUSH战略协议”签约仪式。中芬创新基金规模为3000万至4000万欧元，由中国和芬兰的有限合伙人共同投资，重点面向北欧和波罗的海地区，聚焦清洁技术、游戏、信息通信技术和新能源等领域的高科技产业。

（刘伟杰　梁冰）

【中美人文交流“知行中国”项目】 10月27日，海淀园管委会接待中美人文交流“知行中国”——中美青年菁英学者项目首批来访学者霍利•弗拉纳根女士一行7人。来宾参观访问中关村软件园及园内企业广联达软件股份有限公司和软通动力信息技术（集团）有限公司，并表达合作意愿。“知行中国”项目是国务院副总理刘延东与美国国务卿克里于2014年第五轮中美人文交流高层磋商期间正式宣布的，每年邀请10～15名美国各领域优秀中青年领导到中国研修。

（刘伟杰　梁冰）

【海外创新母基金设立】 12月7日，由海淀区政府引导基金支持，盛景网联集团旗下的盛景嘉成母基金管理平台管理运营的“海外创新母基金”正式设立。海外创新母基金是由中国政府引导基金支持的第一只专门投资于海外创新生态系统的主题基金，也是中国资本第一次通过系统化、平台化的方式，定向投资海外尤其是美国硅谷一线的创投基金。第一期5亿元规模，其中海淀区政府引导基金出资1亿元。

（刘伟杰　梁冰）

【首家海外创新驿站挂牌成立】 12月11日，由中关村硅谷创新中心与丹华资本共同主办的中关村核心区硅谷创新驿站落户中关村硅谷创新中心揭牌仪式暨硅谷高端人才圣诞联欢会在位于美国加州圣克拉拉市的中关村硅谷创新中心举行。中关村核心区硅谷创新驿站是海淀园管理委员会与中关村发展集团协同创新的合作成果，为提升核心区海外孵化能力，吸引海外科技创新优秀成果，搭建双向合作桥梁。

（刘伟杰　梁冰）

【“后E世创空间”启动】 12月28日，“后E世创空间”启动仪式暨Founders Space战略合作发布会在海淀区中关村海龙大厦举行。“后E世创空间”由北京大学后工商管理促进会建立。“后E世创空间”将紧密连接美国硅谷和波士顿、以色列、德国等全球创新高地，建立全球创新资源整合平台和通道，形成良好的创新生态系统和创新生态价值链，打造有全球影响力的高价值国际创新平台，促进后E学员成熟企业的转型升级和二次创业，支持新生代企业家、留学回国人员的创新创业，孵化一批具有国际化视野、创新精神和社会责任感的新商业领袖。

（刘伟杰　梁冰）

园区投融资

【概况】 2015年，海淀园发挥金融创新对实体经济的促进作用，通过完善投融资管理体系，鼓励“互联网+金融”等新兴业态发展，构建多层次资本市场，促进科技与金融密切融合。北京地区全年发生股权投资案例1620起，投资金额1304.77亿元，海淀区企业获得股权投资的案例占全市近一半，获投金额376.3亿元，占全市的2/3以上，海淀区作为全国资本创新中心的地位进一步显现。

（刘伟杰　梁冰）

【海淀区与民生银行签署战略合作协议】　3月11日，海淀区与中国民生银行总行营业部签署战略合作协议。根据协议，民生银行将加大海淀区对科技板块、高精尖产业以及高新技术企业的投入。双方携手推动传统银行业务板块的调整，推动科技金融发展，实现投融资领域的新突破。

（刘伟杰　梁冰）

【国内首个天使投资成交规则发布】　4月16日，国内第一家股权众筹平台天使汇在中关村发布国内首份《中国天使投资成交规则》，为天使投资提供透明的操作规范和参考标准，提高创业者话语权，缓解创业者与投资人的信息不对称等问题。根据规则，当投资人在投资时须确定项目估值和最高认购额，在投资意向书上签字或者通过邮箱、短信等方式发送确认信息算锁定成交。成交规则还对天使投资过程中的当面成交注意事项、责任追溯、避免歧义等方面进行规定。

（刘伟杰　梁冰）

【中关村互联网金融服务中心】　4月21日，由海淀国资联合中投国泰、国培等实力机构发起的中关村互联网金融服务中心发布会在示范区展示中心举行。推出监督管理、综合服务、创新孵化三大服务平台，包含海淀指数、合格互联网金融机构评审体系、登记备案系统、证据链备案系统、征信数据库、科技金融增信系统、优质资产撮合、创客空间等服务内容。中心与工信部赛迪智库互联网研究所、互联网经济杂志社、中关村互联网金融研究院、中技所知识产权服务集团达成战略合作，与拉卡拉、人人贷、天使汇等平台代表备案签约。

（刘伟杰　梁冰）

【6家单位入选采取股权投资方式支持知识产权运营机构】　5月21日，国家知识产权局公布采取股权投资方式支持的20家知识产权运营机构，智谷睿拓技术服务有限公司、中国专利技术开发公司、国之专利预警咨询中心、北京科慧远咨询有限公司、北京荷塘投资管理有限公司、北大赛德兴创科技有限公司6家海淀区单位入选。每家单位最高可获得国家1000万元的股权投资。

（刘伟杰　梁冰）

【海淀区第二家互联网小贷公司获批设立】　5月，北京市金融工作局下发批复，批准北京大北农科技股份有限公司在海淀区设立互联网小贷公司——北京农信小额贷款有限公司，公司注册资本2亿元，成为海淀区继京汇小贷（京东集团全资控股）之后第二家全市获批设立的互联网小贷公司。

（刘伟杰　梁冰）

【北京银行中关村分行全国银行业首家创客中心设立】　6月18日，北京银行中关村分行举行支持中关村科技创新创业发展暨中关村小巨人创客中心启动仪式。该中心是国内首家由银行牵头成立的创客中心。主要服务于中关村科技、文化、绿色领域的创业企业。创客中心实行会员制管理，包括创业会员、成长会员、机构会员、创客导师四类。创客中心的基础服务对象是科技、文化、绿色领域的创客，以投贷联动创新为主，围绕股权投资、债权融资、创业孵化开展工作，搭建股权投资和债券融资联动的平台，探索中国的“硅谷银行”运营模式。创客中心实行免费机制，整合2万家小微客户资源，创建中关村地区独具特色的“众创空间”。

（刘伟杰　梁冰）

【中关村协同创新投资基金设立】　9月25日，由中关村管委会、中关村发展集团主办的中关村协同发展投资有限公司揭牌暨中关村协同创新投资基金签约仪式在中关村国家自主创新示范区展示中心举行。中关村协同创新投资基金由中关村发展集团联合14家地方政府和金融机构共同发起设立。基金总规模100亿元，是国内首只以京津冀为重点的协同创新投资基金。中关村协同发展投资有限公司由中关村发展集团、招商局地产、中国交通建设股份有限公司共同组建。基金采取母子基金双层架构，“1+1+N”模式，即1只母基金，下设1只协同创新子基金，重点投向科技金融、“新三板”等项目，“N”只面向各合作区域的“协同发展子基金”，重点投向创客空间和当地优质产业项目。

（刘伟杰　梁冰）

【百信银行设立】　11月18日，中信银行与百度公司宣布斥资20亿元共同设立直销银行——百信银行。百信银行注册金暂定20亿元，由中信银行、福建百度博瑞网络科技有限公司共同出资；中信银行拟出资51%，百度出资49%。直销银行是跨界于金融与互联网之间的一种业态，是由传统银行创办的从事金融业务的互联网企业。

（刘伟杰　梁冰）

【中关村互联网金融服务中心成立河北中心】　12月1日，中关村互联网金融服务中心与河北省石家庄桥西区人民政府签约，成立河北省第一家互联网金融服务平台河北中心。河北中心项目吸收京津冀创新资源，承接北京外溢的产业和项目。首批确定20家优质企业入驻河北中心。河北中心业务范围涵盖P2P、众筹、第三方支付、供应链金融服务等领域。中心将建设“创科空间”，实施创新创业孵化行动。

（刘伟杰　梁冰）

【国金百度大数据基金推出】　12月23日，百度与国金证券联合宣布推出大数据量化基金——“国金百度大数据基金”。基金面向二级市场的基金产品，首期募资规模为5亿元。百度从互联网大数据中提取与“人”密切关联的数据，经过大数据挖掘和智能化处理，实现全面描摹用户画像、识别网民金融意图、洞察股民情绪、预测行业市场走向，为证券机构在择时和选股等决策提供极具价值的考量因子。

（刘伟杰　梁冰）

【中关村并购资本中心成立】　12月28日，海淀区建设并购资本中心政策发布会“中关村并购资本中心”揭牌暨金融支持项目展示会举行。海淀区发布全国首个地方政府并购政策《关于建设中关村并购资本中心的实施意见》，全国首个并购空间载体“中关村并购资本中心”揭牌成立。通过打造一个中关村并购资本中心，开拓境内、境外两块市场，提供项目、政策、人才三种服务，海淀区将构建“三个千”并购资本体系，即力争吸引千亿元社会资本聚集，实现境内外千个优质并购项目，激发数千亿元规模产出效能。海淀区设立并购引导基金，以“上市公司+PE”模式，整合国际国内创新资源，加大并购资本力度，支持领军企业通过并购重组做大做强。发布会举行海淀区“双创”投贷联动合作协议及首批“双创”投贷联动企业贷款合同签署仪式和金融支持项目展示。

（刘伟杰　梁冰）

【蚁视获3亿元B轮融资】 12月29日，海淀区智能硬件企业北京蚁视科技有限公司宣布获得3亿元B轮融资，由A股上市公司高新兴投资。此轮融资后，蚁视估值达8.3亿元。蚁视成立以来，曾获得亚杰天使、创东方领投的1800万元投资，获得红杉资本1000万美元投资。累计获得3.82亿元投资。

（刘伟杰　梁冰）

【企业境外并购外汇管理试点改革】 年内，恒信大友、亚信科技等8个试点项目的外汇登记申请获得受理，实现外汇登记总金额约2.9亿美元；2月，推动外债宏观审慎管理试点在海淀园落地，11月进行政策升级，为存在境外融资需求的中资企业降低融资成本2%~3%。

（刘伟杰　梁冰）

中关村西区

【概况】 2015年，中关村西区建成楼宇57座，驻有单位8000余家。新增入驻企业913家，从业人员约10万人。有科技研发类企业、科技金融类企业、文化创意类企业、中介服务类企业、教育培训类企业和商业6种产业形态。是以技术创新与科技成果转化和辐射为核心，以高端人才服务、中介服务和政府公共服务为支撑的创新要素聚集功能区。

（郭佳）

【电子市场综合整治】 6月—10月，开展为期4个月的电子市场及周边环境集中整治，打击违法违规行为。中关村西区办组织工商、公安、发改、商委、文委等部门共开展联合执法60余次，针对海龙大厦8层和9层（小业主产权）经营电子产品商户，通过专项检查、联合执法、政策引导、约谈负责人等方式，组织人员逐户检查、逐户谈话、逐户清理。截至年底，绝大部分商户均将写字间内销售项目迁至电子市场内经营。牵头建立“红黑名单”制度，由电子商会汇总每月消费者报警和投诉商户情况，经查核实后在市场入口及各楼层显著位置的警示栏进行公示，提示消费者谨慎购物。

（郭佳）

【幸福西区秀活动】 7月30日，以“如何打好法律牌——让法律服务为企业发展保驾护航”为主题，在中关村创业大街举办2015年幸福西区秀系列活动之西区法律沙龙，邀请中国政法大学教授为创业者重点讲述知识产权保护、企业法方面的知识，创业者最关心的如股东协议如何制定、股权分配方案、劳动合同拟定等几大问题，有近70名创业者参加。10月14日—18日，中关村创业大街举办2015幸福西区秀之西区楼宇推介会，18个楼宇、8家银行以及部分创新创业企业进行了集中展示。通过活动促进参展方与创业者对接，帮助创业者选择合适的创业空间，引导创业者成功创业，支持创业企业在中关村西区健康发展。

（郭佳）

【空间资源整合】 年内，中关村西区办根据区委、区政府“深入推进中关村西区业态调整，压缩商业面积约2万平方米”重点工作要求，压缩商业面积约4.2万平方米，压缩商业面积任务完成210%。其中腾退创业大街南口华奥饭店，压缩6600平方米面积，重命名海置创投大厦，引进36氪、创业邦、拉勾网、红杉资本等8家企业入驻；腾退创业大街南口大地花园酒店，压缩15000平方米面积，打造中关村并购资本中心；腾退鑫鼎宾馆，压缩4800平方米面积，由车库咖啡打造创业空间；压缩鼎好和海龙电子市场、春国电讯等商业面积约1.56万平方米，为创新创业、智能硬件等创新要素提供空间。

腾退鼎好、海龙等电子市场约1.56万平方米，疏解989人，完成腾退面积任务的195.6%、人口减少任务的219%。其中，督促海龙电子市场腾退面积1544平方米，人员减少127人，引入硬蛋智能硬件展厅；按照鼎好大厦中国国际技术转移聚集区的定位，督促鼎好电子市场腾退A座2层至5层部分市场面积13108平方米，人员减少832人，引入太库科技孵化器、新东方、好未来等企业；腾退一号楼春国电讯手机店，面积1000平方米，人员减少30人，打造机器人开放空间。

（郭佳）

【中关村创业大街建设】 年内，中关村西区办继续推动创新创业要素聚集，会同海淀园、海置科创等单位共同对图书城传统经营业态进行转型升级和腾退，3W咖啡、36氪、亚杰商会等40家新型创业服务机构入驻，形成涵盖早期办公、投融资对接、创业培训等服务在内的新型创业生态体系。累计孵化创业企业超过900家，获得融资的企业超过700家，平均每家企业融资500万元，融资总额超过30.2亿元。建立健全街区服务管理体制机制。建设创业会客厅，整合政府政务、科技金融、创新商标服务站和专业服务等资源，打造便利高效的一站式创业服务平台。累计服务创业企业862家，其中多证联办窗口已经为133家创业企业提供服务；督促街区管理单位海置科创提升街区服务水平，规范环境秩序，优化创业环境。5月7日，中共中央政治局常委、国务院总理李克强到北京中关村创业大街考察调研。对中关村创业大街创业会客厅为小微企业和创业者提供法律、金融、人力资源、知识产权保护、创业场所等便捷优惠服务表示赞许。

（郭佳）

【环境提升】 年内，西区办提升中关村广场喷泉、中关村一号桥西南角景观水池亮点工程。协调区绿化队补植树木30株、大叶黄杨2万余株、丰花月季700盆、大花萱草300株、冷型草500平方米、丹麦草900平方米。在海淀北一街及海龙大厦前广场外围修建自行车停车场并安装不锈钢护栏以及停车岗亭，新建1个自行车停车场，建设两个自行车停车管理岗亭。协调区养路队共完成路面养护维修578平方米。

（郭佳）

【广告牌匾标识规范】 年内，中关村西区办联合城管开展西区户外广告和牌匾标识集中整治行动。整治违规广告及牌匾标识601块，涉及新中关大厦等44座大厦，共计39812平方米，其中规范中关村西区违规户外广告及牌匾314块35788平方米，对5500余平方米规划广告位内容进行调整。重点对海龙大厦、鼎好大厦、亿世界大厦三个电子市场整治，拆除“鼎好电子商城”“海龙电子城”等带有典型商业化内容的广告牌匾，对亿世界、鼎好楼体户外广告内容进行更换，将京津冀协同发展、大众创业万众创新、西区内的创新创业企业作为宣传内容。

（郭佳）

园区党建

【概况】 2015年，园区党建工作以开展“三严三实”教育活动为载体，围绕区委、区政府的工作，扩大“两个覆盖”①，发挥“两个作用”②，助推园区科技成果转化，“高精尖”经济结构调整，为加快建设具有全球影响力的科技创新中心提供坚强的思想、政治和组织保障。落实党风廉政建设主体责任，梳理党风廉政建设制度35项，出台科级干部任前廉政测试规定和约谈制度。海淀园纪工委全年接到区纪委转来案件线索共15件，上报区纪委案件线索1件，立案11项，结案11项，给予党政纪处分11人。截至年底，园区工委直属党组织575家，其中党委60家、党总支24家、党支部491家，党员26051人；独立工会1097家，工会会员12万余人；团组织208家，团员13256人。

（吴丽芸）

【中关村创业大街联合党委和团委成立】 12月30日，中关村创业大街联合党委、联合团委揭牌仪式在中关村创业大街举行。在揭牌仪式上，海淀园工委负责人宣读《关于中关村创业大街联合党委成立的批复》《关于中关村创业大街联合团委成立的批复》，团市委副书记郭文杰参加揭牌仪式。中关村创业大街开街一年半以来，从一个咖啡馆到全国创业圣地，引领了一个崭新的创业孵化全业态新时代。海淀区委决定在中关村创业大街成立联合党委和联合团委，强化党团工作对创新创业的引领，形成推动创新创业的工作合力。这是海淀区非公企业党建工作的一种探索和创新。

（钟冷）

【非公企业党建】 年内，海淀园同步推进扩大非公科技企业党组织覆盖与加强党组织管理，平台建、独立建、联合建同步推进，“查、建、升”并举，扩大非公企业“两个覆盖”。全年新建基层党组织73家，其中新建独立企业党组织69家（包括平台新建36家），新建联合党组织4家。完善“两条主线、三级管理”模式，实施“转、并、撤”，对直属的规模较小基层党组织开展整建制划转党建平台对接工作，第一批划转15家党组织到党建平台，推动按时换届和软弱党组织的调整、改进、撤销，优化党组织管理。举办党组织负责人、优秀基层党务干部培训班，培训党建平台新任党建指导员。对园区党员发展工作程序进行重新调整和完善，增加1次入党积极分子培训，建立“双培”机制，培训入党积极分子410人、党员发展对象220人，组织101名新党员进行入党宣誓。全年发展党员218名，办理党员转正216名。

（吴丽芸）

【“三位一体”数字工会建立】 年内，海淀园工会工委建立“平台、数据库、网站”三位一体的数字工会。即以信息管理平台，实现工作信息的归档、共享、关联分析和办公高效能；以会员信息数据库，实现会员动态化管理和精准对焦数据化支持；以门户网站尤其是“会员活动专区”培育园区职工需求新供给，实现基层工会多声部表达、普惠服务点对点和会员信息实名制采集

（吴丽芸）

【工会组织建设】 年内，海淀园建立独立工会组织36家，覆盖职工5477人，发展新会员5429人；新签订工资集体协商企业7家，续签203家，覆盖职工82219人；在园区45家企业中累计建立50个“母婴关爱室”；开展17场心理健康培训讲座，1000余名职工参加。北京大北农科技集团股份有限公司工会的李军民被评为全国五一巾帼标兵；北京佳讯飞鸿电气股份有限公司工会的柳石宝被评为全国优秀工会工作者；完美世界（北京）软件科技发展有限公司工

① 两个覆盖：党组织覆盖和党的工作覆盖。

② 两个作用：党组织要在职工群众中发挥政治核心作用，在企业发展中发挥政治引领作用。

会联合会获“全国模范职工之家”称号。

（吴丽芸）

【团组织建设】 年内，海淀园新建团组织 12 家，累计达到 208 家。组织开展“青春点亮中国梦、金歌唱响核心区”第九届中关村海淀科技园区青年歌手大赛、企业团干部培训班、“一本好书一生伴侣”海淀园 2015 读书交友联谊活动。依托“四海一家”高新技术企业惠民项目，为园区企业兑换惠民电影券 2 万余张。北京美泰科仪检测仪器有限公司总经理黄金双，北京神州易和科技有限公司董事长李臣亮被评为海淀区“优秀青年企业家”，海淀园团工委被团区委评为“五四红旗团委”。

（吴丽芸）

功能区建设

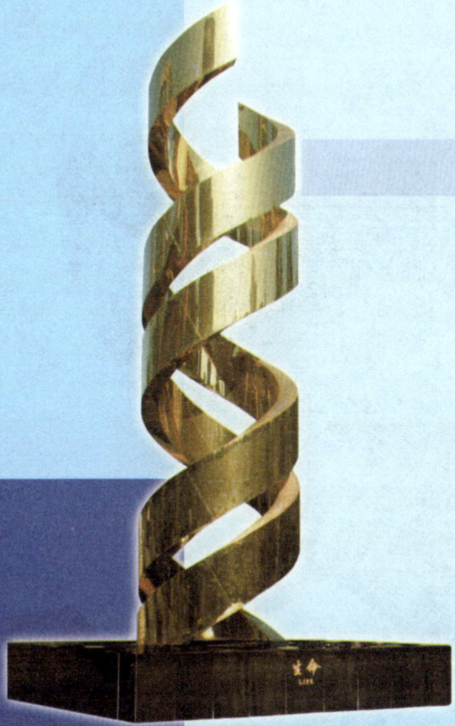

11 月 6 日—8 日，京津冀•2015 北京国际广告节举行（三山五园办 供图）

11 月 18 日，中关村西三旗（金隅）科技园破土动工（区新闻中心 田峰 摄）

海淀区文化馆主体建设完工（北部办 供图）

联想总部一期完工（北部办 供图）

小月河科技园项目腾退基本完成，图为回迁楼居民选房（中关村科学城指挥部 供图）

园外园生态景观提升一期工程（两山片区）（区园林绿化局供图）

中关村大街及“三街”示意图（海淀园 供图）

北部生态科技新区

【概况】 北部生态科技新区是海淀重点规划建设的三大功能区之一，区域面积226平方千米，占全区总面积的53%，辖西北旺、温泉、苏家坨、上庄4个镇，共62个行政村，户籍人口约12万人，农业人口约5.5万人。全年实现开复工122个项目，开复工面积932万平方米，其中新开工面积196万平方米，竣工面积214万平方米，完成开发建设投资361亿元。

（韩雨华）

【土地一级开发】 年内，中关村壹号南、北地块和翠湖科技园031、062等地块成功上市。永丰基地G、H地块取得立项、市政综合等手续，翠湖科技园D22、D21地块签订征地补偿协议。

（韩雨华）

【村庄腾退安置】 年内，重点推进南安河等村120户遗留宅基地和135户遗留非宅的腾退收尾工作。启动徐各庄、苏一二、西玉河村的腾退工作，徐各庄村奖励期内完成50%的搬迁腾退，苏一二村开展宅基地确权、公示等前期准备工作，西玉河村完成前期入户调查。大牛坊、上庄C02地块、前沙涧西区东区等50万平方米安置房实现竣工入住，北安河等120万平方米安置房实现开工建设。

（韩雨华）

【园区建设】 年内，中关村集成电路设计园、纳通医疗、国际交流与技术转移中心、计算科学及应用研究能力建设项目二期等重大项目开工建设。永丰基地中关村壹号、四维图新进行二次结构施工，翠湖科技园国开行、人行，软件园联想总部一期、百度二期等一批重大产业项目完工或进入装修收尾阶段，全年实现129万平方米产业空间竣工投产。

（韩雨华）

【一镇一园建设】 年内，苏家坨镇与北大工研院签订北京协同创新研究院项目合作框架协议。温泉镇351地块集中土地租赁房等73万平方米在建项目进入收尾阶段。

（韩雨华）

【城市配套设施建设】 年内，地铁山后线各站点进入主体结构或二次结构施工阶段。上庄东路、翠湖南路和翠湖东路等一批城市主干路正在施工。101中学温泉校区于9月正式开学投入使用。北部文化中心年底基本完工，获“北京市结构长城杯金奖”。爱文国际学校进行结构施工。东埠头沟河道治理完工。

（韩雨华）

“三山五园”历史文化景区

【概况】 2015年，“三山五园”战略规划工作组及其办公室（区文促中心）继续开展文化研究与文化传播。举办文化活动，加强文化传播。推进“三山五园”文化产业研发和展示平台建设，实现“三山五园”文化展示中心项目落地。成立由以区委书记、区长为总指挥的“三山五园”历史文化景区总指挥部，下设综合协调办公室和战略规划工作组；成立海淀镇地区改造、四季青香山地区改造两个分指挥部。启动总体规划编制、村庄拆迁腾退、环境综合整治、安置房建设等改造工作。

（于佩丽）

【“三山五园”文化巡展】 1月1日—3月31日，“三山五园”文化巡展在山东博物馆举办。总计92.1万人次观展，日接待量为1.1万人次，最高日客流量为2.5万人次。1000平方米的数字展厅利用现代数字虚拟技术还原展示圆明园的宏大规模和园林之美，通过声光3D数字技术，再现圆明园西洋楼海晏堂十二生肖兽首喷水的壮观场面。保利博物馆珍藏的海晏堂牛、虎、猴、猪生肖铜兽首文物真品一齐亮相，成为本次展览亮点。

（于佩丽）

【三山五园文化国际传播与研究中心成立】 1月12日，由区委宣传部和北京语言大学人文学院双方共建的三山五园文化国际传播与研究中心在北京语言大学成立。其重要工作是对海外“三山五园”文献、影像和文物进行一次系统的调研，以国别、地区为单位，系统整理海外有关“三山五园”的历史文献、影像和文物等形成数据库，摸清“三山五园”的历史文献、影像、文物在世界范围内的分布情况，为国内研究和文化传播提供参考。

（钟冷）

【“三山五园”文化巡展国图站】 4月28日—5月31日，“三山五园文化巡展——圆明园四十景文化展”在中国国家图书馆典籍博物馆举办，展览内容分为文献展示、艺术品展示和科技展示3种类型。

（于佩丽）

【圆明园四十景图文化展】 4月28日—6月1日，由海淀区主办，驻海淀区台资企业北京奇想飞航文化传播有限公司、台湾顽石创意股份有限公司负责承办的“三山五园文化巡展——圆明园四十景图文化展”在国家图书馆展出，这是按1∶1比例原件复制的圆明园四十景图首次在国内亮相。展期35

天，吸引8万余名观众，创下国家图书馆单独布展参观人数新纪录。《圆明园四十景图》是根据乾隆皇帝的旨意，由当时最知名的宫廷画师唐岱、沈源等历经 9 年绘制而成的绢本工笔彩绘分景图，左诗右图，共计 40 对幅。这套具有极高艺术价值和历史价值的彩绘画卷在 1860 年被英法联军掠走，至今存于法国国家图书馆。此次展出的是法国国家图书馆全球首次独家授权上海远东出版社，以原材料、原大小、原装裱对《圆明园四十景图》进行原件再造的实物。

（钟冷）

【一亩园棚户区改造工程启动】 6 月 12 日，一亩园棚户区改造工程启动。一亩园地区是“三山五园”历史文化景区核心地区，东至福缘门社区，西至万泉河路，南至清华西路，北至圆明园遗址公园，占地面积 324 亩，周边集中清华大学、北京大学等知名高校和颐和园、圆明园等皇家园林。项目涉及 450 个院、1560 户。至年底，腾退 429 个宅基地、面积 11 万平方米；集体产业全部解约，总共拆除建筑面积 20 余万平方米，疏解人口 1 万余人。腾退后的一亩园地区将纳入“三山五园”历史文化景区统一规划，建于唐家岭的居民安置房将建学校、养老院、公共停车场等配套生活设施。

（钟冷）

【海淀区纳兰文化研究中心成立】 7 月 26 日，北京市海淀区纳兰文化研究中心在纳兰家族所在地海淀区成立，首届“心中的纳兰”全球书画作品征集活动启动仪式暨纳兰文化主题研讨会同时举行。来自河北民族师范学院、四平市诗词协会及海淀的学者就新时期如何传承和创新纳兰文化展开研讨。该中心以清代词作家纳兰性德及其作品为研究对象，将通过主题交流、学术研究、微信公众号、手机应用客户端等形式推动纳兰文化的交流和保护。清代词人纳兰性德，字容若，号饮水、楞伽山人，系武英殿大学士明珠长子，康熙十五年进士，著有《饮水词》。国学大师王国维曾称纳兰性德为“北宋以来，一人而已”。中心已经完成对区域内纳兰文化、作品的系统梳理与评估，并举办“2015 年纳兰性德诞辰 360 周年”音乐会、研讨会、文化雅集、书画作品征集系列主题交流活动。据统计，国内有大量“纳兰文化迷”，研究中心已有效辐射带动超过 3 万人参与系列活动。

（于佩丽）

【《清代三山五园史事编年（嘉庆—宣统）》出版】 10 月 28 日，由海淀区文化发展促进中心与中国人民大学清史研究所合作完成的《清代三山五园史事编年（嘉庆—宣统）》出版座谈会在中国人民大学召开。该书由何瑜教授主编、中国大百科全书出版社正式出版，以大量的清代奏折、档案、政书、文人笔记等一手档案为基础，是第一部关于清代“三山五园”研究的编年体著作，完整梳理了有清一代畅春园、圆明园、静宜园（香山）、静明园（玉泉山）、清漪园（万寿山）盛衰兴亡的全过程，具有重要的学术意义和现实意义。《清代三山五园史事编年》主要收录自顺治十三年至宣统三年间有关“三山五园”的清朝史记，以“政自园出，因园记事”为原则，以帝王为经，以三山五园为纬，凡与上述园林有关的政治、经济、文化、军事、民族关系、中外交往等诸方面的重要史实，均予记录。2014 年 1 月出版《清代三山五园史事编年（顺治—乾隆）》。全套书已出齐，共 120 万字。

（钟冷）

【“三山五园”国际学术研讨会】 10 月 31 日，区委宣传部、区文化发展促进中心与北京联合大学“三山五园”研究院共同举办“北京三山五园国际学术研讨会”。会议主题为“全球视域下‘三山五园’文化遗产传承和保护”，分为三个议题：中外皇家园林历史文化谱系比较研究；数字化技术与中外文化遗产的传承保护和应用；“三山五园”和中外文化交流。挖掘“三山五园”历史文化的丰富内涵，展现“三山五园”的独特魅力，规划“三山五园”文化传播，促进“三山五园”文化研究成果转化。

（于佩丽）

【三山五园文化巡展（香港站）】 12 月 8 日—16 日，由北京市海淀区文化发展促进中心主办的“三山五园文化巡展（香港站）——18 世纪古典与时尚艺术之美”在香港两依藏博物馆展出。此次巡展以丰富的历史文物结合交互科技，以 3D 数码技术还原展示圆明园的宏大规模，让香港市民一睹圆明园的珍贵文化遗产。展览分为宁静致远、大清皇帝最美的梦、皇家雅集、东西方交流、18 世纪古典与时尚艺术、巧夺天工——走进样式房 6 个主题展区，以倒叙呈现圆明园故事。展览共举办特色文化活动 5 场，接待专业观众 1000 余人，门票收入十余万元港币。自 2013 年起，“三山五园文化巡展”已在台北、北京、杭州、济南等城市举办。

（于佩丽）

【“三山五园”研究成果】 年内，区文化发展促进中心与中国人民大学清史所、北京联合大学应用文理学院合作开展“三山五园”史事编年、历史文化元素谱系构建及可视化再现、“三山五园”文献目录等专题研究，开展“三山五园”文化档案整理。出版《清代三山五园史事编年（嘉庆—宣统）》《清代皇家园林史料汇编（第 1 辑）：海外“三山五园”研究译丛》《清代皇家园林研究论丛（第一辑）：畅春园研究》《民国香山诗文精选》《“三山五园”揽胜——圆明园》等。

（于佩丽）

【发展规划编制完成】 年内，“三山五园”景区建设的总体发展规划、6 项专题规划（综合交通系统整治、旅游发展策略、景观系统整治、园外园片区整体发展控制、功能提升、近期行动计划）及 9 个重要城市节点部位的规划设计方案（香山地区、园外园地区、功德寺地区、六郎庄地区、大有庄地区、大宫门地区、东西水磨地区、二河开地区、中央党校西墙外地区）基本编制完成，明确“一轴两带、三区多点”的规划空间结构。“一轴”为东西向展开的山水景观画卷轴。轴线自东向西串联区域内最重要的自然与人文景点，构成视觉主轴线，与北京旧城的南北中轴线遥相呼应。“两带”围绕核心轴线南北两侧分布，分别为“文化传承发展带”和“生态文化游憩带”。“文化传承发展带”沿历史上的御道路径布局，恢复沿途重要历史区域的传统景观风貌，例如青龙桥、香山的传统古镇古村风貌，香山买卖街、同庆街等局部路段的御道风貌。保护区域内各类现存文物，对消失的重要文物建筑进行标识。发展新兴文化，在中央党校、清华、北大等核心智力资源区周边发展智库和高端文化展示交流功能。“生态文化游憩带”连接西山森林公园和中心城区楔形绿地，串联海淀公园、北坞公园、玉泉郊野公园、香山植物园等大型绿地组团，以稻田湿地为特色，展示山林、果园、湿地、稻田、荷塘等丰富的景观要素。“三区”分别为西部的生态休闲游憩区、中部的历史文化旅游区、东部的教育科研文化区。“多点”是围绕“三山五园”核心景区周边的多个战略性功能节点，分别为二河开、东西水磨、大宫门（包括挂甲屯地区）、北宫门（党校西）、六郎庄、大有庄、功德寺、园外园、香山等。

（李效倩）

【香山地区整体改造】 年内，四王府等东部地区整体改造一期工程有序推进，安置房规划调整方案正待审批。二期改造方案初步成形。香山中心区保护性建设规划基本编制完成，中心区道路规划和市政需求得到细化和完善，香泉路作为先期项目启动建设和相关手续办理。西山隧道场地移交完毕，西郊轻轨线全面开工建设。

（李效倩）

【玉泉山周边环境整治】 年内，分三期实施园外园[①]生态环境提升工程。一期两山片区工程接近收尾，实现 58 公顷绿化和附属设施建设，历史田园风貌初显；二期总体工程进展顺利；三期正在推进规划设计和方案报批工作。针对玉泉山周边违法建设及相关低端集体产业，实现拆违约 15 万平方米，环境得到明显改善。编制完成后续环境提升和交通路网优化方案。深化完善周边功德寺地区村庄改造方案。

（李效倩）

【两园之间拆迁腾退】 年内，颐和园和圆明园之间的拆迁腾退主要涉及：中央党校西墙外项目，居民和集体企业搬迁腾退基本完成，推进土地一级开发上市工作，安置房建设进展顺利，部分结构封顶。一亩园地区，居民和集体企业搬迁腾退工作接近收尾，唐家岭安置房施工单位开工建设。大宫门地区概念性设计方案形成初稿。

（李效倩）

中关村科学城

【概况】 2015 年，中关村科学城地区建设指挥部计划推进固定资产投资项目 37 个，其中开工 34 个、未开工 3 个，实际完成投资额 101 亿元，占计划完成额的 101.9%。

【非首都核心功能疏解与人口规模调控】 年内，中关村科学城地区建设指挥部以中关村科学城地区低端产业聚集区、城中村等为重点，加强动态监测，加大打非拆违力度，完成非首都功能疏解与人口规模调控责任书的既定目标。配合海淀区集体土地上企业整治工作小组，对中关村科学城地区整治完成的集体企业项目和集中出租场所完成情况进行实地检查。东升地区分指挥部完成东升镇 343 家低端业态企业的整治关停，清理摊位 1660 个，疏解外来人口 1 万余人；整治双泉堡地区和顺出租大院（公寓）企业 1 家，拆除出租公寓 8800 平方米，疏解外来人口 1 万余人；四季青地区分指挥部整治镇集体土地上企业共 172 家，疏解人口 3616 人；北京风机二厂拆除违法建设，累计清退租住人员 4597 人，人员清退任务全部完成；小月河科技园项目住户腾退完成总量的 96%（共有 273 个院落），非住宅腾退完成约 38 万平方米（总面积 64 万平方米），疏解人口 67080 人；金隅科技园配套公租房地块正式开工。

（石颖芳）

【中关村科学城提升】 年内，中关村科学城地区建设指挥部开展区域规划课题研究。依据中关村创新创业大街的编制工作，协同相关部门推动业态调整与品质提升，重点推进高校及科研院所存量空间利用，推动冬奥会场馆地区改造建设及基础设施改造建设项目，加强小月河科技园、地铁 16 号线等棚改项目试点实施，探索存量以及集体土地治理模式研究和海淀协作规划管理试点等工作。

（石颖芳）

【玉渊潭地区分指挥部】 年内，玉渊潭地区分指挥部推进固定资产投资项目 8 个（其中 4 个项目列入年度重点项目折子工程），实际完成投资 15.36 亿元。五路居回迁安置房项目工程建设竣工，居民回迁基本完成；阜石路仁和商务楼、阜石路敬老院、阜石路东商务楼项目主体结构封顶，二次结构基本完成；五路商务楼项目主体结构封顶，完成基坑回填和房心回填土、二次结构砌筑和给排水管道安装；西南饭店改造项目实现外幕墙施工、酒店精装修和主要机电设备安装等。

（石颖芳）

【东升地区分指挥部】 年内，东升地区分指挥部推进固定资产投资项目 7 个，完成投资 45.04 亿元，完成计划任务的 128%。中关村东升科技园二期项目一级开发获得市政府征地批复，大市政工程取得项目综合、道路及管线的规划条件，回迁安置房 7 幢住宅楼基本完成主体结构施工；东升科技园三期（京昌路楔形绿地）项目回迁安置房设计方案确定。学院路科技园回迁安置房项目

[①] 园外园是指颐和园至玉泉山静明园区域。

进行基础施工；奥北产业园、天地邻枫、东升科技园国家重点实验楼项目基本完工；学院路北端项目住户腾退疏解人口 450 人，签订检测场及别克 4S 店腾退协议。

（石颖芳）

【中知学地区分指挥部】 年内，中知学地区分指挥部固定资产投资 14 个项目全部实现开工。完成投资 26.91 亿元，完成计划任务的 196%。梳理项目形成工作台账，协调解决北京舞蹈学院项目管线改移与施工作业面冲突、中关村航空科技园市政管线接入、北大肖家河项目分期供地和周边市政建设等问题。

（石颖芳）

【四季青地区分指挥部】 年内，四季青地区分指挥部推进门头村回迁安置房项目、西山新村一期 15 幢回迁楼项目和兴业新村回迁楼项目 3 个固定资产投资项目，实际完成投资额 6.19 亿元。门头村回迁安置房项目竣工并办理回迁入住，西山新村一期剩余 15 幢楼项目完工并投入使用，兴业新村回迁楼项目完工。全年疏解外来人口 36709 人，超额完成计划任务。西郊汽配城启动外迁改造；对西郊板材、雅森汽配城等低端产业及玉泉山周边环境进行整治，拆除建筑面积约 28 万平方米，疏解人口约 8800 人。

（石颖芳）

【城中村分指挥部】 年内，城中村分指挥部全面启动遗留的 12 个城中村项目中重点项目，疏解约 600 人。完成五路居项目最后 1 户清理工作、105 车站最后 2 户协议签订工作、八支会项目范围内房屋和附属物的拆除工作。中央团校、恩济庄、百胜村、永定路东南角项目均剩余最后 1 户；阜南西平房实现重点突破，按计划继续推进。

（石颖芳）

【西三旗地区分指挥部】 年内，西三旗地区分指挥部推进北京风机二厂违法建设拆除工作，中关村西三旗（金隅）科技园、佰能硅谷大厦、永泰市场升级转型、可穿戴加速产业园等项目取得进展。其中中关村西三旗（金隅）科技园项目正式开工，佰能硅谷大厦项目解决土地出让金问题，永泰市场升级转型项目完成规划指标论证，可穿戴加速产业园项目细化方案设计，清缘东区保障房项目争取调整项目容积率，清河小营建材城土地一级开发项目用地规划调整手续全力办理。开展西三旗南路、建材城北路及建材城路大修工程，建材城北路遗留 5 年占地 1500 平方米的违建全部拆除。

（石颖芳）

【北下关地区分指挥部】 年内，北下关地区分指挥部完成北下关片区国家科技金融功能区建设规划和运营方案研究工作，接待市区相关领导对中关村创新创业大街的调研。推进北京交通大学住宅区改造一期工程等 3 个固定资产投资项目建设，完成天作小商品市场的关停清退、“十三五”规划的前期调研和填报工作。

（石颖芳）

2015 年中关村科学城各分指挥部固定资产投资任务完成情况统计表

表 7

名　称	项目数量（个）	计划投资（亿元）	完成投资（亿元）	完成投资占计划投资百分比（%）
玉渊潭地区分指挥部	8	22.78	15.36	67.4
东升地区分指挥部	7	35.2	45.04	128
中知学地区分指挥部	14	13.73	26.91	196
四季青地区分指挥部	3	6.85	6.19	90.3
城中村分指挥部	1	12	3.94	32.8
西三旗地区分指挥部	1	2.18	0	0
北下关地区分指挥部	3	6.38	3.56	55.8
合　计	37	99.12	101	101.9

（石颖芳）

综合经济管理

2016

北京海淀年鉴

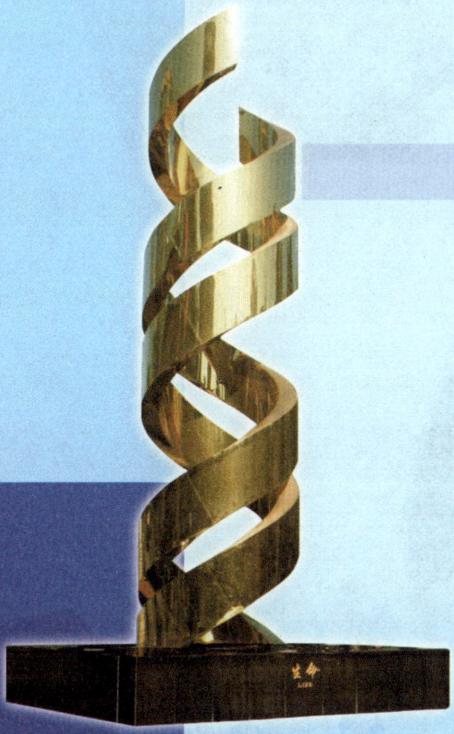

2月11日，区安监局举办新《中华人民共和国安全生产法》宣贯大会（区安监局 任海源 摄）

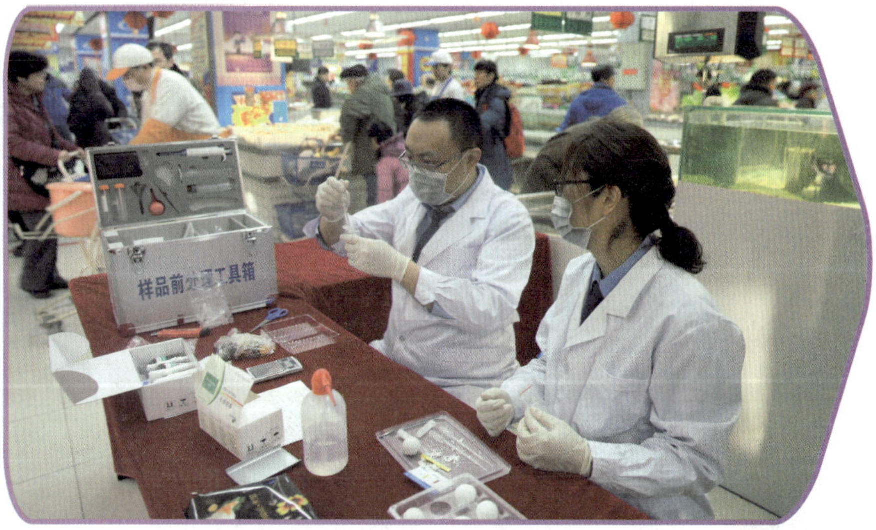

2月16日，区食药监局开展春节期间食品安全检查（区食药监局 张作如 摄）

4月11日，市地税局举办“‘税收 创客 圆梦’——北京地税走进中国人民大学税收宣传月”活动（区地税局 樊涛 摄）

4月29日，区工业公司协调多部门解决恢复车道沟南里小区商业A楼商业用途问题（区工业公司 供图）

5月10日，海淀区计量所为国有大型企业开展计量检测服务（区质监局 罗莎 摄）

7月23日，市烟草专卖局（公司）到海淀区烟草专卖局调研（区烟草专卖局 姜云明 摄）

8月，区审计局审计西翠路学校（区审计局 关永君 摄）

8月14日，消费者在车辆购置税前置征收试点单位首汽集团办理购车事宜（区国税局 供图）

8月19日，海淀检验检疫局对危险化学品企业开展安全质量排查（海淀检验检疫局 供图）

9月21日，海淀工商分局稽查大队成立（海淀工商分局 张力军 摄）

9月21日，区财政局召开海淀区内控建设交流座谈会（区财政局供图）

9月30日，海淀区"税银互动"试点工作启动（区金融办 供图）

11 月 1 日，区统计局开展入户登记工作（区统计局 张琳 摄）

12 月 18 日，稻香湖景酒店获“五洲钻石奖”（区国投公司 供图）

经济社会发展与经济调控

【概况】 2015 年，海淀区发展和改革委员会(简称区发展改革委)主办市、区折子工程、重点任务 31 项，报送决策性督查 131 件次，接办区领导的批办件 301 件，办结人大代表建议、政协提案 10 件，接办信访和投诉举报 2602 件。完成重点课题 2 项：“新常态下海淀区构建高精尖经济结构发展研究”“海淀区加快产业升级和业态调整、推进人口有效调控对策研究”。关注课题 2 项：“海淀区提升城市生活性服务业发展研究”“海淀区‘十三五’时期产业发展及空间布局的思路与措施研究”。编辑发行 4 期《海淀发展与改革研究》(季刊)。

(张倩)

【国民经济和社会发展年度目标】 2015 年，海淀区国民经济和社会发展的预期目标是：地区生产总值增长 7.5%左右；城乡居民人均可支配收入增长 8%左右；区级一般公共预算收入增长 8%左右；全社会固定资产投资完成 860 亿元；社会消费品零售额增长 6%左右；海淀园总收入增长 13%；城镇登记失业率动态控制在 1.5%以内；万元地区生产总值能耗下降 2%，水耗下降 4%；空气中细颗粒物 PM2.5 浓度下降 5%左右。

(张微)

【国民经济和社会发展 7 项任务】 年内，海淀区国民经济和社会发展的主要任务：强化创新驱动，加快中关村核心区建设，优化创新创业生态环境。强化提质增效，优化产业内部结构，构建“高精尖”经济结构。强化区域承载力，加快三大功能区建设，统筹城乡融合发展。强化问题导向，巩固文明城区创建成果，破解“城市病”难题。强化生态优先，全面推进生态环境建设，构建美丽海淀。强化民生为本，加强社会事业和民生保障，提升居民生活幸福感。强化改革动力，扩大开放新格局，建设法治和服务政府。

(张微)

【国民经济和社会发展完成情况】 年内，海淀区国民经济和社会发展的实际完成情况：全区实现地区生产总值 4613.5 亿元，同比增长 7.5%；社会消费品零售额实现 2094.7 亿元，同比增长 6.8%；全社会固定资产投资 870.5 亿元；区级一般公共预算收入 357.5 亿元，同比增长 13.1%；城乡居民人均可支配收入 62325 元，同比增长 7.6%；万元地区生产总值能耗下降 5.64%，水耗下降 4.2%；空气中细颗粒物 PM2.5 浓度下降 10.5%；城镇登记失业率为 0.9%。

(张微)

【医药卫生体制改革】 年内，海淀区继续推进公立医院改革，实现对公立医院改革的系统性探索；完善和巩固“6+4”医联体协作机制；引进社会资本完善社区卫生服务机构，新建 6 家社区卫生服务站，分别是清河街道强佑新城社区卫生服务站、西北旺镇唐家岭社区卫生服务站、四季青镇西郊机场社区卫生服务站、马连洼街道竹园社区卫生服务站、上地街道紫成嘉园社区卫生服务站、西三旗街道富力桃园社区卫生服务站。

(秦兰兰)

【政府投资项目管理体制改革】 年内，区发展改革委制定印发《海淀区政府投资项目管理办法》《海淀区政府投资项目审批管理办法》《海淀区政府投资重大项目公示办法》等 4 个配套文件，从明确投资环节时限、简化审批流程、精简审批手续、强化监督管理等方面进行改革，完善区政府投资项目的决策程序和组织实施程序。

(秦兰兰)

【项目立项审批】 年内，区发展改革委立项审批 217 项。其中审批 85 项，涉及投资 76.3 亿元；核准 34 项，涉及投资 58.3 亿元；备案 46 项，涉及投资 107 亿元；外商投资项目立项 52 项。节能登记 71 项，节能专篇审查 17 项。

(赵志强)

【市级绿色审批通道项目申报】 年内，海淀区申报市级绿色通道项目，共有 17 个项目纳入 2015 年市级绿通，涉及总投资 216 亿元。

(赵志强)

【高新技术专项管理】 年内，区发展改革委完成 2013 年至 2014 年国家高新技术产业 68 个项目检查工作；落实企业专项备案 296 件；推荐完成市发展改革委 12 个专项 97 个项目；完成项目中期评估 70 件；项目验收 40 件，核拨资金 93 件；跟踪监管 74 家承担北京市工程实验室、工程研究中心创新能力建设项目的企业。

(韩枫)

【对口支援】 年内，区发展改革委安排专项资金 400 万元支持帮扶湖北省丹江口市沧浪洲生态湿地及人行桥建设项目；推进“1+4”结对工作，在结对学校、医院、园区间开展合作、扶持；签订《中关村海淀园丹江口分园协作共建协议》《中关村海淀园丹江口科技人才协作框架协议》；海淀区 13 个街镇与当地镇缔结为友好街镇，在产业发展、人才培训、科技教育、乡村旅游、捐资助学等领域开展协作；开展干部双向挂职交流；组织丹江口市经济开发区走访海淀区企业；海淀区 5 家企业签约当地项目；组织丹江口市农特产品企业参加“第十三届中关村国际美食节”，实现销售收入 7.6 万元；支持丹江口市“十三五”商业网点规划编制工作经费 25 万元；“丹江渔村”特色餐饮企业落户海淀区；举办丹江口市农副产品推介暨美食展示会；合作项目南水北调夏令营产品正式上线；组织区域旅游企业赴当地参加旅游资源推介会；承接当地 12 名骨干教师和 9 名卫生系统人员来京进修学习。

安排专项资金 200 万元支持内蒙古敖汉旗牛古吐乡便民农贸市场建设项目；接收 2 名医师来京进修；援助敖汉旗受灾群众 20 万元物资；募集冬衣捐赠敖汉旗；培训敖汉旗计生干部 36 名。

安排专项资金500万元援助拉萨市尼木县各乡镇部分公共设施采暖工程项目；中关村海淀园赤峰分园揭牌；派出9名援疆、援藏干部教师支教；承接新疆110名、西藏50名教师来京培训。海淀区23家医疗机构与密云县医疗机构结对，开展健康讲座、义诊咨询、体检等活动；捐赠30万元援助拉萨市尼木县民政局救灾设施建设。

（王瑞）

【节能减排】 年内，海淀区万元地区生产总值能耗为0.1814吨标准煤，同比下降6.23%；能耗总量836.8万吨标准煤，同比增长0.27%。"十二五"时期，海淀区万元地区生产总值能耗比"十一五"末下降24.66%，年均下降5.51%，以2.09%的能耗增速支持10.73%的GDP增长。

推进海淀区节能降耗与应对气候变化工作。节能专项资金支持节能改造、分布式光伏发电、"三高"企业退出以及循环经济试点示范项目共计911.28万元。备案东升科技园、永丰基地等15个分布式光伏发电项目，装机容量达到8.855兆瓦；永丰基地0.3兆瓦光伏发电项目完工，实现并网发电。

推进能源和碳排放管理体系建设。开展能源管理负责人备案和能源利用状况报告、温室气体排放报告审查等工作，组织重点排放单位开展碳排放履约。推动区内35家单位开展清洁生产审核工作。对15家重点用能单位开展节能监察。组织"万家企业"和市级考核重点用能单位建立能源管理体系，组织重点排放单位建立碳排放管理体系，完成建设效果评价验收。开展能效"领跑者"试点活动。举办"节能环保低碳大篷车"巡游活动、节能宣传周主题宣传活动。

（刘波）

【压减燃煤】 年内，海淀区通过政府带动、企业主动、科技驱动、政企联动、舆论推动和全民行动，采取燃煤锅炉改造、削减工业用煤、加快散煤治理等方式，推进压减燃煤工作。完成改造民用采暖锅炉房81蒸吨；改造工业企业燃煤锅炉4蒸吨；退出"三高"企业9家；城市化上楼5592户；拆除违建165万平方米。全区实现压减燃煤5.63万吨，超额完成市压煤办下达的2万吨压减燃煤目标任务。协助区农委开展减煤换煤工作。2015—2016年采暖季完成优质煤供应约10万吨，超额完成农村地区减煤换煤6.1万吨任务。推进农村煤改电工程，完成苏家坨镇梁家园村、台头村，北安河管家岭村，上庄镇西闸村4个村煤改电工程外电源增容改造。

（殷丽娜）

【电力建设】 年内，区发展改革委安排2014年电力配套专项资金项目，重点支持北部地区部分道路随路电力设施建设。支持翠湖南路、上庄东路及翠湖东路三条主路及八条次干路随路电力设施建设。协调清华大学、京能集团、北京市电力公司，推进海淀北部新区能源互联网示范项目。分批次组织申报北京市电力需求侧管理城市综合试点项目，争取北京市补助资金。梳理全区2015—2017年老旧小区电力设施改造项目，争取发展改革委政策及资金支持。实施电网结构优化工程，远大220千伏变电站及配套工程、温泉220千伏110千伏切改工程完工，六里屯110千伏扩建工程、后八家110千伏输变电工程、甘家口—动物园110千伏联络线工程竣工投产，10千伏知春路改造等一批配电网改造项目完工。

（殷丽娜）

【电力监管】 年内，区发展改革委集中开展高压线下电力安全隐患整治，协调东升镇推进清河220千伏变电站周边环境综合整治，消除11处隐患；协调解决东升科技园线下施工隐患。配合区安监局做好万泉庄一手店安全生产事故、田村路半壁店后街安全生产事故、清河阳光南里工地安全生产事故调查。完成重大活动政治保电任务。

（殷丽娜）

【价格管理】 年内，区发展改革委发挥价格综合调控统筹协调作用，确保CPI持续低位运行。1个参照经适房定价的项目的价格经区政府常务会通过。取消行政事业性收费的收费许可证和年审制度，不再核发、变更收费许可证。收回183家行政事业收费单位的收费许可证；以日报、周报、旬报、月报、节假日报等形式开展全天候价格监测工作。完成向北京市价格监测中心报告海淀区生活必需品价格形势分析累计51篇；审批民办学历教育学费、住宿费标准5户；核准一所公办高中住宿费；完成非学历收费标准备案90户；办理民办幼儿园备案16户；核准全区128家停车场机动车收费标准；香山地区"桃花节"及"红叶节"期间，对周边地区11个停车场实行机动车停车计次收费。

（林平）

【价格监督检查】 年内，区发展改革委以民生价格检查为重点，完成教育收费、医药价格收费、机动车停车收费、商超价格、行政事业性收费、人才职介机构收费、涉企价格收费、银行收费、电子产品和商品房明码标价等领域在节假日和重大活动期间价格专项检查。检查企事业单位、个体工商户2049户，其中商品生产、经营单位1244户，服务收费行业797户，行政事业单位8户。查处价格违法案件20件，经济制裁总金额37.45万元，其中退款14.79万元、没收1.32万元、罚款21.34万元。办理价格咨询和投诉、举报1899件，为消费者挽回经济损失3.98万元。

（管建波）

【价格鉴定】 年内，区发展改革委受理涉及电动自行车、机动车、机动车维修、电子产品和假冒产品等司法机关委托的价格鉴定4141件。

（车爱军）

金融服务管理

【概况】 2015年，区金融办承担市、区政府折子工程、重点任务3项，受理并办理人大代表建议、政协委员提案15件。报送决策性督查14件次，建议提案办理满意率100%。海淀区有各类金融机构及分支机构2714家，同比增加292家，增长12.06%。其中法人金融机构新增192家，总数达到1112家。

全区金融业总税收782.05亿元，占区域财政收入的35.81%；金融业区级税收44.70亿元，同比增长31.92%，占区级一般公共预算收入的12.50%，同比增长79%。金融业区级税收实现较快增长，区级税收增速高于同期全区区级一般公共预算收入增速近19个百分点，区级贡献率达到26.19%，同比增长5%。纳税排名前六的金融行业为银行业（678.86亿元）、财务公司（31亿元）、证券业（26.34亿元）、互联网金融业（12.64亿元）、保险业（9.93亿元）、股权投资业（6.21亿元），合计764.98亿元，占金融行业总税收的97.82%。区级税收排名前六的行业为银行业（16.60亿元）、财务公司（8.61亿元）、证券业（5.04亿元）、互联网金融业（3.77亿元）、保险业（3.57亿元）、股权投资业（1.73亿元），合计39.32亿元，占金融行业区级税收的87.95%。

（邢蓓）

【中关村科技金融街开街】 3月5日，中关村科技金融街正式开街。科技金融街位于中关村西区，以海淀中街为纵轴线，丹棱街为横轴线，北起北四环，南到海淀南路，东至中关村大街，西临苏州街，面积约1平方千米。在中关村科技金融街建设过程中，遵循“政府引导、市场化运作”的总体思路，营造良好的发展环境，积极引入高端科技金融机构，中关村科技金融街已推出中关村金融大厦、中关村互联网金融中心大厦等科技金融聚集载体。截至2015年底，中关村科技金融街区聚集金融机构达到476家。鼎好大厦、e世界大厦、海龙大厦等中关村电子卖场转型孵化器发力科技金融。

（钟冷）

【外债宏观审慎管理外汇改革试点正式实施】 3月10日，经国家外汇管理局批准，中关村核心区外债宏观审慎管理外汇改革试点正式实施。中关村核心区内企业符合要求即可直接向境外申请外币贷款，并结汇成人民币，可有效降低小微创新企业的贷款综合成本。用友网络科技股份有限公司在国家外汇管理局中关村中心支局顺利完成首笔试点外债业务登记备案，并开立外债资金专户，资金于3月12日到账，总金额2280万欧元。

（钟冷）

【全球首家互联网金融博物馆开馆】 5月18日，全球首家互联网金融博物馆在海淀互联网金融产业园区开馆。互联网金融博物馆展览展示面积约2000平方米，是一座集金融创新、互联网科技、金融文化传媒三位一体的新型文化传播平台。博物馆除展示当今互联网技术革命与金融创新外，还建立互联网金融创业营和培训中心，定期举办论坛，邀请专家与创业者交流。博网互联网金融天使基金同时发布，这是一只面向20多岁的青年人互联网金融创业者进行投资的天使投资基金。

（钟冷）

【科技金融“倍增”计划发布】 6月11日，海淀科技金融“倍增”计划正式发布。“倍增”计划由“天使翅膀”计划、“金巢”计划、“IPO护航”计划和“创贷”计划4个子计划以及“金融惠民”品牌活动组成。“天使翅膀”计划通过建立天使投资服务体系，推动天使投资登记试点，培育一批优质的天使投资人及机构。“金巢”计划为互联网金融机构在海淀区创造一个“金巢”，为产业升级、结构转型、自主创新与区域实体经济发展提供金融支撑。“IPO护航”计划提升、完善促进企业上市支持政策，建立健全上市企业数据库，推进加快上市、挂牌进程等，为有能力、有机会上市的IPO企业保驾护航。“创贷”计划通过贷款融资、小贷资产证券化、建立融资服务平台，支持小微企业融资发展。

（钟冷）

【中关村创业金融服务联盟】 6月12日，全国首个创业金融服务机构——中关村创业金融服务联盟在海淀区正式揭牌，并为4家初创期微型企业发放最终年化利率低于4%的创新创业“孵贷联动”和“投贷联动”纯信用贷款，远低于中关村创新创业企业实际融资成本10%以上的水平。中关村创业金融服务联盟对接政府资源，以批量信贷的方式，引导北京银行、交通银行推出专门适合孵化器创业企业的纯信用投贷联动和孵贷联动信贷产品。针对创新创业企业无资产、轻资产的特点，海淀区建立信用贷款风险损失补偿资金，一旦创新创业企业无力偿还贷款，该补偿资金将承担一半的损失。针对创新创业企业收入低、财务费用压力大的问题，出台信贷贴息办法，对创新创业企业给予基准利率50%的贷款贴息，同时银行优化信贷产品，对加入联盟的孵化器企业承诺年利率不超过6.5%，使创新创业企业实际融资成本降到3.5%左右。

（钟冷）

【国内首家互联网金融机构开业】 8月12日，国内首家以“互联网”命名的金融机构——北京银行互联网金融中心支行在中关村科技金融街开业。支行为入驻中关村互联网金融中心的互联网金融企业，周边具有互联网特色、基于IT技术的创新科技型企业提供特色信贷金融服务。北京银行中关村分行与中关村互联网金融服务中心签署战略合作协议，为中心提供基础结算、公司银行、个人银行、网上银行、国际结算、现金管理、财务顾问等金融服务，定期举办行业政策、金融信息等主题沙龙活动。北京银行互联网金融中心支行分别与融 360、有利网签署协议，中心为其提供金融监管、机构及个人理财和多项传统金融服务。

（刘伟杰 梁冰）

【国金证券和百度实施战略合作】 8月31日，国金证券宣布与百度签署战略合作协议。国金证券独家使用百度提供的基于大数据的人工智能分析技术进行投资策略和相关基金产品的开发，百度同意就协议所涉领域与国金证券独家合作，合作期限为2015年9月15日至2016年9月14日。国金证券和百度将围绕大数据和人工智能技术建立长期的产品研发及合作机制，尝试基于移动终端的证券业务领域进行合作。百度主要提供海量数据、大数据处理能力以及人工智能技术，国金证券主要负责系统策略开发和资金募集工作。

（刘伟杰 梁冰）

【首创中小微集合外债授信】 9月9日，全国首批中小微企业外债集合授信签约仪式在海淀区举行。北京中关村海淀科技金融创新商会、中关村海新联新兴产业促进会分别与中国银行、交通银行、光大银行达成总额为5亿~10亿欧元，综合成本最低为每年2.43%（按招标日利率计算），担保方式基本为全信用方式的集合外债借款协议。近100家中小微企业获得此项贷款。

（钟冷）

【银行业】 年内，海淀区驻区银行机构及其网点总数815家，占全区金融机构总数的1/3。新增银行网点49家。区域期末银行存款余额达29368.2亿元，同比增长38.7%；区域期末银行贷款余额6355.3亿元，同比增长9.7%。银行业存贷差为23012.9亿元，银行业存贷比为21.64%，低于2014年同期存贷比4.9个百分点。

（王立生）

【股权投资】 年内，海淀区股权投资机构累计达1039家，同比增长24.28%，其中股权投资管理机构540家，同比增长22.73%，占全市股权投资管理机构总数（1145家）的47.16%。披露金额的管理资本量累计达3418.89亿元，同比增长49.54%，占全市（14050.24亿元）的24.33%。海淀区企业共发生640起股权融资案例，同比增长78.77%，占全市投资案例总数的24.65%，占全国的7.65%。披露金额股权融资案例获投金额为645.34亿元，同比增长57.73%，占全市股权融资总额的44.1%，占全国的12.3%。

（邢蓓）

【互联网金融】 年内，海淀区聚集京东金控、蚂蚁云金融、百度金融、小米金融、天使汇、融360、有利网等互联网金融机构250余家，已初步构建互联网金融全产业链体系。其中第三方支付牌证机构22家，占全市的40%，占全国的8%；人民银行企业征信备案机构17家，占全市的43%；中诚信、拉卡拉2家机构开展个人征信业务准备工作，占全市的50%，占全国的25%。宜信惠民投资（1.22亿元）、网银在线（3622.84万元）、拉卡拉支付（2589.99万元）、易智付（1041.42万元）等重点标杆企业对区级税收贡献突出，互联网金融行业在全区金融业总税收和区级税收中排名第四，总税收达到12.64亿元，区级税收达到3.77亿元。

（张国兴）

【上市挂牌企业累计554家】 年内，海淀区上市、挂牌企业新增190家，净增183家，总计554家（不包括四板公司），同比增长49.33%。其中境内A股企业达到107家（主板41家、中小板22家、创业板44家），占全市的40%，占全国的4%;三板企业382家，占全市的50%，占全国的7%；境外上市企业累计65家。截至12月31日，按照当日收盘价计算，107家境内上市公司流通股市值12974.58亿元，总市值31893.60亿元。

（张国兴）

【小额贷款】 年内，海淀区有小额贷款税源户13家，注册资本总额40.15亿元，全年累计发放贷款54.61亿元（其中涉农贷款2.30亿元，中小微企业贷款8.38亿元），贷款余额40.64亿元。净利润0.85亿元，实现税收1.08亿元，同比减少6.08%（含区级收入0.31亿元，同比增长8.68%）。

（段浩杰）

【融资担保】 年内，海淀区有融资性担保公司21家，占全市的17.5%；注册资本134.13亿元，占全市的25%。融资性在保金额308.31亿元，净利润3.82亿元，实现税收4.5亿元，同比增长48.7%（含区级税收1.04亿元，同比增长18.78%）。

（段浩杰）

【金融功能区建设】 年内，中关村西区金融机构达到476家，比2014年增加80家，同比增长20.2%，涵盖银行、保险、证券、股权投资、互联网金融、小额贷款等多类金融行业，实现税收11.6亿元，区级税收3.86亿元。西直门外科技金融商务区聚集金融机构达到150家，比2014年增加19家，增长14.5%，实现税收6.45亿元，区级税收1.88亿元。

（邢蓓）

2015年海淀区新上市（挂牌）企业名录一览表

表8

序号	股票简称	公司名称	上市日	上市板块
1	圣才教育	北京圣才教育科技股份有限公司	2015.1.9	新三板
2	盛世股份	北京盛世创业科技股份有限公司	2015.1.12	新三板
3	信而泰	北京信而泰科技股份有限公司	2015.1.16	新三板
4	卓越信通	北京卓越信通电子股份有限公司	2015.1.16	新三板

续表 8

序号	股票简称	公司名称	上市日	上市板块
5	安恒利通	北京安恒利通科技股份公司	2015.1.19	新三板
6	高科中天	北京高科中天技术股份有限公司	2015.1.19	新三板
7	奥斯马特	北京奥斯马特科技发展股份有限公司	2015.1.21	新三板
8	昆仑万维	北京昆仑万维科技股份有限公司	2015.1.21	创业板
9	浩丰科技	北京浩丰创源科技股份有限公司	2015.1.22	创业板
10	东光股份	北京东光物业管理股份有限公司	2015.1.22	新三板
11	国瑞升	北京国瑞升科技股份有限公司	2015.1.23	新三板
12	北邮国安	北京北邮国安技术股份有限公司	2015.1.23	新三板
13	华夏未来	北京华夏未来信息技术股份有限公司	2015.1.27	新三板
14	中电红石	北京中电红石科技股份有限公司	2015.1.28	新三板
15	汇元科技	北京汇元网科技股份有限公司	2015.2.12	新三板
16	东方基业	北京东方基业科技发展股份有限公司	2015.2.17	新三板
17	中兴通科	北京中兴通软件科技股份有限公司	2015.2.27	新三板
18	东联科技	北京东联世纪科技股份有限公司	2015.3.4	新三板
19	万古科技	北京万古科技股份有限公司	2015.3.9	新三板
20	网智天元	北京网智天元科技股份有限公司	2015.3.10	新三板
21	清科股份	北京清科科技股份有限公司	2015.3.12	新三板
22	九方天和	北京九方天和新能源技术股份有限公司	2015.4.1	新三板
23	诺君安	北京诺君安信息技术股份有限公司	2015.4.8	新三板
24	窝窝团	北京窝窝团信息技术有限公司	2015.4.8	美股
25	三川能源	北京三川世纪能源科技股份公司	2015.4.9	新三板
26	贝达化工	北京贝达化工股份有限公司	2015.4.14	新三板
27	博克森	北京博克森传媒科技股份有限公司	2015.4.15	新三板
28	华清安泰	华清安泰（北京）科技股份有限公司	2015.4.17	新三板
29	国环莱茵	北京国环莱茵环保科技股份有限公司	2015.4.22	新三板
30	慧图科技	北京慧图科技股份有限公司	2015.4.22	新三板
31	汉邦高科	北京汉邦高科数字技术股份有限公司	2015.4.22	创业板
32	国联股份	北京国联视讯信息技术股份有限公司	2015.4.23	新三板
33	双杰电气	北京双杰电气股份有限公司	2015.4.23	创业板
34	康斯特	北京康斯特仪表科技股份有限公司	2015.4.24	创业板
35	思必拓	北京思必拓科技股份有限公司	2015.5.8	新三板
36	航凯电力	北京世纪航凯电力科技股份有限公司	2015.5.12	新三板
37	国农基业	北京国农基业科技发展股份有限公司	2015.5.13	新三板

续表 8

序号	股票简称	公司名称	上市日	上市板块
38	康拓红外	北京康拓红外技术股份有限公司	2015.5.15	创业板
39	首创博桑	北京首创博桑环境科技股份有限公司	2015.5.18	新三板
40	京成科技	北京科创京成科技股份有限公司	2015.5.26	新三板
41	引力传媒	引力传媒股份有限公司	2015.5.27	主板
42	高伟达	高伟达软件股份有限公司	2015.5.28	新三板
43	尚洋信息	北京尚洋易捷信息技术股份有限公司	2015.6.3	新三板
44	合纵科技	北京合纵科技股份有限公司	2015.6.10	创业板
45	新元科技	北京万向新元科技股份有限公司	2015.6.11	创业板
46	蓝海科技	北京蓝海华业科技股份有限公司	2015.6.12	新三板
47	乐普四方	北京乐普四方方圆科技股份有限公司	2015.6.15	新三板
48	讯众股份	北京讯众通信技术股份有限公司	2015.6.16	新三板
49	正和生态	北京正和恒基滨水生态环境治理股份有限公司	2015.6.16	新三板
50	蓝太平洋	北京蓝太平洋科技股份有限公司	2015.6.19	新三板
51	数码大方	北京数码大方科技股份有限公司	2015.6.25	新三板
52	联想控股	联想控股股份有限公司	2015.6.29	港股
53	天润基业	北京天润基业科技发展股份有限公司	2015.7.9	新三板
54	依科曼	北京依科曼生物技术股份有限公司	2015.7.14	新三板
55	瑞风协同	北京瑞风协同科技股份有限公司	2015.7.15	新三板
56	赛浪股份	赛浪汽车科技（北京）股份有限公司	2015.7.16	新三板
57	身临其境	北京身临其境文化股份有限公司	2015.7.20	新三板
58	汉哲咨询	汉哲管理咨询（北京）股份有限公司	2015.7.21	新三板
59	道有道	道有道（北京）科技股份有限公司	2015.7.21	新三板
60	明石创新	明石创新投资集团股份有限公司	2015.7.22	新三板
61	博电电气	北京博电新力电气股份有限公司	2015.7.23	新三板
62	弘天生物	北京弘润天源生物技术股份有限公司	2015.7.23	新三板
63	盛景网联	盛景网联科技股份有限公司	2015.7.29	新三板
64	瑞朗净化	北京瑞朗创新净化技术股份有限公司	2015.7.29	新三板
65	欣智恒	北京欣智恒科技股份有限公司	2015.7.29	新三板
66	伯肯节能	北京伯肯节能科技股份有限公司	2015.7.29	新三板
67	意畅科技	北京意畅科技股份有限公司	2015.7.30	新三板
68	东华宏泰	北京东华宏泰科技股份有限公司	2015.7.30	新三板
69	大唐融合	大唐融合通信股份有限公司	2015.7.30	新三板
70	硅谷天堂	硅谷天堂资产管理集团股份有限公司	2015.7.30	新三板

续表 8

序号	股票简称	公司名称	上市日	上市板块
71	优万科技	优万科技（北京）股份有限公司	2015.7.30	新三板
72	安宁创新	北京安宁创新网络科技股份有限公司	2015.7.30	新三板
73	中美福源	中美福源生物技术（北京）股份有限公司	2015.7.30	新三板
74	同方健康	同方健康科技（北京）股份有限公司	2015.7.31	新三板
75	赢鼎科技	北京赢鼎科技股份有限公司	2015.7.31	新三板
76	开拓明天	北京开拓明天科技股份有限公司	2015.8.4	新三板
77	绿色空间	北京绿色空间生物科技股份有限公司	2015.8.4	新三板
78	中博农	中博农畜牧科技股份有限公司	2015.8.4	新三板
79	思比科	北京思比科微电了技术股份有限公司	2015.8.10	新三板
80	慧辰资讯	北京慧辰资道资讯股份有限公司	2015.8.12	新三板
81	盈和科技	北京盈和科技股份有限公司	2015.8.12	新三板
82	广通软件	北京广通信达软件股份有限公司	2015.8.12	新三板
83	国路安	北京市国路安信息技术股份有限公司	2015.8.13	新三板
84	北亚时代	北京北亚时代科技股份有限公司	2015.8.14	新三板
85	方胜有成	北京方胜有成科技股份有限公司	2015.8.18	新三板
86	中科生物	北京中科灵瑞生物技术股份有限公司	2015.8.18	新三板
87	中电国服	中国电子进出口国际电子服务股份有限公司	2015.8.18	新三板
88	海涛股份	北京海涛国际旅行社股份有限公司	2015.8.26	新三板
89	中诚股份	北京中诚昊天科技股份有限公司	2015.8.26	新三板
90	锐融科技	北京锐融天下科技股份有限公司	2015.8.26	新三板
91	鸿合智能	北京鸿合智能系统股份有限公司	2015.8.27	新三板
92	集趣股份	北京集趣信息技术股份有限公司	2015.8.31	新三板
93	康爱瑞浩	北京康爱瑞浩生物科技股份有限公司	2015.8.31	新三板
94	能量传播	北京能量影视传播股份有限公司	2015.9.1	新三板
95	联达动力	北京联达动力信息科技股份有限公司	2015.9.2	新三板
96	世纪金政	北京世纪金政信息技术股份有限公司	2015.9.10	新三板
97	华谊创星	北京华谊兄弟创星娱乐科技股份有限公司	2015.9.14	新三板
98	新翔科技	北京新翔维创科技股份有限公司	2015.9.15	新三板
99	香哈网	北京香哈网络股份有限公司	2015.9.15	新三板
100	联创永宣	北京联创永宣投资管理股份有限公司	2015.9.23	新三板
101	北林科技	北京林大林业科技股份有限公司	2015.9.23	新三板
102	华彦邦	北京华彦邦科技股份有限公司	2015.9.28	新三板
103	合力亿捷	北京合力亿捷科技股份有限公司	2015.9.29	新三板

续表 8

序号	股票简称	公司名称	上市日	上市板块
104	金尚互联	北京金尚互联科技股份有限公司	2015.9.30	新三板
105	浩瀚深度	北京浩瀚深度信息技术股份有限公司	2015.10.9	新三板
106	掌上纵横	掌上纵横信息技术（北京）股份有限公司	2015.10.9	新三板
107	山水股份	山水假日（北京）国际旅行社股份有限公司	2015.10.9	新三板
108	扬德环境	北京扬德环境科技股份有限公司	2015.10.16	新三板
109	神州锐达	神州锐达（北京）科技股份公司	2015.10.16	新三板
110	美福润	北京美福润医药科技股份有限公司	2015.10.19	新三板
111	递蓝科	北京递蓝科软件股份有限公司	2015.10.19	新三板
112	颖泰生物	北京颖泰嘉和生物科技股份有限公司	2015.10.20	新三板
113	方富资本	北京方富资本管理股份有限公司	2015.10.20	新三板
114	清软创新	北京清软创新科技股份有限公司	2015.10.21	新三板
115	腾瑞明	北京腾瑞明技术股份有限公司	2015.10.22	新三板
116	华夏科创	北京华夏科创仪器股份有限公司	2015.10.29	新三板
117	龙盛世纪	北京龙盛世纪科技股份有限公司	2015.10.29	新三板
118	金锐同创	金锐同创（北京）科技股份有限公司	2015.10.29	新三板
119	天融信	北京天融信科技股份有限公司	2015.11.2	新三板
120	铁血科技	北京铁血科技股份公司	2015.11.5	新三板
121	中建信息	中建材信息技术股份有限公司	2015.11.5	新三板
122	高信达	北京高信达通信科技股份有限公司	2015.11.10	新三板
123	易二零	北京易二零环境股份有限公司	2015.11.11	新三板
124	联益科技	北京联益合创科技股份有限公司	2015.11.11	新三板
125	中广瑞波	北京中广瑞波科技股份有限公司	2015.11.12	新三板
126	时代电影	北京信义时代电影股份有限公司	2015.11.13	新三板
127	动信通	动信通（北京）科技股份有限公司	2015.11.13	新三板
128	和创科技	和创（北京）科技股份有限公司	2015.11.13	新三板
129	神鹰城讯	北京神鹰城讯科技股份有限公司	2015.11.13	新三板
130	国是经纬	北京国是经纬科技股份有限公司	2015.11.16	新三板
131	神州科技	北京神州互联科技股份有限公司	2015.11.17	新三板
132	金控数据	北京金控数据技术股份有限公司	2015.11.18	新三板
133	天智航	北京天智航医疗科技股份有限公司	2015.11.19	新三板
134	亿海蓝	亿海蓝（北京）数据技术股份公司	2015.11.23	新三板
135	新赛点	北京新赛点体育投资股份有限公司	2015.11.23	新三板
136	国科股份	国科政信科技（北京）股份有限公司	2015.11.23	新三板

续表 8

序号	股票简称	公司名称	上市日	上市板块
137	中邮基金	中邮创业基金管理股份有限公司	2015.11.24	新三板
138	赛融信	北京赛融信科技股份有限公司	2015.11.24	新三板
139	车讯互联	北京车讯互联网股份有限公司	2015.11.25	新三板
140	西普教育	北京西普阳光教育科技股份有限公司	2015.11.26	新三板
141	中泰传媒	北京中泰恒达文化传媒股份有限公司	2015.11.27	新三板
142	华路时代	北京华路时代信息技术股份有限公司	2015.11.27	新三板
143	挖金客	北京挖金客信息科技股份有限公司	2015.11.30	新三板
144	远特科技	北京远特科技股份有限公司	2015.12.1	新三板
145	龙软科技	北京龙软科技股份有限公司	2015.12.2	新三板
146	亿美汇金	北京亿美汇金信息技术股份有限公司	2015.12.4	新三板
147	新片场	北京新片场传媒股份有限公司	2015.12.4	新三板
148	聚智未来	北京聚智未来科技股份有限公司	2015.12.7	新三板
149	宝利明威	北京宝利明威软件股份有限公司	2015.12.7	新三板
150	中盈安信	北京中盈安信技术服务股份有限公司	2015.12.7	新三板
151	图安世纪	北京图安世纪科技股份有限公司	2015.12.7	新三板
152	关键科技	北京关键科技股份有限公司	2015.12.7	新三板
153	华多科技	华多九州科技股份有限公司	2015.12.9	新三板
154	中科创达	中科创达软件股份有限公司	2015.12.10	新三板
155	鼎合远传	鼎合远传技术（北京）股份有限公司	2015.12.10	新三板
156	天涯泰盟	北京天涯泰盟科技股份有限公司	2015.12.10	新三板
157	海唐公关	北京海唐宋元公关顾问股份有限公司	2015.12.10	新三板
158	国舜股份	北京国舜科技股份有限公司	2015.12.10	新三板
159	蓝卡科技	北京蓝卡科技股份有限公司	2015.12.11	新三板
160	春腾网络	北京春腾网络科技股份有限公司	2015.12.11	新三板
161	华卓精科	北京华卓精科科技股份有限公司	2015.12.11	新三板
162	平治东方	北京平治东方科技股份有限公司	2015.12.11	新三板
163	创智信科	北京创智信科科技股份有限公司	2015.12.14	新三板
164	纽哈斯	北京纽哈斯科技股份有限公司	2015.12.15	新三板
165	天天美尚	北京天天美尚信息科技股份有限公司	2015.12.15	新三板
166	赛科科技	北京赛科世纪科技股份有限公司	2015.12.15	新三板
167	中投保	中国投融资担保股份有限公司	2015.12.15	新三板
168	无忧互通	北京无忧互通科技股份有限公司	2015.12.15	新三板
169	清水爱派	北京清水爱派建筑设计股份有限公司	2015.12.15	新三板

续表 8

序号	股票简称	公司名称	上市日	上市板块
170	麒麟文化	北京麒麟网文化股份有限公司	2015.12.15	新三板
171	正益移动	正益移动互联科技股份有限公司	2015.12.16	新三板
172	乐享方登	北京乐享方登网络科技股份有限公司	2015.12.16	新三板
173	通铭教育	北京通铭教育科技股份有限公司	2015.12.17	新三板
174	海泰方圆	北京海泰方圆科技股份有限公司	2015.12.17	新三板
175	爱知网络	爱知世元（北京）网络股份有限公司	2015.12.18	新三板
176	竹远科创	北京竹远科创科技股份有限公司	2015.12.18	新三板
177	奥视股份	北京时代奥视科技股份有限公司	2015.12.21	新三板
178	网库股份	北京网库信息技术股份有限公司	2015.12.21	新三板
179	全美在线	全美在线（北京）教育科技股份有限公司	2015.12.21	新三板
180	恩瑞达	北京恩瑞达科技股份有限公司	2015.12.22	新三板
181	艾漫数据	北京艾漫数据科技股份有限公司	2015.12.22	新三板
182	圣世博泰	北京圣世博泰科技股份有限公司	2015.12.23	新三板
183	行知探索	北京行知探索文化发展股份有限公司	2015.12.23	新三板
184	宗源营销	北京宗源营销策划股份有限公司	2015.12.23	新三板
185	颐信泰通	颐信泰通（北京）信息科技股份有限公司	2015.12.24	新三板
186	凡星医疗	北京凡星光电医疗设备股份有限公司	2015.12.28	新三板
187	奥美达	北京奥美达科技股份有限公司	2015.12.29	新三板
188	翰林汇	翰林汇信息产业股份有限公司	2015.12.29	新三板
189	明朝万达	北京明朝万达科技股份有限公司	2015.12.31	新三板
190	乾景园林	北京乾景园林股份有限公司	2015.12.31	主板

（张倩）

统　计

【概况】 2015年，海淀区统计局（队）实施“1+2+3+5+N”[①]战略布局，以“加快构建与新常态相适应的现代化服务型统计”为目标，以数据集成中心（数库）和数据解读中心（智库）建设为根本，提升服务区域经济社会发展的质量和水平。海淀区统计局（队）获“首都文明单位”称号。编发统计专报239篇，其中27篇次获区领导批示，被北京市统计信息网采稿120篇。发送“统计海报”手机彩信服务16期，推出海淀统计微信平台，以“统小嗨”和“统小点”为“海淀统计”微信形象代言，有趣地解读统计数据、宣传统计工作。在全市优秀统计分析报告评比中，荣获一等奖1篇、二等奖1篇、三等奖2篇，编印《区情手册》1.5万册，编发《2015海淀统计年鉴》《海淀区第三次全国经济普查资料汇编》《2015海淀统计专报汇编》《北京市海淀区经济普查年鉴2013》等统计资料1600余本。主动公开统计信息400余条，发布数据指标千余个，

[①] “1+2+3+5+N”战略布局是指：“1个目标”——打造现代化服务型统计；“2个中心”——建设数据集成中心和数据解读中心；“三大任务”——服务于统计改革发展、服务于区域中心工作、服务社会大众；“五大要求”——满足上级机构、同级部门、基层站所、调查对象和社会群众的需求；“N”——配套的重点工作。

对外提供数据超230万笔。

（郑静）

【人口抽样调查和监测】 年内，海淀区统计局（队）完成人口抽样调查和监测工作。在全市范围内率先实施5%人口抽样调查扩样工作，首次实现街镇层面统计口径人口数据的推算。完成年度人口调控目标，将常住人口控制在369.4万人，常住外来人口148.6万人，其中常住外来人口实现历史性的同比下降。局队将人口抽样调查范围扩大至所有社区全覆盖，调查人口达到18万人。推进人口动态监测台账工作，及时对全区人口调控工作进行分析评判和预测预警。使用手机大数据进行人口监测，初步实现对各街镇及重点区域的全方位、24小时实时监测。开展区域人口结构和疏解路径分析工作，对人口结构、居住就业、空间分布等进行深入分析，为制定区域人口调控长期规划奠定基础。

（郑静）

【居民绿色出行现状调查】 年内，海淀区统计局（队）在全区范围内开展“2015年海淀区居民绿色出行现状调查”。调查采取一次性电话调查方式，选取年龄在18～65周岁之间的辖区居民作为调查对象，调查样本为870个。调查内容为居民对绿色出行的看法，公共交通价格调整对出行方式、交通花费、出行时间等方面的影响，以及公交调价后居民对交通环境的感受，对乘坐公交和地铁的居民的交通花费的变化等方面。调查结果显示，95.3%的被访者支持绿色出行，即步行、骑车或乘坐公交车等；71.5%的被访者以绿色出行为主要出行方式。绿色出行时间长，影响办事效率是阻碍被访者选择绿色出行方式的最主要原因。公共交通价格调整后，平均每个被访者每天公交出行花费比之前约多出3.7元，多数被访者认为价格调整比较合理，并未因此改变出行方式。

（郑静）

【监测指标体系构建】 年内，海淀区统计局（队）构建《京津冀协同发展新形势下具有海淀特色的监测评价指标体系》。体系分为“海淀经济发展概况”“有序疏解非首都功能”“加强人口调控”“推进中关村核心区创新发展”“提升城市治理能力”五个领域，力求科学评价区域经济社会发展质量，动态引导区域特色化发展方向。

（郑静）

【统计课题研究】 年内，海淀区统计局（队）研究课题荣获海淀区优秀调研成果二等奖。承担2项国家统计局关注课题，1项市统计系统重点课题，1项区领导关注课题，开展“基于端口前置的统计流程优化研究”“人口动态监测机制研究”等课题研究。对第三次全国经济普查资料进行深度开发，完成“海淀高精尖经济结构要素和路径研究”“海淀区小微企业发展统计分析研究”“以人口调控为目标的海淀区产业结构升级研究”3项课题。“电子商务时代的商业统计制度研究”课题结项，《文化与科技融合行业分类研究》由中国社科文献出版社出版发行。

（郑静）

【“十三五”统计发展规划编制】 年内，海淀区统计局（队）开展海淀区“十三五”时期统计发展规划的编制。加强《海淀区“十三五”时期统计发展规划》（简称《规划》）的编制工作。组建《规划》编制领导小组和起草小组，经过多轮调研和座谈，形成整体规划框架，确定《规划》的背景、指导思想、基本原则，明确海淀区统计工作在今后五年的发展蓝图、目标和途径。

（郑静）

【统计数据管理与服务平台系统建设】 年内，海淀区统计局（队）按照智慧海淀和海淀局（队）信息化顶层设计的要求，开发“海淀区统计数据管理与服务平台项目”。完成统计原始数据存储系统，实现原始数据的上传、下载和查询功能，制定《统计数据归集存储及内部共享使用管理办法》，存储数据文件3700余个。平台以区情手册、统计年鉴和各专业分析报告中常用的数据指标为基础，包括数据管理、数据查询分析、数据应用和数据共享发布四大模块，预期建设成为能够供局（队）内部工作人员使用的业务数据库、供区属委办局（街镇）使用的共享数据库、供社会公众使用的发布数据库，实现历史数据的查询、加工后数据的查询、格式化分析报告的自动生成等功能，从而构建海淀区统计元数据标准体系，提升海淀数据服务水平。

（郑静）

【海淀区居民阅读情况调查】 年内，海淀区统计局（队）开展海淀区居民阅读情况调查。利用计算机辅助电话调查系统（CATI），随机选取870名在海淀区居住半年以上的居民开展调查。调查的主要内容为居民阅读图书情况，对居住街道周边图书馆、阅览室和报刊栏等阅读公共文化设施的知晓与使用情况，了解居民参与阅读活动情况，收集居民对相关部门促进和保障全民阅读的意见与建议，为相关部门提供参考依据。

（郑静）

【三级统计工作体系建设】 年内，海淀区统计局（队）完善统计工作体系建设。完成社区统计室挂牌设立工作，实现社区统计室在各街镇570个社区的全覆盖。“区—街（镇）—社区（村）”三级统计工作格局初步形成。制定村统计站管理、考核、培训等工作制度，出台《村统计站统计工作考核办法》，完善农村统计工作机制。完善对各街道统计所的年报考核和综合考评办法；研究、制定、实施对机关各部门的考核评比办法，建立局所两级全覆盖的科学有效的工作评价和奖惩机制。

（郑静）

质量技术监督

【概况】 2015年，海淀区共有工业产品生产企业2200余家，其中许可证企业80家，CCC（强制性产品认证）企业170余家。取得制造计量器具许可证的企业59家，全市为227家，占比为26%，其中海淀区质监局发证企业为53家，市质监局发证企业为6家。在用特种设备4.5万台（套）。海淀区质监局备案企业标准1252份，登记标准41份，企业标准备案数量占全市的20.5%。

（罗莎）

【实施质量强区战略】 年内，海淀区落实国务院《质量发展纲要（2011—2020年）》，实施质量强区战略。提升中关村质量奖影响力，发挥质量标杆引领作用，开展第六届中关村质量奖评选，海淀区4家单位获奖并各获30万元的政府奖励。加大自主品牌培育、保护、宣传力度。鼓励企业争创中国驰名商标、北京市著名商标，弘扬“中华老字号”经营传统，创新经营服务理念，支持企业打造国际化品牌。重视质量宣传，提升全民质量意识，海淀区两项主题活动入选2015年全国质量月活动方案。海淀区被评为“质量之光”2015年度十大质量魅力城市。

（罗莎）

【标准创新】 “十二五”以来，海淀区驻区单位共参与制定国际标准61项；截止到2014年，驻区高校、科研院所及高新技术企业共参与制定国家标准5050项、行业标准2980项、地方标准325项，共计8355项，占比分别达到60%、36%、4%。8家单位承担国际标准化组织的16个秘书处工作，占全市的42.1%。全国的标准研究机构共185家，海淀区有20多家；全国91所标准化工作实验室有近40家在海淀；超过40家产业联盟汇集在海淀。有3批135家企业和15家产业联盟成为国家自主创新示范区标准创新示范单位。有10709家企业、28家科研院所参加国内标准（国家、地方、行业标准）的制定。“十二五”期间，海淀区累计获得中国标准创新贡献奖65项，其中一等奖12项，占全国的48%。海淀区累计获得全国标准领域的最高奖项中国标准创新贡献奖159项，其中一等奖30项。

（钟冷）

【实施标准化战略】 年内，区质监局全面实施标准化战略，发挥标准化在促进科技成果产业化、推动经济发展方式转变、保障和改善民生方面的作用。推进实施标准科研、标准制定、标准实施和人才培养等方面工作，鼓励企业开展标准创制，6家企业制定的8项国际标准、36家企业制定的82项国家标准、26家企业制定的79项行业标准参与申报中国标准创新贡献奖。27家企事业单位获2015年北京市标准制修订补助，居全市之首。推进服务业、农业、社会管理和公共服务领域标准化试点示范工作。北下关街道社区居家养老服务标准化示范项目和中央电视塔旅游服务标准化示范项目通过国家标准委验收，四季青镇“一河十园”国家观光休闲农业综合标准化示范区和国家森林多功能经营综合标准化示范区建设稳步推进。

（罗莎）

【质量安全执法监督】 年内，海淀区质监局强化案例教学和专业培训，增强行政执法能力，共完成行政执法活动1903起，查处案件56起。受理申诉、举报1026件，增幅达56.2%，办理回复率为100%。办理代码业务86106件，受理行政许可及相关事项2546件。代码中心获“北京市模范集体”称号。

（罗莎）

【产品质量监管】 年内，海淀区质监局动态管理企业数据库，制定年度重点监管目录，开展风险监测与处置，推进“双打”（打击侵犯知识产权和制售假冒伪劣商品）等专项行动，对37类120家次重点工业产品开展监督抽查，产品监督抽查合格率达到96%。开展强制性认证、检验机构、机动车检测场专项检查。保障“减煤换煤”工作，落实《清洁空气行动计划》任务。

（罗莎）

【特种设备安全监管】 年内，海淀区质监局开展电梯安全监管、油气输送管道隐患整治、锅炉节能减排等监察专项行动。启动电梯物联网试点建设。完成30余次重大活动、重要会议的特种设备安全保障任务。全年未发生特种设备事故。落实重要民生实事，建立电梯安全隐患治理机制。制定《海淀区关于推进老旧住宅电梯更新改造大修工作的实施意见（试行）》，推动老旧住宅电梯更新改造资金筹集机制的建立，消除电梯安全隐患。

（罗莎）

【计量监管】 年内，海淀区质监局重点在出租车、加油站领域开展诚信计量活动，45家加油站、1家商场超市、5家餐饮企业、11家医院、29家眼镜店、17家出租汽车企业共108家单位开展诚信计量活动，签订诚信计量承诺书，接受社会的监督。开展制造、流通领域检查，检查加油站、商场超市、集贸市场、制造计量器具许可证企业、计量认证实验室、定量包装生产企业、北京植物园桃花节、玉渊潭樱花节和香山红叶节等251家单位各类在用计量器具1600余台件，查处计量违法行为16起。对海淀区列入北京市“万家企业节能低碳行动”企业名单的20家重点用能单位开展能源计量管理，督促指导各单位建立能源监测体系并通过能源计量审查评价。

（罗莎）

安全生产监督管理

【概况】 2015年，海淀区安全生产监督管理局（简称区安全监管局）推进安全生产法制化、标准化、社会化、信息化和基层基础建设，构建安全生产责任体系、隐患排查治理体系和安全预防控制体系。充实、修改和完善41个区政府工作部门和街镇共156项安全监管职责。全区发生交通肇事、火灾、生产安全死亡事故74起，比上年增加2起、上升2.8%；死亡83人，同比增加4人、上升5.1%；占全年控制考核指标（96人）的86.5%。其中发生交通肇事死亡事故62起，同比增加3起、上升5.08%；死亡71人，同比增加7人、上升10.94%。发生火灾亡人事故4起，同比增加1起、上升33.34%；死亡4人，同比减少1人、下降20%。发生生产安全亡人事故9起，同比减少2起、下降18.2%；死亡9人，同比减少11人、下降55%。

（高宏丽）

【首批街道（街镇）安全生产专职安全员上岗】 1月1日，区安监系统首次统一招聘的291名安全生产专职安全员正式上岗。291名安全员全部通过北京市统一考试，专职负责日常安全生产检查工作，包括安全生产检查、宣传安全生产法律法规、采集安全生产基础信息数据、参与安全生产应急救援等。

（钟冷）

【"两会"安全生产保障】 2月，区安全监管局组织区商务委、区旅游委、区市政市容委、区质监局、区消防支队以及属地街道等单位执法人员组成7个联合检查组，按"四不两直"（不发通知，不打招呼，不听汇报，不用陪同接待；直奔基层，直插现场）方式分别对全国"两会"会场、代表驻地周边的生产经营单位开展安全生产联合大检查，实地查看经营单位的消防安全、特种设备安全、燃气安全、电气设备安全等安全生产工作情况，检查安全生产管理制度、突发事件应急预案及安全生产措施落实情况。共出动检查人员100余人次，执法车辆60余车次，检查生产经营单位176家次，下达执法文书43份，查出各类安全隐患14处，接到隐患举报3件，全部查处，整改率达100%。

（高宏丽）

【建筑施工专项执法监察】 4月1日—30日，区安全监管局开展安全生产专项执法监察"春雷"行动。现场检查临边防护、危险源监控、生产经营单位安全设施、消防设施、特种设备安全、特种作业人员持证上岗、劳动防护用品佩戴等情况；重点检查施工单位是否依法取得资质证书及安全生产许可证、安全生产责任制落实、事故应急救援预案制定、施工单位安全管理人员和特种作业人员培训及持证上岗情况等内容。共检查施工工地30家，发现安全隐患和问题22处，下达责令整改指令书11份，全部按期进行复查，隐患整改率为100%。

（高宏丽）

【"安全生产月"活动开展】 6月1日—30日，以"强化依法治安意识，建设安全发展城市"为主题的"安全生产月"活动在全区开展。每周一个主题，重点宣传新《中华人民共和国安全生产法》，其中部分活动贯彻全年。"安全生产月"活动分为四周，每周一个活动主题：第一周为用电安全警示教育周，第二周为隐患集中排查治理周，第三周为新《中华人民共和国安全生产法》集中宣传周，第四周为安全生产应急演练周。"安全生产月"期间，各生产经营单位，特别是危险化学品、轨道交通、建筑施工、交通运输等重点行业，组织职工广泛开展宣教活动。"安全生产月"活动期间，全区执法检查行动共检查生产经营单位5000余家次，出动执法检查人员万余人次，发现安全隐患4145处，开展系列应急演练950次，参加安全生产宣传教育培训37万余人次，张贴、发放各类宣传材料（宣传品）37万余份，全区1.4万家单位参加安全月的各项活动。

（钟冷）

【烟花爆竹安全监管】 年内，区安全监管局共发放烟花爆竹经营许可证119家。实行烟花爆竹零售经营安全生产责任保险制度，所有销售网点均办理安全责任保险，签订安全责任书。利用烟花爆竹视频监控平台及社会面1900余个视频监控探头，实现对各零售网点的视频实时监控和双向语音沟通。春节期间，区安全监管局组织4个烟花爆竹检查组，对26个街镇实行分片包干负责，共出动执法检查人员322人次，出动检查车辆158车次，下达责令改正指令书43份，烟花爆竹零售网点对发现的安全隐患和问题，整改率达100%，实现"不爆炸、不燃烧、保安全、零事故"的目标。

（高宏丽）

【安全生产条件普查】 年内，区安全监管局开展安全生产条件普查工作，向各街镇和有关部门发放普查表及宣传材料20余万份，组织安普培训21场，培训普查员及市场、楼宇重点单位负责人近4000人，入户普查11.5万家。

（高宏丽）

【新安全生产法宣传】 年内，区安全监管局开展以新《中华人民共和国安全生产法》为主题的全区咨询日主会场咨询活动。特邀国家安监总局彭玉敬向海淀区委常委等领导专题解读新《中华人民共和国安全生产法》。组织全区各街镇、重点行业监管单位安监干部、主管领导和新上岗的270名专职安全员，以及部分重点企业负责人和安全管理人员召开新《中华人民共和国安全生产法》千人培训大会。向各街镇发放《中华人民共和国安全生产法》课件光盘100余张。

（高宏丽）

【"双百"工程】 年内，区安全监管局积极落实"双百"（百名专家服务企业，百名安监干部与企业负责人对话谈心）工程，开展"安监干部对话谈心"

和“专家服务小微企业”活动。组织安监局领导同辖区内133家企业主要负责人开展谈心对话32次，行业专家对辖区内“五小企业”“六小场所”（五小企业：小化工、小木器、小服装、小加工、小作坊。六小场所：小歌厅、小餐饮、小网吧、小洗浴、小旅馆、小市场）等安全生产基础薄弱的企业开展帮扶活动34次，服务小微企业300家，发现隐患693个，提出整改建议677条。

（高宏丽）

【事故调查处理规范化建设试点】 年内，区安全监管局开展北京市生产安全事故调查处理规范化建设试点工作，制定《海淀区生产安全事故调查处理规范化建设试点工作方案》，完善事故调查处理程序，印发《海淀区一般生产安全事故调查处理工作规程》及实施细则，海淀区试点经验受到市安全监管局的肯定并在全市范围推广。依法查处事故，完成6起生产安全事故的调查处理工作（其中2014年2起），建议公安机关依法追究刑事责任1人，处罚责任单位3家、责任人1名，罚款93万元。

（高宏丽）

【安全生产标准化建设】 年内，区安全监管局推进生产经营单位安全生产标准化建设，强化企业安全生产主体责任落实。开展标准化培训22期，培训1011人次，完成三级标准化企业达标650家、微型企业岗位达标2500家。

（高宏丽）

【铁路道口监管职责移交】 年内，经区编办批准，自2015年11月9日0时起，海淀区铁路道口监管工作由区安全监管局正式移交给区交通委。

（李婧）

【安全生产执法监察】 年内，区安全监管局开展“安全生产大检查”行动，协调区住建（委）等部门，会同各街镇在建筑施工现场、人员密集场所消防、地下空间、特种设备和特种作业、轨道交通运营、物业管理、重大危险源、劳动密集型企业、油气输送管道（城镇燃气）等行业领域开展23个专项执法检查行动。共出动执法检查人员75226人次，监督检查生产经营单位77084家，整改问题隐患34726项，行政处罚572.47万元，关停非法违法单位436家。

（高宏丽）

财　政

【概况】 2015年，海淀区一般公共预算收入完成357.5亿元，同比增长13.1%；“十二五”期间，海淀区一般公共预算收入由2011年的241.8亿元增长至2015年的357.5亿元，累计实现1469.9亿元，是“十一五”期间的两倍，年均增长达到13.4%，高于“十二五”公共财政发展规划确定的9%的目标4.4个百分点，提前一年完成规划目标任务，为全区经济社会发展和重点事业推进提供了有力保障。

（王珧）

【税源建设】 年内，海淀区财政收入保持两位数增长。区财政局与税务部门保持密切联系，关注收入实时入库情况，每月初召开工作会议，对当月财政收入完成情况进行预计，将收入计划分解到各对应主管部门。制定《海淀区街镇税源建设工作考评办法》《海淀区重点企业（项目）跟踪评估实施办法》，对全区重点企业进行分类梳理，落实分级走访和服务机制。

（王珧）

【助力核心区发展】 年内，区财政局安排15.1亿元财政资金落实核心区“1+4+1”产业促进政策体系，构建创新服务链条，增强创新驱动能力。加大权益类资金投入力度，新增基金规模4.2亿元，引导社会资本促进核心区创新发展。推进核心区企业生产、加工等环节跨区域转移布局，推动中关村海淀园秦皇岛分园建设，打造京津冀一体化发展的先行示范区；支持低端业态调整、人口调控和非核心功能疏解等重点工作。

（王珧）

【科技创新】 年内，海淀区坚持科技创新、文化创新“双轮”驱动发展，落实产业发展专项资金20.1亿元，推进人才、技术、市场、金融等要素聚集，保障国家“双创”活动周、中关村创新创业季等活动开展。优化资金投入方式，规范政府权益类投资管理，促进政府投资良性循环。

（王珧）

【扶持中小微企业】 年内，区财政局推动国家“税银互动”在海淀区先行先试，缓解企业融资难、融资贵问题。落实国家各项税收优惠政策，全年减免退税达到841亿元，推动中小微企业快速成长。

（王珧）

【保障核心功能】 年内，区财政局按照《海淀区增强核心功能调控人口规模工作方案》，区财政局对全区促进京津冀协同发展、非首都功能疏解、产业转移、人口调控等政策进行全面梳理，合理测算增支规模，分层次、分步骤统筹保障。安排资金1.48亿元，推动27家有形市场调整疏解；安排资金2900万元，支持7家高污染工业企业退出；落实拆除违法建设专项资金2亿元，确保“拆、调、建、管”工作进度；安排专项资金3300万元，落实“菜篮子”工程三年计划，保障居民日常生活蔬菜供应。

（王珧）

【民生投入】 年内，区财政局安排社会保障资金，支持学前教育、教育学区化改革，推进“智慧教育”建设，支持国家公共文化服务体系示范区建设。落实“1+10”就业政策体系，确保充分就业区建设。推进医药卫生体制改革，构建医联体、基层医疗机构、“一键式”家庭医生相结合的多层次医疗服务格局。进行机关事业单位养老保险制度改革、事业单位分类改革。投入资金80

亿元，用于基础设施建设、老旧小区综合整治等项目。

（王珧）

【节能环保支出】 年内，区财政局安排节能环保支出28.6亿元，主要用于污水截流管线工程征地拆迁、污水治理、热计量改造、大气污染防治、“减煤换煤、清洁空气”、城乡环境建设整治、环境卫生管理、道路设施养护等工作。提高生态林补偿、农田生态补偿等补助标准，加快推进美丽乡村建设，支持现代都市农业项目建设；安排公共安全支出19.3亿元，重点用于公检法司机构运行、装备配置、信息化建设、消防、维护公共安全等事项。

（王珧）

【三年滚动预算编制试点】 年内，区财政局在全口径预算基础上细化“四本预算”编制，一般公共预算功能分类编列到“项”级，基本支出经济分类编列到“款”级；政府性基金预算、国有资本经营预算、社会保险基金预算均按照要求编列到“项”级。在水利投资运营、义务教育、卫生、社保就业、环保等重点领域开展三年滚动预算编制试点。完善“申报、储备、执行”三级项目库，实现项目申报、评审、储备、预算批复、项目执行、资金拨付的有效衔接，实现从“资金等项目”到“项目等资金”的转变。

（王珧）

【国库管理】 年内，区财政局把全区96%的预算单位纳入国库集中收付范围。作为北京市首批试点区县，开展国库集中支付电子化改革工作。加强库款规模管理，在保障资金正常运行的基础上，合理控制库款余额水平；委托市财政局代为开展国库现金管理。完成区属单位1712个银行账户梳理核定工作。

（王珧）

【全过程绩效管理】 年内，区财政局建立“预算编制有目标、预算执行有监控、预算完成有评价、评价结果有反馈、反馈结果有应用”的预算绩效管理机制，实现全过程绩效管理。全区部门预算中550个项目纳入绩效目标管理，涉及68个主管部门的预算资金64.55亿元，占2015年项目预算的40.85％。编制预算期间对14个部门的41个预算项目开展事前绩效评估工作，涉及资金1.85亿元。对65个部门的414个项目开展绩效跟踪，涉及预算资金55.22亿元，占2015年项目预算的34.94%。

（王珧）

【试点竞价采购】 年内，区财政局推进对集中采购目录内的定点采购项目开展二次竞价机制，节约财政资金，提高采购效率。启动镇政府纳入区级政府采购范围相关工作，从9月1日起，镇政府统一纳入海淀区政府采购管理范围，规范镇政府采购行为，提高财政资金使用效率。

（王珧）

【调整政府债务口径】 年内，海淀区完成59.5亿元政府债务置换工作。对政府债务口径进行调整，首次将社会企业从事土地一级开发投入的成本确认为企业垫资债，纳入政府性债务管理。按照新口径，至年底，区政府负有偿还责任的债务余额为393.8亿元，其中，政府债券债务59.5亿元，政府投资项目债务4亿元，企业垫资债务330.3亿元。债务总额控制在北京市政府批准的439.85亿元限额以内，偿债率、债务率等主要指标均在北京市政府设定的安全线以内。完成存量债务清理甄别，将存量债务分门别类全部纳入预算管理。

（王珧）

税　务

国家税务

【概况】 2015年，海淀区国家税务局设13个内设机构、2个直属机构、3个事业单位及13个派出机构。截至2015年12月31日，累计登记纳税人302710户，其中处于开业状态224761户（属“三证合一”6295户），占登记户数的74.25%；非正常状态40846户，占登记户数的13.49%；非正常注销状态37100户，占登记户数的12.26%。停业状态3户。注销状态47552户。组织各项收入14347207万元，同比减收597620万元，下降4%。其中，税收收入14050968万元，同比减收552162万元，下降3.8%；中央级税收入库10963332万元，同比减收837567万元，下降7.1%；地方级税收入库3087636万元，同比增收285405万元，增长10.2%。

（缪静）

【首张增值税升级版电子发票开出】 8月1日，海淀区首张增值税升级版电子发票在北京国美在线电子商务有限公司成功开出。与传统纸质发票相比，纳税人申领、开具、流转、查验电子票等都可以通过税务机关统一的电子发票管理系统在互联网上进行，发票开具更快捷、查询更方便，对电子商务实现电子化、数字化、网络化和无纸化具有重要意义。

（缪静）

2015 年海淀区国税收入情况统计表

表 9　　单位：万元

项　　目	2015 年 累计完成	2014 年同期 累计完成	增 减 额	增 减%
总　　计	14347183	14944727	–597544	–4.0
一、税收收入合计	14050968	14603030	–552062	–3.8
其中：税收收入（不含营改增）	11838588	12453804	–615216	–4.9
其中：中央级收入	10963332	11800799	–837467	–7.1
其中：地方级收入	3087636	2802231	285405	10.2
地方级收入（不含营改增）	1729886	1641203	88683	5.4
1.增值税	4045162	4225825	–180663	–4.3
2.消费税	37296	24753	12543	50.7
3.营业税	146646	261615	–114969	–43.9
4.企业所得税	9509986	9749691	–239705	–2.5
5.个人所得税	3946	1891	2055	108.7
6.城市维护建设税	87368	143000	–55632	–38.9
7.车辆购置税	202784	195337	7447	3.8
8.印花税	17780	918	16862	1836.9
二、其他收入	296215	341697	–45482	–13.3
稽查入库	756478	52388	704090	1344.0
自查补税	26624	42031	–15407	–36.7

（缪静）

【纳税服务】 年内，区国税局持续推出便民办税举措，开展发票自动验旧240万户次，全市占比22.61%；所得税网上备案7170户次，全市占比36.43%；车购税征收前置征收税款4726笔，全市占比98.66%；八个优化项目（发票自动验旧、所得税网上备案、车辆购置税征收前置、网上办理新办企业税务登记、网上办理变更税务登记、网上办理一般纳税人资格登记、网上办理简易处罚、自动催报催缴）。推广增值税专用发票自助代开系统，优化升级网上办税服务厅。纳税人学校全年共开办46期，辅导2万人次。区国税局走访企业一线500余次，为中国南车、联想、大唐电信、新浪、华为、小米、腾讯、百度等大型重点企业上门服务送政策，开展全方位的税企交流。

（缪静）

【税收宣传】 年内，区国税局拓宽税收宣传渠道。邀请新浪、搜狐、百度、腾讯、凤凰、网易六大网络媒体走进办税服务厅体验便民办税系列举措；深入中关村创业大街、大学科技园，走进“创客”群体，为创业者和创新企业提供上门服务。利用微信、QQ、手机视频等新媒体、自媒体，制作人物图片集《90后女税官》、税宣动画《我们来创业》，获得网络媒体广泛转载和纳税人点赞。开展送税法进企业、进校园活动。中央电视台8次播发海淀国税局相关新闻，《中国税务报》17次报道海淀国税局工作。

（缪静）

【税收风险管理】 年内，区国税局清理集中办公区，对1200余户集中办公区企业逐一核查，停售发票128户，责令限改40户，及时查堵税收征管漏洞。严格实施一般纳税人管理，强化以“票”控税，统计录入失控发票38797份，有效防范虚开发票风险。对144户增值税疑点企业进行逐一排查，补缴税款120余万元。

（缪静）

【依法治税】 年内，区国税局推进法治税务建设。规范执法，严格按照法定权限和程序执法，构建“全局化督察”体系，杜绝不规范执法。与公检法部门协同协作，打击涉票违法犯罪，参与“黄金案”和“10·8专案”，累计出动警力200余人次，抓获犯罪嫌疑人24名，涉及专用发票3.2万份，涉案金额36亿元，税额 5.2 亿元。

（缪静）

【税务稽查】 年内，区国税局围绕“组织收入、打击震慑、队伍建设”三大主线，通过整肃发票市场秩序、开展稽查检查，税务稽查取得重大突破。全年稽查查收实现入库 172064.44 万元。其中，检查入库税款 162957.60 万元，自查入库税款 9106.84 万元。

（缪静）

【税收征管】 年内，区国税局推行增值税发票系统升级版，户数达 5.9 万户，占全市总量的 1/5。促进“三证合一”（将企业依次申请的工商营业执照、组织机构代码证和税务登记证三证合为一证，提高市场准入效率；“一照一码”通过“一口受理、并联审批、信息共享、结果互认”，实现由一个部门核发加载统一社会信用代码的营业执照）登记制度改革落地，实现就近受理、均匀覆盖、全区通办。承接北京市金税三期试点上线任务，推行“痕迹化管理”，开展相关数据清理 2.2 万条；整合征管资源，形成“办税服务、税源管理、纳税评估、风险防控、大企业和档案管理”多位一体的分级分类管理新架构；实现风控实体化，核查 3397 户，入库税款 3270 万元，调增应纳税所得额 2.45 亿元，弥补亏损 1.57 亿元。

（缪静）

【货物和劳务税管理】 年内，区国税局增值税收入 405 亿元。办理各类型退税 18583 户次，退税金额 79.3 亿元（其中铁路总公司 35.3 亿元）。办理免税企业 1965 户，免税销售金额 519.3 亿元。助力小微企业优惠政策落地，享受优惠政策的小微企业达 63750 户次，减免金额 11991.72 万元。

（缪静）

【企业所得税管理】 年内，区国税局对上年企业所得税入库税款在 2000 万元以上的 299 户企业实行按月预缴，加强跟踪分析，对预缴比例偏低的企业实施监控。对预缴入库税额增减变化 1 亿元以上的企业进行重点关注，做好分析及后续管理工作。加强对重点税源企业、重点行业、新办企业、连续亏损企业的个性化辅导；推行网上办理企业所得税相关事项，贯彻各项税收优惠政策。2015 年度汇算入库 431.63 亿元。

（缪静）

【大企业和国际税收管理】 年内，区国税局入库非居民税收 46.56 亿元，同比增加 5.08 亿元，增幅 12.25%。其中增值税入库 11.68 亿元，增加 3.26 亿元，增幅 38.68%；所得税入库 34.87 亿元，增加 1.82 亿元，增幅 5.52%。依法追缴税款及滞纳金 192 万元，维护国家税收主权，震慑非居民企业跨境交易中的逃避税行为。为企业走出国门拓展海外业务提供税收服务，开具居民身份证明 119 份，同比增幅 40%，为中国居民在境外享受税收协定待遇提供税收支持。加强反避税基础管理，对 200 余户企业同期资料开展转让定价调查，补缴入库居民企业所得税 7867.5 万元，利息 1349.5 万元。

（缪静）

【进出口税收管理】 年内，区国税局办理出口退税金额 114923 万元，同比增加 53016 万元，增幅 85.6%。协查出口货物税收情况复函 445 份，涉及发票份数 3809 份；对上游企业核实函核查复函 293 份，涉及发票份数 845 份。完成 10 户企业 2014 年 41 个手册的核销工作，涉及进口报关单 3652 张，进口美元总值 34953 万元；涉及出口报关单 4494 张，出口美元总值 58672 万元。

（缪静）

【个体集贸税收管理】 年内，区国税局组织个体集贸税收 4193 万元。62 户办理减免税手续，其中图书行业 52 户，蔬菜、肉蛋禽行业 3 户、农机农药行业 2 户，营改增个人转让著作版权免税 5 户。四海农副产品批发市场、明光寺农副产品批发市场、e 世界电子市场、海发建材市场、京西板材市场及西联石材市场 6 个委托代征的集贸市场注销，减少税收收入 166 万元。

（缪静）

【车辆购置税管理】 年内，区国税局共受理新车征税业务 84281 笔，组织税收收入 20.3 亿元，完成年度计划的 105.1%，同比增长 4.3%。10 月，国务院出台减征 1.6 升以下排量乘用车车辆购置税减半征收优惠政策，区国税局受理减免车辆 6252 辆，减免税款 3872 万元。

（缪静）

【税收执法】 年内，区国税局执法考核系统上线运行，通过“执法考核”“申辩调整”“过错追究”等环节，执法质量明显提高，减少执法过错。全年审理重大税务案件 18 件，审结 12 件，追缴税款 43359.46 万元，罚款 388.47 万元。受理行政复议案件 1 起、行政诉讼案件 6 起。

（缪静）

【“新三板”印花税收入大增】 年内，海淀“新三板”市场挂牌企业达 5129 家，同比增加 3602 家，增幅 235.89%；“新三板”总市值突破 2.4 万亿元，同比增加 2 万亿元，增幅 500%。在“新三板”发展势头良好的影响下，印花税收入规模持续扩大，区国税局全年累计代扣代缴印花税 2.04 亿元。

（缪静）

地方税务

【概况】 2015 年，海淀区地税局共有税源户 24.1 万户，其中新登记税源户 3.6 万户，带动税收增加 4.7 亿元，增长 1.2 个百分点。纳税百万元以上的企业达到 5801 户，比 2014 年增加 736 户，缴纳税收 562.3 亿元，收入占比达到 83.5%。

全年累计完成各项收入 681.0 亿元，同比增加 105.2 亿元，增幅 18.3%。其中完成中央级收入 226.8 亿元，同比增加 47.4 亿元，增幅 26.5%；完成地方公共财政预算收入 446.9 亿元，同比增加 569.4 亿元，增幅 14.6%，完成收入任务的 106.4%；完成区级收入 177.5 亿元，同比增加 13.3 亿元，增幅 8.1%，完成收入任务的 101.8%。总收入占比 17.6%，地方公共财政预算收入占比 15.5%；总收入增幅高于全市 5.6 个百分点，地方公共财政预算收入增幅高于全市 4.5 个百分点。在三大主体税种中，营业税入库 149.2 亿元，同比增加 16.1 亿元，增幅 12.1%；个人所得税入库 317.4 亿元，同比增加 75.1 亿元，增幅 30.9%；企业所得税入库 58.9 亿元，同比增加 3.9 亿元，增幅 7.0%。应对行政诉讼案件4起、行政复议案件4起。

（郝俊强）

【“税银互动”试点启动】 9月30日，由北京市地方税务局、海淀区政府主办，海淀区地税局、海淀区金融服务办公室承办的“税银互动”试点工作启动仪式在中关村国家自主创新示范区展示中心举行。市地税局与区政府联合开展“税银互动”税、银、企三方合作试点工作，在海淀区纳税信用为A级的中小高新科技企业试点开展“税银互动”纯信用贷款服务。首批20家海淀区纳税信用A级高新技术企业与金融机构签署授信协议，授信总额近4000万元，实现“税银通”全国各试点区域支持科技企业单次最大信贷规模。全年签约企业52家，完成签约金额1.06亿元，惠及企业就业人数3520人。

（刘伟杰 梁冰）

【税种税源管理】 年内，区地税局建立税务所税源管理例会制度，监控重点税源企业在税收征管过程中出现的异常情况。做好“一税两费”代征工作后续管理，对6000余户在国税系统未申报或零申报的企业实施催报催缴；启动“楼宇经济”税源管理，排查非海淀单位房产情况。办理股权转让8869份，入库税款13.1亿元。推进印花税核定征收管理，对113户汽车销售4S店开展印花税核定征收，入库税款5522万元；对102户注册资金较大企业开展评估自查，补缴税款5754万元。购买第三方服务，探索土地增值税清算外包，2015年审结27个项目，入库30.49亿元。开展辖区3177户房土免税单位调查。办理个人股东股权转让征收个人所得税10637份，缴纳个人所得税15.74亿元，税款入库全市第一。

（郝俊强）

【税收优惠政策落实】 年内，区地税局支持中关村企业创业创新。为小微企业减免税款6945万元，惠及纳税人86786家；落实安置残疾人、大学科技园孵化器企业、企业改制重组等优惠政策，减免房产税2296万元、城镇土地使用税137万元、契税1.13亿元；针对“固定资产加速折旧”等税收政策，累计培训企业3000余家。

（郝俊强）

【国际税收管理】 年内，区地税局做好四件重点案件和外籍个人核查专项工作，合计收入3.64亿元，入库1.45亿元，完成全年收入任务的345%；强化跨境税源信息管理和利用；推行企业关联申报，对某企业做出反避税立案报告，成为北京市地税系统第一件反避税案件。

（郝俊强）

【电子税务管理】 年内，区地税局推进税务综合管理监控指挥平台建设，开发使用免填单系统；开发虚拟办公管理软件和纳税人个性化标识系统；推广海淀地税微信公众号，订阅用户数超过2.2万人，微信浏览量近45万人次；扩大网上预约服务范围，受理预约5000余次。

（郝俊强）

【税务稽查】 年内，区地税局稽查局立案351户，结案290户，查补税款1.49亿元，入库税款1.46亿元。推送疑点企业51家，有问题率98%，查补税款1亿元。配合北京市地税局第一稽查局落实税务稽查“市级全覆盖”工作。

（郝俊强）

审计

【概况】 2015年，海淀区审计局完成审计及专项审计调查项目29个，查出问题金额2280793万元，其中管理不规范金额2280792万元，非金额计量问题54个。出具审计报告和审计调查报告56篇，被采纳审计建议97条，被审计单位制定整改措施64项，促进建立健全规章制度6项，提交审计专题、综合性报告和信息简报101篇，被批示采用82篇，向社会公告审计结果14篇。参与审计署和北京市审计局组织稳增长促改革调结构惠民生防风险政策落实情况等相关审计工作。

在北京市审计系统评选优秀审计项目活动中，“海淀区文学艺术界联合会2013年度部门预算执行和决算草案审计”被评为2015年度区县审计局优秀审计项目，“海淀医院综合审计”被评为区县审计局表彰审计项目。

（乔捷）

【预算执行审计】 年内，区审计局对区发改委、上地街道等12个部门2014年度预算执行情况进行审计，延伸审计27个所属单位，重点关注全口径预算管理、专项资金管理、存量资金盘活、资金绩效评价等内容。强化对八项规定、“约法三章”和厉行节约反对浪费规定执行情况的监督。加强财政和预算执行审计，监督公共财政资金运行，促进资金发挥更好效益。在推进财政改革、强化收入管理、盘活存量资金、优化支出结构等方面对相关单位提出整改建议。

（乔捷）

【专项审计调查】 年内，区审计局加强对关系经济社会发展、涉及人民群众切身利益的各种资金进行专项审计和审计调查。对全区33家养老机构建设与运行情况进行审计调查。重点审查养老机构统筹规划情况，财政资金投入情况，养老机构建设、分布、运营、监督检查情况。开展海淀区教育资金存量审计调查，重点审查区教委和相关预算单位结存尚未使用的财政资金盘活利用情况，摸清存量资金总体规模，分析存量资金结构、结存期限等，提出有效盘活存量资金的建议。开展对9所小学的财务收支审计，重点审查教育经费使用和资产管理的绩效情况、教育收费的规范性。开展社区卫生服务机构建设管理及运营情况专项审计调查，重点审查24个社区卫生服务中心和 67 个社区卫生服务站。试点开展自然资源资产（生态林）管理情况专项审计调查，评估环境建设目标完成情况和总体成效，促进项目建设规范有序。完成海淀园加快核心区自主创新和产业发展专项资金审计调查，关注“高精尖”经济结构转型、行政审批、简政放权、放管结合等改革推进情况。

（乔捷）

【经济责任审计】 年内，区审计局接受区委组织部的委托，把资金使用、民生改善、政策落实、廉政建设等作为检查领导干部经济责任履行的重要内容，完成 16 名正处级领导干部经济责任审计。制定《海淀区关于建立经济责任审计轮审制度的意见》《海淀区处级党政主要领导干部和国有企业领导人员离任经济事项交接办法》，为实现经济责任审计全覆盖、规范离任交接行为奠定良好的制度基础。规范党政领导干部和国有企业领导人员经济责任审计程序，探索经济责任审计标准化、规范化作业规程。制定完善不同类型单位领导经济责任审计取证标准、流程和文书格式，促进审计评价有标准、定性有依据、操作有规程。在完成的9项经济责任审计中，查处管理不规范金额 4993 万元，促进被审计单位出台相关制度3项，制定整改措施30多条。

（乔捷）

【政府投资审计】 年内，区审计局对重点领域重点工程进行全过程跟踪审计。审计覆盖政府投资建设项目、土地储备和一级开发项目、使用预算资金的重点项目等，对区政府投资建设项目实行“必审制”。通过公开招标建立起小型工程中介审计机构库，规范各街道开展小型工程审计。与财政局、住建委共同对海淀区棚户区改造项目进行审计。通过综合分析近三年来投资审计情况，向区政府提交《关于政府投资项目审计核减率过高情况的专题报告》。

（乔捷）

【政策落实跟踪审计】 年内，区审计局按照北京市审计局统一部署，组织6次对稳增长、促改革、调结构、惠民生、防风险政策措施落实情况的跟踪审计，涵盖 20 个方面政策落实情况，涉及市重点任务15项、区重点任务83项。上报区政府专题报告两次、上报市审计局专题报告2份，对项目进展缓慢等问题分析原因，督促及时整改，推进项目落地。重点审查涉及面广、资金量大、落实难度大的城市基础设施、棚户区改造等重点事项。参与审计署 2015 年城镇保障性安居工程跟踪审计项目。

（乔捷）

【审计整改】 年内，区审计局与纪检、财政及卫计委、教委等行业主管部门健全完善审计整改联动机制，加大审计整改督办、报告、通报工作力度。区财政局等主管部门出台《海淀区预算支出进度考核管理办法》《海淀区行政事业单位财政性结余资金管理办法》等制度，推动审计整改的闭环管理。推动审计整改联席会议工作机制落实，以审计整改“倒逼”相关制度的健全和完善。

（乔捷）

【审计信息化建设】 年内，区审计局推进信息化与审计核心业务、审计管理工作的深度融合，促进审计管理数字化、审计业务信息化。重点加强计算机审计方法、AO 应用实例、信息系统审计案例等工作，加大审计成果转化力度。探索利用联网审计技术开展部门预算执行审计“全覆盖”，开发海淀区联网审计三期系统，审计数据化平台建设项目进入测试和初步验收阶段。

（乔捷）

【审计公开】 年内，区审计局扩大审计公开范围，通过海淀区政府门户网站、审计局网站、海淀报等媒体公开海淀区本级预算执行审计工作报告和 12 家区属部门预算执行审计结果及整改情况，基本实现审计工作报告、部门预算执行审计结果、审计整改报告的全面公开。

（乔捷）

国有资产监管

【概况】 2015 年，海淀区人民政府国有资产监督管理委员会（简称区国资委）深化国企改革发展，推进国资监管与国企党建。直接监管企业 14 家。截至年底，区属国有及国有控股企业资产总额1321.9亿元，国有净资产376.5亿元，超额完成“十二五”确定的规划目标。实现营业总收入 233.6 亿元，利润总额25.1亿元，上缴税金17.3亿元。

国资委直接监管企业一览表

表10

序号	企业名称	企业简称
1	北京市海淀区国有资产投资经营有限公司	海国投公司
2	北京海淀置业集团有限公司	海淀置业集团
3	北京实创高科技发展有限责任公司	实创有限公司

续表 10

序号	企业名称	企业简称
4	北京海开房地产集团有限责任公司	海开集团
5	北京翠微集团	翠微集团
6	北京海融达投资建设有限公司	海融达公司
7	北京昊海建设有限公司	昊海公司
8	北京中海投资管理有限公司	中海投公司
9	北京西农投资有限责任公司	西农投资公司
10	北京市海淀区工业公司	工业公司
11	北京绿海能环保有限责任公司	绿海能公司
12	北京实创科技园开发建设股份有限公司	实创股份公司
13	北京海淀科技金融资本控股集团股份有限公司	海科金集团
14	北京通联实业公司	通联公司

说明：2015 年，北京京海联实业开发有限公司重组并入北京市海淀区工业公司。因此，国资委直接监管企业由 15 家调整为 14 家

（孙彦艳）

【北京市海淀区国有资产投资经营有限公司】 北京市海淀区国有资产投资经营有限公司是经海淀区政府授权对国有资产行使出资权力的国有独资企业，拥有全资、控股、参股及托管企业 35 家。注册资本 10 亿元。经营范围变更为投资管理、资产管理；汽车租赁（不含 9 座以上客车）。

2015 年，公司实现营业收入 82.12 亿元，同比增长 33.43 亿元；实现利润总额 11.95 亿元，同比增长 2.33 亿元；公司资产总额突破 600 亿元。

三聚环保在悬浮床加氢等技术取得多项创新性成果，成套脱硫设备在美国油气田工业应用。三聚环保通过 18 个大型 BT 项目建设，对传统焦化产业的不良资产进行整合和技术革新，三聚环保实现营业收入 57 亿元，同比增长 90%，净利润 8.13 亿元，同比增长 103%。

众信金融聚焦环保和新能源行业，推出“线上融资、线下直投”模式产品，注册用户超过 10.82 万人，累计筹资 65.55 亿元；全国首家互联网金融服务机构互联网金融服务中心对 180 余家 P2P 企业进行登记备案；资产撮合平台完成撮合业务近 60 亿元，与 60 家企业达成战略合作；中心创新孵化平台在成都落地，与天津、苏州、海口等地达成分中心建设合作意向。海科融通第三方支付业务通过央行验收许可，推出独立合伙人制度、加强新媒体营销、拓展商户覆盖范围等措施，日交易规模突破 3 亿元。

知识产权金融服务体系打通“评估—担保—贷款—投资—交易”一体化服务链条。担保公司创新知识产权质押融资模式，为 60 家科技型企业提供担保支持，累计担保金额 53.6 亿元；保理公司实现保理额超过 2 亿元。服务公司推出小额科技贷和投保联动等组合型业务。知识产权金融服务体系更名为中关村知识产权金融集团。

推进西井项目、树村项目土地一级开发。宝山村整体改造项目列入区棚改计划并完成规划报批工作，贝伦产业园项目开工建设，海口海甸岛项目竣工验收。文凯兴国际学校西山校区和金盏校区开工建设，完成海南琼海教育用地储备工作。

稻香湖景酒店以家庭消费为主线，实现营业收入 1.34 亿元，同比增长 37%。鑫融金酒店实现营业收入 1.4 亿元。

锦绣大地商务在线大厦打造电商平台，交易额突破 16 亿元，实现传统批发市场业态向电子商务业态的改造升级。

海国投公司成为全国第一家以 AA + 评级发行永续债、第一家以公募方式发行并购中票、第一家在北金所发行私募债的企业，启动 60 亿元超短融债券的注册申报。公司资产总额增长近 200 亿元，资产负债率增加 0.8%，融资成本下降 1.4 个百分点。

海科润丰环保产业基金规模达到 34 亿元，投资收益率达到 22%。华软金宏产业投资基金规模达到 30 亿元，投资收益率超过 15%。中技知识产权基金的“成长债”业务评审项目数量超过 30 项，投资规模超过 3 亿元。截至年底，海国投公司系统基金规模突破 70 亿元。海国投公司本部和海科技公司增持“三聚环保”的 14 亿元股权投入实现收益翻倍。八大处集团投资 16 亿元参与北京农商行定向增发，当年获得分红收益 5000 万元。

公司成员企业一览表

表 11

	企业名称	所属行业	企业性质	持股比例（%）
全资企业（11家）	北京市海淀区海阔咨询公司	服务业	全民所有制	100
	北京信茂房地产开发有限公司	房地产开发经营	有限责任公司	100
	北京常兴海广会展有限责任公司	服务业	有限责任公司	100
	北京海淀水务有限责任公司	自来水生产和供应	有限责任公司	100
	北京香颐鑫源经贸有限公司	贸易	有限责任公司	100
	北京中技商业保理有限公司	商业保理	有限责任公司	100
	北京鑫泰锦绣投资有限公司	投资管理	有限责任公司	100
	北京鑫泰汇海投资有限公司	投资管理	有限责任公司	100
	北京中技所知识产权服务有限公司	服务	有限责任公司	100
	北京中技知识产权融资担保有限公司	担保	有限责任公司	100
	北京市海淀区钢管厂	制造	全民所有制	100
控股企业（8家）	北京海淀科技发展有限公司	科技及房地产开发	有限责任公司	40
	北京稻香湖投资发展有限责任公司	旅游饭店	有限责任公司	73.72
	北京海国投物业管理有限公司	物业管理	其他有限责任公司	80
	北京八大处房地产开发集团有限公司	房地产开发经营	其他有限责任公司	51
	北京海淀鑫泰世纪文化发展有限公司	旅游管理	有限责任公司	70
	北京海鑫百思特房地产开发有限公司	房地产开发经营	有限责任公司	51
	北京海贷金融信息服务有限公司	金融信息服务	有限责任公司	80
	北京鑫泰世纪置业投资发展有限公司	项目投资	有限责任公司	80
参股企业（15家）	北京银行股份有限公司	金融	股份有限公司（上市）	0.49
	北京国翔资产管理有限公司	投资管理	其他有限责任公司	6.87
	北京科技风险投资股份有限公司	风险投资	股份有限公司	10.75
	北京锦绣大地农业股份有限公司	农贸	股份有限公司	2.73
	北京海淀科技园建设股份有限公司	房地产开发	股份有限公司（非上市）	31
	北京中科软件股份有限公司	科技	股份有限公司（上市）	16.68
	北京市绿化隔离地区基础设施开发建设有限公司	公用事业	有限责任公司	12.8
	北京天润典当有限责任公司	金融	有限责任公司	15
	北京地铁四号线投资有限责任公司	公用事业	其他有限责任公司	19.62
	北京地铁十号线投资有限责任公司	公用事业	其他有限责任公司	1.48

续表 11

	企业名称	所属行业	企业性质	持股比例(%)
	北京海开房地产股份有限公司	房地产	股份有限公司	14.9
	北京绿海能环保有限责任公司	公用事业	其他有限责任公司	8
	北京众信金融信息服务有限公司	金融信息服务	其他有限责任公司	20
	北京海淀科技金融资本控股集团股份有限公司	金融	股份有限公司	20.67
	北京三聚环保新材料股份有限公司	化学原料和化学制品制造业	股份有限公司（上市）	5.43
托管单位	北京市海淀区老干部休养所	服务业	事业单位	

说明：控股企业由 2014 年 9 家变更为 8 家，北京中关村互联网金融信息服务中心有限公司实为三级企业，2015 年未统计为控股企业

（马超凡）

【北京中海投资管理有限公司】 北京中海投资管理有限公司（以下简称中海投资公司）是海淀区国资委出资和监管的国有独资企业。

2015 年，中海投资公司受托管理的基金共计 39 只，总规模超过 170 亿元。海淀区政府承诺出资 30.27 亿元，撬动社会资本 143 亿元，放大财政资金 5.7 倍。投资的 87 家企业中，10 家企业实现退出，14 家企业在“新三板”挂牌，15 家企业累计获得再融资超过 5 亿元，估值增长超过 3 倍。联合市科委、北京协同创新研究院设立协同创新母基金，关注高校科技转化源头，实现科技成果转化体制机制创新；联合金山、小米设立睿创知识产权投资基金，关注无形资产，助力高精尖领先发展；联合北京大学、清华大学、中科院理化所、中国农科院等设立科技转化基金，实现高精尖项目优先筛选；联合以色列知名投资机构施拉特设立中以创新基金，联合清控科创设立硅谷孵化器。基金管理团队连续 5 年获得 CLPA 颁发的“全国政府引导基金管理团队二十强”称号，2015 年度获中国投资协会评选的中国优秀创业投资引导基金提名奖。

中海投资公司运营的中关村梦想实验室，孵化面积近万平方米，入孵企业 30 余家，包括首个本土发起、亚洲最大的创客空间“北京创客空间”，拥有自主知识产权的可见光通信企业“全电智领”，致力于打造中国最为领先的天使投资人综合服务平台的“天使茶馆”“铖果科技”“智能硬件梦工场”“机器人开放空间”等明星企业。获得“中关村创新型孵化器”“新型产业孵化器”等称号，被纳入国家级科技企业孵化器管理体系。

中海投资公司参与合作成立的理工光电技术研究院有限公司整合 2000 余项科研设施，完成公共技术服务平台第一阶段建设；研究院设立每年 100 万元的转化研发基金，合作募集军民融合基金；依托石嘴山产业技术研究院和宁夏科创中阿国际技术转移中心的社会资源，实现“五位一体”科技转化体系本地化；与中小联盟打造“中国创业柜台”，构建“互联网+”产业新模式。

中海投资公司与微众公司合资成立北京微众中海品牌孵化中心，帮助企业对接用户，直接吸收客户反馈，迭代改善产品，提升互联网创新营销能力。

中海投资控股公司中海纪元由电子政务商成功转型为智慧城市运营服务商，初步形成“智慧住建、智慧教育、智慧人社、智慧统计、智慧园区、智慧旅游”六大专业板块。推动海淀双创要素大数据基础服务平台建设，依托房屋基础数据库，建立城市、产业、人口数据的动态采集和管理机制，支撑“以房管业、以房管人”，为城市管理、产业升级、聚人才、疏人口提供综合信息服务。

（王博）

【北京海淀科技金融资本控股集团股份有限公司】 海科金集团是北京市首家面向科技型中小企业的集投、保、贷、典、孵相结合的金融服务平台。注册资本金人民币 15 亿元。集团下属子公司包括北京海淀科技企业融资担保有限责任公司、北京鑫泰小额贷款股份有限公司、北京中海创业投资有限公司、北京中关村上地生物科技发展有限公司、北京海汇典当有限公司、北京海鑫资产管理有限公司、北京科海融创咨询有限公司、北京海科融信物流有限责任公司、北京海金仓金融信息服务有限公司和北京海金商业保理有限公司 10 家子公司。5 月，在 CCTV 证券资讯频道《我要理财》栏目主办的“2015 互联网金融高峰论坛”上，海金仓获得“2015 年互联网金融最具规范平台奖”。

2015 年，海科金集团实现经营收入 6.48 亿元，比 2014 年的 3.94 亿元增加 2.54 亿元，增长 64.53%；实现利润总额 1.9 亿元，比 2014 年的 1.42 亿元增加 0.48 亿元，增长 34.01%，完成全年预算的 128%；实现净利润 1.37 亿元，比 2014 年的 9356 万元增加 4344 万元，增长 46.14%，完成全年预算的 146%；实现归属于母公司的净利润 1.02 亿元，比 2014 年的 7007 万元增加 3193 万元，增长 46.14%，完成全年预算的 133%；缴纳税金 8867 万元。

本着注重企业长远发展和稳健经营原则，2011—2015 年，海科金集团从

取得的经营收入中累计提取 3.94 亿元的风险拨备金，用于抵御日后可能产生的风险，这是股东长期利益得以保证的基础，是储备下来的股东收益。若包括这部分风险拨备金，海科金集团累计为股东创造经营收益 7.18 亿元，其中 2011 年 0.54 亿元，2012 年 1.12 亿元，2013 年 1.52 亿元，2014 年 2.23 亿元，2015 年 1.77 亿元。扣除其他股东的收益，海科金集团股东五年累计获得经营收益 6.16 亿元。海科金集团管理的资产类别包括“投、保、贷、典、孵”、资产管理、贸易融资、互联网金融、商业保理等，管理跨度从单一类型的风险管理横向扩展到金融产业链的管理；组织指导全集团业务创新和产品创新，推出的各类新产品达 19 个。

海科金集团参与“税银互动”试点工作。海科金集团、北京银行和广发银行先期推出“税银通”信贷产品为纯信用贷款，是以企业的纳税信用和缴税信息为主要放贷依据，不需申请企业提供抵押或质押，与地税局、区金融办签署战略合作协议，首批获得“税银通”产品授信的 20 家纳税 A 级企业与北京海淀科技担保有限公司、北京银行中关村分行和广发银行海淀支行签署授信意向协议。

（任嵩頔）

【国有企业改革】 年内，京海联公司重组并入工业公司，实现企业资产资源的集中经营管理。妥善解决历时十余年的超市发连锁公司股权纠纷问题。推进翠微公司实行企业年金制度。通过公司制改造、劣势企业清算转让、收购职工持股会股权等方式，调整优化华光商厦、香颐鑫源、国投物业等二、三级企业股权结构。会同相关部门开展房地中心、海淀剧院、环卫中心、养路队、绿化队等两批次经营性事业单位转企改制工作，海淀剧院完成改制，成为海淀置业集团的全资子企业。

（孙彦艳）

【国有企业经营发展】 年内，区属国有企业适应“大众创业、万众创新”的新形势，加快转型升级、提质增效。翠微公司推行集团化管理，创新优化经营业态，销售额在全市 44 家同行业企业中排名第二。海淀置业集团建设运营中关村创业大街、互联网教育创新中心，在美国硅谷设立“中关村创业大街硅谷工作站”，参与承办中关村创新创业季活动。海国投公司运营科技金融服务、房地产开发、酒店服务等业务，联合相关机构发起设立互联网金融服务中心，推出“海淀互联网金融指数”；所属八大处公司参与上市公司中泰桥梁的增发。海科金集团聚焦科技金融服务主业发展，为区域中小科技企业提供全产业链融资服务。西农投资公司利用资本市场参与上市公司松辽汽车定向增发。中海投公司打造中关村梦想实验室，受到科技部及北京市委领导的肯定。实创股份、实创有限公司成立科技投资公司，拓展投资科技产业，公司推进北部生态科技新区建设，全年实现投资 34.9 亿元，园区开复工面积 313 万平方米，竣工面积 36 万平方米；对园区物业企业实施重组，中关村壹号、北部服务大厦、文化中心、国际学校等项目稳步推进。海融达公司推进市政道路建设，全年投资 41.1 亿元，建设项目 97 项，拆除房屋建筑 7.28 万平方米，道路通车里程 8 千米，承担的京新高速土方治理工程获得区委、区政府授予的中国人民抗日战争暨世界反法西斯战争胜利 70 周年纪念活动服务保障工作突出贡献奖。绿海能公司完成再生能源发电厂建设任务，12 月正式调试验收，按照特许经营协议做好项目运营交接工作。区国资中心为区属企业融资提供担保额达 114.2 亿元（担保余额 250.04 亿元），实现融资 96.5 亿元（融资余额 152.5 亿元），为区域建设提供资金支持。昊海建设公司完成北坞村路 5 号院整体拆迁腾退工作，拆除面积 1.56 万平方米，清退商户 80 余户，疏解人员 370 余人；物资回收公司完成田村砂石场废品回收市场撤市工作，撤市面积达 2.27 万平方米，疏解人员 610 人；实创有限公司完成上地东里地下商城关停，疏解人员 70 人；威凯公司会同北太平庄街道完成益民恒通市场拆迁工作，疏解人员 228 人；工业公司会同各相关部门完成风机二厂拆违腾退工作，清退 4600 余人，拆违面积 2.93 万平方米。海淀置业集团推进“菜篮子”工程，恢复便民服务网点 20 处，累计完成 68 处。

（孙彦艳）

【国有资产监督管理】 年内，区国资委制定出台外部董事制度，建立外部董事人才库，首批选聘 4 名专家分别担任 4 家试点企业（海淀国投公司、海淀置业集团、西农投资公司和昊海建设公司）外部董事。实施企业董事会向国资委报告制度。实现区属一级企业监事会工作的全覆盖。推进落实监事会工作报告、重大事项报告制度，开展对相关企业运营发展及重点项目的专项监督检查。区国资委与区属各一级监管企业签订经营业绩考核责任书、社会管理综合治理责任书，对国有资产保值增值、安全运营等各项任务进行分解落实。聘请中介机构实施区属企业财务决算审计，针对审计反映问题，督促企业加强整改落实。审批投融资项目 25 项、担保项目 23 项。区属企业上缴收益总额 1.2 亿元，安排预算支出 1.3 亿元，主要用于支持企业转型升级、解决遗留问题等重点工作。加强对区属国有企业购置公务用车管理及监督检查。开展区属企业自有房屋出租情况专项清查。

（孙彦艳）

出入境检验检疫

【概况】 2015年，海淀检验检疫局（简称海淀局）检验检疫出入境货物18862批，同比下降2.1%；货值18.88亿美元，同比下降3.8%。检验进口工业品16240批，货值17.82亿美元（其中进口医疗器械11642批，货值13.42亿美元）；检验出口工业品40批，货值201.7万美元；检验检疫出入境动植物产品和食品2582批，货值1.04亿美元。检出不合格工业品354批，货值1528.7万美元；检出不合格食品1批，货值280美元。退运13台高压灭菌器，货值7万美元。退运1批进口旧医疗器械，货值1820美元。退运美国进口未获证未备案的球囊医疗器械产品两种型号120个，货值2625.63美元。退运610件，货值7375.18美元的美国进口T恤衫。

（李素琴）

【进出口产品追溯监管平台建设】 3月25日，海淀局邀请相关专家向辖区企业介绍进出口产品追溯监管平台。13家企业的近20名企业代表参加会议。该平台由浙江大学、国家信息中心联合开发，是检验检疫部门提供给企业的一项服务措施。平台将最先进的物联网技术应用于进出口产品追踪溯源及监管，通过电子标签（C码）技术能够实现“边检验、边流通”全过程监管，加快通检速度，不合格产品快速召回，提高检验监管效率。消费者通过手机下载移动App软件，即可随时随地、便捷快速地查询产品基本信息、溯源信息，查询产品真伪。7月15日，海淀局根据辖区内产品特点，选取进口医疗器械为重点商品，首先在面向普通消费者的家用医疗器械上启用C码技术。消费者扫描加贴在进口医疗器械上的C码可以获取原产国、进口日期、经销商及检验检疫状态等商品信息。通过C码，还可轻松区分正规授权渠道进口的货物与假冒伪劣商品。

（李素琴）

【外贸进口】 年内，海淀局贯彻国务院常务会议和《国务院办公厅关于加强进口的若干意见》精神，落实“中国质量（北京）”大会相关要求，服务进口促进战略，提升开放合作水平的要求，采取具体措施促进外贸进口：支持高端医疗器械进口。完善检验监管“前推后移”工作机制，推进进口高端医疗设备装运前检验和第三方结果采信工作，在检验、监管等程序上给予企业便利。建立以风险管理为核心的进口医疗器械检验监管新模式。实行企业分级、产品分类、国外生产经销商评估等方式，优化检验监管流程，强化事中事后监管，推行便利化监管和服务措施，缩短检验检疫时间，提高检验监管成效；加强与海淀区政府和中关村海关合作，完善联网数据核查和信息反馈，加快检验检疫业务无纸化进程，促进区域检验检疫通关一体化，提升进口货物检验检疫监管效能和验放效率。

（李素琴）

【进口呼吸机检验监管】 年内，海淀局根据国家质检总局《关于对进口呼吸机实施进口商品法定检验相关要求的通知》，海淀局协助北京局医疗器械专家小组对《进口呼吸机检验监管工作规范（试行）》进行研究和解读，配合起草对供货商进行登记所需文件的要求。走访北京市医疗器械检验所，确定对于各类进口呼吸机的检验标准、检测项目和送样要求等事宜，确保北京地区进口呼吸机商品符合国家质检总局要求。

（李素琴）

【进出口工业品检验】 年内，海淀局采取多种措施提高进出口工业品不合格检出率：通过定期公布检验人员不合格检出情况，起到提醒和督促作用；检验员之间以经验交流的形式进行研讨，共同提高，相互促进；依据医疗器械监督管理办法，将进口医疗器械注册证、产品中文标签及中文说明书作为重要突破口，提高不合格检出率。

（李素琴）

【供港鸡蛋检验监管】 年内，海淀局根据香港《食物内除害剂残余规例》，筛选出涉及蛋鸡饲料主要原料玉米的残余限量89项、豆粕的残余限量43项、涉及鲜鸡蛋的残余限量110项。根据上述残余限量项目在企业生产过程中的风险程度制定抽样监测计划，鲜鸡蛋重点监测6个项目，每批次产品监测2个项目，3批为1轮回。完成所有项目的全覆盖监测。

（李素琴）

【出口企业实施直放】 年内，海淀局继续推进京津冀一体化通关模式，对辖区内符合条件的动植食类企业全覆盖实施出口直放。继上年全面推行竹木草制品出口直放后，2015年对辖区内出口企业进行筛查，对符合条件的11家企业免去口岸查验换单环节，实施出口直放通关模式。

（李素琴）

【危化企业安全排查】 年内，天津滨海新区“8·12”危险品仓库爆炸事故发生后，按照《国务院办公厅关于加强安全生产监督执法的通知》的要求，前往北京氦普北分气体工业有限公司等危险化学品生产出口企业进行质量安全排查，实地了解安全生产各项规章制度落实情况，检查生产设施运行情况，现场发现并指出存在的薄弱环节，要求企业根据相关标准抓好整改，消除各类安全隐患，落实主体责任。

（李素琴）

食品药品监督管理

【概况】 2015年，海淀区食品药品监督管理局（简称区食药监局）以“四个最严”为标准，以“让海淀居民享受更高水准的食品药品安全保障”为目标，强化监管履职，在风险监测、准入许可、日常监管、专项整治、应急处置、行政执法等方面，确保辖区食品药品安全。办理食品药品各类行政许可12212户，开展现场核查8021次，审核发证11552户。136家药品、医疗器械生产企业通过GMP认证，486家药品经营企业通过新版GSP认证。

（王浩）

【风险监测】 年内，区食药监局重点抽查高风险领域、高风险产品。制定《校园及周边食品安全风险监测方案》，对商超、交易市场内畜禽类食品进行专项抽检，形成分析报告。加大对高风险药品品种、体外诊断试剂、在用医疗器械以及重点保健食品、化妆品的抽检力度。开展对药品、医疗器械不良反应事件的监测和报告工作。完成50个社区监测点的建设，推进食品药品安全监控中心建设。全年监测抽检各类食品药品样品14115个，其中食品生产、流通、餐饮等环节抽验样品13028个，药品、保健食品、化妆品、医疗器械等环节抽验样品1087个。全区统一监测抽检65个大类食品总体合格率为98.55%，药品合格率99.33%。

（王浩）

【食药经营单位分级分类管理】 年内，区食药监局制定实施《关于在食品集中交易市场实行分级分类管理工作的办法》，建立健全市场主办方监督管理档案和重点商户监督管理档案。召开餐饮服务单位量化分级和明厨亮灶工作启动会，全市第一家AAAA单位在海淀产生，辖区应纳入量化分级的餐饮服务单位量化率达到100%。将零售药店分级分类指标和规范化建设标准纳入许可现场检查内容，辖区486家正常经营的药店全部完成分级分类并达到规范化标准。

（王浩）

【食品药品监管】 年内，区食药监局推行“商场超市现制现售食品安全六公示制度”，促进食品经营者主动落实主体责任。开通“海淀食药”微信公众号，推送各类监管、服务信息，实现全区餐饮服务单位量化分级结果可查询。对食品交易市场实行错峰执法，对畜禽类高风险食品加大夜间突击检查力度，实现全天候无缝隙监管。将食品药品安全工作相关考核指标纳入街镇整体绩效考核。通过企业联席会、肉类产品产销联合体、参加案件通报和听证会等形式，提升企业第一责任人意识。组织全区1300余家药械经营企业负责人签订“尚德守法、诚信经营承诺书”。成立海淀区食品药品行业协会，协助监管、服务企业发展，规范行业自律。

（王浩）

【食品药品专项整治】 年内，区食药监局在重要节假日和重点时段开展例行食品药品整治。对辖区中小学食堂和集体用餐配送单位实施开学季专项拉网检查。针对胶囊剂药品、中药饮片、银杏叶药品等进行专项整治。开展医疗器械“五整治”专项治理“回头看”、“无证照专项整治”、“六小门店专项整治”等活动。清理无证经营户1979户，疏解外来人口共计4952人。

（王浩）

【食品药品应急处置】 年内，区食药监局印发《北京市海淀区突发食品安全事件应急预案》，以应对处置为主逐步向应对处置与预警防控并重转化。首次组织药品事件调查处理应急演练，选择高风险药品作为演练品种，使用局调度指挥系统和单兵移动执法装备进行实操和桌面推演，提升快速响应和应急处置能力。

（王浩）

【行政执法】 年内，区食药监局在法制员、案审会、局长办公会三级案件核审机制基础上，开展重大案件提前介入、法制抽查的分级管理模式。加强投诉举报数据和信息分析，提升对潜在风险和有效案源的发现率。拓展办案类型，深化行刑衔接，移送公安机关各类案件19件。全年立案1562件，实施行政处罚1663件，罚没款金额2431.12万元。

（王浩）

【食品药品安全宣传】 年内，区食药监局在“食品安全宣传周”期间，组织进学校、进社区、进企业等宣传活动。“用药安全宣传月”期间，组织公众开放日活动，邀请特约监督员、食药安全信息员、社会媒体等50余人参加。逐步更换社区老旧回收箱，开展废弃药品集中销毁活动2次，销毁废弃药品13.81吨。

（王浩）

烟草专卖与管理

【概况】 2015年，北京市海淀区烟草专卖局（海淀烟草公司）资产总额9.91亿元，比2014年11.32亿元[1]减少1.41亿元，降低12.43%；净资产为9.39亿元，比2014年10.73亿元减少1.34亿元，降低12.5%；固定资产6212.51万元；流动资产9.26亿元。辖区内有效持证户3970户，正常经营户3889户。移送公安局大要案14起，移送工商局无证经营案件9起，抄备检察院大要案14起，审核合同46份，审核备案规范性文件12份，报送市烟草局备案审查12份。

（杨亮）

【烟草专卖经营】 年内，区烟草局实现卷烟销售收入32.2亿元，同比增长3.94%；实现利税8.08亿元，同比增长19.35%。完成卷烟销量111107箱，同比减少6808箱，降幅5.77%；累计实现毛利69357万元，同比增加9588万元，增幅16.04%；实现单箱销售额33497元，同比提升2373元，增幅7.62%；一、二类卷烟销量增幅分别为0.82%和9.44%。其中：销售重点品牌102185箱，销量占比91.97%；销售低焦油卷烟23565箱；销售国产雪茄烟63箱，同比增加7箱，增幅13.51%；销售国产细支烟2540箱，同比增加1888箱，增幅289.59%。销售中南海品牌9339箱；销售中华卷烟6679箱，同比增长4.52%；从价位区间上看，239元（含）至318元价区销量2052箱，同比增长12.89%；318元（含）至498元价区销量6282箱，同比增长26.36%。

（杨亮）

【烟草市场监管】 年内，区烟草局全年专卖执法案件累计立案1086起，同比上升22.71%。其中一般程序案件立案98起，同比降低58.65%；简易处罚程序案件988起，同比上升52.47%。涉及假烟案件16起，同比降低40.74%；走私烟案件16起，同比上升220%；真烟案件1054起，同比上升23.56%。查获5万元以上大要案33起，同比上升57.14%。累计先行登记保存违法卷烟1062.89万支，同比上升8.32%。其中假冒伪劣卷烟148.42万支，同比上升294.3%，查获卷烟主要品牌有软牡丹（36.56万支）、硬中华（8.12万支）、硬荷花钻石（8.18万支）；走私烟151.18万支，同比上升444.19%，查获卷烟主要品牌有爱喜（50.48万支）、520（15.72万支）、万宝路（7.68万支）；非渠道卷烟763.3万支，同比降低16.66%，查获卷烟主要品牌有软顺红梅（68.68万支）、硬精品哈德门（40.92万支）、软长嘴利群（26万支）。“假、私、非”占比分别为13.98%、14.24%、71.78%；依法刑拘11人，判刑1人，结案率100%。破获4起网络案件。全年查获各类违法卷烟574.8万支、雪茄烟47751支、烟丝512.575公斤，涉案金额934.75万元。

（杨亮）

【办理烟草行政许可2775起】 年内，区烟草局办理行政许可2775起，其中新办行政许可317起，变更行政许可115起，延续行政许可1686起，注销户527户，其他[2]130户。全区有效户3970户，正常经营户3889户（其中包括停业18户，新办待增49户，非经营总部14户）。有食杂店1225户、便利店523户、超市189户、商场21户、烟酒商店1527户、娱乐服务类376户、其他109户。

（杨亮）

【预警处理】 年内，区烟草局接收系统异常零售户预警12965条，按照其历史违法及外流记录筛选出120条预警进入内管预警调查处理流程。通过预警实地核查，发现线索并移交专卖部门立案查处案件2起，查获违法卷烟97条，案值12103.4元。预警处理完成率100%，异常预警处理优秀率100%。

（杨亮）

案例选辑

【破获“1·19”贩假网络案件】 1月19日，在北京市烟草专卖局专卖处（稽查总队）和海淀公安部门的密切配合下，区烟草局对以河北籍赵某、张某夫妻为首的一起销售假烟网络案件进行收网。出动警力15人、海淀区局烟草专卖执法人员40人，捣毁假烟窝点4个，起获各类违法卷烟169.06万支，总案值为147.66万元。其中假烟61.34万支，标值为87.07万元；走私烟62.48万支，案值为39.69万元；真品卷烟45.24万支，案值为20.9万元。刑事拘留3人，查扣涉案车辆1台。

（杨亮）

【破获“1·21”假烟网络案件】 1月21日，在北京市烟草局专卖处（稽查总队）的统一指挥和协调下，海淀、丰台、东城、西城区烟草局联合公路分局，在丰台、东城、西城、海淀公安部门的配合下，成功破获一起以江西籍男子何某为首的销售假烟网络案件。此案由海淀、丰台、东城、西城区烟草局根据属地管辖原则分别立案，共查获涉案人员9人，刑事拘留9人（其中丰台刑事拘留3人、东城刑事拘留5人、海淀刑事拘留1人），查扣涉案车辆5台，捣毁窝点13个。查获违法卷烟229.64万支，总案值237.95万元。

（杨亮）

【破获“1·30”假烟网络案件】 1月30日，海淀区烟草局联合丰台、大兴区烟草局和海淀公安部门，成功破获一起涉嫌利用微信平台销售假烟的网络案件。出动警力10人、海淀区烟草局烟草专卖执法人员35人，捣毁假烟窝点8个，查获各类违法卷烟102万支，总案值135万元。其中假烟70万支，多为钻石（荷花）、钓鱼台（景泰蓝）等高档、超高档假烟，标值为109万元，刑事拘留3人。

（杨亮）

---

[1] 由于财务政策变化，所以2014年数据有所变动。

[2] 其他：停业、歇业、补办、恢复营业、撤销和撤回。

工商行政管理

【概况】 2015年，北京市工商行政管理局海淀分局（简称工商分局）下设8个执法科室和15个工商所，有海淀工商管理学会、海淀区消费者协会和海淀区私营个体经济协会3个挂靠机构。

2015年，海淀区实有企业主体234135户，同比增长17.48%；其中，内资企业229499户，同比增长17.77%；外资企业4636户，同比增长4.91%。实有个体工商户52090户，同比下降3.96%。企业个体比4.49∶1，同比上升24.38%。新设立批发零售业主体同比下降7.46%；个体工商户注销数量同比上升52.67%；科技类企业同比增长14%。个体验照45182户，验照率80.55%，同比增加2.46个百分点；内资企业年检142030户，年检率93.19%，同比增加0.49个百分点。实施行政指导13746次，其中，行政提示5623次，助成性行政指导2014次，责令改正4284次。

（郭洁）

【国家工商行政管理总局商标局驻中关村国家自主创新示范区办事处】 2015年，国家工商行政管理总局商标局驻中关村国家自主创新示范区办事处（以下简称办事处）共受理各类商标申请65362件，同比增长20.9%。办事处在海淀工商大讲堂——创业创新服务站开设咨询窗口，宣传商标知识。参与团市委北京创业政策志愿讲堂互动，宣传普及商标知识和政策，解答创业者在商标注册、使用、管理、保护方面的问题。

5月，办事处承担北京市市场主体商标变转续等申请的实质审查职能。

通过商标专用权质权登记，为中关村企业融资、贷款、抵押等商标资本化运作拓展渠道。全年为55家企业和个人办理商标专用权质权登记，涉及商标318个，质押总金额9.47亿元，同比增长87.16%。

（韩笑）

【合同监管】 3月16日，工商分局开展电子商务企业区域性推荐合同文本制定工作，选择中关村在线、国美在线两家电子商务企业为试点，以消费争议快速解决绿色通道联盟服务合作、网上保外维修服务为研究选题。按照区域性推荐合同文本制定规程要求，规范电子商务领域，完成调研初稿、推荐文本、逐条释义、专家评审、试用等工作。将2014年制定的《房屋购买居间服务合同》的试用状况分析形成试用报告，并在全区进行发布，作为海淀工商分局2015年第一份区域性推荐合同文本。针对商业聚集区快速发展的监管问题，以金源时代购物中心为试点，以规范合同格式条款为抓手，建立“1+1+8”的“企业自律为主体，工商他律为主导，行政指导为手段，违法惩戒为保障”的商业聚集区合同行政指导工作模式。《海淀工商分局开展对金源时代购物中心商业聚集区合同行政指导工作制度（参考模板）》在全市工商系统推广。针对合同格式条款抽查企业566户，其中涉及旅行社136户。约谈企业230次，发行政建议书218份、责令整改通知书1份，纠正涉嫌违法违规格式条款8条；立案20件，结案15件，罚款3.08万元。

（郭洁）

【企业登记制度改革】 9月29日，工商分局实施“三证合一、一照一码”工商登记制度改革。新版登记执照代替原本营业执照、组织机构代码、税务登记证、统计登记证的功能，企业办理相关业务时“一证通用”。实现企业在市场准入环节工商、质监、国税、地税、统计“五证合一”办理，企业只向工商部门申请办理营业执照，简化了市场准入手续。工商分局通过开设大学生企业工商课堂、股权激励推动科研机构成果转化、开辟中关村创业大街准入绿色通道等举措，推动“大众创业、万众创新”。登记大厅业务总量16.7万户次，同比增长20%。新设企业3.6万户，同比增长5.9%，其中科技类企业占比43%；企业变更13万户，同比增长22%。新设立批发零售业主体同比下降27.46‰；个体工商户注销数量同比上升52.67‰；科技类企业同比增长14‰。

（郭洁）

【企业注册登记】 年内，工商分局落实京津冀协同发展规划纲要精神，从严执行《北京市新增产业的禁止和限制目录》（2015年版），服务高精尖业态发展。与市经信委、区经信办、区商务委、区发展改革委、区环保局、区卫计委等各产业主管部门建立双向联系机制，针对涉及禁限目录经营项目的登记申请开展实时联动，一事一议，建立台账并实时更新，动态了解海淀区禁限产业发展动态；建立涉及禁限目录项目登记会商机制，加强与市工商局的纵向沟通，保证执行层面政策导向与市级部门保持一致。加强产业转移和区域功能疏解，良性调整低端产业占比。对于批发零售业等“两高”产业，通过登管联动等方式实施住所分类确认工作。截至年底，海淀区新设立批发零售业主体同比下降7.46%，限制市场类企业设立4户，完成注销（或转型）9户。全年办理企业设立登记32492户，同比增长6.65%，其中信息服务业、科技服务业、文化创意等优势主导产业17992户，占企业设立登记总数的55.31%；变更登记81430户，同比增长46.25%；注销登记2562户，同比增长18.01%。办理名称登记业务93642户次，同比增长8.61%；办理网上登记业务合计292353户次，同比增长19.58%。累计整治无照经营17653户次，取缔2971户，疏解人口33748人；配合区政府关停有形市场10个，涉及经营面积177309平方米，清退商户2589户，疏解经营人员7500人；取缔非法集中交易区11个。

（郭洁）

【助力大学生创业】 年内，工商分局制定支持大学生创业工作意见，围绕创业指导咨询、便捷登记服务、提供政策支撑三方面出台十二条工作意见。准予符合条件的大学生创业者入驻集中办公区，无需预约并提供专人受理，承诺2个工作日发放营业执照。通过绿色通道服务大学生创业者80余人次，完成登记40户，直接带动大学生就业253人。开展助力大学生创业校园行活动。以上门指导、电话咨询、微信互动等方式通过创业指导服务中心完成创业指导12次，接受大学生创业者咨询700余人次，发放创业服务手册2500余本，开展工商创业课堂6场，现场指导大学生500余人。

（郭洁）

【企业和个体工商户监管】 年内，工商分局完成与全区643个社会管理网格的实质性对接，实现一个社区对应一个工商网格的对接格局。推行“两簿一册”，为每一位网格责任人印制《2013年参与社会管理创新工作手册》、“社会管理网格资料簿”和“社会管理工作记录本”。“两簿一册”使工商分局能够及时掌握各工商所对接工作进度，便于实时检查和考核。指导工商所参与街镇联合执法小分队组建，各工商所派驻人员参加29个街镇的联合执法小分队，共派出1083人次、621车次，联合执法小分队执法行动751次。网格责任人深入社区，定期走访，将证照办理、市场监管、消费维权等职能融入社区每个网格中。在369座商务楼宇中建立工作站点195个，占全市商务楼宇工作站点一半以上。个体工商户验照45182户，验照率80.55%，同比增加2.46个百分点；内资企业年检142030户，年检率93.19%，同比增加0.49个百分点。实施行政指导13746次，其中，行政提示5623次，助成性行政指导2014次，责令改正4284次。

（郭洁）

【市场监管】 年内，工商分局在全区范围内开展商品交易市场打击假冒伪劣专项整治行动。出动人员1229人次、车辆687台次；检查市场335个，检查商户3478个；抽检商品147件，其中不合格16件；查处各类案件62件。在查处的62件案件中，市场主办单位1件、商标类27件、产品质量类13件、虚假宣传类5件、其他类16件。罚没款33.89万元。开展汽车市场专项整治，重点查处侵害消费者权益的行为、虚假或者引人误解的宣传行为、商业贿赂行为、侵犯注册商标专用权等行为及合同格式条款违法行为五个方面的违法行为。在有形市场内抽检建材、家具、消防器材、汽车配件、日化用品、通信器材及小家电类商品270个，检出不合格产品60个。

（郭洁）

【诚信示范市场创建】 年内，工商分局指导获得“全国诚信示范市场”称号的北京蓝景丽家市场，将现有的市场管理二维码系统，加入商户因违法违规经营被投诉举报、被工商部门依法查处等信息，形成完整的市场信用管理系统，提高商户诚信经营和市场规范化管理的服务水平。联合区文明办对6个备选市级诚信示范市场进行全面复查。市场科被市工商局推荐为备选全国工商系统2014—2015年度诚信市场创建活动工作突出单位。

（郭洁）

【护农活动】 年内，工商分局会同区种子管理站，到苏家坨镇后沙涧村，开展农作物种子管理和农业转基因生物安全管理等农业科技知识下乡宣传，共接待农民咨询60余人。会同区种子管理站召开海淀区种子执法研讨会，确定护农工作重点，加强辖区种子经营企业登记情况的数据对接，形成完整的种子经营企业管理电子台账；对形成“片”或“块”相对集中经营的种子企业开展有针对性的检查，做到依法查处相关企业的信息资源共享。组织辖区四季青、北清路、温泉3个工商所及辖区（观光采摘园等）种植户举办红盾护农知识讲座，工商干部及种植户等27人参加培训。

（郭洁）

【清查出版物市场】 年内，工商分局在重点地区开展清查出版物市场专项整治，集中打击盗版盗印行为，取缔印刷“黑窝点”，规范印刷复印企业经营行为。对外来流动人口密集地区周边的复印店、书店，特别是以中小学校园周边为重点进行专项检查，打击“黑网吧”。

（郭洁）

【非法集资专项治理】 年内，工商分局根据《北京市打击非法集资专项整治行动工作方案》的工作要求，成立打击非法集资专项整治工作领导小组，统筹推动专项整治行动。协调各工商所对辖区内大型商场、超市、楼堂馆所进行检查，杜绝在上述场所出现有宣传投资内容的广告、宣传材料等。协调各成员单位展开定向抽查，将有关信息录入市场监管系统抽查平台，摸清辖区内投资理财类企业的数量和情况。

（郭洁）

【查处互联网行业不正当竞争】 年内，工商分局拓宽对互联网行业的监管重点，重点查处虚假宣传、巨奖销售、违法广告案件、涉嫌商标侵权案件。其中涉嫌商标侵权案件涉案金额高达2900万余元。约谈京东、去哪儿网、小米、360互联网等重点企业，采取事前引导、事中规范、事后巩固的工作方法，加强普法宣传，降低执法成本。

（郭洁）

【净化类生活用品专项整治】 年内，工商分局开展空气和饮用水净化类生活用品专项整治，对辖区大中型超市和销售此类产品的专营店进行重点检查：调查经营者销售的商品是否经过相关检测部门认证和检测；商品生产厂家是否具备相关经营主体资格，商品是否具备专利证书和取得商标注册证；商品简介和宣传资料是否存在虚假宣传、误导消费者等问题；是否存在销售假冒注册商标商品、伪造专利证书商品或假冒他人注册商标商品等假冒伪劣产品行为。工商分局对本辖区苏宁电器、大中电器、国美电器、家乐福、沃尔玛、物美、乐天玛特、华联商场、翠微商场、城乡购物中心等日用电子产品市场、大型超市和集中购物区有关销售空气净化器及饮用水过滤器的店面进行专项检查，出动执法车辆120次、执法人数300人次，检查经营户120户，追踪案件线索50件，立案2件。

（郭洁）

【实施商标战略】 年内，区工商分局结合辖区新高小微企业创业对商标认识不足限制了企业发展的情况，实施商标战略，并把服务小微企业创新的商标发展作为重点。以中关村创业大街为试点，设立“海淀工商——创业创新商标服务站”，为创业创新小微企业提供从商标设立、注册、管理到维权的系列服务。中关村创业大街创业创新商标服务站通过窗口咨询、专家坐堂、发放宣传材料、服务热线、网络在线咨询等方式，向创客们提供“官方的、随时的、及时的”商标“法规宣传、商标健康体检、商标战略制定、维权打假”等服务。编印发放多种宣传材料5000余册，接待商标相关咨询83次，上门为企业进行“商标体检”13次，介绍品牌策略、品牌运作和经营知识。以“海淀商标大讲堂”为平台，以“大众创业 商标先行”为总主题，以集中讲座、论坛发言、微信传播等方式，邀请学者、专业人士介绍商标法规制度，讲述设计、使用商标的方式及传授商标品牌价值提升的经验，开展培训宣传活动。向企业宣传商标知识、政策、法规，到企业开展“商标体检”，介绍品牌策略、品牌运作和经营的有关知识。组织专场培训讲座2次，参训企业180余户。“商标大讲堂”与商标局、中华商标协会、共青团市委等部门联合组织2次面向创业群体的商标知识宣讲活动，参与企业130余家。

（郭洁）

【广告监管】 年内，工商分局以大数据方式开展广告监测，依托监测数据精细化分析，查处违法广告案件。广告类案件立案163件，同比增长7.9%，其中科室立案106件，各工商所立案57件。结案89件，罚没款96.2万元。虚假宣传类案件立案65件，其中科室立案10件，工商所立案55件。结案25件，罚没款35.3万元。全年总计立案228件，结案114件，罚没款131.5万元。其中属于重点商品或服务（医疗、药品、医疗器械、保健食品、化妆品、房地产）广告类案件91件，占比79.8%。

（郭洁）

【房地产经纪人监管】 年内，工商分局成立督查指导小组，各工商所成立专项检查执法小组，负责辖区房地产经纪企业的检查工作。指定专人、专线负责接听工商所、房地产经纪机构的咨询电话，对得到的反馈进行汇总、分析，得出解决方案。通过调度指挥平台及时制发工作指导4期。与链家、麦田、我爱我家等大型房地产经纪机构加强联动，指导其分支机构制定落实合同争议自主快速解决机制，强化其第一责任人意识和契约责任。工商分局街道开展联合执法，加强对辖区房地产经纪机构的治理，引导房地产经纪企业去区建委备案，明确房屋中介的身份；引导对房地产经纪机构不涉足群租房经营；加强对违法房地产经纪行为线索的收集，加大对违法房地产经纪行为的查处。

（郭洁）

【商品抽检】 年内，区工商局抽检的商品种类涵盖成人服装、儿童服装、成人鞋、儿童鞋、儿童玩具、自行车、牙刷、纸制品、通信器材、小家电、电动自行车用电池、移动插座、儿童家具、床品、珠宝玉石、儿童安全座椅，被抽检对象涵盖海淀区内的中高档商场、大中型连锁超市及较大的商品交易市场三类零售业态。对国美在线、美丽说、窝窝团、京东商城四家电商企业进行重点抽查。完成抽检工作739组，其中，实体店抽检521组、网上抽检218组。市局抽检任务683组，含实体店抽检460组、网上抽检223组，市局下派的抽检工作完成率100%；分局抽检任务66组，均为实体店抽检。

（郭洁）

【成品油抽检】 年内，区工商局对辖区内41家加油站进行汽油成品油抽检工作。完成汽油抽样82组，出检测结果的油样中发现不合格油样1组。

（郭洁）

【电商企业监管】 年内，区工商分局接到各类投诉28000余件，涉及电子商务企业的投诉24360件，占全部投诉量的87%；各类举报4000余件，涉及电子商务企业的举报1040件，占全部举报的26%。

（郭洁）

消费者权益保护

【概况】 2015年，北京市海淀区消费者协会（简称区消协）开展“送法律、送服务”活动，向社区居民通报食品下架、商品警示及消费提示等各种信息300余次，开展预付费、医疗用品体验、有奖销售等消费知识讲座20余次，收集无照经营、商标侵权、虚假宣传等各类违法线索200余条。三级网格责任人受理举报168件，解决消费申诉183件。

（郭洁）

【“3·15”主题宣传】 “3·15”期间，区消协以中消协确定的“携手共治 畅想消费年”为主题，开展纪念“3·15”国际消费者权益日宣传活动。3月6日—15日，开展“3·15”活动23次，设立宣传咨询点21个，接待咨询人数3000余人，发放宣传材料1万份。开展消费教育课堂4次，听课人数600余人。

（郭洁）

【小额纠纷快速解决机制】 4月，区消协召开辖区部门商业企业、电子商务企业小额纠纷快速解决机制推进会，要求企业切实履行法律法规的责任，不得无故拖延或者无理拒绝消费者的合理诉求，建立小额消费纠纷快速解决机制，有效维护消费者合法权益。全区62家企业建立小额纠纷快速解决机制，行业类型包括商场、超市、电商企业等，为消费者挽回经济损失217万余元。

（郭洁）

【完善消费维权机制】 年内，区消协打造“大消保”格局。联合区发改委等22个部门和社会组织成立海淀区市场消费环境建设联席会，解决社会关注、群众关切的消费领域热点、难点和焦点问题；推进62家商场、超市、电商企业建立小额消费纠纷快速解决机制，开辟消费纠纷快速解决通道，为消费者挽回经济损失 217 万余元；强化电子商务绿色通道企业建设，提出 20 余条整改建议。建立社区核心企业领头、街道和社区组织协调、周边小门店参与的绿色通道联盟，疏通社区消费纠纷自行解决微循环。

（郭洁）

【打击侵害消费者权益行为】 年内，区消协根据 3 月 15 日实施的《侵害消费者权益行为处罚办法》，重点对辖区各类商业企业侵害消费者权益行为进行查处，查处各类侵害消费者权益案件 13 件。针对美团网 1 分钱销售电影票导致大量投诉的情况，对美团网涉嫌侵害消费者权益行为进行立案调查。全年共收到各类投诉 2.8 万件，调解成功 2.65 万件，为消费者挽回经济损失 600 余万元。

（郭洁）

【消费教育】 年内，区消协联合区食药监局、区质监局、律师事务所分别到中国人民大学、空军司令部、海淀军休办，开展“法之声”消费者权益专题宣讲，听众 1000 余人；与北京大学基础医学部联合，讲授“大学生消费热点点评”，组织大学生志愿者代表参观小米公司；与海淀商业联合会联合开展区内企业客诉处理知识竞赛；联合中关村电子商会对 7 所大学近 100 名大学生进行“理性消费电子产品”讲座；联合五棵松摄影器材城向消费者讲授鉴别行货、水货知识；联合中关村在线组织 13 个专题，在网上开展电子产品购买消费教育。全区 13 家消费教育基地，拓展消费教育领域，扩大受教群体，开展消费教育活动：举办在线访谈，通过直播方式与互联网用户进行互动，实时解答反馈消费维权问题；线上线下同步组织用户开展消费维权知识有奖竞答；利用高校资源，开展消费维权理论研究和教学优化；开发网上消费教育基地平台，扩大消费教育受众面，让消费者零距离畅享消费教育。

（郭洁）

【消费纠纷调解】 年内，区消协开展消费维权业务培训，加强分会秘书调解工作规范化、正规化，约见投诉多发企业，强化群发性投诉、新型消费模式投诉的事前预警及妥善解决，摸索总结依据新《中华人民共和国消费者权益保护法》开展调解工作的经验。调解消费纠纷 9800 余件，挽回经济损失 720 余万元。

（郭洁）

（崔岩　郑雪）

工　业

【概况】 2015 年，海淀区规模以上工业企业实现工业总产值 2216.5 亿元，同比增长 0.2%。工业总产值增速在 17 个区县（含亦庄开发区）列第六位（前五位分别为东城、西城、亦庄、大兴和丰台）。地区生产总值 4613.5 亿元，同比上升 7.5%。实现出口交货值 87.7 亿元，同比下降 4.1%。海淀区规模以上工业总产值中高技术制造业产值占比达 62.6%，同比增长 3.2%。从具体行业看，六大产业产值一升五降，即电子信息产业产值增加，装备产业、汽车与交通设备产业、基础与新材料产业、都市产业、医药产业五大产业产值均下降。

【海淀区工业公司】 海淀区工业公司是海淀区国资委监管一级企业。7 月，根据区国资委《关于京海联公司重组并入工业公司的方案》，国有企业京海联公司并入工业公司，现共有下属企业 22 家。其中国有及国有监管企业 10 家，集体企业 10 家，挂靠管理企业 2 家。2015 年，工业公司完成营业收入 7605 万元，同比增长 11.9%；实现利润 1050 万元，完成净资产收益率 6.56%，成本费用利润率完成 11%。

（胡长红）

海淀区工业公司所属企业一览表

表 12

序号	企业名称	企业性质	企业地址	企业状况
1	北京砂轮厂	国有	丰台区高楼村 49 号立元办公楼	租赁经营改为：资本经营
2	北京市海佳利企业管理中心	国有	海淀区车道沟南里小区商业 A 楼	租赁经营
3	北京领先饮食品有限公司	国有监管	海淀区温泉镇太舟坞 408 号	正常运营
4	北京市海淀八一湖旅社	国有监管	海淀区东钓鱼台甲 1 号	正常运营
5	北京市海淀区铸钢厂	国有	海淀区温泉镇白疃东口	停产
6	北京市海淀区水泥厂	国有	海淀区北安河乡寨口	政策性关闭
7	北京海工物业管理有限公司	国有	海淀区车道沟南里小区商业 A 楼	正常运营

续表 12

序号	企业名称	企业性质	企业地址	企业状况
8	北京市康而富商贸中心	国有	昌平区阳坊镇工业南区	租赁经营
9	北京六一生物科技有限公司	国有控股	丰台区造甲街 128 号	正常运营
10	北京京海联实业开发股份公司	国有	海淀区北四环西路 29 号	租赁经营
11	北京市华都换热设备厂	集体	大兴区黄村镇芦城创新路 9 号	正常运营
12	北京市海淀区机电设备厂	集体	海淀区南海淀 23 号	租赁经营
13	北京长城节能锅炉厂	集体	海淀区四道口皂君庙 1 号	停产租赁
14	北京市第二皮鞋厂	集体	海淀区新街口外大街文慧园南路 2 号	租赁经营
15	北京市雪花冷冻箱厂	集体	海淀区半壁店 77 号	租赁经营
16	北京风机二厂	集体	海淀区西三旗东路和昌平区南邵	正常运营
17	北京中安电子集团	集体	海淀区车道沟南里小区商业 A 楼	租赁经营
18	北京汽枪厂	集体	海淀区青龙桥西街 67 号	租赁经营
19	北京海淀电子医疗仪器厂	集体	海淀区温泉白疃东口	停产
20	北京国友实业总公司	集体	海淀区双榆树东里 10 号楼院内	正常运营
21	北京市工控计算机有限公司	股份制	海淀区五道口东王庄甲 1 号	租赁经营
22	北京第一机床电器厂有限公司	股份制	海淀区大兴黄村镇芦城	正常运营

（胡长红）

【工业企业改制】 7 月，京海联公司并入工业公司。京海联公司由区国资委监管转为工业公司监管。启动集体企业改制前期工作，初步完成相关调研报告。完成六一生物科技有限公司改制后续工作。对改制期间形成净利润额进行审计确认，订立偿还计划。

（胡长红）

【风机二厂拆违】 年内，风机二厂违法建设重大安全隐患问题和拆除工作引起区领导关注，均做出指示或批示。代区长于军视察厂区，调研拆违工作情况，对厂区及周边区域发展规划进行指导。市、区部分人大代表到厂区视察违法建设拆除工作进展情况。7 月 20 日，工业公司治理风机二厂重大安全隐患工作组成立，下设宣传媒体组、统计核查组、清退纠纷调处组、应急处置组和法律事务组，依据职责处理相关工作。在厂区张贴展板和防火及消除安全隐患宣传展板 48 块，悬挂宣传警示条幅 42 条，发放《北京风机二厂西三旗厂区违法行为公告》《公开信》等宣传材料约 9000 份。9 月，海淀区成立拆除北京风机二厂违法建设工作总指挥部，包括区属职能部门和单位共 27 个成员单位，下设 1 个综合协调办公室和强制执法、维稳处突、谈判及群众工作、服务保障、舆论宣传 5 个专项工作组，进驻该厂区集中办公。10 月 10 日，北京风机二厂西三旗厂区违法建设拆除总指挥部组织 27 家总指挥部成员单位开展联合执法行动，对北京风机二厂西三旗厂区内违法建设及各类经营活动依法查处。截至 11 月 27 日，组织入户调查 1730 间，腾退房屋 1690 间，占全部房屋间数的 97.68%；清退租住人员 4547 人，占总人数的 98.84%。与 6 家主要承租商签订清退协议，根据协议约定事项支付部分腾退补偿款；拆除违法建设 13290.97 平方米，拆除门窗房屋（破坏基本居住条件）599 间，占厂区总数的 34.6%，8 家小门店中 7 家腾退完毕。

（胡长红）

【电子信息产业】 年内，工业总产值排序在行业首位的是电子信息产业，实现工业总产值 1064.5 亿元，同比增长 1.3%，占全市电子信息产业比重的 49.3%，占海淀区工业比重为 55.2%；实现出口 34.7 亿元，同比下降 7.0%。重点企业小米通讯首次出现负增长，实现产值 550.3 亿元，同比下降 2.1%。联想（北京）产值 202.5 亿元，同比增长 8.4%；同方股份产值 48.1 亿元，同比下降 21.7%；大唐移动产值 21.4 亿元，同比下降 31.7%。

（崔岩　郑雪）

【装备产业】 年内，装备产业排在第二位，实现工业总产值 508.4 亿元，同比下降 6.1%，占全市装备产业比重的 22.3%，占海淀区工业比重为 26.4%；实现出口 36.2 亿元，同比增长 8.3%。重点企业国电联合动力实现产值 70.6 亿元，同比下降 21.5%；同方威视产值 29.7 亿元，同比增长 21.9%；四方继保自动化产值 26.4 亿元，同比下降 7.6%，四方继保工程产值 23.0 亿元，同比下降 26.7%。

（崔岩　郑雪）

【汽车与交通设备产业】 年内，汽车与交通设备产业产值保持在第三位，实现工业总产值 143.7 亿元，同比下降 6.3%，占海淀区工业比重为 7.4%；实现出口 0.3 亿元，同比增长 15.5%。重点企业纵横机电实现产值 80.3 亿元，同比下降 15.2%；中国长安产值 39.2 亿元，同比增长 7.8%；新联铁产值 5.8 亿元，同比增长 71.4%；经纬信息产值 4.0 亿元，同比下降 8.2%；新兴东方自动控制产值 2.8 亿元，同比下降 9.7%。

（崔岩　郑雪）

【基础与新材料产业】 年内，基础与新材料产业产值位列第四位，实现工业总产值 105.2 亿元，同比下降 24%。基础与新材料产业重点企业蓝星石油实现产值 16.8 亿元，同比下降 56.6%；金隅混凝土产值 11.0 亿元，同比增长 4.2%。

（崔岩　郑雪）

【都市产业】 年内，都市产业产值位列第五位，实现工业总产值 73.3 亿元，同比下降 24%。重点企业大北农科技实现产值 12.0 亿元，同比下降 9.7%；二商王致和产值 8.4 亿元，同比增长 3.6%；钢研高纳产值 5.9 亿元，同比下降 11.6%。

（崔岩　郑雪）

【医药产业】 年内，医药产业产值位列第六位，实现工业总产值 34.3 亿元，同比下降 7.7%。重点企业双鹭药业实现产值 10.8 亿元，同比下降 3.9%；九强生物产值 4.9 亿元，同比增长 15.1%；科兴生物产值 3.9 亿元，同比下降 44.9%。

（崔岩　郑雪）

农业与农村经济

2016
北京海淀年鉴

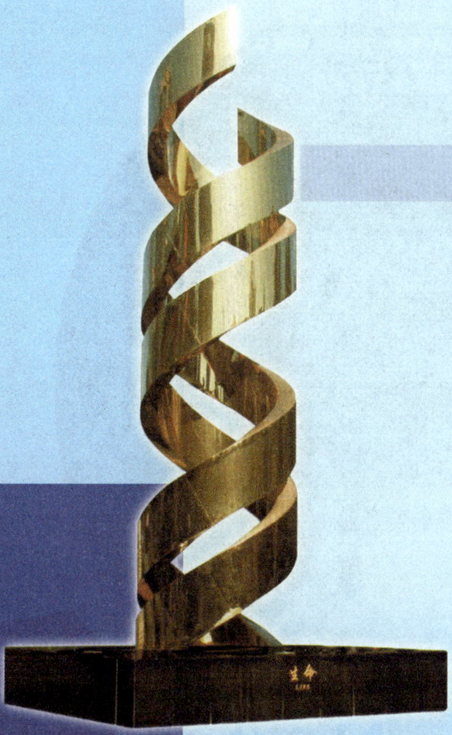

1月27日，区农委召开四季青镇整建制农转非相关问题解答培训会（区农委 供图）

7月，柳林智慧农庄投入生产，实现远程自动化控制（区农委 供图）

12 月 21 日，区农资委考评检查农村集体“三资”管理工作（区农经站 供图）

海淀区开展 2015 年度“减煤换煤、清洁空气”行动，优质燃煤配送入户（区农委 供图）

农业

【概况】 2015年，全区农村经济总收入272.6亿元，同比增长5.7%。农田面积5.53万亩，同比减少2.6%。果树面积27950.12亩、露地蔬菜2864.99亩、设施农业7324.21亩、粮田6100.96亩、苗圃10390.87亩、其他670.09亩。果树总产量538.62万公斤，同比增长6.91%；产值7346.17万元，同比增长3.88%。其中，樱桃产量76.82万公斤，同比减少18.5%；产值3192.38万元，同比减少11.06%；蔬菜播种面积10237亩，产量2353万公斤，总收入5368万元；粮食收获面积5996亩，同比增15.2%，总产量237万公斤，其中，小麦622亩，玉米3461亩，水稻1913亩。拨付3524万元用于种植补贴和流转补贴。

（秦冬梅）

【北京西农投资有限责任公司】 2015年，北京西农投资有限责任公司实现营业收入10103.5万元，利润总额3320万元。拥有8家直属单位和2家合资企业。年内，西农公司实现旅游活动一年四季全覆盖，重点打造新春游园会、杏花节、山地休闲节、金婚庆典等主题旅游文化活动，以及山地徒步大会、TNF100国际越野挑战赛、冬季越野挑战赛等高品质运动赛事，推出京城首家“旅游+”户外运动秀场暨首届凤凰岭户外运动大会。凤凰岭公园完成凤凰岭登山健身步道建设、龙泉茶苑的主体建设；聂各庄敬老院首次面向本地区60周岁以上老年人开展送餐服务；西山农场完成凤凰岭地区果园周边环境提升一期、二期、三期和凤凰岭地区旅游农业推介项目，新增冬季温室草莓种植项目；大美西山文化传播公司完成贝家花园门区改造，举办北京西山越野挑战赛、纪念贝熙业大夫在华医疗贡献展，获“中法人文交流基地”称号。

（祝岁平）

【京西稻文化研究会成立】 9月25日，海淀区京西稻文化研究会成立。主要围绕保护制度建设，挖掘并传承京西稻历史文化，加强生产管理，实现区域特色农产品的保护性发展。

（钟冷）

【北京京西稻作文化系统入选中国重要农业文化遗产】 10月，农业部评选出第三批中国重要农业文化遗产，包括23个传统农业系统。北京京西稻作文化系统、平谷四座楼麻核桃生产系统名列其中，这是北京市首次入选重要农业文化遗产项目。北京京西稻作文化系统包括海淀京西稻保护区和房山京西贡米保护区。京西稻的产地为海淀京西御稻种植区（三山五园周边区域）和房山长沟镇、大石窝镇、十渡镇的贡米种植区。北京市首批农业遗产保护区建设随之启动。海淀的京西稻保护区分北部、南部两个区域，总面积170平方千米。南部城市建成区，西至旱河路，东至中关村大街，南至长春桥路，北至五环路；北部新区，北到沙阳路，西到温阳路，东到G7高速，南至百望山，集中在上庄镇的西马坊村、东马坊村、上庄村、常乐村，西北旺镇的永丰屯村等地。

（钟冷）

【保护性发展京西稻】 年内，区政府出台《京西稻保护性种植规划（2015—2020）》，提供财政资金3600万元，用以适度扩大种植面积、打造京西稻农业观光旅游产品。区农委按照“生产优质产品、建设优良生态、打造优美景观、承载历史文化”总要求，从品质提升、品牌建设、重点项目等方面保护性恢复“京西稻”种植。启动京西稻提纯复壮恢复优良品种种性工作。从中国农科院资源库引种越富、紫金箍等水稻品种5个，在水稻开花期和成熟期进行穗选。通过12个点位测土配方、增施有机肥，进行越富品种高畦滴灌栽培试验示范，示范建设节水型稻作模式。推进北京京西稻作文化系统申报中国重要农业文化遗产，获得“中国重要农业文化遗产·北京京西稻作文化系统（海淀京西稻保护区）”牌匾。京西稻（北京）等6个农产品地理标志被授予2015年国家级农产品地理标志示范样板创建资格。实施建设御稻苑项目。打造700亩的稻田油菜花景观，花期日接待游人超过千人。

（秦冬梅）

【菜篮子工程】 年内，区农委组织上庄镇、西北旺镇、温泉镇、苏家坨镇4个有菜田的镇，开展菜田划定工作，划定菜田158块、面积6605亩。确保蔬菜质量安全，农药残留检测抽样23次，种植基地55个次，样品259个，合格率98.1%。各蔬菜生产基地利用农药残留快速检测仪自检蔬菜样品6912个，合格率100%。拨付菜田补贴及市考核奖励资金130.58万元，其中市补资金74.5万元（菜补50.5万元、考核奖励资金24万元），区补资金55.9万元。

（秦冬梅）

【政策性农业保险】 年内，全区政策性农业保险承保面积4017.01亩、273户次，总保费为215.46万元，拨付区级保费补贴合计87.83万元。出险面积2104.3亩、247户次，理赔金额176.936万元。

（秦冬梅）

【农业园区申报】 年内，区农委设计制作海淀田园图册和园区宣传册。推荐北京三元农业科技园申报全国休闲农业与乡村旅游示范点，组织北京一品香山农产品销售有限责任公司、四季青果林所御林观光园、北京海舟慧霖农业发展有限公司、尚庄金地观光农业园和京西稻耕读文化园5个园区申报北京市休闲农业与乡村旅游特色经营场所。组织东升博展集团申报2015年北京市农业农村生产应用型示范基地。

（秦冬梅）

【农事节庆活动】 年内，开展樱桃节、金秋节暨首届美丽田园体验季，在北京新闻广播、首都经济报道、网络等媒体进行宣传。与科技园区合作，金秋体验季与亲农耕合作组织6个园区开发亲子农事体验线路，设计18项田园体验活动，在携程等23家旅游亲子类平台上线，带动游客在园区进行二次消费。

（秦冬梅）

【智慧农业】 年内，四季青镇海舟慧霖葡萄园依托“221信息平台”物联网数据采集系统[①]，结合实际生产数据及日常生产记录，投资90万元，建设全园智能痕灌系统，实现所有农业生产采用地下浇灌技术，降低生产环境的湿度及温度，同时保证植物充分浇灌，减少水资源的浪费。上庄镇大道农业探索智慧农业大田生产新模式，在京西稻生产大田安装物联网数据采集设备，通过云农场系统进行大田生产管理，开发电子商务平台，扩大销售渠道和知名度。东升科技园柳林智慧农庄建设完成10800平方米连栋温室。温室配套系统应用23项先进技术设备，实现生产管理自动控制和农产品的安全可追溯。

（秦冬梅）

【涵养型节水农业】 年内，区农委继续在特色精品示范基地和菜篮子基地实施沃土工程，采购生化腐殖酸肥、菌肥等有机肥3400吨。开展痕量灌溉示范点建设，经过6年试验，解决滴灌渗水口被堵问题，比滴灌节水40%左右。痕量灌溉抗泥沙、抗生物堵塞技术得到水利部科技推广中心认可。扩大痕量灌溉示范点，在四季青御丰园34栋温室进行应用推广，适合日光温室草莓种植，有效控制土壤湿度，减少病虫害。

（秦冬梅）

【支农项目管理】 年内，区农委确定农林水项目108项，其中农业项目56项，签订28个项目合同书。落实粮食直补、农田种植与流转补贴、结构调整、“菜篮子”基地等农业政策补贴资金。实施沃土工程、应急农药储备。推进上庄御稻苑、苏家坨薰衣草庄园、温泉景观生态采摘园等农业生态项目。农业政策补贴资金3747.2万元。

（秦冬梅）

【龙头企业服务】 年内，区农委推荐大北农、派得伟业、农信通、伟嘉人4家企业申报北京市农业信息化龙头企业。推荐万丰大地、挑战生物、蓝波绿农4家企业申报第四批北京市农业产业化龙头企业。组织已通过认定的18家农业产业化龙头企业填报季度监测数据、211平台企业数据。旗舰、挑战牧业、嘉博文3家企业获得市农委农业产业化贴息资金540万元。

（秦冬梅）

【农业自主创新品牌】 年内，区农委继续做好具有自主知识产权的蔬菜新品种选育推广工作。在四季青双新、苏家坨周家巷等园区推广种植适地适栽的韭菜、茄子品种。

（秦冬梅）

【农业新品种新技术推广】 年内，区农委试种及示范种植蔬菜品种45个，试种玉米品种20个。推广蔬菜新品种10个、超甜玉米品种2个，推广面积300亩。嫁接果树新品种5个、2000余株，引种山东潍坊安丘150株文冠果。恢复鞭杆红胡萝卜、核桃纹大白菜和心里美萝卜老北京品种3个。建立苹果矮砧早果、优质、高效轻简化栽培技术体系和防灾栽培技术模式，为在海淀区推广苹果矮化砧进行技术储备。开展果树微润灌溉节水技术试验示范。试验基地安装储水罐、压力泵、减压阀和土壤湿度传感器，通过三年的微润灌溉试验，从设施草莓种植到目前的矮化苹果，基本做到微润灌溉的物联网自动化控制，分别在温泉镇和苏家坨镇的三个园区试点推广。经运行测试，可保证作物在关键时期浇到水，每亩节水约30%。农科所与农机研合作进行小型插秧机试验，通过在农科所基地、上庄稻香小镇进行的水稻钵苗插秧机插秧试验取得成功。

（秦冬梅）

【农产品生产安全】 年内，区农委开展水产品、蔬菜、农药等农产品质量安全专项整治。对各镇农产品质量管理站建设情况，种、养殖基地的生产记录和农（兽）药库房及农业投入品储存、使用情况进行彻查；针对农产品质量安全管理人员和从事一线生产技术人员，举办4次250余人次农产品质量安全培训，组织50余人次参加市级各类无公害检查员培训并获得证书；组织大型宣传活动2次，发放各类宣传材料50余种、8000余份，设置宣传展板90余块，为群众提供现场咨询服务560人次。

（秦冬梅）

【养殖业】 年内，全区有猪场6个，总存栏17896头；牛场2个，总存栏3383头；羊散养户172户，存栏羊6372只；养禽场2个，养禽户442户，总存栏禽12.6万只。

（秦冬梅）

【动物疫情风险评估】 年内，区农委完成海淀区突发重大动物疫情的风险评估工作，撰写《海淀区2015年度动物疫情风险评估报告》。根据重大动物疫情风险评估结果，建立风险源台账。报告通过对重大动物疫情风险和10家兽医实验室设立单位生物安全风险的系统分析，对可能发生高致病性禽流感、新城疫、口蹄疫、猪瘟、高致病性猪蓝耳病、狂犬病等疫情情况以及动物源性病原微生物实验室生物安全情况进行风险识别、评估，提出建立联防联控机制的建议。与西城区建立动物疫情风险评估应急联防联控机制。

（秦冬梅）

【动物免疫】 年内，全区畜禽重大动物疫病累计免疫151.2万头（只、条）次。其中累计免疫禽类高致病性禽流感47.59万只次、偶蹄动物口蹄疫14.95万头次、猪高致病性蓝耳病2.66万头次、猪瘟6.14万头次、鸡新城疫76.27万只次、犬狂犬病3.59万条。重大动物疫病强制免疫率达100%。全年共监测免疫

---

① 智慧农业就是物联网技术在传统农业上的应用。“221”信息平台是由北京市城乡经济信息中心负责推广并建设，其中包括摸清市场需求和农业资源这两张底牌。

抗体样品4151份，检测场户210个次。其中，监测高致病性禽流感免疫抗体样品1567份，样品整体免疫抗体合格率为96%；新城疫免疫抗体样品732份，样品整体免疫抗体合格率为95%；猪瘟免疫抗体样品250份，样品整体免疫抗体合格率为100%；口蹄疫样品1433份，样品整体免疫抗体合格率为98%。

（秦冬梅）

【动物流行病学调查】 年内，区农委定期、不定期对辖区内养殖场户开展流行病学调查。全年共进行流行病学调查场户296个次，其中场101个次、户195个次，动物流行病学调查覆盖率达100%。

（秦冬梅）

【疫情防控】 年内，区农委处理群众举报55起，无害化处理病死动物6607头（只），取缔活禽交易窝点8个；开展宣传5次，发放宣传材料11000份，报送信息40篇，组织突发重大动物疫情演练1次，开展应急处理预备队、村级动物防疫员培训、应急志愿者培训各1次，组织动物疫情风险评估2次。

（秦冬梅）

【农产品安全监管】 年内，区农委对农产品质量安全情况进行风险评估；开展农产品质量安全监管示范区县创建工作，四季青镇被评为北京市农产品质量安全监管示范乡镇，海洲慧林农业发展有限公司被评为北京市优级标准化基地；5家企业获得无公害以及绿色认证，7家企业进行复查换证，全区有“三品”（无公害、绿色和有机食品）认证基地45家。抽检农产品样本585个，合格率99.4%，进行1万余个农产品样本的快速检测，合格率99.8%，对检测出的农残超标企业依法做出相应行政处理。

（秦冬梅）

【渔业】 2015年，全区水产养殖水面为645亩，养殖户数40户，养殖模式以垂钓为主，养殖品种有花白鲢、草鱼、青鱼、鲤鱼、鲫鱼、罗非鱼、甲鱼等十余个品种，年产量332吨。设渔业环境监测点5个，检测面积150亩，占总养殖水面的23%；监测14次70个水样，未发生水质疫情。抽取鱼样22个进行常规检测，快速检测鱼样品186个，检测结果符合国家规定标准。接群众举报8起，没收并销毁禁用渔具地笼12个、600米，以及电捕工具、橡皮筏、电瓶、升压器等1套，罚款300元。制作案卷1卷。

（秦冬梅）

【“三资”[①]管理】 年内，区农委制定考核评价、股权管理等新政策。完成农村土地承包经营权确权登记调研，清查核实北部四镇土地承包确权情况和土地利用现状，梳理规范土地承包经营关系。继续推进集体经济产权制度改革，开展玉渊潭换届、四季青清产核资、温泉镇级改制、村级组织账务分离可行性研究。《玉渊潭股份经济合作社——以现代企业管理理念助推集体经济腾飞》获市级新农村建设创新奖励。

（秦冬梅）

【农业企业安全标准化建设】 年内，区农委推进安全生产标准化创建工作，组织对全区各镇安全生产负责人、农业行业管理负责人和企业负责人开展安全标准化建设培训工作。15家农业企业通过企业安全标准三级评审，全区累计20家通过企业安全标准三级评审。

（秦冬梅）

【农村社会管理】 年内，区农委对海淀区腾退村庄和回迁安置小区社会管理情况进行调研，起草《海淀区关于做好腾退回迁安置小区社会治理工作的指导意见》。在温泉镇温泉水岸社区开展腾退回迁安置社区社会治理试点工作。温泉镇党委、镇政府在坚持“行政区域不变、居民自治主体不变、集体资产产权不变”的前提下，成立温泉水岸家园地区工委、管委会和社区服务站，构建以党组织为核心、村居相互融合、各类社会组织协调发展的社区服务体系，形成“党组织统领全局、社区管委会进行管理、社区服务站提供服务”的工作格局。

（秦冬梅）

【村级干部培训】 年内，区农委建立东莞异地挂职培训基地，组织15名农村基层干部到东莞挂职，采取集中学习、实地走访、参观座谈和村（社区）挂职锻炼的形式，学习东莞地区在经济建设、党建创新和社会治理等方面的经验。与东升镇合作开办北大经营管理干部研修班，30名镇集体经济组织及二级单位负责人参加9个月的培训。举办农村基层干部廉洁履职专题培训班。在中国人民大学开展基层党组织书记轮训班。

（秦冬梅）

【新型农业实用人才培养】 年内，全区新增四季青镇西冉村、温泉镇白家疃村、四季青镇青东物业、西北旺镇北京盛智丰苑物业4个农村实用人才示范基地，新增农村实用人才126人。上庄镇“京西稻产业深化项目”获得“北京市优秀农村实用人才创业项目”称号，得到资金扶持和专家团队的长期跟踪指导和技术支持。

（秦冬梅）

【农业行政执法】 年内，农业执法单位共组织执法检查711次，出动执法人员2083人次，制作现场检查笔录945个，行政处罚36起，行政处罚79675元，没收非法所得12690元。受理各类行政许可2453个，办结2453个。全年无行政复议、行政诉讼、行政赔偿案件发生。

（秦冬梅）

[①] 资产、资源、资金。

农村经济管理

【概况】 2015年，海淀区农村集体资产总额1177.2亿元，同比增长15.6%；农村经济总收入272.6亿元，同比增长5.7%；农村经济纯收入65.7亿元，同比增长8.1%。

（陈子权）

【征地补偿费专项整改】 年内，区农经站针对2014年征地补偿费管理使用情况专项检查中发现的征地补偿费日常管理使用中存在专户管理制度执行不到位、对外出借资金、对外投资收益较低、使用程序履行不严格、使用方向不规范、台账报表登记填报不准确等问题，开展全面整改工作。采取下发整改通知、检查指导、完善制度体系、通报整改落实情况等措施，各单位执行征地补偿费专户管理制度的认识普遍提高，专户存储严格，资金使用规范，监管意识增强。

（陈子权）

【镇村集体经济组织审计整改】 年内，区农经站对镇、村两级集体经济组织106家的审计报告进行梳理汇总，撰写审计情况报告。对内容不全、反映问题不详、问题较突出的事项进行核查，确保问题真实存在。下发审计整改通知，向各单位反馈审计报告，要求分析查找问题原因，逐条制定整改措施，认真开展问题整改。

（陈子权）

【农村集体经济合同规范】 年内，区农经站指导全区农村经济组织针对近两年开展的农村集体经济合同清理、检查和农村集体土地清查工作所发现的问题合同进行整改规范。通过制定整改方案、举办业务培训、建立工作台账、通报进展情况等形式，共清理经济合同21019份，其中问题合同共计2808份，问题合同大量是以往签订的大面积、低租金、长租期等明显损害集体利益的合同。

（陈子权）

【集体经济组织管理】 年内，区农资委召开4次工作例会和专题会，听取各成员单位工作汇报，分析存在问题，理清工作思路。审核玉渊潭年终收益分配、西北旺兴劲马重大资产出售等事项9项。为区、镇两级农经主管部门搭建业务交流平台，与区域院校研究机构联合开展“农资委运行机制研究”“整建制农转非后集体农用地经营管理”“进一步完善村级财务管理的有效措施”等课题研究。探索建立健全集体经济组织内部监督机制，完善集体经济组织法人治理结构和运行机制。

（陈子权）

【农村集体资产监管】 年内，区农资委开展账外房产清查工作。共清查账外房产建筑面积38.5万平方米。镇级产权制度改革取得实质性进展。温泉镇镇级产权制度改革清产核资等完成前期基础工作，四季青镇的清产核资初步结果复核完成，海淀镇、上庄镇部分股份经济合作社注册登记材料的审核、办理、变更登记复审工作完成。

（陈子权）

【农经大讲堂】 年内，继续开设“农经大讲堂”，有针对性、分层次、分类别开展业务培训。区农经站共举办财务会计、审计、合同管理、资产管理、农村管理信息化等农经业务培训17期，培训农经工作人员1100人次。

（陈子权）

【农村“三资”管理考核评价启动】 年内，区农资委制定《海淀区农村集体“三资”管理考核评价指标体系》，印发《区农资委2015年度“三资”管理考核评价工作方案》，首次在全区启动农村“三资”管理考核评价工作，考核内容涵盖全区农村集体资产管理、财务管理、土地资源、合同管理、审计监督、统计及信息化管理等方面，从监督管理机构建立及履行职责情况、主要制度建设及执行情况、主要工作推进及完成情况和主要经济指标完成情况四个方面分类进行考核，考核评价工作分为各单位自查、材料上报、实地检查、评分和反馈五个阶段。考核评价结果纳入区政府绩效办总体考评体系。

（陈子权）

新农村建设

【概况】 年内，区农委贯彻落实区委办、区政府办《关于精简区属议事协调机构和临时机构的通知》精神，发挥新农村建设及城乡一体化发展领导小组办公室的职能作用，全面完成美丽乡村建设、农转非、农村基础设施管理、市新农村建设创新项目推荐和城乡一体化等工作任务。

（秦冬梅）

【农村地区早期防空洞治理】 年内，区农委与国土分局共同治理白家疃村地质塌陷一处，投入资金50余万元。区农委牵头组织北部办、国土局、温泉镇以及专业勘测公司针对温泉镇白家疃村地面塌陷问题进行多次座谈和协商，制定《温泉镇白家疃村防空洞上危险房屋解危方案》，白家疃村涉及高危级别的17家农户落实北部搬迁腾退政策。对温泉镇白家疃村和苏家坨镇南安河村发生的几处防空洞塌陷进行妥善处置。

（秦冬梅）

【农村基础设施管理】 年内，区农委联合区属相关部门组成农村基础设施工作联合检查组，每季度检查镇、村农村基础设施运行和管理情况。累计检查村庄191村次，印发村民调查表772份，区、镇、村投入农村基础设施养护资金5980.35万元，农村基础设施管理村民满意率达到98.75%，农村基础设施运行基本正常。

（秦冬梅）

【农转非】 年内，全区农转非28175人，其中征地农转非728人、整建制农转非27302人、大中专学生农转非103人、投靠亲属农转非30人、城镇购房农转非12人。四季青镇和东升镇八家村，温泉镇温泉村、辛庄村实现整建制农转非。

（秦冬梅）

【9个项目获市新农村建设创新奖励】 年内，海淀区推荐的“农作物秸秆焚烧与综合利用奖励”“农民体育健身运动展示周体育特色展示奖”“绿安农展运用互联网+模式升级传统市场”“京西稻作文化系统”“借鉴四季青镇整建制农转非试点工作经验，加快推进海淀区城镇化进程”“玉渊潭股份经济合作社以现代企业管理理念助推集体经济腾飞”“坚持‘四项原则’，稳步推进七王坟村新型农村社区建设”“东升科技园在互联网+农业上的践行”“小蘑菇做出大文章，延长食用菌产业链开拓市场新局面”9个项目，被评为2015年北京市社会主义新农村建设创新项目，获得市级奖励资金共计790万元。

（秦冬梅）

【美丽乡村建设】 年内，区农委确定苏家坨镇车耳营村和上庄镇永泰村、八家村、常乐村为2015年美丽乡村建设村庄。美丽乡村建设重点开展9项工作，各级投入美丽乡村建设资金共计4.58亿元。实现“减煤换煤”12.75万吨、液化石油气覆盖2.49万户，实施雨洪利用工程2处。完成苏家坨镇梁家园村、台头村，北安河管家岭村，上庄镇西闸村4个村949户实施煤改电试点工程。推进农宅抗震节能改造工程，七王坟村145户签约村民自行完成房屋拆除，97户开槽，主体封顶55户。确保33座污水处理站稳定运行，污水处理总量270万吨，保证供水管网安全运行，北部地区处理污水1700余万立方米。对120.4万平方米农村街坊路绿化管理养护。加强农村生活垃圾管理和日常环卫作业工作，开展农村地区环境整治，农村地区拆除违法建设51.09万平方米，完成乡土植物新优品种的引种驯化和选育优选工作，开展京西稻生态苑、薰衣草庄园、温泉镇景观生态采摘园3个生态景观农业项目建设，组织农产品安全宣传活动2次，抽检生产基地和农产品批发市场样本585个，农产品检测合格率达到99.4%，开展12家规模化养殖场的现场监察。严格南沙河流域13家区级以上重点源的定期执法检查，强化34家小型污水处理厂站达标排放管理，督促19家污水站升级改造期间做好临时污水处理设施的运维管理。建成农村社区卫生服务站8所。开展20个村落文物保护工程，开展北安河玉皇庙修缮等2个项目。推动苏家坨镇、上庄镇、东升镇文化服务中心等农村地区文化设施建设，提高农村地区达标率。组织农村地区文化惠民活动，策划2015年海淀区全民阅读活动，放映公益电影3000余场，星火工程文艺演出168场。坚持“村每日、镇每月、区每季度”检查制度，维护农村基础设施正常运行。9月，市新农办联合检查验收组实地考核七王坟村、西闸村、罗家坟村、李家坟村美丽乡村建设工作，3个村通过北京市美丽乡村建设检查验收，其中李家坟村被评为“北京最美乡村”。

（秦冬梅）

【集体土地上企业整治】 年内，采取多项措施对全区业态低端、合同不规范以及违章建设多的企业进行整治。共整治996家集体企业，整治建筑面积共计约101.9万平方米，疏解外来人口共计31421人。

（秦冬梅）

商业服务业·对外经济贸易

2016

北京海淀年鉴

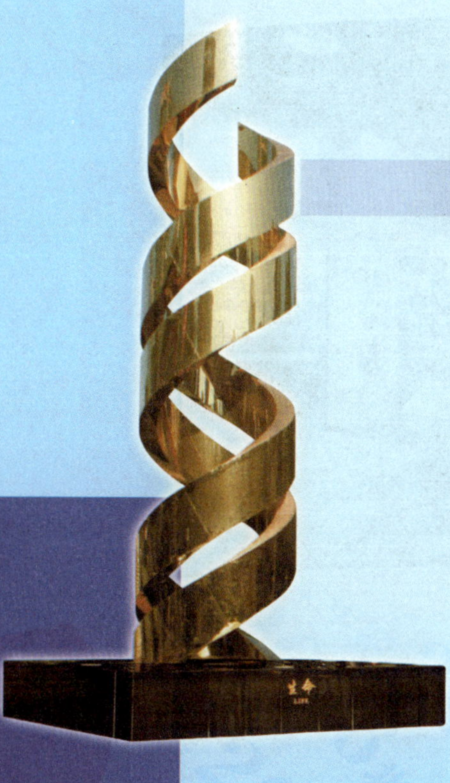

4 月 24 日，第 13 届中关村国际美食节在北京世纪金源购物中心开幕。图为“十大文化主题餐厅”颁奖（海淀饮服协会 司京生 摄）

5 月 18 日，互联网金融博物馆开馆（区新闻中心 田峰 摄）

6月1日，“滴滴快的”与海淀区文明办共同发出绿色出行倡议，提倡居民拼车出行（区新闻中心 田峰 摄）

8月6日，区人民法院对占用区物资回收公司房产的当事人采取强制执行措施（区物资回收公司 供图）

11 月 17 日—22 日，北京翠微大厦股份有限公司在第十八届购物节期间推出微信支付（区新闻中心 田峰 摄）

11 月 20 日，海淀置业集团与中关村发展集团在位于美国硅谷的中关村硅谷创新中心签署战略合作协议（海淀置业集团有限公司 刘进 摄）

12 月 25 日，第二届中国虚拟现实行业体验展开幕（中关村电子产品贸易商会 供图）

雪天蔬菜保供应（区商务委 供图）

2016
北京海淀年鉴

商业服务业

【概况】 2015年，区商务委加快提升城市服务业品质，引导传统生活配套商业向购物中心、大型连锁超市、电商等新型城市服务业转型。结合基础配套商业、社区商业中心和城市商业综合体的三位一体化思路进行科学谋划，提高城乡居民的生活便利度和消费满意度。促进总部经济发展，搭建服务贸易交易平台，推动服务外包产业走国际化与自主化道路，促进外贸转型升级。有商品交易市场54个，其中综合市场11个，专业市场43个。实现社会消费品零售额2094.7亿元，同比增长6.8%。

（林榕晋）

【北京市海淀饮服行业协会】 北京市海淀饮服行业协会成立于2000年5月，下设餐饮、洗浴、美容美发、旅店、清真、摄影彩扩、洗衣、商场购物中心餐饮8个专委会。2015年，有会员企业600余家。9月22日，北京市海淀饮服行业协会第四届会员代表大会（理事会）第一次会议选举出海淀饮服协会第四届理事会会长、副会长、监事长、常务理事、监事成员，冯福生当选为海淀饮服协会第四届理事会会长。出席大会的理事代表来自餐饮、酒店住宿、美容美发、沐浴、摄影彩扩、洗染以及商业地产美食街区等各行业，共计80人。

（李利）

【海淀区物资回收公司】 2015年，海淀区物资回收公司下属4个全资子公司：北京市开源技贸总公司、北京市颐顺达物资经营公司、北京市海苑商务服务中心、北京市五棵松物资收购站，持有北京市开源物业管理股份有限公司43.78%的股权。

按照《海淀区有形市场调整疏解工作方案》和《2014—2015年海淀区增强核心功能，调控人口规模重点任务分解》的要求，北京市五棵松物资收购站退出砂石厂经营场地。公司控股企业北京市开源物业管理股份有限公司压缩中关村南大街24号、知春里28楼办公用房234平方米并对外出租，实现合同期收入42.7万元；投资92万元更新改造24号中央空调；完成两处零星工程招投标工作。解决永定路代购点房产遗留问题。完成区财政国有资产报废13.55万件，从报废资产中，分拣加工废钢256吨、废旧电子产品203吨、其他废旧物资301吨。清理不合理网点97个，全区有商亭式社区回收网点50个。

（肖洁）

2015年海淀区物资回收公司经营情况统计表

表13　　单位：万元

项目	2014年	2015年	同比增长（%）
总收入	3974	4175	5.05
净收入	3827	4085	6.74
费用支出	3330	3670	10.21
利润总额	507	441	–13.02
净利润	379	330	–12.93
税金	466	491	5.36
投资收益	169	169	0.00
资本保值增值率	101%	100%	–0.99

说明：1.2015年净收入增加5.05%，主要原因是2015年房屋租金上调

2.2015年利润总额、净利润下降主要原因是费用增加

【北京翠微集团】 北京翠微集团为海淀区国资委直属全民所有制企业，注册资本为63377万元，经营范围为投资管理、资产管理和会议服务。

2015年，集团开展股权运作，实施翠微股份（以下简称公司）的股票增持计划，通过上海证券交易所证券交易系统累计增持公司股份2515200股，占公司发行总股份的0.48%，累计增持金额为2011.36万元。增持后，集团持有公司股份172092100股，占公司发行总股份的32.83%，翠微集团及其一致行动人海淀国资中心合计持有公司股份327841433股，占公司发行总股份的62.55%。集团推进企业资本运营，实现理财收益5054万元，同比增长47.05%。

2015 年翠微集团经营情况统计表

表 14

项目	2014 年	2015 年
总资产（万元）	499140	522045
负债（万元）	208199	220741
净资产（万元）	101357	106377
少数股东权益（万元）	189584	194927
销售额（亿元）	61.43	63.85
利润（万元）	26531	27304

（刘慧）

【北京海淀置业集团有限公司】 2015 年，公司营业收入 32.81 亿元，同比增长 2.23%；利润总额 1.47 亿元；净资产收益率 4.69%；流动资产周转率 1.80 次；上缴税金 1.78 亿元，上缴国有资产收益 1.515 万元。

空间优化整合。中关村创业大街回租回购腾退房屋 0.72 万平方米，累计 3.22 万平方米，占街区总面积的 73%，南广场外侧的原华奥饭店装修改造后纳入街区整体服务体系，增加面积 0.62 万平方米，街区可控面积达到 3.84 万平方米。中关村互联网教育创新中心清退电子贸易类商户 120 余家，整合写字间面积 1 万平方米，累计整合面积 2.7 万平方米，占写字间总面积的 96%。

引进专业机构。中关村创业大街引进盛景网联、洛可可、硬创邦等 20 家专业机构，40 家创业服务机构入驻街区。中关村互联网教育创新中心引进全景赛斯、通铭教育、创新学堂、未来工场等 33 家专业机构，有 45 家互联网教育机构汇聚于此。中关村互联网教育创新中心启动互联网教育专业孵化器 MOOC 创业港，孵化项目 32 个，毕业项目 7 个，进入加速器项目 1 个。中关村创业大街与硬创邦、IC 咖啡、京东智能、创客大爆炸等专业机构合作，建设开放式智能硬件孵化平台，被中关村管委会和区政府认定为“中关村智能硬件孵化器”和“中关村智能硬件产业集聚区孵化基地”，入驻团队与合作机构也已达成合作意向。

多方战略合作。9 月 24 日，中关村创业大街与天津市东丽区签署战略合作协议，设立“中关村创业大街硅谷工作站”。与美国、法国、韩国、澳大利亚的十多家机构合作，深度开展全球创业孵化、全球创新路演等活动。11 月 20 日，海淀置业集团与中关村发展集团在位于美国硅谷的中关村硅谷创新中心签署战略合作协议，成立中关村创业大街硅谷工作站。

发展社区商业。调整完成“菜篮子”网点 20 家，面积 6736 平方米，累计调整完成 68 家，面积 1.54 万平方米，其中车道沟南里和花园村合建楼开设为超市发直营店，玉南路蔡公庄网点开设为超市发加盟店。

资产管理。查找补齐规划许可证 64 处，办理地下空间备案证明 12 处；回购中技大厦小业主房产 2 处；实现交大副食店房产有偿移交；完成倒座庙网点部分房产、六里屯粮店、一亩园粮店等网点拆迁安置工作，拆迁面积 1349 平方米。开展农超对接、餐超对接，在全国十几个城市建立近百家农产品采购基地，在厢红旗店、农大店、学院路店等十余家连锁店增加果菜销售面积近千平方米；通过运营官方微信、微店、APP、微信朋友圈、忠实顾客微信群、与第三方合作开展线上线下对接服务、尝试建立社区云端服务等形式，试水线上营销。与京东到家、百度外卖、美团等第三方平台合作，开展“1 元到家”“满减”“秒杀”“双 11”“双 12”等网购促销活动，取得良好效果。

北京海淀置业集团有限公司投资企业情况一览表

表 15

序号	企业性质	企业名称
1	全资企业	北京中海拓科技发展有限公司
2	全资企业	北京海物博科贸有限公司
3	全资企业	北京国控经贸有限责任公司
4	全资企业	北京中关村互联网教育科技服务有限责任公司

续表 15

序号	企业性质	企业名称
5	全资企业	北京超捷物业管理有限公司
6	全资企业	北京海置创投科技服务有限公司
7	全资企业	北京消夏园餐厅有限公司
8	全资企业	华光商厦有限责任公司
9	全资企业	北京海淀剧院有限责任公司
10	控股企业	北京天合太平物业管理有限公司
11	控股企业	北京海置科创科技服务有限公司
12	控股企业	武夷山市北京山庄有限责任公司
13	相对控股企业	北京超市发连锁股份有限公司
14	参股企业	北京市中关村小额贷款股份有限公司
15	参股企业	北京稻香湖投资发展有限责任公司
16	参股企业	北京泛亚大厦房地产开发有限责任公司
17	参股企业	嘉事堂药业股份有限公司
18	参股企业	北京海开房地产股份有限公司
19	参股企业	北京首汽（集团）股份有限公司
20	参股企业	北京禾谷园连锁经营有限公司
21	参股企业	北京商悦科贸有限责任公司
22	参股企业	北京恒业达装饰工程有限公司
投资企业共计 22 家，全资 9 家、控股 3 家、相对控股 1 家、参股 9 家		

（耿玉姣）

【北京超市发连锁股份有限公司】 2015 年，北京超市发连锁股份有限公司实现销售 43.63 亿元。获北京质量奖、北京十大商业品牌奖、北京十大商业品牌金奖。新开连锁店 13 家，其中直营店 4 家、加盟店 9 家；改造升级连锁店 3 家。截至年底，公司经营总面积 17.55 万平方米，连锁店总数 155 家（市内连锁店 52 家，外埠店 33 家，加盟店 70 家）。花园桥店、车道沟店、图景店、前沙涧店、苏家坨店等 7 家社区店开业，解决市民因农贸市场拆迁带来的买菜难问题；清河店、方圆店、魏公村店 3 家超市完成升级改造。淘汰供应商 66 家，引进供应商 35 家。新品引进 5448 种，实现销售 7147 万元，占总体销售的 5.09%，同期占比提升 0.49 个百分点。毛利实现 1319 万元，同比递增 14.4%，同期占比提升 1.34 个百分点。平均毛利率 18.46%，同比提升 4.49 个百分点，新品平均销售贡献 1.3 万元。针织居家柜组建立自采渠道 13 家。每月抽检 10 家供应商资质及商品检测报告，完成安全验厂 30 家，总部、果菜配送中心及区属 26 家连锁店通过安全生产标准化评审。与光明液体奶和红星酒业实现渠道直供。果蔬销售实现 4.6 亿元，综合毛利额 8521 万元。坚持常年派驻采购员驻站直采，实现“基地直采和农超对接”。共有 30 个单品销售突破百万元，累计销售 5500 万元，配送毛利额 280 万元。8 种叶菜配送量 109 万公斤、配送额 306 万元，同比配送额增加 30%。自采商品实现销售 1945 万元，同比增长 101.64%；毛利额 689 万元，同比提升 123.07%。买断商品 104 种，实现销售 1783 万元，毛利额 336 万元，毛利率 18.86%。策划组织 18 档期促销活动，实现销售 2.59 亿元，平均每档期促销占比 18.15%。生鲜插页促销 13 期，每档期商品销售平均在 100 万元，单品贡献 3.68 万元，综超、食品超市日均交易 10.42 万人次，环比日均增加 5800 人次。每月 11 日—15 日开展会员“破底价专项促销”活动，主打粮油、副食、日配类等畅销品。对销售高贡献会员开展“抽奖、绿色蔬菜基地采摘”等回馈活动，会员达到 41 万人，有效会员占比达到 91%。用餐时段通过“微信群”等形式推出“每日一菜”，推进印巷小馆、小 e 到家、京东网购等跨界融合线上线下全渠道营销。“微店 乐活超市发”上线，微信粉丝23000人，阅读次数累计60万人次，上架十大品类商品千余种商品，实现销售约3.7万元。引入“微商云服务”，串联周边商圈实体店，实现商圈一公里内半小时送货到家服务。与“京东到家”网购合作，实现销售约50万元。与“小易到家”合作，实现订单4万件，销售122万元。

年内，公司获2015年（第五届）全国年货购物节优秀组织奖、2015零售创新奖、深圳湾共识合作贡献奖，被评为全国零售训练营合作伙伴、中国质量志愿者行动基地。

（刘凤山）

【中关村电子商会】 2015年，商会共有会员单位300家。年内，中关村电子商会开展“移动互联网+”主题讲座，为会员企业提供移动互联网转型解决方案，促进传统企业、商业向移动互联网转型与发展。举办中关村科技服务志愿者进社区活动，为社区居民提供电子信息咨询服务，普及电子信息知识、讲解电子产品使用技能。海龙大厦被中关村管委会授予“中关村智能硬件创新中心”称号。

2015年，中关村地区有电子卖场8家，电子产品实现销售总额约214亿元人民币，贸易总额约463亿元人民币。销售额占比前三位的产品类别为整机类、配件类和手机通信类，销售额分别为92.7亿元、57.8亿元和16.1亿元，占区域销售总额比重分别为43.3%、26.9%和7.5%。中关村地区台式机出货量约44.4万台，同比下降8.5%；销售额16.1亿元，贸易额42.94亿元，占整机类销售额和贸易额的比重分别为17.4%、19.3%。中关村地区笔记本出货量约87.3万台，同比下降6.5%；销售额38.8亿元，贸易额102.8亿元，占整机类销售额和贸易额的比重分别为41.9%、42.3%。中关村地区平板电脑出货量166万台，同比增长5.7%；销售额38.8亿元，贸易额99.8亿元，占整机类销售额和贸易额的比重分别为27.6%、33.1%。

（王涛 丁旭）

【第五届海淀岁末购物节】 2014年12月23日—2015年2月25日，“‘2015（第五届）全国年货购物节’暨第五届海淀岁末购物节启动仪式”在中国名优特农产品（北京）展示中心举行，海淀区商业联合会主办，以“欢乐购物诚信商业”为口号，开展同城交友、爱心传递、电子商务购物节、形势分析会、重点企业营销推广等系列活动。

（钟冷）

【发布《关于促进电子商务发展的指导意见》】 4月1日，区商务委印发并实施《关于促进电子商务发展的指导意见》，从优化电子商务发展环境、促进网络零售规模化发展、拓宽电子商务应用领域、推动电子商务创新发展、完善电子商务支撑服务体系、加快电子商务专业服务发展等方面提出指导意见。

（于敏）

【发布《关于促进末端物流发展的指导意见》】 4月8日，区商务委发布《关于促进末端物流发展的指导意见》，提出将末端物流发展重点确定为构建符合海淀区特点的两级末端配送节点体系：一级体系为配送中心，二级体系为末端配送网点，突出把送达消费者的末端物流体系建设作为规范重点。

（于敏）

【第九届商业服务业职业技能风采大赛】 4月14日，“海淀区第九届商业服务业职业技能风采大赛启动仪式”在圆明园拉开帷幕。此次大赛由区商务委、区商业联合会主办，以“服务为本品质第一”为主题，涵盖商业服务业员工岗位技能竞赛、电子商务物流竞赛、健身长走比赛、安全生产竞赛、汇报演出五大板块10项比赛项目。本届大赛新增首饰DIY、健身长走等竞赛项目。百货商场、超市、购物中心、专业店、电子商务、典当、汽车等多个行业的500余家企业、万余名员工参与竞赛。大赛于7月30日结束。

（钟冷）

【第十三届中关村国际美食节】 4月24日，由北京市商务委员会指导、海淀区商务委员会支持、海淀饮服行业协会主办的第13届中关村国际美食节在海淀金源新燕莎MALL二层开幕。此届美食节持续至7月30日，以“文化引领转型·文明提升服务”为主题，包括中华厨艺绝活表演、中外精品美食展卖、健康饮食大讲堂、餐饮安全生产知识竞赛、中关村白领午餐推介、湖北丹江口特色食材推介会、商业地产与品牌餐饮连锁企业发展论坛等多项主题活动。美食节通过组织餐饮企业安全生产知识竞赛、颁发“文明餐饮行动突出贡献奖”等，探索构建餐饮企业安全生产、文明餐饮建设长效机制。与百度糯米网合作，整合百度地图、百度搜索引擎、百度手机APP资源，开启网络美食节。美食节期间，有97家餐饮企业参加百度糯米网的团购销售，达成159.67万笔交易，实现餐饮销售额10764.4万元。超市发连锁股份有限公司和麦德龙超市分别与谷美餐饮和金丰餐饮进行“餐超对接”签约。

（黑煜）

【中关村软件园被评为国家级电子商务示范基地】 7月6日，商务部将海淀区中关村软件园列为第二批国家电子商务示范基地。海淀区首推中关村软件园为核心载体创建国家电子商务示范基地，打造“一核三街多点”[①]的电子商务创新生态圈。通过互动协同，增强创新创业孵化一条街、知识产权与标准化一条街、科技金融一条街对电子商务全方位创新的支撑能力，辐射带动小米科技园、清华科技园、中关村互联网金融中心等电子商务聚集区发展，引导3W咖啡、创新工场、天使会、36氪等创业孵化机构，加大对电子商务的投资力度，形成创新引领、开放融合的电子商务发展新格局。

（于敏）

【第十一届海淀品牌消费节】 9月11日，由海淀区商业联合会主办的第十一届海淀品牌消费节开幕。品牌消费节以“智慧海淀 幸福生活”为主题，持续至10月16日。消费节期间共举办“城市生活性服务业发展研讨会”“海淀网

---

① 以中关村软件园为核心载体，增强创新创业一条街、知识产权与标准化一条街、科技金融一条街对电子商务全方位创新的支撑能力，辐射带动小米科技园、清华科技园、中关村互联网金融中心（中关村西区）等电子商务聚集区发展。

络品牌消费节”“互联网+商业应用成果展示体验会”“我的装修我做主”主题活动、“秋冬精品时装周”等10项活动，涵盖生活家居、时尚潮流、绿色出行、家庭健康和城市发展等主题，部分活动采取和消费者线上互动、线下体验等方式。根据北京商业信息中心海淀分中心的数据监测，消费节期间，海淀区重点监测企业共实现销售额31.97亿元，同比增长2.12%；其中10家超市实现销售额3.65亿元，同比增长8.27%；2家电子商务企业实现销售额11.84亿元，同比增长4.54%。

（钟冷）

【品牌服务活动季】 9月18日，由市、区商务委主办的海淀区第一届“品牌服务活动季”在厂洼社区开幕。活动以“品牌进社区服务送万家”为主题，通过“名优品牌服务直通车”的形式，以“四送一办”（即送知识、送方便、送实惠、送服务，办实事）的服务内容，整合名优商业品牌资源，服务社区居民。年内活动走进部分社区。

（曹乐）

【印发海淀区“菜篮子”工程三年行动计划（2016—2018年）】 11月3日，海淀区印发《海淀区菜篮子工程三年行动计划（2016—2018年）》（简称《计划》）。《计划》根据全区社区、村及北部保障性住房的分布情况，按照平均每个社区、村有一个规模售菜点的目标，明确相应的资金支持标准，力争到2017年底，扶持售菜面积在20平方米以上零售网点500个，到2018年底，扶持总数达到700个。通过整治非法违建市场、推进配套商业网点回归便民服务功能、保障新建小区售菜面积、完善现有社区供应体系、推进网点品质提升和积极探索零售模式创新等六方面重点工作措施，推进菜篮子终端网点建设，形成以驻店经营为主、直通车进社区为辅、网上配送为补充的社区全覆盖蔬菜供应保障体系。

（曹乐）

【“蔬菜保供应 平价惠民生”活动】 11月起，区商务委联合相关职能部门和各街镇，组织辖区各类蔬菜零售网点开展“海淀区菜篮子工程‘蔬菜保供应 平价惠民生’”活动，以“保基本、兜底线”为原则，保障冬季百姓菜篮子供应。参与商家做到菜价亲民，其中10种普通基础菜价格不得高于北京市价格监测中心前日公布的零售价格，统一在店内显著位置公示当日平均菜价。229个规范网点累计销售蔬菜6万余吨，其中平价菜品占比6成以上，价格普遍低于全市蔬菜零售平均指导价5%~10%。

（曹乐）

【餐饮高级研修班】 11月，海淀饮服行业协会举办“互联网+O2O+精细化管理”餐饮行业高级研修班，研修班时间跨度2个月时间。课程设置7个专题，授课3次，企业实地考察，一共16天的培训内容。培训形式灵活多样，课堂讲授，分组交流，实地考察。60余家餐饮企业的总经理、店长、行政总厨、服务总监、财务总监等中高层管理者近1000人参加研修班。研修班为正在转型互联网模式的传统餐饮企业搭建互相交流的平台。

（李利）

【成立海淀区蔬菜联采联盟】 12月，海淀区蔬菜联采联盟成立。联采联盟设在北京市海淀社区商业协会，由区内部分品牌连锁商超组成，覆盖区内的社区菜店等小型蔬菜零售终端。联盟组织辖区企业与优质蔬菜供应源头开展产销对接、基地联采等活动。和山东、内蒙古等省开展合作对接，建立和完善“两个1+N”①，形成常态化的优质资源共享机制，推进海淀区蔬菜供应体系建设，从源头把控品质，实现菜篮子供应“安全、平价、可追溯”的总体目标。

（曹乐）

【绘制居民买菜地图】 年内，区商务委编制《海淀区居民购菜导引图册》，对各街镇范围内的售菜网点数量、建设形式、覆盖社区等进行标注，方便居民就近买菜。图册电子版上传至区商务委网站，方便居民下载查看或印制。2015年，海淀区疏解低端产业，关停有形低端市场112家，其中商品交易市场27家、回收市场85家，关停撤销摊位4133个，关停市场面积20.88万平方米。一些低端市场关停后腾退空间进行绿化，多数关停的市场进行新业态规划和产业调整升级。为方便居民生活，海淀区商务委在关停市场周边共新建和改造蔬菜零售网点52处，增加售菜面积3000余平方米，全区共建成601个蔬菜零售终端。

（钟冷）

【新一轮“菜篮子”工程建设情况】 截至年底，全区有固定蔬菜零售网点601个，蔬菜销售面积近8万平方米，开通蔬菜直通车的社区136个。2014年—2015年，在关停市场周边新建和改造蔬菜零售网点76处，增加售菜面积近5000平方米。海淀区的菜篮子供应具有3个特点：超市和便民菜店成为蔬菜供应的主力军，超市和便民菜店网点占蔬菜零售网点总数的71%，且呈上升趋势。原配套粮店、副食店商业回归充实售菜网点布局，海淀置业管辖的213处原配套商业设施中，59个网点进行便民服务功能提升改造，其中35个网点开设售菜区域，住宅小区配套底商售菜网点也在逐渐增加。利用“互联网+”的手段不断丰富服务形式，区域内有近六成的超市通过与电商合作，利用“互联网+”等科技手段开展生鲜配送服务，扩大实体店辐射范围。自2010年起，海淀区开展新一轮菜篮子工程建设工作。通过超市增加售菜面积、新建便民菜店、原“粮店”恢复便民功能、设立蔬菜直通车等措施，有效缓解了居民购菜难问题。

（钟冷）

【超额完成“早餐示范工程”任务】 截至年底，海淀区建成67家北京市早餐规范店网点、33家便利店搭载早餐网点以及1家主食加工配送中心，超额完成北京市交付的“早餐示范工程”任务。北京市从2012年起启动早餐示范工程试点工作，采取以固定早餐门店为主、以便利店搭载早餐服务为辅的模式，完善早餐服务体系。2014年，海淀区被市商务委确定为“早餐示范工程”试点区县，计划在全区范围内建成60家北京

① “两个1+N”：前端“1个安全可追溯多品核心产区+N个安全可追溯单品产区”保障供应安全，末端“1个联采平台+N个零售网点”保障销售平价。

市早餐规范店网点、30家便利店搭载早餐网点以及1家主食加工配送中心。

（钟冷）

【调整疏解有形市场】 年内，海淀区实际关停有形市场131家，其中商品交易市场36家、回收市场95家，涉及建筑面积（腾退空间）近40万平方米（其中违法建设面积近7万平方米），摊位数6000余个，涉及从业人员3.5万人；调整提升商品交易市场49家（5家转为关停）。在关停的36家商品交易市场中，建筑面积在1万平方米以上的有12家，其中东升镇6家（健翔平安、尧舜、鑫方盛、京海兴、新城、太阳园13号楼）、四季青镇3家（西郊汽配城、京西板材、西郊雅森）、西北旺镇2家（东方绿都、金望泽）、北下关街道1家（天作国际）；摊位数在500个以上的有5家，西北旺镇2家（东方绿都、西北旺便民早市）、东升镇1家（健翔平安）、四季青镇1家（西郊汽配城）、北下关街道1家（天作国际）；按照土地性质分，集体产业用地市场25家，国有用地市场11家，国有用地市场中属于市属国企的2家（北辰机械厂的新都市场、橡胶十五厂的天地小商品市场）、属于区属国企的2家（实创总公司的上地地下商城、威凯房地产的益民恒通文慧园市场）。在关停的95个回收市场中，占地面积在3000平方米以上的有7家。

（黑煜）

【商旅融合发展】 年内，海淀区旅游商业及餐饮消费406元/人次，低于北京市平均821元/人次，“外来游客多，创造的本地消费少，导致垃圾留在了海淀，消费留在了外区”。针对此种现状，海淀区引导和支持旅游景点周边商业服务业发展：支持特色街区建设，推动旅游商业街发展，对符合一定条件的特色街区给予不超过项目总投资30%（原则上最高不超过300万元）的资金补助。累计支持畅春园食街、中关村创业大街特色街区项目资金约500万元；引导连锁超市、连锁便利店、连锁餐饮等商业发展，对规范或新建的连锁商业设施建设给予一定资金支持；支持餐饮企业发展与商务餐饮、家庭聚餐、旅游等细分市场相适应的业态，支持规范化的订餐平台、餐饮配送等服务，在一定程度上弥补餐饮网点缺失带来的不便。

（李效倩）

【特色旅游商业发展研究】 年内，区商务委等相关部门启动“关于促进海淀区特色商业发展的指导意见”课题的研究和编制工作，对香山买卖街、青龙桥古镇、畅春燕食街、中关村广场步行街等街区进行研究，明确发展思路和建议，鼓励历史元素、现代生活、家庭休闲等业态发展。通过政策支持等手段鼓励颐和园地区龙湖特色商街发展特色餐饮、创意体验、特色零售、商务休闲、旅游等相关业态，限制发展小商店、小吃店、烧烤店、无品牌特色餐饮店、旧货等不符合区域发展规划的业态，指导商户提高旅游品牌营销能力。

（李效倩）

【打击侵犯知识产权和制售假冒伪劣商品】 年内，区商务委牵头组织区属相关部门累计出动执法人员6039人次，从专利侵权、明码标价、商标侵权等方面展开联合执法检查，检查各类经营主体36800户，查处侵权假冒案件590起，捣毁制假售假窝点4个，罚没款385.2万元。海淀区侵犯知识产权和制售假冒伪劣商品的问题明显好转。

（金维馨）

对外经济贸易

【概况】 2015年，海淀区新批外商投资企业409家。全区进出口总额303.60亿美元，同比下降11.2%，占北京市的9.5%。其中进口总额214.78亿美元，同比下降9.4%，占北京市的8.1%；出口总额88.81亿美元，同比下降15.4%，占北京市的16.2%。吸引合同外资78.59亿美元，同比增长140.86%；实际利用外资13.02亿美元，同比下降18.69%。新增取得外贸经营权的企业891家，累计达到11119家。

（钟立庆）

【外贸稳定增长方案出台】 3月11日，区政府出台《海淀区支持外贸稳定增长工作方案（2015—2016）》（简称《方案》）。《方案》包括完善管理与服务体系、优化外贸发展环境，加强政策资金引导、优化外贸结构，创新外贸服务方式、增强外贸企业竞争力三方面的10项具体措施。

（钟立庆）

【商业保理试点】 5月25日，为鼓励和促进商业保理业的健康发展，根据《北京市商务委员会关于同意海淀区开展商业保理试点工作的批复》的要求，区商务委联合海淀园、金融办出台《海淀区商业保理管理办法（试行）》，正式开展试点工作。年内审批1家商业保理公司。

（钟立庆）

【软件与信息服务国际企业对接会】 6月10日，由海淀区商务委员会主办、海淀服务外包企业协会承办的第三届软件与信息服务国际企业对接会，以“跨界与融合——信息服务助推传统零售转型创新”为主题，邀请服务外包企业、零售行业买家、国际机构参会，促进企业合作；启动新一轮政企协共建，区商务委、海淀服务外包企业协会与软通动力、博彦科技等15家重点企业签约，共建以提高产业人均附加值为核心，鼓励服务外包产业向“专业化、高端化、品牌化”方向发展。

（钟立庆）

【服务外包业务】 年内，全区有188家企业进行离岸服务外包与软件出口业务登记。离岸外包收入19.08亿美元，同比下降15.60%，占北京市的42.41%；软件产品出口首次突破1亿美元，达到

10131万美元，同比增长108%。

（钟立庆）

【企业审批】 年内，区商务委接待咨询、业务办理33067人次，其中电话咨询18661人次；为1143家外商投资企业办理变更事项；审核加工贸易合同69个，合同变更45个；为891家企业办理对外贸易经营者备案登记手续；为423家酒类经营者办理备案登记；为15人次办理外商来华邀请函；为7家直销企业出具确认函。全年窗口服务“零”投诉。

（巩凌燕）

【总部经济】 年内，区商务委参与修订北京市总部企业奖励政策，提议将高新技术准总部企业纳入政策扶持范围，被市商务委采纳。完成《海淀区总部经济发展研究报告》。海淀区共有总部企业1000家，占全市总数的1/4，居各区之首；吸纳从业人员67.1万人，资产总计116347.5亿元；海淀区总部企业呈现科技型特征，信息传输、软件和信息技术服务业、科学研究和技术服务业的比重明显高于全市平均水平。

（钟立庆）

旅游业

2016
北京海淀年鉴

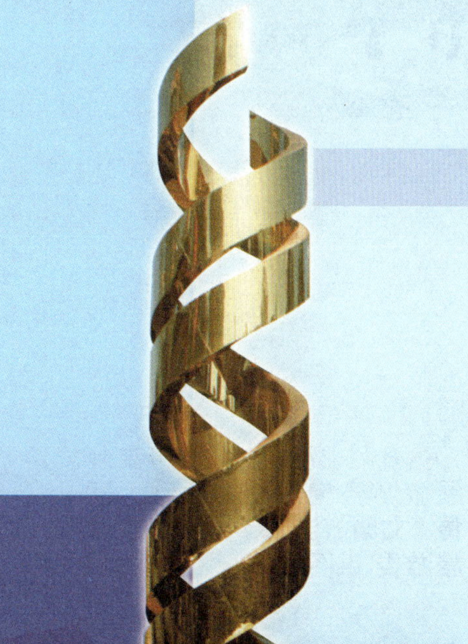

4月12日，圆明园第二十届踏青节开幕（圆明园供图）

6月1日，稻香湖景酒店幸福小镇建成（稻香湖投资公司 朱波 摄）

8月27日，区旅游委开展旅游咨询进社区活动，宣传“文明旅游 绿色出行”（区旅游委 供图）

8 月，首届凤凰岭户外运动大会举行（区新闻中心 田峰 摄）

11 月，西山国家森林公园牌楼落成（西山森林公园 供图）

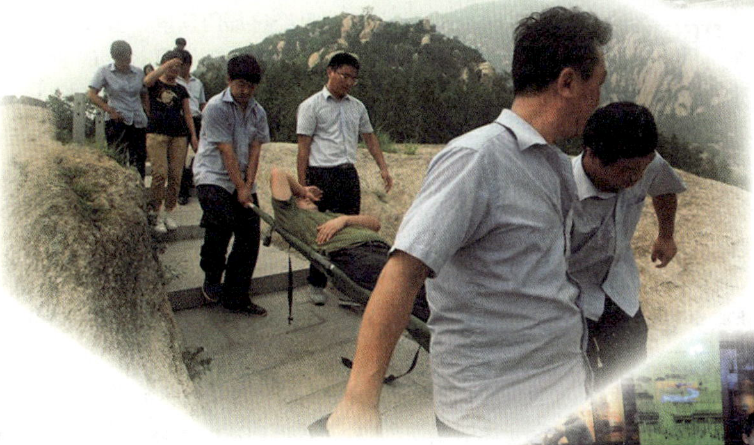

山地应急演练（区旅游委 供图）

中关村科教旅游节首次推出“科技创游”（三山五园办 供图）

综　述

2015 年，全区旅游接待人数 6634 万人次，同比增长 0.8%；旅游业营业收入 522.5 亿元，同比增长 5.7%；营业收入位列全市第三位，旅游接待人数位列全市第二位。旅游企业 1220 家，其中住宿业 926 家，星级饭店 73 家（其中 5 星级 9 家、4 星级 24 家、3 星级 30 家），旅行社 118 家，旅游景区 30 家（其中 A 级景区 18 家），乡村旅游接待户 136 家。海淀区旅游咨询站（点）19 个。其中，圆明园咨询站、颐和园同庆街咨询站、北部旅游咨询中心是海淀区咨询中心自管站，景区咨询站 16 个（颐和园咨询站、北京植物园咨询站、香山公园咨询站、中央广播电视塔咨询站、紫竹院公园咨询站、玉渊潭公园咨询站、凤凰岭自然风景区咨询站、太平洋海底世界博览馆咨询站、鹫峰森林公园咨询站、北京龙徽博物馆咨询站、大觉寺咨询站、北京汇通诺尔狂飙乐园咨询站、阳台山公园咨询站、百望山森林公园咨询站、西山风景长廊北口咨询站、西山风景长廊南口咨询站）。

2015 年，区旅游委完成《海淀区重点旅游行业信息化评估研究》《海淀区自行车骑游规划》《海淀区“十三五”时期旅游产业发展规划》等重点调研课题和规划编制工作。支持旅游业态升级转型和加强旅游产品创新等重点项目 33 个，支持资金共计 2455.14 万元。完善和提升“三山五园”皇家园林旅游、中关村科教游、西山文化休闲游三大旅游品牌，中关村科教旅游成为全国发展前十名，首批获得国家旅游局颁发的“全国研学旅游目的地”称号。上庄翠湖农业观光园、阳台山自然风景区新评定为 AA 景区，北京蓝波绿农科技有限公司上庄蘑菇园被市旅游委评为采摘篱园，海涛国旅、世纪明德旅行社、铁道国旅等进入全国旅游行社百强行列。

凤凰岭、大觉寺两个景区的 4 处地质灾害隐患区域完成警示标识牌的安装工作。推进海淀智慧旅游（三期）建设，全年未发生重大旅游安全事故、旅游突发事件和重大投诉案例。

10 月 8 日，中共海淀区旅游发展委员会党组成立。第五届海淀区旅游行业协会会员代表大会于 10 月召开，完成旅游行业协会换届改选。

（周辉）

旅游行业管理

【完成《北京海淀旅游发展报告（2014—2015）》】 3 月，区旅游委编著《北京海淀旅游发展报告（2014—2015）》，包括《海淀旅游产业发展报告（2014—2015）》和《2014 年海淀区旅游业经济运行分析报告》两部分内容。报告从产业发展特点、产业政策、旅游大事件、旅游经济数据等方面分析研究 2014 年度海淀区旅游经济运行情况和特点，跟踪摸底产业运行和发展方向，提出 2015 年旅游重点工作任务。

（惠凝晶）

【修订《海淀区促进旅游产业发展支持办法》】 5 月—6 月，区旅游委修订《海淀区促进旅游产业发展支持办法》（简称《办法》）。新修订的《办法》对原有政策架构进行较大调整，调整保留 9 项、新增 4 项；明确产业发展引导资金和行业发展促进资金两大类别的支持方向和使用范围，加大对重点旅游功能区、旅游公共服务设施等建设项目的支持力度，新增对会奖旅游、旅游新业态、产业融合等旅游新兴增长点的政策支持。

（惠凝晶）

【完成《海淀区自行车骑游规划》编制】 5 月—9 月，区旅游委完成《海淀区自行车骑游规划》编制工作。该规划以海淀行政区域作为研究范围，明确海淀骑游发展的主要内容措施，推动海淀区旅游新业态发展，带动旅游相关产业发展。

（张靖鑫）

【确定 33 个旅游专项资金支持项目申报和评审】 8 月 20 日—9 月 30 日，区旅游委启动海淀区 2015 年旅游专项资金网上申报工作。12 月，申报 2015 年海淀区促进旅游产业发展专项资金的项目经过部门预审、项目初审、专家评审、现场踏勘、部门复审、部门会商、专题会、区政府常务会、网上公示等程序确定，重点支持促进旅游产业提质增效、推动旅游业态升级转型和加强旅游产品创新等方向项目 33 个，支持资金共计 2455.14 万元。

（刘京飞）

【2015 年度海淀旅游经济形势分析会】 11 月 16 日，与区旅游行业协会联合召开 2015 年度海淀区旅游经济形势分析会，区域内旅游景区（点）、星级宾馆饭店、旅行社及协会成员单位等近 90 家企事业单位参加会议。市旅游委方泽华和中国旅游研究院政策所所长宋子千分别就北京市“十三五”时期旅游业发展规划和当前旅游业发展的基本特征及面临形势进行深入分析与探讨，为区域内旅游企事业单位的未来发展提供思考与借鉴。旅游接待人数、旅游收入在北京市排名前三位。

（惠凝晶）

【中关村科教旅游获 “旅游+”创新项目TOP10奖项】 12月29日，中国旅游报、中国旅游协会在冰城哈尔滨举行以“迎接旅游+时代，拥抱美好新生活”为主题的第五届中国旅游产业发展年会。会上大会组委会发布2015年中国旅游风云榜获奖单位及项目并颁奖，中关村科教旅游获2015年中国旅游风云榜“旅游+”创新项目TOP10奖项。

（温力宏）

【获“中国研学旅游目的地”称号】 12月31日，国家旅游局公布全国首批10家“中国研学旅游目的地”名单，海淀区获首批“中国研学旅游目的地”称号。海淀区落实《北京市“十二五”时期旅游业发展规划》，加大对研学旅游企业的扶持力度，从市场化、常态化、标准化、智慧化入手，推动科教旅游发展，世纪明德、科学国旅和中海智旅等全国知名的科教旅游品牌。

（温力宏）

【2014年专项资金绩效考评】 年内，区旅游委完成2014年度海淀区促进旅游产业发展专项资金绩效评价工作，涉及11个大类、42个项目，资金总量3606.94万元。

（惠凝晶）

【旅游行业执法检查】 年内，由区旅游委牵头，会同区安监局、区消防支队、区城管大队和区民防局、新闻中心等组成联合检查组，对住宿业进行安全生产、消防安全、违法建筑、违规经营和地下空间等联合大检查。检查社会旅馆100余家，收缴违法制作的旅游地图500余份。

（秦书奎）

【旅游市场整治】 年内，区旅游委以旅游商店、社会旅馆为重点场所，以旅行社、导游员为重点检查对象，针对媒体曝光和投诉较多的旅游商店、社会旅馆等经营场所以各种名义诱导游客消费的行为，导游员、旅行社存在的违法违规问题，重点地区存在的散发非法“一日游”小广告等现象持续开展旅游市场秩序整治行动。形成由市旅游委执法大队、区相关执法部门、景区属地街道和旅游景区联动的“四位一体”执法体系，在重点景区周边不定期开展联合执法行动，打击黑车、黑导游、无照游商和各种扰乱旅游市场秩序的行为。检查热点旅游景区周边的旅游企业十余家，收缴非法“一日游”假地图、小广告1000余份，纠正导游违规行为十余起。

（秦书奎）

【行业旅游监管】 年内，海淀区旅行社网点新备案40家，备案旅行社网点达到272家，分社18家。通过北京市旅游委“12301”服务网络、区非紧急救助服务中心及海淀区旅游委投诉电话处理星级饭店和社会旅馆投诉100起、景区服务质量投诉50余起，投诉主要集中在服务质量方面。

（秦书奎）

【旅游规划项目建设】 年内，完成圆明园遗址公园管理处南侧厕所、绿油门厕所、紫竹院公园东门厕所、狂飚乐园滑雪场厕所、翠湖观光园南园厕所5座旅游厕所提升改造任务。总计获得市旅游委补助资金46万元。

（张靖鑫）

旅 游 景 点

【星级饭店、旅游区（点）】 2015年，海淀区辖域内共有旅游星级饭店72家、旅游区（点）30家（见表16）。

星级饭店旅游点统计表

表16

旅游星级饭店	数 量（家）	旅游区（点）	数 量（家）
五　星	9	AAAAA	1
四　星	24	AAAA	7
三　星	30	AAA	9
二　星	9	AA	1
一　星	0	A	0
		未评A（社会单位）	12
合　计	72	合计	30

【海淀区 30 家旅游景区（点）名录】 2015 年，海淀区辖域内有 30 家旅游景区（点），其中 AAAAA 级 1 家，AAAA 级 7 家，AAA 级 9 家，AA 级 1 家。

1.颐和园（AAAAA）

2.圆明园遗址公园（AAAA）

3.北京植物园（AAAA）（内有曹雪芹纪念馆、卧佛寺）

4.香山公园（AAAA）（含碧云寺）

5.中央电视塔（AAAA）

6.玉渊潭公园（AAAA）

7.紫竹院公园（AAAA）

8.凤凰岭自然风景公园（AAAA）

9.太平洋海底世界（AAA）

10.鹫峰国家森林公园（AAA）

11.百望山森林公园（AAA）

12.西山国家森林公园（AAA）

13.北京西山大觉寺（AAA）

14.北京龙徽葡萄酒博物馆（AAA）

15.汇通诺尔狂飚运动休闲乐园（AAA）

16.皇家莱博物馆（AAA）

17.阳台山自然风景区（AA）

18.上庄翠湖农业观光园（AAA）

19.中华世纪坛

20.海淀公园

21.北京艺术博物馆（万寿寺）

22.大钟寺古钟博物馆

23.团城演武厅（又名健锐营演武厅）

24.北京石刻艺术博物馆（五塔寺）

25.药用植物园

26.中科院植物所北京植物园

27.军事博物馆（北京市红色旅游景点）

28.李大钊烈士陵园（北京市红色旅游景点）

29.圆明园“三一八”烈士陵园（北京市红色旅游景点）

30.“一二•九”纪念亭（北京市红色旅游景点）

北京市市级民俗旅游接待村：苏家坨镇车耳营民俗旅游村

管家岭民俗旅游村

（秦书奎）

【区属注册公园】 2015 年，海淀区有区属注册公园 34 家（见表 17）。

区属公园列表

表 17

序号	公园名称	建成时间	所在街镇	所属单位
1	圆明园遗址公园	1900年1月	青龙桥街道	海淀区政府
2	会城门公园	1956年1月	羊坊店街道	海淀区园林绿化局
3	元大都城垣（土城）遗址公园	1965年1月	花园路街道	海淀区园林绿化局
4	玲珑公园	1988年1月	八里庄街道	海淀区园林绿化局
5	翠微烟雨公园	1990年6月	羊坊店街道	北京市园林绿化有限公司
6	碧水风荷公园	1991年7月	清河街道	海淀区园林绿化局
7	上地公园	1994年1月	上地街道	上地街道办事处
8	中华世纪坛公园	2000年6月	羊坊店街道	北京市园林绿化有限公司
9	中关村广场	2002年7月	海淀街道	海淀区园林绿化局
10	阳光星期八公园	2003年9月	万寿路街道	海淀区园林绿化局
11	海淀公园	2003年9月	万柳地区	海淀区园林绿化局
12	燕清文化体育公园	2003年9月	清河街道	海淀区园林绿化局
13	翠湖湿地公园	2003年9月	上庄镇	海淀区园林绿化局
14	马甸公园	2003年11月	花园路街道	海淀区园林绿化局
15	百旺公园	2005年9月	马连洼街道	海淀区园林绿化局
16	清河翠谷公园	2006年9月	清河街道	海淀区园林绿化局
17	长春健身园	2007年5月	海淀街道	海淀区园林绿化局
18	温泉公园	2007年5月	温泉镇	海淀区园林绿化局

续表 17

序号	公园名称	建成时间	所在街镇	所属单位
19	玉东郊野公园	2008年5月	四季青镇	四季青镇政府
20	丹青圃郊野公园	2008年5月	四季青镇	四季青镇政府
21	五棵松奥林匹克文化公园	2008年7月	万寿路街道	海淀区园林绿化局
22	王庄公园	2008年9月	学院路街道	海淀区园林绿化局
23	东升八家郊野公园	2009年4月	东升乡	东升乡政府
24	金源娱乐园	2009年7月	曙光街道	海淀区园林绿化局
25	巴沟山水园	2010年5月	海淀街道	海淀区园林绿化局
26	美和园公园	2012年11月	清河街道	海淀区园林绿化局
27	北极寺公园	2012年11月	花园路街道	海淀区园林绿化局
28	北坞公园	2013年5月	四季青镇	海淀区园林绿化局、四季青镇政府
29	南长河公园	2013年5月	紫竹院街道	海淀区园林绿化局
30	小营公园	2013年6月	西三旗街道	海淀区园林绿化局
31	厢黄旗公园	2013年7月	上地街道	海淀区园林绿化局
32	中央电视塔公园	2013年8月	甘家口街道	海淀区园林绿化局
33	荷清园	2014年7月	清华园街道	海淀区园林绿化局
34	车道沟公园	2014年10月	曙光街道	海淀区园林绿化局

（罗勇）

【海淀公园】 2015年接待游客68万人次。完成近3万平方米草坪改造，新植紫菀、青峪苔草等2000余平方米和牡丹、芍药500余株，引进霞妃、延药、海尔芙拉等新睡莲品种，分栽八宝景天、玉簪、丹麦草4000平方米，增加种植黄菖蒲、千屈菜、八宝景天等水生植物1000余平方米，摆放荷花、睡莲共900余盆。改造塑木栈道1000平方米，改造石材铺装100平方米，更换二维码树牌500余个。举办文化和宣传活动20个，其中“海淀公园第12届插秧节、收割节”等自主文化品牌活动4个；承接“北京绿道志愿服务项目”启动仪式、北京市“全国爱牙日”主题宣传、“中关村创新创业健步走”等市、区级活动10个。

（罗勇）

【翠湖湿地公园】 2015年接待游客32749人。推进公园二期工程建设，完成河北村、郭庄、夏家坟等拆迁区绿化24.8公顷和苗圃绿化1公顷。完成荷花塘河道疏浚3000延米，挖掘深潭9处，新堆砌种植岛60个，新增种植面积22000平方米。种植花椒树、马兜铃等吸引蝴蝶的植物2000平方米，增加特色睡莲和王莲等植物十余种，更新野花组合面积1000平方米，栽植花卉8000余株。

公园与北京市野生动物救护中心合作组织春、秋季鸟类环志工作，共环志鸟类654只。与北京林业大学自然保护区学院合作开展翠湖湿地本底资源调查项目。与中创宏远（北京）环保科技有限公司合作开展生物酶治理翠湖湿地水环境示范项目。组织开展以湿地日、爱鸟周、生物多样性、母亲节、父亲节、湿地鸟类、报春植物、湿地植物、湿地功能、“稻蟹收割节”等为主题的科普活动24次，参与活动的学生人数达500人次。

年内，园内繁殖野生雁鸭类300余只、鹭类60只、疣鼻鸭1只、黑天鹅30只、银鸥6只、白枕鹤1只、冠鹤1只、兔子19只，种类增加2种，数量增加90余只。观测记录到鸟类17目47科193种，新增6种，分别为冕柳莺、蓝喉歌鸲、红尾鸫、虎斑地鸫、鳞头树莺、红尾歌鸲；其中湿地鸟类9目18科95种，占全园总鸟类的51.1%，分别占全国、北京湿地鸟类的35.1%、73.1%（全国湿地鸟类271种，北京湿地鸟类130种）；国家Ⅰ级保护鸟类有黑鹳、金雕、黑颈鹤、丹顶鹤、大鸨、遗鸥等6种；国家Ⅱ级保护鸟类有白琵鹭、大（小）天鹅、鸳鸯、鹗、普通鵟、鸢、白尾鹞、红脚隼、燕隼、灰鹤、东方角鸮和花田鸡等29种；北京市一级保护鸟类13种；北京市二级保护鸟类67种。观测记录到鱼类4目9科20种，两栖动物1目5科7种，爬行动物3目6科9种，哺乳动物5目6科9种，浮游植物8门73属154种，浮游动物3门45

种，底栖动物3类28种。观测记录到高等植物371种，隶属于90科264属，占北京市维管束植物总数的20.7%，其中蕨类植物5种、裸子植物8种、双子叶植物269种、单子叶植物89种。翠湖湿地植物以中生植物为主要类型（211种），占翠湖湿地植物总数的57%，湿生植物（95种）和水生植物（65种）分别占植物总数的26%和17%。水生植物中，挺水植物36种，其次是沉水植物16种，漂浮植物5种。翠湖湿地植物资源中有国家一级重点保护野生植物2种（银杏、水杉）、国家二级重点保护野生植物2种（野大豆、莲）、北京市二级保护野生植物7种（芡实、黑三棱、花蔺、假稻、茭白、连翘、桔梗）。

（罗勇）

【颐和园】 2015年接待游客1602.99万人，事业收入38109.98万元，完成内事接待任务123次、外事接待任务93次。被中央精神文明建设指导委员会办公室授予“全国文明单位”称号，获中华人民共和国住房和城乡建设部颁发的“华夏建设科学技术奖”二等奖。

安全管理。开展安全检查300余次，发现隐患点33个，完成25处隐患点的整改工作；开展各项方预案演练90余次，抓获黑导、游商等各类违法扰序人员1200余人次，其中治安拘留400余人次。

景区规划和文物保护。完成《颐和园总体规划》修编，《颐和园“十三五”发展规划纲要》和12项分规划初稿的撰写工作；清点公园文物库房，治理殿堂展室虫害，复制乐寿堂《百鸟朝凤》屏风文物，更新永寿斋、乐寿堂区域原状陈列；完成古建筑病害巡查与诊断评估（一期）和世界文化遗产地生态监测（一期），采集遗产要素基本信息，补充遗产要素信息数据。

古建维修和景观提升。修复西大墙绿化景观，改造清外务公所，整修园博馆筹建办房屋，恢复绿地喷灌系统，整修益寿堂、花承阁遗址，复制长廊廊心画。完善颐和园古树信息管理监测系统，强化古树灌溉、复壮、探伤和病虫害防治工作。

经营管理。以竞争性谈判方式甄选北京圣缘和信国际文化有限公司为南湖岛展览展陈项目合作伙伴，确定以展览展陈为主，经营为辅的策略，定制特色旅游商品；推进封闭院落商业改革，完成益寿堂、景福阁、乐农轩旅游线路开发工作；与携程网和中国旅游网合作，开展网络营销；开拓餐饮大众市场，推出优惠减免和团购活动；与苏州市拙政园管理处、苏州市留园管理处、承德避暑山庄签署中国四大名园合作意向书，建立常态化合作交流机制；与法国香波堡签订友好合作协议，致力于文物古迹保护和修复、遗产开发、科研人才培养、可持续发展等方面的合作与交流。

文化活动和文化研究。举办“古都春晓——寻访中国共产党进京赶考之路”展、“雪域藏珍——西藏罗布林卡文物精品展”等文化活动16项。完成“公园重大政治活动工作保障机制研究——颐和园APEC领导人配偶集体活动保障工作启示”“历史名园中的可移动文物的保护与利用研究——以颐和园为例”“颐和园在‘三山五园’保护利用中的定位和发展路径研究”3项调研课题；“颐和园寿文化体系之初步研究”“微生态制剂对颐和园海棠复壮防病作用的研究”“智慧颐和园综合信息平台建设研究”“颐和园周边历史村落变迁研究”“颐和园植物检疫管理标准的建立”“古典园林元素在中国插花花艺中的应用研究”“颐和园佛像的除尘保洁研究”7项科技课题结题。

丰富“智慧颐和园”数据资源，颐和园英文版门户网站上线，完成“颐和园与京西御稻”科普展、北京市公园管理中心科普游园会等特色科普活动。

（范志鹏）

【圆明园遗址公园】 2015年，圆明园遗址公园接待游客762万人次，综合收入7300万元。举办新春游园会、第二十届踏青节、第二十届荷花节和金秋游等活动。首创公众遗址考古，在西洋楼区域开辟考古现场，组织28批次1200人次游客参与遗址发掘。在福建、海南省博物馆举办“圆明重光——圆明园文化展”。全年投入园林造景花卉10.2万株，水体保洁120万平方米，水环境综合治理区域38万平方米，鸟种已达到253种。获评“北京十佳生态旅游观鸟地”。

重点文物保护。修复碧澜桥，编制《圆明园国家考古遗址公园规划》，完成圆明园遗址西洋楼景区海晏堂蓄水楼遗迹本体加固保护工程和西洋楼片区游线调整工程、圆明园遗址（西洋楼片区）动态信息监测及预警系统工程等项目立项招标工作。

（王帅）

【香山公园】 2015年，实现园林收入6600.11万元，接待购票游客240.40万人次。举办“皇家御苑盛世重光——2015（三山五园）皇家园林旅游节”“党面临的‘赶考’远未结束”主题展览，“2015年三山五园皇家园林旅游节之香山皇家山林养生体验之旅暨香山公园红色绿色游”，致远斋、韵琴斋文化展览，“2015（三山五园）皇家园林旅游节专场音乐会”等文化活动。

（王奕）

【中央电视塔】 2015年接待总人数72.51万人次，营业总收入9803.52万元。开发“4D体验展”“恐龙展”“3D体验展”“汽车展”“笼式足球体验活动”等活动33场次，拉动场地收入316万元。

（刘松雪）

【紫竹院公园】 2015年，公园开展增彩延绿青莲岛和明月岛竹林景观恢复工程，两岛总占地约26000平方米，竹林景观改造恢复7000平方米，总投资96万元。“增彩延绿”示范项目工程3月开工，10月竣工。在两岛以及公园主要景区绿化种植斑竹、金镶玉竹、黄槽竹、黄纹竹、紫竹等2万余株；菲白竹、菲黄竹、无毛翠竹、翠竹、鹅毛竹、白纹椎谷笹、铺地竹、黄条金刚竹等地被竹共计1.4万丛；种植新优彩叶植物276株，包括紫叶稠李50株、银槭3株、花叶锦带100株、白桦40株、雪球海棠30株、“丽红”元宝枫3株、美人梅50株；种植蛇莓3000株，播撒白三叶草种7000平方米；利用前期去除的开花早园竹竹竿，制作高90厘米竹栏杆，共计2225延长米。

举办多种旅游活动，2014年12月

底至2015年2月4日举办以“冰情雪韵 相约紫竹”为主题的冬季冰上健身文化活动。7月，举办以“竹韵梵音 妙漫荷影”为主题的紫竹院地区第六届民族文化节暨紫竹院公园第二十二届竹荷文化展，在中央民族歌舞团民族剧院开幕。

（鲁致远）

【稻香湖景酒店】 稻香湖景酒店由北京稻香湖投资发展有限责任公司投资管理，是中央机关、北京市、海淀区三级政府采购会议定点优质供应商。2015年，酒店以“家”文化为主线，推崇新媒体营销、管家服务、品牌服务、创新“增值服务”，开展跨界合作，组建泛旅游联盟。酒店营业收入同比增长37.12%，婚宴预订批次同比增长495.65%。年内，稻香湖景酒店被中国社会工作协会婚庆行业委员会授予“婚宴示范酒店”称号，被中国饭店协会授予“全国饭店业劳动关系和谐企业”称号，被世界酒店联盟和网民评选为“五洲钻石奖——年度最佳旅游区度假酒店”。客务部被全国总工会授予“全国五一巾帼标兵岗”称号。

（王洪娟）

【北京凤凰岭自然风景公园】 北京凤凰岭自然风景公园为国家AAAA级旅游景区。2015年，凤凰岭公园接待游客90万人次，旅游总收入1377万元。建成以户外运动、休闲度假、康体健身、生存体验等为一体的体验式、生态型、多元化的复合型登山健身步道，全长15千米。完成龙泉寺至上方寺步道、十八盘至荫凉亭旅游步道改造；中线凤凰岭路主干道步道改造、商亭提升改造、市政污水管道、大西山彩化；修仙椅观景平台改造：北线大块地仿古木亭建设、泥石流隐患治理、龙泉寺茶苑建设；景区垃圾桶、厕所改造建设工程。

举办2015凤凰岭第二届新春游园会；举办第十五届杏花节，推出踏青赏花、旅游大集、非遗表演、亲子乐园、古装穿越、祈愿杏福树、徒步大会、三羊闹春八个主题活动；举办国庆山地休闲节、山地音乐、农家市集、鲜果采摘、佛道传统文化、金婚庆典等系列活动。引进扑蝴蝶、太平鼓、京剧、杂技、腰鼓等非物质文化遗产表演，吸引近三万名游客。

承办TNF100国际越野挑战赛、举办贝熙业之旅暨2015北京西山国际越野挑战赛活动、“三山五园•走进凤凰岭，为申办冬奥加油”为主题的徒步大会户外主题活动、第三届金婚夫妇相聚凤凰岭的公益活动、爱江山冬季城市越野挑战赛等。

（李欣荣）

【北京市团城演武厅】 团城演武厅始建于乾隆十四年（公元1749年），是北京地区集城池、殿宇、亭台、校场为一体的武备建筑群，原为清代皇帝操练和检阅健锐云梯营的场所。其主要建筑有团城、演武厅、东西朝房、西城楼门、碑亭、放马黄城（已毁）等。1979年团城演武厅被公布为市级重点文物保护单位。1992年正式对外开放。2006年被公布为全国重点文物保护单位，定名为“健锐营演武厅”。

2015年，团城演武厅举办临时展览《我的满族人生——清代满族文化展》一项，《大阅兵》巡展一项，《满族文化》《满族人生展览设计理念》专题文化讲座二项，开展全市14家外来务工子弟学校馆校合作调研；组织北京市古代钱币博物馆、老舍纪念馆、北京辽金城垣博物馆、北京市正阳门管理处举办联合培训班。完成团城安全照明项目线路改、城绿化自动灌溉项目、安全控制室改造、团城安全防护设备设施购置等基础设施工程。开展北京市文物局直属系统安保人员社会化用工项目，成为首家由市文物局配备专业保安队伍的单位。

（马岚）

旅游活动

【圆明园新春游园会】 2月19日—24日，举办圆明园新春游园会活动，活动以“爱聚圆明园”为主题，推出皇家冰嬉表演、新春大舞台、新春书市、皇家买卖街、四世同堂合家欢亲情活动、新春棋艺擂台赛、新春摄影大赛等系列文化活动。游园会共接待游客42.3万人次。

（王帅）

【圆明重光——圆明园文化巡展】 3月20日，“圆明重光——圆明园文化福建展”结束，展览自2014年12月30日开始在福建省博物院举办。3月12日—5月20日，“圆明重光——圆明园文化海南展”在海南省博物馆举办。展览分“远逝辉煌”“百年沧桑”“圆明重光”三个部分。通过图文资料、建筑模型、数字多媒体展示方式及圆明园馆藏文物，展示圆明园鼎盛、蒙尘与重华的历程。

（王帅）

【第二十届圆明园踏青节】 4月2日—5月15日，第二十届圆明园踏青节举办，以“春暖合家欢，爱聚圆明园”为主题，设计寻找春天、拥抱春天、品味春天三大板块，推出三大牡丹赏花区、爱国主义教育、九州踏青休闲、市民文明大舞台、健步走健康跑、“最美春天，印象圆明”摄影比赛、“缘在工会，爱在海淀”相亲大会、志愿者服务、换书大会、宫廷春季娱乐展示、美食广场等十余项文化活动。共接待游客93.08万人，同比增长13.99%。

（王帅）

【参加苏州市国际丝绸旅游节】 4月9日—10日，区旅游委组织区属相关旅游企业参加在江苏省苏州市举办的中国苏州国际丝绸旅游节。围绕海淀区“三山五园皇家园林旅游”“中关村科教旅游”“西山文化休闲旅游”三大旅游品牌资源举行海淀区旅游资源（苏州）推介会，香山、世纪明德、科学国旅等海淀旅游企业和苏州当地20多家媒体、30多家旅行社以及教育等部门参加推介会。海淀区旅游委和苏州市旅游局签订区域合作协议，两地将在旅游项目、旅游宣传、旅游会务等方面加强深度合作。

（温力宏）

【The North Face 100北京国际越野挑战赛】 5月9日—10日，The North Face 100 北京国际越野挑战赛在海淀西山景区举行。5000多名越野跑爱好者和户外运动爱好者参加。比赛的线路设置穿越海淀西山的凤凰岭自然风景区、鹫峰国家森林公园、大觉寺、香山公园、北京植物园、阳台山风景区、西山国家森林公园、狂飚乐园八大景区。赛事除专业组的100千米和50千米组别外，增设25千米和10千米组别。

（温力宏）

【中国旅游日活动】 5月19日为第五个“中国旅游日”，海淀区旅游咨询中心在陶然亭公园开展旅游咨询宣传活动，免费向市民及游客发放《中华人民共和国旅游法》摘要，《文明旅游•文明使者》《文明旅游•绿色出行》折页，《旅游突发事件应急手册》《北京一日游》提示手册，《畅游海淀》旅游地图，《自在海淀》旅游宝典，以及《乐活海淀》旅游导览图等旅游宣传资料。

（刘双阳）

【2015“三山五园”皇家园林旅游节】 5月19日，区旅游委在香山公园双清别墅召开“三山五园”皇家园林旅游节新闻发布会。旅游节以“饱览盛世胜景 心动皇家园林”为主题，由新闻发布会、“三山五园”之皇家味道、“三山五园”之养生文化、“三山五园”之约会大师、“三山五园”之旅游路线发布以及“三山五园”之现代艺术展六大部分组成。推出“燃情红色之旅”系列、APEC精品之旅、璀璨新景之旅、“三山五园”健康绿道和饕餮美食之旅五大主题8条线路。京冀联手推出的燃情红色之旅3条路线首次串联海淀十二大红色旅游景点，探寻“三山五园”皇家园林的红色记忆，邀请游客从西柏坡—颐和园乐寿堂—香山公园双清别墅重温进京“赶考”路。推出“2015海淀区旅游服务英文标识纠错”活动。与中国联通合作，推出“联通双4G，最美景区您来拍”活动，尝试“互联网+旅游”模式，为海淀旅游企事业单位提供更为广阔和灵活的展示窗口，扩大旅游节的覆盖面和参与范围。旅游节自开幕起至12月31日结束。

（温力宏）

【2015中关村科教旅游节】 5月24日，区旅游委在颐和园举行2015中关村科教旅游节推介活动新闻发布会，推进旅游与科技、教育等产业的融合发展，促进中关村科教游的市场化。旅游节以“自主创新核心区 魅力海淀科教游”主题，包括新闻发布会、科教惠民体验游、科研院所资源推介会、高校旅游资源推介会、科技园区旅游资源推介会以及特色夏令营六大分项活动，蓝色畅想之旅、银色梦幻之旅、绿色低碳之旅、红色激情之旅、七彩博物之旅五大类主题产品，11条经典科教旅游线路（创业引领之旅、创业梦想之旅、创业基础之旅以及创业实践之旅）。推出“皇家园林科技范儿营造科普大课堂”活动，活动结合“科普游园会”，以皇家园林为载体，让传统文化与现代科技邂逅，带给游客耳目一新的科教体验；用友网络科技股份有限公司、北京体育大学、药用植物园和中国科学院网络信息中心成为北京市首批科教旅游示范单位。7月11日，由北京海淀区旅游发展委员会主办的2015中关村科教旅游节体验游活动正式启动，500余名市民游客参加体验游活动。此届中关村科教旅游节以重体验、多互动为主要特色，旅游线路再次升级，包含 “创业之旅”与“科技大Party”等的“科企游”线路全面开启。

（温力宏）

【第二十届圆明园荷花节】 6月20日—8月20日，圆明园举办第二十届荷花节，以“荷塘乐色，爱聚圆明”为主题，推出精品荷花展以及古莲、王莲、睡莲观赏区。以荷花为主题设计赏荷、品荷、听荷、爱荷四大板块，围绕荷花开展皇家赏荷表演、市民文明大舞台、荷花摄影大赛、“小马识途”亲子定向越野、水上观荷、圆明园历史文化大讲堂、荷文化展、荷花美食等文化活动。共接待游客235.5万人次，同比增长15.14%。

（王帅）

【推出“林迈可8公里”抗战徒步线路】 6月，海淀区旅游发展委员会推出“林迈可8公里”最酷抗战徒步线路。二十世纪二、三十年代，北京城有一个法国精英团队，他们经常活跃在海淀西山地区，和一批曾留学法国的民国名人一起做了很多对中国历史进程产生过重大影响的事情。徒步线路从大觉寺开始，沿途经过贝家花园、沐容亭（鹫峰半山腰）、圣—琼•佩斯故居、金山寺、中法友谊亭，大约长8千米。整条线路兼具原始自然美感与人文历史内涵。

（钟冷）

【参加2015年北京国际商务及会奖旅游展览会】 8月5日—6日，组织区域内十余家会奖旅游企业参加2015北京国际商务及会奖旅游展览会，向国内外买家宣传展示海淀区丰富的高端旅游资源，现场与上百家国内外行业买家进行业务交流和洽谈，达成多笔合作意向和协议。海淀区展台获最佳展台设计奖。

（惠凝晶）

【香山致远斋完成修复首开放】 8月6日，经过两年的修复，具有254年历史的香山静宜园致远斋恢复历史原貌，免费向游客开放。这标志着静宜园二十八景中的首景——勤政殿建筑群修复完工。勤政殿建筑群由致远斋、韵琴斋、听雪轩三部分组成，占地近2000平方米，始建于1761年的致远斋，曾是乾隆皇帝在香山的理政之所，1860年以后，香山静宜园两经浩劫，成为残垣断壁。此次修复时参考了清乾隆时期张若澄所绘《静宜园二十八景图》《静宜园全图》及晚清、民国时期的老照片等资料，包括彩画、环境整治等修复工程，采用传统工艺进行，建筑形式完全延续清乾隆时期的形制。修复后的致远斋为一殿两卷式硬山建筑，雕梁画栋，金碧辉煌。勤政殿主殿及南北配殿之前已修复完工。

（钟冷）

【2015西山文化休闲旅游节】 9月26日，区旅游委在北京稻香湖景酒店召开2015西山文化休闲旅游节宣传推介会。旅游节以“海淀西山 动静等观”为主题，贯穿“运动和音乐”的主线，

融入“运动、音乐、自然、健康”的生活理念，打造西山旅游的新空间，凸显市场运作和群众参与的特点。通过新闻发布会、海淀旅游资源推介之金秋西山惠民游主题活动、海淀西山金秋音乐季（凤凰岭第二届山地音乐节、2015西山森林公园音乐演出季、大觉寺古琴禅乐演奏会、稻香湖景中秋音乐会、狂飙现代音乐演奏会）等系列音乐文化主题活动，以西山的物产、风光、人文为抓手，全方位推广海淀西北部的丰富旅游产品，塑造海淀西北部整体旅游形象。

（温力宏）

【2015圆明园金秋游】 9月26日—10月31日，圆明园举办2015金秋游活动，包括圆明园金秋戏曲季、圆明园•成人礼、“铭记历史 圆梦未来”圆明园罹难155周年纪念展、“圆明园杯”青少年国际象棋比赛、“小马识途”亲子定向越野、青少年才艺展演、换书大会、非遗文化展等文化活动，共接待游客92.26万人次。

（王帅）

【中秋敬老千叟宴】 9月27日，御仙都皇家菜博物馆举办“三山五园之皇家味道•中秋敬老千叟宴”活动，邀请1000多名60岁以上的老人及亲友参加，活动展现海淀区皇家美食文化的丰富内容。

（温力宏）

【参加2015年中国（广东）国际旅游产业博览会】 9月，区旅游委组织旅游企业参加由广东省人民政府主办、广东省旅游局承办的2015年中国（广东）国际旅游产业博览会，在广州《信息时报》进行专版宣传。展会现场发放宣传资料8000余册，向广大游客着重推介和展示海淀区丰富的旅游资源以及多样的旅游产品和线路，吸引众多参展商和游客的驻足关注。与国内外行业买家进行了业务交流和洽谈，达成多笔合作意向和协议。

（温力宏）

【北京海淀（贵阳）旅游资源推介会】 10月，区旅游委参加在贵州贵阳举行的北京海淀（贵阳）旅游资源推介会。重点推介海淀区“三山五园皇家园林旅游”“中关村科教旅游”“西山文化休闲旅游”二大旅游品牌，向广大游客展示海淀区皇家、科教、人文等丰富的旅游资源以及多样的旅游产品和线路。发放宣传资料4万余册，与当地旅游主管部门和旅游企业进行业务交流和洽谈，达成多笔合作意向和协议。

（温力宏）

【参加中国（昆明）国际旅游交易会】 11月13日—15日，区旅游委组织区域内景区、旅行社、相关旅游企事业单位等15家单位参加由国家旅游局、中国民用航空局和云南省人民政府共同举办的2015年中国（昆明）国际旅游交易会。在昆明报纸零售市场排名第一位的《春城晚报》进行《漫游科技体验 心动海淀美景》专版宣传，发放宣传资料4万余册，吸引众多参展商与国内外行业买家进行业务交流和洽谈，达成多笔合作意向和协议。

（温力宏）

【中关村科教旅游首推“科技创游”】 “2015中关村科教旅游节”期间，围绕“双创”活动，首次推出“科技创游”，国家领导人考察中关村的部分原版复原线路也同时推出，“总理路线”成“科技创游”精品。活动从全国招募100名大学生，分组体验“总理路线”“创业之旅”“就业之旅”“科技大party”4条线路，零距离参观创业成果，面对面与创业者分享创业经历。其中，“创业引领之旅”线路（即“总理线路”）为海淀科技大厦（总理听了什么）、创业大街（参观体验）、3W咖啡（与创客交流）、联想之星（过投资人瘾）、创业会客厅（体验一站式创业服务）。“创业梦想之旅”线路为中关村创新研修学院（创业课堂）、中关村展示中心（创新成果参观）、中关村梦想实验室（创业企业参观交流）、创业大街（参观体验）、Bingo咖啡（创业分享会）、紫晶立方（体验3D打印）、创客空间（创业路演）。“创业基础之旅”线路为：创新研修学院（就业课堂）、中关村软件城、中关村西区（就业环境参观）、海淀科技大厦（HR面对面）、科技企业（企业参观及实习就业对接）。“创业实践之旅”线路为海淀公园（团队组建活动）、中关村展示中心（参观）、圆明园（科技通关游戏）、清华大学（3D打印体验）、中关村创业大街（挑战任务大餐）、中关村梦想实验室（光电通讯、PM2.5监测、轻食餐厅）、创客空间（创业手工坊）。

（钟冷）

城 乡 建 设

2016
北京海淀年鉴

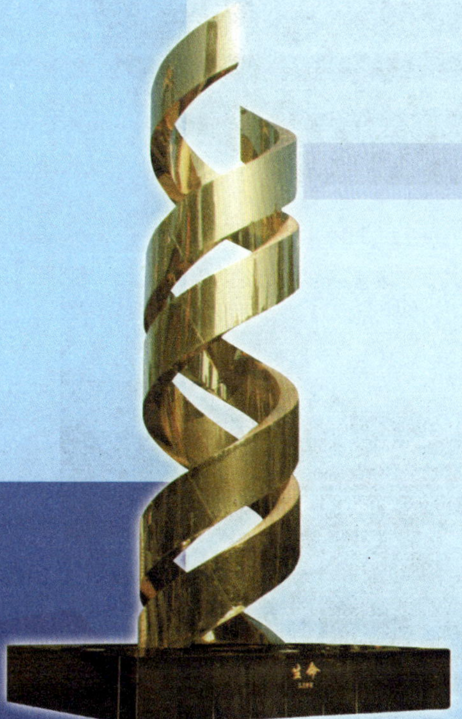

4月，北京昊海建设有限公司获2014年度“全国‘安康杯’竞赛优胜单位”称号(昊海公司 供图)

6月，西郊轻轨线开工建设（区住建委 供图）

7月，中央党校北门跨河桥改扩建工程竣工（海融达公司 供图）

10 月 13 日，一亩园拆迁现场（区住建委 供图）

11 月 6 日，海淀区不动产登记事务中心成立（区国土分局 供图）

12 月，北坞嘉园北小街竣工（区住建委 供图）

大牛坊回迁安置房建成（北部办 供图）

改造后的车道沟南里 26 号楼（区住建委 供图）

京包高速公路边土堆边坡生态防护治理工程完工（海融达公司 供图）

中坞村回迁房周边道路工程完工（海融达公司 供图）

玉泉山周边路网优化方案示意图（区规划分局 供图）

综　述

2015年，区住建委完成重点建设项目投资499.5亿元，超额完成69.8亿元，为地区全社会固定资产投资任务（860亿元）完成贡献8.1个百分点。区住建委作为牵头协调单位负责推进的保障房、商品房、老旧小区改造及市政基础设施类项目中，年度计划投资241.53亿元，实际完成投资256.97亿元，占全区总投资额的29.4%，超额完成15.44亿元。

建设、筹集保障房1.48万套，超额完成年度任务的13.8%；竣工保障房7764套，超额完成年度任务的5%。233.9万平方米的老旧小区综合整治取得新成绩，惠及群众3.1万户。节能项目180.2万平方米全部完工，抗震项目40.2万平方米全部开工。

棚户区改造取得进展，共计完成8573户，超额完成年度任务的7%。全年累计建设筹集棚改安置房源9659套、95.8万平方米。“三山五园”历史文化景区建设深入实施，香山中心区规划、玉泉山周边环境整治以及两园之间一亩园地区搬迁腾退工作进展顺利。全年完成31个项目、住宅5249户、非住宅125个、总建筑面积约135万平方米的征收、拆迁和腾退工作。

全区重点建设轨道交通和市政道路共计46项。6号线西延、有轨电车西郊线、地铁16号线北安河段、苏州街12号院、京张城际铁路等项目抓紧实施。北部新农村试点建设的七王坟村、车耳营村以及上庄镇常乐村各项工作有序开展。在全市率先研究制定“绿色居住区”标准，加强建筑设计审查和验收管理，收缴各项“建筑节能与发展新型墙体材料专项基金”“散装水泥专项资金”，收缴率达100%。

加强建筑市场和施工现场执法监督，累积现场检查7820个次，责令整改隐患14150条，行政处罚123起、540.7万元，处理劳务纠纷20起，涉及人数1410人、金额3570万元。深化“拆、建、管”三位一体海淀区房屋全生命周期系统，开发物业、经纪、地下室、房屋安全、保障房等子业务系统，取得初步运营效果。开展物业、经纪机构、商品房销售、房屋安全等综合执法检查，整治清理散租住人普通地下室。创新物业行业监管长效机制，完成176个老旧小区自我服务管理，试行物业服务分类定级标准，提升企业服务水平。

（江东）

规　划

【概况】 2015年，区规划分局对海淀区中心城地区有疏解与改造可行性的用地进行梳理，以规划实施评估成果为基础，按照控增量、疏存量的要求，强化具有全球影响力的科技创新中心、体现国家形象与风貌的历史文化区、首都和谐宜居的生态文明区等三大核心功能，提出发展建议，并编制规划实施要点。

（代韧　张帆）

【获“全国无障碍示范区”称号】 9月24日，海淀区作为北京市5个申报区县中唯一抽检地区，接受由住房城乡建设部等五部委联合成立的检查组对申报“全国无障碍示范区”的地区进行的抽检，通过验收，获得“全国无障碍示范区”称号。自2013年始，海淀区组织开展创建无障碍环境区县工作，申报“全国无障碍示范区”。区规划分局作为牵头单位，逐步推进并完成道路、公共建筑、公共交通设施、福利及特殊服务建筑、公共停车场（库）、居住小区、信息交流七大领域的无障碍改造。完成132个新建商品住宅小区的无障碍改造；组织协调开发商自筹资金，完成36个新建住宅小区无障碍改造；完成114个老旧小区内的无障碍改造；配合区市政市容委完成383个室外公厕无障碍设施改造。

（代韧　张帆）

【规划审批】 年内，区规划分局办理各类规划许可576件。核发选址意见书6件，总用地规模10.36公顷；核发建设工程规划许可证86件，总建筑规模312.48万平方米；核发建设用地规划许可证20件，总用地规模93.39公顷。推进行政审批改革，通过“一科制行政审批管理平台”牵头规划审批阶段并联审试，推进试点项目进行。

（代韧　张帆）

【规划监督检查】 年内，区规划分局对121件、277万平方米建设项目进行规划验收，拆除施工暂设6.2万平方米。配合区城管部门和各街镇完成违法建设规划认定，出具规划认定276件、807处，配合完成全区164万平方米拆违任务。对全区在建在施的建设项目进行规划执法专项巡查，累计出动执法人员180人次，检查项目工地38处，发现问题隐患13处，约谈建设单位35家。

（代韧　张帆）

【基础设施建设】 年内，区规划分局做好污水管线、再生水厂改扩建、煤改气等方案审查及审批工作。围绕完善城市功能，做好轨道交通站点一体化设计，完成稻香湖站等6个车站的规划方案，并开展轨道一体化设计与城市规划精细化管理方面的研究。推动重点桥区积水点治理和再生水厂建设，加快北部能源中心项目审批进度。研究北安河车辆段上盖开发，推进地铁 16 号线、海淀山后线、西郊线等重点线路建设。

（代韧　张帆）

【保障性住房规划】　年内，区规划分局开展玲珑巷又一村回迁安置房前期规划研究、控规调整及城市设计编制，核发部分用地规划条件；推进“两园”（颐和园、圆明园）之间安置房项目规划研究，协调取得《关于二河开、一亩园、挂甲屯、福缘门搬迁安置地块控制性详细规划的批复》；落实双新地区农民安置用房规划调整；办理西三旗地区公租房规划审批手续；开展保障性住房的规划核验，开展过程监督，保证建设符合标准。

（代韧　张帆）

【规划服务】　年内，区规划分局完成军博魏公村经济适用房、总参谋部田村山南路 17 号经济适用房、区武装部装备库房、总政老干部服务管理局第一离职干休所住宅楼、中国铁道科学研究院科技创新基地、中国地质科学院离子探针中心实验研究基地科学仪器研发楼、中科院计算技术研究所研发楼、公安部特种业务楼、中国航空工业集团公司北京航空材料研究院社区文化中心、国家海洋环境预报中心附属综合楼、国土资源航空物探遥感中心住宅楼等项目的规划服务工作。

（代韧 张帆）

【北部地区城乡一体化建设规划】　年内，区规划分局完成 4-2 和 4-3 街区深化、大工村安置房、“两园”之间搬迁安置用地等 6 个街区和地块控规方案预审。整合 2010 年—2015 年北部地区已批街区深化和地块控规方案成果，开展新旧京标转换、用地编号分类调整和电子成果提交工作。拟定《海淀北部地区村庄规划管理工作实施意见》报区政府，对保留村庄规划的指导思想和基本原则、适用范围、具体要求及实施保障等方面做出规定，推进全区城乡经济社会一体化统筹发展。引导公众参与，推进七王坟、百望山老年公寓、冷泉地区等项目的规划编制，促成循环经济产业园搬迁安置用地项目地块控规批复，做好相关配套设施研究。

（代韧 张帆）

【协作规划管理试点工作】　年内，区规划分局深化市规划委与海淀区建立的“协同规划”管理机制和责任规划师、责任建筑师、市区联动协作规划平台会制度。组织第九次和第十次市区协作规划平台会，研究中央党校西墙外、京昌楔形绿地等一批重点项目，推动重点项目的规划实施；选取中关村大街、丹棱街、上地信息路、中关村壹号、温泉文体中心、五路居车辆段市政综合用地 6 个项目为试点，结合区域功能定位、建筑类型特点和业主实际需求进行整合设计，提出规划策略、公共空间展现形式和概念性设计方案。重点推进丹棱街规划设计方案和中关村大街规划方案的编制。

（代韧　张帆）

【“三规合一”①工作】　年内，区规划分局推进“三规合一”工作。与区国土分局合作，校核现状城乡建设用地，梳理存量空间资源，提出“两线三区”② 划定方案建议，尽量把国土利用规划中的建设用地纳入集中建设区，并协调区发改委把“十三五”时期拟建设的项目在集中建设区布局，初步实现“三规合一”。

（代韧　张帆）

【重点项目城市设计】　年内，区规划分局挖掘地域特色和空间内涵，对重要区域整体城市设计和重点项目建筑群体设计严格把关，提升城市空间形象品质，完成一批科技园区和保障性住房项目的城市设计方案，列入前期规划条件。

（代韧 张帆）

【玉泉山周边交通路网优化】　年内，区规划分局牵头开展玉泉山周边交通路网优化工作，督促相关单位加大拆除力度，从 2014 年至 2015 年底，共拆除影响环境的集体建筑 17.3 万平方米，对玉泉山周边地区环境优化工作形成推动。

（代韧　张帆）

【审批地名、核准建筑物名称】　道路命名（12 个）：清上园东路、门头馨园东街、门头馨园西街、门头馨园路、暂安处西街、暂安处南街、美林西街、翠湖南环路、翠湖北环路、玉津东路、画眉山东路、龙潭街。

建筑物命名（12 个）：宏达写字楼、实创智谷中心、实创汇智中心、实创新动力中心、学清嘉创大厦、天惠华科研楼、鼎臣世纪中心、常乐水安居、永定翠庭、未名视通研发楼、山樾嘉园、云谷科技中心。

（代韧　张帆）

土地管理

【概况】　2015 年，国土海淀分局完善土地利用布局，实施创新土地整治规划，加强土地节约集约利用，通过 2013 年度、2014 年度节约集约模范县（市）创建活动达标复核考核。加大耕地保护和违法占地查处力度，通过国土部 2014 年度卫片执法检查验收。推进不动产登记制度改革，成立海淀区不动产登记事务中心。全年受理政府信息公开申请 490 件，办理市、区人大建议、政协提案 13 件。接

① “三规合一”并非指只有一个规划，而是指只有一个城市空间，在规划安排上互相统一，同时加强规划编制体系、规划标准体系、规划协调机制等方面的制度建设，强化规划的实施和管理，将国民经济和社会发展规划、城市总体规划、土地利用规划中涉及的相同内容统一起来，并落实到一个共同的空间规划平台上，各规划的其他内容按相关专业要求各自补充完成，即为“三规合一”。

② “两线三区”即在北京市范围内划定城市增长边界和生态保护红线，将市域空间划分为生态保护红线区、集中建设区和限制建设区三大区域。

待来访群众96批次162人次，接收处理局长信箱47件次、区政府非紧急救助服务中心转办件119件次、区政府转办件94件次、市国土局转办件63件次，获得国土资源部“2011—2015年全国国土资源信访工作先进集体”称号。承担区级调研课题3篇、市国土局调研课题1篇，其中“创新‘三山五园’历史文化景区土地生态整治实施机制研究”获得区调研课题二等奖。

（詹旭）

【上庄镇高标准基本农田建设项目完成】 10月，海淀区第一个高标准基本农田建设项目——上庄镇高标准基本农田建设项目通过验收，完成“十二五”期间市政府下达的2000亩建设任务。该项目由国土海淀分局牵头，上庄镇政府承担，涉及上庄镇前章村、东马坊村、西马坊村、西辛力屯村和西郊农场5个权属单位。总建设规模2089.71亩，总投资预算600万元，审计决算580.14万元。整治工作于2014年3月启动，主要工程包括灌溉、排水和田间道路等。实施后有助于完善农田水利配套设施，提高田间道路等级，优化田间路网和灌溉系统，促进农业结构调整，增加农民收入。

（詹旭）

【土地规划】 年内，国土海淀分局推进海淀区土地利用总体规划调整完善工作，开展《海淀区土地利用总体规划（2006—2020年）》实施评价。海淀区创新土地整治规划实施机制工作取得系列成果，向市国土局上报《海淀区土地整治功能单元划定方案与技术说明》《海淀区土地整治功能单元规划编制审批管理若干意见》《七王坟村土地整治功能单元规划（2010—2020年）》《两山片区景观提升土地整治功能单元规划（2014—2020年）》；以土地整治功能单元规划为引导，同步实施“万亩良田”、乡村人居环境提升、山水林田湖综合整治、城镇更新、生态科技产业园区节地五大整治工程，起草《北部地区城乡建设用地增减挂钩项目整体实施方案》和《海淀区生态景观提升工程管理办法》；对五路居、东升等节约集约用地经验进行总结，编制创新土地整治典型案例手册。

（詹旭）

【土地供应】 2015年，海淀区土地供应分解指标142公顷，完成土地供应262公顷，其中建设用地138公顷、以征代划用地124公顷。完成大北农、航天天绘、高能时代在内的园区用地供应，大牛坊安置房、六里屯安置房、振兴安置房在内的保障性安居工程用地供应，以及星竹园商住地、中发展与软件园联合体多功能用地在内的平衡资金用地供应。保障性安居工程土地供应分解指标59公顷，其中公租房5公顷、安置房54公顷。达到土地供应标准的项目8个，面积约39公顷。其中公租房项目3个，土地面积约5公顷；安置房项目5个，土地面积约34公顷。2015年，国土海淀分局承担的供地任务促开工项目10个，投资额40.46亿元。计划内项目完成供地6宗，涉及投资30亿元；计划外项目完成供地2宗，涉及投资74.67亿元。加强土地批后监管，及时更新国土部土地市场动态监测与监管系统的数据。监查市局供应的项目用地153宗，监测上传292次；监查海淀区供应的项目用地151宗，监测上传436次。

（詹旭）

【土地征占】 年内，国土海淀分局共受理集体土地征收前期项目9件，拟征用集体土地面积216.16公顷，其中农用地62.22公顷、拟新增建设用地44.22公顷。取得征地批复的项目12件，批准征地面积203.31公顷，新增建设用地面积74.40公顷。完成征地结案12件，总用地面积143.67公顷，新增建设用地74.63公顷。

（詹旭）

【耕地保护】 年内，市政府与区政府、市国土资源局与国土海淀分局、区政府与山后四镇以及四镇与所辖各村分别签订2015年度耕地保护目标管理责任书。国土海淀分局配合区农委推进基本农田和耕地保护制度建设和奖励机制，并做好政策宣传。落实耕地“占补平衡”，解决翠湖D21、D22地块等8个项目20.66公顷耕地指标，向市财政缴纳耕地开垦费619.85万元。

（詹旭）

【土地储备开发】 2015年，海淀区在施土地一级开发与收储项目46个，面积262.94公顷（一级开发项目4个，面积100.04公顷；收储项目42个，面积162.9公顷），投资总额约11.28亿元。实现土地供应共计9宗，面积32.79公顷（含代征用地则为45公顷），建筑规模81.6万平方米，供地总价120.45亿元。其中，F1住宅混合公建用地1宗，商业金融用地3宗，教育科研用地4宗，绿地、道路1宗。海淀区土地储备分中心还款付息支出32.29亿元，完成预算额的98.5%；项目支出7.94亿元，完成预算额的16.32%；成本返还支出1.58亿元，完成预算额的5.6%。办结中关村创新园3-2-130地块等11宗地块的解抵押手续。学北项目、凤凰岭旅游设施项目、八家地区整体改造项目等一级开发项目的搬迁腾退、地上物清理和前期手续办理工作取得进展，安宁庄钢材市场项目和西北旺C2地块两个收储项目分别签订土地开发补偿协议。

（詹旭）

【地籍管理】 年内，国土海淀分局完成海淀区集体建设用地使用权确权登记发证。该项工作于2013年3月正式启动，历时两年，实际调查集体建设用地912宗，面积861.7公顷；完成确权246宗，其中完成土地登记45宗，登记率4.93%，登记面积68.74公顷；完成确权不发证201宗，面积259.12公顷，确权率22.04%。制发镇（村）土地管理控制图和海淀区土地管理控制图册，为各镇定制“镇级移动政务终端E人E本”，实现通过政务专网实时查看土地业务属性的功能。开展农村村庄地籍调查试点，完成苏家坨镇车耳营村全部外业调查及地籍测绘，车耳营村宅基地124宗，土地面积65825.95平方米；集体建设用地141宗，土地面积138175.61平方米。完成2014年度土地利用变更调查，2014年末，地区现状耕地面积2031.15公顷，比上年减少28.86亩；建设用地面积约25396.56公顷，比上年增加245.48公顷。

2014 年海淀区土地利用变化情况统计表

表 18 单位：公顷

地类	年初面积	年末面积	年内减少面积	年内增加面积	净变化量（负为减少）
耕地	2059.98	2031.15	28.86	0.03	–28.83
园地	2614.33	2557.2	57.13	0	–57.13
林地	10555.78	10440.92	114.86	0	–114.86
草地	49.76	47.25	2.51	0	–2.51
城镇村及工矿用地	24121.89	24316.59	0.1	194.8	194.7
交通运输用地	1544.61	1565.74	7.94	29.07	21.13
水域及水利设施用地	1666.33	1678.26	9.77	21.7	11.93
其他土地	464.19	439.76	26.59	2.16	–24.43
合计	43076.87	43076.87	252.87	252.87	0

（詹旭）

【土地执法监察】 2015 年，土地变更调查卫片执法检查前三季度涉及海淀区新增建设用地 215 宗，其中需查处的一般违法用地 91 宗。年内，推进京新高速路两侧、六环路高里掌桥历史遗留堆放渣土问题查处，大部分堆土完成清理，或按区政府审定意见整治，一名村级干部（东玉河村）被追究刑事责任。会同相关单位从 7 月 1 日至 8 月 20 日开展“严厉查处违法用地违法建设大干 50 天‘夏季专项行动’”，梳理历年未拆除整改的违法用地 103 宗，拆除整改到位 63 宗。会同区农委、区园林局制定实施农田和生态林补贴发放与土地违法查处挂钩机制，对未能及时整改新生违法用地、违法建设的镇村，扣减农林补贴，通过经济手段遏制新生违法用地。加强土地违法动态巡查，累计巡查 332 天，出动巡查人员 986 人次，发现集体、个人、公益等违法违规用地行为 163 宗。推进远程视频监控系统建设，安装 8 处网络摄像头，配备 5 台监控电脑和彩色显示器，视频监控系统稳步运行。

（詹旭）

【地质灾害防治】 年内，国土海淀分局于汛前对全区 33 处突发地质灾害隐患点进行排查，检修更换地质灾害提示牌和语音提示杆，举办地质灾害防治群测群防员培训班，开展地质灾害防治宣传。汛期会同相关单位联合发布蓝色地质灾害气象预警 4 次，黄色地质灾害气象预警 1 次。接到灾害险情报告 7 起，组织应急调查队展开应急处置。

（詹旭）

【不动产登记】 年内，国土海淀分局推动不动产登记制度改革，实现不动产统一登记职责机构整合和业务融合。开展数据整合工作，完成“户落幢”楼房 15107 幢，“幢落宗”4300 宗。11 月 9 日正式实施不动产登记颁证，至年底，共受理各类不动产登记业务 17150 件，完成复审 13955 件，颁发不动产权证书 11792 本。

（詹旭）

【土地登记】 年内，国土海淀分局办理国有土地使用权登记 895 件，涉及土地面积 459 公顷；办理国有土地抵押权登记 630 件，融资金额约 750 亿元。

（詹旭）

【土地行政审批制度改革】 年内，国土海淀分局对 43 项审批事项进行标准化制作，先期实现“一科受理”（即窗口受理、内部流转、科室审批）。配合海淀区模块化改革，将会商纪要作为用地预审前置条件，代替用地预审告知单和规划部门意见。推进 10 个并联审批试点项目的试运行，其中 6 个项目办结权属审查，1 个项目办结征地结案。

（詹旭）

【土地和不动产登记行政案件】 2015 年，国土海淀分局共办理行政案件 107 件（被告为市国土局的 93 件，被告为区政府的 13 件，以区储备分中心为第三人的 1 件），其中行政诉讼案件 75 件（一审案件 57 件、二审案件 18 件），行政复议案件 32 件。针对败诉案件增多的形势，国土海淀分局定期组织会商，邀请法律专家指导，开展专题培训，分析败诉原因，印发行政案件汇编，提高工作人员依法行政意识。

（詹旭）

【土地管理信息化】 年内，国土海淀分局依托市国土资源局“一张图”平台，初步建成具有海淀特色的“一张图”数据中心。“2014 年北京市国土资源综合监管平台升级改造项目海淀分局土地业务数据整理及关联服务”通过验收，形成系列数据成果。对各类业务事项和档案分析，确定可关联的土地业务事项 58 项，分组后汇总形成四大类土地业务。“海淀分局土地业务档案电子并档数据整理项目”通过验收，项目共完善 2014 年度 4228 件业务事项信息卡，实现业务事项与档案、业务事项之间的关联整合（预审、征地、供地、登记、抵押）。整理后形成 4228 个信息卡，与档案关联度达 100%，各环节业务数据关联度达到 89%。

（詹旭）

房地产业与市政设施建设

【北京昊海建设有限公司】 北京昊海建设有限公司是一家具有房屋建筑施工总承包一级资质、园林古建筑专业承包一级资质及部分专业承包资质的大型国有建筑施工企业。注册资本1亿元。

2015年，公司企业总资产64482亿元；总负债4.9214亿元，资产负债率由2014年的80.95%下降为76.32%；净资产（所有者权益）1.5268亿元（其中国有资产净资产1.5039亿元），国有资产保值增值率106.48%。利润总额1444万元，上缴税金2480万元。

年内，公司签订施工合同81个，累计新签合同额为19.1亿元。采购合同264个。

新开5项工程：教学楼工程（面积5835.9平方米，当年产值1795.9万元）、福泰花园普通商品住宅小区美林一期1.2工程（面积86821.55平方米，当年产值7044.31万元）、河北福泰花园普通商品住宅小区工程•美林一期1.1工程（面积72471.21平方米，当年产值3451.51万元）、河北安瑞嘉园一期10号-19号楼、21号-30号楼及地下车库（含桩基）工程（面积228928.69平方米，当年产值202.8万元）、建设盛景创业园（唐家岭产业项目）T01地块（面积75834平方米，当年产值12673.197万元）。

竣工9项工程：教学楼工程（面积5835.9平方米，总产值1795.9万元）、2009年新建密闭式清洁站工程（面积470平方米，总产值147.1万元）、华夏幸福城•朗园1号楼工程(面积36993.04平方米，总产值7908.15万元）、孔雀公馆1号-7号楼及地下车库工程（面积70099.06平方米，总产值15243.358万元）、A1号楼经济适用房等6项（中奥嘉园经济适用住房项目，面积44249.58平方米，总产值18661.7万元）、清河顺事嘉业危房改造项目(面积17747.55平方米，总产值5549.55万元）、空军北京军械修理厂17号18号19号楼（面积33116.29平方米，总产值9889.55万元）、园容景观零项维修工程（总产值145万元）、迁安天洋城4代项目商业1号楼（百货区域）1标段精装修工程（总产值405.87万元）。

2015年，公司承建的空军北京军械修理厂17号、18号、19号住宅楼被评为北京军区空军优质工程，福泰花园普通商品住宅小区一期1.2一标段被评为河北省结构优质工程，孔雀公馆一期1号、3号、5号楼被评为河北省结构优质工程。昌平区东小口镇贺村中滩村组团A地块重点村旧村改造项目一标段工程通过2015年度北京市结构“长城杯”及北京市安全文明工地验收。

4月，昊海公司被中华全国总工会及国家安全生产管理总局评为2014年度全国“安康杯”优胜单位。

（祝小胜）

【北京海开房地产集团有限责任公司】 2015年，集团公司实现利润总额1287万元，同比减少77.75%，其中归属母公司所有者的净利润479万元，归属母公司净资产收益率0.64%，营业利润率-20.53%。

苏家坨公共租赁房、经济适用房项目 截至年底，苏家坨公租房、经适房项目现场进行项目维保工作，完成工程竣工资料移交，并撤销现场办公室。底商由北京住房保障投资中心进行招商，警务办公室、居委会、社区卫生服务中心等相关配套工程投入使用。

清河龙岗路25号公共租赁房、敬老院和幼儿园代建项目 截至年底，公租房项目完成两年项目维保工作，并移交给建设单位。敬老院项目完成项目结算审计，项目总投资控制在概算范围内，敬老院完成两年项目维保，并移交给建设单位。幼儿园项目完成项目结算审计，项目总投资控制在概算范围内，项目维保至2016年7月底结束。

唐家岭回迁楼代建项目 截至年底，完成唐家岭产业项目——盛景创业园T01地块地上结构7~9层；T03地块结构全部封顶。

四川成都双流项目 2015年，公司研究决定转让海开股份公司所持的成都海润公司全部股权（51%），同时收回全部债权投资。年内进行成都海润公司资产评估的核准工作，待核准工作完成后在北交所挂牌转让。

凤凰岭土地一级开发整理代建项目 截至年底，完成上报项目上水三步走方案并获得区政府批示；完成电力方案，将管井改为电力方沟并取得规划成果；完成污水下游汇入南沙河改造工程，解决项目污水排放事宜，获得区政府批示；完成项目内五条道路方案在市规划委上会工作；原市政方案为通过翠北道路解决项目及周边的大市政需求，前期各项工作稳步推进并取得相应成果，9月24日根据北部联合会议精神，项目大市政方案因聂各庄定为保留村的原因发生重大变化，无法短期完成拆迁工作，因此需对大市政方案进行绕行调整，调整方案编制完成并上报。

棚改项目 完成12个“城中村”项目委托拆迁管理协议的签订。完成其中5个项目共82户（白石桥105车站项目2户，西客站八支会项目43户，中央团校南墙外项目3户，西四环东侧五路居项目1户，阜南西平房项目33户）的拆迁管理任务，并完成拆迁场地交接。其余7个“城中村”项目均取得不同程度的进展。笑祖塔院项目开始拆迁、评估公司招标相关工作。确定主要低效棚改项目实施项目范围，梳理出81个项目。从国盛咨询公司取得81个项目前期调查数据，并进行项目资金、安置房面积需求测算工作。

（王智）

【北京海融达投资建设有限公司】 北京海融达投资建设有限公司注册资金3800万元人民币，是海淀区政府直接投资组建的国有独资企业，为海淀区基础设施、园林、水务等城市建设的投资主体。2015年，公司承担的建设任务共计

35项，投资任务23.5亿元。实现投资41.1亿元，其中征地拆迁34.75亿元、工程4.45亿元、专项补助资金1.9亿元。完成宅基地拆迁11户，单位拆迁40个，拆除房屋建筑面积约7.28万平方米，伐移树木6.5万株，征地约850亩；完成污水管线7.78千米，跨河桥梁1座，拆改供电线路5.02条/千米，拆改电信线路429条/千米，改移电力管井5.6孔/千米。

2015年新开工项目10项：翠湖南路道路配套管线工程、上庄东路道路配套管线工程、翠湖东路道路配套管线工程、京包高速公路边土堆边坡生态防护治理工程、韩家川污水治理及生态整治工程、玉泉新村南一街市政道路工程、沙窝街道路工程、香泉路、天秀路西段、中央党校北门跨河桥改扩建工程。

完工项目共4项：八家南北线道路及市政配套工程、中央党校北门跨河桥改扩建工程、京包高速公路边土堆边坡生态防护治理工程、中坞村回迁房周边道路工程。

（郭欣）

【八家南北线道路及市政配套工程】 2011年8月开工建设，2015年1月完工通车。八家南北线道路及市政配套工程（包括跨河桥、人行天桥、道路及雨污水等）南起月泉路，向北上跨五环路、清河，与毛纺路顺接，道路全长1443.66米。由北京海融达投资建设有限公司负责建设，北京市公路桥梁建设集团有限公司施工，北京市市政工程设计研究总院有限公司设计，北京四方工程建设监理有限责任公司监理。

（郭欣）

【中央党校北门跨河桥改扩建工程】 4月开工建设，8月完工。该项目原跨河桥位于中央党校北门，上跨清河，连接中央党校及家属区。桥南侧为五环路及五环辅路（五环北侧辅路为滨河路，五环南侧辅路为上河沿路），北侧为滨河公园及巡河路，工程对北门跨河桥（彩虹桥）进行机动车、非机动车分离改造。桥梁扩建工程主要在原桥两侧各新建一座长62米、宽3米的新桥，实现人车分流。由北京海融达投资建设有限公司负责建设，北京京水建设集团有限公司施工，北京市市政工程设计研究总院有限公司设计，北京燕波工程管理有限公司监理。

（郭欣）

【京包高速公路边土堆边坡生态防护治理工程】 6月开工建设，8月完工。京包高速弃渣区边坡绿化分为四个施工区，土堆为开采、开挖后的废弃渣石堆砌而成。京包土堆边坡生态治理工程需要在满足边坡生态防护治理的基础上，在1号土堆和2号土堆的观赏面，增加纪念抗战胜利70周年活动宣传内容，包括祥云图案、文明海淀标识、中关村双螺旋标识和相应的宣传标语，使京包土堆边坡治理工程不仅在生态防护上达到基本要求，也成为京包高速沿线海淀区段的一处宣传阵地。工程采用德国MST公司草毯生产工艺，具有环保、保水、护坡、固土、抑制扬尘等优点。由北京海融达投资建设有限公司负责建设，北京格润雅园林景观工程有限公司施工，北京绿城怡景生态环境规划设计股份有限公司规划设计，北京致远工程建设监理有限责任公司监理。

（郭欣）

【中坞村回迁房周边道路工程】 2014年4月开工，2015年12月完工。中坞村回迁房周边道路规划为城市支路，设计时速40千米，道路全长为1384.93米，包括北坞嘉园西小街、北坞嘉园南小街和北坞嘉园北小街（茶棚西街）三条路。北坞嘉园西小街南北走向，南起闵庄路，终点与规划的北坞嘉园北小街相交，道路全长739.51米，规划红线宽25米。北坞嘉园南小街（茶棚西街）东西走向，西起北坞嘉园西小街，东至茶棚路，道路全长为325.42米，规划红线宽20米。北坞嘉园北小街为东西走向，西起北坞嘉园西小街，东至茶棚路，道路全长为320米，规划红线宽30米。由北京海融达投资建设有限公司负责建设，北京四达基业市政建设工程有限公司施工，中国市政工程东北设计研究总院设计，北京百城建筑工程监理有限责任公司监理。

（郭欣）

【资质审核备案】 年内，区住房城乡建设委对房地产企业暂定级资质核定11家、暂定级升四级核定2家、四级资质重新核定15家；暂定级延续审核12家，一、二、三级资质初审5家。对2014年底申报的30项资质申请进行审查，对其中的27项申请给予行政许可。海淀区有房地产开发企业391家，其中一级资质18家、二级资质22家、三级资质17家、四级资质180家、暂定资质154家。有建筑施工企业和新兴专业化工程企业1220家，其中特级企业1家、一级企业122家、二级企业200家、三级企业821家、不分等级企业76家。

（张杨）

【招标发包备案552项】 年内，区住建委办理招标备案和直接发包备案552项，投资总额1117亿元。其中，招标备案524项，包括建安127项、装修153项、市政76项、拆除3项、评估3项、建筑智能化2项、监理160项；直接发包备案28项，包括施工直发包15项、监理直发包13项。

（赵子翰）

【二级建造师初始认定】 年内，区住建委办事大厅办理建筑业企业资质变更共509项；办理房地产开发企业资质变更16项。办理二级建造师初始注册833人；变更注册1076人；增项37人；注销450人；重新注册494人；延期注册232人；遗失补办24人。办理建筑节能专项验收备案共56项。受理建筑工程竣工备案116项。办理起重设备使用登记备案445项，办理起重设备登记备案18项。办理拆除工程备案5项。

（李向红）

【办理76项施工许可】 年内，区住建委办理施工许可证76项，总投资71.67亿元，建设面积313.29万平方米。其中房建工程38项，建设面积143.88万平方米；装修工程35项，建设面积167.49万平方米；市政工程3项，道路及各种综合管线总长1.92万米，办结率100%。

（赵子翰）

【工程竣工验收备案110项】 年内，区住建委办理工程竣工备案项目110项，建筑单体共计410个。其中：房建75项，建筑面积316万平方米；装修27项，建筑面积33万平方米；市政8项，工程造价5330万元。

（卞丽宏）

【商品住宅项目备案2项】 年内，区住建委完成建设方案备案2项，总建筑面积48.29万平方米，配建配套公共服务设施：幼儿园（1所）3400平方米，学校（1所）24706平方米，社区卫生站416平方米，社区办公和服务用房1050平方米，文体活动站2609平方米。

（卞丽宏）

【新注册房建工程176项】 年内，全区新注册房建工程176项，单体631个，面积512万平方米，其中市政工程27项，单体66个，总投资156338万元；办理竣工验收的竣工房建工程105项，面积280.7万平方米；市政工程3项，总投资8317.65万元。

（张宏宇）

【施工现场444个】 年内，全区有施工现场444个，面积2497万平方米。其中一般建筑工程392个，面积2452万平方米；地铁工程21个标段，面积37.2万平方米；市政工程31个，7.8万延米。

（张宏宇）

【检查施工现场】 年内，区住建委检查施工现场7820个次，责令整改隐患14150条，实施行政处罚123起，罚款540.7万元，处理劳务讨薪纠纷20起，涉及1410余人、金额3570万元。

（张宏宇）

【房地产开发建设】 年内，全区完成社会固定资产投资870.5亿元，同比增长3.4%，其中房地产开发投资249.8亿元，同比增长14.5%。住宅投资147.0亿元，同比增长23.2%。建筑业总产值1649.9亿元，同比增长8.0%，其中竣工产值647.1亿元，同比下降9.0%。建筑业竣工面积1793.6万平方米，同比下降12.3%。房地产业房屋施工面积954.6万平方米，同比下降5.7%，其中住宅465.3万平方米，同比下降16.8%；办公用房144.0万平方米，同比增长24.9%。在房屋施工面积中，新开工面积200.8万平方米，同比增长62.8%；竣工面积194.9万平方米，同比下降14.1%，其中住宅面积88.3万平方米，同比下降44.3%；办公用房面积30.8万平方米，同比增长97.0%。商品房销售面积70.8万平方米，同比增长53.2%。商品房销售额252.0亿元，同比增长35.7%。

（赵琴）

【固定资产投资】 年内，由区住建委主责的全社会固定资产项目共四大类（保障房、商品房、老旧小区改造、市政基础设施）、91项，年度计划投资241.53亿元，实际完成投资256.97亿元，占全区总投资额的29.4%；超额完成15.44亿元，完成率106.4%。

（武东生）

【道路建设】 年内，全区完成或基本建成通车西北旺南路、沙窝街东段、北坞嘉园西小街、中央党校北门跨河桥等14条市政工程，新增城市道路里程约16千米；推进地铁16号线、有轨电车西郊线、6号线西延线建设。

（武东生）

【重点建设项目】 年内，全区重点建设项目118项，其中续建项目93项，计划新开工25项。实现新开工项目15项。项目共完成投资额499.5亿元，超出年度计划69.8亿元，超额16.2%。

（武东生）

【北部地区绿色建筑标准建设】 年内，区住建委多次召开工作协调会，深入北京中科飞鸿科技有限公司等企业进行绿色建筑政策宣贯、业务指导、问题答疑等服务工作。全年组织12个项目的绿色建筑设计方案预评审，建筑面积310.85万平方米。其中达到三星级绿色建筑标准的项目1个，达到二星级绿色建筑标准的项目9个，其余2个项目达到一星级绿色建筑标准。协同技术依托单位，指导实施永丰产业基地（新）C4C5公租房、C2棚改安置房、北京京粮置业有限公司田村安置房、西三旗科技园配建公租房等重点项目的绿色居住区规划、设计。

（孙剑锋）

【建筑节能备案】 年内，区住建委办理建筑节能专项验收备案85项，收缴“建筑节能与发展新型墙体材料专项基金”（36项）1929.58万元，收缴“散装水泥专项资金”（36项）127.85万元，收缴率100%。墙体基金完成退费20项，退费总金额703.84万元。

（孙剑锋）

【老旧小区综合整治】 截至年底，海淀区完成老旧小区改造项目共计233.9万平方米，涉及403幢楼，涉及居民30976户，超额完成市重大办下达的222.84万平方米任务，完成率105%。

（琚亚平）

【棚户区改造】 2015年，海淀区棚户区改造和环境整治项目共完成8573户，改造面积88.9万平方米。其中一亩园1482户，京昌路楔形绿地1079户，学院路北端92户，苏州街一体化项目8户，八支会136户，东钓鱼台1号楼南北楼72户，增光路21号甲乙楼76户，橡胶五金厂1号楼48户，万寿路西街210户，北京大学校内平房区项目149户，抗震加固及节能改造项目4990户，简易楼项目231户。

（王庆增）

【征收拆迁】 年内，海淀区完成征收、拆迁和腾退项目31个（其中拆迁28个、腾退1个、协议搬迁2个），累计完成住宅5249户（其中拆迁574户、腾退4464户、协议搬迁211户）、非住宅125个（其中拆迁15个、腾退80个、协议搬迁30个），总建筑面积1345424.29平方米。

（高传辉）

城市管理与服务

2016
北京海淀年鉴

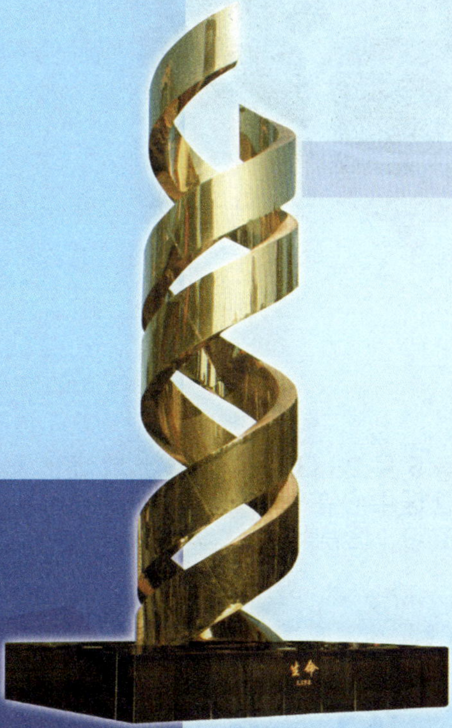

1月20日，北京邮政首家校园邮e站亮相中国地质大学（中国邮政海淀区分公司 供图）

4月22日，区城管执法监察局检查规范施工工地管理（区城管执法监察局 供图）

5月28日，区房屋土地经营管理中心在管家岭举办房屋防汛演习（区房地中心 李萌 摄）

6月19日，西北旺镇唐家岭地区拆违现场（区城管执法监察局 供图）

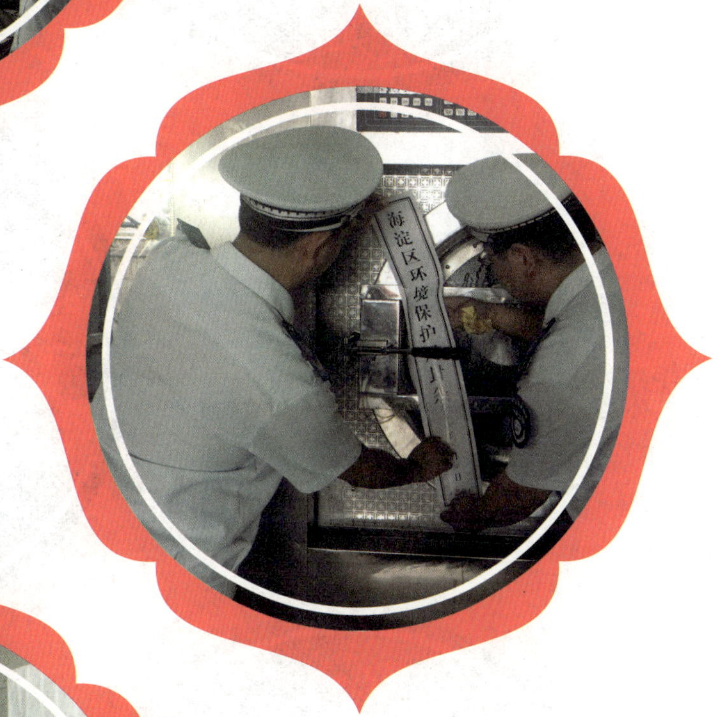

8月4日，区环保局查封违法企业排污设施（区环保局 供图）

8月26日，区城管执法监察局检查餐饮企业燃气安全管理情况（区城管执法监察局 供图）

9月1日，区城管监察执法局拆除地铁周边假冒公益广告牌（区城管监察执法局 供图）

10月15日，海淀供电公司工作人员吊装综合控制箱（海淀供电公司 王长明 摄）

11月2日，北京第二炮兵预备役海淀地震应急救援队成立暨授旗仪式举行（区地震局 供图）

12 月 2 日，海淀交通支队开展“122 全国交通安全日”主题宣传活动（海淀交通支队 供图）

海淀环卫中心对密闭式清洁站、转运站实施延时作业，确保垃圾日产日清（海淀环卫中心 供图）

海事执法人员检查船舶安全（海淀运管处 供图）

田村城市休闲森林公园建成，面积 8.67 公顷（区园林绿化局 供图）

区食药监局惩治非法盒饭黑窝点（区食药监局 供图）

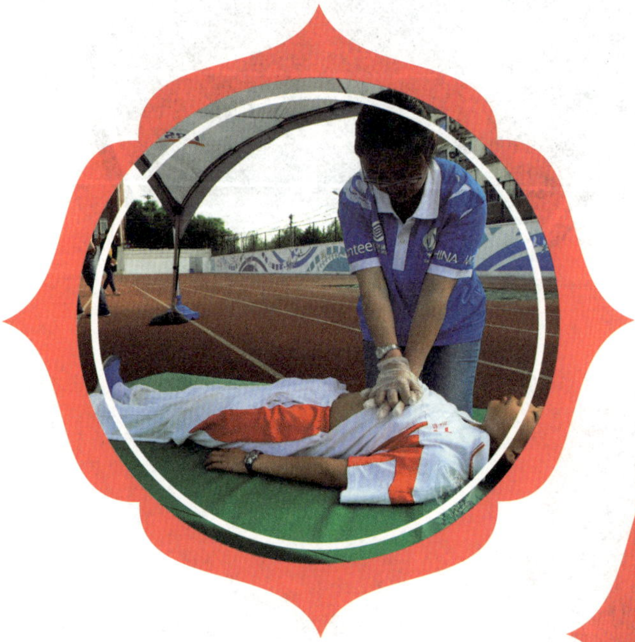

人大附中二分校举行预防地震应急演练（田峰 摄）

施工中的西山国家森林公园北岭大梁防火道路工程（西山国家森林公园 供图）

7月17日，杏石口路道路积水抢险（区水务局 供图）

3月3日，市水务局到海淀区专项调研2015年首都生态文明和城乡环境建设动员大会精神落实情况（区水务局 李浩 摄）

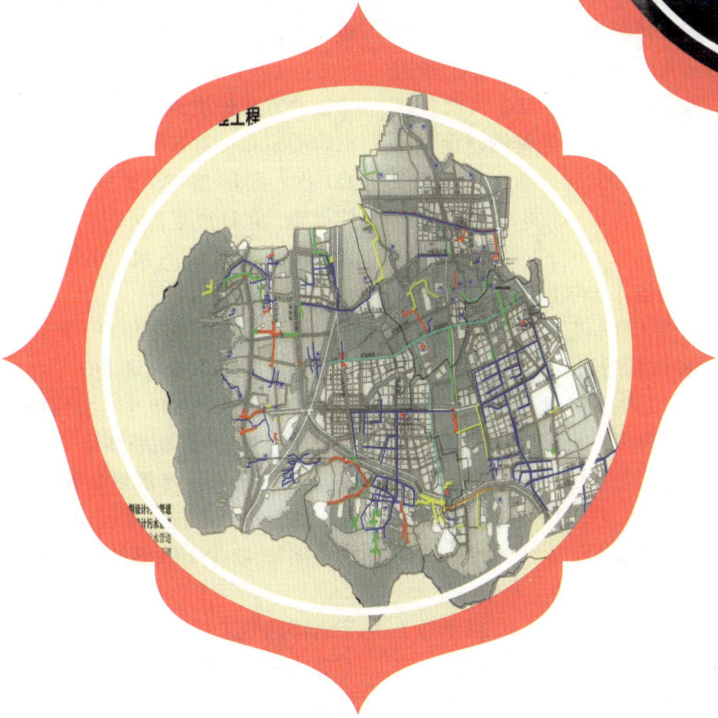

南沙河流域污水治理工程示意图（区水务局 供图）

公用事业和市政设施管理

【概况】 2015年，区市政市容委（交通委）直接管养城市道路631条，长度530.54千米，面积841.61万平方米。审批掘路许可44件，恢复占掘路面积1.1万平方米。全年处理道路违章案件49起。全年道路移交接养面积约10.5万平方米。完成市、区督办项目“液化气下乡”工作，开户24916户，换瓶78814瓶。信息平台接纳信息载体为“12319”城市管理（首都环境建设）热线业务系统、城管指挥中心、非紧急救助中心、市长热线和24小时热线，全年共处理报件3600件，全部给予及时处理和回复。

区属道路大中修工程一览表

表19

序号	道路工程名称	所在地区	道路起止点
1	海淀区2015年买卖街道路大修工程	香山	香山公园东门—杰王府路
2	海淀区2014年太平路道路大修工程	万寿路	玉泉路—西翠路
3	六里屯南路中修工程	西北旺	永丰路—亮甲店路
4	翠微路中修工程	羊坊店	复兴路—万寿路

（张中静）

【占压管线整治】 4月，区市政市容委对辖区内地下输油管线、天然气管线、高压管线等存在的占压隐患问题进行梳理，有占压管线隐患共435处。年内任务为115处(其中城镇燃气管线占压111处，油气管线占压4处)，重点任务为整治26处重大隐患。区市政市容委与相关单位，12个街镇多次协调，排除重大隐患8个、较大隐患7个、一般隐患3个，累计拆除违法建设3200平方米，疏散人员230人，关闭非法违法建设单位2家。26处重大隐患完成销账手续9处，正在办理销账与降级手续14处，3处正与管道权属公司协商办理。

（张中静）

【燃气安全宣传】 6月2日—5日，区市政市容委会同市燃气集团四、五分公司分别在北太平庄、中关村、花园路、学院路、羊坊店等街道开展海淀区“安全月”燃气安全进社区宣传活动，500余人次参加。其中，组织燃气安全知识大讲堂6场，350余人次参加；入户巡检24户，解答居民有关燃气的安全问题；组织居民观看燃气安全宣传展板，发放燃气宣传材料560份。7月13日—17日，区市政市容委与燃气集团五分公司组织“安燃杯”燃气安全知识竞赛。25个街镇代表队，共计300余人参加。通过竞赛，让辖区居民了解燃气安全常识。苏家坨镇获得竞赛一等奖。

（张中静）

【道路防汛】 年内，区市政市容委养路队对所管辖的地下管线、排水井、水篦子进行清掏。进入汛期以后，出动道路巡查、抢险维修人员2600人次，巡查抢险车辆690台次，处置维修塌陷、水毁等道路险情95起，维修道路面积875平方米。

（张中静）

【户外广告整治】 年内，为迎接冬奥环境评估保障工作，区市政市容委组织相关街镇和城管等部门对市级上账的广告牌匾64处共计74块进行整改。北京田径世锦赛期间，开展马拉松沿线广告牌匾整治工作，对上账违规广告37处组织实施整改。在全区范围内开展电子显示屏的专项整治。全年完成市级广告整治台账72处115块的整治。

（张中静）

【景观照明】 年内，区市政市容委完成28处重点地区景观照明设施的更新。对管理范围内的257处建筑物进行拉网式安全隐患排查，建立基础设施台账，及时解决管理范围内高空坠物、漏电打火等各类安全隐患60余处。在重大节日期间，安排巡查单位出动巡查人员322人次，车辆164辆次，对夜景照明设施进行巡查，全年亮灯时间达到397小时，重大节日的亮灯率在95%以上。

（张中静）

【公益宣传设施维护】 年内，区市政市容委发布公益宣传35项，更换画面221次，面积29776平方米。对公益宣传设施，除日常巡查外，共重点巡视41天，出动人员82人次、车辆41辆次。

（张中静）

【供暖工作】 截至年底，区市政市容委累计办理单位备案证267个、居住小区锅炉房备案证535个、公建锅炉房备案证18个、直燃机备案证3个、换热站备案证36个、水源热泵备案证1个。其中，新办理单位备案证24个、锅炉房备案证42个、换热站备案证3个。

（张中静）

【老楼通气工程】 年内，区市政市容委完成紫竹院街道、万寿路街道54户的老楼通气工程。老楼通气是2009年—

2010年市政府惠民工程，由于产权、气源、拆迁、纠纷等原因，部分居民户未能通气。

（张中静）

【燃气安全监管】 年内，区市政市容委对辖区18个燃气行业的窗口单位进行集中检查。假日期间，区市政市容委会同区安监局、区商务委、区旅游委、区质监局、消防支队以及羊坊店街道、北太平庄街道、万寿路街道、紫竹院街道、北下关街道等相关单位对重点生产经营单位开展安全生产联合检查。对辖区的9个区属液化气站、10个市属液化气站的安全设施、安全管理、液化气瓶质量、人员值班、工作人员入户安全检查等情况进行抽查。

（张中静）

市容环境

【概况】 区城乡环境建设办公室负责海淀区市容环境综合整治工作。2015年，区市政市容委推进市区两级台账环境脏乱点整治、京新高速沿线环境整治、20条背街小巷环境整治等工作，加强环境秩序专项考核，研究建立综合性城市管理指标体系，完成中国人民抗日战争暨世界反法西斯战争胜利70周年北京市纪念活动、世锦赛马拉松比赛沿线的安全和环境保障工作。

（张中静）

【环境脏乱点整治】 年内，依据首都环境办公室下发的12批次市级脏乱点台账，区城乡环境建设办公室对脏乱点进行分类，明确责任单位、治理标准和完成时限。前10批台账共646处环境脏乱点全部由相关街镇和执法部门赴现场进行核实整治。区城乡环境建设办公室每日组织对所有街镇环境进行检查，建立区级脏乱点整治台账，并交由各街镇和相关责任部门进行处置，共治理市级台账外环境问题21260个。各街镇、城管、交通、园林等职能部门根据辖区特点和各自职责分别建立脏乱点位台账，进行全面治理。

（张中静）

【综合性城市管理指标体系建立】 年内，区城乡环境建设办公室结合全国文明城区指标要求，在原有分级分类管理机制的基础上，整合市级部门对城市环境与秩序检查考核的指标任务，建立涵盖城市环卫保洁、园林绿化、交通秩序、经营秩序、市政设施等领域，覆盖城中村、老旧社区、背街小巷等区域的，条块责任明晰的综合性城市管理指标体系。该体系包括现行的城乡环境综合考评、全国文明城区考核测评体系和网格化城市管理专项考评体系3个方面的考核评价指标。环境综合指标体系设置5个一级指标：市容环境、生态环境、秩序环境、设施环境和老旧社区环境。16个二级指标：市容环境含环境卫生管理和广告牌匾标识管理2个二级指标；生态环境含园林绿化管理、水系管理、工地管理和建筑垃圾管理4个二级指标；秩序环境含经营秩序、交通秩序和其他秩序3个二级指标；设施环境含道路及附属设施、交通设施和服务设施3个二级指标；老旧社区环境含社区卫生、社区秩序、绿地和其他4个二级指标。二级指标下设37项三级指标。指标共涉及18个部门，包括行业管理部门14个，执法单位6个。区市政市容委委托第三方机构，将考核评价延伸至全区634个三级网格，将各街镇每个三级网格每个指标得分情况进行综合汇总，作为各街镇环境综合考核得分的主要依据，加强对各街镇和相关行业管理部门的考核评价。将首环办、城市管理工作例会等下发的脏乱点，以及市级媒体曝光的环境问题纳入考核。加强对各街镇环境工作的责任追究力度，由区监察局对排名靠后的街镇主管领导进行约谈。

（张中静）

【环境秩序专项考核】 年内，区城乡环境建设办公室按照《海淀区环境秩序专项考核办法》和道路分级分类管理标准，通过对辖区环境秩序情况的检查，对各街道办事处、镇政府组织、统筹、协调城管监察大队、公安分局、交通支队，针对无照经营、违章占道、户外广告、非法运营、非法小广告及其他六大类26项环境秩序问题执法的工作情况和效果进行考核，共发考核通报10期。

（张中静）

【“9·3”阅兵沿线环境综合整治】 年内，区城乡环境建设办公室完成阅兵纪念活动涉及的复兴路、京新高速、京藏高速、五环路、六环路、沙阳路、西三环、西四环、紫竹院路、西直门外大街、万泉河路、圆明园西路、永丰路、北清路、温阳路、莲花池东路、莲花池西路、莲石东路、阜石路共19条道路的环境整治和服务保障，拆除违法建设十余处，面积7.6万平方米；拆除违法广告牌匾十余处；清理治理渣土7处、74万立方米，对10万余平方米渣土堆表面采取铺设草毯方式进行生态防护治理；实施绿化16.68万平方米，栽植林木2.3万株。

（张中静）

【世锦赛马拉松沿线环境保障】 2015年北京田径世锦赛马拉松全长42千米，途经海淀区19.8千米，涉及9个街镇和12条道路。区城乡环境建设办整治完成世锦赛马拉松比赛沿线环境保障，拆除违规广告牌匾42块、1.65万平方米；拆除字幕机33块；清理窗贴67处、条幅30余处；清理垃圾渣土及堆物堆料5车；规范门前“三包”243处；清理沿街晾晒10处；油饰围栏200延米、配电箱及电线杆62处；粉饰围墙围挡320平方米；在11座过街天桥和13处栏杆上设置世锦赛硬质横幅850平方米。

（张中静）

【京新高速沿线环境整治】 年内，区市政市容委协调首发集团、实创公司、西山农场、区园林绿化局、区水务局 、西北旺镇、上庄镇等单位，对京新高速沿线环境进行整治，拆除违法建设 7.6 万平方米，治理渣土堆 7 万立方米，绿化近 17 万平方米。

（张中静）

【20 条背街小巷环境整治】 背街小巷整治被列为市、区级重点以及实事折子任务。年内，区城乡环境建设办公室制定《2015 年背街小巷环境整治工作方案》，明确责任部门、整治标准和完成时限。年内确定的 20 条背街小巷环境整治项目全部完成。

20 条背街小巷环境整治项目一览表

表 20

序号	项目名称	起止范围
1	中国科技会堂北侧路	东至茂林居东路，西至茂林居西路
2	东翠路	南至复兴路，北至万寿路西街
3	万寿路东街	东至翠微路，西至万寿路
4	太平东路	东至翠微路，西至万寿路
5	美丽园东侧路	南至美丽园小区，北至彰化路
6	大柳树西一街	东至大柳树路，西至大慧寺北路
7	黄亭子路	南至北三环，北至建安西路
8	云会寺路	南至彰化路，北至紫竹院路
9	大钟寺北路	东至大钟寺东路，西至中关村东路
10	安宁庄西一条	东至安宁庄西路，西至安宁庄路
11	前八家路	东至双清路，西至京包铁路
12	文慧园西路	南至北二环，北至学院南路
13	美丽经典北侧路	东至海淀知识产权法庭，西至平房区
14	亮甲店路	南至八里庄路，北至玲珑路
15	安宁庄西二条	东至安宁庄西路，西至安宁庄路
16	海淀路	东至中关村北大街，西至颐和园路
17	农大家属院东侧路	南至石板房路，北至农大家属院
18	滨翠路	东至西三环，西至蓝靛厂南路
19	二河开路	东至中关村北大街，西至五环林地
20	双翠路	东至定慧寺东路，西至西翠路

（张中静）

房屋管理

【概况】 2015 年 6 月，海淀区房屋管理局调整为处级区政府工作部门，挂住房保障和改革办公室牌子。所属事业单位 14 个，其中 13 个全额拨款事业单位，1 个自收自支事业单位。

年内，海淀区房屋管理工作继续做好保障房配租配售，配售经济适用住房 321 套，配售自主型商品房 711 套，发布限价商品住房房源 4598 套，发布公共租赁住房房源 12346 套，发放租金补贴 7200 万元。清理整治散租住人地下室 135 处，清退人口 7117 人。推动 241 个老旧小区开展自我服务管理。持续开展物业服务质量提升年活动。履行对房地产经纪机构的监管职能，开展房屋管理网格化试点。

（沈鑫）

【北京市海淀区房屋土地经营管理中心】 北京市海淀区房屋土地经营管理中心为自收自支事业单位，下属 10 个单位。

直管公房管理。2015 年，中心直管公房面积 162.7 万平方米，包括高层楼房 48 幢，多层楼房 312 幢，简易楼 9 幢，平房 3709 间，实收租金面积 38.4 万平方米。开展老楼危楼安全排查。完成租赁变更审核 29 件。处理一亩园直管公房拆迁改造项目。与区法制办配合协调处理涉及直管公房租赁行政诉讼 8 件次。完成辖区 87 部电梯、26 处泵房的检查及日常维修保养。完成三虎桥首体宿舍异地安置，解决三虎桥首体宿舍汛期被淹问题。

防汛工作。汛期组建抢险队 6 支，共计 105 人。抢险物资运输车 13 辆、水泵 32 台、浮艇泵 6 台、发电机 6 台、编织袋 1300 条、砂石料 21.3 立方米。5 月 28 日，在管家岭举办房屋防汛演习，演习包括无线电对讲集结、危险木结构房屋加固、严重漏雨房屋苫盖及使用电泵、油泵、浮艇泵排除积水项目。7 月 9 日，在北太平庄分中心举办地下室倒灌紧急疏散演习。

供暖工作。自管供暖面积 315 万平方米，共管理锅炉房 30 处，其中燃气 28 处，燃油 2 处；运行锅炉 64 台，其中燃气 62 台，燃油 2 台。应急接管锅炉房 3 处（圆明园锅炉房、健翔园锅炉房、育英中学锅炉房），应急接管面积 15 万平方米。供暖收费综合收缴率 93%。完成苏家坨保障房小区燃气锅炉房的运行、维修、收费等工作，协调海开集团公司完成小区换热站及外网结算。

公租房筹集和管理工作。共筹集社会存量房源 923 套，其中在租 882 套，退租 41 套。整修房源 332 套。通过“海淀区筹集社会存量房源意向登记配租平台”配租 10 个批次，共计 66 套房源。对 869 套公租房提供巡查、续租、入住、退房、租金收缴等在内的后期服务，入户维修 211 次，共办理正常续租 155 件。

锅炉房煤改气工程。完成知春里锅炉房煤改气工程的后续工程改造和审计结算，完成二里庄锅炉房煤改气工程。

经营管理。审核出租房屋合同 86 件次，完成 105 处出租房屋的产权界定，对使用用途、租金、租期、房屋安全、权属等情况进行联合审查。接收区民防局地下人防工程 24 处，完善人防工程收费台账。完成朗润园锅炉房 BOT 项目工程建设，换热站设备于 10 月完成安装，总供暖面积 18.3 万平方米。推进羊坊店勘测处宿舍楼，万寿寺北里 1、2 号楼，翠微路 6 号楼等简易楼改造项目。房地中心下属惠恒基物业管理中心作为发起人与民营企业北京海德威机电设备安装工程有限责任公司、北京汉和鸿嘉科技有限公司共同出资设立北京海房新能源科技有限公司，并对中关村医院供暖锅炉系统进行改造。

下属事业单位改革转企工作。核查各类房产数据和资产状况，对房屋进行全面测绘，配合区财政、审计部门和中介评估机构完成资产清查、评估，汇总出具资产清查报告并上报。推进工商、税务登记和事业单位法人注销等改革转企基础工作。

简易楼和棚户区改造。推进羊坊店勘测处宿舍楼，万寿寺北里 1、2 号楼，翠微路 6 号楼等简易楼改造项目。配合区住建委开展棚户区改造任务，提供房屋管理清册，协助制定改造方案并全面统计改造范围内直管公房情况，落实各项前期准备工作。

（徐意）

【住房补贴工作】 3 月 15 日—6 月 15 日，区房管局联合区财政局、区审计局、区人社局、北京市住房资金管理中心海淀管理部等部门组成检查组，在全区范围内开展住房补贴常态化管理检查。10 月 27 日—29 日，分三批组织召开全区职工住房补贴常态化管理工作业务培训会，区属机关事业单位负责职工住房补贴申请审核和住房补贴开户交存及支取业务的工作人员，共计 600 余人参加会议。全年为近 400 家单位办理住房补贴事项变更备案，涉及职工 8705 人，涉及金额 2.4 亿元。

（蔡新颖）

【维修资金管理】 10 月 12 日—22 日，区房管局联合区审计局、北京市住房资金管理中心海淀管理部、局物业管理科、鉴定站、属地管理所等部门，针对部分已申请使用售后公有住房住宅专项维修资金的产权单位和相关物业的申请资料、施工过程中的文字图像影像记录、维修资金的专款专用情况、竣工验收、维修保养记录等进行现场检查。针对检查中发现的问题，责令产权单位进行整改。年内，有 15 家企业支取售后公有住房住宅专项维修资金 150.33 万元，主要用于电梯更新维修、楼面及屋顶防水维修等事项。

（蔡新颖）

【房屋登记职能划出】 10 月，区房管局房屋登记职能划转至北京市国土资源局海淀区分局。截至 9 月底，共办理各类房屋登记业务 90211 件，其中所有权登记 51143 件、抵押权登记 38437 件、预告登记 99 件、其他登记 532 件。受理中央国家机关在京企事业单位房改售房登记 1515 件、北京市企事业单位房改售房登记 648 件。

（刘宇思）

【提高市场租房租金补贴标准】 11 月 27 日，区住建委（房管局）发出通知，提高海淀区市场化租赁补贴标准，同时公布不同区域核定的租金标准。此次市场租房补贴的准入门槛，家庭收入这项条件的标准与公租房补贴标准一致，即申请当月前 12 个月的人均月收入，1 人家庭不高于 5000 元，2 人家庭不高于 3200 元，3 人及以上家庭不高于 2400 元。3 人及以下家庭总资产净值 57 万元及以下，4 人及以上家庭总资产净值 76 万元及以下，申请家庭成员在本市均无住房。补贴标准采用按收入分档补贴，最高一档能补贴租金的 95%，最低一档也能补贴租金的 20%。

（钟冷）

【保障房轮候家庭买房可领补贴】 11 月 27 日，区住建委（房管局）公布解决轮候家庭的一揽子方案。根据方案，2015年12月1日至2017年11月30日，海淀区的经适房、限价房备案家庭，在海淀区范围内自主选购新建普通商品住房或存量住房一套，或在海淀区范围以外自主选购新建普通商品住房、自住型商品住房、存量住房一套，都可获得一次性补贴。配售一居室的经济适用住房备案家庭购房货币补贴每户25万元；配售两居室及以上的家庭，每户29万元。配售一居室的限价商品住房备案家庭购房货币补贴每户19万元；配售两居室及以上的家庭，每户22万元。已领取购房货币补贴资金的经济适用住房、限价商品住房备案家庭视同已保障，不得再次享受其他形式的住房保障。在北京市范围内购买经济适用住房或限价商品住房的家庭，不享受购房货币补贴政策。

（钟冷）

【信息化系统建设】 年底，海淀区公共租赁后期运营管理系统、海淀区公共租赁住房实时配租系统投入使用。公共租赁住房实时配租系统配租1次，涉及4个项目，共113套房源，807户保障家庭参与，入住保障家庭93户。

（胡梦頔）

【保障性住房配租配售】 年内，区房管局完成保利芳园经济适用住房、环保嘉苑自住型商品房购买意向登记、配售摇号、选房工作，分别配售房源321套、711套；开展第九批限价商品住房购买意向登记，提供房源1335套；完成海淀区第十三批公共租赁住房租赁意向登记和配租摇号，提供房源2385套；启动管庄北二里等7个公共租赁住房项目租赁意向登记，提供房源9961套；启动海淀区第十批限价商品住房购买意向登记，提供房源3263套；启动海淀区经济适用住房、限价商品住房购买意向预登记。

（谌业美 刘娟）

【公共租赁住房房源筹集】 年内，通过趸租辛店地区农民富余回迁安置房，筹集房源350套，通过市场化模式筹集房源436套。

（李炳倩）

【保障性住房资格审核】 年内，区房管局受理保障性住房新申请家庭1742户，申请资格解锁647户次，通过市级备案新申请家庭1379户，完成各类型保障性住房变更2789户次，终止廉租住房、经济适用住房、限价商品住房、公共租赁住房资格13973户次。完成社会存量房源配租家庭资格审核763户次。复核经济适用住房申请家庭1820户，限价商品住房申请家庭6650户，公共租赁住房申请家庭2472户。另复核廉租实物配租家庭年度653户，复核入住公租房的廉租资格家庭275户，复核公租房租赁合同到期家庭资格362户，海淀区中国铁建环保嘉苑自住型商品住房申购登记家庭1546户。

（史周青）

【保障性住房监督管理】 年内，区房管局推进保障房后期监督管理制度化，规范保障房住房后期管理费用支付、物业企业培训考核、租金催缴、租务管理等工作流程，制定管理规程。受理已购经济适用住房满五年放弃回购申请419件，出具上市意见414份。

（吴梦）

【保障性住房租金补贴发放】 年内，海淀区为苏家坨C02（同泽园西里）等16个公租房项目的2590户家庭发放公租房租金补贴2650万余元；为配租社会存量房源的110户家庭发放公租房租金补贴170万余元；为1460户市场化租赁补贴的签约家庭发放租金补贴2900万余元；为704户廉租住房租金补贴申请家庭发放480万余元。

（闫雪南）

【物业管理】 年内，区房管局开展物业服务质量提升年活动，通过网格化管理平台动员网格员深入社区开展工作，加强对业主、业主委员会、物业服务企业、各街道（镇）和社区居委会等多元主体的宣传培训。海淀区有18个物业项目获得市级"四星""五星"示范项目称号；北京中湾智地物业管理有限公司获第六届中关村质量奖。成立海淀区物业行业工会联合会，发展工会会员5688人。选取四季青镇春秋嘉园、北坞嘉园西里等4个小区作为试点推行物业分类定级服务标准。推进安全生产标准化工作，年内签订物业安全标准化达标合同90家（其中市政必达24家），获得市安监局奖励资金13家，获得区房管局一次性奖励经费79家，区安监局发牌35家。开展"安全生产月"活动，对全区近1400名项目负责人进行安全生产业务培训，组织300多家物业企业的400余人现场观摩海淀区物业服务行业有限空间作业及防汛演习。海淀区房管局被评为2013—2015年度北京市安全生产先进单位。审核使用住宅专项维修资金329件，涉及资金7474万元。协调处理业主大会组建和业主委员会运作及物业接撤管矛盾纠纷20余件。

（孙璐）

【老旧小区自我服务管理工作】 年内，全区有241个老旧小区启动自我服务管理，其中71个小区成立自管会，158个由街镇、社区统一管理，12个由产权单位管理或聘请物业企业管理，基本实现自我服务管理"四有"目标（即有治安防范、有维护维修、有绿化保洁、有停车管理）。

（孙璐）

【房地产经纪机构监管】 年内，区房管局发挥海淀区房地产经纪行业信息发布平台及经纪人员信息卡信息引导作用，曝光2件违法违规经营典型案例，发布警示信息3条。

（张一帆）

【群租房治理】 年内，区房管局配合区流动人口管理办公室开展群租房治理行动，答复涉及经纪机构群租投诉619件，拆除群租房1376套，出动执法人员1747人次，发出责令整改通知16份，对不配合群租治理行为的经纪机构进行行政处罚7件，处罚金额14万元，约谈人员353人。

（张一帆）

【普通地下室清理】 年内，区房管局开展地下空间综合整治，成立海淀区地下空间综合整治工作领导小组联席会，编制《海淀区普通地下室综合整治专项工作方案》。清理整治散租住人普通地下室135处，清退人口7117人。接收普通地下室群租信访97件，出动执法人员检查普通地下室415处，发出责令整改通知20份，处罚案件2件，涉及金额2万元。

（张一帆）

【城镇房屋安全检查】 年内，区房管局共查房屋总面积 6065 万平方米（其中物业 2828 万平方米、自管 3159 万平方米、私房 78 万平方米）、电梯 5166 部、二次供水水泵 4705 台、避雷系统 6523 个。检查城镇私房 5399 户、51859 间。建立城镇房屋安全台账。

（王璐）

【老楼危楼排查整治】 年内，区房管局累计排查房屋 2374 幢、986.92 万平方米。其中疑似存在安全隐患房屋 259 幢、63.38 万平方米，完成整改的房屋 199 幢、47.04 万平方米。建立老楼危楼安全状况台账。

（王璐）

【房改售房 9.1 万平方米】 年内，区房管局为 146 家单位办理房改售房 1475 套，涉及面积 9.1 万平方米。其中中央单位房改售房备案 92 家，房屋 941 套，涉及面积 5.9 万平方米；市属单位房改售房备案 34 家，房屋 396 套，涉及面积 2.3 万平方米；区属单位房改售房方案审批 20 家，房屋 138 套，涉及面积 0.9 万平方米。

（蔡新颖）

【商品房销售】 年内，区房管局受理商品房预售许可初审 12 件，监管预售资金 33 亿元。完成商品房销售面积 95 万平方米，达到促进经济发展目标指标的 190%。

（王楠）

【房屋安全鉴定】 年内，区房管局完成房屋安全鉴定报告的上传备案 345 份；报送危房通知单 105 份；对 11 户廉租项目继续沿用鉴定费用减免方案；参加编制北京市《房屋建筑综合安全性鉴定标准》。地区房屋安全鉴定站被中国物业管理协会房屋安全鉴定委员会评为 2015 年全国房屋安全鉴定工作先进单位。

（赵蕙）

【房屋管理网格化试点】 年内，区房管局拟定《海淀区推进房屋网格化工作方案》，确定以房管局派驻房管所工作人员到街镇并将相应的房屋管理工作下沉到街镇，建立起房管局和街镇的条块联动工作模式。在房管所选派 17 名业务骨干作为首批派驻人员，并完成相应的动员工作和网格化业务培训，派驻到八里庄、万寿路、北太平庄、马连洼、学院路、上地、清河、西三旗、西北旺 9 个街镇，成立房屋管理工作组，开展房屋管理网格化试点。

（刘雁文）

【行政诉讼与复议】 年内，区房管局共收到行政诉讼初审 56 件，二审、再审、民事诉讼 34 件，行政复议 10 件，共计 100 件。其中房屋登记类 73 件，信访及信息公开（含物业、登记）12 件，住房保障类 7 件，房屋安全类 5 件，行政执法类（物业管理）3 件。已结案件的胜诉率为 96%。

（刘雁文）

【房屋管理行政执法】 年内，区房管局对辖区内商品房销售项目、经纪机构、物业管理企业、地下空间、房屋安全等执法检查 2530 次，发放责令改正通知书 42 份，发放行政处罚决定书 49 份，行政处罚金额 138 万元。

（单丽娜）

【信访与信息公开】 年内，区房管局接待群众来访 316 批次 420 人次，其中集体访 8 批次、45 人次；局领导接访 11 批次 36 人次。受理群众来信 807 件次（包括房管局直收、上级转办交办，含区长信箱、北京市网上信访信息系统）、海淀应急指挥平台应急案件和网格化社会服务管理信息系统案件 30 件。咨询投诉平台共受理群众投诉 16077 次。受理依申请政府信息公开 67 件。报送信访维稳情报信息 68 期；报送应急快报 9 期；组织实施房管领域重点矛盾纠纷排查 7 次，排查上报重点矛盾纠纷 5 件次。开展北京市网上信访信息系统信访案件录入与清理。

（刘雁文）

【咨询投诉平台案件受理】 年内，房屋管理咨询投诉平台共接收来电来件 96352 个，其中直接由区房管局平台接收来电来件 81422 个，占比 84.5%，其他 14930 个由中关村“96181”转入（包括市非紧急救助中心、政风行风热线、政府微博）。咨询电话 80273 个，同比增长 29.8%，平均受理时间 5 分 20 秒/个，较 2014 年同期缩短 2 分 40 秒/个，座席服务满意率 99.7%。投诉案件 16079 件，同比增长 23.8 %，平均办结时间 4.7 天/件，较 2014 年同期缩短 0.2 天/件。投诉案件中的 180 件扬言案件、舆情督办案件全部在规定的时限内办结。

（胡梦頔）

【存量房网上签约】 年内，地区购房资格审核申请 19259 件，其中房管局服务大厅提供服务 2097 件；网签 29423 套，其中自行成交 4753 套；网签注销 1150 套；监管资金 223.23 亿元。

（刘宇思）

城管执法监察

【概况】 海淀区城市管理综合行政执法监察局（简称区城管执法监察局）行使 12 个方面、392 项行政处罚权和 7 项行政强制措施。下设 32 个队，其中直属执法监察队 3 个、督察队 1 个、地区执法监察队 28 个。

2015 年，区城管执法监察局围绕首都生态文明和城乡环境建设各项任务，推进城乡环境治理，重点开展打击违法用地、违法建设专项行动和大气污染防治攻坚行动、街面环境秩序净化行动、城市市政公共安全提升行动，突出“两大活动”等环境秩序服务保障工作。拆除违法建设 1487 处、171.1 万平方米，规范、查处各类违法行为 11.37 万起、罚款 1596 万元。环境秩序实现重点地区整体良好、其他地区有序改善、突出问题有效遏制目标。

（乔东升）

【拆除违法建设 171.1 万平方米】 年内，区城管执法监察局组织开展严厉打击违法用地违法建设专项行动，整合执法资源，健全违法建设动态监控机制，强化拆违联动机制，综合施策推进控违拆违工作。依托区、街镇、居（村）委会三级防控体系和查违信息平台、“96310”城管热线、卫星监测、群众举报、媒体等渠道，拆除新生违法建设437处、6.1万平方米，基本实现“零增长”目标。开展清除占压管线、公共空间、地下空间、有形市场违建等专项执法活动，消除安全隐患217处；拆除唐家岭村、志强北园小区、慧景路和文慧园西路、圆明园花园别墅周边、索家坟小区、中关村南一街及风机二厂等处的既存违法建设1050处、165万平方米。

（乔东升）

【“四公开一监督”工作】 年内，区城管执法监察局开展“四公开一监督”工作。在区政府OA系统中开发运用“四公开、一监督”工作信息采集系统；建立“四公开、一监督”工作例会制度，共同研究解决城市管理疑难问题。落实“月检查、月曝光、月排名”执法数据报送工作，对街镇及相关职能部门工作完成情况进行量化；成立4个由区城管执法监察局、公安分局、交通支队、区城市服务管理指挥中心等人员组成的联合督导组，检查主要大街4780条（次）、重点点位9410个（次）；向街镇派发市、区两级《监管通知单》1488份，解决问题3817个。

（乔东升）

【大气污染防治攻坚行动】 年内，区城管执法监察局开展施工扬尘、道路遗撒、私掘占路和工地围挡专项整治，运用视频监控系统加强土方施工工地及渣土运输源头监管，实施非现场执法；与住建委、市政市容委、公安、交通、环保等部门建立联合执法和监管机制，对土方及渣土运输泄漏遗撒问题多发路段加强联合执法检查，查处违规施工工地2074起、违规运输渣土车辆2659起；对露天烧烤及非法大排档举报高发点位开展为期36天的专项清理整顿，规范、查处露天烧烤6346起、非法露天消夏餐饮场所178处，全区露天烧烤举报量同比下降14.1%，市级挂账的小南庄斜街、人大西门2处露天烧烤重点点位，皂君庙东里1号楼南侧、北沙滩小月河东岸、五道口东王庄小区西门北侧停车场等12处非法露天消夏餐饮经营场所重点点位的问题得到治理。

（乔东升）

【街面环境秩序净化行动】 年内，区城管执法监察局开展视觉环境专项整治，规范、查处违反“门前三包”管理规定2.07万起，拆除复兴路、中关村北大街、北清路、西三环、京藏高速等重点道路沿线违规设置的户外广告、牌匾标识、山寨指路牌、非法指路标志1.36万块，拆除中关村大街违规LED电子显示屏40块。规范、查处无照经营3.63万起，重点地区及周边的无照经营行为得到有效控制。规范、查处非法小广告7855起，打掏窝点11个，收缴26.6万张；录入非法小广告电话号码5599个，移送停机处理电话号码2858个，追呼外地号码811个，非法散发、张贴小广告行为得到遏制。规范、查处违规公共停车场1751起、非法营运1664起，收缴黑车197辆，拆除私设地锁地桩2290个。开展公共秩序类社会治安重点地区专项整治，北医三院南门、解放军总医院北门、文慧园西路和小西天牌楼周边等7处市、区级挂账点位的问题得到有效治理。

（乔东升）

【城市公共安全提升行动】 年内，区城管执法监察局联合消防、质监、安监、区市政市容委、液化气公司等单位，对危害人身、财产安全的燃气安全管理和影响市政公用设施安全的问题进行治理，重点排查苏家坨镇、温泉镇、西北旺镇、海淀镇、四季青镇和八里庄街道辖区内的9个液化气站，规范、查处违反燃气安全管理规定行为4493起；组织餐厨垃圾“秋网”治理专项行动，重点对四、五星级宾馆饭店及大中型餐饮企业的餐厨垃圾分类收集和签订协议情况进行普查，建立餐厨垃圾日常管理联系人机制，引导餐饮单位委托有资质的单位清运餐厨垃圾，规范、查处违反餐厨垃圾管理规定行为3965起。

（乔东升）

【重要活动环境保障】 年内，区城管执法监察局围绕“两大活动”、全国“两会”、冬奥迎评等重要活动，对所涉驻地、场所周边和途经路线多次地毯式摸排，解决挂账问题点位337处，查处违规大型户外广告、LED商业显示屏617起，拆除违规设置户外广告、牌匾标识4000余块，拆除非法指路标志490块，规范店外经营、堆物堆料等违反“门前三包”管理规定行为1.7万起，环境秩序水平达到了“十一无”[①]标准。全年完成重要活动保障任务90次。

（乔东升）

【大型社会活动环境秩序保障】 年内，区城管执法监察局围绕大型社会活动环境秩序保障，投入执法力量5500人次、出动执法车辆1400台次，完成“耀西长安•精品之夜群星公益演唱会”、“英雄——中国三大男高音北京演唱会”、万事达CBA半决赛、拳力巅峰Ⅲ北京世界拳王挑战系列赛、2014CCTV体坛风云人物颁奖典礼等大型文艺、体育赛事保障任务191次。

（乔东升）

【清洁空气联动执法机制】 年内，区城管执法监察局与区环保局建立清洁空气计划协作与联动执法工作机制，互通监管执法工作进展与实施情况；每月定期召开会商会；日常巡查及执法检查中发现对方职能领域的违法行为，及时移交对方进行监管和立案查处；对辖区影响大气环境质量突出问题和区域性问题开展联合检查和督导，主动邀请媒体曝光影响大气环境质量违法行为；对处罚情况分别进行汇总和定期交换，共享工地处罚和投诉举报信息；开展联合执法150余次。

（乔东升）

【服务民生】 年内，区城管执法监察局办理市区人大代表建议、政协委员提案16件；办理市区领导批办件124件、区级督办件26件；主动公开政府信息

[①] 即无无照游商、无露天烧烤、无占道经营、无非法大排档、无非法户外广告、无堆物堆料、无燃气安全隐患、无非法运营、无非法停车场、无违法建设、无施工扬尘及运输车辆泄漏遗撒。

244条，依申请公开政府信息47件。办理市长信箱、区长信箱信访件313件，办理国家信访局、市区两级转办信访件452件；受理局长信箱信访件104件、群众来信来电266件，接待群众来访129批、193人次，均已处理办结。办理“96310”城管热线6.36万件，及时率99.97%、办结率94.64%，热线回访满意度综合评价合格率96.28%；办理区非紧急救助服务中心派遣件9920件，及时率、办结率均为100%；办理区信息化城市管理系统派遣件26.67万件，占全区总量的55.65%，占区属职能部门总量的74.70%，及时率97.89%、办结率99.93%；办理区网格化社会服务管理融合平台派遣件3.51万件，及时率93.67%、办结率99.89%。

（乔东升）

【依法行政工作】 年内，区城管执法监察局审核行政处罚案件6147件；将简易程序案卷纳入案卷评查范围，评查一般程序案卷525件、简易程序案卷370件；将案件审核、评查与行政处理台账相结合，做到以账督案、以案核账、账清案结。开设执法技能“微讲堂”，建立海淀城管微信法制群，对重大、疑难和复杂案件全程跟踪。受理行政诉讼66件、行政复议20件，开展行政调解30件。

（乔东升）

【“公众城管”建设】 年内，区城管执法监察局在市级主要平面媒体报道新闻稿件128条，在首都之窗等网站刊发新闻54条，在北京新闻广播等广播电台播发新闻447条，在北京电视台、《96310》栏目、《城管视点》栏目等播出专题、新闻236条。开展“城市文明加油站”志愿服务活动，动员社会力量参与城市管理。组织“清洁空气——露天烧烤志愿共治行动”“美化家园——城市牛皮癣清理行动”等宣传活动1106次，参与志愿者3.55万人次，发放城管法规宣传品7.2万份。鼓励市民参与非法张贴小广告治理，市民清理、上交非法张贴小广告19.2万张。

（乔东升）

【调查研究工作】 年内，区城管执法监察局完成市城管执法局重点调研课题10个、区级关注调研课题3个、区综治工作重点调研课题1个、区委宣传部“丹柯杯”研究课题1个。9篇论文入选市城管执法局调研报告汇编，《海淀执法对“96310”城管举报热线调研报告》《当前城市管理存在的几大困局》2篇论文分别获得市城管执法局一、二等奖。

（乔东升）

案例选辑

【处罚餐饮企业未按规定处理餐厨垃圾】 3月27日，区城管执法监察局北太平庄执法监察队在检查中发现，北京缘和飞餐饮管理有限公司有餐饮服务企业将其餐厅内的餐厨垃圾交由无生活垃圾收集、运输资质的个人进行收集、运输。北京缘和飞餐饮管理有限公司的行为违反《北京市生活垃圾管理条例》第四十三条第二款的规定，属于餐饮服务企业未按规定收集、处理餐厨垃圾的行为。依据《北京市生活垃圾管理条例》第六十四条第一款的规定，4月17日，区城管执法监察局做出处罚决定，对北京缘和飞餐饮管理有限公司处以罚款5万元。

（乔东升）

【查处非法燃气经营活动】 8月28日，区城管执法监察局学院路执法监察队在清华东路双泉堡村公交车站西侧进行燃气管理执法检查时发现，无业人员马某正将从一辆轻型货车上卸载下来的液化石油气进行贩卖，货车上有装满液化石油气的50千克气瓶37个、15千克气瓶2个，且马某不能提供燃气经营许可证。马某的行为违反《北京市燃气管理条例》第十四条第一款的规定，属于未取得燃气经营许可从事经营活动的行为。依据《北京市燃气管理条例》第四十二条的规定，9月2日，区城管执法监察局做出处罚决定，对马某未取得燃气经营许可从事经营活动的行为处以罚款1万元。

（乔东升）

【高限处罚拒不执行空气重污染应急措施】 12月8日，区城管执法监察局海淀执法监察队在万柳华府北街与圣化寺路交会口东北角巡查时发现，北京园景园林工程有限公司使用挖掘机进行建筑拆除作业造成扬尘。北京园景园林工程有限公司的行为，发生在北京市启动空气重污染红色预警措施期间，违反《北京市大气污染防治条例》第二十一条第二款的规定，属于拒不执行空气重污染应急措施行为。12月29日，区城管执法监察局依据《北京市大气污染防治条例》第九十二条第一款的规定，做出处罚决定，对北京园景园林工程有限公司处以罚款10万元。此案为北京市空气重污染红色预警期间首次针对拒不执行空气重污染应急措施行为进行的高限处罚。

（乔东升）

交通运输管理

【概况】 海淀区市政市容管理委员会加挂海淀区交通委员会牌子（简称区交通委），负责统筹海淀区交通发展和管理工作。北京市公安局公安交通管理局海淀交通支队（简称海淀支队）负责海淀区的交通管理工作，下辖中关村、清河、黄庄、公主坟、温泉5个执勤大队和1个机动中队。北京市交通委员会运输管理局海淀管理处具体承担海淀区交通运输行业管理和通航水域水上安全监督管理工作。

年内，区交通委结合区域内交通现况，继续开展缓堵工作综合研究。立足公共交通、静态交通、交通管理、疏堵工程等方面，推进交通基础设施建设，强化停车管理，疏导交通，缓解拥堵，优化区内出行环境。

海淀支队着眼维护首都安全稳定和“事故少、秩序好、道路畅通、群众满意”目标，全面推动海淀区交通管理工作和交警队伍建设，确保区域交通安全稳定、正常运行，完成“两大活动”安保等各项交通保卫和交通秩序维护工作。截至年底，全区机动车保有量88.4万辆，比2014年减少0.2万辆。

海淀管理处全年接件5639件，受理4566件，办结5515件，批量4442件（含许可、不予许可及2014年受理事项），承办中为185件（其中92%以上为从业人员申请事项），完结率为96%；咨询量共13281次，发放证件10201个，制作报表共计18套。全年出动检查2150人次，检查724户次，检查7717车（船）次。采取必要处置措施68件（限期改正37件、移送25件、约谈6件），吊销案件4件，量化指标完成111%，措施率8.9%。轨道交通检查184户次。截至年底，辖区内共有1772家运输企业、1家个体出租管理站、16384辆运营车辆、9933名从业人员。其中，客运行业有198家运输企业、1家个体出租管理站、11167辆运营车辆、2231名从业人员，货运行业有1124家企业、5217辆运营车辆、6366名从业人员，维修行业有449家企业、1504名从业人员。

（张中静　李媛媛　刘航麟）

【出租汽车计价器调整】 按照《北京市出租汽车燃油附加费动态调整办法》，根据当前油价，经市政府批准，北京市自1月15日起取消出租车燃油附加费1元/运次，出租车运价中不再含有燃油附加费。1月16日、17日、20日，海淀管理处出动12人次组织海淀辖区出租企业进行计价器调整（起步价由14元调整为13元），共调整出租车3171辆。

（刘航麟）

【节假日交通运输保障】 2月4日—3月16日春运期间，海淀管理处出动156人次，入户检查72户（站）次，其中检查轨道交通55站次；检查公交运营企业及枢纽5户次；检查出租企业12户次。3月28日—4月6日清明节扫墓高峰日期间，出动巡查人员45人次，对辖区万安、金山、温泉公墓周边公共交通运营秩序、停车场秩序进行巡查。中秋、国庆两节期间，出动检查及巡查人员53人次，检查和巡查公共交通企业25户次。香山红叶节期间，出动巡查人员30人次，重点关注上下山客流集中的情况。

（刘航麟）

【全国“两会”交通保障】 3月初全国“两会”期间，海淀管理处对辖区交通运输行业进行安全维稳检查，对“两会”代表驻地周边企业进行重点巡查。出动执法人员113人次，入户检查45户（站）次，对2起旅游客运行业违法违规行为开具责令限期改正通知书，各企业均整改完毕。

（刘航麟）

【水路运输及其辅助业核查】 4月13日—14日，海淀管理处对海淀区内的4家水路运输及其辅助业经营者（中钢国际货运有限公司、中海航凯姆莱国际船舶管理有限公司、京城水系旅游开发有限公司、中和汇智文化发展有限公司）开展2015年度核查工作，并将核查结果上报北京市地方海事局。

（刘航麟）

【“黑车”“黑摩的”专项整治行动】 4月15日，海淀区整治办会同区打黑办、城管、交通执法六队、海淀街道组织开展对海龙大厦周边的“黑车”“黑摩的”两轮摩托车、电动三轮车等交通违法行为专项打击。此次行动中，共出动治安12人、交通5人、城管4人、街道保安员10人，暂扣“黑车”3辆，暂扣电动三轮车10辆，清理无照摊商12处。

（李媛媛）

【水上安全知识进校园活动】 5月20日，海淀管理处与海淀区教委在羊坊店中心小学联合开展以“水上平安交通，安全伴我成长”为主题的水上交通安全知识进校园活动，近百名学生参与。活动旨在加强小学生水上安全意识，提升小学生自救自护能力和安全素养。

（刘航麟）

【更换非自航船舶船名牌】 5月，海淀管理处核定海淀区内4家游船单位（颐和园公园、玉渊潭公园、紫竹院公园、圆明园公园）现有非自航船舶情况，完成1250艘非自航船舶的船名牌更换工作，确保“无黑船、无超龄船、无带病船”投入运营。

（刘航麟）

【“安全生产大讲堂”活动】 6月4日，海淀管理处组织开展“安全生产大讲堂”活动，旅游客运、危货运输、机动车维修等7个行业的160余家企业安全工作负责人参加活动。邀请专家做题为《新〈安全生产法〉下，企业开展安全生产管理工作重点》的报告，讲授企业安全管理应注意的重点，明确企业安全生产主体责任，分析发生交通事故后企业负责人和管理人员应当承担的法律责任，让企业守法经营、安全经营。

（刘航麟）

【非法改装车、涉牌违法行为专项整治行动】 6月29日，海淀支队开展重点针对非法改装车、涉牌违法行为的专项整治行动。行动共处罚路面违法行为1824起，其中涉牌95起、改装车182起、酒驾3起，扣车16辆，拘留2人。

（李媛媛）

【联合执法】 6月，海淀管理处联合区环保局、区质监局、区交管局，对辖区内机动车检测场进行2次专项联合执法检查。联合交通执法总队第六执法大队对辖区内不具备经营许可资质的汽车修理企业进行整治。

（刘航麟）

【“知法守法、规范停车”宣传】 8月7日，海淀支队在海龙大厦设置中心宣传站点，在绿都广场、欧尚广场等地点设置分宣传站，开展“知法守法、规范停车”宣传高潮日活动。活动中，设置咨询台，摆放事故展板，悬挂横幅，向过往群众发放宣传材料，向大家讲解交通违法的危害性与文明交通的重要性，并呼吁交通参与者文明礼让出行、摒弃违法停车陋习。组织志愿者与交通协管员统一着装在路口维护秩序，劝阻纠正行人、非机动车交通违法，机动车违法停车，引导交通参与者践行“车不乱停、人不乱穿、各行其道、秩序井然”的文明交通行为；对不听劝阻违法停车进行集中整治。活动期间，发放宣传材料4500

余份，教育群众1300余人。

（李媛媛）

【停车专项整治行动】 8月24日—11月30日，海淀管理处开展停车专项整治行动，重点围绕清理整顿废旧、私设收费标识标牌和私划车位线、私设地桩地锁，保障收费标识标牌、车位标志线清晰、明确，收费员持证上岗等方面，检查16条停车秩序示范街和2个停车示范小区。共出动118人次，检查59户次。发现违规问题25个，其中路侧未划停车线违规停车23个，停车泊位线不清晰1个，小区内停车位有障碍物1个。

（刘航麟）

【全国交通安全日主题宣传活动】 12月2日是第四个“全国交通安全日”，海淀支队以“拒绝危险驾驶、缓解交通拥堵、安全文明出行”为主题，在中关村西区科技创新广场设置主会场，在北京大学、龙泉驾校、万寿寺桥下等地点设置分会场，开展“122全国交通安全日”主题宣传活动。活动发放《致广大市民朋友们的一封信》及《事故e处理》宣传折页等宣传材料8000余份。

（李媛媛）

【区域交通综合研究】 从2012年开始，区交通委分区域组织开展交通综合研究，调查交通需求及现状问题，分析交通拥堵原因，提出综合治理措施，并形成工程建设及管理任务项目库，为道路建设、疏堵改造、停车管理、公交优化、交通秩序整治等提供参考依据，同时分解任务推动研究成果转化运用。截至年底，完成中部和南部地区涉及20个街道、镇的区域交通综合研究，提出交通改善措施300余项，完成成果转化35%。组织完成《海淀区“十三五”时期交通拥堵和停车问题与对策研究》。启动《海淀区地面公交系统规划》编制。

（张中静）

【疏堵改造工程】 年内，区交通委统筹相关职能部门、属地街镇共同开展疏堵工作。重点是完善交通设施、清理占道障碍物、路口优化渠化改造，改善慢行出行环境，提高通行安全性和通行效率。完成北宫门公交车站改造、玉泉山完善交通设施等15项疏堵工程。同时推进北医三院周边、上地地区交通综合整治工程。

（张中静）

【慢行系统建设】 年内，区交通委完成太平路、玉渊潭南路、万泉庄路3条道路慢行系统整治。协调拆除占道违建，清理便道经营与报刊亭，畅通步行道路。完成中直路、学知园小区路、潘庄东路3处局部步道拓宽改造。通过增加机非隔离护栏、自行车标志标识、阻车桩，保障骑行、步行路权，优化交通出行结构。

（张中静）

【停车设施建设】 年内，区交通委以居住区为重点推进停车设施建设：2013年—2015年，鼓励42个居住区增建5645个车位，申请市级奖励资金1154万元，区级配套补贴资金538万元；结合老旧小区综合整治增建车位，2012年—2015年，在81个居住区增加停车位11079个；在符合条件的地下人防空间设置停车位54808个；指导、鼓励辖区单位建设立体停车设施，全区立体停车位约2万个。

（张中静）

【停车行业管理】 年内，区交通委严格小区停车经营备案管理，要求属地街镇和居委会在小区停车经营备案前组织征求居民意见、现场公示并出具相关证明，减少矛盾纠纷。试点推进老旧小区停车自治管理，在属地街镇统筹协调下，由居委会指导小区成立相关自治组织，制定自治公约并引导居民共同遵守。区交通委引导协调有条件的大厦、写字楼、单位大院等向周边居民开放错时停车位，促进停车资源的整合利用。

（张中静）

【占道停车经营管理】 截至年底，地区实行收费管理占道停车场共71个、停车位6866个、停车经营企业9家。通过直接委托、特许经营和国有企业管理三种方式管理占道停车位，实行停车收费员持证上岗和经营企业不良行为记录制度，对违反法规规定、协议约定的停车企业督促整改，对不按照要求整改的，终止委托协议，责令退出经营。

（张中静）

【停车专项整治】 年内，区交通委、交通支队、区城管执法局等辖区各部门按照市统一部署开展停车专项整治行动，治理停车乱象。区交通委牵头，各职能部门和各街镇开展常态化、每周至少一次的区级停车联合执法检查，集中查处一批停车黑收费、乱收费、私划占道停车位等影响停车经营秩序的重点违法行为。全区共创建18处停车示范街及示范小区。

（张中静）

【公交线路优化调整】 年内，区交通委参与并配合市相关部门推进公交线网的开、调、延工作，协调市运输局和公交集团对地区公交线网进行优化调整，全年，共优化调整公交线路23条，线路调整后扩大了城乡公交线网覆盖、方便市民轨道交通接驳，减少市区道路交通拥堵。协助上庄镇在303路双向增加“上庄馨悦家园”站。

（张中静）

【轨道交通安全隐患专项整治】 年内，区交通委组织开展轨道交通控制保护区安全隐患专项整治行动，完成市下达的22处安全隐患治理任务，拆除违法建筑4265平方米、违章广告牌3块，修剪侵入轨行区树木130余株。制定、下发加强轨道控制保护区意见和整治后轨道交通桥下空间使用规划，推动轨道控制保护区安全的长效管理。

（张中静）

【公共自行车服务系统建设调研】 年内，区交通委调研北京市公共自行车服务系统试点建设、运营的成效及存在问题，分析地区公共自行车服务系统工作思路。考虑现有模式下公共自行车服务系统可持续发展方面的不足，同时鉴于废旧自行车占用公共空间、影响城市环境等问题，地区拟深入研究论证可行性和实施方案后，探索循环利用废旧自行车，以方便市民出行。

（张中静）

【特勤警卫】 年内，海淀支队结合全年重大活动交通保卫和秩序维护工作，深入路面开展调研，做到“岗位实名、责任明确、措施细化”。针对重大活动特勤警卫任务重、持续时间长的特点，通过“控制车道”“绿波疏导”“全线净空”三类管控措施，细化勤务组织和社会面疏导措施，在保障勤务路线绝对安全的情况下，减少对社会交通的影响。完成大型活动交通保障工作135次，完成特勤警卫任务3232次，特勤警卫任务次数同比上升33.2%，其中一级勤务584次，二级勤务1413次，三级勤务1235次，共出动警力120210人次。

（李媛媛）

【交通组织管理】 年内，海淀支队结合“两大活动”安保工作和缓堵治乱，协调区治安、城管、市政市容委、住建委、环保局等部门，通过路面查处、源头监管相结合的方式，开展系列代号行动和“惊雷”“利剑”等专项整治行动，对酒驾、涉牌、货车等重点违法行为持续开展集中整治。查处路面交通违法行为26.9万起；查处未办理消纳证47起、泄露遗撒239起、苫盖不严357起，约谈工地18家，停工整改7家；对存在违法销售电动（燃油）三轮车的18家店面下达行政告诫书。

通过增加路面巡逻警力、设置视频巡检岗位、成立督导检查小组等方式，提高对路面整体管控能力。与城管部门建立联勤联动机制，查处并移交城管违法占路施工案件8起，处罚金额5.2万元。通过巡定结合的方式，强化对路面交通违法行为的管控。梳理摸排路面标志设施建设、交通组织渠化等方面存在的问题，建立基础排查台账，坚持“一点一方案”跟进解决。

实施单行单停、调整交通组织、实施工程改造等措施，拓展停车资源，推动重点区域微循环，提高道路通行能力。推动区政府投资建设的100套违法停车拍照设备投入使用，增强对违法停车的非现场执法力度，推进静态交通秩序治理。协调街镇和治安部门的科技创安设备与交通管理平台对接，用于非现场执法的证据采集，提高交通管理的覆盖面。

持续开展校园女警护送工作，推出流动车管站、上门服务、在医院学校和重点单位门前安装提示标志、高考中考交通保障、高峰勤务疏导等便民服务措施22项。救助群众200余人次。

办结市、区两级人大代表建议、政协委员议案96件；受理“政风网络热线”310件，受理来信来访5672件，办结5890件，办结率98.5%。

北京市“交通事故e处理”手机APP应用平台在中关村大队试点，并在全区范围内开展宣传和推广，鼓励简易交通事故自行处理，减少事故对道路交通运行产生的影响。

（李媛媛）

【交通秩序整治】 年内，海淀支队以市交管局开展的“代号行动”、“惊雷行动”、“利剑行动”、“平安行动”、静态停车秩序整治、打非治违等一系列专项行动为契机，依托交通秩序大整治工作平台，按照“情报先行、宣管结合，突出重点、统筹兼顾，部门联动、守土有责”的管理模式，通过整合执法力量、深化部门联动、闭环高限执法等措施，分阶段、分波次开展对重点违法行为和重点地区的集中整治290余次，查获饮酒驾车1682起、醉酒驾车305起、非法改装车6127起、涉牌4307起、扣车5826辆，非现场查处违法停车36.3万起，通过“以点保面，以面控点”，净化路面交通秩序。

（李媛媛）

【缓堵治堵】 年内，海淀支队针对辖区潮汐车流、老旧小区交通组织、地铁施工以及因乱致堵等问题，从“高峰勤务、优化路口、调整交通组织、深入宣传”方面入手，开展缓堵治堵工作。实施优化方案71项，新增护栏5790米（全区护栏累计达到24.2万米），新增信号灯7处（全区累计达到753处），新增交通标志394面（全区累计达到28850面），新增路侧停车位507个（全区累计达到14600个）；动态调整岗位560余次，制定疏堵缓堵专项工作方案80个。拥堵报警同比下降3.6%。

（李媛媛）

【“一街（镇）一警”警务机制】 年内，海淀区建立交通管理“一街（镇）一警”工作机制。成立区级机关交通安全委员会，挑选29名民警派驻到各街镇，担任街道（镇）主任（镇长）交通助理并兼任交通安全委员会办公室副主任，按照统筹协调、属地主责、联勤联动的工作思路，履行交通管理工作职责，开展协调沟通、安全监管、宣传教育、服务群众、密切警民关系等工作。

（李媛媛）

【交通安全宣传教育】 年内，海淀支队围绕辖区中小幼学校、专业运输单位、部队大院以及企事业单位等重点行业，制订每月交通安全宣传工作计划，确保全区交通参与者安全出行意识入心、入脑。共组织开展交通安全培训110次、交通安全宣传活动320次，发放宣传材料11.7万份，教育驾驶人3万余人。围绕学校、医院等重点地区开展6次大规模隐患排查，对辖区1700多家单位的13万辆次机动车进行安全大检查，连续6年安监事故稳步下降。依托“街镇安委会—居委会—社区—居民”的四级宣传机制，开展交通安全宣传活动128次。

（李媛媛）

【综合性能检测专项补贴资金审核】 年内，海淀管理处对全市14家综检站的综合性能检测专项补贴资金进行审核，共计审核综检二级维护单据2185份，综检等级评定单据3758份，综检罐体检测单据24份，审核综检补贴资金72.18万元。

（刘航麟）

【交通运输企业“一企一档”制度建立】 年内，海淀管理处建立所辖1772家交通运输企业纸质台账与电子信息资料对应的“一企一档”制度，通过内部各台电脑之间建立小型局域网的方式，使工作组计算机之间实现电子台账共享和使用；同时将各企业的日常监管检查记录及安全评价认证记录纳入电子信息台账，提升安全监管的信息化程度。

（刘航麟）

【水上安全监管】 年内，海淀管理处出动海事执法人员269人次，对紫竹院公园、玉渊潭公园、颐和园公园、圆明园公园、京城水系、中和汇智进行实地检查。实际检查113户次（应检查78户次），累计检查船舶6856艘次（其中自航船舶692艘次、非自航船舶6164艘次）。签发《水上安全检查通知书》113份，其中限期整改8份，均整改完毕。共收到企业《运输船舶水上交通事故统计表》等报表88张（份）。

（刘航麟）

【“两客一危一重”运输车管理】 按照《北京市交通委员会运输管理局关于

“两客一危一重”[①]道路运输车辆办理道路运输证件的通知》中关于“截至2015年12月31日之前，属于‘两客一危一重’范围的车辆均须加装卫星定位系统”的规定，海淀管理处开展相关工作。截至年底，海淀区接待旅游行业66件加装卫星定位系统的相关业务，832辆旅游车全部加装卫星定位系统；接待货运行业338件加装卫星定位系统的相关业务，1006辆货车加装卫星定位系统，占须加装车辆（1342辆）的75%。

（刘航麟）

【货运企业考核】 年内，海淀管理处共组织辖区的157家货运企业进行2015年度质量信誉考核，其中获得AAA级（优秀等级）的76家、AA级（良好等级）的69家、A级的4家、B级的8家。

（刘航麟）

【营运性自卸车辆专项监管】 年内，海淀管理处对辖区内13户拥有营运自卸车辆的企业进行专项检查，共检查营运车辆160辆，结果符合相关行业标准。

（刘航麟）

【货运企业安全生产标准化达标工作】 年内，海淀管理处对辖区10家危险货物运输企业和4家普通货物运输企业开展安全生产标准化达标工作。

（刘航麟）

【道路危险货物运输从业人员生存状况问卷调查】 年内，海淀管理处开展道路危险货物运输从业人员生存状况调查，向辖区货运企业从业人员发放调查问卷。调查结果显示，受调查者普遍认为该行业存在工作环境较为危险、劳动强度大、待遇低等问题，希望能够加强劳动保护，降低工作环境危险系数并提高薪酬待遇。

（刘航麟）

【新能源货车推广问卷调查】 年内，海淀管理处开展新能源货车问卷调查，随机向辖区货运企业管理人员和新能源车辆驾驶员发放调查问卷。调查问卷结果显示，受调查者普遍认为影响新能源车推广的关键因素是充电便利性，即充电桩设置密度是否能满足使用需求；其次是充电时间、续航里程及故障率。作为企业管理者，希望政府能够在停车费减免、车辆通行证办理上给予优惠政策。

（刘航麟）

【机动车维修企业考核】 年内，海淀管理处对在区域内取得机动车维修经营许可，且截至2014年12月31日经营期满一年的一、二类汽车维修经营者和专项维修的三类经营者进行考核。对333户维修企业从经营资质、安全生产、维修质量、服务质量、环境保护、遵章守纪和企业管理等方面进行综合评价。终评结果是：一类企业评为AAA级企业83户、AA级企业13户、A级企业6户、B级企业6户；二类企业评为AAA级企业16户、AA级企业25户、A级企业119户、B级企业39户；三类企业评为AA级企业8户、A级企业13户、B级企业5户。取得安全生产标准化达标考评证书的机动车维修企业共计52户，其中获得一级证书的3户、二级证书的48户、三级证书的1户。

（刘航麟）

【公交运营企业调整线路现场勘验】 年内，海淀管理处对公交集团年度拟调整公交线路进行实地踏勘5次，涉及新开及调整线路15条。其中，拟新增线路1条，消减重复路段线路2条，路由调整优化线路12条。踏勘人员对线路涉及的道路宽度、交通管控、客流走向、居民密度、沿途设站、公交场站及替代线路等情况进行勘察，并提出属地管理意见。

（刘航麟）

【租赁企业考核】 年内，海淀辖区共有汽车租赁企业127家。其中年度应考核企业60家，实际考核企业60家，未考评企业67家（依照规定，备案期不足半年、零车等情况的企业不参与考评）。评出优秀企业3家、良好企业10家、合格企业47家。

（刘航麟）

【租赁小客车指标配置】 年内，海淀区共27家汽车租赁企业向海淀管理处申请纯电动车指标，共计7601辆。经北京市交通委员会运输管理局审核，批准配置442辆。

（刘航麟）

邮　政

【概况】 中国邮政集团公司北京市海淀区分公司（简称区分公司）是中国邮政集团公司下属分支机构，隶属中国邮政集团公司北京市分公司管理（简称市分公司），担负海淀辖区邮政通信服务工作。区分公司共有5个机关职能部室，下挂物业部、设备维修中心和邮文化工作室。下属17个邮政支局、108个邮政所（其中有代理金融业务的支行68个）、40个村邮站、27个投递部及商函局、集邮公司、发投局、代理业务局、电商分销局、包裹局6个专业经营部门，共有职工2849人。2015年，实现业务收入56699.1万元。

（郝建秀）

【邮政机构调整】 2月，原中关村邮电局及管辖内的中关村大街支局、双榆树支局和北太平庄支局回归区分公司管理，共计531人。4月1日，市分公司进行子改分体制改革，由原北京市海淀区邮电局变更为中国邮政集团公司北京市海淀区分公司，原北京市海淀区中关村邮电局变更为中国邮政集团公司北京市海淀区中关村分公司。下属支局（所）变更为中国邮政集团公司北京

[①] 两客一危，是指从事旅游的包车、三类以上班线客车和运输危险化学品、烟花爆竹、民用爆炸物品且运输里程超过800公里的道路专用车辆。

市海淀区某某邮政支局（所）。改革后的分公司共有职工 2875 人，其中正式工 1530 人，大专及大专以上学历 1340 人，管理人员 142 人。

（郝建秀）

【邮政业务】 年内，区分公司函件累计完成收入 9146.8 万元，同比增长 1.7%。利用太空邮局“独立邮资图”资源优势，设计、制作 11 款主题封片邮品，实现收入 376.94 万元。在做好爱心包裹日常服务的基础上，把“明信片回音卡”融入更多的公益项目中，成功开发腾讯公益项目、静心图书基金项目、淘宝公益项目，封片收入近百万元。与工商银行北京市分行合作，实现账单收入 118 万元。

集邮累计收入 13984.5 万元。以开发组合邮品为营销切入点，开展《三羊开泰》《五羊送福》专项营销活动，收入 1200 余万元。运用市邮票公司联动业务，以销转定，收入 320 余万元。

金融累计收入 16317.6 万元，同比增长 4.6%。保险销量 5.58 亿元，收入累计 1741.1 万元，同比增长 125.6%。全区基金保有量 2.32 亿元。

报刊发行完成业务收入 4981.3 万元。

电商分销累计实现收入 1046 万元，同比增长 7%。短信业务收入 533.6 万元，同比增长 15.8 %。储蓄短信加办量提升，收入 489.27 万元，同比增长 22.5 %。

（郝建秀）

【邮政基础设施建设】 年内，区分公司完成太阳园所、车道沟所等 26 个网点改造工作，改造面积 8001.5 平方米。完成馨瑞嘉园配套邮电所接收工作。签订西郊砂石厂保障性住房、苏家坨 S6-2 地块农村腾退房等项目配套协议。完成万寿路支局等 4 个支局光纤的安装。

（郝建秀）

【企业管理】 年内，区分公司将基础管理、服务质量、服务规范、监督检查等投递工作责任制度落实到人，按照服务规范管理的标准及现场“5S”管理作业标准强化投递作业现场管理。全年签订合同 466 份，标的额 6939 万余元。严格执行各项财务管理制度，严禁发生支票抵现金、串户冲销用户欠费以及个人垫款等情况的发生，确保资金归集清晰。完成经营财务重点制度执行情况的联合检查、用户欠费的函证确认、小金库专项治理、往来款项清理等工作，杜绝违法违纪行为。

以服务质量、邮件安全、传递时限和监督检查为工作重点，开展有针对性的培训、管理和检查，确保服务质量良好。组织 4 次邮政业务综合检查，共查支局 51 个（次），对支局所服务质量日常和专项检查 425 次，覆盖所有网点和投递部。各类出口邮件综合合格率为 99.07%，与上年比提高 0.5 个百分点；用户服务满意度达 95.31 分，与上年比提高 0.85 分；共收到表扬 88 件。区分公司获得“首都文明单位”称号。

组织召开安全网格化监管体系建设专题培训，对网点的数据采集进行核实。完成对 67 个金融网点的现场评估，对网点存在隐患问题提出现场整改意见。组织各种安全培训 8 次，参加 960 余人次；组织安全综合检查、专项检查 5 次，检查网点 150 余次；未发生安全生产责任事故、重大火灾爆炸事故、邮件安全案件和重特大治安案件，重点人员无失控失管情况发生。

（郝建秀）

【专项主题营销】 折子工程。配合海淀区委、区政府的折子工程，全年立项 481 个，成功 299 个，拉动业务收入增量 10308 万元。

生肖文化季项目。以第三轮生肖邮品预售为切入点，开启 2015 年生肖主题营销活动，实现收入 1300 万元。

“两会”服务项目。采取支局联动的形式，将会场服务拓宽到全网点服务，实现业务收入 2249 万元。

重点基金销售。销售南方利淘基金 7427 万元，易方达新利基金 3239 万元。

首农集团合作项目。与首农集团合作，完善线上线下互动模式，将首农集团的原产地精选副食蔬菜等作为联购网的核心产品，提供便民服务。

《九三学社七十周年纪念》系列邮品。为九三学社设计《九三学社七十周年纪念》系列纪念邮品，设计《九三学社七十周年纪念》精装邮册，共征订 36700 册，形成收入 326 万元。

纪念抗战胜利 70 周年集邮巡展。与海淀区政府合作，组织集邮巡展活动。参观人数超过 2 万人，形成收入约 1400 万元。

成立北京市首家校园主题邮局“青春驿站”。青春驿站通过组织学生开展创意大赛、勤工俭学、主题产品研发等活动，建设校园全体验式文化创意平台。

成功开发小米公司定制明信片项目，实现互联网+明信片的发展新模式。

（郝建秀）

【海淀区邮政支局、所名单】 2015 年，经调整后，中国邮政集团公司北京市海淀区分公司下属 17 个邮政支局、108 个邮政所（见表 21）。

海淀区邮政支局、所一览表

表 21

序号	局、所名称	所号	营业时间	休息日	邮政编码	经办业务	备注
1	万寿路邮政支局	36	9:00–18:00		100036	邮政	
2	翠微路邮政所	262	10:00–17:00		100036	邮政、储蓄	暂停
3	恩济里邮政所	264	9:00–17:00		100036	邮政、储蓄	
4	城乡华懋邮政所	283	9:00–17:00	日	100036	邮政	
5	恩济庄邮政所	275	9:00–17:00		100036	邮政、储蓄	
6	西翠路邮政所	497	9:00–17:00	日	100036	邮政、储蓄	
7	万寿路南口邮政所	263	9:00–17:00		100036	邮政、储蓄	9月22日开业

续表 21

序号	局、所名称	所号	营业时间	休息日	邮政编码	经办业务	备注
8	会城门邮政支局	38	9:00–18:00		100038	邮政	
9	空军司令部邮政所	267	9:00–17:00	六、日	100038	邮政	9月21日改休息日
10	中央电视台邮政所	269	9:00–17:00	六、日	100038	邮政、储蓄	
11	京西宾馆邮政所	295	9:00–17:00	六、日	100038	邮政	
12	甘家口邮政所	266	9:00–17:00		100037	邮政、储蓄	
13	钓鱼台邮政所	296	9:00–17:00	六、日	100037	邮政	
14	永定路邮政支局	39	9:00–18:00		100039	邮政	
15	沙窝邮政所	273	9:00–17:00		100039	邮政、储蓄	
16	玉泉邮政所	471	9:00–16:30		100039	邮政、储蓄	
17	田村路邮政所	255	9:00–16:30		100143	邮政、储蓄	
18	铁家坟邮政所	251	9:00–17:00		100143	邮政、储蓄	
19	廖公庄邮政所	487	9:00–16:00		100143	邮政、储蓄	
20	锦绣大地物流港邮政所	299	9:00–17:00		100143	邮政、储蓄	
21	紫竹院邮政支局	48	9:00–18:00		100048	邮政、储蓄	
22	马神庙邮政所	265	9:00–17:00		100048	邮政、储蓄	
23	首都师范大学邮政所	268	9:00–16:30	六、日	100048	邮政	
24	花园村邮政所	291	9:00–17:00		100048	邮政、储蓄	
25	新世纪饭店邮政所	289	9:00–17:00	六、日	100044	邮政	
26	中关村大街邮政支局	80	9:00–18:00		100080	邮政	
27	西大街邮政所	351	9:00–17:00		100080	邮政、储蓄	
28	北京大学邮政所	352	9:00–17:30		100080	邮政、储蓄	
29	科学院邮政所	353	9:00–17:00		100080	邮政	
30	中钢国际广场邮政所	590	9:00–17:00	六、日	100080	邮政	
31	左岸公社邮政所	380	9:00–17:00	六、日	100080	邮政	
32	融科资讯中心邮政所	399	9:00–17:00	六、日	100080	邮政	8月停业装修
33	中关新园邮政所	560	9:00–16:30	六、日	100080	邮政	
34	魏公村邮政支局	81	9:00–18:00		100081	邮政	
35	理工大学邮政所	598	9:00–17:00		100081	邮政、储蓄	
36	中央民族大学邮政所	559	9:00–17:00		100081	邮政、储蓄	
37	皂君庙邮政所	558	9:00–17:00		100081	邮政、储蓄	暂停（大慧寺）
38	北京交通大学邮政所	290	9:00–17:00		100044	邮政、储蓄	
39	学院路邮政支局	83	9:00–18:00		100083	邮政	
40	北京航空航天大学邮政所	369	9:30–17:00		100191	邮政、储蓄	
41	北京医科大学邮政所	370	10:00–17:00	六、日	100191	邮政	
42	花园东路邮政所	371	9:30–16:30	日	100191	邮政、储蓄	
43	塔院邮政所	372	9:00–17:00	日、一	100191	邮政	
44	林业大学邮政所	373	10:00–17:00		100083	邮政、储蓄	
45	语言学院邮政所	552	10:00–17:00	六、日	100083	邮政	
46	二里庄邮政所	565	9:00–17:00		100083	邮政、储蓄	
47	农机学院邮政所	566	9:00–17:00		100083	邮政、储蓄	
48	世宁大厦邮政所	586	9:00–17:00	六、日	100191	邮政	
49	大运村邮政所	585	9:00–17:00	日、一	100191	邮政	
50	金尚嘉园邮政所	587	9:00–17:00		100191	邮政、储蓄	
51	清华大学邮政支局	84	9:00–17:30		100084	邮政、储蓄	

续表 21

序号	局、所名称	所号	营业时间	休息日	邮政编码	经办业务	备注
52	体育大学邮政所	375	9:00–11:30 13:00–16:30	日	100084	邮政、储蓄	
53	紫荆公寓邮政所	357	9:00–16:30	六、日	100084	邮政	
54	清河邮政支局	85	9:00–17:30		100085	邮政	
55	空研大院邮政所	393	9:30–16:00		100085	邮政、储蓄	
56	永泰邮政所	574	9:00–17:00		100192	邮政、储蓄	
57	清上园邮政所	583	9:00–17:00		100085	邮政、储蓄	
58	宝盛里邮政所	591	9:00–17:00		100192	邮政、储蓄	
59	莱圳邮政所	562	9:30–16:00		100192	邮政、储蓄	
60	领秀硅谷	594	9:30–16:30		100085	邮政、储蓄	
61	上地邮政支局	92	9:00–17:00		100085	邮政	
62	双榆树邮政支局	86	9:00–18:00		100086	邮政、储蓄	
63	科学院南路邮政所	376	9:00–17:00		100086	邮政、储蓄	
64	人民大学邮政所	354	9:00–17:00		100086	邮政、储蓄	
65	报刊发行零售分局营业所				100086	储蓄	停业装修
66	中关村东路邮政所	578	9:00–17:00		100098	邮政、储蓄	
67	友谊宾馆邮政所	551	9:00–17:00	六、日	100086	邮政	
68	太阳园邮政所	98	9:00–17:00		100098	邮政	
69	北太平庄邮政支局	88	9:00–18:00		100088	邮政	
70	金五星商城邮政所	556	9：00–17:00		100088	邮政、储蓄	
71	邮电大学实习邮政支局	599	8:30–17:00		100088	邮政、储蓄	
72	北京师范大学邮政所	364	9:30–17:00		100088	邮政、储蓄	
73	罗庄邮政所	597	9:00–17:00		100088	邮政、储蓄	
74	德胜门西大街邮政所	365	9:00–17:00		100082	邮政、储蓄	
75	文慧园西路邮电局	82	9:00–17:00		100082	邮政	
76	蓟门里邮政所	362	9:00–16:30	二、六	100088	邮政	
77	小西天邮政所	367	9:30–17:00	一、日	100082	邮政	
78	明光村邮政所	363	9:00–16:30	一、日	100082	邮政	
79	苏州街邮政支局	89	9:00–18:00		100089	邮政	
80	车道沟邮政所	358	9:00–17:00		100089	邮政、储蓄	
81	万泉庄邮政所	561	9:00–17:00		100089	邮政、储蓄	
82	北洼路邮政所	564	9:00–17:00		100089	邮政、储蓄	
83	颐和园邮政支局	91	9:00–17:30		100091	邮政	
84	西苑邮政所	381	9:00–16:30		100091	邮政、储蓄	
85	中央党校邮政所	382	9:00–17:00		100091	邮政、储蓄	
86	厢红旗邮政所	383	9:00–17:00		100091	邮政、储蓄	
87	国防大学邮政所	384	9:00–16:30		100091	邮政、储蓄	
88	邮电疗养院邮政所	397	9:00–16:30		100091	邮政	
89	天秀花园邮政所	580	9:00–16:30		100091	邮政、储蓄	10月停业装修
90	颐阳路邮政所	388	9:00–16:30	日、一	100091	邮政	
91	香山邮政支局	93	9:00–17:00		100093	邮政	
92	四王府邮政所	386	9:30–16:00		100093	邮政、储蓄	
93	红旗村邮政所	387	9:30–16:00		100093	邮政、储蓄	

续表 21

序号	局、所名称	所号	营业时间	休息日	邮政编码	经办业务	备注
94	西北旺邮政支局	94	9:00–17:00		100094	邮政、储蓄	
95	农业大学邮政所	389	9:30–16:30		100193	邮政、储蓄	
96	上庄邮政所	390	9:30–15:00	日、一	100094	邮政	
97	韩家川邮政所	391	9:30–15:30	日、一	100094	邮政	
98	颐和山庄邮政所	563	9:30–16:00		100094	邮政、储蓄	
99	航天城邮政所	593	9:30–16:00	六、日	100094	邮政	
100	温泉邮政支局	95	9:00–17:00		100095	邮政、储蓄	
101	北安河邮政所	394	9:30–15:30		100095	邮政、储蓄	
102	冷泉邮政所	395	9:30–16:00		100095	邮政、储蓄	
103	苏家坨邮政所	361	9:30–15:30		100194	邮政、储蓄	
104	育新花园邮政支局	96	9:00–17:30		100096	邮政	
105	龙乡邮政所	392	9:30–16:00	一	100096	邮政、储蓄	
106	育新南区邮政所	582	9:30–16:00		100096	邮政、储蓄	10月8日停业装修
107	建材城西路邮政所	584	9:30 – 17:00		100096	邮政、储蓄	
108	富力桃园邮政所	360	9:30–16:30		100096	邮政、储蓄	
109	通厦邮政所	570	9:00–17:00		100096	邮政、储蓄	4月16日停业装修
110	世纪城邮政支局	97	9:00–17:30		100097	邮政	
111	闵航路邮政所	579	9:30–17:00	日、一	100195	邮政	
112	金雅园邮政所	557	9:30–16:30		100097	邮政、储蓄	
113	郦城邮政所	568	9:00–17:00		100097	邮政、储蓄	
114	彰化南路邮政所	595	9:30–16:30		100097	邮政、储蓄	
115	公主坟南口邮政所	263	9:00–17:00		100036	邮政、储蓄	未开业
116	五道口邮政所	368	10:00–17:00	日	100083	邮政	暂停未开业
117	莲花小区邮政所	459	9:00–17:00	一	100036	邮政	撤销市未批复
118	太平路邮政所	461	9:00–17:00		100036	邮政、储蓄	撤销市未批复
119	梅地亚宾馆邮政所	270	9:00–17:00	六、日	100038	邮政	撤销市未批复
120	西苑饭店邮政所	297	9:00–17:00	六、日	100044	邮政	撤销市未批复
121	青年公寓邮政所	554	9:00–17:00	六、日	100080	邮政	撤销市未批复
122	科技大学邮政所	570	9:00–17:00	日	100083	邮政、储蓄	撤销市未批复
123	牡丹东里邮政所	596	9:00–17:00		100191	邮政、储蓄	撤销市未批复
124	安宁里邮政所	571	9:30–17:00		100085	邮政、储蓄	撤销市未批复
125	玉泉山邮政所	396	9:00–16:30	一、二	100091	邮政	撤销市未批复

（郝建秀）

电 信

【中国移动北京公司城区三分公司】 中国移动北京公司城区三分公司成立于 2006 年 12 月，截至 2015 年底，共有 34 个自有营业厅，基本覆盖海淀区主要街道、商业区和居民网点。

2015 年，中国移动北京公司城区三分公司参与“智慧海淀，无线城市”海淀区公益性 WI–FI 服务建设，在海淀区政府办事大厅及公共区域进行“My–Haidian”无线覆盖。至年底，完成覆盖区域 42 处，包括区政府办事大厅、公共服务机构、公园、街道办事处及主要干道。移动公司也为高校新生提供优惠、便利服务，帮助贫困大学生。与北京大学、中央财经大学、北京工商大学等10所高校建立互联网宽带业务合作。继续推进与海淀各专业园区的战略协议，开展信号优化，信息化基础设施建设，为园区企业提供便捷通信服务。

（张怡歌）

北京移动城区三分公司主营业网点列表

表22

序号	主营业厅名称	地址	营业时间	电话
1	五道口营业厅（试营业）	海淀区五道口华清嘉园底商	9:00-19:00	—
2	信息大厦营业厅	海淀区信息路28号信息大厦一层	9:00-19:00	—
3	枫蓝国际营业厅	海淀区西直门北大街32号院枫蓝国际购物中心一层	10:00-19:00	—
4	金源营业厅	海淀区远大路1号贵友大厦一层北门西侧D06	10:00-20:00	—
5	海淀中关村创业大街营业厅（试营业，仅受理部分业务）	中关村创业大街一层底商	10:00-18:00	—
6	鼎好营业厅	海淀区海淀大街3号	9:00-19:00	—
7	北太平庄营业厅	海淀区北三环中路35号北太平庄邮局二层	9:00-18:00	62018102
8	紫竹桥营业厅	海淀区紫竹院路1号人济山庄D栋101号	9:00-19:00	—
9	保福寺营业厅	海淀区北四环西路9号一层105、107单元底商	10:00-18:00（周末休息）	13501121414
10	西翠路营业厅	海淀区西翠路5号今日家园6号楼苏宁电器一层	周一至周五 10：00-19：00，周六日 9：30-19：00	88284168
11	中关村西区营业厅	海淀区彩和坊路8号天创大厦一层底商	9:00-19:00	13801211413
12	北理工营业厅（中关村南大街营业厅）	海淀区中关村南大街5号院5区323栋(北京理工大学职消社超市二层）	10:00-18:00（周末及法定节假日休息）	18811035126
13	学清路营业厅	海淀区学清路38号金码大厦B座一层A2区	9:00-19:00	82837926
14	新兴桥营业厅（试营业）	海淀区复兴路23号商业楼东侧底商	9:00-19:00	—
15	上地科实营业厅	海淀区信息路甲28-5号	9:00-19:00	82772597
17	中关村海兴营业厅	海淀区中关村丹棱街16号海兴大厦一层	9:00-19:00	13601084164
18	魏公村光大国信营业厅	海淀区中关村南大街11号光大国信大厦一层	9:00-19:00	68713500
19	西山林语营业厅（试营业）	海淀区冷泉林语二区13号楼-107	10:00-18:00	—
20	公主坟营业厅	海淀区西三环中路19号国宜通讯广场二层	9:30-19:00	—
21	北下关营业厅	海淀区大柳树北17号富海大厦中心2号楼101号	9:00-18:00	62131300
22	五棵松营业厅	海淀区西翠路12号	9:00-19:00	13601080624
23	公主坟城乡营业厅	海淀区复兴路甲23号北京城乡贸易中心股份有限公司5层	9:30-19:00	13601182429
24	永定路营业厅	海淀区永定路乙一号乐府江南乙1-20号底商	9:30-17:30	58977572
25	辉煌国际营业厅（试营业）	海淀区上地十街辉煌国际大厦底商118-3号	9:00-19:00	—
26	橡树湾营业厅（试营业）	海淀区学府树家园二期底商8-7	9:00-19:00	—
27	万柳营业厅	海淀区万柳东路9号106室	9:00-19:00	82551306
28	远大路营业厅	海淀区远大路22号12号楼一层	9:00-19:00	88875274
29	清河营业厅	海淀区清河镇清河强佑新城底商108A	9:00-19:00	18811035096
30	主语国际营业厅	海淀区首体南路9号主语商务中心5号楼一层0101	10:00-18:00	—
31	科贸营业厅	海淀区中关村北大街18号科贸电子城一层	9:00-19:00	18811035123
32	清西文化长廊营业厅	清华大学清西文化长廊一层	10:00-18:00	—
33	北师大西门营业厅	海淀区新街口外大街19号北京师范大学校内小西门旁	10:00-18:00	—
34	北航营业厅	海淀区学院路37号北京航空航天大学校内（北京航空航天大学网球馆底商）	10:00-18:00	—

（张怡歌）

【中国联通北京市分公司】 中国联合网络通信有限公司北京市分公司（简称北京联通），隶属于中国联合网络通信有限公司，为客户提供包括固定电话、移动电话、数据传输、互联网、宽带接入等基础电信业务和增值电信业务，以及与上述业务相关的行业应用、系统集成、技术开发、技术服务、信息咨询、工程设计施工等服务。

北京联通下设6个市区分公司，其中二区、八区、三区3个分公司为海淀区提供服务。二区分公司位于海淀区皂君庙9号，是亚洲最大的通信枢纽，下辖中关村营销服务中心、北太平庄营销服务中心、上地营销服务中心、清河营销服务中心、西直门营销服务中心、皂君庙营销服务中心、二里庄营销服务中心、大有庄营销服务中心、温泉营销服务中心、西三旗营销服务中心、香山营销服务中心、永丰营销服务中心12个营销服务中心。八区分公司位于海淀区茂林居甲14号，下辖五棵松营销服务中心、展览路营销服务中心、紫竹院营销服务中心、石景山营销服务中心、鲁谷营销服务中心、四季青营销服务中心、茂林营销服务中心、金顶街营销服务中心、恩济庄营销服务中心9个营销服务中心。三区分公司有西客站营销服务中心属于海淀区。北京联通网络分公司（羊坊店路9号）、北京联通管线中心（复兴路65号）、北京联通移动中心（羊坊店路9号）、北京联通平台中心（羊坊店路9号）、北京联通网优中心（羊坊店路9号）5个北京联通的通信局所在海淀区界内。

年内，持续推进4G网络建设与优化，实现市区、城郊接合部、村落及学校、公园、景区等重要区域连续覆盖。开展光纤改造，重点对公众楼宇、商务楼宇完成光纤覆盖，完成铜缆拆除。

推广移动办公、无线传输、视频监控、无线定位等业务，打造“4+2+1”专业化运营能力（“4”指自营厅、社会渠道、家庭网格、商务网格，“2”指大客户直销、校园区域经理，“1”指存量维系）。推进“互联网+”行动，配合海淀区政府推进“智慧海淀”和“海淀区公共信用信息服务平台”建设，实现海淀区4G移动通信、物联网深度优质覆盖。39所一类院校均实现一校一店，所有院校均建立金数据支付平台，实现线上选号、线上支付。

推出宽带网上预约办理、入户服务极速响应、宽带安装过程透明、联通漫游通全球、资费下降更实惠5项服务承诺。拓展服务营销一体化，在“10010”热线渠道和微信渠道开放宽带在线订购、下单、支付、趸交一站式办理。完成全国“两会”“抗战胜利70周年纪念活动”等重大通信保障任务。完成海淀区政府、区地震局组织的地震应急演练及防汛通信保障。

（陈育红）

海淀辖区北京联通营业厅一览表

表23

	序号	营业厅名称	地　　址
二区分公司	1	北太平庄营业厅	海淀区北三环中路33号
	2	温泉营业厅	海淀区温泉乡太舟坞
	3	上地营业厅	海淀区上地电话局
	4	中关村营业厅	海淀区海淀路54号
	5	清河营业厅	海淀区清河毛纺路清河电话局
	6	二里庄营业厅	海淀区志新路11号
	7	皂君庙营业厅	海淀区皂君庙路9号
	8	西三旗营业厅	海淀区西三旗建材城东路28号
	9	中关村东路营业厅	海淀区中关村东路1号院2号楼108室
	10	苏州街营业厅	海淀区苏州街55号101
	11	马连洼营业厅	海淀区马连洼兰园小区14号楼一层2–5号
	12	上地信息路营业厅	海淀区农大南路1号院2号楼B104A
	13	西直门营业厅	海淀区西直门北大街32号院1号楼一层
	14	西土城路营业厅	海淀区西土城路10号综合楼一层
	15	中关村南大街营业厅	海淀区中关村南大街乙12号院1号楼一层1–17
	16	北科大营业厅	海淀区学院路30号2区10幢一层101室
	17	北语大营业厅	海淀区学院路15号1区9幢一层104室
	18	中关村西区营业厅（2015年新增）	海淀区中关村大街1号一层（一层北部）一号区A01–A03

续表 23

	序号	营业厅名称	地 址
	19	新街口外大街营业厅	西城区新街口外大街 28 号 30 幢 28-16
	20	香颐路营业厅	海淀区厢红旗东外 2 号军科综合楼一层中部
	21	万柳中路营业厅	海淀区万柳中路星标家园 1 号楼底商 104 室
	22	永泰中路营业厅	海淀区永泰东里 52 号楼首层 5 号北侧
三区分公司	23	杏石口营业厅（2015 年新增）	海淀区杏石口路益园文创基地 A 区 1 号楼 0105 室
	24	莲花桥营业厅	海淀区什坊院甲 3 号
	25	西客站营业厅	海淀区羊坊店路 9-1 号
八区分公司	26	五棵松营业厅	海淀区复兴路65号
	27	远大路营业厅	海淀区远大路1号金源时代购物中心一层1022、1069号
	28	田村营业厅	海淀区永定路乙1号院8号楼6单元101
	29	紫竹院营业厅	海淀区西三环北路昌运宫1号
	30	四季青营业厅	海淀区昆明湖南路12号
	31	茂林居营业厅	海淀区茂林居小区甲14号
	32	公主坟营业厅	海淀区复兴路21号海育大厦一层
	33	魏公村营业厅（2015 年新增）	海淀区中关村南大街 27 号中央民族大学内学生 2 号公寓楼一层北侧
	34	恩济庄营业厅（2015 年新增）	海淀区八里庄路 63 号院 1 号楼一层 08 号

（陈育红）

电力供应

【概况】 2015 年，国网北京海淀供电公司负责海淀地区 430.77 平方千米范围内的电网规划建设、运行管理、电力销售和 77.12 万客户的安全供电服务。公司设置 11 个职能部门、3 个业务机构和 36 个班组，负责 110 千伏变电站 37 座，主变 119 台，主变容量 6093 兆伏安；10 千伏架空线路 228 条，长度 1712.8 千米；10 千伏电缆线路 2202 条，长度 4079 千米。

年内，供电公司售电 126.08 亿千瓦时，同比增长 1.65%；完成业扩报装接电容量 82.01 万千伏安，同比增加 4.39%；实现内部利润 4.16 亿元；城网供电可靠率达到 99.991%，农网供电可靠率达到 99.976%。

加强现场巡检工作，生产作业现场巡检覆盖率 100%。累计排查问题及隐患 292 项，审核发布各级检修风险 587 项，风险发布率达到 100%。应对异常天气、突发事件，启动各级应急预警 43 次。全年安全生产无事故，累计安全生产长周期 3424 天。

在全公司各营业网点开展“无投诉周”劳动竞赛活动，服务类投诉同比下降 25%，实施方案获得“北京电力公司 2015 年优秀劳动竞赛案例”称号。在“三无”小区开展非公司产权设备义务抢修，党员服务队共开展活动 80 余次。开展电力爱心教室及进校园活动 29 次，开展爱心服务、公益活动 44 次。义务为相关单位提供电气设备隐患排查等个性化服务。

（乔飞）

【完成特殊供电任务】 年内，海淀电网成功经受夏季 291.6 万千瓦、冬季 240.2 万千瓦的高峰负荷考验。完成全国“两会”“抗日战争暨世界反法西斯战争胜利 70 周年纪念活动”，中央统战工作会等特、一级供电保障。全年完成政治供电任务 140 项，其中特级任务 2 项、一级任务 34 项，累计保电 270 天。实现“电网零闪动、工作零差错、服务零投诉”的工作目标。

（乔飞）

【电网建设】 年内，供电公司完成海淀地区“网格化”配电网规划滚动修编，形成“十三五”规划主网建设项目清册。完成地铁 16 号线二期轨道穿越等 5 项工程的可行性研究评审及收口工作，投产六里屯扩建等 4 项工程，推进大工村发电厂并网、北部三条电力隧道、辛店组团电力设施迁改、“昌平—八家”220 千伏送电等重点工程。2015 年，海淀地区新增 110 千伏变电容量 100 兆伏安，新增电力电缆 9.44 千米。

（乔飞）

【配网故障管控】 年内，供电公司开展配电网异常台区治理专项工作，完成过载、低电压、三相不平衡台区治理共计 70 台，完成重载台区巡视 167 台/次，海淀地区配电网线路健康水平提升。

（乔飞）

【营配贯通“回头看”】 年内，供电公司开展营配贯通“回头看”数据质量核查专项工作，完成地区5051个台区、75.87万户低压用户、5971户高压用户数据核查，自查率和整改率均达100%。

（乔飞）

【推广“事业合伙人”模式】 年内，供电公司推广电力“事业合伙人”模式，根据用电需求及负荷特点对重要客户进行分类服务，培育日常管理“共创、共担、共享”理念，提供可定制的“电力管家”延伸服务，提升优质服务水平。探索建立“电力物业”服务模式，解决用电矛盾较大的特殊小区的可靠用电问题。

（乔飞）

【采集用电信息】 年内，供电公司累计换装居民智能表15.02万具，用电信息采集覆盖702个台区及1.92万户低压非居民用户，配电光纤对接1470个台区，全采集覆盖率达到95.5%。

（乔飞）

【电力民生工程】 年内，供电公司完成保障性住房、轨道交通等17项重点项目送电任务，开展老旧小区改造及“煤改电”工作，完成老旧小区改造及煤改电任务4项，涉及居民1626户。

（乔飞）

【拓展电力市场】 年内，供电公司开展“促业扩、压结存”专项工作，接电容量82.01万千伏安，同比增加5.1%。加快电能替代项目建设，完成市场开拓电量2.8亿千瓦时，开拓热泵面积210万平方米，实现分布式电源并网服务24户，私人充电桩报装接电210户，落实488个公共直流充电桩的站址位置。

（乔飞）

【电费回收】 年内，供电公司推进警企联动，加大电费催收管控力度，收回陈欠电费340万元。开展营业普查，追补电量245.7万千瓦时，追补电费及违约使用电费592.8万元。

（乔飞）

【推广自助缴费】 年内，供电公司推进“六位一体”（实体营业厅、“95598”热线、“95598”网站、手机APP、短信、微信）智能互动服务平台应用，公司10个营业厅实现自助缴费终端及无线网络全覆盖，累计开通“掌上电力”手机客户端及微信电力12.7万户。办理电动汽车充电卡4682张，售电金额264.46万元。

（乔飞）

环境保护

【概况】 2015年，区环保局以改善环境质量为核心，以大气污染防治、水污染治理、污染物总量减排、环境风险防范为中心工作，完成“十二五”时期和年度各项约束性指标和重点任务，辖区内各类污染源得到有效管控。区域空气中细颗粒物（PM2.5）浓度同比下降10.5%；清河、南沙河、长河、京密引水渠、土城沟5个跨界水体断面水质综合达标率同比提升22%；主要污染物二氧化硫、氮氧化物、化学需氧量和氨氮排放总量分别同比下降15.06%、10.57%、4.13%和3.20%。

（仙博洋）

【“两大活动”空气质量保障】 8月20日—9月3日，海淀区落实《海淀区活动期间空气质量保障方案》。在活动前期落实清洁空气各项治理措施，活动期间采取公车停用、土方作业停工、工业企业停限产等多项临时性减排措施，削减大气污染物排放。“两大活动”期间，公车停用1169辆，工地土方作业停工440家，工业企业停限产74家。辖区空气中PM10、NO_2、SO_2、PM2.5四项主要污染物平均浓度同比均大幅下降，平均下降比例达到66.7%，其中PM2.5同比下降68.5%，空气质量连续15天达到一级优。

（仙博洋）

【空气重污染红色预警首次启动】 12月7日18时30分，市空气重污染应急指挥部发布空气重污染预警等级由橙色提升为红色的指令，全市于12月8日7时至12月10日12时首次启动空气重污染红色预警。海淀区连夜组织召开空气重污染红色紧急工作部署会，按照《海淀区空气重污染应急预案》，采取公务用车全天停驶80%、施工工地停止土方作业、74家工业企业停产、增加道路清扫保洁频次和加大各类污染源管控力度等多项应急减排措施。12月19日7时至12月22日24时，海淀区按照市政府指令再次启动空气重污染红色预警，各项应急保障措施得到落实。海淀区全年完成8次蓝色、8次黄色、2次橙色和2次红色空气重污染应急保障工作。

（仙博洋）

【生态环境评价】 年内，区环保局依据新修订的《生态环境状况评价技术规范》（HJ/T192—2015），完成对全区生态环境状况的综合评价。结果显示，海淀区生态环境质量指数为54.2，居北京市城六区首位。其中生物丰度指数为42.2，植被覆盖指数为64.9，水网密度指数为16.1，土地胁迫指数为25.2，污染负荷指数为4.1。并对“三大功能区”进行了评价，其中“三山五园”历史文化景区生态环境指数为68.7，为全区最高；北部生态科技新区生态环境指数为59.6；中关村科学城生态环境指数为37.7。

（仙博洋）

【环境准入】 年内，区环保局以服务全区创新发展为核心，严格环境准入门槛，实施全行业“减二增一”削减量替代审批制度，严格控制污染增量，全年审批建设项目1333项，其中报告书类型21项、报告表类型310项、登记表类型1002项；否决不符合海淀区功能定位的新建项目363项。设置“绿色通道”对全区重点项目进行快速审批，不断优化环保审批办事流程，减免企业提交材料和检测等中间环节，为企业节省办事时间。

（仙博洋）

【大气污染防治】 年内，区环保局牵头制定并落实《海淀区2015年清洁空气行动重点任务》，完成燃煤锅炉清洁能源改造85蒸吨，检查各类机动车65万辆，淘汰老旧车5.43万辆，削减挥发性有机物排放159吨，督促6家单位完成废气治理技术改造，关停混凝土搅拌站3家、砂石厂5家，启动征收施工扬尘排污费。

2015年，海淀区细颗粒物（PM2.5）年均浓度值为80微克/立方米，同比下降10.5%，超额完成北京市下达的下降5%的任务目标；二氧化硫年均浓度值为15.2微克/立方米，同比下降39.4%；二氧化氮年均浓度值为56.1微克/立方米，同比下降16.1%；可吸入颗粒物年均浓度值为102.9微克/立方米，同比下降19.0%；全区降尘量为7.5吨/平方千米•月，低于年度标准限值。

（仙博洋）

【水污染防治】 年内，区环保局制定实施《海淀区镇级集中式饮用水源地保护区划定方案》，完成稻香湖水厂、海泉水厂、碧水青山水厂和宏伟水厂4个水源一级保护区标识设置，加强对京密引水渠保护区和水源三厂保护区风险隐患单位的管控。开展南沙河流域水污染防治专项检查，对南沙河流域内的污水处理设施、规模化畜禽养殖场、工业企业和生活服务类污染源进行拉网式排查，共检查企事业单位620家，对违法行为进行严厉查处。联合水务部门排查辖区内河道，取缔非法排污口。

全年实际监测河流9条段（万泉河断流），监测总长度70.5千米，其中达标河段为5条段，占监测总长度的61.7%，与上年相比保持稳定，河流主要污染物指标为氨氮、总磷、化学需氧量，属于有机污染型；监测湖泊6个，水域面积427万平方米，其中达标湖泊2个，占监测水域面积比例由上年的47.3%提升至52.2%，湖泊主要污染物指标为化学需氧量和总磷，水质营养状态处于中营养或轻度富营养，湖泊水环境质量有所改善（见表24、25）。

2015年海淀区河流水质状况一览表

表24

水体名称	规划水质类别	现状水质类别	达标状况	上年水质类别
京密引水渠	Ⅱ类	Ⅱ类	达标	Ⅱ类
昆玉河	Ⅲ类	Ⅲ类	达标	Ⅲ类
长河	Ⅲ类	Ⅲ类	达标	Ⅲ类
土城沟	Ⅳ类	Ⅳ类	达标	Ⅳ类
清河上段	Ⅳ类	劣V1类	未达标	Ⅳ类
永引上段	Ⅲ类	Ⅳ类	未达标	Ⅳ类
南沙河	Ⅳ类	劣V3类	未达标	劣V3类
清河下段	Ⅴ类	劣V2类	未达标	劣V1类
小月河	Ⅳ类	Ⅳ类	达标	断流

2015年海淀区湖泊水质状况一览表

表25

湖泊名称	规划水质类别	水质类别	达标状况
昆明湖	Ⅲ类	Ⅲ类	达标
八一湖	Ⅲ类	Ⅳ类	未达标
团城湖	Ⅱ类	Ⅱ类	达标
玉渊潭湖	Ⅲ类	Ⅳ类	未达标
圆明园湖	Ⅲ类	Ⅴ类	未达标
紫竹院湖	Ⅲ类	Ⅳ类	未达标

（仙博洋）

【污染物减排】 年内，区环保局围绕结构调整、工程治理和监督管理三个领域，制定《海淀区 2015 年主要污染物减排工作方案》，淘汰退出 9 家高污染企业和 2 家规模化畜禽养殖场，推进重点减排工程建设和环保技改项目实施，巡查监管全区 5 家污水处理厂和 32 家村级污水处理站。全区主要污染物排放总量持续削减，二氧化硫、氮氧化物、化学需氧量和氨氮分别较 2014 年下降 15.06%、10.57%、4.13%和 3.20%，较 2010 年下降 39.93%、28.77%、16.40%和 19.95%，超额完成市政府下达的年度和“十二五”期间减排任务。

（仙博洋）

【环境噪声监测】 年内，建成区区域声环境质量稳定达标。海淀建成区内共有噪声网格测点 136 个，达标网格数由上年的 113 个提升至 132 个，达标率由上年的 83.1%提升至 97.1%；区域环境噪声平均值为 53.1 分贝（A），达到国家 55 分贝的限值要求。建成区道路交通噪声环境质量稳定达标。海淀建成区交通噪声监测路段 60 条，达标路段由上年的 34 条提升至 47 条，达标率由 56.7%提升至 78.3%，道路交通噪声平均值为 69.9 分贝（A），达到国家规定的标准限值，与上年相比基本持平。

（仙博洋）

【环境安全监管】 年内，区环保局启动实施环境安全隐患排查专项整治行动，对全区 590 枚放射源、1165 台射线装置、4 家辐照单位以及 27 家环境风险源、467 家危险废物企业进行拉网式排查和全面严格监管，修订并发布实施《海淀区突发环境应急预案》和《海淀区空气重污染应急预案》，通过定期开展应急演练、强化落实应急措施等方式，提升环境突发事件应急处置能力，全年辖区未发生环境污染事故。

（仙博洋）

【环境执法监管】 年内，区环保局启动实施环保大检查专项行动，对 6000 余个污染源单位进行全面摸底调查，建立 1269 家企业的监管台账，集中开展燃煤锅炉、餐饮、汽修、印刷、医院、家具等多个行业的专项执法检查，重点整治市民反映强烈的餐饮油烟、设备噪声、汽修异味各 100 家单位。立案查处环境违法案件 864 件，罚款 759 万元，罚款金额同比增长 43%；征收排污费 1500 万元，同比增长 31%。

（仙博洋）

【环境管理创新】 年内，区环保局依托网格化社会管理平台，在全区实施大气污染防治网格化管理，构建精细化的大气污染监管体系；建设区级电磁辐射环境自动监测系统，通过按功能区设置的 3 个自动监测站实时掌握辐射环境状况，在消除公众疑虑的同时，为环境安全管理提供数据支撑；建立固定式多车道机动车尾气排放实时监测系统，动态监控机动车上路行驶的实际排放状况，自动筛查超标排放机动车，提高监管效率。

（仙博洋）

【环保宣传】 年内，区环保局利用新媒体拓宽宣传渠道，开通“海淀环保”政务微信公众号，发布空气质量、工作动态、绿色生活小贴士等信息 60 余篇。联系市、区新闻媒体宣传环保工作，北京电视台、海淀有线台、《北京晚报》《海淀报》报道地区空气质量保障、加强环境执法等重点工作 80 余次。组织开展以“践行绿色生活”为主题的“六五环境日”宣传，并深入街道社区和驻区企业，开展系列普法宣教活动。

（仙博洋）

园林绿化

【概况】 2015 年，海淀区园林绿化局（海淀区绿化委员会办公室）下辖区园林绿化服务中心、区绿化队、区绿化二队、区绿化三队、区海淀公园管理处、区翠湖湿地公园管理处、区园林工程设计所、区林业工作总站（区林业保护总站、区林业种苗管理总站、区生态林管护中心）8 个事业单位。

2015 年，海淀区投入 11 亿余元，完成绿化建设 568.89 公顷，其中新增绿化面积 86.9 公顷，绿化改造面积 481.99 公顷。其中改造林地 203.30 公顷（3049.5 亩）；城区完成绿化建设 365.59 公顷：新建绿地 86.9 公顷，改造绿地 278.69 公顷；完成公园绿地 268.31 公顷、道路绿化 79.72 公顷、居住区绿化 12.16 公顷、单位附属绿地 3.34 公顷、屋顶绿化 2.06 万平方米；新植树木 14.68 万株、草坪 40.6 万平方米。全区森林覆盖率 35.68%，林木绿化率 40.58%，绿地率 48.56%，城市绿化覆盖率 51.94%，人均绿地 34.17 平方米，人均公园绿地面积 12.25 平方米（人均绿地、人均公园绿地均按 2015 年末常住人口计算）。

市南水北调团城湖管理处、田村路街道办事处、区国有资产监督管理委员会、海淀百望山森林公园被评为首都全民义务植树先进单位；中关村街道办事处、四季青镇人民政府、海淀街道办事处被评为首都绿化美化先进单位；中关村街道太阳园社区被评为首都绿化美化花园式社区；清河街道学府树家园二期、马连洼街道如缘居南里、玉泉山公司绿化八站被评为首都绿化美化花园式单位；四季青镇宝山村、西山村被评为首都绿色村庄。

（罗勇）

【北京市西山试验林场】 北京市西山试验林场（简称西山林场）地跨海淀、石景山和门头沟 3 个行政区，直属北京市园林绿化局（首都绿化委员会办公室）领导，为生态公益型国有林场。西山林场下设西山林场福寿岭分场、西山林场魏家村分场、西山林场黑龙潭分场、西山林场黑石头分场、西山林场三家店分场、西山林场卧佛寺分场、西山林场东北旺分场、北京市生物防治研究推广中心 8 个林业单位。

2015 年，西山林场推进生态建设、

资源管护、产业发展、西山森林公园建设、基础设施建设和安全保障等工作，被首都文明委评为首都文明单位标兵。

生态体系建设 2014 年中央财政森林抚育补贴项目 2.5 万亩。作业区主要分布在卧佛寺分场和三家店分场两个分场。8 月 12 日，项目实施情况通过北京园林绿化局验收。

2015 年中央财政森林抚育补贴项目任务 30000 亩。完成实施方案申报和作业设计。

京津风沙源治理二期工程 2015 年项目包括低效林改造 3000 亩、封山育林 5000 亩。低效林改造项目建设地点位于魏家村分场和卧佛寺分场 10 个小班，通过间伐、补植等措施，重点改造侧柏、刺槐、黄栌低效林分。完成间伐 2100 亩，修枝整形 2600 亩，定株 1800 亩，割灌 1800 亩，补植 513 亩，栽植苗木 8250 株，人工促进天然更新 3000 亩。封山育林项目建设地点位于黑龙潭分场。年底前，封山育林项目施工全部完成。

重点公益林管护面积为 89235 亩。覆盖魏家村、卧佛寺、三家店、福寿岭等 7 个分场。主要包括造林及林木抚育、森林防火、森林病虫害防治、林政资源管理等项目。林场与 7 个分场的重点公益林管护员签订管护合同，做到责任到人。从林场场部及 7 个分场抽选专业管护及管理人员，对口、定点开展公益林管护。

第八批国家农业综合标准化示范区项目。年内编制标准 4 个，应用修订标准 3 个，完成项目预计目标。以标准为依据，建设景观型水源涵养林经营试验示范区、生物多样性保护试验示范区、森林生态休闲游憩试验示范区、森林文化试验示范区 4 个示范区，总面积 250 亩。同时在示范区内开展基础设施及森林文化建设，推动森林多功能经营标准及利用的宣传和推广。项目通过由北京市质量技术监督局组织的项目实施中期督导。

产业体系建设 森林旅游产业。西山国家森林公园全年接待游客 140 万人次，接待旅游团体约 300 个。实施“昌华景区日常管护项目”，以全部森林资源为对象，通过割灌、修枝、枯枝粉碎还林、病虫害防治等近自然抚育措施，提高森林质量，开辟林下生态游憩空间；对重点游览区域内的植物专类园、主要游览道路、景区景点、休憩区、活动区等区域开展植物景观优化改造，共栽植海棠、碧桃、紫薇等观赏花木 4000 余株，建植马蔺、沙地柏、野牛草等节水抗旱地被 1.5 万平方米，摆放节日花卉 13 万余盆，延长核心景区植物花期；推进景区供水系统和门区道路拓宽工程；打造包括第四届踏青节、第二届牡丹文化节、第四届红叶节、第三届百姓森林合唱大赛在内的三节一赛活动；开发市场化的旅游产品，包括“缅怀英雄事迹，追寻英雄脚步”北京西山国家森林公园无名英雄纪念广场红色旅游，开展植树、认养树木、树木养护、森林经营作业等西山森林体验活动，“走进森林 感知文化”北京西山国家森林公园森林文化体验，户外健身主题活动，以国际知名赛事 TNF100 为带动，推广山地越野、森林定向运动、徒步登山等项目。

园林绿化产业。北京丹青园林绿化公司参与市场招投标 40 项，中标 19 项，并获得风景园林设计乙级资质。承接设计项目 20 项。丹青苗圃分株移植华山松、白皮松等几千株苗木，分株面积 40 亩。

生物防治产业。周氏啮小蜂生产 25.75 亿头，管氏肿腿蜂生产 1015 万头，瓢虫生产 80 万头，赤眼蜂销售 4000 万头，平腹小蜂生产销售 495 万头，蒲螨销售 1 亿头，小卷蛾斯氏线虫生产销售 120 亿头，美国白蛾核型多角体病毒生产销售 3 吨，大唼蜡甲成虫生产销售 1.18 万头，花绒寄甲生产销售 1 万头。实施北京市地方标准“生物防治产品应用技术规程——杨扇舟蛾颗粒体病毒”；完成“生物防治产品应用技术规程——大唼蜡甲”终审；“北京市重要林果病虫害生防产品产业化关键技术研究与应用”课题获市园林绿化科技进步奖一等奖。

安全保障体系建设 森林防火。2014—2015 年度森林防火期，林场投入森林防火经费共计 819.62 万元，发生火情 3 起，均得到规范处置，没有形成火警火灾，没有发生人员伤亡事故。北岭大梁防火道路工程路基及挡墙砌筑工作基本完成，桥梁主体结构部分完成。林场与石景山区园林绿化局合作建设的红光山防火道路工程完成全线路床清理及部分挡墙砌筑。兼具防火阻隔和营林作业通道的卧佛寺林区防火小路工程，全长 4.5 千米，完成路床、挡墙砌筑和部分路段硬化工程。

林木有害生物防控。林场共释放小蜂 6.9 亿头，没有爆发美国白蛾灾害。累计发放管氏肿腿蜂 120 万头，用于防治双条衫天牛。

（夏梦琪）

【全民义务植树】 年内，海淀区组织全区 29 个街镇、农林场开展义务植树和宣传活动。组织第 31 个全民义务植树日活动，参加植树人数 13.87 万人，植树 8.17 万余株，挖坑 8.17 万个，动土 7.05 万立方米，养护树木 135.49 万株，清扫绿地 893.83 万平方米。4 月 4 日植树日当天，区四套班子领导和区机关、台盟工委及田村路街道办事处等 100 余人，在田村城市休闲森林公园绿化工程现场种植国槐、栾树、西府海棠、山桃、碧桃等树木 1800 余株。组织玲珑公园、元土城遗址公园、北坞公园等开展以“人人认养绿色树木，共建生态园林家园”为主题的认建认养活动。组织西三旗街道、万寿路街道和中关村街道开展市花月季进社区活动，投资 99 万元，栽植月季 6 万株。组织海淀街道芙蓉里社区和中关村街道太阳园社区开展乡土植树进社区活动，投资 126 万元，栽植华北绣线菊、月季、蓝花鸢尾等 21 万余株，补植面积 1.3 万平方米。

（罗勇）

【公园绿地】 年内，海淀区实施文化建园战略，推行“养护精细化、服务人性化、活动品牌化”管理，从绿化美化、园容卫生、设施管理、公园服务、安全秩序、制度建设 6 个方面加大行业管理力度。有注册区属公园 34 家，面积 995.25 公顷，其中市级重点公园 3 家，占全市市级重点公园总数的 8.3%；市级精品公园 16 家。区属公园风景区游人量达 2616 万人次，组织各类文化活动 15 项。年内建设完成公园绿地 268.31

公顷。

（罗勇）

【居住区绿化】 年内，全区新建改造居住区绿地12.16万平方米。其中新建中直机关小区、凯胜家园小区等8处居住区绿地5.67万平方米；改造志新社区、展春园社区、花园村小区等19处居住区绿地6.49万平方米。

（罗勇）

【立体绿化】 年内，全区完成屋顶绿化2.06万平方米，其中人大附中西山学校、育英学校、六一小学、农大附小、东北旺小学、东升小学6所中小学校完成绿化8611平方米。

（罗勇）

【“四个一”绿化美化工程】 年内，海淀区继续实施街镇“四个一”绿化美化工程（各街镇每年重点打造一处公共绿地、一处道路绿地、一处立体绿化和一处居住区绿化工程），新建改造中关村街道科南路、上地街道马连洼北路一号院社区南广场、海淀街道稻北社区、人大附中西山学校屋顶绿化等绿地面积68.7公顷，其中道路绿地36.83公顷、公共绿地17.65公顷、居住区绿化12.16公顷、立体绿化2.06万平方米。

（罗勇）

【森林健康经营示范工程】 年内，完成苏家坨镇大公村、南安河村山区生态公益林健康森林经营项目203.3万平方米，其中抚育间伐184.9万平方米（中幼林抚育180.6万平方米、成熟林抚育4.3万平方米），改造灌木（低效）林18.4万平方米，种植黄栌、五角枫总量11040株，整修作业道路7500米。

（罗勇）

【生态林管护】 年内，全区纳入集体生态林补偿机制政策林地面积为10.89万亩。其中一级林地1923亩、二级林地20811亩、三级林地19068.3亩、四级林地22157.7亩、五级林地44977.3亩。拨付各镇生态林地补偿机制政策资金2.9亿元。完成生态林修剪抚育6万余亩，补植各类苗木4万余株，病虫害防治面积5万余亩；出动2万余人次、车辆700余车次。清理拉拉秧杂草垃圾7000余吨、枯死树8000余株、干枝15000余株。开展生态林管护员培训8期，培训400人次。

（罗勇）

【农村街坊路绿化】 年内，纳入农村街坊路管理绿地涉及7个镇、53个村，面积120.4万平方米。开展各镇自查及农村五项基础设施检查组抽查，完成街坊路绿化实际管护情况评定，并依照管护情况评定结果拨付区级管护资金288万元。

（罗勇）

【重大活动花卉布置】 年内，区园林绿化局实施花卉布置常态化管理，以抗战胜利70周年、“两会”等节日景观和重大活动环境保障为重点，采取时令花卉和宿根花卉相结合的形式，在重点桥区、道路和街头绿地布置地栽花卉5.4万平方米，栽种美女樱、硫化菊、醉蝶花、百日草、四季海棠、非洲凤仙等30余个品种花卉300余万株，布置花钵花卉11处，摆放单箱组花钵4017个、三箱一体花钵2481组。参展第四届中国兰花大会的“生命为谁美丽”花坛获得大会最佳创意奖。

（罗勇）

【森林防火】 年内，从区森林防火指挥部，到镇、街、林场、村和有林单位，全区层层签订森林防火责任书1万余份。投资300万元，维修山区防火路；投资90万元，对18座防火瞭望塔进行维修；投资80万元，对16座防火检查站进行维修；投资367万元，建四季青山区防火监控系统；投资140万元，购置森林消防物资器材。在重点森林防火期，与森警机动支队、海淀公安消防支队联合组织森林消防队扑火实战演练。本防火年度发布橙色预警7次30天，全年无火情火警。落实对已建成的森林防火隔离带的抚养和维护，组织开展“五清”活动[①]，割除隔离带和清理林下易燃物120公顷；组织巡逻检查千余次，检查单位150家，出动检查车2100车次，下发隐患通知书50余份，隐患全部得到整改；依法查处违章用火并教育210余人。在重点景区、关键部位以及林地内广泛布设森林防火宣传碑（牌）、条幅、展板、自动语音宣传杆等。全年开展森林资源保护、森林防火知识等培训14次，培训人员7000余人；举办防火宣传活动6次，印发宣传手册5万份，发放宣传袋1.2万个，设立宣传牌（碑）210块，制作宣传横幅220条，受教育群众15万余人。本防火年度无森林火灾，无人员伤亡。海淀区森林防火指挥部获“北京市森林防火工作先进单位”称号。

（罗勇）

【林木有害生物防控】 年内，海淀区共有林木有害生物市级监测测报站1个、美国白蛾诱芯监测点1500个、杀虫灯监测点500个，设置其他林木有害生物监测诱捕器280套。开展3次以美国白蛾为主的林木有害生物普防工作，出动防治队伍470余支、车辆6003车次，防控面积15.1万亩；开展3次飞机防治工作，累计飞防面积15万亩，实现对五环外山区生态林、平原片林、苗圃等林地的预防性防治，控制美国白蛾由城区向农村地区和山区的传播。释放管氏肿腿蜂800万头、周氏啮小蜂5.3亿头。在5个镇街（林场、绿化队）、60个社区（公园、道路）监测到美国白蛾成虫708头，巡查到幼虫危害树木29株、网幕45个。其他常发性林木有害生物草履蚧、春尺蠖、国槐尺蠖、国槐叶柄小蛾、柳圆叶甲、杨扇舟蛾、杨小舟蛾等均呈点状发生，实现“有虫不成灾”目标。

（罗勇）

【林政执法】 年内，区园林绿化局重点惩治破坏野生动物和森林资源的犯罪活动，接报警情67起，其中涉林报警22起、火情报警3起、各类求助18起、其他24起。办理林业行政案件1起，对非法占用海淀镇树村正白旗804.1平方米集体生态林地的违法人给予罚款处罚，并责令其恢复原状。办理刑事案件2起，刑事拘留3人，依法扣押国家一级野生陆龟2只、国家二级野生陆龟4只、象牙制品1485克，价值人民币61875元。开展野生动物经营场所专

[①] 指以清坟头、清林边、清地边、清路边、清隔离带内可燃物为主要内容的森林防火“五清”专项行动。

项检查，清查花鸟市场、集贸市场37处，检查摊位51家。开展“清查花鸟鱼虫市场”专项行动，清查花鸟市场、集贸市场15处，检查摊位40家。开展种植毒品原植物的踏查工作，检查林区非法种植毒品原植物情况，开展禁毒宣传。

（罗勇）

【行政许可】 年内，行政审批窗口共受理行政许可申请420件，接待咨询人员1600余人；审批林木伐移167件、树木伐移151件，并对31件林木采伐申请进行方案优化，保留林木3590余株；审核并上报林地征占用许可17件，涉及面积109.99公顷；完成建设工程附属绿地审核60件，面积124万平方米，其中代征绿地13万平方米、屋顶绿化5万平方米、绿化停车场面积3.3万平方米。受理并核发林木种苗生产许可证11份（续办），核发林木种苗经营许可证17份，其中新办3份、续办14份。签发苗木检疫证书（出省）5份、产地检疫合格证16份，检疫苗木、花灌木18.01万株；开具检疫要求书46份。

（罗勇）

【园林绿化设计方案审查】 年内，区园林绿化局完成海淀区循环经济产业园再生能源发电厂、中关村软件园和协航电研发楼、中国卫星通信大厦等9个项目附属绿地设计方案的审查和技术指导；完成西冉城市休闲公园、门头村代征地、清河绿道等公共绿地、河道绿化、道路绿化和村庄环境提升等40项规划、设计方案的审查，涉及面积600公顷。

（罗勇）

【代征绿地收缴】 年内，收缴中关村软件园二期（东北旺西路以西）、中央国家机关公务员住宅建设服务中心住宅项目等17处代征绿地51.5万平方米，完成莱圳家园代征绿地土地确权，取得莱圳家园B2、B4、B6代征绿地的国有土地使用证。

（罗勇）

【野生动植物保护】 年内，海淀区投入418万元，完成295株古树复壮，其中苏家坨镇、四季青镇、温泉镇、海淀镇等农村地区219株，甘家口街道、青龙桥街道、八里庄街道等城市地区76株；完成海淀区古树名木数据库（二期）建设项目，实地调查2971株古树名木（不含市属公园）生长情况并进行数据整理录入。举办“爱鸟周”“野生动物保护宣传月”和第19个世界湿地日主题宣传活动，悬挂横幅150余条，发放材料4000多份；落实野生动物疫源疫病监测日报制度，全区5个监测点共监测鸟类近75万只，未发现疫情。

（罗勇）

【集体林权制度改革】 年内，全区拨付山区生态公益林促进发展机制资金124万元，其中市财政资金20.7万元，区财政（支林资金）103.30万元，拨付苏家坨镇797352元、西北旺镇84024元、温泉镇177912元、四季青镇180264元。完成四季青、西北旺、苏家坨、温泉镇51653亩山区生态公益林的森林保险，投入保险金92975.4元，总保险金额6198万余元。

（罗勇）

【蜂业】 年内，海淀区有养蜂户7户，蜂群400群，生产蜂蜜7500千克、王浆365千克、花粉250千克、蜂胶49千克、蜂蜡130千克，实现收入28.6万元。

（罗勇）

【种苗产业】 年内，全区有注册苗木企业60家，其中国有企业5家、乡村集体企业7家、个人股份企业48家。注册生产总面积6289.8亩，苗木产量614.03万株。

（罗勇）

【10项新建改造绿化工程】

南沙河滨水绿廊工程 北起翠湖湿地公园，南至常乐村，西接稻香湖路，东到上庄路。总面积111.4万平方米，总投资为16809万元，主要包括绿化工程、土建工程、亮丽工程等项目。工程于2014年5月15日开工，2015年5月30日竣工，共栽植乔木2855株、灌木24522株、草坪地被23万平方米。

羊坊店晾果厂绿地改造工程 位于羊坊店晾果厂小区东侧，面积4050平方米，投资130万元，主要包括绿化工程、土建工程、电气工程、浇灌工程等项目。工程于2014年7月18日开工，2015年5月4日竣工，共栽植常绿乔木63株、落叶乔木95株、灌木362株、花卉191平方米、丹麦草2920平方米。

西冉砂石坑绿化景观提升工程 位于西四环与西五环之间、四季青镇内，东侧和北侧为西郊军用机场，西侧和南侧为住宅居住区。总面积8.7公顷，总造价2197万元，主要包括绿化工程、庭院工程、照明工程、景观给水工程等项目。工程于2014年11月1日开工，2015年4月29日竣工，共栽植乔木950株、灌木2473株、草坪地被3.2万平方米。

三环四环桥区绿化提升工程 包括花园桥、航天桥、新兴桥、海淀桥4个桥区，面积1685平方米，投资289.88万元，建设内容为绿化、喷灌工程项目。工程于2014年11月1日开工，2015年5月25日竣工，共栽植乔木8株、绿篱6066株、花卉11956株、草坪300平方米。

四季青地区道路景观提升工程 包括闵庄路南侧、西山美墅馆路北、影泉路3条道路绿地，绿化改造总面积77552平方米，总投资1550万元。工程于2014年11月开工，2015年5月20日竣工，共栽植乔木1410株、灌木34866株。

宝盛里地区道路景观提升工程 包括建材城东路、建材城中路、建材城西路、育新花园西侧路南段4条道路外侧绿地，绿化改造总面积53580平方米，总投资984.62万元。工程于1月9日开工，5月31日竣工，共栽植乔木1038株、灌木5791株、草坪32923平方米。

亮甲店小区代征地绿化工程 位于亮甲店小区二期代征地西侧区域，面积2535平方米，投资115.39万元，主要包括土方工程、绿化工程、喷灌工程、庭院工程、照明工程等项目。工程于1月25日开工，6月8日竣工，共栽植乔木150株、灌木702株、草坪1210平方米。

田村城市休闲公园工程 位于彰化南路颐慧佳园小区附近，总面积12500平方米，投资476.76万元，主要包括土方工程、绿化工程、庭院工程、照明工程和浇灌工程等项目。工程于3月5日开工，6月2日竣工，共栽植乔木597株、灌木729株、丹麦草栽植6000余平方米，铺设浇灌工程1868米、照明工程电缆973米。

建西苑周边绿地改造工程 位于建西苑小区东侧代征地周边，面积23880平方米，造价571.89万元，主要包括绿化、土建和灌溉工程。工程于4月15日开工，7月13日竣工，共栽植乔木1771株、灌木1680株。

四环路及周边道路绿化改造工程 包括北四环火器营桥南北两侧至四海桥东西两侧、四海桥至四季青桥南东西两侧、四海桥至闵庄路路口南北两侧、远大路南北两侧的行道树更换，道路总长度6760米，总造价1673.07万元。工程于4月20日开工，7月20日竣工，共栽植国槐1826株，外移银杏1896株、悬铃木5株、桧柏7株，更换种植土835.92立方米，铺装拆除及修复4114.3平方米，拆除道牙及修复10443.6米。

（罗勇）

环境卫生

【概况】 区市政市容委负责海淀区环境卫生的组织管理和监督检查工作。归口管理海淀区环卫服务中心（简称区环卫中心）并综合协调各街道、乡镇开展环境卫生工作。区环卫中心所属基层单位13个，除油站为自收自支单位外，其他均为全额拨款事业单位。截至2015年底，区环卫中心有职工4148人，其中正式职工1228人，编外职工2920人。北京绿海能环保有限责任公司是海淀区国资委监管的国有企业，负责海淀区循环经济产业园再生能源发电厂的建设。北京绿海能环保有限责任公司与北京发展环境保护（海淀）有限公司共同出资成立北京北控绿海能环保有限公司，负责海淀区循环经济产业园再生能源发电厂项目的运营。

2015年，区环卫中心清扫保洁道路186条、立交桥47座、地下通道32座，道路总长度为395.28千米，面积1596.24万平方米，绿地保洁面积397.42万平方米，机扫面积855.68万平方米，机扫率达92%。道路冲刷面积748.83万平方米。环卫中心产权公厕有573座，其中二类以上公厕307座、达标公厕216座、三类公厕50座；粪便作业量39.37万吨，粪便集中处理率达到100%。清运垃圾103.25万吨（含厨余垃圾1.21万吨、餐厨垃圾0.24万吨、保洁土0.9万吨），垃圾密闭化运输率和无害化处理率均为100%。出动150人次，清理乱倒垃圾渣土11次，清理垃圾渣土600余吨。海淀环卫中心有机扫车、喷雾降尘车、除雪车、洗地车、小广告冲刷车、垃圾清运车、垃圾转运车、粪便清淘车等各种车辆、机械设备1253部。承办区城市管理监督指挥中心案件2.8万件，结案率100%。承办网格化社会服务管理信息系统案件的处理率及时率均为100%。

2015年，完成重大活动及重大节日的突击环境保障160余次。环卫中心工会被评为全国“安康杯”竞赛活动优胜单位；区环卫中心二队、五队被评为首都精神文明单位；环卫三队被评为首都城市环境建设样板单位。

（张中静　姜艳玲　丁尧）

【海淀区循环经济产业园再生能源发电厂】 项目位于北京市海淀区苏家坨镇大工村地区，总建设面积约22.75公顷，总建筑面积63104平方米，总投资15.25亿元。日处理生活垃圾2500吨，其中焚烧处理1800吨/日，配置3条600吨/日的炉排炉焚烧线，2台20兆瓦汽轮发电机组，年发电量约27920万千瓦时。餐厨垃圾处理400吨/日（其中，餐饮200吨/日，厨余200吨/日），年产腐植酸约5.5万吨。建设内容主要包括垃圾接收、储存和运输系统、垃圾焚烧系统、余热利用系统、烟气处理系统、灰渣处理系统、自动控制系统、电气系统、水处理系统、供水系统、综合废水处理系统、餐厨垃圾处理区、炉渣填埋暂存区及相关配套设施。项目由北京绿海能环保有限责任公司负责建设，于2012年6月开工。

2015年，项目建设工作全面完成。完成项目行政生活区、焚烧中心区、废水处理区、垃圾运输通道及市政管网等全部土建结构施工。完成焚烧锅炉系统、烟气净化系统、废水处理系统、全厂监控系统等全部设备安装和调试工作。9月15日，项目点火烘炉。10月12日，完成1号、2号、3号焚烧锅炉烘炉和煮炉工作。

启动废水处理系统，接收处理海淀区垃圾渗滤液。7月20日开始接收处理六里屯填埋场垃圾渗滤液，处理能力600吨/日。年度接收处理渗滤液6.3万吨。

项目运营单位北京北控绿海能环保有限公司进驻现场做运营准备工作。12月18日，北京绿海能环保有限责任公司与运营单位办理已调运设备的代保管手续，运营单位启动安保工作程序，安装闸机并封闭焚烧发电主厂房。

北京市海淀区循环经济产业园再生能源发电厂餐厨垃圾处理项目启动。

（丁尧）

【保障“创文”验收工作】 1月，海淀区创建全国文明城区进入迎检验收阶段。区环卫中心启动5+8应急保障模式，力求突发情况快速反应、快速处理。组建13支应急保障队（即5支中心级应急队和8支作业单位应急队），确保突击保障全天候。5日、6日两天，区环卫中心领导分别带队巡视，及时解决道路遗撒、白色污染等环境问题，共出动应急保障人员96人次、应急作业车辆16部。其间加强办事大厅、学校周边、三环沿线、花园桥、紫竹院地区、新兴桥、杏石口路、五道口地区、学院路地区等沿线道路及环卫设施巡查力度，在人群聚集量大的区域增加作业人员，加强保洁频次，确保无死角。

（姜艳玲）

【接管园林绿地保洁工作】 2月1日起，海淀区政府确权绿地保洁工作由区园林绿化局移交给区环卫中心。区环卫中心共接管380.7万平方米园林绿地保洁，并根据情况分类制定保洁实施方案，配备环卫专业保洁人员和作业设备，实现海淀区绿地保洁专业化。

（姜艳玲）

【“两大活动”环境保障】 8月底—9月初“两大活动”期间，区环卫中心累计出动作业车辆近1.6万车次、作业人员近6万人次，出动检查人员2400余人次，检查600余车次。开展全车道冲刷作业，增加作业频次，实行全天24小时无缝隙机械作业；人工调时延时，不间断巡回保洁；对重点区域果皮箱每日增加清掏作业遍次；延长垃圾楼等各类垃圾收集点和公共厕所作业时间，加强对密闭式清洁站的维修保养和垃圾清运转运力度，确保垃圾收集、清运、转运运转顺畅。开展安全生产大检查和危化品安全专项督查，对保障沿线的果皮箱、垃圾楼、公厕，桥区停车场，五棵松，世纪坛点位等重点区域重点盯守，共计出动人员759人次，检查1313处，对发现的问题立即进行监督整改。区环卫中心被区委、区政府授予中国人民抗日战争暨世界反法西斯战争胜利70周年纪念活动和2015年北京世界田径锦标赛“突出贡献单位”称号。

（姜艳玲）

【“双创周”环境保障】 10月19日—23日，区环卫中心采取多种措施，完成在中关村国家自主创新示范区展示中心举办的“全国大众创业万众创新活动周”活动环境保障任务。对展示中心周边全天候不间断开展机械清扫保洁、洗地、冲刷作业，对作业难点道路增加机械作业频次，对道路花砖开展冲刷作业，加强主辅路进出口、天桥的清理力度，开展果皮箱清掏作业，强化人工作业巡回保洁；根据人流量迅速增加的情况，准备充足的厨余垃圾车和压缩车确保现场垃圾及时清运；加强对展示中心周边公厕和密闭式清洁站的保洁管理，保证公共服务高质量、高标准；安排铲车、自卸车、升降车等应急车辆，及时应对可能出现的突发状况。

（姜艳玲）

【城市清洁日活动】 年内，区环卫中心开展12次“城市清洁日”活动，以专业作业带动社会各界和广大公众参与城市清洁。与双拥办联合开展3次“城市清洁志愿服务活动”，空军司令部、海军万寿路干休所、国防大学、军事科学院、武警等150余人，先后在万寿路、复兴路、颐和园、西苑和中关村等区域和环卫职工一起走上街头，清理环境卫生。

（姜艳玲）

【扫雪铲冰】 年内，区环卫中心组织扫雪铲冰工作6次，组织应急演练1次，按照“先立交、后道路”“先重点、后一般”“先打开一条路，再向两边扩展”的顺序进行扫雪铲冰专业作业，出动道路除雪作业人员12767人次，出动车辆865车次，使用融雪剂2700吨，除雪面积1596.24万平方米，保障了全区雪后道路环境和交通快速恢复。

（姜艳玲）

【重污染天气环境保障】 年内，在出现重污染天气时，区环卫中心及时启动应急预案，在常规作业基础上，增加重点道路保洁作业一遍次；针对冬季干燥，中心隔离带下污染物、浮土较大的特点，安排部分条件适合（气温高于5℃）、污染严重路段开展清洗和冲刷作业，降低路面浮土和污染物残留，减少交通扬尘污染；加强路面遗撒渣土、污染物的清理，减少其停留时间，最大程度降低二次污染；加强对城市道路路面检查，保证重点区域及其周边沿线道路、重要地区和城市主干道的干净整洁。电动果皮箱清掏车，电动快速保洁车增加出车率20%，替代燃油车量，尽量降低对环境的影响。全年应对重污染天气开展作业20余次，出动人员近4万人次，出动车辆4000余车次。

（姜艳玲）

【垃圾臭味治理】 年内，区环卫中心采取多种措施治理垃圾渗滤液遗洒和环卫设施臭味等问题。对环卫垃圾清运车、垃圾活动箱、集装箱等车辆和设备进行防渗漏装置改造，加封密封条，加焊密封槽，改善垃圾渗滤液遗洒问题。开展密闭式清洁站除臭试点研究，选取稻香园密闭式清洁站和消夏园垃圾楼、沙铁垃圾楼3座垃圾楼，安装新型除臭装置，采用新型除臭工艺，有效缓解臭味，取得较好效果。

（姜艳玲）

【厨余垃圾清运】 年内，区环卫中心完成634个小区厨余垃圾清运，清运量1.25万吨。新增包括区政府机关大楼在内的30个餐厨垃圾清运点位，清运量近2400吨。

（姜艳玲）

【道路环境卫生】 年内，区市政市容委继续实施道路环境卫生分级分类管理和作业机制，并建立长效机制。提高主要道路机械化作业水平，并推广“吸、冲、刷、收”保洁作业新工艺。试点推进背街小巷机械化作业，提高清扫效率，控制扬尘污染。2015年，区环卫中心机械作业面积为835.3万平方米，环比增加124.45万平方米；市场化机械作业总面积654.19万平方米，环比增加53.66万平方米。全区车行道作业面积1579.87万平方米，新工艺作业面积1489.49万平方米，新工艺作业率94.2%。

（张中静）

【重点地区环境卫生】 年内，区市政市容委加强平房区、城乡接合部地区和老旧社区环境卫生整治，明确日常管理和保洁作业责任主体，平房区和背街小巷平均每4000~5000平方米配备1名保洁员，确保平房区“垃圾运得出、保洁跟得上”。

（张中静）

【环境卫生日常考核】 年内，区市政市容委对全区环境卫生进行日检查、月考核，考核结果按全区大排名的方式每月报区四套班子领导，并在《海淀报》公布，其中日检查情况每天在区市政市容委外网上公布。全年日常专业检查道路29063条，发现问题2356个，比上年减少1357个，降低36.55%，问题发生率为0.08，同比降低38.46%。存在的主要问题为烟头、纸屑、瓜果皮核等散落垃圾（占比为36.6%），暴露垃圾（占比为18.9%）和浮土（占比为12.2%）；其中平房区问题323个，问题类型以暴露垃圾、散落垃圾为主。脏乱点6个，均集中在农村地区。2015年，全区整体的环境卫生状况有较大改善，在北京市环境卫生综合考评中得分 85.6。

（张中静）

【垃圾分类】 年内，区市政市容委开展垃圾减量、垃圾分类宣传实践活动，按照每 400 户建设 1 座厨余垃圾投放站标准，在 32 个小区共建设 45 个厨余垃圾投放站，并协调环卫中心、街道与小区的厨余站点对接。建立厨余垃圾清运作业实时在线监管系统，通过在厨余垃圾运输车辆安装相关设备，建设信息化监控平台，实现计量称重、在线监控、应急调度、资金结算。

（张中静）

【密闭式清洁站“机械化分类模式”改造】 年内，区市政市容委在确保中央党校机械化分类创新站点正常运行下，完成魏公村密闭式清洁站和板井路密闭式清洁站“机械化分类模式”的建设改造，并确定 10 座具备改造条件的社会单位产权密闭式清洁站为“机械化分类模式”改造站点。

（张中静）

【垃圾终端处理设施建设】 年内，区市政市容委推进循环经济产业园再生能源发电厂建设，完成主厂房、污水处理建设，完成系统调试，具备点火试运行条件，厨余垃圾处理系统具备开工建设条件。开展大工村建筑垃圾循环利用综合处置前期工作，完成选址规划批复，完成项目建议书报送，同步推进可研、环评、稳评、能评等前期工作。推进宝山综合处理厂前期工作，委托专业单位完成项目建议书编制工作；协调区规划委、国土分局调整市政设施用地指标。

（张中静）

【空气重污染日道路保洁】 年内，地区共启动空气重污染蓝色预警 3 次、黄色预警 4 次。按照预案，区市政市容委组织区环卫中心、各专业作业单位及 29 个街镇属地环卫作业单位，共出动道路作业人员 3257 人次、道路作业车辆 404 辆次，各环卫作业单位对城市主要道路进行道路清洗、道路吸尘式机械清扫保洁作业。

（张中静）

【渣土管理】 年内，区市政市容委核发工地建筑垃圾消纳许可 334 件（核发建筑垃圾车辆准运许可 372 件）。全区工地建筑垃圾消纳许可率达 78%，同比上升 13.8 个百分点。多部门联合执法，开展建筑垃圾运输专项整治，共开展联合执法检查 97 次，有效控制施工扬尘，道路遗撒。

（张中静）

水　务

【概况】 2015 年，海淀区水务工作以“美丽海淀、生态水务”为主线，树立生态治水理念，实现生态水务和精细水务管理，完成水环境综合治理、水资源统筹管理和安全度汛三大任务。全区用水总量 3.5 亿立方米，其中自来水 2.06 亿立方米、自备井 0.87 亿立方米、环境用水 0.57 亿立方米。全区万元地区生产总值水耗为 7.65 立方米，完成市政府下达给海淀区的年度用水总量不突破 3.63 亿立方米目标值和万元地区生产总值水耗下降 4%的目标。

（李慧强）

【试点“河长制”】 1 月 1 日，北京市在海淀区试点“河长制”。2014 年 12 月 31 日，海淀区被水利部列为 46 个全国第一批河湖管护体制机制创新试点县（市），试点实施方案获得水利部批复。海淀管辖范围内有南沙河、万泉河、南旱河、北旱河、金河等 75 条河流。其中有 11 条由区水务局直接管理，剩下 64 条由所在镇管理。实行“河长制”后，区属河道分别由区水务局和各镇政府主要负责人担任“河长”，任命的 9 位“河长”分别负责区和镇管河道、沟渠的整治，清淤疏浚，水工建筑物维护等，负责河道水生态、水环境维护改善，以及辖区截污治污、安全供水等工作。75 条河流、沟渠被划分为 80 个河段，全部变为属地管理，与所在镇领导业绩直接挂钩。实施“河长制”后，河道沟渠环境明显改善，发现问题的河道从年初的 59 处减少到 20 余处，大部分达到“坡绿、渠通、水清”的治理标准。

（李慧强）

【水务投资】 年内，海淀区推进水务项目 29 项，包括南沙河流域污水治理一期、二期、三期工程，南沙河下游生态修复工程，海淀区南沙河（上庄闸—区界）清淤治理工程等 16 项水利设施类工程建设；稻香湖再生水厂建设、翠湖再生水厂升级改造工程 2 项水资源治理类项目；中小河道治理（二期）项目 10 项；区财政投资项目 1 项。工程总投资约 23.52 亿元，当年安排投资任务 2.84 亿元，实际完成投资 5.03 亿元。

（李慧强）

【河道生态治理】 年内，海淀区第三、四阶段中小河道治理工程共 5 条河渠，治理总长 19.2 千米。由区水务局和东升镇、四季青镇、苏家坨镇分别作为项目建设单位推进实施;年底启动南沙河下游生态修复工程，将其打造成公园式、亲水性河道,需修复两岸生态面积 58.72 公顷。

（李慧强）

【再生水厂建设】 年底，稻香湖再生水厂建设基本完工，具备通水条件。完成外围配套工程设计招标、调水泵站设计招标、监理和施工招标资格预审等工作。启动上庄再生水厂建设，一期工程占地约 1.2 公顷，设计处理规模 1.2 万吨/日，引进社会资本合作建设，确定与碧水源公司合作建设，同步启动水厂外围配套工程的前期工作。实施 19 处北部地区污水处理站升级改造工程，总处理规模由原来的 7650 立方米/日提高到 12010 立方米/日。

（李慧强）

【截污工程】 年内，南沙河流域污水治理工程铺设临时截污管线 37 千米。一期工程基本完工，铺设污水管线 15 千米；二期工程铺设管线 10 千米；三期工程铺设管线 12 千米。区水务局配合海融达公司开展上庄东路、翠湖东路、翠湖南路和韩家川管线工程，共计 57 千米，年底完成翠湖东路和韩家川管线建设；配合实创股份公司开展 1.2 千米翠湖科技园规划横三路污水管线工程。

（李慧强）

【水资源管理】 全区多年平均水资源总量 1.61 亿立方米，其中地下水资源量 1.40 亿立方米。2015 年，区水务局建立起覆盖全区的用水指标管理体系，对约 3000 个单位下达计划用水指标 9674 万立方米，并实行单月预警和双月考核制度；加大用水单位的调查管理，将环卫、供暖、液化气等行业的用水情况纳入计划管理，严格控制滑雪场、高尔夫球场、洗浴、洗车等特殊用水行业和高耗水行业。全年收取水资源费 1630 万元。完成《海淀区自备井置换实施方案》的编制工作，完成 4 处自备井置换工作。

（李慧强）

【启动涉水行政审批改革试点】 年内，海淀区启动涉水行政审批改革试点工作，将建设项目水资源论证、水土保持方案审批、洪水影响评价三项整合为“水影响评价审查”一项，作为建设项目立项的前置条件。区级立项的三才堂写字楼改造项目成为全市首家进行“水影响评价审查”的项目。全年办理涉水审批等政务服务事项 223 件，其中建设项目水影响评价审查审批 94 件，节水设施方案审查、临时用水指标审批、涉河工程审批等 129 件，区水务局行政审批窗口被区政务大厅评为优质服务窗口、党员先锋岗。

（李慧强）

【河湖管理】 年内，区水务局组织开展以“治脏、治乱、治臭”为重点的河湖生态环境综合整治等专项活动和“冬季城市环境整治月”巡查工作，完成南沙河、万泉河等全部区管河道的闸坝等水工建筑物的维修养护工作。累计出动人员 1170 人次，清理外运垃圾杂物 4076 立方米。通过生态补水、水体循环、生物制剂投加等工作，保障南沙河、万泉河、北长河、金河等河道的有水运行时间及水体质量。联合执法，集中开展水环境百日整治、城市排水许可、洗车业、工地临时用水许可的专项治理活动。查处涉水违法案件 300 余起，罚款 30 万元。

（李慧强）

【排水和再生水监管】 年内，北部地区 37 座污水处理厂（站）共处理污水 2022.8342 万立方米，同比增长 14.9%。实现化学需氧量减排 3117 吨，氨氮消减量 750 吨，产生脱水污泥 10303.6 吨，污泥含水率为 80%。完成市级下达的污水处理任务。所有再生水主要用于河道补给、消防、市政杂用等。区水务局与环保等部门协调联动，加强污水厂站进出水量、水质监测力度，确保出水水质达标；与市排水集团签订《北京市海淀区区管排水设施委托养护协议》，把海淀区权属不清的 480 条、481.9 千米排水管线的养护工作移交市排水集团。

（李慧强）

【防汛】 年内，全区累计降雨量 635.4 毫米（高于多年平均 557.5 毫米），同比增加 28%。汛期发生降水 52 次，降雨量 462.9 毫米。汛期启动集中指挥 8 次，同市防汛办、区应急办及街镇视频会商 50 次，出动备勤人员 21 万人次。完善“三级”应急保障制度，强化街、镇在防汛工作中的主体作用，组建抢险队 170 支、7000 余人；对河道、水库、闸坝等水利工程进行全面排查和消隐，组织各排水设施主责单位对排水管网进行排查和清淘，排查疏通排水管线 1678 千米。

（李慧强）

气　象

【概况】 2015 年，海淀区气象局组织执法 183 次，执法数量同比增长 32.6%，其中建设项目执法 73 次，加油站、加气站、液化气站等危化企业防雷安全执法 98 次，施放气球活动安全巡查 12 次；行政处罚 5 起，同比增长 66.7%，其中防雷装置违法处罚 3 起，施放气球处罚 2 起；完成行政许可 431 件，其中施放气球行政许可 219 件，防雷装置设计审核 128 件，防雷装置竣工验收 84 件，其中防雷装置设计审核同比增长 3%，竣工验收同比增长 100%。6 月，区气象局获“全国文明单位”称号。

（李春玲）

【地面气象观测业务调整】 2014 年 12 月 31 日 20 时，新型自动气象站投入运行。增加能见度传感器，实现能见度和视程障碍类天气现象自动观测，视程障碍类天气现象重要天气预报由软件自动编发。启用新型站业务软件 ISOS，原业务用自动气象站作为热备份运行。2015 年 5 月 1 日起，执行《地面气象观测业务补充技术规定》，包括业务操作及数据异常处理、日数据文件连续天气现象段霾记录规定和积雪加密观测补充规定等内容；每个定时时次对业务软件视程障碍类现象自动判识结果、现在天气现象编码和连续天气现象进行人工确认；每日 20 时，由业务软件自动上传本日内分钟数据文件。7 月 10 日起，全国实时—历史地面气象资料一体化业务转入正式运行，国家级地面气象观测站按要求做好观测资料上传、疑误信息处理与反馈、元数据信息上报和数据处理月清工作。完成 2015 年 6 月 A、J 文件报送后，台站取消 A、J 文件制作任务，7 月起，A、J 文件由 MDOS 生成，增加海平面气压，年报中因数据不全，不做年值统计。

（李春玲　史辰　张玮）

【气象日系列宣传活动】 3 月 23 日是世界气象日，2015 年世界气象日宣传主题为“气候知识服务气候行动”。区气象局在中关村步行街广场开展气象日宣传活动。活动现场设有气象科普展板，气象工作人员为公众详细讲解气象科普知识，现场解答市民咨询，发放宣传材料。活动共接待市民300余人，发放宣传材料2000余册。

（李春玲　史辰　张玮）

【防雷监管纳入安全生产大检查】 4月13日，为防止建设施工单位出现雷电灾害事故，海淀区安委会印发《北京市海淀区安全生产委员会关于开展春季安全生产大检查的通知》，将区气象局和住建、市政、水务、交通、发改、园林绿化等部门纳入建设施工安全专项考核组，区气象局负责对建筑施工单位进行防雷安全监管，督导企业进一步落实安全生产主体责任。

（李春玲　史辰　张玮）

【城市防灾减灾两个体系建设】 4月21日，区气象局举办“2015城市防灾减灾两个体系建设部署会暨海淀区气象信息员培训会”，全区29个街镇设立分会场，街镇主管领导和主办科室负责人以及近600名气象信息员参加视频培训会。会议以汛期常见预警信号辨识及灾害防御为重点，普及气象知识。介绍气象信息员的工作职责与内容、信息上报方法、奖励机制等，对《海淀区气象信息员工作规范》和《海淀区气象信息上报工作卡》进行详细说明。宣传5月1日施行的《气象预报发布与传播管理办法》和《气象信息服务管理办法》；引入微信平台，组建气象信息员群组，方便组织管理与信息上报。

（李春玲　史辰　张玮）

【严查违法违规施放气球】 “五一”小长假期间，气球施放数量倍增，安全生产隐患较大。区气象局开展“五一”劳动节气球安全生产大巡查活动，查处违法违规施放气球行为。部分施放企业存在现场看球人看管不严、看球人无证上岗、气球无公司标识等违法违规现象，区气象局及时要求相关企业进行整改，要求加强人员管理、规范操作、及时上报施放过程中的不正常情况，消除气球施放安全隐患。

（李春玲　史辰　张玮）

【重大活动气象保障】 5月2日—3日，贝熙业之旅——2015北京西山国际越野挑战赛在凤凰岭公园举行。区气象局制定重大活动气象服务保障方案，提前1个星期开展保障服务，赛前每日3次开展服务，临赛和赛事进行时提供赛道逐小时的精细化预报服务。5月1日上午，提示“2日赛道湿滑，土质松软，请注意做好防护措施!”，为组委会发送《贝熙业之旅暨2015北京西山国际越野挑战赛气象服务专报》11期、大风预警1期，为组委会决策团队和800余名越野跑爱好者发送短信1万多条。5月9日—10日，The North Face 100北京国际越野挑战赛暨市民徒步大会在凤凰岭举行。来自22个国家和地区的近万名选手参赛。自5月4日起，每天通过邮件和短信平台向组委会和成员单位发送针对凤凰岭地区TNF100越野赛气象服务专报，增加发布当天的精细化预报信息，为赛场布置提供气象保障。完成“Baidu最高奖颁奖典礼”大型活动气象服务保障，从8月5日起，针对Baidu总部开展精细化预报服务，制作重大活动专报5期，电话服务多次。完成“9·3”阅兵演练气象服务保障，区气象局启动1级加强应急响应——应急响应最高级别。区气象台逐2小时联合市气象台研判海淀天气形势，及时开展会商，配合海淀区重点路线以及重点集结区的保障需求，提供23日00时至08时重点区域逐小时天气预报。区人影办监视各作业点安全情况，及时开展人影作业。

（李春玲　史辰　张玮）

【“5•12”防灾减灾宣传周】 5月12日，区气象局在中关村步行街开展“科学减灾，依法应对”防灾减灾日主题宣传活动，设置横幅、展板，发放宣传材料，接受市民咨询，普及气象防灾减灾知识，提高市民气象灾害防范意识和应急避险能力。在“5•12”防灾减灾宣传周期间，区气象局开展进机关、进校园、进社区等活动，共接待市民300余人，发放宣传材料2000余份。

（李春玲　史辰　张玮）

【气象行政许可培训】 6月2日—4日，区气象局与苏家坨镇、西北旺镇、温泉镇联合开展气象行政审批指导培训。就气象行政许可依据的法律法规和办理流程进行培训解读，发放气象行政审批培训教材和普法宣传材料，督促未办理防雷装置行政审批的单位尽快办理。属地共57家建筑施工单位参加，涉及70余个建设项目。

（李春玲　史辰　张玮）

【防雷执法检查】 7月—10月，区气象局在对LNG和CNG[①]加气站的防雷执法检查中，发现一家企业涉嫌无资质进行防雷装置安全检测。通过缜密调查取证，区气象局对涉事企业给予行政警告处分。对全区重点建设项目、危化企业、各行业防雷安全进行大排查，建立安全生产隐患台账，开展跟踪执法检查。

（李春玲　史辰　张玮）

【海淀区突发事件预警信息发布中心成立】 9月8日，区编委下发《关于成立北京市海淀区突发事件预警信息发布中心的批复》，同意成立北京市海淀区突发事件预警信息发布中心，加挂北京市海淀区气象灾害防御中心牌子，为区城市服务管理指挥中心（区应急办）所属相当正科级财政补助事业单位，机构类别为公益一类，核定财政补助事业编制5名，科级领导职数1正1副，工作量测算编制不足部分由政府购买服务方式解决，实行区气象局和区城市服务管理指挥中心（区应急办）双重领导。业务工作和日常管理以气象局为主，人事管理由区人保局按照政策统管，区应急办具体落实。

（李春玲　史辰　张玮）

【气象基础设施建设】 10月26日，区气象局取得区发改委《关于海淀区气象观测台（站）基础设施建设工程初步设计概算的批复》。项目核定总投资5975.58万元，其中工程费用1686.50万元，拆迁补偿费4289.08万元，由海淀区固定资产投资安排解决。

（李春玲　史辰　张玮）

【公众精细化预报预警服务】 年内，区气象局确保每日7次定时发布、订正预报及时发布、预警信息实时发布，借鉴市气象局显示屏内容更新，加强

---

① LNG液化石油气，CNG压缩天然气。

本地监测，对市气象局发布内容进行订正；制定《海淀区公众气象信息发布内部管理办法（暂行）》，针对显示屏、网站等公众服务手段的信息发布模式，规范业务人员的发布流程，确保气象信息紧贴实况、加密发布、及时订正、准确传播。

（李春玲　史辰　张玮）

【气象法律法规系列宣传活动】 年内，依照市气象局 2015 年"安全生产月"活动实施方案，区气象局将社区居民和企业经营管理人员作为重点普法宣传对象，与区相关委办局和街镇沟通，多种形式搭建气象普法宣传的平台。深入苏家坨镇沙间社区、西北旺镇六里屯社区、马连洼街道天秀花园社区，开展安全生产——气象知识与法律法规主题宣传活动。普及气象防灾减灾安全常识，发放气象安全宣传折页、防灾减灾知识手册、气象法制宣传书籍等 1000 余份。联合区住建委、市政管委和四季青镇、马连洼街道等 5 个街镇，对所属建设施工单位以会议培训和现场检查的方式开展防雷安全指导，普及防雷减灾管理规定，确保建设工地汛期防雷安全。检查建设施工单位 43 家，对违规建设企业督促整改落实。

（李春玲　史辰　张玮）

【2015 年海淀区重大气候事件】 4 月 15 日—16 日，受强冷空气和上游大范围强沙尘暴影响，出现沙尘天气过程，15 日傍晚出现沙尘暴，最低能见度 800 米（人工观测值）。15 日 6 时 21 分，区气象台发布海淀区大风黄色预警信号，15 日 16 时 50 分制作并发布海淀区沙尘蓝色预警信号，15 日 17 时 44 分，升级发布沙尘暴黄色预警信号。7 月 17 日—18 日，受低涡系统影响，17 日夜间到 18 日上午出现雷阵雨天气，此次降雨天气特点是：雨量分布极不均匀，短时雨强大，持续时间较长。全区平均降雨 39.1 毫米，最大降雨量为温泉 89.4 毫米，最大小时雨强出现在温泉，18 日 1 时—2 时降雨 26.2 毫米。7 月 17 日 21 时 32 分，区气象台发布海淀区雷电蓝色预警信号，17 日 23 时 15 分，发布暴雨蓝色预警信号，18 日 1 时 49 分，继续发布雷电蓝色预警信号，18 日 3 时 49 分，继续发布暴雨蓝色预警信号，18 日 4 时 42 分，升级发布海淀区雷电黄色预警信号，18 日 5 时 23 分，升级发布暴雨黄色预警信号。9 月 4 日受高空槽影响，4 日 10 时左右开始出现降雨天气，局地伴有弱雷电，降雨集中时段为 4 日下午，5 日下午逐渐结束。截止到 5 日 17 时，全区平均雨量 100.7 毫米，最大降雨量为香山 179.5 毫米，最小降雨量为车道沟 42.9 毫米。9 月 4 日 15 时 46 分，海淀区气象台发布海淀区暴雨蓝色预警，16 时，与北京市国土资源局海淀分局联合发布蓝色地质灾害气象风险预警，16 时 26 分，升级发布暴雨黄色预警。11 月 19 日—23 日，受冷空气和偏南暖湿气流的共同影响，19 日 03 时前后开始出现雨和雨夹雪天气，22 日 05 时转为明显降雪天气，23 日 07 时前后基本结束，此次过程全区平均降水量 24.0 毫米，最大降水量为凤凰岭 31.8 毫米，最小降水量为玉渊潭 17.4 毫米。此次降雨天气特点是：相态多变，雨、雨夹雪、暴雪等均有出现，过程结束后形成明显积雪。区气象台于 11 月 22 日 7 时 55 分发布道路结冰黄色预警信号，23 日 9 时 16 分，更新发布海淀区道路结冰黄色预警信号，22 日 9 时 14 分至 23 日 6 时 19 分发布暴雪蓝色预警信号。年内霾日数达 113 天，大雾日数 26 天，浮尘出现 2 次。

（李春玲　史辰　张玮）

【2015 年海淀区气候概况】 2015 年，海淀区主要气候特点是：2014 年 12 月至 2015 年 11 月平均气温 13.1℃，比常年平均值[①]（12.8℃）偏高。其中 1 月、3 月平均气温较常年同期明显偏高，仅 6 月、11 月平均气温较常年偏低；年降水量偏多，其中 9 月、11 月降水量较常年同期明显偏多；年日照时数偏少，大雾日数明显偏多，大风日数明显偏少。春季平均气温为 15.0℃，比常年平均值（14.0℃）偏高，降水量为 68.3 毫米，比常年平均值（72.2 毫米）偏少；夏季平均气温 25.4℃，接近常年平均值（25.5℃），降水量为 322.9 毫米，比常年平均值（394.5 毫米）偏少近两成；秋季平均气温 12.3℃，比常年平均值（12.8℃）偏低，降水量为 232.8 毫米，比常年平均值（82.3 毫米）偏多近 2 倍；冬季平均气温为 –0.3℃，比常年平均值（–1.4℃）偏高，降水量为 7.1 毫米，比常年平均值（8.5 毫米）偏少一成。

2015 年 1 月 1 日—12 月 31 日平均气温为 13.2℃，比常年平均气温（12.8℃）偏高。年极端最高气温 39.6℃，出现在 7 月 13 日，年极端最低气温为–11.0℃，出现在 12 月 28 日；全年总降水量 635.3 毫米，比常年（557.5 毫米）偏多近一成，较 2014 年 495.4 毫米偏多近三成。一日最大降水量为 75.1 毫米，出现在 9 月 4 日。

（李春玲　史辰　张玮）

防震减灾

【概况】 海淀区地震局负责地区防震减灾工作。海淀区共建有前兆监测台站 8 个、宏观观测站 8 个，布设流动测震台 2 处，设置农村基层观测员 86 人。区地震局被授予 2015 年第四届平安中国防灾宣导系列公益活动优秀组织奖，被评为北京市 2015 年度区防震减灾工作综合考核优秀单位、北京市地震局 2015 年政务信息工作先进单位。

（王轶男　崔清山）

[①] 常年值为海淀 1981—2010 年 30 年有效资料平均值。

【震情处置】 4月29日，区地震局接到蓟门里小区东8号楼2门1204号群众报告（大量蜜蜂群聚集在南向窗户上），工作人员第一时间前往事发地对异常现象进行核实排查，解决群众疑虑；编写完成《海淀区2015年年中地震趋势会商报告》和《海淀区2016年地震趋势会商报告》。年度累计上报震情分析意见73期。

（王轶男）

【应急演练】 5月6日，区地震应急指挥部联合北京体育大学、联通北京分公司等单位，在北京体育大学组织开展“纪念国家第七个防灾减灾日地震应急综合演练活动”。北京体育大学、联通北京分公司等单位共计1800余人参加演练。海淀区地震应急指挥部部分成员单位代表、各街镇主管领导、防震减灾助理员、北京体育大学1200余名师生现场观摩演练。6月2日，区应急办、地震局、卫计委联合组织海淀120急救中心、海淀医院、上地医院、上地社区卫生服务中心等单位共计100余人参加的地震灾害卫生应急响应背对背实战拉练活动。年内，区地震局联合区教委，动员区属153所中小学开展防震减灾应急演练活动。

（唐亮　黄健　吴智　王元清）

【地震应急救援志愿者培训】 9月21日—28日，区地震局组织花园路街道金尚嘉园、羊坊店街道莲花小区、海淀街道枫树园、马连洼街道菊园、上庄镇上庄家园、学院路街道逸成东苑和城华园、东升镇观景园和莱圳家园9个社区的地震应急救援志愿者500余人次，进行应急救援技能培训。

（黄健）

【业务培训】 9月28—29日，区地震局邀请北京市地震局监测预报中心主任邢成起及中国矿业大学博士王占刚针对地震观测员分别做题为“关于地震监测预报工作”以及“天然地震宏观观测方法”的讲座。此外，还组织参会人员前往国家地震紧急救援训练基地实地培训。

（赵年宝　王轶男）

【防震减灾科普示范学校现场会】 10月28日，北京市防震减灾科普示范学校推介会在海淀民族小学召开。会议主题为“聚焦校园安全，强化防震减灾”。各区县地震部门、教委和学校负责人及学校师生1000多人参加活动。

（王元清　崔清山）

【地震应急救援队伍建设】 11月2日，由区地震局、第二炮兵预备役大队和北京保福集团共同组建的北京第二炮兵预备役海淀地震应急救援队成立暨授旗仪式在北京第二炮兵预备役大队综合楼举行，共计80人。10月30日至11月2日，区地震局组织救援队在昌平励志国防教育培训基地举行为期4天的地震应急救援培训。

（唐亮）

【监测台站建设】 年内，区地震局加强对监测台站的巡查，定期对监测仪器进行维护。协调解决北京市第四十七中学监测站点电力供应及日常出入问题。加强地震宏观观测网管理。梳理宏观观测员队伍，强化与宏观观测员的及时通信联系。在海北绿园举办2015年度海淀区地震观测员培训会。

（王轶男）

【防震减灾宣传】 年内，区地震局参加中国地震局组织的“平安中国”防灾宣导公益活动，向全区22个街道和7个镇发放宣传片《守护生命》和《撑起一片天》公益广告；各学校、社区（村）利用室内视频系统或操场、广场电子屏播放《“5•12”汶川不相信眼泪》《乐乐熊奇幻追踪》《惊天动地》等防震减灾故事片；在街头、社区（村）悬挂“平安中国•平安海淀防灾宣导千城大行动”横幅，发放宣传材料和宣传品，宣讲、解答群众关心、关注的防震减灾问题。5月12日，在颐和园东门开展街头防震减灾宣传活动，悬挂“普及防灾减灾知识，增强防灾减灾能力”标语，开展防震减灾法律法规咨询；法律顾问现场宣讲防震减灾法律法规，解答游客防震减灾法律法规问题；发放《地震来了怎么办》《青少年防灾减灾知识手册》《防震避震简明手册》等宣传材料和宣传品上万份。12月4日，区地震局参加由区司法局组织的11家单位联合法制宣传活动，向社会群众发放法制宣传材料、宣传品等，接受群众的法律咨询。7月22日—27日，组织21个街道、6个镇共27个代表队参加区防震减灾知识竞赛。

（周东旭）

【地震安全社区创建】 年度创建区级地震安全社区7个：马连洼街道菊园社区、学院路街道逸成社区、学院路街道城华清枫社区、东升镇莱圳家园社区、东升镇奥北社区观景园小区、上庄镇上庄家园小区、花园路街道金尚嘉园社区。年度创建市级地震安全社区2个：羊坊店街道莲花小区、海淀街道阳春光华小区。年度创建国家级地震安全社区1个：花园路街道冠城园社区。

（周东旭）

【应急避难场所建设】 年内，区地震局推进海淀公园应急避难场所恢复项目建设。5月，完成全部8个Ⅱ、Ⅲ类（2个Ⅱ类、6个Ⅲ类）避难场所的资料收集整理，并将所有资料上交北京市地震局。年内完成1处临时性地震应急避难场所标识牌设立，插牌避难场所数量累计82处。北京体育大学的大鹏馆、田径馆、国家训练基地综合馆和海淀区温泉镇的温泉体育中心共4处场馆被列为室内地震应急避难场所备选场所。

（吴智）

【地震应急指挥部成员单位信息更新】 根据《北京市海淀区突发公共事件应急委员会关于调整完善专项应急指挥部及办公室组成人员的通知》的要求和年初相关部门、机构人员变更等情况，区地震应急指挥部办公室向全区29个街镇、35个委办局及供电公司、联通北京分公司、市运输管理局海淀管理处等成员单位发函，对各单位主管领导及联系人信息进行调整、更新和确认。

（黄健）

【2015年海淀区震情】 全年共发生地震46次（见表26），最大地震为11月21日发生的2.2级地震。

2015年海淀区震情一览表

表26

序号	发震日期	发震时刻	纬度（°）	经度（°）	深度（千米）	震级
1	2015.1.12	10:08:34.2	40.05	116.23	19	ML0.5
2	2015.2.2	14:02:28.6	40.03	116.30	14	ML0.2
3	2015.2.15	06:42:33.9	40.12	116.17	12	ML0.8
4	2015.2.26	02:35:06.4	40.03	116.20	17	ML0.4
5	2015.3.6	04:57:28.9	40.07	116.22	18	ML0.2
6	2015.3.20	21:45:21.8	40.06	116.28	5	ML0.1
7	2015.3.29	20:04:25.3	39.95	116.22	9	ML0.8
8	2015.4.4	00:44:59.6	40.08	116.23	16	ML0.8
9	2015.4.17	17:26:57.4	40.04	116.26	11	ML1.5
10	2015.4.17	17:26:59.3	40.04	116.25	12	ML1.8
11	2015.4.17	23:52:11.8	39.99	116.29	9	ML0.1
12	2015.4.19	04:09:16.9	40.04	116.30	10	ML0.3
13	2015.5.10	15:32:06.3	40.04	116.24	13	ML0.6
14	2015.5.20	12:52:22.8	40.06	116.22	18	ML1.0
15	2015.5.30	11:09:20.0	40.02	116.20	9	ML1.2
16	2015.5.30	11:15:51.9	40.02	116.20	7	ML0.3
17	2015.5.30	18:42:07.1	40.01	116.20	4	ML0.7
18	2015.5.31	21:21:50.5	40.09	116.14	7	ML0.7
19	2015.6.04	13:31:54.1	40.12	116.20	8	ML0.0
20	2015.6.05	03:45:42.3	40.01	116.24	9	ML0.4
21	2015.6.13	04:59:31.2	39.99	116.29	9	ML0.5
22	2015.6.18	10:39:59.0	40.08	116.16	27	ML0.6
23	2015.7.14	01:27:05.0	40.03	116.27	11	ML0.6
24	2015.7.15	14:45:30.1	40.03	116.29	11	ML0.8
25	2015.7.20	12:20:48.5	40.03	116.30	14	ML0.6
26	2015.7.22	07:06:26.2	40.09	116.19	16	ML1.4
27	2015.8.01	00:31:13.4	40.10	116.23	17	ML0.6
28	2015.8.01	08:19:09.2	40.09	116.23	15	ML1.2
29	2015.8.08	23:30:50.7	39.98	116.33	18	ML0.2
30	2015.8.15	00:42:08.8	40.05	116.26	5	ML1.8
31	2015.8.18	18:37:40.2	40.02	116.18	19	ML–0.0
32	2015.8.18	18:40:04.0	40.00	116.18	19	ML0.4
33	2015.9.05	22:57:48.2	40.04	116.35	16	ML0.3

续表 26

序号	发震日期	发震时刻	纬度（° ）	经度（° ）	深度（千米）	震级
34	2015.9.12	00:17:40.4	40.04	116.18	12	ML0.2
35	2015.10.09	02:24:30.8	40.04	116.27	9	ML0.8
36	2015.10.09	21:47:20.7	40.04	116.28	14	ML0.9
37	2015.10.10	05:21:33.8	40.04	116.28	13	ML0.2
38	2015.10.11	23:33:19.8	40.04	116.27	9	ML0.5
39	2015.10.21	06:44:24.3	39.98	116.27	13	ML0.3
40	2015.11.06	02:48:27.4	39.97	116.21	10	ML1.0
41	2015.11.21	01:18:16.1	40.02	116.22	7	ML2.2
42	2015.11.21	07:30:26.5	40.00	116.26	10	ML0.7
43	2015.11.26	18:34:25.1	40.01	116.26	8	ML0.6
44	2015.12.14	12:10:59.2	40.05	116.14	21	ML0.5
45	2015.12.22	06:18:12.0	39.99	116.18	22	ML0.4
46	2015.12.31	20:44:54.7	40.00	116.30	12	ML0.1

（王轶男）

科　技

2016
北京海淀年鉴

3月2日，中关村科技金融街开街（海淀园 供图）

4月27日，马来西亚购买海淀知识产权数据库，图为签约仪式（海淀园供图）

12月15日—18日，主题为“运动炫科技，智慧赢未来”的第一届中国中关村机器人科技运动会在北京科技大学举行（区新闻中心 田峰 摄）

【概况】 2015年，海淀园以全国科技创新中心核心区为定位，以创新驱动发展为主线，搭建区域科技创新服务体系，推进区域产业促进工作。下属海淀创业园工作站、中关村软件园分中心、中关村大学科技园联盟工作站、北京理工大学国家大学科技园工作站、中关村多媒体创意产业园工作站、中关村创业大街工作站、中关村互联网教育创新中心工作站、中关村智能硬件梦工场工作站8个“12330”（保护知识产权举报投诉服务）工作站。技术市场成交总额1437亿元，同比增长5.1%。征集知识产权质押融资成本补贴专项37项，补贴企业融资成本1179.39万元，贷款额度近5亿元。搭建专业化、全程化、一站式技术转移服务模式，平台项目挂牌发布量2500余项，成交额4000余万元。专利申请59095件，专利授权31181件。海淀区共有51家企业获得“北京市专利试点单位”称号。

（程晓荷）

【2014年度国家科学技术奖获奖情况】 1月9日，2014年度国家科学技术奖励大会在京召开。除最高科学技术奖和创新团队奖外，海淀区域内单位作为第一完成单位共有56个项目分获国家自然科学奖、国家技术发明奖、国家科技进步奖（通用项目），占北京市通用项目获奖总数的68.3%，占全国通用项目获奖总数的17.6%。海淀区域内单位（个人）参与的项目共有94个，占全国通用项目获奖总数的29.6%。海淀区域内单位作为第一完成单位的56个项目中，创新团队奖2项，国家自然科学奖13项，占北京市自然科学通用项目的72.2%，占全国自然科学通用项目的28.3%；国家技术发明奖12项，占北京市技术发明奖通用项目的80%，占全国技术发明奖通用项目的17.1%；国家科技进步奖31项，占北京市科技进步奖通用项目的63.3%，占全国科技进步奖通用项目的15.3%。

（钟冷）

【知识产权海外维权援助专家座谈会】 6月24日，海淀区知识产权局与核心区发展研究中心联合举办“推动行业协会组织协同应对海外知识产权风险机制和建立先行裁决知识产权纠纷机制”专题座谈会，中关村民营科技企业家协会会长、中关村民营科技企业家协会首席顾问姜鹏明，清华紫光股份公司原总裁张本正，北京东方灵盾科技有限公司董事长刘延淮等专家代表应邀参加座谈。区知识产权局介绍了海淀区知识产权维权援助和诉前纠纷调解开展情况，各位专家就企业应对知识产权纠纷的现状、需求进行深度交流。海淀区知识产权局将发挥专家智库作用，与专家委员会共同开展调研工作，就行业协会组织协同应对海外知识产权风险机制和建立先行裁决知识产权纠纷机制形成切实可行的操作方案和调研报告，为核心区企业创新发展营造良好的知识产权环境。

（刘伟杰）

【中关村知识产权诉前调解中心成立】 8月13日，中关村知识产权诉前调解中心在北京知识产权法院举行揭牌仪式。中心以知识产权纠纷调解为核心职能，形成覆盖知识产权“创造、运用、保护、环境建设”4个维度的服务体系，在开展纠纷调解的同时，为企业提供知识产权纠纷与风险防范服务，组织教育培训、专家座谈、专业咨询，满足中关村企业政策、法律咨询需求。中心现有43家主要服务单位，义务调解员300余人，为企业无偿提供规范的知识产权纠纷诉前调解服务。

（刘伟杰）

【知识产权联合执法】 8月27日，海淀区知识产权局联合区商务委、工商分局、质监局、文化委等部门，对中关村海龙、科贸、鼎好等电子市场及周边的重点区域、重点市场进行联合集中执法检查。联合执法组重点检查防范侵权假冒行为有关措施的落实情况，对涉嫌侵权假冒的行为进行现场查处，并在检查过程中对商户开展知识产权保护相关知识的宣传。

（刘伟杰）

【中关村知识产权和标准化一条街开街】 10月11日，中关村知识产权和标准化一条街开街。知识产权一条街属北京市、海淀区共建的“一城三街”项目，由一纵一横两条轴线的沿线区域构成，纵轴为西土城路—学院路一线，南起北京邮电大学，经国家知识产权局向北延伸至北京科技大学，长2.5千米；横轴为知春路—海淀南路一线，东起中国标准化研究院，向中关村西区延伸，经国际技术转移中心至中关村知识产权大厦，长4千米。知识产权一条街已形成中关村知识产权大厦、国际技术转移中心、致真大厦三大集聚点，形成以康信、路浩等综合性服务机构，东方灵盾、连城资产评估等特色服务机构，北知公司、智谷等高端运营机构，思博网、知果果等新型互联网服务机构为代表的一批品牌机构。在不到10平方千米的区域内，聚集700多家知识产权服务机构，每万人拥有150件发明专利（北京为40件，全国为4.9件），与国外发达地区相比处于同等水平，成为国内外创新创造最活跃的地区之一。

（钟冷）

【9项最新技术亮相专利成果展示洽谈会】 10月14日，北京市海淀区知识产权局与北京市知识产权局共同举办的“最新专利成果展示洽谈会”在中国国际技术转移中心举行，智能短信识别系统、小米手机阳光屏、小蚁智能摄像机、语音可视化服务、通话中丰富信息显示系统、手环免密解锁免密支付、YOGA、YOGA Tablet产品、多维彩码追溯系统9项新产品、新技术、新成果亮相。到场参会的技术转移服务机构与专利成果发布企业进行了洽谈和交流。此次最新专利技术的发布与展示是线下与线上同时进行的，实现一地发布、全球竞价。

（钟冷）

【海淀园与三家知识产权机构签约合作】 12月7日，中关村海淀园管委会与最高人民法院知识产权案例指导研究（北京）基地、北京知识产权法研究会、北京知识产权法院签署合作备忘录。各方将借助各自资源优势，通过建立协调会商机制、搭建信息共享平台，实现互通有无、资源共享，并在共建知识产权教育培训基地、知识产权保护指导服务、热点难点问题专题调研、典型案例分析等方面进行深度合作。

（刘伟杰）

【驻区单位获三项中国专利金奖】 12月15日，国家知识产权局和世界知识产权组织共同主办的第十七届中国专利奖颁奖大会召开。评选出中国专利金奖项目20项、中国外观设计金奖项目5项。清华大学的“一种动态可重构阵列处理器的构令流工作方法”、中国矿业大学（北京）的“一种矿井地下水的分布式利用方法”、中国电力科学研究院的“一种模块化多电平换流器阀保护方法”三项发明专利项目获中国专利金奖，占获奖项目总数的15%。大会还授予中国专利优秀奖项目507项、中国外观设计优秀奖项目57项。

（刘伟杰）

【EV71 疫苗获新药证书】 12月30日，北京科兴生物制品有限公司承担的“国内首家手足口病EV71病毒灭活疫苗的临床研究”项目成果肠道病毒71型灭活疫苗（简称EV71疫苗）生产注册申请获得国家食品药品监督管理总局批准，取得新药证书和生产批件。该成果属自主研发的全球首创预防用生物制品1类新药。项目于2010年12月获准开展临床试验，获得海淀区科委2011年重大科技研发项目支持资金300万元，成为中国大陆首批获准开展临床研究的EV71疫苗之一。在项目实施期间，该公司参与完成第一代国家抗原定量标准品的研制及标准制定；获得近10项中国发明专利。Ⅲ期开展1万多人的临床试验，结果显示该疫苗对EV71引起的手足口病的保护率可达94.6%，对EV71引起的重症手足口病的保护率达到100%。

（程晓荷）

【知识产权政策支持】 年内，海淀园围绕知识产权运用、知识产权服务体系建立、专业人才培养等关键环节，针对专利商用化、知识产权质押融资、企业购买知识产权高端服务、技术转移平台建设、知识产权服务业发展、知识产权领军人才等专项，对创新主体及专业服务机构的知识产权支持经费达5085.98万元。

（程晓荷）

【高校科研成果落地】 年内，海淀重大科技成果孵育基金投资北京大学“压敏发电技术”“二氧化碳空气源热泵”“高性能同轴电缆宽带接入芯片及其解决方案”3个项目，投资金额1400万元。其中前两个投资项目在海淀注册公司。落实双清路八家附近近5000平方米空间用于清华大学科技成果转化。对接清华大学、北京大学30多个重点项目，推动清华大学国家重大科技专项燃气轮机核心部件生产基地落户海淀北部。

（程晓荷）

【生物工程与新医药产业】 年内，海淀园对接北京市食品药品监管局等多个部门，完成《关于海淀区发展大健康产业研究报告》《海淀园生物医药产业发展瓶颈因素分析和对策建议》《生物工程和新医药产业路线图和三年行动计划的细化工作及评估报告》。实施产业转移，探索生物医药产业京津冀合作模式，与天津武清、秦皇岛开展产业交流，推动产业有序转移。引进清华大学教授罗永章的重组人血白蛋白项目落地海淀。促成海淀区政府、北京市食品药品监管局与中关村管委会合作建设中关村医学工程转化中心，10月21日正式签约并揭牌。

（程晓荷）

【高新技术企业认定】 年内，海淀区2015年国家高新技术企业通过科技部备案，全年复审通过506家，认定通过2089家（其中新企业达1293家）。截至年底，海淀区国家高新技术企业数量累计达6157家，占全市的近一半，同比净增842家。全年组织召开7场高新技术企业复审和重新认定培训会，培训人数3500人次，培训企业2500余家。

（程晓荷）

【北京协同创新研究院获三项国家科学技术奖】 年内，北京协同创新研究院理事会理事潘建伟院士，作为“多光子纠缠及干涉度量”项目第一完成人，获2015年度中国自然科学领域最高奖自然科学一等奖。材料学部领军人物杨槐教授作为“特种液晶材料及调光膜制备技术”项目第一完成人，获国家技术发明奖二等奖。协同创新中心副主任晏磊教授的“偏振遥感物理机理、关键方法与技术应用”项目获国家技术发明奖二等奖。

（程晓荷）

【49个项目获2015年度国家科学技术奖】 2015年度国家科学技术奖共评选出295项成果和7名外籍科技专家。海淀驻区单位主持完成的49项成果获得国家科学技术奖，包括国家自然科学奖10项，占北京市自然科学奖通用项目的83.3%，占全国自然科学奖通用项目的23.8%；国家技术发明奖12项，占北京市技术发明奖通用项目的70.6%，占全国技术发明奖通用项目的24%；国家科技进步奖27项，占北京市科技进步奖通用项目的64.3%，占全国科技进步奖通用项目的19.6%。按获奖等级分，获特等奖2项、一等奖1项、二等奖46项，占全国通用项目获奖总数的21.3%，占北京市通用项目获奖总数的69%。24项海淀参与完成的成果获奖，海淀主持和参与完成的获奖项目数占全国通用项目授奖总数的31.7%。

（程晓荷）

【98个项目获北京市科学技术奖】 年内，海淀驻区单位主持完成的98个项目分获北京市科学技术奖的一、二、三等奖，占北京市获奖项目总数的52.1%。其中，一等奖15项，占北京市的52%；二等奖33项，占北京市的61%；三等奖50项，占北京市的48%。

（程晓荷）

【专利申请】 年内，海淀区专利申请59095件，占北京市的37.8%，同比增长26.5%。其中，发明专利申请39970件，占北京市的44.9%，同比增长22.9%。专利授权31181件，占北京市的33.2%，同比增长39%。其中，发明专利授权15618件，占北京市的44.2%，同比增长35.3%。PCT专利申请1945件，占北京市的43.3%，同比增长50.2%。有效发明专利65467件，占北京市的49.2%。每万人发明专利拥有量177件（按海淀区常住人口369.4万人计算）。

（程晓荷）

教 育

2016

北京海淀年鉴

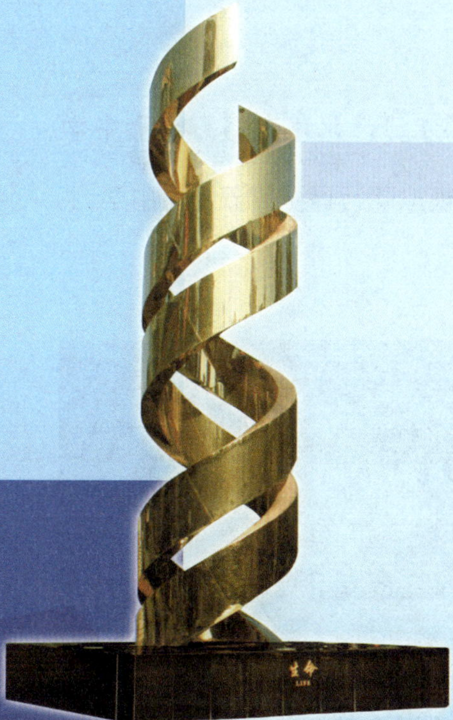

2月2日—3日，一零一中学承办首届联合国总部中美高中生模拟联合国大会，图为学生代表向大会报告（一零一中学 供图）

2月27日，北京市第三聋人学校举办德育年会（第三聋人学校 供图）

3月21日，北京市第五十七中学15名学生成为“飞行驾驶员”，图为学生们在上模拟飞行课（第五十七中学 供图）

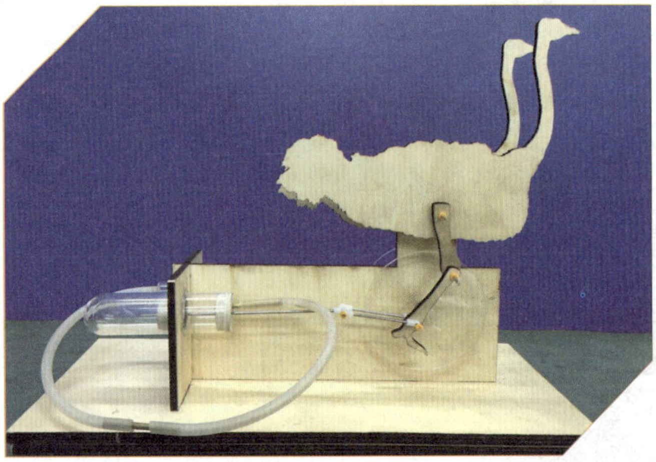

3月25日，北大附中颁发首届T客奖，图为获奖作品——奔跑的鸵鸟（北京大学附属中学 供图）

3 月，温泉中心区 F07 地块中学竣工（区教委 供图）

4 月 20 日，海淀区教委启用幼儿园适龄儿童信息采集服务系统（区教委 供图）

5 月 15 日，海淀区学区制改革试点学区揭牌仪式举行（区教委 供图）

5 月 22 日，海淀培智学校举行“童话再现 梦幻之旅”庆“六一”主题大队会（海淀培智学校 供图）

5月29日，北师大实验幼儿园开展“百年有园、爱的乐园”亲子游艺嘉年华活动——亲子游戏 空中漫“布”（北师大实验幼儿园 供图）

6月—12月，二十中学与澳大利亚米勒学校开展友好交流活动。图为澳大利亚学生在二十中学学习中国画（二十中学 供图）

7月11日，教育部“校长国培计划”——卓越校长中小学名校长领航班人大附中培养基地正式开班（中国人民大学附属中学 供图）

7月12日，首都师范大学举行“第三届中华吟诵周”开幕式（首都师范大学 供图）

7月22日—8月9日，中关村中学开展科学考察实践活动（中关村中学 供图）

7月，海淀区职业学校为马连洼街道失业人员进行职业技能培训（海淀区职业学校 供图）

9月5日，北大附中天津东丽湖学校开学（北京大学附属中学 供图）

10月21日，二十一世纪幼儿园到上林溪园开展重阳节活动（二十一世纪幼儿园 供图）

11 月 12 日，中关村中学举办科技节（中关村中学 供图）

11 月 17 日—22 日，人大附小开展同姓氏教师协同课研讨展示活动（中国人民大学附属小学 供图）

11 月 27 日，创新人才教育研究会读书专业委员会在人大附中成立（中国人民大学附属中学 供图）

12 月 2 日，清华附小举办全国校园足球先锋学校展示交流活动（清华大学附属小学 供图）

12 月 4 日，北京理工大学附中举办 2015 北京市高中生涯课程教材实验现场会（北京理工大学附属中学 供图）

12 月 5 日—6 日，海淀进修实验学校参加 2015 年 DI 北京国际邀请赛暨第十届 DI 创新思维中国区总决赛，并获奖（海淀进修实验学校 供图）

12 月 8 日，中关村中学参加第六届“国戏杯”学生戏曲大赛，获集体、个人一等奖（中关村中学 供图）

12 月 26 日，中关村二小举办庆祝金帆少年交响乐团成立 20 周年音乐会（中关村二小 供图）

12月28日，人大附小举办首届“文化小妙会”汉字听写大会（中国人民大学附属小学 供图）

12月30日，海淀寄读学校举办迎新年联欢汇报表演（海淀寄读学校 供图）

中国农业大学于政权课题组发现结肠癌新元凶——MSI2蛋白质（中国农业大学 供图）

北京理工大学学生参加第十四届“挑战杯”全国大学生课外学术科技作品竞赛（北京理工大学 供图）

中国地质大学发现的恐龙新属种——綦江龙（中国地质大学 供图）

综 述

【概况】 2015年，海淀区是北京市教育规模最大的区，中小学生总数占全市总数的1/5。教育系统教职工总数为32392人，其中专任教师23445人，分别比2014年增长4.8%和5.1%。海淀区域内有幼儿园160所、普通中小学172所（不含21所一贯制学校小学部）、全日制高等院校37所（部）、成人高等教育院校37所、具有招生资格的民办非学历高等教育机构17所、中等职业学校11所、特殊教育学校3所、工读教育学校1所、各类社会力量办培训机构435家。有11所北京市示范性高中。有1所中关村社区学院、10个挂牌成立的社区教育中心、674个市民学校。

区教委与区教育工委合署办公。区教委有直属事业单位14个。

2015年，在落实国家京津冀协同发展战略的大背景下，海淀区疏解非首都功能人口调控政策在教育方面的效果是：小学阶段各年级转出学生较2014年有所增加，初二、高三年级转出学生较为集中，且转出学生相对集中在非本市户籍学生比例较高的学校。仅从生源变化分析，与2014年相比，2015年学前教育规模进一步扩大，在园幼儿增长4.2%；小学教育规模持续增长，在校生增长5.4%；初中、高中教育规模回落，在校生分别下降6.9%和2.6%；职业教育规模继续缩小，在校生下降53%。

全年生均日常公用经费投入4.49亿元，培训费投入2352万元，修缮费5539万元。

教育事业管理 学前教育。全区有160所幼儿园，其中教育部门办园14所、地方企业办园2所、事业单位办园25所、部队办园36所、集体办园22所、民办园43所、其他部门办园18所。新入园幼儿21338人，在园幼儿60442人，其中外省市户籍幼儿11536人，占在园幼儿总数的19.1%。新建和改扩建7所幼儿园，新增2000个入园学位。2所幼儿园通过北京市市级早教示范基地验收，1所幼儿园通过北京市一级一类幼儿园验收。

义务教育。全区义务教育阶段学校172所，义务教育阶段在校生212954人。其中非本市户籍学生70929人，占全区义务教育阶段在校生总数的33.3%，比2014年增加3639人。有小学118所（含97所独立设置小学、7所九年一贯制学校小学部和14所十二年一贯制学校小学部），其中区属公办小学97所，其他部门办小学9所，民办小学12所。小学在校生155573人，其中区属公办小学在校生129631人，其他部门办小学在校生15030人，民办小学在校生10912人。有75所中学办有初中，按类别划分，有完全中学46所、初级中学8所、九年一贯制学校7所、十二年一贯制学校14所。按性质划分，有区属公办初中52所、其他部门办初中6所、民办初中17所。全区初中在校生57378人，其中区属公办初中在校生41269人、其他部门办初中在校生5708人、民办初中在校生10401人。

小学招生28272人，同比增加90人；小学在校生155573人，同比增加7911人。初中招生18553人，同比减少2707人，其中有6014名非本市户籍学生通过八种途径升入初中，占招生总人数的32.4%。

普通高中教育。全区有63所学校办有普通高中。按类别划分，完全中学46所，十二年一贯制学校14所，高级中学3所。普通高中在校生40453人，其中区属公办高中在校生25699人，其他部门办高中在校生9884人，民办高中在校生4870人。

特殊教育和工读教育。特殊教育在校生共计1193人，其中北京市盲人学校、海淀区培智中心学校和北京市第三聋人学校共有在校生560人，中小学随班就读学生633人，其中小学398人、初中235人。特殊教育学校教职工310人，专任教师226人，其中75%以上接受过特教专业培训，96%以上具有大学本科以上学历，57%以上具有中高级教师职称。海淀工读学校有在校生315人，教职工82人，专任教师70人。

社区职业和成人教育。有中等职业学校11所，其中中专技校9所、职业高中2所，另有7所其他学校附设中职班。职业高中学校在校生2421人，寄读学校和第三聋人学校附设职高班在校生71人。

全区社区教育志愿者近4000人。全年累计开展各级各类社区教育培训84万余人次，其中农民实用技术培训4万余人次，外来务工人员培训24万余人次，下岗失业人员培训4万余人次，老年教育培训28万余人次，参加中等职业学校开展的短期文化生活培训及岗位技术培训5万余人次。

民办教育。2015年，全区有民办普通中小学21所，在校生26183人，教职工3729人。有民办职业高中1所，在校生4人。民办幼儿园43所，教职工2219人，在园幼儿10279人。有各类民办教育培训机构435家，年度招生97万人。

国际教育。全区具备招收外国学生资质的学校24所，具备聘用外籍教师资质的中小学校74所。有北京市岭南幼儿园、北京市小天使美语幼儿园两所中外合作办学机构，有人大附中、十一学校等9所学校开设13个中外合作办学项目。全区中小学幼儿园外籍在校生1093人，中外合作办学机构和项目在校生2800人。

体美校外教育。有少年之家等各类校外教育单位770个，有北京市学生金帆艺术团35个、北京阳光少年艺术团1个；市级艺术教育特色学校36所，金帆书画院承办校11个，区级艺术教育特色学校23所；北京市学生金鹏科技团16个，市级科技教育示范学校27所，区级科技教育示范学校30所。

基础教育课程改革 完成“义务教育课程计划”的编制和评审工作。研究学校三级课程整体建设方案。指导学校认真编写《义务教育阶段学校课程设置实验方案》，指导学校做好课程设置、师资培训、教学改进、教学管理等准备工作。承办北京市“海淀区地方课程研讨会”。聚焦“致力于发现、推广学校精品课程”和“整合课程资源，探索建立海淀区精品校本课程资源库”，海淀区地方课程建设经验在全市推广。

总结高中八年课改经验。在高中八年课改经验、学校课程方案的优化、多元开放的教与学方式、综合实践课程设置、综合素质评价改革、干部教师培训、学校管理制度创新等8个方面开展全链条专题研究。召开海淀区高中课改“致思•问行”系列论坛。开展首批高中学科教研基地建设，将高中跨校选修平台由4校扩展至8校。近40所学校开展一贯制办学实践探索，在学校管理、课程设置、教学过程的衔接和一体化方面取得明显成效。

以敬德书院为平台，开设读经、会讲、研修和学术四类传统文化课程，开展干部教师传统文化素养培训。与中华书局联合举办“全国中小学中华优秀传统文化教育系列活动”，八一学校、海淀实验二小、人大附中翠微学校分别承办三场活动，推出40余节传统文化展示课。

扩大优质教育资源 进行学区制改革，实现中小学的有机衔接，推动教育优质均衡发展。

探索九年一贯制对口招生办法。新建成二十中附属实验学校、首师大附属玉泉学校、十一学校一分校等7所九年一贯制学校。选择办学水平相对较高的中学，与办学水平相对薄弱的小学建立九年一贯对口直升机制，利用小学毕业后升入好初中的良好预期，引导学生就近升入家门口的小学，并通过中小学课程衔接等方式，带动小学发展。在8对中小学校建立九年一贯对口招生机制，当年入学的小学一年级学生，毕业后将按照40%或50%的比例升入对口中学。

统筹资源，优化布局。有计划、有步骤地调整学校布局，优化资源配置，不断提高优质教育学位的供给量。与中科院合作建设中关村中学和玉泉小学；与北京邮电大学合作建设今典小学；与首师大合作建成首都师范大学附属玉泉学校。八一学校承办六十七中学；将红山小学并入中关村三小，陶行知中学并入交大附中，北洼路小学并入实验小学，艺师附小、向东小学并入农科附小；由北大附中承办北医附中。对北部地区学校进行资源整合和设置独立法人。将白家疃小学、东埠头小学等8所非独立法人建制的小学并入翠微小学、和平小学等8所独立法人建制的学校；将红英小学、唐家岭小学、白水洼小学等7所非独立法人建制的学校分别合并为3所独立法人建制的小学；将农大附小、西二旗小学等两所非独立法人建制小学设置为独立法人建制学校。

语言文字工作 组织开展海淀区汉字听写大会选拔活动，推荐5名选手参加北京市汉字听写大会选拔赛。承办北京市中小学生系列辩论赛海淀赛区的选拔活动。

制定小学语文教师语言文化能力培训计划，并举办3次培训讲座。

迎接北京市语言文字规范化示范创建评估检查。完成第九批示范校的推荐工作和第四批国家级语言文字规范化示范校的组织推选工作。

组织海淀区第十七届全国推广普通话宣传周活动。海淀测试分中心完成1420人的普通话测试。

党建 开展“三严三实”专题教育活动。

加强对干部党员国学和党性修养教育，将敬德书院、焦裕禄干部学院作为海淀区教育系统党性教育基地。专题开展遏制“四风”“为官不为”“教育乱收费”等13项专项治理工作，强化监督执纪问责。

健全组织工作机制。建立干部能上能下、学校党组织书记任期制管理、班子成员接待日制度3项制度，健全完善学校重大事项决策制度、领导干部经济责任审计工作联席会议制度、纪检监察约谈制度、一案双查制度等19项制度。实施党建巡视制度，对34所学校党建、党风廉政建设工作进行巡视。

推进服务型党组织建设。探索集团化学校成立党委、学区建立党建工作协作委员会的工作模式。开展市级中小学党建示范点开放日活动，推广先进经验。14个单位被评为区级“五型五好”先进基层党组织，13个单位的党建创新项目被评为区级党建创新示范项目。

干部教师队伍建设 继续实施“成长中的教育家”工程，推出1位名校长、2位名师。建立23个校（园）长工作室，为优秀校长成长成才提供支持。继续推进干部教师“学历提升工程”和“双培养”工作。

教育督导 全面推进责任督学挂牌督导工作，确定17个督学责任区，确保责任督学挂牌督导工作有序开展。探索动态督导与评价管理机制。完成国家级义务教育均衡发展达标区县验收、国家基础教育质量监测、国务院督导委员会关于秋季开学工作暨“护校安园”行动落实情况督导检查、北京市区县学前教育发展状况监测统计、北京市政府教育督导室对海淀区校外教育督导评价等工作。

完成国家基础教育质量监测、国务院秋季开学工作暨“护校安园”行动落实督导检查、北京市学前教育发展状况监测统计、北京市校外教育督导评价等迎检工作。

（宋亚甫）

【完成义务教育学校社会满意度调查】 1月29日，区教育督导室完成2014年度海淀区义务教育学校社会满意度调查。本次调查抽样数量共计10.2万人，综合使用电脑、手机、平板电脑和纸质问卷等手段，并使用交叉评价方法评价学校，使用语义分析等大数据处理方法，对20余万条主观评价数据进行分析，形成满意度调查总报告、学段报告和学校报告。

（宋亚甫）

【义务教育均衡发展通过国家级评估】 4月28日—29日，海淀区接受国务院教育督导委员会义务教育均衡发展督导评估。评估组专家通过观看专题片、听取汇报、查阅档案、分组座谈、下校检查等工作，对海淀区义务教育均衡发展情况进行全面督导和评估。包括观看海淀教育专题片《让优质教育惠及每一个孩子》，听取海淀区《认真落实政府责任，促进海淀区义务教育优质均衡发展》的专题汇报，分别召开人大代表、政协委员、中小学校长、中小学教师和家长代表座谈会，查阅相关档案等；走进上地实验学校等 16 所中小学，以听取各学校汇报、参观校园环境、问卷调查、收集数据等形式，全面了解城区学校、城乡接合部学校以及农村学校均衡发展现状。督导组认定，海淀区义务教育均衡发展通过国家级评估认定。

（宋亚甫）

【特教发展专项调研】 6 月 4 日—7 月 1 日，区教育督导室开展特殊教育发展情况专项调研。督导调研第三聋人学校、培智中心学校及海淀区特殊教育管理中心、盲人学校，分别听取工作情况汇报，参观校园环境、康复训练专业教室，走进课堂观摩师生教学，观看学生文艺表演。海淀区特殊教育督学、职业教育督学和部分责任督学 30 人次参加调研。

（宋亚甫）

【幼儿园“小学化”督导】 6 月 30 日，区教委接受北京市政府教育督导室、市教委联合开展的关于规范幼儿园保育教育工作防止和纠正“小学化”现象专项督导检查。检查组对四季青育红幼儿园、海军总医院幼儿园、英才美丽园幼儿园、核工业第二研究设计院幼儿园 4 所幼儿园实地考察，观摩各幼儿园教育教学活动，听取专题汇报，召开干部、教师座谈会。检查组认可和肯定海淀区的工作，认为各园能落实以游戏为基本活动，进行科学保教的理念，并贯穿在教育实践中。

（宋亚甫）

【督学文化素养提升工程】 6 月，区教育督导室启动督学中华优秀传统文化素养提升工程。首届培训班采取小班化教学、专题讲座与动手体验相结合形式，开设 6 门课程，包括中国书法、茶艺体验、花卉文化、科学消费理财等，每门课程 10 学时，共 60 学时。培训采用“菜单预约”模式，事先提供 20 多门课程征求意见，选取督学愿望比较集中的 6 门课程，为学员量身打造服务“菜单”，并实施跟踪式动态管理，规范督学行为。100 名督学参加学习。

（宋亚甫）

【聘任首批 25 名学科督学】 7 月 8 日，区教育督导室首批聘任 25 名学科督学。首批试点范围包括中小学语文、中学物理、小学科学 3 个学科，聘任包括特级教师、市级学科带头人、市级骨干教师在内 25 名教师任学科督学，同时聘请 6 人担任语文、物理、科学学科总督学。区教委要求受聘督学认真履职，在监督、检查、评估基础上，加大指导和服务，促进学校不断提高课堂教学质量和学科特色发展，助推全区学科教育均衡发展。

（宋亚甫）

【国务院教育督导办调研挂牌督导工作】 10 月 30 日，国务院教育督导办一行 3 人到海淀区调研中小学责任督学挂牌督导创新区工作。国督办一行听取海淀区挂牌督导工作汇报及海淀教育督导网站建设与应用情况介绍，肯定海淀区在督学队伍建设、挂牌督导工作特色、督导信息化平台、责任区工作保障力度强大等方面的优势和特点；实地考察六一中学，了解学校督导工作、责任区工作部运行情况。国督办建议海淀区挂牌督导工作进一步总结和挖掘挂牌督导工作亮点和经验，在教育督导信息平台应用方面加大力度，希望挂牌督导工作为全国提供经验。

（宋亚甫）

【实施学科总督学制度】 年内，海淀区在国内率先实施学科总督学制度。在小学、初中、高中三个学段开展试点工作，探索学科督学管理模式，落实三级督学例会制，试行学科督导日制度。制定督学队伍三年发展规划和培训计划，设置督德督风类、通识岗前类、实践技能类和研究拓展类四个模块培训课程，打造多层次、立体式培养体系。

（宋亚甫）

【《海淀区“十二五”时期教育发展规划》完成情况】 至 2015 年，《海淀区“十二五”时期教育发展规划》（简称《规划》）主要目标和任务均已全面实现，部分领域超过目标设定值，教育教学设施达到全国一流，国民教育体系更加完备。公办为主的学前教育规模不断扩大，义务教育优质均衡发展水平全面提升，普通高中实施特色化多元化发展，特殊教育走向全纳性专业化发展，职业教育、民办教育和社区教育等继续教育体制更加开放灵活，教育内涵发展水平迈上新的台阶。教育普及水平：3～6 岁儿童毛入园率达到 97%左右；义务教育巩固率、残疾儿童义务教育入学率、高中阶段入学率在 99%以上；来京务工人员随迁子女在公办中小学就读比例达到 91.2%，还有一部分来京务工人员随迁子女在未经审批打工子弟学校就读；高等教育毛入学率保持在 75%以上，新增劳动力平均受教育年限在 15.5 年以上，户籍人口具有大专及以上学历比例在 50%以上。优质教育资源：市级示范幼儿园达到 27 所，小学素质教育优质校达到 44 所，市区级高中示范校建成 21 所；创建 10 所示范性民办教育培训机构，各级各类特色校达到 57 所；高中特色发展实验项目 17 所学校，其中国家级试点学校 9 所、市级试点学校 8 所。教育设施设备：新建 11 所学校竣工并投入使用，建筑面积约 23.35 万平方米，新增学位 15660 个；完成 6 项教育应急工程，建筑面积 15392 平方米，新增学位 2660 个；完成 136 所学校、83.06 万平方米的校舍抗震加固改造工程；70%的中小学教室实现多媒体设备的升级改造，75%的学校完成数字校园的基础建设，超额完成目标。

（宋亚甫）

【科技艺术体育类获奖情况】 2015 年，海淀区学生在国际级、国家级科技艺术体育比赛中，获得 140 个一等奖以上奖项①。

一、科技类（106 个）

国际奖（11 个）：

2015 年美国 I-SWEEEP 国际可持续发展项目奥林匹克竞赛

金奖 北京市第一零一中学

2015 年 FLL 机器人世界锦标赛

金奖（团体） 北京理工大学附属小学

2015 年 VEX 机器人世界锦标赛

金奖（团体） 北京市海淀区中关村第一小学

全球青少年（DI）创新思维大赛

第一名（团体） 北京市海淀区中关村第一小学
中国人民大学附属小学

第 43 届日内瓦国际发明展

金奖 中国人民大学附属中学（3 个）
北京市第一零一中学（2 个）

第八届亚洲和太平洋地区机器人锦标赛

一等奖（团体） 北京市八一学校

全国奖（95 个）：

第 14 届"明天小小科学家"奖励活动

"明天小小科学家"称号 中国人民大学附属中学

一等奖 中国人民大学附属中学
北京市第一零一中学

第 30 届全国青少年科技创新大赛

一等奖 中国人民大学附属中学（4 个）
北京市第一零一中学
北京大学附属中学

2015 年全国中学生天文奥林匹克竞赛

一等奖 北京市第一零一中学（2 个）
中国人民大学附属中学

2015 年全国信息学奥林匹克竞赛

金牌 中国人民大学附属中学

第十五届中国青少年机器人竞赛

一等奖 北京交通大学附属中学

2015 年全国青少年航海模型锦标赛

金牌 北京市第一零一中学

第十六届"我爱祖国海疆"全国青少年航海模型教育竞赛

金牌 中国人民大学附属中学（2 个）
北京市中关村中学（4 个）
北京市八一学校
北京市海淀区中关村第二小学（2 个）
北京市海淀区翠微小学

2015 年全国青少年航空航天模型锦标赛

团体金牌 北京交通大学附属中学（4 个）
首都师范大学附属中学
北京市八一学校（2 个）
北京市第一零一中学
北京市海淀区中关村第一小学
北京市海淀区中关村第三小学

金牌 北京航空航天大学附属中学（2 个）
北京交通大学附属中学（2 个）
北京市八一学校（2 个）
北京市第一零一中学（2 个）
清华大学附属中学永丰学校
北京市海淀区中关村第一小学（2 个）
北京市海淀区中关村第三小学

第十七届"飞向北京-飞向太空"全国青少年航空航天模型教育竞赛

金牌 北京市海淀区中关村第二小学

2015 年全国青少年建筑模型教育竞赛

团体金牌 北京农业大学附属中学

金牌 北京市第十九中学
北京市第五十七中学
北京大学附属小学

2015 年全国无线电测向锦标赛

团体金牌 北京交通大学附属中学

2015 年全国青少年无线电通信锦标赛

金牌 北京市清河中学（2 个）

2015 年全国青少年无线电教育活动阳光测向竞赛

团体冠军 北京市海淀区五一小学

2014—2015 年度全国青少年（DI）创新思维竞赛

一等奖 北京市中关村中学（4 个）
北京市八一学校（2 个）
北京市第五十七中学
北京市第一零一中学
北京市海淀区教师进修学校附属实验学校（3 个）
北京市上地实验学校
清华大学附属中学上地学校（2 个）
北京市育英学校（3 个）
首都师范大学附属育新学校
中国人民大学附属小学（6 个）
北京理工大学附属小学
北京市海淀区中关村第一小学（3 个）
北京市海淀区中关村第二小学
北京市海淀区中关村第三小学（2 个）
北京市海淀区永泰小学

2015 年中国上海头脑奥林匹克（OM）比赛

① 级别只收录国际级、国家级，奖项只收录一等奖以上。

一等奖　　北京市上地实验学校
北京市育英学校
清华大学附属小学
第十六届全国中小学电脑作品制作活动
一等奖　　北京市育英学校（4 个）

二、艺术类（12 个）

国际奖（2 个）：

第八届“好莱坞天使杯”青少年艺术节
一等奖　　清华大学附属中学
第十届亚太杭州口琴节
金奖　　北京市太平路中学

全国奖（10 个）：

第十九届“中国少儿戏曲小梅花”京昆业余组
“金花”称号　　北京医科大学附属小学
金奖　　中国人民大学附属小学　　2 项
北京市海淀区实验小学
“中华杯”中国第九届非职业优秀（行进）管乐团队展演
金奖　　北京市海淀区实验小学行进管乐团
北京市海淀区第二实验小学“小红帽”管乐团
北京市海淀区培星小学行进管乐团
“中华杯”中国第九届非职业优秀（交响）管乐团队展演
金奖　　北京市立新学校金帆管乐团
北京理工大学附中金帆管乐团
北京国际管乐节管乐合奏比赛
金奖　　北京市第二十中学

三、体育类（22 个）

国家级（22 个）

全国初高中篮球联赛总决赛
高中男子组第一名　　清华大学附属中学
全国高中男子 3×3 篮球联赛全国总决赛
高中男子组第一名　　清华大学附属中学
全国高中篮球联赛总决赛
高中女子组第一名　　清华大学附属中学
全国青少年校园足球冠军杯赛
初中男子组第一名　　中国人民大学附属中学
中国中学生足球协会杯
高中男子组第一名　　中国人民大学附属中学
全国大众跆拳道系列赛
小学组第一名　　北京市海淀区中关村第三小学
全国青少年软式气排球比赛
小学男子乙组第一名　　北京医科大学附属小学
全国全民健身操舞大赛
小学大众组第一名　　中国人民大学附属中学实验小学
MLB PLAYBALL 青少年棒球联赛“钻石杯”赛
小学甲组第一名　　北京市海淀区上地实验小学
全国青少年棒球锦标赛
高中组第一名　　北京交通大学附属中学
“京山杯”全国小学生趣味网球大赛（北京站）
小学组第一名　　首都师范大学附属育新学校
全国青少年曲棍球锦标赛
小学普通校组第一名　　北京市海淀区第四实验小学
第三届全国中学生健美操啦啦操锦标赛
高中乙组第一名　　北京市第一零一中学
高中组第一名　　中国人民大学附属中学
初中组第一名　　中国人民大学附属中学
全国少年垒球锦标赛
U16 学校组第一名　　北京理工大学附属中学
U13 学校组第一名　　北京理工大学附属中学
全国体育传统学校游泳比赛
高中组第一名　　北京市育英学校中学部
全国中学生田径锦标赛
团体第一名　　清华大学附属中学
全国体育传统项目学校武术比赛
武术操组第一名　　北京市中关村中学
全国少年击剑锦标赛
少年甲组第一名　　北京市十一学校
全国儿童击剑锦标赛
儿童甲组第一名　　北京市十一学校

（宋亚甫）

学前教育

【概况】 2015 年，海淀区有托幼园所 160 所，其中教育部门办幼儿园 14 所，地方企业办园 2 所，事业单位办园 25 所，部队办园 36 所，集体办园 22 所，民办园 43 所，其他部门办园 18 所。教学班 3000 个，入园幼儿 21338 人，离园幼儿 15453 人，在园幼儿 60442 人。其中非本市户籍幼儿 11536 人，占在园幼儿总数的 19.1%。教职工 9943 人，其中专任教师 4917 人。全区幼儿园藏书 96.3153 万册。幼儿园总占地面积 87.63 万平方米，校舍建筑面积约 58.56 万平方米（含租借面积约 12.93 万平方米）。

2015 年，海淀区学前教育规模进一步扩大，在园幼儿比 2014 年增加 2414 人，增长 4.2%。其中招生数增加 851 人，增长 4.2%；本市户籍儿童增加 2650 人，增长 5.7%；非本市户籍儿童减少

236 人，降低 2%。实施《海淀区二期学前教育三年行动计划（2014—2016 年）》，通过以租代建等形式，建设海淀区民族幼儿园、上庄中心小学附设幼儿园，新增 2000 个入园学位。设立专项经费，支持单位办园、民办园提供普惠性学前教育服务和早教服务。新增 8 所市级早教示范基地。

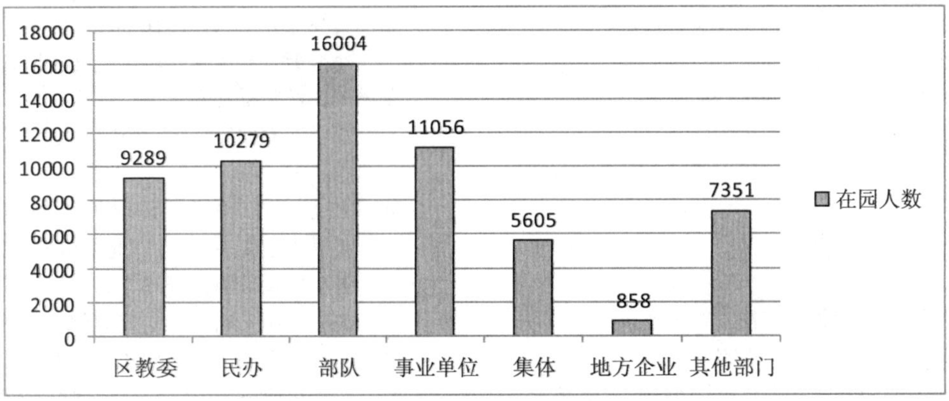

2015 年海淀区学前教育基本情况（单位：人）

（说明：其他部门含中央其他部门、省级其他部门和县级其他部门）

（宋亚甫）

【立新幼儿园承办中关村科技环保分园】 1 月 15 日，海淀区立新幼儿园承办中关村科技环保园分园。环保园为中关村环保科技示范园公租房项目配套园，位于温泉镇中关村环保科技园区，占地面积 3000 平方米，开设 8 个教学班，收托幼儿 160 名。立新幼儿园在整体规划、师资培训和校园文化建设等方面，沿袭立新幼儿园生活课程，同时将环保理念与生活课程相结合，确定环保分园“生活中成长，阳光下绽放”的特色环保教育课程体系。

（宋亚甫）

【启用适龄儿童信息采集服务系统】 4 月 20 日，区教委启用幼儿园适龄儿童信息采集服务系统。该系统可监控全区入园适龄儿童的分布及入园需求状况，为家长报名入园提供服务。系统具有三大服务功能：通过适龄儿童信息采集，区教委可以实时监控海淀区生源数据，可为合理布局、科学规划全区幼儿园的建设提供决策依据；服务系统内有全区在册幼儿园基本情况和招生信息，家长登录网站注册后，可便捷地了解到在海淀区审批、注册幼儿园的基本信息，根据实际情况选择入园意向。至 5 月 22 日，全区 2.5～3 周岁婴幼儿家长完成适龄儿童信息采集及家长入园意向填报工作。

（宋亚甫）

【自查幼儿园“小班化”】 4 月—6 月，区教委依据《教育部关于规范幼儿园保教工作，防止和纠正“小班化”现象的通知》文件精神及市教委专项工作会议要求，自查幼儿园“小班化”现象。在指导幼儿园进行自查基础上，将杜绝和防止“小班化”作为年度考核重点内容，通过区级排查、园际互查、典型引路等方式开展全面排查工作，并要求幼儿园边查边改；组织干部教师业务培训、专题研讨、共同学习、固化科学教育理念，引导幼儿园实施科学保教，有效提升教师的教育实践能力。

（宋亚甫）

【北师大实验幼儿园举办百年园庆活动】 4 月，北师大实验幼儿园举办“百年园庆”系列活动。庆祝活动共分三个部分，第一部分主题为“百年有源，倡导开新”活动，4 月 9 日—10 日，召开学前教育国际研讨会。研讨会主题为“豢养百年，倡导开新”，听取《领域教学知识：学前教师专业能力发展的核心问题》《实践研究的意义与价值——来自北师大实验幼儿园的启示》等 18 个报告，来自 6 个国家和地区的 200 余名学前教育专家及学者参加交流。第二部分主题为“百年有园，爱的乐园”活动，4 月 7 日—17 日，在北京师范大学京师美术馆举办“百年有园”幼儿美术作品展，共展出 300 件幼儿作品。第三部分举办主题为“百年有缘，爱满天下”活动，4 月 16 日，举行“迎校友返校”活动。700 余名校友返回母校共度百年园庆。该园 1915 年始建于石驸马大街，当时园名为北京女子师范学校附属蒙养园。

（徐兴芳　丁乐）

【六一幼儿院建院 70 周年系列活动】 4 月—6 月，六一幼儿院举办庆祝建院 70 周年“爱的摇篮”系列活动。系列活动包括恳谈会、雕像揭幕、校友联欢、幼教研讨会及游园会等，4 月 10 日，召开“春晖爱•桃李情”老教师恳谈会；5 月 8 日，举办“赤子爱•宝塔情”马背摇篮群雕揭幕仪式；5 月 14 日，举办“同学爱•竹马情”校友大联欢，60 余名延安时期老校友及随“马背摇篮”从延安护送幼儿到首都的老阿姨共庆母校 70 岁生日；5 月 16 日，举办“同学爱•竹马情”离退休老前辈与历届毕业生代表大联欢活动；5 月 19 日，召开“园丁爱•育人情”幼儿教育研讨会；5 月 29 日，举办“宝宝爱•亲亲情”迎“六一”儿童节游园会，中国关心下一代工作委员会主任顾秀莲到院，与孩子们共同庆祝“六一”国际儿童节；6 月 1 日，举办“宝宝爱•亲亲情”庆“六一”儿童节亲子游园会。

（薛飞）

【启动“蓓蕾工程”】 5 月 28 日，海淀区启动早期教育“蓓蕾工程”项目。该项目由区教委与区妇联联合举办，常青幼儿园承办，为跨部门合作推进的公益性社区早教项目，155 所幼儿园将与570余个社区和80多个村的“家长学校”结成对子，由幼儿园提供专业资源，各社区提供场地、家长学校、志愿者资源等，形成并固化一所幼儿园服务多个社区的“1+X”早教服务和指导模式，构建起区级层面、社区层面、幼儿园层面三位一体的早期教育服务网络。各街、镇及社区妇联主席、各幼儿园早期教育示范基地园长、部分家长代表、幼教专家 200 人参加启动仪式。

（宋亚甫）

【21 世纪幼儿园启动“老少惠亲”活动站】 7 月 6 日，21 世纪幼儿园启动“老少惠亲”活动站。“老少惠亲”活动站是在区团委、区志愿服务联合会指导下的家庭教育服务公益项目，通过组织专业志愿者，传播先进育儿理念，重点科学指导 0～3 岁婴幼儿的家庭教育。活动站位于 21 世纪幼儿园曙光园，建筑面积 150 平方米，可同时接待 50 组家庭活动；每月定期组织 2 次活动，面向社区家庭老人或婴幼儿看护者，学习科学育儿知识及早期教育系列课程，举办系列家庭教育讲座，开展家庭亲子活动。

（成雪娇）

【北师大实验幼儿园师训基地园挂牌】 8 月和 10 月，北师大实验幼儿园两所师训基地园挂牌。北师大实验幼儿园以师训基地园加盟合作的方式，输出北师大实验幼儿园百年实践研究的优质品牌、优质课程和优秀管理经验，为合作园培养幼儿园高水平、高素质和高职称的从业人员，帮助合作园掌握发展学前教育研究领域的先进理念。新挂牌两所幼儿园分别为陕西省西安市未央区北辰实验幼儿园和重庆市启零教育集团幼儿园。2011 年，北师大实验幼儿园被北京师范大学批准筹备师训基地项目，2013 年正式启动对外合作，至 2015 年底，共在全国 7 所幼儿园挂牌“北师大实验幼儿园师训基地园”。

（丁乐）

【教研培训工作会】 9 月 16 日，区教委召开全区幼儿园教研培训工作会。会议解读本学期幼儿园教研培训工作计划，介绍业务管理者研修项目、五大领域骨干教师研修项目及区域游戏课程建设研究等重点工作，开展幼儿园课程建设主题培训，介绍“海淀区幼儿园区域游戏课程建设研究项目”阶段成果，听取北师大教授《建构适宜中国儿童的学前教育课程——与海淀同仁携手从西方课程借鉴走向中国课程建构》报告，报告阐述课程目标、课程形态与课程结构。区学前教研员、幼儿园业务干部、骨干教师以及来自北师大学前教育研究所霍力岩教授及研究团队、其他省市国培班幼儿教师 400 人参加会议。

（宋亚甫）

【签署爱心合作协议】 11 月 4 日，明天幼稚集团与新疆额敏县利婴幼儿园签订爱心合作协议。根据合作协议，双方就图书捐赠、师资培训等方面达成共识，明天幼稚集团向利婴幼儿园捐赠幼儿教学图书、教材，通过网络平台对利婴教师培训，开展教育教学互动交流内容。

（杨吉）

【早期教育专题培训】 11 月—12 月，区教委举办早期教育专题培训。培训主题为“创优早期教育活动，助推教师专业成长”。培训分为专家讲座、教师活动案例展示及工作室成员早教经验交流分享三种形式，内容包括早期教育理论、0～3 岁婴幼儿身心发展规律、早教活动实践经验分享及家长有效指导等。邀请总参军训和兵种部二幼园长、教师做《早期教育活动的组织与实施》讲座、武警总部机关幼儿园教师介绍“建构合理早教环境，创优质早期教育活动”经验、早期教育专家做题为“有效开展幼儿园亲子活动的几点思考”报告。报告为区域早期教育发展和早教基地建设、教师专业成长提供新的发展思路和实施途径。海淀区 83 所市区级早教示范基地、专兼职教师及负责人 300 人参加培训。

（宋亚甫）

【10 人获教育展示活动奖】 年内，海淀区选派 15 名幼儿教师参加北京市幼儿教师教育展示活动。活动由市教委、北京教科院早教研究所组织，来自北京市 16 个区的 101 名教师参评。北京师范大学实验幼儿园教师金瑛、六一幼儿院西山庭院院区教师殷珺获特等奖；另有 3 名教师获一等奖，5 名教师获二等奖。

（宋亚甫）

【2015 年海淀区托幼园（所）名单（160 所）】

1. 中国人民解放军后勤学院幼儿园
2. 中国人民解放军 93462 部队幼儿园
3. 中国人民解放军空军装备研究院蓝天幼儿园
4. 中国人民解放军总参军训部第二幼儿园
5. 中国人民解放军 63919 部队幼儿园
6. 中国人民解放军总后勤部五一幼儿园
7. 中国人民武装警察部队总部机关幼儿园
8. 中共中央办公厅警卫局万寿路幼儿园
9. 中国人民解放军国防大学第二幼儿园
10. 总参谋部测绘局幼儿园
11. 中国人民解放军总参谋部军训部机关第三幼儿园
12. 中国人民解放军 63921 部队幼儿园
13. 中国人民解放军第二炮兵机关第一幼儿园
14. 中国人民解放军总参谋部信息化部幼儿园
15. 中国人民解放军 63916 部队幼儿园
16. 国防大学第一幼儿园
17. 空军 95968 部队幼儿园
18. 中国人民解放军军事医学科学院幼儿园
19. 总参军训和兵种部机关第一幼儿园
20. 空军指挥学院蓝天幼儿园
21. 中国人民解放军 61886 部队幼儿园
22. 海军机关幼儿园
23. 中国人民解放军 61195 部队前哨幼儿园
24. 海军总医院幼儿园
25. 中国人民解放军 61046 部队幼儿园
26. 中国人民解放军北京军区炮兵幼儿园
27. 中国人民解放军总装备部后勤部小

营幼儿园
28. 中国人民解放军军乐团幼儿园
29. 中国人民解放军空军航空医学研究所附属医院幼儿园
30. 解放军总医院第一附属医院幼儿园
31. 中国人民解放军总参谋部管理保障部北极寺幼儿园
32. 中国人民解放军总医院幼儿园
33. 空军直属机关蓝天幼儿园
34. 中国人民解放军 66400 部队政治部幼儿园
35. 中国人民解放军 61672 部队幼儿园
36. 中国人民解放军总参谋部管理保障部幼儿园
37. 北京育新实验幼儿园
38. 北京公交鸿运承幼教中心第三幼儿园
39. 北京市海淀区中关村街道第一幼儿园
40. 北京市海淀区北太平庄街道蓟门里幼儿园
41. 北京市海淀区青龙桥幼儿园
42. 北京市海淀区海淀乡中心幼儿园
43. 北京市海淀区四季青镇巨山幼儿园
44. 北京市海淀区北太平庄街道威凯幼儿园
45. 北京市海淀区四季青镇北坞幼儿园
46. 北京市海淀区四季青香山幼儿园
47. 北京馨星幼儿园
48. 北京市海淀区紫竹院街道第二幼儿园
49. 北京市海淀区学院路街道展春园幼儿园
50. 北京市海淀区海淀街道厂洼幼儿园
51. 北京市海淀区温泉镇白家疃中心幼儿园
52. 北京市海淀区四季青镇常青幼儿园
53. 北京市海淀区四季青镇南平庄幼儿园
54. 北京市海淀区四季青蓝靛厂幼儿园
55. 北京市海淀区四季青育红幼儿园
56. 北京市海淀区小星星双语艺术幼儿园
57. 北京市海淀区西北旺屯佃村幼儿园
58. 北京市海淀区翠湖幼儿园
59. 北京市海淀区苏家坨镇中心幼儿园
60. 北京市海淀区苏家坨镇温馨幼儿园
61. 北京明天幼稚集团
62. 北京市六一幼儿院
63. 北京市海淀区恩济里幼儿园
64. 北京市海淀区上庄科技园区幼儿园
65. 北京市海淀区立新幼儿园
66. 北京市立新学校幼儿园
67. 北京市海淀区北部新区实验幼儿园
68. 北京市海淀区富力桃园幼儿园
69. 北京市海淀区颐慧佳园幼儿园
70. 北京市海淀区美和园幼儿园
71. 北京市海淀区苏家坨镇幼儿园
72. 北京市海淀新区恩济幼儿园
73. 北京市海淀区唐家岭新城幼儿园
74. 北京市海淀区民族幼儿园（新建）
75. 北京市海淀区本真双语艺术幼稚园
76. 北京市海淀区现代艺术幼儿园
77. 北京市海淀外国语学校附属幼儿园
78. 北京市海淀区英才美丽园幼儿园
79. 北京岭南幼儿园
80. 北京市海淀区长河湾汇佳幼儿园
81. 北京市海淀区世纪新汇佳幼儿园
82. 北京市海淀区中科幼教中关村实验幼儿园
83. 北京市海淀区英才幼儿园
84. 北京市海淀区红缨幼儿园
85. 北京市海淀区万泉汇佳幼儿园
86. 北京市二十一世纪实验幼儿园
87. 北京市世纪阳光幼儿园
88. 北京市海淀区小汉顿幼儿园
89. 北京市幼儿师范学校附属幼儿园
90. 北京市海淀区布朗幼儿园
91. 北京市海淀区美华彩苑外国语幼儿园
92. 北京市海淀区凯蒂幼儿园
93. 北京市海淀区锦绣明天莲宝幼儿园
94. 北京市海淀区启明华清幼儿园
95. 北京市海淀区太阳幼儿园
96. 北京阳光儿童早期教育实验中心
97. 北京小天使美语幼儿园
98. 北京市育龙幼儿园
99. 北京市未来之星实验幼儿园
100. 北京市海淀区领秀硅谷凯尔宝宝婴幼园
101. 北京市海淀区朝昭双语婴幼园
102. 北京市海淀区凯尔宝宝婴幼园
103. 北京市海淀区世纪汇佳幼儿园
104. 北京市海淀区二十一世纪实验幼儿园
105. 北京市海淀区红黄蓝多元智能实验幼儿园
106. 北京市海淀区大有双语幼儿园
107. 北京市海淀区智合国学双语幼儿园
108. 北京市海淀区宜宝双语幼儿园
109. 北京市海淀区枫叶幼儿园
110. 北京市海淀区北京大学附属小学实验幼儿园
111. 北京市海淀区乐全时艺术实验幼儿园（新建）
112. 北京市海淀区二十一世纪实验幼儿园上林溪园
113. 北京市海淀区为明实验幼儿园
114. 北京师范大学实验幼儿园牡丹园分园幼儿园（公办转为民办）
115. 北京市海淀区亿城蓝天幼儿园（转为民办）
116. 北京市海淀区蓝宝特幼儿园（新建）
117. 北京市海淀区培杰幼儿园（新建）
118. 住房和城乡建设部幼儿园
119. 中国科学院第七幼儿园
120. 航天工业机关幼儿园
121. 中国科学院第一幼儿园
122. 中国科学院第三幼儿园
123. 中国科学院幼儿园
124. 北京有色金属研究总院幼儿园
125. 北京市海淀区人民政府机关幼儿园
126. 中国气象局幼儿园
127. 新华社机关事务管理局保育院
128. 钢铁研究总院幼儿园
129. 中国铁道科学研究院幼儿园
130. 北京五色土实验婴幼园
131. 中国兵器工业机关服务中心幼儿园
132. 北京市银河之星幼儿园
133. 北京市水务局幼儿园
134. 国务院机关事务管理局花园村幼儿园
135. 北京市海淀区龙岗路幼儿园
136. 核工业第二研究设计院幼儿园
137. 北京林业大学幼儿园
138. 北京邮电大学幼儿教育中心
139. 中国航空工业集团公司北京航空材料研究院幼儿园
140. 中国农业大学东校区幼儿园
141. 中国农业大学西校区幼儿园

142. 北京语言大学幼儿园
143. 北京交通大学幼儿园
144. 北京师范大学实验幼儿园
145. 中国音乐学院附属艺术幼儿园
146. 中国林业科学研究院幼儿园
147. 北京市清华洁华幼儿园
148. 北京航空航天大学幼儿园
149. 首都师范大学附属幼儿园
150. 北京大学医学部幼儿园
151. 中国农业科学院幼儿园
152. 中国人民大学幼儿园
153. 北京理工后勤集团幼教中心
154. 航天之星幼儿园
155. 中央民族大学幼儿园
156. 中国石油集团科学技术研究院幼儿园
157. 北京科技大学幼儿教育中心
158. 北京大学附属幼儿园
159. 北京市农林科学院幼儿园
160. 北京应用物理与计算数学研究所九一幼儿园

附：2015 年新建幼儿园

1. 北京市海淀区民族幼儿园（教育部门办）

2. 北京师范大学实验幼儿园牡丹园分园幼儿园（北京师范大学实验幼儿园牡丹分园 1999 年创办，为该园第一所分园，2015 年转制，由公办园转为民办园）

3. 北京市海淀区亿城蓝天幼儿园（2011 年 9 月成立，空军直属机关蓝天幼儿园分园之一，因部队不同意接收，2015 年 1 月移交给海淀区教委，成为民办园）

4. 北京市海淀区蓝宝特幼儿园（民办园，北京蓝宝特教育投资股份公司成立于 2011 年初，之前没有经过审批，2015 年通过区教委审批）

5. 北京市海淀区培杰幼儿园（民办园，海淀区小区配套幼儿园，2015 年通过区教委审批）

6. 2015 年，北京大学幼教中心更名为北京大学附属幼儿园。

7. 2015 年中国人民解放军航天员科研训练中心飞天幼儿园恢复为 63919 部队幼儿园。

（宋亚甫）

基础教育

【概况】 2015 年，全区有义务教育阶段学校 172 所（不含 21 个一贯制学校小学部），含 97 所独立设置小学、7 所九年一贯制学校小学部和 14 所十二年一贯制学校小学部，有中学 78 所（其中完中 46 所，初级中学 8 所，高中 3 所，九年一贯制学校 7 所，十二年一贯制学校 14 所）。在校生 212954 人。其中非本市户籍学生 70929 人，占全区义务教育阶段在校生总数的 33.3%，比 2014 年增加 3639 人。

小学教育规模待续增长。全区有小学 118 所(含 21 个一贯制学校小学部)，其中区属公办小学 97 所，其他部门办小学 9 所，民办小学 12 所；教学班 4211 个，毕业 19032 人，招生 28272 人，在校生 155573 人，比 2014 年增加 7911 人，增长 5.4%；在校生中，非本市户籍学生 54009 人；教职工 7871 人，其中专任教师 8661 人；小学入学率 100%，巩固率 100%，毕业及格率 100%。

初中、高中教育规模回落。有初中 78 所，其中区属公办初中 52 所，其他部门办初中 6 所，民办初中 17 所；其中区属公办高中 40 所，其他部门办高中 7 所，民办高中 17 所；教学班 2946 个（初中 1705 个、高中 1241 个），毕业 32072 人(初中 18744 人、高中 13328 人），招生 32105 人（初中 18553 人、高中 13552 人），在校生 97831 人（初中 57378 人，比 2014 年下降 6.9%；高中 40453 人，比 2014 年下降 2.6%）；在校生中，非本市户籍学生 21430 人（初中 16920 人、高中 4510 人）；初中入学率 100.2%，巩固率 100%，毕业率 100%；初中毕业升学率 98.5%，应届高考录取率 84.95%；中学教职工 13552 人，其中专任教师 10471 人（含一贯制小学部）。特殊教育学校 3 所，开设教学班 67 个，结业 97 人，招生 53 人，特殊教育在校学生 1193 人（特殊教育学校 560 人、义务教育阶段随班就读学生 633 人，其中小学 398 人、初中 235 人）；教职工 310 人，其中专任教师 226 人。工读教育学校 1 所，开设教学班 15 个，离校 165 人，入校 140 人，在校生 279 人；教职工 82 人，其中专任教师 70 人。校外教育机构 580 个，有金鹏科技团 8 个，市级科技示范校 27 所，北京学生金帆艺术团 31 个，承办校 25 所，金帆书画院 12 个，市级艺术教育特色校 36 所。教职工 343 人，其中，专任辅导员（教师）217 人。中小学教师学历达标率 99.77%，其中，小学教师达标率 99.6%，初中教师达标率 99.8%，高中教师达标率 99.9%。特级教师 171 人（在职），其中，小学特级教师 18 人、中学特级教师 148 人，职高特级教师 2 人，幼儿园 2 人。高级专业技术职务教师 2749 人，其中小学 106 人、初中 1154 人、高中 1489 人。全区中小学图书馆藏书 997.88 万册。学校总占地面积 527.21 万平方米，总建筑面积 346.69 万平方米，固定资产总值 107.29 亿元。

全年教育经费投入 107.71 亿元（2014 年为 90.87 亿元），其中国家拨款（国家财政性教育经费）106 亿元（2014 年为 89.2 亿元），自筹经费（事业收入）1.72 亿元（2014 年为 1.69 亿元）。

2015 年，2 所学校成为“全国校园足球特色学校”，20 所学校成为“北京市校园足球特色学校”，50 所学校成为“海淀区校园足球实验学校”。建立 10 所“海淀区中小学冰雪运动试点校”。全区学生在各类体育竞赛中获得国家级第一名 20 项、市级第一名 52 项。

海淀区义务教育基本情况统计表（单位：人）

表 27

类　别	校数（所）	毕业生数	招生数	在校学生数		专任教师
				合计	非本市户籍学生	
总　计	172	37766	46825	212951	70929	13744
小学教育	118	19032	28272	155573	54009	8661
区属公办小学	97	15409	23851	129631	45125	6997
其他部门办小学	9	2112	2501	15030	2290	762
民办小学	12	1511	1920	10912	6594	902
初中阶段教育	75	18744	18553	57378	16920	5083
区属公办初中	52	13567	13440	41269	12276	3690
其他部门办初中	6	1887	1914	5708	570	518
民办初中	17	3290	3199	10401	4074	875

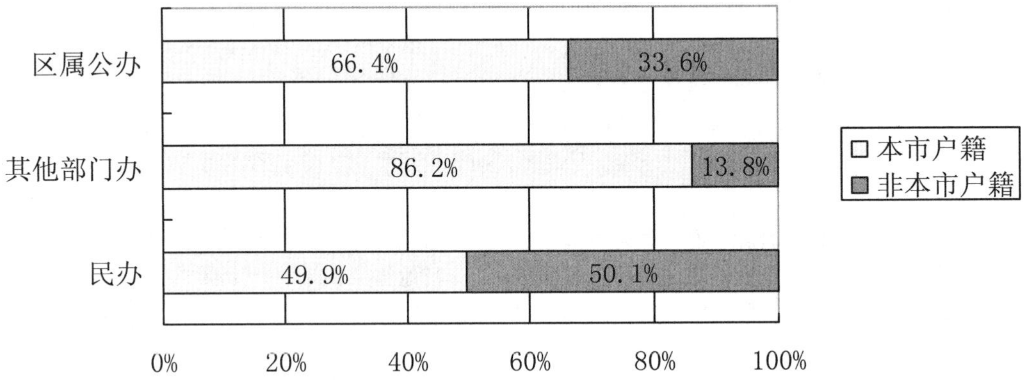

2015 年义务教育阶段非本市户籍学生占比情况

（尹涛　宋亚甫）

【人大附小实施“教师自由人”制度】 1 月 29 日，中国人民大学附属小学实施“教师自由人”制度。该制度规定各学科教学骨干、学科带头人及其他有志于教学实践创新的优秀青年教师均可申报“自由人”。经学术委员会认定批准，首批 137 名教师入选，任期 1 年。成为“教师自由人”后，不参加期末常规教师展示性评价，但需将本学期个人研究实践案例、教学论文、学生学习成果案例等进行汇报，为青年教师成长起到示范引领作用。

（关旻）

【人大附中模拟政协“提案”走进全国“两会”】 3 月 12 日，人大附中学生模拟政协提案走进全国“两会”。《关于完善中小学公共安全教育体系的提案》由人大附中 6 名高中学生撰写，由全国政协委员提交全国“两会”。提案呼吁学校重视安全教育，让学生树立安全防范意识，掌握自护自救知识，提高自护自救能力。2014 年，人大附中参加首届“全国青少年模拟政协活动”，6 名高中学生组成提案小组，模拟政协委员调研活动，撰写提案 11 份。人大附中学生的提案和《关于信息社会发展下公民网络权益和安全保障机制可行性建立的提案》获得“最佳提案”奖。2015 年 3 月，由全国政协委员、江苏省政协副主席、致公党江苏省委主委麻建国和全国政协委员、北京市政协副秘书长谢朝华分别将两份“最佳提案”正式提交国家相关部委办理。

（孙京菊）

【学区制改革】 3 月，区委、区政府审议通过“海淀区学区制改革方案”。根据方案，将全区所有中、小学校划分为 17 个学区，对应 29 个街镇，全部纳入学区统筹管理。4 月 3 日，召开学区制改革试点工作启动会。5 月 15 日，羊坊店学区委员会与学区管理中心、温泉苏家坨学区委员会与学区管理中心揭牌成立，两个试点学区分别组建学区委员会并成立学区管理中心，学区委员会由学区内各校党政正职，所在街道（镇）办事处、社区委员会代表，周边单位代表，以及家长代表组成。学区管理中心下设发展规划部、教育教学部和资源统筹部。在管理理念更新、组织机构健全、建章立制等方面进行探索，为全面推进学区制改革积累经验；7 月，海淀区学区制改革领导小组在羊坊店学区组织召开试点工作总结会，总结试点工作的4个初步成效，提出改革问题和建议；10月15日，召开全面推进学区制改革专题会，明确学区制改革推进时间表，11月，进入全面实施阶段。至12月底，除2个学区外，其他15个学区全部成立。学区将通过“空投”优质校等多种途径，增加优质校比例，5年内各学区中优质校占比超过七成。17个学区名单（见表28）。

海淀区17个学区一览表

表28

序号	学区	对应街镇
1	羊坊店学区	羊坊店街道
2	万寿路学区	万寿路街道
3	永定路学区	田村路街道、永定路街道
4	紫竹院学区	紫竹院街道、甘家口街道
5	八里庄学区	八里庄街道、曙光街道
6	四季青学区	四季青镇、香山街道
7	北太平庄学区	北太平庄街道、北下关街道
8	花园路学区	花园路街道
9	海淀学区	海淀街道
10	中关村学区	中关村街道
11	青龙桥学区	青龙桥街道、马连洼街道
12	上地学区	上地街道、清华园街道、燕园街道
13	学院路学区	学院路街道、东升镇
14	清河学区	清河街道
15	西三旗学区	东升镇、西三旗街道
16	上庄西北旺学区	西北旺镇、上庄镇
17	温泉苏家坨学区	温泉镇、苏家坨镇

（宋亚甫）

【首届科研种子教师论坛】 4月17日，区教委举办海淀区首届科研种子教师论坛。论坛由立新学校承办，围绕“科研促发展”主题，设立“科研促学校发展”“科研促教师发展”“科研促教学发展”3个微论坛，9所学校种子教师分别从学校科研管理、课题研究促进教师专业发展以及科研在整合课程资源、改革评价方式、优化作业设计等方面介绍经验和感悟，海淀教研员对教师发言做点评；与会者听取《阅读如何促进教师专业发展》《未来体验：教育大数据的生产消费与决策管理》2个报告。来自海淀区各中小学校科研种子教师和学校教科室主任350人参加活动。

（宋亚甫）

【清华附小全球直播语文“主题教学”成果】 5月8日，首届基础教育国家级教学成果奖推广会——清华附小语文主题教学成果展示会在清华大学大礼堂举行，来自全国各地的上千名中小学校长、教师、教研员参会。展示会上，清华附小校长窦桂梅从主题教学研究的核心概念、类型、价值、课程体系、实践样态等层面，展示学校多年来对语文“主题教学”的探索成果。展示会通过全国3600多个清华大学扶贫远程教学站向全国直播，各个教学点的听课老师进行现场互动。同时，清华大学学堂在线(www.xuetangx.com)面向全球直播。清华大学副校长姜胜耀、北京大学语文教育研究所所长温儒敏等嘉宾，对清华附小的教学成果给予高度评价。2014年9月，代表国家教育教学最高水平的国家级教学成果奖评出，窦桂梅带领的清华附小语文教师团队研究形成的“小学语文主题教学实践研究”，获得首届基础教育国家级教学成果一等奖，这是全国唯一获此殊荣的小学。

（钟冷）

【资源教师技能提升】 5月14日—15日，区教委举办资源教师技能提升研修培训。研修活动由特殊教育管理中心主办，围绕情绪专题开展培训，分为理论学习和案例分享两部分。理论学习部分邀请北京师范大学教授做“情绪行为评估”专题讲座，从情绪行为问题的定义、评量和干预三个方面阐述，介绍并帮助教师正确理解与运用情绪行为评量工具；案例分享部分，培智中心学校2名教师分享情绪行为的干预和青春期教育实践经验，农大附中、清河中学、六十七中学及105中学资源教师分享案例经验。海淀区教师50人参加培训。

（张俊贤）

【首家中学生紧急救援志愿服务站挂牌】 5月15日，全市首家中学生紧急救援志愿服务站在理工大附中建成挂牌。服务站设在学校综合楼一层大厅，由校医室主管，学校红十字社团成员为服务站骨干。服务站定期为学生开展讲座，课余时间组织学生熟悉设备、救援演练，确保遇到突发事件能够第一时间启动，开展救援。北京市红十字会为其配备自动体外除颤器（AED）及相关器械等急救设备。

（陆旻 彭警）

【成立12个劳模创新工作室】 5月19日，区教育系统成立12个劳模创新工作室（即：马万成、陈恒华、雷海环、沈耘、张亚红、吕雪晶、张赫、章鹏、朱金岭、孟丹、王春易、秦建云12个劳模创新工作室）。12名劳模来自海淀区中学、小学、幼儿园和民办学校，涵盖教育教学管理、数学、物理、生物、信息、音乐等多学科，其团队成员来自46个单位，共80余人。按照有劳模领衔、有创新团队、有攻关项目、有场地设施、有经费保障、有创新成果“六有”目标，区教育工会将从资金、人力、政策等方面给予劳模创新工作室支持。劳模创新工作室授牌仪式在八一学校举行，仪式上宣读《关于成立海淀区劳模创新工作室的决定》，劳模代表及劳模创新工作室学员代表发言。中国教科文卫体工会、区委教工委、区总工会、区教育工会以及区教育系统29名在职劳模，12个劳模创新工作室所在单位党政正职、工会主席和部分学员代表等80人参加仪式。

（宋亚甫）

【敬德书院举办春秋季论坛】 5月19日，敬德书院举办“儒家文化与家庭教育”春季论坛。论坛由区委宣传部、区委教工委、区教委与中华书局联合主办，敬德书院与区教科所承办。来自大学和科研院所的10名专家学者围绕儒家家庭伦理观及传统家庭教育思想对现代教育的启示等主题做发言。海淀区中小学校长、书记50人参加论坛。9月28日，举办“敬德书院周年纪念暨2015年秋季论坛”。台湾学者冯沪祥做“儒家文化与家风家训”讲座，4名专家进行“儒家文化与家风家训”会讲，并与中小学校长互动讨论。论坛期间举办祭孔仪式、礼乐表演、古琴演奏及书画展示。敬德书院与北京大学儒学研究院、清华大学中国礼学研究中心、中国人民大学孔子研究院、北京师范大学经典教育研究中心、海淀区委党校签署研究或实践基地合作协议书，聘任11名在京高校国学研究专家担任学术委员。区领导、敬德书院学术委员以及专家学者、海淀区部分中小学校长100人参加活动。

（宋亚甫）

【清华附小召开北京国际儿童阅读大会】 5月22日，清华附小召开北京国际儿童阅读大会。会议以“儿童文学与分级阅读”为主题，听取国际阅读学会会长、美国伊利诺伊大学理查德•安德森做主题报告《为读者选书》，报告详细分析美国分级阅读发展的特点，着重介绍蓝思分级阅读系统的做法；6名中美儿童阅读专家进行中美儿童文学分级阅读高端对话，从教育学、心理学、儿童文学、语文教学、图书馆学多种维度探讨儿童分级阅读对于基础教育的重要价值所在，建立分级阅读中国标准的紧迫性与重要意义；清华附小校长、特级教师窦桂梅与二年级、五年级学生就图画书《威利的奇遇》分别进行读书分享活动，《威利的奇遇》作者、英国图画书作家安东尼•布朗现场聆听并与学生互动；3名教师展示《小豆包奇遇记》《一粒种子的旅行》《小太阳》阅读课；会议进行《丁香娃娃奇遇记》发布仪式和清华附小数字图书馆捐赠仪式。来自全国各高等院校儿童文学、儿童教育学科学者，全国各小学、幼儿园教师代表，及其他从事与儿童阅读相关研究、教学、推广、创作工作者1000名代表参会。

（隋敏方）

【程翔教育教学实践研讨会】 5月27日，由区委教工委、区教委主办的“程翔语文教育教学实践研讨会”在北京市一零一中召开，这是海淀区实施“成长中的教育家”工程推出的第九位名师。与会者现场观摩程翔的语文课《锦瑟》，听取程翔《探索学理观照下的语文教学之路》报告，回顾自己在语文教学中探索学理的思考、研究与实践。程翔认为语文教师的专业价值体现在代表教师最高教学水平并取得明显教学效果“课堂作品”上；有没有积累“课堂作品”的意识，直接反映出教师有没有职业的觉醒；教师具有职业的觉醒，才能认识到教学的意义，才不会产生职业倦怠。北京师范大学教授郑国民、北京市特级教师李卫东对主题报告和展示课进行点评。区委教工委、区教委、区教育督导室及中小学校长、特级教师、市级学科带头人、骨干教师、中学语文骨干教师700人参加会议。程翔，语文特级教师，全国优秀教师，现任一零一中副校长。受聘教育部“国培计划”专家库首批专家，教育部教师教育课程资源专家委员会委员，人民教育出版社教材编写委员，北京大学语文教育研究所兼职研究员，全国中语会学术委员会副主任。2011年被全国中语会评为“中国语文人”，2014年被全国中语会评为“全国中语界首届学术领军人物”。

（张欣）

【《中小学体育工作三年行动计划》出台】 5月，区教委出台《中小学体育工作三年行动计划（2015—2017年）》。计划包括9项行动27项工作。一是实施三项工程行动，即场地设施建设行动、强化教师队伍行动、快速提升提质行动；落实强化行动机制、提高教学质量、强化课外锻炼、联动家庭社会、运动竞赛争光、安全教育保障六项措施；加强保障机制，加大经费投入与政府督导，建立评价奖惩机制等保障机制，保证中小学体育工作三年行动计划落实到位。

（宋亚甫）

【少先队活动课展评活动】 6月17日，海淀区开展少先队活动课展评活动。该活动为北京市少先队活动海淀区专场，在首都师范大学附属小学玉泉校区举行，活动课围绕社会主义核心价值观教育主题，内容涉及中华传统文化、理想信念教育、集体主义观念等方面。共有150节活动课参评，12节入选展评活动。专家评价海淀区少先队课贴近生活，形式新颖，符合少先队员年龄特点，能够有效突出少先队的组织性和政治性。

（宋亚甫）

【成立8对九年一贯对口招生校】 6月，区教委成立8对九年一贯对口招生学校。选择办学水平相对较高的中学，与办学水平相对薄弱的小学建立九年一贯对口直升机制，利用小学毕业后升入好初中的良好预期，引导学生就近升入家门口的小学，并通过中小学课程衔接等方式，带动小学发展。全区在8对中小学之间建立九年一贯对口招生机制，当年入学的小学一年级学生，6年以后将按照40%或50%的比例升入对口中学。分别为：民族小学对口直升交大附中，双榆树一小对口直升中关村中学，培英小学对口直升育英中学，八里庄小学对口直升首师大附中，和平小学（温泉中心小学）对口直升一零一中学温泉校区，北医附小对口直升北医附中，万泉小学对口直升理工附中，九一小学对口直升北医附中。

（宋亚甫）

【教育部调研义务教育学校管理标准工作】 7月1日，教育部到海淀区专项调研《义务教育学校管理标准》（简称《管理标准》）实验工作。调研工作分工作汇报、查阅资料、分组座谈、意见反馈、考察学校等环节，听取海淀区《管理标准》实验工作介绍，分中学、小学两组围绕“学校在《管理标准》实验中开展哪些工作、发生哪些变化、发现哪些问题、有什么建议”等问题展开座谈，考察万泉小学、十九中。调研组认为：海淀区《管理标准》实验工作取得很好的进展，实验工作接地气，实验工作取得实质创新和成效。同时希望海淀区进一步加大探索力度、做好制度总结、继续发挥好带头辐射作用。

（宋亚甫）

【教师心理健康测试】 7月1日，区教委完成全区82.6%的教师的心理健康测试工作。区教科所与北师大认知与学习评价中心依据测试结果，采取科学数据分析方式，写7份区域反馈报告、163份学校报告和1万余份个人报告，并提出改进建议。2014年，海淀区启动为期三年的“中小学教师心理健康提升项目”，采取科学测评—分层反馈—整体规划—分层改进—效果验证的推进模式，建构中小学教师心理健康监测与促进机制。至2015年底，已进行三个层面教师心理素养提升工作。区级层面：解读、分析测评结果并提出改进意见，将提升工作融入教委各项工作之中；为重点学校提供实地指导，具体分析教师心理需求，提出改进建议并跟踪指导；为每位教师建立心理档案，开展心理健康促进活动，评估其心理健康程度与风险，制定干预及转介计划，进行及时跟进与辅导；协调区心理健康教育研究与指导中心等3个区级心理平台资源，通过心理讲座、团队训练、个体辅导、入校实地指导等服务工作，拓展教师心理健康教育工作途径。校级层面：学校结合测评结果和具体情况，开展行动研究和管理创新，开展提升教师心理调节能力的校本培训，关注压力较大的特殊群体，为教师营造积极和谐的校园环境。个人层面：教师心理测评和结果反馈过程可作为重要辅助信息，帮助教师了解自我、分析自我、调节自我。

（宋亚甫）

【参加国际融合教育支持大会】 7月25日—30日，海淀区教师参加在葡萄牙里斯本举行的国际融合教育支持大会。此届大会主题为“教育公平与融合”，来自100多个国家和地区的代表500人参加。应大会邀请，海淀区特殊教育管理中心融合教育项目组6人参会，并在分会场汇报交流《融合教育，在路上》，介绍海淀区特殊教育管理中心基本情况，并以1名多动症儿童的融合教育干预过程为例，详细介绍筛查评估、研讨会、康复训练、学校融合、家长工作、教师培训等工作环节。国际融合教育支持大会由国际特殊教育教师联合会主办，五年一届。

（张俊贤）

【北大附小改革选修课程】 9月1日，北京大学附属小学在原有基础类课程基础上，增加时长60分钟的综合实践课和时长90分钟的选修课，改革后选修课达到145门，包括视觉思维、趣味经济学、智能机器人、京剧、武术等课程，涉及人文素养、科学素养、社会交往、国际理解、艺术健康五个模块，分别为年级内选修与跨年级选修，每周上课两次；每个年级增加综合实践活动课程，包括科学实验、北大文化、社区实践等实践课程，以班级为单位选修。北大附小从2012年开始进行生命发展选修课程改革，至2015年，完成生命发展课程的顶层设计、学科课程设计。

（何立新）

【北大附中天津东丽湖学校开学】 9月5日，北大附中天津东丽湖学校开学。学校为十二年一贯制民办学校，占地面积4.7万平方米，建筑面积2.8万平方米，拥有两栋教学楼、一栋科技楼，另有宿舍楼、体育馆、学生食堂、标准塑胶跑道操场等配套设施。学校现有教职工56人，其中专任教师41人，职工15人；有227名学生，其中小学一至五年级学生184人，七年级43人，实行小班授课，每个班不超过25人，按照全日制教学形式和学时开设小学、初中和高中课程。2014年7月，天津东丽区与北大附中签署合作办学协议，兴建北大附中天津东丽湖学校，该校成为北大附中直接投入师资和管理队伍在异地举办的第一所民办学校。

（王琴）

【首届中学教育工作会】 9月24日—25日，区教委组织召开首届中学教育工作会。大会以“深化课程改革，创新育人模式，提升办学品质”为主题，做《深化教育改革、创新育人模式、提高办学质量》的主题报告；与会人员围绕“课程方案优化与课程建设”“学科能力提升与学习设计”“综合实践活动课程实施与资源建设”“核心价值观教育与课程整合”专题分组研讨；12所中学展示育人成果，学校校长、学科教师分享交流在课程建设、课堂教学、资源建设、德智融合的优秀教育教学案例；专家对中学课程改革和社会主义核心价值观与课堂教学的融合进行专业培训。区委教工委、区教委、区政府教育督导室等领导，各中学校长、主管教学、德育、课程工作的干部以及区教委相关直属单位代表450人参会。

（宋亚甫）

【刘延东看望清华附中师生】 10月15日，中共中央政治局委员、国务院副总理刘延东看望清华附中老教师和在校学生。刘延东与附中老校长、老教师代表座谈，并对学校提出三点希望：希望清华附中以百年华诞为契机，描绘学校发展的新百年蓝图；要进一步解放思想，改革创新，更好地贯彻党的教育方针，推进教育综合改革；要进一步提升水平，把清华附中建设成为国内一流名校，培养更多的各领域优秀人才。随后，刘延东参加学生“领袖训练营”支教分享活动。国务院、教育部、北京市、清华大学有关领导陪同看望。

（高岷）

【教育游戏APP“形独”发布】 10月16日，清华附中初三学生胡泽涵、李利鑫、蒋朝野团队研发的教育游戏APP“形独”上线发布。“形独”教育游戏APP是国内中学创客空间发布的第一个产品，寓教于乐，学生可以通过游戏培养大局观。中国科学院院士杨卫，清华大学副校长尤政，北京大学教授王千祥，清华大学教授胡事民、顾学雍等专家，清华附中领导、附中创客空间及“形独”师生团队，及初一年级创新班学生200人参加发布会。

（高岷）

【清华附中百年校庆系列活动】 10月17日—20日，清华附中举办百年校庆系列活动。17日，举行清华大学附属学校建校100周年大会，清华附中校长王殿军作《百年树人，其命维新》发言，有关部门领导、附中师生家长及校友代表近4000人参加大会。同日举办“百年树人 其命维新”清华附中百年校庆活动之基础教育高峰论坛，论坛以“国际视野下的教育改革与人才培养”为主题，围绕“教育改革与人才培养的探讨”“国际品质教育的思考”和“清华附中的探索与实践”三个部分展开，来自教育部领导，全国各地高校代表，清华附中兄弟学校、友好学校、帮扶学校代表，北京市各区教委代表以及其他基础教育工作者共300余人参加论坛。18日，举办中外基础教育沙龙活动，主题为“交流、合作与发展”，15位名校代表交流各自学校的办学理念、课程设置、教育模式和办学理念，分享学生培养的目标以及特色办学的创新之处，国外知名学校、北京国际学校及国内著名中学校长50人参加沙龙活动。19日—20日，清华附中百年华诞文艺演出《卿踪跫韵》在新清华学堂上演，清华附中在校学生、家长、校友、一体化学校师生1万人观看演出。

（高岷）

【习近平为八一学校海外孔子课堂揭牌】 10月22日，国家主席习近平为八一学校海外首个孔子课堂揭牌。习近平在访英期间，在伦敦文华东方酒店举办的全英孔子课堂大会上发表重要讲话，并与约克公爵一起，为八一学校在泽西岛奥特利尔高中建立的独立孔子课堂揭牌。来自全英孔子学院和国内知名大学的200名来宾参加活动。该课堂是全球第1000所孔子课堂。奥特利尔（Hautlieu）高中始建于1952年，是一所免学费公立中学，2011年与八一学校正式成为友好学校。

（林汉英）

【教育家办学实践研讨会】 10月22日，区委教育工委、区教委召开中关村二小教育家办学实践研讨会。会议由中关村二小承办，以“聚力•绽放”为主题，中关村二小做题为《桃红李白心暖花开》主题演讲，从凝心聚力的家园文化和以人为本的办学实践两方面介绍“家园梦想”的提出与深化，尤其是理性思考与实践创新，表达了中关村二小教育家群体的教育理想、教育追求和教育智慧。海淀区各中小学书记校长、教育部首期名校长领航班学员、市人大代表、市青联委员、学生家长代表等500余人参加会议。

（张苗）

【中德融合教育交流】 10月22日—23日，区教委与德国特教专家开展融合教育交流。来自德国马丁卡切学校特教专家一行参观海淀区特教中心教育教学设施，观摩特教中心融合教育训练课，双方分别介绍各个特殊教育学校概况、办学理念及办学成果等情况。德国专家一行参观人大附小资源教室、校艺术馆、学术苑、水艺芳，参加八一学校附属玉泉中学举办的第二届海淀区融合教育中学教研组成立活动暨第一次教研活动，共同为1名有特殊教育需要的学生进行认知能力的综合评估，并就学生评估、研讨会等工作进行交流。

（张俊贤）

【校园文化建设总结交流活动】 11月5日—10日，区教委举办中小学校园文化建设总结交流活动，活动包括总结会、学校开放活动两部分。11月5日，在总结交流会上观看专题片《魅力校园，文化绽放》，听取《建设魅力校园文化办好人民满意学校》主题报告，中关村中学、首师大附小介绍和分享学校校园文化建设特色与经验，北京教育学院、北京师范大学专家点评。海淀区在实施教育领域综合改革，在推进义务教育均衡发展过程中，校园文化建设对美化校园环境、提升学校办学品位、促进学校发展起到重要的推动作用。区委、区教工委、区教委领导，各中小学、幼儿园党政正职及分管校园文化建设干部共400余人参加总结交流会。5日—10日，分别在教师进修学校附属实验小学、科技大学附属中学、十一学校一分校、五一小学、和平小学、北京实验学校6所学校举行校园文化开放活动，1000名干部教师参加交流学习。“十二五”期间，海淀区投入4.5亿元专项资金，推动以校史馆、校园雕塑、校园文化墙为主要内容的中小学校园文化建设工作，34所中小学校成为北京市中小学学校文化建设示范校。至2015年，海淀区有校园文化墙、校园雕塑和校史馆（厅、角）的学校比例与2012年相比，分别从24%、17%、13%提高到100%、81%、74%。

（宋亚甫）

【中小学体育工作大会】 11月11日，区教委召开中小学体育工作大会。会上发布《中小学开展冰雪运动实施意见》《中小学足球三年行动计划》等文件，明确未来几年海淀区中小学体育教学的方向：贯彻落实《海淀区中小学体育工作三年行动计划》，着重抓好校园足球建设、加强冰雪运动发展、加强体质健康监测。会议围绕依法治教提出“如何看待体育工作在学校教育教学中的地位”“正确把握体育工作中应该遵循的原则”“明确知道体育工作中的重点方面”等问题。各学校校长、教师400人参加会议。

（宋亚甫）

【首届中小学校园足球联赛】 11月17日，区教委举办首届中小学校园足球联赛，开幕式在海淀区实验小学苏州街校区举行。共有69所学校的97支球队参加男子小学、初中、高中和女子小学、中学五个级别的比赛。首场比赛对阵双方为人大附小和农科院附小足球队。

（宋亚甫）

【高中课改系列论坛】 12月3日，区教委举办高中课改启动会“致思•问行”系列论坛启动会。该系列论坛将持续至2017年，分四个阶段开展，即第一阶段2015年12月研讨“核心素养与课程建设”、第二阶段2016年4月研讨“教与学的改进与质量评估”、第三阶段2016年11月研讨“管理优化与资源开发”、第四阶段2017年4月研讨“学校新课程方案交流”。在启动会上，做《关注高中学业质量背后的关键要素》《海淀区高中学生学业发展水平评价反馈》《基于课程调研数据的思考与建议》三个报告，通过对高中阶段课程设置、学业水平和非学业水平等方面详细调查与分析，论述开展高中课改的必要性；12月16日、23日和29日，分别在北大附中、人大附中、首师大附中召开研讨会，全区中学干部、教师近千人次参加活动。

（宋亚甫）

【传统文化教育系列活动】 12月15日、25日、29日，区教委与中华书局联合举办全国中小学中华优秀传统文化教育系列活动。活动以“读圣贤之书成厚德之人”为主题，分别由北京市八一学校、海淀实验二小、中国人民大学附中翠微学校承办。与会者围绕中小学传统文化教育实践展开研讨，听取北京海淀、广州天河、浙江宁波等区域实践引领，八一学校、十一学校、海淀实验二小、人大附中翠微学校等经验示范介绍；北京师范大学教授于丹做《观乎人文，化成天下》的主题讲座。与会者观摩3所承办校40节精品观摩课，贯通小初高各学段，涵盖文理各学科，囊括经典研读、学科渗透、传统技艺与文化活动各种类型，特邀26名专家对观摩课进行点评。市教委、中华书局以及海淀区委、区教工委、区教委领导，来自海淀区中小学、北京市16个区、云南、广东、辽宁、河北等省市的1200余人参加活动。

（宋亚甫）

【融合教育通识课程培训】 年内，区教委举办融合教育通识课程全员培训。培训由区特教中心组织，采取集中培训与“学区协作体”式培训结合方式，聘请专家入校面向随班就读教师全员培训。区特殊教育管理中心专家走进海淀、苏家坨及西苑学区各学校，举办《共享资源，普及融合》培训11场，培训随班就读教师900余名。区特教中心邀请北京师范大学教授举办4场专题讲座，讲座内容包括《解读先天差异》《教师职业的基本逻辑》《注意力缺陷多动障碍的诊断与干预》《解析孤独症及其教学策略》，并现场答疑解惑。海淀区普通中小学校教师230人参加培训。

（张俊贤）

【初中就近入学比例达90%】 2015年，在海淀区参加升学的小学毕业生1.8万人，通过第一次派位、特长生招生、九年一贯对口招生、公办寄宿、民办学校等途径确定录取中学，6909名学生参加6月29日第二次派位。通过电脑派位、对口直升等方式就近入学比例高达90%，比2014年提高7个百分点。通过新建、扩建及承办等方式，全区新增优质中学学位3000余个。

（宋亚甫）

【2015年海淀区小学名单（118所）】

学校全称	邮编	地址	电话
1. 北京市海淀区五一小学	100039	永定路127号	88223366
2. 首都师范大学附属小学	100195	通汇路9号	88851095
3. 北京市海淀区图强第二小学	100039	五棵松正大南路4号	68276040
4. 北京市海淀区四王府小学	100093	香山正白旗甲9号	62591333
5. 北京市海淀区七一小学	100036	莲花池西路1号	63935811
6. 北京市海淀区羊坊店第四小学	100038	羊坊店路114号	63984084

7. 北京市海淀区香山小学	100093	香山北正黄旗 36 号	82592671
8. 北京市海淀区永泰小学	100192	永泰小区东里 49 号	62906074
9. 北京市海淀区翠微小学	100036	翠微路 22 号	68177879
10. 北京市海淀区东马坊小学	100094	上庄镇东马坊村 20 号	62471422
11. 北京市海淀区中关村第二小学	100190	中关村北一条 10 号	52960806
12. 北京市海淀区双榆树第一小学	100086	双榆树东里 32 号	82126407
13. 北京市海淀区西颐小学	100086	北三环西路 49 号	62652616
14. 北京农业大学附属小学	100193	圆明园西路 3 号院	62895367
15. 北京市海淀区台头小学	100194	苏家坨聂各庄路 13 号	62459612
16. 北京市海淀区西玉河小学	100094	西北旺镇西玉河村	62473004
17. 北京教育学院附属海淀实验小学	100049	田村后街 47 号	68160366
18. 北京市海淀区永丰中心小学	100094	西北旺镇六里屯村北	62472742
19. 北京市海淀区红星小学	100194	北安河路 36 号	62487416
20. 北京市海淀区东北旺中心小学	100193	马连洼竹园西街 8 号	62818743
21. 北京市海淀区前章村小学	100194	上庄镇前章村东口	62471264-820
22. 北京市海淀区教师进修学校附属实验小学	100195	四季青镇黑塔村 142 号	62590462
23. 北京市海淀区上庄中心小学	100094	上庄镇上庄村 1 号	82472702-609
24. 北京市海淀区西二旗小学	100085	西二旗智学苑小区	62940447
25. 北京市海淀区丰联小学	100094	西北旺镇辛店村东	62473648-218
26. 北京市海淀区太平路小学	100039	采石路 9 号	88625318-8206
27. 北京市海淀区宏丰小学	100094	西北旺镇亮甲店村	62456623
28. 北京市海淀区北安河中心小学	100095	北安河环谷园路 2 号	62488302
29. 北京市海淀区东埠头小学	100095	温泉镇东埠头村	62483962
30. 北京市海淀区清河第五小学	100084	体育大学院内小学	62965197
31. 北京市海淀区白家疃小学	100095	温泉镇白家疃村	62400360
32. 北京市海淀区中关村第三小学	100089	万柳中路 23 号	62563118
33. 北京市海淀区苏家坨三四村小学	100194	苏家坨镇苏三四村南区 146 号	62482536
34. 北京市海淀区苏家坨中心小学	100194	苏家坨镇西小营村南环路 2 号	62409511
35. 北京外国语大学附属小学	100081	魏公村小区 23 号楼	68729707
36. 北京市海淀区花园村第二小学	100048	花园村 4 号	68458149
37. 北京市海淀区万泉河小学	100080	芙蓉里小区 10 号楼东侧	82612639
38. 北京市海淀区前进小学	100088	健安西路 32 号后门	62010936-801
39. 北京市海淀区周家巷小学	100095	军庄路 1 号	62455244
40. 北京市海淀区定慧里小学	100142	定慧西里 18 号	88125721
41. 北京市海淀区和平小学	100095	海淀区航材大道	62456331
42. 北京市海淀区实验小学	100048	西三环北路 107 号	68412671
43. 中国人民大学附属中学实验小学	100086	知春里小区甲 22 号	62550591
44. 北方交通大学附属小学	100044	上园村 3 号院	62255246
45. 北京市海淀区中关村第一小学	100190	中关村南二街 5 号	62564837
46. 北京大学附属小学	100871	北京大学燕东园内	62756089
47. 北京市海淀区第四实验小学	100093	香山南路 15 号南河滩	59811692
48. 北京市海淀区羊坊店中心小学	100038	北蜂窝路 66 号	63984381
49. 清华大学附属小学	100084	清华园清华大学院内	62784656
50. 北京市海淀区亮甲店小学	100142	八里庄街道亮甲店 1 号	88132613
51. 北京市海淀区六一小学	100142	恩济里小区 24 号楼	88123803
52. 北京市海淀区玉泉小学	100039	金沟河路 35 号	68273296
53. 北京市海淀区羊坊店第五小学	100038	北蜂窝路 9 号	63984248

54. 北京市海淀区星火小学	100082	新外大街小西天志强园	62264804
55. 中国农业科学院附属小学	100081	中关村南大街 12 号	62163712
56. 北京市海淀区培英小学	100039	太平路 19 号	68237141
57. 北京市海淀区二里沟中心小学	100044	二里沟中街 4 号	68351806
58. 北京市海淀区八里庄小学	100142	八里庄街 7 号	68415045
59. 中国人民大学附属小学银燕分校	100097	蓝靛厂火器营厢红旗 48 号	88862761
60. 北京理工大学附属小学	100081	中关村南大街 5 号	68918178
61. 北京市海淀区今典小学	100082	红联北村 83 号	62273563
62. 北京市海淀区学院路小学	100088	蓟门里小区	62356667
63. 北京师范大学实验小学	100875	新外大街 19 号	58802073
64. 北京市海淀区双榆树中心小学	100086	双榆树西里 36 号	62634457
65. 北京石油学院附属小学	100083	学院路 20 号	82381619
66. 中国农业大学附属实验小学	100083	学清路 32 号	82375058
67. 北京市海淀区东升实验小学	100085	月泉路八家嘉苑西	82170565
68. 北京市海淀区第三实验小学	100083	成府路 20 号	62323580
69. 北京市海淀区清华东路小学	100083	清华东路 4 号	62311604
70. 北京林业大学附属小学	100083	清华东路 35 号	62338974
71. 北京科技大学附属小学	100083	学院路 30 号	62332661
72. 北京市海淀区中关村第四小学	100098	海淀太阳园小区 14 号	82116260-0515
73. 北京市海淀区万泉小学	100089	万泉庄甲 1 号	62633739
74. 北京市海淀区六郎庄小学	100080	六郎庄慈佑街 1 号	62551778
75. 中国人民大学附属小学	100089	蓝靛厂路 18 号	88863978
76. 北京市海淀区西苑小学	100091	西苑操场甲 1 号	62881433
77. 北京市海淀区培星小学	100091	厢红旗董四墓村 36 号	62881646
78. 北京市海淀区清河第一小学	100085	清河毛纺厂东门南侧	62711946
79. 北京市海淀区第二实验小学	100085	清河镇西	82710040
80. 北京市海淀区育鹰小学	100085	西三旗空军装备研究院东门	82900272
81. 北京市海淀区民族小学	100088	德外后黑寺 1 号	62012029
82. 北京医科大学附属小学	100191	花园路甲 3 号	62005621
83. 北京市海淀区九一小学	100191	花园路 1 号	62024101
84. 北京市海淀区清河第四小学	100096	清河镇西三旗新都东站	82951502
85. 北京市海淀区枫丹实验小学	100096	西三旗建材城中里 1 号	82918339
86. 北京市海淀区肖家河小学	100091	肖家河王庄 1 号	62895369
87. 北京市海淀区上地实验小学	100085	上地东里五区	82781993
88. 北京市海淀区红英小学	100094	韩家川村南口	62484606
89. 北京市海淀区冷泉小学	100095	西北旺镇冷泉村 100 号	62486366
90. 北京市海淀区大牛坊小学	100094	西北旺镇大牛坊村 100 号	56296587
91. 北京市海淀区白水洼小学	102206	上庄镇白水洼村南	62471464-605
92. 北京市海淀区西翠路小学	100036	万寿路丙 1 号院	68278801
93. 北京石油学院附属第二实验小学	100192	清河镇宝盛东路 32 号	62904591
94. 北京市海淀区唐家岭小学	100094	西北旺镇唐家岭新城	89029610
95. 北京石油学院附属实验小学	100192	宝胜东路观景园 22 号	82738703
96. 北京市海淀区行知实验学校	100097	四季青镇双槐树村 2 号	56208889
97. 北京市海淀区振兴小学	100094	上庄镇梅所屯	52751507
98. 北京市海淀北部新区实验学校	100194	苏家坨镇西小营村	62407841
99. 十一学校一分校	100036	翠微路 19 号	68156809
100. 北京市育鸿学校（小学部）	100843	复兴路 14 号	66984717

101. 北京市二十中学附属实验学校	100085	西三旗永泰庄路	82982704
102. 首都师范大学附属玉泉学校	100195	海淀闵庄南路	88851095
103. 北京市海淀区崛起实验学校	102600	马连洼菊花小区 11 号楼	60267001
104. 北京市中科启元学校	100190	中关村南三街 10 号	62567429
105. 北京实验学校（海淀）	100037	阜成路甲 3 号	68363366-6110
106. 北京理工大学附属中学（小学部）	100089	车道沟东路 1 号	53205787
107. 北京市育英学校（小学部）	100036	万寿路西街 11 号	68282370
108. 北京市八一学校（小学部）	100080	苏州街 29 号	58839017
109. 首师大附属育新学校（小学部）	100096	西三旗育新花园 34 号	82951952
110. 北京航空航天大学实验学校	100191	学院路 37 号	82328079
111. 清华大学附属实验学校	100084	清华大学院内	62784695
112. 北京市海淀外国语实验学校	100195	杏石口路 20 号	88459235
113. 海淀尚丽外国语学校（小学部）	100093	香山南路四统碑	62591019
114. 北京市海淀国际学校	100195	旱河路 368 号-2	88459235
115. 北京 21 世纪国际学校（小学部）	100142	恩济庄 46 号	88124903
116. 北京市建华实验学校（小学部）	100039	玉泉路 66 号	88278409
117. 北京市北外附属外国语学校	100085	西二旗大街 19 号	82747031
118. 北京市中关村外国语学校	100095	海淀区建材城西路 12 号	80794628

说明：

1. 2014 年 8 月 31 日，区教委与 12 所驻区高校签订合作协议，支持海淀区中小学发展。其中与北京外国语大学合作，建设万寿寺中学和万寿寺小学。2014 年 12 月 30 日，万寿寺小学更名为北京外国语大学附属小学，并将魏公村小学并入北外附小。

2. 2015 年 4 月，首都师范大学附属小学玉泉校区上延初中，建立一所公立九年一贯制学校，改称首都师范大学附属玉泉学校。

3. 2015 年 5 月 29 日，海淀区学府苑小学更名为中国农业大学附属实验小学。

4. 2015 年 6 月 17 日，北京市立新学校更名为北京实验学校。根据海淀区教委和平谷区教委签订合作建设北京实验学校框架协议，双方共同组建北京实验学校教育集团，海淀区立新学校校区为北京实验学校（海淀）。

5. 2015 年 6 月，红山小学并入中关村三小，称中关村第三小学红山校区。

6. 2015 年 6 月，区教委决定，将海淀区魏公村小学并入北京外国语大学附属小学。

7. 2015 年 7 月，区教委宣布向东小学和艺师附小并入农科院附小，10 月区编办批复。

8. 2015 年 10 月 18 日，今典小学更名为北京邮电大学附属小学（本年度教育事业统计资料未改）。

9. 2015 年 11 月 18 日，隶属于北京航空航天大学的北京航空航天大学附属中学、小学合并更名为北京航空航天大学实验学校，建成一所九年一贯制学校。

10. 2015 年 12 月，海淀区温泉中心小学更名为和平小学。

11. 2015 年 4 月，北洼路小学并入海淀区实验小学，成为海淀区实验小学北洼路校区。

（宋亚甫）

【2015 年海淀区中学名单（78 所）】

完全中学（46 所）

学校全称	邮编	地址	电话
1. 北京市八一学校附属玉泉中学	100091	厢红旗东门外甲 3 号	62863990
2. 北京农业大学附属中学	100193	圆明园西路 3 号	62896811
3. 北方交通大学附属中学	100081	皂君庙 12 号	62118576
4. 北京市太平路中学	100039	太平路 8 号	68156905
5. 北京市第四十七中学	100095	苏家坨镇环谷园路 8 号	62450147
6. 北京石油学院附属中学	100083	学院路 20 号	82377672
7. 海淀教师进修学校附属实验学校	100097	远大路 34 号	88509462
8. 北方交大附中第二分校	100081	高梁桥斜街 3 号	62181389

9. 北京市第十九中学	100089	万泉河路 83 号	82518546
10. 北京市六一中学	100142	定慧西里 17 号	88123782
11. 北京市玉渊潭中学	100038	羊坊店路皇亭子	63983619
12. 清华大学附属中学	100084	中关村北大街	62784695
13. 中国地质大学附属中学	100083	成府路 20 号	82310924
14. 北京外国语大学附属中学	100081	万寿寺北里 14 号	68412071
15. 北大附中香山学校	100093	香山南辛村 1 号	62591415
16. 北京市十一学校	100039	玉泉路甲 66 号	88628801
17. 中国矿业大学（北京）附属中学	100083	学院路丁 11 号	62319913
18. 中国人民大学附属中学	100080	中关村大街 37 号	62511859
19. 北方交通大学附属中学分校	100088	学院南路 1 号	62226085
20. 北京市第二十中学	100085	清河小营西路 11 号	62917568
21. 北京市育英中学	100036	万寿路西街 14 号	68287770
22. 中国人民大学附属中学翠微学校	100036	翠微路 1 号	68279667
23. 北京市第五十七中学	100038	北蜂窝中路 6 号	63269351
24. 首都师范大学第二附属中学	100037	增光路 50 号	68713822
25. 北京市海淀实验中学	100048	白堆子 131 号	68482185
26. 首都师范大学附属中学	100048	北洼路 33 号	68902963
27. 北京市西颐实验学校	100086	双榆树南里二区 3 号	62510162
28. 北京师范大学附属第三中学	100088	北太平庄北三环中路甲 36 号	62058676
29. 北京市知春里中学	100086	知春东里 12 号	82130874
30. 北京科技大学附属中学	100083	志新路 36 号	62371799
31. 北京市中关村中学	100086	科学院南路甲 14 号	62619892
32. 北京大学附属中学	100190	黄庄大泥湾路甲 82 号	62579602
33. 北京市一零一中	100091	颐和园路 11 号	51633179
34. 北京医学院附属中学	100191	花园北路 40 号	62017364
35. 人大附中西山学校	100193	马连洼南路 9 号	62833690
36. 北京市永定路中学	100143	金沟河路 13 号	68245031
37. 北京市温泉第二中学	100095	温泉镇环山村 2 号	62482574
38. 人大附中第二分校	100097	蓝靛厂路 25 号	88457078
39. 清华大学附属中学永丰学校	100094	北清路永丰嘉园西侧百旺杏林湾西北角	56922311
40. 北京市科迪实验中学	100194	苏家坨镇苏三四村	62480991
41. 北京理工大学附属中学分校	100048	紫竹院南路 11 号	88510773
42. 北京市北达资源中学	100080	北京大学畅春园	62757187
43. 中国人民大学附属中学分校	100086	双榆树南里二区 3 号	62141157
44. 北京市师达中学	100093	闵庄路 70 号	62858559
45. 北京市清华育才实验学校	100195	海淀区闵庄路 56 号	62859436
46. 北京市仕尚中学	100094	上庄路 117 号	64911193

十二年一贯制学校（14 所）

47. 北京实验学校（海淀）	100037	阜成路甲 3 号	68363366-6110
48. 北京理工大学附属中学	100089	车道沟东路 1 号	53205787
49. 北京航空航天大学实验学校	100191	学院路 37 号	82328079
50. 北京市育英学校	100036	万寿寺西街 11 号	68282370
51. 北京市八一学校	100080	苏州街 29 号	58839017
52. 首都师范大学附属育新学校	100096	西三旗育新花园 34 号	82951952
53. 清华大学附属实验学校	100084	清华大学院内	62784695

54. 北京市海淀外国语实验学校	100195	杏石口路 20 号	88459235
55. 北京市海淀区尚丽外国语学校	100093	香山南路四统牌	62591019
56. 北京市海淀国际学校	100195	海淀区旱河路 368 号-2	88459230
57. 北京市二十一世纪实验学校	100042	恩济庄 46 号	88124903
58. 北京市建华实验学校	100039	玉泉路 66 号	88278409
59. 北京市北外附属外国语学校	100085	西二旗大街 19 号	82747031
60. 北京市中关村外国语学校	100096	建材城西路 12 号	80794628

高级中学（3 所）

61. 北京市清华志清中学	100084	体育大学家属区东侧	62980450-868
62. 中央民族大学附属中学	100081	法华寺甲 5 号	68932088
63. 北京市一零一实验学校	100086	双榆树东里 35 号	82118457

九年一贯制学校（7 所）

64. 北京市海淀北部新区实验学校	100194	苏家坨镇西小营村	62407841
65. 北京市十一学校一分校	100036	翠微路 19 号	68156809
66. 北京市育鸿学校	100843	复兴路 14 号院内	66984717
67. 北京市第二十中学附属实验学校	100085	西三旗永泰庄路	82982704
68. 首都师范大学附属玉泉学校	100195	闵庄南路	88851095
69. 北京市海淀区崛起实验学校	100193	马连洼菊园小区 11 号楼	60267001
70. 北京市中科启元学校	100190	中关村南三街 12 号	62567429

初级中学（8 所）

71. 北京市上庄第二中学	100094	上庄镇东小营 2 号	62471523
72. 北京市上庄中学	100094	上庄镇 43 号	62474609
73. 北京市上地实验学校	100085	上地二街 3 号	62975206
74. 清华大学附属中学上地学校	100085	中关村北大街 2 号	62648300
75. 北京市中关村中学分校	100088	蓟门里北甲 11 号	62026980
76. 北京市清河中学	100085	清河镇一街 83 号	62927409
77. 首师大附中第一分校	100049	阜石路甲 59 号	56840621
78. 北京市十一学校龙樾实验中学	100096	小营 C3 地块	88279206

说明：

1. 2014 年 12 月 30 日，北京市万寿寺中学举办更名为北京外国语大学附属中学揭牌仪式。（2014 年 11 月编制的教育事业统计资料没有将上述变更情况列入，原因应为该统计数字是 8 月之前收集的）

2. 2015 年 4 月 2 日，北京矿业学院附属中学在中国矿业大学（北京）举行更名揭牌仪式。

3. 2015 年 4 月，区政府宣布，八一学校承办六十七中，更名为北京市八一学校附属玉泉中学。6 月 10 日，八一学校附属玉泉中学举行揭牌仪式。

4. 2015 年 5 月 5 日，区教委委托北方交通大学附属中学承办北京市第一〇五中学，承办后，第一〇五中学更名为北方交通大学附属中学第二分校。

5. 2015 年 5 月 8 日，北京市陶行知中学并入北方交通大学附属中学。

6. 2015 年 6 月 17 日，北京市立新学校更名为北京实验学校。根据海淀区教委和平谷区教委签订合作建设北京实验学校框架协议，双方共同组建北京实验学校教育集团，海淀区立新学校校区为北京实验学校（海淀）。

7. 2015 年 11 月 18 日，隶属于北京航空航天大学的北京航空航天大学附属中学、小学合并更名为北京航空航天大学实验学校，成为九年一贯制学校。

8. 北京十一学校龙樾实验中学未正式开学。

（宋亚南）

高等教育

【概况】 海淀区是全国高等院校最密集、高等教育最发达的地区。2015 年，区域内有普通高等院校 37 所（部），其中 4 所为具有统一高招录取资格的民办高校，1 所为只招收全日制研究生的研究生院。北京天主教神哲学院和燕京神学院在区境内。海淀区域内的高校隶属于教育部、其他中央部委或北京市。

（李苗）

【7 项目获国家科学技术奖】 1 月 9 日，中共中央、国务院在北京举行 2014 年度国家科学技术奖励大会。北京理工大学 3 项科技成果获奖，即由陈杰教授主持完成的“分布式协同控制的混合智能优化与稳定性”项目获得国家自然科学奖二等奖，由杨树兴教授主持完成的“自旋运动体导航与控制系统关键技术”项目获得国家技术发明奖二等奖，由马彪教授与外单位合作完成的“某数字化履带车辆通用平台”获得国家科技进步奖二等奖。中国矿业大学（北京）4 项科技成果获奖，其中国家科技进步一等奖 1 项、二等奖 3 项。4 项获奖项目是“特厚煤层大采高综放开采关键技术及装备”项目获国家科技进步一等奖，“拆除工程精确爆破理论研究与关键技术应用”“生态脆弱区煤炭现代开采地下水和地表生态保护关键技术”“大型铁矿山露天井下协同开采及风险防控关键技术与应用”获国家科技进步二等奖。

（朱家骏　任峻峰）

【4 项目入选中国科学十大进展】 2 月 10 日，2014 年度中国科学十大进展在北京公布。海淀驻区高校 4 个项目入选，即：北京大学的“利用极体高通量测序结果精确推演出母源基因组信息”项目（由谢晓亮研究组和汤富酬研究组与北医三院乔杰研究组合作完成），清华大学颜宁研究组完成的“首次获人源葡萄糖转运蛋白结构”、施一公研究组完成的“首次揭示阿尔茨海默氏症致病蛋白三维结构”、马雄峰研究组（第三完成单位）与中国科学技术大学潘建伟团队等合作完成的“量子通信安全传输创世界纪录”入选。十大进展是从 270 项推荐成果中选出的。

（许亮　刘语潇）

【《中国司法文明指数报告 2014》发布】 3 月 2 日，《中国司法文明指数报告 2014》[①]新闻发布会在中国政法大学学院路校区举行。《中国司法文明指数报告 2014》通过对 9 个省市司法文明状况进行实地动态监测，从普通人的视角，调查和评估可能影响人民群众日常生活的司法文明状况，展现司法文明程度的综合指标，以直接调查数据为基础，用直观图形呈现出来，反映普通民众和法律职业群体对本地司法文明发展的满意程度。

（陈泉廷）

【共建残疾人体育教育实践基地】 3 月 23 日，北京体育大学与中国残疾人体育运动管理中心签订《中国残疾人体育运动管理中心与北京体育大学共建教育实践基地协议》，双方将在残疾人全民健身、竞技体育、国际体育合作与交流、合作办学、人才培养、科研攻关等方面开展合作共建。同时推动残奥冠军班相关工作落实。

（董健）

【农大发现结肠癌新元凶】 3 月 30 日，《自然通讯》（Nature Communications）杂志在线发表中国农业大学生物学院副教授于政权课题组与宾夕法尼亚大学兽医学院助理教授 Christopher Lengner 课题组的合作研究成果。该课题组发现诱发结肠癌的新元凶——MSI2 蛋白质。这一研究发现，打破了传统认为 Wnt/β-catenin 信号通路是介导 APC 突变引起结肠癌发生唯一途径的观点，可能会带来一条新的、有效的癌症治疗方法。于政权副教授多年来针对 Musashi 蛋白家族在乳腺、皮肤及肠道中的功能进行了系统研究，2014 年底，发现 Musashi 蛋白在乳腺癌的癌细胞转移过程中发挥重要功能，该成果发表在 2014 年 12 月 15 日《eLife》杂志上。

（孙桂凤）

【地大教授命名綦江龙】 3 月，中国地质大学教授张建平及其博士生邢立达等在美国的《古脊椎动物杂志》上发表论文，命名恐龙新属种——綦江龙。这具綦江龙化石是中国南方晚侏罗世蜥脚类长颈恐龙的一个新属种，因其较完整的骨骼和庞大的身躯，引起国内外媒体的广泛关注。綦江龙化石发现于重庆綦江区北渡河坝村一社，复原后体长约 16 米。该发现丰富了晚侏罗世马门溪龙类的分异度，代表中国南方晚侏罗世长颈恐龙的一个新属种。綦江龙为有着独特生物地理学和生物地层学背景的亚洲蜥脚类恐龙增添了新的内容，对研究全球蜥脚类恐龙的演化有着重大意义。合作研究者包括加拿大艾伯塔大学的柯里院士、博士生宫下哲人等。

（李媛媛）

【《清华大学藏战国竹简》（伍）发布】 4 月 9 日，《清华大学藏战国竹简》（伍）成果发布会举行。《清华大学藏战国竹简》（伍）整理报告共收入 6 篇战国竹书，除《命训》见于今本《逸周书》外，其他 5 篇皆为传世文献未见之逸篇。

（许亮）

【首部公共外交蓝皮书发布】 4 月 15 日，中国人民大学发布中国首部公共外交蓝皮书《中国公共外交发展报告（2015）》。蓝皮书从政府、城市、民间机构、跨国企业、国际传播、民间交流等角度，对中国当前的公共外交实践进行深入分析和阐释，从宏观层面展示中国公共外交事业的现状、成绩与问题。

（万静）

---

① “司法文明指数”是由司法文明协同创新中心项目组开发的，用以显示各地司法文明程度的一种量化评估工具。

【北师大完成3万亿粒子数宇宙中微子数值模拟】 5月，由北师大天文系教授张同杰领衔的宇宙中微子数值模拟团队，在国家超级计算广州中心“天河二号”上，完成含有中微子和暗物质的3万亿粒子数的宇宙中微子和暗物质数值模拟，揭示了宇宙大爆炸1600万年之后至今约137亿年的漫长演化进程。该项研究比美国阿贡国家实验室的米浪（Mira）超级计算机2014年进行的1.07万亿粒子数数值模拟超出两倍多，创造新的世界纪录。

（李敏锌）

【中财大主办“农业风险、农村金融及农业保险国际会议”】 6月7日—9日，由中央财经大学发起，联合加拿大滑铁卢大学、曼尼托巴大学共同主办的“农业风险、农村金融及农业保险国际会议”在美国华盛顿特区召开，来自20个国家、地区的专家学者和业界精英共120余人参加会议。与会专家就“大数据：技术和政策挑战”“农业经济中的数量金融研究”“农业保险费率厘定改进”等问题进行研讨。

（任婷）

【北体大获三枚世界大学生运动会金牌】 7月1日—12日，北京体育大学的37名师生入选中国代表团，参加在韩国光州举办的第28届世界大学生夏季运动会。29名学生参加田径、跆拳道、体操、羽毛球、射击、排球等10个项目的比赛，取得3枚金牌、6枚银牌、3枚铜牌、2个第四名、2个第五名、2个第六名、1个第七名的成绩。其中李玲以4.45米的成绩夺得女子撑竿跳高冠军，岑雨夺得男子跳马冠军，郭耘菲夺得女子跆拳道67公斤以下级冠军。

（董健）

【北语成立全球首家电视孔子课堂】 8月4日，北京语言大学与埃及尼罗电视台合作建立全球首家电视孔子课堂——尼罗卫视孔子课堂。该课堂是海外第一个通过卫星电视形式教授汉语的孔子课堂，面向22个阿拉伯国家。北语将为孔子课堂提供包括智力、教学在内的全方位支持与帮助。

（田列朋）

【北语语言障碍与脑科学MEG实验室落成】 8月6日，北京语言大学语言障碍与脑科学MEG实验室揭牌。该实验室拥有全球第四台、国内第一台可对婴幼儿进行脑成像研究的设备，具有世界先进的脑成像研究技术。脑成像研究技术在儿童的语言、心理和神经生理等研究中有着广泛的应用前景。

（田列朋）

【首届中国国际象雄文化学术研讨会】 9月19日—21日，中央民族大学和西藏自治区民族宗教事务委员会联合主办的首届“中国国际象雄文化学术研讨会”在京召开，来自美国、法国、日本等国以及国内的250余名专家学者参加研讨会。象雄文化是以藏文化为主的青藏高原多民族文化的重要源头，对该区域文化的形成、演变和发展有着深远的影响。研讨会共收到来自国内外60多位专家学者提交的58篇学术论文。与会专家从历史、宗教、考古等多学科角度对象雄文化研究进行广泛的探讨。

（周翊兰）

【三颗MEMS技术试验卫星发射成功】 9月20日7时01分，清华大学三颗MEMS技术试验卫星发射成功。长征六号运载火箭以一箭二十星的方式将该校研制的MEMS技术试验卫星（集成微系统技术试验卫星）发射升空。截至9月20日12时，卫星成功实现星箭分离，收到下行遥测信号。MEMS技术试验卫星包括三颗卫星，分别是1颗主卫星“纳星2号”，即NS-2纳型卫星；2颗子卫星“紫荆1号”和“紫荆2号”，即ZJ-1皮型卫星、ZJ-2皮型卫星。这是自2001年学校自主研发卫星以来，独立或与其他单位协同合作发射的第7颗卫星。

（许亮）

【世界马克思主义大会】 10月10日—11日，北京大学召开首届世界马克思主义大会。大会以“马克思主义与人类发展”为主题，设8个分论坛和3个专场。会议旨在直面当今人类社会面临的复杂问题，研究和分享中国经验，促进马克思主义在世界范围内的交流、传播与发展，推动世界文明的进步和人类命运共同体的建设。来自20多个国家和地区的400多名马克思主义研究学者和中国问题研究专家参加会议。

（刘语潇）

【北师大举办金砖国家大学校长论坛】 10月17日—18日，金砖国家大学校长论坛在北京师范大学举行。论坛的主题是“创新、变革和大学责任”，设立大学校长圆桌会议及教育、经济、环境、文化和社会五个分论坛。中国教育部部长袁贵仁、俄罗斯驻华大使安德烈•丹尼索夫、巴西驻华大使罗伯托•雅瓜里贝、印度驻华大使阿肖克•康特、南非驻华公使马海露出席开幕式并致辞。各分论坛主题分别是：“新挑战、新举措：21世纪金砖国家高等教育改革”“经济发展与经济转型”“可持续发展的志愿服务路径探索：金砖国家经验分享”“文化传统与社会创新”“可持续发展与生态文明”。论坛形成《金砖国家大学校长论坛——北京共识》。金砖国家大学联盟同时成立。中共中央对外联络部、教育部等国家部委，北京大学、清华大学、复旦大学等国内知名高校，以及巴西南大河州联邦大学、俄罗斯莫斯科国立大学、印度尼赫鲁大学、南非开普敦大学等其他金砖国家高校领导和专家，国内外有关机构负责人等参加论坛。

（李敏锌）

【第一届亚洲大学生国际象棋锦标赛】 10月18日—25日，第一届亚洲大学生国际象棋锦标赛在首都体育学院举行。此次比赛是由亚洲大学生体育联合会主办、中国大学生体育协会和首都体育学院承办，来自亚洲10个国家和地区的近60名大学生运动员参赛。全国国际象棋中级教练员培训班同期举行，来自北京、上海、厦门、哈尔滨等地的近30名国际象棋教练员参加培训。

（李丹阳）

【北邮“无线网络融合创新引智基地”获批】 10月28日，北京邮电大学“无线网络融合创新引智基地——111基地”获教育部、国家外专局批准建立。基地的建设，推动学校在“通信与信息系统”国家重点学科与“计算机应用技术”两个学科的交叉融合，并围绕中国无线通信领域的重大需求，重点开展超量信息无线传输、网络融合架构体系、无线资源融合管理以及网络融合服务四个方面的研究，为进一步推动中国无线通信融合创新的发展提供理论和技术支撑。

（吴昊）

【两项文化指数发布】 10月31日，中国人民大学发布“中国省市文化产业发展指数（2015）”和“中国文化消费指数（2015）”。结果显示，全国各省市文化产业总体保持持续稳步增长，上海、北京、江苏名列综合指数排序前三名；全国文化消费综合指数由2013年的73.7增至2015年的81.2，平均增长率为5%。

（万静）

【农大3D生物血管打印机问世】 11月12日，中国农业大学工学院教授周惠兴负责研制、具有完全知识产权、被誉为“世界首创”的3D生物血管打印机研制成功。3D血管“打印”的机理是：以活细胞和培养液构成“生物墨汁”，按血管细胞构成进行分层打印。在实验室状态，这款打印机可以打印出血管独有的中空结构，根据需求可以打印多层不同种类的具有生物活性的细胞及其他生物材料。该项目通过跨专业、跨学科合作，在生物打印上首创多项技术，包括生物砖、旋转打印、细胞包裹打印、细胞营养液与环境控制、多喷头复合打印等。3D生物血管打印项目在2014年初入选“国家863计划”。

（孙桂凤）

【中青院成为全国研究中心】 11月，中共中央宣传部下发通知，增补8个中央部门和省区市中国特色社会主义理论体系研究中心为全国研究中心，其中共青团中央中国特色社会主义理论体系研究中心日常工作机构设置在中国青年政治学院，由中青院起草相关实施方案、实施细则及相关制度等，承担中心的建设和发展任务。11月3日，中宣部理论局委托研究中心开展“中国共产党执政的青年群众基础研究”课题研究，具体工作由中青院组织实施。

（葛丹青）

【人大发布中国发展指数】 12月22日，中国人民大学发布中国发展指数（2015）与中国发展信心调查（2015）结果。中国发展指数（RCDI）由中国人民大学中国调查与数据中心编制，已经连续发布10年，指数由健康、教育、经济、社会环境4个分指数、15个指标构成。结果显示，尽管近期经济增速下行，但中国发展指数整体上行，发展结构进一步优化。中国民众对未来发展整体信心坚定，2015年得分为80.9（满分100分），比2014年（80.6分）和2013年（79.8分）略有提升。

（万静）

【林大9门课成为精品视频公开课】 年内，北京林业大学教授李雄、王向荣和副教授薛晓飞主讲的“园林艺术”和史宝辉教授主讲的“英语语言基础”2门课程获批国家级精品视频公开课，正式上线。7门“精品视频公开课”被列为北京市精品视频公开课建设项目，分别是《森林与生态环境建设》《沙漠化及其防治》《森林、产品及服务统计》《破解生态文明社会建设中的资源与环境约束》《污染问题诊断方法之环境化学》《不可思议的数学——趣谈数学悖论》《英语话中华：中国古代和当代社会与文化》。

（高斌 张勇）

【首师大获四项国家社科基金重大项目】 年内，首都师范大学获4项国家社科基金重大项目，分别是：“我国诚信文化与社会信用体系建设研究”“殷墟甲骨拓本大系数据库建设”“中国境内语言语法化词库建设”“20世纪中国婚姻史研究”“国外历史教材中有关中国抗日战争的历史叙述”获国家社科基金特别委托项目。

（张婷旖）

【北外8个非通用语种专业获批】 年内，北京外国语大学向教育部申报增设的塔吉克语、阿非利卡语、阿塞拜疆语、格鲁吉亚语、马达加斯加语、蒙古语、亚美尼亚语、马其顿语8个非通用语种本科专业获批成立。北外制定《北京外国语大学关于国家战略亟须非通用语种群建设方案（2015—2017）》，计划在2015年至2017年新建36种非通用语种专业，其中9种是与中国建交国家的唯一官方语言，27种来自至少已有一种官方语言开设的国家。

（杜政俊）

【海淀辖区高等院校名单（37所）】

1. 中国青年政治学院
2. 国际关系学院
3. 北京体育大学
4. 首都体育学院
5. 北京电影学院
6. 北京舞蹈学院
7. 北京大学（北京大学医学部，不单计）
8. 清华大学
9. 中国人民大学
10. 北京师范大学
11. 北京理工大学
12. 北京科技大学
13. 北京化工大学（西区）
14. 北京交通大学
15. 北京邮电大学
16. 北京航空航天大学
17. 中国农业大学
18. 北京林业大学
19. 中国政法大学（学院路校区）
20. 北京外国语大学
21. 北京语言大学
22. 中国矿业大学（北京）
23. 中央民族大学
24. 中国地质大学（北京）
25. 首都师范大学
26. 北京工商大学
27. 中央财经大学
28. 北京信息科技大学（清河校区）
29. 北京联合大学应用文理学院
30. 中国劳动关系学院
31. 中国农业科学院研究生院
32. 北京农业职业学院（北校区）
33. 北京交通运输职业学院（西三旗校区）
34. 北京城市学院（民办）
35. 北京科技经营管理学院（三义庙校区）（民办）
36. 北京培黎职业学院（民办）
37. 北京艺术传媒学院（民办）[1]

（李苗）

[1] 2015年，新圆明园职业学院更名为北京艺术传媒学院。

职业教育

【概况】 2015年，海淀区有中等职业学校11所，其中普通中专6所、成人中专3所、职业高中2所，其他学校附设中职班7所（不计校数）。中等职业教育在校学生8769人，其中普通中专学校在校生4186人，成人中专学校在校生526人，职业高中校在校生2739人，其他学校附设中职班在校生1318人。中等职业学校毕业3880人，招生2790人，教职工1123人，专任教师709人，外聘教师168人。其中职业高中在校生2223人，招生831人，毕业1594人，教职工634人，专任教师461人。全区职业高中校占地面积142797平方米，建筑面积158601平方米。各类社会力量办的教育培训机构435家，年度招生97万人，结业92.3万人；教职工34234人，专任教师11976人。有1所中关村社区学院、10个挂牌成立的社区教育中心、674个市民学校。社区居民总数357.6万人，社区教育志愿者近4000人。全年累计开展各级各类社区教育培训84万余人次，其中农民实用技术培训4万余人次，外来务工人员培训24万余人次，下岗失业人员培训4万余人次，老年教育培训28万余人次，参加中等职业学校开展的短期文化生活培训及岗位技术培训5万余人次。

2015年，中关村学院社区教育工作获海淀区“五个学习品牌·五位学习之星”称号，“天闻阁琴斋”“七手绘教育”“原来茶学”“纵横老年新世界”“西点课程”被评为“海淀区市民学习品牌”，5位教师被评为“海淀学习之星”。

（宋亚甫）

【北京市信息管理学校】 2015年，北京市信息管理学校占地面积225.6亩，建筑面积14.6万平方米。图书馆建筑面积880平方米，藏有纸质图书28.3万册、电子图书15.4万册。固定资产总值47473.61万元。全年教育经费投入23262万元，其中国家拨款22433万元，自筹经费829万元。共设有紫竹桥、中关村、清河、翠微、远大路、花园路、西苑、蓟门桥、甘家口9个校区，学校开设信息技术、媒体艺术、数码技术、现代服务、金融商贸、学前和艺术教育6个专业群23个专业，其中计算机应用为国家级示范专业，计算机网络和动漫游戏专业被评为北京市示范性专业，商务英语、动漫游戏等5个专业被评为市级示范或骨干特色专业。学校信息化经费投入393.12万元，多媒体教室座位3822个，网络信息点数2592个，校园网出口总带宽400Mbps，数字资源量16905GB。教职工518人，其中专任教师376人，教师中具有硕士研究生学历29人，本科及以上学历占教师总数99%；高级专业技术职务112人、中级167人；“双师型”教师156人。在校生中，职高2223人，成人中专512人，普通高中103人；招生人数，职高831人，成人中专211人，普通高中53人；毕业生，职高723人，成人中专845人。293名学生被大专院校录取，录取率99%。

11月，北京市信息管理学校通过教育部、人力资源社会保障部、财政部“国家中等职业教育改革发展示范学校建设计划第二批项目学校”验收，被确定为“国家中等职业教育改革发展示范学校”。

（肖文）

【海淀区职业学校】 海淀区职业学校主要培养中专学历人才和在职干部职工、下岗失业人员再就业和非学历教育的岗位培训以及专业技术培训，是北京市下岗、失业培训定点学校，海淀区军地两用人才、随军家属、残疾人培训定点学校、持证上岗专业学校。有三个校区，占地面积45746平方米，建筑面积14840平方米，截至2015年底，学校固定资产总额为3117万元。有10个职能科室，职工50人。

7月，学校成为北京市安全生产资格考试点。具体承担：高危行业生产经营单位主要负责人和安全生产管理人员安全资格考试；特种作业类别项目的安全技术理论和实际操作考试，有电工作业、焊接与热切割作业等。

中关村北大街47号校区主要进行中等专业学历教育。2015年招收全日制计算机专业89名；与北京大学联合办学，管理住宿生480余名。73名中专学生毕业，全部考上成人大专和本科。毕业生全部就业。截至年底，有中专在校生193名。

北四环中路275号校区主要进行各种职业技能培训。2015年度，共完成培训2616人，其中城镇失业人员、农村劳动力适应性培训及在职农民培训642人，特种作业培训1204人，退伍军人培训770人。

知春东里15号楼校区主要承担区属企业和对社会财会人员从业资格考前培训、专业技术职称考前培训和财会人员的继续教育培训，全年完成培训7391人。

学校全年培训各类人员10007人。承担海淀区会计证书延期确认工作及恢复有效期工作，完成审核归档400余人。会计从业资格考试照片审核2.6万人，证书发放4000余本。会计取证无纸化考试1.5万人、初级职称无纸化考试4000人。注册会计师及各种招聘考试2000余人次。

（李莉）

【区职工大学更名为中关村学院】 9月1日，海淀区机构编制委员会决定，将北京市海淀区职工中等专业学校、北京市广播电视中专学校海淀工作站、北京农业广播学校海淀工作站3所学校并入海淀区职工大学，同时更名为中关村学院，加挂海淀区职工大学、海淀区职业教育资源管理服务中心牌子，保留北京农业广播学校海淀工作站牌子；根据市编办《关于北京广播电视大学区县分校（院）更名的通知》要求，将北京广播电视大学海淀分校更名为北京开放大学海淀区分校。

（孟晓妍）

【职业教育发展高峰论坛】 11月10日，海淀区举办2015年北京市全民终身学习活动周开幕式暨海淀区职业教育发展高峰论坛。论坛以“知识启迪心灵、技能创造价值”为主题，突出创新创业教育、“互联网+职业教育”等内容，分别听取教育部“国家职业教育的改革与创新思路”、市发改委“京津冀协同发展背景下北京职业教育发展趋势与政策”、海淀区教委“重构海淀区职教体系，服务核心区经济发展——海淀区职业教育总体发展思路”等7个主题演讲；百度发布2015年度百度职业教育数字资产榜；表彰10名首都市民学习之星代表。来自市委、市政府相关委办局，市建设学习型城市工作领导小组各成员单位，在京部分高校，各区县教育行政机构，各社区学院，成人教育中心，社区教育中心，各职业教育机构，北京市成人教育学会，及相关单位、河北张家口职业教育机构代表400余人参加。

（宋亚甫）

【社区教育活动】 11月，在海淀区“全民终身学习活动周”暨“教育进社区”活动中，区职工大学组织全区29个街道、镇开展以“知识启迪心灵，技能创造价值”为主题的活动，包括系列教育培训、读书活动、知识竞赛、征文活动、演讲比赛、学习研讨会、座谈会、论坛、专题报告会、技能培训、技能大赛、主题学习、经验交流等，进行全民学习、终身学习教育、宣传。全年组织各种社区培训和活动，近2.6万人次参加；完成100门社区教育课程体系的设计和框架结构的搭建，选取1000名优秀志愿者入社区教育人才库。

（宋亚甫）

【成人职业培训】 年内，全区完成职工素质培训1.3万人次；开展北部新区农民培训，其中职业技能培训510人，精神文化素质培训1100人次。接受职业技能培训农民均获得职业资格证书，75%以上实现转岗再就业。组织、指导职成院校开展送教下乡活动。为农村干部和居民开设近100种培训课程，举办培训班40个，培训农村地区870余人。

（宋亚甫）

【2015年海淀区中等职业教育学校名单（11所）】

职高（2所）

1. 北京市信息管理学校
2. 北京市军乐艺术学校

中专（9所）

3. 北京市经济管理学校
4. 北京市海淀区卫生学校
5. 北京市环境与艺术学校
6. 海淀区四季青成人中等专业学校
7. 北京市海淀区职业学校
8. 北京体育大学附属中等体育专业学校
9. 北京体育大学附属竞技体育学校
10. 首都体育学院附属竞技体育学校
11. 北京市广播电视中等专业学校

附设职高、中职班[①]（合计7个）

1. 北京市海淀区寄读学校（附设职高班）
2. 北京市第三聋人学校（附设职高班）
3. 北京市盲人学校（附设职高班）
4. 北京舞蹈学院（附设中职班）
5. 首都师范大学（附设中职班）
6. 中央民族大学（附设中职班）
7. 北京城市学院（附设中职班）

（宋亚甫）

继续教育

【概况】 海淀区辖区内的继续教育事业包括成人学历教育，非学历教育，文化职业培训，党政机关和教育主管部门主办的干部培训、社会教育。2015年，在海淀区参加统一招生的成人高等学校37所，成人中等学校2所，1所中关村社区学院，10个挂牌成立的社区教育中心，674个市民学校。社区居民总数357.6万人，社区教育志愿者近4000人。中央党校、国家行政学院、国防大学、中央社会主义学院、中央团校等中央党政军团、民主党派的高级干部学校和一些部门的干部管理学院设在区境内。

9月1日，北京市海淀区职工大学正式更名为中关村学院。

（宋亚甫）

【海淀区第六届文明市民艺术节】 6月上旬—11月底，海淀区第六届文明市民艺术节举行。艺术节由区文明办、中关村学院举办，除延续以往的厨艺、书法、国画、插花、摄影、唱歌、舞蹈、朗诵8项比赛外，另增加“海淀记忆”、趣味运动、手工展示、戏剧文化、礼仪文化、瑜伽文化、音乐剧文化、博物馆文化、葡萄酒文化、茶艺文化、衍纸画文化、木艺文化、春联专题共计13项文化活动。分比赛项目培训、初赛、复赛、决赛四个阶段进行。此届艺术节结合中国人民抗日战争暨世界反法西斯战争胜利70周年纪念活动，通过开展丰富多彩的文体艺术活动，培育和践行社会主义核心价值观，弘扬爱国主义精神。来自海淀区各街道、社区的300余人参与活动。

（孟晓妍）

【文明市民学校师资培训】 年内，中关村学院（北京市海淀区文明市民

① 2015年7月，北京城市学院职业技术学院开设中职班专业。

总校）开展总校校长培训和分校师资培训。总校为分校和中心校校长开设国学、礼仪、社会主义核心价值观、社区文化建设、家庭心理学五项课程，连续五周，每周一整天，共计培训500余人次。师资培训分书法、国画、声乐、计算机、茶学、形象礼仪、朗诵7个模块开展培训，共计培训120人次。

（孟晓妍）

【社区教育志愿者培训】 年内，受海淀区建设学习型城区工作领导小组办公室委托，中关村学院共举办5期社区教育教师、社区教育志愿者培训班，来自各街道、各社区（村）从事社区教育工作的教师、志愿者150人参加培训。每期培训两天时间，包括体验学习和实地参观考察两个环节，其中体验学习的内容主要包括中国绘画与书法艺术、茶文化、西点文化、团队合作&世界咖啡、形象礼仪等。

（孟晓妍）

【2015年海淀区境内参加统一招生的成人高校名单（37所）】

1. 海淀区职工大学（中关村学院）
2. 首都联合职工大学（4所分校）
   航天二分校
   青云分校
   工商管理分校
   国家图书馆分校
3. 首都师范大学
4. 北京联合大学应用文理学院
5. 北京城市学院
6. 首都体育学院
7. 北京工商大学
8. 北京信息科技大学
9. 北京电影学院
10. 北京舞蹈学院
11. 北京农业职业学院（北校区）
12. 北京广播电视大学
13. 中国青年政治学院
14. 国际关系学院
15. 北京体育大学
16. 北京大学
    北京大学医学部（不单计）
17. 中国人民大学
18. 北京师范大学
19. 北京化工大学（西校区）
20. 北京理工大学
21. 中国政法大学
22. 北京航空航天大学
23. 中国农业大学
24. 北京林业大学
25. 北京外国语大学
26. 北京语言大学
27. 中央民族大学
28. 中国地质大学（北京）
29. 中国矿业大学（北京）
30. 中央财经大学
31. 中国劳动关系学院
32. 北京工业大学（西教学区）
33. 北京交通运输职业学院（西三旗校区）
34. 中国石油大学（北京）继续教育学院
35. 首都医科大学继续教育分院
36. 北京交通大学（东校区远程与继续教育学院）
37. 北京邮电大学继续教育学院

（李苗）

民办教育

【概况】 2015年，海淀区有民办普通中小学21所，在校生26183人，教职工3729人。有民办职业高中1所，在校生4人。民办幼儿园43所，教职工2219人，在园幼儿10279人。有各类民办教育培训机构435家，教职工34234人，年度招生970049人。

区教委引导民办教育健康发展。437个民办教育机构通过年检。完成民办学校（含培训机构）变更21件；民办学校（含培训机构）备案39件；民办学校（含培训机构）终止6件；新设民办幼儿园1所、培训学校2所；中小学寄宿部审批1所；教师资格证书受理2116件。统筹全区未经审批幼儿看护点专项整治，开展5次联合执法。

（宋亚甫）

【民办教育行业管理协会换届】 5月13日，海淀区举办民办教育行业管理协会换届工作暨民办学校依法治教培训会，有关领导及民办学校代表500人出席会议。会议听取海淀区民办教育行业管理协会第二届理事会《认真履行协会职责，推动海淀区民办教育事业健康优质发展》工作报告，审议新一届理事会工作要点；听取《共同关注——民办教育工作者理性思考的起点》主题报告，报告分析影响区域民办教育发育成长的因素，指出民办教育必须依法办学，坚持“以优质求生存、以诚信求发展、以创新求未来”，改善发展环境。会议选举产生海淀区民办教育行业管理协会新一届领导机构，8人当选为会长、副会长。

（宋亚甫）

【2015年海淀区域内具有招生资格的民办非学历高等教育机构名单（17所）】[①]

1. 北京文理研修学院
2. 中国管理软件学院（南校区）
3. 北京金融学院
4. 中国农民大学
5. 北京明园大学
6. 中国逻辑与语言函授大学
7. 北京北大资源研修学院
8. 北京建设大学
9. 北京八维研修学院
10. 北京汉语国际推广中心
11. 中关村创新研修学院
12. 北京经济研修学院
13. 北京瀚林职业研修学院
14. 北京京海研修学院
15. 北京珠宝首饰研修学院
16. 蒙代尔国际企业家大学
17. 中国教育国际交流研修学院

（李苗）

① 2015年，北京市机械工程师进修学院、北京民生财富研修院不再具有招生资格。

特殊教育

【概况】 2015年，海淀区有特殊教育学校3所，北京市盲人学校和海淀区培智中心学校为区属学校，北京市第三聋人学校为市属学校。户籍义务教育阶段各类残疾儿童少年共有1233人，其中560人进入特殊教育学校，633人（小学398人，初中235人）在普通学校随班就读，另有40名重度残疾学生由特教学校教师送教上门，适龄残疾儿童入学率达到100%。全区有融合教育学校136所，建有77个资源教室。特殊教育学校教职工310人，专任教师226人，其中75%以上接受过特教专业培训，96%以上具有大学本科以上学历，57%以上具有中高级教师职称。海淀工读学校有在校生315人，教职工82人，专任教师70人。

（宋亚甫）

【北京市第三聋人学校】 2015年，北京市第三聋人学校（北京市健翔学校）占地面积11697平方米，建筑面积12779平方米，体育场（馆）面积3230平方米。图书馆藏书42380册。固定资产总值4821.58万元。全年教育经费投入4073万元。学校信息化经费投入70万元，拥有计算机330台，多媒体教室2个，校园网出口总带宽150MB，数字资源量1200GB。普通教室26个、专用教室16个、实验室4个。教职工96人，包括副高职称15人、中级职称39人。专任教师64人，包括特级教师1人，北京市骨干教师1人；本科及以上学历61人。开设教学班25个，其中小学班5个、初中班6个、高中班14个。2015年毕业58人，其中初中19人、高中39人。招生57人，其中初中19人，高中38人；在校生252人，其中初中59人，高中125人，包括寄宿生150人。应届高考本科上线率61.11%。

（陈书爽）

【北京市盲人学校】 2015年，北京市盲人学校为寄宿制学校，占地面积2.97万平方米，建筑面积3.14万平方米。图书馆（室）藏书总数2.30万册，包括盲文版书0.86万册。固定资产总值15420.15万元。全年教育经费投入4386.13万元，其中国家拨款4373.76万元，自筹经费12.37万元。学校拥有计算机698台，多媒体教室座位100个，校园网出口总带宽100Mbps，数字资源量20TB。普通教室35个、专用教室30个、实验室4个。教职工数132人，其中专任教师84人，其他专业技术人员12人。专任教师中具有高级职称23人，中级职称32人，初级职称29人；全国优秀教师1人，市级优秀教师2人，市级学科带头人2人，市级骨干教师1人，市先进工作者1人。开设教学班22个，包括初中班5个、高中班1个。毕业86人，包括初中21人、成人中专32人、职业高中10人；招生54人，包括小学10人、初中15人、职业高中10人、成人中专19人；在校生235人，包括小学99人、初中64人、高中4人、职业高中28人、成人中专40人。

10月，学校被中国残联、国家体育总局授予“2011—2014年度全国残疾人体育先进单位”称号。

（李珊）

【北京市海淀区培智中心学校】 2015年，北京市海淀区培智中心学校占地面积6699平方米，建筑面积5930平方米，体育场馆面积1480平方米。图书馆（室）藏书1.43万册。固定资产总值2528.18万元。全年教育经费投入3993.38万元，全部为国拨经费。有在职教职工78人，男21人、女57人，专任教师77人，平均年龄35岁。其中，具有初级专业技术职务32人，中级专业技术职务42人，高级专业技术职务3人，市区级骨干教师19人。普通教室23个，专用教室31个。毕业34人，招生27人，在校学生286人，全部为义务教育阶段学生。开设教学班40个。

（盛利华）

【北京市海淀寄读学校】 2015年，北京市海淀寄读学校占地面积54000平方米，建筑面积30490平方米，体育场面积11753平方米。图书馆藏书25571册，电子图书3.1万册，订阅杂志、报纸99种，新增图书3547册。固定资产总值6055.47万元。教育经费投入4172.08万元，其中国家拨款4172.08万元。学校信息化经费234.8万元，拥有计算机318台，新更换电脑53台（其中笔记本电脑20台，台式机33台），闪联一体机22台，校园网出口总带宽60Mbps，数字资源量1300GB。信息技术课程初中1课时/周，职高22课时/周。有普通教室17个、专用教室29个、实验室3个。学校现有教职工92人（在职81人），大学本科以上学历占91.1%，专业技术人员75人，其中中学高级教师18人、中学一级教师32人。开设教学班15个，其中初中班10个、职业高中班5个。在校生279人，其中初中191人、高中88人。招生140人，其中初中100人、职业高中40人。职业高中只招本校初中毕业生，应届高职考试上线率80.8%。

（王常智）

【盲校学生入选国家队】 5月8日—17日，北京市盲人学校学生唐继春入选中国盲人柔道队，赴韩国仁川参加世界盲人运动会，获得66公斤柔道第十名。此次运动会有来自58个国家和地区5000余名运动员和工作人员参加。

（李珊 曹洪涛）

【寄读学校庆祝建校60周年】 5月20日—21日，海淀寄读学校举办庆祝建校60周年活动。活动包括“中国工读教育60年、北京市海淀工读学校60年成果展示会”，以“开往未来的列车”为主题的文艺会演，与中国预防未成年人犯罪研究会、中国教育学会工读教育分会联合举办“挑战与梦想——为偏差行为未成年人提供适合的教育和支持”国际研讨会。同时举办“偏差行为的矫正”“适合学生的课程体系”“专门学校社会职能的发挥”3个分论坛；展示语文、数学、英语、物理、化学、科技、心理、政治等 12 个学科教学公开课，开放古代兵器制作、中医保健按摩、趣味心理等 19 门校本课程，表演机器人对抗赛、四旋翼飞机秀、纸风筝的制作与放飞等活动。教育部、北京市教委、海淀区以及全国专门学校教育工作者 300 余人参加活动。

（郭俊峰）

【海淀培智学校出版教学成果集】 5 月，海淀培智学校教育教学成果集《游戏中的教育——培智学校游戏活动设计》出版。该书由培智学校校长于文编著，收录 60 名教师的 214 篇文章，共 21 万字，分为心理、语言、思维、动作、艺术五部分，记述培智学校在教育教学过程中践行多元智能理论的理念。由天津教育出版社出版。

（盛利华）

【盲校承办视障类技能比赛】 5 月—6 月，北京市盲人学校承办北京市特殊教育学校学生技能风采展示及技能比赛（视障类）。比赛分初赛和决赛，盲校共有 165 名盲生分小学组和中学职教组参加比赛。总决赛决出一等奖 7 名、二等奖 10 名、三等奖 17 名。

（李珊　胡志娟　王红蕾）

【自闭儿童艺术创客空间项目启动】 6 月 29 日，由北京市海淀区培智学校联合中关村学院共同打造的“星星梦工厂——自闭儿童艺术创客空间”项目启动。项目为全国首家自闭儿童绘画创客空间教育联盟，订立三项合作意向：两校进行教学科研合作，开展校本教材研究，促进学科教学的发展；师资培训合作，提高师德建设能力、学历提高能力、教学能力、创新能力；特殊教育创新合作，建立“教学—科研—开发”三位一体的活动模式，为特殊教育创新树立典范榜样。“星星梦工厂——自闭儿童艺术创客空间”以海淀区自闭儿童为主，逐步辐射到全国其他省市以及港澳台地区，为自闭儿童提供艺术专业服务与心理健康指导及文化衍生品开发与经营转化，实现自闭儿童的就业创业。

（孟晓妍）

【盲校学生获全国残疾人运动会奖牌】 9 月 12 日—19 日，全国第九届残疾人运动会暨第六届特殊奥林匹克运动会在成都举行。来自全国 35 个省市代表队的 2382 名残疾人运动员参赛。北京市盲人学校学生获得盲人柔道三金两铜和一个第五名，盲人门球项目取得男子团体第三名，游泳项目获得一银一铜和两个第五名，田径项目取得一铜和一个第六名。唐继春、张博文两名同学获体育道德风尚奖。

（李珊　曹洪涛）

【聋校增设 3 门选修课程】 9 月，第三聋人学校增设 3 门选修课程。2014 年 9 月，学校根据学生发展需要和学校实际情况，在开设围棋、手语歌、风筝制作、摄影、太极拳、书法等 17 门兴趣选修课程基础上，2015 年度新增航模、机器人、京剧表演 3 门选修课程，累计选修课程达到 20 门。学校九年义务教育阶段，学生 107 人参加选修课学习。

（赵艳芃）

【盲校学生获全国纸飞机赛冠军】 10 月 15 日—10 月 18 日，北京市盲人学校学生王宇和甄梓晨参加在杭州举办的全国纸飞机嘉年华暨“放飞梦想”全国青少年纸飞机通讯赛总决赛。此次比赛由国家体育总局航空无线电模型运动管理中心主办，王宇在纸飞机直线距离项目中夺得一等奖，其成绩位列一等奖中的冠军。

（李珊　曹洪涛）

【培智学校教师获全国教学比赛奖】 11 月 11 日—13 日，海淀培智学校教师参加全国第四届特殊教育教师信息技术综合应用能力大赛获奖。比赛由中国教育学会特殊教育分会主办，以“提高信息技术应用能力，促进特殊教育资源共享”为主题，旨在促进信息技术在特殊教育学校教育教学中的应用与发展，提高特殊教育学校教师信息技术应用能力。比赛分为初赛和决赛两阶段，分为视障、智障和听障三个组别，设信息技术与学科整合课堂教学、多媒体教学课件、特教微课评比 3 个项目。智障组比赛由温州市特殊教育学校承办，包括海淀培智学校 12 名教师在内的全国 3000 多人参加比赛，共评选信息技术与学科整合课堂教学课例一等奖 30 名，其中海淀培智学校教师刘沙的唱游音乐、张诗悦的数学课例获一等奖；评出多媒体教学课件一等奖 32 个，张诗悦获一等奖；3 名教师参加特教微课评比，获二等奖。

（盛利华）

【聋校召开职业样本建设研讨会】 11 月 24 日，第三聋人学校召开“走进北京市健翔学校——支持式职业教育模式的职业样本建设研讨会”，来自北京各区特殊教育学校的干部教师 30 人参加研讨会。研讨会主题为“培智高中职业样本设计与应用”，听取聋校以“传承•改革•发展”为题的改革发展基础情况介绍，重点介绍自 2012 年起创办培智高中班工作进展情况；2 名教师汇报与展示学校课程建设、课程标准研究、职业样本研究、教材编写等方面经验与成果；特殊教育专家许家成教授做“支持式职业教育课程评量表”应用的专题讲座。与会人员还参观聋校新建的社会模拟体验馆（包括模拟超市、模拟银行、模拟地铁、模拟餐厅）、烹饪教室、家政教室、机器人实验室、名师工作室、培智教学资源中心等。

（赵艳芃）

【盲校学生获百科知识竞赛一等奖】 11 月 30 日，全国盲人百科知识竞赛决赛在中国盲文图书馆举行。全国 25 所盲校取得复赛资格，北京市盲人学校代表队以小组第一名的成绩进入决赛，并以 360 分的成绩获得一等奖。

（李珊）

【聋校开设专业技能课程】 年内，第三聋人学校职高班开设专业技能模块课程。职业高中工艺美术专业课程除开设专业基础课程外，2015 年开设藏书票、工笔模块二门专业技能课程。2008 年以来，学校累计开设小型版画、书法、国画、剪纸等 8 门专业技能课程。

（赵艳芃）

文 化

2016
北京海淀年鉴

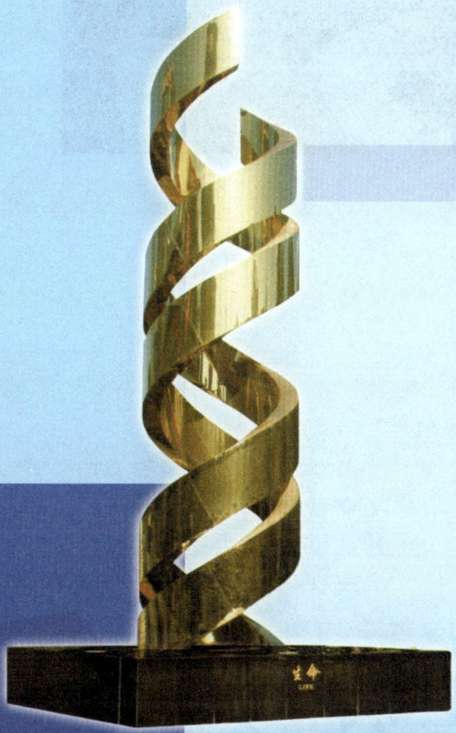

1月10日，中国文化产业新年论坛——三山五园对话会在北京大学举行（区文促中心 供图）

2月14日，海淀区图书馆开展少儿“年节彩”剪纸活动（海淀图书馆 供图）

2月16日—3月8日，区文化委组织开展新春系列活动。图为香山登山祈福会现场（区文化委 供图）

2月—12月，区委宣传部、北京曹雪芹学会联合主办的“2015年曹雪芹诞辰300周年纪念活动暨第六届曹雪芹文化艺术节”举行（三山五园办 供图）

4月—6月，海淀举办第五届中关村国际青年艺术节（区文化委 供图）

6月22日，2015年中关村儿童演出季开幕式剧目《罐头小人》上演（区文化委 供图）

区文化委开展暑期“护苗行动”宣传进校园活动（区文化委 供图）

9月12日，海淀区纳兰文化研究中心成立（区文促中心 供图）

9月22日，韩家川西庙修缮工程竣工（区文化委 供图）

10月8日，第四届中关村金秋演出季开幕（区文化委 供图）

11 月 6 日，区文化馆开展“非遗进校园”活动（区文化馆 徐超 摄）

11 月 19 日，海淀区举行文化娱乐场所安全生产标准化创建达标企业证书、奖励颁发仪式（区文化委 供图）

12 月 8 日—16 日，三山五园文化巡展（香港站）——18 世纪古典与时尚艺术之美在香港两依藏博物馆举行（区文促中心 供图）

12月30日，区史志办被中国地方志指导小组办公室确定为“全国年鉴工作、中国年鉴精品工程”首批试点单位（区史志办供图）

海淀区档案馆接待参观者（区档案馆 吴婕 摄）

区博物馆与颐和园联合推出的皇室遗珍——颐和园清宫钟表展（区博物馆 姜英鋆 摄）

综　述

【概况】　2015年，区文化委贯彻中共十八届三中、四中全会和习近平总书记视察北京重要讲话精神，加快构建现代公共文化服务体系，以优异成绩获得国家公共文化服务体系创建资格，创新文物行政审批方式，全面提升文物保护工作水平，着力保障文化市场安全有序，被评为2015年度全国“扫黄打非”先进集体，海淀区在首都文化中心建设中的影响力进一步增强。

近年来，海淀区推出具有区域特色的政策套餐和促进文化消费的举措，以促进市民的文化消费：建设高品质的公共文化服务体系，影响和带动居民文化消费活动；组建各类文化产业联盟，激发民间活力，扩大高质量文化产品的供给；发挥政府主导作用，通过惠民演出培育市场，拉动居民文化消费；通过“互联网+”的模式，推动曹雪芹西山故里“红”文化、纳兰性德“兰”文化、“三山五园”皇家园林文化及“中法”文化交流的产业化，促进区域特色文化消费；设置特别项目奖励制度，对反映海淀题材和元素的原创作品给予特别奖励。

（杨立辉）

【海淀成拉动城乡居民文化消费东部唯一试点地区】　10月16日，文化部、财政部2015年拉动城乡居民文化消费东部试点工作启动会在中国人民大学文化大厦举行。文化部文化产业司、北京市文化局、海淀区委宣传部、中国人民大学创意产业技术研究院，以及中国银行、相关新闻媒体、100余家文化企业负责人出席启动会。这是文化部、财政部首次共同实施拉动城乡居民文化消费试点项目，从东中西部选取典型地区（西部的遵义、中部的武汉、合肥以及东部的北京海淀），采取有针对性的促进文化消费政策措施进行试点。首家东部试点选在海淀区，由北京市文化局、海淀区委宣传部、中国人民大学创意产业技术研究院共同推动，试点工作的主要内容是“建一个平台、发一张卡”，通过O2O大数据平台拉动文化消费。“建一个平台”是指搭建“文汇天下”(www.whtianxia.com)平台即一站式文化消费信息集成服务平台，就可以对市场上的电影、演艺、图书音像、玩具、珠宝首饰等各类文化商户、文化产品信息、优惠活动“一网打尽”。海淀区的文化商户可登录平台，在平台上随时发布、更新产品信息和优惠活动。“发一张卡”是指平台与中国银行合作发行“文化消费信用卡”，为消费者和文化商户提供金融惠民、金融利商服务。消费者可通过中国银行官方网站、中国银行各大营业点、“文汇天下”平台申请办理“文化消费信用卡”。

（钟冷　高洁）

文化事业

【概况】　2015年，海淀区全面展开国家公共文化服务体系示范区创建工作，组织召开海淀区创建国家公共文化服务体系示范区动员大会，研究起草相关文件，印发《海淀区创建第三批国家公共文化服务体系示范区任务分解方案》，组织开展创建培训，全区上下形成齐抓共管促创建的局面。

实施国家级公共文化服务体系示范项目，将高新技术企业纳入公共文化服务保障体系。为园区送去10场“文艺轻骑兵”演出，开启5场“午间时光”艺术教育体验之旅，惠民电影活动惠及园区近千家企业，新建企业图书流动站点50家，向上百家企业发放“书香海淀”畅读卡，设立企业文艺培训点50个，培养企业艺术骨干上千人次。

实施文化惠民工程，多元分层供给优秀文化服务产品。策划组织“到人民中去——精品文艺演出进基层”活动，举办第十二届海淀文化节、中关村国际青年艺术节及新春系列文化活动，文艺演出500场次，惠及群众230余万人次。调动社会力量参与公共文化服务，海淀区全民阅读活动以三联书店24小时分店为主会场，吸引创业者黑马会、皮卡书屋、小米多看等社会力量参与，开展专题讲座、阅读分享、换书大集等活动230余场，有效拓展阅读服务覆盖面，提升数字阅读、移动阅读的服务水平。创新公共文化服务方式，开通海淀公共文化微信公众账号，推动全民阅读、公益放映、非遗展演、艺术讲座、鉴赏体验等文化活动的普及开展。

（刘珊珊）

【文化事业单位改革】　2月13日，区编委下发《北京市海淀区机构编制委员会关于撤销北京市海淀区评剧团及划转编制的通知》，海淀区评剧团正式撤销，22名在编人员带编分流到海淀区文化馆。11月26日，区编办函复区文化委《北京市海淀区机构编制委员会办公室关于撤销北京市海淀剧院的复函》及《北京市海淀区机构编制委员会办公室关于撤销北京市海淀区电影管理处的复函》，海淀剧院、海淀区电影管理处事业建制正式撤销，海淀区电影管理处并入海淀剧院，转制为企业。

（陈娜）

【文化事业基本情况】　2015年，全区有电影院31个，文化市场3112家，文化站29个，文物保护单位149处。

海淀区文化事业基本情况一览表

表 29

项　　目	计量单位	2015	2014
电影放映	—		
电影放映单位个数	个	31（营业性）	28（营业性）
其中：电影院	个	31（营业性）	28（营业性）
放映场次	场次	—	303355（营业性）
观影人次	人次	—	12537186（营业性）
文化市场			
歌舞娱乐场所	家	245	240
电子游艺厅	家	56	55
网吧	家	286	286
书店	家	2329	1922
字画店	家	38	38
印刷企业	家	158	158
文化站	—		
个数	个	29	29
从业人员	人	203	176
街道级社区文化站	个	22	22
乡镇级文化站	室	7	7
组织文艺活动	项	2076	1106
举办展览	次	197	102
举办业余培训班	班次	3604	2746
训练班结业人数	人次	2557	155506
文物保护			
文物保护单位	处	149	150
国家级	处	19	18
市级	处	23	23
区级	处	107	109

（杨立辉）

【海淀区文化馆】 海淀区文化馆是海淀区政府设立的从事群众文化工作的全额拨款事业单位，是海淀区群众的文化艺术活动中心。馆舍建筑面积 7882 平方米，设有专业琴房、练功房、13 个培训教室、多功能厅和小剧场。年内，举办活动 134 场，其中演出 34 场，免费电影 40 场，讲座及会议 50 场，展览 10 个。出版《海淀群文信息》12 期、《红叶杂志》4 期。组织文艺爱好者参加各类比赛活动 25 场次，在论文、摄影、器乐、朗诵、歌唱、戏曲等门类中均取得较好成绩。

（陆丽明）

【海淀区文物保护中心（海淀区博物馆）】 2015 年，区博物馆有 8 个展览向公众免费开放，即：基本陈列《沉香越千年——海淀历史文物展》、精品临展《春节民俗文化展》《海淀记忆——海淀镇的胡同展》《盛世兴园• 香山静宜园二十八景文化展》《皇室遗珍——

颐和园清宫钟表展》《与时间对话——华夏钟表艺术展》《伟大胜利 抗战海淀——纪念中国人民抗日战争暨世界反法西斯战争胜利70周年图文展》《第一次全国可移动文物普查阶段成果展》，累计接待观众4.6万人次。其中《皇室遗珍——颐和园清宫钟表展》是为迎接“5·18”国际博物馆日与颐和园合作举办的馆际交流展，39件深藏文物库房的装饰华贵、造型多样的钟表从不同角度反映出清宫皇室群体的真实生活；《伟大胜利 抗战海淀——纪念中国人民抗日战争暨世界反法西斯战争胜利70周年图文展》是为纪念抗战胜利70周年推出的专题展览。

区博物馆承接北部文化中心《海淀通史陈列展》专项展览工作，组织项目筹备核心成员赴国内20余家博物馆、规划馆、美术馆调查研究、学习借鉴；6次组织专家和设计团队到北部文化中心踏勘现场；撰写工作方案、调研报告、商请函等文稿200多份；召开工作联席会和专家研讨会20多次，查阅海淀史料典籍和研究书籍100余册、考古发掘报告200余份、出土文物档案7000余份，搜集图片1000余张，形成展览大纲初稿。

区博物馆联合北京校外教育协会、海淀校外教育协会提供菜单式展览进校园服务，精选16个博物馆专题展览制作目录资料，向12所院校送展14次，惠及师生5万余人次。

开展馆藏可移动文物普查工作，完成馆藏4245件文物共计2100多条基础信息、2万多张高清照片的采集、整理、审核、报送工作。区文保中心推进文物保护工程49项，其中筹划储备5项、完成前期推进22项、施工建设22项（18项年内竣工，4项在建），支出市、区两级文物工程类专项经费1328.76万元；处置流散石刻15件（运回保存11件，就地保存4件）；将八里庄玲珑巷明代宦官墓葬群中两座典型墓葬整体迁移至凤凰岭公园复原保护。

（姜英鋈）

【海淀区图书馆】 全年365天免费开放。区图书馆总藏量964782册（件），期刊617种、报纸98种，阅览座位515席。为读者提供报刊阅览、期刊外借、图书外借、地方文献资料查询、课题服务、上网、自习、培训、讲座、展览和读者活动等服务。少儿部有2万册图书及绘本。区图书馆有53个基层分馆、一卡通异地通借通还馆11个。图书流动车服务的流动图书站点12个、集体外借服务企业站点120个。全年办理读者证4124个，累积办证37271个。接待读者223616人次，文献外借284873册次。分编加工本馆图书30142种、57373册，加工新馆图书42500种、145278册，基层图书分馆新书11770种、12386册。面向市民举办免费读者活动135场、海图讲坛免费公益讲座50场、展览17场，受益群众超7万余人次。地方文献网站“海淀叙录”点击率80万人次。

（向华）

【海淀剧院】 2015年，海淀剧院由自收自支事业单位转变为企业。全年总计演出307场，其中话剧202场、音乐会1场、音乐剧44场、京剧6场、曲剧6场、儿童剧39场、综合性演出9场；承接会议21场；电影放映4009场。总计接待观众55余万人次，营业收入1500余万元。海淀剧院被评为“2015年中国话剧大型演出场馆活力十强”，入选“2015年中国综合型演出场馆活力二十强入围名单”。海淀剧院引入国外优秀剧团的优秀剧目，包括乌克兰的少儿芭蕾4场、百老汇音乐剧《一步登天》和《Q大道》44场。海淀剧院和北京京剧院共同开展京剧下基层活动，举办6场京剧表演。年内，演出话剧《开心麻花》、热播电影《栀子花开》的话剧版，以及话剧《分手大师》的姐妹篇《分娩大师》。2015年，海淀剧院被评为安全生产标准化三级企业。

（刘洪）

【海淀区电影管理处】 属自收自支事业单位，负责全区各街道、镇的65个固定影厅、29套流动设备公益性电影放映、统计及放映员培训工作。根据《北京市海淀区人民政府办公室转发关于推进部分事业单位改革实施方案的通知》要求，海淀区电影管理处与海淀剧院合并，原有公益职能划转到海淀区文化馆。2015年11月，电影管理处建制撤销。2016年2月，电影管理处完成并入工作，正式并入海淀剧院。

2015年全年放映公益电影5000余场，观影人数40余万人。

（张伟）

【基层图书馆名录】 2015年，海淀区图书馆有53个基层图书馆（见表30）、35家联网基层图书馆（见表31）、12个流动车服务点（见表32）。

53家基层图书馆一览表

表30

顺序	街道、镇	分馆名称	地址	是否联网	备注
1	曙光街道	曙光街道社区分馆	世纪城蓝晴路下沉式文化活动广场012室	联网	
2		诚品建筑社区分馆	远流清远园3号楼底商	—	
3		望塔园社区分馆	曙光小区望塔园4号楼南侧平房	—	
4	八里庄街道	核二院社区分馆	马神庙1号文艺图书馆	联网	
5		美丽园社区分馆	西四环北路20号美丽园社区22号楼配楼一层	—	
6		新景园社区分馆	北洼路9号院1号楼B1D居委会	—	

续表 30

顺序	街道、镇	分 馆 名 称	地 址	是否联网	备 注
7	青龙桥街道	61786 部队社区分馆	韩家川大院社区东区 12 号楼对过	联网	
8		61195 部队社区分馆	984 信箱，89 号	—	
9	北太平庄街道	北太平庄街道分馆	红联南村 5 号	联网	
10		太月园社区分馆	太月园 9 号楼负一层 106 室	—	
11	花园路街道	花园路街道分馆	花园北路 46 号综合楼三层	联网	新建
12		花园路街道社区分馆	花园北路 46 号综合楼三层	联网	
13	上地街道	上地街道分馆	上地东里第一社区四区七号楼	联网	
14		上地南路社区分馆	上地东路上地佳园小区 1 号楼底商 39 号	联网	新建
15	田村路街道	田村路街道社区分馆	西四环北路 137 号田村路社区教育中心院内	联网	
16		建西苑社区分馆	建西苑社区居委会北里 15 号楼	联网	新建
17	羊坊店街道	羊坊店街道社区分馆	羊坊店茂林居 6 号楼社区服务中心综合楼 2 层南侧	联网	
18		永红社区分馆	北蜂窝五号院动力楼二层 206 室	联网	新建
19	永定路街道	永定路街道分馆	永定路街道文化活动中心二层	联网	新建
20		六西社区分馆	复兴路 79 号 627 服务楼三层	联网	新建
21	香山街道	香山街道分馆	香山路甲一号东岳公寓	联网	
22	甘家口街道	甘家口街道分馆	海淀区增光路 43 号院工运社区	联网	
23	海淀街道	海淀街道分馆	海淀南路 22 号 海淀街道社服中心	联网	
24	马连洼街道	马连洼街道分馆	马连洼北路菊花盛苑 1 号楼 101 室	联网	
25	清河街道	清河街道分馆	清河安宁庄东路 8 号二层清河街道社区服务中心	联网	
26	万寿路街道	万寿路街道社区分馆	永定路西里 11 号楼 9 号楼社区服务中心地下一层	联网	
27	西三旗街道	西三旗街道分馆	清河永泰小区 50 号楼 2 层	联网	
28	学院路街道	学院路街道分馆	逸成社区（学清路逸成东苑 12 号楼）	联网	
29	紫竹院街道	紫竹院街道社区分馆	厂洼东二街紫竹院社区服务中心	联网	
30	中关村街道	中关村街道社区分馆	中关村南路甲 2 号	联网	新建
31	北下关街道	北下关街道社区分馆	大柳树路长河 1 号	联网	新建
32	清华园街道	清华园街道分馆	清华大学荷清苑社区 4 号楼 2～3 层	联网	新建
33	四季青镇	闵航南里社区分馆	闵航路 21 号院南里社区	联网	新建
34		静芯园社区分馆	北坞村路甲 25 号静芯园 F 座	联网	新建
35		门头村分馆	香山南路门头馨村北一区 209 号楼	—	
36		西冉村分馆	德顺园小区北侧西冉村委会院内	—	
37		香山村分馆	香山鲍家窑 16 号	—	
38	苏家坨镇	苏家坨镇分馆	北安河路 22 号多功能场馆	联网	新建
39		北安河村分馆	苏家坨镇北安河村文化广场	—	搬迁
40		苏一二村分馆	苏家坨镇苏一二村文化大院	—	
41		聂各庄村分馆	苏家坨镇聂各庄村	—	

续表 30

顺序	街道、镇	分 馆 名 称	地 址	是否联网	备 注
42	上庄镇	上庄镇分馆	上庄镇文化站	—	搬迁
43		上庄村分馆	上庄镇上庄村村委会	联网	新建
44		永泰庄村分馆	上庄镇永泰庄村村委会	联网	新建
45	海淀镇	海淀镇分馆	海淀镇文化服务中心	联网	
46		万树园社区分馆	农大南路万树园小区 29 号楼二层	—	
47		裕隆新村分馆	天秀路裕禧隆园	—	
48	温泉镇	温泉镇分馆	温泉镇人民政府多功能厅二楼	—	
49		航材院社区分馆	温泉镇环山村 79 楼西侧 304 所社区服务站一层	联网	搬迁
50		白家疃村分馆	白家疃村南文化活动中心院内	联网	新建
51	西北旺镇	西北旺镇分馆	东北旺路 38 号	联网	
52		唐家岭村分馆	唐家岭村村委会	—	
53	农业大学	海淀农业分馆	清华东路 17 号中国农业大学图书馆	—	

35 家联网基层图书馆一览表[①]

表 31

顺序	街道、镇	分 馆 名 称	地 址	开放时间	通借通还	备 注
1	曙光街道	曙光街道社区分馆	曙光街道下沉广场	周一至周五上午 9：00—12：00 下午 13：00—18：00	通借通还	
2	八里庄街道	核二院社区分馆	马神庙 1 号文艺图书馆	周一至周五 9:00—17:00	通借	
3	青龙桥街道	61786 部队社区分馆	韩家川大院一局图书馆	周一至周五上午 9:00—下午 16:00	通借	因无法联网无法使用“一卡通”
4	北太平庄街道	北太平庄街道分馆	红联南村 5 号	周一至周五上午 9:00—下午 17:30	通借	
5	花园路街道	花园路街道分馆	花园北路 46 号综合楼三层	周一至周五上午 9:00—下午 17:30	通借	
6		花园路街道社区分馆	北三环马甸桥西北 50 米	暂无	通借	拆迁
7	上地街道	上地街道分馆	上地东里 4 区 7 号楼五层	周一至周五 9:00—17:00	通借通还	
8		科技园社区分馆	上地东路上地佳园小区 1 号楼上地南路社区活动中心	周一至周五 9:00—17:00	通借	
9	田村路街道	田村路街道社区分馆	西四环北路 137 号	（周一、周四休息）上午 9:00—12:00，下午 13:00—17:00	通借通还	
10		建西苑社区分馆	玉泉路 8 号院玉海园二里一号楼	周一至周五 9:00—12:00，13:30—17:30	通借	
11	羊坊店街道	羊坊店街道社区分馆	羊坊店茂林居 6 号楼	周一至周五 9:00—17:00	通借	
12		永红社区分馆	北蜂窝五号院动力楼二层 204 室	周一至周五 8:30—11:30，14:00—17:00	通借	
13	永定路街道	永定路街道分馆	永定路 57 号院 212 楼	周一至周五 9:00—16:00	通借	装修
14		六西社区分馆	复兴路 79 号六西社区	周一至周五 9:00—16:00	通借	
15	香山街道	香山街道分馆	香山路甲一号东岳公寓	周一至周五上午 9:00—下午 16:00	通借通还	
16	甘家口街道	甘家口街道分馆	海淀区增光路 43 号院工运社区	周一至周五:8:30—11:30，14:00—17:00	通借	

① 通借通还 10 个（包括海淀区图书馆），联网的 23 个（包括海淀区图书馆）。

续表 31

顺序	街道、镇	分馆名称	地址	开放时间	通借通还	备注
17	海淀街道	海淀街道分馆	海淀南路 22 号海淀街道社服中心	周一至周五上午 9:00—下午 17:00	通借	
18	马连洼街道	马连洼街道分馆	马连洼北路菊花盛苑 1 号楼马连洼街道社区服务中心	周一至周五上午 9:00—下午 16:00	通借通还	
19	清河街道	清河街道分馆	清河安宁庄东路 8 号社区服务中心	周一至周五上午 9:00—下午 17:00	通借	
20	万寿路街道	万寿路街道社区分馆	永定路西里 11 号楼街道办事处	周一至周六下午 14:00—19:30	通借	
21	西三旗街道	西三旗街道分馆	清河永泰小区 50 号楼 2 层	周一至周五 9:00—17:00	通借通还	闭馆
22	学院路街道	学院路街道分馆	逸成社区（学清路逸成东苑 12 号楼地下一层）	闭馆	通借	因地下一层装修改建闭馆
23	紫竹院街道	紫竹院街道社区分馆	厂洼小区紫竹院社区服务中心	周一至周五上午 9:00—12:00 下午 13:30—17:00	通借通还	
24	中关村街道	中关村街道社区分馆	中关村南路甲 2 号	周一至周五 9:00—12:00，13:30—17:00	通借通还	
25	北下关街道	北下关街道社区分馆	大柳树路长河 1 号	周一至周五 9:00—17:00	通借	
26	清华园街道	清华园街道分馆	清华大学荷清苑社区	周一至周五 9:00—17:00	通借	
27	四季青镇	闵航南里社区分馆	闵航路 21 号院南里社区	周一至周五 8:30—17:00	通借	
28		静芯园社区分馆	北坞村路甲 25 号静芯园 F 座	周一至周五 9:00—16:00	通借	
29	苏家坨镇	苏家坨镇分馆	北安河路 22 号南楼二层	每周一至周五上午 9 点—下午 17 点	通借通还	
30	上庄镇	上庄村分馆	上庄镇上庄村村委会	周一至周五 9:00—16:00	通借	
31		永泰庄村分馆	上庄镇永泰庄村村委会	周一至周五 9:00—16:00	通借	
32	海淀镇	海淀镇分馆	海淀镇文化服务中心	暂无	通借	拆迁
33	温泉镇	白家疃村分馆	温泉镇白家疃村文化园	周一至周六上午 8:00—12:00，下午 13:00—17:00	通借	
34		航材院社区分馆	海淀区温泉镇航材院环山村活动室	周一至周五上午 8:00—11:30，下午 13:30—16:30	通借通还	
35	西北旺镇	西北旺镇分馆	东北旺路 38 号	周一至周五上午 9:00—下午 16:00	通借	

海淀区图书馆流动车服务点一览表[①]

表 32

编号	名称	地址
1	61606 部队	四王府
2	区财政局	海淀区西四环北路 9 号
3	海淀交通支队	知春路海关大楼北侧
4	望福园小区	曙光社区（7 月新建）
5	清河中队	小营西路
6	上地医院	农大南路
7	区体委	海淀区西苑操场
8	万寿路医院	翠微中里 13 号
9	温泉中队	北清路永丰屯路口

① 图书流动车每月轮流去各个服务点 2 次。

续表 32

编号	名称	地址
10	西二旗社区	清河西二旗小区
11	玉泉山中队	玉泉山大柳树 1 号
12	中关村中队（挂甲屯）	海淀区西苑操场

（向华）

文化创意产业

【概况】 2015 年，海淀区规模以上文化创意产业单位数量 2528 家，收入 5699 亿元，同比增长 18.6%；从业人员 59.7 万人，同比增长 11.8%。整体分析，2015 年海淀区文化创意产业持续增长，产业结构稳中有变，增长动力持续强劲，对北京市文化创意产业发展起到重要支撑作用。

2015 年海淀区文化创意产业统计表

表 33

类别	海淀数额	同比增幅（%）	全市数额	同比增幅（%）	海淀占全市比重(%)
单位数量（家）	2528	–5.7	7425	–9.2	34.0
资产总计(亿元)	9868.7	23.0	20140.2	20.6	49.0
从业人员（万人）	59.7	11.8	122.3	6.3	48.8
收入合计(亿元)	5699.0	18.9	13451.3	14.0	42.4
利润总额(亿元)	558.3	–0.02	1063.7	14.2	52.5
营业利润(亿元)	454.1	–7.5	883.9	10.3	51.4
税金合计(亿元)	304.6	11.0	569.7	9.4	53.5

（高洁）

【五举措推动文创产业发展】 4 月 9 日—10 日，第五届道略演艺产业年会暨 2015“演艺北京”剧目交易会在北京举行。海淀区政府领导参加并致辞，提出海淀区推出五项举措推动文化创意产业发展，即：推进文化体制改革和机制创新，加快文化产品、文化活动及文化服务的社会化发展，推出更多文化精品；构建现代公共文化服务体系，推进基本公共文化服务实现标准化、均等化、社会化和数字化，提升公共文化服务效益；打造区域各个文化品牌，围绕反法西斯战争、抗日战争胜利 70 周年的重大活动，打造区域文化品牌；优化文化产业发展空间布局，进一步推进西山文化创意大道、中关村演艺大道、中关村互联网文化创意产业园等多个重点园区的建设，推动区域文化产业向规模化、集群化、专业化发展；推动文化和科技、金融跨行业、跨领域深度融合，不断催生新型文化业态，加快培育文化消费新的增长点，引领文化产业跨越发展。

（钟冷）

【海淀游戏行业竞争力强劲】 4 月 27 日，中国文化企业竞争力排行榜在第十届文化产品交易会期间发布，游戏行业文化企业竞争力排行榜同时发布。海淀的腾讯、网易、完美世界、金山软件、掌趣科技位居前十名。近年来，海淀区落实国家助力中小微企业发展的政策，且出台相关政策，扶持游戏行业企业特别是中小微游戏制作企业的发展。2014 年底，北京灵游坊软件技术有限公司的游戏产品“影之刃”获得德国科隆游戏展“最佳掌机及移动平台游戏”提名，以全球前三的成绩创下中国游戏历史排名新高。海淀的游戏行业具有强劲的竞争实力。

（钟冷）

【海淀区纳兰文化研究中心成立】 9 月 12 日，北京市海淀区纳兰文化研究中心在纳兰家族所在地海淀区成立，首届“心中的纳兰”全球书画作品征集活动启动仪式暨纳兰文化主题研讨会同时举行。来自河北民族师范学院、四平市诗词协会及海淀的学者就新时期如何传承和创新纳兰文化展开研讨。该中心以清代词作家纳兰性德及其作品为研究对象，将通过主题交流、学术研究、微信公众号、手机应用客户端等形式推动纳兰文化的交流和保护。清代词人纳兰性德，字容若，号饮水、楞伽山人，系武英殿大学士明珠长子，康熙十五年进士，著有《饮水词》。中心已完成区域内纳兰文化、作品的系统梳理与评估，并举办“纳兰性德诞辰360周年”音乐会、研讨会、文化雅集、书画作品征集等主题系列文化活动。据统计，中心已有效辐射带动超过3万人次参与系列活动。

（高洁　钟冷）

【63个文化项目获市专项资金支持】 年内，海淀区文化发展促进中心集中受理北京市文化创新发展专项资金项目213个，预审后推荐上报项目197个，通过初审项目102个，获支持项目63个，获支持资金9240万元。

（高洁）

【“双轮驱动”促文化创意产业发展】 年内，海淀区采取“文化科技双轮驱动”发展战略，给予优质、典型的文创企业一定的扶持和鼓励，促进文化创意产业发展，打造数字出版内容创造核心区。海淀区文化创意产业形成软件、网络及计算机服务业1个主导行业，新闻出版业、广播电视电影业、广告会展业、设计服务业、旅游休闲娱乐业、文化辅助服务业6个优势行业，文化艺术业和艺术品交易业2个潜力行业组成的“162”发展格局。区域内聚集众多的数字出版知名领先企业，包括中文在线、中国知网、中国数字图书馆有限责任公司等国内知名数据图书公司；百度、新浪等大型互联网企业在数字出版领域有所作为；汇集着中国人民大学数媒科技（北京）有限公司等一批在专业领域领先的中小微数字出版企业。国家图书馆拥有3000万册纸质文献，拥有馆藏数字资源1000多TB，并与部分省市图书馆建立资源共享渠道。

（钟冷）

文化设施建设

【概况】 2015年，建成面积8.8万平方米的北部文化中心，明确北部文化中心文图两馆实行政府主导下的规范契约式的市场化运营模式。评剧团驻地重新设计装修，功能定位为南部文化中心。北部文化中心、南部文化中心与文化馆、图书馆形成区级文化设施北中南的均衡布局。

（刘珊珊）

【基层公共文化设施标准化建设】 年内，区文化委争取市级资金3000余万元，推动苏家坨镇综合文化中心、上庄镇综合文化中心建设。东升镇综合文化中心、海淀镇综合文化中心进入试运行阶段，四季青镇综合文化中心招标工作上报区财政局。基层公共文化设施基本实现街镇级100%达标。

（刘珊珊）

【企业图书流动站点建设】 年内，区图书馆累计为企业图书流动站点建设投入购书经费90余万元，新购图书3万册。区图书馆累计建成企业图书流动站点120家，流转图书近万余册。

（向华）

【北部文化中心主体封顶】 年底，位于温泉镇白家疃东路的海淀北部文化中心主体封顶。北部文化中心是海淀区“十二五”重大公共文化设施，由区政府投资10亿元，由清华大学建筑设计院设计，历时三年建设，总建筑面积8.8万平方米，由图书馆、文化馆、档案馆和温泉中心四幢单体楼组成，通过共享大厅相连接。档案馆建成为市级一类档案馆，地上六层，地下两层，设计馆藏档案200万卷。图书馆建成为一级中型公共图书馆，地上五层，地下一层，馆藏书100万册，阅览座席1200个；每7～10平方米设计一个网络信息点及一个语音点，读者只需通过手机、iPad等移动终端就可以免费浏览、下载馆内图书、讲座、影视剧、音乐等数字文化资源。文化馆包含中型剧场、非遗展厅、戏曲工作室、培训教室及舞蹈教室等，剧场可容纳观众450余人。温泉中心由超市、商场和电影院组成，电影院共设有6个大小不同的影厅，最大影厅可容纳近200人。

（钟冷）

文化活动

【概况】 2015年，区文化委组织“海之春”新春系列文化活动、中关村国际青年艺术节、海淀文化节、中关村金秋演出季、“海之声”新年演出季等文化活动，观众230余万人次。

（刘珊珊）

【新春系列文化活动】 2月1日—3月10日，区文化委举办2015“海之春”新春系列文化活动。活动引入社会力量参与组织和管理，委托第三方公司对申报项目进行评审、过程监督和效果评估。支持第六届圆明园皇家庙会、香山登高祈福会、第四届“傲骨幽香”梅花、蜡梅迎春文化展、凤凰岭第二届新春游园会、第五届海淀三馆新春室内文化活动，各庙会共接待游客160余万人次；组织“羊春早起舞　大戏进村乡——文化下乡迎新年”活动，开展“和平鸽的祝福——为抗战老人‘送福到家’文化志愿者活动”等演出108场，惠及1万余人次。

（刘珊珊）

【曹雪芹诞辰300周年纪念活动暨第六届曹雪芹艺术节】 2月—12月，曹雪芹诞辰300周年纪念活动暨第六届曹雪芹艺术节举行。纪念活动共开展活动25项，包括纪念特展、文艺演出、讲座、论坛、学术会议、文化交流、纪念大会等多种形式。范围覆盖海内外18个城市，87家单位、机构参与纪念活动的组织，海内外活动现场实际参与人数达60670人次。作为曹雪芹诞辰300周年的落地成果，完成“曹雪芹西山故里”项目一期建设、曹雪芹纪念馆周边改造、曹雪芹诞辰300周年纪念特展布展和曹雪芹文化中心挂牌。

（高洁）

【第五届海淀区换书大集】 4月17日—18日，以“以书为媒，以书会友”为主题的第五届海淀区换书大集活动在区图书馆举行。活动共收到市民的闲置图刊7000余册，500余名读者置换8000余册书刊，参与人数和交换图书数量均创历年新高。

（刘珊珊）

【“4·23”版权保护宣传系列活动启动】 4月22日，由区文化委主办、中关村创新研究学院承办的以“创新万变·版权无限”为主题的“4·23”版权保护宣传系列活动在博彦科技股份有限公司启动。“4·23”版权保护宣传系列活动走进知名企业，通过实战培训班、实训基地建设等形式，推动企业尊重版权、运用版权，提升企业内在成长动力。海淀区有“瞪羚”企业2000余家，这些企业具有发展速度快、知识产权数量大、维权意识弱、侵权风险高、保护手段少的特点。区文化委通过版权保护宣传活动，提高企业的维权意识。

（杨帆）

【2015海淀区全民阅读活动】 4月23日，北京市海淀区人民政府、生活·读书·新知三联书店在清华同方科技广场举行庆祝北京三联韬奋24小时书店成立一周年暨海淀分店开业仪式，同时举办2015年海淀区全民阅读启动仪式。此届全民阅读活动持续至10月，以三联书店24小时分店为主会场，吸引创业者黑马会、皮卡书屋、小米多看等社会力量参与，开展专题讲座、阅读分享、换书大集等活动230余场，拓展阅读服务覆盖面，提升数字阅读、移动阅读的服务水平。开展“阅读季”“红领巾读书”“阅读之城”等各项活动共35场次，1.7万人次参与。实施“书香家庭”“阅读示范社区”“金牌阅读推广人”“聚焦阅读”摄影作品征集等各项评选活动。获得2项国家级奖和45项市级奖。

（刘珊珊 向华）

【“4·26”世界知识产权日宣传活动】 4月26日是第15个世界知识产权日，区文化委执法队会同区工商分局、知识产权局、质监局等相关部门，在公主坟翠微大厦门前举办知识产权保护法制宣传活动。共接受咨询群众100余人次，散发宣传资料500余份。

（朱雪）

【第五届中关村国际青年艺术节】 4月—6月，区文化委举办第五届中关村国际青年艺术节。此届艺术节分为“穿越青春的航行”青年艺术之旅、“青春无敌”青年赛事活动、“青春放歌”户外文化活动、“青春有约”文化交流活动、“阅读凝固青春”青年阅读活动、“永远不能忘记”纪念抗战胜利70周年系列活动六大板块，举办各类活动100多场次，吸引不同行业、不同阶层和不同年龄段超过60万人次的青年。

（刘珊珊）

【第十二届海淀文化节】 5月—12月，区文化委举办第十二届海淀文化节。此届文化节以“盛世欢歌 强国圆梦”为主题，突出社会主义核心价值观文化目标引领和抗战胜利70周年的历史回顾、文化凝聚；第三批国家公共文化服务体系示范区和第二批国家公共文化服务体系示范项目创建载体；全民参与，以城乡均等、区域均等、群体均等为重点，推进公共文化服务均等化；兼顾海淀文化的厚重性、立体性、多元性和创新性，共分为四个板块：海上花开——海淀基层文化集锦、“情景交融”多彩活动绘海淀、“强国圆梦”——纪念抗战胜利70周年系列活动、竞彩飞扬——文化交流嘉年华，开展33项活动，惠及群众超过50万人次。

（刘珊珊）

【第一届中关村儿童演出季】 6月1日—8月31日，海淀区文化委、海淀区演出联盟举办以“中关村之旅”为主题的中关村儿童演出季，其间，在区内8家剧场上演28项147场演出，由中国儿童艺术剧院制作的《罐头小人》作为儿童演出季开幕式大戏，于6月22日在中间剧场上演。在此届演出季中，海淀区文化委与中国儿童艺术剧院首次联手，签订战略合作框架协议，与中国儿艺开展多方位合作：一是通过联盟搭建的平台，中国儿艺与联盟内演出经纪机构、演出场所进行有效对接，增加到海淀演出场次，丰富海淀区儿童剧市场，提升中国儿艺在海淀的影响力；二是在中关村金秋演出季、“海之声”新年演出季期间，引进中国儿艺优秀剧目，纳入演出季项目名录，参与项目评定，给予项目补贴。在演出季中设置优秀儿童剧目展演周，扩大演出季受众人群。

（杨帆）

【非遗项目进校园、进社区】 6月9日，区文化委和区教工委在北京医科大学附属小学联合举办2015年海淀区非物质文化遗产项目进校园活动启动仪式。市文化局以及海淀区委、区教委、区文化委、美国肯塔基州大中小学校长等领导出席启动仪式，并为北医大附小、北京育英中学、一零一中学等20所中小学颁发非遗传承项目基地牌匾。北医大附小、北京立新学校、西翠路小学现场给团花剪纸代表性传承人张凤琴、彩塑京剧脸谱代表性传承人杨玉栋、小灯张代表性传承人张双志颁发指导教师聘书。非遗进校园、进社区活动共走进36所中小学，授课830学时，深入海淀街道万柳汇新家园、合建楼，中关村街道双榆树南里，万寿路街道今日家园 4 个社区展示 190 场次，受惠人数 1 万余人。

（刘珊珊）

【文化遗产日系列宣传活动】 6 月 12 日，由北京市海淀区文化委员会等单位举办的文化遗产日系列宣传活动在北坞公园启动。此次宣传活动以“寻找我身边的三山五园”为主题，持续至 8 月底。此次活动以寻找、分享、传承、保护文物为重点，通过“互联网+文化遗产”的方式，引导民众走近文化遗产、了解文化遗产的内涵。活动包括开通“海淀文化遗产”微信公众平台，招募文化遗产保护志愿者，举办“文化遗产，我的足迹”发现、分享之旅三部分。区文化委在圆明园、颐和园等 10 个分会场设立宣传点，开展志愿者招募和“文化遗产，我的足迹”参与者征集活动。当日开通的“海淀文化遗产”微信公众平台展示海淀区 315 处文物、69 个非遗项目的风采，定期发布海淀区文化遗产保护政策，同时开展多层面的互动活动。

（钟冷）

【第四届中关村金秋演出季】 9 月 1 日—11 月 30 日，由海淀区文化委、海淀区演出联盟主办的第四届中关村金秋演出季在海淀区内 18 家剧院及场馆上演 160 项、500 余场精彩文艺演出，较第一届金秋演出季演出项目增加 3 倍，演出场次增加 4 倍。本届演出季共销售文化惠民票 3.3 万张，惠民补贴款共计 476 万余元，总票房达 9600 余万元。

（杨帆）

【创建国家公共文化服务体系示范区动员大会】 9 月 30 日，海淀区召开创建国家公共文化服务体系示范区动员大会。文化部公共文化司、市文化局以及海淀区四套班子领导，区部委办局、街镇主要领导和部分人大代表、政协委员出席会议。会议部署创建国家公共文化服务体系示范区目标、任务和工作重点。北下关街道、苏家坨镇、中间艺术区有关负责人介绍建设公共文化服务体系的经验。

（刘珊珊）

【“红迷嘉年华”活动】 10 月 16 日—18 日，以“红迷嘉年华，梦幻大观园”为主题的纪念曹雪芹诞辰 300 周年活动在北京植物园曹雪芹纪念馆举行，来自全国各地的近 300 名《红楼梦》爱好者参加活动。“红迷嘉年华”由北京曹雪芹学会、海淀区委宣传部联合主办，是第六届曹雪芹文化艺术节系列活动之一。活动分为“红楼•说”“红楼•游”“红楼•艺”“红楼•赏”4 个部分，包括红楼演出、红学演讲和红楼梦精雅生活体验等 58 场活动。活动期间，北京曹雪芹文化发展基金会以及相关文化创意企业联合发布《2016 年红楼梦日历》、绘画版《红楼梦》等文化创意产品。调查显示，全国约有 4000 万名《红楼梦》爱好者，即“红迷”。“红迷”们既在网络上活跃，有主题多样的论坛、微信群，也有不少城市的“红迷会”经常组织线下文化雅集活动。

（钟冷）

【京津冀公共文化服务示范走廊发展联盟成立】 10 月 21 日，京津冀公共文化服务示范走廊发展联盟在东城区成立。北京市朝阳区文化委员会、东城区文化委员会、海淀区文化委员会，河北省秦皇岛市文化广电新闻出版局、廊坊市文化广电新闻出版局、沧州市文化广电新闻出版局、唐山市文化广电新闻出版局，天津市和平区文化和旅游局、河西区文化和旅游局、北辰区文化广播电视局、津南区文化体育局 11 家文化单位共同签署京津冀公共文化服务示范走廊发展联盟战略合作协议书。成员单位将通过文艺展演、非遗展示、干部挂职、经验交流等内容开展深度的交流与合作。京津冀三地的公共文化服务将在资源、活动、服务、管理机制等多个方面实现共建共享，朝一体化方向发展。

（钟冷）

【曹雪芹诞辰 300 周年纪念大会】 10 月 30 日，由北京曹雪芹学会、海淀区委宣传部联合主办的“第六届曹雪芹文化艺术节•纪念曹雪芹诞辰 300 周年纪念大会”在北京植物园曹雪芹纪念馆举行，国家部委及北京市相关部门领导、海淀区有关领导参加活动，海淀区委书记崔述强出席并讲话。“梦飨三百年——曹雪芹诞辰三百周年特展”同时揭幕，该展全面介绍了曹雪芹的一生，尤其是他在北京香山一带的生活、交游和创作，涵盖了他的家世、故居、艺术才华、爱情婚姻、哲学思想等方面，汇集了北京曹雪芹学会近 30 年来的研究成果，并加入了电子地图、现代影像版题壁诗等多媒体元素。纪念大会上，举行《红楼梦》万人赠读活动启动仪式，上演《红楼梦音乐传奇》。为促进《红楼梦》文化事业、文化产业全面发展，自 2013 年起，北京曹雪芹学会先后发起成立曹雪芹文化发展联盟和曹雪芹文化产业联盟，致力打造“红”文化生态圈。截至 2015 年，两个联盟成员分别达到 50 家，遍及北京、河北等省市。

（钟冷）

【非遗项目联展】 11 月 12 日—12 月 4 日，区文化委与河北省廊坊市文化广电新闻出版局联合，在北京工艺美术博物馆举办“匠•艺——2015 北京海淀、河北廊坊非遗项目联展”。共有来自海淀区和廊坊市的 400 多件非遗手工作品参与展示。展览期间，两万多名专家、学者以及群众前来参观，感受和体会燕赵大地古朴厚重、豪放大气的非遗文化和京味非遗的不同艺术魅力。

（杜丽明）

【“到人民中去——海淀区精品文艺演出进基层”活动】 11 月 24 日—12 月 30 日，开展“到人民中去——海淀区精品文艺演出进基层”活动。邀请国家大剧院、武警文工团、解放军艺术学院的优秀文艺团体送演出进社区、进企业、进农村，共演出 15 场，1 万余人次观看。

（刘珊珊）

【第六届“海之声”新年演出季】 12 月 31 日—2016 年 2 月 29 日，由区委、区政府主办，区文化委、区演出联盟承办的第六届“海之声”新年演出季举行，包括 59 项 285 场国内精品文艺演出。此次新年演出季首次采用众筹方式实现文化定制，让具有较高艺术水准但市场认知度偏低的项目，通过众筹以降低购票成本及演出方运营成本。演出季对艺术水准高、社会效益好的优秀作品给予项目和低价惠民票补贴。

（钟冷　杨帆）

【3人入选市级非遗代表性传承人】 年内，区文化馆组织9个非遗项目的代表性传承人申报第四批市级项目传承人。经过专家评审，山石韩项目传承人韩雪萍、北京绢人传承人齐聪颖、程氏针灸传承人程凯被批准加入第四批市级非物质文化遗产项目传承人。北京（宏音斋）吴氏管乐社、北京市海淀区民族小学、清华大学美术学院、中央民族大学文学与新闻传播学院、北京联合大学应用文理学院、北京医科大学附属小学等非遗传承培训基地和生产性保护示范基地等共获得380万元市级扶持奖励资金。

（杜丽明）

【文化艺术培训】 年内，区文化馆开展文化艺术培训班242个，服务人数9950人。其中针对企业人员的培训班87个，服务人数3550余人、14200人次；针对基层文艺骨干的培训班50个，服务人数1800余人；针对普通老百姓的免费艺术培训班105个，服务人数4600余人，班次406班、18600人次。开办舞蹈、声乐、器乐、美术、工美等艺术免费培训班354个，免费培训2028课时，培训学员7863人。低收费培训2744课时，培训学员5889人次。无偿为基层团队免费提供活动场地及音响设备602次，受益人数19000多人次。于夏季和冬季举办两次“百姓大舞台”学员汇报演出。

（杜丽明）

【“艺术中关村”系列活动】 年内，区文促中心依托中关村博物馆与艺术品行业联盟提升文化艺术与艺术品交易行业发展。扶持成员单位以市场化的方式举办“艺术中关村”春季展、秋季展、品鉴沙龙等系列文化活动。共举办展览28场、艺术沙龙10场，联盟成员单位收入3.96亿元。以文化活动推动区域文化产业均衡发展。

（高洁）

文化市场监管

【概况】 2015年，区文化委按照全国、北京市“扫黄打非”的要求，重点开展扫黄打非“清源”“护苗”“净网”“秋风”四大专项行动，“两大活动”及“两会”安保等重要行动。全年办案92件，年度案卷评查全部为优秀，其中1卷为“市十佳案卷”。出动执法人员2120人次，检查各类场所1750家次，收缴盗版光盘1600张、非法图书2800册。办理审批文化项目1014项。安全生产标准化达标的文化娱乐场所达到61家。

（朱雪）

【“扫黄打非·净网2015”专项行动】 3月—9月，海淀区开展“净网行动”，继续打击网上淫秽色情信息。一是以整治网络文学、网络游戏、音视频网站为重点，清查本区域内印刷复制复印企业、出版物销售场所、上网服务场所，依法打击微博、微信、微视、微电影等“微领域”传播有害及淫秽色情信息行为和利用弹窗、搜索引擎、云存储以及移动智能终端、电视盒子等从事“色情营销”的违法行为。二是坚持网上网下相结合，对全区音像、图书经营单位特别是中小学周边的出版物经营单位进行检查和随机抽查，打击“口袋书”等危害青少年身心成长的非法出版物，打击销售淫秽色情和低俗出版物的行为。

（杨晶晶）

【“扫黄打非·清源2015”专项行动】 4月—10月，海淀区开展“清源行动”。以物流仓储场站、印刷复制复印企业及高校周边地区为检查重点，严查印制流通渠道，5月21日收缴北京万宇物流上地分理处非法出版物1980册。加强出版物市场检查，集中治理游商销售非法出版物案件，于3月4日查获羊坊店东路农贸市场日用小百货某摊点非法音像制品720张（其中淫秽影像制品DVD光盘256张）、京粮广场非法销售图书摊点图书800余册。三是加强网络监管，清理整顿网络书店、销售平台，坚决封堵各类有害网站、有害出版物及有害信息。

（杨晶晶）

【“扫黄打非·护苗2015”专项行动】 5月27日—6月15日，海淀区开展“护苗行动”，打击有害和非法少儿出版物及信息。区文化委联合新闻出版广电、公安、工商等有关部门开展联合检查，加强对大型书报刊批发市场和学校周边书店、音像店等重点场所的全面清查，严查侵权盗版少儿出版物，净化海淀区出版物市场，并于7月30日在海淀区学院南路金五星批发商城某摊点收缴非法销售的出版物《秘密花园》20册。加强巡查校园周边重点点位，严厉打击兜售非法少儿出版物的游商。严格落实印刷复制复印企业风险等级分类管理制度，从严查处印刷非法少儿出版物和教辅教材行为。

（杨晶晶）

【“扫黄打非·秋风2015”专项行动】 5月—11月，开展“秋风行动”，打击非法报刊，与中关村西区邮局开展联合检查，重点加强对繁华街区、交通枢纽、餐饮娱乐场所以及校园周边等重点地区书报刊经营场所的清查，同时根据印刷企业等级评定，从严查处印刷非法报刊行为。

（杨晶晶）

【文化安全“黄丝带”系列活动】 6月1日—6月30日，区文化委开展文化系统安全生产月“黄丝带”系列活动。在“联合检查周”期间，联合区安监局、消防支队等部门开展文化娱乐场所安全生产突击夜查，出动执法检查人数124人次，检查场所45家次，发现安全隐患和问题11处，立案6件。在“法治宣传周”期间，在海淀剧院开展安全生产月启动仪式暨安全生产大型公开课，区文化委、安监、消防等部门领导和近500家文化娱乐场所负责人参加活动，市安监局法规处处长李刚进行新《中华人民共和国安全生产法》公开课培训。在“应急演练周”期间，在17.5影城今日花园店、北京东方斯卡拉餐饮娱乐有限公司、北京宇圣友乐汇娱乐有限公司等文化娱乐场所组织开展消防应急演练活动。

（朱雪）

【与贵州省黔南州结对帮扶】 7月27日—8月2日，海淀区文化委执法队赴黔南州开展结对帮扶交流工作，重点考察黔南州都匀、龙里、瓮安、荔波等县市的图书、网吧、歌舞等文化娱乐场所。执法队向黔南州赠送价值2万多元的执法记录仪等办公设备。8月15日—8月28日，贵州省黔南州文化市场执法骨干到海淀区交流学习，实地考察海淀区文化市场、海淀博物馆、大慧寺、圆明园、颐和园等文物保护单位，并与海淀区文化市场执法人员开展交流座谈。

（朱雪）

【计算机软件版权案】 11月10日，根据权利人的举报，区文化委执法人员对位于海淀区苏州街维亚大厦内的北京某公司经营场所的计算机软件版权状况进行检查。现场检查发现，该公司用于办公的23台计算机未经许可安装复制某软件公司享有著作权的计算机操作系统软件。执法人员在北京市公证处公证员的监督下，分成3个工作组，分别对上述计算机所安装的软件序列号等信息进行登记取证。经过多次约谈该公司负责人，收集其提供的相关证明材料等程序后，对该公司做出行政处罚（罚款1.2万元）处理。

（朱雪）

文化遗产保护

【概况】 截至2015年底，区域内有文物古迹315处，其中全国重点文物保护单位19处，市级文物保护单位23处，区级文物保护单位107处。原有109处区级文物保护单位中，大运河段广源闸及高粱闸两处文物合并为一处全国重点文物保护单位——北京大运河。海淀区共有国家级非物质文化遗产7项、市级非物质文化遗产30项、区级非物质文化遗产84项（其中2015年有6类15项入选第四批海淀区级非物质文化遗产名录）。

（高五一）

【完成可移动文物普查】 1月，按照国家文物局关于可移动文物普查工作的统一部署，区博物馆开展可移动文物普查工作， 10月完成普查任务。共采集馆藏4245件文物5万多项基础信息，拍摄文物照片数千张。这是中华人民共和国成立以来国家首次针对可移动文物开展的普查工作。

（高五一）

【文化遗产日活动】 6月12日，区文化委在北坞金山寺启动以“寻找我身边的三山五园”为主题的文化遗产日宣传活动。北京市文物局、区文化委、四季青镇有关领导参加活动。活动现场，市区领导共同启动“海淀文化遗产”微信公众平台。活动以寻找、分享、传承、保护文物为重点，通过“互联网+文化遗产”的方式，引导广大群众走进文化遗产，了解文化遗产内涵，感受文化遗产魅力，分享文化遗产保护成果，参与文化遗产保护。活动包括开通“海淀文化遗产”微信公众平台，招募文化遗产保护志愿者，举办“文化遗产、我的足迹”发现、分享之旅等三个部分，参与人数达到7000人次。持续至8月底。

（高五一）

【文物工作专题培训】 12月16日—17日，区文化委举办全区文物工作专题培训。邀请国家文物局督察司督察处处长邓超、北京市文物局文物监察执法队队长赵建明、北京大学教授岳升阳等专家领导，对各街镇文物主管领导、主管科室负责人，区内重点文物管理使用单位负责人，区文化委文物科、文物执法队、文物保护中心工作人员进行培训。

（高五一）

【文物修缮保护】 年内，区文化委完成13项文物修缮保护工程，即：大慧寺技防改造工程、永山宅院消防改造工程、大牛坊关帝庙消防改造工程、南辛庄关帝庙消防改造工程、六郎庄真武庙修缮工程、晏公祠修缮工程、永山宅院智能化监控系统工程、玲珑巷宦官墓迁移保护工程、永山宅院直击雷防护工程、冷泉关帝庙修缮工程、韩家川西庙修缮工程、韩家川东庙修缮工程、常乐村青苗庙修缮工程。

（高五一）

【文物执法检查】 年内，区文化委共出动文物执法人员130余次，其中国家重点文保单位8次，市级重点文物保护单位12次，区级文物保护单位30余次，普查登记项目80余次。立案6起（其中结案3起，1起处罚完毕，违反行为在整改中，2起在处理中）。

（高五一）

【海淀区域内全国重点文物保护单位】 2015年，海淀区域内有全国重点文物保护单位19处（见表34）。

海淀区域内全国重点文物保护单位一览表

表34

编号	名称	公布时间
1	颐和园	1961.3.4
2	圆明园	1988.1.13
3	觉生寺	1996.11.20

续表 34

编号	名称	公布时间
4	真觉寺	1961.3.4
5	景泰陵	2001.6.25
6	碧云寺	2001.6.25
7	清华大学早期建筑	2001.6.25
8	原燕京大学未名湖区	2001.6.25
9	十方普觉寺(卧佛寺)	2001.6.25
10	大慧寺	2001.6.25
11	元大都城墙遗址	2006.5.25
12	大觉寺	2006.5.25
13	静明园	2006.5.25
14	健锐营演武厅	2006.5.25
15	万寿寺	2006.5.25
16	辛亥滦州起义纪念塔	2006.5.25
17	慈寿寺塔	2013.3.5
18	摩诃庵	2013.3.5
19	大运河（广源闸、高梁闸）	2013.3.5

（高五一）

【海淀区域内市级文物保护单位】

2015 年，海淀区域内有市级文物保护单位 23 处（见表 35）。

海淀区域内市级文物保护单位一览表

表 35

编号	名称	公布时间
1	双清别墅	1979.8.21
2	静宜园	1984.5.24
3	“三一八”烈士纪念碑	1984.5.24
4	黑龙潭及龙王庙	1984.5.24
5	李大钊烈士陵园	1984.5.24
6	旭华之阁及松堂	1984.5.24
7	钓鱼台养源斋	1984.5.24
8	乐家花园	1984.5.24
9	达园	1984.5.24
10	醇亲王墓	1984.5.24
11	孚郡王墓	1984.5.24
12	魏太和造像	1957.10.28
13	定慧寺	1990.2.23
14	广济桥	1984.5.24
15	梁启超墓园	2001.7.12
16	碧霞元君庙	2001.7.12
17	清河汉城遗址	2001.7.12
18	上庄东岳庙	2003.12.15
19	孙岳墓	2003.12.15
20	普照寺	2011.6.13
21	承泽园	2011.6.13
22	鹫峰地震台	2011.6.13
23	贝家花园	2011.6.13

（高五一）

【区级文物保护单位】

2015 年，海淀区有区级文物保护单位 107 处（见表 36）。

区级文物保护单位一览表

表 36

编号	名称	公布时间
1	西禅寺	2001.11.01
2	孙传芳墓	2001.11.01
3	齐白石墓	2001.11.01
4	怡贤亲王祠	2001.11.01
5	周云端塔	2001.11.01
6	龙王圣母庙	2001.11.01
7	法华寺	2001.11.01
8	立马关帝庙	2001.11.01
9	紫竹院行宫	2001.11.01
10	妙云寺	2001.11.01
11	彩和坊 24 号四合院	1999.1.27
12	北坞金山寺及戏楼	1999.1.27
13	香山八旗高等小学	1999.1.27
14	龙王庙	1999.1.27
15	马甸清真寺	1999.1.27
16	金仙庵	1999.1.27
17	鹫峰山庄遗址	1999.1.27
18	响塘庙	1999.1.27
19	秀峰寺	1999.1.27
20	升平署	1999.1.27
21	龙泉寺	1999.1.27
22	瑞云庵明照洞	1999.1.27
23	上方寺遗址	1999.1.27
24	香岩寺	1999.1.27
25	熊希龄陵园	1999.1.27
26	蓟门烟树	1981.2.13
27	白塔庵塔	1981.2.13
28	清代碉楼	1981.2.13
29	恩佑寺	1981.2.13
30	恩慕寺	1981.2.13
31	六郎庄真武庙	2013.11.11
32	六郎庄烈士纪念碑	2013.11.11
33	六郎庄田世光故居	2013.11.11
34	六郎庄茶棚	2013.11.11
35	吴家花园	2013.11.11
36	蔚秀园	2013.11.11
37	火神庙	2013.11.11
38	湖山罨画坊	2013.11.11
39	树村清真寺	2013.11.11
40	肖家河延福庵	2013.11.11
41	城子山娘娘庙	2013.11.11
42	高时明墓	2013.11.11
43	护国佑民观音禅林	2013.11.11
44	莲花寺	2013.11.11
45	范长喜宅院	2013.11.11
46	中法大学附属中学旧址	2013.11.11
47	西埠头兴善寺	2013.11.11
48	车耳营关帝庙	2013.11.11
49	凤凰岭石刻	2013.11.11
50	凤凰岭旮旯庵及石窟遗址	2013.11.11
51	龙泉寺万缘茶棚	2013.11.11
52	北安河关帝庙	2013.11.11
53	北安河玉皇庙	2013.11.11
54	周家巷娘娘庙	2013.11.11
55	车耳营妙觉寺遗址	2013.11.11
56	妙峰山香道中北道遗址	2013.11.11
57	法海寺遗址	2013.11.11
58	晏公祠	2013.11.11
59	瑞王坟	2013.11.11
60	金河堤诗碑	2013.11.11
61	门头新村甲 8 号院四合院	2013.11.11

续表 36

编号	名称	公布时间
62	万安公墓	2013.11.11
63	田村关帝庙	2013.11.11
64	北坞关帝庙	2013.11.11
65	功德寺遗址	2013.11.11
66	小屯村侵华日军飞机掩体遗址	2013.11.11
67	刘半农墓	2013.11.11
68	佟麟阁墓	2013.11.11
69	镶白旗碉楼	2013.11.11
70	镶红旗碉楼	2013.11.11
71	刘天华墓	2013.11.11
72	梅兰芳墓	2013.11.11
73	马连良墓	2013.11.11
74	一亩园娘娘庙	2013.11.11
75	隐修庵	2013.11.11
76	慈恩寺	2013.11.11
77	大有庄小学四合院	2013.11.11
78	东公所	2013.11.11
79	309 医院天主堂	2013.11.11
80	鲁班庙	2013.11.11
81	董四墓娘娘庙	2013.11.11
82	大高玄殿牌坊	2013.11.11
83	温泉菩萨庙	2013.11.11
84	显龙山石刻	2013.11.11
85	护国寺戏台	2013.11.11
86	冷泉关帝庙	2013.11.11
87	韩家川西庙	2013.11.11
88	韩家川东庙	2013.11.11
89	冷泉村福泉寺	2013.11.11
90	西北旺关帝庙	2013.11.11
91	大牛坊关帝庙	2013.11.11
92	唐家岭关帝庙	2013.11.11
93	蒋家胡同四合院	2013.11.11
94	治贝子园	2013.11.11
95	黄庄双关帝庙	2013.11.11
96	佰王园	2013.11.11
97	永山宅院	2013.11.11
98	公主坟门殿建筑	2013.11.11
99	北玉河关帝庙	2013.11.11
100	恩济庄关帝庙	2013.11.11
101	极乐寺	2013.11.11
102	清河制呢厂办公楼	2013.11.11
103	安宁庄兴隆寺	2013.11.11
104	马甸黑寺	2013.11.11
105	香山慈幼院址	2013.11.11
106	正白旗北庙	2013.11.11
107	普安塔	2013.11.11

（高五一）

【入选第二批国家级非物质文化遗产名录】（3 项，2008 年 6 月 14 日）

1.面人郎面塑艺术

2.传统插花艺术

3.北京哈氏风筝制作技艺

（王凤华）

【入选第三批国家级非物质文化遗产名录】（3 类 4 项，2011 年 5 月 23 日）

1.民间文学：曹雪芹传说

2.传统技艺：曹氏风筝工艺

宏音斋笙管乐器制作技艺

3.传统医药：葛氏捏筋拍打疗法

（王凤华）

【入选北京市级非物质文化遗产名录】（共 30 项）

1.海淀扑蝴蝶（第一批，2006 年 11 月 19 日）

2.北京（曹氏）风筝制作技艺（第一批，2006 年 11 月 19 日）

3.颐和园传说（第二批，2007 年 6 月 20 日）

4.圆明园传说（第二批，2007 年 6 月 20 日）

5.香山传说（第二批，2007 年 6 月 20 日）

6.西北旺少林五虎棍（第二批，2007 年 6 月 20 日）

7.面人郎面塑艺术（第二批，2007 年 6 月 20 日）

8.传统插花艺术（第二批，2007 年 6 月 20 日）

9.哈氏风筝工艺（第二批，2007 年 6 月 20 日）

10.绣花鞋工艺（王冠琴）（第二批，2007 年 6 月 20 日）

11.北京戏曲盔头制作技艺（第二批，2007 年 6 月 20 日）

12.曹雪芹（西山）传说（第三批，2009 年 8 月 25 日）

13.凤凰岭传说（第三批，2009 年 8 月 25 日）

14.六郎庄五虎棍（第三批，2009 年 8 月 25 日）

15.苏家坨太平鼓（第三批，2009 年 8 月 25 日）

16.高跷秧歌（第三批，2009 年 8 月 25 日）

17.太平歌词（第三批，2009 年 8 月 25 日）

18.踢石球（蹴球）（第三批，2009 年 8 月 25 日）

19.珍珠球（第三批，2009 年 8 月 25 日）

20.口技（第三批，2009 年 8 月 25 日）

21.孙式太极拳（第三批，2009 年 8 月 25 日）

22.吴式太极拳（第三批，2009 年 8 月 25 日）

23.彩塑京剧脸谱（第三批，2009 年 8 月 25 日）

24.颐和园听鹂馆寿膳制作技艺（第三批，2009 年 8 月 25 日）

25.宏音斋笙管乐器制作技艺（第三批，2009 年 8 月 25 日）

26.程氏针灸（第三批，2009 年 8 月 25 日）

27.葛氏捏筋拍打疗法（第三批，2009 年 8 月 25 日）

28.山石韩叠山制作技艺（第四批，2014 年 9 月 28 日）

29.临清潭腿（第四批，2014 年 9 月 28 日）

30.北京绢人（齐聪颖）（第四批，2014 年 9 月 28 日）

（王凤华）

【入选第一批海淀区级非物质文化遗产名录】（共 5 类 15 项，2007 年）

1.民间文学：颐和园传说

圆明园传说

香山传说

2.传统舞蹈：海淀扑蝴蝶

西北旺少林五虎棍

3.传统杂技与竞技：

蹴球

花样空竹表演技法

4.传统美术：面人郎面塑艺术

传统插花艺术

颖拓艺术

5.传统技艺：北京戏曲盔头制作技艺

曹氏风筝工艺

哈氏风筝工艺

绣花鞋工艺（王冠琴）

彩灯工艺（小灯张）

（王凤华）

【入选第二批海淀区级非物质文化遗产名录】（共10类36项，2009年）

1.民间文学：曹雪芹（西山）传说

凤凰岭传说

民间气象谚语

2.传统音乐：北京怯音乐

3.传统舞蹈：蓝靛厂少林棍

六郎庄五虎棍

苏家坨太平鼓

南安河武松打店棍会

高跷秧歌

4.传统戏剧：京西皮影戏

5.曲　　艺：太平歌词

6.传统杂技与竞技：

传统弹弓术

珍珠球

纪氏太极拳法

口技

宋氏三皇炮捶拳

孙式太极拳

吴式太极拳

屯佃中幡

7.传统美术：团花剪纸

金属锻錾

彩塑京剧脸谱

面塑（潘大洪）

北京绢人（齐聪颖）

面人汤面塑（海淀分支）

平刻微雕

8.传统技艺：惠丰堂鲁菜制作技艺

京西水稻种植技术

颐和园听鹂馆寿膳制作技艺

宏音斋笙管乐器制作技艺

绣花鞋制作技艺（蒋丽娟）

9.传统医药：蔡氏脉象

程氏针灸

葛氏捏筋拍打疗法

10.民　　俗：喜轿习俗

苏家坨立夏习俗

（王凤华）

【入选第三批海淀区级非物质文化遗产名录】（共7类18项，2012年）

1.传统舞蹈：太少狮（京西蓝靛厂义振旗缘太少狮会）

2.传统戏剧：西路评剧

3.曲　　艺：单弦（荣派）

4.传统杂技与竞技：

白猿通背拳（海淀）

飞叉（海淀）

临清潭腿

祁家通背拳（海淀）

5.传统美术：剪纸（晓林剪纸张）

京剧脸谱（刘派）

京绣（海淀分支）

面塑（贾会珍）

齐派篆刻

6.传统技艺：京派内画鼻烟壶（铁华）

御膳制作技艺

蒙镶（郑旭映）

山石韩叠山制作技艺

中式盘扣技艺（海淀）

7.传统医药：正体复本术

（王凤华）

【入选第四批海淀区级非物质文化遗产名录】（共6类15项，2015年）

1.民间文学：北京满族民间故事

2.传统舞蹈：翰林院五虎棍

苏一二单槌大鼓

3.传统体育与竞技：

五行通背拳

形意拳

少林五形八法拳

4.传统美术：内画鼻烟壶

京绣（于静）

烙画

毛猴

5.传统医药：连氏艾灸

千峰派内丹养生术

赵氏针灸

“又一新”养生药膳

6.民　　俗：妙峰山香道

（王凤华）

媒体传播

【概况】 2015年，海淀区新闻中心实施“巩固报纸、办活电视、壮大网络”的发展战略，深化区属媒体改革发展，提高舆论引导水平。出版报纸235期，刊发新闻稿件1万余篇。制作《海淀新闻》353期，发布新闻1700余条。建立全区统一的新闻采集和发布平台，海淀网发布新闻近15万条，日均浏览量超过14万人次。海淀新闻微信、微博、客户端发布新闻4500余条，粉丝超过15万人。

（赵知毅）

【纸媒体】 海淀区新闻中心的纸媒体有一报二刊，即《海淀报》(含《中关村导刊》)、《都市生活周刊》。全年出版报纸235期，编辑版面1530个，刊发新闻稿件10000余篇，约800万字。其中《海淀报》出版140期，编辑版面600个，刊发消息、通讯、评论和图片新闻500余篇（幅）、450万字;《中关村导刊》出版46期，编辑版面184个，刊发稿件2000余篇（幅）、150余万字;《都市生活周刊》出版49期，编辑版面784个，刊发稿件3000余篇（幅）、250余万字。主要内容包括：聚焦62项改革举措，京津冀协同发展，文明城区创建迎检宣传和长效机制巩固，建设全国科技创新中心核心区及围绕三大功能区建设成果进行报道，社会主义核心价值观宣传报道，对重大民生工程、各项社会事业发展进行全方位不间断报道，围绕“十二五”收官和“十三五”开局做好亮点宣传。开辟《核心区视窗》《建创文机制 共享文明成果》《巩固创文成果 深化为民惠民》《海淀文化创意产业系列报道》《五个好机关党组织》《家风》《找准定位谋发展 改革创新建首善——落实习近平总书记考察北京重要讲话精神》《时代先锋 海淀楷模》《京津冀协同发展进行时》《创见未来》《一代巨匠曹雪芹》等重点栏目。创办《海淀报》玉泉山副刊，出版《万泉今何在》《过年往事》《清明访贤话西山》《五四：一个国家的青春记忆》《西山，一座抗战丰碑》《寺庙：海淀文化记忆的一个符号》《华丽转身：从图书城到创业大街》7期，每期4个版，共28版，共计约15万字。

（赵知毅）

【广播电视】 海淀有线电视节目纳入北京电视台公共频道（现BTV新闻频道）播出。每天播出4.5小时，播出的新闻类节目有《海淀新闻》《海淀1时间》；专题类节目有《海淀教育》《警方在线》《城管视点》《火线》《文明海淀》《海检播报》等。2015年，重点围绕“京津冀协同发展”“三严三实”“核心区建设”“中关村创新创业季”“纪念中国人民抗日战争暨世界反法西斯战争胜利70周年”“为民办实事”“社会主义核心价值观”等重点工作进行新闻策划、报道、宣传。完成353期《海淀新闻》，制作社会民生及一般性新闻1700余条。其中在北京台播出160多条、中央电视台播出2条。拍摄新闻和专题栏目4000多条。拍摄各类资料1500多分钟。《文明风尚汇》栏目坚持将宣传社会主义核心价值观报道作为重点宣传工作和任务，定位于贴近百姓生活、寓教于乐，用轻松活泼的方式，树立文明典范，传播文明风尚，全年播出226期。播出电视专题栏目《创新中关村•核心区》51期、《明天成长》47期、《红盾时空》25期。创办《海淀百姓故事》《海淀风物志》二档新栏目。制作汇报片21部。

2014—2015年度，区新闻中心被评为北京市新闻出版广电局举办的广播电视公益广告专项基金扶持项目三类传播机构；电视栏目《文明风尚汇》被评为2014年北京市优秀广播电视节目电视新闻类优秀作品；《创新中关村，核心区》19期被评为2014年度（北京市优秀广播电视节目播音主持类）优秀作品；《“一城三街”“成就中关村创新梦”》被评为2014年北京市优秀广播电视节目新闻类优秀作品；《3D打印，打出中关村“智”造》获北京广播电视协会颁发的2015年度北京新闻奖。

【网络媒体】 海淀网立足区域性、综合性、枢纽型门户网站定位，设置新闻、服务、互动、生活4个板块、30多个频道、近200个栏目，是北京区县最大的网络媒体平台。海淀网实现全区统一的新闻信息推送，对区属各委办局、街镇、企事业、驻区单位、中央和市属媒体约200家网站的重要内容进行定向抓取、汇总整理，在网站的“新闻、图片、视频、专题”4个频道24小时不间断播出。

年内，海淀网日均发布新闻300余条，日均浏览量超过14万人次，向政府网发布新闻近6000条，用区委网发布新闻1600多条，首都之窗发布海淀新闻3200多条，发布《海淀新闻》网络视频353期、《海淀报》电子报235期（其中海淀报140期，中关村导刊46期，都市生活周刊49期），确保区属报纸、电视新闻产品及时上线。

完成全媒体采编平台开发建设。实现“报纸、电视、PC网站、手机客户端、微博、微信”多终端一体化发展。完成“新媒体云服务平台”项目建设。建立全区统一的新闻采集和发布平台。完成海淀报采编及移动采编系统建设。

改版升级海淀新闻“两微一端”。移动客户端发布新闻2000余条，官方微博发布新闻1500余条，微信公众号发布新闻1000余条；“两微一端”粉丝增加3万余人，累计超过15万人，微话题最高阅读量超过200万人次。完成“无线海淀”移动客户端改版升级，集新闻资讯、城市公共信息、城市生活和应用功能服务、市民生活信息服务和互动娱乐社交为一体，开启人性化、智能化、便捷化的“一键到达”生活新模式。

海淀网突出政务发布功能，开设“走进海淀”“权威发布”两个频道，设置海淀概况、自然环境、经济数据、社会发展、政策法规、重大事项、招投标、人事任免8个栏目；开通网上便民服务平台，共梳理市、区级政府部门网上办事项目2000余项，社会服务、便民查询服务、购物服务等项目50多项。强化政民互动功能和社会舆情表达收集功能，开办传递民声、政民互动、在线访谈、百姓呼声、海网论坛等20多个频道和栏目，并连接书记信箱和区长信箱。

（赵知毅）

档　案

【概况】 海淀区档案局与海淀区档案馆合署办公，区档案馆是区县级国家一级综合档案馆。2015年，区档案局完成对97家单位的档案执法检查、103家单位的档案专项绩效考核，清理非行政许可审批事项4项。完成对中关村街道办事处的机关档案测评验收。对机构改革单位、新纳入监管单位（区综合行政服务中心、区地震局、区民防局、区食药局）档案业务指导。开展农村集体产权制度改革、重点建设项目等专门领域档案规范化管理工作。开展对东升镇新农村建设档案工作的测评检查。组织79家单位参加档案法制知识竞赛，利用6月9日“国际档案馆日”、“12•4”全国宪法宣传日进行档案法制宣传，通过“六五”普法验收。

区档案局（馆）承担的市级课题“馆藏珍贵档案的界定研究”通过专家评审

验收，获得 2015 年北京市档案科技优秀成果二等奖；完成区级课题“新形势下海淀区域特色档案征集探索”的研究工作。

（张海英）

【《北京海淀古镇风情》出版工作座谈会】 6 月 9 日，在国际档案日暨北京市第七届“档案馆日”活动之际，区档案局（馆）召开《北京海淀古镇风情》出版工作座谈会暨个人档案捐赠仪式，史学专家、学者近 20 人出席座谈会。《北京海淀古镇风情》一书是业余画家郭云鹏关于海淀镇昔日面貌的钢笔画集，与会人员对此书给予充分肯定，为区档案馆编研工作、征集工作提出建议。领导为捐赠档案的嘉宾郭云鹏颁发奖杯及证书。

（张海英）

【市重点建设项目档案登记】 年内，区档案局对区政府负责的 2 个新建项目、14 个在建项目和 10 个计划竣工项目的档案登记工作进行布置和指导。完成 1 个新建项目、7 个在建项目和 1 个竣工项目的审核、报送工作。

（张海英）

【档案业务培训】 年内，区档案局对全区有关单位及驻区企业新上岗的 204 名档案工作人员进行 64 课时岗前档案专业知识培训，经考试合格后颁发证书。举办全区范围的专题培训 2 次，共计 215 人参加。为立档单位及其所属单位进行档案业务知识专题培训 15 次，参训人员累计 320 人。

（张海英）

【档案信息化】 年内，区档案馆完成照片档案数据库系统升级和照片档案数据迁移。完成馆藏档案数据库备份。“智慧海淀”项目“海淀区电子文件归档管理系统”通过区委常委会批准。完成项目初设方案的编制和报审，完成档案数字化加工纸质档案 18375 卷、716119 幅，以件为保管单位档案 66702 件、379734 幅，照片 94 张，录音、录像 4 小时。

（张海英）

【档案收集】 年内，区档案馆共接收立档单位档案案卷 5933 卷、以件为保管单位档案 11809 件、照片档案 94 张。接收国务院公报 37 期 72 本、市政府公报 48 期 96 本、区政府公报 4 期 50 本、政府公开信息 2680 份 8118 件。征集档案资料 7000 余件，录音、录像、影片档案 37 盘，照片档案 1500 张，电子数据 100 余 GB。重要会议、重大活动拍摄照片 2000 余张、录像 1250 分钟。

（张海英）

【档案资源开发利用】 年内，区档案馆出版发行《海淀消失的村落》《景泰陵志》。编制《海淀区 2014 年大事记》、《2014 年区领导政务活动汇编》（5 册）、《2014 年海淀区要事摘录》，编辑 4 期《海淀档案》杂志（电子版网发）。全年接待档案利用者 11895 人次。利用纸质档案 1602 卷次、534 件次，利用电子档案 8173 人次、10680 件次，利用现行文件 200 人次、150 件次，利用资料 150 人次、300 册次。开具档案证明 5648 份，打印 53246 页，复印 2090 页。举办档案展览 2 个，接待参观者 1.2 万人次。举办国际档案日暨北京市第七届“档案馆日”海淀会场活动。

（张海英）

地方志

【概况】 海淀区党史地方志办公室（区史志办）负责地方志书编纂和地方史志资源的保护开发利用工作。2015 年，区史志办被确定为首批全国年鉴工作试点单位，纳入全国年鉴精品工程。区史志办被北京市地方志编纂委员会评为《北京年鉴》编纂工作先进集体；《北京海淀年鉴（2013）》在中国出版协会举办的第五届年鉴编纂出版质量评比中获综合三等奖。

年内，二轮修志工作进入初稿总纂、初审阶段，编辑部对志稿进行修改、补充和完善。在全区范围内对志稿进行审核。组织所有承编单位、部分区领导和退休老干部，对 46 册单审编印本进行审阅并提出修改意见。承编单位以典型性、资料性、重大性为原则，按照志书记述的本行业内容，选取、上报照片。组织召开村志编研会，邀请区内部分村志爱好者、编写者和史地专家参加，并请出版社专家提出相关要求，为村志编修搭建交流研讨的平台，推动村志工作的开展。酝酿清河镇、马甸村、大有庄、北安河等地民间人士记忆丛书的成型和出版。开展韩家川村相关口述史的收集整理工作，完成韩家川两通石碑的研究、劳模王秀芳口述史《晨兴理荒秽 带月荷锄归》的编辑整理。形成 80 余万字的《韩家川村史志资料汇编（初稿）》。

完成《北京海淀年鉴（2014）》的出版及发放工作。召开“2015 全区年鉴工作会”。会议总结 2014 年全区年鉴工作开展情况，下发《2015 年海淀年鉴编写方案》和《2015 年海淀年鉴编写规范》，对 2015 年年鉴的撰写提出要求。

完成第四批史地丛书（《三山考信录》《丹棱纪事》《司法者的思法》《北京海淀·历史与地情》）的编辑出版及发放。启动第五批史地丛书的编辑出版，有 3 本书列入出版计划。

（李苗　田颖）

【与拉萨市城关区交流修志工作】 4 月 22 日，拉萨市城关区副区长高军一行 4 人到海淀区史志办，就地方志编纂工作进行座谈交流。双方交流了第二轮地方志编纂工作的经验及做法，并将就地方史志工作深入开展持续的交流活动。

（李苗）

【培训全市年鉴撰稿人】 5 月 14 日，在北京年鉴社举办的 2015 年北京市第二次年鉴编纂业务培训会上，区史志办副调研员、《北京海淀年鉴》执行主编钟冷做题为“年鉴条目编写存在的几个问题”的主题培训，全市16个区县以及市委、市政府各委办局，市属单位的年鉴撰稿人120人参加培训。培训以案例分析的方式，指出在年鉴条目编写过程中普遍存在“标题不精炼、基本要素不齐全、内容记述不完整、记述无价值的信息、记述内视信息、条目排序”等方面的问题，并对如何编写年鉴条目提出具体建议。

（钟冷）

【区史志办被评为首批全国年鉴工作试点单位】 12月，中国地方志指导小组办公室正式确定北京市海淀区党史地方志办公室等10家单位为2016年至2020年首批全国年鉴工作试点单位，纳入全国年鉴精品工程。此次全国仅有3家区县年鉴被评为试点单位。

（李苗）

【《北京海淀年鉴（2015）》出版】 12月，由海淀区人民政府主办，区史志办承编的《北京海淀年鉴（2015）》由方志出版社出版发行，为《北京海淀年鉴》第14卷。该卷记述的是海淀区2014年经济和社会发展各方面的基本情况和重大事件，记述时限为2014年1月1日至2014年12月31日（部分内容根据实际情况，时限略有前后延伸）。全书设党和国家领导人在海淀、特载、规范性文件选载、区情概述、大事记、中国共产党海淀区委员会、海淀区人民代表大会、海淀区人民政府、中国人民政治协商会议北京市海淀区委员会、民主党派•工商联、群众团体、法治、武装、中关村国家自主创新示范区核心区、综合经济管理、农业•水务•气象、商业服务业•对外经济贸易、旅游、城乡建设、城市管理与服务、文化、教育、科技•卫生•体育、社会民生、社会建设、街•镇、人物、统计资料（选编）、附录共29个类目，187个分目，1699个条目，照片225张，113.6万字。

（钟冷）

卫生·体育

2016
北京海淀年鉴

3月30日，海淀区东北部—北京大学人民医院医联体签约（区卫计委 供图）

4月15日，树村京豫希望小学开展春季疾病预防培训（上地街道 匡贤良 摄）

6月6日，北京市端午节赛龙舟全民健身系列活动分会场——玉渊潭公园赛场（区体育局 供图）

8月8日，海淀区举办第九届“和谐杯”乒乓球比赛（区体育局 供图）

8月15日，2015“中关村杯”笼式足球国际邀请赛在中央电视塔启动（区体育局 供图）

9月16日，中国中医科学院西苑医院专家到上庄家园社区开展“心系百姓 共筑健康”大型义诊暨60周年院庆系列活动（区卫计委 供图）

10 月 23 日，海淀区计划生育特殊困难家庭社区养老服务中心在西三旗千顺社区养老服务中心揭牌（区民政局 供图）

海淀区举办五棵松国际篮联“三对三”大师赛（区政府办 供图）

卫 生

【概况】 2015年，海淀区有医疗卫生机构1053个，其中医疗机构1049个，包括非营利性521个、营利性528个。实有床位11238张，卫技人员29026人，其中执业（助理）医师10761人、注册护士12660人。每千常住人口实有床位3.04张、卫技人员7.86人、执业（助理）医师2.91人、注册护士3.43人。完成科研项目9项，其中国家级项目1项，经费20万元；地方科技项目8项，经费72.99万元。全年门诊3000.07万人次，急诊132.09万人次，留观360817人次，入院358281人，出院355979人次，床位使用率81.96%，平均住院日8.71天，病死率0.96%。住院手术90607例。完成无偿献血151175单位，其中街头献血136515单位、单位团体无偿献血14660单位。临床用血100%来自自愿无偿献血。全年用血量91007单位。

全年出生21958人，其中男性11373人、女性10585人，出生率9.19‰；死亡10615人，其中男性5917人、女性4698人，死亡率4.44‰；自然增长率4.75‰。因病死亡10340人，占死亡总数的97.41%。死因前十位依次为：恶性肿瘤，心脏病，脑血管病，呼吸系统疾病，消化系统疾病，内分泌、营养和代谢及免疫疾病，损伤和中毒，神经系统疾病，泌尿、生殖系统疾病，传染病。户籍人口期望寿命82.69岁，男性80.60岁、女性84.86岁。2015年，海淀区成功创建全国艾滋病综合防治示范区。

（张炜）

【医联体建设】 年内，6个综合医联体和精神防治、中医、老年康复和口腔4个专科医联体上转9917人次，下转3475人次，专家出诊14328人次，会诊查房904人次，义诊421人次。培训为医务人员838人次，接收进修279人次，到成员单位指导工作109次，远程会诊742人次，召开医联体例会36次。

（张炜）

【医疗卫生信息化建设】 年内，全面推进智慧卫生等信息化项目建设。学院路社区卫生服务中心完成C/S架构部署，启动政务云环境部署测试。海淀医院、中关村医院、海淀妇幼保健院等院内信息系统建设逐步推进设计模块上线，海淀医院启动门诊系统建设并基本达到上线标准。新建完成卫生工委、卫生计生委、公共委三委合一的门户网站。区域卫生信息平台、公共卫生系统中疾控、应急救援、卫生监督等信息系统建设，部分系统基本达到初验标准；完成75%的设备购置，并连通16家机构视频会议系统。启动海淀区卫生与妇幼机构专网建设，完成建设方案设计及招标。

（张炜）

【社区卫生】 年内，全区运行社区卫生服务中心50个，其中区政府举办27个、社会力量举办23个。运行社区卫生服务站155个，其中区政府举办98个、社会力量举办57个。建立居民个人健康档案306.6万份，建档率83.36%；建立电子个人健康档案287.5万份，电子化率78.16%。管理慢病患者359771人，其中管理高血压患者173139人，规范管理116010人，规范管理率67.0%，管理人群血压达标99164人，达标率57.3%；管理糖尿病患者65249人，规范管理45609人，规范管理率69.9%，管理人群血糖达标34756人，达标率53.3%；管理冠心病患者45321人；管理脑卒中患者15353人；管理其他慢病患者60709人。社区卫生基本公共卫生服务经费区属机构由8元/人·年提升到10元/人·年，非区属机构由40元/人·年提升到50元/人·年。10家社区卫生服务机构开展家医助理项目路试点工作，开展家医助理的岗前培训。建立社区卫生服务团队498支，覆盖29个街道（乡镇）、670个居（村）委会。生活社区签约138.44万人，其中重点人群中65岁以上老年人签约30.96万人，慢性病患者签约50.20万人；功能社区签约60.85万人。共签约199.3万人，按常住人口369.4万人计算，总签约率为54%。

（张炜）

【“一键式”家医服务项目】 年内，扩大“一键式”家医服务项目政策惠及人群，除新满80周岁老人外，将计划生育特殊困难家庭老人（独生子女死亡或伤残）纳入服务体系，新增6300余户符合条件的家庭申请加入“一键式”家庭医生式服务体系，5万余人受惠。家庭医生式服务团队全年提供“一键式”家庭医生式服务5万余次；急救中心接到“一键”急救呼叫1万余次，出车救助1600余次。

（张炜）

【农村卫生】 年内，全区运行村卫生室23个，均为村委会办。注册乡村医生240人，享受市级乡村医生基本待遇44人，全年发放乡村医生基本待遇补助金84.48万元。

（张炜）

【新型农村合作医疗】 年内，全区参合59070人（其中159人为新生儿和断保人员），参合率98.1%。人均筹资1560元，其中市区财政补助1040元，个人缴费160元，村集体分别出资140元，镇级财政资助220元。全年共筹集住院资金9214.92亿元。住院总费用1.17亿元，住院补偿6491人次5974.67万元；门诊总费用4753.69万元，补偿28391人次1530.04万元。对2014年新农合医疗费用进行大病保险补偿，补偿920人8275877元。在上庄镇等11家涉农社区卫生服务中心开展新农合门诊即时结报，在海淀医院开展新农合住院即时结报。

（张炜）

【传染病防治】 年内，全区甲乙类传染病发病4603例，发病率128.98/10万。发病率前三位的疾病是痢疾（1684例，发病率47.19/10万，占总发病数的36.58%）、肺结核（984例，发病率

27.57/10万，占总发病数的21.38%，死亡1人，病死率0.10%）、猩红热（686例，发病率19.22/10万，占总发病数的14.90%）。丙类传染病发病7714例，发病率216.15/10万。新登记管理肺结核797人（含外地患者393人），纳入社区管理215例。非结核病防治机构疑似肺结核报告1500例，比2014年下降24.17%。综合医疗机构肺结核报告率和转诊率均为100%；高校登记肺结核患者系统管理率100%。综合医疗机构痰结核菌检验结果误差率在5%以下。为18572名本地新生儿和13927名外地新生儿接种卡介苗，新生儿卡介苗接种和补种率96.3%。本区居民涂阳76例，流动人口涂阳82例，监化率均100%。完成28所高校新生PPD(结核)筛查53197人，筛查率99.1%，复查率99.8%，共筛查出强阳性学生1380人，强阳性率2.6%，强阳性学生免费拍片率100%。发现活动性肺结核19人，学生预防性服药284人。

（张炜）

【性病、艾滋病防治】 年内，全年新报告HIV/AIDS 609例。美沙酮门诊累计治疗409人，比2014年增长9.07%（上年375人）；在治238人，比上年增长20.81%（上年为197人）。暗娼人群累计干预38352人次，其中5204人次进行HIV检测；男男同性恋人群累计干预71232人次，其中12740人次进行HIV检测。

（张炜）

【人畜共患疾病防治】 年内，区卫生计生委对上庄村西郊二场养牛场及周边个体散户进行血清学检测35人，经过市疾控中心实验室复核，未检测出抗体阳性者。报告手足口病病例3248例，发病率91.01/10万，无死亡；聚集性发病50起，重症病例7例。

（张炜）

【慢性病防治】 年内，区卫生计生委完成海淀区成人慢性病及危险因素监测。开展全民健康生活方式行动，完成示范社区、示范餐厅、示范食堂的创建，14家机构获“北京市全民健康生活方式行动健康示范机构”称号。国家脑卒中高危人群筛查及干预试点项目完成脑卒中初筛5150人，其中科研型筛查1009人、非科研型筛查4141人，颈动脉彩超检查435人，体格检查和生化检查1191人，发现卒中患者96人、TIA（缺血性卒中）25人、高危人群435人。对评估为高危人群的居民分别纳入到慢病规范管理和高危人群高危因素干预中，对在筛查中发现的卒中患者均转入患者医保定点医院进行进一步诊治。北京市脑卒中筛查、管理及干预项目完成随访14225人次，其中含有1～2项危险因素脑卒中高危人群随访7731人。

（张炜）

【癌症早诊早治项目】 年内，全区城市人群癌症筛查共发现乳腺癌高危人群405人、肝癌高危人群402人、上消化道癌高危人群300人、肺癌高危人群720人、结肠癌高危人群188人，其中发现乳腺癌“可疑阳性”例数33例、“阳性”例数5例；肝癌筛查发现“AFP阳性”12例、1例肝硬化；发现大肠癌前病变86例；肺癌筛查发现阳性结节131例。农村人群完成随访905名肺癌高危人群，随访率90.5%。新增筛查肺癌高危人群97人。

（张炜）

【肿瘤防治】 年内，共接到肿瘤防办下发有效病例数8823例，经访视核查，有外地患者84人、本地8739人，成功随访8347人；失访389人，整体拆迁3人，失访率4.5%。筛查出死亡人数531人，低于市肿瘤防办15%的要求。组建295个高血压自我管理小组，新开展108个管理小组，全部完成6次小组活动。居委会覆盖率为49.2%。

（张炜）

【地方病防治】 年内，区卫生计生委完成居民户碘盐监测300件，碘盐覆盖率98.67%，碘盐合格率96.28%，合格碘盐食用率95.00%；对200名育龄妇女、200名成年男性及200名孕妇进行尿碘监测，尿碘中位数分别为126.0μg/L、161.5μg/L、149.5μg/L；对200名8～10岁儿童进行甲状腺触诊和尿碘含量检测，甲状腺触诊均为阴性，尿碘中位数176.0μg/L。对西北旺镇、苏家坨镇、上庄镇共14口历史高水氟井（部分村因拆迁无法进行采样）的末梢水进行水氟监测，枯水期、丰水期分别采集28件水样，水氟含量≤1.2mg/L，监测结果均符合国家标准。检查五年级学生1680人，未发现氟斑牙。

（张炜）

【学校卫生】 年内，海淀区共有中小学校208所，在校生共250661人，实检人数239450人（95.5%）。其中小学127所，学生142482人，实检人数137043人（96.2%）；普通中学76所，在校生104411人，实检人数99431人（95.2%）；职高5所，在校生3768人，实检人数2976人（79.0%）。中小学生肥胖检出率20.76%，营养不良检出率14.80%，视力不良检出率66.63%，贫血检出率0.32%，恒牙患龋率为18.20%，恒牙充填率为52.47%。

（张炜）

【计划免疫】 年内，全区共设立87个预防接种门诊，其中AAA级4个、AA级14个、A级69个，87个实现信息化网络化管理。免费疫苗常规接种699341人次，外来务工接种麻疹疫苗18457人，A+C流脑疫苗接种12768人，两会保障人员接种麻腮风疫苗64人次。计划免疫0～6岁户籍儿童107047人、非京籍儿童65767人。计划免疫调查建卡率100%，四苗调查接种率98.10%，流脑疫苗接种率99.97%、乙脑疫苗接种率99.96%，乙肝疫苗接种率100%。报告麻疹发病147例，发病率4.2/10万；狂犬病发病1例；百日咳发病16例。儿童预防接种强化免疫建证率100%，麻风腮疫苗补种率97.78%，流脑疫苗补种率95.97%，百白破疫苗补种率97.07%，乙脑疫苗补种率92%，乙肝疫苗补种率97.62%。全区60岁及以上老人免费接种流感疫苗68883人，报告接种率41.41%；学生免费接种流感疫苗109898人，报告接种率63.21%。

（张炜）

【职业卫生】 年内，区卫生计生委对辖区生产、使用重金属污染企业开展监测工作，对接触铅、汞、铬的33个作业位点，100件样品进行监测，监测结果均符合国家标准；对接触重金属作业的436人进行职业健康检查资料的收集与分析，未发现疑似职业病、职业禁忌症等目标疾病。收集职业健康检查机构接触有毒有害作业工人体检资料 7932 条；完成辖区重点职业病监测与风险评估、辖区汽车修理行业风险评估、辖区职业性放射性疾病监测与风险评估工作；负责职业病报告工作，完成接报、审核尘肺病 13 例，其他职业病 4 例，农药中毒 14 例，疑似职业病 12 例；完成职业病鉴定 23 例。针对辖区一级、二级医疗机构开展医用辐射监测，完成监测设备 23 台次，合格率 88.0%；开展健康体检机构X设备医学影像质量控制调查，设备合格率 56.1%；完成放射工作人员个人剂量监测工作，完成 4891 人次监测工作；完成 10 家单位 13 人次的异常剂量现场核实工作。

（张炜）

【健康教育】 年内，区卫生计生委开展健康教育宣传活动 20 次，受益 7 万余人，发放宣传品 100 余万份。辖区学校、医院、企事业单位、政府机关共举办 5 场健康大课堂，直接受益人数 1420 人。承办北京市健促办健康讲座 6 场，分别在社区、工厂、企事业单位开展，受益人数 1020 人。

（张炜）

【公共卫生监督检查】 年内，全区有各类公共场所 3852 个，区卫生计生委经常性监督检查 17596 户次，监督覆盖率 99.48%。审批卫生许可证 390 个，其中新办 218 个、延续 50 个、变更 122 个。处罚 190 户次，其中罚款 185 户次、28.03 万元。有自备井 274 个，新办证监测 11 户，复验办证监测 50 户，变更办证监测 11 户，经常性监测 1249 户次。高层建筑生活饮用水新办证监测 102 户，复验办证监测 487 户，变更办证监测 205 户，经常性监测 5800 户次。处罚生活饮用水 27 户次，其中罚款 25 户次、15 万元。未发生生活饮用水污染事故。监督控烟 3622 户次，现场劝阻吸烟 379 人次，处罚 85 户次，罚款 14000 元。

（张炜）

【医疗卫生监督检查】 年内，区卫生计生委检查 1050 个医疗卫生单位，监督覆盖率 100%，监督 6580 户次，合格率 99.48%。行政处罚 39 户次，其中警告 27 户次，罚款 28 户次、6.55 万元。取缔非法行医点 80 个，罚款 76 户次，罚款金额 31.56 万元，没收违法所得 6808 元。对辖区医疗机构监督 6580 户次，其中三级医院 11 家 93 户次、二级医院 18 家 141 户次、一级医院 46 家 553 户次、无级别医疗机构 975 家 5793 户次。开展打击非法行医、母婴保健、医疗广告整治、消毒产品、传染病防治、医疗卫生重点监督、预防接种、肠道门诊、幼儿园周边手足口病、麻疹防控、人感染 H7N9 禽流感防控、埃博拉防控、中东呼吸综合征防控、流感疫苗预防接种、医疗机构控烟、重点地区整治等专项检查。开展临床用血监督检查，监督检查市血液中心、各临床用血医疗机构 24 户次，合格率 100%。对 800 余人次进行依法行医、医疗广告、传染病、放射卫生等内容的培训。传染病防治检查 4026 户次，合格 3902 户次。投诉举报受理 3468 件，处理 3428 件，结案率 100%。其中控烟投诉举报 2687 起，受理 2686 起；公共场所卫生投诉举报 228 起，受理 221 起；医疗卫生投诉举报 428 起，受理 422 起。

（张炜）

【爱国卫生】 年内，区卫生计生委开展城乡环境卫生整治清洁，50.6 万人次参加“爱国卫生月”“城市清洁日”活动，清理蚊蝇滋生地 2780 处、垃圾杂物 4369 吨；开展健康知识讲座 2334 场，受益 176358 人；社区健康知识专家巡讲 6 场，培养健康指导员 2 人。完成 343 个健康社区和健康促进示范村的复检。开展全区性病媒生物防制 5 次，居民家庭蟑螂密度监测 2400 户；新建固定鼠站 1.5 万个，布放鼠药 16 吨、粘鼠板 3 万张，喷洒、投放灭蚊蝇蟑药物 16.3 吨；政府投资 1000 万元招标专业病媒生物防制公司，对 392 个老旧小区进行 4 轮蚊、蝇、鼠、蟑等有害生物专业防制。开展“健康北京灭蟑行动”，二次入户 17.3 万户。开展控烟宣传 75 场，发放控烟折页 30 余万份、控烟标识 35 万余张；45 家机关、单位通过北京市控烟示范单位中期评估；控烟督导检查单位 3287 家，开展 3 个月的冬季控烟专项整治活动。

（张炜）

【妇幼保健】 年内，全区有孕产妇 21617 人，系统管理率 96.78%，住院分娩率 100%，剖宫产率 35.85%，户籍孕产妇死亡率 4.55/10 万，母乳喂养率 92.58%。“两癌”筛查 22755 人，确诊乳腺癌 21 人，乳腺癌前病变 7 人；宫颈癌 1 人，宫颈癌前病变 78 人。婚前医学检查 4961 人，婚检率 8.04%，疾病检出率 13.83%。围产儿死亡率 3.32‰，新生儿死亡率 1.69‰，婴儿死亡率 2.19‰，5 岁以下儿童死亡率 2.5‰。新生儿遗传代谢性疾病筛查率 100%，听力筛查率 93.31%。0～1 岁儿童神经心理发育迟缓筛查率 86.52%。0～6 岁儿童 150423 人，系统管理率 95.26%。

（张炜）

【护理工作】 年内，辖区二级医疗机构全部开展优质护理示范工程，优质护理病区达到 55 个，覆盖率达到 50%～100%。对区属开展优质护理的二级医院进行护理质量及优质护理督导检查。举行“5·12”国际护士节表彰活动，评选护理服务杰出贡献奖 20 人、优秀护理管理工作者 88 人、优秀护士先进个人 198 人。

（张炜）

【医疗对口支援】 年内，海淀区完成湖北丹江口、青海省海西州、青海玉树藏族自治州、内蒙古敖汉旗和北京市城乡对口支援密云县的对口支援工作。共接收进修人员 25 人，派出 546 人次，建设特色专科 8 个，培训当地医护人员 2241 人次。开展学术讲座 24 场、健康讲座 23 次，开展义诊和健康教育，发放书籍、材料等 1400 余份，惠及群众 6000 余人。捐款捐物 20 余万元。

（张炜）

【临床用药管理】 年内，区卫生计生委在 51 家社区卫生服务中心开展处方集中点评工作。组建以二、三级医院为依托的海淀区社区卫生服务机构处方点评专家组，共点评处方 35700 张。制定《海淀区委卫生工委、卫计委、公共委关于开展医药购销领域商业贿赂专项治理工作实施方案》和《海淀区区属医疗机构药品采购和使用若干规定（试行）》，进一步规范医疗机构行为和提高医护人员廉洁从业意识，提升医疗服务质量。开展抗菌药物专项整治，对26家一级以上医疗机构进行检查。

（张炜）

【医学教育】 年内，区卫生计生委审核继续教育学分18296人，达标率90.4%。参加全员必修课18395人，合格率96.63%。参加社区必修课3915人，合格率99.67%。乡村医生在岗培训240人，参加社区骨干培训15人。参加北京市中医类别全科医生转岗培训19人；报名住院医师规范化培训57人；参加区县级医院专业骨干培养13人。

（张炜）

体育

【概况】 2015年，海淀区体育工作通过完善公共体育服务体系，广泛开展群众体育活动，群众体育健身条件得到明显改善。竞技体育通过“强基拓优”，整体实力增强。体育产业发展的环境逐步改善，体育产业规模逐步壮大。组建体育场馆管理中心，指导体育场馆规范化经营。全年培训注册体育指导员7373人。以建设体育传统项目学校、青少年体育俱乐部为重点，推进青少年体育后备人才培养；开展青少年体育竞赛活动，促进竞技水平提升。办理游泳项目高危项目安全许可12家，办理二级裁判员注册469名、三级裁判员注册130名。

（高鑫鑫）

【群众体育】 年内，区体育局出台《海淀区全民健身发展三年行动计划（2015—2017年）》《海淀区全民健身专项资金管理办法》《海淀区优秀全民健身团队活动经费补贴资金管理办法（试行）》《海淀区社会体育指导员管理办法（试行）》等文件，促进群众体育发展。搭建海淀区全民健身综合服务平台，服务平台第一期工程上线试运营。

组织2015年“中关村杯”笼式足球国际邀请赛、以“快乐健身迎新年，龙腾狮跃闹元宵”为主题的全民健身、海淀区第十届全民健身体育节、助力申冬奥——海淀—张家口申冬奥城市冰雪挑战季北京海淀站活动、“三山五园行，走进凤凰岭为申办冬奥加油”山地徒步大会等8项全民健身展示竞赛系列活动；参加北京市第十八届“银建杯”健身操舞大赛、京津冀健身柔力球大赛、北京市第四届农民体育运动展示周等8项大型活动。场馆中心承办大型健身活动65次、大型体育赛事和市级体育赛事25次，接待健身群众45万人次，免费开放体育场馆1.1万小时。全区经常参加体育锻炼人数比例巩固在50%以上。与北京体育大学合作，签订《2015年海淀区全民健身科技服务项目合同书》，对全区1万余人开展国民体质监测和群众体育现状跟踪调查工作。培训、注册社会体育指导员1618人。开展海淀区国民体质监测及科技大讲堂，免费向街镇发放科学健身知识宣传展板和全民健身科普知识手册。截止到年底，培训注册体育指导员7373人，其中国家级体育指导员108人，一级指导员850人，二级指导员2041人，三级指导员4374人。

（高鑫鑫）

【竞技体育】 年内，全区体校完成注册运动员2402名，完成等级运动员审批250人次以及向北京市输送运动员43人。在各级各类比赛中，共获得金牌89枚、银牌74枚、铜牌69枚。获得12个团体总分第一、3个团体总分第二；获得3个全国比赛个人第一、4个个人第二；获得145个市级比赛个人第一、96个个人第二。游泳体校代表北京市青少年游泳队参加全国少儿游泳比赛，获得11岁年龄组总分第一、大年龄组个人第二和小年龄组个人第三。在第一届全国青年运动会上，代表北京市参加14个项目比赛，获得四金四银二铜。

开展“青少年校园足球活动”。以建设体育传统项目学校、青少年体育俱乐部为重点，推进青少年体育后备人才培养；开展青少年体育竞赛活动，促进竞技水平提升。

（高鑫鑫）

【学校体育】 年内，区体育局组织中小学生足球、篮球、排球等共10个项目比赛，参赛人数3500多人次。开展足球进校园活动，成立足球进校园工作领导小组，制定海淀区足球进校园工作实施方案。截至年底，全区共有青少年体育俱乐部22所、国家级体育传统项目学校6所、市级体育传统项目学校23所、区级体育传统项目学校38所。

（高鑫鑫）

【群众体育品牌创建】 年内，海淀区体育品牌创建活动分为三个层次，即“一区一品”“一街（镇）一品”“一社区（村）一品”。将中关村国家自主创新示范区核心区体育健身系列活动确定为“一区一品”。新评选6个街（镇）为第四批“一街（镇）一品”，至此，全区29个街镇全部完成品牌创建工作。第二批40个社区（村）被评为“一社区（村）一品”。群众体育品牌创建活动实现区、街镇和社区（村）三级全覆盖。

（高鑫鑫）

【体育设施建设】 年内，新建（更新）全民健身工程215套；国家体育总局投资240万元，在海淀区新建笼式多功能球场8片；市区两级投资930余万元，新建专项球类场地共计29块，其中笼式多功能球场2片、篮球场10片、门球场6片、乒乓球长廊5片、网球场6片；新建轨道棋苑143个。市区两级财政投资540万元，建成凤凰岭国家示范登山健身步道。189个社区被评为北京市体育生活化达标社区，四季青镇西山村、东升镇清河村、西北旺土井村3个行政村被评为北京市农村体育特色村。111所中小学校体育设施实现向社会开放，并投资30万元为所有开放校购买公众责任险，投资购买海淀区内全民健身场地及专类球类场地公共公众责任险。

（高鑫鑫）

【体育执法】 年内，区体育局推进企业安全生产标准化工作，已有 15 家体育企业达标。完成北京市第六次全国体育场地普查工作。为 3 家体育场馆新办北京市体育设施注册登记证，年检体育民办非企业 26 家，复核北京市体育设施注册登记证 133 家。办理游泳项目高危项目安全许可 12 家，办理二级裁判员注册 469 名、三级裁判员注册 130 名。专项检查高层和地下空间及上年检查不符合安全生产规定的体育场馆，共检查 286 项/次，其中滑雪场 2 家、冰场 5 家。发现 15 处安全问题，发出限改通知书 15 份，均整改完毕。

（高鑫鑫）

【体育培训】 年内，区体育局组织全体教练员参加北京市继续教育培训班；组织各体校运动员、教练员、科研人员及相关的管理人员通过集体和自学相结合方式开展反兴奋剂知识学习。为区各校运动员拍摄骨龄 100 人次，为小升初特长生拍摄骨龄 300 次，为体校拍摄技术录像 6 次。组织北京市体育科研所体能训练专家及专业技术人员，对全区训练队实施 6 批次体能测试。

（高鑫鑫）

【体育社团】 年内，海淀区体育总会共有体育协会 36 个。信鸽协会、钓鱼协会、排球协会完成换届。各体育社团组织各协会有针对性地开展群众性体育活动。足球协会举办足球裁判员培训班、承办第五届海淀区足球联赛及五人制足球比赛；空竹协会举办首届“海淀杯”空竹艺术节暨空竹挑战赛；乒乓球协会联合承办“威凯杯”机关乒乓球比赛、第九届“和谐杯”乒乓球比赛；扑克牌分会承办扑克牌双升推广大赛；钓鱼协会举办第十二届职工速度钓鱼比赛、第八届“中海杯”钓鱼比赛；太极拳协会联合举办“我练拳 我健身 我快乐”2015 年海淀区太极拳健身气功站点联赛暨“一站一品”交流展示大会；老年人体育协会承办海淀区新农村老年乒乓球比赛，等等。

截至年底，海淀区健身气功指导站总数达到 87 个，会员总人数 4000 多人。其中新注册 6 个健身气功指导站：永定路街道健身气功广场舞活动站、永定路街道健身气功柔力球一队、永定路街道健身气功柔力球二队、永定路航天科工气功太极一队、北京大学燕园街道蔚秀园社区健身气功柔力球队、北京大学燕园街道蔚秀园社区健身气功舞蹈队。

（高鑫鑫）

社 会 民 生

2016
北京海淀年鉴

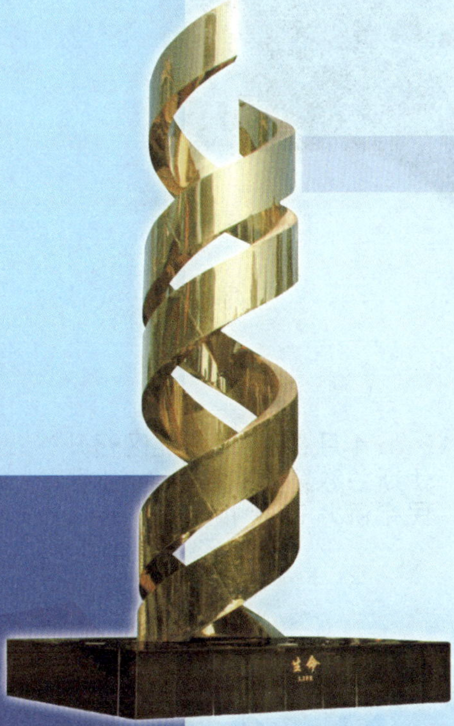

1月29日，区民宗侨办在北京农大附中举办第七届宗教界爱心捐助活动（区民宗侨办 闫运涛 摄）

2月，苏家坨镇慈善超市开张营业（区新闻中心 供图）

4月25日，海淀区召开伊斯兰教第五次代表会议（区民宗侨办 高燕 摄）

5月18日，首届全国创建和谐寺观教堂场所揭牌仪式在北京基督教海淀堂举行（区民宗侨办 供图）

5月11日，四季青镇便民服务中心对外办公（区新闻中心 田峰 摄）

9月1日，海淀区开展“两大活动”期间流浪乞讨人员集中救助行动（区民政局 王琦 摄）

10 月，海淀福利办帮助 6 家企业建立无障碍设施（区民政局 供图）

11 月，清河敬老院设立“悦心堂”，心理咨询师为老人提供心理慰藉（区民政局 供图）

11 月 6 日，区慈善协会发放“双百助学”活动救助金（区慈善协会 常欣欣 摄）

区慈善协会向全区22个两星以上的养老机构赠送全自动电子血压仪（区慈善协会 常欣欣 摄）

市政协委员到残疾人家中视察家庭无障碍设施建设情况（区残联 供图）

智能餐饮配送站（田峰 摄）

公共服务事业

【概况】 2015年10月12日，根据《中共北京市海淀区委办公室北京市海淀区人民政府关于印发〈中共北京市海淀区委卫生工作委员会 北京市海淀区政府公共服务委员会主要职责内设机构和人员编制〉的通知》，设立中共北京市海淀区卫生工作委员会（简称区委卫生工委），与北京市海淀区政府公共服务委员会（简称区公共委）合署办公。区公共委、区卫生计生委实行一套领导班子、两块机构牌子的组织机构模式。监管事业单位36个，其中医疗类事业单位34个；财政补助事业编制6688名（含社会聘用人员215名）。

2015年，区公共委所监管的区属医疗机构总诊疗量978.19万人次，同比减少0.89%；出院5.69万人，同比减少17.62%；平均住院日10.77天，同比增多0.22天。区属二级及以上医疗机构总诊疗427.08万人次（占全区总量的14.24%），同比减少6.81%；门诊397.53万人次，同比减少6.46%；急诊量28.51万人次，同比减少11.61%。海淀区属社区卫生机构总诊疗551.11万人次，同比增长4.24%。

医疗服务。编制《海淀区医疗机构设置规划（2015—2020）》和《海淀区医疗设施专项规划（2015—2020）》，制订海淀区医疗卫生领域禁限目录，分区域严控新增医疗机构，完成2015年卫生系统落实京津冀协同发展各项重点任务。全面建成“6+4”医联体服务体系[①]，核心医院包括6家大型三级综合医院和4家三级专科医院，医联体成员80余家。推进公立医院改革，通过托管、合作共建以及特许经营三种模式探索引进社会力量与区属公立医院开展合作，北医三院托管海淀医院的效应逐步体现，中关村医院和中科院行管局的合作共建加快推进，海淀妇幼保健院和首都医疗集团签订特许经营战略合作框架协议。上地园区社区卫生服务中心、海淀街道社区卫生服务中心进入建设实施阶段。探索引进社会资本举办社区卫生服务机构的新模式，启动6所社区卫生服务站的社会举办主体公开招标工作。

基层卫生。推进以签约提供家医服务包为核心的社区全科诊疗服务模式市级综合改革试点，青龙桥和上庄镇社区卫生服务中心两个试点签约失能老人和新农合参合居民共计190名。“一键式”家庭医生式服务体系覆盖全区4.2万户老年家庭，为5.2万名80岁以上老人提供免费服务。探索建立基于服务外包的家医助理工作机制，启动服务外包第三方服务提供商的政府招标程序。推进中医健康社区试点建设（市、区折子工程），通过区属中心基层中医药服务能力提升工程国家级迎检验收。推进中医药文化建设。

公共卫生。海淀区被国家卫计委确定为全国精神卫生综合管理试点区。10月8日，海淀区全国精神卫生综合管理试点工作正式启动。依托北医三院和区妇幼保健院带动二级医院和社区卫生服务中心构建覆盖全区的儿童早期综合发展服务体系，推进社区卫生服务机构妇女保健和儿童保健规范化门诊标准化建设，成立北医三院、海淀妇幼保健院以及海军总医院3个妇幼健康服务示范培训基地。2015年，全区助产机构分娩新生儿40916名，剖宫产率35.85%。户籍人口孕产妇死亡率4.55/10万，婴儿死亡率2.19‰，5岁以下儿童死亡率2.5‰，孕产妇系统管理率96.78%，儿童保健系统管理率95.26%。管理慢病患者35.31万人，其中管理高血压患者17.39万人，规范管理率68.27%，管理人群血压达标率81.33%；管理糖尿病患者6.56万人，规范管理率70.58%，管理人群血糖达标率72.41%；管理其他慢病患者11.36万人。完成中东呼吸综合征、埃博拉出血热等各项疫情防控工作，完成北京国际越野挑战赛、反法西斯战争胜利70周年纪念活动等多项重大活动的卫生应急保障任务。

基础设施建设。中关村医院、羊坊店医院、中西医结合医院等5家医院建设项目发生融资6794万元，实际完成工程量1.07亿元；完成二里庄社区卫生服务中心的立项准备。

卫生信息化工作。花园路项目基于B/S架构系统建设完成初验，学院路项目在测试云环境部署，甘家口等16家区属社区卫生服务中心逐步上云测试开发；海淀、中关村试点医院分别完成27个、34个模块上线试运行；完成区域平台健康档案和公卫数据采集方案，在正式云环境上部署测试，卫监、疾控、急救、应急等系统均确认需求并启动开发；硬件设备完成1500余万元采购计划。通过政府购买服务的方式尝试引进平安保险公司经办新农合票据的审核工作。

（张梅）

【义诊活动】 1月22日，双榆树社区卫生服务中心的中医药社区科普团队到双榆树南里二区服务中心，开展“中医服务百姓健康”咨询和义诊活动，为参加社区居民测量血压，筛查血糖，进行健康宣教及中医药相关知识的普及。3月20日，海淀医院举办以“健康心理，良好睡眠”为主题的义诊活动，并发放《睡眠障碍200问》《睡眠障碍与脑血管病》以及各类宣传材料。3月20日，甘家口社区卫生服务中心与海淀医院协会举办“名医进社区 健康送万家”义诊活动，进行免费的诊治与血压测量，解答各种问题，派发宣传单。5月17日，海淀医院在医院门诊二楼大厅开展第三届海淀区肺癌筛查义诊活动，服务近100位从500余位入组人群资料中筛查出的肺部影像异常的准患者，其中包括肺癌

---
① 指6个区域综合医联体和4个特色专科医联体。

高危甚至影像可以诊断肺癌的患者。5月30日，海淀医院在东楼西侧举行“热爱生命，从小做起，‘六一’节儿童健康咨询”义诊活动，针对儿童常见病、多发病、儿童安全用药、婴幼儿合理健康喂养等问题进行现场咨询及诊治，发放儿科常见疾病的防治手册。6月26日—29日，海淀医院举办国际癫痫关爱日义诊周活动，以讲座形式普及脑电图监测的相关知识，举办癫痫科普讲堂，心理医生和专业护士为现场的患者及家属就癫痫的治疗、心理健康、用药等进行解答。9月13日是全国大型义诊周活动启动日，海淀区作为全市分会场之一，在双榆树公园组织开展大型义诊活动，为300余名群众解决医疗疑惑，发放宣传材料600余份。义诊周期间，区卫生计生委组织各级医疗机构开展形式多样的义诊、对口支援、健康大讲堂及对抗战老战士进行送医送药等活动。9月16日，中国中医科学院西苑医院专家到上庄家园社区开展“心系百姓 共筑健康”大型义诊活动，为100余名社区居民提供免费诊疗、健康咨询和指导。

（张绍波　刘珊　闫海鸽）

【妈咪屋投入使用】 2月中旬，田村路社区卫生服务中心被北京市总工会授予“妈咪屋”标牌，正式投入使用。2014年，区公共委按照市区总工会的要求启动“妈咪屋”建设，以田村路社区卫生服务中心为试点单位，建立深受单位女职工和广大社区育婴妈妈欢迎的“母婴关爱室”。田村路社区卫生服务中心是唯一由北京市总工会授予“妈咪屋”铭牌的社区卫生服务中心。

（张梅）

【精神专科防治医联体成立】 5月27日，海淀区精神专科防治医联体正式成立。该医联体核心医院以北京大学第六医院为主要核心医院，以解放军261医院为辅；办公室设立在区精防院，并以区精防院为枢纽；在以往的精防体系基础上运行。建立由区精神卫生防治指导中心、5家分中心、29家社区精神卫生康复站和18家高校社区卫生服务中心组成的社区精神卫生管理三级网络体系。解放军261医院主要支持大学院校社区卫生服务中心、北京大学第六医院主要支持区属社区医疗机构。核心医院与成员医院将共同建立专科对口帮扶、精神康复服务、双向转诊、人才培养、健康宣教和信息共享等机制。

（任晓峰）

【成为全国首批精神卫生综合管理试点区】 6月11日，全国精神卫生综合管理试点工作启动视频会议在北京召开，海淀区成为全国首批精神卫生综合管理试点区。全国精神卫生综合管理试点工作由国家卫生计生委、中央综治办、公安部、民政部、人力资源社会保障部、中国残联等部门联合开展，实施周期为三年。10月8日，海淀区召开第158次区政府常务会议，专题审议通过《海淀区开展全国精神卫生综合管理试点工作方案》，同时召开海淀区全国精神卫生综合管理启动会，试点工作正式启动。至年底，海淀区精神卫生机构有91家，其中精神专科医院3家，综合医院精神科9家，承担社区精神卫生工作的社区卫生服务中心49家，社区卫生服务站1家，社区精神卫生康复机构29家。海淀学习意大利康复模式，建立“医院社区一体化”的精神卫生服务模式，建立起5家社区分中心为区域管理、29家社区卫生服务中心康复站为基础的社区防治康复三级服务网络，日间康复、居家康复为社区精神病人提供管理服务；成立海淀区精神康复服务协会，建立精神康复志愿者队伍，为患者回归社会提供帮助；建立社区心理咨询师队伍，初步形成社区心理卫生三级服务网络。海淀区于2009年开始实行的社区免费服药惠民政策已在全市推广。

（任晓峰　钟冷）

【中医健康社区试点工作】 6月11日，以“中医领军人才走进社区”为主题的海淀中医健康社区建设试点工作启动。同时举行海淀中医健康社区试点建设基地及团队驻工作站授牌仪式。西苑医院及花园路社区卫生服务中心中医专家现场开展中医义诊、健康咨询。健康乡村（社区）工作是北京市政府和区政府2015年折子工程，是提高农村和基层社区居民健康水平和健康素养的重要民心工程。中国中医科学院西苑医院组建5个中医领军人才团队，分别对接花园路街道冠城园社区、八里庄街道定慧东里社区、甘家口街道甘东社区、上庄镇上庄家园社区、苏家坨镇同泽园西里社区、西北旺镇永丰嘉园社区6个试点社区。在6个试点社区开展义诊、健康咨询及宣教等活动20次，惠及1000居民余人次，发放宣教资料3000余份。

（骆叶　董雪妹）

【对口支援】 7月—8月初，海淀区卫生计生委及相关医疗机构共同完成青海省玉树藏族自治州医院院长培训班领导考察调研见习及专家医疗队赴玉树义诊、巡诊和培训的对口支援工作。7月22日—8月2日，北京医疗队一行16人专家组到玉树州进行义诊、巡诊、临床带教、业务培训等活动，为藏族牧民患者诊治、送药、解答咨询，给医护人员授课培训等。共诊疗2600余人次，抢救危重病人5人次，培训1100余人。免费发放药品达5万元左右。

（刘志平）

【中医专科医联体成立】 8月10日，海淀区中医专科医联体正式成立。作为核心医院的西苑医院与区卫生计生委签署医联体建设责任书，北京市中西医结合医院、海淀区中医医院、中直机关医院等31家医疗机构成为其成员单位。与31家成员单位签署医联体合作协议书。海淀区有中医医疗机构129家，中医医疗机构床位1895张，在海淀区注册的中医医师1647人。核心医院将按照各成员医疗机构的具体需求，选择部分科室与成员医疗机构分别形成一对一的帮扶关系，通过专家出诊、查房、病例讨论等方式，提高成员医疗机构的诊疗水平。

（任晓峰）

【世界精神卫生日宣传活动】 10月10日，区精神卫生防治院作为北京市“世界精神卫生日”主题宣传活动主会场，举办以“美丽心灵 健康北京”为主题的宣传活动大会，开展义诊咨询活动。现场设置各种宣传海报和展板，并发放宣传彩页300余份。区精神卫生防治院在当天免收精神科门诊挂号费、诊疗费、心理咨询费。活动参与人群400余人次。

（任晓峰）

【老年康复专科医联体成立】 11月12日，海淀区老年康复专科医联体成立。北京老年医院为核心医院，其成员单位共计 15 家，包括北京市中关村医院、北京市羊坊店医院、北京四季青医院 3 家区属二级医院，海淀区甘家口社区卫生服务中心、海淀区羊坊店社区卫生服务中心、海淀区玉渊潭社区卫生服务中心等 11 家社区卫生服务中心及北京裕和中西医结合康复医院 1 家民营三级（专科）医院。北京老年医院与 15 家成员单位共同建立分工明确、信息互通、资源共享、协调互动的整合型康复医疗服务机制，形成“小病放心在社区、大病顺利进医院、康复安心回社区”的医疗服务体系，为居民提供老年康复医疗服务。

（任晓峰）

【战略合作框架签约】 11 月 18 日，海淀区公共委、卫生计生委、首都医疗集团、海淀区妇幼保健院在海淀区政府正式签订战略合作框架协议。按照合作协议，海淀区妇幼保健院将通过特许经营的模式与首都医疗集团合作在海淀北部地区新建一家三级妇产医院，由首都医疗集团投资建设，海淀区妇幼保健院提供品牌、人员、技术和管理支持。

（徐川）

【中国科学院中关村医院挂牌】 11 月 18 日，中科院行管局、海淀区公共委、区卫生计生委、北京市中关村医院在中科院行政管理局共同签署合作共建协议，北京市中关村医院加挂“中国科学院中关村医院”牌子。该协议的签署，是对 2014 年 3 月海淀区政府与中科院签订的“1+4”全面战略合作框架协议在医疗健康服务领域的进一步落实。按照协议，北京市中关村医院与中科院行管局的合作共建将进一步定位于更好地为辖区居民特别是为中科院广大科研工作者群体提供优质的医疗保健服务，努力实现医院自身的创新发展并建立区域医疗资源的协同服务和发展新模式。

（徐川）

【合作共建人才培养基地】 12月5日，区卫生计生委与中南大学举行校企合作共建人才培养基地签约仪式，海淀区精神卫生防治院成为中南大学预防医学专业校企合作人才培养基地。此次校企合作人才培养模式，将促进产、学、研全面合作，充分发挥学校与医院在人才培养过程中的职能作用，实现优势互补、资源共享，强化实践育人环节，提高人才培养质量。

（任晓峰 寇雪梅）

【医疗质量控制和改进委员会成立】 12 月 10 日，海淀区医疗质量控制和改进委员会成立。海淀区各二、三级医院的主管院领导和医务处负责人，各质控专家组主任委员、副主任委员、秘书和专家成员，各社区卫生服务中心相关负责人共计 300 余人参加会议。海淀区医疗质量控制和改进委员会由区卫生计生委及驻区各二、三级医院组成，委员会下设办公室（在区卫生计生委医政科）和 14 个质控专家组。其中 14 个质控专家组由航天中心医院、北京大学第三医院、北京大学口腔医院等三级医院担任主任委员单位。委员会在卫生计生委的领导下，研究制定全区医疗质量控制和改进的工作方案，推动各主任委员单位开展医疗质量督导、评估、培训、检查。组织实施国家和市医疗质量管理规范，组织制定海淀区的医疗质量管理规范性文件。组织开展区域性医疗质量检查活动，对检查结果进行通报，对整改措施落实和效果进行评估等工作。

（张海涛）

【口腔专科医联体成立】 12 月 22 日，海淀区口腔专科医联体正式成立。该医联体以北京大学口腔医院为核心医院，成员单位包括北京大学第三医院、北京世纪坛医院、解放军 309 医院、航天中心医院、北京市海淀医院 5 家三级医院，以及 7 家二级医院和 24 家社区卫生服务中心。地区设有口腔科的医疗机构共有 354 家、牙椅 1360 台。地区口腔科执业医师（含助理医师）总数达到 1800 名。

（任晓峰）

【“6+4”医联体全面建成】 年内，海淀区新建 4 家专科医联体，即精神专科防治医联体、中医专科医联体、老年康复专科医联体、口腔专科医联体。加上 2014 年底完成的东南部、西南部、中西部、中东部、东北部、西北部 6 个区域综合医联体，由政府主导的“6+4”医联体全面建成。全区分级诊疗服务体系架构基本形成。

（钟冷）

人口和计划生育

【概况】 2015 年，全区户籍人口出生 20106 人，政策符合率 98.6%，出生人口性别比 108。流动人口出生 12143 人，政策符合率 90%，性别比为 111。在户籍人口中，60 岁以上老年人口为 48.6 万人，占总人口的 20.3%，失能失智老年人占老年人总数的 16%，其中重度失能老年人约 2 万人。

建立由 23 个成员单位组成的计划生育综合治理联席会议制度。“单独两孩”通过审核并发证 4655 例。推进生育服务证制度改革，采用“大厅办理”“代理代办”“联动通办”“网上申办”四种便民办证模式服务群众。“联动通办”29 个街镇全覆盖，实现网上录入信息、三级线上审批、电子化存档。启动实施中国计生协计生基层群众自治示范县项目。完成非北京市户籍适龄儿童在海淀区接受义务教育计划生育证明材料审核工作。继续开展关怀关爱流动人口活动。发放生育服务联系单新版联系单 2 万份。推进流动人口政策外生育联合执法工作。开展“第四届海淀家庭人口文化周”“7•11”世界人口日等宣传活动。完成第四阶段“全国婚育新风进万家示范区”总结评估工作，得到国家和北京市卫生计生委的认可。完成农村计划生育家庭奖励扶助金及独生子女伤残、死亡家庭特别扶助金发放工作。深化免费避孕药具发放网络建设，落实国家免费孕前优生健康检查项目。

年内，全区办理第二个子女生育服务证6483例，其中“单独”①两孩4655例。征收社会抚养费336例，征收金额6300余万元。

（张梅）

【海淀区计划生育协会】 截至年底，全区共有计生协会组织1244个，会员16万余人。为43939户计划生育家庭的12万余人投保家庭意外伤害保险，投保费用总计136.16万元，其中区级财政投入67.5万元。联合中国人保寿险北京分公司为980名投保暖心计划的失独家庭老人支付养老金852.69万元。与区教委联合完成《小学高年级青春健康教育学生读本（试用本）》的修编和印制工作。首都青少年性健康教育基地累计接待首都青少年、教师、计生干部、社会人士等8000人次。在清华大学、首都师范大学、北京交通大学、中央民族大学、中国地质大学5所试点校实施“中国计生协/联合国教科文组织青年倡导手册开发及培训项目”。启动中国计生协计生基层群众自治示范县项目。推进中国计生协计生特殊家庭帮扶项目和北京市失独家庭帮扶项目工作，以政府购买服务方式，委托海淀医院为105位农村失独老人进行健康体检；委托北京千顺养老服务机构为114户困难失独家庭提供家政服务。

（刘文慧）

【出生人口性别比综合治理】 年内，区卫生计生委开展出生人口性别比综合治理工作。成立海淀区卫生计生委出生人口性别比综合治理工作领导小组，联合区工商分局、区食品药品监督管理局、区妇联制定《海淀区整治“两非”②专项行动实施方案》；利用报刊、广播、电视、互联网等大众传媒，开展《中华人民共和国人口与计划生育法》《中华人民共和国母婴保健法》《中华人民共和国母婴保健法实施办法》《计划生育技术服务管理条例》等有关法律法规的宣传；建立有奖举报和区域信息通报制度；通过多部门联动执法，解决“两非”线索发现难、调查取证难、人员处理难的问题，对涉及“两非”的单位或个人依法进行查处；与安徽等省建立惩治“两非”区域协作制度，拓宽案件线索来源渠道。年内，查处两起“两非”案件。

（张金玲　刘萍）

【人口基础信息】 年内，区卫生计生委深化市、区、街镇、社区（村）四级全员人口信息系统建设，维护户籍人口信息72.2万次，新建个案信息8.7万次，海淀区PIS系统总户数121万户，总人口254.7万人，其中独生子女户53.6万人，户籍总人口220.6万人，户籍育龄妇女62.8万人。流动人口信息36.6万条。

（罗耕耘　孙桂环）

【计生行政执法】 年内，区卫生计生委审批再生育子女6483例。社会抚养费征收336例。化解疑难案件196例。“一票否决”核实个人信息50人，核实单位874个。应对行政复议1例、行政诉讼1例，无行政复议被纠正及诉讼败诉案件。

（范顺）

【计生社会服务管理】 年内，区卫生计生委将“第一个子女生育服务证网上申办”系统在全区29个镇街全部上线使用。确定曙光街道的“梦之四季——曙光街道家庭人口文化园建设”、马连洼街道的“推广城市流动和贫困儿童家访示范项目成果”、八里庄街道的“失独家庭与大学生关爱互助长效机制建设”、甘家口街道的“卫生计生微信服务公共号改版和推广”和西三旗街道的“特殊困难计划生育家庭社区养老机制建设（二期）”5个创新项目为区级创新项目。对区级创新项目和街道级创新项目进行跟踪指导，创新项目达到预期目标，取得示范效果。

（范顺）

【计生药具发放管理】 年内，区卫生计生委完成对29个街镇、70多家驻区医院等单位的药具调拨。共调入5640件，金额264万元；调出5430件，金额259万元。全区共有373台网络版药具发放机，各类药具发放点4168个。发放“易得工程”管理费33.7万元。对区直机关、单位、卫生计生系统及街镇干部宣传普及免费计划生育药具使用知识、发放政策、发放渠道及生殖健康、婚前（孕前）检查、叶酸发放、预防艾滋病等知识，制作药具宣传包1.2万个，发放《避孕节育　优孕健康知识手册》3万册。组织29个街、镇计生办对辖区内153个性保健店（成人用品店）进行自查，未发现有销售国家免费计划牛育药具的违法行为。组织29个街镇计生办开展2014年度街镇级避孕药具账目及村（居）委会药具资料互查工作。在15个街镇的323个村（居）委会推进第二期“海淀区计划生育避孕药具管理与发放服务平台”拓展铺设工作，扩大区—街（镇）—居（村）委会三级联网覆盖面。开展计划生育药具服务基层系列活动，举办知识技能比赛、知识答卷224次，参加人数1.9万人；征文53篇；发放宣传品13.3万份，受益人群28.7万人。利用报纸、杂志、网络平台、“致社区居民一封信”等形式开展“联合社会资源扩大计划生育药具管理自助服务发放机覆盖范围试点项目”宣传活动，提高育龄人群免费药具发放知晓率。拓展药具“易得工程”，安装450个药具发放箱。

（申卫东）

【计生特殊困难家庭扶助关爱】 年内，海淀区将计划生育特殊困难家庭的老年人纳入“社区（村）养老院”服务范畴。10月23日，在西三旗街道举行“北京市海淀区计划生育特殊困难家庭社区养老服务中心”揭牌仪式。西三旗街道作为海淀区第一个为计划生育特殊困难家庭服务的社区养老服务中心，为辖区计生特殊困难家庭老人创造更好的养老环境。将计划生育特殊困难家庭纳入海淀区“一键式”家庭医生式服务体系，为424户计生特殊困难家庭

① “单独”指夫妻双方一人为独生子女。

② 指非医学需要的胎儿性别鉴定和选择性别人工终止妊娠。

安装“一键式”家庭医生式服务电话。建立计划生育特殊困难家庭就医转诊绿色通道，发放“特扶卡”，特扶人员在区域内医联体机构就诊，可根据病情需要优先安排就医和层级转诊。开展计划生育特殊困难家庭元旦、春节两节期间走访慰问工作，为符合条件的665户计划生育特殊困难家庭发放慰问金 133 万元。

（刘萍）

【创建幸福家庭】 年内，区卫生计生委继续进行创建幸福家庭活动，推进六大工程建设。

“文明倡导”工程。打造“一街(镇)一品牌”工程，智慧中关村、多彩四季青、文化学院路、和谐曙光等品牌示范引领全区婚育新风活动开展。7月4日—7月10日，开展以“健康海淀 幸福家庭”为主题的“第四届海淀家庭人口文化周”品牌活动，包括“健康家庭跑起来”竞技赛、“健康萌宝贝”大联欢、“幸福家庭”DV 大赛、“小画笔 大世界”儿童涂鸦作品大赛等大型宣传活动。开展中关村“首届大型亲子跳蚤市场”、花园路“健康海淀幸福家庭”健步走、曙光“奔跑吧，Dad!”父亲技能大赛等活动，重点提供生殖保健咨询、专家免费义诊等服务。向新婚夫妇发放婚育服务包近 1.3 万个。新建“梦之园”二期工程，升级建设增光路生育文化风景街等人口文化阵地。建立中关村街道中关村健康驿站，针对“一老一小”两个群体新建中医服务室及儿童健康室。

“宝贝计划”工程。组织参加北京市第三届《幸福家庭》DV大赛、“宝贝计划”涂鸦大赛等主题活动。为 10 个街镇的 13 个宝贝计划基地配备感统设备。在有条件的社区卫生服务中心推进早教基地建设。落实“宝贝计划”进社区工作，开展手工制作、音乐鉴赏、素质拓展等各类亲子活动近 1000 场。与国家人力社保局指定机构合作，培训 100 名儿童健康指导师。

“青春健康”工程。修编完成《小学高年级青春健康教育学生读本》，在28所试点校试用。组织实施“中国计生协/联合国教科文组织青年倡导手册开发及培训项目”，在中央民族大学、中国地质大学等5所高校推进。拍摄《健康青春 飘扬的红丝带——海淀区大学生艾滋病专题宣传片》，应用于辖区高校青春健康教育课堂教学。“爱与健康 温暖伴你成长”——北京市“幸福家庭健康大讲堂”走进北京科技大学。区卫生计生委承办国家卫计委、中国计生协“青春健康、安全避孕——爱负起责任来”主题活动。升级优化首都青少年性健康教育基地软硬件设施，基地全年接待国际友人、青少年、教师、计生干部、社会人士参观 8000 人次。海淀区被确定为“全国青少年健康发展工作试点地区”。

“生育关怀”工程。区财政投入 1800 万元为 7.4 万人次发放奖扶帮困金。为 4 万余户计划生育家庭办理意外伤害保险，投保金额近 140 万元。完成三年暖心计划工程，为 1000 余名计生特殊困难家庭老人支付养老金 700 余万元。独生子女伤残家庭特别扶助 2165 人，独生子女死亡家庭特别扶助 1629 人，农村奖励扶助 4854 人，独生子女特扶家庭养老帮扶 932 人，独生子女意外伤残、死亡后一次性经济帮助 331 人，独生子女年老时一次性经济奖励 6147 人。

“心灵家园”工程。新建八里庄、中关村两处“心灵家园”基地，“计划生育特殊困难家庭与大学生关爱互助”创新项目成效显著。承接中国计生协、北京市计生协计生特殊家庭帮扶项目，为农村计生特殊困难老人提供健康体检，开展健康讲座、文化娱乐等系列活动。全区“三个三”机制[①]基础上，新增四项保障举措：为计划生育特殊困难家庭，免费安装“一键式”家庭医生式服务电话；在西三旗街道建立全市首家计划生育特殊困难家庭社区养老服务中心，将计划生育特殊困难家庭老人纳入社区（村）养老服务中心范畴；发放计划生育特殊困难家庭扶助卡；在各社区建立形式多样的计划生育特殊困难家庭联系人制度。

“健康生育”工程。实现免费孕前检查项目覆盖全部城镇居民。全年，完成检查人数 1500 对，随访 3600 人次，有效随访率为 96%，制作国家免费孕前优生健康检查项目综合知识的急救服务包 2000 个。开展生殖健康知识宣传、咨询、免费技术服务等工作，为意外妊娠人群提供宣传与咨询，生殖健康大讲堂全年提供服务 2.3 万人次，其中面对面咨询约 1400 人次。

（高凌飞 刘文慧 高巍巍 石霞）

【人口监测用上大数据】 年内，海淀区尝试采用基于移动通信大数据分析的方法进行人口动态监测和分析研究，并实现移动信号在全区范围内的实时监测。传统人口监测主要依靠人工抽样调查采集到的有限少量样本，移动通信大数据分析依靠的是电信运营商移动通信网络基础上产生的海量业务数据。相对于传统监测手段，大数据分析在提供数据支撑、提升区域人口管理及动态监测工作效率、缩短人口调控决策时间周期等方面，有着不可比拟的优势。通过一段时间的监测和计算，“大数据”能够分析得到全区和各街镇辖区居住人口总量等相对静态信息。

（钟冷）

[①] 多部门合作，针对计生特扶家庭建立起“三个三”帮扶机制，即：三类帮扶政策、三支志愿队伍、三级心灵家园，通过机制建设为特扶家庭送关怀。加大财政投入，全面落实特别扶助金、意外伤害保险、养老帮困三类经济帮扶政策；整合多种资源，推进“亲情牵手”“专业服务”和“邻里关怀”三支志愿者队伍建设；推进区、街镇、居村三级心灵家园基地建设，将失独老人纳入民政养老保障体系。

劳动和社会保障

【就业再就业】 年内，全区共有城乡失业登记人员3.89万人，帮扶2.47万名城乡劳动力就业，地区登记失业率控制在0.9%。失业人员就业率为67.56%，1.6万名就业困难人员通过再就业援助实现就业。开展各类促就业培训2万人次，采集用人单位空岗信息7万余个。

（张丽伟）

【充分就业区】 年内，全区共有22个街道、6个镇申报充分就业街镇，占街镇总数的97%，548个社区、76个村申报充分就业社区（村），占社区（村）总数的96%。

（张丽伟）

【社会保险】 2015年，海淀区养老保险、失业保险、工伤保险、生育保险、医疗保险5项社会保险基金累计收缴500.65亿元，增幅26.75%；累计支出241.31亿元，增幅15.45%。全区参保单位8.8万户，增幅7.5%；人数315.6万人，增幅6.18%。

（张丽伟）

【调整社会保险待遇】 年内，海淀区为23.9万名退休人员调整养老金，调整后养老金达到人均每月3362元，人均增加299元；为170名工伤职工调整伤残津贴，共计5.8万元；为267人调整供养亲属抚恤金，共计10.08万元；为1.98万人调整福利养老金，由每人每月350元调整至385元；调整城乡居民养老金，基础养老金标准达到每人每月737.50元，比2014年高出60元，比全市的基础养老金水平高出267.50元。

（张丽伟）

【受理劳动关系案件1.95万件】 年内，全区受理劳动关系案件1.95万件。其中劳动监察案件2700件，同比增加16.9%；劳动仲裁案件1.4万件，同比增加7.6%；社保稽核案件2800件，同比减少8.8%。做出行政处罚案件287件、行政处理案件9件。

（张丽伟）

民族·宗教·侨务

【概况】 2015年，海淀区民族宗教侨务办公室（简称区民宗侨办）开展民族团结进步创建活动和以“教风年”为主题的和谐寺观教堂创建活动的中心任务；拓展创新侨务工作，团结涵养侨务资源；服务各族各界群众，维护民族宗教侨务领域和谐稳定。至年底，全区有55个少数民族。区内五大宗教[①]齐全，有依法登记的宗教活动场所24处，外国人临时宗教活动场所3处。区域内归侨、侨眷、海外新华侨华人及留学生近20万人。

（高燕）

【爱心捐助】 1月29日，区民宗侨办在中国农业大学附中举办爱心捐助仪式，北京市仁爱基金会、区伊斯兰教协会和区基督教三自爱国运动委员会共捐款24.88万元，对中国农业大学、中央民族大学、中国地质大学、北京体育大学、北京农业大学附属中学内地新疆高中班和中央民族大学附属中学的233名大中学生进行捐助。区伊斯兰教协会、区基督教三自爱国运动委员会及龙泉寺负责人出席仪式。

（闫运涛）

【节日走访慰问】 春节、中秋节期间，区民宗侨办共走访慰问少数民族困难群众和民族宗教界代表人士467人，送去慰问金37.76万元。中秋节为农大附中新疆内高班的孩子们送去羊肉、面和月饼等慰问品。会同区财政局、区民政局为23个街道的140名具有清真饮食习惯的困难群众发放一次性补助4.2万元。

（吴保军）

【基督教第四次代表会议】 4月11日，海淀区基督教第四次代表会议召开，123名基督教代表参加。会议审议通过《北京市海淀区基督教三自第三届常委会工作报告》《北京市海淀区基督教三自第三届监事会工作报告》和《章程修正案（草案）》，选举产生区基督教三自第四届委员会、常委会、监事会及主席、副主席、秘书长、监事长等领导成员。区委常委、统战部部长彭玉敬，市宗教局宗教二处处长索燕，市基督教三自爱国运动委员会秘书长张文颖等领导出席。

（王忠巍）

【伊斯兰教第五次代表会议】 4月25日，海淀区召开伊斯兰教第五次代表会议，97名穆斯林群众代表参加。会议审议通过区伊协第四届常委会工作报告、第四届监事会工作报告和区伊协章程修正案，选举产生区伊协第五届委员会、常委会、监事会及会长、副会长、秘书长等领导成员。市宗教局副局长范宝，区委常委、统战部部长彭玉敬，市伊协、区民宗侨办等单位领导出席，区基督教三自爱国运动委员会负责人到会祝贺。

（高燕）

【市侨办领导到区调研】 6月24日，市侨办主任刘春锋、副主任严卫群一行

① 指天主教、基督教、佛教、道教、伊斯兰教。

到海淀调研，围绕“2015中关村华侨华人创业大会”及“中关村侨创园”建设，与海淀区领导交换意见。刘春锋感谢海淀区委、区政府对市侨办工作的支持，表示市侨办要支持海淀区建设城市功能拓展区，运用侨务工作平台和资源促进海淀区文化、教育、商业、旅游等领域的发展。区委书记崔述强、区长于军表示将支持市侨办工作，协助办好中关村侨创大会，与市侨办、中关村管委会共同建设好中关村侨创园。

（王斯雅）

【中关村侨创大会】 7月9日—11日，区民宗侨办召开中关村侨创大会。会上，区政府与北京市侨办签署战略合作协议，向来自30个国家和地区的海内外华侨华人科技英才做题为“打造中关村海淀侨创园”的宣传推介。区民宗侨办制作完成中关村海淀侨创园宣传片——《从原点起航》，向海外侨胞、媒体宣传推介，在《海淀报》开设专版报道大会及园区相关活动，制作《中关村海淀侨创园》宣传画册。

（王斯雅）

【贯彻中央民族会议精神培训班】 10月29日—30日，区民宗侨办举办贯彻中央民族会议精神培训班。全区29个街镇及民族宗教工作领导小组成员单位和高校联络员85人参加学习。国家民委监督检查司司长陈乐齐、中央社会主义学院教授沈桂萍应邀分别以“民族团结进步创建活动的理论与实践”“如何做好城市民族工作”为题做专题讲座。

（高燕）

【清真寺应急演练活动】 12月22日，由市宗教局、市伊斯兰教协会主办，区民宗侨办、区伊协协办的清真寺应急演练活动在马甸清真寺举行。演练内容包括安检、危险品处置及人流拥堵疏导；发生火情后人流紧急疏散；消防知识培训。全市各区民宗办干部、伊协组织负责人、重点清真寺寺管会负责人及阿訇100多人参加。

（杨信）

【民族事务】 年内，区民宗侨办举办学习贯彻中央、北京市民族工作会议精神专题培训班，对民族宗教工作领导小组成员、联络员单位和29个街镇干部85人进行培训。开展“民族团结，构建和谐”民族知识政策法规巡展“六进”[①]活动。组建大学生民族政策监督员志愿者队伍，开展清真专用标志换证工作。对16家规范化清真专柜开展检查评比并召开现场交流会；完成市级少数民族经济发展（清真）专项资金扶持工作，为2家清真企业申请专项资金共计87万元。举办海淀区第九届民族社区运动会。春节、开斋节等传统民族节日看望慰问农大附中新疆内高班师生；举办民族宗教界爱心捐助活动，帮助少数民族困难学生。

（高燕）

【宗教事务】 年内，区民宗侨办召开区基督教第四次代表会议、区伊斯兰教第五次代表大会，完成两个宗教团体换届工作。与区委统战部联合在中国人民大学举办“宗教界中青年骨干培训班”；结合抗日战争胜利70周年纪念活动，组织各宗教界人士参观中关村国家自主创新示范区展示中心、卢沟桥抗日战争纪念馆进行爱国主义教育。投入13.5万元用于四王府清真寺、天主教白家疃弥撒点进行安全防火改造；协调凤凰岭景区为道教桃园观下院修建厕所，推动市级宗教团体自管房修缮工作，完成万寿寺116号解危排险修缮工程。召开宗教团体、宗教活动场所负责人安全管理工作会议，会同行业管理部门监督检查宗教活动场所安全，做好人员密集场所的安全管理，确保落实安全措施；定期开展消防安全检查，指导宗教界完善应急工作预案，开展应急演练，确保敏感时期和重大节日期间民族宗教领域的安全稳定。

（高燕）

【侨务工作】 年内，区民宗侨办继续开展中关村侨创园建设工作，采取“3+5”模式，在清华科技园、留学生创业园、中关村软件园三园的基础上，集中打造玉渊潭科技商务区、东升科技园、永丰产业基地、翠湖科技园和文化创意产业基地5个侨创园。召开中关村侨创大会。为侨资企业协会会员订阅《海淀报》，推荐侨资企业加入北京市华侨科技创业者协会，开展为侨资企业服务的“三日”[②]活动，组织企业家到东升科技园参观交流，组织侨创园相关园区领导和侨资企业家到湖北武汉参加第十五届华侨华人创业发展洽谈会。

（高燕）

【依法行政】 年内，区民宗侨办办理外国人基督教临时活动地点登记手续2件；办理天主教白家疃弥撒点设立和登记行政许可各1件；为91家清真企业换发清真食品生产、加工、经营许可证，为20家清真企业办理清真食品生产、加工、经营许可证；恢复改正民族成分34件；做好5人参加2015年度伊斯兰教朝觐报名组织工作。为41位归侨办理“归国华侨证”申请上报手续；为82位归侨、华侨子女、归侨学生出具中、高考身份证明；为236位华侨、港澳同胞和外籍华人学生出具来京上中小学批准书；为43人认定归侨、侨眷身份。

（高燕）

【和谐寺观教堂创建评比获奖】 年内，市委统战部、市宗教局按照国家宗教事务局确定的和谐创建“八条标准”，开展和谐寺观教堂创建评比活动。评选产生15个先进宗教团体、31个先进宗教活动场所和70名先进个人。海淀区天主教爱国会和基督教三自爱国运动委员会被评为先进宗教团体，基督教海淀堂、马甸清真寺、树村清真寺被评为先进宗教活动场所，师慧敏、郭四廷、张芝茂、边文爱、吴惠明、杨崇华、王吉惠被评为先进个人。

（杨信）

[①] 指进机关、进乡村、进社区、进学校、进企业、进单位。

[②] 指走访日、联谊日、区领导接待日。

民 政

【概况】 2015年，海淀区被民政部确认为第三批全国社区治理和服务创新实验区；通过全国和北京市双拥模范城（区）八连冠的检查考评验收；海淀区军休办和救助站被首都精神文明建设委员会评为首都文明单位；海淀区社区服务中心被评为北京市“96156”社区服务平台工作先进单位；完成第九届社区居委会换届选举、烈士纪念日公祭、抗战胜利阅兵和民政部“南南论坛”考察组接待任务；发动社会力量参与智慧养老服务体系、失能老人长期护理保险和慈善平台建设等工作。捐赠中心开展“春风送温暖”活动，募集捐款1923909.5元、衣被46926件。全年福利彩票销售7.29亿元，完成任务销量占全市总销量约14.5%，筹集公益金约2.42亿元，均居全市第二。年内，区民政局所属56家全额拨款事业单位纳入规范管理。

（刘延萍）

【北京市海淀社会组织联合会】 北京市海淀社会组织联合会是非营利社会团体，主管单位为区社会办和区民政局。2015年，联合会有科技、经济、问题、服务、街道乡镇五大类64家理事单位。

以“互联网时代的社会组织建设”“京津冀协同发展战略”为主题组织两次核心区发展论坛。搭建平台服务会员单位，成立法律咨询服务小组，聘请两名律师作为法律顾问，为4家协会提供法律咨询服务。举办“文化进社区 名人大讲堂”公益活动，在北下关街道开设成人、少儿两个书法培训班，共培训1036人次。组织12次“健康进社区 名医伴你行”活动，接受诊疗的群众达1320人次，为群众提供测血压、测血糖等辅助服务人数达824人次，发放各类医学教育、宣传材料7800余份。

（樊文辉）

【北京市海淀区慈善协会】 2015年，区慈善协会下设32个慈善工作站，全年募集善款1325.56万元，使用善款1201.63万元，救助困难群众19254人次。

慈善宣传。在“海淀电视新闻”中播报慈善工作信息5次，在《海淀报》刊登稿件6篇，专版报道重大慈善工作情况2次。向北京市慈善协会以及海淀区社会组织联合会等单位投稿20篇。出版《海淀慈善》季刊4期。编辑出版《纪念海淀区慈善协会成立十周年专刊》，介绍区慈善协会工作成果。

“春雨行动”。主题为“春雨润海淀•慈善暖人心”，区慈善协会和各慈善工作站共接收捐款4299919元。

“共产党员献爱心”捐献活动。收到捐款431.54万元。

“‘12·3’首都慈善公益日”活动。区慈善协会以助老为主题，开展“慈善助老送健康”活动，给全区22个两星以上的养老机构赠送医用全自动电子血压仪，使用善款41.8万元。重阳节前，区慈善协会组织老艺术家、民间文艺团体到四季青敬老院，为老人献上文艺演出。

帮扶救助。区慈善协会审定并实施救助困难群众共计19254人次，累计使用善款12016277.70元。

“海淀•慈善—爱心捐赠月”活动。共救助困难群众1223人，使用善款1441022元。

“双百助学”活动。救助家庭特别困难的大学生101名、中小学生100名，共发放救助金70.5万元。

“慈善情暖万家”活动。各慈善工作站通过发放救助金和生活必需品，对2352人次困难群众进行救助，共使用善款2416245.40元。

爱心企业定向救助。四季青农工商总公司定向捐款2074496元，用于四季青镇10376户退休农民家庭订阅2016年度报纸。亿阳集团定向捐款74000元，救助四季青镇双新村困难群众34人。北汽福田汽车股份有限公司定向捐款100000元，用于首都师范大学附属育新学校购置教辅教材。

救助帮扶困难党员。救助生活特别困难党员或因疾病、突发事故等导致生活困难的党员170人，使用专项资金850000元。

“携手助老送健康——慈善医疗卡”项目。为584名60岁以上低保老人发放医疗救助金，使用善款292000元。

养老机构专项帮扶。区慈善协会拨出善款110万元，专项用于上庄镇养老照料中心、香山老年公寓、苏家坨镇柳林养老照料中心、四季青敬老院和温泉镇为老服务基地5家养老机构的老旧设备设施的更新改造。

“慈善济困•巾帼送暖”专项活动。区慈善协会与区妇联合作开展对贫困妇女儿童专项救助活动，救助贫困母亲及大病儿童235人，共计使用善款47万元。

日常救助。各慈善工作站开展助困、助老、助医、助学、助残等日常救助工作，共救助困难群众4079人次，使用善款4209452.70元。

海淀区慈善协会捐款方式

1. 到会捐款

地址：北京市海淀区西四环北路11号

电话：88487007

2. 银行汇款

户名：北京市海淀区慈善协会

账号：01090321000120111114745

开户行：北京银行双榆树支行

3. 邮局汇款

地址：北京市海淀区西四环北路11号

邮编：100195

收款单位：北京市海淀区慈善协会

4. 网上捐款

网址：www.hdcishan.com.cn

（常欣欣）

【调整地退无收入遗属生活补助待遇】 1月1日起，区民政局参照2015年北京市低保标准，调整地退无收入遗属的生活补助标准。50岁以下的地退无收入遗属每月领取的生活补助金调整至710元，50～60岁之间的地退无收入遗属生活补助金调整至816.5元，60岁以上的地退无收入遗属生活补助金调整至852元。共有263名地退遗属受益，月领生活补助人均增长137元。

（刘延萍）

【征地超转】 1月1日起，超转人员月生活补助标准由人均1616元调整至1926元，12442名征地超转人员受益。区民政局联合区人力社保局、财政局出台《海淀区征地超转人员接收服务管理实施办法》。共新接收超转人员10654人，完成四季青镇和东升镇八家村整建制农转非两项市区重点工作。

（刘延萍）

【“心系老年，幸福夕阳”关爱工程】 5月20日，区民政局与中国人民人寿保险股份有限公司北京市分公司举行“心系老年，幸福夕阳”关爱工程启动仪式。双方对海淀区人口情况及现有失能老人情况进行数据分析，并就长期护理保险试点范围、模式和投入测算进行论证，提出参保人员、运营模式、保障责任和管理方式等试点方案。方案通过对失能老年人的护理需要进行评估分级，实施不同等级的支付或补贴额度，设立相应的支付项目、支付比例，重点解决失能老人的医疗护理问题，深化对这类老年群体的生活关怀和人文关怀。

（刘延萍）

【困境未成年人社会保护工作启动】

7月8日，海淀区困境未成年人社会保护工作正式启动。区民政局利用专项救助资金，采用政府购买社会服务形式，委托北京先锋环宇电子商务公司面向社会招标。海淀区睿博社工事务所中标，并正式展开对海淀区困境未成年人专业的社会帮扶工作。帮扶工作涉及困境未成年人心理辅导、行为矫治、物质帮扶、司法援助。全年共有12户困境未成年人家庭得到帮扶。

（刘延萍）

【海淀社区公益大讲堂】 7月17日，“海淀社区公益大讲堂”首次课程举行。“海淀社区公益大讲堂”每周开展1～2次课程，课程内容涉及生活服务、科普文化、法律维权、卫生健康、社区民主、生存环境六大类别。全年讲课271节次，受众1.8万人。

（刘延萍）

【防灾减灾】 7月23日，海淀区突发事件应急救助指挥部成立，由主管区长担任总指挥，由政府办副主任、民政局局长、财政局主要负责人分别担任副总指挥，成员单位为全区37个相关委办局和29个街镇。指挥部下设办公室，作为常设办事机构，设在区民政局。组织编写《海淀区突发事件应急救助预案》。完成40个社区的综合减灾示范社区创建任务，“十二五”规划要求的150个综合减灾示范社区的创建任务全部完成。区级救灾物资储备总量达到满足应急保障3000人的规模。设立两个应急物资储备分中心，储备物资达到保障100人标准。

（刘延萍）

【完成第四次中国城乡老年人生活状况抽样调查】 8月，全国老龄办在全国范围内开展的“第四次中国城乡老年人生活状况抽样调查”，海淀区青龙桥街道、花园路街道、八里庄街道、学院路街道4个街道的16个居委会参与调查。区级、街道级督导员和居委会调查员组成抽样团队，对全国老龄办随机选定的480名60周岁及以上的老人，采取入户访谈和调查问卷的方式，围绕老年人的生活状况和养老服务需求，重点了解城乡老年人的健康状况、照料护理服务、家庭、经济、社会参与、维权意识与行动、宜居环境以及精神文化生活等方面的状况，收集数据，将60岁以上老年人的生活状况信息如实记录。

（刘延萍）

【海淀区民生综合信息管理系统投入使用】 10月1日，方正国际开发的海淀区民生综合信息管理系统投入使用。系统包含超转人员管理、地退人员管理、地退无收入遗属管理等模块。对地退超转人员日常信息管理、报表统计、人员变动、区内转移、生活费调标等实行数字化系统化。为全区所有超转人员建立个人电子信息档案。

（刘延萍）

【行政区划管理】 12月22日，开展与毗邻区县的行政区域界线联检。由于界线标志物发生重大改变，经与毗邻区协商，委托北京市测绘院修测146公里的区级行政区域界线标志物。与周边的西城、丰台、石景山、门头沟、昌平、朝阳6个区签订《行政区域界线管理协议书及附图》。

（刘延萍）

【老年医养结合心理健康服务试点】

12月25日，区民政局联合区社会办、区经信办、区卫生计生委、区残联及二六一医院共同建设老年医养结合心理健康服务试点。平台以二六一医院专业的心理治疗医生团队为基础，以远程服务为主要形式，缓解老年人精神健康难题，尤其对失智、失能老人提供精神上的关爱和帮助。

（刘延萍）

【社会救助】 年内，医疗救助3500人次，支出998万元；临时救助231人，支出146.12万元；为集中供养的34名城市特困人员、47名农村五保对象支出生活费114.18万元，报销医疗费共计31.9万元。累计支出低保金额4811.16万元，救助城乡低保对象39990户、66765人；终止享受低保待遇334户、568人。救助流浪乞讨人员和暂时遇到困难流转人员2011人；救助流浪未成年人68人，占救助总人数的3.4%。对61名重病受助人员给予及时救治。清洁能源分户自采暖救助223人次，支出32.63万元；发放燃煤补贴569人，支出56.9万元。

（刘延萍）

【养老服务】 年内，区民政局推动养老服务向产业化布局发展。对公办民营、公建民营及民办非营利性养老机构给予贷款贴息、租金补贴和运营补贴等支持。养老助残卡补贴974103人次，9898.845万元；高龄特困补贴284人次，17.04万元；高龄津贴补贴24904人次，833.15万元；95岁以上补助医疗310人，107.42万元；办理优待卡43561人次；办理优待证6027人次；无障碍设施1770户；新审批养老机构5家。完成居住老年人口数据信息采集比对。评选市级“孝星”361名、区级“孝星”100名，其中1名为“北京市十大孝星榜样”。创新推动智慧社区养老助残服务体系建设。在花园村等5个服务站点，在甘家口街道建设指导中心，西苑医院转诊站完成覆盖区域内居民，新增建档7810人，健康数据监测32190人次，对重点人群由家医团队跟进健康管理198人。

（刘延萍）

【社区建设】 年内，完成第九届社区居委会选举。全区567个参选社区一次选举成功率达100%。采取直接选举或户代表选举形式的社区302个，占社区总数的53.26%，比上届提高20%。27个街镇的56个社区参与"六型社区"示范创建，4个镇的5个村推进农村示范社区创建活动。推进"三社联动"融合发展，全面推进社区服务社会化。指导15个街道、社区服务中心成立社会组织联合会。7月，海淀区被民政部确定为第三批全国社区治理和服务创新实验区。

（刘延萍）

【社会组织管理】 年内，区民政局推进社会组织管理制度改革，推行《社会组织直接登记规程》，直接登记社会组织32家，占年度登记总量的55%。完成变更登记和换证150多项，"一站式"联合年检完成率在80%以上。全区社会组织孵化"一个中心、两个基地、多个孵化器"的培育体系初步形成。

（刘延萍）

【双拥工作】 年内，海淀区通过全国和北京市双拥模范城（区）八连冠的检查考评验收。第二炮兵装备研究院首个以科技融合为主体的军民融合产业园、国防大学军民融合共育新型军事人才教学基地、驻区部队9个大单位和103个高科技企业成立军民融合产业联盟。解决驻区部队军人子女幼升小、小升初共计816人的就学问题。为随军家属发放生活补助费311万元、2501人次，发放自谋职业奖金18万元。各类保险102万元、1525人次，组织随军家属培训会16场，安置随军家属就业39人。

（刘延萍）

【优抚安置】 年内，区民政局发放慰问金422万元，义务兵优待金2850万元；办理一次性死亡抚恤1000多人次，支出资金1.6亿元。走访慰问抗战老战士、老同志349户，发放慰问金166.2万元，为101名抗战老战士配发康复辅助器具。完成1052名退役士兵的接收任务，发放自主就业补助金5200余万元。出台《2015年海淀区部分事业单位接收符合安排工作条件退役士兵工作试行方案》，规范事业单位招录退役士兵工作程序。

（刘延萍）

【军休服务】 年内，成立法律援助站、法律援助服务组，成员进驻20个军休所，为军休干部提供法律咨询、援助等服务。接收军休干部档案942份，接收无军籍退休职工637人。为军休干部建立健康档案，报销医疗费约3亿元。

（刘延萍）

【婚姻登记】 年内，区民政局共办理结婚登记31122件，离婚登记12997件，补领婚姻登记证6269件，出具（无）婚姻登记记录证明20167件，（解除）收养登记7件。试点探索"漫画图解民政业务流程"和"推动部门间数据共享"工作，婚姻登记管理创新纳入《北京市典型经验案例百例汇编》。

（刘延萍）

【福利企业】 截至年底，海淀区共有46家福利企业，在职职工总人数为2290人，安置残疾职工908人，销售收入累计完成62507.99万元，利税总额达到6903.89万元。

（刘延萍）

【福利彩票发行】 年内，全区电脑票销量6.45亿元，即开票销量0.83亿元，总计7.28亿元。完成市下达任务的127.62%。

（刘延萍）

【殡葬服务】 年内，区民政局完成清明节期间的群众扫墓接待服务工作，共接待扫墓群众310771人。发放丧葬补贴约500万元。开展经营性公墓专项整治活动，规范殡葬管理服务和净化殡葬市场环境。

（刘延萍）

【见义勇为】 年内，区民政局确认见义勇为人员9名，发放见义勇为行为确认奖励金近40万元。表彰10名见义勇为积极分子和见义勇为权益保护工作先进单位。

（刘延萍）

【慈善公益】 年内，区民政局开展"海淀慈善之星"评选活动，选出6位"海淀慈善之星"个人、6个"海淀慈善之星"项目、6家"海淀慈善之星"企业单位及27位海淀慈善楷模。慈善超市开发福利彩票销售、代收快递业务、捐赠物品义卖、老年人心理慰藉、小学生校外托管等项目。全年接收捐款215万余元，接收衣被24万件。

（刘延萍）

残疾人事业

【概况】 海淀区残疾人联合会（简称区残联）下设区残疾人综合服务中心、劳动就业管理服务所2个事业单位。全区29个街镇和持证残疾人20人以上社区（村）设立残联和残疾人协会。截至年底，共有549个社区（村）残疾人协会，全区户籍人口中共有持证残疾人32863人，其中视力残疾3077人、听力残疾2017人、言语残疾158人、智力残疾3731人、肢体残疾17014人、精神残疾5081人、多重残疾1785人。

2015年，区政府将残疾人居家康复列入为民办实事折子工程，区残联探索康复服务新模式，以康复机构为骨干、社区（村）为基础、家庭为依托，建立和完善社会化康复服务体系。区残联完成残疾人基本服务状况和需求专项调查。为近5.2万人次低保等困难残疾人发放生活补助近2600万元；为110余名因病因灾致贫等残疾人发放临时救助资金近 37 万元；为 2563 名失业残疾人发放城乡居民养老保险补贴 256.3 万元，为 716 人发放全额城乡居民医疗保险及新农合医疗补贴 20.88 万元;为 276 名智力和稳定期精神残疾人发放社区就业补贴 396 万元；为 881 名残疾人发放自主创业、个体就业和灵活就业保险补贴 675.12 万元。补助 610 余万元，为 391 名残疾儿童少年进行康复训练；投入 200 余万元，为 354 名残疾人进行一对一的居家康复；提供辅助器具服务 7904 件，惠及 7178 人次；投入 76.8 万元为 55 名残疾人学生提供送教上门服务；补助 292 名学前至中高等教育年龄段残疾学生和困难残疾人子女 74.16 万元。代表北京市通过全国无障碍环境区检查验收。完成田村路等街镇的四处温馨家园活动用房的选址和申报工作。核定残保金 8.15 亿元，补贴、超比例奖励用人单位 2400 万元，为 54 家按摩机构拨付 89 万元保险补贴及扶持资金。举办 3 场招聘会，惠及 318 名残疾人；举办 9 班次残疾人职业技能培训班，培训 1137 人。开展残疾人文化大篷车进社区、进公园、进高校等演出活动，培养和选拔一批残疾人文艺人才，参加京津冀、市、区各类文化交流和演出。将残疾人群众性体育活动纳入公共体育活动中，与区体育局联合举办适合残疾人参与的群众性体育活动 10000 人次；组织举办残疾人运动会和各类单项比赛及活动 10000 多人次，培养并输送 22 名残疾人运动员代表北京市参加全国第九届残疾人运动会和全国特奥会，并取得六金十一银八铜的成绩。区残联被中残联评为 2011—2014 年度全国残疾人体育先进单位。组织开展“庭院式”残疾人法律服务活动，惠及 5000 余人次。精神残疾人入住“精残人之家”100%监护，入户随访率 100%。海淀电视台等刊用地区残疾人工作稿件 323 篇（条），市残联和区委、区政府信息刊用 139 条，区残联网站更新动态新闻 362 条。全年处理来信来访 235 人次、来电 1080 件次。

（何文辉）

【残疾人基本服务状况和需求专项调查工作启动】 1月4日，区全国残疾人基本服务状况和需求专项调查的入户调查登记工作启动。对 31002 名持证残疾人与 8 名在册登记而未持证疑似残疾儿童进行需求调查，入户率达到 98.29%。调查内容涵盖残疾人基本情况、经济、住房、教育、劳动就业、社会保障、养护照料、康复、辅助器具、法律服务、无障碍环境、文化体育 12 个方面。

（何文辉）

【“爱耳日”宣传教育活动】 3月3日，区残联、区妇联、北京老年医院在苏家坨镇联合主办以“安全用耳，保护听力”为主题的“爱耳日”宣传教育活动。苏家坨镇的残疾人、老年人和听力减退者及工作人员共计 112 人参加活动。

（何文辉）

【第二十五次全国助残日主题宣传活动】 5月15日，区残联举行第二十五次全国助残日“关注孤独症儿童 走向美好未来”主题宣传活动。区志愿服务联合会、区残联、团区委的领导，区民办康复机构的代表以及 29 个街镇残联的理事长、残疾人工作者和残疾人代表共 120 余人参加活动。启动海淀区阳光助残志愿服务项目，为志愿服务团队授旗和为孤独症青少年送教上门志愿者颁发聘书，向 13 家民办康复机构代表发放免费赠送的辅助器具。

（何文辉）

【海淀区第六届残疾人运动会】 5月26日，区残联主办的海淀区第六届残疾人运动会在海淀体育中心举行。运动会按残疾类别和比赛项目分设田径比赛和游泳比赛两大项，田径分男女听力、视力、肢体，设 100 米、200 米、400 米跑和立定跳远、跳远、铅球、标枪，每个项目决出个人前六名；游泳比赛分听力、视力、肢体，设蛙泳、自由泳 50 米、100 米和 200 米，每组决出前三名。来自全区 29 个街镇和 2 所特教学校的 400 余名运动员参加比赛，北京市第三聋校、北京市盲人学校和苏家坨镇分获团体田径比赛第一、二、三名，紫竹院街道、学院路街道和西三旗街道分获游泳比赛团体第一、二、三名。

（何文辉）

【中国残联到区调研“十二五”纲要执行情况】 6月4日，中国残联委托中国社会科学院调研组到海淀区，对中残联“十二五”规划纲要的执行情况进行调研。调研组分别对八里庄街道温馨家园和社区职康站、赢冠义齿加工有限责任公司以及自主创业的残疾人葛华创办的法人公司进行实地考察，并与区残联负责人、区残工委部分成员单位负责人以及街镇和社区居（村）委会残疾人工作者代表、用人单位和残疾人代表座谈；听取区残联关于贯彻落实“十二五”规划政策情况汇报；分别向区教委、区人力社保局、区民政局等部门相关负责人以及街镇和社区居（村）委会一线残疾人工作者征询对残疾人政策的意见与建议。

（何文辉）

【温馨家园工作人员培训会】 6月9日—10日，区残联举办残疾人温馨家园工作人员培训会。各街镇残联理事长及 35 个温馨家园的工作人员 120 余人参加。培训会邀请市残联组联部主任王静奎做《整合资源，创新发展 努力打造温馨家园北京服务品牌》的授课。区残联介绍了温馨家园开展工作情况：“温馨家园”在“志愿海淀阳光助残”发布 59 个志愿项目，对接 59 个志愿团队，为有需求的残疾人群体提供就近方便的服务 2000 人次。并对温馨家园工作提出强化工作人员队伍建设、增加服务项目、完善制度、提高服务质量、突破难点五点要求。

（何文辉）

【区残疾人职业技能竞赛】 6月27日—28日，区残联在区职业技能培训学校举办以“创新驱动发展 技能成就未来”为主题的区级残疾人职业技能竞赛。计算机类、工艺美术类、手工制作类和其他类的计算机调试工、桌面排版、计算机文本录入、水彩绘画、封面摄影、手工编织、剪纸和插花、面点 9 个项目决出一等奖 9 名、二等奖 14 人、三等奖 18 人，万寿路街道、永定路街道、甘家口街道和清河街道收获奖项靠前。

（何文辉）

【“庭院式”法律服务活动】 7月17

日，海淀区“庭院式”法律服务暨以案释法宣讲活动在区残联礼堂启动。活动由区残联主办，市残联、区残联领导以及相关律师事务所和 29 个街镇残联的工作人员共计 120 人参加活动。“庭院式”法律服务活动是以政府购买服务的方式，调动社会专业服务资源，为足不出户的残疾人提供普法宣传和现场法律服务。全年共完成 240 场次的“庭院式”法律宣传服务任务。

（何文辉）

【残疾人家庭无障碍改造】 9 月 1 日，区残联召开年度残疾人家庭无障碍改造启动大会。10 月底前，完成通过入户评估 1021 户残疾人家庭无障碍改造工作。投资 1400.92 万元，完成 102 个老旧小区无障碍设施改造，完成 339 户听力残疾人家庭闪光门铃的入户安装。

（何文辉）

【世界精神卫生日主题宣传活动】 10 月 10 日，区残联与区卫生计生委联合开展世界精神卫生日“心理健康、社会和谐”系列主题宣传活动，区残联、区卫生计生委等部门参加活动。活动结束后，领导走访慰问区精神卫生防治院的 300 余名患者。

（何文辉）

【特殊奥林匹克趣味运动会】 10 月 28 日，区残联联合区体育局在温泉体育中心篮球馆举办 2015 年特殊奥林匹克趣味运动会。27 个街镇的残疾人运动员及工作人员 270 人参加“钓鱼”“巧搬家”“趣味保龄球”“套圈儿”“单手拍篮球”“单人跳绳”“羽毛球掷准”“踢毽子”“飞镖掷准”9 个趣味项目。共评出一等奖 9 个、二等奖 12 个、三等奖 15 个和优秀组织奖 27 个。

（何文辉）

【区人大代表视察民办康复机构】 11 月 13 日，区人大常委会主任关成启和区人大代表一行 12 人视察民办康复机构，调研民办康复机构运行情况。其间，听取区残联对全区 13 家民办康复机构的总体介绍和阳光友谊康复中心的工作汇报。关成启指出：政府要加大对民办康复机构的投入与扶持，切实解决机构运行过程中的难点问题，推动全区残疾人工作全面发展。

（何文辉）

社会建设

2016

北京海淀年鉴

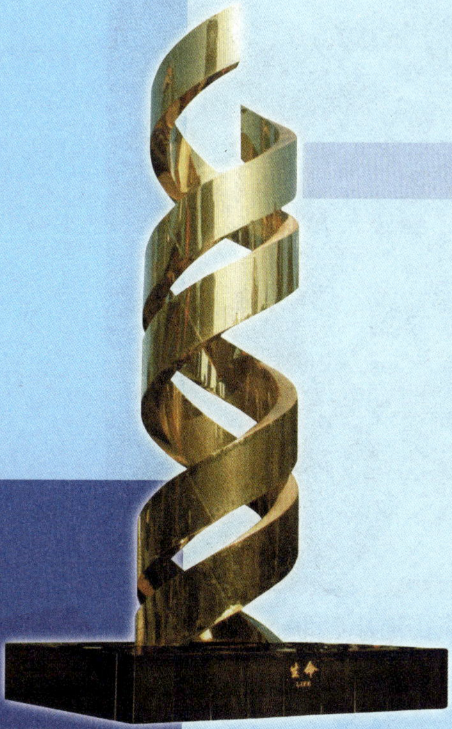

“七一”前夕，中关村街道“党建 e 站”建成，配备专（兼）职工作人员，开展党群组织建设、党员教育管理，并提供社会公共服务（中关村街道 供图）

10 月 22 日，台湾台南市基层里长及社区干部到西三旗街道小营联合社区千顺社区养老中心交流（区社会办 供图）

10月26日，四季青敬老院升级为北京市五星级养老服务机构(四季青镇 供图)

10月27日，北下关街道工会召开第二次代表大会(北下关街道 供图)

11月20日，区社会办举办社区工作者心理服务基本技能培训班(区社会办 供图)

12月10日，区社工委举办非公经济党务工作者培训班（区社会办 供图）

海淀推动专业服务管理力量下沉，建成83个市区两级“一刻钟社区服务圈”示范点、73个规范化建设示范点。图为西北旺镇冷泉村社区服务站（区社会办 供图）

年内，海淀社区服务站用房建设全部达标。图为马连洼街道百草园社区服务站（马连洼街道 供图）

综　述

【概况】 2015年，区委社会工委结合“三严三实”专题教育实践活动，以创建“环境优美、和谐宜居”的高科技核心区为统领，开展社会治理能力提升、网格化社会服务管理、社区治理、社会领域党建等工作，做好对街道系统的统筹协调和综合管理。

组织专家智库的专家编写6期《海淀区社会建设信息情报——社会治理案例精粹集》。

（王拓涵　胡晓婷）

【提升社会治理能力课题评审会议】 3月8日，区委社会工委、区社会办召开“海淀区‘十三五’时期提升社会治理能力”课题研究单位评审会议，区民政局、区市政市容委等7个课题成员单位参加会议。会上，以听取汇报及公开讨论的形式，确定由清华大学政治学系承接此课题的研究以及《海淀区“十三五”时期社会治理规划》的编制工作。

（王拓涵　胡晓婷）

【完成网格化工作报告撰写】 5月，区委社会工委、区社会办完成《海淀区关于推进网格化工作报告》《海淀区2014年网格化社会服务管理体系建设报告》《街道和社区网格化建设成果》的撰写。

（王拓涵　胡晓婷）

【社会建设大讲堂】 6月18日，海淀区社会建设大讲堂第一期暨启动仪式举行。截至12月，社会建设大讲堂分别在清河街道、中关村街道、曙光街道、甘家口街道共举办四期。第一期大讲堂的主题是“‘创新社会治理体制’的新意与挑战”，105人参加；第二期在中关村街道举办了以“社区 社区建设 社区社会组织”为题的大讲堂，110人参加；第三期大讲堂的主题是“国际‘医、养、社区结合’养老方式启示”，108人参加；最后一期在曙光街道举办，大讲堂的主题是“互联网+与政府治理”，110人参加。

（王拓涵　胡晓婷）

【“1+3”专项资金管理办法出台】 9月，按照中央、市、区关于创新社会治理、加强社会建设的部署要求，结合全区重点工作任务，区委社工委整合“海淀区加强和创新社会管理专项资金”和“海淀区社区办公和服务用房专项资金”，并会同区民政局、区财政局、区法制办等单位研究，形成“1+3”专项资金管理办法，“1”即《海淀区社会建设专项资金管理办法》，“3”即《关于利用海淀区社会建设专项资金支持基层社会治理的办法》《关于利用海淀区社会建设专项资金培育扶持社会组织发展的办法》《关于利用海淀区社会建设专项资金支持社区服务用房建设的办法》。

（王拓涵　胡晓婷）

【全市基层治理工作交流培训会】 12月15日，市委社会工委、市社会办召开全市基层治理工作交流培训会，以总结交流各区基层治理经验，发挥典型示范引领作用，推动和谐宜居社区建设。会上，海淀区分享交流“清河实验”的经验做法。

（王拓涵　胡晓婷）

社会领域党建

【概况】 2015年，区委社会工委指导社区党组织建设，累计建成304座商务楼宇工作站和43个市级商务楼宇示范站。区委社会工委开展多场“三严三实”专题教育活动，不断加强机关干部的党性修养。成立“三严三实”专题教育巡回指导组，对各街道开展巡回指导，督导各街道专题民主生活会。

（王拓涵　胡晓婷）

【商务楼宇党建新模式】 自2008年北京市开展商务楼宇工作站建设以来，海淀区商务楼宇工作站从单一党建工作站转型为“五站合一”。2015年，又探索“重点建设示范中心站，辐射带动周边楼宇”建设新模式。截至年底，海淀区楼宇内非公企业建立党组织716个，其中党委63个，党总支38个，党支部615个；党员数11745人，其中流动党员1909人。有楼宇工作站304个，工作站办公用房建筑面积4577平方米，能够协调使用的活动用房面积11266平方米。配备专兼职工作人员588人，其中专职工作者240人，兼职工作者348人。初步形成各单位党（工）委主要领导亲自抓，分管领导具体抓，组织部门专人管，工青妇及统战等部门相互配合的工作格局。实施“一楼宇一社工”项目，为商务楼宇示范站配备专业社工。

（钟冷　王拓涵　胡晓婷）

社区建设与管理

【概况】 2015年，区委社会工委继续推进社区治理改革，截至年底，海淀区全面完成社区服务用房达标任务，均达到350平方米的建设标准。完成83个市区两级“一刻钟社区服务圈”示范点、73个市区两级社区规范化建设示范点、12个市级老旧小区自我服务管理试点、5个市级农村社会服务管理创新试点、201个市级智慧社区试点、5项社区建设重点项目建设；贯彻落实网格化“1+3”文件[①]精神，推进网格化服务管理体系建设。

（王拓涵　胡晓婷）

【规范协管员队伍管理工作会】 3月30日，区委社会工委、区社会办组织召开规范协管员队伍管理工作会。会上，要求各单位按照“一岗多责、专兼结合”的原则，将12类协管员整合后统一调配使用，确保90%左右的协管员下沉到社区（村）三级网格，并在社区（村）服务站的组织领导下开展工作。

（王拓涵　胡晓婷）

【规范社区服务用房出租】 6月20日，区委社会工委、区社会办会同区监察局、区财政局成立联合工作小组，印发《关于对全区各社区居委会出租房屋情况进行全面统计的通知》，全面摸清基本情况，做到底数清、情况明，以规范社区服务用房出租行为，确保社区居委会所有房屋用于开展便民利民及公益服务。区社会办根据统计结果，撰写《关于对全区社区出租房屋情况的调研报告》。各街道、镇、社区切实提高对社区服务用房使用管理的重视程度，增加社区用房为社区服务的效率。截至年底，海淀区存在出租房屋情况的社区数量为55个，占全区570个社区的9.6%。出租房屋总数量为243处，总面积8636.11平方米，平均每处35.5平方米。面积最大的出租房屋300平方米（地下空间），面积最小的出租房屋4平方米。

（王拓涵　胡晓婷）

【老旧小区自我服务管理工作专题调研】 6月23日，市委社会工委社区建设处处长邢桂丽一行到海淀街道稻香园北社区进行老旧小区自我服务管理工作专题调研。邢桂丽表示：海淀区社区建设各项重点工作“有成效、有思路、有担当”。对下一步的工作，邢桂丽提出三点要求：要强化经验总结、宣传、推广和复制的意识，为基层工作提供强大支持；要通过社区治理机制的顶层设计，明确思路，加大投入，培育扶持社区自治力量；在实践创新上要深入推进，探索分类治理的不同模式，激发不同类型社区的治理潜力和自治活力。

（王拓涵　胡晓婷）

【“两大活动”志愿服务月活动】 8月，“两大活动”志愿服务月活动期间，区委社会工委、区社会办开展“两大活动”志愿服务月活动，发动社区治安维护队伍1697支、64747人，服务164965次；文明行车倡导队伍499支、9077人，服务84464次；社会矛盾调处队伍633支、5520人，服务19676次；文明经商劝导队伍516支、5713人，服务19016次；环境秩序维护队伍1427支、24019人，服务66013次。

（王拓涵　胡晓婷）

【检查网格化“1+3”文件贯彻落实情况】 11月16日，区委社会工委、区社会办对网格化“1+3”文件贯彻落实情况进行检查。检查内容包括：贯彻落实“1+3”系列文件各项目标任务的具体方案、时间表、任务书、路线图，“1+3”文件精神分别贯彻落实进展情况、取得成效、存在问题等八个方面，分别形成自查报告报市网格化工作联席会议办公室。市委社会工委委员、市社会办听取工作进展情况汇报，并实地考察海淀区城市服务管理指挥中心及八里庄街道城市服务管理指挥分中心。

（王拓涵　胡晓婷）

【“片区机制”社区服务模式】 年内，推动社区服务社会化，让居民享受到看得见、摸得着的社区服务。2014年，海淀区按照地理位置把全区24个街道社区服务中心划分为“东、西、南、北、中”5个片区，推选出片长，以提高社区服务水平。统筹资源为服务注入新活力，通过建立片区工作机制，根据各片区的服务功能和特色进行定位，在较小的范围内找到共同的发展目标，更好地推动区街两级联运机制，为社区居民提供多层次、个性化的社区服务：东片区确定“调动多方社会力量，多元参与主体”的工作思路；西片区把“共享片区资源，推进整体发展”作为工作的重点；南片区主要探索“社区服务项目的规范化、专业化、连锁化与社区服务社会化相结合”的工作模式；北片区以“信息技术融入社区服务”作为片区的社区服务特色；中片区确定“从社区服务项目的规范化入手，推进工作有序高效开展”的工作目标。提供优质服务满足居民的多元需求，建立“一对一”的志愿服务模式，解决社区问题；成立社区义工服务队，更贴近百姓需求，服务项目更加多样化。

（钟冷）

【63个政府项目向社会购买服务】 年内，海淀区有63个政府项目向社会购买服务，包括教育类、医疗及计划生育类、社会保障类、三农服务类、文化类、

---

① 指市委办公厅、市政府办公厅下发的《关于加强北京市城市服务管理网格化体系建设的意见》和《北京市城市服务管理网格化体系建设基本规范（试行）》《北京市城市服务管理网格化体系建设指导目录（试行）》《北京市社会服务管理精细化测评指标（试行）》。

体育类、市政市容类、社会服务类、人才就业类、社会组织类、社会治理类、政府辅助性服务类等12个大类、63项。2012年—2014年，海淀区政府购买服务项目共计600余个，购买金额约23亿元。其中政府机关为履行职能所需辅助性和技术性事务购买金额2.35亿元。政府向社会公众提供的基本公共服务购买金额约20.65亿元。

（钟冷）

社会组织工作

【概况】 2015年，区委社会工委进一步完善社会组织工作体系，健全社会组织培育孵化体系，认定区残疾人联合会、电子商会、信息产业协会等10家区级“枢纽型”社会组织[①]，鼓励和支持社会组织承接运营社区服务事项，逐步形成“以政府出资购买、社会组织运营、全程跟踪评估”的社会组织运营模式。发展专业社会工作进驻社会组织领域，引导鼓励社会组织健康发展。

（王拓涵 胡晓婷）

【牛有成考察社会组织工作】 11月11日，市人大常委会副主任牛有成率市人大代表、市委社会工委一行到地区，实地考察海淀区社会组织建设发展情况以及政府购买社会组织服务等工作。在海淀社会组织联合会，牛有成一行实地察看海淀社会组织联合会基本建设、发展现状等工作情况。在随后召开的座谈会上，市委社会工委介绍全市社会组织发展和政府购买社会组织服务情况，海淀区汇报海淀区社会组织发展和政府购买社会组织服务情况。至2015年，全区有社会组织860个，初步形成门类齐全、层次不同、覆盖广泛的社会组织体系。近5年投入6000万元，解决一批服务民生的重点、难点问题。牛有成对海淀区社会组织建设发展工作给予肯定，并指出，海淀区要坚持先行先试，大胆探索，创新思维，积累社会组织建设的优秀经验，为全市社会组织建设做出表率。与会的人大代表就社会组织建设工作提出意见和建议。

（钟冷 王拓涵 胡晓婷）

社区工作者队伍建设

【概况】 2015年，区委社会工委继续加强基层工作者队伍建设。组织社区工作者及社区居委会干部参加多场培训活动，不断提升基层工作者的理论水平和实践能力；规范调整社区工作者工资待遇，推进社区工作者专业化、职业化。推荐18名优秀社区工作者代表参加由北京市民政局与北京大学联合举办的第四期北京市社区工作者理论与实践研修班。

（王拓涵 胡晓婷）

【社区居委会主任高级培训班】 10月20日，海淀区社区居委会主任高级培训班开班。培训班共三期，每期三天半，新当选的569名社区居委会主任参加培训。培训班通过专题讲座、分组讨论、案例分析等教育形式，使每一名参训的居委会主任了解时代发展形势、专业知识和社区工作技巧，同时加强社区干部和社区之间的相互交流学习。

（王拓涵 胡晓婷）

【社区工作者心理服务基本技能集中培训班】 11月20日，海淀社区工作者心理服务基本技能集中培训班开课，60名社区工作者参加为期13天共104课时的专题培训，课程内容包括基础理论、基本技能、实务督导和跟踪答疑四部分。此次培训旨在帮助社区工作者学习运用心理学的基本知识开展社区工作，初步具备鉴别一般心理问题的能力，以提升社区工作者心理服务的水平。

（王拓涵 胡晓婷）

【社区工作者轮训班】 11月30日，举办为期3天的社区工作者轮训班，培训内容包括社区治理案例分析、社区参与与协商民主、“互联网+”与政府管理、心理咨询与辅导及最美社工经验交流分享等。1500余名社区工作者分为7个班次接受轮训，实现全区所有社区工作者全部轮训一遍的目标。

（王拓涵 胡晓婷）

[①] “枢纽型”社会组织：由负责社会建设的有关部门认定，在对同类别、同性质、同领域社会组织的发展、服务、管理工作中，在政治上发挥桥梁纽带作用，在业务上处于龙头地位，在管理上承担业务主管职能的联合性社会组织。

街道 · 镇

2016
北京海淀年鉴

4月8日，北下关街道皂东社区青年汇星期三健身日活动启动（北下关街道 供图）

5月12日，国际生殖健康供应联盟执委参观花园路地区人口家庭健康公共服务中心（花园路街道 韩卫红 摄）

5月23日，上地街道举办第四届亲子运动会（上地街道 匡贤良 摄）

5月，燕园街道承泽园社区自行车棚改造（燕园街道 供图）

6月2日，四季青镇整建制农转非自谋职业人员办理公证手续（四季青镇 供图）

7 月 25 日，国际城市管理协会专家到学院路街道，就网格化社会服务管理工作进行专题调研（学院路街道 周荣义 摄）

7 月，海淀街道举办“2015 幸福社区 · 海淀秀”活动（海淀街道 张小奎 摄）

8月5日，万寿路街道举办“我们的价值观”百姓宣讲活动（万寿路街道 供图）

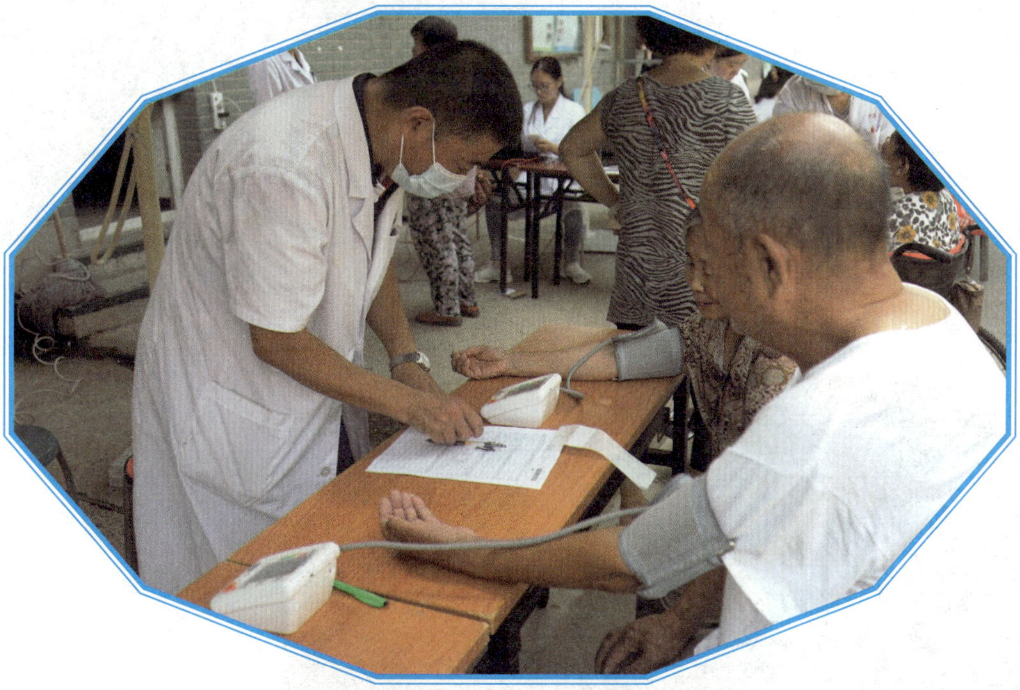

8月，海淀镇组织农民免费体检（海淀镇 供图）

9月24日，紫竹院街道举办“e动夕阳红”为老志愿服务活动（紫竹院街道 何照云 摄）

10月10日，青龙桥街道拆除地区违法建设（青龙桥街道 刁凯 摄）

12月25日，上庄镇皂甲屯村成立党员便民服务队（上庄镇 吴京涛 摄）

东埠头沟公园基本建成（温泉镇 刘娜 摄）

甘家口街道组建机动化治安巡逻队（甘家口街道供图）

建设中的七王坟村新民居（苏家坨镇 供图）

中关村玉渊潭科技商务区中心区实景(玉渊潭农工商总公司 供图)

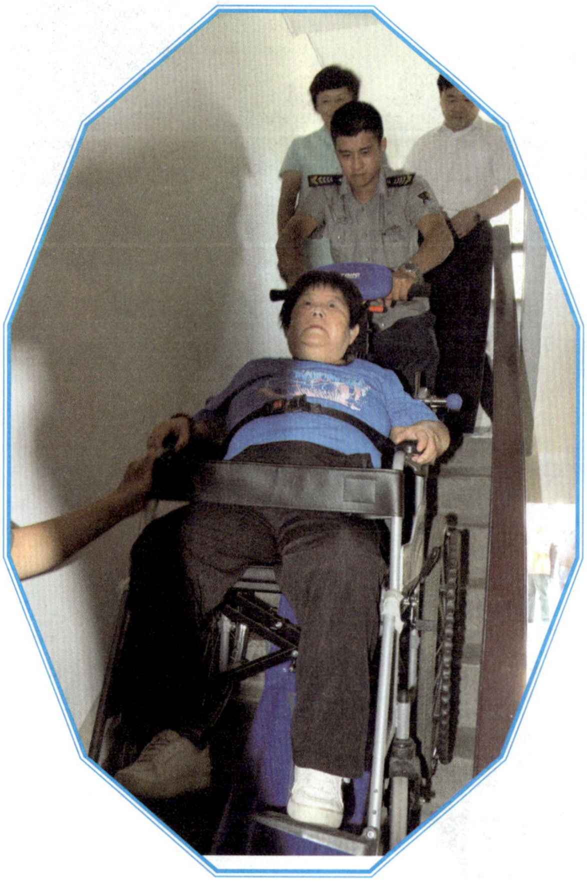

清华园街道引入爬楼机，助残障老人下楼就医（清华园街道 供图）

永定路街道启动应急铲雪除冰（永定路街道 供图）

马连洼街道视频监控中心（马连洼街道 金连柱 摄）

万寿路街道

【概况】 2015年，万寿路街道面积8.78平方千米，有35个社区居委会，常住人口22.3万人，其中常住外来人口4.6万人。辖区内驻有7个中央级国家机关和32个团以上军事单位。

经济建设 地区实现税收10.6亿元，新增企业2102家，新增企业注册资金337亿元，其中亿元以上企业45家，千万元以上企业416家。完成代征房产税收入库590余万元，同比增长48%。

环境建设 依托网格化工作优势，建立健全领导包片机制、社区微循环机制、街道小循环机制、监督考评机制四方面长效机制，建立巩固文创成果长效机制。网格化融合平台上报环境卫生、环境秩序类案件45592件，全部及时处置。开展保洁作业6170批次、3102车次，清运垃圾9062车；完成11条道路13.7万平方米绿地养护、补植和绿化保洁。投入资金2725万元，改造10个老旧小区，修缮4处道路。1300余家门店“门前三包责任书”签约率达到100%。规范收费车位713个和免费车位521个。开展联合执法81次，查扣无照三轮车、电动车89余辆，小四轮售货车12辆，取缔露天烧烤25处，规范大排档36处，取缔和规范无照经营2000起，清除小广告12万余张。

全年拆违24处、8280.1平方米，年度台账任务全部完成。拆除新生违建40处、1185平方米。拆除整改燃气安全重大隐患4处、较大隐患9处。批发市场关停转型，消减外来人口2974人。

平安建设 依托网格化和“1+13+36+7885”工作体系[①]，管控14名重点人，布防262个点位，织密社会面防控网络，完成节假日、敏感日和“两大活动”等重大节点稳控保障工作。投入60万元，提升6个社区的技防工作水平。加装探头53个，修复监控设施1处，安装新型环形铁丝网450米。开展“打基础、强整治、严管控”等检查执法活动，出动检查人员2582批次，检查单位1231家，排查整改隐患1096处，全年地区无重大安全生产责任事故。建立应急处突机制，充实专业应急处突力量300余人到12个责任区域。信访案件受理办结37件，调解民事纠纷208件，转办非紧急救助平台群众诉求848件。

社区建设 万寿路8号等4个社区，通过两轮“六型社区”[②]第三方评估。开展总参信息化部机关大院社区“智慧社区”创建、太平路24号社区“规范化示范点”建设、复兴路40号社区“一刻钟社区服务圈”建设、翠微中里创建老旧小区自我管理服务等特色社区创建工作。

民生建设 统筹712.7万元，落实37件为民实事。构建“五位一体为老服务体系”，签约养老服务商66家，新增万寿阳光老年公寓、翠微西里老年餐桌、五棵松社区托老所。10家“便民菜站”实现蔬菜、瓜果销售2600吨。“幸福循环小巴”营运里程达3万千米，安全运乘3.5万人次。劳动用工巡查1453家次，调解劳动争议纠纷13起，维护68名劳动者合法权益，涉及金额41万元。实现失业者再就业1380人，困难人员就业948人。帮困助残968户、2941人，发放低保金、帮困金、助残金911万元。为945户居民提供住房保障服务，规范住房保障材料档案4023卷。办理生育服务证1371本，慰问失独家庭209户。完成688名流动儿童疫苗接种查漏补种工作。召开驻区部队双拥工作交流会，举办军地两用人才培训和军地乒乓球友谊赛，增强军地友谊。服务4345名军休、地退、征地超转人员，为541户优抚对象发放慰问金50万元。

基层党建和精神文明建设 巩固党的群众路线教育实践活动成果，办公用房、公务用车、勤俭节约等105项问题全部完成整改。建立制度38项，形成作风建设长效机制。开展“三严三实”专题教育，实现党组织和党员在学习教育上的全覆盖。引导社区从管理、服务、议事决策、社情民意表达反馈、文化重塑5个方面，探索构建“五位一体”社区党建服务新体系。建立“三力协同”工作机制[③]，实行“四级联动”精细化管控[④]，实行“3+N”制度[⑤]，引导其他基层党组织依据本社区、本企业、本楼宇自身实际情况，做好建设基层服务型党组织工作。建立“共商地区大事，共解地区难题，共促地区发展”街道大工委会议制度，完善“社区联席会议制度”，构建区域化党建工作新格局。召开机关党风廉政大会和社区党风廉政会议，签订党风廉政责任书，明确一把手“第一责任人”和分管领导“一岗双责”，落实党建工作责任制和党风廉政建设责任制；推进廉政风险防控和工委权力公开透明运行工作，加强专项效能监察工作督查力度。

举办五月鲜花文艺会演、乒乓球赛、棋牌赛、空竹培训等活动，参与群众2300余人。

（赵飞）

【“两大活动”服务保障】 年内，为完成“两大活动”的服务保障工作，万寿路街道构建“1+8+35”的工作体系（指由街道党政主要领导担任街道服务保障指挥部总指挥，街道和地区职能部门组成的8个专项工作组，35个社区成立分指挥部）。确保指挥工作精、准、快。

---

① 指1个指挥部，13个重点区域，36个社区，7885名志愿者。

② 六型社区：指环境整洁、管理规范、服务完善、安全稳定、健康幸福、文化繁荣的社区。

③ 指社区党委、居委会、服务站三者明确分工，团结协作，共同做好管理服务社区工作。

④ 指在社区管理上，实行由楼层—楼门—楼区—居委会四个管理层级构成的“四级联动”精细化管理模式。

⑤ 指在发挥社区“两委一站”作用的基础上，吸纳社区物业、居民代表、社区服务商等社区成员主体，形成“3+N”服务管理和决策联动制度。

制作纪念抗战胜利 70 周年花墙、花坛和宣传横幅。自 8 月中旬起，街道领导带领职能部门走街转巷，对街区，尤其对万寿庄宾馆驻地、五棵松场馆阅兵观礼群众集结点周边进行地毯式摸排，发现无照经营、露天烧烤、路边违章停车、不规范广告牌、堆物堆料等 7 类问题。每天 1 次联合执法，拆除 11 家、关停 4 家无照经营门店，取缔无照经营 100 余起，仅阅兵演练和“9•3”阅兵当天，劝离道路违章停车 1840 辆，强制拖离 167 辆。与地区单位治保部门沟通协调，配合公安机关做好重点区域、部位的防控和重点人员的教育稳控、矛盾化解工作。9 月 2 日—3 日，各类力量坚守点位，重点加强五棵松场馆和万寿庄宾馆周边力量。织密“点、线、面”防控网，625 名社区治安巡防员、流管队员和志愿者 24 小时巡控，干道两侧按照 50 米/点位/人标准布控，民兵和 78 名保安全天候守卫 19 座桥梁。全方位排查水、电、气、热等安全隐患，街区所有点位尽在掌控之中。确保了阅兵部队安全顺利过境和五棵松集结点观礼人员安全有序地进入地铁。完成两项重大活动的服务保障工作。

（赵飞）

羊坊店街道

【概况】 2015 年，羊坊店街道辖区面积 6.61 平方千米，有军事博物馆、中华世纪坛等建筑。有社区居委会 31 个，卫生医疗机构 41 个，中小学校、幼儿园 14 所。

经济建设 全年区域税收 245 亿元、区级纳税 29.5 亿元。地区有企业 6437 家，注册资金亿元以上企业 96 家、千万元以上企业 595 家，海淀区区级财政贡献百强企业 7 家。年内新登记造册的地区楼宇 21 座，企业 552 个，区级纳税 4.5 亿元，占辖区区级纳税总额的 15%。

环境建设 对辖区内部分社区的楼道、车棚、道路、便民设施进行新建或维护。修复、新建车棚 7 个约 200 平方米；修复社区内及公共道路约 1.5 万平方米；新建晾衣竿约 200 延米；粉刷楼门 40 余个，约 2.5 万平方米，涉及铁西、吴家场 5 号院、电信等 9 个社区。养护地区 6 万平方米自管绿地。对柳林馆路、会城门、普惠桥东侧等 20 余处自管绿地进行绿化补植，补植绿地约 1.8 万平方米。老旧小区改造涉及 4 个社区、17 幢楼、1100 余户，改造面积 52192 平方米。组织垃圾分类专业培训 3 次，垃圾分类检查 11 次，完成垃圾分类小区模式调整。推进节能减排工作，取消小煤炉 127 处，入户送煤 81 户、156.72 吨。拆除账内违法建设 67 处、面积 8100 平方米。拆除新生违法建设 33 处、1459 平方米。

平安建设 重新部署点位，科学配置专群力量，织密社会面防控网络体系。街道实行一级加强以上等级防控 51 天，累计发动各类社会力量 28 万余人次，完成重要时节、重大活动的社会面防控任务。

全年组织联合执法 190 余次，规范门前三包 3900 余起，整治无照经营 3100 余起，拆除违法广告牌、落地灯箱 300 余个；清理僵尸车及违规占道废品回收车 38 辆；查处非法大排档 165 家；扣留“黑摩的”3 辆，教育警告 37 人次；清理流浪乞讨人员 46 人次。

继续加强人口规模调控。根据《2015 年人口规模调控责任书》要求，拆违、重点地区治理、市场关停调整、无证无照小门店治理、群租房、地下空间治理、棚改拆迁项目等指标全部达标，疏解人口 1506 人。

全年开展安全生产检查、消防安全检查 4175 次，消除隐患 9323 处，开展委托执法检查 160 次；开展联合执法 9 次，下达整改指令书 15 份；开展北京市第一次生产经营单位安全生产条件普查活动，入户普查生产经营单位 3196 家；组织地区职能部门开展安全生产进社区活动 6 次，开展应急救援演练 32 次。

全年进行食品安全行政处罚 77 起，处罚金额 55 万元。

民生建设 “两节”慰问民政对象 3458 人次，发放慰问金（品）71.77 万元；发放低保金、医疗救助、临时救助金及阶梯电价补贴等共计 217 万余元。通过“送政策、送岗位、送服务”的援助行动，帮助 367 名就业困难人员实现就业。通过社保与失业两套系统对 31 个社区的 1730 名失业人员逐一比对，查出 380 名隐形就业者并把其分解到各社区，全部实现正规就业。全年新接收失业人员 700 人，629 人次参加职业指导培训，实现就业 564 人。

成立 4 家商务楼宇联合工会。组织百人以上的集体进行合同和工资专项协议签订，签订率达 100%，区域性集体合同签订率达 95%，工资集体协商签订率达 94%。街道妇联以“家庭方圆驿站”为依托，在维权咨询指导、邻里纠纷调解、信访接待等方面为妇女提供面对面服务，并以社区、楼宇“妇女之家”为主阵地，开展健康关爱、心理调适和法律讲座。街道团委发挥社区青年汇“汇资源、汇活动”的功能，将青年汇建设成为区域青年活动的主阵地。

开展北京市老年人优待卡变“北京通”养老助残卡登记录入工作，为 21000 余名老年人办理变更手续。成立有 8 家驻区家政公司参加的羊坊店地区“家政联盟”和有 11 家餐饮单位加入的地区“老年餐饮联盟”。开通地区蔬菜直通车 15 家（站），覆盖近半数社区，日服务老人近 1000 人次。

社区建设 完成为民办实事项目 39 件，投入资金 390 余万元，涉及社区环境、文化、安防等方面，其中配备 1.12 万册图书和 45 个书柜，配备 279 套体育生活化健身器材；完成 15 个社区视频监控系统安装及升级改造工程，新增视频监控探头 208 个；为 5 个社区安装楼宇对讲 125 套，惠及居民户数 3352 户。

推进社区规范改造工作。申报 3 个社区为“六型社区”创建单位，4 个社区开展规范化社区示范点建设工作，8 个社区开展老旧小区自我服务管理试点工作。按照“五好”[1]“四有”[2]的标准，推进“一门一品”的特色楼门文化建设，切实提升居民生活品质。

基层党建 落实“两个责任”廉政要求。制定完善《羊坊店街道党风廉政建设责任落实实施细则》和《党风廉政建设考核办法》，将“两个责任”精神转化为具体的工作要求和职责任务。

新实施基层党建宣传活动。地区 36 个基层党组织申报区级党建创新示范项目，其中永红社区党委的“社区党员网格志愿者服务队”被评为区级创新示范项目。组织地区单位分 8 个党建协作组在“七一”前夕开展“我是党员我先行 心系百姓献真情”主题便民服务活动，服务项目 100 余项，600 余人参加服务，近万名居民受益。

（杜岩）

甘家口街道

【概况】 2015 年，甘家口街道辖区面积 6.8 平方千米，有 24 个社区居委会，人口 15.1 万人。辖区中央和市属单位、科研院所及知名企业云集，有 4 所高等院校、5 所医院和中央电视塔、玉渊潭公园等重要的人文景观。

经济建设 完成海淀区 10 家百强企业、53 家重点企业、60 家新入驻企业走访，调查 14 家甲级写字楼，了解企业经营的状况和近期企业发展规划，为引进优质税源，做好异地纳税企业回迁工作奠定基础。

环境建设 动员保安、志愿者等 3000 余名力量上街维护秩序、治理环境卫生、开展文明宣传活动。对玉渊潭公园北门、阜北二街等治安重点地区和环境秩序乱点地区开展联合执法，集中打击无照游商、店外经营、无证门店、散发小广告、违法出租群租等影响城市环境和秩序治理的违法行为。完成拆违台账任务 37 处、12174 平方米，拆除新生违法建设 18 起、200 余平方米。完成潘庄社区紫竹院南路 15 号院和紫竹院南路 20 号院老旧小区环境提升工程，对中塔园北路及八一湖旅社门前路两条道路环境改造提升，完成滨翠路及周边环境整治工程。解决二里沟小学门口交通隐患问题、环保四号楼排水困难及甘家口大厦周边停车难等问题。建成集社会服务管理与城市管理为一体的“一网、一库、一平台”的信息化支撑体系。融合网格划分、基础数据、网格队伍、办理流程、办理事项等，实现案件的闭环处理。强化“1（街道统筹）+N（各部门网格力量）”式联合执法工作。建立换届办、督导组和社区“三位一体”的联动组织体系。

平安建设 完成发案率高的社区、过街天桥 31 个高清数字电子摄像头安装。组织发动辖区 4000 余名基层力量组成群防群治力量，完成重大节日、敏感日的社会面防控、安全生产保障、食品药品安全及环境保障工作。摸排辖区各类经营场所、建筑施工工地、重点社会单位、居民小区等，保证消除各类安全隐患，完成安保、消防、环卫、绿化、应急抢险等任务。全年调处各类矛盾纠纷 1129 起，纠纷受理率达到 100%，调处成功率达到 100%。调解劳动争议个案 15 件，涉及金额 5 万余元，辖区劳动争议调解开展率达到 100%。加强与公安、工商、城管等职能部门的协调互动，加大治安重点地区和人口倒挂地区环境秩序整治，治理群租房。

民生建设 开展“送温暖”走访慰问活动。为残疾人、低保、生困、低收入家庭、优抚对象、困难党员、独生子女特困家庭和流动人口特困家庭等特殊群体发放节日慰问品和慰问金。办理失业登记 1065 人，为 2000 余人办理社保卡相关业务，为 1270 家企业办理业务，累计 4645 笔，为 260 人办理退休手续、药费报销，累计 1387 人次，金额 1146.7 万元。为老年餐桌送餐近 5000 份，发放高龄津贴 64 万余元，办理老年证 900 余张、乘车优待卡 3000 余张、80 岁养老助残卡 900 余张，充值完成约 9 万余元；发放低保金、生困补助 1431339.81 元；为残疾人发放扶残助学、生活、居家托养、护理等各类补助 733 人次，共 217.31 万元。公租房信息确认 38 户，第十二批公租房意向登记 43 户，第五批经适房意向登记 114 户，发放环保嘉苑自住房选房通知单 91 户，实物配租复核 50 户，公租补贴家庭复核 100 户。走访调查辖区内 70 户失独老人家庭。完成非京籍适龄儿童入学联审通过 141 人。

社区建设 “健康甘家口”官方微信上线开通，有微粉 18628 人，推送相关信息 101 篇，阅读、互动及活动报名 11800 余人次。在环境卫生、绿化美化、环境秩序、建筑工程等四大类工作中增加再生资源回收、便民早餐车、便民蔬菜车、便民水果车 4 项考核制度。提升社会服务管理创新水平。完成“六型社区”“规范化社区”“一刻钟服务圈”“老旧社区自我服务管理”试点社区等创建工作，实现“一刻钟服务圈”试点社区 80%覆盖、“规范化建设”试点社区 70%覆盖、“六型社区”试点社区 60%覆盖。

基层党建和精神文明建设 开展“三严三实”教育活动，完成 36 项规章制度的制定、修订，建立反“四风”及领导班子自身建设等 5 个方面制度体系。对党的群众路线教育实践活动整改落实进行“回头看”，对整改任务进行

[1] 即自治组织建设好、自我管理机制好、自我服务效果好、驻区单位协同好、突出问题解决好。
[2] 即有安全防范、有绿化保洁、有维修维护、有停车管理。

动态调整，健全整改台账，整改任务落实。推动批评与自我批评常态化，落实党内民主生活会制度。开展“为官不为”“为官乱为”专项治理工作，杜绝工作中出现慵懒散奢贪的现象。

在社区党员中开展“共筑中国梦”征文活动，收到征文98篇；在社区党组织中开展“党员意识提升月”活动，通过读《中国共产党章程》，举办辩论赛、知识竞赛等活动提高社区党员责任意识。推进地区非公企业党的建设。地区商务楼宇工作站11家，增加商务楼党建指导员18个。组织开展“海淀最美家庭重走平西抗战路”主题宣传实践活动、“和平颂 梦飞扬——甘家口地区纪念世界反法西斯战争暨中国抗日战争胜利70周年大型诗歌演唱会”等活动。组织地区非公企业党组织书记及楼宇党建指导员到平北抗日战争纪念馆、古北口参观学习。开展“关爱女性，关爱心理健康”“4·26世界知识产权日”、纪念中国共产党成立94周年、女职工手工编织、捐冬衣等为主题的大型楼宇企业职工活动7场。

（郭晋越）

【甘家口街道医养康中心建成】 年初，以“老年人健康生活方式指导”为核心的智慧社区医疗养老健康指导中心在甘家口街道社区服务中心建成。医养康指导中心在甘家口地区建设完成7个中心，累计接待24000余人，建立社区居民电子健康档案7000余份，疾病风险评估4000余人，中医体质辨识3000余人，建档活档率达到48%。组织开展健康宣教活动70多场。医养康项目通过打通医疗、养老、健康管理几大核心需求，可以便捷地满足居民的首诊前的自助检测、签约建档管理、在线健康咨询、健康宣教、慢病监测指导等需求。该项目被国家卫计委研究发展中心纳入创新推广示范项目中，被中国社科院公共政策研究中心列入医养结合国家级课题，以“智能居家养老示范点”列入“海淀区‘十三五’时期大健康产业发展思路与举措研究”典型模型。

（郭晋越）

八里庄街道

【概况】 2015年，八里庄街道面积6.53平方千米，户籍人口9.27万人，流动人口3.765万人，辖31个社区居委会。辖区内有企事业单位1000余家。

经济建设 完成61家企业走访，包括3家区百强企业、12家区重点企业、2家新增注册资本10亿元以上的企业、10家物业管理公司、8家异地纳税企业、26家新注册企业。做好辖区内楼宇企业摸排工作，有11个商务楼宇，企业293家，其中异地纳税企业76家。

环境建设 拆除违法建设63处、69140.6平方米，其中拆除新生违法建设51处、2805.6平方米。完成定慧西里1号楼3.5万平方米外立面粉饰工程和实验小学文化墙工程，完成7块自管绿地3260平方米草地坪、树木补植，完成北洼三居社区办公用房、周边道路修复、自行车棚恢复及绿化提升，新建自行车棚4个，更换人行道路桩174个、围挡185平方米，新加交通护栏50延米。开展老旧小区综合整治工程，完成八宝庄等8个社区45幢楼、2处平房的节能改造项目以及首师大13幢家属楼、东八里2幢楼抗震加固项目的设计工作。在重点地区组织联合执法行动340次，出动执法力量5600人次、执法车辆840台次，清理占道经营150摊次，取缔无照游商520起，规范“门前三包”45家次，拆除牌匾570余处，驱离取缔乞讨30起、街头行骗5起；打击非法洗车50起，处理非法洗车行为39人次；清理非法散发小广告47起，处理非发散发小广告行为39人次；取缔非法行医黑诊所一家；清理店外经营大排档17家次，打击和暂扣四轮机动车11辆、非法运营非机动车104辆，批评教育563人次，暂扣各类扰序人员74人。

平安建设 组织群防群治力量5000余人，开展社会面防控和环境保障活动7次61天，投入安保经费174万元。完成“两大活动”各项任务，被评为海淀区“两大活动”服务保障先进单位。开展安全生产检查3160家次，开展消防安全检查1598家次，开展建筑施工专项检查34家次，开展烟花爆竹专项检查178家次，开展联合执法检查和夜查5次。开展食品药品安全检查1823户次，罚款58.3万元，消除一大批影响地区安全稳定的突出隐患和问题。地区未发生安全生产事故和食品安全事故，未发生有影响的火灾事故。清理整治群租房57间。配合房管、城管执法、消防、商务委、工商、食药局等职能部门开展违章建筑拆除、消防安全隐患治理、重点区域拆迁腾退、低端业态取缔调整等工作。引导流动群体有序进退，减少流动人口8034人，阶段性完成区下达的常住流动人口数下降到32810人的目标。

处理市长信箱来信14件、市区群众来信18件，信访案件办结率达到100%。巡查用人单位466家，巡查工地112次，处理劳动用工纠纷案件58起，涉及金额100万余元。街道城市服务管理指挥分中心接报处理各种各类案件46045件。其中网格化城市管理系统受理案件21508件；网格化社区管理系统受理案件23385件，上报社区民情1957条，走访日记21428条；网络化视频监控系统受理查询130件；受理海淀区非紧急救援中心派转案件1022件。

民生建设 成功推荐就业256人，帮助失业人员实现灵活就业958人。为771人次报销药费448万余元。“一老一小”新参保982人，参保人数达到7000人。为2276人次发放失业金270余万元。为138户低保家庭发放低保金186万余元，医疗救助50人次、10万余元，教育救助15人次、9万余元。发放伤残、夭亡家庭特别扶助金、养老帮扶金、独生子女父母年老时一次性奖励等448人、147.98万元，为14户独生子女困难家庭发放帮困金7万元。办理一孩生育服务证621人，完成二孩审批221人。

开设“美好八里庄便民菜站5号店”，实现地区菜站东西南北中全覆盖，基本解决居民买菜难问题。投入130万元，将1600平方米的人防工程改装成街道综合文化站，从文化、体育、教育等方面为地区百姓提供便利。投资4.9万元，为定慧东里老年餐桌引进新的服务商。为56个老年家庭安装“一按铃”装置，为256名老人和计生困难家庭安装一键式家庭急救电话。翻新北京印象健身场地，更新北京印象儿童体育乐园设备，投入60万元，为8个社区更新室外健身器械，为4个社区安装5个急救亭。依托304医院、社区卫生服务中心定期为辖区百姓开展健康讲座，免费为60岁以上的老人体检以及注射流感疫苗。为八里庄北里小区更新电梯。

依托区智慧政务综合服务平台，实现“一站式办公、一站式办结”式的便民服务中心建设，推出“亲情服务”“微笑服务”“高效服务”“人性化服务”“精细化服务”。承接海淀区“‘伴随成长’手机信息指导服务项目”试点项目，出资为辖区新婚夫妇、孕期准父母及0～3岁婴幼儿家长进行科学教育信息指导、答疑，提高出生人口素质。联合首都师范大学，建立大学生、心理咨询师、社会志愿者三方联系一户失独家庭，即“3+1”手拉手关爱互助联系人制度，形成大学生送家庭关怀、心理师送精神抚慰、政府搭平台集体抱团取暖的系列互助关爱长效机制。2015年，街道社保所被评为北京市优质服务窗口单位和北京市人力社保基层培训工作优秀单位。

社区建设 完成颐慧佳园社区480平方米综合办公服务活动用房的内部装修，建成集党务活动、青少年学习、早教活动、老年餐桌、日间照料、便民菜站等多功能为一体的活动中心。翻修北洼三居和双紫园社区居委会办公服务活动用房，为北京印象、北玲珑巷社区办公服务用房进行防水修缮。为6个无物业管理的老旧小区聘请专业保洁队伍。

创建世纪新景、北京印象、恩济庄等18个市级智慧型社区，徐庄、双紫园2个市级“六型社区”，东八里、八里庄北里2个市级“一刻钟服务圈”，恩济庄、恩济里、定北二居、裕泽园4个市级规范化试点社区。开展定慧西里老旧小区自我服务管理试点，成立自管会。

基层党建和精神文明建设 在街道领导班子和75个所属基层党组织中开展“回头看”。通过交流座谈、走访慰问、社区恳谈等形式，梳理出43项群众最关心、需求最迫切的问题并列入街道为民办实事项目。在机关开展“三严三实”专题教育。投入20余万元，建立新洲商务大厦楼宇中心站，示范带动周边4座二类站。通过邻居节、健身节、亲子节、结对帮扶、协商议事机制等形式，构筑“相熟相知、互帮互助、共建共享”的社区格局。成立新一届街道团工委，建立区域团组织共建委员会，完成街道总工会第二届委员会、经费审查委员会和女职工委员会的换届选举工作，完成第九届妇联换届选举工作。

举办“五月鲜花”文艺会演以及社区文艺会演。文化艺术联盟举行文艺演出近100场，参与群众近3万人次。举办第四届“玲珑杯”体育文化节和“和谐杯”乒乓球友谊赛。投入10万余元，为8281户家庭发放健身运动小礼包，引导、支持居民开展体育健身活动。全年举行各类体育活动150余场，参与群众近万人。

（王瑞萍）

紫竹院街道

【概况】 2015年，紫竹院街道面积6.23平方千米，户籍人口12.6万人，流动人口2.6万人，少数民族人口6000余人，汇聚55个少数民族。街道下辖22个社区居委会，有高校8所、大型企事业单位18个，辖区内科教文化单位密集。

经济建设 强化对重点企业和存量企业的服务管理，确保辖区投资促进与税源建设工作稳步发展。地区有各类经济主体12471户，其中内资企业11055户、外资企业353户。年内新增各类主体1035户，同比减少182户。注册资金在3000万元以上的34户，注册资金在5000万元以上的63户，亿元以上的38户。产业分布主要是技术开发、咨询、推广服务及投资管理等行业占的比重大。地区纳税户7117户，同比增长11%；税收收入6.88亿元，同比增加1.75亿元。

环境建设 制定《紫竹院街道文明城区建设长效机制工作方案》，围绕老旧小区、背街小巷等重点区域，建立健全有效管控机制，巩固和强化创建全国文明城区成果，全年拆除违法建设143处、8108.81平方米。依托网格提升社会服务和管理水平，二、三级网格人员下沉，实现网格全覆盖、工作零缝隙。对非法市场经营行为开展联合执法180次，出动人员3750人次、车辆320台次，取缔非法经营行为360起。开展地下空间综合整治等专项检查和执法行动，出动执法人员2752人次，检查生产经营单位2342家次，发现隐患1567项，整改1546项，行政处罚金额23万元，关闭取缔非法违法单位4家。推动车道沟东里区域、化工大学门前路2个环境建设项目有序实施。维护地区环境秩序，及时清运无主渣土、垃圾417车。对11个老旧小区的44幢楼、4295户进行改造，改造面积28.54万平方米。投资近 40 万元，改造升级车道沟南路西口北侧等 5 处绿地。整治地区交通秩序，投资 49 万余元，安装和维护交通隔离设施，建立一区一警工作图册和辖区道路车辆基本情况档案。

平安建设 围绕“两线一点”（阅兵备选路线、北京田径世锦赛马拉松路线与华侨观礼团驻地香格里拉饭店）重点服务保障区域，制定方案 12 份，完成“两大活动”的安保任务。“两大活动”期间，日均安排 6000 名专防群控力量投入社会面安保，针对地区 34 处重点点位，投入 150 名专业力量进行 24 小时值守。维护阅兵备用线路交通秩序，设置警戒带布控 5 千米。加强社会面防控，创新地区联勤联动机制，完成敏感日防控任务。开展涉恐重点人员排查，普及反恐防暴知识，抵御宗教极端思想的渗透。聘用 200 余名保安对社区、重点路段进行巡查，千人观察团对街道平安建设工作进行监督。开展滚动式矛盾排查 22 轮，调处各类矛盾纠纷 7825 件，调解成功率达到 97.99%，走访帮教安置对象 386 人次。

落实京津冀协同发展战略，将疏解非首都功能作为重中之重，以“减人、添秤、服务”为核心任务。实现人口规模调控 2000 人。录入流动人口信息 42716 人，录入出租房屋信息 3012 户，走访巡视出租房屋 61250 余户次。对辖区内地下空间、群租房开展综合整治和重点清理，联合执法 15 批次、245 人次，完成 108 处违法群租房的整治，劝退租居住人员 210 余人。推进魏公村欣欣市场等 3 处有形市场调整疏解工作。

完成安全生产条件普查工作，普查企业数 6176 家。宣传贯彻新《中华人民共和国安全生产法》，落实企业负责人在安全生产主体责任。完成各种食品药品专项检查和专项整治工作 50 余项，监督检查近 4000 余户次。组织 4 场防灾减灾宣教和演练，储备应急救援物资，修订 3 个专项应急预案。

民生建设 全年办理 28 件为民办实事，内容涉及环境、民生等领域，项目覆盖 22 个社区。推进社区居家养老服务规范化、标准化，扩大“幸福帮手”为老服务服务范围，开展“送健康进社区”活动，投入 22 万元，为 90 岁以上及部分 80 岁以上老年人、低保户、优抚对象、老党员、退养人员等在内的 400 余人免费进行体检。为残疾人及其家庭发放慰问品和慰问金 42 万元，发放各项生活补助资金 100 余万元，发放护理补贴 41 万余元。为 23 名抗战老兵发放慰问金 119000 元。对社区公共通道和残疾人家庭进行无障碍设施改造。开展“e 动夕阳红”等公益活动。开展“幸福家园”等项目，为居民提供特色计生服务。组织社区开展健康讲座 20 次，80 名自救互救学员取得北京市红十字颁发的合格证书。

举办 10 场招聘会，720 人成功就业，帮助 543 名就业困难人员实现灵活就业。依托“三级联动平台”，实现办事服务通办通结。规范低保对象动态管理。开展工伤保险专项执法检查，检查建筑工地、餐饮业、物业服务业 76 家，限期整改 8 家。

社区建设 加强社区精细化管理，指导社区健全完善居民会议制度和居务公开制度，管好用好专项公益事业经费。开展“社区规范化示范点”建设工作，整体改造民大、厂洼 2 个规范化试点社区的办公和服务环境。指导业委会换届工作，监督业委会选聘小区物业工作，协调处理小区物业纠纷。

基层党建和精神文明建设 开展“三严三实”教育活动。开展“群众路线教育实践活动成效”群众满意度调查，就整改落实工作进行“回头看”，整改落实工作取得预期效果。组织开展理论中心组、机关干部、社区干部理论学习、参观实践等活动，全年参加理论学习 2000 余人次。

做好软弱涣散党组织整顿工作。以项目品牌化推进服务型基层党组织建设，完善党员干部联系服务群众“零距离”工作法，推进“党建 360”[①]服务全覆盖工程，搭建“零距离连心驿站”[②]等服务载体。建成豪柏大厦商务楼宇工作中心示范站，实现规模以上非公企业党建工作全覆盖。全面推行“五好”[③]基层党建工作。

机关层层签订党风廉政建设责任书，党风廉政建设和惩防体系建设顺利开展。对重大资金使用和公开招考人员进行监督，对 16 项小型工程建设开展效能监察。办结上级转来信访举报件 2 件、行政投诉件 6 件。完成办公用房清理和调整。落实党工委的党风廉政建设主体责任和纪检监察的监督责任，把理想信念教育、宗旨观念教育、党纪政纪条规、法律法规教育放在突出位置。开展“党风廉政建设教育学习月”活动。建立街道党风政风监督员队伍，前移监督关口。办结市政协委员提案、区人大代表建议 3 件，办结行政复议 14 起、行政诉讼 7 起。

举办第四届中关村国际青年艺术节、紫竹院地区第六届民族文化节和地区“五月的鲜花”等活动，挖掘地区文化特色，做强地区文化品牌。按照区关于社区文化建设资金扶持要求，指导 4 个社区报送资金申请项目，为 3 支社区优秀文艺团队提供总计 1.5 万元的资金扶持。开展新春送福入户、推荐“感动海淀”人物、社区宣教季文化演出等活动。

（邵薇）

---

① 360 度商务楼宇党建品牌意指通过大党建、和谐党建、效益党建的三大理念和探索非公企业党组织的柔性设置模式、探索用效益的理念评价企业党建、探索按需施教的教育培训方式、探索党群共建一体化的工作模式、探索非公企业党建工作新机制、充分利用网络等先进方式 6 项措施，最后达到楼宇党建工作覆盖面的“0”盲点。

② 紫竹院街道探索推行“零距离”工作法，提出创建社区“邻里守望连心驿站”，在组织覆盖、管理服务、情感交融等方面实现零距离，聘请网格书记及驻社区单位部门领导作为连心驿站“爱心大使”，帮助社区党组织和社区困难群众解决难题。

③ 即领导班子好、党员队伍好、工作机制好、工作业绩好、群众反映好。

北下关街道

【概况】 2015 年，北下关街道面积 6.04 平方千米，有社区居委会 31 个，有蒙古、满、回等 22 个少数民族，户籍人口 13 万余人，流动人口 3 万余人。辖区内科教文化单位密集，文物古迹众多，商业经济发展繁荣。

经济建设 开展有形市场调整疏解工作，完成天作国际小商品批发市场全面关停及方圆大厦商务楼部分楼层调整升级工作。搭建对接平台，对楼宇物业实行“腾笼引凤”[①]制度。地区企业纳税 66.22 亿元，其中区级财政贡献额 16.51 亿元，同比增长 6%。地区注册企业 9106 家，存量企业 1029 家，区级财政贡献 15.9 亿元；新增企业 1380 家，其中纳税额 5 万元以上的企业 47 家，纳税 1648 万元。地区重点企业 38 家，年纳税总额为 4271 万元；异地纳税企业 280 家；央企及总部型企业 54 家，区级财政贡献 1220.8 万元。完成北下关片区国家科技金融功能区建设规划和运营方案研究工作。完成北下关地区中央、市属单位/企业集中住宅区情况汇总。对接近或超过规模以上单位限额的 800 余家准规模单位开展准规模单位核查。代收个人出租房屋房产税 1500 万元。

环境建设 大慧寺 20 号院综合整治工程、首体东门冬奥会申办检查应急工程完工。五塔寺路、消防中队东侧路等 4 条道路完成改造。完成老旧小区节能改造与抗震加固综合整治改造项目的楼体工程收尾工作，启动社区路面市政管线改造工程。完成交大东路 41 号院路面改造工程、四道口 5 号院路面改造和交大东路 60 号院坡道改造工程 3 个为民办实事项目。对无照游商、非法大排档、露天烧烤、店外经营、堆物堆料、乱贴乱挂等违法经营行为开展联合执法，查扣经营工具，实行高限处罚。开展露天烧烤及消夏露天餐饮经营场所专项整治行动，出动人员 600 余人次，检查重点点位 13 个。拆除新生违法建设 42 处、4459 平方米，拆除台账违法建设 13126 平方米，拆除占压燃气管线违法建设 5 处。投资 285 万元，对多条道路绿化升级改造。完成对净土寺路和大慧寺路重点绿化工程建设改造，改造面积 763 平方米，种植灌木 3000 株，补植草坪 490 平方米。沿街单位门前三包责任的签订率、知晓率、履约率均达到 100%。开展垃圾分类社区指导检查工作，检查垃圾分类示范社区 30 余次，建立问题台账并整改落实。开展防汛、地震等防灾减灾知识宣传与应急演练。处理市、区市政市容委在环境卫生检查中发现的地区环境卫生脏乱点 45 个；完成市区级督办件 200 余件。处理街道群众事务呼叫系统办理单 20 余件；街道城管监督分中心督办案件 400 余件。信息化城市管理系统上报案件 23636 件，立案 23373 件（其中事件类 23284 件，部件类 89 件），立案率 98.9%；结案 23277 件，结案率 99.6%。

平安建设 投入 610 余万元推动人防、物防工作。为 13 个社区安装楼宇对讲系统。完成节假日及重要时期安保工作，启动一级防控 50 余天。整治违法群租房 46 套，疏解流动人口 148 人。开展“黑车”治理工作，共开展 21 次查扣活动，暂扣、收缴 40 余台次“黑摩的”。实有人口信息采集核对 149603 条，信息核对率 100%。全年办理暂住证 7518 人。街道与地区单位及社区签订安全生产综合责任书 250 多份。完成安全生产条件普查工作，普查数量 4000 余家。开展安全生产专项检查整治及安全生产隐患大检查活动，检查施工现场安全 8 家，有限空间作业 3 处，职业卫生防护达标检查 6 家，委托执法检查 68 家，微小企业达标检查 180 家，重要节日和重要活动时期重点部位安全生产日常检查 350 家次。开展交通秩序大整治工作，清理僵尸车、无牌车辆 20 余辆，燃油电动三轮车整顿扣车 76 辆。开展消防安全宣传培训 8 次，发放各类宣传品 10000 多份，开展消防应急逃生演练 3 次。开展消防隐患大排查活动，检查地区重点单位 196 家次、“六小”门店 3600 家次。开展社区防火安全技能演示 6 次，对 14 个老旧社区的灭火器进行年检，排查社区消防安全隐患 31 处，销账 19 处。对辖区内市属地下空间开展安全检查，检查 220 家次，发现安全隐患 75 处。立案查处各类食药违法经营行为 72 件，罚没款 170 余万元。抽检食品流通、餐饮单位食品样品 409 个，抽检医疗机构药品 5 批次。现场核查餐饮单位、二类医疗器械经营企业和保健食品企业 64 户。处理食品、保健食品投诉举报 456 件。受理食品流通许可 170 户，完成餐饮单位量化分级评定 468 家，药品经营企业分级分类评定 23 家。举办劳动保障法律法规培训会 3 场，接待咨询农民工 400 余人，发放各种宣传材料 500 余份。完成“劳动用工规范一座楼宇工程”验收工作。

全年排查矛盾纠纷 285 人次，预防重大矛盾纠纷 39 起。调解民间纠纷 696 件，成功调解 634 件，成功率达 91%。其中参与重大矛盾纠纷调解 9 件。达成书面调解协议 449 件、口头协议 169 件。为老年人、残疾人、低保人员提供法律服务保障，发放法律援助卡 5852 张。接待法律援助初审案件 8 件。开展地区律师“法律服务村居行”活动，办理信访件 24 件，接待群众来访 230 余人次；办理海淀区群众呼叫中心交办件 700 余件；开展各类矛盾纠纷隐患排查 11 次；答复政府信息公开件 11 件。

社区建设 投资约 145 万元，为娘娘庙及大钟寺社区解决办公室活动用房。为社区安装路椅、晾衣竿、自行车棚。全年完成房屋防水节能小型工程 8 个，工程合同金额 17.4 万元；房屋改造

---

① 指腾出发展空间保障新兴产业和优质项目落地。

等大型工程完成8个，总投资411.8万元。完成娘娘庙、柳北、大钟寺社区"六型社区"申报及创建工作。组织召开协调会11次，解决小区业委会矛盾及指导小区组织筹备业主大会工作。新建净土寺、广通苑、交大嘉园、娘娘庙4个社区"一刻钟便民服务圈"。开展主题为"爱在社区 学雷锋"志愿服务月活动，每月5号为地区居民提供义务理发、修理等服务。

民生建设 办理"一老一小"医疗保险新参保1588人，发放社保卡930张。举办10场失业人员专场招聘会；采集空岗信息指标3497条，为地区单位招聘跟踪服务983次。住房保障受理业务66户，取得备案资格61户；市场化租赁补贴受理82户；公租房受理73户；经济适用房与限价房资格审核上报114户；廉租房受理7户。慈善超市向210户低保家庭、141户爱心卡家庭发放区拨付专项慰问物品。发放低保人员重大疾病等各项救助金258573.28元，救助人员157名。走访慰问军退、地退、征地超转人员，发放慰问品480余份。发放高龄津贴72万余元；为80岁以上老年人申请发放养老助残券54000余人次，发放65岁老年人优待卡4000余张。为辖区1608名残疾人办理"北京市残疾人服务一卡通"。发放残疾人生活补助2239人次、113.3万元。开展"春雨行动"及"冬衣送暖"爱心捐赠行动，募集各类物资近万件。组织社区开展"幸福家庭DV大赛""儿童涂鸦作品征集""家有宝贝摄影"等计生宣传服务活动。举办地区第十届群众文化节，举办"胡同里的百家讲坛"等文化活动100余场，受益人群5万余人次。完成9个社区体育生活化达标社区创建工作，为社区更新室外健身设施5套。开展"全国基层公共数字文化建设"课题研究和试点工作。开展"科普之旅"系列宣传活动和"科学殿堂""学乐堂"系列培训活动。完成非京籍儿童入学工作联合审核、非京籍人员随迁子女报考职高资格审核工作。开展"禁毒防艾"宣传教育工作。"一键式"家庭医生式服务安装3010人，安装率达到87.5%。

基层党建与精神文明建设 深化党的群众路线教育实践活动，开展"为官不为、为官乱为"问题专项治理 。推进区域化团建工作，开展地区青年汇活动120余次，打造"靠谱的朋友圈""好玩的俱乐部"等活动项目。与地区非公团建组织及企事业单位、学校开展区域化团建活动十余次，走访地区单位30余家，引导500余人次参与各类团建组织活动。开展"三严三实"专题教育和党员意识提升行动，推进非公企业党建和商务楼宇党建工作站建设，扩大党的组织覆盖和工作覆盖，新成立非公企业党支部3个，聘任党建指导员40名。开展"我们的价值观"百姓宣讲活动，组建北下关街道百姓宣讲队伍和网评员队伍。组织纪念中国人民抗日战争暨世界反法西斯战争胜利70周年主题宣传教育活动，开展"缅怀英烈、圆梦中华"系列主题教育活动。全年报送各类信息400余条，活动摄影摄像150次。

（刘绍鹏）

北太平庄街道

【概况】 2015年，北太平庄街道辖区面积5.17平方千米，有37个社区居委会，户籍人口15.4万人，流动人口6.7万人。辖区内文化、教育、科研机构众多。

经济建设 街道领导分别走访人民教育出版社印刷厂、中国电影集团公司等重点企业，了解企业发展规划，解决企业实际问题，确保重点企业不外迁，引进中铝资本控股有限公司。个人出租房屋代征房产税890万元。

环境建设 街道将拆除违法建设作为地区环境整治工作的切入点，以"消除安全隐患，打通生命通道"为主题，集中拆除文慧园西路、慧景路、索家坟小区、红联南村46号院、明光村小区、冶建院、志强北园等老旧小区的违法建设32615平方米。查封"破墙开门"门店353家。

平安建设 全年组织联合执法1100余次，查处违章停车2000余起，受理各类环境扰序类举报8000余件。为300余个单元门的6000余户老旧小区居民安装门禁系统，为9个小区加装监控探头140台，以蓟门里、罗庄社区为试点，开展"三联防"①工作模式。开展安全生产监督检查工作，检查企业单位2700家。组建由38名社区工作者组成的环保检查员队伍，建立503处企业污染源台账。集中开展预防煤气中毒集中宣传活动4次，发放风斗260个、弯头300个、一氧化碳报警器503个。开展消防安全宣传教育，发放宣传手册3000余份、宣传品8000余件；开展夏季消防安全检查，发现隐患265处，整改240处。食品、药品行政处罚案件立案120件，做出行政处罚115件，罚没金额59万元，关停取缔违法生产经营企业和商户212家，受理投诉举报509件。调解矛盾纠纷1332件，调解成功1278件，调解成功率96%。

网格化社会管理信息化系统平台上报案件45171件，网格化平台上报案件10388条，接待查调录像695次。处理讨薪投诉事件19起，涉及96人，金额89.3万元；处理5人以上群体性讨薪事件6起，涉及人员82人，金额74.3万元。办理来信29件，接待来访135次，办结率100%。办理、回复交办的非紧急救助服务案952件。

民生建设 街道为每个社区办至少1件实事，涉及地区环境整治、改造

① 楼层联防、楼门联防、院落联防。

无障碍设施、举办就业招聘会、更新健身器材、改造社区活动室等方面，共计12个大项、68个小项。为201户低保家庭发放低保金209.7万元，医疗救助42户、19.8万元，临时救助8户、6.8万元；为152户生活困难家庭办理爱心卡。办理老年人优待证、居家养老服务卡2908张。为116户高龄老人家庭安装无障碍设施。完成蓟门里、罗庄、索家坟等9个社区无障碍设施改造工程。为辖区计划生育低保、失独、伤残家庭办理263份意外伤害、"两癌"等保险投保业务。与海淀区帅和律师事务所签订维权服务协议，定期为地区妇女提供咨询、讲座、培训等形式的法律服务。

社区建设 制定街道处级领导干部包片制度。招录60余名社区专职工作者，充实社区党组织。选派2名副科长到社区任书记。完成社区"两委"换届选举，社区"两委"班子结构实现优化。改造蓟门里社区、明光村社区、索家坟第二社区、文慧园社区、西土城路8号社区活动室。进行红联北村社区、文慧园社区、红联东村社区等12个社区的社区活动场地、车棚、信报箱改造及老旧社区改造。摸底建立北太平庄地区住宅小区台账，推进志强北园、蓟门里准物业管理。

基层党建与精神文明建设 开展社会主义核心价值观宣传工作，组织"2015北京榜样"大型主题活动、"我们的价值观"和"京华英雄"百姓宣讲等中国人民抗日战争暨世界反法西斯战争胜利70周年群众性纪念活动。联合北京师范大学专家团队制定《海淀区北太平庄街道社区文化发展纲要》。举办大型文艺演出13场，组织声乐、舞蹈、书法、编织、摄影等培训课程及活动620次，参加人数6720人次。

（洪烨）

【首届北太平庄杏坛文化节】 10月26日—30日，首届北太平庄杏坛文化节举行。文化节分为开幕式、"杏坛传统文化""法院进社区""智慧在身边""环保进行时""光影新北太""健康你我他"及闭幕式，包括中国传统文化专题讲座、体育方式与健康讲座、普法教育专题讲座、"互联网+"发展主题讲座、节能减排技术介绍、电影鉴赏知识讲座等活动。来自国家卫计委、中国电影集团、中国电影资料馆、中国节能环保集团公司、北京师范大学、中国政法大学、北京邮电大学、首都体育学院等单位的多名专家学者为地区群众开设讲座。活动直接受众2546人。

（郑湘军）

海淀街道

【概况】 2015年，海淀街道面积6.9平方千米，有32个社区居委会，下属便民服务中心、社区服务中心、城市运行服务中心3个事业单位。户籍人口11.3万人，外来人口约4.9万人。

经济建设 地区有企业7687家，工商注册、纳税均在地区的企业7636家。全年新注册企业2200家。代征房产税入库4606万元，同比增长16.4%。

环境建设 开展社区环境、街面秩序、环境乱点集中整治。将稻北社区列为老旧社区自我管理试点，实施封闭管理，引入专业停车管理公司，拆除地锁480个，规范车位430个。规范废品回收，实施施工渣土统一堆放清运，绿化保洁达到一级养护标准。年内，街道有8个社区启用自我管理模式。

执法队创新"门前三包"执法管理方式，"门前三包"签订率达100%。对中国人民大学西门等露天烧烤和大排档高发点位开展专项整治，加强早晚"就餐时段"的联合执法，路面环境秩序和交通秩序大为改善。成立中国人民大学联合执法站，负责取缔占道经营，依法处理摆摊设点、违法建设、无证无照的食品加工及各类违规行为，强化对大学内部及周边违法行为的打击力度。

以疏解人口压力和排除安全隐患为导向，确保违法建设"零增长"。全年拆除违法建设41处、7653平方米，拆除苏州街、万泉河路和海淀南路等重点大街违规户外广告152处、3601平方米。投资260余万元，对小南庄24号院、小南庄甲26号院、倒座庙9号院3个老旧小区进行环境综合整治。投资200多万元，对芙蓉里社区和稻香园北社区进行绿化提升改造，绿化面积14287平方米。

平安建设 落实重点时期维稳工作任务，在敏感日、节假日和重大活动期间，实时启动防控等级40余天，发动志愿者5000余人，出动基干民兵136人次，合力实现地区的安全稳定。

开展劳动专项检查，对建筑工地和企业巡查499次，涉及劳动者14940人次。处理劳动纠纷案件65起，涉及288人，涉及金额2748186.14元。排查矛盾纠纷5件次，化解处理劳动纠纷群体性纠纷案件65件，涉及金额275万元。司法调解成功1053件，调解成功率100%，涉及当事人2105人。

投资100余万元，对稻北等7个社区进行技防升级改造；投资200余万元，为万南、人大南等6个社区2400余户安装楼宇对讲系统；投资160余万元，对友谊、倒座庙等社区12个自行车棚进行改造，面积1300余平方米；投资50余万元，在北京大学、中国人民大学周边安装13个监控探头。

构建"责任清晰、措施有力、上下联动、环环相扣"的基层社会治理体系。清退流动人口452人。排查隐患1100余处，清理违规租住及无证人员900余人。组织开展人口信息入户核对和安全隐患排查整改，入户35000余户，登记流动人口41835人、出租房屋13693间。通过拆违打非、市场业态调整、"六小"门店清理等措施，疏解人口3888人。

审核通过273名非北京市户籍少年儿童在海淀区接受义务教育，开具子女关系证明60份。为1192名流动儿童强化查漏补种，完成1539名外来务工人员的麻疹、流脑疫苗接种工作。

投资450万元改造监控机房，完善网格化工作平台，街道联合执法队、城市运行服务中心、城管监察分队等及时响应三级网格上报的各项环境整治问题。网格化社会服务管理信息平台全年上报社区民情案件2200件，办结2200件。

开展食品药品安全专项整治，查处违法行为立案80余起，处罚金额约80万元；接举报投诉490起，办结率97.33%。开展安全生产、消防安全隐患排查，与210家单位签订综治责任书，与180家重点单位签订消防责任书。开展安全生产人检查，检查复查生产经营单位3417家次，消除各类生产安全隐患5173处。开展各类专项检查16次，建立健全建筑施工、燃气安全、危险化学品、职业卫生、出租住人地下空间等安全生产动态隐患台账。地区未发生生产安全、消防事故。

民生建设 全年发放低保金138万元，为生活困难家庭发放助困资金、医疗救助、临时救助、慈善大病等救助金33万余元，发放残疾人生活补助94万余元。投资65万元，为立新、合建楼和飞达3个老旧小区实施无障碍设施改造，为45名有需求的肢体残疾人员家庭实施无障碍改造。投资20余万元，改造三环、海淀南路南2个社区的老年餐桌服务用房。引进具备专业资质的餐饮企业，在海淀南路等3个社区开办社区老年餐桌，辖区社区开设的老年餐桌累计达到16个，覆盖率达50%。开通“社区蔬菜直通车”和社区便民菜站28个，覆盖率达87.5%。

办理保障性住房审核备案152户，完成公租房配租工作2批次、经适房配售登记1批次。经适房资格复核88户，公租补贴年度复核共87户。完成1560人次职业指导，带动就业210人，完成失业人员创业培训50人，采集空岗信息7863个，城乡劳动就业888人，困难就业人员就业661人，就业困难求职人员实现就业比率84.21%。为3700家企业单位办理社会保险经办业务5056件，共计10850人次。

完成社区安全、环境建设、民生服务等方面办实事项目66件，总投资1325万元。

继续开展“幸福社区海淀秀”活动，组织以“迎中秋 庆国庆”为主题的文艺会演。投入18825元，购买优秀儿童剧目，向部分驻区学校、幼儿园、少年儿童发放。更换科普画廊的知识展板，为“六型社区”添置书籍1500册。支出社区公益金177万元，实施公益工程51个，开展社区文体活动123项，实施三环社区活动室改造、路椅安装、健身器材更新等工程。组织开展科普之夏、全国科普日宣传等系列活动以及科普知识讲座。稻香园南社区被评为北京市“优秀科普社区”。

社区建设 投资50余万元，完成倒座庙、汇新家园、万泉新新家园3个社区的“六型社区”创建。32个社区全部参与智慧社区的创建。推荐海淀南路北等5个社区为社区服务规范化建设示范点，康桥蜂鸟园等4个社区作为“一刻钟服务圈”示范点。

在32个社区居委会设立社区法律顾问。新创建7个规范化调委会。成立1个业主委员会。指导监督2个业主委员会换届。开展矛盾调解、协调关系、解答问题、法律咨询56人次。

基层党建与精神文明建设 开展“三严三实”专题教育活动。新成立非公党支部20个，非公党组织总数达到74个。在亿世界大厦建成600平方米的党群活动中心，以“五站合一”工作站为依托，组织开展活动，有效提升楼宇工作站的影响力。11个社区完成建制升格。结合建党94周年和抗日战争胜利70周年，强化党员的思想教育和爱国主义教育。发展党员23名，预备党员转正30名。

建立年度落实党风廉政建设“两个责任”工作台账，实行“全程痕迹”管理。开展“一社一品”廉政文化品牌创建活动，新增、更新廉政文化墙和宣传橱窗12处，发放廉政教育宣传资料1400余份。

开展“为官不为、为官乱为”问题专项治理。依托“同区通办三级联动”及“便民服务大厅绩效管理系统” 两个试点工作，梳理内部业务程序，优化窗口服务流程，整合服务资源。畅通监督渠道，邀请社区党组织书记、居委会主任、党风廉政监督员对群众满意度开展第三方测评并积极反馈促进整改。

制作宣传展板、宣传栏，持续宣传以弘扬社会主义核心价值观、共创文明海淀为重点的文明理念。举办第五届文明市民艺术节“文明绽放 幸福人生”书画、手工作品展，评选35名“榜样人物”、文明小使者。社会组织全年开展各种公益性服务类活动23次， 8000余人次参与。

（牛泽华）

【“YOU+创业社区”总部开业】 4月26日，全国首家国际青年创业社区——“YOU+创业社区”总部苏州桥店（三义庙2号院）开业，工作、娱乐、生活一站式解决的独特模式即“YOU+创业社区”成为全国首创。社区占地1.2万平方米，由3幢楼组成，近千名创业者、投资人和创业服务人群在这里工作、生活，创业者不会被写字楼高昂的租金压得喘不过气，无须奔波在上班途中浪费时间和交通费。

（钟冷）

【“北京市海淀区阜阳流动人口计划生育协会”成立】 年内，海淀街道与安徽省阜阳市计生协会开展计划生育区域协作活动，在海淀街道挂牌成立“北京市海淀区阜阳流动人口计划生育协会”，主要职责是做好海淀区7461名阜阳籍人员现居住地计划生育均等化服务工作。

（牛泽华）

中关村街道

【概况】 2015年，中关村街道面积5.28平方千米，实有人口20.83万人，有30个社区居委会。辖区内有国家级科研院所28家，各类企业1.2万多家。有5000余名科学家和高级知识分子，其中两院院士130多位。居民大学以上文化程度约占总人口的30%。

经济建设 加快业态调整，细化“以业管人”[①]措施，推动科贸、中发等中关村大街沿线大厦业态升级，分流疏解小、散及低端商户。开展小门店专项整治，减少低端行业流动人员输入数量，封闭门店173户。600人次参与社会敏感期及重点时段矛盾纠纷排查化解，调解纠纷520件。全年检查单位210家，涉及职工3530名。处理劳动人事争议案件46起，涉及职工120余人，追讨工资总额102万余元。开展调研、走访、企业会员互访等活动500余次，完成代征房产税2400余万元。地区存量企业909家，贡献区级财政收入22.9亿元。

环境建设 组建“村里的城市眼睛”微信群组，解决各类问题4.8万起。处理小广告信息3495条。建立社区居委会、街道查违办、区查违办违法建设三级防控网络，拆除违法建设126处4.5万平方米，完成拆违还绿、小微绿地整治35处、4224平方米。通过“四查”[②]、不间断开展专项整治、鼓励群众举报投诉等措施，对违法群租房开展联合执法62次，帮拆、强拆436套，清理整治违法群租房698套，拆除隔断855间，疏散人口4700人；对反弹的133户（套）违法群租房进行再拆除。以清理取缔无证无照经营主体为抓手，联合城管、综治、工商所和卫生监督防疫站等部门，开展联合执法529次，出动执法人员4652人次，各类保安志愿者1.22万人次。拆除违规小门店广告牌匾498块，查处违法张贴小广告5105张，规范“门前三包”[③]1.1万次，取缔游商占道经营1893次。辖区食药监管主体从2877户减少到1223户，查封337户挂账无证经营者，拆除涉及食药监管职能的违法建设31处、4241.96平方米。下架并销毁200余种无证经营食品、违规销售保健品等近10吨。完成“超市发”周边、科学院南路、中关村中学等7项建设项目的民心工程，启动东里北等5个社区综合整治惠民工程，涉及15幢楼、1536户。

以双榆树北路为区级试点，开展“破墙开门”[④]专项整治。采取物理隔离、新增绿地、建设围挡墙的方式遏制“破墙开门”行为，拆除原有硬质铺装1760平方米，新建绿地1333平方米，新建围挡墙383米，新建绿地围栏465米，从空间整治一层“破墙开门”的杂乱现象。封闭双榆树二街、三街及大钟寺北路沿街“破墙开门”商户近20家，拆除遗留违建66间、面积2228平方米，完成对2处电杆移位及沿街路灯安装，新建158米沥青道路，铺设两侧人行步道1055平方米。开展绿化提升改造，新建绿化面积380多平方米，增设绿化护栏675米，道路两旁植树86株。

全年处理环境卫生问题案件6134起。完成70.2万平方米的环境卫生保洁工作，抚育养护补贴树木苗木3.5万株，清运生活垃圾、无主渣土2.5万立方米。推进豪景等6个社区和双榆树公园的环境美化工程，完成改造面积5.1万平方米。开展环境清洁日活动1412次，清理垃圾50吨。

推进“两网”[⑤]融合工作，社区网格通过平台上报社区民情2.3万条，上报走访日志2600条，通过信息化城市管理系统上报案件1.89万件，立案1.87万件，立案率99.3%，结案1.87万件，结案率99%。通过网格化社会服务管理信息系统上报问题8074条，转办“96181”案件900余件。

平安建设 持续保持“一体化联动”执法高压态势，定期开展早查、夜查、互查和“扫街”式检查执法，以综合执法巡查巡检的常态化巩固文明创建成果。全年开展联合执法597次，专项行动139次，出动执法人员5416人、保安志愿者1.44万人、车辆3119台次，规范“九小门店”[⑥]经营1222起，取缔游商占道经营2276起，查处非法运营车辆132起。

推出“安宁守护者”微信群，打造安全维稳实时联动平台，完成重大安保任务6次，消除消防隐患423起，发现、解决各类问题2.6万起。开展重点时期安全生产检查及建筑工地、危化品行业等专项整治行动，累计监督检查生产经营单位1360家次，上报检查文书1346份。完成北京市首次安全生产条件普查工作，地毯式入户调查企业1.88万家。检查单位1306家，发现火灾隐患1867处，督促整改火灾隐患1821处。

贯彻落实《京津冀协同发展规划纲要》，加强地区人口规模调控，核销流动人口4.7万人。投入资金594万元，用于物、技防建设及保安巡逻队伍建设。建立中关村北区24小时治安防控体系，采取排兵、拉网、执勤、筑防“四步法”，平均每天发动各类治安力量6000～8000人次，确保重要活动期间地

---

① 指掌握辖区用工单位基本情况，加强流动人口就业和用工管理。

② 指前期治理回头查、辖区出租普遍查、重点区域重点查、地下散租协同查。

③ 指临路（街）所有的单位、门店、住户将担负起一定范围的市容环境责任，承担一定的城市管理任务，包卫生、包绿化、包秩序。

④ 指在原房屋墙体上开门、开窗，通过改变原房屋（如住宅等）底层立面结构，以新增房屋出入口。

⑤ 指城管系统和网格系统，统称网格化系统融合平台。

⑥ 指小餐馆（15桌以下）、点心店、面包房、熟食店、食品商店、集贸市场熟食专柜、美容美发店、浴场、游泳馆。

区安全稳定。

全年接转“区非紧急平台”投诉件2000件，结案1920件，结案率96%。受理群众来信来访112人件次，重点矛盾纠纷化解率达98%。

民生建设 受理1081户家庭的住房申请。完成1050人的就业工作指标。发放失业保险、低保、生活补助、医疗救助等887.7万元。审核非京籍适龄儿童入学申请334份，集中审批借读申请247份。

在知西社区建立占地约80平方米的中关村养老创新示范基地，以黄庄社区老年餐桌为试点，打造中关村养老服务品牌。开展“三个两”①工程，打造具有中关村特色的人口计生宣传阵地。开展社区文化魅力大课堂等社区服务项目，惠及地区居民3000余人。45支地区社会组织约700人次参与公益服务活动，爱心助学项目为困难学生提供助学服务860小时。

基层党建和精神文明建设 筹资200余万元，打造商务楼宇党建品牌。建成“党建e站”，成立世纪科贸联合党委和中关村地区非公企业联合党委、非公企业党组织29个。完成225家规模以上非公企业、4家社会组织的调查摸底，实现规模以上非公企业及社会组织党的组织全覆盖。走访基层党组织，加强对社区、非公、社会组织“五型五好”②党组织的培育。

对13个社区党组织的类型进行调整，30个社区全部配备专职副书记。发展党员20名。

开展“五比五争先”③主题实践活动，举办专题讲座4次，开展党课教育10次。结合建党94周年，开展“缅怀革命先烈、重温入党誓词”、观看红色影片等主题党日活动。强化党风廉政责任制建设，促进党员干部履行“一岗双责”。加强监督检查，开展“为官不为 为官乱为”专项整治工作。

投入1092万元，办理27项群众反映最突出、需求最迫切的实事项目。开展“三严三实”专题教育，讲授党课39场，街道工委中心组开展集中学习研讨12次。开展“代表联系选民月”“政协委员下基层”等活动，承办区“两会”建议、提案2件。主动公开政府信息210条。

组织开展“第四届中关村科技艺术节”“第二届中关村体育节”等文化体育活动21场，吸引20余家科研院所、30个社区1.8万余人次参加。主要包括组织大型文化演出、观看惠民演出、惠民观影、全民阅读、全民健身、青少年科普教育、博物馆参观、科学家大讲堂、社区教育、红色之旅十大系列活动。组织和参加6场文化、体育大型活动，参加团队140个、演员2200人次，观众2900人次；发放惠民电影票2.2万张，在社区放映数字电影58场；组织青少年科技探索班、科学魔法班、航模班、手工制作班等共52期，参与人次1200人；组织“国庆阅兵军事武器揭秘”“机器人总动员赏片会”，参与人数1450人次。

开展社会主义核心价值观宣讲、“图说我们的价值观”公益广告刊播、“中国梦·学习梦”“最美北京人”“我们的节日”等主题实践活动，传播主流文化。东里北社区被评为2015年国家级科普示范社区。

开通“中关村青年”微信公众号，打造共青团新媒体建设平台。推进26个商务楼宇志愿服务站的建设工作，围绕“迎新送暖启程月”“传统文化弘扬月”等主题，组织开展各类志愿服务活动。开展“青春跑酷”、巾帼服务等活动，丰富地区群众的精神文化生活。

推进智慧中关村建设，加快5A④信息化建设，完成“全生命周期社区生活服务平台”架构设计，为群众提供覆盖全生命周期的一体化、智能化、优质化的信息咨询服务。推出“乐活中关村”公众号，创建“乐活中关村”手机报，搭建与群众沟通的多元化网络互动平台。开发社区生活“E站通”、社区服务“一站式”门户等软件系统，北里、东里南等5个社区推出微信公众号。

（沈成保　丛茜）

【安全生产大普查】 1月—7月，街道开展北京市第一次安全生产大普查。摸底调查辖区内原始底册中的1.65万家生产经营单位的基本情况信息和安全生产条件信息。建立社区、企业、专职安全员组成的普查队伍，培训普查员180人次，企业负责人80人次，印发普查表1万余张，出动普查员2万余人次。对生产经营单位进行地毯式入户调查1.88万家，核销原始底册中存在异地经营、注册未经营等情况的9795家生产经营单位，新增原始底册中没有的生产经营单位2412家，辖区内实际生产经营单位为10756家。核实1万余家生产经营单位工商注册、组织机构等基本信息，登（统）计6000余家生产经营单位管理能力、生产场所、设备设施、危险化学品、职业危害等信息。

（沈成保　丛茜）

【“党建e站”】 “七一”前夕，街道党工委在世纪科贸大厦建立占地面积1000平方米的“党建e站”。“党建e站”覆盖辖区2477家企业、7万余人，集企业党员教育、青年活动、员工服务等功能为一体，引领中关村地区的非公企业和楼宇党建工作，形成以楼宇党组织为核心，辖区单位党组织为主体，全体党员、青年共同参与的区域党建工作新格局。开辟“党建孵化站”“白领部落格”等服务板块，为楼宇企业和员工提供党群组织建设、党员教育管理、团组织建设、工会建设、妇联服务、社会公共服务六大类18项服务。研发“青春之歌”多媒体教育培训软件，全年开展活动50余次，参与人数2700余人次。

（沈成保　丛茜）

【中关村地区第一届消防运动会】 7月，中关村街道联合区消防支队在辖区

---

① 指两个驿站、两个绘本馆、两个跳蚤市场。

② 指学习型、服务型、创新型、引领型、智慧型；群众反映好、党员队伍好、工作机制好、工作业绩好、领导班子好。

③ 比信仰，在弘扬正气上争先；比干劲，在攻坚克难上争先；比奉献，在为民服务上争先；比创新，在树立品牌上争先；比作风，在真抓实干上争先。

④ 任何人、任何时候、任何地点、任何方式、何种服务。

举办中关村地区第一届消防运动会。消防运动会设“男、女子手持干粉灭火器灭火”“水带连接”“水桶接力”“担架救援”“男子50米整理水带”“女子20米穿消防服”等个人及团体项目。30个社区、100余家驻区单位组织60余支代表队1000余人参与消防运动会。街道领导和社区干部群众及驻区单位的领导和员工观摩消防器械使用示范、火情预警、组织疏散、逃生和伤员急救等演练科目。

（沈成保　丛茜）

【“三个两”工程】 9月，街道针对“一老一小”两个群体开展特色服务，打造“三个两”工程，即两个“健康驿站”、两个“家庭绘本馆”、两个“儿童跳蚤市场”。“健康驿站”按功能划分为心理咨询区、专家课堂区、居民体检区和健康知识长廊。与北京“京都儿童医院”“西苑中医院”等多家医疗机构合作，每周为“老”“小”进行健康讲座、常见病预防、专家义诊、免费体检等，开展中医推拿、口腔治疗和免费保健等项目。健康驿站辐射周边11个社区近4万户家庭。“家庭绘本馆”是针对0～6岁儿童的亲子互动平台。“家庭绘本馆”收集图书1800册，每两个月更换一批新图书。分别在东南西北四个中心社区开展绘本延伸活动，2万余名小朋友及家长直接受益。“儿童跳蚤市场”是为3～12岁儿童量身定做的假期特别活动，设在两个中心社区服务站，分自由贸易区、亲子活动区、专家义诊区等。

（沈成保　丛茜）

【“e时代”社区交流平台】 年内，街道打造“微信公众号+APP 4G新技术+手机报”的社区交流平台，形成“村里村外人和事无处不在，服务治理情与理如影相随”的局面。社区交流平台每天发布社区动态、通知公告信息十余条，居民参与社区共建、社区活动和邻里互助。为30个社区的1000余位老人提供APP终端，构建物联化、智能化、社会化的养老服务体系，满足医养需求。平台每天及时发布包括生活提示信息、生活常识、应急知识、“一刻钟”服务网点信息、商家促销等100余条；每周组织社区各类协会组织（家政、婚介、书画、文艺、教育、婚介、招聘等）信息的发布、报名、活动的互动。引入O2O平台“车客家园”，把绿色蔬菜送到居民家门口。推出“乐活中关村”公众号、“乐活中关村”手机报，搭建与群众沟通的多元化网络互动平台。“乐活中关村”“社区服务之窗”等微信平台关注用户突破2500人。

（沈成保　丛茜）

【“超市+银行”社区志愿服务新模式】 年内，中关村街道东里南社区成为北京市首家社区社会组织“志愿超市+时间银行”的志愿服务模式试点。在建设“志愿超市”中，服务项目以社区居民需求和社会组织情况为导向，涵盖社区治理与服务各个层面，如为老助残服务、邻里守望项目、城市清洁活动、治安值班巡逻、植绿护绿活动、捐赠衣物整理、微信平台管理、居民矛盾调解、政策法规宣传、社区活动组织策划协助、文明劝导、图书管理等。并根据社会组织特长量身定制服务内容，如开设志愿电脑班、太极班等。“时间银行”中的积分以社会组织为单位计算，以“短时长积分”设计相互计分，每个组织每人每年平均50积分即可兑换500元公益扶持资金，每增加50积分可增加500元资金。队内成员可以互相帮助，代替完成服务时长存入“银行”。“志愿服务”和“银行积分”可以双向良性互动，各社会组织和个人既是志愿者又是受益人。有20个社区的60支社会组织1000多人参与志愿服务，累计兑换积分3.6万多分，扶持、奖励、培训金额达10万元，直接服务近5000人次，受益居民以老年人为主，惠及居民3万余人次。

（沈成保　丛茜）

【“农社对接”蔬菜直销模式】 年内，中关村街道引进互联网企业，打造“互联网+社区+农户”的“农社对接”蔬菜直销模式，运用O2O平台，实现线上下单、线下体验的方式买菜。居民可在小区内的实体店品尝绿色蔬菜，也可到农场去参观蔬菜种植，再上网下单预定菜品，在小区的实体店取货。“农社对接”蔬菜直销模式减少流通环节，原本10元左右一斤的绿色净菜只需4～5元，既方便居民买菜，又降低成本。

（钟冷）

学院路街道

【概况】 2015年，学院路街道有28个社区居委会，辖区面积8.49平方千米，户籍人口19.8万人，流动人口50491人。有纳税企业6298家，高等院校9所，中小学校11所，国家级科研单位10家，是北京市科技、文化、教育最密集的地区之一。

经济建设 以人口规模调控及业态调整为重点，致力京津冀协同发展。取消低端商户300余户，腾退营业面积1400平方米。拆除账内外违法建设45处、26210平方米。清理群租房66户。开展专项联合执法280次，查处各类无照经营商户618件。地区常住流动人口减少6359人。协助石油勘探科学研究院所属梦溪宾馆及食府调整业态，减少营业面积17000平方米，疏解流动人口135人；配合北京市京昌路楔形绿地棚户区改造项目，腾退私宅257个，累计腾退面积576540.43平方米，流动人口减少35465人。与地区多家重点科研院所签订战略合作协议，为59名院士提供医疗关怀等多项服务。走访地区重点高新技术企业，了解企业需求。

环境建设 深度推进网格化服务管理模式，网格核心团队分类力量下沉，全年走访日志81073次。推动精细化管理和精准化服务，优化案件循环处置机制。全年处置社区民情循环案件25500件次。加强系统融合建设，推动网格化系统、信息化城管系统、信息化图像管理系统、智能预警系统的互联互补，提升平台综合效能。全年巡查核实21420件次，其中市级核实核查57件次，协调处理案件1134件次。街道的网格化服务管理模式作为典型向“国际城市管理协会”专家和北京市社会办展示。

开展“美丽学院路”建设。对G6沿线等重点区域持续开展专项环境秩序整治。围绕环境秩序、环境卫生、大气污染、市政设施、交通秩序五大类违法形态开展道路综合执法整治工作，建成成府路、展春园西路、月泉路3条“门前三包”示范街。开展7个区级环境建设项目、30个社区环境建设项目。继续开展老旧小区综合整治，解决一批遗留难点问题。全年植树5000余株，改造绿地5万余平方米。年内，花园路街道获首都绿化美化花园式街道、花园式社区、花园式单位称号。

平安建设 开展应急标准化建设，定期开展宣教培训和应急演练，为27个社区购置应急物资，配备应急柜并及时补充应急设施。指导单位、社区开展应急宣传600余场次、应急演练200余场次。以常态化联合执法为抓手，实施“十六字”[①]综合管理法。建立涵盖公安、城管、交警、食药、综治、安全生产办等职能部门的常态联合执法队，实现城市综合管理的“联体指挥、联队管控、联动处置、联手监督”。对双泉堡、五道口、圣熙八号、双清路、小月河沿线等重点部位开展联合执法280次，检查3107家，排除安全隐患923起，整改543家，查扣、清理各类车辆1100余辆，查处无照经营511起，涉及企业94家、经营人员4426人。新建监控探头210个、门禁251个。完成街道城市服务管理指挥分中心数字监控平台的验收，建立地区公共监控网络中心。成立6所高校与街道、派出所之间的校地警联盟，保障社会面安全稳定。

制定安全生产“党政同责”实施办法和“一岗双责”暂行规定，完成安全生产条件普查和50家微小企业岗位达标工作。开展预防煤气中毒、烟花爆竹燃放、消防、人防地下空间、食品药品安全等各类生产经营场所安全检查工作，检查各类场所4000家余次，消除隐患900余处。

成立地区律师专业人民调解委员会，全年调处疑难复杂纠纷500件。办理各类信访案件443件。

民生建设 不断完善以“三个体系”（便民服务体系、卫生服务体系、民政服务体系）为核心的“一刻钟服务圈”建设。实现救助政策全覆盖。为地区各类民政对象发放慰问、申请救助金（品）156.8万元。发放高龄津贴、居家养老服务补贴、优待金等1000余万元。依托街道温馨家园，推进“两站一校”[②]和“残疾人法律服务站”建设，开展康复训练、职业劳动康复、辅具服务。为老年人提供社区日间照料、餐饮、居家家政、护理等服务。老人享受各类养老服务20200余人次。新开办富润、健翔园社区老年餐桌，累计提供老年餐服务1.5万人次。通过“心灵家园”项目，对失独特殊帮扶人群开展慰问帮助、志愿服务。开展“智•惠1+1”志愿服务工作，形成健翔园、北科大、展春园、地大二、农大、六道口6个试点社区帮扶项目。街道“同区通办、三级联动”系统平台运行平稳，办理业务1736件。

社区建设 以破解“区域病”难题为导向，深化创建全国文明城区工作。协调解决100余个社区问题。开设“市民超市公益课堂”，举办政治、国学、心理学、体验性教学等30余场公益课，惠及2000余人次。推选出地区榜样人物43位，通过《美丽学院路》报纸宣传道德模范的事迹。举办地区“五月的鲜花”文化演出25场。

以学清苑社区作为区级试点设立服务站，建立覆盖周边5个社区的“一站多居”服务模式。投入经费63万余元，对老旧小区的智能电动大门进行升级改造。

基层党建和精神文明建设 践行“三严三实”，落实专题教育实施方案，查找问题47项，对7项涉及班子的“不严不实”问题逐一分析和整改。开展“为官不为、为官乱为”整治活动，查找整改问题38项。推进以社区党组织为主，社区内各级各类党组织相互配合，协同发展的“大党委”体系，实现“区域共商、大事共议”的目标。探索楼宇党建“跨领域”合作项目，配合海淀园工委下属百斯特公司党委推进企业党建，协助企业新建1个党支部，发展1名非公企业员工入党。聘用50名非公党建指导员，参与指导非公党建工作。

（安远萍）

清河街道

【概况】 2015年，清河街道面积9.37平方千米，常住户籍人口31742户79569人，外来人口78833人。社区居委会28个。地区有3个中央级单位、10670家注册企业、8088家纳税企业、4所部队大院、7所中小学校，有北京儿童福利院、北京第四社会福利院两家福利机构。

经济建设 提出“一对一”服务模式，街道领导定期走访所包企业，帮助解决实际困难。新增小米信用管理有限公司等企业1482家，地区企业入库税款为10.35亿元，同比增长15%，其中区级收入3.05亿元，同比增长0.99%。

---

① 即：联体指挥、联队管控、联动处置、联手监督。

② 指残疾人辅助器具服务站、社区康复示范站、残疾人家庭康复培训学校。

推动小米移动互联网创业园和中关村移动智能服务创新园开工建设。梳理存量和增量空间资源，提升通达耐火技术股份有限公司、北京翔鲲水务建设有限公司等老旧产业升级和布局优化。

环境建设 完成拆除违法建设台账任务29690平方米，同时拆除新生违法建设6459.2平方米。以群众身边环境卫生、环境秩序问题为重点，开展街面环境、社区环境、市场经营秩序、交通秩序等环境秩序专项整治。清理西洼树林1.5万立方米垃圾，修设700余米长的文化宣传围挡。投资263万元进行绿化改造，绿地新增6300平方米，绿地提升1800平方米。投资70万元扩建社福西侧蓄水池、砌护整治朱房村南侧排水沟。完成27件为民办实事项目。完成2014年老旧综合整治工程，改造面积30.8万平方米，惠及8个小区、4243户。推进2015年防震抗震及节能综合改造项目，涉及8个小区、10.7万平方米。毛纺南小区1号楼强制疏散和拆除工作顺利推进，重建主体封顶。完成陶瓷厂棚改项目前期方案设计，项目建筑面积6802平方米，惠及居民275户。

平安建设 通过网格化社会服务管理系统上报走访日志和社区民情19528条。完成全国"两会"和"9•3"阅兵期间矛盾纠纷排查化解，排查出矛盾纠纷13件并全部化解。地区各调解委员会调解案件282起。有效处理非京籍子女入学、毛纺南小区1号楼强制疏散等群体性上访事件。上报城市管理问题6487件，为执法部门调取录像205次。调解劳动纠纷32起，追回拖欠工资412万元，劳动纠纷案件数同比下降23%。整治群租房32次，拆除隔断572间。检查单位1340余家次，发现隐患2000处，与防火、生产重点单位签订责任书300余份。

民生建设 新增低保11户，撤销16户，调整18户，新增低收入家庭5户。医疗救助36人次，临时救助8人次，大病救助8人次。为545人办理老年证，为31名老人办理高龄津贴，为9名高龄特困老人申请特困补助。发放助残卡18.6万元、低保金188万元、各项救助款24万元。采集岗位信息2654个，实现就业1766人。上线"三级联动"业务完成1146件，为居民报销医药费324万元。办理违反规定生育子女征收社会抚养费18例。地区通过保障性住房市级备案77户。为非京籍适龄儿童办理入学借读证明485份。

社区建设 指导32号院、美和园、北小区3个社区开展规范化示范点建设；申报清河嘉园、安宁里、西二旗3个社区参加市"六型社区"示范单位创建；确定四街等11个社区创建市级"一刻钟生活服务圈"。推进毛纺南小区、海清园、北毛、美和园、安宁东路、花园楼6个社区参与老旧小区自我服务管理试点。配合清华大学专家课题组进行调研，总结推广"清河实验"①成果，研究激活社区"两委一站"②的议事机制，提升基层社会治理水平。

基层党建和精神文明建设 开展"三严三实"专题学习教育。培育基层党建创新项目，推进区域化党建工作，朱房社区、智学苑社区创新项目入选区级创新项目名录。开展基层党组织分类定级、晋位升级，推进非公党建。完成街道工会、工商联、妇联换届选举。加强廉政风险防控，清理和确认涉权事项，规范办事流程。购买第三方法律服务和审计服务，开展正风肃纪专项整治行动。

人员下沉到社区网格开展联合执法，协调辖区单位文明共建，动员社会力量和志愿者广泛参与。布置以社会主义核心价值观为内容的宣传栏300余处、清河影像文化墙1处。利用区文化委优秀团队奖励资金扶植5支地区文化团队，成立清河地区文化组织员队伍，完成创建北京市体育生活化社区27个。举办《"清河影像"地区摄影艺术展》，开展全民健身等文体活动。

（王华）

青龙桥街道

【概况】 2015年，青龙桥街道面积18.59平方千米，辖21个社区居委会，户籍人口6.9万人，流动人口4.9万人。街道围绕功能疏解和人口调控、安全维稳、落实利民惠民政策等重点工作，较好地完成了各项工作任务。

经济建设 有规模以上服务业47家、批发零售业3家、住宿餐饮业13家、金融保险业1家。2015年，存量企业42家。代征出租房屋房产税256万元，同比增长40%。引进一次性税源单位山东宁建建设有限公司北京分公司，新增税收收入306万元。

环境建设 按照"拆、调、建、管"思路，疏功能减人口。整治挂账无证无照门店275家，关停171家。暂扣游商经营车辆600余辆，劝离教育相对人1000余人次，取缔早点摊、露天烧烤大排档80余处。解决二河开地区"安徽村"群租房历史遗留问题，关停两处占地5000余平方米的废品回收公司，疏解从业人口1000余人。拆除违法建设点位425处、约3.27万平方米，完成疏解9000人的年度目标。

街道投资71万余元，对中央党校南门路口局部拓宽和030大院、董四墓村周边进行综合改造。投资82万余元，疏通清淘8个平房社区2.3万米的下水

① "清河实验"全称是海淀基层社会治理创新清河实验，是海淀区委与清华大学社科学院于2014年开始合作共同推进的基层社会治理创新试点项目，具体在清河实验区开展以社区分类治理、多元参与协商社区自治、街区参与式规划及社区为老服务等内容为主的社区提升创新。

② 指社区党组织、社区居委会、社区服务站。

管线、1007个污水井、211个雨箅子，修复大有庄、挂甲屯等部分平房社区井盖及路面。投资530万元，对民众普遍反映的香山路、厢红旗路、福缘门路、邮疗路和北河沿小区进行环境整治，缓解交通拥堵。投资150多万元，对圆明园北墙外道路、承泽园东侧老旧绿地、北如意门绿地进行绿化改造，绿化面积2723平方米。

平安建设 完成节假日及重大活动的社会面维稳工作。开展挂账地区、街面乱点、高发案社区的联合整治行动，上报网格化管理案件7.5万条，安装联网监控探头232个，在重点部位和平房社区增设72个监控探头，8个平房社区全部建立社区警务工作室，平房社区发案率实现连续4年下降。在颐和园、圆明园、清华西门等点位设立8个岗亭，开展非法载客"黑车""黑摩的"专项执法11次，暂扣"黑车""黑摩的"366余辆，销毁50余辆。做好"两山"①周边巡逻防控，投资1.1万元增设隔离护网90余米，安装监控探头14个。清理地下空间17处。

全年监督检查生产经营单位10611家次，整改问题隐患数量2054项。开展平房地区泡沫、彩钢板房调查，危险化学品和易燃易爆物品安全专项整治。开展微型企业安全生产达标创建活动。组织社区地震逃生、火情扑救等应急演练活动8次。抽检辖区食品药品快速检测样品107件次，药品抽检15样次。对餐饮、食品流通单位立案处罚17户，罚没款17万余元，处理食品安全投诉举报133件次。处理拖欠农民工薪资案件8起，涉及金额160.4万元。走访社区矫正对象400余人次，新接收安置帮教人员12名，调处矛盾纠纷210余起。

民生建设 举办大型招聘会2场，提供岗位280个，集中职业指导35次，采集空岗信息900个，完成就业890人，失业率控制在1.5%以内，发放失业金金额240余万元。发放338张居家养老券，办理1609张老年优待卡、676张老年证、2272张公园年票，养老卡充值金额364万余元，发放高龄津贴30万元。发放助残养老券230人，发放困难补助及慰问金130余万元，发放253件辅助器具，对18名残疾人开展康复训练服务，安置405名有就业能力的持证残疾人就业。

完善24小时流动图书馆、5个社区益民书屋、3个数字文化社区的运转机制，审核办理辖区内非京籍小学一年级入学借读手续326人。

实现21个社区志愿服务站的"五有"②规范化模式，引进"夕阳再晨"科技助老公益服务项目，成立"相伴夕阳红"义工服务队，向社区老人提供文艺联欢、电脑培训、心理慰藉、养生保健科普及日常生活服务。"前哨老战士"合唱团应CNTV特邀参加全球华人万人大合唱，在网络众筹活动获大赛银奖。

基层党建和精神文明建设 通过书记讲党课、个人自学、集中研讨、到党性教育基地参观学习、观看专题纪录片相结合的形式，教育引导党员自觉践行"三严三实"要求。深化党风廉政建设，推进作风建设常态化。

新成立5个非公党支部，聘用党建指导员，对各非公企业定期开展培训。构建"双联系"③网络格局，建立青龙桥地区"大工委"列席工委会议、街道重要工作会议制度。

组织各类文艺骨干舞蹈、声乐、器乐等方面的培训60余次，组织"五月鲜花"群众文艺会演、交谊舞大赛、观看北京田径世锦赛、"9·3"阅兵游行等文体活动。

（白帆）

香山街道

【概况】 2015年，香山街道面积20.4平方千米，其中山林面积约16平方千米。辖区设有6个社区居委会，常住人口4.33万人，其中户籍居民1.33人，流动人口3万人。有中央单位6个、市属单位23个、驻区部队4个、中学1所、小学2所。香山地区是北京著名的旅游休闲区，有香山公园、北京植物园、卧佛寺、双清别墅、曹雪芹故居等一批风景名胜和历史古迹。

环境建设 完成万花山环境整治工程。与香山村委会协作，对丰户营等村路进行维修铺设。香山北上坡绿化景观建设工程完成招投标。香山五号停车场绿化改造亮点工程完成设计并向区财政局申报立项。对塔后身19号、西营甲12号山体滑坡采取应急措施和勘验工作。在梅兰芳墓周边兴建"香山街道纪念林"，绿化荒山坡地。

坚持每日派出联合执法队30余人，对新生违法建设进行全天候巡查，依法组织拆违执法30余次，出动人力近8000人次，完成年度违法建设台账10处、1297.36平方米，拆除新生违法建设20处、1959.75平方米。

探索地区环境卫生的常态化管理机制。采取政府购买服务，完成街道保洁的整体外包，并建立监督评价机制和优胜劣汰机制，以加强队伍建设与管理。开展"城市清洁日"等专项行动，清运垃圾渣土及杂物树枝400余吨。

在桃花节、红叶节期间，街道组织联合执法组对香山景区周边环境、治安、交通各类违规违法行为开展巡查和联合执法，对无照游商、占道经营等违规经营商户进行规范、治理。全年联合执法40余次，清理游商375户，规范

① 指玉泉山和万寿山。

② 指有明显标识、有工作人员、有经常性志愿服务项目和岗位、有稳定的志愿者队伍、有规范的管理制度。

③ 指党员和社区进行联系、街道党组织和社区党组织进行联系。

“门前三包”355家，规范广告牌匾100余块，清理小广告2000余份，扣留“黑车”2辆，警告教育215人，处罚违章占道停车100余起。发动地区治安、环境志愿者200人和保安40名，在双休日对主要路段进行巡查。

平安建设 全年召开各类安全生产地区会议18次，走访1231余家（次）单位，与80余家生产经营单位和6个社区签订安全生产责任书、消防安全责任书，发现并监督整改各类安全隐患237项。集中开展矛盾纠纷排查200余次，调解各类矛盾纠纷185件，了结信访案件10件。完成劳动者权益专项检查4次、30个单位，涉及劳动者4500余人，接待和解决农民工各类讨要工资事件3起、28人，薪酬金额15万余元。开展基层平安创建，做好法定假日及敏感日期间的社会治安社会面防控，发动地区群防群治力量8.77万人次参与社会面防控、街面执勤。

民生建设 采集空岗信息1000余个，完成职业指导310人次，就业214人，完成年度就业指标的178%。投入28万余元完善养老餐桌建设。为残疾人员申请补贴64万元。建立便民蔬菜店等25项实事全部完成。全年新申请办理城乡养老1人，延期缴费3人，城保转农保2人，办理政府补贴1人，完成缴费13人。城保（清算）转农保1人，预缴费和个人信息变更19人，为3人办理退休手续。全年新申领医保卡143人，正式挂失与补卡182人，撤销挂失5人，换卡25人，补换卡领卡203人，医疗费用报销65人次，报销金额537653.75元。完成所有低保户的调标工作。新申请低保5户，开展医疗救助45人次，教育救助3人，低保复核29户。全年新申请住房家庭12户，完成第五批经适房购买意向登记家庭18户，第十一批公租房意向登记家庭4户，第十二批公租房意向登记家庭12户，公租房补贴家庭7户，市场化租赁补贴家庭8户，廉租房实物配租复核7户，申请家庭变更5户，审核并网上录入新申请保障房家庭材料12户，审核并录入公租房租金补贴家庭7户，审核录入市场化租赁补贴家庭8户，完成初审工作65人次，完成未配售经适房档案整理43户，为其他区县开具调查函5户。

文化建设 继续推动文化香山建设。举办第七届香山文化论坛，出版《香山村落与民俗》论坛文集。举办“五月的鲜花”、消夏文艺群众文艺会演，开展居民“水果拼盘创意大赛”“粽叶传情、友爱互助”包粽子比赛、厨艺比赛、登山比赛等活动。开展书法、养生、摄影等讲座，组织绘画、舞蹈、时装、电脑、柔力球等培训。街道图书馆办理借书一卡通815人。

基层党建 开展“三严三实”专题教育活动，完成3个专题的学习研讨。结合建党94周年、抗战胜利70周年等纪念日，开展以“铭记历史、缅怀先烈、珍爱和平、开创未来”为主题的教育活动。

开展党员意识提升行动。围绕“我是党员我先行”“我是党员我光荣”“我是党员我奉献”三个主题，开展党员意识大讨论、党员承诺践诺、在职党员到社区报到、党员志愿服务等活动，引导党员进一步增强党性意识。推进党建创新示范项目创建，第二社区的助残服务、北炮社区的周四便民服务队等服务项目成为街道党建服务品牌，六号院社区的“情暖夕阳爱心服务社”和四王府社区的“党组织+服务模式”入选区第三批党建创新示范项目。

（刘繁）

西三旗街道

【概况】 2015年，西三旗街道辖区面积8.23平方千米，辖区为城乡接合部地区，流动人口聚集。有户籍人口8.32万人，流动人口4.93万人，社区居委会27个。

经济建设 推进中关村西三旗（金隅）科技园、清河小营建材城土地开发、佰能硅谷大厦等重大项目的落地实施。中关村西三旗（金隅）科技园建设，完成近3万平方米地上物拆除。成立北京金隅科技创新孵化器有限公司，园区人才公寓开工建设。佰能硅谷大厦项目取得规划意见书。开展清河小营建材城、永泰市场转型升级项目调规工作，可穿戴计算加速产业园、大数据产业园、清缘东区保障房项目等稳步推进。成立疏解工作领导小组，制定“123”工作机制[①]。梳理辖区内中央和总部型企业，确定地区有电科院、北京土人景观与建筑规划设计研究院等5家总部级企业。对街道税收优惠政策进行清理规范。完成130家规模以上企业统计年报及定报的报表工作。

环境建设 抢修建材城北路、建材城东路等部分破损严重道路；对育新花园、建材城北路等周边区域开展环境整治应急工程；永泰庄东路北延、西三旗南路开工建设。全年拆除各类违法建设4.5万平方米，其中拆除账内及新生违法建设共计2.3万平方米，拆除疏解低端产业和低端聚集场所违法建设2.2万平方米。协助拆除老旧及腾退建筑2.2万平方米。出动人员9600余人次，处理无照经营3000余起。梳理重点整治无证照小门店台账共200余家，查处或关停无证照小门店140余家。新植乔木、花灌木1200余株，在沁春家园社区种植月季3500平方米，清扫绿地近20万平方米。投入资金600余万元，完成二十中分校、枫丹实验小学周边环境整治

---

① “1”指一项任务：街道班子每一位领导包两个企业；“2”指两个讲清楚：讲清楚疏解政策，讲清楚疏解意义；“3”指三个帮助：帮助企业厘清疏解思路，帮助企业明确疏解方向，帮助企业制定疏解措施。

和绿化美化等8项重点工程。

平安建设 投入170余万元为社区安装监控、门禁，加购电动警务巡逻车。做好重大节日及重要时期消防、地下空间安全保卫工作，组建安全生产专职安全员队伍，督促整改各类安全隐患近500起。开展劳动用工巡查，检查用工单位560余家次。探索食品药品分级分类管理模式，开展监督抽检150批次。开展实有人口核实工作。调解矛盾纠纷1470起，调处成功率达99%。持续开展群租房整治，完成隔断拆除和整改174户。完成对辖区内重点人、重点单位矛盾的排查认定工作。

完成拆除风机二厂违法建设的主体任务，拆除违法建设1.34万平方米，腾退房屋1610间，清退租户4592人。

民生建设 开展网格化先行先试，推动网格化社会服务管理体系与网格化城市管理体系“两网”融合，完成机构编制、系统平台调整等工作。网格化社会服务管理系统全年接收三级网格上报数据近万条，社区民情1700余件，走访日志8000余件。推进“同区通办 三级联动”试点工作，采取“同街通办”模式，办理41项线上业务3670件。筛选引入新的服务商参与社区养老服务，建立社区养老服务网络。完成中华敬老社区服务站西三旗社区站建设。依托区级和街道级养老机构，建立社区级的3个养老照料中心和7个居家养老服务联系室（托老所）。开展“全国残疾人基本服务状况和需求调查”，完成7个老旧小区无障碍设施改造。关注困难群体生活，开展送温暖活动。举办4场民营企业专场招聘会，帮助地区300余名失业人员解决就业问题。将计生特困家庭78位老人纳入到“社区养老服务网络”进行社区养老。完成456名非京籍儿童入学五证联审工作，没有出现集中上访和纠纷。开展街道层级的内控工作。

社区建设 完善社会治理创新园建设，进一步做好社会治理模式的探索和社会组织的培育孵化、交流展示、公益创投等，优选培育5家社区社会组织入驻。探索构建“居民主体、多元参与、项目运作、协同治理”的社区服务新模式，引导生活互助、志愿服务和文体活动等类型社会组织承接增值性公共服务、基本公共服务和公益性服务项目。投资240余万元，对社区办公设施升级改造，完成“机电冶联合一刻钟服务圈”示范点建设，开展永泰西里等老旧小区自我服务管理试点。继续推进老旧小区改造，完成5个小区收尾及主体改造。

基层党建和精神文明建设 落实党风廉政建设“两个责任”。建立处、科两级领导包片、包社区制度，深入社区开展调研、走访活动。围绕“区域党建引领区域发展”的理念，打造“街道‘大工委’（决策）—地区管理委员会（执行）—地区民主和监督委员会（监督）”三级议事协调平台。构建街道“大工委”制和社区“大党委”制，吸纳地区有影响力的企事业单位、“两新”组织等单位党组织负责人共同开展区域化党建工作，带动基层党组织参与区域党建、经济、社会、民生、稳定等事务。

推广“旗舞、旗颂、旗恋”三大文化主题活动。推荐地区7个文艺团队申报海淀区星级文艺团队，其中6个文艺团队获得一星称号。北京市第一家以家文化为主题的社区公园——西三旗公园建成开园。推进区域化团建，依托4家社区青年汇，组织地区青年开展活动150次，4000余人次参与。

（王小民）

马连洼街道

【概况】 2015年，马连洼街道辖区面积10.74平方千米，户籍人口5.3万人，流动人口3.9万人，设有17个社区居委会。辖区属于典型的城乡接合部。

经济建设 地区注册企业2083家。中关村软件园二期建设全面开工，以百度、联想为代表的26家大型高科技企业总部陆续进驻运营。代征房产税金300万元。

环境建设 以改善城市环境秩序、打造和谐宜居居住环境为着眼点。完成古月园小区南墙外绿化、西北旺社区周边道路行道树补植补种、润千秋佳苑小区北侧边角地绿化、圆明园花园别墅南门外三角地绿化、西北旺东路（中关村二小东侧路段两侧）行道树补种、东北旺苗圃东南侧绿化工程、社区花箱种植7项绿化工程。补植3591平方米，清理行道树54株，修剪树木300余株，清理杂草垃圾130余车。投入资金80余万元，完成部分小区和中关村一小、二小校园周边补植补种绿化工程。完成紫苑小区门禁对讲系统安装（二期）、古月园小区内部道路改造、百旺家苑儿童乐园改造、和谐园门柱拆除园门重修、西北旺冬晴园小区自行车棚建设、天秀花园安和园楼道粉饰、古月园社区农大附中楼道粉刷、63919部队社区道路改造、龙背村路步道修缮、绿苑小区停车位扩容改造、农科社区农科北院部分道路改造及居委会门前整治、农大社区绿苑小区楼道粉饰、绿苑小区路椅地龙安装、农大社区路椅地龙安装工程、西北旺社区小区路椅安装、七彩华园居民休闲广场及社区运动场外围修缮、圆明园西路西侧围墙墙面整治等工程。

拆除新生违法建设35处，总面积15440平方米。封堵圆明园花园别墅烂尾楼工地内楼座地下室35个，面积21750平方米。在5个社区内开展优质燃煤替代工作。对小区、平房区和非主干道进行环境集中整治，清理190处堆物堆料、10万余张小广告。解决4个村的20处污水横流问题，增设垃圾桶和封闭垃圾池30个。为17个社区配备40名专业保洁人员，配合社区居委会完成小区堆物堆料、小广告等日常工作。在7个小区开展垃圾分类创新模式试点，建厨余垃圾回收站14个。

平安建设 投入1000余万元，加强街面巡逻防控网、社区巡逻防控网、视频监控网、单位内部防控网、社区调解网和物防“篱笆”网的六网建设。聘请60名保安组成辖区主要道路巡逻队，遏制可控可防案件的发生，1月—11月地区三类可防性案件同比下降34%，经平安建设观察员四次问卷调查，群众对治安状况的满意率均在96%以上。在“9·3”阅兵、“两大活动”及其他重要敏感期，发动社区治安志愿者2800余人及商场、市场、物业、学校的内保、安保店员等社会力量1000余人，完成社会面防控。坚持24小时视频监控，做好视频监控和录像资料的调取、保存工作，利用辖区监控探头发现上报案件4320件，同比增加89%，协助派出所、刑警队、交通队等地区执法部门调取录像资料132次，累计时间9792分钟，同比上涨178%。加强交通安全宣传和交通秩序整治，针对辖区人员密集场所、易燃易爆危险品场所、城市大型综合体、施工工地、汽车4S店等重点区域，集中开展冬春季火灾防控专项行动。开展安全生产大检查，累计监督检查辖区单位数量617家次，出动执法检查人员4500余人次，排查安全生产问题隐患数量559项，整改问题隐患数量417项，关闭取缔非法违法单位6家，清退非法违法单位或建筑物内人员45人。完成实有人口信息核对采集工作。接待群众来访21件、69人次，其中集体访3批、21人次，处理群众来信13件，涉及人数401人，对来信、来访工作基本做到件件有落实、事事有回音。收到海淀区非紧急救助中心转办件681件，承办593件，办结率100%。组织开展“法治宣传月”“6·26”禁毒日、信访、计划生育集中宣传日、“法制宣传进社区”“法制宣传进校园”等集中宣传活动336次，其中开展现场宣传咨询92次，举办各类法宣培训和讲座87次，受教育重点人群达10万余人次。

民生建设 为65户80周岁以上老年人申请安装无障碍设施，办理老年证570张，为96位90岁以上高龄老年人发放高龄津贴11万余元，为1210人办理老年优待卡。与7家服务商签署协议，为老人提供家政、饮水、理发、购菜等综合服务，老年人可持服务券享受每月一次免费家政服务、一次免费理发服务和每月两次桶装饮用水免费送上门服务、每月十二次便民菜站免费送菜上门服务，发放服务券1180份。通过老年大学、社区健康大讲堂、老年互助社等方式丰富老年人的生活。有社会救助对象30户、55人，全年发放低保金46万余元。发放残疾人生活补助、社会保险补贴、助残服务券、护理补贴等补助金103.6万元。对7个小区实施无障碍维修改造，使用资金260万元。使用医疗救助金额6.7万元。受理劳资纠纷和农民工工资拖欠投诉案件20起，结案率达到100%，为300名职工追回被拖欠工资120万元。完成“爱心家园”“慈善情暖万家”“春风送暖”等社会救助工作。街道承办的为民办实事项目涉及社区安全设施改造、无障碍设施改造、健身设施建设、免费体检、开展计划生育特别扶助家庭暖心工程、楼道粉饰、小区道路建设、小区绿化等内容，共11项，惠及16个社区。

社区建设 完成第九届社区居委会和社区党组织换届选举，街道的17个社区居委会全部进行换届选举，其中户代表直选社区达到7个，比上届增加3个。参加户代表选举选民5022人，投票率达93.47%，选举产生新一届居委会成员125人，其中主任17人，专职副书记17人，副主任23人，委员85人，社区党组织书记与居委会主任交叉任职率为52.94%。选举产生新一届居民代表713人，党员比例达38.99%。

开展“六型”社区、社区规范化示范点、“一刻钟生活圈”创建工作。完成兰园社区办公和服务用房修缮，完成西山华府小区居民服务活动用房接收及物业服务协议签订，做好肖家河办公用房建设手续补办，协调为西北旺社区、百旺家苑社区购买社区服务用房，协调推进颐北家苑小区居民活动用房接收事宜和百草社区活动用房二期建设，启动茉莉园社区办公服务用房修缮工作。

基层党建和精神文明建设 完成机关、非公企业及社区党组织换届选举。开展“三严三实”专题教育，结合街道实际抓落实，推动“三严三实”专题教育不断深化和成果转化。落实党建工作责任制，落实在职党员社区报到制度，全面开展结对帮扶活动，整顿软弱涣散的基层党组织，深化党的建设“三级联创”[①]工作，做好基层党组织分类定级。推进非公企业党建，年内新成立非公党支部3个，非公党支部累计达到8个。从“树品牌、定制度、强基础、创机构、建队伍、解难题”6个方面探索适合马连洼地区的特色党建项目。开展纪念建党94周年系列活动、“共产党员献爱心”捐献活动、“服务连心、邻里守望”等活动，举办入党积极分子培训班，发展新党员16名。

（高京育）

---

① “三级联创”是北京市开展的一项以争创党建工作先进区、“五个好”街道工委和“五星级”社区党组织为内容的社区党建活动。

花园路街道

【概况】 2015 年，花园路街道面积 6.33 平方千米，社区居委会 30 个，户籍人口 13.7 万人，流动人口 4.5 万人。辖区内各类法人单位 5000 余家，高校、科研院所集中。

经济建设 统筹税源建设工作，强化街道对辖区内税源企业信息的掌握。地区新进企业 1000 余家，在册企业达到 5400 余家，实现税收 5 亿余元。

环境建设 采取联合执法与专项整治相结合的方法加强对辖区的精细化管理。对北医三院、校园周边等 10 个重点点位进行专项整治。完成违法建设台账任务 4581 平方米，拆除新生违法建设及账外违法建设 574.67 平方米。完成 2014 年启动的牤牛桥社区老旧小区综合整治抗震加固项目。加大对无照经营的治理，取缔小月河疏导区蔬菜市场，完成海民兴农副产品市场的调整提升工作。实施马甸地区环境品质提升、黄亭子路环境整治、玉兰园小区排水改造、四园社区休闲广场改造、牡丹西里绿化提升 5 项环境整治工程。健安西路贯通工程全部完工，周边秩序得到明显改善。

平安建设 以重要时间节点的社会稳定工作为重点，开展安全生产大检查，发现并处理各类安全隐患 33 项，排查处理各类矛盾纠纷 208 件。完成全国“两会”“两大活动”等重大活动期间的安保任务。

开展“三大秩序”[①]整治工作，对社会治安重点地区开展联合整治 181 次，动员执法力量 2300 余人次，出动执法车辆 500 余辆次。通过拆除违建、清理群租房、清理整治地下空间挤压流动人口租住空间，整治“九小”门店、游商等措施疏解流动人口 2250 人，整治违法出租房屋 211 套，清查出租房屋 1000 余间，消除安全隐患 20 余处。

民生建设 成立花园路街道城市服务管理指挥分中心，形成“五位一体”的公共服务体系。街道信息化城市管理系统共上报案件 18775 件，立案 18658 件，立案率为 99%。非紧急救助服务平台累计收到信件 764 件，按期处理信件 644 件。举办 6 场失业人员招聘会，开发就业岗位 298 个，完成空岗开发 2185 个。安置就业再就业 781 人，帮扶 550 名就业困难对象实现就业。对 161 户低保家庭、255 人进行调标，为低保家庭办理医疗、节日慰问等救助金额 21685 万元。为 80 名 70 岁以上空巢老人安装“一按灵”紧急呼叫器，为 7 名 90 岁老人安装无障碍设施。在北影等 5 个社区实施无障碍改造工程。在就业、教育、社会保障、康复训练等方面为残疾人提供服务。继续推进“花园路地区人口家庭健康公共服务中心”项目建设。开设亲子活动及讲座 102 场，参与幼儿及家长 3210 人次。组织社区文艺团队参加“市民文明周末大舞台文艺演出”“金色满园 情暖社区”“金婚同欢庆 幸福长相伴”等活动。与北京联合大学文理学院合作举办以“激情燃烧的岁月”为主题的第十届邻里节。

基层党建与精神文明建设 在基层党组织中开展“培先创优”计划和“创先争优”活动，提高社区党组织统筹社区工作的能力。开展“培先创优”计划和“创先争优”活动。开展党内帮扶和激励工作。街道领导和地区困难党员结成帮扶对子，对 130 个困难党员家庭进行走访慰问。开展建党 94 周年和纪念抗日战争胜利 70 周年系列活动，对 10 个先进基层党组织和 357 名优秀共产党员、49 名优秀党务工作者进行表彰，对 531 名抗战老兵及家属进行慰问。

建成公共场所道德、街面环境、社区环境、市场环境、校园周边秩序 5 个大方面 20 个具体事项的长效机制，确保全国文明城区创建成果长期保持。

（*石悦*）

【《北京市花园路地区历史与文化研究》出版】 2 月，由街道党工委、办事处和北京联合大学应用文理学院共同编著的《北京市花园路地区历史与文化研究》由学苑出版社出版。该书从花园路地区的历史沿革、地名形成、文化遗产和历史文化名人等方面进行梳理和研究，呈现地区历史文化发展的主要脉络。全书 228 页，23.4 万字。

（*石悦*）

【《花园录》创刊】 9 月 28 日，由街道党工委、办事处主办的海淀区第一家社区报——《花园录》创刊。《花园录》为周刊，分为“政民时空”“左邻右里”“企业之窗”“社团剪影”“花园榜样”“便民服务”“一路有你”“图片评论”四开八版。《花园录》的创办为政府、社区居民和地区单位搭建起相互交流的平台。

（*石悦*）

---

① 即交通秩序、治安秩序、环境秩序。

田村路街道

【概况】 2015年，田村路街道面积7.77平方千米，辖区居民40948户，户籍人口57515人，流动人口49363人，29个社区居委会。辖区内有企业商户4000余家，十余个中央单位，79个市属单位，12个区属单位。

环境建设 拆除账内违法建筑15处、46500平方米，遏制新生违法建设23处、1252平方米。开展安全生产监督检查478次，清移车辆800多台次，关停地区全部7家废品收购站。

制定《海淀区田村路街道绿化发展规划》，以“都市田园 宜居田村”为定位，改造提升原有绿地，挖掘资源新建绿地，养护辖区12万余平方米自管绿地，完成107处微型花园建设。拆墙透绿800延米，种植乔灌木8万余株，铺种草坪15000平方米，种植草花10万余株。

拆除西四环主路、阜石路高架桥、西五环主路等点位违法设置的山寨指路牌100余块，清理道路违法渣土150余车，对主要道路两侧的各种违章车辆实施监管处罚，全年贴条4万余台次。

平安建设 贯彻落实京津冀协同发展战略，推进人口规模调控工作，进行实有人口信息核对和管控工作，开展人口倒挂和社会治安重点地区及违法出租房屋专项整治。地区常住流动人口控制在32237人任务指标之内。拆除群租房82套，完成率达100%，清退外来人口260人；清理散租地下空间31处，关闭9处，疏散人口844人。

完成重大节日、重大活动和敏感日时期的社会面防控工作，确保绝对安全。接待群众来访21起，处理集体访3起，受理网上信访件128件，完成非紧急救助中心来信1100余件。开展纠纷调解200余件，完成行政调解案件68件。开展法制宣传教育活动78场。

开展联合执法行动200多次，处罚违章车辆3000余台，查扣非法运营车辆27辆，清理流动摊贩225处，清理店外经营2000余户。

投入6万余元，为玉海园小区150个监控探头增加红外线照明灯，为半二、总政金沟河、王致和3个社区401户居民安装门禁。消防执法检查单位623家次，下发责令整改通知书189份，督促整改火灾隐患869处，实施行政处罚24起，处罚金额253500元，消除1起重大火灾挂账隐患，拘留6人。排查出的7件重大矛盾纠纷和隐患得到解决或稳控。

民生建设 开展“春雨润海淀 慈善促文明”“冬日送暖捐赠月”主题募捐活动，共募集善款12190元，衣服、被褥1937件。“博爱在京城”募集捐款11033元。

为北京市和外埠老年人办理优待卡1750张、老年优待证720张，审核低保申请8户，调整低保金8户，审批低收入认证3户，办理医疗救助61户、重大疾病救助3户、临时救助15户。

开设30多次集体职业指导课，受益失业人员400余人，为失业人员成功匹配推荐300余人次。42个区级层面办实事项目、140个街道级层面办实事项目基本完成。复核续租廉租房21户，新增备案18户，发放廉租房申请表35份。审核通过非京籍适龄儿童入学手续243人。

社区建设 启动建西苑、幸福等社区办公用房、活动用房装修工作，解决面积不达标的阜一、阜二社区办公和服务用房。

基层党建和精神文明建设 开展“三严三实”专题教育活动，处级领导干部集中学习15次，举办专题交流研讨会4次，开展处级领导讲党课活动。开展“党员意识提升”“党员承诺践诺”活动，建立健全“双联系”制度，推进基层党组织整顿工作。

建立健全文明城区建设长效机制，全面巩固、深化创建全国文明城区的工作成果。围绕抗战胜利70周年开展群众性纪念活动，组织周末社区大讲堂，开展“书香•田村”全民阅读图书进社区活动，宣传核心价值观和“中国梦”。

党风廉政建设落实到位，层层签订党风廉政责任书，开展廉政教育，组织党员干部开展廉政法规知识学习活动，开展“为官不为、为官乱为”问题专项治理工作。

（马然）

【公益文化空间试运行】 9月12日，街道首个政企共建的社区级公益文化空间——阜四小院试运营。该项目位于阜四社区橡研院小区，建筑面积800平方米，定位为“楼房中的大杂院”，采取“修旧如旧”的设计理念，按照北京四合院的建设风格，打造出将古朴与现代融为一体的多元化社区居民文化中心。小院实现社区阅览、妇儿教育、文体活动、医疗康复、棋牌交流、图片展览、议事培训、老年餐桌、书画国学等功能，通过传播传统文化为居民服务，融合、改善疏离的邻里关系。小院以“修身怡德、互爱同心”为理念，以服务社区群众、丰富文化内涵为目标，采取“政府扶持、企业推动、社会运作、居民参与”的文化自治管理模式，通过院委会自管、社工事务所运维、政府专家督导、政企共同考核的方式，进一步畅通居民文化诉求渠道，创新文化活动形式，提升服务群众的水平。

（马然）

【建成100个微型公园】 至2015年，地区7家废品收购站全部实现关停，累计面积56620平方米，建成100个微型公园。从2014年起，田村路街道推行“绿色家园计划”战略：拟用三年时间，疏解低端业态和拆除违法建筑，将空白荒地和老化绿地进行整体建设，采用协调增绿、开荒建绿、拆墙透绿、见缝插绿等办法，建绿化长廊、健身步道和微型花园，居民称之为“口袋公园”。所有绿地统一编号，统一标识，统一养护。这些“口袋公园”与“空中草原”、山地足球公园、阜玉健身步道、永引文化长廊、西木城市绿岛、上庄彩叶氧吧、阜一鲜花绿港、沁谷环湖绿道、四季立体花坛等绿地一起，构成城市生态带，辖区内居民基本上出行500米即可到达一处休闲绿地。

（钟冷）

【田村路文化品牌建设纲要发布】 11月9日，第124期海淀文化沙龙暨文化治理与社区复兴主题论坛举行。来自清华大学、中国传媒大学、社科院等高校和研究所的专家学者，海淀区文委、北京文化艺术活动中心等单位的代表及《北京青年报》等多家知名媒体参与论坛。与会嘉宾围绕社区治理及区域文化品牌建设等问题展开讨论。会上，由田村路街道与清华大学合作的《田园梦想——田村路街道文化品牌建设纲要2015》正式发布，这是全区首个街道级文化品牌建设纲要，内容包括田村路街道基本情况，文化发展现状和问题，文化品牌主题定位，文化品牌建设思路、建设途径以及保障措施等。田村路街道正式成为清华大学城市品牌研究室实践基地。

（钟冷）

上地街道

【概况】 2015年，上地街道辖区面积9.52平方千米，有12个社区，常住人口近10万人，其中在册户籍人口37835人，在册流动人口61029人。地区注册企业近1.7万户，从业人员约17万人。

经济建设 地区企业分布在上地信息产业基地、中关村软件园（一期）、北大生物城、北大科技园（在建）等四大高科技园区内。多数企业为科技研发型企业，产业结构以电子信息产业、光机电一体化、新材料、新能源、生物医药和文化创意为主。有16家科技创新孵化器（其中国家级孵化器5家）、4个院士专家工作站、19个博士后工作站。区级重点企业上地有78家，区级百强企业有15家。梳理出辖区重点商业楼宇50座，楼宇办公面积137.7万平方米。上地存量企业的区级财政贡献为21.75亿元。

573家限额以上服务业企业营业收入1562.39亿元，同比增长9.4%。

环境建设 监督检查单位2368家，发现问题隐患5057个，整改问题隐患4335个，停产停业单位12家。完成4619家生产经营单位的普查工作。

完成拆违2.6万平方米的台账任务，拆除账外面积5412平方米。登记地区餐饮单位585家、地下空间158家、人员密集场所16家、汽修28家、出租公寓72家，排查彩钢板房117处。投资80万元组建上地交通治理执法队和交通疏堵引导队，开展全日制地毯式交通疏堵工作，全面启动大班车“离路入场”的交通执法工作。

平安建设 全年启动等级防控60天，动员发动群防群治力量16万人次。组织联合执法23次，查扣“黑摩的”114辆，查扣“黑车”49辆，处理无照游商130起，收缴经营物品1723件，查处非法行医4家。

规范劳动用工秩序，检查单位110家，涉及职工26374人，立案26件，完成行政处罚22件。开设“流动仲裁法庭”，就地解决纠纷个案41起。查处交通违章超标单位495家，查处严重违法201次。

开展法律宣传18场次，矛盾排查148次，受理矛盾纠纷164件，调解成功率98.17%，地区商事调解委员会成功调解一起10亿元融资纠纷。

将街道绿化保洁服务中心更名为城市运行服务中心，网格协管员实行并轨管理，实现网格内资源、力量和信息整合。全年上报案件15273件，承办案件1158件，按期结案率均为100%。投资376万元进行视频监控数字化升级改造工程，实现辖区监控系统数字化管理；投资31万元进行城指大厅服务座席外包。

民生建设 核发各类优抚救助补贴和养老金2.35亿元。投入190万元用于环境整治和清运垃圾等项目。推进街道养老照料中心建设工作。完成审核办理208名非京籍儿童入学手续。为131名60岁以上老人办理老年优待证；为859名65岁以上老年人办理老年优待卡；为698名80岁以上老人每月办理养老助残补贴充值审批，并为85名80岁以上老人办理养老助残卡；为71名90岁以上的老人发放高龄津贴。为28户家庭办理丧葬补贴。为206名60岁以上老年人免费注射流感疫苗。对辖区所有适龄流动儿童进行强化查漏补种，补种儿童36名。

社区建设 推进社区重大事务公开，引导解决业委会与物业公司之间矛盾纠纷。地区社会组织注册备案121个，公益类、慈善类、服务类、文体类组织占比达70%。

在农大南路等4个社区建立便民“一刻钟服务圈”，在地区设立流动直销菜车，每天销售蔬菜品种30多类，日销售量在6000千克左右。投资500余万元，完成“两街两路一公园”景观改造等重点工程；投资430万元，实施马连洼北路绿化提升工程。投资191万元对东馨园等2个社区的科技创安设施进行全面升级。投资260万元，在辉煌国际、西二旗城铁站实施“智慧安全物联网系统”示范工程，开通地区54个点位的免费无线网络服务。

基层党建与精神文明建设 结合“三严三实”专题教育，组织中心组学习18次，开展班子成员讲党课9次。开展“四查四纠”活动，完成8个社区党组织升格工作。选派17名专兼职非公党建指导员，完成168家企业调查摸底工作。全年新增3个非公党支部、成立1家社会领域党组织。投入536万元，推进上地街道党群活动服务中心建设。

举办第二届“上地杯”军地篮球友谊赛。举办“五月的鲜花”“舞动上地”“节俭养德宣传”“上地杯”第四届羽毛球团体赛、“我眼中的上地”摄影比赛等文体活动。编制“全民阅读规划”，投资 16 万元，在社区和商务楼宇建成 17 个法律图书角。

（任克红）

曙光街道

【概况】 2015 年，曙光街道面积 5.45 平方千米，户籍人口 6 万，地区登记流动人口 3.2 万，有社区居委会 16 个，地区法人单位 5000 余家。

环境建设 对彰化路、云会寺路沿线进行环境综合治理。改扩建火器营地铁口自行车场，修缮火器营路与蓝靛厂路交叉口步道，在板井路新建一座垃圾楼。对金夕园西侧公园和世纪金源大酒店南侧、空军指挥学院北侧、板井路西口绿地进行改造，改造绿地面积 15000 平方米，补种行道树 147 株。

在主要交通路口设置绿化隔离墩，重点解决机动车乱停放和行人闯红灯等问题，地区交通环境得到改善。

持续开展打非治违，压缩低端业态生存空间。拆除上账任务 32 处、5324.46 平方米，拆除新生违法建设 1 处、15 平方米，清理堆物堆料 5500 立方米。

整治有形市场，会同区商务委推进金源花卉市场、居然之家、西郊汽配城等市场的调整提升。对绮美大厦早市予以取缔关停，清理 130 个经营摊位。

平安建设 治理出租房屋 193 套，疏解 857 人。整治地下空间、人防工程，分类逐步清理地下空间住人，防止流动人口无序聚集。取缔关停无照无证小门店 15 家。

投资百万元，对 6 个社区进行科技创安改造，优化系统保证安全。开展曙光地区青少年普法大讲堂，完成辖区“六五”普法总结验收，街道司法所被评为北京市 AAA 级司法所。健全重大决策社会风险评估机制，进一步畅通信访渠道，做好矛盾纠纷排查化解。组织全国 1%人口调查在社区中的摸底清查工作。

民生建设 全年出资 2600 万元为群众办实事 44 件。巩固充分就业街道创建成果，举办地区民营企业招聘、“春风行动就业服务活动日”、社会保障政策大型咨询服务，完成就业指标 585 名，占全部指标的 101%。

养老服务体系不断健全。加快养老服务设施建设，联合多家社会养老机构共同协商规划曙光地区养老服务中心建设，新建微型养老照料中心 2 个，含床位 20 张。开展“健康直通车”高龄老人体检进社区，为高龄空巢老人配发浴凳，为 65 岁以上失能老人提供低偿康复护理。举办重阳节金婚庆典、老年趣味运动会、社区饺子宴等 18 场系列活动，丰富地区老年人生活。

街道出资 460 万元建设曙光文化广场二期工程，提升周边绿化，完善步道建设，增加休闲功能。组织开展“五月的鲜花”、端午史话、迎国庆红歌会等文化活动 47 场，端午龙舟赛成为曙光地区品牌项目。

开展特色计生文化宣传教育系列活动，建设曙光人口文化园二期“梦之四季”。完成计划生育动态监测调查及国家卫计委调研工作。开展“关爱流动人口，驻幸福新家”和“多角度服务计生家庭”活动，《国家人口报》专题报道。

社区建设 成立金雅园社区居委会。改善社区基础配套设施设备，时雨园、远大园等 4 个社区实现一站式办公条件。新增 2 个“六型社区”示范点、3 个社区规范化示范点、4 个“一刻钟服务圈”示范点。

社会参与渠道不断拓宽。推行社区民主议事委员会机制，搭建居民参与小区管理、老旧小区管理等公共事务的平台，开展“我为社区献一策”活动，发现和解决社区热点、焦点、难点问题。发挥地区 28 家已成熟服务商优势，推动优质服务进社区。

基层党建和精神文明建设 持续推进学习型党组织建设，把习近平总书记系列重要讲话精神、社会主义核心价值观、廉政教育等内容纳入工委理论中心组学习。开展“三严三实”专题教育。年内发展党员 24 人。开展“我是党员我先行”等主题活动 50 余项。开展商务楼宇志愿服务，在金源商务中心和牛顿办公区建立 2 个志愿者服务站，开展活动 73 次。成立非公党组织 2 家。对地区企业和社会组织资源调查摸底，为完善街道“大工委”工作体系、建立社区“大党委”工作模式提供基础数据。整顿软弱涣散基层党组织，增强党组织的领导核心作用。召开街道团工委（扩大）会暨区域团组织工作会，成立地区青年工作共建委员会，促进区域化团建工作。

落实领导干部“一岗双责”，制定街道、机关、社区党风廉政建设责任工作制度和考核制度。开展以“学规矩、用规矩、守规矩”为主要内容的正风肃纪活动，作为贯穿全年纪律建设的主线，创建“清牵你我，廉系曙光”廉政文化品牌。把区纪委开展的《领导干部任前廉政法规知识测试》和“为官不为、为官乱为”问题专项治理工作作为活动的重要牵引，参加区纪委组织集中测试的处、科级干部 22 人全部通过考试。“为官不为、为官乱为”专项治理工作把群众监督、问题导向、严格执纪贯穿于专项治理全过程。

（王雨）

燕园街道

【概况】 燕园街道属于大院式街道办事处，受海淀区政府和北京大学双重领导。2015年，辖区面积约1.84平方千米，其中北京大学校园面积272.17万余平方米，设7个社区居委会。辖区户籍人口约4.4万人，流动人口5300人。

环境建设 协调组织参与地区联合执法行动30余次，累计出动城管、公安、食药监、工商、安监、卫生监督等各类执法和辅助力量500余人次。开展环境秩序整治，拆除新生违建12处、历史违建2处，共计160余平方米。对各社区楼门楼道堆积物和乱停放自行车进行清理。组织城管高校分队，配合北京大学房地产管理部做好蔚秀园、承泽园、吉永庄搬迁腾退和排险解危工作。

平安建设 组织4次"平安建设千人观察员评价会"，与辖区内餐馆等小门店逐户签订"门前三包责任书"。对畅春园南路的临街店铺占道行为进行不定期巡查及执法。保障暑期、国庆期间"北京大学校园游"的外围秩序，在北大东、西门设置固定秩序维护岗亭和流动巡视哨位。对校园南门28家快递企业进行实名制登记。敏感时间节点组织应急值守80余天，发布预警信息100余条。进行全国"两会"、"9•3"阅兵等4次安保维稳工作和群防群治社会面防控工作。对辖区10处建筑工地进行安全生产专项检查14次。对8家在施工地劳动管理员和安全员培训1次。对网格化人员进行业务培训3次，通过网格化平台年报送处理信息300余条。

民生建设 发放失业金418人次、23.37万元。就业108人，职业指导571人，失业监测20人，跟踪指导用人单位20家、52次。办理社保卡业务869人次，信息变更222人次。公租房新申请备案家庭21户，廉租房年度复审6户，市场化租赁补贴年度复审5户，公租房补贴年度复核家庭11户，限价房和经济适用房资格家庭申请公租房轮候家庭数十户。完成北大独生子女父母年老时一次性奖励核发162件，完成独生子女父母奖励费核发217件，计划生育家庭意外伤害保险投保607份，各项计生政策惠及群众2066人次，金额达86.17万余元。为符合条件的低保对象申报高等教育救助1万元、慈善救助1.5万元。办理60岁老年证160余张、65岁老人卡120张、80岁养老助残卡90张，90岁以上高龄津贴人数达到100人，百岁老人达到4人。完成282名残疾人服务一卡通的激活和发放。发放残疾人临时救助金10人次、1.5万元。发放助残券、各类补助34万余元。残疾人护理补贴申请117份，发放护理补贴12万余元。办理残疾人灵活就业保险补贴5.8万元。发放康复补助2.6万元。发放慰问品、慰问金8.6万元。

社区建设 投入250余万元，完成10项为民办实事项目，包括燕东园和蔚秀园信报箱安装、交通线施画，蔚秀园防爬刺安装及南门改造，燕东园和中关园封闭自行车车棚改造及各园区自行车停放装置安装，承泽园道路修补，燕北园交通电子管控设施增设，畅春园社区车棚和绿化改造等。投入50余万元，在3个社区进行裸露路面硬化和路面修复。在7个社区及街道办事处门前建设彩色LED显示屏，并进行全区联网，发布各类公共信息100余条。启动志愿服务站建站及设施配套工作。创建1个社区为"六型社区"。2个社区通过体育生活化社区达标验收。

基层党建和精神文明建设 制定《燕园街道党风廉政建设责任制实施细则》，成立党风廉政建设责任制领导小组。开展"三严三实"专题教育活动5次。开展"学党章守纪律讲规矩"主题教育活动。完成中央文明办对北京大学和蔚秀园社区创文迎检工作。制定《燕园地区文明城区建设工作长效机制实施方案》，将五大主要工作及64项长效机制任务分解到责任科室和责任人。组织社区居民观看国际、全国大型体育比赛，总计参加观看人数800余人次。在各社区举办居民趣味运动会及环境、养生方面的科普讲座4场。组织群众参加社会体育指导员培训班，培养社会文艺、体育骨干人员10人。完成全民健身团队统计及优秀健身团队推荐工作，3支团队被评选为优秀健身团队。

（刘雁北）

清华园街道

【概况】 清华园街道属大院式街道办事处，受海淀区和清华大学双重领导。辖区主体是清华大学校园，包括清华大学科技园，面积3.49平方千米。2015年，街道设9个社区居委会和1个家委会，居民户籍人口28649人，集体户籍人口29309人，流动人口近1万人。辖区内有两院院士近100人，教授、副教授4000余人。

环境建设 改造西楼社区、蓝旗营社区机动车停车位454个。完成荷清苑市场的改造工作，面积约1500平方米。完成西北社区阅览室改造。完成东楼社区休闲广场改造。为41个居民楼的156个单元门进行无障碍坡道改造。拆除违建10处、3438.87平方米。遏制新生违法建设5处、148平方米。

由街道牵头成立联合执法队，打击和处理游商走贩、"黑车黑道"，遏制新生违法建设。实行重点时段、关键节点、重点部位盯守制度，查处无照经营753起、户外经营49起，收缴非法小广告3万余份，查处“黑车”31起。针对校园游比较集中的暑期进行专项整治，抓获各类违法人员188人。

平安建设 对社区维稳工作体系和各类突发应急源进行补充完善，通过对辖区重点人员、重点区域、重点部位认真梳理摸排，全面梳理掌握影响安全稳定的因素。加强对综治一线力量治安巡防队、社区巡逻队等的培训指导，协助和配合校保卫处、公安部门破获数十起案件。预防和惩治各类非法邪教活动，组织指导巡防人员摸排清缴各类反宣品。全年调处婚姻家庭、邻里之间、施工扰民等各类民事纠纷145件，成功率达到98%。新增500具灭火器，举行消防演练30余次，安全教育培训宣传25次，检查生产经营单位132个，排查隐患数76起，全部整改。

民生建设 实现就业171人。发放低保金32万元。“一老一小”参保新增191人，“一老一小”医疗保险共计报销72人次、金额39万元。保障性住房新申请9户，公租房新申请24户，公租房补贴新申请15户，廉租房新申请1户。

完成31户43人低保家庭复审工作。办理发放老年人高龄津贴、养老(助残)卡、优待卡、老年证总计1055人次。重阳节慰问老人261人。发放大学生义务兵优待金130万元。慰问辖区困难群体57户，资金共计68500元。

完成辖区残疾人基本服务状况和需求专项调查工作，有残疾人321人。完成297名残疾人服务“一卡通”发放工作。节庆日走访慰问残疾人家庭44户，发放慰问金36200元。

办理生育服务证238件，办理独生子女证94件。学生及博士后办理一孩和二孩生育手续233人。教职工办理单独二孩生育手续79人。

社区建设 推进老旧小区物业化管理，将东楼等5个小区作为整体成立自管会。西楼等4个社区门禁卡登记工作、门禁招标工作开展顺利。街道与学校房管处协商制定校内家属区物业管理基本方案，报学校后通过审批。西北社区进行“六型社区”创建。推进蓝旗营社区区级规范化示范点工作。申报照澜院服务圈，覆盖东楼、中楼、西楼3个社区。

社区服务中心提供家政服务近1000人次，便民医疗车出车1450余车次，综合服务平台校医院的专家电话预约挂号3943个。购买两台履带式辅助爬楼机，解决无电梯楼房区存在行动障碍的老年人和其他重残人士上下楼就医的问题。

基层党建及精神文明建设 在街道党工委班子会议中加入固定的学习环节，对《中国共产党章程》以及《中国共产党廉洁自律准则》和《中国共产党纪律处分条例》等规定，开展集体学习和研讨。14个党支部采取观看反腐倡廉纪录片、学校电视台廉政微电影的方式集中学习至少一次，观看视频的党员数超过400人次。

开展各类文化、体育活动，组织辖区300余人次文化干部参加海淀区文化委举办的各类文艺培训15场次，举办第十一届社区文化节、趣味运动会、“抗战胜利七十周年国家大剧院百场演出下基层”等活动，街道层面组织12场，社区层面组织30余次。

修订《清华园街道“三重一大”制度实施办法》等制度。聘请第三方协助完成内控制度的建设，整改风险点，编制内控手册。

（杨引琴）

永定路街道

【概况】 永定路街道属大院式街道，受海淀区政府和中国航天科工集团第二研究院双重领导。驻地区主要单位是中国航天科工集团第二研究院、中国航天科技集团的部分单位。2015年，辖区面积1.45平方千米，有16个社区居委会，户籍人口47300人，外来人口11020人。

环境建设 试点停车社区化管理，社区增设停车位150余个。修剪、养护1300余株危树。开展市花月季进社区工程、将军院等处绿化景观提升工程、楼道墙面粉刷工程，提升居民居住环境。

完成11处社区服务用房改造，新建2处文化广场、2处休闲凉亭，加装休闲椅150余套，安装晾衣竿400余根，完成社区8条破损道路、5处老旧自行车棚维修。

地区联合执法队组织公安、交通、城管、食药工商等部门开展联合执法行动32次，出动执法车辆300余台次、执法人员1200余人次，拆除违法建设18处，规劝清理非法游商、无照摊商、占道经营、店外经营等360余起，规范沿街店铺“门前三包”50余户，劝退非法营运“黑车”60余辆，整治关停无证照小门店40余户，治理整顿群租房20余户。食药安全执法打击非法经营18家，督促转变业态10家，监督2000余户次。

平安建设 加强保安队、巡逻队、联防队、流管队4支队伍管理，形成全天候治安巡逻机制。完成纪念中国人民抗日战争暨世界反法西斯战争胜利70周年等重大活动服务保障任务。通过海淀区“无邪教创建示范街道”和“无邪教创建示范社区”验收。清除各类安全隐患173项，整改率达100%。

受理群众来信来访125人次。开通“张大姐调解热线”，开展重点时期矛盾纠纷排查12次，街道及各社区全年调解纠纷326件，调解成功296件，成功率达91%。3个社区调委会被评为海淀区规范化调委会。

室外综合信息发布系统投入使用，16个社区全部创建成为北京市三星智慧社区。社区视频监控系统为执法部门调取录像269次，复制录像348小时，提供破案线索84次。网格化平台及城市管理监督系统上报和处置各类案件7112件。开展应急宣传、应急培训、应急演练20余次。街道获得海淀区老旧小区简易消防系统建设试点资格。

民生建设 7个社区实现“便民直通菜车进社区”。6个社区试行“老年餐桌”。推出便民早餐车服务，开通24小时快递自助服务，设立速递易17处。新增一键式智能急救电话386部。

街道为民服务大厅综合管理系统上线试运行，平台各类服务数量月均2000余件。完成非京籍人员子女在京就读五证审核工作，审核通过50人。“就业援助月”活动为失业人员提供空岗信息1700余个，春、夏、秋3场招聘会提供就业岗位2700余个，失业人员实现再就业412人。为86户家庭配租公共租赁住房，发放各类住房补贴550余万元，完成经济适用房项目、公租房项目意向登记工作。

为地退、军休、优抚、低保、残疾人等民政对象发放各类慰问款、救助款及各类补贴360余万元，为382户家庭提供临时性救助和困难救助，完成60户家庭无障碍改造和11个社区室外无障碍改造，为残疾人提供54场主题康复服务。募集捐款42万余元，捐赠物资18000余件。

开展“航天宝贝计划系列活动”45场，1800余人次参与活动。创新“互联网+计生”工作模式，网上申办服务系统在海淀区推广应用。

举办7场“五月的鲜花”群众文艺广场活动、7场社区趣味运动会等活动，16个社区全部创建成为北京市体育生活化社区。建成街道科普体验厅，举办书画活动、科普知识竞赛等50余场，开展各类培训、排练、讲座300余场。启动全民体质健康监测工作，惠及600余名居民。

基层党建与精神文明建设 “三严三实”专题教育和从严治党能力提升专项工作。完成专题党课、专题学习研讨、专题民主生活会。指导机关、社区各党支部完成换届。以“党组织+”[①]为依托激发支部活力。

实现领导班子、党员干部、重点岗位人员的廉政教育覆盖率100%。对“三重一大”、固定资产管理等项目开展效能监察，建立房屋出租方案集体决策制度，风险管理和内部控制得到提升。

开展社区大讲堂、道德讲堂等活动，2名地区先进典型成为“2015年感动海淀十大人物”。通过官方微信“航小永”打造街道宣传品牌，提炼出以“务实、创新、敬业、为民”为核心理念的“街道精神”。

组建街道团工委，区域化团建稳步推进。

（杨明月）

【永定路地区老年学院成立】 7月，永定路街道老年学院正式成立，开设手机微信班和计算机基础班，20余位老年人参与首批培训。

（杨明月）

东升镇（东升地区）

【概况】 2015年，东升镇面积54.6平方千米，东升地区辖区面积8.32平方千米，有5个村民委员会和6个社区居委会。常住户籍人口20736人，其中非农业人口17209人，农业人口3527人。常住人口29237人。

经济建设 全镇集体经济总收入完成19.35亿元，同比增长7.1%；集体经济纯收入完成9.31亿元，同比增长6.4%；集体经济增加值完成11.62亿元，同比增长7.6%。三项指标比“十一五”期末增幅均超过60%。个人普通股回报率13.5%～16%，全镇“十二五”期间累计分红总额达11.5亿元。代收个人出租房屋税650万元，同比增长10.7%。通过转移支付等方式下拨基层单位2.6亿元。新增企业986家，其中注册资金500万元～1000万元24家，1000万元以上47家。中关村东升科技园总收入实现182亿元，“十二五”期间累计实现收入532亿元，成为海淀区单位面积税收贡献最高的科技园区。

中关村东升科技园三期（京昌路楔形绿地棚户区改造项目）267个宅基地院落签订腾退协议，完成总进度的97.8%；解除非宅租赁协议126份，完成总进度的98.4%，疏解外来人口7.4万人。关停健翔平安商品交易市场等低端有形市场8家，总建筑面积13万平方米。引导万家灯火建材城、盛宏达小商品批发市场搬迁至河北沙城和燕郊。

推进中关村智造大街建设，打造以五道口地区为中心的智能制造产业聚集区。完成清华园宾馆腾退，成立运营平台北京海东硬创科技有限公司，东升农工商总公司持有60%股权。马坊股份社淘汰低端业态1.5万平方米，建设国家级重点实验室与大学生创业孵化中心。小营股份社改造升级低端业态1.8万平方米，年收入达2800万元，集体收益增加6倍。

举办第三届“东升杯”国际创业大赛，赛区扩大到美国、俄罗斯和韩国，搭建国际化创业项目发展平台。建立创业团队资源搭接平台，在中关村创业大街设立创业驿站，接待互联网、在线教育等创业项目1100余个。东升科技企业加速器有限公司被科技部认定为“国家级科技企业孵化器”。东升科技园与17家金融机构达成战略合作，园区金融平台扩大至50家，涵盖银行、券商、投资公司等金融机构。集体资本加快介

① “党组织+”是中国航天科工二院党委2015年启动的基层党建系列活动，是开展从严治党能力提升专项工作的抓手之一，旨在激发各级党组织活力，通过结合实际开展“党组织+发展”“党组织+学习”“党组织+服务”“党组织+创新”等活动，提升基层党组织的政治核心作用和战斗堡垒作用。

入创新产业，投资创业基金、产业基金等项目6个。海升股份社设立投资公司，介入智能制造产业。博展股份社加速器公司进行股权结构优化，推进“新三板”上市工作。

东升科技园一期国家重点实验楼、天地邻枫、奥北产业园基本竣工，新增产业面积13.6万平方米。东升科技园二期项目获得市政府征地批复，产业用地规划设计方案通过市级批复，7幢回迁安置楼完成主体结构施工。科技园三期规划指标确定，实施方案获得区政府审议通过，20万平方米集体产业自留项目获得市政府批复。学院路科技园确定还建12万平方米集体土地出让金增加金额，与区土储分中心签订征地补充协议。

环境建设 完成东小口沟分洪渠治理项目设计、勘察招标等前期工作。投入108.7万元，为基层股份社配备绿化、防汛应急车等设备。为5个居民小区、7条主要道路种植花卉组合7.3万平方米，安排50万元改造宝盛东路周边3500平方米的绿地，完成林地环境整治7.27公顷。东升镇被中央文明委授予“全国文明镇”称号，被评为首都环境建设样板单位，获北京市生活垃圾分类街道乡镇贡献奖。

民生建设 全年新增失业登记人员509人，实现就业463人。为辖区1140家企业提供社保服务，累计办理业务4957件。组织就业技能培训6期，培训209人。对211名就业困难人员进行就业愿望调查，实现就业120人。为退休农民补贴1500万元。开展“慈善——情暖万家”救助活动，慰问、救助2000余人，使用善款130万元。救助持爱心卡困难家庭51户。

完成新成立的龙岗、文龙社区办公用房改造。在5个社区开通便民菜车，为困难家庭免费发放便民“买菜手拉车”300余辆。投资300万元，为16家基层单位安装视频会议设备。完成八家村整建制农转居工作，实现农转居1182人。完成非京籍子女入学资格审核，办理非京籍子女入学证明116份。

平安建设 开展重点地区“三大秩序”整治，以区级挂账地区双泉堡、镇级挂账地区西小口地铁站周边为重点，开展联合执法行动70余次，拆除北五环南侧首发集团公路养护队违法建设680平方米。规范“门前三包”1200起。关停108家区政府挂账无证单位。新装、补装监控摄像设备40路。

组织安全检查13108家次，排查并督促企业整改隐患2000余条，关闭取缔224家违法经营和重大隐患企业。组织对非法倒卖液化石油气专项打击，清退区挂账三处散租地下室。开展北京市第一次生产经营单位安全生产条件普查，落实单位1235家。完成100家微型企业标准化创建工作。镇安委会向执法部门通报隐患10批次、400余处，向基层网格单位下达督办通知单7批次、170余处，督办整改一批市区挂账重大安全隐患。组织200万元重大隐患整改项目，完成7处重大隐患整改，实现无安全生产和重大火灾事故发生。

组织对用工企业执法大检查，巡查用人单位923家，补签劳动合同300余份。与10家总包单位、19家劳务公司签订《建筑施工企业遵守劳动法律法规责任书》，与29家建筑施工企业签订《支付工人工资承诺书》。

基层党建和精神文明建设 开展“三严三实”教育活动，镇处级领导干部结合实际查摆“不严不实”问题26项，梳理班子“不严不实”问题和基层反映强烈的突出问题2项，征集基层单位对镇政府意见、建议21条。与中央党校、北京大学合作举办干部培训班，培训干部306人。东升镇党委获北京市2012—2014年度“五个好”乡镇党委称号。开展党委理论中心组集中学习20次，开展各层次理论宣讲专题讲座25场，开展“我们的价值观”东升镇百姓宣讲团巡讲11场，在中央和市、区级媒体刊发新闻报道223篇。落实党风廉政建设“主体责任、监督责任”，层层签订《党风廉政建设责任书》。受理纪检信访举报30件，区纪委及上级转办13件，自收信13件，初核了结16件，警示谈话8人次。

举办东升镇第十三届运动会。开展“科技周”宣传活动，组织“最美家庭重走平西抗战路”主题活动，举办多场“社区健康大讲堂”。

（韩慧新）

海淀镇（万柳地区）

【概况】 2015年，海淀镇面积4.79平方千米，下辖4个村委会和2个居委会。户籍人口11215人，其中农业人口4999人，非农业人口6216人。流动人口4697人。

经济建设 海淀镇集体经济总收入8.27亿元，同比增长8%；集体经济纯收入3.97亿元，同比增长12%；劳均所得43437元，同比增长6%。新增税源企业25家，实现税收返还款1059万元。

汇苑商务会馆、万霖科技园竣工。完成万柳社区公建与万柳医院的验收和前期手续补办工作。树村4号地学校开工建设。西苑操场地区升级改造项目方案获市规划委原则通过。万柳绿色产业项目方案正式上报市规划委。圆明园花园别墅项目遗留问题确定“司法拍卖、整体处置、系统评估、区企参与”的处置原则。

成立海淀镇农村集体资产监督管理委员会办公室。建立海淀镇审计问题库，完成“集体经济审计年”31个项目的审计和整改。完成代征个人房产税工作。完成股份社的注册登记和股权证发放工作，海淀镇股份经济合作社12月正式挂牌。

城乡建设 树村棚户区改造项目

取得前期工作主体批复。中央党校西墙外和六郎庄 3.95 万平方米回迁安置房完成主体结构封顶。东水磨地区项目完成入户调查和资金初步测算。

完成玉泉山东侧青龙桥绿化公司等集体企业 1.2 万平方米的拆除工作。推进万寿康医院的搬迁拆除。投入 400 万元对玉泉山周边垃圾渣土、破损路面进行清理修缮和绿化美化，环境整治总面积 1.4 万平方米。投入 40 万余元，对裕祺隆园小区进行设施改造。完成老龙口排洪沟工程和树村北路雨水管线工程。

关停天秀菜市场和万树园社区市场。完成对玉泉综合市场和上源博大市场等的升级改造工作。全年拆除新生违法建设 1357 平方米，拆除上账违法建设 27 处、193306 平方米。

民生建设 全年举办招聘会 4 场，开展技能培训 20 余次，采集空岗信息 1278 个，实现城乡劳动力就业 345 人，其中困难人员 184 人。

救助困难群众 360 人次，累计支出善款 180 万元，开展扶贫、济困、助残和老龄等工作。组织“博爱在京城”捐款，收到捐款 86 万元。组织育龄妇女、辖区农民免费体检。在六郎庄新村组建老年互助社、日间照料养老中心及老年餐桌等居家养老服务机构。

完成历史遗留和新增指标共 334 人的农转非工作任务。

平安建设 实施网格化数字视频系统加点工程，增配网格化工作设备。新建玉泉山地区警务工作室。对镇应急视频会议系统和监控机房实施升级改造。开展行政执法和大型联合执法 63 次，查处各类违法行为 448 起，全镇三类可防性案件实现“零发案”。

持续开展优质燃煤替代工作。严查露天焚烧等污染空气行为。集中整治环境脏乱点 20 余处，清理垃圾渣土 200 余吨。

签订安全生产责任书 1232 份，开展检查 1071 次，发现并整改隐患 1731 处。开展应急演练 8 次、宣传活动 27 次。投入 130 万余元为基层配备消防水车、灭火器等设施。代表北京市接受国务院食品安全办、食品药品监管总局督查组的现场督查，得到肯定。

调解案件 98 件，成功率达 96%，处理来访来信 310 件，海淀镇被评为 2011—2014 年北京市信访工作先进集体。

基层党建与精神文明建设 开展“三严三实”专题教育活动。推进“同区通办、三级联动”街镇试点。完成“六五”普法验收。主动公开政府信息 79 条，妥善答复依申请公开 37 件。

利用镇报、社区讲堂、宣传栏等载体，通过百姓宣讲、参观学习等方式，弘扬和宣传社会主义核心价值观。建设柳浪家园文化活动广场。推动 13 支业余文化团队建设。组织“五月的鲜花”、健步行等活动。

继续开展海淀镇文化村落“五个一”[①]工程。建成六郎庄村文化服务中心。六郎庄村成功创建北京市农村典型示范社区。

（丛琳）

四季青镇（四季青地区）

【概况】 2015 年，四季青镇面积 40.83 平方千米，下辖 13 个村委会、12 个社区居委会，有直属企事业单位 20 个。镇域内户籍人口 8.5 万人，常住流动人口约 4.8 万人。

经济建设 全镇集体经济总收入约 34.1 亿元，同比增长 2.9%；集体经济纯收入约 9.2 亿元，同比增长 8.0%。集体账内劳均分配 50595 元，同比增长 38.7%；人均分配 20458 元，同比增长 27.0%。

推动西郊汽配城转型升级为中关村军民融合产业园，实现由低端产业到军民融合战略性新兴产业的转变。推进 71 万平方米“社保基金产业”项目建设，编制完成规划实施方案。上河大厦、巨山产业项目开工建设，新开工建设面积约 17 万平方米。腾退完成西郊板材市场、西郊雅森汽车用品城、西郊汽配城等 5 家低端有形市场约 17 万平方米。整治集体土地上低端业态企业 659 家。

开展镇属单位 2012—2014 年年终分配和 2014 年收支情况专项审计工作。开展合作开发房产和其他账外房产、集体经济合同问题清查以及集体经济组织征地补偿费专项审计工作。

城乡建设 市级挂账重点村门头村二期回迁房北区 25 幢楼、东区 7 幢楼全部完工，2229 户村民办理入住。西山新村一期最后 6 幢和兴业新村 10 幢回迁楼建成并办理入住。巨山村 3 幢回迁楼和玉泉馨苑东区 3 幢回迁楼开工建设。

香山村一期回迁房规划调整方案得到落实。双新村、常青村旧村改造方案获得市政府批复。宝山村、西山村、田村、西冉村等其余行政村的改造方案办理调整报批手续。

重点村三块平衡资金用地方案得到落实：因门头村原平衡资金用地涉及文物保护，调整至西冉村西郊雅森地块，地块上建筑全部完成腾退；梳理完成中坞村整体改造成本，具备一级开发工作条件；振兴村平衡资金用地拟与宝山村整体改造一同实施。

环境建设 申报创建北京市“首都文明镇”。持续开展城市清洁日活动和专项环境整治活动。推动“减煤换煤 清洁空气”工作，实现优质燃煤替代 2.2 万吨。启动园外园中坞片区生态景观提升工程。完成闵庄路南侧、西山别墅北侧等路段 77000 平方米的道路景观改造。推进“三山五园”周边环境整治，玉泉公寓、四海农贸市场、程府宴等 6 个点位全部拆除。拆除各类违法建设 19

---

① 即：打造成一本厚重的书、一部经典的画册、一部生动的影视、一个独特的景观、一个育人的基地。

万余平方米。采取低端业态整治、关停拆除再生资源回收市场、无证无照小门店治理等措施，疏解外来人口3.7万人。

平安建设 完成重大活动、重点部位的服务保障任务。出动各类群防群治力量74930人次，维护地区的安全稳定。对8300家单位开展安全生产条件普查。与镇域企业签订安全生产、交通、消防安全责任书。整治两处压占输油气管线问题，拆除隐患处建筑物3400余平方米。接群众非紧急救助事项2477件并全部按期办结。开展信访矛盾排查调处、深入接访和人民调解工作，全镇接访人次同比下降47%。

民生建设 办理完毕全镇25518名农民转非各项手续，缴纳转非所需的各项费用，全体转非人员享受到城镇居民的社保待遇。

投资近2000万元的综合便民服务中心办事大厅投入使用，128项业务均可在服务大厅"一站式"办理。2229名城乡劳动力实现就业，完成任务指标的202.6%；开展劳动力职业培训883人次，为1124人次农村劳动力申请转移就业补贴约305万元。开展劳动保障监察和劳动争议仲裁调解，巡查各类用人单位370家次。四季青敬老院通过北京市五星级养老服务机构评审验收。落实新农合、城乡居民养老、困难群众帮扶等惠民政策。支持丹江口农副产品展销基地"丹江渔村"落户四季青。

基层党建和精神文明建设 开展"三严三实"专题教育，组织处级以上领导干部进行12次集中学习研讨，列出30项问题清单并全部整改完毕。党风廉政与重点工作"四同步"（同部署、同落实、同检查、同验收），构建反腐长效机制，开展"为官不为、为官乱为"等专项整治活动和"学党章、守纪律、讲规矩"等主题教育活动11次。层层签订党风廉政建设责任书。

新建27支老党员志愿服务队、3个楼宇志愿服务站，形成立体化、全方位的志愿服务格局。巨山村党总支的"五让工作法"和双新村党总支的"打造'三心'服务工程"入选第三批海淀区基层党建工作创新示范项目名单。

举办"五月的鲜花""第25届农民艺术节"、公益演出进农村等群众性文体活动200余场，惠及群众3万余人次。编制《四季青报》34期，四季青有线电视编播《四季青新闻》102期。

（白梦实）

西北旺镇（西北旺地区）

【概况】 2015年，西北旺镇面积51.02平方千米。辖16个村民委员会、11个社区居民委员会、5个全额拨款事业单位、2个自收自支事业单位。有户籍人口38056人，其中农业户籍人口8244人，非农业户籍人口29812人；常住非户籍人口128136人。

经济建设 全镇农村经济总收入完成322148万元，同比增长7%，其中集体经济总收入完成58998万元，同比增长36%。人均劳动所得16289元，同比增长7%。百旺创新科技园引进企业20家。2014年度税源建设奖励资金4716万元，比上年增加569万元，增长12%。

城乡一体化建设 配合海融达等单位完成征占地2000余亩。推动唐家岭村、东北旺村整建制农转非工作。

加快核心区五村[①]腾退收尾工作。剩余宅基地腾退完成99%，剩余非宅基地腾退完成81%。西玉河村整体腾退拆迁工作于12月正式启动。

开展"一镇一园"和重点村产业建设项目。唐家岭地区集体产业众唐兴业园项目完成主体结构。盛景创业园项目完成地下结构混凝土浇筑。"一镇一园"X5地块与融科公司签订初步战略合作意向。

回迁安置房建设项目。大牛坊村回迁房项目向业主交房2783套。021公租房项目进行地基处理施工。六里屯11t-17地块一期工程完成住宅楼主体结构封顶。六里屯小学校建成并于9月开学上课。

环境建设 全年受理新生违法建设举报167件次，拆除新生违法建设29处、建筑面积22403平方米，制止新生违法建设74处、面积16628.6平方米。提前完成所有上账违法建设的拆除工作，总计116处，面积383661.44平方米。拆除唐家岭南侧、八维公寓等违法建设面积100173平方米，疏解人口9300余人。

整治低端业态。全年整治有形市场18家，拆除总建筑面积50071平方米，清退摊位1762个，疏解人口4220余人。完成冷泉早市、西北旺市场、屯佃市场、东方绿都市场和金望泽花卉种植基地的关停整治工作。

开展设施农业内违法建设整治、非法侵占林地清查清理行动。拆除唐家岭村设施农业大棚529栋，疏解人口1100余人。对唐家岭村7-2、7-3区北侧侵占林地开展强制清理行动，清理废品回收站26户，清退住户71户、213人，拆除违建2000余平方米，整理砂石压占土地32600平方米。

完成京新高速沿线绿化面积127978平方米。投入2231.18万元，开展唐家岭路、规划一路等6条路及京新高速辅路的环境提升工程。清理转运渣土及混合垃圾1700余吨。逐步消灭地撮式垃圾投放点。

民生建设 全镇农业劳动力、户籍人口非农业人口就业率均达到97%，完成"充分就业镇"创建任务。新农合参合人数7900人，参合率100%。完成东玉河、小牛坊、六里屯等6个村1217

[①] 指大牛坊、六里屯、小牛坊、皇后店、东玉河5个村。

名劳动力征地农转非工作，完成2459名超转人员调标工作。

走访慰问低保户、残疾人、失独家庭、困难妇女、重病儿童、老党员、军烈属，送去慰问金25万余元及价值35万余元的生活慰问品。开展“扶贫济困基金”“冬衣送暖”捐赠活动，筹集善款682724.5元、各类捐赠衣物2654件，为低保户、困难士兵和大病群众发放救助金47万余元。

新成立土井社区居委会、韩家川社区居委会。友谊嘉园等5个社区居委会新增办公服务用房1910平方米。指导冷泉村创建北京市“农村典型示范社区”。指导六里屯社区创建北京市“六型社区”。投入社区公益金160万元，改善社区的便民服务设施和活动场所条件。举办第三届社区邻里节，开展邻里互助活动，构建和谐社区。扶持培育社区社会组织，引导居民参与社区公益事业。开展“一帮一”结对帮扶活动，由镇“扶贫济困基金”帮扶救助21名困难士兵。2015年，西北旺镇被评为首都拥军优属拥政爱民模范单位。

镇网格平台处理民情18571条。新安装125个高清探头，完成永丰屯村监控系统扩容升级改造。成立17个专项应急指挥部办公室，开展宣传活动并完善相关预案。

审核非京籍适龄儿童入学证明材料610份，审核通过522份。组织打击非法行医专项行动。为4573户独生子女家庭办理意外伤害保险。举办早教讲堂、亲子活动20场。

为348名重度残疾人新办理护理补贴。为252名农村残疾人办理新农合缴费手续。新建图景嘉园、六里屯社区老年互助社和老年餐桌，新建六里屯社区、友谊嘉园社区老年活动室。完成辖区内117户餐饮单位量化分级管理工作。完成药品经营企业规范化建设。开展食品药品安全专项整治，全年立案68件，罚没款26万余元。以“法治西北旺、弘扬正能量”为主题，开展各种文体活动进社区活动。

基层党建与精神文明建设 西北旺镇党委下设48个党（总）支部，有党员2241名。开展党风廉政主题教育系列活动。打造“三个一”，倡导干部廉政风范；签读“三本书”，履行干部廉政承诺；抓好“三条线”，严守党的政治纪律。其中“三个一”指组织一系列廉政课、建立一处廉政文化示范点和设立一套廉政宣传信息平台；“三本书”指签订集体党风廉政责任书、签订个人党风廉政承诺书和党员个人读好廉政建设书籍；“三条线”指严守党员干部个人自律线、延伸家庭防腐线和完善社会监督线。镇党委书记与党委班子成员、镇长与政府班子成员、主管领导与分管科室负责人、镇党委书记与各支部书记分别签署党风廉政建设责任书80份。16个行政村136名“两委”成员分别与村党支部书记、村委会主任签订党风廉政建设责任书。

镇纪委开展反腐倡廉警示教育活动，组织全镇机关科级以上干部、村社区“两委”成员、纪检专干、企事业单位负责人等140余人参观海淀区拘留所反腐倡廉警示教育基地。

（张丽娟）

温泉镇（温泉地区）

【概况】 2015年，温泉镇面积33.23平方千米，其中农用地占62.24%。辖7个行政村、11个社区。有户籍人口28022人，其中农业人口1746人，非农业人口26276人，流动人口17188人。

经济建设 温泉镇经济总收入17亿元，同比增长7%；经济纯收入3.4亿元，同比增长7%；人均收入20571元，同比增长7%；乡镇企业总产值3.36亿元，同比增长7%。镇属集体企业兴业公共服务、宏泉物业公司、赢海欣泉、昊远兴达网络公司等公司业绩平稳增长。

完成村级产权制度改革，7个股份经济合作社实现年度按股分红6316万元，9490人直接获益。启动镇级产权制度改革工作，完成“合作经济联合社”改建为“股份合作经济联合社”前期工作，初步建立“归属清晰、权责明确、利益共享、监管有力”的新型农村集体经济产权制度。开展第三方审计，初步建立三资台账，完成集体经济房产清查、经济合同整改工作。

实施杨家庄采摘园提升改造及优质果树品种引种、灌溉工程，杨家庄、温泉、白家疃3个园区晋升为三星级采摘园区，樱桃收入550万元。蔬菜产量45万公斤，收入197万元。

城乡建设 “一镇一园”351地块集体土地租赁住房项目建设收尾。北部文化中心完工。翠湖云中心项目北区20.71万平方米完成征地、规划、立项等工作。温泉南山高端旅游休闲带建设完成8000米旅游骑行道（二期）、610余亩大西山彩化（二期）等工程。完成温泉水江子及北坡惠民桥工程。落实“河长制”制度，将两条区管河道纳入温泉镇管护范围。开展供水保障、污水治理、中水利用、河道管理、雨洪利用5个涉水专项工作。温泉、杨家庄、西河滩排洪沟治理工程基本完成，协助完成南沙河流域截污治污一期工程。

完成温泉村等4个村及秀山社区小老旧监控网络改造工程，为部分老旧小区实施高清数字电视改造。老年医院1万余平方米老旧小区改造工程全面竣工。10个社区成功申报市级体育生活化社区。温泉人家、福溪家园无障碍设施完工，实现镇域老旧小区无障碍设施全覆盖。

环境建设 全镇环境问题较2014年下降14%。以“1（全镇统筹）+N（部门联动）”联合执法模式开展街面环境、社区环境、市场经营秩序、交通秩序等专项整治。整治脏乱点位、违规停车、非法小广告、堆物堆料、无照经营等各类问题1500件次。上报处理市容环境、街面秩序的城市管理案件1万余件。累计处理污水120万余吨、污泥189吨。完成减煤换煤6883.5吨，减少劣质燃煤6908.5吨。

平安建设 开展安全隐患排查整改和打非治违工作，拆除账内、账外及新生违法建设28处、2.8万平方米。关停取缔有形市场25家，整治无证无照小门店134家，整治腾退集体土地上企业21家，疏解人口2000余人。整治56处32万余平方米的地下空间、人防工程。推进18户白家疃村防空洞重点危险房屋整治工作，其中9户签订补偿协议，涉及严重危险宅基地面积3418.33平方米，安置人员33人。完成500余立方米地质塌陷整治工作。实施山区防火路拓宽及防火路涵桥工程，修建800立方米的防火蓄水池。

启动“法律顾问”试点工作，组织法律服务“村居行”58场次、法制宣传教育等活动254场次，受教育人数近5万人次。镇司法所被评为北京市AAA级司法所和区级街镇优秀司法所。与海淀区人民法院山后法庭签订法律服务与法制文明共建协议，实现司法调解、行政调解、人民调解的有机对接和良性互动。建立信访动态分析机制和维稳长效机制，加强腾退等重点矛盾纠纷排查化解，信访事项完结率、调解成功率均达98%。

民生建设 全年投入2708万元用于保障和改善民生，较2014年增长18.8%。提升医疗保障水平，将门诊报销比例提高至60%，封顶线提高至2万元；开展送医送药、便民医疗服务活动，服务人员6702人次；投入100余万元，为全镇4482名农民体检。实现就业1530人，超额完成年度指标（完成率153%）。开展城乡居民低保分类救助工作。发挥“爱心家园”“温馨家园”“心灵家园”作用，救助困难群体和扶贫助残。为镇域719名残疾人提供有针对性的服务，投入12.2万元，对74人进行慈善救助。发放优抚金80.6万元。为2334名超转人员发放生活补助费约4500万元。太舟坞、东埠头、杨家庄、温泉、辛庄等5个村整建制农转非工作基本完成（4597人，完成率98%）。

落实学区制改革试点工作，解决太舟坞、东埠头两村适龄儿童入学问题。完成非京籍适龄儿童入学五证审核工作。

基层党建与精神文明建设 办理区、镇人大代表建议及政协委员提案8件，满意率达100%。开展正风肃纪专项整治行动，梳理党风廉政关键风险点及内部控制点149个。成立文明城区建设工作委员会，建立健全思想道德建设、公共文明培育养成、环境与秩序治理、工作推进与保障4项长效机制。

创新水岸家园回迁社区管理体制，建立“1+2+N”回迁社区服务体系（即：统筹基层党组织一个中心、集体经济组织和社区服务管理两大体系及各类社会组织和居民自治力量，形成“以党组织为核心、村居相互融合、各类社会组织协调发展、居民群众广泛参与”的局面）。凯盛家园社区成功创建“六型社区”。

开展文艺演出、电影放映、艺术培训等文化活动800余次，打造“花会走街”“五月的鲜花”、民间文体艺术组织评选展示等文化品牌十余个，开展“身边好人”评选、“道德模范”评选表彰、“北京榜样”推荐等系列活动。更换街面大型户外广告43块，更新社区精神文明宣传栏34块，为社区新安装4块LED电子显示屏，为航材院社区安装文明北京智慧宣传平台。

（彭秋艳）

苏家坨镇（苏家坨地区）

【概况】 2015年，苏家坨镇面积84.57平方千米，有19个村委会、7个社区居委会、3个农村经济合作社、6个事业单位。户籍人口36797人，其中农业人口14082人，非农业人口22715人；外来流动人口10124人。区域内旅游资源丰富，形成集自然山水、历史人文、都市休闲、民俗旅游为一体的旅游产业带。车耳营村被司法部、民政部授予“全国民主法治示范村”称号。

经济建设 全镇经济总收入261051万元，同比增长8%；经济纯收入60686万元，同比增长8.4%；农民人均收入15578元，同比增长9%；一、二、三产业在全镇经济总收入中的比重为2.5∶45.1∶52.4。

“一镇一园”项目由19个行政村共同成立镇集体经济组织，与北京协同创新研究院下属企业共同成立“北京协同创新园”项目运营管理公司，推进规划编制、产业定位、成本测算、盈利模式研究等工作。

6月，博展柳林智慧（北京）农业科技发展有限公司正式运营，探索从种子到餐桌的全产业链生产模式，明确以农产品品质、产量和成本为核心目标的智慧农业发展新方向。成功申报后沙涧果园提升、周家巷村高标准蔬菜种植基地等10个支农项目。

8月，紫云台香草园项目（一期）正式开园，接待游客1.5万人次。阳台山风景区成功升级国家AA级旅游景区。西山风景环廊项目完成设计方案，苏家坨镇骑行示范线路二期工程和中法遗址群周边环境整治项目各标段工程推进。

规范村级合同审批、签订程序，整改问题合同313份。开展村级公益事业补助资金专项审计、村级土地征占款专项审计和财务审计。

城乡建设 完成北安河安置房和地铁车辆段项目用地范围内253户非宅、16户宅基地腾退；启动徐各庄村搬迁腾退，签约率达 94.3%。前沙涧安置房项目 S6-2、S12-5 地块 34.5 万平方米全部完工并达到入住条件，北安河安置房完成用地范围内地上物清理，部分楼座结构封顶。

七王坟新农村试点改造启动 99 个宅院施工，55 户实现主体封顶，首层封顶 28 户，完成《北京市海淀区苏家坨镇七王坟村村庄规划》修订、公示和《北京市海淀区苏家坨镇七王坟村产业发展方案》编制。

集中清理整治集体土地上不符合首都功能定位的企业，终止合同 14 家，拆除违章 14 处。关停温阳路市场及 5 家再生资源回收站，规范整治指导小门店 82 家。

拨付南水北调、爱文国际学校和中关村创新园 B 地块项目地上物清理等相关款项，妥善解决陕京三线临时线工程占地和地质灾害治理，协调落实地铁 16 号线二期工程地上物清理及征占地相关工作。

完成苏家坨镇运河以东环境建设、海驾公厕、海驾北路设计，进入实施阶段。拆除违法建设 109 处、78107 平方米。前、后沙涧沟治理工程竣工验收，排查河道排污口 557 处，全部列入南沙河三期治污工程。实施森林健康经营和大西山彩化工程，完成彩化面积 73.13 公顷，改造提升林地 24 公顷。

平安建设 健全安全生产责任体系，开展安全生产隐患排查整改，做好森林防火、社会消防、建筑工地、校园周边、道路交通、食品药品等安全工作；加强农业和农产品质量安全监管，持续开展动植物检疫工作。

构建立体化社会治安防控体系，新增区界高清监控 66 个，实施草厂、聂各庄等 7 个保留村和北分社区、前沙涧 7 号院视频监控系统更新改造，在村域主要路口建设治安岗亭，安装视频监控探头，全时段对重点点位管控。完成后沙涧、梁家园、周家巷、稻香湖警务工作站的建设、修缮、更新工作，建立警务工作站跨区域联动机制。

完善信访排查调处机制和领导信访责任制度，整合镇、村、社会单位防控力量，充分发动群防群治，加大矛盾纠纷排查调处和社会治安突出问题专项治理力度，提升群众安全感。

民生建设 推进"同区通办三级联动"，在 23 个村居建立便民服务点，办理业务 1196 件。农村合作医疗报销 1515 万元，为低保、残疾人等困难群众发放补助 244 万余元。完成 1.5 万吨优质燃煤替代任务及梁家园、台头、北安河村管家岭"煤改电"外电改造。接收区紧急救助服务中心便民诉求案件 1602 件，回复率 100%。

启动北分社区、西小营新村等老旧小区改造。完成 76 户残疾人家庭及聂各庄敬老院无障碍设施改造。建设完成前沙涧地区早教培训中心。新建柳林村便民菜站，解决周边群众买菜难问题。开展苏家坨慈善超市试点，为地区低保、低收入群体提供服务保障。

根据前沙涧地区经适房、公租房、回迁房农居混住的实际情况成立前沙涧地区党委和管委会，不断完善服务管理功能。

基层党建与精神文明建设 开展"三严三实"专题教育，举办村居党组织委员专题培训 2 期，党员干部素质能力提升工程 10 期。落实党风廉政建设"签字背书"制度。完成苏一二村、西小营村党组织整顿任务。申报 2 个区级"五型五好"党组织、1 个市级"五个好"村党组织、3 个区级基层党建创新示范项目，评选先进基层党组织 11 个、优秀党务工作者 12 名和优秀共产党员 100 名。开展村级班子及村正职年度绩效考核。

启动车耳营村、柳林村、苏家坨镇文服中心改造配套工程，完成苏家坨镇综合文体馆及西埠头村文化活动室配套设施建设。建设专项球类场地 4 块，更新、新建全民健身器材 33 套、轨道棋 11 套。完成星火工程演出 57 场，放映数字电影 890 场，办好小年俗、立夏粥、端午邻里节等特色品牌活动，开展乒羽、全民健身挑战日、第三届地区运动会等体育赛事。苏一二单槌大鼓、妙峰山香道成功申报为海淀区级非物质文化遗产项目，对苏家坨太平鼓、海淀扑蝴蝶开展"非遗进校园"活动，推进地区文物保护单位修缮工作。

（王溪）

【苏家坨镇慈善超市挂牌运营】 2 月 4 日，北部地区首家慈善超市在苏家坨镇正式挂牌运营。超市位于同泽园东里小区，由原有的爱心家园升级改造而成，面积 100 余平方米。超市经营实行品牌化连锁、规模化经营、集约化采购，并以低保、低保边缘、遭遇临时性困难和支出型贫困群体为主要帮扶对象，同时用志愿服务的理念辐射带动辖区群众帮扶困难群体。

（王溪）

【北京协同创新园在苏家坨开建】 4 月 23 日，北京协同创新园建设启动暨入驻企业签约仪式举行。北京协同创新园是北京协同创新研究院与苏家坨镇的共建项目，也是海淀区"一镇一园"的重点示范项目。园区为集研发、孵化、投资、总部和配套等功能于一体的创新型科技园，占地 40 公顷，总建设面积 50 万平方米，由双方共同建设，共同运营管理。签约仪式上，苏家坨镇政府与北京协同创新研究院签订《苏家坨镇集体产业项目（北京协同创新园一期）合作框架协议》，36 家企业与北京协同创新园签订入驻协议。

（钟冷）

【紫云台香草园开园】 8 月 20 日，苏家坨镇七王坟村紫云台香草园开园试营业。香草园位于七王坟村北岭地，面积 5.33 公顷，种植兰花鼠尾草、马鞭草、薰衣草等紫色系花卉及其他多彩植物，结合生态体验、山地游憩、丛林拓展及科普教育等娱乐功能。年内接待 1.5 万人次。

（王溪）

上庄镇（上庄地区）

【概况】 2015 年，上庄镇面积 38.45 平方千米，有户籍人口 24944 人，其中农业户 4830 户，农业人口总数 11167 人；非农业户 6628 户，非农业人口总数 13777 人。流动人口 21797 人。下辖 20 个村民委员会、3 个社区居委会、7 个事业单位、6 个镇属公司。镇域内有上庄水库，北京市唯一的国家级城市湿地公园——翠湖国家级城市湿地公园。有享誉海内外的清朝第一词人——纳兰性德之墓和北京市首批非物质文化遗产之一的“曹氏风筝”工艺坊等历史文化遗址。主要农产品有京西贡米、食用菌、芦笋、冬枣、草莓、樱桃、油桃、糯玉米等。

经济建设 地区经济总收入 12.18 亿元，增长 1%；农民人均所得 12941 元，增长 6%。

建立疏功能减人口“1+7”[①]工作台账，清退拆除连片商业面积约 11000 平方米，关停有形市场 27 家，关停低端企业 34 家，“两路一街”沿线低端服务业“野蛮生长”的势头得到初步遏制，动态疏解外来人口 1100 余人。

实施京西稻保护性种植项目。引导特色农业园区转型升级，推动提升上庄特色农业产业知名度和美誉度。依托曹氏风筝等具有上庄辨识度的文化品牌，在李家坟等村发展民俗旅游、教育培训等特色服务业。

新设立绿化等集体性质专业公司，申请支农资金 300 余万元用于购置经营设备，拓展集体经济组织参与市场经济发展途径，带动农民就地就近就业。推动区级层面建立起生态补贴机制，大幅提升生态资源对集体经济发展和农民就业增收的直接贡献。

引入建筑施工企业临时税源单位 8 家，形成区级财政贡献首次突破 1 亿元。

城乡建设 推进项目建设和征地工作。C02 地块第四标段约 9 万平方米安置房如期完工并交付使用。上庄路改扩建工程先期研究形成多种占地拆迁方案。南沙河滨水绿廊景观改造工程和下游生态修复项目土地流转工作进展顺利。完成绿心启动区交通专项规划编制工作，道路改扩建项目完成施工设计。完成第二炮兵新营（库）房、稻香湖再生水厂、北部燃气热电冷联供、第四代海事卫星北京关口站、翠湖科技园 A2 地块土地一级开发、C02 安置房周边市政道路工程、核心区东侧路等项目的土地腾退补偿并交地；翠湖南路项目签订征地补偿安置协议，完成涉及东马坊村内拆迁腾退补偿。上庄 N35—N46 地块定向安置房项目签订征地补偿安置协议。

环境建设 做好“三路两岸一街”及“一村一街”综合整治，推广村庄保洁公司化外包。实施沙阳路和 G7 高速路沿线环境综合治理项目。开展违规建筑垃圾运输消纳专项整治，严厉打击向绿化带、河道沟渠等乱倒渣土行为。拆除违法建设 62 处、3 万余平方米，动态巡查并清理非法占地 12 处、26667 平方米，完成年度 23100 平方米拆违台账任务。加强对施工工地、畜牧养殖、砂石场等污染源的监管和治理。推进“清洁空气”行动，完成罗家坟村“煤改电”试点，完成西闸村“煤改电”外电源改造。

实施生态环境美化亮化工程，完成沙阳路景观林改造提升项目（一期）。完成 2000 余亩高标准基本农田建设项目。实施上庄后河（铁路西北环线—沙阳路桥）分洪排水工程。完成罗家坟村环境提升改造，西辛力屯、双塔和皂甲屯村破损农田路网修复，梅所屯至白水洼村南连线道路翻建，18 个村街坊路修复等环境建设项目。

平安建设 完善网格化管理机制，网格管理终端实现全覆盖。深化“大综治”工作机制，建成 2 处警务工作站，完成纪念抗战胜利 70 周年、全国“两会”等重要时期和节点的服务保障工作。三类可防性案件发案率呈下降趋势。全年没有发生重特大安全责任事故。落实“大信访”联动工作机制，提前研判换届选举、土地承包等可能引发的矛盾和问题。

民生建设 出台“民生九条”措施，涵盖对残疾儿童的康复补助、老人的高龄津贴、全镇农民门诊二次报销、大病一次性补助等。对全镇 2700 余名农村已婚育龄妇女、3000 余名农民进行免费体检。走访 18 类困难人群共 1883 人，投入资金近 88 万元。为 433 名老人办理优待证和优待卡，为 748 名老年人发放居家养老（助残）服务卡，为 2119 名持优待卡老人更换居家养老助残卡。完成“南水北调”对口协作年度任务，与湖北省丹江口市盐池河镇签订缔结友好镇协议书和《友好乡镇对口协作项目合作意向书》，安排 50 万元用于支持盐池河镇具体项目建设。

翠湖幼儿园抗震加固综合改造正式立项为区政府固定资产投资项目；上庄家园小区南侧闲置校园恢复利用兴建幼儿园；C02—A05 地块幼儿园纳入 2015 年度后备建设项目，取得规划条件并启动立项。新建 2 个社区卫生服务站，馨悦家园建成便民餐厅。上庄地区文化活动中心及东马坊、八家等村级文化活动站项目完成设计、概算编制及项目申请等前期工作。推进“群众文体活动三年行动计划”“发现上庄之美”系列群众文体活动开展。

完成城乡劳动力就业 825 人，被评为北京市充分就业示范镇。全镇 5091 名农村劳动力，就业 4991 人，就业率 98%。困难人员就业 314 人。新接收失业人员档案 220 份，办理失业登记 216 人，发放失业金 735 人次、83 万元。1089 人享受灵活就业社会保险补贴政策，补贴金额 700 万元；自主创业人员 337 人，发放自主创业社会保险补贴 200 万元；办理农村劳动力转移就业补贴 1950 人，发放 465 万元。新农合参保人数 6321

---

① “1”即一个人口调控责任书；“7”即沙阳路环境整治专项行动、再生资源回收站专项整治行动、设施农业利用专项整治行动、实有人口信息网格化管理分析、集体土地上企业清理整治行动、拆除违法建设“夏季专项行动”和无证无照经营行为专项整治行动 7 项专项整治行动。

人，参保率99.2%。“一老一小”参保近2000人，参保率达99%。城乡居民养老保险参保人数2016人，参保率达98%。基本完成上庄村海事卫星地面站征地农转非任务。

基层党建与精神文明建设 完成村、社区党组织选举。完成19个村级群众服务站建设，设立党员先锋模范岗，建立上庄镇党建APP移动互联平台，开辟党的建设移动终端阵地。在皂甲屯等6个村组建党员便民服务队。为全镇1153名农村党员家庭户挂牌，推动党员树形象、做表率。

建成并投入使用镇级社区群众服务中心，投入使用馨悦家园社区服务站及活动中心和馨瑞嘉园社区活动中心，残疾人温馨家园项目进展顺利。组织“邻里守望爱在社区”“情暖金秋欢度重阳”两场敬老院慰问演出，开展“元宵节秧歌踩街活动”“五月的鲜花”“激情广场舞”等文艺会演，协助开展主持人培训，指导各社区开展健步走、趣味运动会、红歌会、摄影书画展等文体活动。

（方伟瑶）

【全区首个党建APP试运行】 12月21日，“上庄党建”上线试运行，覆盖全镇所属37个党支部、1673名党员。这是上庄镇党委探索党建工作新路子、新模式，推出“互联网+党建”新举措，也是海淀区首个党建APP（党建互联网移动平台）。该款APP涵盖通知公告、党建动态、三级联创、工作流程、党建资料、身边党员、学习交流、微党课、点将台、通讯录等10余个模块，实现党建工作网上网下新常态、党员交流无障碍、出差休假不失联、各项工作全覆盖的目标。

（钟冷）

玉渊潭农工商总公司

【概况】 玉渊潭农工商总公司受玉渊潭股份经济合作社委托，对股份经济合作社所有资产进行经营与管理，是拥有酒店、物业、置业三大集团，集实业投资与资本运营为一体的集团企业。2015年完成玉渊潭股份经济合作社第二届股东代表换届选举工作。完成股金分红、农龄生活费发放等工作，调增各类退休职工的养老金补差待遇，解决资产处置遗留问题。

经济建设 玉渊潭农工商总公司完成集体总收入29.18亿元，完成集体净利润6.16亿元，上缴国家税金3.86亿元，员工劳均分配64606.06元。

中关村玉渊潭科技商务区建设 加快中关村玉渊潭科技商务区的建设，优化项目经营定位和客户结构，力推主题特色定位，引进南京银行等重点企业。

商务区服务体系不断完善。中关村开放实验室科技发展基金完成募集，以中关村科技成果转化实验室相关优质项目为主要投资方向；中关村天合科技成果转化促进中心挂牌为北京市科学技术协会科技成果转化平台，举办京津冀科学技术协会科技成果转化平台项目成果发布和推介会、中关村科技企业家论坛玉渊潭专场活动。

2014年底开园的中关村互联网文化创意产业园的建设进一步加快，探讨科技、金融与文化产业融合发展的有效模式和创新路径，力争建成国家级的互联网文化创意产业园。园区二期改造面积1.1万平方米完成，硬件设施改造工程基本结束。截至年底，入园企业82家，出租率超过90%，入园企业产值超过50亿元。

经营管理 加强预算、投资、财务及合同等内部管控，规避经营风险和财务风险，保证产业经营和投资顺利开展。酒店集团、物业集团、置业集团等主要业务板块集团化、专业化水平进一步提高，推进会员市场开发，发展培育直接客户，加强精细化管理及P9[①]等信息化管理的日常应用，提升企业的管理品质和市场竞争力。

重点项目建设 西南饭店改造项目完成二次结构施工和样板间的管线施工；五路商务楼项目完成结构封顶；阜石路东西商务楼和敬老院项目完成主体结构封顶；宝联体育中心项目取得规划条件，进行设计方案审查；中裕花园改造项目完成立项核准手续，按计划拆除项目用地范围内的建筑物。玲珑巷及五路居综合整治项目稳步推进，五路居回迁安置房项目竣工，周边市政配套道路工程基本完工。

关停世纪坛市场、永兴农副产品批发市场、仁和四季农副产品市场等经营形态比较低端的有形市场，面积19805平方米，疏解外来人口1200余人。

基层党建与文化建设 开展党的群众路线教育“回头看”活动、“三严三实”主题教育活动。开展“我身边的好党员”事例征集展示、“挖掘亮点，凝聚智慧”党建创新项目征集、承诺践诺等活动。落实党员双报到制度，联系社区开展党员志愿服务工作，推进服务型党组织建设。强化党风廉政建设，落实“两个责任”，开展“学党章、守纪律、讲规矩”“讲述身边好规矩”等主题教育活动，强化党章党纪党规意识。开展抗战胜利70周年组织爱国主义教育、“同享一片蓝天共建美好家园”义务植树、“健康走 健步行”职工健步走、第三届“腾飞杯”乒乓球比赛、“我的企业，我的家”摄影比赛、职工扑克牌双升比赛等系列活动，加大“职工之家”“职工书屋”的创建力度，下属企业获得“海淀区职工书屋”称号。

（孟欣）

---

① 为一款项目管理信息化系统。

人 物

先进人物

全国劳动模范和先进工作者
（2015 年，共 4 人）

吴琢如（女） 北京市海淀区精神文明建设委员会办公室主任
张惠领 北京市公安局海淀分局双榆树派出所便衣探组组长
胡淑彦（女） 北京市海淀区四季青镇党委书记，香山街道党工委书记（兼）
贾 磊 百度在线网络技术（北京）有限公司语音首席架构师

全国巾帼建功标兵
（2015 年，共 1 人）

祁燕（女） 小米科技有限责任公司副总裁

全国道德模范
（2015 年，共 1 人）

高宝来 北京市公安局海淀分局恩济庄派出所社区民警

中国好人榜“身边好人”
（2015 年，共 3 人）

栗翠华（女） 北京市海淀区人民检察院高级检察官
黎晓新（女） 北京大学人民医院眼科主任
张志伟 北京市百瑞律师事务所律师

北京市劳动模范和先进工作者
（2015 年，共 81 人）

丁旭东 北京市海淀区青龙桥街道办事处城市管理科科长
丁宝明（女） 北京市博饰服装有限公司总经理
于家伊（女） 北京嘉博文生物科技有限公司首席科学家
马 华（女） 北京西部马华餐饮有限公司总裁
马万成 北京市海淀区民族小学党支部书记、校长
王 永 品牌联盟（北京）咨询股份公司董事长
王小川 北京搜狗信息服务有限公司首席执行官
王玉柱 北京市海淀医院肾内科主任
王武卿 北京市海淀区苏家坨镇人民政府综合治理工作部副部长
王春易（女） 北京市十一学校教师
邓庆旭 新浪网技术（中国）有限公司财经频道总监
石军秀（女） 北京市海淀区万寿路街道万寿路社区居委会主任
卢长军 利亚德光电股份有限公司技术总监
白丽红（女） 北京市海淀区环境保护局监测站副站长
句会增（女） 北京市海淀区绿化队项目经理
宁先洪 北斗星通导航技术股份有限公司事业部副总经理
邢东滨 北京市海淀区上地街道办事处综合治理工作部副部长
师 鹏 北京市海淀区市政市容委环境整治科科长
朱金岭（女） 北京市六一幼儿院教师
刘 勇 北京高能时代环境技术股份有限公司技术中心主任
刘达信 北京市海淀区海淀镇人民政府城管监督指挥分中心主任
刘佩金 中共北京市海淀区委学院路街道工委书记
刘素霞（女） 北京奥瑞金种业股份有限公司总监
刘铁华 新奥特（北京）视频技术有限公司 副总监

齐沁霞（女）　北京市海淀区人民检察院控告申诉检察处副处长
齐建军　北京数码大方科技股份有限公司开发部副总经理
闫国荣　神州数码控股有限公司总裁
苏　药　北京创业之路咖啡有限公司总经理
李　勇　北京市保安服务总公司海淀分公司人力资源管理中心主任
李　琴（女）　中共北京市海淀区纪律检查委员会党风政风监督室副主任
李次会　北京大清生物技术有限公司董事长
李海胶　北京绿色金可生物技术股份有限公司物流中心主任
李盛荣（女）　北京市海淀区人民法院民五庭庭长
李雪艳（女）　北京市海淀区田村路街道办事处办公室主任
李森林　北京市海淀区城市管理综合行政执法监察局北太平庄执法队队长
肖　千（女）　北京市海淀区地方税务局科技园上地税务所副主任科员
肖　瑶（女）　中共北京市海淀区委组织部党员教育管理组组长
吴　军　北京市海淀区环境卫生服务中心五队维修组组长
吴京国　北京市海淀区北下关街道办事处安全生产办公室主任
吴海峰　百度在线网络技术（北京）有限公司网页搜索部技术总监
吴琢如（女）　北京市海淀区精神文明建设委员会办公室主任
余立新（女）　北京和源沐泽科技发展有限公司副总经理
辛　明　北京紫玉饭店大堂副理
张　鹤　北京市海淀区教师进修学校教研员
张大龙　北京翠微大厦股份有限公司收银员
张丹丹　欣中基清洁服务（北京）有限公司工人
张玉强　北京实创科技园开发建设股份有限公司项目经理
张观祥　北京市海淀区四季青镇宝山村党支部书记
张喜忠　北京老兵保洁服务中心清掏队队长
陈旭东　北京联想集团高级副总裁
陈恒华　北京二十中学校长
陈菊红（女）　腾讯科技（北京）有限公司媒体总裁
林日盛　北京市海淀区海淀街道办事处城市管理科科长
欧永昌　北京市海淀区花园路社区卫生服务中心医生
周升安　北京昊海建设有限公司第五项目部生产经理
孟　丹（女）　北京市海淀区红星小学教师
赵　欣（女）　北京市海淀区财政局预算科副主任科员
赵后才　北京北冶功能材料有限公司炼钢班班长
赵金元　太极计算机股份有限公司企业制造业部门技术员
胡本红（女）　北京市海淀区西三旗街道办事处宣传部部长
胡淑彦（女）　北京市海淀区四季青镇党委书记
柳亚平（女）　北京市海淀区文明城区创建办公室协调组副组长
俞开昌　北京碧水源科技股份有限公司总工程师
姚　凯　拉卡拉支付有限公司副总经理
贺　刚　北京市海淀区食品药品监督管理局食品市场科科长
热西提·吾普尔　北京语言大学后勤服务集团餐饮中心穆斯林餐厅经理
聂丽霞（女）　北京海置科创科技服务有限公司技术总监
徐　桐　北京市亿丰电力安装有限公司施工班班长
徐京川　北京市海淀区中关村街道办事处综合治理工作部部长
高　宁　北京海淀置业集团有限公司党组副书记、董事长
高开进　北京市海淀区甘家口街道办事处劳动科科长
郭利军　北京昊永物业管理有限公司维修班班长
部国华　北京市公安局海淀分局巡警支队警长
章　鹏　北京市海淀外国语实验学校校长
董国强　北京超市发连锁股份有限公司玉泉路店店长
程铁锁　北京市海淀区上庄镇白水洼村党支部书记、村委会主任
谢玉华（女）　北京市海淀区清河街道毛纺北小区社区党支部书记、居委会主任
雷海环（女）　北京市海淀区恩济里幼儿园党支部书记、园长
蔡亦兵　北京市海淀区房管局第六所所长
薛向东　东华软件股份公司党委书记、董事长
魏　立（女）　北京市海淀区学院路街道二里庄社区居委会主任

第八届“海淀十大杰出青年”（按姓氏笔画排序）

王　振　北京红爹之家志愿服务队队长
王　晛　海淀区综合行政服务中心运行管理科科长、中心党支部青年委员
矣晓沅（彝）　清华大学计算科学与技术系本科生
杨　涛　海淀医院肾内科副主任医师
杨　毅　北京理工大学自动化学院教师

陈佳伍　海淀区花园路派出所便衣打击组民警
陈云霁　中国科学院计算技术研究所研究员、博士生导师、未来计算实验室主任
宋晶晶（女）　北京长风信息技术产业联盟秘书长
姚　鑫　社区青年汇社工
唐文斌　北京旷视科技有限公司联合创始人兼首席技术官

海淀区见义勇为积极分子（模范群体）（2015 年度，共 10 人）

张同伟　北京凯道律师事务所 办公室主任
李东伟　北京理工大学 教师
胡永红　山西省宁武县岭沟村 51 号 个体
宋　海　河南省固始县沙河铺乡湖沿村湖北组 个体
臧　寅　中国纺织品商业协会 职员
阚玉男　北京银波得月餐饮有限公司 传菜员
李忠斌　北京银波得月餐饮有限公司 副厨师长
柳树林　北京银波得月餐饮有限公司 领班
张旭斌　北京银波得月餐饮有限公司 保安
吕　鑫　首都见义勇为基金会 工作人员

感动海淀十大文明人物（2015 年度，共 10 人）

马　昀　中国航天科工集团第二研究院第二〇六所职工
王小东　东升博展股份经济合作社党总支书记、董事长
王蒙一　中国航天科工二院二部五室副主任
李　玲（女）　北京农业大学附属中学教师
张志伟　北京市百瑞律师事务所律师
张爱华　海淀区紫竹院街道魏公村社区卫生服务站主管护师
赵彤言（女）　军事医学科学院媒介生物学家
高宝来　海淀公安分局恩济庄派出所社区民警
贾　磊　百度在线网络技术（北京）有限公司语音首席架构师
廖理纯　北京走进崇高研究院副院长

区政权机关、党派、群众团体、垂直领导单位、直属事业单位及街镇领导（负责人）

中共海淀区委员会

书　记　隋振江（6 月免）　崔述强（6 月任）
副书记　孙文锴（4 月免）　于　军（4 月任）　刘长利
常　委　隋振江（6 月免）　崔述强（6 月任）
孙文锴（4 月免）　于　军（4 月任）
刘长利　尹燕京
李彦来（4 月免）　吴祖安
刘　勇　芦育珠（女）
穆　鹏（12 月免）　陈名杰
彭玉敬（挂职）　傅首清
孟景伟（8 月任）

海淀区人民代表大会常务委员会

主　任　关成启（满族）
副主任　王鲁豫　臧桂武　朱春生（12 月免）
杨　莉（女）　邓佑玲（女，土家族）

海淀区人民政府

区　长　孙文锴（4 月免）　于　军（4 月代）
常务副区长　穆　鹏（12 月免）
副区长　于　军（4 月任）　傅首清（9 月免）
孟景伟　陈　双（女）
徐永全　龚宗元
王际祥
李　宏（9 月任，挂职一年）
王卫明（10 月任，挂职两年）
高念东（12 月任）

中国人民政治协商会议北京市海淀区委员会

主　席　彭兴业（满族）
副主席　刘　恪（女）　丁志明　肖熙之（12 月免）
王训练　张维佳　王玉梅（女）

中共海淀区纪律检查委员会（与区监察局、区预防腐败局合署办公）

书　记　芦育珠（女）
副书记　刘志平
曾　涛

佟　刚（满族，6月免）
区监察局局长　刘志平（兼）
区预防腐败局局长　刘志平（兼）

北京市海淀区人民法院

院长、党组书记　鲁　为

北京市海淀区人民检察院

检察长、党组书记　王　伟

海淀区民主党派、工商联

中国国民党革命委员会北京市海淀区工作委员会
主任委员　汤维建
中国民主同盟北京市海淀区委员会
主任委员　张维佳
中国民主建国会北京市海淀区委员会
主任委员　王玉梅（女）
中国民主促进会北京市海淀区委员会
主任委员　邓佑玲（女，土家族）
中国农工民主党北京市海淀区委员会
主任委员　徐凤芹（女）
中国致公党北京市海淀区委员会
主任委员　宛金章（回族）
九三学社北京市海淀区委员会
主任委员　王训练
台湾民主自治同盟北京市海淀区工作委员会
主任委员　陈丽珠（女）
北京市海淀区工商业联合会
主席　陈　双（女）
党组书记　卢克玉

海淀区主要群众团体

区总工会　主席　李国祥
团区委　书记　米　佳
区妇联　主席　车苇歆（女）
区文联　主席　卫汉青（2014年12月免）
苗　地（2月任）
区侨联　主席　石　岳（女）
区残联　理事长　张春华
区科协　主席　白春礼（中国科学院院长）
常务副主席　李云飞
区红十字会　会长　傅首清（兼）
常务副会长　黄春明

中关村科技园区海淀园管理委员会（海淀区科学技术委员会，挂核心区管委会牌子）

主任　孟景伟（兼）
常务副主任（区科委主任）　梁　捷（女，2月免）
李长萍（女，2月任）
副主任　李长萍（女，2月免）
胡　岩
孟　涵（11月免）
阎秀敏（女）
唐　颖（女，兼）
黄　英（女）
陈文良（1月任，挂职2年）
办公室　主任　胡　岩
科技发展处　处长　付晓明
产业规划发展处　处长　孟　涵（11月免）
服务体系建设处　处长　阎秀敏（女）
对外合作处　处长　黄　英（女）
企业发展促进处（区经济和信息化办公室）
处长（主任）　何建吾
知识产权处（海淀区知识产权局、行政审批处）
处长（局长）　王　英（女）
投资促进处（区投资促进局）
处长（局长）　李长萍（女）

中共北京市海淀区委海淀园工作委员会

书　记　刘永水
副书记　梁　捷（女，2月免）　李长萍（女，2月任）
龚茂淑（女）
纪工委书记　刘向鑫（10月免）

海淀区北部地区开发建设委员会办公室

主　任　董殿毅（2月免）　吴计亮（2月任）
副主任　张志华（11月免）　申桂芳（女）
肖敏鹏（3月免）　高志庆
张春明（兼）　杜陈生（兼）
陈晓智（兼）　林　航（女，兼）
魏　星（兼）

区机关各部门、街镇及直属事业单位

区委系统

区委办公室　主任　李彦来（4月免）
傅首清（7月任）
常务副主任　张　炜
组织部　部长　刘　勇
常务副部长　李国祥（2月免）
宣传部　部长　陈名杰
常务副部长　牛爱忠
区委区政府研究室
主任　张启兵（3月免）　刘建民（4月任）
统一战线工作部　部长　彭玉敬
常务副部长　杨志洪
台湾工作办公室　主任　王　锋
区委政法委员会　书记　刘长利
常务副书记　王勇禄
副书记　尹燕京（兼）
李　军
王际宝（兼）
赵明远（兼，6月免）
刘　林（兼，6月任）
区维护社会稳定工作领导小组办公室（为区委政法委内设机构）　主任　王勇禄（兼）
社会管理综合治理委员会办公室（与政法委合署办公）
主任　王际宝
区流动人口和出租房屋管理委员会办公室
主任　孙金春
区直属机关工作委员会　书记　汤新秀（女）
区精神文明建设委员会办公室　主任　吴琢如（女）
区委防范和处理邪教问题领导小组办公室（挂区政府防范和处理邪教问题办公室牌子）　主任　朱元久
老干部局　局长、党组书记　张维明
人民武装部　部长　吴祖安
政委　田敬军
中共海淀区委党校（海淀区行政学院）
校长、院长　刘　勇（兼）
常务副校长（常务副院长）许　云
区党史地方志办公室　主任　李　强
区机构编制委员会办公室　主任　曹学明（11月免）

区人大常委会机关

办公室（研究室）
办公室　主任　李劲涛（蒙古族）
研究室　主任　俞昌吉（朝鲜族）
代表联络室　主任　孙大钧
财政经济工作委员会办公室　主任　白　莉（女）
内务司法工作委员会办公室　主任　范　联
教科文卫工作委员会办公室　主任　郭景玉
城建环保工作委员会办公室　主任　郭少东
农村工作委员会办公室　主任　赵德法

区政府系统

区长助理　刘　军（7月免，挂职一年）
丁　欣（1月任，挂职一年）
区政府办公室　主任　王际祥（2月免）　董殿毅（2月任）
区商务委员会　主任、党组书记　王　澎（女）
区教育委员会（与区委教育工作委员会、区政府教育督导室合署办公）
区委教育工作委员会　书记　张卫光（4月免）
尹丽君（女，回族，4月任）
区教育委员会　主任　尹丽君（女，回族，4月免）
陆云泉（4月任）
区政府教育督导室　主任　王建忠
区综合行政服务中心　主任　马学印

区民政局　局长　程培衡
党组书记　南顺弟（10月免）
高　峰（10月任）
区司法局　局长　周玉鑫
党组书记　李良轩
区财政局　局长　刘圣国
党组书记　孙俊宏（女）
区人力资源和社会保障局
局长　李大成
党组书记　苏德琴（女）
区城市管理监督与应急指挥中心（挂区突发事件应急委员会办公室牌子）　主任、党组书记　张泽根
区市政市容管理委员会（挂交通委员会牌子）
主任　李　伟
党组书记　任文彪
区住房和城乡建设委员会（加挂区人民政府房屋征收办公室牌子）
主任　骆远骋
党组书记　张世芳（女）
区房屋管理局　局长　骆远骋
区农村工作委员会（挂区动物卫生监督管理局牌子，与区委农村工作委员会合署办公）
主任　刘　涵（2013年11月任，2015年7月免）
书记　王桐慧
区文化委员会　主任　陈　静（女）
党组书记　刘建朝

区委卫生工作委员会（2014年8月成立）
书记 杨剑飞（2014年12月任）
区卫生和计划生育委员会
主任 甄蕾（女）
区政府公共服务委员会
主任 杨剑飞
区发展和改革委员会 主任、党组书记
董殿毅（2月免） 梁捷（女，2月任）
金融办公室 主任、党组书记 唐颖（女）
区人民政府国有资产监督管理委员会
主任、党委书记 张连仲
区审计局 局长 王传敏（满族，7月免）
王彩霞（女，11月任）
党组书记 常印怀（10月免）
王彩霞（女，10月任）
区安全生产监督管理局
局长 田一川
党组书记 曾子锋
区环境保护局 局长 仲良喜
党组书记 刘培恩
区统计局 局长 王凌志
党组书记 刘精明
区水务局 局长 孙继光
党组书记 翟小凡（女）
区旅游发展委员会 主任 黄亦红（女，回族）
党组书记 常印怀（10月任）
区体育局 局长 李景奇
党组书记 刘和平
区民族宗教侨务办公室 主任 田桂茹（女，满族）
区法制办公室 主任 刘秀荣（女）
区社会建设工作办公室（与区委社会工作委员会合署办公）
主任 陈刚（3月免）曹宇明（女，4月任）
书记 高峰（10月免）
区信访办公室 主任 陈爱清
区民防局 局长 韩顺新
党组书记 韩顺新（3月免） 陆平（3月任）
区城管执法监察局
局长 孙鹏
党组书记 李四友
区新闻中心 主任 王言敏
区环境卫生服务中心 主任 郑秀山
党委书记 杨奋翮
区园林绿化局（海淀区绿化委员会办公室）
局长（主任）、党组书记 沙海江
区房屋土地经营管理中心 主任 许立
党委书记 张俊成（5月免）
许立（5月任）
圆明园管理处 主任 曹宇明（女，3月免） 李博（7月任）

党委书记 王强
区机关事务管理处 处长 赵玉宝
区地震局 局长 郑国强（3月免） 刘振华（3月任）
区档案局（馆）
局长（馆长） 王京彦（女，10月免）
杨军昌（10月任）
党组书记 崔仲军
区农村合作经济经营管理站（与区农村经济与集体资产管理办公室实行一套机构、两块牌子，合署办公）
站长 王彩霞（女，10月免）
党组书记 王桐慧（兼）

区政协机关

秘书长 吴宝华
办公室 主任 刘玲（女）
研究室 主任 黄英（女）
专委会工作一室主任 刘彦（女，2014年8月任）
专委会工作二室主任 吴明波
专委会工作三室主任 李燕生
专委会工作四室主任 周文健（女）
专委会工作五室主任 王欣焕（女）
专委会工作六室主任 陈跃年

垂直领导单位

北京市公安局海淀分局 局长 尹燕京
政委 刘少波
北京市公安局公安交通管理局海淀交通支队
队长 刘春利
政委 刘保君
海淀区消防支队 队长 史翀
政委 李久义
北京市国家安全局海淀分局 局长 赵明远（6月免）
刘林（6月任）
北京市工商行政管理局海淀分局
局长、党组书记 刘树昌
海淀区国家税务局 局长、党组书记 胡文学
海淀区地方税务局 局长、党组书记 郭筑明（4月免）
郭文武（4月任）
海淀区食品药品监督管理局 局长、党组书记 李红杰
海淀区质量技术监督局 局长、党组书记 张厚明
海淀区气象局 局长、党组书记 段欲晓（女）
北京市规划委员会海淀分局
局长、党组书记 李景祥
海淀区烟草专卖局 局长、党组书记 李学治
北京市国土资源局海淀分局
局长、党组书记 梁桂明

海淀出入境检验检疫局　局长　赵金生
国家工商行政管理总局商标局驻中关村国家自主创新示范区办事处　主任　田明珠（女，9月免）　谢乐军（9月任）

街 道

万寿路街道　党工委书记　李　泉
　　办事处主任　张　伟
羊坊店街道　党工委书记　王国强
　　办事处主任　孙笑庸
甘家口街道　党工委书记　赤　飞（满族）
　　办事处主任　李振山
八里庄街道　党工委书记　李卫华
　　办事处主任　贺　捷
紫竹院街道　党工委书记　白建平
　　办事处主任　工曼谕（女）
北下关街道　党工委书记　李旭东
　　办事处主任　毕淑琴（女）
北太平庄街道　党工委书记　郭　淼
　　办事处主任　齐明军
海淀街道　党工委书记　陈国启
　　办事处主任　高　毅
中关村街道　党工委书记　张京玲（女）
　　办事处主任　张　鑫
学院路街道　党工委书记　刘佩金
　　办事处主任　张之放
清河街道　党工委书记　张西渭
　　办事处主任　张立红（女）
青龙桥街道　党工委书记　魏开锋
　　办事处主任　张文涛
香山街道　党工委书记　胡淑彦（女，兼）
　　办事处主任　张建水
西三旗街道　党工委书记　刘振华（3月免）
　　王志伟（3月任）
　　办事处主任　王志伟（3月免）
　　张启兵（3月任）
马连洼街道　党工委书记　李劲松
　　办事处主任　朱利忠
花园路街道　党工委书记　王玉方
　　办事处主任　胡宗江
田村路街道　党工委书记　寇　平
　　办事处主任　冯志明
上地街道　党工委书记　王京立
　　办事处主任　冀国瑞
曙光街道　党工委书记　林德江
　　办事处主任　梁　珍（女）
燕园街道　党工委书记　严敏杰
　　办事处主任　李贡民（4月免）
　　严敏杰（4月任）
清华园街道　党工委书记　高　斌
　　办事处主任　王京春（4月免）
　　许立冬（4月任）
永定路街道　党工委书记　王新明
　　办事处主任　李啸龙

镇（地区）

东升镇（东升地区）
　　党委（党工委）书记　高念东
　　镇长（办事处主任）　武　凯
海淀镇（万柳地区）
　　党委（党工委）书记　赵　寒
　　镇长（办事处主任）　梁　爽
四季青镇（四季青地区）
　　党委（党工委）书记　胡淑彦（女）
　　镇长（办事处主任）　苏国斌
西北旺镇（西北旺地区）
　　党委（党工委）书记　赵小云（女，满族）
　　镇长（办事处主任）　魏　星
温泉镇（温泉地区）
　　党委（党工委）书记　方海强
　　镇长（办事处主任）　林　航（女）
苏家坨镇（苏家坨地区）
　　党委（党工委）书记　祝的春
　　镇长（办事处主任）　张春明
上庄镇（上庄地区）
　　党委（党工委）书记　魏怀中（6月免）
　　刘　涵（6月任）
　　镇长（办事处主任）　杜陈生
玉渊潭农工商总公司
　　总经理　杨　琪
　　党委书记　杨　琪

统计资料

海淀区主要经济社会指标

项目	单位	2015年	2014年
人口与就业			
人口			
年末户籍人口	万人	239.5	238.5
年末常住人口	万人	369.4	367.8
户籍人口自然增长率	‰	5.8	8.5
户籍人口机械增长率	‰	7.1	9.1
劳动就业			
城镇登记失业率	%	0.90	0.78
失业人员再就业率	%	67.60	69.10
宏观经济			
国民经济核算			
地产生产总值	亿元	4613.5	4290.0
第一产业	亿元	1.8	2.0
第二产业	亿元	565.9	574.4
第三产业	亿元	4045.7	3713.7
人均地区生产总值	美元	19232.9	19062.0
投资			
全社会固定资产投资	亿元	870.5	841.7
#房地产投资	亿元	249.8	218.1
#住宅投资	亿元	147.0	119.3
房地产业房屋施工面积	万平方米	954.6	1011.9
房地产业房屋竣工面积	万平方米	194.9	226.8
财政			
区域财政收入	亿元	2183.95	2092.85
地方财政收入	亿元	455.81	373.97
区级一般公共预算收入	亿元	357.50	316.16
地方财政支出	亿元	622.78	470.77
产业			
农村经济			
农业总产值	亿元	5.3	5.9
农村经济总收入	亿元	272.6	257.9
农村经济纯收入	亿元	65.7	60.8

海淀区主要经济社会指标（续）

项目	单位	2015 年	2014 年
工业			
规模以上工业企业总产值	亿元	2216.5	2211.2
建筑业			
建筑业总产值	亿元	1649.9	1528.0
商业			
社会消费品零售额	亿元	2094.7	1960.8
文化创意产业			
文化创意产业收入合计	亿元	5699.0	4795.0
旅游业			
旅游业营业收入	亿元	522.5	464.6
对外经济贸易			
新批项目数	个	409	337
合同外资额	亿美元	78.6	32.6
实际利用外资额	亿美元	13.0	16.0
海关进出口总额	亿美元	303.6	342.1
进口额	亿美元	214.8	237.1
出口额	亿美元	88.8	105.0
金额			
银行存款余额	亿元	29368.2	21172.3
#城乡居民储蓄存款余额	亿元	4850.4	4866.3
银行贷款余额	亿元	6355.3	5792.8
教育、科技、卫生			
教育			
中小学学校数	所	207	210
小学	所	118	122
普通中学	所	78	77
职业中学	所	11	11
中小学毕业生数	人	54984	55504
小学	人	19032	20912
普通中学	人	32072	30880
职业中学	人	3880	3712

海淀区主要经济社会指标（续）

项目	单位	2015 年	2014 年
科技			
技术合同成交总额	亿元	1436.8	1366.7
专利申请数	个	59095	46699
专利授权量	个	31181	22434
卫生			
卫生机构个数	个	1053	1036
卫生机构病床数	万张	1.12	1.14
卫生技术人员数	万人	2.90	2.86
每千人拥有执业医生人数	人	2.9	2.8
每千人拥有注册护士人数	人	3.4	3.4
每千人拥有医院床位数	张	2.8	2.9
生活与环境			
人民生活			
全区居民人均可支配收入	元	62325	57912
全区居民人均消费性支出	元	44626	41370
劳动工资			
城镇单位从业人员平均人数	人	1700498	1618324
城镇单位在岗职工工资总额	亿元	1923.5	1671.0
城镇单位在岗职工平均工资	元	129810	118914
城市公共事业			
万元地区生产总值能耗	吨标煤	0.16	0.16
城市绿化覆盖率	%	51.9	51.6
污水处理率	%	98.0	97.0
人均绿地面积	平方米	34.2	34.1
园区经济			
海淀园			
总收入	亿元	16357.33	14449.46

城镇单位从业人员与劳动报酬情况

项　目	从业人员平均人数（人）	从业人员劳动报酬总额（万元）	从业人员平均劳动报酬（元）
合计	**1689285**	**20915795**	**123814**
按行业分			
农、林、牧、渔业	3663	34049	92954
采矿业	9	54	60333
制造业	124622	1470816	118022
电力、燃气及水的生产和供应业	2943	27482	93380
建筑业	74446	675509	90738
批发与零售业	116444	1026402	88146
交通运输、仓储和邮政业	99765	897897	90001
住宿和餐饮业	52245	282447	54062
信息传输、软件和信息技术服务业	443806	6890341	155256
金融业	47017	741892	157792
房地产业	63118	483769	76645
租赁和商务服务业	101199	1220315	120586
科学研究和技术服务业	223749	3111374	139056
水利、环境和公共设施管理业	19298	169829	88003
居民服务和其他服务业	17361	106333	61248
教育	166166	2056866	123784
卫生和社会工作	33617	496807	147784
文化、体育和娱乐业	46942	758797	161646
公共管理、社会保障和社会组织	52875	464817	87909

工业企业主要经济指标

单位：万元

项目	企业单位数（个）	亏损企业（个）	工业总产值	工业销售产值
合　计	**439**	**70**	**22165302**	**21346454**
按隶属关系				
中央企业	42	6	5377881	5373770
地方企业	397	64	15730857	14983239
按注册类型				
内资	373	53	11932759	11726729
国有	12	2	1077941	1042359
集体	3	—	—	—
股份合作	2	—	—	—
联营	—	—	—	—
有限责任公司	155	28	4079626	4082436
股份有限公司	74	7	5619492	5486288
私营	127	16	1130893	1091013
其他				
港澳台商投资	23	2	8178917	7632307
外商投资	43	14	997061	997973

工业企业主要经济指标（续）

单位：万元

项目	从业人员平均人数（人）	资产合计	流动资产合计
合计	**120267**	**37480344**	**23920457**
按隶属关系			
中央企业	26221	7732521	4932400
地方企业	94046	29747823	18988057
按注册类型			
内资	90622	28102856	16077210
国有	5997	980923	837884
集体	—	—	—
股份合作	—	—	—
联营	—	—	—
有限责任公司	30991	6690658	5084044
股份有限公司	37008	18086739	8519260
私营	15800	2265401	1586159
其他			
港澳台商投资	16751	7723095	6640891
外商投资	12894	1654393	1202356

工业企业主要经济指标（续）

单位：万元

项目	存货	产成品	应收账款（净额）	固定资产合计	固定资产原价
合计	**4040174**	**1291006**	**6700087**	**2240645**	**3702958**
按隶属关系					
中央企业	944627	240921	1530379	710019	1195419
地方企业	3095547	1050084	5169708	1530626	2507540
按注册类型					
内资	2648616	727693	4935525	1711525	2812567
国有	284397	65718	259627	82295	203061
集体	—	—	—	—	—
股份合作	—	—	—	—	—
联营	—	—	—	—	—
有限责任公司	1061267	274406	1710590	366169	747618
股份有限公司	991689	292515	2381062	1064610	1562653
私营	302720	91380	567838	187839	283806
其他					
港澳台商投资	1211102	529004	1551162	372199	440915
外商投资	180456	34308	213401	156922	449477

工业企业主要经济指标（续）

单位：万元

项目	负债合计	流动负债合计	应付账款	所有者权益合计	实收资本
合计	**18989594**	**17397789**	**7078654**	**18474966**	**6031722**
按隶属关系					
中央企业	4675832	3853304	1364933	3056689	1420003
地方企业	14313762	13544485	5713720	15418277	4611719
按注册类型					
内资	11807181	10390307	3590113	16279892	4761259
国有	479854	414784	193232	501069	178118
集体	—	—	—	—	—
股份合作	—	—	—	—	—
联营	—	—	—	—	—
有限责任公司	3967392	3757832	1199944	2708502	1228444
股份有限公司	6505644	5393495	1904736	11581094	2879995
私营	808987	778893	287774	1455394	469239
其他					
港澳台商投资	6536519	6432498	3294166	1186576	962919
外商投资	645895	574984	194375	1008498	307544

工业企业主要经济指标（续）

单位：万元

项目	营业收入	主营业务收入	营业成本	主营业务成本	营业税金及附加
合计	**26187375**	**25650525**	**21605373**	**21317393**	**189064**
按隶属关系					
中央企业	5863855	5777031	4863117	4803330	116548
地方企业	20323520	19873494	1672256	16514063	72515
按注册类型					
内资	13391912	13201379	10255633	10148467	170674
国有	1102033	1091831	861683	858028	6571
集体	—	—	—	—	—
股份合作	—	—	—	—	—
联营	—	—	—	—	—
有限责任公司	4800534	4731179	3807782	3757844	27950
股份有限公司	6235471	6141051	4802226	4753857	126643
私营	1221158	1207235	761103	755898	9034
其他					
港澳台商投资	11688721	11360089	10562260	10396047	11218
外商投资	1106742	1089058	787480	772880	7172

工业企业主要经济指标（续）

单位：万元

项目	主营业务税金及附加	销售费用	管理费用
合计	**186621**	**1532377**	**1719397**
按隶属关系			
中央企业	116270	164852	368422
地方企业	70351	1367525	1350976
按注册类型			
内资	168239	695121	1243316
国有	6292	16404	115564
集体	—	—	—
股份合作	—	—	—
联营	—	—	—
有限责任公司	27523	258393	410847
股份有限公司	125025	298791	528178
私营	9007	120690	183919
其他			
港澳台商投资	11218	756177	373581
外商投资	7165	81080	102504

工业企业主要经济指标（续）

单位：万元

项目	财务费用	利润总额	应交增值税
合计	171683	1284771	588893
按隶属关系			
中央企业	47881	460602	181194
地方企业	123802	824169	407696
按注册类型			
内资	133020	1411275	502943
国有	2736	133757	43603
集体	—	—	—
股份合作	—	—	—
联营	—	—	—
有限责任公司	38523	324405	164208
股份有限公司	79776	777816	240287
私营	11484	171552	53837
其他			
港澳台商投资	41845	–270235	45113
外商投资	–3182	143731	40837

文化创意产业情况

项　目	2015年	2014年	2015年为2014年的%
单位数（个）	**2528**	**2680**	**94.3**
文化艺术	64	69	92.8
新闻出版	130	155	83.9
广播、电视、电影	89	88	101.1
软件、网络及计算机服务	1702	1659	102.6
广告会展	152	172	88.4
艺术品交易	2	7	28.6
设计服务	191	227	84.1
旅游、休闲娱乐	94	162	58.0
其他辅助服务	104	141	73.8

文化创意产业情况（续表）

项　目	2015年	2014年	2015年为2014年的%
从业人员（人）	**597257**	**533854**	**111.9**
文化艺术	7058	6576	107.3
新闻出版	17768	18540	95.8
广播、电视、电影	25551	25610	99.8
软件、网络及计算机服务	472110	406475	116.1
广告会展	11627	10912	106.6
艺术品交易	72	320	22.5
设计服务	31302	34177	91.6
旅游、休闲娱乐	13341	14492	92.1
其他辅助服务	18428	16752	110.0
资产总计（亿元）	**9868.7**	**8023.5**	**123.0**
文化艺术	130.9	132.9	98.5
新闻出版	374.8	344.8	108.7
广播、电视、电影	1657.8	1472.0	112.6
软件、网络及计算机服务	6795.7	5331.0	127.5
广告会展	308.4	208.8	147.7
艺术品交易	8.9	7.6	117.6
设计服务	292.5	287.0	101.9
旅游、休闲娱乐	138.6	109.3	126.8
其他辅助服务	161.1	130.0	123.9
收入合计（亿元）	**5699.0**	**4795.0**	**118.9**
文化艺术	43.4	41.1	105.6
新闻出版	176.8	175.2	100.9
广播、电视、电影	536.3	526.3	101.9
软件、网络及计算机服务	3971.9	3294.3	120.6
广告会展	410.9	227.8	180.4
艺术品交易	15.2	11.6	131.0
设计服务	132.5	136.9	96.8
旅游、休闲娱乐	133.7	123.3	108.5
其他辅助服务	278.3	258.6	107.6

文化创意产业情况（续表）

项目	2015年	2014年	2015年为2014年的%
税金合计（亿元）	**304.6**	**274.3**	**111.1**
文化艺术	1.1	0.8	136.4
新闻出版	11.2	11.7	96.1
广播、电视、电影	19.4	23.7	81.7
软件、网络及计算机服务	241.4	213.8	112.9
广告会展	15.0	9.7	154.5
艺术品交易	0.6	0.5	110.3
设计服务	7.0	6.2	113.1
旅游、休闲娱乐	3.6	2.7	134.6
其他辅助服务	5.4	5.2	103.0
利润总额（亿元）	**558.3**	**558.4**	**100.0**
文化艺术	0.9	0.5	170.6
新闻出版	29.1	26.3	110.8
广播、电视、电影	32.6	28.4	114.8
软件、网络及计算机服务	459.6	489.4	93.9
广告会展	19.6	8.1	241.5
艺术品交易	1.0	0.3	349.4
设计服务	13.9	-1.3	—
旅游、休闲娱乐	5.2	1.3	400.8
其他辅助服务	-3.6	5.3	—

海淀园主要经济指标增长情况

项目	单位	2015年	2014年	2015年为2014年的%
总收入	**亿元**	**16357.33**	**14449.46**	**113.2**
技术收入	亿元	3520.93	2620.89	134.3
产品销售收入	亿元	4449.79	3889.69	114.4
商品销售收入	亿元	6699.18	6300.41	106.3
实缴税费总额	亿元	645.09	522.02	123.6
出口总额	亿美元	110.85	106.44	104.1
利润总额	亿元	1180.75	1142.26	103.4
园区企业数	个	9073	8007	113.3
年收入亿元以上企业数	个	1313	1107	118.6
从业人员期末人数	万人	101.39	85.77	118.2
孵化器数	个	155	90	172.2
累计孵化企业数	个	13119	11025	119.0
加速器数	个	7	7	100.0
大学科技园数	个	17	17	100.0
国家级大学科技园	个	13	13	100.0

海淀园高新技术产业情况

项　目	单位	2015年	2014年	2015年为2014年的%
总收入				
电子与信息	亿元	11068.72	8857.79	125.0
生物工程和新医药	亿元	216.64	192.17	112.7
新材料及应用技术	亿元	874.47	1186.17	73.7
先进制造技术	亿元	514.29	511.91	93.2
新能源与高效节能技术	亿元	952.25	892.78	106.7
环境保护技术	亿元	433.80	344.68	125.9
利润总额				
电子信息	亿元	696.53	652.72	106.7
生物工程和新医药	亿元	22.52	23.51	95.8
新材料及应用技术	亿元	51.39	70.86	72.5
先进制造技术	亿元	66.81	70.09	95.3
新能源与高效节能技术	亿元	18.95	40.49	46.8
环境保护技术	亿元	58.68	46.07	127.4
实缴税费总额				
电子信息	亿元	416.77	318.17	131.0
生物工程和新医药	亿元	14.51	13.16	110.2
新材料及应用技术	亿元	14.87	16.74	88.8
先进制造技术	亿元	29.84	29.57	100.9
新能源与高效节能技术	亿元	37.99	26.03	146.0
环境保护技术	亿元	22.30	18.77	118.8
出口创汇总额				
电子信息	亿美元	65.60	52.43	125.1
生物工程和新医药	亿美元	1.63	1.65	99.0
新材料及应用技术	亿美元	7.49	9.31	80.5
先进制造技术	亿美元	2.32	2.26	102.4
新能源与高效节能技术	亿美元	2.82	2.47	114.1
环境保护技术	亿美元	0.30	0.16	185.7

全区居民家庭基本情况

项目	单位	全区平均
平均每户常住人口	人	2.8
平均每户就业人口数	人	1.3
平均每一就业者负担人数	人	1.4
平均每人年可支配收入	元	62324.9
平均每人年消费支出	元	44626.2

附 录

海淀区行政区划基本情况

序号	地 区	社区居委会	村委会	辖区面积（平方千米）
	全区	571	84	430.77
1	万寿路街道	35	0	8.78
2	羊坊店街道	31	0	6.61
3	甘家口街道	24	0	6.49
4	八里庄街道	31	0	6.49
5	紫竹院街道	22	0	6.23
6	北下关街道	31	0	6.04
7	北太平庄街道	37	0	5.17
8	海淀街道	32	0	6.90
9	中关村街道	30	0	5.28
10	学院路街道	28	0	8.49
11	清河街道	28	0	9.37
12	青龙桥街道	21	0	18.59
13	香山街道	6	0	20.40
14	西三旗街道	27	0	8.23
15	马连洼街道	17	0	10.74
16	花园路街道	26	0	6.33
17	田村路街道	29	0	7.77
18	上地街道	12	0	9.52
19	曙光街道	17	0	5.45
20	燕园街道	7	0	1.84
21	清华园街道	9	0	3.49
22	永定路街道	16	0	1.45
23	东升镇	6	5	8.28
24	海淀镇	2	4	4.79
25	四季青镇	12	13	40.83
26	西北旺镇	13	16	51.02
27	温泉镇	11	7	33.23
28	苏家坨镇	7	19	84.51
29	上庄镇	5	20	38.45
备注	海淀区对外公布面积为430.77平方千米，本表各街镇面积为2006年2月13日北京市测绘设计研究院制图中心图测数据，精确到小数点后第二位			

2015年中共海淀区委文件目录

序号	文件标题	发文字号	印发日期
1	中国共产党北京市海淀区第十一届委员会第六次全体会议决议	京海发〔2015〕1号	2015年1月9日
2	中共北京市海淀区委关于印发《中共海淀区委常委会2015年工作要点》的通知	京海发〔2015〕2号	2015年1月28日
3	中共北京市海淀区委印发《关于落实党风廉政建设责任制党委主体责任和纪委监督责任的实施意见》的通知	京海发〔2015〕3号	2015年4月13日
4	中共北京市海淀区委转发《中共北京市海淀区人大常委会党组关于加强和改进全区人大工作的若干意见》的通知	京海发〔2015〕4号	2015年5月5日
5	中共北京市海淀区委北京市海淀区人民政府印发《关于进一步加强新时期信访工作的意见》的通知	京海发〔2015〕5号	2015年7月7日
6	中国共产党北京市海淀区第十一届委员会第七次全体会议决议	京海发〔2015〕6号	2015年8月21日
7	中共北京市海淀区委关于开展“学党章、守纪律、讲规矩”主题教育活动的通知	京海发〔2015〕7号	2015年9月6日
8	中共北京市海淀区委北京市海淀区人民政府印发《关于落实北京市委市政府贯彻京津冀协同发展规划纲要意见的若干措施》的通知	京海发〔2015〕8号	2015年9月21日
9	中共北京市海淀区委北京市海淀区人民政府关于授予中国人民抗日战争暨世界反法西斯战争胜利70周年纪念活动、2015年北京国际田联世界田径锦标赛海淀区服务保障工作突出贡献单位和先进集体荣誉称号的决定	京海发〔2015〕9号	2015年9月23日
10	中共北京市海淀区委北京市海淀区人民政府印发《关于促进红十字事业发展的若干措施》的通知	京海发〔2015〕10号	2015年10月23日

2015年海淀区人民政府文件目录

文号	发文日期	标题
海政发〔2015〕1号	2015年1月19日	关于印发《2015年第一批海淀区政府投资建设项目安排方案》的通知
海政发〔2015〕2号	2015年1月20日	关于印发2015年政府工作报告的通知
海政发〔2015〕3号	2015年2月11日	关于印发《海淀区“十三五”规划研究编制工作方案》的通知
海政发〔2015〕4号	2015年2月15日	关于印发《海淀区2015年度保障性安居工程用地供应计划》的通知
海政发〔2015〕5号	2015年3月13日	关于促进电子商务发展的指导意见的通知
海政发〔2015〕6号	2015年4月8日	关于印发本区2015年全社会固定资产投资推进方案的通知
海政发〔2015〕7号	2015年4月8日	印发《关于办理人民代表大会议案代表建议批评意见和人民政治协商会议建议案提案的规定》的通知
海政发〔2015〕8号	2015年4月17日	关于印发《海淀区空气重污染应急预案》的通知
海政发〔2015〕9号	2015年4月22日	关于印发本区集体土地上企业整治方案的通知
海政发〔2015〕10号	2015年4月28日	关于印发本区2015年重点建设项目任务分解方案的通知
海政发〔2015〕11号	2015年5月4日	关于公布海淀区行政处罚权力清单（2015年版）的通知
海政发〔2015〕12号	2015年5月4日	关于印发2015年海淀区生态文明和环境建设重点任务分解方案的通知
海政发〔2015〕14号	2015年6月5日	关于印发本区依法行政工作报告的通知
海政发〔2015〕15号	2015年6月12日	关于印发海淀区2015年主要污染物减排工作方案的通知
海政发〔2015〕16号	2015年6月8日	关于为新设立科技服务业有限责任公司（内资）统一提供“三证合一”（多证联办）服务的通告
海政发〔2015〕17号	2015年6月29日	关于建立政府法律顾问制度的实施意见（暂行）
海政发〔2015〕18号	2015年7月1日	关于印发《2015年海淀区政府投资建设项目全年安排方案》的通知
海政发〔2015〕19号	2015年7月17日	关于印发《海淀区高污染燃料禁燃区建设方案》的通知
海政发〔2015〕20号	2015年8月11日	关于深入推进行政审批制度改革工作的实施意见
海政发〔2015〕22号	2015年8月18日	关于加强人民防空专业队伍建设的意见
海政发〔2015〕23号	2015年9月14日	关于印发本区督促检查工作办法的通知
海政发〔2015〕24号	2015年9月25日	关于开展新一周期国土资源模范县（市）创建活动工作的通知
海政发〔2015〕25号	2015年10月8日	关于开展“落实京津冀协同发展规划精神 加强行政执法工作”活动的通知
海政发〔2015〕26号	2015年10月16日	关于授予海淀区见义勇为积极分子（模范群体）和海淀区见义勇为权益保护工作先进单位称号的决定
海政发〔2015〕27号	2015年11月6日	关于印发《海淀区大气污染防治网格化管理工作方案》的通知
海政发〔2015〕28号	2015年11月9日	关于印发《关于统筹海淀区城市管理综合考核评价工作的意见》的通知
海政发〔2015〕32号	2015年12月8日	关于进一步完善和加强区政府工作部门安全监管（管理）职责的通知
海政发〔2015〕33号	2015年12月18日	关于印发《2016年第一批海淀区政府投资建设项目安排方案》的通知

海淀区 2015 年暨“十二五”期间国民经济和社会发展统计公报

2016-04-12

2015 年，面对复杂多变的国际形势和国内经济运行出现的新情况，全区上下积极贯彻落实中央和北京市各项决策部署，牢牢把握建设首都功能核心区的工作重心，主动适应新常态，稳步推进疏解工作，加快改革创新，坚持稳中求进，经济社会发展取得了新成绩，实现了“十二五”的圆满收官。

一、人口

2015 年年末全区常住人口 369.4 万人，比 2014 年年末增加 1.6 万人。其中，常住外来人口 148.6 万人，占常住人口的比重为 40.2%。年末全区户籍人口 239.5 万人，比 2014 年年末增加 1.0 万人。

“十二五”时期，全区常住人口年均增长 2.4%，比“十一五”时期低 2.5 个百分点；累计增加 39.7 万人，增量比“十一五”时期减少 29.8 万人。

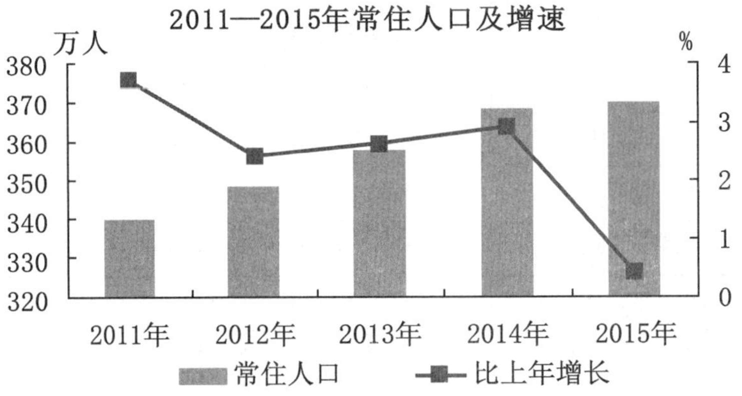

二、综合

经济增长：初步核算，2015 年全区实现地区生产总值 4613.5 亿元，比上年增长 7.5%。分产业看，第一产业实现增加值 1.8 亿元，下降 8.8%；第二产业实现增加值 565.9 亿元，下降 1.5%。其中工业实现增加值 368.6 亿元，下降 4.8%。第三产业实现增加值 4045.7 亿元，增长 8.9%。

“十二五”期间，全区地区生产总值年均增长 10.7%，低于“十一五”时期平均增速 4.6 个百分点。三次产业结构由 2010 年的 0.05:14.40:85.55 变化为 2015 年的 0.04：12.27：87.69。

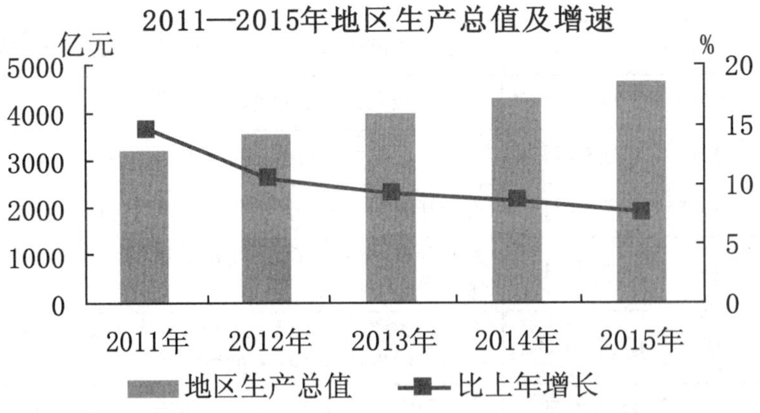

财政：2015 年全区区域财政收入完成 2183.95 亿元，增长 4.4%。区级财政收入 455.81 亿元，增长 21.9%，其中，营业税、企业所得税、城市维护建设税、房产税和增值税共完成 295.69 亿元，增长 10.5%。全区财政支出完成 622.78 亿元，增长 32.3%。

“十二五”期间，全区区级财政收入和财政支出累计分别达到 1690.38 亿元和 2162.42 亿元，均为“十一五”时期的 2.4 倍。区级财政收入和财政支出年均增速为 19.0%和 18.4%，分别低于“十一五”时期 2.9 个百分点和 8.0 个百分点。

2011—2015年区级财政收入及增速

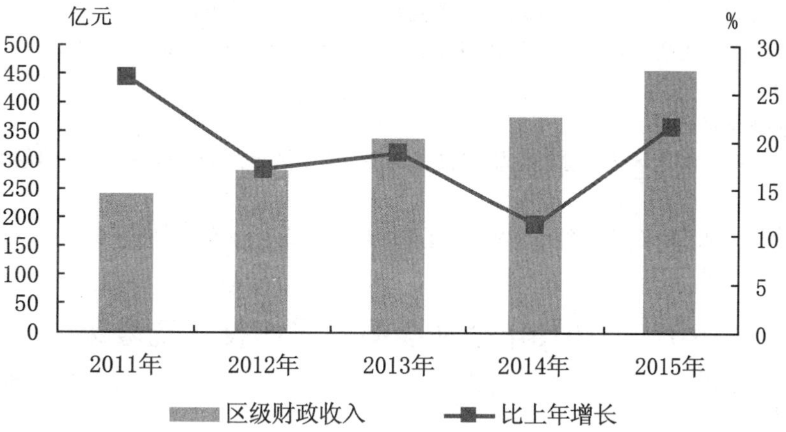

金融：2015 年全区各类金融机构达 2714 家，其中银行机构 815 家，保险机构 210 家，证券机构 157 家。全区期末银行存款余额实现 29368.2 亿元，其中个人储蓄存款 4850.4 亿元。境内贷款余额实现 6355.3 亿元，其中短期贷款实现 2561.4 亿元，中长期贷款实现 3680.4 亿元。

"十二五"期末，银行存款余额比"十一五"期末增加 1.6 万亿元，为"十一五"期末的 2.3 倍；银行贷款余额比"十一五"期末增加 2298.2 亿元，为"十一五"期末的 1.6 倍。

就业：2015 年全区城镇登记失业率为 0.90%，比上年扩大 0.12 个百分点；失业人员就业率 67.6%，比上年降低 1.5 个百分点。

三、人民生活和社会保障

人民生活：2015 年全区居民人均可支配收入达 62325 元，增长 7.6%；人均消费支出 44626 元，增长 7.9%。

社会保障：2015 年全区养老、医疗、失业、工伤和生育保险参保人数分别为 248.8 万人、315.6 万人、212.2 万人、191.9 万人和 176.6 万人，比上年末净增 6.9 万人、18.4 万人、5.4 万人、14.2 万人和 5.7 万人。全年全区享受最低生活保障的城市居民为 64611 人次，农村居民为 2632 人次。

四、农业、工业和建筑业

农业：2015 年全区实现农林牧渔业总产值 5.3 亿元，下降 9.7%。其中林业实现产值 2.1 亿元，下降 14.8%。全区农业观光园 64 个，实现总收入 5689.7 万元，比上年下降 16.7%。民俗旅游实现收入 264.7 万元，比上年下降 8.0%。

工业：2015 年全区规模以上工业企业实现工业总产值 1929.4 亿元，下降 3.4%。其中，计算机、通信和其他电子设备制造业实现产值 1064.5 亿元，增长 1.3%；高技术制造业产值占比为 62.6%，比上年提高 3.2 个百分点。全年共实现工业销售产值 1861.1 亿元，下降 3.1%，其中，出口交货值 80.9 亿元，下降 0.8%。

"十二五"期间，全区规模以上工业企业共实现总产值 8782.0 亿元，是"十一五"时期的 1.5 倍；年均增速为 7.5%，低于"十一五"时期 2.1 个百分点。

2011—2015年规模以上工业总产值及增速

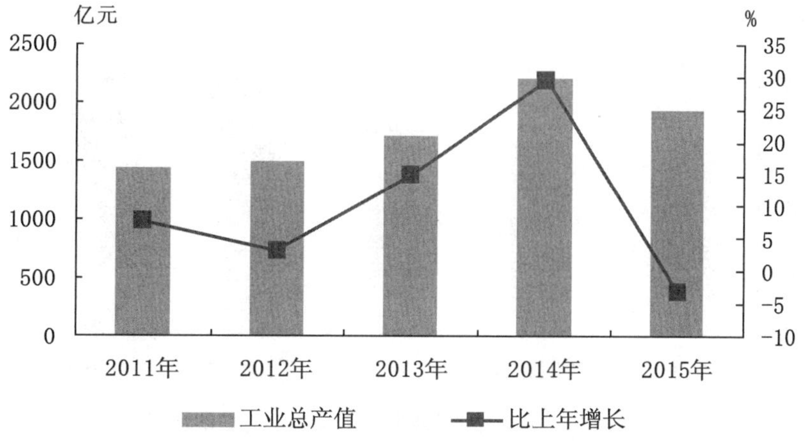

建筑业：2015 年全区总承包和专业承包施工资质等级的建筑业企业完成建筑业总产值 1649.9 亿元，增长 8.0%。其中，在本市完成产值 544.7 亿元，同比下降 0.5%。实现竣工产值 647.1 亿元，下降 9.0%。

“十二五”期间，全区建筑业企业共实现总产值 7158.3 亿元，是“十一五”时期的 1.9 倍；年均增速为 7.8%，低于“十一五”时期 14.2 个百分点。

五、固定资产投资和房地产开发

全社会固定资产投资：2015 年全区全社会固定资产投资实现 870.5 亿元，增长 3.4%。其中，城镇固定资产投资完成 606.2 亿元，增长 0.3%。

“十二五”期间，全区完成全社会固定资产投资 3801.5 亿元，是“十一五”时期的 1.7 倍；年均增速 9.0%，高于“十一五”时期 3.2 个百分点。

2011—2015年全社会固定资产投资及增速

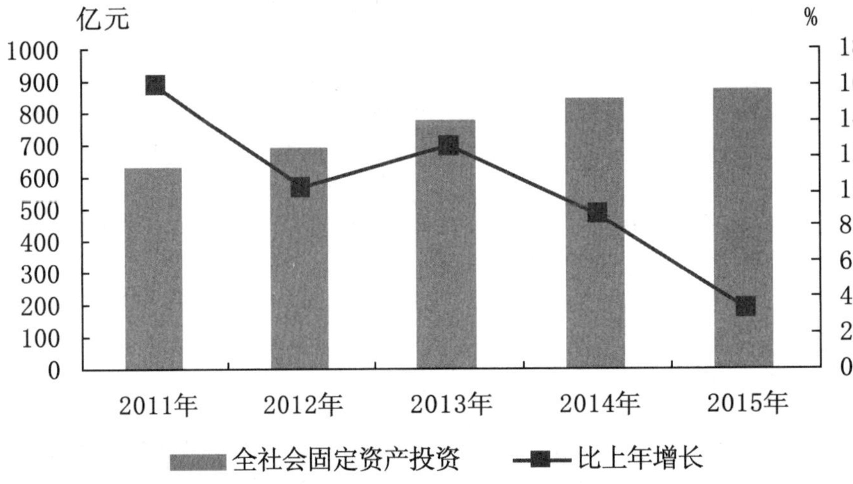

房地产开发：2015 年全区完成房地产开发投资 249.8 亿元，比上年提高 14.5%，其中住宅投资 147.0 亿元，增长 23.2%。房屋施工面积完成 954.6 万平方米，下降 5.7%。其中新开工面积完成 200.8 万平方米，增长 62.8%。房屋竣工面积 194.9 万平方米，同比下降 14.1%。商品房销售面积 70.8 万平方米，同比增长 53.2%。

六、国内贸易、对外经济和旅游

国内贸易：2015 年全区累计实现社会消费品零售额 2094.7 亿元，同比增长 6.8%。其中限额以上零售业企业实现零售额 1774.5 亿元，增长 5.8%。

“十二五”期间，全区累计实现社会消费品零售额 8965.2 亿元，是“十一五”时期的 1.9 倍；年均增速 10.5%，低于“十一五”时期平均增速 6.7 个百分点。

2011—2015年社会消费品零售额及增速

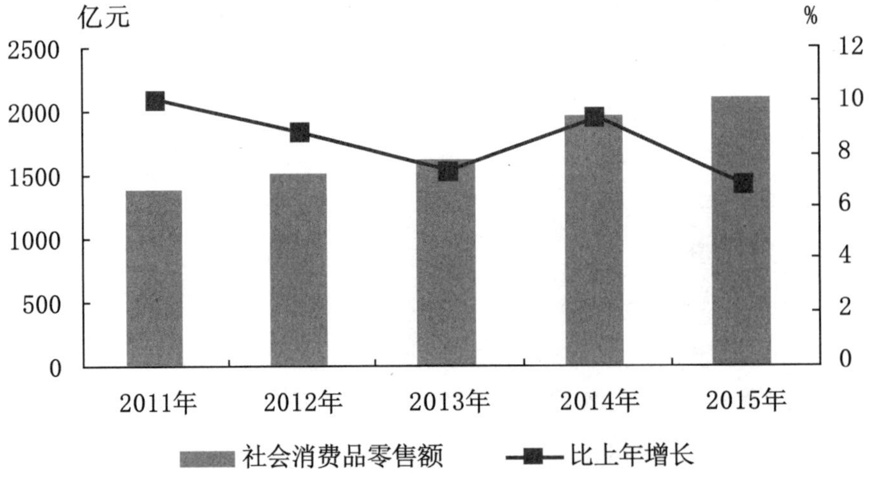

对外经济：2015 年全区进出口总额 303.6 亿美元，比上年下降 11.3%。其中进口额 214.8 亿美元，下降 9.4%；出口额 88.8 亿美元，下降 15.4%。

“十二五”期末，全区实现进出口总额为“十一五”期末的 72.7%，年均下降 6.2%，低于“十一五”时期平均增速 21.9 个百分点。

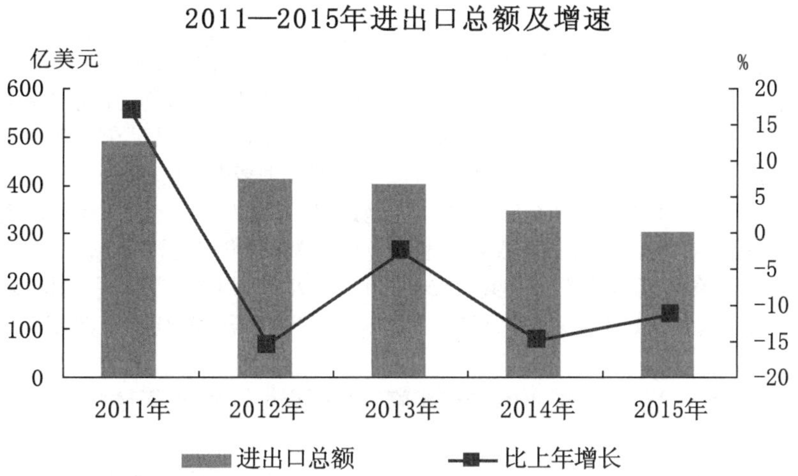

旅游：2015 年海淀区旅游业接待总人数达 6634.0 万人，比上年增长 0.8%；其中住宿业接待人数达 1108.4 万人，增长 9.3%。全区旅游业实现营业收入 522.5 亿元，增长 5.7%。

“十二五”期末，全区旅游业实现营业收入为“十一五”期末的 2.8 倍，年均增速为 19.7%。

七、教育、科学技术、文化、卫生和体育

教育：2015 年年末全区特级教师、市级骨干教师和市级学科带头人分别为 171 人、297 人和 69 人。全区 35 岁以下教师比例达 43.0%。公办学校和民办学校接收进城务工就业农民子女人数分别为 33848 人和 3095 人。

科学技术：2015 年全年专利申请量与授权量分别为 5.9 万件和 3.1 万件，分别比上年增长 26.5%和 39.0%。全年技术合同成交总金额 1436.8 亿元，增长 5.1%。

文化：2015 年末全区区属公共图书馆藏书 96.5 万册，全年借阅人次 22.4 万人次。文化馆组织文艺活动 51 次，博物馆举办展览 8 次，参观人数共计 4.6 万人次。

卫生：2015 年末全区共有卫生机构 1053 个，比上年末增加 17 个。全区卫生技术人员达到 2.9 万人，比上年末增加 380 人；其中执业医师 10761 人，注册护士 12660 人。

体育：2015 年末全区共有体育场馆 255 个。

公报注释：

1.本公报中 2015 年数据均为初步统计数。

2.地区生产总值及其中各产业增加值绝对数和增长速度均按现价计算。

3.规模以上工业企业是指年主营业务收入 2000 万元及以上的全部法人工业企业；限额以上批发零售企业是指年主营业务收入 2000 万元及以上的批发企业和年主营业务收入 500 万元及以上的零售企业。

4.自 2015 年起，按照国家统计局统一要求，海淀区按照城乡一体化住户调查改革后的新口径发布居民收支数据。反映收入、消费水平的主要指标统一使用“城乡居民人均可支配收入”和“城乡居民人均消费支出”，不再对外发布“城镇居民人均可支配收入”“农村居民人均纯收入”等数据。

5.公报中部分数据合计数或相对数由于计量单位取舍不同而产生的计算误差，均未做机械调整。

资料来源：

本公报中户籍人口数据来自北京市统计局、国家统计局北京调查总队；财政数据来自海淀区财政局；金融机构数据来自海淀区金融服务办公室；就业、社会保障数据来自海淀区人力资源和社会保障局；进出口数据来自海淀区商务委员会；教育数据来自海淀区教育委员会；专利数据来自海淀园管委会（科委）；公共图书馆、文化馆数据、博物馆数据来自海淀区文化委；卫生数据来自海淀区卫生局；体育数据来自海淀区体育局；其他数据来自海淀区统计局、国家统计局海淀调查队。

北京市海淀区国民经济和社会发展第十三个五年规划纲要

（2016 年 1 月海淀区第十五届人民代表大会第六次会议批准）

“十三五”时期是全面建成小康社会、实现我们党确定的“两个一百年”奋斗目标的第一个百年奋斗目标的决胜阶段，是北京市落实首都城市战略定位、加快建设国际一流和谐宜居之都的关键阶段，也是海淀区落实首都中心城区功能定位、加快建设全国科技创新中心核心区的重要阶段。中国共产党北京市海淀区委第十一届委员会第八次全会会议全面阐释了海淀发展适逢新机遇，要有新作为，应加快建设环境优美、和谐宜居的全国科技创新中心核心区，加快推动经济提质增效升级，全面建成小康社会，努力让海淀人民共建共享更加美好的生活，为建设国际一流的和谐宜居之都做出更大贡献。为此，依据《中共中央关于制定国民经济和社会发展第十三个五年规划的建议》《京津冀协同发展规划纲要》《中共北京市委关于制定北京市国民经济和社会发展第十三个五年规划的建议》《中共北京市委北京市人民政府关于贯彻〈京津冀协同发展规划纲要〉的意见》《中共北京市海淀区委关于制定海淀区国民经济和社会发展第十三个五年规划的建议》编制本规划纲要。

第一章　在新的城市战略定位下谋划海淀新发展

“十二五”时期，在市委市政府的坚强领导下，全区上下团结奋斗、开拓创新，开创了发展新局面。“十三五”时期，面对错综复杂的外部环境和艰巨繁重的新任务新要求，海淀区有责任、有条件、有能力在京津冀协同发展大局下开创海淀更加美好的未来。

第一节　“十二五”时期发展回顾

坚决贯彻落实中央对北京工作的重要指示精神和市委市政府对海淀工作的系列指示要求，着力推进创新发展和城市建设管理，圆满完成党的十八大、2014 年亚太经合组织会议、纪念中国人民抗日战争暨世界反法西斯战争胜利 70 周年、2015 年世界田径锦标赛等一系列重大活动的服务保障任务。

以中关村国家自主创新示范区核心区建设为统领，以南部中关村科学城、北部生态科技新区、中部“三山五园”历史文化景区等三大功能区为载体，加快转变经济发展方式，着力提升发展质量和效益。“高精尖”经济结构初步形成，信息服务业、科技服务业、文化创意产业保持领先优势，新材料、节能环保等战略性新兴产业集群化发展态势明显，综合经济实力进一步提高，在常住人口年均增长不到 3%、劳动力年均增长 4%左右的情况下，地区生产总值和城乡居民收入年均增速均超过 10%。

科技创新体系建设进一步完善。加快体制机制改革和政策先行先试步伐，积极推动“大众创业、万众创新”，创新驱动作用更加凸显。率先落实中关村“1+6”“新四条”等先行先试政策，修订出台了推动新一轮创新发展的“1+4+1”政策体系。海淀园总收入预计达 1.63 万亿元，年均增长 18.3%；国家高新技术企业总数超过 5300 家，占全市一半；园区科技经费支出累计超过 2400 亿元；技术合同累计成交总额超过 6000 亿元，占全市四成以上。高端创新创业要素加速聚集，国家技术转移集聚区、中国国家技术转移中心、国家科技金融创新中心等挂牌。启动中关村大街整体改造升级，打造全国创新创业新地标。中关村人才特区建设扎实推进，聚集了一批优秀创新人才。

大力推进城乡一体化发展。完成北坞村、唐家岭、中央党校西墙外等重点地区整治改造任务，四季青镇整建制“农转非”取得突破性进展，“东升模式”“玉泉•慧谷模式”为全市农村改革发展探索了新经验、树立了新标杆。城乡接合部地区加快环境综合整治，重点村城市化改造任务完成，新农村发展活力不断增强。

城市环境面貌明显改善。全面打响“大城市病”治理攻坚战，推进非首都功能疏解，实施“山水林田湖”生态环境系统治理。京包高速（五环—六环）、沙阳路等一批道路建成通车，治理上地信息环岛路口等多处拥堵点位。实施绿道工程 50 余公里，启动园外园生态环境提升工程，城市绿化覆盖率达 51.59%。清洁能源体系建设逐步完善，节能减排工作深入推进。万元地区生产总值能耗累计降低率为 20.6%，万元地区生产总值水耗累计降低率为 32.3%，提前完成了规划目标。

公共服务水平显著提升。积极探索创新区域融合发展模式，以首善标准做好“四个服务”，教育、医疗卫生、就业、养老、住房等公共服务质量和民生保障水平不断提升。城镇登记失业率控制在 1.5%以内。城乡社会保障体系基本健全，服务保障水平居于全国前列。中低收入群众生活水平和住房条件明显改善，累计建设和筹集保障房 8.06 万套，持续推进老旧小区综合整治项目。深化平安海淀建设，荣获“全国平安建设先进区”称号，防范和化解社会矛盾的机制更加有效，社会更加和谐稳定。

扎实推进重点领域和关键环节改革。有序推进机构改革，全面清理、规范行政审批和政务服务事项，在全市区县中率先试编全口径预算。大力加强民主法治建设，营造了齐心协力促发展的良好氛围。深入开展党的群众路线教育实践活动和“三严三实”专题教育，党风政风和社会风气持续好转。全区整体文明水平不断提高，荣获“全国文明城区”和“全国未成年人思想道德建设工作先进城区”称号。

“十二五”时期是举全区之力，推动海淀科学发展取得重大进展的五年；是转变经济发展方式取得积极成效，综合经济实力显著增强的五年；是城乡面貌焕然一新，城市服务管理水平明显提升的五年；是保障和改善民生力度不断加大，人民群众得到更多实惠的五年。海淀人民谱写了科学发展的新篇章，进一步彰显了在创新型国家建设和首都科学发展中的地位和作用，标志着海淀发展迈上了新台阶。

站在新的历史起点，我们应始终保持清醒的头脑，深刻认识推动海淀新一轮科学发展还面临的深层次问题：综合经济实力和竞争力需要进一步提高，“高精尖”经济结构优势需要进一步巩固，加快转变经济发展方式的任务仍然艰巨；科技创新资源优势、创新要素活力尚未完全释放，创新创业活力转化为经济发展的动能仍显不足；疏功能控人口，解决交通拥堵、治理大气水环境污染等“大城市病”愈发紧迫，实现城市服务和管理的法治化、精细化、现代化的要求仍需努力；教育、医疗、住房、社保等城乡基本公共服务供给不足和结构性失衡比较突出，服务水平需要进一步提高；改革创新的系统性、整体性、协调性有待加强，对深层次重点领域和关键环节的改革需要深入推进。我们应以更加自觉进取的精神，下大力气破解发展面临的难题，厚植发展优势，在更高的水平上推动海淀科学发展。

第二节 把握战略机遇期

“十三五”时期，海淀发展适逢新机遇。党的十八届五中全会提出了创新、协调、绿色、开放和共享的发展理念，为推动新一轮科学发展确立了“主基调”，提供了根本遵循。习近平总书记视察北京的重要讲话，明确了首都“四个中心”城市战略新定位和建设国际一流的和谐宜居之都战略目标，中央进一步明确了海淀是首都中心城区的功能定位，为各项工作确立了根本指针。京津冀协同发展国家战略的实施，为推进区域协同、挖潜发展空间、优化城市环境、提高内涵集约发展质量水平提供了重大历史机遇。市委要求积极探索中关村国家自主创新示范区与全国科技创新中心融合发展的新路径，为海淀着力推动科技创新中心核心区建设指明了方向。

“十三五”时期，海淀发展面临新挑战。特别是人口资源环境矛盾突出，疏功能减人口、治理“大城市病”等任务还很艰巨。创新创业资源优势转化为“高精尖”经济增长优势、引领支撑首都可持续发展和辐射带动京津冀协同发展的能力还有待提高。区域发展和公共服务不平衡，城市化进程还需进一步提速。文化软实力与城市功能定位还不完全适应，提高居民素质和地区文明程度、巩固提升全国文明城区内在品质还需久久为功。

“十三五”时期，海淀发展要有新作为。要实现更高质量的科学发展，必须准确把握战略机遇期内涵的深刻变化，准确把握海淀发展的阶段性特征，切实增强机遇意识、责任意识、忧患意识，认真落实京津冀协同发展战略和首都中心城区功能定位，着力在谋创新促发展、疏功能减人口、提高城市治理能力、加快推进城市化、优化和谐宜居生态环境、提高人民群众获得感等重点领域，实现新突破、取得新成效。

第三节 谋划创新发展新篇章

一、指导思想

高举中国特色社会主义伟大旗帜，全面贯彻党的十八大和十八届三中、四中、五中全会精神，以马克思列宁主义、毛泽东思想、邓小平理论、“三个代表”重要思想和科学发展观为指导，深入贯彻习近平总书记系列重要讲话精神，坚持“五位一体”总体布局和“四个全面”战略布局，牢固树立创新、协调、绿色、开放、共享发展理念，深入实施京津冀协同发展战略，牢牢把握首都中心城区功能定位，大力推进“大众创业、万众创新”，积极探索中关村国家自主创新示范区与全国科技创新中心融合发展的有效途径，加快建设环境优美、和谐宜居的全国科技创新中心核心区，加快推动经济提质增效升级，全面建成小康社会，努力让海淀人民共享更加美好的生活，为建设国际一流的和谐宜居之都做出更大贡献。

二、基本要求

“十三五”时期，要高举建设全国科技创新中心旗帜，全区上下凝心聚力、统筹谋划，进一步强化“海淀区就是核心区、核心区就是海淀区”理念，依托海淀创新创业资源富集的区位优势，持续增强核心竞争力，坚定不移推进科技创新中心核心区建设。基本要求是：

——聚焦全国科技创新中心核心区建设。把创新驱动摆在发展全局的核心位置，瞄准前沿科技与产业发展趋势，大幅提升自主创新和产业化组织能力，不断优化创新创业生态环境，加快创新创业新优势转换为经济发展新动能，加快培育新业态，壮大“高精尖”经济实力，进一步发挥海淀在创新型国家建设、全国科技创新中心建设中的引领示范和辐射带动作用。

——坚决完成疏功能减人口任务。深入实施京津冀协同发展战略，疏解非首都功能，有效控制人口规模，坚决完成人口调控任务，优化拓展发展空间，集聚符合功能定位的高端人才、产业项目和资金，着力增强服务保障首都核心功能的能力，在自觉服务国家和首都大局中提高自身发展质量和水平。

——全面提升城市治理能力。落实中央城市工作会议精神，加快城市化进程，加强基础设施建设，坚持依法治理、科学管理，发挥大数据、物联网等新技术、新产品优势，提高城市治理体系和治理能力现代化水平，增强城市服务保障和运行管理能力。

——大力加强生态环境建设。牢固树立“绿水青山就是金山银山”的生态文明理念，进一步深化绿色发展，坚守生态保护红线、环境质量底线、资源消耗上限，加大污染治理和生态建设力度，以“山水林田湖”为骨干，构筑青山绿水常在、充满生机活力的城市生态环境。

——持续增强共建共享的获得感。不断增加民生投入，构建多层次、广覆盖、优配置、齐共享的社会公共服务体系，把提高人民群众生活质量放在更加突出的位置，着力保障和改善民生。深入推进协同建区，不断提高区域共建共享和开放融合工作水平，充分调动驻区单位和人民群众的积极性、主动性、创造性，实现政府治理和社会自我调节、居民自治良性互动，做好“四个服务”，让人民群众有更多获得感。

三、发展目标

根据党的十八届五中全会和市委十一届八次全会的总体部署，落实京津冀协同发展和建设国际一流的和谐宜居之都的任务要求，今后五年海淀要在以下方面取得新成果：

——创新创业对经济发展的贡献不断提高。经济保持中高速增长，地区生产总值年均增速7%以上，力争为全市经济提质增效做出更大贡献。到2020年之前实现地区生产总值和城乡居民人均收入比2010年翻一番。产业功能布局进一步优化，战略性新兴产业快速发展，生产性服务业和生活性服务业品质稳步提高，“高精尖”经济实力不断壮大，海淀园总收入年均增速达10%，高新技术产业增加值占地区生产总值65%以上，对首都创新发展的支撑作用更加凸显。

——疏功能减人口取得突破性进展。高消耗、低产出的一般性产业淘汰退出，低端有形市场和物流仓储基地疏解退出，区属国有和集体经济业态调整升级，部分教育、医疗、培训机构等服务功能有序疏解。全区常住人口总量控制在312.6万人以内。

——公共服务和民生保障更加有力。教育、养老、医疗卫生、社会保障、住房等公共服务体系更加健全，优质公共服务资源供需矛盾得到有效缓解，“四个服务”水平进一步提高。社会更加和谐稳定。人民群众共建共享的获得感进一步增强。

——城市生态环境质量明显改善。城市基础设施更加完善便捷，交通拥堵得到有效缓解。单位地区生产总值能耗、水耗持续下降，碳排放总量得到有效控制。主要污染物排放总量持续削减，污水处理率大于99%，生活垃圾无害化处理率达100%。“山水林田湖”生态系统得到修复，城市绿化覆盖率达53%，消除环境脏乱差现象，城市生活舒适度不断提高。

——城市文明程度显著提升。市民综合素质明显提高，崇德向善的社会风尚更加浓厚，以改革创新为核心的中关村精神广泛弘扬。构建现代公共文化服务体系，建成国家公共文化服务体系示范区，文化强区地位进一步巩固。重点领域和关键环节改革进一步深化，开放、协同、融合发展取得新成效。民主法治体系更加健全，司法公信力明显提高，法治政府建设取得阶段性成果。

第二章　优化提升首都中心城区功能

海淀区是首都“四个中心”功能的主要承载区，国际一流和谐宜居之都建设的重要区域，落实好作为首都中心城区功能定位的转变，在自觉服务国家和首都大局中，把疏功能减人口作为重中之重，有序疏解非首都功能，有效控制人口规模，加快农村地区城市化，建设全国科技创新中心核心区，促进历史文化传承与创新，推进全面创新改革先行先试，建成国际一流和谐宜居文明区。

第一节　有序疏解非首都功能

一、严格控制增量

严控新增不符合首都中心城区功能的产业。严格执行北京市新增产业禁限目录，严把企业登记、项目审批准入关。严禁新增传统农林牧渔业（环境绿化除外）。严禁新增一般性制造业和高端制造业中比较优势不突出的生产加工环节。严禁新建和扩建除满足市民基本需求的零售网点以外的商品交易市场设施和未列入规划的区域性物流中心和批发市场。调整完善各项产业补贴扶持政策，推进产业业态优化升级。对招商引资、承接产业坚持高标准，提高行业准入门槛，严禁低端低效产业项目落地，实现产业空间高效集约利用。

严格新增教育、医疗及行政性、事业性服务机构等。严禁新设立面向全国招生的一般性培训机构。严禁教育咨询机构扩大经营范围进行教育培训。严禁五环内新建综合性医疗机构和增加医疗机构床位总量（中医医疗机构、社区卫生机构除外），部分街道禁止新建医疗机构和增加医疗机构床位（中医医疗机构、社区卫生服务机构、诊所除外）。严控新设或迁入行政性、事业性服务机构。

二、有序疏解存量

加强疏解顶层设计。坚持疏与控双管齐下、市场与政府两手用力、疏解与提升同步推进，健全倒逼机制、激励机制、合作对接机制、以结果为导向的考核机制，科学制定疏解计划，"禁、关、控、调、转"综合施策。突出抓好年度重点疏解项目，坚决疏解一批不符合首都功能定位的低效业态和有形市场。坚持功能疏解与创新发展、高端人才聚集、服务驻区单位、提升城市品质、方便群众生活高度统一，高效利用腾退空间，统筹布局公共服务设施建设和"高精尖"产业发展。

加快高消耗、低产出的一般性产业调整退出。坚决退出排放污水较多、对环境危害较大的畜禽养殖场。坚决退出一般性制造业，就地淘汰建材、化工、纺织、印染、铸造、电镀等污染较大、耗能耗水较高的行业和生产工艺。

推进国有企事业单位和集体经济业态调整升级。推进区属国企办的有形市场和出租大院拆迁腾退，加强小门店清理整顿，2017 年前基本实现原有配套商业网点回归便民服务功能。加快区属房产和土地资源经营业态的调整升级，重点发展符合区域功能定位的城市服务业、科技服务业。通过清退、收回、关停、转型升级等措施，完成集体土地上的低效企业清理整治，加强对街镇产业项目落地指导，实现环境改善、人口调控、用地集约和产业升级同步推进。

引导支持部分有形市场和大宗商品仓储物流基地疏解退出。积极推进服装、小商品、建材家具、汽车配件、花鸟鱼虫等专业市场向区外疏解转移。继续推动中关村西区业态调整升级。加大摊贩聚集市场拆违力度。引导和推动农副产品、基础原材料等大宗商品仓储物流功能迁出。通过支持便民菜店、超市售菜、开通蔬菜直通车等多种方式，有效保障居民生活基本消费需求。

推动部分教育服务功能疏解。大幅压缩区属中等职业学校区内办学规模，支持其教学环节向远郊区和河北地区有序疏解转移。通过办分校、联合办学、品牌输出、搭建互联网平台等方式，统筹推动优质教育资源服务和辐射周边区及津冀地区发展。

推动部分医疗服务功能疏解。修编区域医疗机构设置规划和医疗设施空间布局规划，有序引导南部医疗机构向五环外地区转移。通过开办分院、合作办医、组建医联体、共建护理医院和康复医院等方式，结合规划有序安排优质医疗资源向资源薄弱地区疏解。

推动部分养老服务功能疏解。建立区属公办养老机构入驻及评估管理制度，重点接收具有海淀户籍、政府托底保障的四类养老对象。引导社会资本在有条件的远郊区和津冀地区合作建设新型养老服务机构和养老型社区，积极推动异地养老和康复疗养。

配合中央、市属单位做好功能疏解工作。强化街镇属地服务与疏解责任，支持配合区内普通高等学校本科教育有序迁出，老校区向研究生培养基地、研发创新基地和重要智库转型。配合做好部分市属高校搬迁，推动市属中等职业学校向区外疏解。配合服务好中央、市属行政事业单位、驻区部队所属单位有序疏解。

第二节 加强人口调控

一、落实人口调控目标任务

严格控制人口规模。综合运用经济、法律、行政等手段确保全区常住人口在 2014 年基础上每年降低 2~3 个百分点。实施地下空间清理整治行动计划，严禁地下空间散租住人。严厉打击违法建设，实现既有违法建设逐年递减，新增违法建设"零增长"。健全无证无照经营排查机制，坚决取缔无证市场和无照经营商户。综治、工商、食药、税务、城管等部门加强社会治安秩序、市场经营秩序和城市环境秩序的联合执法和综合执法。推进城乡接合部地区减人添绿，北部地区建设强化就地改善与异地疏解相结合。加强腾退空间管控，坚决防止腾退空间非首都功能和人员再聚集。

健全人口调控措施。坚持以水定城、以水定产、量水发展原则，落实最严格水资源管理制度。创新以业控人、以房管人、以证管人的体制机制。加强统筹规划，严控建设用地规模，优化建设用地结构，努力实现职住协调。开展房屋供给总量和结构研究，严控新增居住类用地规模。严格执行房屋租赁标准和管理规定，健全违法群租房整治长效机制。加强户籍管理，落实积分落户、居住证制度。

促进人口结构优化。科学研判产业和人口状况，按行业和街镇辖区加强人口结构与布局分析。加强对支撑全国科技创新中心核心区功能定位的主导产业和新兴产业所需要的高端人才储备和供给，在科技创新驱动下加大对就业人口分布的优化和调整，进而提升生产性服务业和生活性服务业的供给水平和效率。

二、加强人口调控工作管理

着力完善人口调控工作机制。严格落实“双调度”“双责任”机制，按照减人口目标分解任务，制定折子工程，细化责任分工，强化街镇属地责任和部门工作责任。加强督查考核，严格责任追究，坚决完成北京市下达的人口调控任务。

完善人口数据动态监测机制。通过人口普查、抽样调查、大数据监测、实有人口信息采集核对等措施，完善人口数据动态监测和共享机制。开展城市综合承载力压力动态评估，建立重大政策出台、重大规划调整、重大项目启动时人口评估制度，建立人口调控与经济社会发展和谐统一的动态机制。

第三节　加快农村地区城市化

一、深化农村改革

加强农村集体资产管理。完善海淀区农村集体资产监督管理委员会职能，深化集体资产监管体制机制改革。通过健全制度、强化监管、加强服务，形成产权清晰、权责明确、经营高效、管理民主、监管到位的管理体制和经营机制，实现集体资产保值增值。

深化农村产权制度改革。完成镇级集体经济产权制度改革，健全股份经济合作社内部法人治理结构和运行机制，切实保障集体经济组织成员权利。理顺土地所有权、承包权、经营权关系，鼓励农用地向集体经济组织流转集中，促进适度规模经营。统筹集体产业用地规划，盘活集体产业用地资源。落实城乡接合部建设三年行动计划。

发展新型集体经济。推广东升科技园集约利用集体土地、同步实现疏功能减人口的发展模式。切实加快北部地区“一镇一园”建设，探索推进集体经济建设主体、投融资模式、镇级统筹开发等领域改革。推动集体经济与园区主导产业融合发展，让镇村和农民分享更多发展成果。

二、推进农民市民化

加快推进整建制“农转非”。创新集成政策，推动市、区、镇三级统筹，发挥镇村主导和农民主体作用，按照协调有序、先易后难、“成熟一个推进一个”的原则，加快具备条件的村镇整建制“农转非”，到2020年，全区实现城镇化社会保障体系全覆盖，基本实现户籍农民成为“带着资产进城”的城市居民，使“农民”从“身份”变为“职业”。

切实增加农民收入。加大转移支付力度，创新生产和组织模式，缩小南北不平衡差距，多渠道拓宽农民收入来源，大幅提升农民收入。

提高农民文明素质。城市化进程中同步加快农村地区人才培养，启动农民职业技能培训与素质教育工程，增强农民城市化进程中的就业与发展能力，提高文明素质，转变生活方式，使农民全方位融入文明首善之区的发展建设。

三、发展都市现代农业

大力发展高科技农业。继续强化育种、林业、农业生物遗传等优势产业领域的产、学、研、用合作，扶持一批涉农骨干企业，服务于粮食安全等国家重大战略。加强现代科学技术在农业领域的展示、示范、应用。加快建设高科技农业示范区。

探索发展高附加值农业。高效利用农用地，挖掘农业综合功能，发展生态科技农业、景观农业，提高农村休闲服务、生活性服务业水平，构建现代农村产业体系、生产经营体系，提升农业附加值和劳动生产率，建设京西稻、蔬果等一批特色精品示范基地，树立高端、高效、生态、安全的海淀农业形象。

四、推进基本公共服务均等化全覆盖

率先实现城乡基本公共服务一体化。从加快实现“全覆盖”向全面实现“均等化”目标迈进。改善农村居住条件，提升环境品质，延伸公共服务，加快交通、商务、教育、医疗、文体合理布局，优化公共服务供应结构，使海淀现有农村地区成为人口规模合理、配套完善、环境优美的绿色生态发展区域。

加大基础设施投入力度。实现基础设施建设城乡统筹，加快实施农村地区乡村路网、供水管网、污水管网、垃圾清运网、电网、互联网等“六网改造提升工程”，加快电力设施改造与保障，推进农村地区清洁能源替代工程，按照市政府统一部署统筹实施煤改电，基本实现辖区内无燃煤。

五、加强农村社会治理

改造建设的同时加强服务管理。按照整体腾退和就地改造相结合的原则，统筹推进北部地区城市化建设。加强分类指导和特色发展，构建若干本地区就业、居住和综合服务中心。以现代城市管理标准和方式，加强农村地区社会管理服务规范化、制度化。

开展农村社会治理创新试点。针对农村城市化进程中的新情况、新问题，强化宣传引导和民主监督。积极开展腾退回迁安置社区治理创新试点，强化社区功能，完善基层自治，传承乡土亲情，共建和谐社会，强化新时期社会治安综合治理，顺利完成传统农村社区向现代城市社区的过渡。

第三章 建设全国科技创新中心核心区

统一思想，形成共识，举区域之力加快推进全国科技创新中心核心区建设。全面实施创新驱动发展战略，坚持把全国科技创新中心核心区、中关村国家自主创新示范区核心区、中关村人才特区核心区建设放在突出位置，充分发挥中关村先行先试优势，围绕发展新任务、新格局，着力增强自主创新能力，着力构建协同融合创新体系，着力完善创新创业生态环境，着力优化功能区空间布局，探索中关村国家自主创新示范区与全国科技创新中心融合发展的有效途径，将海淀区打造为具有全球影响力的全国科技创新中心核心区。

第一节 全面提升自主创新能力

一、着力推动原始创新

加强知识创新体系建设。强化先导研究和研发创新，形成以高校院所为主体的面向市场的知识创新体系。结合中国科学院"率先行动计划"和北大、清华等驻区高校研究型大学建设，支持一批研究型大学和优势学科进入世界一流行列。支持一批顶尖科研机构以及体现国家综合科技实力的国家科学中心建设，积极推动一批国家重大科技基础设施等创新基础平台落户。

突破一批关键领域核心技术。主动服务国家重大创新战略，贯彻落实《中国制造 2025》，积极承接"核高基"等国家重大科学计划、重大科技专项，加快突破新一代信息通信、新能源、新材料、航空航天、生物医药、智能制造等领域的核心技术，催生一批具有引领性、带动性的颠覆性原创技术，成为国家自主创新重要源头和原始创新策源地。

二、强化企业创新主体地位

培育壮大创新型企业。加快培育和聚集一批具有国际竞争力的百亿、千亿元规模的创新型领军企业。支持领军企业开展技术布局，建设高水平研发中心和工程化平台，逐步健全完善自主技术体系和知识产权体系。加快培育科技型中小企业，支持小微企业开展自主品牌建设，全面推广知识产权托管工程，培育一批掌握新技术、新方法、新理念、占有细分领域较大市场份额的"隐形冠军"。

鼓励企业开展开放创新。支持企业以全球视野谋划创新，推动研发创新、市场拓展、资本运营、知识产权运营、品牌营销等全方位国际化发展，加快构建全球化的开放创新格局。鼓励企业持续加大研发投入，园区企业科技经费投入强度达 5.8%。鼓励企业依托互联网、大数据等技术，推进产业业态、商业模式和产业组织模式创新。

第二节 大力推动协同融合创新

一、建立健全协同创新体系

强化产学研用协同创新。建立健全产学研用协同创新体系，打造各类专业化协同创新平台，培育各类创新型产业组织模式，围绕产业链部署创新链，围绕创新链完善资金链，促进科技与经济深度融合。支持建立集技术研发、人才培养、项目培育、市场转化等功能于一体的新型研发机构，探索从基础研究到应用研究、技术研发无缝衔接的科技成果培育、转化、产业化的新机制。支持推广北京协同创新研究院、北航先进技术研究院等新型产学研用合作新模式，实现高校院所优势学科与产业创新的深度融合。依托众创空间，优化产业孵化培育模式，支撑创客型经济发展。积极推进资本并购主导的投资型产业组织模式创新，形成技术+资本+商业模式推动创新的良好局面。

加强全产业链协同创新。着力推进领军型企业主导的全链条协同创新，支持领军企业面向技术创新需求，搭建一批专业领域的产业技术研发平台，整合上下游资源构建全产业链技术创新网络，促进产业链结构再造，提升全产业链创新能力。

二、深入推进融合创新

深化央地军地融合创新。强化央地融合创新，充分发挥驻区央属高校、研究院所、企业等在创新人才、科研设施、技术成果、市场推广等创新资源上的优势，服务对接好总部经济，引入社会创客、海外创新团队，鼓励央属单位探索融合创新的新途径。深化军民融合创新，依托军民融合产业联盟、军民融合产业园等平台和载体，推动军地、军校、军民（企）研发合作、成果转化，打造一批军民融合创新示范项目。

拓展行业融合创新。鼓励华为、小米等先进智造企业和百度、微软等大型互联网企业向各类创新创业主体开放技术、管理等资源，提供研发能力众包方案和开发者平台，支持高校院所向创新创业主体开放共享科技成果、信息服务等资源，创新合作模式与利益分享机制，探索研发式服务众包新方式。推动科技和金融融合创新，建设国家科技金融创新中心。

深化国有企业与高新技术产业融合创新。区属国有企业加大转型发展力度，通过合作设立基金、参与项目投资、资产证券化等市场化运作方式，开展与高科技企业的高效对接。发挥国有资本的引领带动作用，撬动更大规模的社会资本，实现区属国有资本与高新技术产业的融合创新发展。

三、推进京津冀协同创新与产业协作

积极参与京津冀跨区域协同创新。探索海淀特色的跨区域协同创新发展模式，搭建跨区域协同创新创业平台，推动形成京津冀协同创新共同体。助推三地共建一批协同创新中心、共性技术合作研发服务平台、成果转化基地等创新载体，促进三地创新资源开放共享和先行先试政策跨区域交叉覆盖，承接一批国家重大专项，围绕智慧城市建设和优势产业领域形成一批自主创新成果。

加强京津冀产业对接合作。发挥政府引导与市场机制作用，以主导产业为牵引和依托，加强与北京市内分园合作和津冀产业对接。推广海淀园秦皇岛分园等合作模式，实现由零散企业的“自发对接”到产业链的“平台对接”、再到创新创业生态环境的“协同发展”。把握冬奥会契机，推进在京张城际沿线、张（家口）承（德）生态功能区等地布局，以产业转移为牵引，带动非首都功能有序疏解，力争在京津冀“4+N”产业平台合作中实现新突破。

第三节　优化创新创业生态环境

一、提升创新创业服务水平

完善创业孵化体系。构建创新创业支撑平台，鼓励发展众创、众包、众扶、众筹等新模式。依托中关村大街，推动具有海淀特色的创新型孵化器、众创空间和线上线下融合的众创平台建设，开展创业全过程孵化服务，重点支持一批具有原创性、核心性、前沿性、战略性影响的双创项目，同步推动高成长性企业优选落地。深入开展中关村创新创业季品牌活动，办好“双创周”。支持新型创业社区和创新型社会组织发展。

完善研发服务体系。搭建研发创新对接平台，建立线上线下技术交流合作网络，整合科技中介力量，推动高校院所科技资源共享。支持重点领域的公共研发测试等服务平台，重点支持中小微企业成果转化服务以及研发、测试、设计、认证、技术咨询和跨领域融合创新等专业服务。支持社会力量搭建研发试验平台、中试平台、检验检测平台、智能制造平台等市场化、专业化的公共服务平台。

加强质量强区建设。落实首都标准化战略，依托国家技术标准创新基地建设，鼓励开展标准创制，提升标准创新能力。以生产性服务业质量提升为基础，加快培育以技术、标准、品牌、服务为核心的竞争优势。强化质量安全意识、质量诚信意识，严格质量安全监管，促进产品质量、工程质量、服务质量明显提升，为创新创业营造良好质量环境。

加强技术转移服务。聚焦优势学科领域，共建一批科技成果转移转化引导基金，依托中国国际技术转移中心、中国技术交易所等载体，加快国家技术转移集聚区建设，区域技术合同成交额年均增速达3%左右。搭建面向高校院所的科技成果转移转化服务体系，组建技术交易联盟等联合技术转移服务机构，支持高校院所建立技术转移转化平台，提高创新成果转化效率。

优化创新创业空间布局。改造提升中关村大街，高标准规划建设一批创新创业特色功能街区。推动创新创业功能向沿线街道纵深辐射，支持具有技术服务能力及商业模式创新优势的创客群体和企业集群发展，打造具有全球影响力的创新创业新地标和创新型经济集聚区。

二、完善知识产权服务体系

着力实施知识产权强区战略。深化与北京知识产权法院和北京知识产权运营公司合作，创建成为国家知识产权示范城市（城区）。强化知识产权创造，发明专利授权量年均增速达 5%左右。引导企业、产业联盟等开展国际标准制定和推广，支持企业申请国际发明专利、开展海外专利布局。加强知识产权保护和知识产权投融资服务，加快发展知识产权运营基金，引入优质知识产权服务资源，打造国际知识产权服务高地。

开发知识产权高端服务能力。鼓励知识产权机构开展知识产权服务创新，重点在知识产权代理、法律服务、信息服务、商用化服务、咨询服务、培训服务及国际专利技术转移转化等领域开展服务，提供知识产权专利分析、专利布局、专利预警、专利战略以及知识产权运营等高端服务。

三、深化企业信用体系建设

健全覆盖全区的企业征信体系。实现公共信用信息归集与共享，推进海淀区公共信用信息平台与北京市公共信用信息平台的互联互通，形成交换共享机制，支持征信机构发展，依法有序开放运用企业信用信息。

深化覆盖全行业的企业信用体系建设。进一步完善科技型企业信用建设，强化食品药品、商贸流通、科技金融等行业企业信用建设管理。以信用产品在行政管理和金融领域的应用为引导，完善市场化的信用服务体系。

鼓励和调动社会力量广泛参与信用体系建设。发挥协会联盟等行业组织在企业信用建设中的重要作用，推动行业建立健全行业经营规范、信用标准、自律公约和职业道德准则，规范会员信用行为。

四、强化科技金融服务支撑

完善科技金融服务体系。深化科技金融体制改革，探索开展银行为科技企业提供金融服务差异化监管试点、投贷联动试点、信用信息共享机制试点。建设国家科技金融创新中心，做实并购综合服务平台、融资创新服务平台及促进上市综合服务平台，聚焦中关村西区等核心街区打造国家科技金融功能区。引导金融机构聚集发展，促进科技金融产品创新和业态创新，力争到2020年区域金融机构及分支机构总数突破2800家，股权投资机构总数突破1200家。

建设新兴要素市场。依托海淀区良好的新兴金融业态发展态势，积极推动私募股权投资、大数据交易等新兴要素机构落地和发展。强化北京股权交易中心（四板市场）作为区域股权市场的对接渠道作用，加强与上交所、深交所、全国转股系统对接，逐步完善多层次资本体系建设。

打造科技金融服务品牌。建设全国创新资本中心，大力发展创业投资，重点吸引天使投资要素聚集。建设中关村并购资本中心，吸引境内外知名并购基金聚集发展，支持境内领军企业进行海外并购。建设中关村互联网金融创新中心，依托互联网金融产业园、互联网金融基地，支持第三方支付、个人征信平台、消费金融服务等互联网金融新业态发展。加强监管，引导、规范互联网金融行业健康发展。建设中关村股权众筹中心，支持创新创业者和小微企业通过股权众筹服务机构公开募集股本。

五、营造创新发展国际化环境

完善国际化服务体系。建立国际创新创业孵化平台，鼓励企业在海外设立孵化器。积极引进全球高端知识产权和专利机构、技术转移机构、标准化认证机构、产业协会、产业联盟、民间智库等机构，构建支撑企业国际化发展的科技服务体系。深化国际化改革试点，推动开展企业境外投资自主权试点，深化境外投资和并购外汇管理创新试点，简化企业海外技术并购审批手续，促进企业并购投资国际化。

积极融入国际创新网络。面向全球整合创新资源和创新链条，建设全球高端创新资源配置枢纽。积极引进全球高端科技资源，吸引国际先进跨国公司研发中心、国际知名研究机构落地，加快引进国外先进技术和高端项目落地转化。支持中关村高科技产品和服务参与国际贸易竞争，鼓励领军企业带领产业链上下游企业“抱团出海”。

塑造国际化品牌形象。支持高校院所或企业举办有全球影响力的系列高端论坛、学术会议、展览展示主题活动或创新创业大赛。引导企业积极参与冬奥会等全球性赛会进行品牌营销推广。提升园区建设发展国际化水平，加强与世界著名高科技产业聚集区的交流合作。加大在境内外主流媒体上宣传创新海淀的品牌形象，提升科技创新全球影响力。

第四节　打造高端创新人才聚集高地

一、培育聚集高端人才

坚持人才优先发展战略。加强中关村人才特区核心区建设，突出“高精尖”导向，深入实施科技人才、产业人才、教育人才、卫生人才、党政人才、农村实用人才等具有海淀特色的各类高端人才培养和引进工程，培养造就一批职业化、专业化的高级社会工作人才，深化院士专家工作站、博士后工作站、博士后（青年英才）创新实践基地工作站“三站”建设，加快形成一支数量充足、结构合理、富有创新精神、敢于承担风险的创新型人才队伍。

聚集全球高端人才。注重人才、项目、资金、管理模式一体化引进，落实好“千人计划”“万人计划”“海聚工程”“高聚工程”，强化“海英人才”品牌效应，深入实施海淀区重点人才工程，加快汇聚区域发展紧缺的外籍专家、高级经营管理人才、高级专业技术人才、创业领军人才、产业领军人才等国际人才资源。

提升区属人才国际化水平。打造一支具有国际视野、掌握国际科技创新先进经验和发展趋势、能对接引进全球创新创业资源的党政人才队伍。5年选派500名左右综合经济、产业发展、科技管理、企业服务等领域的区属专业人才赴美国硅谷等世界级科技创新高地研修。

二、优化创新人才服务

健全人才创新创业服务体系。改革和完善人才评价与激励制度，积极探索职称制度分类改革，创新评价标准和方法。建立灵活多样的创新型人才流动与聘用方式。优化人力资本配置，改善人才流动方式。加强科技企业孵化器、加速器、产业化基地、大学科技园、特色产业园等建设，为高层次人才创新创业搭建平台。重点帮助优秀人才解决出入境、创新创业准入及缓解户口、子女入学、住房、医疗等实际困难。加快建设人力资源服务产业园，鼓励各类人才服务机构提供专业化、个性化创新创业服务。

优化国际化人才服务。争取先行先试放宽外籍人才永久居留、签证办理、创业就业、境内外投资、外汇管理、进口税收等方面的政策限制。支持外籍人才享受关于配偶安置、子女就学、医疗、住房等各项特殊政策。落实对海外高层次人才在核心区创办企业的税收优惠、知识产权质押融资等扶持政策。

第五节　深入开展先行先试

一、积极推进全面创新改革

建设全面创新改革试验先行区。积极对接京津冀区域推进全面创新改革试验方案，为国家推进全面创新改革进行实践探索，形成更加有利于创新发展的制度环境。以推进创新要素自由流动、海外高端人才集聚、科技金融、境外投资等方面为重点争取中央和北京市授权开展改革试验，形成一批可向全国范围复制和推广的改革举措和重大政策。

着力深化科技体制改革。推动科技与经济、科技与金融、创新成果与现实生产力、创新项目与产业、科研人员创新劳动与其利益收入全方位对接，探索形成有利于产生创新成果、有利于把创新成果变成产业发展优势的体制机制。加快推进海淀园管理体制改革，探索园区新型运营管理模式，优化中关村科学城建设管理体制。深入挖掘“1+6”政策潜力，全面落实“新四条”，强化技术创新市场导向机制，健全促进成果转化机制，深化科技成果使用权、处置权和收益权改革试点，在科研资产管理、财政经费管理、科技资源开放共享、创业支持等方面不断试点并取得突破。

二、加快推动政府创新治理

深入推进简政放权。深化行政审批制度改革，全面调整优化与创新创业相关的审批、认证、收费等事项。转变政府服务方式，全面推广中关村创业会客厅的一站式创业服务模式，建立创新创业网络化服务平台，提高政府服务效率和水平。大力培育发展科技创新中介组织，引导众创空间自主探索、自我管理、自律发展，建立健全多元主体参与的创新治理体系。

加快推动市场准入和监管改革。加快推动新模式、新产业、新业态的市场准入和监管改革，聚焦新一代信息技术、生物医药、“互联网+”等重点产业或新兴业态发展过程中面临的准入、监管等制度障碍，争取相应的先行先试政策落地，逐步建立公开、透明、便捷、高效的市场准入机制，建立健全事中事后监管制度。

第四章　率先形成“高精尖”经济结构

保持经济中高速发展，着力加强供给侧结构性改革，刺激消费需求，以消费升级引领有效投资，培育形成新供给、新动力，促进消费与投资良性互动，稳定经济增长。发挥功能区集聚带动作用，着力推动战略性新兴产业发展，优化三次产业内部结构，推动海淀经济在更高水平上平稳健康发展。

第一节　培育新的经济增长点

一、释放重点领域消费新需求

提高消费增长质量和效益。引导传统商业企业转型升级、提质增效，主动适应多样化消费趋势，增强消费吸引力。加强服务消费研究，探索促进新型消费增长的路径，落实促消费各项政策措施，以消费新热点、消费新模式带动消费升级，加快培育服务消费、信息消费、绿色消费、时尚消费、品质消费等新型消费增长。

培育消费热点。面向居民消费需求，实施健康、养老、信息、旅游休闲、绿色、住房、教育文体等领域促消费行动。推动医养融合发展，提升家政护理服务品质，提升老年人健康生活质量。高起点培育信息消费需求，建立有利于信息消费持续增长的长效机制。打造“皇家盛典”“游学硅谷”“都市风情”“健康生活”“有机田园”“民俗风貌”六大旅游系列产品，丰富游客旅游消费体验，提升海淀区整体旅游吸引力，争取将旅游消费更多留在海淀。倡导培育绿色生活方式和消费模式，广泛开展绿色生活行动，倡导勤俭节约的消费观。支持合理性住房消费。用好用足“海淀教育”金名片，促进教育消费。落实《北京市关于促进文化消费的意见》，开展拉动城乡居民文化消费试点项目，办好惠民文化消费季，支持特色实体书店发展。拓展体育健身休闲的方式和途径，培育体育健身休闲产品，引导居民体育健身休闲消费升级。推动体育、文化与旅游相结合，打造不同层次、多种形式的旅游景区、景点和线路。

促进生活服务消费。推动便利店、早餐、便民菜店、美容美发、洗染、再生资源回收、代收代缴、家政服务等基本便民服务功能实现社区全覆盖。继续实施好海淀区菜篮子工程三年行动计划，扶持售菜面积 20 平方米以上的蔬菜零售网点 700 个，推进以驻店经营为主、直通车进社区为辅、网上配送为补充的蔬菜供应保障体系建设。鼓励企业打造便民服务 O2O 商业模式，发展网上订货（餐）、实体配送、网订店取等服务，实现社区商业便民服务智能化、信息化、网络化。鼓励发展共同配送，推动末端物流资源的整合与规范，支持利用社区服务资源建设末端配送中心、服务站点。

二、着力加强供给侧结构性改革

增强有效供给。引导企业更加积极主动适应市场需求变化，实施技术创新行动计划，增加优质新型产品和生活服务等有效供给。优化政策支撑体系，加强政策协调配合，减政放权，降低企业运行成本，助推企业高效率地运行，提高区域经济效率和活力。通过一系列鼓励政策，加快淘汰一批高污染、高能耗的产能。利用好新型技术，尤其是互联网技术，优化提升区域产业业态。

深化投融资改革。推进供需两端结构性改革，实施重大项目带动战略，优化投资结构，创新政府和社会资本合作模式，加快一批重大项目落地，扩大生态环境建设、城市环境治理、功能疏解、棚户区改造等重点领域的有效投资，发挥政府投融资引导作用，增加公共产品供给，强化持续增长动力。完善政府投资管理体制，规范政府投资行为，创新投资运营模式。规范、引导与监管民间资本的投融资活动，促进民间资本合法经营，建立并完善科学管理体系，营造释放非公有制经济发展活力的环境。创新融资模式，发挥财政资金撬动功能，对具备经营条件的市政基础设施和教育、医疗卫生、养老等民生领域项目，积极推广运用政府和社会资本合作模式（PPP），带动更多的社会资本和民间资本参与投资建设。加快推进非基本公共服务市场化、社会化，扩大政府引导性基金规模，充分吸纳社会资本参与城市建设。

第二节　调整优化产业空间布局

一、进一步深化中关村科学城建设

丰富深化中关村科学城发展内涵，着力支持原始创新，聚集产学研创新主体和产业高端要素，集中建设新型特色园区和技术研究院，形成国家知识创新和战略性新兴技术策源地。通过中关村大街整体改造升级，梳理中关村大街沿线资源，整合发挥中关村科学城（海淀南部地区）创新功能，并向北延伸辐射到大上地地区，形成发展合力。沿知春路打造以航空航天技术和大规模集成电路技术为龙头的高端产业发展极。沿学院路打造以网络通信、信息安全、新材料等为代表的技术创新、成果转化区。

二、推动北部生态科技新区建设

全面推进村庄搬迁腾退和就地改造，统筹推进北部园区建设、基础设施和公共服务配套、生态绿心建设等工作，深化龙头企业产业组织能力和产业链整合能力，打造高新技术产业和“高精尖”经济结构的战略腹地，尽快形成产城融合发展新局面。以翠湖、永丰、中关村软件园三大园区为载体，加快集成电路设计园、北京协同创新园等专精特新“园中园”建设，推动产业高端化、集聚化、低碳化发展，为中关村创业大街创新发展提供强力支撑。

三、加快建设“三山五园”及西山历史文化带

以“三山五园”为核心，发挥历史文化要素对于改善区域环境、增加绿色空间、疏功能减人口等方面的积极作用。挖掘区域文化遗产整体价值，恢复香山文物历史景观，实施北法海寺等文物保护工程，恢复传统京西稻景观，打造荟萃自然风光、皇家园林文化遗产和近现代史迹的文化景观。深化颐和园圆明园板块、香山板块、园外园板块特色发展，强化园林间的联系，继续实施园外园景观提升工程。建设北京西部西山文化带（海淀部分），高标准布局建设一批高端文化旅游项目，推动故宫北院区等重要节点项目建设，充分挖掘各级各类文化资源，大力发展高端特色文化旅游产业。

四、推进功能区融合协同发展

加强功能区联动发展，形成特色鲜明、分工合理、协同融合的空间格局。以中关村科学城为核心，中关村大街为主脉，强化中枢、贯穿南北、辐射东西，在全域范围内整合产业布局和创新服务链条，形成南部科学城以原始创新、科技金融、技术服务、创业服务为特色，北部生态科技新区以成果转化、产业整合及高新技术服务为特色，西山历史文化带以生态旅游文化休闲为特色的贯通互动、生态优美的创新型经济集聚区。高标准做好城市规划和城市设计，加强功能区建设、街区建设、社区建设、基础设施建设和单位建筑建设，逐步形成符合首都中心城区定位的城市功能体系。

第三节　优化“高精尖”产业结构

一、深化优势产业发展

推动战略性新兴产业发展。加快结构性改革，强化壮大“高精尖”经济结构，发挥龙头企业转型升级的带动作用，支持助力战略性新兴产业，打造千亿级产业集群。推动新一代信息技术、节能环保、新能源汽车、智能硬件、新材料、航空航天等战略性新兴产业发展，建设“中关村智造大街”，打造科技创新产业链。重点发展大智造、大信息、大数据、大服务、大生态和大健康等新兴产业。

推动“互联网+”产业融合发展。巩固海淀在软件信息服务业、电子信息制造业和新一代信息技术产业的领先地位，重点培育智能制造创新中心，推动“互联网+”先进制造，构建跨界融合新业态，支持机器人、智能控制等产业发展。

二、推进产业转型升级

构建海淀特色产业体系。坚持高端化、服务化、集聚化、融合化、低碳化方向，建立健全以知识经济、服务经济、绿色经济为主导的“高精尖”产业体系，形成与中关村核心区战略定位相适应、与首都中心城区人口资源环境相协调的现代产业体系。着力通过并购重组、跨界融合等手段培育一批占据产业制高点、具有国际主导力的领军企业，持续推动一批骨干龙头企业转型升级，形成一批创新绩效显著、具有产业整合能力、具有全球辐射带动能力的产业集群。

巩固发展生产性服务业。推进服务业扩大开放综合试点，提升科技服务业等生产性服务业发展水平。围绕“高精尖”经济结构，着力配套打造以科技服务业、文化与科技融合服务业为核心的高水平现代服务业集群，发展以研发设计、科技金融、知识产权、技术转移、创业孵化、检验检测、标准研制等为代表的智力密集型、高附加值的科技服务产业。引进世界著名酒店管理集团，加快发展高端商务服务业。加强现代科学技术在农业领域的示范应用。

提升生活性服务业品质。鼓励公主坟、世纪城、清河等消费聚集区丰富业态、完善功能，满足周边居民消费和商务区配套服务。重点推进北部地区商业配套设施和网点建设，满足北部地区日益增长的消费需求。引入生活服务领域品牌企业及服务，鼓励连锁企业扩大社区直营连锁规模。加快生活性服务业技术创新、产品创新、管理创新和模式创新，大力发展“互联网+社区商业”，逐步打造“规范化、品牌化、连锁化、特色化、便利化、电商化”的生活性服务业新格局。

第五章　深化文化创新发展

培育弘扬社会主义核心价值观，锲而不舍抓好精神文明建设，提升市民素质和社会文明程度，推进优秀历史文化传承发展，加快文化事业发展，基本建成网络健全、结构合理、发展均衡、运行有序的全国一流的现代公共文化服务体系，做大做强文化产业，增强文化软实力，提升区域文化影响力，充分发挥海淀支撑首都全国文化中心建设的重要作用。

第一节　大力弘扬先进思想文化

一、深入培育践行社会主义核心价值观

涵养社会主义核心价值观。深入挖掘和阐发中华优秀传统文化讲仁爱、重民本、守诚信、崇正义、尚和合、求大同的时代价值，做好创造性转化和创新性发展。加强精神文明阵地建设，推动传统媒体与新兴媒体融合发展，净化网络环境。构建全媒体和线下宣传网络，加大主题宣传和先进典型宣传，增强舆论引导能力。用中国梦和社会主义核心价值观凝聚共识，形成全区共同的理想信念和价值追求。

繁荣先进文化创作生产。整合政府、学校、社会资源，加强社会主义核心价值观传播阵地和体验实践中心开发建设。实施文艺精品创作工程，打造一批顺应时代潮流、符合形势需要、思想性和艺术性俱佳的精品力作，弘扬社会主义核心价值观。

二、提升城市文明程度

优化城市文明环境。进一步巩固深化文明城区创建成果，以推进文明城区指标任务持续落实为抓手，进一步建立健全问题治理、区域共建、社会参与、服务群众等长效机制，在更高的水平上营建廉洁高效的政务环境、民主公正的法治环境、公平诚信的市场环境、健康向上的人文环境、有利于青少年健康成长的社会文化环境、舒适便利的生活环境、安全稳定的社会环境和可持续发展的生态环境。

提高市民文明素质。深化群众性精神文明创建活动，加强社会公德和职业道德建设，注重家庭、家教、家风建设，抓好以文明礼仪养成和法治思维培养为重点的未成年人思想道德建设，深入开展“讲文明、树新风”宣传教育活动及道德模范人物评选表彰活动，拓展公共文明引导活动，推动志愿服务制度化，引导社会崇德向善。

大力加强全民科学素质建设。建立和完善全民科学素质建设的政策支撑体系和社会化工作机制。坚持科普事业和科普产业双轮驱动，推动重点人群科学素质行动和基础工程建设，使全民科学文化素质大幅提升，具备基本科学素质的人口比例位于全市全国前列，达到国际化高端城市的水平。

第二节　提供丰富多彩的文化服务

一、构建全国一流的现代公共文化服务体系

建设国家公共文化服务体系示范区。坚持政府主导、社会参与、共建共享，建设国家公共文化服务体系示范区，推动基本公共文化服务标准化、均等化、数字化和社会化，基本建成覆盖城乡、便捷高效、保基本、促公平的现代公共文化服务体系。

加强文化基础工程建设。实施标准化工程，根据人口发展和分布情况，合理规划建设各类公共文化设施。基层综合文化中心标准化建设达到国家先进水平。实施数字化工程，积极探索“互联网+公共文化服务”的有效模式，提高数字资源供给能力和远程服务能力，实现文化消费、文化服务随处可得的目标。启用档案馆新馆，推进档案信息化建设，提升档案管理和利用水平。

提高公共文化服务效能。创新公共文化服务方式，实现供需对接和资源整合。建立群众需求征集、服务评价反馈机制，公布文化服务目录，实现群众点菜、政府端菜的“菜单式”“订单式”服务供给，使群众“要”文化和政府“送”文化更加匹配。健全公共文化服务供给机制，建立健全政府向社会力量购买公共文化服务机制，进一步扩大政府购买公共文化服务的范围和内容，激发社会力量的积极性。建设文化组织员、文化指导员和文化志愿者三支队伍，完善文化队伍的组织和管理工作。

二、抓好文艺产品的创作聚集

着力提升品牌活动影响力。依托海淀丰厚的历史文化资源和新中国成立以来形成的创新文化传统，持续提升四季系列文化活动、书香海淀、中关村国际青年艺术季、中关村系列演出季等富有海淀特色和影响力的文化品牌，打造海淀美术季、海淀合唱大赛、海淀广场舞大赛等群众喜闻乐见的文化活动，实现优秀文化产品的供给倍增。

探索实现海淀演出市场发展新方式。引进社会资源提供多角度的文化定制服务。运用“众筹”方式开展“文化定制”。探索通过互联网和传统宣传模式相结合、金融与传统政策扶持相结合的模式，推动一批精品力作涌现，吸引更多高水平演出落地，推动海淀文艺舞台持续繁荣。精准定位群众文化消费需求，逐步打造特色演出品牌，推动演出市场产业化发展。

讲好海淀创新故事。深度挖掘“三山五园”历史文化和中关村创新发展历史，对具有海淀特色和重要艺术价值的原创艺术产品以及民间艺术生产、传播给予政策扶持。

第三节　加强历史文化传承与创新

一、完善文化遗产保护利用体系

加强文化遗址保护。实施圆明园大宫门、香山二十八景等一批遗址保护性修复工程，推进数字圆明园、海淀非物质文化遗产展示中心等文化项目，提升西洋楼遗址保护水平，建设历史文化资源标识系统。加快周边道路交通和配套服务设施建设，大力提升颐和园、圆明园、香山等重点景区周边环境品质。依法治志，繁荣地方志事业。

健全文物保护体系。建立文物部门依法监督、职能部门依法履职、管理使用单位落实主体责任三位一体的文物监督管理格局。建立区级职能部门依法履职、街镇政府属地管理、村（社区）积极参与的三级文物管理体制。保护文物自然环境与人文环境，促进文物保护与城市建设和谐发展。以“三山五园”为中心，研究重要文物的合理利用与有效发展，着力推进西山国家森林公园、大西山文物带等地区文物的开发与利用。

二、传承弘扬特色文化遗产

开发高端特色文化旅游。完善特色文化资源保护和研究。开展“三山五园”皇家园林文化、红色文化、民俗文化等方面的研究和保护。积极推进曹雪芹西山故里、纳兰文化园、贝家花园等文化资源的挖掘、传承和保护性利用。完善以皇家园林游、科教体验游、都市风情游、生态休闲游、传统民俗游为重点的旅游产品体系。启动大西山国家公园建设，积极修缮古香道作为登山健步线路。

加强博物馆建设。推动故宫北院区等重点项目建设，提升海淀区博物馆文化影响力。筹建海淀区新博物馆、镇域特色民俗馆、农业科学专题博物馆等一批文化项目。

第四节　大力发展文化创意产业

一、促进文化科技融合

加快国家级文化与科技融合示范基地建设。重点推动中关村互联网文化创意产业园等特色功能区建设，推动中海动漫孵化基地、北太平庄影视产业园等功能区建设升级。支持传统商业服务业向文化商业综合体转型，建设国家文物保护装备产业基地。健全文化产业投融资服务体系，支持社会资本投资文化产业。

优化文化创意产业结构。继续保持新媒体、数字内容、文化装备等文化产业领跑全市、领先全国的优势地位。稳定软件、网络及计算机服务的主导地位，做大新闻出版、广播影视、广告会展、设计服务、旅游休闲娱乐及文化辅助服务等行业的收入规模，扶持文化艺术和艺术品交易行业创新发展。大力实施“文化+”战略，推进文化创意与相关产业融合发展，培育新型文化产业业态。推动政府资金向原创环节倾斜，鼓励优秀文化艺术创作，加大版权保护力度。

二、提高海淀文化影响力

加强区域文化交流合作。深化与津冀地区交流，共同开展文化活动、产业项目、文化园区等各领域合作。充分利用京津冀文化产业联盟和演艺联盟平台，开展文化产业项目合作，共同打造京津、京冀文化创意产业聚集区。

实施文化“走出去”战略。创新拓展文化传播渠道，加强国际文化传播能力，扩大“三山五园”文化全球巡展的规模和影响。依托海淀文化资源优势，积极承办国际文化节事活动，激发城市文化活力。支持图书出版、游戏动漫和文化装备等优势出口企业发展，结合文化产品和服务出口增值税零税率或免税政策，扩大文化贸易规模，增强企业在国际市场的竞争力。提高文化创意产业规模化、品牌化、国际化水平，培育一批具有国际影响力的文化企业。

第六章　推进生态文明建设

坚持绿色发展，把绿色理念根植于生产方式、生活方式和行为方式中，把生态环境建设放在城市发展建设的突出位置，建立健全政府、企业、公众共治的环境治理体系，加大自然生态系统和水、空间等环境保护力度，推进山水结合、绿廊贯穿，城市绿地景观更加优美怡人，加快建设资源节约型、环境友好型城市。

第一节　落实最严格的生态环境保护制度

一、建立约束管控机制

严守环境质量底线。完善建设项目环保准入约束机制，强化约束性指标管理，实施能源和水资源消耗、建设用地等总量和强度双控行动，用最少的能源消耗支撑经济社会持续健康发展。

健全生态确权登记。坚持城乡环境同一标准，一体治理。健全自然资源资产产权制度和国土空间用途管制制度，落实不动产统一登记制度，对区域内水流、森林、荒地等自然生态空间进行统一确权登记。完善资源有偿使用和生态补偿机制，整合完善农业生态补偿、集体生态林补偿、农田补贴等相关政策。

二、强化环境监测执法

完善监管体系。建立生态文明绩效评价考核制度，严格环境损害责任追究。建立重点污染源企业排污许可制度，禁止无证排污和超标准、超总量排污。建立高污染、高耗能、高耗水工艺、设备和产品的强制淘汰制度。完善重大项目和重大决策环境影响评价制度，严格实行节能评估审查、环保审批和水影响评价。

强化执法监督。加大环境污染督查巡视、环境监测预警和联动执法力度。推进环境污染第三方监测评价。严格实行生态环境损害赔偿制度。

三、节约和高效利用资源

全面提升能效水平。强化能源消费总量和能耗强度双控管理。新建项目能效达到国际先进水平。推广可再生能源在建筑上的应用，积极推广超低能耗建筑。提高居住建筑节能设计标准，提升绿色建筑在城镇建筑中的比重，基本完成具有改造潜力的老旧小区节能综合改造。实施重点用能单位能效提升行动。

提高土地节约集约利用水平。坚持并完善最严格的耕地保护和节约集约用地制度。推进土地整治实施机制创新，优化区域土地利用结构与布局，合理配置土地资源。严格土地用途管制，以盘活存量建设用地为主，合理调整建设用地结构。加强土地利用情况动态监测和联合执法监管。

第二节　构建全域绿色生态网络

一、努力增加绿色生态空间

强化生态环境体系建设。实施绿屏、绿廊、绿心、生态修复等绿色空间工程，巩固完善“三山五园”地区、大西山沿线等生态屏障，加快实施大尺度城市森林建设，扩大生态环境容量，提升区域生态承载力。构建“山水林田湖”融合发展的全域绿色网络，“十三五”末城市绿化覆盖率达53%。

增强生态服务科技创新创业能力。高水平建设中关村1号、集成电路设计园等科技园区周边环境。引导“高精尖”企业“认建认养”城市绿地，实现科技与生态更好地融合发展。加大绿化废弃物处理站建设力度，力争实现绿化废弃物循环利用。

推进园林景观体系建设。推进功能疏解、村庄腾退、环境整治与还绿增绿工程，开展增彩延绿。完善现有郊野公园设施和功能，在二道绿化隔离地区进行郊野公园建设，提升郊野公园品质。建设百旺三期、阜石路南侧、昆玉河、中关村大街等特色公园和景观廊道，营造特色鲜明的城市景观。

落实绿色惠民体系建设。提高园林服务民生水平，加强公共绿地建设，积极推进城市立体绿化，见缝插绿。鼓励实施公共建筑屋顶绿化，推动建筑墙体和立交桥垂直绿化。重点落实清河、京密引水渠等绿道建设，新增农大南路等小微绿地、长椿健身园等园艺中心，让人民群众真正体会到生态环境改善的获得感。

二、加强生态资源保护

保护修复湿地生态功能。以翠湖湿地为核心，恢复北部地区生态水系统，将翠湖国家城市湿地公园建设成为湿地、水资源保护与净化的科普基地和研究中心。

巩固绿色生态资源。优先选用乡土物种，加强自然生态系统保护，丰富生物多样性，提高林木覆盖率。严格依法行政，整合现有园林绿化执法资源，探索园林绿化统一执法途径，保护以西山和翠湖湿地为生态核心区的园林绿化资源及动植物安全。

第三节 加强水系生态修复与治理

一、修复水系生态功能

加强水系生态的系统性修复与治理，促进水环境整体改善。坚持问题导向，高水平统筹规划水系生态修复与治理，推进集雨、截污、节水、水环境提升工程，整体提升区域水环境品质。还清河道水体，拓宽水面湿地，保护涵养水源，增加水动力，促进水体循环流动，推进南水北调相关工程，修复流域水系生态功能，构建水清岸绿、连通循环的水系格局。依靠科技治水，加大新技术、新产品、新工艺在水生态保护、治理领域的推广应用，建设“海绵城市”“亲水城市”，为核心区建设提供安全的水务保障和水生态环境。

二、加强水资源保护利用

实施最严格的水资源管理制度。落实水评价一票否决制度。加强饮用水源保护。保护地下水，原则上不再审批新增取用地下水。实现雨污分流，防控面源污染，提高再生水水质，鼓励建设雨水利用设施，多建下凹绿地，多措并举，同步加强净化处理和城市防洪，确保安全度汛。提高供水管网覆盖率，实施自备井置换工程。新建温泉地表水厂及加压泵站，完善供水配套设施。建设再生水河湖补水管线，为流域河道多方筹措水源，增加水体活力。提升重点区域水源涵养功能。

优化区域水资源配置利用。统筹区域水资源配置，推动建立水资源统一管理调配机制。通过蓄滞雨水、回用再生水，争取南水北调生态用水等手段，实现多水联调，弥补水源不足，保障水资源供给，构建多元互济的水资源保障格局。规划建立水土保持、生态监测、供水调度管理、水务综合决策服务等信息化系统，搭建水资源保护与利用行业监管平台，利用价格手段提升用水效率，以较低的用水增速支撑经济社会健康发展。

三、加大水环境综合治理

全面启动全区水生态治理工作。在截污治污和河道生态治理基础上，以水生态治理为主线，通过河湖水系连通循环，河道生态修复等手段，力争到 2016 年底，南沙河水体出境断面考核达标，主要指标好于 V 类；到 2018 年，区管主要河道循环流动，河湖水质达到或接近 IV 类；到 2020 年，通过生态涵养巩固，区管河道水清岸绿，水质达到 IV 类，重点区域主要指标接近或达到 III 类水体标准。

实施重点工程，推进水污染治理。区镇两级同责，采取最严格的监管措施，坚决禁止污水直排入河，推进管网覆盖改造提升，实施生活污水全收集、全处理。消除内源污染，提高河湖水系自净能力。以保障行洪安全为前提，着力改善地表水环境，继续实施河道生态治理、河底清淤、水污染防治及水生态修复工程，全面消除黑臭水体，加快丹青圃湿地等水环境综合治理工程建设，新建上庄再生水厂，升级改造稻香湖、翠湖再生水厂和北部地区污水处理站处理工艺，提高出水水质，使其达到《城镇污水处理厂水污染物排放标准》A 级标准。加快翠湖南路、翠湖东路、上庄东路随路污水、中水管线建设。实施南沙河、南北旱河等一批河道景观提升工程。深化全国河湖管护体制机制创新试点，推进“河长制”，完善水环境管护长效机制。

四、创建全国节水型社会建设示范区

坚持节水优先、量水发展。严格限制发展高耗水产业，狠抓重点行业的节水和定额管理制度，建立健全重点监控用水单位名录。发挥水资源对区域经济社会发展的约束性作用，使单位地区生产总值水耗下降 15%以上。大力普及推广节水、水循环利用技术、工艺和新型服务模式，实现高效节水灌溉设施全覆盖。全面推广节水器具，加强节水宣传教育，提高居民节水意识，在全社会营造爱水、护水、惜水、节水的良好氛围。

第四节 加强大气污染和垃圾治理

一、持续改善空气质量

实施清洁空气行动计划。加大政府投入力度，加快实施治污工程，更加突出社会共同治理责任和市民的自觉行动，以治理 PM2.5 为重点，围绕压减燃煤、控车减油、治污减排、清洁降尘等关键领域，努力实现空气质量持续改善。

基本实现能源清洁转型。广泛使用清洁能源技术，大幅压减采暖、民用燃煤总量。加强农村地区燃煤设施清洁能源改造，推广应用热水系统、地源热泵、空气源热泵、光伏建筑一体化、热电冷联供等新技术、新产品。实施燃煤替代工程，建设高污染燃料禁燃区。推行低氮燃烧技术运用，实施燃气供暖设施改造。到 2020 年，建成以电力和天然气为主体、地热能和太阳能等可再生能源为补充的清洁能源体系，优质能源消费比重力争提高到 90%以上，可再生能源比重达到 8%左右。

更环保地使用车辆。强化机动车污染排放控制，严格落实国家第六阶段机动车污染物排放标准和车用燃油标准。推动实施停车自动熄火。淘汰老旧机动车辆。推广使用新能源和清洁能源汽车，增加汽车充电设施。积极推广和更新使用新能源车和第六阶段标准车辆。

更有效地管控生产排放和治理扬尘。推行清洁生产，加强工业污染防治。落实大气污染物总量削减替代审批制度，加快淘汰退出家具制造、铸锻、化工、建材等落后产能，深入开展石化、喷涂、汽车修理、印刷等重点行业挥发性有机物治理。加大露天烧烤、露天焚烧、餐饮油烟、服装干洗、汽车修理、工地扬尘等重点问题的查处力度，切实解决群众身边的环境问题。

二、做好垃圾废弃物治理

把减量放在优先位置。大力推行绿色设计和清洁生产，减少生产、运输、消费全过程废弃物产生。提倡“光盘行动”，减少舌尖上的浪费。深入推进限塑行动，减少一次性物品使用。积极推进新建住宅全装修，减少二次装修。

强化垃圾分类管理。加快构建对各类垃圾废弃物资源化、无害化分类收集、分类运输、分类处理的全过程管理体系。综合运用经济和法律手段，切实推进生活垃圾分类管理。创新再生资源回收模式，鼓励企业利用互联网搭建废弃物回收平台。

提升垃圾处理利用能力。进一步完善垃圾收集运输系统，分步完成生活垃圾密闭式清洁站改造。采用新技术、新工艺，推动厨余垃圾、餐厨垃圾、建筑垃圾、园林垃圾资源化、规范化处置。全面开展餐厨垃圾和废弃油脂的规范收运工作，对餐饮业的餐厨垃圾实行产量、成分、处理登记制度。建设大工村建筑垃圾处理厂、宝山综合处理厂、六里屯综合处理厂、六里屯再生资源预处理中心等项目。提高垃圾焚烧比例，基本实现原生垃圾零填埋，实现生活垃圾无害化处理率达到100%。

第七章　共建共享增进民生福祉

坚持共建共享，着力增进人民福祉。增强政府主导、社会参与的基本公共服务供给能力，提高区域教育、医疗卫生、养老、体育、社会保障等公共服务供给效率和质量，促进社会治理能力显著提升，建成全覆盖、保基本、促公平、高效率、可持续的基本公共服务体系，更好满足人民需求。

第一节　建设高水平均衡化教育强区

一、深化教育综合改革

大力实施中小学办学条件提升工程。根据城市功能定位，高位规划教育布局，全面提升教学设施水平，打造高素质干部教师队伍，构建智慧教育服务体系，实现校园无线网络全覆盖，创建教育云中心和教育公共服务平台，以顶尖人才、技术变革和机制创新促进教育发展，使海淀教育在基础设施、师资水平、教育质量三个方面继续保持全国一流。

深入推进教育综合改革试验区建设。深化学区制管理改革，搭建学校属地交互平台，实现地区内各级各类教育资源统筹共享。实施集团化办学，扩大优质教育资源规模，坚持义务教育免试就近入学。提升教育督导水平，推进管办评分离，建立现代学校制度，促进学校自主发展。探索校长职级制，实现校长由职务向职业的转变。推进教师职称制度改革，创新绩效工资管理机制，完善教师继续教育培训体系，加强教师队伍建设，着力解决青年教师实际困难，为青年教师解除后顾之忧，激发教师队伍活力。完善全纳融合、医教结合的特殊教育模式。

深化基础教育课程改革。坚持立德树人，践行社会主义核心价值观，关注学生核心素养培养，提升德育教育水平，全面落实新的基础教育课程改革方案。加强中华优秀传统文化教育，注重提升学生社会责任感、创新精神和实践能力等综合素质，促进学生全面而有个性的发展。深化考试招生评价制度改革，加强中小学衔接教育研究，建设全国一流的学生综合实践基地。

二、完善优质教育资源供给

大力度增加优质学位。建设一批新优质学校和新品牌学校，提升一批薄弱校，力争办好居民家门口的每一所学校。推动优质基础教育资源向学位紧缺地区辐射，新建树村学校，推进北京市育英中学整体改扩建等工程。适应生育政策调整，科学增加教育资源总量。加强普惠性学前教育学位供给，推进幼儿园新建、改扩建项目，适当扩大公办园的规模和比例，支持社会力量参与建设普惠性幼儿园。

建设多元特色的优质教育形态。通过名校承办，高校、科研院所支持等方式，引导学校差异化内涵发展。重视培育学校优势和特色，加强课程特色和学校文化建设，提升学校办学品质。发展混合所有制学校，支持民办教育发展，丰富优质教育供给形态。

三、完善多层次教育体系

发挥区域高等教育优势。大力支持区域内建设2~3所国际一流大学。加大驻区高校服务力度，支持科技平台搭建、创新人才培养、科技成果转化，为科技创新中心创建提供智力支持。与高校科研院所合作，开设高中特色实验班和大学先修课程，建立博士培养基地和博士后流动站。整合国际教育平台和资源，支持国际学校建设发展，为有需求的外籍人才、海归人士子女提供优质国际教育资源，更好地吸引高端科技创新人才安家落户。

全面提升居民科学文化素质。提升现代职业教育水平，办好社区教育，发展互联网教育和国际化教育，完善终身教育体系，构建学习型社会。

第二节 建设完善的社会保障体系

一、做好劳动就业服务

多渠道开发就业岗位。深化充分就业区建设，实施更加积极的促进就业政策，落实精细化就业管理服务制度，确保城镇登记失业率控制在 1.5%以内。落实高校毕业生就业促进和创业引领计划，鼓励以创业带动就业。加强基层就业服务平台建设，提高就业服务能力。开展免费职业技能培训行动，推进政府购买公共就业服务，加快人力资源服务产业化发展。

加强就业援助。引导农村劳动力转移就业，加大对失业人员、就业困难人员、高校毕业生以及农转非等人员帮扶力度，动态消除“零就业家庭”。

维护劳动者合法权益。严格实行劳动合同制度，完善劳动关系利益协调和权益保障机制，依法保护职工和企业合法权益，建立和谐劳动关系。

二、筑牢社会保险网底

实施全民参保计划。继续深化经办模式改革，提升社保经办服务网点能力建设，实现更加便民、惠民、利民的社保经办服务。

提升综合救助能力。加快推进社会救助、优待抚恤、社会福利和慈善事业发展，全面开展社会救助家庭经济状况核对工作，完善社会救助体制机制，拓展临时救助领域。坚持补短板、托底线、救急难、可持续，政府托底、慈善事业发力、社会资本参与，对因病返贫、因病致贫的困难群体实施精准济困脱贫，着力提升人民群众的安全感和幸福感。

三、提升养老综合服务能力

积极应对人口老龄化。认真落实《北京市居家养老服务条例》，建立以居家为基础、社区为依托、机构为补充、社会保障为支撑的养老服务体系。

实施智慧养老工程。大力发展“互联网+”、线上线下相结合的社会居家养老服务。扶持发展社区内老年人互助服务，逐步推广老年人自我服务、自我管理、自我积累，有效提高老年人生活质量和健康水平。

加强养老机构建设管理。建立公办养老机构入住及评估管理制度，新建 1 所精神残疾老人护养院。通过设施改造、功能提升、内容拓展，建设一批具有示范性标准的社区养老服务中心，并逐步推广。新建住宅社区养老服务设施人均用地面积达到 0.13 平方米。推广医养结合养老模式，依托社区卫生服务机构，为居家老人提供健康管理、慢病防治、家庭护理、紧急救援等服务，提升老年人生活品质。深化失能老人长期护理保险试点工作。对收住海淀户籍老年人的民办非营利性养老机构给予运营补贴。探索形成专业化运营的社会养老服务新模式，初步建立居家养老、社会化养老、跨区域度假式养老等多元养老模式。

推进京津冀协同发展养老服务。开展跨地区政府购买养老服务试点，探索为政府托底保障的低保、低收入老年人群购买养老床位，对收住海淀户籍老年人的京郊及就近区域养老机构给予同等床位补贴待遇。推进长期护理保险试点，制定政策体系，完善服务队伍，撬动养老产业发展。

四、保障妇女儿童和残疾人权益

促进妇女儿童发展。落实男女平等基本国策，切实保障妇女合法权益。全面开发妇女人力资源，促进妇女就业创业，提高妇女参与经济发展和社会管理能力。加强妇女劳动保护、社会福利、卫生保健、合法权益保障等工作。完善分性别统计制度，改善妇女发展环境。坚持儿童优先原则，依法保障儿童生存权、发展权、受保护权、参与权，发展儿童福利事业，建设具有独立法人资质的儿童福利院，成立区儿童服务指导中心，搭建区街居三级服务网络。注重儿童道德行为规范教育、心理素质和良好性格的培养和塑造，家庭、学校和社会共同为儿童健康成长营造良好环境。

支持残疾人事业发展。健全扶残助残服务体系，做好残疾人基本权益保障工作。加大残疾人教育扶持力度，提供专业常态的法律救助服务，全面提升无障碍水平。促进福利企业发展，积极推动社会单位按比例安排残疾人就业，加大宣传力度，壮大福利企业队伍，逐步创建适合残疾人集中就业的良好环境。

五、做好基本住房保障

加快实施住房改造工程。立足于让更多的住房困难群众受益，尊重居民意愿，主动对接城市功能布局调整和人口疏解，基本完成棚户区、农村危房改造和老旧小区综合整治任务，同步提升周边基础设施、环境品质和公共服务能力。

完善基本住房供应体系。坚持以租为主的基本住房保障方式，实物配租和货币补贴并举，着力保障中低收入家庭及高端人才的住房租赁需求，稳步推进自住型商品住房建设，优先保障高端人才和本区户籍居民自住性和改善性住房需求，促进海淀区域内职住平衡，构建满足群众多层次需求的住房保障供应体系。

第三节　努力建设“健康海淀”

一、提升医疗卫生服务水平

深化医药卫生体制改革。按照“保基本、强基层、建机制”的原则和相关部署，继续深化医药卫生体制改革，基本实现公立医院改革和基层卫生综合改革目标，落实分级诊疗制度，切实推进“三医联动”。全面打造与具有全球影响力的科技创新中心相匹配的医疗卫生服务体系，高标准建设和管理区属公立医疗机构，鼓励社会力量办医，满足群众多层次、个性化的健康服务需求。完善中医药、妇儿、老年、康复护理、精神卫生等专科服务体系建设。坚持依法治理，不断完善行业监督执法体系，坚决打击医疗领域违法违规行为，加强行风建设，促进医患关系更加和谐。

优化医疗资源配置。统筹辖区医疗卫生资源，严控医疗资源总量，按照规划合理调整医疗资源空间布局与专科布局，完善北部地区医疗资源配置。深化医联体建设，积极推进社区卫生机构家庭医生式全科诊疗服务新模式，引导优质资源向基层流动，促进分级诊疗、基层首诊、双向转诊。积极创新优化基层机构运行机制、服务模式，提高社区卫生机构工作人员的积极性，夯实“技术、服务、执法”三位一体的基层卫生计生工作网底，不断提高基本医疗卫生服务均等化水平，办好群众身边的每一所社区卫生服务中心（站），促进全民健康覆盖。

强化公共卫生能力建设。进一步健全专业公共卫生服务体系，增强艾滋病、结核病等重大传染性疾病防控以及卫生应急保障能力。完善以社区为基础的慢性病防控网络，进一步加强脑卒中、高血压、糖尿病、口腔疾病等慢病管理及社区健康教育、健康促进工作。促进医疗服务模式从以治疗为重向以预防为主、防治并重转变，全面提升居民健康水平。探索建立政府购买基本公共卫生服务机制。落实控烟条例。大力宣传无偿献血。力争建成国家卫生城市（区）。

提升计划生育服务管理水平。坚持计划生育基本国策，落实一对夫妇可生育两个孩子政策，大力宣传计划生育法律法规，提高计划生育特殊困难家庭的扶助力度，普及优生优育、母婴安全知识，进一步提高出生人口素质。

二、推进全民体育运动

完善体育公共服务体系。推进体育社会组织改革，成立体育产业协会。调整、充实、优化社会体育指导员队伍，进一步提高社会体育指导员的业务能力和整体素质。发展体育旅游产业，打造温泉山地户外运动小镇。推动校园足球。推广特色冰上运动，扩大中小学开设冰雪运动课程试点范围。推广全民健身计划，开发适合不同人群的健身项目，营造全民健身氛围。

大力推动冬季体育运动发展。以北京举办 2022 年冬奥会为契机，在全区大力普及冬季体育运动。不断完善冬季运动基础设施建设，筹建海淀区冬季运动中心，充分利用区内各类公园及河流、湖泊、水库等公开水域建立公共冰场或临时性可拆装冰场。广泛开展冬季运动和群众喜闻乐见的冬季体育竞赛、冰雪趣味性体育活动。推动专业的社会体育指导员进社区、进单位、进学校，以吸引、带动和帮助更多的群众参与冬季体育运动，力争带动全区 80 万人参与冰雪运动。加强冬季项目队伍建设，坚持以冰为主、以雪为辅，重点发展花样滑冰、冰球、短道速滑等项目，不断提升冬季体育运动竞技水平。

三、建立食品药品安全治理体系

不断提高食品药品安全保障水平。高度整合全区执法资源和监管信息，以信息化手段为支撑，建设食品药品综合应急指挥调度体系，形成统一调度、响应和处置的决策机构和运行体系。严把从农田到餐桌、从实验室到医院的每一道防线，加大食品药品安全检查执法力度。

完善食品药品风险防控和监管体系。建设食品药品风险防控体系，建成覆盖全区的检测监测站点和技术保障网络，全面建成并有效运转统一、权威、高效的食品药品监管体系。地方食品药品法规标准体系基本完备，食品药品安全责任体系进一步健全，科学监管水平和技术保障能力明显提高。重点食品安全监测抽查合格率达到 98%以上，药品抽验合格率达到 99%以上，社区基本药物和零差率药物抽验合格率保持在 99.5%以上。

第四节　提升社会治理能力

一、创新和改进社会治理方式

优化社会治理布局。创新和改进社会治理方式，构建党委领导、政府主导、社会协同、公众参与、法治保障、共建共享的精细化社会治理格局。加快街道管理体制改革，强化街道在区域党建、开展公共服务、统筹辖区管理、组织综合执法、指导社区建设等方面的职能。全面推进社区管理体制改革，增强社区民主自治能力和水平。

增强社区服务功能。探索和规范多种形式政府购买服务，用政府资源撬动社会和市场资源参与社会治理，逐步实现社区公共服务的提供主体多元化。加强街道、镇级综合服务设施建设，力争在街镇层面建成符合标准要求的社区服务中心，完善

“一刻钟社区服务圈”建设。积极推进社区服务社会化，构建“多元需求、多元参与、多元投入、多元共享”的社区服务体系，落实全国社区治理与服务创新实验区和北京市社区治理与服务创新实验街道建设，积极推动实验项目的组织实施，有效提升社区治理的能力和水平。

二、夯实社会治理基础

推动社会组织健康有序发展。完善“枢纽型”社会组织工作体系，加强社会组织培育和扶植。探索社会组织直接登记改革试点工作。按照政社分离的原则，加快推进行业协会商会与行政机关的脱钩工作。建设区级社会组织孵化基地，培养鼓励社会组织参与社会治理，提升社会组织承接政府职能转移的能力与水平。加大对社会组织的培养扶持和监管力度，认真开展社会组织评估工作，发挥社会组织等级评定的示范作用。构建社区、社会组织、专业社工人才的“三社联动”机制，推动社会组织协同发展。加强社区工作者队伍建设，稳步提高社区工作者待遇水平。加强志愿者队伍，健全社会动员机制。

加快完善社会领域诚信管理制度。在与人民群众日常生产生活密切相关的重点行业建立完善企业和从业人员信用记录和信用档案。

推进社会共治。畅通参与渠道，健全参与机制，形成党委、政府、驻区单位、社会组织、企业、社区和居民群众共同管理、共同爱护、充满人文关怀的社会环境，充分发挥驻区大院大所文化在自治互助方面的积极作用，共治共建文明区。进一步做好共青团、工会、工商联、民族、宗教、侨务、对台、地震、气象、红十字会等各项工作。

第八章 提升城市治理能力

坚持以人为本、民生优先、建治协调、智能精细、文明和谐的城市治理思路，进一步从城市管理向城市治理转变，以缓解交通拥堵等民生问题为突破口，加强城市基础设施建设，以信息化手段提高城市精细化管理水平，创新城市治理体制机制，保障城市安全高效运行。

第一节 加快治理交通拥堵

一、加快综合交通体系建设

加密轨道交通网线。推进地铁16号线、12号线、19号线一期、京张铁路等工程建设，力争新增轨道交通里程约70公里。

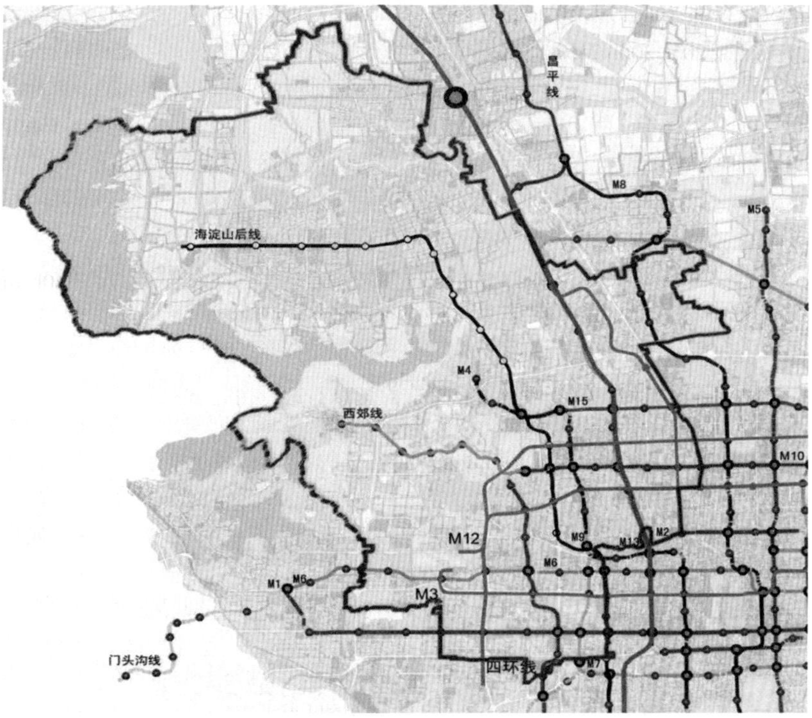

图1 “十三五”末轨道交通规划示意图

加快城市快速路、主次干（支）路项目建设。加快建设上庄路南段（含西山隧道）、邓庄南路、翠湖南路等项目，推进上庄路北段、京新高速（四环到五环）、金河路、西外大街西延三期等项目，完善西三旗、清河、上地等重点区域路网结构，力争“十三五”期间新增道路通车里程100公里。

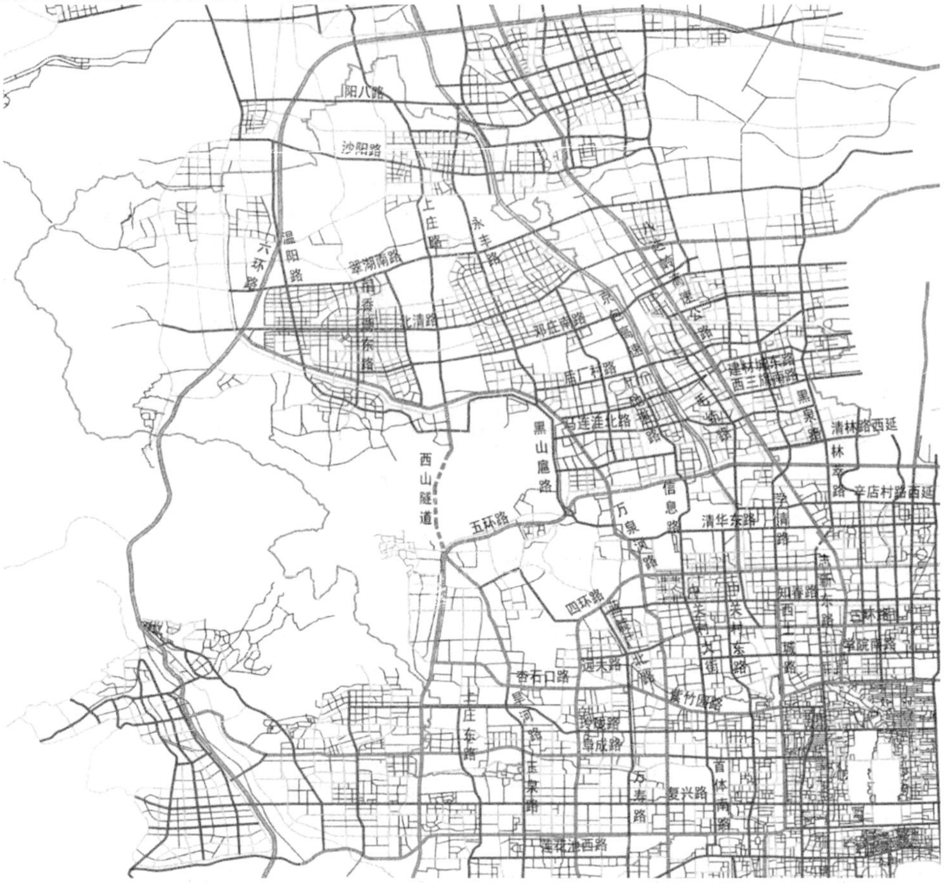

图2　“十三五”末路网规划示意图

畅通微循环道路。加快打通永泰庄东路、西二旗中路等城市断头路，消除“瓶颈路”，重点推进香山核心区、四王府以东地区路网、东升科技园配套支路网建设，实现微循环道路全部建成。疏通城市道路“毛细血管”，改善街坊及居住区道路系统，扩展交通空间，提高通行性，集中、连片改善区域交通。改造拥堵节点，优化学院路、志新路等路段及出入口，提高通行效率。

完善绿色出行系统。鼓励绿色出行，加快完善人行步道、自行车道等绿色出行系统。开展自行车、步行交通路权整治，严格治理占用非机动车道的行为，推进自行车回归城市，提升慢行系统连续性、安全性、舒适度和便利化水平。促进自行车、步行交通和公共交通无缝衔接，构建绿色交通体系。

优化静态交通。加强停车设施规划建设，严格规范停车配建管理，推进停车挖潜建设，形成更加科学合理的停车布局。重点加强医院、景点、老旧小区等区域立体化停车设施建设，合理利用公共交通场站立体空间和道路桥下资源增设停车场，努力增加停车资源供给。推动新能源汽车充电桩建设。依法规范和整治停车秩序，防治违章停车，严格占道停车管理。

二、提高交通综合管理水平

加强交通治理顶层设计。把缓解交通拥堵问题放在城市管理的突出位置，完善治理交通拥堵发展规划，强化“规建管限”，综合采取交通基础设施建设、疏堵改造、静态交通管理、公交服务改善、慢行系统完善、秩序整治执法等措施，大力缓解交通拥堵。

深化智能交通建设应用。完善交通综合服务平台，推进交通信息大数据共享和“互联网+”应用，为市民提供及时、精准的智能交通信息服务，提升城市现代化水平。

加强交通引导服务。继续支持和保障交通协管员、公共文明引导员实施秩序引导，进一步规范海淀文明交通管理制度。

第二节　加强城市智能化建设

一、提升信息基础设施水平

建设高速信息网络。加快建设高速、移动、安全、泛在的信息基础设施。完善城市光纤宽带网络，基本实现百兆家庭宽带接入能力全覆盖。构建新一代无线宽带网络，实现主要公共场所无线网络全覆盖。提升海淀政务云平台服务能力，促进信息资源充分整合，发挥电子政务的整体效益。完善海淀区网络安全防控体系，营造安全可信的信息网络空间，提升智慧海淀安全保障能力。

完善信用信息基础设施建设。推进信用信息开放与应用，满足多样化的征信服务需求，实现全区各部门和行业公共信用信息系统的互通互联及信息共享，构建与海淀区经济社会发展水平相适应、体现海淀特色的社会信用体系。

二、加快推进城市智慧管理

应用大数据提升城市治理水平。推动大数据整合及应用，支撑智慧海淀总体发展。充分发挥海淀科技创新优势，将信息技术与城市管理深度融合，支持"大数据"在宏观决策、城市精细化管理等多领域的创新应用。建立用数据说话、用数据决策、用数据管理、用数据创新的管理机制。形成大数据资源中心，促进大数据的创新应用和再开发。逐步开放信用、交通、卫生等公共信息资源，为公众提供优质的信息服务，促进信息消费的全面发展。

促进政务效能进一步提升。推动政务信息资源的共享与开放。在区街居三级服务体系的基础上，推广"互联网+"政务模式，使公共服务获取泛在快捷。以政务云平台为基础，应用新一代信息技术手段，提升市政设施运行、交通、环境、应急等方面的管理效能，实现社会服务、城市管理、社会治安三网融合。完善全区三级网格化工作体系、机制建设，用信息化手段提高街镇综合协调能力，构建和谐有序、充满活力的城市运行环境。

完善面向民生的智能化服务体系。探索"互联网+"医疗的新型医疗模式，重点推进人口健康信息资源的协同共享，拓展网络预约挂号、分级诊疗、远程会诊、市级医院和区管医疗机构双向转诊等信息化医疗新应用，实现人人享有优质的基本医疗卫生服务。基于政务云平台，打造互动、开放、共享的教育资源服务云，建成公平、优质、创新、开放的海淀教育体系，使海淀成为全国领先的学习型城区和智慧教育示范区。建立涵盖公共文化服务、文化市场管理、文化遗产保护传承等应用的统一的智慧文化服务平台，为市民提供不受时间、地域限制的一站式服务，推动公共文化服务均等便利。拓展社会管理和服务功能，打造集家居安防、社区管理、远程医疗、智慧养老、公共服务、便民服务为一体的智慧社区，提高社区管理和服务效能。

第三节　保障城市精细安全运行

一、创新城市管理体制机制

完善城市管理体系。健全文明城区建设工作长效机制，构建权责清晰、服务为先、管理优化、执法规范、安全有序的城市精细化管理体系，以城市管理现代化为指向，建立以问题为导向、以流程为基础，通过条块动态协同工作，管理、作业、执法有效衔接来快速处理各类问题的新型体制与机制，形成与首都中心城区相匹配的城市管理方法和模式。提升治理能力，逐步实现从"治病"到"宜居"的重大转变。

理顺城市管理组织机构。不断完善城市管理和服务，彻底改变粗放型管理方式。坚持寓服务于管理之中，推进城市管理重心下移、力量下沉，构建"大城管"体制，协调解决跨部门、跨领域的管理难题。推动综合执法与专项执法、行政管理紧密衔接。

提升综合执法能力。加强综合执法机构和队伍建设，健全法规执行监督检查机制，加大执法力度，提高执法效率。进一步完善全区三级网格化工作体系、机制建设，实现网格化服务管理体系建设全覆盖。健全重大活动常态化运行服务保障机制。

二、建设整洁有序家园

全面整治城市环境。强化边角地、市场周边等薄弱区域绿化美化、环境综合整治，全面落实"门前三包"，加强日常性维护，实现常态化管理，基本消除环境死角。严厉整治垃圾污水乱倒乱排、机动车乱停乱放、非法小广告等痼疾顽症，营造文明有序的城市环境。实施重点地区景观提升工程，打造首都景观精品，做好国家重大活动景观保障。加强城市风貌要素管理。

提升街区宜居水平。挖掘历史文化资源和现代城市要素，建设设施齐全、服务便利的宜居街区。充分考虑居民社交活动需求，规划建设尺度适宜、方便通行、易于交往的人性化街区。

三、加强平安海淀建设

完善社会治安综合防控体系。坚持人民利益至上，加强全民安全意识教育，健全完善以"六张网"为框架的立体化社会治安防控体系。依法严密防范、打击各类违法犯罪活动，依法防范和处理邪教问题，建立人防、物防、技防相结合的防范机制和防控网络，强化治安重点地区综合治理。

实施科技创安工程。确保重要公共区域、重点地段和节点视频监控全覆盖、无盲点，构建"海淀网友""社区警务工作团队"等群防群治新平台与新模式，提升城市安全感。

筑牢安全生产"防护网"。严格落实各级安全生产责任和管理制度。深入贯彻"党政同责、一岗双责、失职追责"，深入推进安全生产隐患排查治理，坚决遏制各类重特大安全事故发生，有力保障人民生命财产安全。

加强和创新消防安全管理。落实责任，强化预防，整治隐患，夯实基础，推进消防站建设，推进多种形式消防队伍建设，完善战勤保障机制，加强消防水源建设，建立消防培训基地，进一步提升火灾防控和灭火应急救援能力，不断提高公共消防安全水平，有效预防火灾和减少火灾危害。

提高城市应急管理能力。完善突发事件预警机制，增强预防与应对极端性灾害能力。完善应急预案体系，建立预警信息统一发布平台，推进预警信息发布终端进社区、村、企业和学校，完善应急物资储备、医疗救助等应急保障体系，增强全社会应急救援能力。

加强和改进信访工作。建立健全运用法治思维和法治方式化解社会矛盾、协调利益关系。完善社会矛盾排查预警和调处化解综合机制，有效预防和化解矛盾纠纷。推进信访工作制度改革，完善信访矛盾多元化调解机制。

第九章　强化持续发展动力

深入落实中央和市委关于全面深化改革的各项决策部署，加快重点领域和关键环节改革，建立健全倒逼机制和激励机制，推动具有标志性、关联性作用的重大改革，发展更高层次的开放型经济。

第一节　深化重点领域改革

一、更好发挥政府作用

深化行政管理体制改革。进一步转变政府职能，依法全面履行政府职责，提高政府效能。推进简政放权、放管结合、优化服务。加快建立政府权力清单、责任清单和负面清单，建立行政权力清单动态管理机制，及时调整权力清单，向社会公开。做好国家和全市取消和下放行政审批事项的承接工作，推进行政审批事项和政务服务事项向街镇下放。优化权力运行流程，对所有保留的行政审批和政务服务事项，制定权力要素标准、审批流程标准、裁量准则标准和服务方式标准，绘制行政权力运行图。坚持政事分开、政企分开和管办分离，分类推进事业单位改革工作。深化公益性文化事业单位内部改革，推动图书馆、博物馆、文化馆等组建理事会，完善治理结构，提高服务能力。

完善政府服务体系建设。推进法人事项在新综合政务大厅全过程办理，个人事项在街镇、社区的联动通办，着力构建法人事项集中办理、个人事项就近办理的政务服务格局。推进政务服务事项标准化建设，加快智慧政务网络建设，强化部门协同联动，探索并联审批机制和模式，提高整体化服务水平，着力打造部门协同、上下联动、整体化、高效率的政务服务体系。推广创业会客厅服务模式，实现政务服务和社会服务融合，丰富服务内容、拓展服务渠道、创新服务方式，不断为公众提供规范、透明、便捷高效的政务服务。创新公共服务工作管理方式，建立健全对公共服务事项的绩效考评机制。

深化财税体制改革。建立健全有利于转变经济发展方式、促进社会公平正义的现代财政制度。完善事权和支出责任相适应的财政制度，构建全面规范、公开透明预算制度，健全政府预算体系，实施跨年度预算平衡机制和中期财政规划管理。全面推进预算绩效管理，强化支出责任和效率意识。进一步深化国库管理制度改革，构建安全、高效、便捷的财政国库收付管理新模式。落实国家出台的一系列税制改革政策，激发市场活力、增强税源潜力。创新公共服务提供方式，完善政府购买服务管理。建立统一的公共资源交易平台，积极落实优先使用新技术新产品、绿色产品的政府采购政策和措施。

二、推进市场化改革

深化国资国企改革。推动区属国有企业有序进退、资产重组和产业升级，提升国有企业的发展质量与运营效益，在科技金融、现代商业、园区建设、文化旅游、特色地产、公共服务、教育体育等领域形成一批主业突出、治理结构完善、有较强实力的品牌企业。改组组建资产千亿级的国有资本运营公司，形成国有资本市场化运作的专业平台。按照商业类和公益类，对区属国有企业实行分类改革、分类发展、分类管理，完善法人治理结构，建立健全市场化选人用人机制，形成更加符合市场化要求的现代企业制度。以管资本为主加强国有资产监管，科学管理、简政放权，重点管好国有资产布局、规范资本运作、提高资本回报、维护资本安全。完善国有资本经营预算制度，逐步提高国有资本收益上缴公共财政的比例，2020 年提高到 30%。

继续推进商事制度改革。降低准入门槛，简化审批环节，加快推行工商注册全程电子化登记管理和电子营业执照，提高工商登记注册便利化水平。继续减少前置性审批和收费项目，稳步推进先照后证改革。按有关部署简化企业注销流程，试行对个体工商户、未开业企业及无债权债务企业实行简易注销程序。

有效规范市场经济秩序。加强工商、物价等综合执法检查力度，维护市场和价格总水平稳定，切实保护消费者合法权益。落实降低实体经济企业成本的政策措施，清理和规范涉企行政事业性收费，减轻企业负担。激发企业家精神，依法保护企业家财产权和创新收益。

第二节　加强开放交流合作

一、创新区域融合发展

提高“四个服务”能力。健全服务中央单位、央企和驻区部队的体制机制，全面提高“四个服务”质量水平。加强国防教育，提高国防动员能力，支持和服务好国防建设和军队改革，继续争创全国双拥模范城。认真落实各项优抚安置政策，做好退役士兵、转业干部安置、军人家属就业、子女上学、军休等工作。加强民兵预备役建设，提高参与经济建设和维护地区稳定的能力。

进一步做好对口支援和友好城区建设。做好援藏、援疆、援青等对口支援工作，落实好与丹江口等地区的对口帮扶任务。制定友好城市发展战略，加强与延庆、张家口等地区的友好交流，完善高层互访和对话机制，推进经济、科技、教育、文化、体育、生态环境、城市治理等领域的全方位合作。

二、强化国际交往功能

主动融入“一带一路”建设。支持有条件的高科技企业“走出去”，通过跨国并购、股权投资在全球布局产业链。深化园区合作，支持建设符合企业需求的海外产业园、研发基地、产业孵化基地，为企业集群式走出去提供服务。依托实施“丝绸之路经济带”“21 世纪海上丝绸之路”等国家战略，鼓励有实力的企业和专业机构在沿线国家和地区设立研发机构、生产基地和营销网络等，提升整合利用当地研发和生产资源的能力。

强化国际交往服务能力。加快建设国际一流的服务环境，提高地区国际化水平。提高城市综合服务保障能力，重点服务好重大外交外事活动，扩展科技与文化交流合作，形成具有高品质综合服务保障能力的国际交往核心区。在教育、医疗等方面为外籍人员提供更加便利的工作和生活环境，打造具有示范效应的国际化社区。

第三节　推进法治政府建设

一、加快建设法治政府

依法履行政府职能。依法规范行政机关法定职责权限，推进政府机构设置、职能配置、运行机制规范化、制度化、法治化。建立健全依法行政的考核体系和机制。建立科学有效的行政权力制约和监督体系，自觉接受人大工作监督和法律监督、政协及民主党派和无党派人士的民主监督，加强政府内部监督及监察、审计等专门监督，强化群众和社会监督。完善审计制度，逐步实现对公共资金、国有资产、国有资源和领导干部履行经济责任情况的审计全覆盖。加快政府诚信体系建设，完善信息公开等有关工作制度。

健全依法决策依据。加强行政决策的科学化、民主化和法治化，把公众参与、专家论证、风险评估、合法性审查和集体讨论决定作为重大行政决策的必经程序，提高决策的正当性，降低执行成本。规范行政规范性文件管理。推行政府法律顾问制度。

严格规范公正文明执法。促进严格、规范、公正、文明执法，保障法律的有效实施。完善执法自由裁量权行使规则，对执法自由裁量权予以细化、量化和规范。严格执行重大执法决定法制审核制度，根据部门执法实际，明确审核职责、案件范围、程序和形式。全面落实行政执法责任制。完善投诉举报案件督办和监督考核制度，推行行政执法公示制度，强化对不作为、乱作为、选择性执法行为的追究问责。加强行政执法保障，健全行政执法和刑事司法衔接机制。

二、全力构建法治社会

深化司法体制改革试点。落实中央和市委关于司法体制改革精神，建立健全配套机制，支持司改试点单位深入推进改革，完善对权利的司法保障、对权力的司法监督，不断提升司法公信力。

健全依法维权和化解纠纷机制。依法有效化解社会矛盾，充分发挥行政复议内部监督纠错功能，推进行政复议规范化工作，提高复议工作的公正性和公信力。支持行政审判工作。各级行政机关不得干预、阻碍人民法院受理行政案件，加强对行政机关出庭应诉、执行裁判的管理。规范信访工作程序，推进阳光信访、责任信访和法治信访。

增强全社会法治意识。开展“七五”普法宣传教育，弘扬社会主义法治精神，形成良好的法治氛围和法治习惯，建设全民守法示范区。建成区公共法律服务中心，为百姓提供更加优质高效的律师、公证服务和法律援助。全面提高行政机关依法行政意识和能力，加大对法治政府建设工作的考核力度，加强政府法制机构和队伍建设。

第十章　全面保障规划实施

坚持党对经济社会工作的领导，建立符合经济社会发展规律、贴合海淀实际的规划实施保障体系，加强统筹协调，完善配套保障，做好监督考评，动员社会参与，多方联动形成合力效应，共同保障规划的顺利实施。

第一节　强化规划统筹指导

本区国民经济和社会发展各领域、各部门要以本规划为指导，确保发展目标、重大任务等符合本规划的要求，确保将“十三五”规划各项任务落到实处。区政府有关部门要组织编制区级专项规划，围绕经济社会发展关键领域和薄弱环节，着力解决突出问题，细化落实规划重点任务。

第二节　大力完善配套保障

制订实施计划，按照规划确定的重点任务研究出台相关专项行动计划，以一批重大举措保障规划实施。强化项目支撑，坚持以规划确定项目、以项目落实规划，发挥好重大项目对规划落实的支撑作用。健全重点项目储备库制度，增强项目的协调性和可持续性，有序组织一批关系全局和长远发展的重大项目。加强财政资金保障，统筹优化财政支出结构和政府投资结构，优化安排涉及生态环保、民生保障、城市管理等领域的投入，提高政府投资的引导力和带动力，鼓励社会投资投向规划重点领域，为规划实施提供资金保障。

第三节　积极做好监督考评

加强考核评价，分解规划确定的发展目标、主要任务，明确牵头单位和工作责任，加大绩效考核力度。强化对规划目标任务完成情况的综合评价考核。自觉接受区人大及其常委会对规划实施情况的监督检查。做好规划评估，在规划实施的中期阶段，由区政府组织全面评估，并将中期评估报告提交区人大常委会审议。根据中期评估等情况需要对纲要进行修订时，由区政府提出意见，报请区人大常委会批准。区政府有关部门根据负责的主要发展目标、约束性指标和主要预期性指标年度进展情况、重大任务年度执行情况，接受区人大及其常委会年度监督检查。

第四节　广泛动员公众参与

本规划的制订凝聚着公众的智慧，规划的落实也需要广泛动员公众参与。采取多种形式、通过多种渠道，广泛开展“十三五”规划宣传，让规划确定的目标任务深入人心，增强公众对规划的认识和了解，形成全社会关心规划、参与实施和共同监督的良好氛围，使实施规划成为海淀人民的自觉行动，共同携手把家园海淀建设得更加美好。

附件

海淀区“十三五”时期经济社会发展主要指标

类别	序号	指标	目标	属性
红线约束	1	常住人口规模（万人）	312.6 以内	约束性
	2	城乡建设用地面积（平方公里）	达到市级要求	约束性
	3	基本农田保护面积（公顷）	达到市级要求	约束性
	4	用水总量（亿立方米）	达到市级要求	约束性
	5	能源消费总量（万吨标准煤）	达到市级要求	约束性
提质增效	6	单位地区生产总值水耗降幅（%）	15 以上	约束性
	7	单位地区生产总值能耗降幅（%）	达到市级要求	约束性
	8	劳动生产率（万元/人）	35 左右	预期性

类别	序号	指标		目标	属性
	9	地区生产总值年均增速（%）		7 以上	预期性
	10	服务业增加值占地区生产总值比重（%）		87 左右	预期性
	11	区级一般公共预算收入年均增速（%）		8	预期性
	12	城乡居民人均可支配收入年均增速（%）		与经济增长同步	预期性
科技创新	13	海淀园总收入年均增速（%）		10	预期性
	14	园区企业科技经费投入强度（%）		5.8	预期性
	15	技术合同成交额年均增速（%）		3 左右	预期性
	16	发明专利授权量年均增速（%）		5 左右	预期性
	17	高新技术产业增加值占地区生产总值比重（%）		65	预期性
	18	文化创意产业收入年均增速（%）		10	预期性
生态文明	19	细颗粒物（PM2.5）浓度降低（%）		达到市级要求	约束性
	20	单位地区生产总值二氧化碳排放降幅（%）		达到市级要求	约束性
	21	城市绿化覆盖率（%）		53	约束性
	22	森林覆盖率（%）		35.67	预期性
	23	人均公共绿地面积（平方米/人）		13	约束性
	24	污水处理率（%）		99 以上	约束性
	25	重要水功能区水质达标率（%）		达到市级要求	约束性
	26	中心城绿色出行比例（%）		75	预期性
	27	生活垃圾无害化处理率（%）		100	约束性
公共服务	28	新增劳动力平均受教育年限（年）		15 以上	预期性
	29	公共文化设施覆盖率（%）		基本实现全覆盖	约束性
	30	“一刻钟社区服务圈”覆盖率（%）		基本实现全覆盖	预期性
	31	新建住宅社区养老服务设施人均用地面积（平方米）		0.13	预期性
	32	城镇登记失业率（%）		1.5 以内	约束性
	33	食品、药品安全监测抽检合格率（%）	重点食品安全监测抽检合格率（%）	98 以上	约束性
			药品抽验合格率（%）	99 以上	
	34	符合城乡低保条件救助率（%）		100	预期性
城市治理	35	单位地区生产总值安全生产事故死亡率降低（%）		达到市级要求	约束性
	36	棚户区改造（户）		达到市级要求	约束性
	37	新增停车位（万个）		3	预期性
	38	建成区次支路规划实现率（%）		62	预期性

索 引

说 明

本索引采取主题索引也称内容分析索引法编纂。主题词以正文中出现的专业名词、名词词组为主。

本索引按汉语拼音音序排列，汉字打头的标目按首字母的音序音调依次排列，首字相同时，则以第二字排序，依此类推；以阿拉伯数字打头的主题词，排在最前面；以英文字母打头的主题词，列于其后。

索引词条后的阿拉伯数字表示内容所在的页码，数字后的英文字母（a、b、c）表示正文中的栏别（从左至右）。

同一主题的内容在文中多处出现的，在索引中按页码顺序依次列出。

《党和国家领导人与海淀》《特载》《专文》《大事记》《区情概述》《人物》《统计资料》《附录》8 个栏目内容不在索引范围内。